KB023294

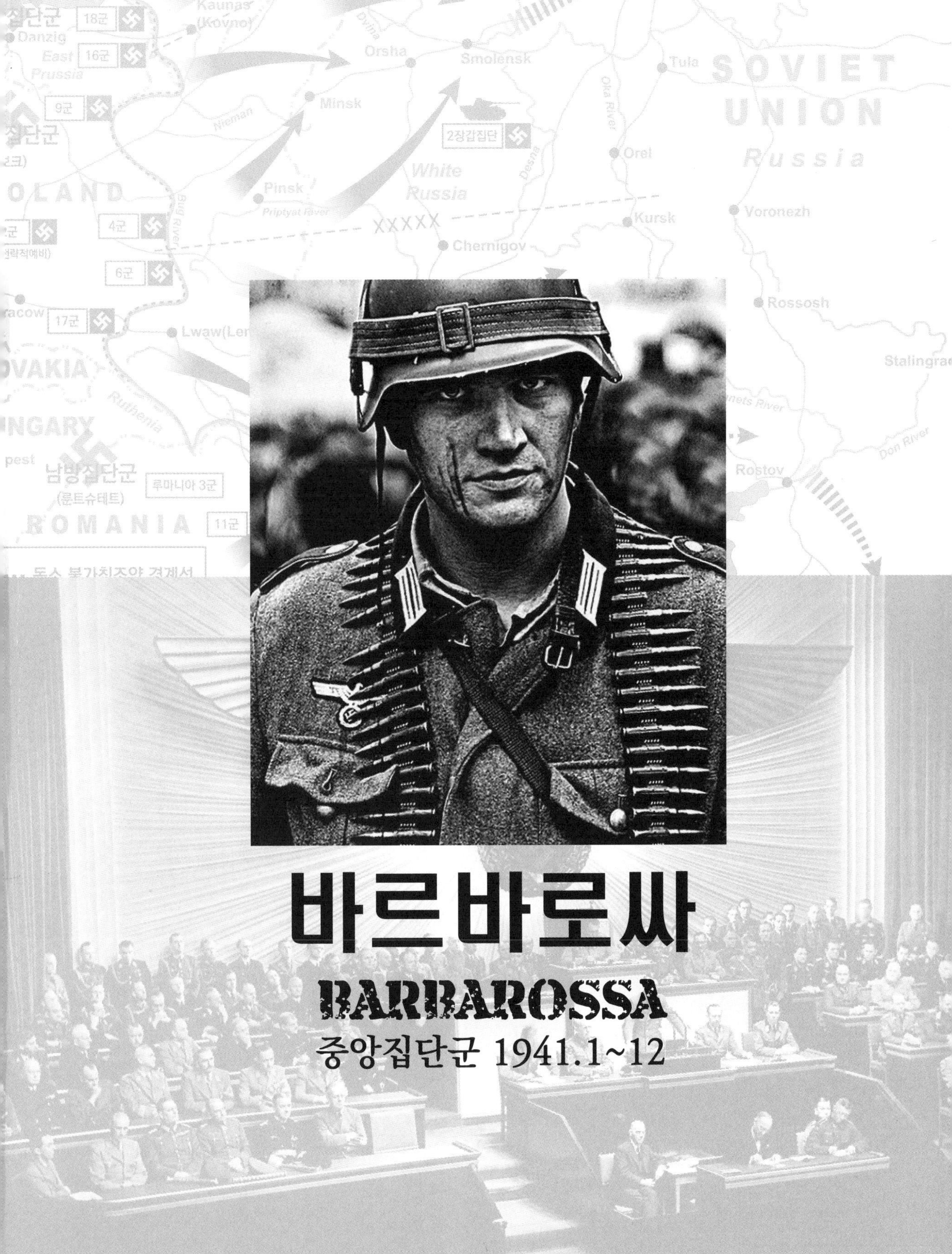

바르바로싸

BARBAROSSA

중앙집단군 1941.1~12

국가유공자란 모든 것을 조국에 바치되 아무 것도 가져가지 않는 자다.

(케빈 코스트너, 영화 'Postman'(1997)에서)

목 차

목 차 3

일러두기 8

I. 독소 개전의 여명 11

1. 바르바로싸의 시원 13
   바르바로싸 논쟁의 비판과 반비판 13
   미션 임파서블 17
   작전의 중점(Schwerpunkt) 29
2. 소련군 준비 상황 35
   종심작전이론 35
   전차대국으로의 성장 39
   지상군 전력의 실상 48
   소련공군 : 양을 따르지 못하는 질 52
3. 독일군의 준비 상황 60
   장갑사단 재편성의 공과 60
   보병사단과 차량화보병사단 68
   3개 집단군의 편성과 중점 76
   독일공군의 제공권에 대한 단상 86

II. 타이탄의 충돌 101

1. 1941년 6월 22일 103
   운명의 그날 103
   전 세계가 숨을 멈춘 순간 105
   호트 장갑집단의 전격전 108
   구데리안 장갑사단들의 공세 114
2. 초전의 충격 126
   브레스트 요새 126
   소련공군의 괴멸적 타격 133
   파블로프의 절망적 반격 139

III. 민스크 포위전 147
스탈린 라인 돌파와 포위망의 형성 149
민스크와 스몰렌스크 사이에서 164
보리소프 전차전(T-34의 충격) 181
스몰렌스크로 가는 길 188
서부방면군의 레펠(Lepel) 공세와 센노(Senno) 전차전 196

IV. 스몰렌스크 포위전 207
드뷔나와 드니에프르 209
티모셴코의 1차 반격작전 222
스몰렌스크 공방전 228
스몰렌스크를 넘어 241

V. 주공분산의 위기 : 전격전의 황혼 253
1. 독소 크로스카운터의 굴곡 255
진지전으로의 회기 255
표류하는 중점 262
티모셴코의 2차 반격작전 268
옐니아의 다스 라이히 277
스몰렌스크 포위망 286
2. 쿠오봐디스, 구데리안 301
구데리안의 로슬라블 공세 301
카찰로프 그룹의 박멸 306
공세정면과 측면 308
전장의 프리 마돈나, 하인츠 구데리안 314
3개 집단군의 균형과 중점설정 320
고멜 점령 324
모스크바냐 키에프냐 334
구데리안 vs 히틀러 338
호트의 북진 공세 343
3. 옐니아 전투의 진단과 처방 350
선수 교체 350
예비방면군의 옐니아 공략 357
옐니아 공방전의 중간 평가 364

VI. 키에프로 가는 길 369
1. 키에프 회전 전야 371
남방집단군의 키에프 포위공세 372
스탈린과 쥬코프, 예레멘코의 예상 380
2. 구데리안의 남진 385
데스나 도하작전 385
폰 클라이스트의 북진 396
구데리안 vs 예레멘코 407
구데리안을 위요한 논쟁 413
바흐마취(Bakhmach) 철도선 파괴 특공작전 420
위기관리의 위기 : 스타프카 429
롬니와 로흐뷔짜 433
톨예키와 그리고로프카의 정찰임무 442
조여드는 포위망 446
브리얀스크방면군의 공과 449
3. 사상 최대의 포위전 453
랑데부, 9월 14일 18시 20분 453
남서방면군의 격멸 460
구데리안의 취약한 측면 465
남서방면군의 탈출기 470
키에프 포위전 평가 482

VII. '타이푼 작전'(Operation Taifun) 487
1. 바르바로싸 제2국면 489
휴식이 필요한 독일군 489
중앙집단군 재편성 495
소련군의 방어전환 504
공세의 구도 511
2. 수도 모스크바로의 여정 518
타이푼의 시작 518
오룔 장악 529
코네프와 볼딘의 반격 537

VIII. 브야지마-브리얀스크 이중포위전 543
구데리안의 브리얀스크 포위 545
브리얀스크의 기습점령 547
카투코프의 므텐스크(Mtensk) 지연작전 552
브야지마 공략 559
소련군은 무엇을 해야 하나 565
므텐스크 복수전 570
포위냐 진격이냐 575
브야지마 소탕전 580
브리얀스크 소탕전 588

IX. 목표, 모스크바 595
1. 모스크바 공방전의 워밍업 597
다스 라이히의 북진공세(의도하지 않은 중점의 선봉) 597
다스 라이히의 동진 600
늘어나는 측면 604
2. 칼리닌 전투 607
주공의 북익 607
칼리닌 입성 611
토르조크(Torzhok) 회랑에서의 결투 616
소련군의 칼리닌 반격작전 619
3. 모스크바 정면의 정지작업 627
모자이스크 방어진 공략 627
말로이아로슬라붸츠 침공기 635
볼로콜람스크 방어전 641
모스크바 방어선 붕괴 645
4. 구데리안의 어퍼컷 652
툴라로 가는 길 652
툴라 공방전 661
장갑병과 보병(만용과 비겁 사이) 667
타이푼 제 1국면의 평가 671
지겨운 병참과의 전쟁 675
폰 보크의 탐색전과 쥬코프의 국지적 반격 679
장갑군의 전차전력 평가 686
오르샤 회동 689

X. 1941년 동계전역의 시작 695
나가자, 모스크바로 697
주공의 진격 703
2장갑군의 스퍼트 717
야흐로마 공방전 726
4장갑군의 모스크바 정면 공세 733
이스트라 공략 736
2장갑군과 구데리안의 사투 746
암울한 11월 결산 보고서 755
독일공군의 경향적 몰락 758
공세전환의 전운 766

XI. 마지막 사투 769
폰 클루게 4군과 회프너 4장갑군 공세의 돈좌 771
구데리안의 마지막 스트라이크 780
소련군의 대반격 작전 788

XII. 바르바로싸 평가의 재구성 797
전략과 전술, 그리고 작전술 802
독일군은 언제 승리를 놓쳤는가? 806
작전술적 제파와 전략적 예비 811
병원과 병기의 질과 양 814

독소 양군 전투서열 819
독일군 전투 서열 821
적군(赤軍) 전투 서열 849
'타이푼' 이후 소련군 전투서열(1941.10.2-) 921

참고 문헌 937

부 록 961

일러두기

1941년 6월 22일 나치 독일의 대소련 공세는 인류 역사상 가장 큰 규모의 병력 동원을 기록했다. 150개 사단, 4개 장갑집단, 총 300만의 병원이 러시아의 초원을 뒤흔들었던 이 사건은 1917년 러시아혁명 이후 역사적 작용과 반작용의 법칙을 가장 극명하게 표현했던 드라마로서, 자칫 잘못하면 스탈린식 공산주의의 요새가 붕괴되면서 세계 사회주의운동 자체가 엄청난 굴곡을 경험할 수도 있었을 계기들이 발견된 바 있었다. 2차 세계대전의 발발과 종료는 바로 이 독소전의 결과에 의해 결정되었으며, 이 전쟁의 결과가 전후 세계질서의 중추를 형성하는 요체가 되었다. 영미 연합군의 노르망디 상륙작전은 이미 승패가 갈라진 상황에서 좌우, 동서 전선이 동시에 형성되는 계기를 마련했다는 것이지 그 작전 자체가 이 전쟁을 좌우하지는 않았다. 전쟁과 전투의 규모, 동원 병력과 전사 및 부상자의 양적 크기, 전쟁의 향배를 결정짓는 주요 전투의 비중, 그 어느 것으로 보나 독소전은 가장 주요한 투쟁의 장이었다는 점은 재언을 요하지 않는다. 극도의 증오와 광기, 극단의 전체주의적 이데올로기가 첨예하게 대립되었던 이 독소전만큼 잔인한 싸움은 근대사에서 진정 찾아보기가 힘들다.

바르바로싸는 뷜헬름 리터 폰 레에프의 북방집단군, 훼도르 폰 보크의 중앙집단군, 게르트 폰 룬트슈테트의 남방집단군, 3개 집단군의 동시공세로 추진되었으나 본고에서는 중앙집단군 전구만을 중점적으로 다루었다. 3개 집단군 전체를 한꺼번에 서술하자면 책의 분량이 감당이 안 될 것이며 41년의 중점은 아무래도 하인츠 구데리안과 헤르만 호트의 2, 3장갑집단(나중에 장갑군)이 설치고 다니던 궁극의 모스크바 침공이라는데 재언을 요하지 않기 때문에 이번에는 중앙전선에만 한정했다. 단 중앙집단군의 구데리안 2장갑집단과 남방집단군 에빨트 폰 클라이스트의 1장갑집단이 키에프에서 만나 인류 사상 최대의 포위전을 전개한 부분은 두 전구가 겹침에도 불구하고 비교적 소상히 다루도록 했다. 이 포위전은 독일군이 왜 12월 초 모스크바의 문턱에서 좌절하고 말았는가에 대한 결정적인 단초를 제공하는 사건이었기에 전장 자체가 남부전선임에도 불구하고 이는 반드시 집고 넘어가야 할 부분이라는 점에 대해서는 충분히 납득하리라고 본다. 또한 구데리안이 클라이스트와 만나기 위해 남하하는 동안 중앙집단군의 기존 전구에서는 중요한 전투가 일어나지 않았다는 점도 염두에 두었음을 참고하기 바란다.

한편 러시아의 지명과 인물과 관련하여 미리 언급해야할 부분이 있다. 키릴문자를 쓰는 러시아어를 영문으로 번역하는 과정에서 번역가 개인의 스타일에 따라 스펠링이 사뭇 다르게 나타나고 있었다는 점은 실로 복잡한 문제를 야기했다. 필자는 독어의 독해는 가능하나 러시아측 문건은 영문번

역서에 의존했기 때문에 인용하는 각 문헌의 러시아어 번역을 그대로 따오다 보니 같은 이름을 서로 다르게 표현한 부분이 적잖이 발생했다. 이를 통일하기 위해 부단한 노력을 기울이긴 했으나 간혹 교정이 빠진 부분이 있을 수 있다는 점을 미리 밝히고자 한다. 또한 러시아에는 같은 이름의 지명이 너무나 많아 상당한 혼돈을 초래하기 십상이며, 심지어 지리적으로 지극히 근접한 상태에서 동일한 이름을 가진 두 개의 마을이 존재하는 등 실제 지도를 놓고 일일이 확인하지 않으면 오해의 소지가 다분히 있는 부분도 산재되어 있다. 이 경우 스펠링이 다르더라도 같은 마을을 지칭하는 경우가 있을 수 있으며 분명 같은 마을로 추정되지만 워낙 작은 동네도 전사일지에 기록되는 수가 있어 함부로 스펠링을 바꿀 수도 없었다는 점에 대해 독자 제위의 양해를 구한다.

2021년은 바로 이 바르바로싸의 발발 80주년이었기에 작년에 맞추어 출간을 준비하려 하였으나 제반 사정으로 해를 넘기고 말았다. 바르바로싸에 대한 문헌은 국제적으로는 수많은 출간이 이루어졌으나 아마도 국내에서는 본고가 가장 상세한 내용을 다루었을 것으로 짐작하며, 1차 자료에 의한 고증을 반영하기 위해 과거 독일 체류시 수집하였던 독일 Budesarchiv-Militärarchiv의 사료들을 다수 인용하였다. 다만 2008년 이래 Budesarchiv-Militärarchiv를 방문한 적이 없어 추가 보충을 제대로 할 수가 없었기에 직전 출판 '무장친위대 전사록'과 마찬가지로 미국 National Archive의 독일군 1차 사료를 보조적으로 인용하였음을 밝혀둔다. 즉 독일 자료로 입증하지 못한 부분을 미국측 보관자료로 보완하였다는 의미이며, 간혹 독일에 거주하는 저자들이 두 아카이브를 동시에 인용하는 경우가 있는 것으로 보아 반드시 두 곳에 동일한 자료들이 보관되어 있는 것은 아닐 수도 있다는 짐작이 가능하다. 따라서 독일과 미국의 자료들이 혼용되어 있는 이유에는 그러한 배경이 있었다는 점을 양해해 주기 바란다.

끝으로 출간을 허용해 준 수문출판사 이 수용 사장님께 감사를 드린다. 이 수용 사장님과는 다른 취미생활로 인해 수십년간의 교분을 쌓아온 사이로서, 이번에 과히 수요가 많지 않은 이같은 군사서적의 출간에 흔쾌히 도움을 주신 점에 대해 지면을 빌어 심심한 감사의 뜻을 전달하고자 한다.

지도 제작과 편집을 맡아준 이석연 씨는 2019년에 집필한 '무장친위대 전사록'의 출간에도 크게 기여한 바 있었다. 그 자신 군사부분에 대한 상당한 지식과 열정이 있었기에 이 책이 어렵게나마 탄생하게 된 것으로 보고 있다.

I. 독소 개전의 여명

"적군을 쓰러트리는 것만으로 전쟁의 종식을 도출할 수는 없다."
(1941.3.3 독일국방군최고사령부)

1. 바르바로싸의 시원

"전쟁이 없으면, 평화도 없다"
(레온 트로츠키)

* * * * *

바르바로싸 논쟁의 비판과 반비판

*"드디어 우리는 전전의 식민지와 상업정책으로부터 벗어나 미래의 영토정책으로 전환한다.
오늘날 우리가 유럽의 땅에 대해 이야기한다는 것은
기본적으로 오직 러시아와 그 경계를 이루는 봉토국가들이다."
(아돌프 히틀러 : 나의 투쟁(Mein Kampf))*

바르바로싸. 폭 2,500km, 종심 1,500km 크기의 전역, 독소 양군 600만의 대격돌. 말만 들어도 숨 막힐 것 같은 이 미증유의 격전은 인류 역사상 최대의 잔혹사 중 하나로 기억되고도 남음이 있을 것이다. 셀 수도 없을 만큼의 문헌들이 이 세기적 사건을 다루는 데 혈안이 되어 왔으며 2차 세계대전의 향배를 좌우하는 가장 핵심적인 전쟁이었던 만큼 가장 논란이 많은 역사적 논쟁의 중심에 상주해 왔었다. 흔히 스탈린그라드 전투를 대전의 전환점으로 부르는 것이 일반적이다가 쿠르스크 기갑전이 진정한 독소전의 변곡점이라고 지칭하는 것으로 변화되어 온 것이 최근의 추세이다. 하나 종전 후 OKW(국방부최고사령부)의 수장 빌헬름 카이텔(Wilhelm Keitel)은 교수형을 당하기 전 '언제 이 전쟁에서 궁극적으로 졌다고 생각하느냐'는 질문에 주저 없이 '1941년 바르바로싸, 모스크바 정면'이었다고 답한 적이 있었다. 히틀러의 명에 맹종만 하던 가장 재미없던 군인 중 한 사람이었지만 이 부분에서만큼은 가장 확실하고도 근원적인 통찰을 제시한 것으로 해석되기도 한다. 바꿔 말하면 만약 독일이 소련을 이길 수 있는 챤스가 단 한 번 있었다면 그건 1941년 개전 첫해였다는 뜻이 되며, 그때 이길 수 없었다면 1942, 1943년에도

◆ I-1-1 히틀러의 예스맨, 독일군 전체의 짜증거리, 빌헬름 카이텔 OKW 수장. 대전 전 기간을 통한 그의 기능은 육군원수의 계급에도 불구하고 단순히 히틀러의 부관에 지나지 않았다. 히틀러는 카이텔을 극장의 도어맨 정도의 역할밖에 못하는 인물이라고 혹평한 바 있었다.

당연히 불가능했었을 것이라는 합리적 예상이기도 하다.

바르바로싸는 실제 규모에 있어 동서고금을 막론하고 인류 역사상 최대의 전쟁이자 가장 피해가 많았던 최악의 전투장이었다. 1939, 1940년 폴란드와 프랑스, 서유럽의 대부분을 석권한 독일이 소련을 치고 들어갔을 때 전 세계는 소련이 두 달을 버티기 힘들 것으로 예상했었다. 중앙유럽의 중범위 국가 하나가 지구상에서 가장 큰 면적을 가진 나라를 쳤음에도 이러한 추측을 할 수 있었던 것은 독일군의 그간 전적이 그 정도로 눈부신 성과를 나타내고 있다는 방증이었으며, 심지어 미국의 웨스트포인트 군사전문가들도 2달 반, 3달 정도를 기한으로 생각하고 있을 정도였다. 물론 소련이 당한 피해는 어마어마했다. 서부전선에서 독일군은 적들이 상상을 불허하는 전술과 속도전으로 단기간에 전쟁을 끝낸 데 반해 러시아 동부전선은 차원을 달리하는 조건이 존재하고 있었다. 소련은 민주주의 국가가 아니었다. 전략이 어떻고 작전술이 어떻고 간에 소련군은 후퇴하는 우군을 공산당 정치위원들이 뒤에서 사살하는 군대였다. 허가 없는 퇴각을 지시한 지휘관은 당연히 처형되었고 여하튼 전투에 진 장성은 가차 없이 처단되는 그런 나라였다. 따라서 이래도 죽고 저래도 죽는 상황에서 소련군은 그저 살기 위해 독일군의 공격에 처절하게 항전해 나갔다. 이러한 도전 정신은 합리주의적 전투만을 구사하는 서방 군대와는 전혀 다른 요소여서 개전 초부터 독일군은 사뭇 스타일이 다른 상대를 만나 이내 당황하기 시작했다. 굳이 어려운 군사이론을 들먹이지 않더라도 독소전의 최후 승자였던 소련군은 그러한 절망적인 상황에서 유사 이래 전 세계에서 기술적으로 가장 뛰어난 군대를 물리쳤다. 소련군의 피해가 얼마나 큰 천문학적 수치에 달하건 간에 여하간 그들은 20세기 가장 악랄했던 정치체제를 가졌던 그들의 조국을 건져냈다. 문제는 바로 이 결과론적인 소련의 승리를 여하히 해석할 것인가가 전후 역사논쟁의 가장 주요한 핵심을 형성하고 있었다는 것이, 오히려 보다 정확한 역사이해에 하나의 방해요인으로 작용했다는 점을 인식하는 과제였다.

쉽게 말해 독일이 궁극적으로 소련을 이기지 못했기 때문에 바르바로싸 자체는 '해서는 안 되는 전쟁'이었다고 서술하면 그게 끝이다. 그럴 경우 독소 개전 처음부터의 서술은 왜 독일이 서전을 화려하게 장식하고도 이길 수 없었는가란 문제의식에만 집중하면 될 것이다. 특히 최근의 관련 저작들에 따르면 7월 초부터 독일은 이미 심각한 병참문제에 직면해 있었다고 기술하면서, 오로지 사건의 전개를 41년 12월 모스크바 정면에서의 패퇴에 맞추어 귀납적으로 나열하는 경향이 농후해 졌음을 알 수 있다. 즉 45년에 패전한다는 사실을 고정된 기준으로 놓고, 41년부터의 모든 사건과 이벤트를 결과론적으로 해석하려는 경향을 뜻한다. 통상 독일군은 41년 12월 소련군의 '가장 위대한 장군', '동장군'에게 당했다는 언사를 일반적인 저널리즘에서 수십 년간 사용해 온 것은 사실이다. 물론 거기에는 늘어난 병참선과 보급의 부족, 전력고갈에 따른 장갑군의 편치력 약화 등을 포함시켜 독일군의 패퇴 이유를 중층적으로 정리하려 했다. 그러다가 데이빗 글랜츠(David Glantz)류의 수정주의적 시각이 착근하면서 어느 때부터인가 41년 독일군의 패배는 기본적으로 소련군의 집요한 투쟁정신에 지배되었다는 방식으로 전이되기 시작했다. 그러나 그 이전의 분석에서도 소련군의 항전을 의도적으로 폄훼한 적은 별로 없었다. 전후 가장 큰 영향력을 행사했던 영국의 리델 하트(Liddel Hart)도 여러 가지 조건 중에 결국 소련군의 저항정신을 가장 중요한 요인으로 뽑았었다. 여타 조건이 어떠하건 간에 전쟁이란 궁극에 있어 병사들이 싸우는 것이란 점이 그 어떤 것보다 결정적이란 것이었다. 합리적인 제도와 근대적 법적 체계를 갖춘 서유럽 국가들이 손쉽게 나가떨어진 데 반해, 이래도 죽고 저래도 죽는 상황에서 마지막 순간까지 총을 놓지 않는 소련군과 파르티잔의 투쟁담은 그들이 전체주의 국가에서 생존하고 있었기에 비로소 가능했었다는 논급을 결코 빠트린 적은 없었다. 다른 분야도 그렇지만 군사이론가나 평론가들은 이전에 조금이라도 간과한 부분을 부각시켜 전혀 새로운 사고체계를 구축하려는 습관에서 자유로울 수는 없다. 냉전의 종식 이후 그간 감추어져 왔던 구 소련측 자료들이 하나하나 공개되면서 기존에 독일측 자료에만 의존했던 서구진영의 학자들이 정리한 내용들이 부분수정을 요구받았던 것은 사실이었다. 그러나 소련측 자료에 의존했던 신진들이 기왕의 주장이나 해석을 뒤엎을만한 전혀 새로운 사실들을 발견한 것은 결코 아니라는 점에 주목할 필요가 있다. 다만 그 이후에 나타난 대표적 경향 중 하나는 독일군의 패배를 나타내는 증후군을 41년 12월이 아닌 7-9월경으로 앞당겨 규정하고자 하는 노력들이었다. 수정주의 중에서는 데이빗 글랜츠가 가장 노골적인 인사이긴 하나 이미 그 이전 브라이안 휘게이트(Bryan Fugate)가 저술한 'Operation Barbarossa : Strategy and Tactics in the Eastern Front, 1941'(1984)과 Bryan Fugate & Lev Dvoretsky 공저의 'Thunder on the Dnepr'(1997) 등에서 소련군의 전략전술을 재조명하는 일련의 작업들이 진행되어 왔었다. 그러나 불충분한 주석과 빈약한 참고문헌의 나열은 큰 반향을 얻지 못했다. 이들은 옐니아(Yelnia)에서 겪은 독일군의 좌절을 아무런 주저 없이 '전격전의 종언'이라고 표현하면서 소련군은 바르바로싸 개시 때부터 일관된 작전술적 지평을 견지해 나갔다는 '결과론적 환원주의'(reductionism based on results)에 빠져버렸다. 이후 로져 리이스(Roger R. Reese)와 마크 폰 하겐(Mark von Hagen)과 같은 학자들에 의해서도 기존의 '독일군 불패신화'를 점잖게 교정하려는 작업들이 추진되었으며, 이들은 전격전으로 상징되는 독일군의 테크닉적, 전술적 우월함과 거의 같은 수준으로 1941년의 소련군이 얼마나 무능하고 무모한 교리들에 집착했는지를 우회적으로 밝히기도 했다.

최근 글랜츠는 'Barbarossa Derailed' 제명의 시리즈 저작을 통해 독일군은 41년 여름에 이미 그들이 트레이드마크처럼 알려졌던 전격전을 수행할 수 없게 되었다고 규정하면서, 서방에서 빛을 발한 독일군의 속도전은 동방에서 더 이상 통하지 않게 되었다는 메시지를 지겹도록 긴 글을 통해 독자들에게 소개했다. 하나 이는 이미 확인된 결과론을 더더욱 근거가 희박한 연혁을 들춰내어 보강하려는 억지스런 시도인 것이 아닌가 짐작된다. 만약 옐니아, 스몰렌스크에서의 반격이 바르바로싸 전체를 뒤흔들 정도의 파괴력을 지닌 것이라면 드니에프르에서 독일군의 진공이 멈추든지, 그해 말까지 모스크바 진격이 결정적으로 좌절되었어야 설득력을 얻을 수 있다. 독일군은 옐니아와 스몰렌스크에서의 일시적 교착상태에도 불구하고 9월에 사상 최대의 키에프 포위전을 달성했다. 10월에는 브야지마-브리얀스크 이중포위전에서 키에프처럼 다시 한번 67만이 넘는 대군을 전열에서 이탈시키는 괴력을 발산했었다. 옐니아에서의 돈좌현상 하나로 바르바로싸 체제가 일시에 붕괴조짐을 보였다는 기술은 정말이지 소련군의 방어전 하나를 지나치게 확대해석한 과잉분석이라는 감을 지우기 어렵다. 비교적 최근에 활발한 저술활동을 보인 데이빗 스태헐(David Stahel)도 크게 다르지 않다. 그는 키에프 전투가 시작되기 전에 독일군은 이미 한계

상황에 도달했다고 규정하고 그 이유를 결국은 독일경제의 제한적인 병참문제에서 찾았다. 그러나 D.Stahel의 논지는 당연한 결과를 당연한 것으로 받아들이는 차원을 넘어, 역사적 최종결과에만 근거하여(가장 안전한 서술방법) 독일군의 전대미문의 대승은 왜소화하고, 소련군의 앙증맞은 무승부는 실제적인 군사적 효과 이상으로 격상시키는 노력을 과대포장한 것에 다름 아니었다. 그러다 보니 독일군의 경우는 초전에 이긴 것이나 막판에 이긴 승리나 모두 결과론적으로 의미없는 것으로 치부하였고, 소련군은 초전에 대패한 것도 나중에 패배한 것도 모두 다 중대한 의미가 있다는 식의 의아한 해석으로 가득 차 있다. 단순화시켜 말하자면 D.Stahel의 저작은 병참과 군수지원 평가보고서이지 전투 자체의 분석과 종합이라고 보기는 힘들다. 어떻게 보면 D.Stahel 본인 스스로는 전혀 인정하지 않겠지만 그의 시각은 글랜츠보다 더 러시아 민족주의와 공산당 기관지의 서술에 경도되어 있다고도 할 수 있겠다.

그와는 반대로 수정주의가 도래할 무렵과 거의 비슷한 시기에 독일군이 잘만 했더라면 41년에 모스크바를 따냈었을 것이라는 낙관론에 근거한 저술도 산견된다. 예컨대 러셀 스톨휘(Russel H.S. Stolfi)의 'Hitler's Panzers East : World War II Reinterpreted'(1991). 이러한 경향의 집단은 꽤 오래전부터 문제가 되어 온 키에프 포위전(야전군의 격멸)이냐 모스크바 직행(속전속결에 의한 주요거점의 장악)이냐 라고 하는 해묵은 논쟁을 확대해석한 것으로 묘사할 수 있다. 즉 구데리안(H.Guderian)과 클라이스트(E.v.Kleist)의 두 개 장갑집단을 키에프 포위전에 몰입시키지 않고 중앙집단군 전체가 9월에 모스크바로 직행하는 것이 진창, 비포장도로와 날로 늘어나는 보급문제를 극복하는 궁극적인 대안이었다고 주장하는 시각이다. 이 시각의 결함은 독일군이 거쳐 지나간 포위망 속의 소련군 제대가 모스크바 방면으로 복귀하거나 장갑집단(장갑군)의 후방에서 독일군 병참선과 연락선을 차단하여 독일군이 두 동강이 날 가능성은 별로 고려하지 않는 데 있다. 도로사정이 양호한 프랑스와 서유럽 국가들의 경우는 전차와 보병간의 간격이 벌어지더라도 금방 메워 넣을 수가 있어 큰 문제는 발생하지 않았다. 하나 미국의 3배가 넘는 대지를 보유한 러시아를 속도전에 의해 단 8주 만에 제압한다는 발상은 도를 지나친 계산으로, 일단 정면의 야전군을 해소하지 않는 한 작전의 중점유지가 곤란하다는 염려는 크게 잘못된 것이 아니었다. 프랑스는 집결된 예비군을 가진 배후가 없었으나 소련은 독일군과 동일한 3백만의 정규군 병력을 유지하고 있었으며 극동지역에 다시 백만 대군이 일본군과 대치하고 있었다. 개전 당시 총 병력은 470만에 달했다. 일본이 소련을 칠 계획이 없음을 간파한 주일본 독일대사관 주재 스파이의 보고에 의해 시베리아전선에서 15개 사단이 서쪽으로 이동하여 모스크바 정면을 막아냈음은 주지하는 바와 같다. 다만 그때까지의 군사상식으로 이해가 되지 않았던 것은 독일군이 거의 수 개 중범위 국가의 국방력이 날아갈 정도의 전과를 얻고도 소련은 무너지지 않았다는 사실로서, 설혹 모스크바가 예정대로 함락되었다 하더라도 소련 행정부가 우랄산맥을 넘어 동쪽으로 이동해 생존을 유지했을 가능성은 대단히 높았다.

독소전은 군사이론의 상식이나 일반적인 교리가 작동하지 않는 대단히 특이한 전쟁이었다. 프로이센 육군의 전통 이래 가장 전문적이고 효율적인 군사집단인 독일군이 러시아 전선에서 행한 비일상적이고 납득하기 어려운 의사결정에 매몰된 이유는 이 전쟁이 히틀러나 괴링이 설파한 것처럼 '인종청소전쟁'이기 때문이었다. 슬라브 공산주의와 유대인의 세계전략을 타도하기 위한 인종 이데올로기가 군사교리에 선행한다는 것이 히틀러의 생각이었기에 독소전 개개의 국면을 합리적인 군사이론의 범주로만 파악하는 것은 당연히 한계가 있다. 따라서 바르바로싸 자체가 이미 정치적인 결정이라는 점을 염두에 두어야 왜 야전군 격멸이 주요 거점의 확보보다 더 높은 우선순위를 부여받는지를 해석할 수가 있을 것이다.

* * * * *

미션 임파서블

"러시아는 병력의 규모와 무기 및 장비의 근대화 측면에 있어 세계 최강이다.
러시아는 가장 큰 규모의 공군을 보유하고 있으며
해군 또한 같은 수준으로 끌어올리기 위한 배전의 노력을 기울이고 있다.....
그와 같은 기본적 성격의 전환은 역사상 그 어느 때보다
동부전선의 문제에 있어 우리들로 하여금 심각한 도전에 직면케 할 것이다."
(하인츠 구데리안 : 1937)

그럼 바르바로싸의 기안이 어떠한 과정을 거쳤는지를 잠깐 살펴보기로 하자. 이 전대미문의 전쟁계획은 의외로 실무진에 의해 소박하게 준비되었다는 점이 흥미롭다. 히틀러 스스로가 가장 하고 싶었던 전쟁이었음에도 불구하고 독일 국방군은 단 두 개의 계획안을 일부 수정하여 최종안으로 성안하는 다소 석연치 않은 논의과정을 거친 것으로 기록되어 있다.

바르바로싸의 기안은 18군 사령부의 참모장 에리히 마륵크스(Erich Marcks)의 손에 의해 시작되었다. 왜 이 사람이었는가는 분명치 않으나 그의 계획안은 1940년 7월 21일 빨터 폰 브라우히취(Walter von Brauchitsch) 국방군 총사령관이 히틀러와의 면담에서 기본지시를 접수한 다음, 프란쯔 할더(Franz Halder) 육군참모총장에게 인계한 이후에 전개된 결정이었던 것으로 보인다. 당시 국방군 총사령부(OKW)와 육군 총사령부(OKH)는 서로 다른 전략적 우선순위를 책정하고 있었다. 전자는 영국과의 대서양 해전에 초점을 두고 보다 많은 유보트의 건조사업에 혈안이 되어 있었던 반면, 후자는 소련 침공을 위한 전차생산과 병력 재편에 방점을 찍고 있었다. 따라서 1940년 여름을 기준만 하더라도 아직은 대소련 전쟁에 대한 기본적인

◆ I-1-2 18군 참모장 에리히 마륵크스 소장. 101경보병사단장으로 바르바로싸를 시작했다가 개전 4일 뒤인 6월 26일에 왼쪽 다리를 잃는 중상을 입었다.

◆ I-1-3 히틀러의 우편배달부, 육군총사령관 봘터 폰 브라우히취 원수. 히틀러의 온갖 간섭에 기가 눌려 직위에 부합하는 역할이나 영향력을 전혀 행사하지 못했다. 자유주의적 정치사상의 소유주로서 나치의 정책에는 대단히 비판적이었다.

◆ I-1-4 히틀러와 끊임없는 반목관계를 가졌던 육군참모총장 프란쯔 할더 상급대장. 바르바로싸의 중점과 주공을 두고 히틀러와 끊임없이 갈등을 빚으면서 점차 히틀러의 신뢰를 상실해 갔으나 폰 보크나 구데리안처럼 경질되지는 않았다. 할더의 부하들은 그를 '섬세한 온실의 식물'이라고 불렀다.

구상도 정해지지 않은 상태였고 히틀러 자신의 상상력도 조야한 희망사항을 나열한 데 불과했다. 할더는 브라우히취의 명을 받아 당장 독소 개전 계획안을 준비하고 OKH의 작전과장 한스 폰 그라이휀베르크(Hans von Greiffenberg) 대령은 소련 제5, 6, 12군이 주둔하고 있는 우크라이나 방면에 주공을 형성하는 방안을 제안했다. 이 작업은 수일 만에 완료되었다. 할더는 그와는 달리 가장 도로사정이 양호한 폴란드에서 북부 지역을 거쳐 모스크바로 직행하는 안을 선호했다. 할더는 수도 모스크바를 바로 때리는 것이 남방에 집중해 있던 소련군 병력을 따돌리고 소연방 자체를 붕괴시키는 최단 코스임을 자신하고 있었으며 이 안은 육군 작전참모부의 게르하르트 화이어아벤트(Gerhard Feyerabend) 중장에 의해 지지되었다.[1] 단 여기까지는 아무런 공식적 결재과정이 없는 단순한 구상 단계에 지나지 않았다.

히틀러가 소련 침공을 공식적으로 결정하면서 이를 국방군 작전부장 알프레드 요들(Alfred Jodl) 상급대장에게 알린 것은 7월 29일이었다. 그 직후 차석인 봘터 봘리몬트(Walter Walimont) 소장은 작전참모부 장성들 및 고급장교들과 한 시간 동안의 격렬한 논쟁을 벌였고, 마지막에 알프레드 요들은 독일군이 프랑스를 제압하고 유럽 최강 군대로 각인된 이 시점에 소련을 치는 것이 가장 이상적인 것으로 간주하면서 사실상 대소련 전쟁 개시를 기정사실화하는 의사결정을 내리게 된다. 7월 31일 독일 국방군 수뇌부가 모두 참석한 회의에서 히틀러는 에리히 래더(Erich Raeder) 해군 총사령관의 대영국전투 계속 주장을 접고 요들의 결론에 따라 소련 침공

1) Halder(1964) pp.34, 37

◆ I-1-5 OKW 작전부장 알프레드 요들 상급대장. 나치당의 사상이나 운동에는 비판적이었으나 히틀러의 명령은 충실하게 이행하면서 그의 전략적 사고를 기술적으로 지원, 구현하는 역할을 했다. 천재적인 지략과는 거리가 멀었으며 병적인 명예욕을 가진 냉혹비정의 표상이었다.

◆ I-1-6 OKW 작전차장 봘터 봘리몬트 소장. 바르바로싸의 실패에도 불구하고 러시아 전역에 대한 전구관리능력을 인정받아 42년에 중장으로 진급했다. 작전지도에 관한 사무처리에는 사실상 그가 총괄적인 지위에 있었다.

을 결정하는 것으로 수뇌부를 설득했다.[2] 히틀러의 생각은 다음과 같았다. 영국을 굴복시키는 것이 불확실한 시점에서 시간을 끌면 끌수록 소련과 미국이 독일에 선전포고하기까지 독일은 불리한 조건에 처하게 될 것이며, 차라리 당면한 위험요소인 소련을 잘라내는 것이 영국이 강화에 나설 전제조건이 될 수 있다는 판단이었다. 당시 영국은 유럽대륙이 나치에 석권된 상태에서 고립무원의 조건을 감내하면서도 최종적으로는 미국과 소련이 연합군 진영에 합류할 것을 갈망하고 있었다. 그러나 만약 히틀러의 나치 독일이 빠른 시간 내에 소련을 굴복시키게 된다면 영국은 대륙에서 독일군을 패퇴시킬 수 있는 희망조차 갖지 못하게 될 것이라는 판단으로 독일군 수뇌부는 대소련공세의 입장을 합리화시켰다.[3]

히틀러는 우선 두 개의 공세를 준비해 하나는 남쪽의 키에프로 향하고 다른 하나는 북부의 발틱국가들을 거쳐 모스크바를 침공하는 방안을 상정했다. 그 후 두 그룹은 20세기 초 최대의 석유산지인 바쿠 근처 유전지대에서 조우하여 유럽지역 소연방을 완전히 장악한다는 것이었다.[4] 서방전격전 이후 독일군은 120개 사단에 머물러 있었으나 이를 실현하자면 최소한 180개 사단을 만들어야 이론적으로 가능하다는 추론에 도달했다. 문제는 광대한 러시아 땅을 커버할 병력의 밀도였다. 180개 사단을 동원할 수 있다 하더라도 동부전선에서는 180km당 전차 1대가 배정되는 꼴이었다. 서부전선에서는 45km에 불과했다. 또한 1940년 서부전선에서는 한 대의 항공기가 30

2) Klink(1983) p.215
3) BA-MA N-22/7, Tagebuchnotizen Osten-Vorbereitungszeit 20.9.1940 bis 21.6.1941, Fol. 2(1940.12.3)
4) Halder(1964) p.50

제곱킬로를 담당했으나 러시아의 경우는 그 배가 되는 60제곱킬로를 커버해야 한다는 계산도 나왔다. 하나 31일 토론에서 누구 하나 궁극의 의문을 제기하는 장성은 없었고 그로부터 바르바로싸는 모양을 잡아가기 시작했다.

서방전격전 독일-프랑스 전력 비교

	독일	프랑스
병력	250만	500만
전차	2,400	3,500
야포	7,500	10,200
차량	120,000	300,000
전투기	1,200	1,100
폭격기	1,700	1,000

이미 7월 초부터 할더의 명을 받아 작전계획을 수립하고 있던 에리히 마륵크스 소장은 히틀러와 유사한 안을 만들고 있었다. '동부전선 작전개요'(Operationsentwurf Ost)라고 명명되어 26쪽으로 정리된 이 안은 우선 동프러시아와 폴란드에서 소련 내 가장 질 좋은 국도를 이용해 모스크바로 직행하는 북부전선에 중점을 두었다. 이 북부란 실은 북방집단군이 아니라 나중에 중앙집단군이 이동하는 루트를 말한 것인데 드뷔나와 드니에프르 강 사이의 오르샤 회랑을 거쳐 민스크와 스몰렌스크를 치고 모스크바로 향하는 최단 코스를 잡는 것을 의미했다. 북부전선 또 하나의 그룹은 정북으로 직행하여 레닌그라드와 프스코프(Pskov)를 따내는 것으로 정리되었다. 한편 프리페트(Pripet) 습지 남쪽을 공략하는 남부전선은 독일 군수경제의 사활이 걸린 루마니아 유전지대를 노리는 소련군의 위협을 쳐내면서 키에프와 드니에프르 강 중부지역으로 진출하고, 그다음에는 북부전선의 병력과 조율하여 하르코프로 직행하던지 아니면 북동쪽으로 꺾어져 두 개 집단군이 서로 연결되는 것을 상정했다. 남부전선은 로스토프까지 뻗어 나가 모스크바 동쪽 고르키와 더 동쪽의 아르한겔스크까지 진격한다면 소연방은 정치, 경제적으로 더 이상 지탱하기가 곤란하다는 판단에 기초하고 있었다.[5] 즉 1억 명이 넘는 인구가 있다손 치더라도 경제적으로 가장 발달한 모스크바 서부 방면을 장악하고 나면 그보다 동쪽의 후진지역은 건드릴 필요도 없이 소연방 체제의 중추를 파괴할 수 있을 것으로 내다보았다. 여하간 독일군 전초기지들을 소련공군의 전략폭격으로부터 안전하게 관리하려면 병력이 집중되어 있는 서부군관구의 소련군 병력들을 단숨에 섬멸하는 것이 첩경이었다. 그러므로 소련군의 기동전력도 그렇지만 공군의 중핵을 초전에 박살내야 한다는 것이 가장 중요한 핵심적 타깃 중의 하나였다. 따라서 개전 시발시점에 있어 독일군의 주공은 가장 강력한 장갑집단을 동원해 드미트리 파블로프(D.G.Pavlov)의 방면군(서부군관구)을 일거에 제거하는 일에 모아져야 했다. 그러나 할더는 모스크바와 키에프에 거의 균등한 비중을 부여한 이 안에 부분적으로 반대를 표명했고 8월 5일 26쪽의 보고서가 제출되기 이전에 해

5) NA : T-84 ; roll 271, Tagesbuchnotizen Osten I, 'Operationsentwurf Ost', frame 000902-000923(1940.8)

당 부분의 표현은 대폭 수정되었다. 할더는 모스크바 이외의 다른 도시나 지역이 동일한 전략적 가치를 부여받는 것을 원천적으로 거부하고 있었다.[6]

마르크스는 좀 더 구체적으로 이 작전계획을 시기별로 4개의 단계로 구분했다.

1단계	독일군 발진지점으로부터 소련군 전위부대 병력을 최소한 400km 너머로 몰아낼 것.	(3주 소요)
2단계	침투와 전과확대 국면에서 100-200km에 걸쳐진 소련군 수비진을 포위 섬멸할 것. 적군 병력이 여타 방향으로 도주하지 못하도록 포위섬멸은 신속 정확하게 집행할 것.	(2~4주 소요)
3단계	2단계 완료 후 모스크바, 레닌그라드를 점령하고 우크라이나 동부까지 진출하여 약 400km 구간을 장악할 것. 이 시점의 공세 계속 여부는 병참지원과 철도선 확장의 관리 여하에 달려 있으며 적군 병력의 저항상태에 따라 한 차례의 휴지기를 마련하는 것은 불가피할 수도 있다는 점 고려.	(3~6주 소요)
4단계	돈 강, 볼가 강 중류 및 드뷔나 강 상류지역 장악을 통한 소연방 유럽지역의 최종적 장악.	(3주 소요)[7]

마르크스 소장의 계획안에 따른다면 대소작전은 가장 낙관적으로 9주, 가장 비관적으로 17주가 걸린다는 계산이나 9-17주라고 하는 것은 그야말로 황당한 낙관으로, 여하간 그는 소련군이 주방어선을 공고히 하기 전에 단기절전으로 방어선을 돌파해 적군의 주요 병력을 포위섬멸한다는 것을 주된 골자로 삼았다. 또한 공세 중앙부에 거대 규모의 예비전력을 포진시켜 전과확대 국면에서 최초 공세와 동일한 규모의 임팩트를 가해야 한다는 부분도 애써 강조했다. 그럼에도 불구하고 여전히 의아한 것은 그가 41년 말 또는 42년 초에 영미가 소련과 연합하게 될 것으로 미리 예견하면서 오로지 그 시기 이전에 소련을 제압해야 된다는 부분을 언급했다는 것은 설혹 시기상에 다소의 편차가 생긴다 하더라도 미국, 영국, 소련을 모두 적국으로 돌려 동서 양면의 동시작전을 수행할 능력이 있는가 하는 것인데, 실무기안자인 마르크스가 히틀러의 망상을 초월하는 수준의 아이디어를 제기했다는 것은 도무지 이해하기가 어렵다. 마르크스는 최초 안에서 소련군이 드니에프르-드뷔나 강변 방어선에서 결전을 치를 것이라고 했다가 나중에는 하나의 방어선에 의존하기보다 적군은 여러 군데에 전략적, 작전술적 축선을 설정할 것이라고 내다본 바 있어, 더더욱 그의 낙관적 계획안은 실효성이 없어 보이는 것이 당연했다.[8] 마르크스의 독일 집단군 전구별 전력배치는 다음과 같다.

6) Halder(1964) p.46
7) Klink(1983) pp.224-5
8) Klink(1983) pp.226-7

	장갑사단	차량화보병사단	보병사단	기병사단
북방집답군	5	6	24	0
남방집단군	15	2	50	1
예비집단군	4	4	36	0
계	24	12	110	1

한편 요들의 지시에 따라 OKW 차원에서 작전계획을 입안하고 있던 국가방위과 육군작전반장 베른하르트 폰 로스베르크(Bernhard von Lossberg) 중령은 마륵크스보다 훨씬 늦게 작업에 착수하여 9월 15일 '동부전선 작전연구'(Operationsstudie Ost) 제명의 보고서를 제출했다. 로스베르크 중령은 소련군이 1812년 때와 같은 전략적 후퇴를 통해 후방의 방어선으로 후퇴할 것이라는 마륵크스의 예측을 부인했다. 그는 우크라이나의 산업자원은 소련 군수경제에 필수적인 자산으로서 이를 간단히 방기할 수는 없기에 나폴레옹 전쟁 당시와는 사뭇 다른 양상을 띠게 될 것으로 내다보았다. ①우선 소련군은 핀란드와 루마니아 전구에서의 민감한 현재적 위기를 그대로 간과할 수는 없기에 독일군에 대고 섣부른 선제공격을 감행할 가능성은 희박하다고 전제했다. ②다음 로스베르크는 소련군이 공군기지들을 관리하기 위해서라도 서부방면에서 사활을 걸어 방어전을 펼칠 것으로 예상했다. ③또한 부득이 전선을 버리고 퇴각해야 될 상황이 도래한다 하더라도 후방경계작전을 수행하는 정도로 점진적인 전술적 후퇴는 하겠지만 의도적으로 초토화작전을 통해 한꺼번에 뒤로 물러서지는 않을 것이라는 추측을 제시했다. 왜냐하면 우크라이나의 지하자원과 곡창지대는 소련군이 그리 쉽게 독일군에게 넘겨주고 퇴각하지는 않을 것으로 예측되었기 때문이었다. 따라서 전선을 지키려 하는 밀집대형의 소련군을 일거에 제거함으로써 적군 지휘부와 야전군들의 중추체계를 마비시킬 수 있다는 결론을 제출했다. 그럴 경우, 초전에 대패를 경험한 소련군은 부득이 우크라이나를 포기하는 순간이 도래하더라도 질서있는 후퇴가 불가능할 것이므로 초기에 서부 러시아전선에서 총력을 다해 승부를 띄우는 그와 같은 모험은 충분한 성과가 나온다는 예상이었다.

그다음 공세 방향과 주력의 편성은 마륵크스와 크게 다를 바 없었다. 북부에는 두 개의 집단이 배치되고 프리페트 습지 남부에는 1개 집단이 담당하는 구도였다. 북부전선의 제1 집단군은 발틱 국가들을 관통해 드뷔나 강을 넘어 레닌그라드를 향해 나아가고 제2 집단군은 가장 강력한 기동전력을 집중시켜 민스크와 스몰렌스크에서 포위전을 펼친 다음 모스크바로 진격한다는 시나리오였다. 남부전선은 역시 두 개의 선봉을 구성해 하나는 폴란드 남부에서 남동쪽으로 향하고 또 하나는 루마니아 국경에서부터 흑해의 북쪽 연안을 따라 진격하는 것으로 정리되었다.[9] 이 작전의 요체는 프리페트 습지와 흑해 사이에서 커다란 이중포위망을 형성하여 적군이 드니에프르를 건너기 전에 섬멸시켜야 한다는 것이었다.

9) Bergström(2016) p.33

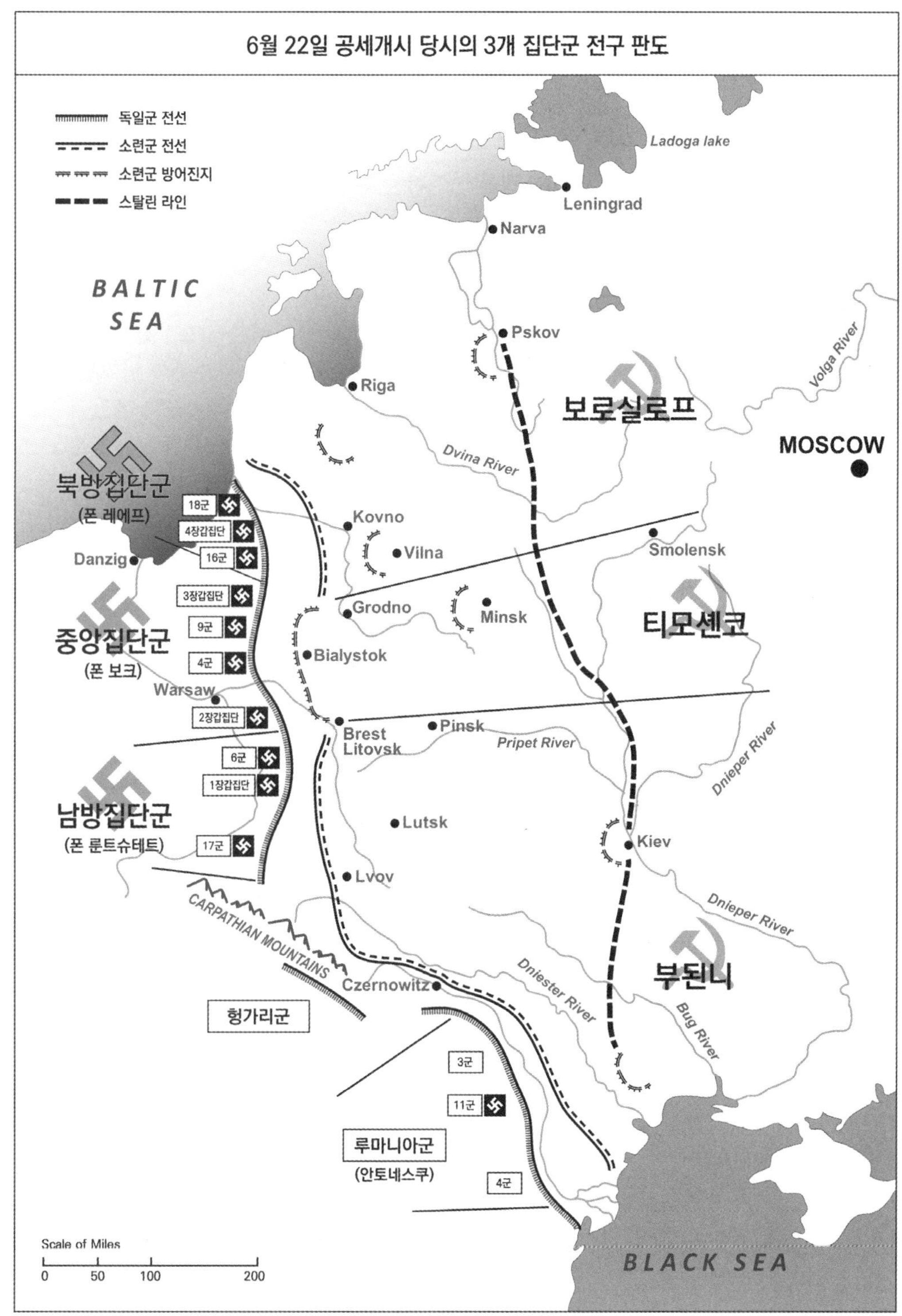

그다음 단계에서는 우크라이나 동쪽 구역을 장악한 뒤 북쪽에서 내려오는 집단군과 연결되는 것으로 종결되는 구도였다. 물론 로스베르크의 안에서도 중점은 모스크바로 가는 길목을 여는 것

이 가장 중요한 포인트였는데 북부쪽 집단군(사실은 중앙집단군)이 모스크바 방면으로 향하다가 드뷔나 강 동쪽 부근에서 약간 북상하여 발틱 지역에서 소련군들을 최종적으로 포위섬멸하는 구상이 마륵크스의 의도와는 조금 다른 방향설정이었다. 일단 로스베르크의 안이 훨씬 구체성을 띈 것으로 인정한다면, 독일군의 최종 목적지는 아르한겔스크-고르키-볼가(스탈린그라드 방면)-돈(흑해 방면) 강 구역을 연결하는 선에서 결정될 여지가 높았다. 단 로스베르크의 안은 마륵크스와 달리 대략적인 공세 진행경과를 예상할 수 있는 시간표 설정이 부재했다.

하지만 두 안 모두 당시 독일군 수뇌부의 지나친 과욕과 지난 전장에서 쟁취한 승리에 도취되어 만들어 낸 자기기만적 속성을 안고 있었음을 숨길 수 없었다. 기본적으로 산업화가 성숙기에 접어든 서유럽과 여전히 후진적인 동부전선과는 사회경제적 인프라의 수준이 비교될 수가 없었다. 심지어 전후에 살아남은 독일군 장성들이 "그 놈의 도로만 프랑스 수준으로 좋았어도 소련은 집어삼킬 수 있었다"고 술회한 것을 보면, 비록 그들의 주장이 편협한 것이라 하더라도 도로나 급유시설과 같은 제반 사정이 판이하게 다른 서부와 동부의 차이를 보다 심각하게 예상했어야 했다. 거기다 유럽문명을 좀먹는 공산주의의 외피를 쓴 야만적인 러시아는 반드시 타도되어야 한다는 정치윤리적 선입견이 객관적인 군사적 섭리(prudence)를 압도하고 있었다. 이와 같은 인종이데올로기적 집착은 비단 친위대 소속 장교와 장성뿐만 아니라 보편적으로 독일 국방군과 육군 내부에 널리 유포되어 있었던 인식이었다. 더욱이 프랑스를 비롯한 서유럽 국가들을 상대로 기존의 군사상식을 뒤엎는 전과를 나타내며 거대한 승리를 쟁취했던 직전의 경험이 오히려 독일군 수뇌부의 판단력을 흐리게 하는 요인으로도 작용했다. 독일군 내 지극히 보수적인 장성들도 소련은 5달 정도에 굴복시킬 수 있을 것이라는 막연한 예측을 표출시키고 있었다. 심지어는 소련은 프랑스가 당한 것보다 더욱 심한 피해를 입으며 초전에 몰락해 갈 것이란 낙관주의가 팽배해 있었다. 소련은 병기 수준도 낙후되어 있으며 병사의 훈련도 뒤처져 있는데다 지휘부의 능력도 형편없다는 인식이 상대적으로 뛰어난 독일군의 기술적, 전술적 질을 견뎌내기 힘들 것이란 결론을 미리 만들어내고 있었다. 이는 20년 전 제정 러시아 군대의 일반적 사정을 말하는 것에 다름 아니었다. 그들 중 상당수가 1차 대전 때 러시아군과 싸워 본 경험을 갖고 있었으나 혁명 후 스탈린 치하의 소련은 제정 러시아의 군대와는 많이 다를 것이란 생각은 별로 거론되지 않았다. 소련은 국민의 생명을 절대적 기본 가치로 설정하는 그런 민주주의 체제가 아니었다. 오히려 그런 무자비한 전체주의 체제가 총력전을 펼치는 근대전쟁에서 살아남을 수 있다는 사실을 아무도 믿으려 들려고 하지 않았다. 최소한 당시로서는.

여하튼 마륵크스와 로스베르크의 안은 바르바로싸 최종계획안의 기초로 활용되었다. 부분적으로 상당한 차이가 발견되기도 하나 기본적으로는 소련군의 격멸을 낙관시하는 시각에서 편성된 자료였다. 이 두 안은 결국 전격전의 교리대로 최대한 장갑전력을 집중시킨 다음 가장 빠른 템포로 드니에프르와 드뷔나 강 서쪽에 포진한 소련군의 중핵을 파괴하고 완벽한 포위섬멸전으로 도주하는 소련군의 퇴각로를 차단한다는 구상에 근거하고 있었다. 여기에 한 가지 재미난 반론이 존재했다. 나중에 스탈린그라드에서 6군을 몰락시키게 될 프리드리히 파울루스(Friedrich Paulus) 중장은 할더 참모총장의 지시에 따라 40년 12월부터 독일 군사정보국의 자료에 입각한

I-1-7 독일군 참모부 중 최고의 수재 중 한 명이었던 프리드리히 파울루스 중장. 방 안에서는 뛰어났으나 방 밖, 즉 야전에서는 우유부단의 극치를 보여준 장군. 왼쪽은 발터 폰 라이헤나우 6군 사령관

바르바로싸 작전계획 검토를 요구받게 된다. 물론 마륵크스와 로스베르크 침공안의 골격을 전제로 한다는 이야기였다. 야전에서는 결과적으로 최악의 군인 중 하나였으나 참모부 안에서는 가장 뛰어난 수재였던 만큼 그의 혜안이나 분석력은 주목의 여지가 있었다. 그는 볼가 강과 아르한겔스크까지를 석권한다는 발상은 과대망상적 나치 이데올로기의 표현이라며 거의 불가능하다는 판단을 제시했다. 우선 독소 병력의 차이를 비교했다. 정보국의 자료에는 독일이 154개 보병사단, 18개 장갑사단, 18개 차량화보병사단을 형성해 루마니아군 10개 사단과 함께 소련군의 125개 사단과 50개 전차 및 차량화소총병여단을 상대하는 것으로 예상되어 있었다. 파울루스는 독일군의 기동전력 증강 여부에 관계없이 소련군은 지속적으로 병력을 증강시키고 있고 다른 아시아 지역 제대들을 이동시켜 규합할 경우 개전 3개월 만에 30-40개 사단이 추가로 전선에 배치될 수 있으며 6개월 동안 100개 사단이 만들어질 수도 있음을 경고했다.[10] 그에 반해 독일군은 전 병력이 모두 전선에 배치된 다음에는 겨우 11개 사단이 예비로 남아 200km 구간을 커버해야 된다는 계산이 나오므로 점증하는 소련군의 사단 수에 비추어 이 예비는 차라리 최초 개전 이후 8일이 지난 시점인 2단계 공세부터 투입해 단기간에 끝장을 보는 것이 낫다는 견해를 제시했다. 2단계 전투는 20일이 소요될 것으로 예상했다. 이 20일이란 서부군관구에 밀집되어 있는 소련 야전

10) Stahel(2009) p.56

군의 중추를 파괴하기까지의 시간이었다. 예비가 필요하면 1단계가 종료된 그 순간에 보유 전력을 분할하면 된다는 단서조항도 부기했다. 물론 그는 공세 계획 자체가 결함투성이라는 점을 인정하면서도 그럼에도 불구하고 침공계획을 집행한다면 그렇다는 이야기였다. 병참감(兵站監) 에두아르드 봐그너(Eduard Wagner) 소장은 일단 독일군이 민스크 동쪽까지 도달하게 되면 1차 보급은 종결되며 당장 보급문제가 불거져 나온다는 것을 경고했다. 파울루스 역시 바로 이 점을 고려하여 최초 공세가 끝난 직후 육군은 3주 정도의 휴지기를 통해 철도선을 재건하고 전투부대의 보급물자를 축적해야 하며, 차량과 장비의 대대적인 수리점검이 필요하다는 결론을 도출했다. 휴식은 북부전선에서는 레닌그라드, 중앙전선에서는 스몰렌스크, 남부전선에서는 키에프까지 도달하는 여정의 4분의 3을 종료한 시점에서 이루어져야 하며, 이 휴지기 이후에 중앙집단군은 총력을 다해 모스크바로 진격한다는 구상이었다. 바꿔 말하면 레닌그라드-스몰렌스크-키에프(드니에프르) 축선에 도달하기 전까지는 본격공세가 아니라 최종 단계의 궁극적인 공세를 위한 실질적인 사전정지단계(provision)로 이해해야 하며, 이 축선 상에서 발기되는 공세가 사실상의 작전행동(operation)이 된다는 의미이기도 했다. 그러자면 가장 보수적인 견지에서 보아, 공격의 최종단계가 도래하게 되면 중앙집단군의 진격을 위해 북방집단군과 남방집단군은 측면을 지탱하는 소극적인 태세를 갖추어야만 주어진 조건 하에서의 제한된 보급물자를 극한까지 활용가능하다는 판단이었다.[11]

I-1-8 전술이고 전략이고 간에 예나 지금이나 전투는 이처럼 선두에서 '돌격 앞으로'를 외치는 용감한 지휘관들에 의해 좌우되었다. 막대수류탄을 들고 전방으로의 돌격을 선도하는 독일군 병장

파울루스는 이처럼 참모부 내 가장 강한 톤으로 이 계획을 반대했음에도 불구하고 그는 42-43년 스탈린그라드 때처럼 히틀러의 대항에 반론을 펼칠 만한 강심장이 없었다. 그의 비판은 히틀러에게 제대로 전달되지 못한 채 단순한 고려사항 정도의 당구장 표시(※)로 격하되는 꼴을 당했다. 약간 과장되게 해석하자면 지금까지 폴란드와 프랑스 전에서 보여주었던 군사적 프로훼셔널리즘과는 달리 바르바로싸에

11) 메가기(2009) p.263, Halder(1964) p.176

서는 준비 단계에서부터 정치적 주의주장이 군사교리와 합리적 성찰을 무시해 버리는 쪽으로 경도되어 갔다고 규정할 수 있겠다. 즉 그 어떠한 이유를 들어 옆에서 말리더라도 히틀러가 대소전을 포기하지 않으려 했다는 것은 분명했다. '나의 투쟁'에 드러난 그의 의도를 액면 그대로 해석하지 않더라도 나치 독일은 소비에트 러시아와 같은 하늘 아래 존재할 수 없다는 숙명적 대결이 기다리고 있었다. 결과적으로는 바르바로싸에 대한 그 어떤 제약조건이나 충고나 문제점도 히틀러의 개전의지를 없애버릴 수는 없었다. 1940년 12월에 나온 히틀러의 지령 21이 바르바로싸의 전략적 지평에 관한 대강이었다면, 1941년 1월 31일에 나온 OKH의 '동부전선 공세지령'(Aufmarschanweisung Ost)은 작전술 차원의 구체계획이었다. 공군은 2월 20일 공세계획의 성안을 완료했다. 놀랍게도 공군의 구체계획은 6월 22일 공격 개시 불과 8시간 전에 공개된다.

다음에는 그럼 그와 같은 대규모 단기절전의 공세를 이어갈 수 있는 병참사정은 충분한가란 문제와 씨름해야 했다. 할더와 카이텔의 명에 따라 병참상황을 검토한 전쟁경제 및 병참국의 게오르크 토마스(Georg Thomas) 대장은 2월 8일 파울루스에 버금가는 비관적인 분석을 제시했다. 우선 개전 이후 공군기의 연료는 가을까지가 고비이며 차량은 그보다 심해 2개월 후면 바닥, 고무생산과 보급은 3월 말이면 아무 것도 남는 게 없다는 결론이었다. 카이텔은 이 상태로는 총통의 구미에 맞는 보고서가 되지 않는다며 과격한 수정을 요구했고 토마스는 달리 대책이 없지만 부족한 연료는 점령지역에서 강탈해서 메운다는 식으로 교정하는 도리밖에 없었다. 거기다 약간의 과장도 곁들여졌다. 소련군을 몰아내거나 격멸시키면서 빼앗은 영토에서 나오는 자산을 효율적으로 장악하여 관리해 나갈 경우, 독일 국내경제에도 득이 된다는 일반론과 함께, 우크라이나를 장악하면 소련 군수생산의 75%를 마비시킬 수 있다는 예측이었다. 75%란 수치가 어떻게 도출되었는지는 불확실하나 만약 우랄산맥으로 이동하게 될 산업기지들을 모두 파괴한다면 어느 정도 가능한 확률이기는 했다. 또한 가능하다면 코카사스 유전지대까지 장악해야 겨우 소련 한 나라와 맞장 뜰 수 있는 연료를 확보하게 되는 것으로서 거기에 영미 연합군의 제2 전선 구축을 고려하게 되면 문제는 또 다르게 전개될 소지가 높았다. 결국 이 병참 관련 보고는 이러저러한 규모의 전투를 위해 어느 정도의 병참이 필요한가를 정리하는 것이 아니라, 모든 게 모자라니 전쟁을 해서라도 각종 경제자원과 군수자산을 약탈해야 된다는 논리로 귀결되는 순서를 밟았다. 이처럼 독일군은 필요한 정보를 취합해 객관적인 상황판단에 적용한다기보다 이미 내려진 결정에 맞추어 그에 부합하는 정보만 끼워 넣는 작업에 매달린 듯한 조건에 처해 있었다.

하지만 이 '적당히 넘어가기'는 심각한 상황을 전혀 반영하지 못한 것으로 보인다. 기본적으로 전선이 신장됨에 따라 보충해야 될 각종 부품과 차량교체는 상상을 초월할 정도로 수요가 늘어날 것인데 이 문제는 이미 프랑스전에서도 독일군 군수부의 골머리를 앓게 했었다. 더욱이 기계 부품과 군수품은 그다지 통일되어 있지 못해 공산주의적 집단생산방식 체제를 유지하고 있는 소련에 비해 제조 및 배급 속도는 더딜 수밖에 없었다. 차량과 중화기가 단일화되어 있지 못하다는 사실은 18장갑사단의 경우에 극명하게 나타났다. 이 사단은 96종의 서로 다른 차량들을 굴리고 있었으며 111가지 군용트럭과 37개 유형의 모터싸이클을 관리하고 있었다.[12] 이건 군대가 아니라 군수품의 백화점 전시장에 다름 아니었다. 통계적으로 바르바로싸 직전 독일군은 총 2,000종류의 차량들을 운행하고 있었고 중앙집단군 하나만 해도 약 100만 종의 부품들을 상시 필요로 하고 있었다.

둘째 연료의 문제로서 러시아 내 점령구역을 확장함에 따라 징발한 연료를 쓰면 된다는 발상인데 소련의 휘발유는 옥탄가가 낮아 정밀한 기계구조를 갖는 각종 장갑차량과 전차를 움직이는 데는 적합지 않았다. 설혹 도처에 연료가 산재해 있다 하더라도 쓸모가 없었다. 그대로 쓴다면 기계가 망가질 우려가 높았고 정제해서 사용한다면 엄청난 시간이 소요되며 그에 따른 관리비용은 어떻게 감당할 것인가에 대해 아무런 대책이 없는 형편이었다.

그다음으로는 하인츠 구데리안 스스로도 대단히 염려한 부분으로 전대미문의 규모를 갖는 장갑부대를 적기에 운영할 수 있는 도로망이 러시아 적지에 얼마나 존재하고 있는가란 의문이었다. 프랑스와 같은 선진국은 잘 닦인 도로와 곳곳에 주유소가 있어 이동하는데 하등의 애로를 느끼지 못했다. 프랑스의 국도와 초원지대는 독일 기동전이 최상의 효과를 발휘했던 최적의 조건에 있었다. 소련은 그와는 판이하게 달랐다. 간단히 말해 이는 최악의 환경이었다. 가도 가도 끝없는 대지에 포장도로도 거의 없을뿐더러, 있다 해 봐야 봄과 가을에 비만 오면 진창의 바다로 변하는 악랄한 도로사정은 적군의 반격만큼이나 힘든 존재였다. 1941년 당시 소련 전체에 걸친 136만 킬로의 도로 중 사계절의 변화에 관계없이 단단한 표면을 가진 포장도로는 64,000킬로에 지나지 않았다. 바로 이 점만 본다면 "도로만 좋았으면 모스크바는 41년 12월 이전에 점령할 수 있었다"는 독일군 장성들의 푸념이 크게 틀리지는 않았었을 거라는 추측도 가능하다. 리델 하트 역시 날씨보다는 도로사정을 더 중요한 요인으로 언급한 바 있었다.[13]

또 하나의 문제는 전차의 생산 속도였다. 1940년 7월, 전차 생산 목표량이 380대였으나 8월에는 200대 수준으로 하락했으며 9월에는 겨우 121대에 머무르고 있었다. OKH는 12월에 기존 하반기 월 평균 230대 생산량을 무려 1,250대까지 끌어올리는 것을 상신했으나 OKW는 그때만 해도 전투기와 잠수함에 더 많은 자원을 할애해야 한다는 방침이어서 생산능력이 있다하더라도 육군이 원하는 전차 수요량을 채우기는 쉽지 않았다.[14] 40년 전체 평균은 모든 전차 종류를 망라해 겨우 182대에 지나지 않았다. 41년 상반기까지 월 212대로 약간 증가되었다고는 하나 그럼에도 불구하고 1941년 4월 1일까지는 200대의 3호 전차와 800대의 4호 전차를 제조해 납입해야 한다는 과한 목표를 설정했다. 그렇다면 한 달에 466대를 생산해야 된다는 계산이 나오는데 이는 그 당시의 수준으로는 거의 불가능한 수치였다.

이는 한편으로 기본적으로 시장경제를 유지하고 있는 독일이 집산주의적 생산방식을 채택하

12) Stahel(2009) p.131
13) B.H.リデルハート(1982) p.161
14) Mitcham(2007c) p.18

고 있는 소련 경제를 따라잡을 수 없는 구조적 차이로부터 연원하는 문제였다. 단순히 생산라인의 일시적 개편이나 강철의 '의지'로 되는 사안은 아니었다. 한편 병력 규모는 총 180개 사단 창설을 목표로 잡았으며 히틀러는 장갑사단은 기존의 2배인 20개로, 차량화보병사단(이후의 장갑척탄병사단)은 10개로 늘이는 작업을 추가시켰다. 어차피 생산속도를 배가시킬 수 없는 상황에서 가능한 방법이라고는 개별 장갑사단의 규모를 축소시키거나 보병사단을 희생해서 차량을 빼 장갑사단으로 배속시키는 것 외에 달리 수가 존재하지 않았다. 장갑사단을 늘린다는 것은 전차의 수뿐만 아니라 부대 차량이 기하급수적으로 늘어나기 때문에 취해진 불가피한 궁여지책이었다.

* * * * *

작전의 중점(Schwerpunkt)

"본부의 계획에서는 모스크바의 탈취가 가장 주된 목표였다.
그러나 그전에 레닌그라드의 정복이 선행되어야 했는데 이는 발틱 함대의 근거지와
무기생산의 전쟁수행능력을 무력화시킴과 동시에, 무엇보다 모스크바로 향하는 독일군의 측면과 후방에
대한 반격을 도모하기 위한 적군의 전략적 집결지를 없애버릴 수 있었기 때문이었다.
이 마지막 근거 하나만으로도 레닌그라드가 최초의 목표가 되어야 한다는 것은 분명했다."
(1942년 당시 6군 사령관 프리드리히 파울루스 원수의 전후 진술)

바르바로싸에 대한 실무 차원의 작전계획이 성안되는 동안 독일군 수뇌부는 40년 12월 5일에 작전의 대강을 점검하는 기회를 가졌다. 프란쯔 할더 육군참모총장은 프리페트(Pripet) 습지를 기점으로 공세방향을 두 개로 나눈 뒤 우크라이나, 모스크바, 레닌그라드를 가장 중요한 3대 거점으로 규정하고 프리페트 습지를 피해 나가려면 북부(중앙집단군 전구) 지역에 작전의 중점을 설정하여 가장 강력한 기동전력을 투입해야 한다는 점을 강조했다. 즉 폴란드 주변 구역으로부터 민스크와 스몰렌스크를 거쳐 모스크바 방면을 향해 공세를 취하되 북방집단군과 남방집단군이 레닌그라드와 키에프를 목표로 진군하는 시나리오를 제출했다. 소련군 역시 그와 같은 지형적 문제로 인해 프리페트 습지 북쪽에 야전군의 주력을 배치할 것으로 보인다는 것이 할더의 분석이었으며, 습지 북쪽으로 공세를 펼치자는 말은 수도 모스크바가 가장 중요한 목표점이라는 것을 우회적으로 표현한 것이었다.[15]

히틀러는 대략적인 개요에 대해서는 만족을 표명했다. 하나 이날의 회의는 대단히 미묘한 한 가지 논쟁거리를 남기게 된다. 할더는 작전의 중점이 중앙집단군 전구에 있으며 모스크바가 최종 목표라는 데 대해서는 그 어떠한 애매한 단서도 남기지 않았다. 하나 히틀러는 이 전제의 가장 중요한 포인트는 적이 포위망을 빠져나가지 못하도록 최선을 다해 적 야전군을 섬멸(절멸)하는 것

---

15) NA : T-78 ; roll 335, OKH/Gen.Stb.d.H./Op.abt.(I), frame 6.291.500(1941.2.15)

이며 최초 단계에서 가장 신경을 써야 할 부분은 레닌그라드로서, 필요하다면 상당 병력이 남쪽에서 레닌그라드 진격을 지원하는 것을 고려해야 한다는 입장을 나타냈다. 그러면서도 그 이후에 제2단계 국면에 있어 북방집단군과 남방집단군이 어떠한 공세의 구도를 잡아가야 할 것인지에 대해서는 분명하게 밝히지를 않았다. 즉 할더를 비롯한 국방군 장성들이 당연히 모스크바를 상정하고 있었음에도 히틀러는 묵시적으로라도 받아들이지 않으려 한다는 느낌이 돌고 있었다. 할더는 그 어떤 경우라도 모스크바가 최종 목표라는 점에 대해 전혀 양보할 생각이 없었으나 12월 5일 히틀러 스스로가 '야전군의 격멸'이 중요하다고 했을 뿐 모스크바가 목표점이 아니라고 명시적으로 말하지는 않았기에 일단 총통의 심기를 자극하는 발언은 자제하는 선에서 회의는 종료되었다. 문제는 그다음에 발생했다.

OKW에서 준비한 로스베르크 대령의 작전계획 초안은 12월 12일 요들에게 제출되었고 14일 로스베르크에게 반환되어 수정안을 만들라는 요청에 의해 보완된 안이 16일 요들에게 다시 제출되었다. 이 수정안은 17일 히틀러에게 보고되는데 12월 5일 히틀러가 언급한 레닌그라드 공세 지원에 관한 내용이 추가된 것으로 정리되었다.[16] 할더는 거기에 그 스스로 손질을 가해 히틀러의 의견이 반영되면서도 모스크바 진공안이 결코 배제되지 않도록 적절하게 언급하는 수정을 가했다. 해당 부분은 다음과 같다.

> *"프리페트 습지를 두고 남북으로 나뉜 전구에서 공격의 중점은 북부 구역에 두게 된다. 두 개의 집단군이 여기에 배정될 예정이다.*
>
> *이 두 집단군의 보다 남쪽(전선 전체의 중앙부)에서는 강력한 기갑전력을 몰아 폴란드 북부 주변지역에서부터 나아가 백러시아 구역의 적군을 소탕한다. 이로써 강력한 기동전력이 북쪽으로 진출해 프러시아 동부에서 작전 중인 북방집단군과 함께 레닌그라드 방면으로 북상하여 발틱 지역의 적 야전군을 타격하도록 한다. 이처럼 레닌그라드와 크론슈타트 점령을 포함한 최초 단계에서의 작전 성공을 안정적으로 담보한 위에, 교통의 요충지이자 군수생산의 중심 도시인 모스크바를 점령하기 위한 작전행동에 착수하게 된다."*[17]

이 수정안의 문구에서 할더는 최초 단계에서 히틀러가 애써 강조한 북부 전선에서의 발판 마련을 인정하되, 그다음 단계는 반드시 모스크바가 중점이라는 점을 부각시키고자 했던 노력을 여실히 느낄 수 있다. 이 문건은 바로 그 유명한 총통 지령 21호가 되어 12월 8일 공식적으로 회람되었다. 북부전선의 안전을 발판으로 중앙집단군이 모스크바로 진격한다는 것은 히틀러가 스스로 만든 안은 아니며 로스베르크의 초안에 분명히 나와 있어 이는 아마도 최초 로스베르크에게 임무를 부여한 요들이 재확인하고 히틀러에게 독대 보고하면서 구체적으로 명시되었던 것으로 추측된다. 할더는 그와 같은 민감한 문구수정으로 히틀러의 의도를 육군참모부의 이해관계 내

---

16) Klink(1983) pp.238-9

17) Moritz, Erhard(ed.)(1970), Fall Barbarossa, Dokumente zur Vorbereitung der faschistischen Wehrmacht auf die Aggression gegen die Sowjetunion(1940/41), Militärverlag, Berlin, Germany : Dokument 36 'Hitlers Weisung Nr. 21(Fall Barbarossa) für den Überfall auf die Sowjetunion, 18.Dezember 1940' p.142, Stahel(2009) p.66에서 재인용

에서 희석시키려 했으나 이는 결과적으로는 나이브한 발상이었다. 지령 21호는 모스크바가 분명히 언급되어 있지만 최초 단계의 중점은 백러시아, 발틱과 레닌그라드라는 점에 대해서는 재론의 여지가 없었다. 모스크바는 북부전선에서의 전과가 확보되고 난 다음의 부차적인 지위를 부여받은 데 다름 아니었다. 바꿔 말하면 1단계에서의 희망사항이 관철되지 않을 경우, 모스크바로 향한다는 2차 목표는 수정될 가능성이 있음도 내포되어 있다는 점이었다. 할더가 이 안에 진정으로 반대하려 했다면 정면으로 히틀러에 맞서야 했으나 그는 그러지를 못했거나 하지 않았다. 히틀러는 자신의 실수건 타인의 무능이건 문건이나 합의에 구애받는 독재자가 아니었다. 여하간 이 지령 21호에 나타난 작전 중점의 이중적 의미는 나중에 독일군 지휘부의 중대한 위기를 자초하는 화근으로 작용하게 된다. 아니면 히틀러는 바르바로싸 계획 단계에서 처음부터 중점을 설정하지 않았었을 수도 있다. 할더를 위시한 군 관료들은 그들이 배운 대로 최초에 '전략적 목표'를 설정하여 세부사항을 정리했고, 히틀러는 오히려 전략을 비워둔 채 소련군의 반응과 구체적인 전력을 확인한 뒤에 '전략적 중점'을 수정 내지 교정하자는 생각을 품었을 수도 있다. 즉 모스크바를 향한 중앙집단군의 측면에 공고한 안전판을 만든 후에 최종목표를 향해 중점을 재설정한다는 뜻으로 해석된다. 이는 히틀러가 표면적으로 표방하는 프로파간다와는 달리 소련을 그리 만만치 않은 상대로 직시하고, 최초에 할더가 보고한 것과는 달리 단기절전에 끝낼 수 있는 상대가 아니라는 점에 근거하여 내린 태도였을 것이라는 추측도 가능케 한다. 자살해버린 히틀러에게 물어볼 수는 없지만 이러한 추측이 맞다면 히틀러는 필요 이상으로 낙관했던 할더의 의견에 대해 신중론으로 일관하다가 바르바로싸 초기 단계에서 소련군이 무기력하게 침몰하는 것을 보고 기왕에 할더가 보고한 내용을 더더욱 확대해석한 것으로 볼 수도 있을 것이다. 그러한 점에서는 처음부터 '중점은 모스크바'라는 미끼를 히틀러에게 던진 할더가 나중에는 바로 그 미끼에 의해 자신의 플랜이 붕괴되는 비극을 안게 되는 과정을 이해할 수 있을 것이다.

바르바로싸의 전략적 개요를 담은 지령 21호는 OKH가 41년 1월 31일 '동부 진공계획'(Aufmarschanweisung Ost)을 발부하면서 보다 구체성을 담은 작전계획안이 마련되었으며 여기에는 나중에 실제로 어떻게 되건 간에 대략적인 시간표까지 제시되었다. 하지만 이 계획서에는 모스크바가 명시되어 있지 않았다. 1단계가 종료된 다음 무엇을 할 것인가에 대한 명확한 목표와 지시가 없는 이 문건은 7-8월에 있을 독일 참모부의 혼돈과 혼란을 암시하는 여지를 남겨놓고 있었다. 이 중요한 문제가 초기에 그리 심각하게 다루어지지 않았던 이유는 모두가 소련에 대해서도 단기절전이 가능하다고 하는 막연한 짐작에 근거했다. 헤르만 괴링마저 병참 문제가 전체 작전 구도의 발목을 잡을 것이라고 우려를 표했음에도 불구하고 히틀러와 육군 참모부의 차이, OKW와 OKH의 시각 차이 따위는 41년 봄에서는 큰 이슈가 되지 못했던 것으로 보인다. 여기서 문제는 독일군 수뇌부가 가장 중요한 '전략'(strategy)의 문제를 왜소화시킨 상태에서 그보다 한 단계 낮은 차원의 '작전술'(operation) 수준의 담론들을 비체계적으로 결합했다는 점이었다.

독일군 참모부는 일단 북부전선을 안정화시킨 다음 경과를 보아가며 남동쪽(키에프) 혹은 정동쪽(모스크바)으로의 방향을 설정하겠다는 잠정적이자 '살아 있는'(living : 그때마다 수정가능한) 계획안으로 준비했다는 것 자체가 대단한 아이러니로 남게 된다. 이는 마치 폴란드와 프랑스전에서 보여준 '전격전'(Blitzkrieg)이 처음부터 전략적 기초를 갖는 패러다임이 아니라 임기응변

바르바로싸 공세계획

식의 전술적 테크닉의 일환으로 도입하여 순차적으로 구체화되어 나간 것과 마찬가지로, 바르바로싸는 공고한 전략적 기초가 결여된 상태에서 나중에 공백 메우기 형식이라는 애매한 방향설정으로 왜곡될 여지가 높았다.[18]

---

18) Kirchubel(2013) p.47

모스크바로 진공하는 할더의 구상은 소연방의 수도를 먼저 따낸다는 상징적 의미를 넘어 폴란드 국경에서 민스크, 스몰렌스크를 거쳐 모스크바로 향하는 것이 가장 양호한 도로와 인프라를 활용가능하다는, 가장 객관적이고도 실질적인 조건에 기초한 것이었다. 그 밑의 헝가리와 루마니아로부터 남부의 우크라이나로 들어가는 도로 사정은 북부의 그것에 비할 바가 못 되었다. 폴란드는 이미 39년에 점령한 상태에서 가장 신속히 병참을 운용할 수 있는 지역이었으며 그 어떠한 곳보다 발진기지로서는 타당한 환경에 놓여 있었다. 따라서 추상수준을 높인 전략적 가치를 연역적으로 풀건, 독일군의 주어진 병참조건 하에서 귀납적으로 해석하건, 모스크바로의 방향설정이 가장 높은 우선순위를 부여받는 것은 극히 자연스러운 선택이었다. 결과적으로도 스탈린은 남부전선에 더 많은 병력을 투입해 독일군을 기다리고 있는 형편으로, 북쪽에서 최단 코스를 잡아 모스크바 정면을 향하는 것이 최상의 전과를 달성할 수 있는 여지는 결코 적지 않았다. 그러나 독일군의 작전계획은 1단계가 끝나고 난 다음에는 기력이 다한 소련군이 반격의 동력을 잃을 것으로 예단하고, 대충 '추격'(chase)만 하면 더 동쪽의 모스크바나 볼가 강으로 접근하여 최종 목표지점인 AA 라인, 즉 아르한겔스크로부터 아스트라칸에 이르는 유럽 지역 러시아를 석권할 수 있다는 안일한 구상으로 일관하고 있었다. 할더가 12월 5일 히틀러에 대한 바르바로싸의 대강을 설명한 자리에서 이미 히틀러가 모스크바가 아닌 다른 곳을 생각하고 있다고 눈치챘다면, 이 대소련 작전계획은 처음부터 의혹투성이의 문제를 안고 잉태된 것으로 이해해야 했다. 상식적으로 작전술과 전술은 전략에 종속되어야 하나, 전략이 작전술적 제약요건에 따라 처음부터 주된 방향을 상실하여 표류한다면 이 전략은 더 이상 전략이 아니며, 설혹 유리한 국면전개에 따라 집행되더라도 애초의 목표는 달성하기 힘든 애로를 경험하게 마련이었다. 독일 국방군의 수뇌들이 서로가 서로를 의심하며 기안한 이 작전계획은 처음부터 근본적인 결함을 안고 준비되었으며, 그 위기는 생각보다 빨리 도래하게 된다.

지령 21호는 41년 5월 15일을 바르바로싸 공세일로 잡았다가 4월 30일에 다시 6월 22일로 확정짓는 최종결정이 내려졌다. 41년 6월 14일, 작전 개시 전 마지막으로 개최된 주요 군사회의가 있었다. 군사령관, 집단군 사령관을 포함한 고위급 장성들이 모두 참석한 가운데 브라우히취 국방군 총사령관과 할더 육군참모총장도 당연히 모습을 드러냈다. 이 자리에서 히틀러는 다른 장군들의 보고와 의견을 대단히 신중한 자세로 경청하면서 자기의 주장은 그 어느 때보다 강하게 어필시키려 했던 것으로 기록되어 있다. 그는 전쟁을 6주 안에 끝낸다는 자신감을 피력하면서 땅을 차지하는 것이 아니라 볼세비즘을 다도하는 것이 이 전쟁의 전략적(?) 목표임을 분명히 했다. 이 부분을 조금 민감하게 해석하자면 군사적 섭리와 교리보다 이데올로기가 선행한다는 논리가 되며, 확대해석하면 주요 거점의 선점이 아닌 야만적인 적군의 절멸이 더 긴요하기에 모스크바가 제1의 전략적 목표가 아닐 수 있다는 암시가 풍겨 나왔다. 문제는 그다음 오후에 히틀러가 폰 룬트슈테트(Gerd von Rundstedt) 남방집단군 사령관과 대화할 때였다. 폰 룬트슈테트 원수가 자신이 맡고 있는 남방 구역이 얼마나 광활한지를 히틀러에게 각인시키려 하자 히틀러는 중앙집단군이 1차 목표를 마무리하고 나면 병력을 빼 남방으로 이동시킬 수 있다는 언급을 남기게 된다. 가장 황당해 해야 할 할더가 이를 목도하고도 아무런 반론을 제기하지 않았던 것으로 되어 있다. 히틀러는 이미 이때 레닌그라드와 발틱국가들을 정리한 뒤에는 모스크바가 아닌 키에프 방면으로 진출하겠다는 의도를 내심 의도적으로 드러낸 것이 아닌가 하는 추측을 낳게 했다. 의도적인 것이 아니라 할지라도 머릿속에 내재된 본인의 사고를 은연중에 드러낸 것일 수도 있었다. 이 자리에서 히틀러의 공군부관이었던 니콜라우스 폰 벨로(Nikolaus von Below)는 히틀러의 전쟁개념이 할더를 비롯한 육군지휘부 장성들의 생각과 극명하게 차이가 난다는 점을 피부로 느꼈다고 진술하고 있다. 심지어 여기서 할더가 침묵을 지키고 있었던 것은 히틀러의 견해를 육군이 암묵적으로 승인하는 절차가 아니었던가 하는 의혹마저 배회하게 되는, 실로 엄중한 계기였던 것으로 회자되어 왔다. 이 때문에 바르바로싸의 이후 전개는 육군총사령부의 기본 구도를 히틀러가 교란시킨 것이 아니라, 이미 확고한 자신의 생각을 굳히고 있던 히틀러의 구도를 할더가 변화시키기 위한 내밀한 노력을 기울이는 과정에서 굴곡을 겪게 된다고 보는 시각마저 존재하게 된다.[19] 프란쯔 할더는 전형적인 프로이센 육군의 전통을 체화했던 인물이기는 했다. 그러나 그는 구데리안이나 모델, 아니면 만슈타인 정도로 총통에게 대드는 용기가 없었다. 히틀러가 틀려먹었다고 확신한 독일군들 중 가장 용기있는 자들이 한 행위는 면전에서 말로 대드는 것이 아니라 44년 7월에 그를 제거하기로 공모한 비극적 거사로 귀결되었다.

---

19) Stahel(2009) p.147

2. 소련군 준비 상황

"현대전에 있어 전술은 주된 요소가 아니다.
결정적인 요인은 모멘텀을 유지하기 위한 자산들의 조직화이다."
(17장갑사단장 빌헬름 폰 토마 장갑병대장)

* * * * *

종심작전이론

"전략이란 훌륭한 상식들의 적용 이상 그 아무 것도 아니다."
(헬무트 폰 몰트케, 프로이센 육군원수)

소련판 전격전이라 불러도 이상할 것이 없는 적군(赤軍)의 종심작전이론은 적군참모부와 교육본부의 협력에 의해 잉태된 것으로 '붉은 나폴레옹'이란 이명을 가졌던 미하일 투하췌프스키(Mikhail Tukhachevsky) 원수의 군사사상이 반영된 적군 근대화 및 기계화의 직접적 산물이었다. 이 이론은 1917년 혁명 직후부터 논의되어 온 '연속작전이론'이 1930년에 들어와 '종심작전이론'으로 발전하게 된 데서 그 직접적인 연원을 찾아낼 수 있다. 투하췌프스키는 '연속작전수행의 이론'에서 현대전의 광정면전쟁은 한 번의 타격으로 적을 격멸할 수 있는 가능성은 없다는 전제하에 연속적인 타격작전을 수행할 필요가 있음을 적시하면서 그러한 일련의 작전수행이야말로 기존 회전(會戰)형태에서 가장 요망되는 섬멸전을 대체할 수 있는 유일한 방법이라는 점을 강조했다. 이러한 사고에 기초하여 발전한 종심작전이론의 기본 이념은 독일군의 그것과 별로 다르지 않다. 적군은 다음과 같이 규정했다.

"무력투쟁의 새로운 방식은 연속작전에 의한 강력한 화력으로 적을 압도하여 적의 작전배치를 분쇄하고 전략적 성과를 획득하는 것이이야 한다. 이와 같은 공격은 서로 제휴하는 보병, 전차, 포병의 종심공격부대가 공군의 지원 하에 행동함으로써 구체화된다."

즉 보병, 전차, 포병 및 공군이 협동하여 적의 전술적 종심을 돌파하여 돌파구를 형성하고, 돌파구로부터 대량의 전차, 기계화보병, 기병을 투입시켜 전술적 성공을 작전적 돌파 및 성공으로 상승시킨다는데 주안점이 부여되어 있다. 더욱이 이는 공수작전에 의해 적의 작전, 전략적 예비를 파괴하고 방어조직을 붕괴시키되 적의 작전배치가 완전히 붕괴될 때까지 작전성과를 지속적으로 확대발전시키는 것이 긴요하다는 사고에 근거한 구상이었다. 1930년대 적군장교교육의 주요 부분은 바로 이 이론에 근거한 것이었으며 33년에는 공식 지도강령으로서 '종심전투조직

◆ I-2-1 혁명 이후 적군(赤軍)의 조직화를 최고 수준으로 이끌었던 미하일 투하쳬프스키 원수. 하나 '당'의 '군'에 대한 우위를 유지한다는 공산주의의 교조적 교리에 따라 처형당하는 비극적인 운명에 처했다.

의 지령'이라는 형식으로 등장하여 36년에는 '1936년 야외교령'이라는 제목으로 집대성되면서 전체 군 조직에 공표되었다.[1]

종심작전이론의 개념은 다음과 같은 수순에 의해 추진되는 공세의 구도가 구체화되는 과정을 밟아갔다. 우선 보병 또는 보병지원전차가 보병지원포병대의 지원을 받아 적 진지에 돌입하는 것으로 시작되었다. 그다음은 적의 제1선 진지에 돌입한 보병과 지원전차를 넘어 원거리행동 전차부대가 적 진지대의 전(全) 종심을 돌파하는 단계로 계승된다. 이때 원거리포병대가 이를 확실하게 지원해야 한다는 조건이 붙어 있었다. 다음은 적 후방에 기계화부대를 투입하여 적군 주력의 퇴로차단, 퇴각방지 및 예비대의 접근을 저지하는 임무를 맡게 된다. 가능하다면 공군이 각 단계별로 참여하는 것이 요망되었으며 특히 후방 깊숙한 곳에서는 공수부대의 적절한 투입이 긴요했다. 1936년 당시로서는 자주포가 주력 화기로 등장하기 이전이었기에 이후 차량화소총병제대와 각종 자주포, 구축전차들이 제조되면서 이 종심이론은 좀 더 정치화(情致化)되는 수순을 걸을 수 있게 되었다. 어떻게 보면 이 이론은 과하다고 할 정도로 공격성에 특화된 유물론전 독트린이었으며 나치 독일이 등장하기 전까지 세계 최강의 군대라고 자부했던 적군(赤軍)에 걸맞는 야심찬 전략임에는 틀림이 없었다.

물론 이는 전적으로 공격중시의 사상이었으나 그렇다고 해서 소련군이 방어를 등한시한 것은 아니었다. 보병화기와 포병, 전차의 발달은 당연히 방어력을 증강시킬 수 있는 근거로 작용했으며 방어 역시 주도적 행동을 가능케 하는 방어역량의 제고가 방어작전의 질적 우수성을 담보할 수 있다고 평가했다. 특히 근대전은 방어자재를 충족시키기 위해 전반적인 공세 속에서도 방어전환을 신축적으로 시도하는 필요성에 대해서도 언급하고 있었다. 군 차원의 방어진 구축은 다음과 같이 구조화되었다. 주로 적의 전차와 포병에 타격을 가하기 위해 종심 30km 이상의 전방방어지대, 20km 이상의 전술방어지대, 또한 군의 예비대, 예비진지가 위치한 30km 이상의 전략방어지대, 그 후방은 군 보다 하나 위의 제대인 방면군이 관리하는 후방진지대로 구성되었다.[2] 적군 통

1) バルバロッサ作戦(1998) p.131
2) GRAPHIC ACTION(グラフィックアクション) No.12 攻防ロシア戦線 獨ソの激突!(1992) p.55, バルバロッサ作戦(1998) pp.131-2

수부의 혁신적 사고를 가진 인물들이 구체화시킨 종심작전이론은 당시 전 세계 어느 국가의 육군보다 선진적인 패러다임과 메커니즘을 개발하려 했던 것으로, 나치독일의 국방군과 장갑부대가 전열을 갖추기 전까지는 명실공히 세계 최강의 군 근대화를 실현시킨 듯한 깊은 인상을 주었다. 형식적으로는 독일군의 전격전 교리나 소련군의 종심이론은 대동소이하게 보이지만 그 차이를 굳이 비교하자면 다음과 같다. 소련군은 전쟁 그 자체를 계급투쟁의 연장으로 인식하고 적의 완전한 섬멸을 목표로 설정하면서 전력의 종심성에 가장 큰 방점을 두었다. 말하자면 전쟁과 전투를 운동에너지의 충돌로 파악하고 "충격(F) = 1/2 질량(M) x 속도의 제곱(V)"이라는 공식에 적용시켜 본다면 소련은 질량에 가장 많은 중점을 두었다. 그에 반해 독일군은 보다 기능적이고 제한적인 전쟁목적 하에 상징적 도시, 교통의 요충지, 전략자원의 집산지 등 적군의 중추신경을 마비시킴으로써 단기절전을 지상명제로 채택하고 있었다. 따라서 독일군은 '질량'보다는 '속도'에 의존하는 것이 마땅했으며 적군과의 그 속도차를 끊임없이 벌이기 위해서는 주도면밀한 작전계획과 기민한 현장지휘가 필수적이었다. 그러나 변화무쌍한 유동성이 담보되는 서부전선과 달리, 러시아 전선처럼 '질'이 '양'으로 전환되면서 전황이 고정화되는 국면에서는 단기절전의 교리가 더 이상 통하지 않는다는 딜렘마가 있었다. 이처럼 독일군의 쾌속진격이 좌절되는데는 매우 단순한 이유가 있었다. 러시아 땅은 비만 오면 도로가 진창으로 변해 전격전의 위력은 이내 상실되기 일쑤였다.

소련은 1920년대부터 종심전투 개념에 입각한 기갑전 이론을 발전시켜 왔었다. 1932년 적군의 기계화체계가 결정된 이래 30년대의 주요 군사 뉴스는 언제나 이들 적군(赤軍)이었다. 같은 해 투하췌프스키는 3개 전차대대와 1개 소총병대대에 각종지원병과를 결합해 기계화여단을 창설하고 군단 및 군 직할의 전차여단을 편성하게 되었다. 그 직후 기존 기계화여단이 기계화군단으로 발전하여 전차여단이 적군 전체의 예비전력으로 포진되기 시작했다. 동시에 기병사단에는 기계화연대를, 소총병사단에는 전차대대를 편입시켜 해당 제대의 기동력과 화력을 획기적으로 증강시켰다. 이러한 과정을 거쳐 형성된 최초의 기계화군단은 전차 500대, 장갑차량 200대를 정수로 하는 거대조직으로 탈바꿈하게 되었다. 적군은 1935년까지 총 7,000대의 전차와 10만대의 군용트럭, 15만대의 각종 견인기 차량을 보유하게 되어 이 역시 유럽 및 세계 최대 규모의 기동전력을 과시하고 있었다. 1938년까지 4개의 전차군단과 상당 규모의 전차여단을 결성한 소련군은 좁은 구역에 항공지원을 동반한 제병협동(전차병력과 충격군의 결합) 전술로 돌파구를 마련한 다음, 일일 40-50km를 주파하는 스피드로 적의 후방을 때린다는 구도로서 독일군의 전격전 이상과 흡사한 패러다임을 나름대로 구축하려 했었다. 그러나 이 구상은 아이러니하게도 히틀러의 폴란드 침공이 완전히 끝난 1939년 11월에 폐기되는 절차를 받았다. 이로써 독자적인 전차부대 운용은 포기되었으며 주로 보병전력의 근접지원으로만 활용한다는 일시적인 전술적 퇴보를 경험했다. 다양한 이유가 있었다. 우선 스페인 내전의 경험이었다. 아직 훈련이 덜 된 기갑병력이 대규모의 기동전력을 운용할 실력이 되지 않은데다 그때까지 소련군이 보유했던 전차들은 장갑이 얇아 적의 보병진지들을 마음 놓고 뭉갤 수 있는 안전성과 신뢰성이 담보되지 못했다. 스페인의 지형자체가 대규모 기동전에는 부적합했으며 당시 독일군의 37mm 대전차포만으로도 소련군 경전차는 쉽게 부서질 정도로 취약했다.

또한 이미 그 전에 자행된 스탈린의 적군 대숙청에 따라 투하췌프스키 이하 선진적인 교리를 발전시키려 했던 다수의 전문 군인들이 처형되거나 숙청되는 통에 독일의 구데리안 학파와 같은 전문집단의 지원을 확보할 수 있는 여건은 더 이상 조성되지 못했다. 스탈린을 도와 투하췌프스키를 몰아내는 데 일조한 그리고리 쿨릭(Grigoriy Kulik)처럼 종심전투를 '파시스트 이데올로기에 경도된 부르조아적 퇴행'으로까지 격하시키면서 전차의 운용 자체를 거부하는 극단적 유파들도 있었다. 소련은 독일에 앞서 이미 1932년에 2개 기계화군단을 창설할 정도로 선진적인 조치를 취하고 있었음에도 불구하고 1937년 6월 투하췌프스키가 처형되자 동력을 상실하는 운명에 처했다.[3] 그에 따라 한참 열을 올리고 있던 기계화군단은 해체되었으며 대신 15개 기계화사단, 32개 독립전차여단, 10개 전차여단으로 축소개편되는 운명에 처했다. 따라서 전차는 기병이나 보병부대의 지원역할로 분산되고 말았다. 스탈린은 군부에 대한 끊임없는 불신을 안고 있던 터여서 가공할 만한 기동력과 화력을 가진 군부가 존재한다는 것 자체가 정권의 유지에 부담이 된다는 엉뚱한 발상에 사로잡혀 있었다. 군의 당에 대한 종속, 당의 스탈린 개인에 대한 복종을 체계화, 법제화 해 나가는 과정에서 군부의 선진화와 기계화는 2차 세계대전이 발발한 시점을 전후에서도 미덥지 못하다는 시각이 팽배해 있었다. 이러한 고정관념은 1940년에 다시 교정되는 계기를 맞이했다. 소련군은 1939년 11월 30일에 개시된 핀란드와의 겨울전쟁에서 4개 군, 70만의 병력, 총 6,000대의 전차를 동원했으나 치졸한 전술에 지형적 조건을 고려하지 않은 무모한 작전으로 3,500대의 전차들을 망가뜨렸으며 그 중 병력면에서 상대가 되지 않은 핀란드군이 1,600대를 완파시키는 괴력을 발휘함에 따라 소련군은 2차 대전 서전에서부터 치욕의 계절을 맛보고 있었다. 최종적으로는 소련군이 핀란드로부터 일정 크기의 영토를 양도받게 되나 워낙 막대한 피해를 입었던 소련군 장교들은 그 땅이라는 게 죽은 소련군 병사들을 매장하기에 알맞은 크기에 불과했다는 냉소적인 반응을 나타냈다. 40년 5월은 전 세계가 경악한 독일군의 서방전격전이 소련군 지휘부를 극적으로 자극하기 시작했다. 전차와 장갑차량의 쾌속전진에 의한 전격전이 기존의 전투교리들을 허접한 것으로 만들면서 다시금 기갑전의 의미를 회복하는 순간이 왔다. 이는 마치 프랑스가 독일의 대 폴란드전을 보고 기갑사단을 창설하여 대비한 것과 같은 학습효과였다.

그중 1940년 말부터 가장 체계적으로 전차와 전차부대의 근대적 운용을 제창한 것은 공교롭게도 독일계 알베르트 이바노뷔취 쉬트롬베르크(A.I.Shtromberg) 소장으로, 프랑스나 영국이 서방전격전에서 전차를 방어용으로만 사용함으로써 수적으로 열세에 있던 독일군에게 결정적으로 당했다는 점을 각별히 부각시켰다. 쉬트롬베르크는 전차는 기본적으로 수비가 아닌 공격용 무기로 활용되어야 하며 방어 시에도 적의 기동전력을 파괴하는 대전차진지 구축(驅逐)의 핵심요소로 견지되어야 한다는 요지를 제출했다. 이때 상정될 수 있는 문제는 우군이 반격으로 나설 경우 적의 공군력을 회피하면서 기동력을 최대한으로 제고한 편제 및 병력이동을 감당할 수 있는가와, 속도전에 의한 반격작전은 기존 전차부대 포메이션의 균형과 응집력을 어느 정도 담보할 수 있는

3) 통상적으로 스탈린이 자행한 적군 대숙청으로 인해 41년 6월 개전 당시 프로적인 감각이나 경험을 지닌 다수의 야전지휘관과 참모장교들이 태부족 상태였다는 것은 당연한 귀결이었다. 어떤 통계에서는 장군의 90%, 대령계급의 80%가 날아간 것으로 집계했다. 하나 숙청당한 군인들의 정확한 수자는 자료마다 상당한 차이가 있어 도대체 어느 정도가 처형과 유배를 당했는지, 그리고 어느 정도가 복귀했는지를 통계적으로 밝히기는 매우 어렵다. 다만 숙청으로 인해 다수의 노쇠한 장군들이 일선에서 물러나고 젊은 장교단들이 약진했다는 평가가 있기는 하나, 대부분은 스탈린의 선호도에 따라 무능하면 살아남고, 똑똑하면 제거되었다는 소문은 사실과 그리 다르지는 않았다.

가란 것이었다. 즉 이론으로서야 어떤 내용이든지 삽입시킬 수 있겠지만 결국 문제는 훈련이었다. 나중에 스타프카 차량전차총감역을 맡았던 야코프 훼도렌코(Ia.N.Fedorenko) 중장은 쉬트롬베르크를 위시한 선각자들이 다양한 문제제기를 하였지만 어느 하나 실천에 옮기는 진지한 행동은 전혀 취해진 바가 없다고 실토했었다. 이는 대전차부대에도 마찬가지 문제가 발생했다. 독일의 장갑사단에 대비해 4-5km 방어정면을 120대의 대전차포로 막기 위한 대전차여단 10개를 41년 4월에 창설했으나 이는 소총병 제대나 전차부대와의 유기적인 조율이 없이는 가능하지 않는 일이었다. 이 역시 문제의식의 제기와 기본적인 편제상의 준비는 갖추고 있었지만 병사들의 훈련에는 별로 반영되지 못했다.[4] 실질적인 훈련이나 결과물에 대한 생산적 연구보다는 막연한 토론과 담론을 기형적으로 좋아하는 공산당식, 좌파식 경도현상은 군사적 패러다임의 형성에도 동일한 질병을 잉태시키고 있었다. 문제의식에 대한 '진단'은 할 줄 아는데 어떻게 '처방'을 내릴 것인가에 대한 실천적 노력은 거의 없었다는 뜻이기도 했다.

* * * * *

전차대국으로의 성장

"그들(소련군)의 무기는 1941년에도 대단히 출중했다.
특히 전차들은.....그들의 T-34는 세계 최고 수준이었다."
(1장갑집단 사령관 에발트 폰 클라이스트 상급대장)

소련 인민국방위원회는 1940년 상반기 총 29개의 기계화군단을 창설하는 성과를 이룩했다. 41년 6월까지는 1개가 추가되면서 30개 군단이 마련되어 독일군을 맞이했다. 각 군단에는 2개 전차사단과 1개 기계화사단이 포함되어 총 36,000-37,000명의 병원, 1,000-1,031대의 전차를 보유하게 되며 추가로 300대의 T-26 전차를 보유한 전차여단 20개를 만들어냈다. 사실 이 규모는 너무 비대하여 효율적인 운용을 저해하는 것은 분명했다. 기계화군단은 대개 5개 전차연대로 구성되며 2개 전차사단에 각 2개 전차연대, 1개 기계화사단에는 1개 전차연대를 배정했다. 한 개 전차연대는 3개 전차대대로 편제되어 전차연대 하나는 62대의 전차를 정수로 설정했다. 따라서 전차사난은 2개 전차연대, 1개 차량화소총병연대, 1개 포병연대, 정찰대대, 통신대대, 공병대대, 대공포대대, 헌병중대로 구성되었다. 훗날 차량화소총병사단으로 불리게 될 기계화사단은 2개 차량화소총병연대, 1개 전차연대, 1개 포병연대, 정찰대대, 통신대대, 공병대대, 대전차대대를 포함하고 있었다. 즉 소련군의 전차사단과 기계화사단과의 관계는 독일군의 장갑사단과 차량화보병(장갑척탄병)사단의 관계와 등치시켜도 무방한 속성을 갖고 있었다. 이로써 기계화군단은 전차 1,031대, 야포 558문, 장갑차량 268대, 차량 5,000대, 견인기 350대, 모터싸이클 1,700대, 병원 37,000명을 정수로 확보하고 있었다.[5]

---

4) Kipp(1988) pp.26-7
5) Glantz(1987) p.20, 우에다 신(上田 信) & 사이키 노부오(齊木伸生)(2012) p.154

◆ I-2-2 T-26 경전차. 수적으로는 41년 6월 소련군의 주축전차로 인식되었으며 전 전구에 총 11,000대가 배치되었다.

사단 보유 전차정수는 375대로 이는 당시 정수를 삭감시킨 독일 장갑사단 보유정수의 거의 두 배에 가까운 수치였다. 이때 소련은 보병지원으로서 37mm 또는 45mm 주포를 갖는 9.5톤짜리 T-26 경전차와 45mm 포를 장착한 14톤짜리 BT-7 '쾌속전차'를 주된 장비로 사용하고 있었다. 후자는 시속 72km의 스피드를 갖는 혁신적인 전차이긴 하나 대신 무게를 경감시키기 위해 장갑이 약화되는 결함을 안고 있었다. 여하간 개전 당시 무려 7,500대나 존재했던 BT-7는 당시로서는 세계에서 가장 빠른 전차였다. 이들 전차들은 그 이후에 나올 종류들에 비해서는 대단히 빈약한 것이 사실이나 일단 독일전차에 100m 정도로 접근한다면 52mm 두께까지 어떤 종류의 전면장갑도 관통시킬 수 있는 기본능력은 있었다. 문제는 그때까지 독일전차들이 접근을 허용하지 않는다는 것이었다. 소련은 기존의 경전차들을 개선하기 위해 41년 들어 T-30, T-40, T-60 등을 속속 등장시켰다. 가장 먼저 나온 것은 8-9월에 입고된 T-40이며 T-30은 전자에 비해 수륙양용능력을 구비하고 있지 않았다. 이는 기본 임무가 정찰일 경우 굳이 수륙양용능력이 필요 없다는 판단에서 비롯된 것으로서 11-12월에 나온 T-30은 그보다 앞서 7월에 등장한 T-60가 양산체제로 전화되기 전까지 공백을 메우기 위해 제작되었다. 이 모든 경전차 최악의 단점은 포탑에 두 명도 아니고 한 명만 들어갈 수 있다는 협소한 공간이었다.[6]

소련은 여기에 T-34 중(中)전차와 KV 중(重)전차를 생산하여 배치할 예정이었다. 후에 2차

6) クルスク機甲□(1999) pp.81-2

세계대전의 대표 전차로 등장할 T-34는 장갑방어력, 화력, 기동력 측면에서 가장 균형을 갖춘 표준전차로서 소련은 바르바로싸가 시작되자 기존의 용도별 다양화 대신 오로지 이 T-34만을 양산하는 방향으로 전환했다. T-34는 1940년 9월에 양산 1형이 생산된 이래 지속적으로 개량화 작업이 진척되었다.

◆ I-2-3 BT-7 '쾌속전차'. T-34가 주력으로 나설 때까지는 T-26과 함께 대전 초기에 가장 많이 생산되고 투입된 종류였다. 화력은 별 것 없었으나 시속 86km의 스피드를 자랑하는, 당시로서는 경이적인 기동력을 나타냈다.

1형은 당시 그 어떤 중전차보다 장갑이 두터운 것까지는 좋았으나 단포신 주포인 L-11는 가장 두드러지는 약점 중 하나였으며 주포 주위를 감싸고 있는 주퇴복좌기(駐退復座機)장갑커버 또한 보강할 필요가 있었다. 41년형은 기존 단포신 30.5 구경장 76.2mm 포를 42.5 구경장으로 교체하여 41년 2월부터 하르코프 공장에서 제조에 들어갔다. 이후 스탈린그라드 공장에서도 생산을 재개했으며 같은 형인데도 생산공장에 따라 약간의 차이가 있는 것이 T-34의 또 다른 특징이기도 하다. 바르바로싸 직전까지 T-34는 40년형과 41년형을 합쳐 총 1,225량이 생산되어 현지에 납품되었다.[7]

◆ I-2-4 T-60 경전차. 주포라고 해봐야 20mm TNSh 기관포 하나에 불과해 전차라기보다는 장갑차에 가까운 무장이었다. 42년 9월 T-70으로 대체될 때까지 생산된 차종으로 6,000대 이상이 제작되었다.

소련 국토 전체로는 바르바로싸 직전까지 총 1,861량이 존재하고 있었다. T-34는 독일 3호전차가 36cm 너비의 궤도로 만들어진 데 비해 48cm 폭으로 되어 있어 일반적인 야지주행 능력이나 눈과 진창으로 얼룩진 도로를 주행할 경우 월등히 우수한 면이 있었다. 이 중전차는 최고시속 53km를 낼 수 있어 독일의 어느 전차보다도 빨랐으며 경디젤엔진과 용량 454리터의 연료탱크에 힘입어 중간 연료보급 없이도 240km를 주파할 수 있었다. 1941년형 장갑은 최대 46mm로서 전면이 경사진 형태로 제작되어 이미 다 알려진 것처럼 동일한 두께의 장갑으로도 적탄의 관통력을 현저하게 저하시킬 수 있는 이점을 누리고 있었음은 재언을 요하지 않는다. 예컨대 수직으로 두께 300mm의 강판을 관통시키는 포탄도 60도 경사의 100mm 강판을 관통하지 못했

7) Zaloga & Grendsen(1981) pp.8-9, 우에다 신(上田 信)(2011) PP.50-1

◆ I-2-5 자타가 공인하는 2차 세계대전의 대표 전차, T-34 중(中)전차. 2차 대전에 등장한 모든 전차 중 화력, 장갑방어력, 기동력에서 가장 균형을 갖춘 범용 전차로 평가되었으나 기계적 신뢰성은 그리 높지 않았다.

다는 데이터도 발견된다. 소련은 너무나 광활한 영토를 가진 국가였기에 T-34는 우선적으로 기동력을 최우선으로 고려해서 제작된 것이지만 결코 화력을 경시하지는 않았다. 표준적 주포인 41.2구경 76mm 전차포는 초속 662m로서 독일군 75mm 단포신 4호 전차의 초속 396m와는 비교할 수 없을 정도의 우위를 점하고 있었다. 이 주포는 미국의 M4 셔먼 전차의 75mm 주포의 초속에도 필적하는 능력을 갖고 있었다.[8]

KV-1, KV-2 중전차 역시 독일군의 37mm 포로는 도저히 관통시킬 수가 없었던 악몽과 같은 존재로서 KV-1은 1940년 원형에 비해 추가로 장갑을 강화하는 조치가 취해졌다. 단 이 시기는 필요한 두께의 증가장갑판을 적기에 공급할 능력이 없었기에 기본 장갑 위에 볼트로 추가 장갑판을 고정하는 방식에 의존하고 있었으며 이 방식은 40년 말까지 이어졌다. 41년형은 거기에 또다시 화력을 보강하여 기존 F32 76.2mm 주포를 T-34의 주포와 동일한 종류인 F34로 교체하게 된다. KV-1은 독소전 발발 이후 기존 용접제보다 개선된 주조제 포탑을 도입하여 생산공정을 일층 간소화하였으며 설계와 제조 전반의 생산체계를 합리화하는 절차를 단계적으로 밟아갔다. 특히 우랄 지역으로 생산시설을 옮긴 뒤 한 곳에서만 집중적으로 제조하는 방식을 취하게 되자 41년 5월 23,453명의 노동력을 필요로 하던 것이 42년 1월에는 9,007명으로 줄어드는 효과가 있었다.[9] 주포는 극초기형의 경우 30.5구경을 장착했었으나 42.5구경포가 표준형으로 정착하게 된다. 포탑이 기형적으로 큰 KV-2는 152mm 주포를 탑재한 종류로 초기형은 7각형의 포탑이었다가 후기형은 약간 둥근 모서리를 한 직방체의 포탑을 다는 것으로 변경되었다. 기동력은 형편없었으며 경사지에서는 주포가 회전하지 않는 등 결함 투성이었으나 대전 초기에는 독일군을 경

8) バルバロッサ作戦(1998) p.139, バルバロッサ作戦の 情景(1977) pp.92, 130
9) Vollert(2005) p.9

◆ I-2-6 & 7 대전 초기 독일군의 악몽이었던 KV-1 중(重)전차 1941년형. 76mm F-32 주포가 관통당한 것이 확인된다. 뒤쪽은 T-34로 포탑이 분리되어 거꾸로 뒤집힌 형태.

악시키기에 충분한 공포의 대상임에 분명했다. KV 중전차는 1941년 초에 1,600대가 구비되어 있었으며 그해 전체를 통틀어 KV-1 1,121대, KV-2 232대, 계 1,353대가 생산되었다.

KV 시리즈는 실제보다 과대평가된 면이 없지 않은 종류로서 로디온 모르구노프(R.N.Morgunov) 소장은 4, 8, 15기계화군단의 예를 들어 KV전차들은 한 대가 10-14대의 몫을 한다고 자랑한 적이 있으며, 안드레이 예레멘코(A.Yeremenko) 중장은 107차량화소총병사단 전구에서 독일군 대전차포에게 200발을 맞고도 끄떡없었다는 일화를 남긴 바 있었다.[10] KV-1 중전차는 소련군의 계획대로라면 총 3,528대가 생산, 배정되어 31대의 전차와 3대의 장갑차량으로 만들어진 41년형 중전차대대를 구성할 요소로 중용될 예정이었으나 실제로 제공된 차량 수는 508대의 KV-1에 불과했다. 만약 정수대로 편성되었다면 당시로서는 세계 최고의 장갑을 자랑하는 세계 최강의 전차대대였음이 분명했다.

같은 스페인 내전을 겪고도 독일과 소련은 전차개발에 있어서만큼은 서로 대조적인 면모를 보였다. 소련은 독일의 50mm 대전차포에 의해 소련 전차들이 쉽게 나가떨어지는 것을 보고 차기 전차는 반드시 장갑과 화력을 증강시켜야 한다는 입지를 구축했으며 내전 당시 전차여단을 지휘했던 드미트리 파블로프(Dmitriy Pavlov)는 전차의 전면장갑을 경사된 형태로 제작할 것을 주문하는 한편, 주포는 76.2mm L-11로, 엔진은 최신의 V-2 디젤엔진을 장착한 T-34를 만들어 줄 것을 요청히는 등 대단히 상세한 요구사항을 관철시켰다. 최초 단계에서는 A-20, T-32라고 하는 시험 변종의 이름으로 회자되었다. 그러한 노력과 배려에 의해 탄생한 것인 T-34였다. 1940년 2월 말 시제품으로 만든 2대의 차량이 소개되었으며 3월 18일에는 스탈린이 직접 점검에 나

10) Zaloga & Kinnear(1997) pp.4-5

섰다.[11] 이처럼 파블로프는 장차의 전쟁에서 전차간 대결은 불가피하다는 판단 하에 강한 전차의 생산에 대단히 집착했던 것으로 보인다. 반면 독일군의 독트린은 사뭇 달랐다. 스페인에서는 여전히 장갑이 약한 소련의 경전차들만을 상대했기에 중전차의 등장을 염려하지는 않았다. 독일군 야전지휘관들은 우월한 기량을 지니고 있다 하더라도 전차간 대결은 우군에게도 막대한 피해를 입히는 만큼 전차만의 사양개선과 증강으로 적 전차를 제압하는 일에는 오히려 관심이 부족했다. 그들은 가장 효율적인 방법은 소형의 대전차포가 매복해 적 전차를 부수는 것이라고 생각했고 41년 초기에도 37mm 대전차포로 문제를 해결하려는 관성이 있었다. 동시에 전차는 적진 깊숙이 진격해 나가는 동안 장갑엽병들이 대전차화기로 장갑부대의 측면을 보호하면서 돌파와 전과확대의 중추적인 역할을 분담하도록 조치하고 있었다. 즉 독일군은 전차를 여전히 제병협동의 한 구성요소로만 인식하고 공군과 차량화보병, 장갑엽병과 정찰대, 공병들과의 제휴와 연계에 의해서만이 전격전의 요체가 성립된다는 인식의 틀을 버리지 않았다. 전차만으로의 적진돌파가 기대하는 성과를 낼 수 없다는 판단 하에 그와 같은 제병협동의 논리는 지속적으로 관철되어야 하며 여타 병종과의 협력과 상호의존에 의해서만이 근대전, 기갑전, 전차전의 효능성은 극한으로 제고될 수 있다는 입장이었다. 즉 전차는 전격전과 제병협동의 한 구성요소이자 '전투 승수'(combat multiplier)일 뿐, 전차 자체에 독자적인 의미를 부여하지는 않았다.[12] 이러한 독트린의 차이는 독일군이 3호, 4호 전차 자체의 개발 이외에 다른 어떠한 시도나 노력도 기울이지 않는 결함을 잉태하고 있었다. 화력과 장갑보다 스피드에 치중한 독트린은 독일군이 여전히 상대를 단기간에 제압하여 양적 규모보다 질적 우수성으로 전장의 주도권을 장악할 수 있다는 고정관념에 근거하게 되었고, 프랑스와는 지형적 조건이 다른 러시아에 이 논리를 적용할 수 있을지는 아직 아무 것도 검증된 것이 없었다. 하나 전차와의 일 대 일 대결을 상정할 때, 장갑과 화력이 약한 독일전차가 소련전차를 콘트롤 할 수 없다는 점은 엄청난 전술적 제약요건으로 다가오게 된다. 결과적으로 독일군은 위험수위에 다다를 정도로 소련 전차의 양과 질 양 측면을 모두 과소평가했다.

소련 전차 제원 조견표

	T-26(1933)	BT-7(1937)	T-34(1940)	KV-1(1940)
무장(주포)	45m L/46	45m L/46	76.2mm L/30.5	76.2mm L/30.5, L/42.5
기관총	1	1	2	3
승무원	3	3	4	5
무선송수신	지휘전차	지휘전차	지휘전차	지휘전차
장갑	15mm	15mm	45mm	75mm
중량	9.2t	13.8t	26.8t	47t
마력(hp)	90	500	500	600
최대 속력(kph)	31	52	55	34

11) Zaloga & Grandsen(1981) p.6
12) Forczyk(2014) p.14

	T-26(1933)	BT-7(1937)	T-34(1940)	KV-1(1940)
톤당 마력 비율	9.8hp/t	36.2hp/t	18.7hp/t	12.8hp/t
접지압	0.63kg/cm	0.85kg/cm	0.62kg/cm	0.77kg/cm
항속거리	182km	500km	455km	220km
관통력 100m	42mm	42mm	92mm	92mm
관통력 500m	35mm	35mm	66mm	66mm
관통력 1000m	28mm	28mm	58mm	58mm

1930년대, 독일은 전차생산에 있어서만큼은 가히 혁명적이었으며 전 세계의 선도주자격이었다. 하나 전차생산에 있어 가장 선진적이라 판단했던 그들을 능가하는 전차를 적국인 소련이 개발해내자 독일군 수뇌부와 기술진은 경악을 금치 못했다. 그들이 최고라고 자부했던 3호 전차가 T-34의 상대가 되지 않는다는 판단이 서게 되자 단순한 놀라움에 앞서 엄청난 자존심의 상처까지 입는 분위기였다. 그러나 1941년 6월까지는 겨우 1,500대만이 전선에 배치되어 아직은 T-34가 주력전차로 나설 분위기는 아니었다. KV전차와 T-34는 전체의 12% 정도에 불과했다. 여하간 6월 22일 개전 당시 소련은 전 국토에 총 24,000대의 전차를 보유하고 있었다.[13] 당연히 양적으로는 소련이 세계 최대의 전차대국이었으며 이 양은 독일군 참모부가 예상한 수치의 두 배가 넘는 어마어마한 규모였다. 심지어 히틀러는 전차가 2만 대나 있는 것이 사전에 확인되었다면 전쟁을 하지 않았을 것이라는 일화까지 남긴 바 있었다. 그러나 통일된 기갑전력 관리의 매뉴얼도 구비되지 못한 상태에서 유지관리의 수준은 형편없어 겨우 30%만이 실제 교전에 투입될 정도였으며 전체의 44% 가량이 수리를 하거나 각종 기관과 부품을 교체해야 할 상태에 놓여 있었다.

예컨대 독일군의 침공이 가장 먼저 실시될 서부군관구를 중심으로 한 주변 구역은 총 14,200량의 전차를 보유하고 있었으나 그중 10,000량은 실전에 사용할 수가 없는 거의 고물에 가까운 수준이었다. 따라서 개전 당시 실제 전차가동률은 전체 보유량의 27%에 지나지 않았다. 서부군관구에는 6개 기계화군단, 총 2,250대의 전차들이 포진되어 있었으나 실제 제대로 된 전투력을 발휘할 수 있는 것은 비알리스톡 돌출부에 포진해 있던 10군 소속 6기계화군단 하나에 불과했다. 6기계화군단은 한 개 군단으로서 1,000대 이상의 전차를 보유하고 있었으며 114대의 KV 전차로 구성된 4개 중(重)전차대대와 238대의 T-34를 갖는 7개 중(中)전차대대를 지니고 있었다.[14] 장부상으로는 가공할 만한 전력이었다. 그에 비해 11, 13, 14기계화군단은 중전차들이 거의 없는 상태에서 T-26와 같은 경전차들로만 포진되어 있어 균형이 맞지 않았다. 이 4개 군단이 제1파를 구성하여 3, 4, 10군을 지원하는 기동전력으로 존재했으며 두 개 군단 합쳐 겨우 129대의 전차를 보유한 17, 20기계화군단이 2파를 형성하고 있었다. 서부군관구 사령관 파블로프는 바로 이 14개의 기계화군단이 최일선의 12개 소총병사단을 지원하는 형식으로 포진시켜 모든 제대가 진지전을 수행토록 하는 방식으로 운영하고 있었다. 여기서 문제는 소련군이 독일 기동전력의 주공이 우크라이나로 향할 것으로 짐작하고 중전차를 포진한 유력 기계화군단들은 모두 남쪽에 배

13) Barr & Hart(2007) p.86
14) Kipp(1988) p.24, Zaloga(2017) p.51

치하는 실수를 저질렀다는 점이었다. 예컨대 르보프(Lvov) 주둔 휘에클렌코(N.Fieklenko) 소장의 8기계화군단은 총 600대 중 170대를 T-34와 KV 중전차들로 포진하고 있었으며 카르페쪼(I.I.Karpezo) 소장의 15기계화군단 역시 133대의 T-34와 KV를 보유하고 있었다.[15] 물론 이 두 군단 역시 브로디(Brody)와 두브노(Dubno)에서 남방집단군 1장갑군의 전차들에게 거의 전멸당하기는 하나 처음부터 이 전력이 서부에 집중되었더라면 초기 단계의 괴멸은 어느 정도 중화시킬 수도 있었을 것이다. 따라서 2,000대가 넘는 전차를 보유하고 있으면서도 중전차가 딸리는 서부군관구의 병력은 제대로 된 기동전을 수행할 수 있는 여지를 전혀 남겨두고 있지 않았다. 이 제진 구도는 곧 재앙적 결과를 맞이하게 된다.

서부군관구 기동전력(1941.6.22)

	기계화군단	KV-1/2	T-34	T-26	BT-2/5/7	계	비고
1파	6 기계화군단	92-114	70-238	83	53/67/350 = 470	1,021	149대의 KV, 230대의 T-34, 여타 전구에 분산 배치
	11 기계화군단	0-3	0-28	141-243	0/44/0	237-287	추가 200대 수리 중 또는 지원 중
	13 기계화군단	0	0	263	15	294	
	14 기계화군단	0	0	518	6	520	
2파	17 기계화군단	0	0	1	24	36	
	20 기계화군단	0	0	80	13	93	
계	6개 기계화군단	92-117	70-266	1,086 -1,188	572	2,201-2,251	(추정)2,780-2,830

소련군은 바르바로싸 직전 전 국토에 5,373,000명의 병원을 갖춘 양적으로는 세계 최강의 군사대국이었다. 기존 병력 외에 41년 초에는 특별한 병원동원령이 하달되어 50만의 예비병력이 3월 안으로 갖추어졌다. 그리고 불과 수일 후 30만이 더 추가되었다. 스탈린은 동시에 20개 기계화군단과 106개의 항공연대를 신규로 조직화할 것을 명하고 독일과 소련 중 어느 쪽이 공자인지 방자인지를 구분하기 힘들 정도로 병원과 군 조직의 증강에 박차를 가했다. 실제로 소련은 76개 전차사단과 44개 기계화사단을 포함한 총 152개 사단으로 폴란드 국경에 포진한 독일군을 먼저 친다는 구상을 갖기도 했었다. 이미 소련은 39년에 폴란드의 동쪽을 잘라내 갔으며 40년에 발틱 3국을 공산화시켰고 중립국 스웨덴에 대해 포격을 가해 그와 같은 선제공격의 가능성을 암시하는 무수한 증후군들을 만들어내고 있었다. 다음과 같은 쥬코프의 발제는 그 대표적 예이다.

15) Zaloga & Grandsen(1981) p.11

"현재 독일이 후방까지 완벽하게 동원체제를 갖춘 사실에 비추어 독일군은 우리보다 먼저 선수를 쳐 일격을 가할 여지가 다대함. 이를 막기 위해서는 그 어떤 경우에라도 독일군에게 주도권을 넘기지 않는 것이 중요하다고 보며, 그들이 전선을 조직화하여 여러 병종을 조율하는 실질적인 동원단계로 접어들기 전에 적의 공세방향을 예측하여 먼저 타격하는 것이 필요함"[16]

소련은 41년 6월까지 61개 전차사단과 31개 차량화소총병사단을 포함해 예비사단까지 총 250개 사단을 구비하고 있었다. OKH는 41년 1월 말 소련군은 115개 소총병사단, 25개 기병사단, 31개 전차, 기계화 및차량화소총병사단, 계 171개 사단을 보유한 것으로 파악했기에 250개 사단과는 많은 차이를 보이고는 있지만 바르바로싸 직후 실제 전투에 참가한 것은 170-190개 사단이었으므로 OKH의 예측이 전혀 틀린 것은 아니었다. 250개 중 222개 사단이 당장 전투에 투입가능했으며 추가로 81개 사단이 편성 중에 있었던 것으로 보면 실제로는 300개가 넘는다는 추정이 가능하다. 6월 22일 기준, 소련군은 총 24개 군, 62개 소총병군단, 29개 기계화군단, 4개 기병군단, 61개 전차사단, 31개 차량화소총병사단, 13개 기병사단, 168개 소총병사단, 30개 산악소총병사단이 배치되어 있었으며 적군 최고사령부 직할 예비로 2개 소총병여단과 10개 대전차여단이 존재하고 있었다.[17] 이후 전체 전력 중 약 5분의 3이 초기 단계에서 실전에 투입되었다. 그 중 56개 사단을 구성한 290만 명이 독일과 국경을 이루는 서부전선에 집중 배치되어 있었다. 즉 소련군은 만약 독일군이 침공할 경우 비알리스톡 돌출부에서 초전에 승패를 가를 의도를 갖고 모든 전술적 예비병력을 민스크 서쪽에만 집중시키고 있었다는 뜻이었다.[18]

소련군은 T-34를 대량생산한다는 조건 하에서 41년 10월까지 20개 전차사단을 추가로 만들 계획이었으나 이 계획 이전에 전쟁이 발발했고 따라서 군 전체의 근대화 작업은 전쟁 이전이 아니라 전쟁을 거치면서 제 모습을 찾아가는 구도로 변질되어 갔다.

전차 종류	정수	가용전력
KV 중전차	3,528	508
T-34	11,760	967
T-28	-	500
BT 경전차	7,840	6,000
T-26 경전차	5,880	11,000
T-37/38/40 정찰전차	476	4,222
계(전차 총대수)	29,484	23,197
장갑차량	7,448	4819

16) 소련군의 선제공격설을 과도하게 믿을 필요는 없겠으나 실제 소련에서 나온 문건들을 통해 그러한 개연성은 충분히 있었던 것으로 판단되며, 만약 그랬다면 소련이 가해자가 되고 나치 독일이 명분을 얻은 방어전을 전개하게 되는, 대단히 재미난 상상력의 세계로 인도하게 될 여지가 높았다. 소련측이 준비한 소위 '예방전쟁-선제공격'의 규모는 76개 전차사단과 44개 기계화사단을 비롯한 152개 사단 규모였다. Porter(2009b) p.33

17) Fugate(1984) p.137

18) NA : T-313 ; roll 80, Pz. Gr. 2 Ia KTB Nr. 1, vol. I, frame 7.318.385(1941.6.22)

* * * * *

지상군 전력의 실상

"총통은 대소 작전에 4개월이 소요될 것으로 내다보았다.
나는 그보다 덜 걸릴 것이라고 예상한다. 볼셰비키들은 카드로 만든 집처럼 붕괴될 것이다."
(나치 선전상, 요제프 괴벨스 : 1941.6.14)

소련 소총병사단은 바르바로싸 직전까지 세 번에 걸친 재편성 과정을 거쳤다. 1939년 9월, 1940년 6월, 그리고 1941년 4월이었으며 이는 폴란드와 프랑스에서 이룬 독일군의 전과에 따른 즉각적인 반응에 다름 아니었다. 기본적으로는 빈약한 화력의 증강이 주목적이었으나 그것 외에도 소련군 사단의 문제는 허다했다.[19]

우선 라디오 무선통신이 갖추어지지 않았다는 중대한 결함이 있었다. 전차사단의 경우 일부 지휘전차에만 통신설비가 장착되어 있었던 것처럼 소총병 제대 역시 전반적인 통신수단의 조직화가 믿기 힘들 정도로 열악한 수준에 있었다. 또한 전차를 엄호하고 진격속도를 조율할 소총병 제대는 차량의 부족으로 언제나 전차들과 이격되는 기술적 문제들을 안게 되었다. 소련군은 독일이나 미국처럼 하프트랙 및 다양한 장갑차량들의 개발을 게을리하여 소총병들을 전방에 신속하게 이동시킬 수 있는 운반체가 절대적으로 부족했다. 소련의 기본형 장갑차량은 기껏해야 BA-20, BA-20M, BA-21 세 종류밖에 없었으며 독일군이 그토록 다양하게 개발했던 정찰차량 또한 BA-64 단 한 종류에 불과했다. 장갑이 시원찮은 탓에 중량감도 없으며 병원 또한 2-3명이 겨우 들어앉을 수 있는 규모여서 중화기를 올릴 수도 없는 구조였다. 그나마 독일군의 하프트랙과 유사한 것은 8륜 차량 BA-10 정도였으며 BAZ 수륙양용차량이 37mm 포를 장착한 것을 언급할 만한 정도에 지나지 않았다.[20] 실제로 전차 이외에 자신들의 몸을 숨길 수가 없었던 소련군 소총병들이 믿을 수 없는 전사율을 기록한 것은 그러한 곳에서도 원인을 찾을 수 있다. 이는 나중에 영미 연합국의 차량지원에 의해, 특히 미국의 군용차량들이 수십만 대 가깝게 공급되어 고질적인 문제가 해소될 때까지 소련 지상군은 엄청난 피해를 안고 살았다. 이와 같은 차량의 부족 문제는 소총병과 격리되어 독자적으로 작전을 수행하는 전차들이 각개격파당하는 불운한 처지를 더욱 악화시키게 된다. 소련 중전차들이 월등하게 우수함에도 불구하고 제병협동의 원칙을 실천할 수 없는 조건 하에서는 그들이 지닌 장점을 제대로 활용하기는 곤란했다.

소련군 소총병 제대의 구조적 결함은 상위 제대뿐 아니라 최말단의 소대나 중대에서도 노정되고 있었다. 제대로 훈련받은 부사관들의 수가 적은 관계로 각 단위부대의 지휘부가 갖는 함량이나 양적 규모도 여타 연합군에 비해 많이 떨어지는 수준에 그치고 있었다. 소총병소대는 겨우 장교 1명과 장병 4명으로만 소대본부를 구성하고 있었으며 소총병중대는 6명의 장교와 138명의 병원으로 짜여졌다. 3개 소총병소대가 1개 소총병중대를 형성하고 3개 중대가 하나의 소총병대대를 이루었다. 대대에는 3개 소총병중대 이외에 화기중대와 박격포중대를 하나씩 보유하고 있

19) Porter(2009a) pp.30-1
20) Forty(1996) pp.147-9

었으며 대략 600명으로 이루어진 대대는 영미 연합군의 그것에 비해 규모는 작은 것으로 판명되었다. 그중 중요한 결함 하나는 소총병대대에서조차 본부중대나 예비지원중대가 존재하지 않았다는 사실이었다. 따라서 참모들이나 병참 및 행정을 담당하는 부서의 병원들은 기형적으로 수가 모자랐으며 이러한 단순한 체계에서는 복잡하고 유기적인 제병협동의 이론과 실천을 체화하기 힘들게만 보였다. 다만 소총병대대의 강점은 강력한 화기의 보유였다. 대전차화기만 약하다뿐이지 소련군 소총병대대는 82mm 박격포를 비롯, 1개 중대에 9정의 기관총을 지니는 체제로 정비되어 있었다.[21] 다음 소총병대대는 3개 대대로 하나의 연대를 구성하고, 동 연대는 각 1개의 포병연대와 대전차포병연대, 공병대대 및 통신대를 합해 하나의 소총병사단을 구성하였다.

소련 지상군 기본 편제 및 규모(1941.6월)

단위	수
본부	
방면군	4
군	27
소총병 군단	62
기병 군단	4
기계화 군단	29
소총병 제대	
소총병 사단(산악 및 차량화 포함)	198
소총병여단	5
독립 소총병 연대	1
요새 지역 지대	57
기병	
기병 사단	13
기계화 부대	
전차 사단	61
기계화 사단	31
차량화 연대	29
장갑 열차 대대	8
장갑 차량 여단	1
독립 전차 대대	1

단위	수
공수 부대	
공수 여단	16
포병 제대	
독립 포병 연대	169
대전차 여단	10
독립 대공포 연대	2
독립 포병 대대	12
독립 대전차 대대	45
PVO Stranyi	
PVO Stranyi 군단 본부	3
PVO Stranyi 사단 본부	2
PVO Stranyi 여단 본부	9
PVO Stranyi 군단 지대 본부	0
PVO Stranyi 사단 지대 본부	0
PVO Stranyi 여단 지대 본부	40

* PVO : 본토항공단

소련군 소총병 제대는 병원과 개인화기, 중화기 및 보급체계간의 조화를 도모할 수 있는 여건은 아직 갖추고 있지 못했으며 장비부족과 훈련도의 저하로 말미암아 복잡한 것보다는 단순한 구조에 의존할 수밖에 없는 불가피한 사정이 있었다. 여하간 당초 계획에 따르면 이와 같은 구성인자를 갖춘 소련군 소총병사단은 독일군 사단보다 더 강력한 전력과 수적으로 우월한 병원수를 지녀야 했다. 각 사단의 정수는 14,483명, 294문의 야포와 박격포, 16대의 전차, 12대의 장갑차,

21) Miller(2010) pp.248-9, 253

◆ I-2-8 1940년 여름 머리를 맞대고 논의하는 적군 수뇌부. 왼쪽부터 서부방면군 사령관 드미트리 파블로프(D.G.Pavlov) 상장, 키에프특별군관구 사령관 막심 푸르카예프(M.A.Purkayev) 대장, 스타프카 대표 키릴 메레츠코프(K.A.Meretskov) 대장, 국방인민위원회 위원장 세묜 티모셴코(S.K.Timoshenko) 원수

558대의 차량과 트럭, 99대의 트랙터, 3,000필의 군마였다. 하나 서부전선에 1파로 포진된 사단의 인원은 8,000-9,000명에 불과했으며 2파는 그보다 적어 6,000명으로 때우고 있었다.

소련군은 포병대에 대해 독일군보다 더 큰 비중을 두고 있었다. 특히 핀란드와의 겨울전쟁 이후 대규모의 재편과정을 거쳤다. 총 67,335문의 야포와 박격포들이 2개의 그룹으로 나뉘어 1그룹은 야전부대에, 2그룹은 상위 제대에 해당하는 본부(RGK)의 예비전력으로 이원화시키는 조치를 취했으며 후자는 총 자산의 8% 정도를 채우고 있었다. 이 비율은 본부가 유지하고 있는 대구경 야포는 포함하고 있지 않다. 또한 스타프카는 독일 장갑부대의 전진에 쐐기를 박기 위한 대전차포병여단 10개를 편성했다. 85mm 신형 대전차포를 포함해 여단당 120문의 대전차포를 기축으로 한 전력 위에, 대인 및 대전차지뢰를 매설하는 공병대대와 대공포병대대를 하나씩 추가한 대전차여단은 41년 4월에 최종 인가를 얻어 남서방면군에 배치되었다. 대전차여단은 독일군 장갑부대의 진격로를 따라 4-5km 전선을 커버하면서 제일선에서 적의 공격을 퇴치한다는 의욕을 불태웠던 제도적 장치였다. 하나 이 대전차전술이 먹혀들려면 전차부대와 소총병제대와의 유기적인 기동이 절대적으로 요구되었으나 당시 소련군의 제병협동 수준으로서는 거의 불가능한 상태였다. 엄밀히 말해 그러한 고강도의 작전이 가능했던 것은 서부방면군 구역에 있던 단 한 개의 대전차포병여단이었으며 6월 22일 기준 보유전력은 정수의 30%에 지나지 않았다.[22]

더 본질적인 문제는 양의 문제보다는 병원의 질과 지휘체계의 카오스였다. 저 유명한 스탈린

22) Kipp(1988) pp.26-7

의 적군대숙청이 빚은 참사는 소련 군대의 급작스런 질적 저하를 초래하였고 능력이 없는 정치적 군인들이 프로들을 대체하여 자리를 잡는 기가 막힌 구조가 형성되어 있었다. 육, 해, 공군을 합해 16개 군사령관 중 14명이, 그리고 67명 중 60명의 군단 사령관, 199명 중 136명의 사단장, 397명 중 221명의 여단장과 수천 명의 연대장급 고급장교들이 처형되거나 투옥되었다.[23] 물론 그중 30%가 군에 복귀하기는 했으나 그로 인해 지휘관에 대한 군 내부의 신뢰는 바닥을 치고 있었으며 엄격한 계급제도를 경시하는 공산주의식 사고방식의 전횡으로 인해 적군 내 군기문란은 상상을 초월할 정도였다. 심리적으로 군의 사기는 거의 붕괴 상태라 해도 과언이 아니었으며 적군의 모든 장교 중 75%가 1년 미만의 재임 기간을 갖고 있을 정도로 초보적 단계의 장교들이 군의 중추를 지탱하고 있었다. 개전 초기 4개 군, 42개 군단, 116개 사단의 사령관들은 겨우 41년 3월부터 재임하고 있어 군 조직의 확립이나 전투력 향상은 거의 기대하기 어려운 상황에 처해 있었다.[24] 아니 이들 사령관들 스스로가 경험이 없어 뭘 어떻게 관리하고 육성해야 할지를 잘 몰랐다. 군부가 당을 위협할지 모른다는 피해의식은 30년대 말까지 정규군 규모를 겨우 150만 정도로 축소하여 유지하게 했다. 한데 39년 독일의 폴란드전이 단 두 달도 안 되어 끝이 나자 당황한 스탈린은 긴급명령을 내어 군 동원령을 발부하게 된다. 그러한 급조된 노력으로 소련은 41년 6월까지 570만 대군을 일단 만들기는 했다. 하나 워낙 숙청에 숙청을 거듭한 결과, 군대를 훈련시킬 자원이 태부족이었다. 거기다 군사훈련보다 정치교육에 더 많은 방점을 찍는 소아병적인 군사적 환경은 이들이 대전 초기에 어떤 카오스 상태에 빠질지 충분히 이해가 되고도 남았다. 스탈린은 투하췌프스키가 구상하고 조성한 기계화군단은 '국가 안의 국가'를 만들어 국가체제를 전복시킬 우려가 있다는 궤변을 늘어놓으면서 기계화부대 조직에 속한 병력들까지 반역자로 몰았고 심지어 유능한 전차 디자이너들도 처형시키는 악랄한 코메디를 연출하고 있었다.

소련군은 사실상 모든 것을 처음부터 뜯어고치는 혁명이 필요했다. 군사령관과 고급장교로부터 말단의 장병들까지 도대체가 어떻게 싸울 줄을 몰랐으며 가장 기초적인 교범조차 숙달이 되지 않은 상태에서 차기 숙청에서 무조건 살아남아야 한다는 비겁한 존재들로 퇴화되어 가고 있었다. 이 정도이다 보니 전차부대의 집단적 운용과 같은 선진적인 구상이나 근대전의 대책은 수립될 수조차 없었으며 전차와 포병, 보병간의 제병협동 따위의 복잡한 교리나 작전계획은 상정하기 힘든 상태였다. 그와 같은 군대가 지난 2년 동안 전 유럽을 휩쓸면서 유사 이래 최강의 군대, 전 세계에서 가장 효율적이라는 독일군과 건곤일척의 승부를 겨루어야 한다는 운명을 맞이하고 있었다. 따라서 소련군은 질적 수준을 제고할 때까지는 무조건 양으로 막아야 했으며 기초훈련 여부 따위는 중요하지 않았다. 눈에 보이는 대로 징집이 이루어졌고 군복을 입지 않고 무기를 든 파르티잔들까지 정규전에 가담하는 경우도 있어 독일군들은 60-70년대 월남전 같은 분위기에 접어들고 있었다. 독일 중앙집단군 2장갑집단의 12군단은 7월 5일 17-30세로 추정되는 머리가 짧은(!) 모든 러시아 남성들은 교전자세가 없어도 포로수용소로 집어넣으라는 명령을 발부한 바 있었다.[25]

---

23) Anderson(2015) p.278
24) Burtt(2016) p.13
25) NA : T-314 ; roll 876, 1a KTB, Korpsbefehl vom 4. Juli 1941 für die Fortsezung des Vormarsches am 5. Juli 1941, AZ: Ia op. Nr. 13, frame 001082(1941.7.5)

소련군은 모든 병과가 질적 향상을 도모해야 한다는 진단서를 발부받은 상태임을 알고는 있었다. 그러나 정치가 군사를 짓밟고 있는 체제 하에서는 진단내용을 알고도 처방을 내리기는 힘들었다. 그들은 모든 것을 완전히 새롭게 재건을 요하는 불안정한 조건에서 독일군의 침공을 맞게 된다. 바르바로싸 직전 소련군은 서부전선 전역에 118개 소총병사단, 20개 기병사단 및 40개 기계화, 전차여단을 배치한 것으로 관측되었으며 중앙집단군 정면에는 45개 소총병사단과 15개 기계화, 전차여단이 위치하는 것으로 파악되었다. 그 가운데 2개 전차여단과 6개 기계화여단을 포함한 대부분의 소총병사단들은 비알리스톡 서쪽과 브레스트-리토프스크 구간에 집결해 있었으며 두 번째로 큰 그룹은 노보그루데크와 바라노뷔취 사이의 제2파로서 16개 소총병사단, 2개 기병사단, 3개 기계화여단이 포진되었다.[26] 여기까지는 독일군의 분석과 예측이었다. 소련군의 서부전선 병력 제1파는 56개 사단으로 전선으로부터 20-80km까지의 구역에 포진하고 2파는 52개 사단으로 50-100km 후방에 배치되었다. 이토록 최전방에 근접시킨 이유는 독일군의 공세가 개시되자마자 즉각적인 반격을 가한다는 구상에 근거한 제파구도였다. 공세 1, 2파를 지원할 예비병력은 총 62개 사단이 100-400km 사이에 배치되었으나 이게 문제였다. 축구의 포메이션에 비교하자면 공격라인과 미드필드라인은 대단히 근접한 상태에서 적군의 반격을 쳐 역공으로 나설 준비를 갖추고는 있었으나 마지막 수비라인과 미드필드라인은 너무나 떨어져 있어 나중에 중앙집단군이 바로 이 미드필드와 수비 구역의 가운데를 파고들자 예비병력을 너무 뒤로 빼 대기하고 있던 소련군의 적응력은 붕괴일로로 치달았다. 스타프카의 구상은 이 예비병력이 공세 1파가 아닌 2파를 직접적으로 지원하는 것으로 계획하고 있었으나 막상 전투가 시작되자 2파가 너무 빠른 속도로 붕괴됨에 따라 예비병력은 전방으로 이동조차 할 수 없는 상황에 처하고 말았다.[27]

* * * * *

소련공군 : 양을 따르지 못하는 질

"전쟁은 불가피하다. 이건 단순히 시간의 문제다."
(10혼성항공사단 123전투기연대장, 보리스 수린 소령 : 1941.5월 초)

소련공군은 2차 대전이 개시될 때나 끝날 때나 수적으로는 세계 최대의 공군력을 자랑하고 있었다. 소련공군은 바르바로싸 당시 일선에 배치된 공군기가 적게는 7,133기, 많게는 12,360기의 공군기를 보유한 양적 규모 세계 1위의 군사대국이었다. 소련 전토에 걸쳐 존재하고 있던 모든 공군기를 모은다면 물경 20,000대에 달했다. 개략적으로 말하자면 러시아의 유럽지역에만 약 10,000기, 일본과 대치하고 있는 극동방면에 3,000기를 보유하고 있는 것으로 파악되었고 그 중 서부군관구에만 5,863기가 밀집되어 있었으며 1,339기가 장거리폭격기 종류였다. 이건 독일군 첩보부의 판단이었으며 실제로는 그들이 빠트린 것이 있었다. 극동지역은 실제로 3,000대를 넘

26) Haupt(1997b) p.21
27) Kipp(1988) p.19

는 4,140대가 있었고 대공방어구역에 1,500대, 1,445대의 해군 소속 항공대의 전력이 별도로 존재하고 있는 것을 계산에 넣지 못하고 있었다.[28] 하나 소련공군의 기록과 게오르기 쥬코프의 증언에 따르면 집계가능했던 총 17,745대의 공군기 중 신형기는 3,719대에 불과했으며 독일군과 상대할 각 방면군에 배치된 기체의 수는 3,510대에 달했으나 방면군 사령관이 직접 사용할 수 있는 것은 그 중 810대에 불과했다. 즉 이는 지휘통제구조의 대단히 복잡한 문제를 야기시켜 적기대처에 어려운 난점들을 다수 내포하고 있었다. 구성비율을 보면 폭격항공연대가 45%, 전투기연대가 42%, 대지공격, 정찰 등 여타 임무의 항공연대는 13%였으며 조종사 가운데 야간비행훈련을 이수한 인력은 전체의 15%에 불과했다. 거기다 이들 기종은 독일기의 카운터파트에 비해 적게는 50%, 많게는 80%가 기술적, 기능적으로 떨어진다는 것을 쥬코프 등의 장성들은 이미 인지하고 있던 터였다.

바르바로싸 직전 소련공군의 신예기 입고현황

기종	1940	1941(6.22)	계
Yak-1	64	335	399
MiG-3	20	1,289	1,309
LaGG-3	-	322	322
Pe-2	2	458	460
Il-2	-	249	249
계	86	2,653	2,739

* Nozhevnikov(1977) p.16

하지만 일단 양만으로는 독일공군의 4배에 달하는 아찔한 규모였다. 독일군 첩보부가 얼마나 낙관적이었는가 하면, 23개 항공사단일 거라고 생각했던 소련공군의 실제 규모는 79개 사단이었으며 그중 55개가 서부군관구에 밀집해 있었다. 전투기는 일반 기본 성능면에서 독일제와 큰 차이가 없다고 볼 수도 있었으나 나중에 보겠지만 조종사들의 기량 차이와 더불어 기종 자체가 결함이 있는 것이 아닌가 우려되는 것이 당연했다. 특히 1933년 등장 당시에는 혁신적인 저익단엽기로서 각광을 받았던 폴리카르코프(Polikarkov) I-16과 같은 기종은 스페인 내전 이후 전혀 개선이 되지 않은 가장 낡은 구형, 구식 전투기로 악명이 높았다. 공기저항을 줄이려 하다보니 동체의 길이가 극단적으로 축소된 짜리몽땅한 형상이 되어 다소 우스꽝스럽긴 하나, 시속 457km를 나타내면서 그래도 1930년대에는 가장 빠른 전투기로 평가받은 적이 있었다.[29] 쌍발폭격기로서는 30년대 당시 세계 최고속을 자랑했던 투폴레프(Tupolev) SB-2도 바르바로싸 직전이 되면 이미 낡은 기종으로 인식될 정도로 그 시기 항공계의 발전은 하루가 다르게 변하고 있었다. SB-2는 최고시속 411-423km를 내면서 당시 웬만한 전투기의 속도를 초월할 정도로 혁신적인 기종으

28) Corum(2008) p.263

29) バルバロッサ作戰の情景 : 第2次大戰 グラフィック アクション(1977) p.9, 1991年 GRAPHIC ACTION(グラフィックアクション) No.5 ヒトラーのソ連侵攻作戰バルバロッサ(1991) p.84, ソヴィエト赤軍興亡史 I (2001) p.132

◆ I-2-9 바르바로싸에 참가한 단좌식 전투기로는 가장 평판이 좋지 못했던 미코얀-구레뷔취 MiG-3. 독일기와의 정면승부가 되지 않아 후반부에는 고속전술정찰기로 사용되는 경우가 많았다. 사진은 6근위전투기군단 120전투기연대 소속의 미그기로 41년 겨울 브누코보예(Vnukovoje) 기지에서의 촬영

◆ I-2-10 소련군 최초의 근대적 신형전투기 라보취킨 LaGG-3 전투기. 성능이 우수하다고는 할 수 없으나 공력저항을 고려한 외관과 구조의 단순함을 나타낸 소련기 특유의 특징을 구비. 기부 아래쪽을 볼 수 없다면 야크기와 거의 구분이 안 될 정도로 실루엣이 흡사했다.

로 인정받은 바 있었다. 당연히 당시로서는 세계에서 가장 빠른 폭격기였으며 독일의 도르니에 Do-17과 비교해서도 손색이 없는 수준이었다.

반면 Yak-1이나 MiG-3, LaGG-3와 같은 신형 전투기들은 이미 능력이 검증된 Bf-109 메써슈미트와 기술적으로는 하등의 차이가 없는 우수한 기종으로 인식되고 있었다. 이 신형기들은 개전 직전 총 2,700기가 배치되어 있었다. 세부적으로 보면 MiG-3 전투기 1,289대, LaGG-3 전투기 322대, Yak-1 전투기 335대, Pe-2 폭격기 458대, Il-2 대지공격기 249대로서 일단 이 수치는 41년 6월까지의 잠정 보유량으로, 이들이 모두 일선에 배치되어 당장 운용가능한 것은 아니라는데 주의를 요한다. 41년 1월 1일부터 6월 20일까지 소련공군에 지급된 것은 MiG-3 407대, LaGG-3 29대, Yak-1 142대, Pe-2 128대가 전부였다.

LaGG-3 라보취킨(Lavochkin) 전투기는 개전 직전에 일선에 배치되었으며 거의 대부분이 극동지역에 지급되는 바람에 바르바로싸가 터졌을 당시에는 소수의 기체들만이 공중전에 투입되었다. 중앙전구에서는 모스크바 수도방위를 맡고 있던 157, 241전투기연대에게 처음으로 배정되었으며 7월이 되자 여기저기서 끌어와 황급히 부족분을 보충하게 되었다. 라보취킨은 처음부터 결함이 많은 기체로서 뭔가 개조를 할 때마다 속력이 떨어지는 문제를 노정하였으며 이는 설계의 문제라기보다는 제작하고 조립하는 과정에서 나타난 노동력의 낮은 수준에서 비롯된 것으로 보는 것이 지배적인 시각이다. 심지어 나사 하나도 제대로 잠그지 못해 비행 중에 사건사고가 발생하는 경우도 있었다. 한 가지 장점은 Yak-1 야코블레프(Yakoblev) 전투기에 비해 전투 중 기체 피해가 덜하다는 것과 피격 시 야코블레프가 쉽게 발화하는 데 비해 비교적 내연성에 강하다는

◆ I-2-11 야코블레프 Yak-1. 전형적인 목금복합구조의 설계로 1,100마력 M105PA 엔진을 장착, 상대적으로 조종성이 뛰어났던 소련의 대표적 전투기. 무장은 20mm 기관포 1문, 7.62mm 기관총 1정으로 대전 전 기간을 통해 약 3만 대가 양산되었다.

것이 입증되고 있었다.[30]

바르바로싸 초기에 전선에 배치된 야코블레프 Yak-1기는 5개 방면에 105대가 날 수 있는 상태라고 알려져 있었으며 6월 22일 첫날부터 Bf-109와 대결했다고 하나 양세는 불확실하다. Yak-1은 개전 초기부터 많은 불만을 사고 있었다. 20mm ShVAK 기관포는 그럭저럭 쓸 만했으나 7.62mm ShKAS 기관총의 관통력이 시원찮은 데다 툭 하면 발사가 되지 않는 현상이 빈번해 당장 교체가 요구되었다. Yak-1기가 41년 동안 총 1,333대가 제작된 데 비해 Yak-7기는 41년 9월부터 생산에 들어가 그해 안으로 207대만 만들어졌다. 두 기종은 사양이나 성능면에서 별반 차이가 없으며 칵핏과 엔진실에 약간의 개선이 이루어진 정도에 불과했다.

미그기 MiG-3은 조종하기가 까다롭다는 불편함이 있었던데 반해 제조단계의 결함이나 디자인상의 제반 문제는 라보취킨 기종보다는 덜 하다는 평가를 받고 있었다. 속도와 고고도 전투에서는 미그가 라보취킨이나 야크보다는 월등히 우수한 것으로 나타났으나 그러한 공학적 성능이 비례하는 결과를 낳은 것은 아니었다. 서부지역 군관구에는 4, 55전투기연대에 20대가 배정되어 20혼성항공사단이 신형 전투기에 대한 적응훈련을 실시했으며 대단히 소극적인 조종사들을 개전 이전까지 훈련시키는 일은 그리 쉽지 않았다. 이후 8혼성항공사단의 15전투기연대, 9혼성항공사단 124, 126, 129전투기연대, 15혼성항공사단 23전투기연대, 64전투기사단의 149전투기연대에 지원되어 개전을 맞이하게 된다. 6월 21일 기준 MiG-3은 발틱, 서부, 키에프 및 오데사 지역에 총 753대가 배치되었으며 추가로 300대가 모스크바와 레닌그라드 방공구역에 지원된 것으로

30) Mellinger(2003) pp.8-9

확인되었다. 개전 직후 루프트봐훼는 이 신형기의 존재에 다소 놀란 눈치였으나 제대로 된 공중전을 치르지도 못한 채 다른 기종들과 함께 지상에서 다수가 괴멸되는 운명에 처했다.[31] 독소 항공전은 대부분의 경우 2만 피트 이하의 저고도에서 진행되었으며 이때 고고도에 특화된 MiG-3은 저공비행에 능란한 Bf 109의 밥이 되기 십상이었다. 여하간 이 MiG-3은 1941년 당시 소련공군에서는 가장 빠른 전투기였다.

독일의 융커스 Ju 87 슈투카와 같이 핀포인트 공격을 구사할 수 있는 급강하폭격기는 존재하지 않았으나 Il-2 슈트르모빅(Shturmovik) 대지공격기와 같은 히트 상품을 내면서 이 시기 소련공군은 현대화에 나름 박차를 가하고는 있었다. 전술폭격용으로 제작된 이 기체는 엔진으로부터 칵핏까지 일체장갑으로 둘러싸여 있어 대단히 견고한 강철판으로 보호를 받는 그야말로 창공의 장갑차였다. 즉 4-7mm 두께 방탄강판(防彈鋼板) 자체에 기체구조를 결합시킨 뒤 그 주변에 날개를 붙이는 식의 기발한 착상으로 방탄장갑의 무게만 7,000kg에 총 중량은 5.8톤에 달했다. Il-2의 장갑이 얼마나 강력했는가는 41년 7월 5일 스몰렌스크 상공의 일화에서 가장 명백히 입증되었다. 46혼성항공사단 430대지공격항공연대의 연대장 니콜라이 말리셰프(Nikolai Malyshev) 중령에 따르면 200번의 총탄을 맞았는데도 비행을 계속했다는 것이었다. 무장도 막강해 통상 전투기에 1-2정이 장착되는 7.62mm가 4정이나 부착되어 있었으며 100kg 폭탄을 4개나 수납할 수 있었다.[32]

Il-2는 바르바로싸 발발 직전까지 249대가 배치되어 대전이 끝날 때까지 지속적으로 생산, 개량되어 온 소련공군의 대표 기종이지만 처음에는 후미 기관총이 없는 단좌식이어서 엄청난 손실을 입었으며 뒤에 완전한 복좌식(Il-2M)으로 개조되어 42년 10월 말경에는 스탈린그라드 상공에 등장했다. 1939년 제식화된 이래 무려 3년 만에 복좌식으로 복귀한 것이었다. 이로써 초기의

◆ I-2-12 대전 초기 단좌식 일류신 Il-2 슈트르모빅 대지공격기. 장갑이 두터운 Il-2를 부수기 위해서는 반드시 후미를 따라붙어야 했기에 후미기총수가 없던 초기의 단좌식은 대지공습의 실적만큼이나 엄청난 피해를 입었다.

31) Khazanov & Medved(2012) pp.13, 15
32) Guardia(2020) p.65, クルスク機甲戦(1999) pp.72-3

Il-2 무용론은 자취를 감추었으며 늘 후미만 노리면 득점을 올리던 독일군들도 긴장하게 되는 것이 당연했다. 여기에 기관총은 물론 기관포와 로켓발사체까지를 설치하게 된 것(Il-2M3)은 43년 8월까지 기다려야 했다. 히틀러가 쓸데없는 간섭을 되풀이한 것처럼 그보다 군사기초지식이 더 약한 스탈린도 어지간이 삽질을 한 것이 바로 Il-2였다. 사실 Il-2는 원래 복좌형으로 제작될 계획이었으나 스탈린은 후방사수 좌석을 없애고 연료를 더 실어야 한다며 말도 안 되는 간섭을 자행했고 그로 인해 Il-2는 독일 전투기들에 꼬리가 물리면 간단히 격추되는 허약한 구조를 안고 있었다. 바르바로싸에서 Il-2는 그다지 인상적이지 못했으나 대전 후반기로 갈수록 능력을 발휘해 하늘을 덮을 정도로 새까맣게 몰려오는 이 기종을 독일군들은 '흑사병'이라고 부를 정도로 맹위를 떨치게 된다. 여하간 이 희대의 대지공격기는 총 36,000대가 생산되어 인류 역사상 가장 많이 제작된 군용기의 지위를 지금도 누리고 있다.

같은 대지공격기로서 이름을 날린 페틀랴코프(Petlyakov) Pe-2 고속폭격기는 당시 수준으로서는 상당히 잘 만든 기종으로서 영 공군의 모스키토와 비견될 정도로 신뢰성이 높았다. 폭탄적재량이나 항속거리, 방어능력은 떨어지나 일단 속도면에서는 He 111나 Ju 88를 월등히 능가했고 불과 3명의 인원만 탑승했기에 좀 더 가벼운 기동으로 전폭기, 급강하폭격기로서의 기능을 겸할 수가 있었다. 어찌 보면 Pe-2는 전투기와 폭격기의 중간자적 존재로서 중(重)전투기, 경(輕)폭격기, 대지공격기 등 실로 다양한 목적과 기능에 충족될 수 있었다. 그러나 Pe-2는 겨우 1941년 2월에 도입되어 바르바로싸 직전까지 460대만 배치되었기에 큰 영향력을 행사하기는 어려웠다. 41년 8월까지도 대량생산되지는 못했으며 그해 하반기에 1,405대가 지원되었다. 41년 6월 22

◆ I-2-13 급강하폭격도 가능했던 소련공군의 다목적 쌍발폭격기 페틀랴코프 Pe-2, 41년 2월부터 생산에 들어가 종전 시까지 총 11,400대가 제작되었다. Pe-2는 기본적으로 폭격기, 급강하폭격기로 중용되었으나 Bf 109들과도 겨룰 수 있을 정도의 민첩한 기동력을 지니고 있었다.

일, 대전 발발 당시 Pe-2는 391대가 가용한 상태였으며 그중 중앙집단군의 공세가 집중된 서부 방면군 전구에는 42대가 배치되어 있었다.[33]

소련공군의 양적 질적 팽창은 괄목할 만했다. 그보다 더 놀라운 사실은 항공기 생산의 속도였다. 41년 봄 소련의 항공기 생산공장을 방문했던 독일 전문가들은 소련공군의 팽창을 본부에 심각한 어조로 보고했으나 진지하게 받아들여지지 않았다. 당시 소련은 월 1,131기를 생산하면서 독일의 능력을 가볍게 초월하고 있었다. 독일군은 지상군과 마찬가지로 공군력 역시 소련을 우습게 판단하고 있었으며 그들에게 숙련된 조종사나 세련된 전법이 없다뿐이지 소름이 돋을 정도의 양적 규모를 자랑하고 있다는 사실을 애써 외면한 것처럼 보였다. 헤르만 괴링 공군총사령관은 2대 전선을 갖게 되는 독소전을 궁극적으로 반대하고 차라리 지중해 전역에 집중하자고 주장했던 것으로 알려져 있으나 그럼에도 불구하고 소련공군의 이와 같은 실상에 대해서는 전혀 준비를 하지 않았다는 것은 상당히 이해하기 어려운 대목이다. 나치 광신도임에도 불구하고 그가 소련 침공을 반대했다는 것은 결과적으로 대전 전 기간을 통해 가장 현명한 판단을 하고 있었다는 아이러니이기도 했다. 다만 일단 전쟁이 개시되자 그의 제한적인 지혜는 완전히 퇴보의 길을 걸었다. 괴링은 1차 세계대전의 에이스이긴 했으나 공군의 관리능력이나 군수행정에 있어서는 거의 무지에 가까운 인물이었다. 이제 루프트봐훼는 그들보다 2.7-3.0배나 많은 적과 싸워야 했다.

독소 공군 전력 비교(1941.6.22)

항공군	독일	소련
1	607	2,212
2	1,448	1,881
4	810	4,085
계	2,865	**8,178**

하나 소련공군은 지상군이 정력적으로 전차를 개발한데 비해 공군 전반의 전략적 지평을 확대하기 위한 별다른 노력을 기울이지 않았다. 위에서 간략히 언급한 것처럼 대부분의 기종들이 낡아빠진 구시대의 산물이었으며 이를 뒷받침하는 공군의 인프라는 대단히 후진적이었다. 우선 공군기지가 많지 않아 독일군의 집중공격을 받았을 경우 이를 분산시킬 수 있는 여분의 기지들이 불충분했다. 나중에 독일공군 조종사들이 그들의 능력은 인정은 했지만 주요 거점을 지키는 대공포부대도 태부족이었다. 전차와 마찬가지로 편대장만이 무선송수신기와 지도를 지니고 있어 일단 공중전이 시작되면 우왕좌왕 정신이 없었으며, 당시 소련공군은 영국처럼 3기가 하나의 편대를 이루는 방식을 채택하고 있어 4기가 하나의 편대로 되어 2인 1조의 체계적인 공격패턴을 단련시켜 온 루프트봐훼를 감당할 능력이 없었다. 소련공군은 독일과 마찬가지로 1936년에 정립한 독트린에 따라 근접항공지원에만 특화하였으며 장거리 전략폭격은 시행하지 않았다. 이미 30년대 후반에 전략폭격 등의 구상은 폐지되어 기존의 3개 전략항공군을 해체해 버렸으며 그로 인

33) Tucker-Jones(2016) pp.16, 77, Smith(2020) p.89

해 4발 엔진의 TB-7 폭격기 생산계획 역시 중단시켜 버렸다. 전쟁 초기 소련공군이 급속도로 몰락한 데는 또 다른 이유가 있었다. 조종사의 기술적, 전술적 수준을 올리는 것은 다소의 시간이 필요했지만 편제상의 문제는 단숨에 해결할 수 있는데도 불구하고 오랜 기간 동안 해소되지 않고 있었다. 소련공군은 개개의 공군 제대를 방면군 사령부의 지휘를 받도록 함에 따라 공군이 단일군종으로 독자적인 작전계획을 수립할 수가 없었으며 공군 제대간 조율도 형편없었다. 특히 전투기들은 근접항공지원에 수시로 쪼개져 출동하는 탓에 폭격기들을 엄호할 자산이 불충분했으며 이는 개전 초기부터 상당 기간 동안 폭격기들만의 출격으로 루프트봐훼의 자유사냥감으로 전락하는 엄청난 피해를 입는 원인을 제공했다. 그로 인해 소련공군은 독일공군과는 달리 폭격기와 전투기를 섞어 만든 혼성항공사단(SAD)이 자주 등장하게 된다.

추가적으로 공군에 국한된 문제는 아니었지만 조종사들의 훈련과 신형기에 대한 재교육은 지지부진했다. 서부특별군관구의 공군기지의 경우 재교육 시간은 9시간, 키에프특별군관구는 겨우 4시간의 교육을 이수한 것으로 파악되고 있었다. 바르바로싸가 시작된 6월 22일까지 교육명단에 오른 2,800명의 조종사들 중 932명만이 통과되었다고 하며 예컨대 12폭격기사단은 139명 중 104명이 교육을 받되 그것도 필수과정의 일부만을 이수할 정도로 실전에 대한 대비가 형편없다는 결함이 산재해 있었다. 더욱이 스탈린의 적군 대숙청 기간 중 3명 이상의 공군 사령관들이 무수히 많은 고급장교들과 함께 군에서 쫓겨나는 수모를 당하면서 교육과 훈련을 담당할 교관이나 지휘체계도 갖추어지지 않았다는 문제는 그와 같은 공군의 과도기 과정을 훼손하는 주된 요인으로 작용하고 있었다.[34]

34) Hardesty & Grinberg(2012) p.16

3. 독일군의 준비 상황

"전차의 엔진은 주포와 같은 불가결한 무기이다"
(2장갑집단 사령관 하인츠 구데리안 상급대장)

* * * * *

장갑사단 재편성의 공과

"만곡부의 다른 한편에서 연대본부와의 무선송수신이 단절되었다.
따라서 나는 단 한 대의 정찰기의 안내를 받으며 미리 정해진 진격로를 따라 독자적으로 길을 개척했다.
얼마 안 가 2명의 운전병을 태운 구데리안의 전차가
아직 파괴되지 않은 레스나 강의 교량을 통과해 나갔다."
(18장갑사단 18장갑연대 1대대 2중대장 프리드리히 폰 그롤만 중위 : 1941.6.22)

독일군은 프랑스보다 질적으로 떨어지는 전차를 갖고도 그보다 수적으로 우세한 영불 연합군의 기동전력을 무력화시키면서 근대기갑전의 한 장을 새로이 썼다. 다음 상대는 소련이었으며 핀란드와의 전쟁에서 자행된 어처구니없는 실수연발의 적군(赤軍)을 보고는 프랑스전보다 더 자신감이 붙은 것은 숨길 수 없는 사실이었다. 독일은 T-34나 KV 중전차의 존재를 알지 못했다. T-26과 BT-7 등의 주력 경전차만을 알고 있던 독일군들은 소련군보다 3분의 1에도 못 미치는 전차전력으로도 충분히 이길 수 있다는 확신을 갖고 있었다. 프랑스전을 마친 후 1, 2호 전차가 전혀 쓸모가 없다는 것은 잘 알고 있었으며 다음 과제는 3호 전차와 4호 전차의 질적 개량이었다. 전격전의 교리에 의하면 3호 전차는 스피드에 의한 돌파 단계를 담당하는 주력 전차이며 4호 전차는 화력보강용 전차이자 때에 따라서는 보병의 지원전차로 중용되었다.[1] 3호 전차는 바르바로싸 개시 단계까지도 독일군의 주력 전차로 자리잡고 있었으며 심지어 43년 여름의 쿠르스크전까지도 다량으로 쓰이고 있었다. 3호 전차는 워낙 다양한 형태로 개발이 진행되었기에 어느 한 유형도 대량생산된 바가 없었으나 E 시리즈가 겨우 100대를 생산하면서 그 이후로는 안정화된 양산체제를 유지하게 되었다. 1939년에는 기존의 37mm 주포를 50mm L/42로 대체하는 F형을 만들어 425량을 제조하였으며 후면에 30mm 강판을 추가한 G형을 600량 정도 생산하였다. 308량이 만들어진 H형은 포탑과 현가장치 및 런닝기어를 개선하였으며 전면장갑을 30mm로 보강하는 절차를 밟았다. 이후 바르바로싸 직전까지는 J형을 41년 3월까지 납품토록 하는 조정단계를 거치고 있었으며 6월 22일 전날까지 총 979량이 배치되었다. J형은 차체전면의 기본장갑판을 50mm로 강화시킨 최초의 타이프였다. J형은 L42형과 L60형으로 다시 나뉘게 되는데 전자를 생산

1) De Sisto(2006a) p.4

하던 도중 히틀러의 명령에 의해 기존 50mm 주포를 42구경에서 60구경으로 교체하는 수순을 밟게 되었다. 3호 전차의 경우, 60구경이라야 T-34를 파괴할 수 있다는 계산에서 나온 조치였다. 단 후자는 41년 12월이 되어서야 납품이 되어 바르바로싸에서는 주역으로 쓰이지 못했다.[2] 바르바로싸에서는 60구경 장포신 50mm 포가 아닌 42구경 단포신의 G형이 주종이었다. 측도로 지근거리까지 붙어 주포를 발사해야 T-34의 장갑을 관통할 수 있을 정도로 빈약한 이 차종이 바르바로싸의 주력이었다는 것이 크나큰 아이러니 중 하나였다.

◆ I-3-1 50mm 장포신 주포를 탑재한 독일군의 주력 3호 전차 H형. 차체전면과 상부전면을 모두 30mm 증가장갑판으로 보강했고 기동륜(起動輪)과 유도륜(誘導輪) 역시 신형으로 교체했다.

◆ I-3-2 당초 화력지원용으로 기용되었던 4호 전차 D형. 우측 관측창과 기관총 마운트 사이에 권총사격을 할 수 있는 피스톨 포트(pistol port)가 설치되어 있는 것이 독특한 특징이다. 개전 후반기에는 주력전차로 탈바꿈했다. 사진은 6장갑사단 65장갑대대 소속

하나 3호 전차가 아무리 전면 장갑이나 주포 구경을 늘린다 하더라도 전차 자체만을 놓고 비교할 때는 전혀 T-34의 상대가 되지를 못했다. 프랑스나 베네룩스와 같이 단기에 끝낼 수 있는 전역의 경우에는 3호 전차의 스피드로도 충분했겠으나 아무리 생각해도 5개월 이상이 소요되는 대소전에서는 템포만으로의 전차전에는 한계가 있었다. 더욱이 3호 전차는 아무리 개량한다 하더라도 엔진마력의 문제로 인해 장갑이나 적재탄약의 양을 늘릴 수 없는 구조적인 결함을 안고 있었다. 마이바흐 HL120TR 300마력 엔진은 출력의 한계로 총 중량을 19-22톤으로 제한하지 않으면 원활한 기동이 곤란한 차종이었다. 원래 3호 전차는 총중량이 24톤을 넘어서는 안된다는 병기국의 조건도 있었다. 더욱이 3호 전차는 대구경 주포를 장착해 회전시키기에는 차대가 너무 약하다는 약점이 있었다. 따라서 장포신 50mm 주포 이상은 불가능했다. 포탄 역시 위력이 약해 Panzergranate 38 철갑탄의 경우는 500m 이내라야 T-34에 대한 유효탄이 될 수 있었으며 Panzergranate 40 철갑탄은 그나

2) クルスク機甲戦(1999) pp.79-80, Lüdeke(2008) p.43

마 38보다는 나은 것으로 판명되고 있었다. Panzergranate 40은 바르바로싸 직전에 제작되었기에 극히 적은 양만이 가용했으며 북부전선으로 향할 4장갑집단 정도가 3호 전차에 사용가능한 비교적 충분한 양의 신형 철갑탄을 보유하고 있었다.[3]

적군은 기동력, 화력, 장갑방어력 어느 쪽을 봐도 독일 전차보다 우월한 신형 전차들을 전선에 뿌리기 시작하게 된다. 전차 대 전차의 대결에서 그나마 우수한 전차병들을 근거로 적에 대해 우위를 점할 수 있었던 것은 4호 전차였다. 4호 전차는 바르바로싸 직전까지 A-F형, 계 6개 타이프가 만들어졌으며 모두 예외 없이 75mm L/24 주포가 장착되어 있었다. 이 포는 당시로서는 선진적인 대구경포였으나 고폭탄을 주로 쓰는 단포신이란 점으로 인해 전차전에서는 전혀 적합하지 않았다. 거기다 전차전에서 쓸 수 있는 철갑탄이라고는 75mm Kopfgranate rot 한 종류뿐이었는데 이는 1,000m 거리에서 35m 강판을 관통시킬 수 있었으나 100m 거리가 되는데도 겨우 41mm를 파괴할 정도의 수준밖에 되지 못했다. 독일은 처음부터 3호 전차를 전차 대 전차전의 주력으로 활용하고 있었으며 4호 전차는 지원화기였기에 어쩔 수 없는 경우였던 것으로 이해될 수는 있다. 독소전이 진척될수록 3호 전차는 2호 전차만큼이나 능력이 떨어진다는 평가가 팽배했던 만큼, 그간 적 거점 제압에 특화되었던 4호 전차는 점차 장포신을 장착해 대전차전(對戰車戰)용으로 전환해 나가게 되었고 기존의 3호 전차를 경향적으로 대체하는 수순을 밟아 나갔다.[4]

4호 전차가 주력전차가 되어야 한다는 생각은 야전군 지휘관들 사이에 이미 41년에 정착되었으나 놀랍게도 3호 전차는 42년을 거쳐 43년의 쿠르스크전까지도 대량으로 운용되고 있었다. 장갑의 경우도 3호 전차에 비해 낫다고는 하지만 최초 A형은 차체 전면장갑이 20mm에 불과한 빈약한 것이었으며 B, C, D형에 이르러 겨우 30mm까지 보강되었고 D형만이 후면장갑을 15mm에서 20mm까지 강화할 수 있었다. D형은 4호 전차의 기본형을 확립한 타이프로 차체전면이 30mm로는 좀 부족했기에 표면경화처리를 통해 장갑판 강도에 변화를 주었으며 포탑의 주퇴복좌기(駐退復座機)장갑커버가 내장식에서 외장식으로 바뀌었다. D형은 39년 10월부터 41년 5월까지 229대가 제작된 본격적인 양산형 중 하나였다. E형은 방어력 강화를 위해 증가장갑판이 장착되었다. E형은 50mm까지 전면장갑을 늘이되 추가로 30mm 강판(Kugelblende 30)을 부착하여 어떻게든 빈약한 장갑의 보강에 안간힘을 쓴 흔적이 보였다.[5] 바르바로싸에서는 이 E형이 4호 전차의 주력으로 사용되었다. 바르바로싸 이전에 마지막으로 나온 F형은 측면 30mm만 제외하고는 모두 50mm까지 강화된 장갑으로 무장하여 장포신 주포를 단 F2형이 나오기 전까지는 가장 개량된 타이프로 자리 잡았다. 단 증강장갑이 전체 중량에 영향을 주어 런닝기어도 변화를 겪게 되자 궤도의 너비도 40mm로 바뀌어졌다. F형은 41년 5월부터 42년 2월까지 총 470대가 생산, 배치되었다. F형 중 단포신에 해당하는 F1형은 따라서 바르바로싸에 등장한 4호 전차 중 가장

---

3) ドイツ戰車パーフェクトバイブル(1)(2005), p.100, NA : T-313 ; roll 336, O.Qu., Anlagenband 3 z. KTB, Panzergruppe 4, frame 8.618.121

4) 독일군의 3호 전차가 T-34와 대적할 수 없게 되자 4호 전차가 점차 주력으로 중용될 움직임이 있었다. 4호 전차는 폴란드전과 프랑스전의 경험에 기초하여 전투실 앞쪽과 측면에 증가장갑을 볼트로 고정시킨 뒤 포탑도 좀 더 단순화시켜 E 개량형을 제조해냈다. 그러나 E형은 여전히 보병지원 화기로서 75mm 단포신(24구경)을 탑재하고 있었으며 대전차용의 장포신은 42년 3월 F2형이 되어야 등장하게 되었다. 따라서 바르바로싸에서는 장포신의 4호 전차는 존재하지 않게 된다. 이런 전차를 가지고 41년 소련군과 1 대 7의 상호격파 비율을 유지했다는 것 자체가 하나의 신화이다.

5) Tirone(2015) p.112, Culver(1975) p.16

마지막 버전에 해당하게 된다. 개전 직전까지 모든 타이프의 4호 전차는 444량이 전선에 배치되었다. 물량이 이토록 적었던 것은 3호 전차가 모두 8개 회사에서 분산되어 제조했던 데 반해 4호 전차는 크루프(Krupp-Gruson AG)사와의 단일 계약에 의거했기 때문이었다. 따라서 4호 전차는 36개 기동사단에 총 2,160대의 수요가 있었음에도 불구하고 41년 말까지 겨우 769대만이 납품되었다.[6] 4호 전차는 바르바로싸에 참가한 17개 장갑사단 모두에 지급되어 있었으며 배당수는 사단별로 20-32대 등 차이가 있긴 하나 총 439대의 가용전차가 동원되었다. 여러 가지 타이프가 뒤섞여 있었지만 일단 가장 낡은데다 20mm라는 너무나 얇은 전면 장갑으로 제조된 A형은 바르바로싸에서 제외되었다.

◆ I-3-3 & 4 체코 병합 후 장갑부대의 모자라는 전력에 크게 기여한 35(t), 38(t) 경전차. 대프랑스전에서는 그런대로 쓸 만했으나 비포장도로 일색인 러시아에서는 수많은 결함들을 나타냈다.

독일이 체코를 병합하고 난 이후 스코다(Skoda) 공장에서 생산되던 35(t), 38(t) 전차들은 서방전격전에서 요긴하게 활용되면서 각 제대에 모자라는 전차의 수치를 맞추는데 크게 기여했다. 3호 전차보다는 못하지만 1, 2호 전차보다는 월등히 나은 성능을 유지했으며 메인티넌스 역시 기존 독일 경전차들보다는 손쉬운 장점이 있었다. 독일은 포탑 전면의 장갑이 겨우 25mm이던 것을 그 배에 해당하는 50mm로 증강시켰으며 측면 역시 30mm 두께로 전환했다. 그로 인해 중량은 11톤으로 늘어났다. 41년 한 해 동안 총 698대가 생산되었으며 7월 1일에는 763대의 재고가 있었다. 7장갑사단 같은 경우는 이 전차들을 다량으로 사용했었기에 바르바로싸에서도 그대로 배치했으며 최소한 진창도로로 바뀌는 시점 이전까지는 큰 무리 없이 작전에 투입되는 절차를 밟았다. 한 가지 문제는 뛰어난 기동력에도 불구하고 빈약한 차체로 인해 37mm 주포 이상을 탑재시킬 수가 없었으며 그로 인해 방어전에는 전혀 쓸모가 없는 차종이라는 인식

6) Anderson(2021) p.143, Spielberger(1972) p.72, Porter(2019) p.66

◆ I-3-5 원칙적으로 기동전력이나 장갑부대가 아닌 보병제대 지원용으로 존속했던 3호 돌격포 B형. B형은 A형에 비해 조준기용 해치, 신형기동륜, 엔진변속기의 변경 등등의 차이가 있으며 B형부터 알케트(Alkett) 사가 제작토록 되어 41년 5월까지 총 250대가 생산되었다.

을 지울 수가 없었다. 이 체코제 전차들은 1940-41간 전체 전차전력의 25%를 차지할 정도로 비중이 컸으며 44년까지도 일부 포병대의 관측차량으로 활용되기도 했다.[7]

나중에 'T-34쇼크'를 경험하게 될 독일 전차들은 42-43년에 걸쳐 티거와 판터를 제작하게 되면서 겨우 소련군 전차들과 균형을 맞추게 되었으며 그 이전까지는 단지 조종술과 전술적 우위만으로 견뎌내었을 뿐, 전차 자체의 사양 측면에서는 소련제보다 훨씬 떨어지는 수준을 극복하기 힘들었다. 그럼에도 불구하고 개전 당시 소련 전차병들의 훈련 숙련도는 극히 낮은 데다 졸렬한 전차운용으로 인해 독일 전차들의 상대가 되지를 못했다. 독일 전차들은 상대 전차의 장갑과 기동력을 정밀하게 계산해 최대한 근접하든지 반드시 측면을 때린다든지 하는 번거로운 계측과 준비가 불가피했지만 적 차량을 꼼꼼하게 하나하나 각개격파해 나가면서 기술적, 전술적 우위는 끝까지 확보하고 있었다.

한편 독일군은 프랑스전에서 시범적으로 사용해 보았던 돌격포(Sturmgeschütz=assault gun)를 바르바로싸 직전에 250대를 생산, 6개 대대에 배치시켰다[8]. 3호 전차 차대를 사용했기에 3호 돌격포로 불리는 이 차종은 회전포탑만 없을 뿐 나머지는 일반 전차와 다를 바 없었다. 다만

7) Lüdeke(2008) p.34-5, Milsom(1970) p.6

8) 독일군의 장갑화기 중 가장 독창적인 것은 역시 이 돌격포였다. 공격력, 방어력, 기동력, 운용성, 생산단가, 실적, 그 어느 면에서도 이 정도로 균형을 갖추었던 독일군의 화기는 존재하지 않았다. 돌격포는 6호 티거 중전차가 나오기 이전에 일종의 중화기지원세력으로서 기동했던 구원투수로서, 대대단위로만 조직되어 군이나 집단군의 직할 체제로 운용되는 것을 원칙으로 했다. 돌격포는 대전 후기로 갈수록 장갑부대의 한 구성인자로 기능하는 수가 많았으나 초기 단계에서는 어디까지나 보병사단들의 화력지원이 주된 임무였다. 장갑사단이 아닌 일반 보병사단은 기동전에 쓰일 차량과 장비가 부족했기에 이 돌격포의 존재는 그야말로 귀중한 자산으로서, 포병대는 어지간해서는 이 돌격포들을 양보할 생각이 없었으며 이게 있어야 포병들도 기사철십자장을 탈 수 있다는 생각을 갖고 있었다.

포탑이 기형적으로 낮게 만들어져 피탄 범위는 일층 축소된 반면 전차병은 5명이 아닌 4명으로 제한되었다. 주포는 초기 4호 전차와 마찬가지로 75mm L/24였으며 전면 최대장갑은 50mm까지였고 중량은 20톤 정도였다. 프랑스전 때는 불과 6대의 돌격포가 마지노선을 뚫는 전위대 역할을 했으며 1940년부터 양산체제로 들어간 이후로는 보병의 화력지원으로서는 필요불가결한 존재로 발전해 갔다. 특히 돌격포는 전차에 비해 생산단가가 훨씬 낮아 경제성 측면에서 전차의 그것과 비교할 바가 아니었으며 이미 39-40년부터 에리히 폰 만슈타인 등이 돌격포의 유용성에 대해 강조해 온 바도 있어 바르바로싸에서는 상당한 기대주로 부상하고 있었다. 단 돌격포는 모든 장갑사단이나 보병사단에 기계적으로 주어지는 것이 아니라 처음에는 독립중대 형식으로 출발하여 필요한 제대에 임기응변식으로 공급하는 방식을 취했다. 그러다가 나중에 나올 티거(Tiger) 중전차대대처럼 독립 대대 단위로 지원되는 절차를 밟게 된다. 돌격포는 티거와 달리 장갑부대가 아니라 포병이 운용병과였다. 이는 전차가 장갑사단에만 경도되어 있었기에 기동력이나 화력이 취약한 보병사단을 지원하기 위한 하나의 배려로서, 43년에는 장갑병총감으로 취임한 구데리안이 돌격포를 장갑부대 관할로 통합시키려 하다 야전 지휘관들의 반대에 부딪혀 관철되지는 못했다. 이는 보병사단의 지휘관들이 그만큼 돌격포를 중용했다는 이야기이며 어쩌면 유일한 화력지원용 기동력을 장갑부대에 빼앗기기 싫다는 의지의 표현이기도 했다.[9] 좀 더 자세한 내용은 보병사단과 차량화보병사단 편에서 논하기로 하겠다.

장갑부대는 서방전격전이 끝나자마자 OKH의 계획에 따라 재편과정을 거친 바 있었다. 히틀러는 러시아 침공을 앞두고 좀 더 많은 장갑사단의 편성을 요구했고 당시의 독일 군수산업과 군 병력 징집 사정상 갑작스럽게 동일한 규모의 사단들을 양산할 수는 없었다. 1940년 5월 말에 성안된 24개 장갑사단 및 12개 차량화보병사단(장갑척탄병사단의 전신) 계획은 그해 6월 중순경 20개 장갑사단 및 10개 차량화보병사단으로 축소되었다. 그러다가 1941년 4월에는 4-6개 장갑사단을 신설하기로 결정하고 실제 그해 가을 안으로 4개 장갑사단이 새로이 탄생했다. 전반적인 총괄계획은 존재하지 않았으나 10개의 기존 장갑사단과 새로운 10개 사단을 편성하는 작업은 1940년 서부전선의 경험에 따라 추진되었으며 동시에 장갑사단간 단일한 편제와 비교적 균등한 전력 배치를 위한 일련의 노력들이 가해졌다. 1940년 8월 21일 히틀러는 장갑사단의 보병 수를 줄여버렸으며 각 장갑사단의 전차 대수마저 거의 반으로 삭감하는 극단적인 결정을 내렸다. 6개월 만에 10개에서 20로 늘어난 장갑사단은 사실 슬림-다운 조치에 의해서 만들어진 것이지 기적이 일어난 것은 아니었다. 즉 1-5장갑사단의 각 4개 장갑대대에서 2개씩을 뽑아 5개의 사단을 늘리는 방법으로 전개되었기에 실제 전력은 이전보다 약화된 것이 분명했다. 프랑스전 당시 10개 중 6개 장갑사단은 4개 대대 편성으로 되어 있었으며 따라서 1개 연대를 2개 대대로 편성할 경우 6개 장갑사단은 2개 장갑연대로 구성되어 있었다. 그러나 사단수를 억지로 증가시킨 결과 바르바로싸에서는 거의 대부분이 1개 연대의 편성으로 유지되어 9개 사단(3, 6, 7, 10, 12, 17, 18, 19, 20장갑사단)은 3개 대대 편성, 나머지 8개 사단은 2개 대대 편성으로 이루어져 4개 대대를 확보한 것은 단 한 개 사단도 존재하지 않았다.[10] 2개 대대일 경우 사단의 병력 정수는 13,300명이었으며 3개 대대의 경우는 15,600명으로 되어 있

9) Kurowski(1999) p.3, Fleischer & Eiermann(1999) p.97
10) バルバロッサ作戦(1998) p.19, Haupt(1990) p.68

었다. 이 경우 3개 대대를 갖는 사단의 장갑연대는 독자적인 수리관리(정비)중대가 없었으며 대신 각 대대 자체적으로 해당 업무를 담당하는 단위조직을 두고 있었다.

결과적으로 가장 표준적인 장갑사단의 편성은 다음과 같다. 우선 2개 대대로 구성되는 1개 장갑연대, 2개 대대로 된 2개 연대를 가진 1개 차량화보병여단, 그리고 1개 모터싸이클대대, 3개 대대로 이루어진 1개 포병연대가 기본 구성요소들이었다. 또한 거기에 1개 장갑정찰대대, 장갑엽병대대, 공병대대, 통신대대, 교체(보충)대대 및 사단 병참지원반이 추가되었다. 물론 다 이런 것은 아니었다. 1941년 6월에도 이미 폐지된 장갑여단을 보유한 것이 4개 장갑사단이나 있었으며 차량화보병여단에 중보병야포중대가 하나씩 배치된 것들도 있었다. 상황에 따라 임시로 편성되었던 장갑여단은 40년형은 2개 장갑연대가 기본이었으나 41년에는 1개 연대로 축소되게 되었다. 장갑여단은 대개 혼성대대로 이루어진 경우가 많았으며 기본적으로는 1개 대대에 2개 경장갑중대와 1개 중장갑중대가 배치되었다. 대대가 아닌 이와 같은 여단 편제는 1942년 7월 5일에 비로소 폐지되기에 이르렀다.[11]

장갑연대를 구성하는 주요 단위인 장갑대대는 바르바로싸 직전까지 표준화되지 못해 각 사단의 장갑연대별로 편차가 심했다. 완편전력의 대대인 경우 2호 전차는 15-20대, 3호 전차는 35-62대, 4호 전차는 균일한 14대, 그리고 각 2대의 지휘전차로 구성되어 625-780명의 병원을 갖는 것으로 정해져 있었다. 따라서 가장 규모가 작은 대대와 큰 대대는 최소 66대부터 최고 88대의 전차대수를 보유하게 되어 극단적인 경우, 2개 대대와 3개 대대를 갖는 장갑연대를 비교하자면 132대에서 264대까지 보유전차의 대수가 벌어지는 수가 생기게 되었다.[12]

여기서 굳이 평균치를 구해보자면 장갑대대는 2호 전차 5대 및 3호 전차 14대로 구성된 3개 경(輕)장갑중대와 역시 2호 전차 5대를 포함한 17대의 4호 전차를 구비한 1개 중(中)장갑중대가 기본요소였다. 4호 전차의 경우 더 문제가 되었던 것은 만약 한 개 사단이 2개 중장갑대대를 가진다면 총 34대가 있어야 되나 전차의 생산속도가 제대확장 속도를 따라가지 못해 바르바로싸 직전에는 겨우 사단 당 10대의 4호 전차가 배정되었을 뿐이었다.

한편 장갑대대 아래 장갑중대는 40년 7월 16일 장갑사단의 표준적인 경(輕)장갑중대 조직표(Kriegsstärkenschweisung)를 작성하면서 1, 2호 전차를 대체하기 위한 3, 4호 전차의 비율을 조정하는 가늠표의 역할을 하는 기준을 설정했다. 따라서 이 표는 각 사단의 장갑대대장이 특수한 경우에 맞게 구체적인 전차 정수를 신축적으로 배치하는 기본틀로 활용되었으며 이를 leichte Panzerkompanie(b) KStN 1171(Behelfs)으로 지칭했으나 왜 처음부터 경장갑중대만을 상정했는지는 불확실하다. 1941년 2월 1일 장갑부대는 다시 경(輕)장갑중대와 중(重)장갑중대 두 가지 형태의 편제를 새로이 도입했다. 이는 3, 4호 전차의 생산 및 입고량이 늘어나면서 가능하게 된 것인데 경장갑중대는 17량의 3호 전차, 중장갑중대는 14량의 4호 전차로 무장하고 각각 5량의 2호 전차를 합쳐 전자는 22량, 후자는 19량의 전차를 보유하게 되었다. 이때 각 중대의 지휘전차는 3, 4호 전차 각 2량씩이 배정되었다. 만약 이 정수가 지켜만 진다면 1936년 당시 전 육군총사령관 붸르너 폰 프리취(Werner von Fritsch)가 구상한 기본안에 완벽히 합치하는 안이었으

11) Battistelli(2008) pp.10-11, Forty(1996) p.146
12) NA : T-315 ; roll 708, Taktische Gliederung des Regiments, Panzer-Regiment 18, 18.Panzer-Division, Ia, Anlage z. KTB, frame 000258

나 실은 이론이나 희망사항에 불과했을 뿐 개전 초기에도 이 정수는 잘 지켜지지 않았다.[13] 일단 이로써 1호 전차는 모두 전선에서 빠져 장갑사단 내 장갑공병중대에 지급되었으며 이들 대부분은 폭발물 이송차량 또는 교량 및 부교 설치를 위한 운반도구로 전용되었다. 그럼에도 불구하고 이 낡아빠진 골동품 같은 1호 전차는 41년 내내 장갑사단에 꼭 수대씩 자리를 틀고 앉아있어 그 기능성에 의문을 제기하게 되는 경우가 많았다. 이미 사용이 불가한 구식 전차 이외에도 문제는 또 있었다. 41년 초, 각 장갑사단의 보유 전차들은 전혀 일관성이 없이 혼성으로 유지되고 있었으며 이는 결국 개전 직전까지 시정이 되지 않은 상태로 바르바르싸에 돌입하게 된다. 예컨대 1, 9, 11, 13, 14, 16장갑사단은 각 2개의 중전차 및 4개의 경전차중대로 된 대대를 지니고 있었으며, 3, 6, 8, 12, 17, 18, 19, 20장갑사단은 3대의 중전차와 6대의 경전차로 구성된 장갑중대로 편성되어 있었다. 4, 10장갑사단은 2개의 중전차중대와 6개의 경전차중대를 지니고 있었으며 7장갑사단은 독특하게도 3개의 중전차중대와 9개의 경전차중대를 가지고 있던 것으로 기록되어 있다.

1940년 5월 10일 프랑스 침공 당시 독일군은 10개 장갑사단에 2,439량의 전차가 배치되어 사단 당 244량이었는데 반해 바르바로싸에서는 17개 장갑사단, 총 3,648량, 사단 당 215량으로 집계되었다. 따라서 단위전력은 12%가 줄어든 것으로 해석된다. 다만 한 가지 개선된 점을 들자면 1940년 당시 각 사단에 대량으로 배정되었던 1, 2호 전차들이 1941년에는 거의 3, 4호 전차로 대체됨에 따라 각 사단의 실제 화력과 기동력은 더 증강되었던 것으로도 보인다.[14] 그럼에도 불구하고 무리하게 장갑사단 수를 늘린 조치는 각 사단 당 전차 정수가 줄어드는 결과를 낳았으며 차량화보병사단이나 무장친위대사단까지를 다 포함한다면 평균적으로는 150대 가량이 배치되었다. 구데리안의 2장갑집단이 이전보다 편제는 늘어났는데 보유 전차 수는 프랑스전 때보다 작아졌다고 하는 것은 그러한 이유에서였다. 또한 1장갑집단은 소속 사단 모두가 2개 대대 편성으로만 되어 있어 전차 수 자체가 극단적으로 적었으며, 4장갑집단의 경우에는 사단마다 구비하고 있는 전차의 종류나 수량이 제멋대로였다. OKH가 장갑사단의 평준화, 단일화를 추진하면서도 전차의 절대량이 모자라는 그러한 구조 속에서 장갑집단간의 차이, 장갑사단간의 차이는 여전히 해소되지 못한 채 운명의 날 6월 22일을 맞이하게 된다.

문제는 그뿐만이 아니었다. 새로운 조직편제에 따른 충분한 훈련이 뒤따라야 했으나 독일군은 6월 22일 전까지 시간이 별로 없었다. 바르바로싸에 동원된 13개 차량화보병사단 중 6개 사단이 불충분한 훈련과정을 거쳤으며 중앙집단군에 배치된 18, 20장갑사단 역시 안심할 수 있는 수준은 아니었다.[15] 독일군은 '땀은 피를 아낀다'(Schweiß spart Blut)는 격언과 같이 엄청난 양과 강도의 훈련을 마다하지 않았으며 그것이 여타 군대와는 질을 달리하는 기량을 갈고닦을 수 있었다. 하나 육군 수뇌부는 폴란드전과 서방전격전을 역사에 길이 남는 전과로 기록하면서도 바르바로싸 전야의 불안감을 숨기지 않고 있었다. 하나 그것은 개전 초기에 문제가 될 정도의 결함은 아니었던 것으로 판명되게 된다.

---

13) ドイツ戰車パーフェクトバイブル(1)(2005) p.121, Anderson(2015) pp.225-6

14) Zetterling(2017) p.211

15) BA-MA RH 2/v. 247, Oberkommando des Heeres/Generalstab des Heeres, Fol. 151

* * * * *

보병사단과 차량화보병사단

"이건 전격전이었다. 그러나 전 전선이 재빠르게 이동하던 폴란드와 프랑스 때와는 사뭇 달랐다. 러시아에서는 기계화 병력이 우리들보다 훨씬 먼저 나가버리는 화살과 같았다."
(87보병사단 포병장교, 지그프리드 크나페)

1940년 서방전격전 직후 120개에서 180개 사단으로 불어난 독일군은 바르바로싸 직전까지 총 209개로 늘어나는 팽창력을 과시했다.[16] 그러나 서방전격전에서 전체 4분의 1에 달하는 전차가 상실됨에 따라 히틀러가 빠른 속도로 장갑사단의 증설을 요구하게 되자 가장 피해를 보게 된 것은 보병사단들이었다. 즉 이들이 보유한 차량들을 빼앗아 장갑사단이나 차량화보병사단에게 인계하여 기동력을 높이는 조치를 취하게 되면서 보병사단은 상대적으로 더 진격속도가 느려지게 되었다. 더욱이 러시아의 대지는 프랑스와 비교가 안 될 정도의 크기에다 그보다 열악한 도로사정과 급유조건으로 인해 보병들이 장갑부대를 따라잡지 못한다는 결함은 전투 개시 이전에 이미 충분히 예상되는 문제였다. 그에 따라 독일군은 보병사단에 속도감을 내기 위한 '차량화', '기계화' 조치들을 단계적으로 추진하기는 했다. 이는 1단계부터 8단계에까지 나누어 진행되어 처음부터 26개, 16개, 14개, 4개, 24개 보병사단들이 순차적으로 개량화 조치를 밟기는 했지만 장갑차량, 하프트랙 및 일반 군수차량을 생산하는 독일경제의 제한된 능력으로 인해 당초 목표치에는 접근도 할 수 없이 개전을 맞이했다. 또한 장갑부대의 창설자인 구데리안 같은 인재가 중앙에서부터 전력증강, 부대편제 개선, 장비와 화기의 제조와 같은 일련의 행정업무를 총괄적으로 관장했어야 하나, 보병의 경우는 그러한 카리스마적인 인물도 없었으며 구데리안 또한 프랑스와 러시아에서 야전군 지휘관을 맡았기에 장갑부대에 국한해서라도 그러한 총괄임무를 맡을 수가 없었다. 해서 나중에 장갑척탄병사단으로 개칭, 개선될 차량화보병사단이 장갑사단과 보병사단 사이를 매개하는 일종의 중간자 역할을 했으며 바르바로싸 직전까지는 무장친위대(Waffen-SS) 사단을 제외한다면 제3, 10, 16, 18, 20, 25, 29, 36, 60차량화보병사단, 계 9개 사단이 있었다. 그중 중앙집단군에 속한 것은 10, 18, 29, 3개 사단이었으며 타이푼 작전 때는 25차량화보병사단도 가담했다. 차량화보병사단은 차음에 3개 보병연대와 1개 포병연대로 조직되었다가 너무 비대해 기동성이 떨어지는 것으로 판단되어 1개 보병연대를 축소시켰다. 1개 연대는 3개 대대, 1개 대대는 4개 중대로 편성되어 12개 중대가 1개 연대를 구성했다. 각 보병대대에는 중보포병(重步砲兵)중대와 장갑엽병중대가 하나씩 있었으며 150mm 야포 IG33을 견인차(반궤도차)가 끄는 형식을 취했다. 1개 소대에 야포가 2문이었으므로 3개 소대, 즉 6문의 야포가 1개 중대에 배당되었다. 포병연대에는 3개 야전경포병대대와 1개 야전중포병대대가 포진되었으며 경포병대대에는 105mm 곡사포 FH18이 지급되어 1개 중대 4문, 1개 대대는 12문을 보유하게 되었다. 중포병대대는 150mm 중유탄포 FH18를 보유하고 있었으며 이들은 말로 끄는 대신 자주화가 되어 있지 못해 대부분 8톤(115마력) 반궤도차량(SdKfz7)으로 견인되었다. 그 외 사단에는 모터싸이클대대, 차량화정찰대대, 장갑엽병대대, 공병대대, 통신대대, 보급대대, 보충대대, 위생대대, 계 8개 대대가 배치되어 있었다.

16) BA-MA RH 2/v. 247, Beurteilung des Kampfwertes der Divisionen nach dem Stand vom 20. Juni 1941, Fols. 151-153(1941.6.20)

보병 제대의 편제는 39-40년도에 정착시킨 제도가 41년에도 그대로 이어졌다. 한 개 보병대대는 대대본부, 1개 화기중대, 3개 보병중대로 구성되었다. 각 화기소대에는 6개 MG34 기관총이 지급되었으며 30명으로 구성된 박격포소대는 81mm(3.2인치) 박격포 6기가 주어졌다. 보병중대는 중대본부 12명, 1개 소대에 36명이 배치된 3개 보병소대로 이루어졌다. 각 소대의 지원병력은 본부소속 4명으로 구성된 1개 중화기소대, 50mm(2인치) 박격포 3문을 구비한 9명의 1개 박격포대, 3정의 기관총을 지닌 12명 병원의 1개 기관총 지원반으로 구분되어 있었다. 보병중대와 보병대대의 구조는 시기에 따라 몇 번의 변화를 겪게 되나 전투교리가 바뀐 것은 아니었다. 예컨대 보병대대와 중대의 화기중대, 화기소대는 보병중대, 보병소대에 배속(종속)하는 것이 아니라 처음부터 보병을 지원하는 전술적 화기로서의 독자적인 기관총 단위부대를 이루고 있었다. 이는 전투시 소총과 기관단총으로만 무장한 보병들을 지원하는 것은 분명하나 이들에 부착(attachment)된 것은 아니라는 점이 여타 군대와 다른 부분이었다.[17] 또한 기관총부대는 한꺼번에 전방으로 몰리지 않게 하되 상황변화에 따라 전투의 볼륨을 주기 위해 가급적 보병들 바로 뒤에서 근접한 상태로 전진하면서 신축적으로 운영해야 했다. 최초 교전에서부터 기관총으로 모든 문제를 해결하는 것은 지양되도록 훈련받았으며 숲지대와 같이 시계가 제한된 곳에서는 기관총이 아니라 권총과 기관단총, 수류탄이 주요 무기로 인식되었다. 즉 독일군은 스피드와 화력의 균형을 맞추는 것이 단위부대 지휘관들이 야전에서 지녀야 할 중대한 기본자질 중의 하나로 삼고 있었다.

한편 보병사단의 훈련이나 병참사정도 장갑사단과 마찬가지로 어느 정도의 편차가 존재했다. 원래 독일 보병들은 16주의 기초훈련과정을 이수하도록 되어 있었으나 전쟁 중에는 급할 경우 반으로 줄여 8주 훈련으로 대체하는 경우도 있었다. 물론 이는 장교가 아닌 사병에 해당하는 것이나 6.25 당시 국군 초급장교의 기본 훈련기간이 9주였던데 비한다면 막강 독일군 치고는 상당히 짧다고 인식될 수 있다. 독일군의 교범에 따라 최상의 상태를 보유한 것은 95개 사단과 4개 산악사단 및 1개 기병사단이었고 나머지는 다음과 같은 진단을 받았다.

- 8개 사단 : 약간의 공격력 저하
- 19개 사단 : 공격력과 기동력 저하
- 22개 사단 : 바닥 수준의 공격력과 기동력
- 24개 사단 : 후방경계 임무 수행 이상은 무리[18]

물론 모든 군대가 완벽한 수준을 항상적으로 유지할 수는 없으며 새로운 지형과 조건에 놓인 전장으로 투입될 때는 기존 장비의 관리와 군 조직의 편성 및 유지, 그리고 훈련의 숙련도는 액면 그대로 반영이 되지 않는 경우가 다반사였다.

러시아 전선이 서부 전선과 근본적으로 다른 점은 일반 상식이나 문명사회의 합리주의, 군사적 섭리와는 전혀 관계가 없이 광신적으로 싸우는 소련군의 특수성에 있었다. 이런 측면은 양화

17) Haupt(1991) p.497
18) BA-MA RH 2/v. 247, Beurteilung des Kampfwertes der Divisionen nach dem Stand vom 20. Juni 1941, Fols. 151-153(1941.6.20)

될 수 없는 부분이기에 미리 알았다 하더라도 딱히 사전에 요구되는 교육내용과 준비사항이라는 것이 존재할 수 없었다. 바로 이 점이 독일군이 서전에서 전대미문의 전과를 달성하면서도 지휘관이나 장병들이 고개를 내젓게 되는 믿기지 않는 현상들이 배태되게 된 것이었다. 바로 그 때문에 전후에 살아남은 독일군들은 한 다스(12명)의 이탈리아군보다 한 명의 소련군 장병이 더 강하다고 인정한 배경요인이 된다. 물론 소련군은 근대적 군대로 거듭나는데 수백만 명, 수천만 명의 희생을 치르며 온 국토를 피로 씻으면서 독일군들에게 비싼 수업료를 지불했다. 특히 43년 하반기부터는 독일군의 우수한 베테랑들이 점점 사라지는 대신 소련군은 죽을 고비를 넘기면서 전장과 전투의 베테랑들을 양산시키고 있었다. 제병협동의 원칙과 실천도 상당 수준으로 발전했으며 전격전에 버금가는 병력집중과 쾌속진군의 신기록을 갱신하기도 했다. 이때부터 전선의 독일군이 강한 적군을 만났을 때 자주 내뱉었던 말은 "이것들이 우리처럼 싸운다! 조심해라!"였다. 물론 이는 자신들이 언제나 최고라는 독일군의 거만한 태도와 자만심의 표현일 수는 있으며 이탈리아군 12명과 1명의 소련군 비교에서도 적군 장병의 우수성을 부각시키기보다는 같이 싸웠던 핫바지 군대 이탈리아 장병들의 수준 낮은 전투력을 비하시키기 위한 언급일 수는 있다. 그러나 종합적으로 보아 소련군은 2차 대전 전 기간을 통해 싸운 적들 중에 가장 강하고 성가신 존재였던 것은 분명하다. 보병간 전투의 상호 살상률, 전차 상호 격파비율, 전투기들의 상호 격추 비율 어느 것을 보더라도 1941년의 소련군은 아직 독일군의 상대가 아니었음에도 불구하고 모스크바 정면에서 기적의 부활을 실현시킬 때까지 그들이 흘린 피는 헛되지 않았다는 점은 모두가 인정해야 했다. 컴퓨터 시설이나 전자병기나 아직 없던 시절, 군인들은 역시 이런 근성과 정신력에 좌우되고 있었으며 그와 같은 비계량적 요소가 여전히 전투의 결정적 요소로 존재하고 있었다.

◆ I-3-6 소련군에게는 없었던 보병들의 발, 하프트랙 SdKfz 251 중형장갑병원차(中型裝甲兵員車). 수자는 251이나 250 경장갑병원차보다 먼저 생산되었으며 중량은 8.5톤에 달했다.

하나 독일군과 소련군은 무기보다 정신력이 우선이라는 일본군과 같은 자멸적인 교리에 집착하지는 않았다. 근대전은 기계화에 따라 조건지워지는 측면이 너무나 컸다. 기관총과 전차의 등장이 1차 대전 지상전의 성격을 바꾸어 놓았던 것처럼 2차 대전은 이종병종을 어느 정도까지 기계적 메카니즘으로 연계시킬 것인가에 따라 이전의 전투와는 성격을 달리하게 되었다. 그로 인해 양군은 처음으로 차량화보병, 차량화소총병이라는 개념들을 만들어내면서 제병협동의 조건들을 까다롭고 복잡하게 구조화시키는 숙제에 매달려 있었다. 정도의 차이는 있지만 독일군의 전격전과 소련군의 종심작전이론은 그러한 기계화, 차량화, 제병협동의 원칙에 있어 놀라울 정도로 유사한 내용들을 접목시키고 있었다. 독일군은 가능하다면 모든 보병들을 차량화로 전환시켜 장갑부대의 속도와 일치시키는 전술적 조건들을 갖추려고 했었다. 그러한 기계적 동시성을 부여함으로써 제병협동의 실천은 좀 더 높은 완성도를 유지할 수 있었으며, 공격의 선봉이자 돌파단계를 담당할 장갑부대의 질을 좀 더 세련화시킬 수 있다고 판단했다. 이때 독일군과 소련군 공격법의 차이를 이해하기 쉽도록 정리하자면 전자는 어디까지나 '속도'에 우선을 둔 전차를 중심으로 한 제병과연합을 편성한 것이었으며, 후자는 파괴력 우선 원칙에 따라 소총병(보병)을 중심으로 한 전법을 형성했다는 것이 본질적인 차이였다. 따라서 파괴력은 기본적으로 화력에서 파생하는 만큼, BT 시리즈와 같은 쾌속전차에도 강력한 45mm 주포를 탑재하는 방식을 취했으며 독일군보다 야포에 더 많은 중점을 두는 사상에 근거한 것이 분명했다. 거기다 파괴력=화력 중시의 전쟁관은 전차의 주된 임무가 소총병을 지원하기 위한 것이라는, 전차중심의 독일군과는 근본적으로 다른 인식을 갖고 있었기에 T-34라는 강력한 방어력과 화력을 갖춘 걸작전차를 만들게 된 요인으로도 작용했다. 독일군은 서방전격전의 대승을 바탕으로 여전히 스피드 우위의, 즉 모든 조건이 동일하다면 스피드가 관건이라는 사상을 여전히 지니고 있었으며 이러한 군사사상이 러시아에서도 통할 것을 기대했다.

차량화, 기계화가 추진되면 될수록 장갑부대와 보병 제대의 템포가 한 등급 상승하는 것은 당연했다. 독일이 만든 하프트랙(Sd.Kfz 251)은 소련군뿐만 아니라 미군마저도 벤치마킹할 정도로 근대전의 혁신적인 국면을 도래케 했다. 우선 하트트랙 장갑차량은 전차에 비해 생산비용이 절감되는 데다 조립라인이 전차보다 간소화되어 있었다. 기본형은 보병들을 싣고 정면에 기관총 하나를 설치하는 것이었으나 이 하프트랙은 대전차포, 대공포, 화염방사기, 각종 총류탄과 지대지 미사일(네벨붸르훠) 등을 탑재시킨 변종들을 만들어내면서 전장의 요구와 필요에 부합되게 다양한 기능을 체화시켜 나갈 수 있었다. 하프트랙은 이미 41년부터도 75mm 야포나 37mm 대전차포를 탑재한 차량이 소대급 단위부대에까지 지급될 정도로 광범위하게 보급되었으며 대전 후반기로 갈수록 다양한 변종들을 양산시켰다.[19] 하프트랙은 부분적인 장갑기능과 일반 차량들을 월등히 능가하는 야지 주행능력으로 인해 차량화보병들의 주요 장비로는 대단한 잠재력을 지니고 있었다. 차량화보병들은 일단 전투가 개시되면 대단히 복잡하고 다기다양한 임무를 감당해야 했다. 우군 전차와 함께 움직이면서 적의 대전차포를 미리 파악해 파괴하고 적군의 전차파괴조들을 사전에 처리함과 아울러 적군의 측면공격에 유념하면서 전술공간 및 요긴한 지점들을 사전에 제압하는 기능을 동시에 수행해야 했다. 또한 전차는 적군의 중전차를 우선적으로 상대해야 했기에 필요하다면 하프트랙 부대는 적군의 경전차와도 맞붙는 경우가 있어 대전차전도 수행해야 하는 부담도 있었다. 그저 장갑차량 하나 제공했다고 일반 보병에 비해 차량화보병들에 대해 요구하는 바가 너무 과다한 것은 사실이었다. 하나 이 하

19) ソヴィエト赤軍興亡史 II(2001) p.102-3, Scheibert(19??) pp.20-21

프트랙을 이용한 제병협동, 장갑부대와의 신속한 공조, 다목적 다기능 수행을 위한 단종화를 이루어 내면서 독일군은 보병전술에 하나의 혁명적 변화를 준 것은 분명했다. 임무가 과중했던 것만큼 독일 지상군의 에이스들도 대부분 이 차량화보병(장갑척탄병)들로부터 나왔다. 1945년에 수여된 169명의 백엽기사철십자 훈장 수여자 중 94명이 척탄병, 장갑척탄병 출신들이었다는 것만 보아도 그렇다.[20] 단 한 가지 문제가 있다면 다른 여느 것과 마찬가지로 절대량이 부족했다는 점이었다. SdKfz 251형은 종전까지 총 15,000대가 생산되었으나 수요량에 도저히 못 미치는 수치였다. 251형은 공식적으로 총 22개의 변종이 존재했으며 대전 말기까지 독일 차량화보병과 전격전의 상징과 같은 존재로 부각되었다. 1941년 여름부터 시판된 주로 정찰부대가 활용하기 위한 SdKfz 250형(4인승)은 251형(10인승)보다 한 치수 작은 차종으로 1943년 10월에 단종 되기까지 총 4,250대가 생산되었다. SdKfz 251형 하프트랙은 바르바로싸 전까지 8종의 변형이 존재했으나 41년 하계공세 시까지 22가지 형태에 달하는 다양한 버라이어티를 나타내면서 보다 구체적인 기능에 부합하는 차종들을 개발하기에 이르렀다.[21]

한편 독일군은 소련 및 여타 연합국들처럼 보병지원 전차 개념을 도입하지 않았다. 장갑부대는 구데리안의 이상과 전통에 따라 항상 보병들과는 독립적으로 편제되고 운용되었다. 대신 앞서 언급한 바와 같이 화력지원을 위해 회전포탑이 없는 돌격포(Sturmgeschütz)를 붙였다. 돌격포는 상호 모순되는 육군의 다양한 필요에 의해 탄생한 기이한 존재였다. 즉, 지근거리에서의 적의 사격을 견디는 강고한 장갑, 토치카를 파괴하기 위해 명중률이 높고 유탄효과가 높은 대구경포의 장착, 그리고 보병의 요구에 즉각적으로 대응해 종심 수 킬로까지 적 진지대를 돌파하여 적군의 예비대가 도착하기 전에 승부를 결정낼 기동력을 갖춘 존재가 바로 이것이었다. 돌격포는 원래 형식적으로는 포병대에 배속되어 있어 일종의 움직이는 포병 역할을 수행하고 보병공격의 기동성을 제고한다는데 궁극의 존재가치가 있었다. 즉 기본적으로 돌격포는 보병사단의, 보병사단에 의한, 보병사단을 위한 기동전력이었다. 돌격포는 1940년에 겨우 184대만 생산되었던 것이 1941년 1월에만 44대(당초 목표는 36대)를 제조해 내었으며 연말까지 총 548대가 만들어져 그 중 377대가 전선에 배치되었다. 41년 6월에는 기존 5개 중대(659, 660, 665, 666, 667) 이외에 돌격포대대가 12개나 편성되었으며(184, 189, 190, 191, 192, 195, 197, 201, 203, 210, 226, 243) 177, 202, 244돌격포대대가 형성 중에 있었다.[22] 이중 중앙집단군에 배치된 것은 177, 189, 191, 192, 201, 203, 210, 226돌격포대대 8개 대대였다. 또한 특이하게 제1SS 차량화보병연대 '라이프슈탄다르테 아돌프 히틀러'(LSSAH)에 1개 돌격포중대가 설치되었다. 여기에는 후일 전설적 인물이 된 미햐일 뷔트만(Michael Wittmann)이 있어 7월 말 남방집단군 전구에서의 우만 포위전 당시 단 한 대의 3호 돌격포를 끌고 18대나 되는 소련군 전차들 틈을 헤집고 들어가 홀로 7대를 격파하는 무협지급 전공을 세우기도 했다. 이는 철갑탄도 아닌 고폭탄만으로 근접하여 거의 자살에 가까운 비상식적인 공격을 감행해 놀라운 승리를 획득했던 이례적인 사건으

20) Kurowski(2010b) p.16
21) Bishop & Warner(2001) p.138, Anderson(2017) p.27
22) ドイツ装甲部隊全史 III(2000) p.82, Feist & Fleischer(2000) p.39

◆ I-3-7 1SS 라이프슈탄다르테의 미하엘 뷔트만이 몰았던 3호 돌격포 A형. 그는 이 차량에 '말똥가리'(Bussard)라는 별명을 붙였다. A형은 40년 1월부터 시작해 9월까지 겨우 50대만 생산되는데 그쳤으며 이는 개량형 B형에 비해 5분의 1 정도에 미치는 소량이었다.

로서 당초 돌격포의 기본 임무와는 형질을 달리하는 기동이었다.[23]

기록에 따르면 돌격포는 적 전차에 500m까지 접근해 60도 각도에서 29-59mm의 장갑을 관통시킬 수 있는 것으로 관찰되었다. 하나 이는 T-34와 같은 고속의 강도 높은 장갑을 두른 중전차와의 맞대결은 불가능하다는 결론에 도달했다. 그저 할 수 있는 것은 장갑궤도를 맞추어 움직이지 못하도록 한 다음 보병들이 각개격파하는 수순에 의한 대전차 육박전이었다. 육군 참모총장 할더는 장갑부대의 주된 임무는 최초 공세가 아니라 적진 종심깊이 침투하는 2차적 단계에 있다고 보고, 초기 공격은 보병 전력에 의존하되 돌파가 이루어진 다음 장갑부대는 적진의 배후로 치고 들어가 전과확대를 모색하는 국면에서 집중적으로 활용하는 것으로 판단하고 있었다. 물론 이는 모든 조건 하에서 일률적으로 적용할 수 있는 원칙은 아니었다. 다만 할더는 적군이 수비벽을 쌓고 완강히 저항하고 있을 때에는 지나치게 전차에 의존하는 공격이 많은 피해를 초래할 것으로 내다보고, 그 임무는 보병들이 처리해야 한다는 생각을 굳히고 있었다. 그 때문에 보병들은 더더욱 돌격포와 같은 지원화기를 절실히 필요로 하고 있었으며 돌격포는 보병들의 뒤가 아니라 바로 앞에서 돌파를

23) 이 사건에 대해 꽤 공신력 있는 문헌이나 방송에서 뷔트만이 T-34 7대를 제거한 것으로 표현하고 있으나 사실은 모두 경전차들이었으며 뷔트만이 몰던 돌격포는 단포신 75mm L/24 KwK 37 주포가 달린 가장 낡은 A형으로 이 주포로는 아무리 근접하더라도 T-34의 장갑을 뚫을 수는 없었던 것으로 판단된다. 바르바로싸가 개시되기 이전인 41년 초에 이미 C형이 등장했는데도 라이프슈탄다르테가 가장 오래된 A형을 갖고 있었던 것은 다소 의아하다.(Culver(1976) p.11) 여담으로, 뷔트만은 이 전투에서 포로가 된 소련군 전차병들을 제대로 치료하도록 배려했다는 기록이 있다. 무장친위대라고 다 적을 잔인하게 다룬 것은 아닌 모양이다.

◆ I-3-8 프랑스전 이후 15,000대나 재고가 있었으나 화력과 관통력이 약해 이미 서부전선에서조차 쓸 수 없었던 37mm Pak 35 대전차포. 러시아 전선에서는 적 진지에 대한 고폭탄 공격으로만 전용되었다.

단행해야 했다. 개전 초기에 돌격포는 이와 같은 보병지원에 할당되어 있었기에 41년이 다 가도록 장포신 주포를 달지 못하고 거의 대부분 75mm 단포신의 고폭탄을 위주로 쓰고 있었다. 장포신 L/43을 탑재한 F형은 1942년에야 모습을 드러냈다. 예상을 뛰어넘는 전과를 나타낸 것에 비례해 돌격포들의 피해도 결코 적지는 않았다. 돌격포는 그해 12월 말까지 95대가 완파된 것으로 집계되었기에 이 피해는 총량(377대) 대비 상당한 규모에 해당하는 손실이었다.[24]

독일군은 야포에 있어서도 소련군에게 크게 밀리고 있었다. 보병사단의 공격력과 수비력은 대개 어느 정도의 야포와 중화기를 보유하고 있느냐에 따라 판가름 나곤 했다. 스탈린이 야포를 '전장의 여왕'으로 표현한 것처럼 소련군은 국토의 너비와 종심에 걸맞게 어마어마한 포병전력을 구비하고 있었다. 보병 제대에만 50mm 이상 되는 32,900문의 야포와 박격포가 포진하고 있었으며 적군 전체에는 역시 50mm 이상 구경의 야포와 박격포 76,500문이 보유되어 있었다. 구경이 작은 것은 인벤토리 상에서 셀 수도 없을 정도였다. 이 모든 포들을 합하면 110,539문에 달했다. 이에 비해 그간 좁은 전구에서 단기절전으로만 전투를 지속시켜 온 독일군은 모든 종류의 야포를 다 합해도 7,146문에 지나지 않았다. 10 대 1 이상의 격차였다. 1개 보병사단은 대개 60-70문의 대전차포를 보유하고 있었다. 하나 그 대부분은 37mm포였다. 독일 보병제대의 주력 화기인 37mm 포는 러시아 전선에서 전혀 쓸모가 없는 '도어 녹커'(door knocker) 또는 '청진기'라는 모욕적인 별명을 얻었기에 이전에 프랑스군으로부터 노획한 47mm 대전차포를 임시방편으로 운용하기도 했으며 이도 저도 안 될 때는 모두 사단 포병대의 지원에 호소하는 도리밖에 없었다. 대전차포는 최소한 50mm 포라야 37mm보다 조금 나은 정도였으며 75mm 주포라면 대부분 적 전차를 관통시킬 수 있는 조건을 갖추고 있었다. 독일군은 초기 단계에서 37mm가 대전차 화기로서 전혀 쓸모가 없다는 것을 깨닫게 되자 100 mm 보병야포와 105mm 곡사포를 수평사격에 의해 대전차용으로 활용하기도 했으며 특히 전자는 KV-1 중전차를 상대할 수 있을 정도로 효과

24) Culver(1976) p.4, Feist & Fleischer(2000) p.41

적이었다. 가장 믿음직스러운 존재는 88mm 대공포의 수평사격에 의한 대전차포 전용이었으나 바르바로싸 당시 이 전설적인 대공포는 충분히 지급되지 못했다. 히틀러는 영군공군의 공습에 대응한다는 구실로 무려 15,000대에 달하는 대공포들을 후방으로 옮겨버렸다. 워낙 적은 양이 공급되기는 했으나 88mm에 한 번 걸리면 살아남을 적 전차는 없었다. 6월 27일 OKH의 특별조사단이 보고한 자료에 따르면 88mm는 KV-1이나 T-34도 충분히 녹아웃시킬 수 있는 능력을 갖춘 것으로 결론지웠다.[25] 러시아에서 사용된 Pak 18/41형은 적어도 2km 거리 내에서는 어떤 목표물도 명중시킬 수 있었으며 수평사격시 최대 14,813m, 곡사 사격시 19,730m까지 포탄을 발사할 수 있는 능력을 발휘했다.[26]

◆ I-3-9 러시아 전선에서 그나마 쓸 만했던 50mm 대전차포. 그래도 중전차를 격파하려면 목숨 걸고 최대한 근접사격을 시도해야 가능했다.

◆ I-3-10 대전차포 75mm Pak40 정도라면 T-34도 원거리에서 거뜬히 격파할 수 있었다. 쌍안경을 든 포병의 다소 기이한 자세로 보아 실전이 아닌 연습 중의 한 컷으로 판단

독일군은 가장 소규모 단위인 보병소대의 경우에는 50mm와 82mm 박격포를 배급하였으나 이것만으로는 연합군의 화공을 당해낼 재간이 없어 최소한 구경이 큰 야포들을 절실히 필요로 하고 있었다. 그나마 105mm 보병야포나 150mm 유탄포(곡사포)는 큰 의지가 되었던 관계로 이 두 종류의 포는 전쟁 막바지까지도 독일군 사단과 군단의 주된 중화기로 포진되어 있었다. 기본적으로 이 야포들은 사단의 경우 4개 대대로 구성되어 각 대대는 3개 중대, 각 중대는 4문의 유탄포를 지급받았다.[27] 물론 독일포병대는 105mm, 150mm 이외에도 210mm, 240mm, 305mm 크기의 가농포, 곡사포를 구비하고는 있었으나 너무 무거워 공수전환시 신속 이동이 불가능해 불평이 많았으며 대신 네벨붸르훠(Nebelwerfer) 다연장 로케트포가 기동력이 뛰어나다는 점에서 점점 중용되기 시작했다. 단 네벨붸르훠는 소련의 카츄샤에 비해 후폭풍 연기가 너무 길어 이내 발사지점을 적에게 노출당할 위험이 있으므

25) NA : T-315 ; roll 744, Meldung der Sonderkommission des OKH, frame 000729
26) Bishop & Warner(2001) p.59
27) Seidler(2015) p.73

◆ I-3-11 2차 세계대전 최고의 명품, 88mm 대전차포(대공포). 철갑탄을 사용할 경우 500m 사거리에서 182mm의 장갑을, 2,000m에서는 136mm의 장갑판을 관통시킬 수 있었다.

로 발사 후에는 재빨리 위치를 바꾸어야 한다는 고달픈 노역이 뒤따랐다. 러시아 전선에서 데뷔할 당시의 네벨붸르훠는 독립중대(Panzerwerferbatterie)를 형성하여 각 4기로 포진한 2개 소대로 한 개의 전술단위를 이루고 있었다.

* * * * *

3개 집단군의 편성과 중점

"히틀러는 반대에 직면했다.....
폰 보크, 호트, 구데리안 3인 모두 육본의 공격계획을 만병통치약으로 간주하고 있었다.
이 말은 중앙집단군을 약화시키는 그 어떠한 방안도 이 계획을 훼손하는 일이며
그 때문에 이들은 (계획변경에) 불같이 격노하였다.....
육군총사령부, 중앙집단군 사령부, 장갑집단 사령관들은 그들의 총통에 대해 공동전선을 구축해 대항했다."
(독일국방군 합참의장 빌헬름 카이텔 육군원수 : 1941.8.4)

바르바로싸는 3개 집단군에 의해 추진되었다. 서방전격전 당시 주공 A집단군을 맡았던 폰 룬트슈테트(Gerd von Rundstedt)는 남방집단군을 맡고 훼인트 역할을 했던 B집단군의 폰 보크(Fedor von Bock)는 바르바로싸의 중핵이자 선봉에 해당하는 중앙집단군을 지휘하게 되었다. 스위스 국경 부근에서 예비로 주둔했던 C집단군의 폰 레에프(Wilhelm Ritter von Leeb)는 북방집단군 사령관에 임명되어 레닌그라드를 향한 공세에 착수했다. 스탈린은 히틀러가 지하자원의 보고이자 곡창지대인 우크라이나 방면으로 중점을 설정할 것으로 판단하여 남부전선에 64개 소총병사단과 14개 기갑(전차)여단을 배치하고 주공에 해당하는 중앙전선에는 45개 소총병사단 및 15개 기갑여단을 할당했다. 북부전선은 독일군과 마찬가지로 상대적으로 덜 중요하다고 재단한 후 30개 소총병사단과 8개 기갑여단으로 대응코자 했다. 그러나 바르바로싸의 중점은 폰 보크의 중앙집단군으로, 구데리안(Heinz Guderian)과 호트(Herman Hoth)의 2, 3장갑집단이 여기에 집중되었다. 북방집단군에는 회프너(Erich Hoepner)의 4장갑집단, 그리고 남방집단군에는 폰 클라이스트(Ewald von Kleist)의 1장갑군이 배정되었으며, 훼프너는 3개 장갑사단(1, 6, 8), 폰 클라이스트는 5개 장갑사단(9, 11, 13, 14, 16), 구데리안과 호트는 각각 5개 (3, 4, 10, 17, 18) 및 4개(7, 12, 19, 20), 계 9개 장갑사단을 보유하고 있어 중앙집단군이 가장 강력한 기동전력으로 무장되었음은 재언을 요하지 않는다. 기동전력의 이와 같은 차이는 실제 전과에서도 비례하는 결과를 낳았다. 중앙 및 남방집단군이 희대의 포위전들을 양산하면서 소련 야전군들을 격멸시켜 나갈 때 북방집단군의 4장갑집단은 단 한 차례의 대규모 포위전을 만들어내지 못했다. 구데리안에 따르면 41년 6월 22일 독일군 전체는 총 205개의 사단을 보유하고 있었으며 그 지역적 분포는 다음과 같았다.[28]

- 서부전선 : 38개 사단
- 노르웨이 : 12개 사단
- 덴마크 : 1개 사단
- 발칸반도 : 7개 사단
- 리비아 : 2개 사단(롬멜의 아프리카군단)
- 동부전선 : 145개 사단

영미 연합군이 41년에 서부전선을 구축할 하등의 가능성이 없는 상태에서 38-39개 사단을 프랑스와 베네룩스 국가에 둔다는 것은 낭비였다. 발칸반도는 소련군의 반격이 개시될 근거는 희박하지만 워낙 땅이 넓어 그렇다손 치더라도 노르웨이에 12개 사단이나 주둔하고 있다는 것도 말이 되지 않았다. 영국의 반격을 우려한 배려이긴 하나 영국은 주전장 북아프리카에서도 맥을 못 추고 있어 노르웨이에 대규모 병단을 보내 전투를 재개할 여지는 거의 없다고 봐도 무방했다. 따라서 소련전에 겨우 145개 사단을 동원한 것은 적을 만만히 봐도 너무 자만에 빠진 것이었다는 해석이 가능하다. 또한 3개 집단군의 비중이 다름에 따라 거기에 배치된 장갑사단과 전차 대수에 차이가 나는 것처럼 보병사단의 경우도 3개 집단군간 상당한 차이가 존재했다. 가장 강력한 중앙집단군은 35개 보병 및 차량화보병사단과 3개 후방경계사단, 1개 기병사단 및 증강된 '그로스도이칠란

28) Guderian(1996) pp.150-1

◆ I-3-12 북방집단군 사령관 빌헬름 폰 레에프 원수. 공세전술보다는 방어전의 권위자였다.

트'(Großdeutschland) 보병연대가 배정되었다. 두 번째 중점 남방집단군은 폰 보크보다 많아 50개 사단을 거느리고 있었다. 하나 여기에는 허수가 많았다. 중앙집단군에 정예들이 포진되어 있는데 반해 이쪽은 15개 루마니아 사단, 2개 헝가리 사단, 2개 이탈리아 사단 및 3개 후방경계사단이 존재하고 있어 이들 어수룩한 제대들을 제외한다면 예상대로의 전력을 보유한 것은 28개 사단에 불과했다. 가장 약한 북방집단군은 20개 보병사단으로 살림을 꾸려가야 했다. 따라서 북부 전선의 독소 양군은 거의 호각세, 중앙부는 독일군의 우위, 남부 전선은 소련군의 가공할 만한 병력과 기동전력의 집중에 따라 역으로 독일군이 열세에 놓여 있었다. 남부의 경우 단순히 전차전력만 비교해도 소련군의 상대적 우세는 당연했다. 폰 룬트슈테트와 폰 클라이스트가 겨우 600대의 전차를 지닌데 반해 소련군은 일단 질의 문제는 접어 두더라도 총 2,400대의 전차를 보유, 포진하고 있었다.[29] 그에 반해 소련군은 서부방면에만 160개 사단을 몰아넣을 정도로 독일군이 압도당할 만한 병원을 확보하고 있었다. 구데리안이 약 10,000대로 추산한 소련 전차는 막상 문을 걷어차고 보니 20,000대가 넘게 기다리고 있었다. 이 근거가 없는 자만심은 도대체 어디서 나오나?

다음으로 적진 돌파의 선봉을 담당할 장갑사단의 상태를 보자. 6월 22일까지 총 3,505대의 전차를 동원한 독일군은 전체 21개 장갑사단 중 17개를 바르바로싸에 배정했다. 2개 사단은 북아프리카에, 나머지 2개 사단은 재건 내지 충전 상태에 있었다. 개전 시점까지 예정된 전차 수를 확보하지 못한 결과 4개 장갑집단의 전차전력 차이는 꽤 컸다. 가장 취약한 회프너의 4장갑집단은 사단 당 210대의 전차로 일견 많아 보이지만 위에서 살펴본 대로 회프너는 단 3개의 장갑사단만을 갖고 있었다. 따라서 전체 대수로 보아서는 가장 취약한 전력이었다. 남방집단군의 1장갑집단은 2개가 더 많은 5개 사단이었지만 사단당 전차 수는 154대에 그쳤다. 1장갑사단이 보유한 3호 전차는 모두 50mm Kw.K.L/42 주포로 무장되었으며 6장갑사단은 155대나 되는 전차가 모두 체코제 PzKpfw 35(t)로만 구성되어 있는 불균형을 경험하고 있었다.[30] 3개 장갑대대를 지닌 8장갑사단도 118대의 체코제 38(t) 경전차를 주력으로 사용해야 했다. 이때 더더욱 폰 클라이스트를 괴롭게 하고 있었던 것은 휘하의 장갑사단들이 대부분 직전에 있었던 발칸 전투에 투입되었다가 완전한 충전을 마치지 않은 상태에서 1장갑집단으로 배치됨에 따라 소련을 상대로 한 개전 당시의 기동전력으로서는 전혀 이상적인 상태가 아니었다. 폰 클라이스트 역시 자신의 전구에서 적군과의 지상군 병력 비교는 큰 걱정을 하지 않았으나 이 전차와 장갑사단의 객관적 조건에 대해 깊은 우려를 안은 채 인류 사상 최대의 대전을 치른다는 부담을 갖고 있었다.

중앙집단군의 2장갑집단은 사단 당 191대로 평균 253대를 거느린 호트의 3장갑집단보다 왜소해 보이나 사단 수가 하나 더 많아 상쇄될 수 있었다. 그럼에도 전차 대수는 호트의 3장갑집단

29) B．H．リデルハート(1982) p.121
30) Jentz(1996) p.186, Porter(2019) p.48

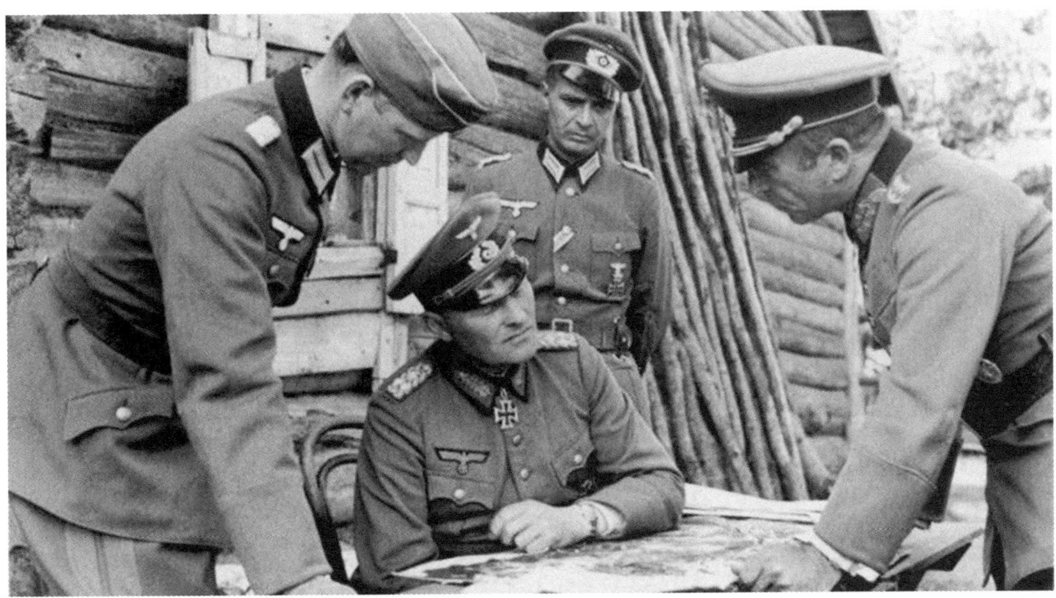

◆ I-3-13 4장갑집단 사령관 에리히 회프너(가운데). 42년 1월 8일 해임된 이래 복직하지 못했으며 후에 히틀러 암살모의에 가담했다가 사형 언도를 받아 비참하게 살해당했다.

이 가장 높았다. 결국 2, 3장갑집단은 가장 중요한 중원을 맡고 있었기에 1, 4장갑집단에 비해 3분의 1 정도 더 많은 전차를 보유하고 있었다. 3장갑집단은 그 중 롬멜의 유령사단으로 이름을 떨쳤던 7장갑사단이 가장 많은 299대를 보유하는 등 장갑전력의 집중도는 상대적 높은 편으로서 단순 대수만으로는 4개 집단 중 가장 강력했다. 7장갑사단의 장갑연대는 9개 경장갑중대 및 3개 중장갑중대, 계 12개 장갑중대를 거느리고 있었다. 그러나 속을 태우는 구석이 있었다. 구데리안의 2장갑집단이 단일한 독일제 전차로 무장한 반면 3장갑집단은 체코제 38(t) 경전차를 다수 보유하고 있었고 심지어 4장갑집단의 6장갑사단은 전체 285대 중 체코제 전차만 200대를 지니고 있었다. 아마도 전차 배치에 있어 가장 불만이 많았던 사단이었던 것으로 추정된다.[31] 3장갑집단의 경우는 그나마 2호 전차도 정수대로 지급이 되지 못해 12, 19, 20장갑사단의 경우는 도저히 전차라고는 부를 수 없는 1호 전차가 40대 씩 할당되기도 했다. 또한 3장갑집단의 차량화보병 제대는 대부분 프랑스에서 노획한 것들을 사용하고 있어 겉으로 드러내기 힘든 외화내빈의 속사정이 있었다. 특히 프랑스제 장갑차량들은 러시아의 기후에 견뎌나지 못했으며 장갑차량과 전차

◆ I-3-14 중앙집단군 사령관 훼도르 폰 보크 원수. 평가하기가 대단히 어려운 인물. 프로이센의 전형적 군인상에도, 변칙에 능한 새로운 신진세력 어디에도 속하지 않는 애매한 스타일의 장성으로서 부하들이 모시기 힘들었던 대단히 까다로운 인물로 알려져 있다.

31) De Sisto(2006b) p.62

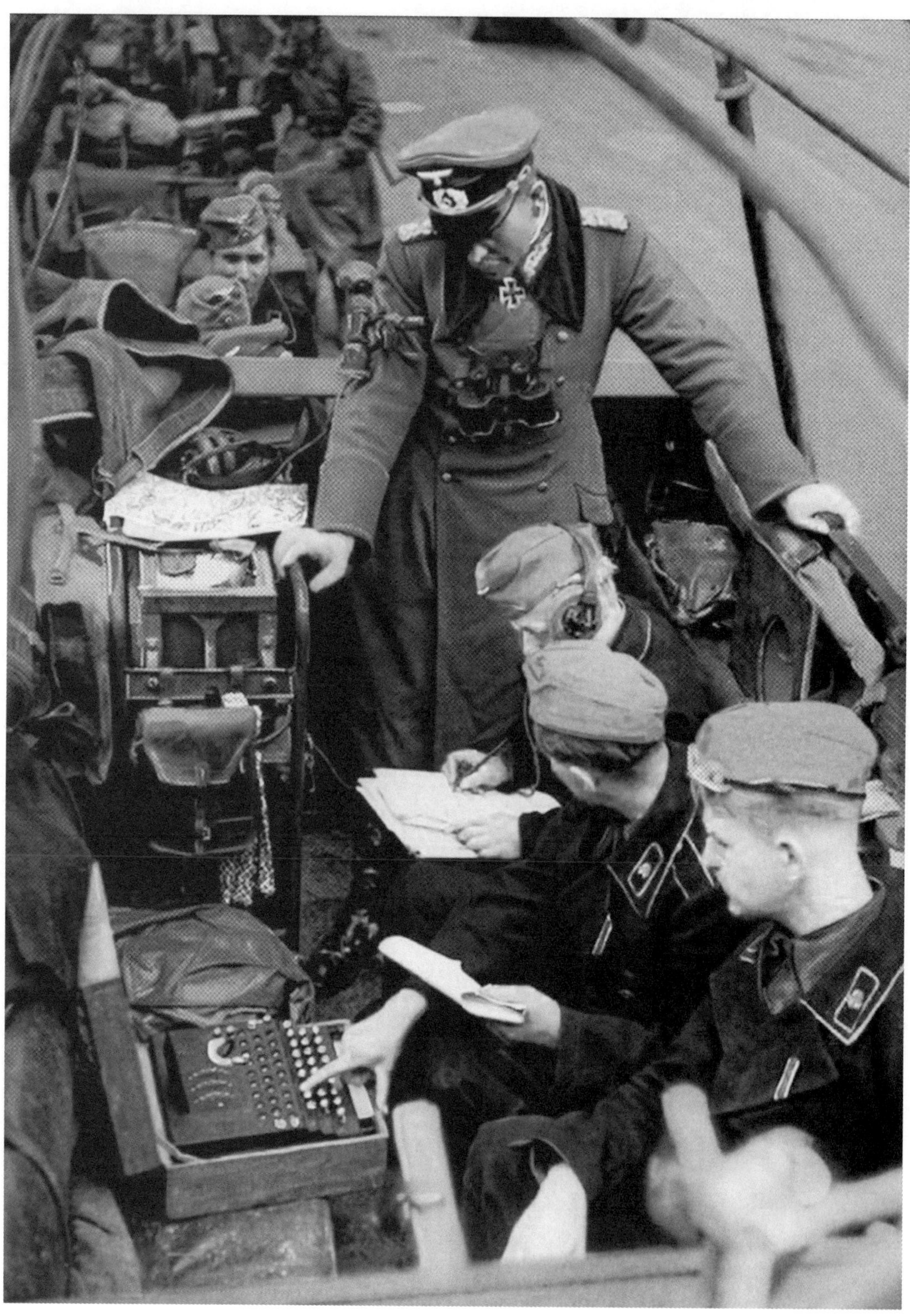

◆ I-3-15 2장갑집단 사령관 하인츠 구데리안 상급대장. 사진은 40년 5월 서방전격전 당시 SdKfz.251/6 무전지휘차량에서의 한 컷. 왼쪽 아래에 유명한 에니그마(Enigma) 암호기가 확인된다.

◆ I-3-16 3장갑집단 사령관 헤르만 호트 상급대장. 한 성깔 하는 기갑전의 명수이지만 그보다 더 튀기 좋아하는 구데리안과는 비교적 좋은 관계를 유지했다.

◆ I-3-17 남방집단군 사령관 게르트 폰 룬트슈테트 원수. 전형적인 프로이센 육군의 전통을 계승한 순수한 군인으로 대전 말기까지 서방총군 사령관직을 수행하는 등 명줄이 긴 노장이었다.

◆ I-3-18 1장갑군 사령관 에발트 폰 클라이스트 상급대장. 처음부터 기갑전에 대한 경험이나 식견은 부족했으나 장갑부대의 혁명적 요소들을 적극적으로 수용하면서 명 지휘관으로 등극했다. 아마도 구데리안-만슈타인-롬멜, 국방군의 3대 천재 다음 레벨에서 가장 탁월했던 야전지휘관이었던 것으로 평가받고 있다.

들이 이종혼합으로 유지되다보니 부품의 교체에도 애로가 발생하고 있었고 서로 다른 성격의 차종을 굴리는 통에 제대간 속도를 맞추기 어려운 구조적 여건이 작전 기간 내내 호트를 괴롭히고 있었다.[32]

4장갑집단 역시 사단마다 보유하고 있는 전차와 장갑차량의 종류가 모두 달라 상당한 혼선을 빚고 있었다. 전체 통계를 보면 1호 전차 8%, 2호 전차 21%, 3호 전차 28%, 4호 전차 13%, PzKpfw 35(t) 4%, PzKpfw 38(t) 19%, 돌격포 7%였다. 정찰이 아니면 전혀 쓸모가 없는 1, 2호 전차가 전체의 29%, 체코제 노획 전차가 무려 23%인 것을 제외하면 독일군이 주력으로 사용코자 했던 3, 4호 전차는 합해 41%에 지나지 않았다. 이게 인류사에 단 한 번 있을까 말까 하는 미증유의 대회전을 준비하는 전설적인 독일 장갑부대의 실상이었다. 즉 제대로 전투가 가능한 주력 전차와 돌격포를 다 합해도 1,673대에 머물고 있었으며 이 전력으로 독일전차를 능가하는 T-34 및 KV-1 전차 1,861대와 대결해야 한다는 비교가 제시되었다. 물론 개전 전까지 독일군은 이 중전차들의 존재도 파악하지 못하고 있었다. 거기다 기타 각종 경전차들이 2만 대가 넘게 포진하고 있었다. 독일 장갑사단과 군단이 유명해진 것은 오히려 이와 같은 기형적인 불균형에도 불구하고 오로지 기술과 전술적 우위를 바탕으로 수만 대의 소련전차들을 격파시켜 나갔기에 '레전드'란 명칭이 붙은 것이 아닌가 추측될 정도다. 티거나 판터가 나오기 이전에도 독일군은 3, 4호 전차와 같은 빈약한 자산으로 다수의 T-34, KV 시리즈 전차들을 무더기로 분쇄해 나갔다. 그 때문에 오히려 1941년에 독일 장갑부대가 이룬 전과가 티거와 판터가 존재하던 1942-43년보다 더 빛나게 보일 수도 있을 것이다.[33]

---

32) BA-MA RH 21-3/47, 'Panzerarmeeoberkommandoas Anlage zum Kriegstagebuch "Berichte, Besprechungen, Beurteilungen der Lage" Bd.IV 22.7.41-31.8.41', Fol. 126(1941.7.31)

33) Restayn(2007) p.5

전술한 것처럼 바르바로싸에 동원된 장갑부대는 또 하나의 문제를 안고 있었다. 생산속도가 나지 않는데 무리하게 장갑사단을 증설하라는 요구는 결국 개개의 장갑사단 자체 병력을 축소시키면서 수를 불리는 편법으로 나타났다. 결과적으로는 장갑사단 내 전차는 줄고 보병의 비율이 늘어나는 간접적인 효과가 발생했다. 프랑스전 당시 장갑사단은 10개 중 6개 사단이 4개 대대를 갖고 있었다. 바르바로싸에서는 17개 사단 중 9개 사단은 3개 대대 편성, 나머지 8개 사단은 2개 대대 편성으로 4개 대대를 보유한 사단은 단 하나도 존재하지 않았다. 또한 1장갑집단의 소속 장갑사단은 모두 예외 없이 2개 대대여서 가장 넓은 전구를 맡아야 할 남방집단군의 1장갑집단은 가장 희박한 밀도를 갖고 있었다. 다만 1940년의 장갑부대가 여전히 1, 2호 전차의 비율이 높았던 데 비해 41년의 경우는 경전차의 대부분을 중전차로 대체해 나갔다는 점에서 부분적으로는 약점이 상쇄될 수는 있었다. 이는 좋게 말해 질적으로 내실을 기한다는 변명이 가능했으나 문제는 프랑스와 러시아의 국토 크기를 어떻게 비교하느냐에 달려 있었다.

한편 서방전격전 때와는 달리 바르바로싸에서는 각 장갑집단에 상당수의 보병사단들을 지원했다. 병력을 붙여서 싫어할 사람은 없을 것 같은데 장갑전의 달인들인 구데리안과 호트는 오히려 이를 거추장스러워 한 측면이 있었다. 특히 호트는 41년 2월에 속도를 맞추지 못하는 보병들이 장갑부대의 후열이 이동할 진로를 막아 교통정체를 야기시킬 것이라며 불만을 토로했고 구데리안이나 폰 보크 집단군 사령관 역시 같은 이유를 들어 장갑집단에 많은 수의 보병사단들을 붙이는 것을 별로 달갑지 않게 여기고 있었다. 이는 장갑부대와 보병들간의 간격이 늘어나는 것을 신경질적으로 싫어했던 육군참모총장 프란쯔 할더의 배려였는데 장갑부대의 상징인 구데리안의 2장갑집단은 독소 개전 당시 장갑사단보다 보병사단을 더 많이 보유한 기형적인 구성을 보이기도 했다. 구데리안은 8개 보병사단을 보유했으며 국방군의 엘리트 집단인 '그로스도이췰란트' 보병연대와 무장친위대(Waffen SS)의 '다스 라이히'(Das Reich)까지 수중에 장악하고 있는 터였다. 결과적으로 구데리안은 가장 많은 장갑사단을 지니고 있으면서도 1940년 서방전격전 당시보다 줄어든 전차 대수를 갖고 있었다. 40년 구데리안 장갑부대가 맡은 구역은 25km 정도였으나 러시아 전선은 125km나 되었다. 이 광활한 대지에 속도전을 펼치는 장갑부대와 여전히 야포를 말로 끄는 보병사단들을 여하히 배치하여 진격속도를 조율할 것인지는 별로 고민하지 않았던 것으로 이해되고 있다. 장갑과 보병간의 이격을 가장 우려한 것은 브라우히취와 파울루스로서 중앙집단군의 두 장갑집단이 뒤나 옆을 보지 않은 채 의욕 일변도로만 나아간다면 최악의 경우 장갑집단 자체가 역으로 포위될 우려가 있다는 점을 엄중하게 제시한 바 있었다. 따라서 보병이 거추장스럽다는 구데리안과 호트의 입장은 프랑스와는 전혀 다른 지형과 크기를 갖는 러시아의 경우에는 설득력이 떨어지는 편견이었다. 러시아와 같은 광막한 대지가 끝없이 이어진 곳에서는 아무리 장갑부대가 치명적인 돌파를 이루더라도 보병사단들이 측면을 보호하거나 점령구간을 장악하지 않는 한 전술적 승리를 작전술적 차원의 유리한 환경으로 전환시킬 수 없다는 한계를 경험하게 된다. 이 경험은 해가 갈수록 재확인될 것이어서 어떤 경우에는 보병전력에 비해 장갑전력이 지나치게 많아 균형을 상실하는 사례도 존재하게 된다. 대신 독일군은 각 장갑사단에 2개 차량화보병연대를 붙여 보병사단의 근접지원을 받지 않더라도 자체적으로 돌파와 전과확대를 실천할 수 있는 역량을 갖추기 위한 노력을 기울였다. 기존의 한 개 연대로는 적절치 않다는 판단에서 나

온 결정이었으나 그렇다고 모든 장갑사단이 그러한 이상적인 편제를 갖춘 것은 아니었다.[34]

구데리안과 호트가 지휘부와 갈등을 초래한 것과 동시에 브라우히취 국방군 총사령관과 폰 보크 집단군 사령관도 서로의 견해차로 인해 상당한 갈등을 초래하고 있었다. 브라우히취는 전략적 예비 보병사단까지 전방의 제대에 최대한 가깝게 붙일 것을 요구했으나 폰 보크는 여기에 큰 우려를 표명했다. 예비사단들을 초기 단계부터 동원하게 되면 가뜩이나 도로사정이 좋지 않은 상태에서 교통체증만 불러일으키게 되며 그로 인해 장갑부대 진격의 애로는 구데리안과 호트가 우려하는 대로 더 가중될 것이란 판단을 갖고 있었다. 또한 이미 예비병력에 속한 포병대와 전투공병들이 전방에 부분적으로 투입된 상태에서 보병사단까지 전진배치하게 되면 전략적 예비로 둘 수 있는 자산은 사실상 아무 것도 없지 않는가란 반박을 제시했다.[35] 거기에 장갑집단에 붙여진 보병사단들이 전차들과 보조를 맞추자면 상당히 치밀한 준비와 계측이 필요하다고 보고, 전차보다 앞서 돌파구를 마련한 보병제대(공병 포함)는 호트의 3장갑집단이 도착할 때까지 4-5일을 기다리고 있어야 한다는 구조가 된다면서 그럴 경우 9군의 북익 전체가 더 진격하지도 못한 채 대기 상태로 남는 어정쩡한 시나리오를 만들어야 한다는 우려를 나타냈다. 이 부분에서 폰 보크는 총사령관과 휘하의 장갑집단 사령관 사이에 끼인 존재가 되었다. 다소 복잡한 이 견해 차이는 간단히 말해 다음과 같이 요약된다. 구데리안과 호트는 후방에 어떤 일이 발생하건 자신들은 개의치 않고 전진한다는 주의였으며 장갑부대는 움직이고 있을 때가 가장 안전하다는 생각을 갖고 있었다. 따라서 자신들이 직접 지휘할 수 없는 보병사단들은 장갑부대의 신속한 운용에 짐이 된다는 판단을 갖고 있었으며 굳이 줄려면 자신들의 직접 지휘 하에 두게 해 달라는 부탁이었다. 예컨대 공세 정면의 브레스트 요새를 포위한다면 솎아내기 작업은 보병사단이 하는 것이지 장갑부대가 직접 감당할 청소가 아니라는 견해를 제시하면서, 보병사단은 장갑부대가 전진한 다음 뒤처리를 하면서 측면을 엄호하는 형세로 조율되어야 한다는 것이 구데리안이나 호트의 아이디어였다.

◆ I-3-19 4군 사령관 균터 폰 클루게 원수. 1940년 서방전격전부터 시작해 41년 한 해 내내 구데리안 2장갑집단 사령관과 갈등을 빚었다. 담력과 영감은 떨어지나 피해를 최소화해 나가는 관리능력 하나는 탁월한 면모가 있었다.

이 논쟁은 호트 스스로가 보병사단을 직할 체제로 운용하되 보병사단은 장갑부대의 진격에 방해를 초래하지 않도록 한다는 조건이 붙어 그대로 실행되었다. 구데리안 역시 브레스트 요새 공격에 있어서는 12군단을 일시적이나마 직접 관리토록 하는 조치가 취해졌다. 이 결정은 질질 끌다가 6월 12일에 겨우 하달되었다. 작전 개시 불과 10일 전이었다. 호트와 구데리안은 장갑집단, 즉 군과 군단의 경계에 해당하는 병력을 지휘하고 있어 엄밀히 말하면 군사령관은 아니었다. 따라서 작전 중에는 2장갑집단이 4군의 지휘를, 3장갑집단은 9군의 지휘 하에 놓이게 되나 그들 스스로가 근대 기갑전의 총아라는 점을 내세워 군사령관의 명령을 일일

34) Kurowski(2010b) p.7
35) Stahel(2009) p.142

이 듣는 것을 싫어했다. 특히 구데리안은 '프리마돈나'적 기질이 있어 집단군사령관이나 OKH의 지시도 잘 이행하지 않는 독불장군 중의 대표격이라 그의 고집을 꺾는다는 것은 상당한 소란을 감안해야 했다. 이 시점에서는 히틀러도 구데리안을 대단히 높게 평가하고 있어 상급자가 함부로 다룰 존재는 아니었다. 그에 비해 호트는 비교적 팀플레이에 충실한 인물로 평가받아 왔으나 장갑부대의 쾌속전진에 의한 적진침투 관련 교리만큼은 양보할 생각이 없는 또 하나의 고집불통이었다. 거듭 간단히 말해 구데리안과 호트가 요구하는 것은 상위 보병제대와 관계없이 '작전행동의 자유'를 원하는 것이었다. 이 둘의 고집은 폰 보크 집단군 사령관이나 브라우히취 총사령관도 어찌할 도리가 없었다. 나중에 귄터 폰 클루게 4군 사령관과 두 장갑집단 사령관과의 알력은 폰 클루게가 구데리안과 호트를 군법에 넘기겠다는 극단의 해프닝으로까지 발전하게 된다. David Stahel은 전차와 보병, 장갑부대와 보병사단과의 갈등을 다음과 같이 도발적으로 해설했다.

> *"..... 간단히 말해, 서로 다른 두 개의 군대가 소련을 공격했다. 하나는 대단히 기동력이 뛰어난 기갑전력으로 규모는 작으나 효과적인 전투력을 발휘했으며 장기간에 걸친 전투를 견뎌내거나 충분한 인력의 풀을 가동할 수는 없는 군대였다. 다른 하나는 소련을 침공한 300만 병력 대부분을 차지하는, 느리지만 큰 덩치의 부대로 이들의 기동력은 1914년 독일제국 카이저의 군대나 1812년 나폴레옹 군대보다 더디게 보였다 ....."*[36]

이와 같은 모든 크고 작은 문제보다 가장 탄식이 나오는 부분은 '거리'였다. 좀 우습긴 하지만 이는 대단히 결정적인 변수였다. 4개 장갑집단이 모든 전선의 독일군 선봉을 맡는다는 것은 재론의 여지가 없었다. 이들이 얼마나 빨리 진격하느냐에 따라 독소전의 승패가 걸려 있었다. 장갑집단의 발진지점으로부터 목표지점까지의 거리를 보면 북쪽의 4장갑집단은 800km, 중앙의 2, 3장갑집단은 1,000km, 남쪽의 1장갑집단은 1,200km에 달했다. 이 거리를 대략 10주 안에 주파하여 소비에트 연방공화국을 정복한다는 시나리오는 21세기의 초현대식 무기체계로도 석연치 않을 계획으로서 당시의 독일군이 과연 이 '거리'를 극복할 수 있는가란 문제가 독일군 장성들에게는 가장 무거운 과제였다. 통상 100km의 도로를 주행할 경우 전차는 적군의 공격이 아닌 기계적 결함으로만 5%가 주저앉는다는 통계가 나와 있었다. 1938년 2장갑사단이 비인까지 670km를 주파하면서 30%의 전차 손실률을 기록한 적이 있었으며 그때는 그나마 서구의 가장 양질의 도로 위를 주행했던 기록이었다.[37] 그러나 전 유럽에서 가장 열악한 사정의 러시아 도로를 달린다면 1940년 서방전격전 때의 전투경험과 손상율에 투사할 경우, 바르바로싸는 겨우 10-20%의 전차들만이 목표지점에 도달할 것이라는 계산도 나왔다. 1941년 독소전을 논할 때 빠짐없이 나오는 것이 '진창장군'과 '동장군'인데 이제는 '거리장군'까지 등장할 판이었으며 실제로 이 '거리장군'이라는 말도 안 되는 자조적인 단어가 실제로 회자되었던 적이 있었다. 독일군이 보기에 그저 군복을 입은 훈련미달의 소련군은 걷어 차버리면 되지만 이 장군 아닌 장군들은 41년이 다 가도록 끝없이 독일군을 괴롭히는 관우, 장비, 그리고 조자룡이었다. 그런데 거기에 더해 그 형편없다는 소련군이 죽기 살기로 달라 들면 어떻게 될 것인가? 이는 전투가 시작되는 바로 그 6월 22일, 빨리도 검증이 되는 기회가 오게 된다.

---

36) Stahel(2009) pp.118-9
37) Guderian(1996) p.50

바르바로싸 직전 루프트봐훼와 소련공군의 사령부와 기지

* * * * *

독일공군의 제공권에 대한 단상

"적을 찾아서 격추시켜라. 그 외의 일은 의미가 없다."
(1차 세계대전 넘버원 격추왕, 만프레드 폰 리히트호휀 남작 : 1917)

양적 규모 세계 1의 소련공군에 맞서는 독일공군은 테크닉적으로는 세계 최강이었다. 지난 2년간의 전투를 통해 이미 무수히 많은 전투기와 전폭기 에이스들을 양산했으며 독소 개전을 통해 다시 한번 에이스 중의 에이스들이 양산될 차례였다. 그에 비해 급하게 동원된 소련 공군기 조종사들이 이 닳고 닳은 베테랑들과 대결을 펼치기는 무리였다. 독일공군의 에이스들은 불과 수일, 수주 사이에 40, 50대의 소련기를 격추시키면서 격추왕 레이스에 이름을 올리는 일을 마치 유럽 축구리그 득점왕 경쟁하듯 가볍게 생각하고 있었다. 테크닉에 있어서만은 적군의 조종사들보다 우군의 라이벌들을 더 신경 써야 하는 도박에 가까운 공중전들이 펼쳐졌다. 시기에 관계없이 20-21세기에 걸쳐 전 세계 격추왕 전체 서열 중 앞에서부터 107명이 모두 독일공군에서 배출되는 기적이 이루어졌다. 35명의 에이스들이 모두 150기 이상을 격추시킨 것으로 확인되었다. 75명의 에이스들이 동부전선에서 100기 이상을 격추시킨 것으로 집계되었으며 50기에서 99기까지 격추한 부류는 154명에 달한다.[38] 이 경이적인 기록표를 보면 별의별 통계가 다 잡힐 수 있으며 그 중 도저히 믿기지 않는 것 하나는 상위 10명의 에이스들이 연합군기 총 2,552기를 격추시켰다는 계산이다.

인류 공중전의 역사, 궁극의 1위, 에리히 하르트만(Erich Hartmann)은 352기를 격추하여 아마도 더 이상 이 기록을 깰 자는 나타나지 않을 것으로 보이며 107위 레오폴드 슈타인밧츠(Leopold Steinbatz)만 하더라도 무려 99기를 기록하고 있다. 영미에서는 5기만 격추해도 에이스 칭호를 부여하나 독일의 경우는 100대 이상이 아니면 명함도 꺼내지 못할 정도로 부지기수의 에이스들이 존재하고 있었다. 거의 대부분의 이 에이스들은 동부전선에서 탄생했으며 격추 서열 1위, 2위, 3위인 하르트만, 게르하르트 바르크호른(Gerhard Barkhorn : 301기), 균터 랄(Günther Rall :

◆ I-3-20 인류 최고의 격추왕 에리히 하르트만. 사람이 일생 동안 파리를 잡아도 100마리가 안 될 터인데 하르트만은 통산 352기의 적기를 격추시켰고 10년의 포로 생활 끝에 전쟁을 살아남았다. 단 실전 참전은 1942년부터.

38) Weal(2007) P.6

275기) 모두가 우크라이나 전구의 52전투비행단(Jagdgeschwader 52) 소속이라는 점도 기억할 만하다. 이 전설적인 전투비행단은 전쟁이 끝날 때까지 소련기 10,000기(1,000기의 오타 아님) 이상을 격추시킨 진기록을 보유했다. 이 동부전선 불멸의 독일공군 전투비행단은 43년까지도 세계에서 가장 큰 나라의 상공을 제압하면서 3년이나 제공권을 누리고 있었다. 개전 초기 독일공군의 그간 폴란드와 서방전격전에서의 경험을 바탕으로, 이들 에이스들은 최고의 컨디션을 최상의 자신감으로 유지하고 있었다. 붙어서 결코 질 리가 없다는 오만에 가까운 드높은 사기였다. 이처럼 독일공군은 1941년 내내 공중전에서 20 대 1의 승률을 유지하면서 소련공군을 기술적, 전술적으로 압도해 나갔다.

동부전선 기준 루프트봐훼 격추왕 서열

순위	성명	동부전선	서부전선	합계	비고
1	Erich 'Bubi' Hartmann	346	6	352	1944 한해 172기 격추(연간 세계기록)
2	Gerhard Barkhorn	301	0	301	최초 21회 출격시 까지 격추 전무
3	Günter Rall	271	4	275	1943.10월 한 달내 40기 격추
4	Otto Kittel	267	0	267	포케불프 Fw190 최다격추왕
5	Walter Nowotny	255	3	258	세계 최초로 250기 격추
6	Wilhelm Batz	234	3	237	JG52 소속으로만 237기 격추
7	Hermann Graf	202	10	212	세계 최초로 200기 격추
8	Helmut Lipfert	200	3	203	미군 4발 폭격기 2기 격추
9	Heinrich Ehler	198	10	208	Me 262으로 8기 격추
10	Walter Schuck	189	17	206	Me 262으로 8기 격추
11	Joachim Brendel	189	0	189	Il-2 슈트르모빅 최다격추왕(90기 이상)
12	Anton 'Toni' Hafner	184	20	204	JG51 최다 격추왕
13	Hans Philipp	178	28	206	사상 두 번째로 200기 격추 기록
14	Walter Krupinski	177	20	197	'사면압박공격'의 달인
15	Günter Josten	177	1	178	Il-2 슈트르모빅 70기 격추
16	Theodor Weissenberger	175	33	208	Me 262으로 8기 격추
17	Günter Schack	174	0	174	1942.12.17, 수분 만에 5대의 Pe-2 폭격기 격추

순위	성명	동부전선	서부전선	합계	비고
18	Max Stotz	173	16	189	전직 오스트리아 곡예비행사
19	Heinz 'Johnny' Schmitt	173	0	173	1943.9.5 전사 당시 JG52 2대대 최다 격추왕
20	Joachim Kirschner	167	21	188	
21	Horst Ademeit	164	2	166	JG54
22	Kurt Hans Friedrich Brändle	160	20	180	전군 17번째로 100대 격추 달성
23	Heinrich Sturm	158	0	158	JG52 4중대 최다 격추왕
24	Gerhard Thyben	152	5	157	2차대전 Fw 190에 의한 마지막 적기 격추 기록
25	Peter Düttman	152	0	152	일일 최다 9기 격추

그러나 에이스가 많다고 전쟁에 이기는 것은 아니었다. 문제는 수적으로 딸리는 독일이 물량전으로 나오는 소련공군을 언제까지 제압할 수 있는가였다. 어떤 측면에서는 20세기 초 독일공군만큼 선진화된 국가는 없다고 해도 과언이 아니었다. 이미 스페인 내전에서 다양한 경험을 축적한 독일공군은 폴란드전, 서방전격전, 배틀 오브 브리텐(Battle of Britain)을 거치면서 고도의 전술적 숙련도를 증강시켜 왔으며 세부적 용도에 따른 항공기들의 다양한 분화와 전문화를 천착시키면서 기술적으로는 세계 최고 수준을 유지하고 있었다. 한 가지 결함이 있다면 스페인 내전의 경험을 토대로 장거리 전략폭격의 의미를 폐기하고 오로지 지상군의 근접항공지원(CAS)으로만 공군의 기능을 편향적으로 특화해 나갔다는 점이었다. 예컨대 대표적 폭격기인 하인켈 He 111의 경우도 폭탄적재량이 한계가 있는데다 항속거리가 짧다는 결함이 너무나 두드러졌지만 공군의 수뇌부는 오로지 속도전으로 승부를 결정짓기 위해 폭격기 기종은 모조리 고속항행형으로만 제작했다는 문제가 있었다. 스페인에서는 전략폭격이 의미가 없을지 몰라도 영국 및 소련과의 대결에서는 이 전략폭격을 담당할 장거리 폭격기를 개발하지 못했다는 것이 헤르만 괴링 천추의 한으로 남게 된다. 실은 독일군 최초의 공군참모총장을 역임한 봘터 붸훠(Walther Wever)는 장거리 폭격기에 의한 '전략폭격'과 '전략공군'의 중요성을 누구보다도 잘 이해하고 있었으며 실제로 4발 중폭격기의 제작을 추진하기도 했었다. '항공전지휘'라는 저작을 남긴 붸훠는 러시아의 우랄산맥까지 도달해야 한다는 일념에서 소위 '우랄폭격기'라는 것을 염두에 두고 있었으나 1936년 추락사고에 의한 그의 갑작스런 죽음으로 인해 4발폭격기의 초기 구상은 물거품으로 돌아갔다. 물론 독일이 '전술공군'과 '전략공군'을 모두 보유할 만큼 군수경제가 따라가지 못했다는 것이 보다 더 근원적인 배경요인이 될 수 있겠으나, 대전 직전까지 전 세계에서 가장 진보적인 공군을 창설하고 있던 독일로서는 지금도 이해하기 힘든 수수께끼로 남아 있다.[39] 또한 배틀 오브 브리텐의 여파로 독

39) Sharp(2016) p.57

일공군은 이전보다 폭격기가 200대나 줄어든 상태에서 영국보다 덩치가 더 큰 적과 상대해야 하는 문제가 있었다. 새로운 장거리폭격기를 만들지 못한 상태에서 기존의 도르니에나 융커스 등은 항속거리가 짧은데다 수송능력에 한계가 있어 러시아에서는 통하기가 어려운 기종들이었다.

◆ I-3-21 He 111 하인켈 전술폭격기. 기체정면의 시야확보는 이상적이나 적기의 정면공격에 대항할 장갑이나 무장이 약했다. 루프트봐훼의 대표적 폭격기이긴 하지만 배틀 오브 브리텐 때와는 달리 바르바로싸에서는 일선에 배치된 양이 얼마 되지 않았다.

기존의 쌍발 폭격기 하인켈(Heinkel) He 111은 4, 27, 53 및 55폭격비행단이 P형으로부터 H형으로 기종을 변경시켰으나 성능이 획기적으로 진화한 것은 아니었다. 성능보다는 단(段)이 붙은 기수(機首)부분이 유선형으로 된 일체형으로 변해 전방시계가 향상되었다는 것이 가장 큰 특징이었다. 폭탄탑재량도 겨우 2톤에 불과한 구식의 전술폭격기인 하인켈은 다만 그 당시 독일 공군기 중에서는 그나마 항속력이 조금 나았다는 정도의 인정은 받고 있었다.[40] 하지만 광활한 러시아 대지의 석권을 위해 바르바로싸에 동원된 하인켈은 불과 200대에 지나지 않았다. 이는 대단히 빈약한 수자였다. 하인켈은 폴란드전에서 400대가 동원되었으며 서방전격전에는 650대가 일선에 배치되었던데 비하면 이는 유사한 역할을 담당했던 융커스 Ju 88 쌍발폭격기의 절반에도 못 미치는 수치였다. 하인켈 He 111와 Ju 88가 동일한 기종이 아닐진대 하인켈 조종사들의 불만은 전략폭격이 아닌 지상군의 근접항공지원을 위해 위험한 저공비행을 해야 한다는 사실에 엄청난 불만을 토로하고 있었다. 저공비행은 적의 전투기 요격에 의한 피해가 많아지는 것이 당연했다. 벌써 6월 25일이 되면 민스크 서쪽 상공에서 5대의 하인켈이 격추되는 불상사가 발생했다.[41] 바르바로싸 개시 이래 두 달이 지나면 이들 4개 비행단 소속 가용한 하인켈의 대수는 128대에 그치게 된다. 대신 배틀 오브 브리텐에서 강자의 면모를 과시했던 도르니에(Dornier) Do 17은 2폭격비행단 제1 및 제3대대, 그리고 3폭격비행단의 3대대에만 배속되어 있었으며 순차적으로 Do 217 기종으로 바꾸어나갔다. Do 17은 바르바로싸 3개 전선에서 총 151대가 동원되었으나 6개월 후 거의 소진되는 운명에 처하게 된다. 하인켈이 노후화되고 도르니에가 양이 차지 않았던 관계로 쌍발폭격기 융커스(Junkers) Ju 88의 비중이 높아졌다. 일단 성능이 우수한데다 개전 직전에 새로운 설계과정을 거쳐 기존의 것보다 일층 쇄신되었다고 보는 평가가 지배적이었다. 1항공군은 1폭격비행단 2개 대대 59기(56기 가용), 74폭격비행

40) ヨーロッパ航空戦大全(2004) p.100
41) Weal(2013b) p.13

단의 91기(67기 가용), 76폭격비행단의 90기(69기 가용), 2항공군은 3폭격비행단 2개 대대 82기(68기 가용), 4항공군은 51폭격비행단의 92기(81기 가용), 54폭격비행단 2개 대대 71기(65기 가용), 그리고 여타 잔여 제대에 8기(6기 가용)가 배치되어 있었다. 이 수치는 Ju 88가 주력으로 등장하고 있다는 신호이기도 했다.[42] 단 중앙집단군 구역에서 Ju 88의 배치나 활약은 미미했다. 한편 쌍발전투기 Bf 110은 개발 당시에는 세계 공군사 사상 대단히 획기적인 아이디어이긴 했다. 즉 폭격기의 호위와 대지공격을 통한 지상군의 근접항공지원을 주업으로 하는 중(重)전투기로서 제공권을 누릴 수만 있다면 이 기종의 역할은 대단히 다양하게 확산될 수도 있었다. 그러나 단발전투기들의 스피드에 눌리면서 점차 일선에서 퇴역하여 나중에는 야간 요격기로 특화하게 된다. 바르바로싸에서는 모두 7개 단위부대가 작전에 참여했으나 중앙집단군 2항공군에 배치된 것은 불과 60대 정도에 불과했다. 그것도 41년 9월이 되면 SKG(고속폭격비행단) 210의 일부와 여타 모든 제대가 동부전선에서 빠져 다른 곳으로 이동했다. 따라서 41년 하반기에는 북방집단군 전구를 제외하고 중앙집단군과 남방집단군 구역에서 Bf 110을 볼 일은 없어졌다. 그나마 가장 오래 있었던 SKG 210은 짧은 기간임에도 불구하고 경이적인 적군 격파기록을 남겼다. SKG 210은 1,000대의 항공기, 수천 대의 차량, 250대의 전차, 80개 포병중대 200문의 야포와 셀 수 없는 막대한 양의 철도망과 기관차들을 파괴하는 괴력을 발산했다.[43]

서방전격전 및 바르바로싸 시기 독일공군 전력 비교

기종	1940.5.10	1941.6.22
단발전투기	1,356	1,440
야간전투기	0	263
쌍발전투기	354	188
근거리정찰기	335	440
장거리정찰기	322	393
폭격기	1,711	1,511
급강하폭격기	414	421
대지공격기	50	?
연안초계기	240	223
계	4,782	4,879

독일공군은 간간히 모스크바와 코카사스를 폭격하는 등 전략폭격을 전혀 하지 않은 것은 아니었다. 그러나 공군의 근시안적인 태도는 전략적 폭격이 가장 요망되는 러시아 전선에서 결정적인 오류를 낳게 하는 실수를 저질렀다. 기존의 폭격기로는 아무리 성능개량을 실현한다 해도 끝없이 펼쳐지는 전역의 공백을 메울 재간이 없었다. 더욱이 폭격기의 수량은 40년 서방전격전과 영국 본토 항공전의 영향으로 인해 전혀 보강되지 못했다. 1940.5.10 총 1,711기였던 폭격기는 1941.6.22,

42) Goss(2019) p.79, バルバロッサ作戰(1998) p.71
43) Campbell(1977) p.36, Nauroth & Held(1991) p.164, Dressel & Griehl(1999) p.76

200대가 모자라는 1,511기로 떨어졌다. 이는 영 공군과의 대결 이후 아직도 완전히 회복되지 못했다는 증표이기도 했다.

◆ I-3-22 배틀 오브 브리텐에서는 한계를 드러냈으나 바르바로싸에서 극적으로 부활한 융커스 Ju 87R-1 슈투카 급강하폭격기. 41년 7월 민스크 상공에서 찍은 1급강하폭격비행단 소속인 것으로 추정. 이 기종의 독특한 형태는 비교적 단거리를 비행해 중폭탄을 사용한 핀포인트 타격에 특화시킨다는 전술폭격의 수요를 극대화시킨 것이었다.

◆ I-3-23 사진은 41년 12월에 찍은 2급강하폭격비행단 3중대 소속의 편대비행. 전면 기체는 Ju 87D-2 슈투카 T6+GL.

대신 근접항공지원의 가장 효과적인 병기는 폴란드전과 서방전격전의 화신, 급강하폭격기 융커스 Ju 87 슈투카(Stuka)였다. 이 기종은 배틀 오브 브리텐에서 영국 전투기들의 스피드에 눌려 서부전선에서는 더 이상 작전이 곤란한 용도폐기 상태에 놓여 있었으나 동부전선에 있어서만큼은 과거의 명성을 되찾았다. 슈투카의 임무는 크게 보아 두 가지였다. 첫째 1차 목표라고 지정된 것은 기습을 통해 소련공군의 중추를 타격함으로써 전의를 상실케 하는 것과, 그 다음의 주요 임무는 장갑부대를 선봉으로 하는 지상군의 돌파를 근접지원함으로써 대량의 적군을 포위섬멸하는 데 확고한 위력을 발휘하는 것이었다.[44] 어떤 면에서 슈투카는 지상군이 리모트코트롤하는 화포사격이라 해도 과언이 아니었다. 통상 7-8km 반경에 불과한 포병대의 야포사격에 비해 슈투카는 200-300km나 되는 거리를 날아가 지상의 포병대가 도저히 감당하기 어려운 사격목표들을 정밀타격하는 능력을 갖추고 있었다. 기본적으로는 그 이전의 어느 전역에서의 주된 기능과 다를 바는 없으나 다만 러시아와 같은 끝도 없는 대지를 장악하기 위해서는 이전보다 월등히 풍부한 후방보급이 절대적이라는 것은 재언을 요하지 않았다. 확실히 배틀 오브 브리텐을 제외한다면 슈투카는 광막한 영토를 가진 소련의 주요 거점을 핀포인트 공격하기에는 가장 경제적이며 효율적인 무기임에는 분명했다. 풍압식 사이렌을 울리면서 거의 90도로 급강하하여 목표를 타격하는 이 희대의 전폭기는 서유럽이 아닌 러시아 땅에서 더 강력한 임팩트를 안기게 되며 44년 제공권을 완전히 소련공군에게 빼앗길 시점까지도 제 몫을 해냈다. 대전 개시 이후 수개월 동안 슈투카의 생존력은 대단한 것이었다. 그

44) Smith(2006) p.85

토록 잦은 출격에도 불구하고 월 총 전력의 20.5% 손실율은 전투기와 폭격기들이 각각 36.3%, 32.1%의 손실율을 기록한데 비하면 월등히 유리한 수치를 유지했다.[45] 이와 같은 통계는 영국본토항공전에서도 드러난 바 있어 그간 슈투카에 대한 저평가는 과장된 것이란 일설도 존재해 왔다. 이처럼 폴란드에서 충격적인 데뷔를 보여준 이래 서방전격전에서 완벽한 폭력시위를 현시하였으며 발칸반도에서 확실한 리허설을 마친 상태에서 슈투카들은 러시아의 창공을 야심찬 눈으로 노려보고 있었다.

배틀 오브 브리텐부터 사용해 오던 주력인 B형은 엔진의 성능을 업그레이드한 것 외에도 배기관을 추력식(推力式)의 배기관 타이프로 변경하고 기수하면(機首下面) 라지에터 부분의 형상이 변경된 것 등의 특징을 열거할 수 있다. 여러모로 개선된 B형은 바르바로싸에서도 다량 참가하게 되나 고질적인 항속거리 문제는 해소되지 못했다. D형은 1940년 5월부터 개발이 시작되었으며 엔진(Jumo211J-1)의 출력이 비약적으로 향상되었기에 1톤급의 통상적인 폭탄과 1.4톤의 철갑탄을 동체 아래에 탑재할 수가 있었다. 기수부분에 붙은 대형의 라지에터도 좀 작게 만들어져 전체적인 형상은 좀 더 날렵하고 세련되게 보였으며 내장(內裝)면에서도 장갑이 강화되는 등의 조치들이 취해졌다. 그러나 D형 역시 느리기는 마찬가지여서 전투기들의 호위 없이 기동하기는 불가능했으며 개발과 제작도 매우 늦어 2급강하폭격비행단 1대대에 대한 최초 전선 배치는 42년 1월에야 겨우 이루어졌다. 바르바로싸에는 총 290대의 슈투카가 배치되었다.[46]

◆ I-3-24 F형의 F를 따 '프리드리히'라 불렸던 Bf 109F 메써슈미트. 사진은 붸르너 묄더스가 있던 51전투비행단 소속. F형은 분명히 E형 다음에 나온 것이나 무장은 훨씬 빈약했다. 그러나 에이스들에 의해 능란하게 조종된다면 월등히 향상된 기동성과 선회력을 가진 명품으로 변할 가능성이 높았다.

45) Luther(2013) p.406
46) Bishop & Warner(2001) p.24, 成美堂出版編集部(2000) p.46, Filley & Greer(1986) pp.26, 37

중앙집단군 전구 급강하폭격비행단 배치(1941.6.21)

급강하폭격비행단(StG)	항공군	사령관	슈투카 대수	담당전구
StG 1(2 & 3대대)	2항공군	발터 하겐 소령	57	중앙
StG 2(1 & 3대대)	2항공군	오스카르 디노르트 소령	46	중앙
StG 77(1,2,3대대)	2항공군	그라프 클레멘스 폰 쉰보른 소령	94	중앙-남부

전투기는 Bf 109 메써슈미트(Messerschmitt) 단품으로 바르바로싸를 맞이했으며 주종은 1940년 10월부터 생산된 Bf 109F로서 날개 쪽의 기관포를 제거하고 프로펠러 부위에서 발사되는 것으로만 대체했다. 그 외에 냉각장치가 개선되었으며 동체는 이전보다 더 유선형으로 변경하여 전장은 약간 늘어나게 되었고 날개 가장자리도 공기저항을 줄이기 위해 원형으로 처리하되 길이 역시 약간 늘어났다. 엔진 역시 고출력의 DB601E가 탑재되었다. 즉 전반적으로 공력적(空力的)인 향상이 이루어지면서 성능적으로 개선된 것은 분명했다. F형은 전투기 및 전폭기 용도로도 혼용되었으며 총 6개의 세부 변종이 개발되었다. F형은 출력과 속도가 상승되었다는 장점이 있었던 반면 무게를 경감시키기 위해 2대의 기관포를 1대로 줄인 결과 화력은 상대적으로 약화되는 결함을 노정시켰다. 당시 독일공군의 두 에이스는 이에 대해 서로 상반된 견해를 나타냈다. 붸르너 묄더스는 메써슈미트의 경량화를 환영했던 반면 아돌프 갈란트는 기술적 퇴보라고 단정하면서 강하게 비판한 바 있었다. 후에 이 기종의 화력저하를 보완하기 위해 다시 무장을 강화시킨 Bf 109F-4형이 나오기는 했다. 41년 여름에는 기존의 F형에 이어 가장 많은 생산량을 기록했던 Bf 109G 'Gustav'를 등장시키면서 표준화에 박차를 가했다. G형은 10가지의 세부 변종을 포함해 대전 말까지 총 10,000기가 생산되었다. G형은 속도를 올리기 위해 동체의 조작과 조종 편의성을 저하시키는 조치를 취한 바 있어 조종사들의 불만을 산 바 있었다. 대부분은 G형을 F형으로부터 더 퇴보한 기종으로 간주하고 있었다. 또한 엔진마력을 높이려 하다 보니 동체 전체의 무게가 더 올라가는 문제는 불가피했다. 문제는 G형이 41년부터 생산라인에 있었음에도 불구하고 루프트봐훼가 G형을 대량생산하여 러시아 전장에 뿌리게 되는 것은 1942년에나 가능하게 되어 이 기종은 바르바로싸에서는 활용되지 못했다.[47] 그 대신 메써슈미트보다 강력한 화력을 보강한 포케불프(Focke-Wulf) Fw 190A가 41년 11월에 1항공군 54전투비행단 2대대에 시험적으로 배치되었다. 서부전선에서는 9월에 덩케르크 상공에서 26전투비행단 6중대가 영군의 스피트화이어 V와 대결해 우군의 피해 없이 3대의 적기를 격추시키면서 인기를 끌었다. 이 공중전에서는 모든 측면에 있어 포케불프가 스피트화이어 V보다 우월하다는 판단을 확인하게 되면서 곧 기존의 메써슈미트를 대체하게 될 것으로 인식되었다. 물론 출현 당시 세계에서 가장 빠르고 강력한 전투기였음에는 분명하나 단 하나의 결점은 7,000미터 이상의 고고도에서는 스피트화이어에 뒤진다는 것이 뒤늦게 관찰되기도 했다. 한편 한파가 몰아닥치는 동부에서는 BMW 엔진에 문제가 있어 포케불프가 동부전선에 안착하게 되는 것은 그로부터 1년이나 지난 후에나 가능했다.[48] 이처럼 루프

47) 成美堂出版編集部(2000) p.8, Filley & Greer(1986) p.17
48) Filley & Greer(1986) p.7

트봐훼가 주종으로 간주했던 단좌식 전투기 Bf 109 메써슈미트는 스페인 내전 이래 끊임없는 개선과 개량 조치를 통해 성능이 향상되었던 데 반해 소련 전투기들은 양적 규모만 비대해지고 있었을 뿐 일부 신형 기종의 개발을 제외한다면 개개의 기종개량은 답보상태에 머무르고 있었다.

2항공군 전투기전력(전투비행단/Jagdgeschwader) : Bf 109

대대	사령관	기지	기종	정수/가용전력
JG 27 본부	Wolfgang Schnellmann 소령	Sobolevo	E	04월 04일
JG 27 2대대	Wolfgang Lippert 대위	Berzniki	E	40-31
JG 27 3대대	Max Dobislav 대위	Sobolevo	E	40-14
JG 52 2대대	Erich Woitke 대위	Sobolevo	F	39-37
JG 51 본부	Werner Mölders 중령	Siedlce	F	04월 04일
JG 51 1대대	H-F Joppien 대위	Staravis	F	40-38
JG 51 2대대	Josef Fözö 대위	Siedlce	F	40-23
JG 51 3대대	Richard Leppla 대위	Halaszi	F	38-30
JG 51 4대대	Friedrich Beckh 소령	Crzevica	F	38-26
JG 53 본부	Freherr Graf von Maltzahn 소령	Crzevica	F	06월 06일
JG 53 1대대	Wilfried Balfanz 중위	Crzevica	F	35-29
JG 53 3대대	Wolf-Dietrich Wilcke 대위	Sobolevo	F	38-36

그러나 그와 같은 미시적인 문제보다 바르바로싸 전야에 독일공군이 직면해 있던 가장 큰 고민 중 하나는 항공기의 집중밀도였다. 독일 육군에게 있어 당시 북아프리카를 '사이드 쇼' 경연장 정도로 제외한다면 소련과의 동부전선만이 유일한 주전장이었다. 그러나 독일공군은 이미 서유럽, 지중해, 북아프리카에서 영국공군과 대치 중이였으며 영 공군의 독일 본토 공습에도 대응해야 하는 이중, 삼중, 사중의 부담을 안고 있었다. 독일공군은 이때 이미 여러 개의 전장을 함께 관리해 나가야 하는 전방위적 전투에 묶여 있었고 이 4개의 전장에 동원된 항공기는 1,566기에 달했다. 그 나머지가 바르바로싸에 동원된 2,770기였다.[49] 이 수치는 당시 제1선에 배치된 총 4,300기를 기준으로 한다면 전체의 65%에 해당하는 전력이 바르바로싸에 동원되었다는 것을 의미했다. 거기다 발칸반도 등 다른 지역에서 작전하다 러시아로 향해야 할 공군 제대들은, 항공기들이야 비행해서 해당 전구로 날아가면 되지만 여타 부품들과 탄약 및 폭탄, 기지이전에 필요한 자재와 장비들은 철도로 수송해야 했는데 이 또한 만만치 않은 시간과 에너지를 요구하고 있었다. 하나의 단적인 예로 공세준비에 너무 촉박한 시간을 부여받았던 볼프람 폰 리히트호휀(Wolfram von Richthofen)의 8항공군단(2항공군 소속) 또한 70% 또는 그 이하의 전력으로 6월 22일을 맞이했으며 작전계획을 점검하고 토론할 여유도 가지지 못한 채 공세 수 시간 전까지 분주한 준비에 정신이 없을 정도였다.[50]

49) Air Ministry(2008) p.165
50) Corum(2008) p.267

독일공군 용도별 공군기 비교

기능	대표 기종	수
중장거리 폭격기	He 111, Ju 88, Do 17	775
급강하 폭격기	Ju 87	310
단일엔진(단발) 전투기	Bf 109	830
이중엔진(쌍발) 전투기	Bf 110	90
장거리 정찰기	Do 26, Bv 138, Bv 141	340
전술 정찰기	Fi 156, Fw 189	370
연안 방어	Fw 200, Ar 196	55
계		**2,770**

일단 이 수치로 발틱에서 흑해에 이르는 1,600킬로의 전구를 관리해야 하는데 이는 당시 독일공군이 보유한 항공기 전체를 쏟아부어도 불가능한 범위였다. 그럼에도 불구하고 루프트봐훼 조종사들의 사기가 드높았던 것은 39-40년 핀란드와의 겨울전쟁에서 보여준 소련공군의 유치한 전적 때문이었다. 낡고 낡은 핀란드의 구식 항공기들이 당시로서는 최신예 공군기들을 900대나 격추시킨 기록만으로도 독일공군은 소련공군을 개전 전에 이미 핫바지 취급을 하고 있었다. 그러나 알 만한 사람들은 서서히 불안해하기 시작할 충분한 이유가 있었다. 당장 전선에 배치되어 운용 가능한 소련공군기는 폭격기 1,300기, 전투기 1,500기여서 독일공군과 수적으로는 유사했으나 여하간 10,000기 이상이 전 국토에 퍼져 있다는 사실과 전쟁 개시 이전에 소련의 항공기 생산량이 독일을 추월하고 있었다는 통계가 루프트봐훼의 지휘부를 곤혹스럽게 만들고 있었다. 다행히 독일이 초기에 제공권을 쉽게 장악할 수 있었던 것은 소련공군기 약 7,000기가 최단거리 공습선상의 서부군관구에 몰려 있어 개전 1주일 내에 60% 이상이 파괴되는 결과가 나왔기 때문이었다.

항공지원은 1, 2, 4, 3개 항공군, 5개 항공군단 및 예비 병력이 일부 동원되었다. 이중 중점에 해당하는 중앙집단군에는 엘리트 항공군단으로 명성을 누리고 있던 2, 8항공군단이 소속된 알베르트 케셀링(Albert Kesselring)의 2항공군이 지원되었다.[51]

51) McNAB(2012) p.37
독일공군은 항공군(Luftflotte : 항공함대), 항공군단(Fliegerkorps), 전투(폭격)비행단(Jagd-/Kampfgeschwader), 항공대대(Gruppen), 항공편대(Stappel) 순으로 이루어져 있으며 이는 소련공군의 항공군단(Aviakorpus = Aviatsionnyy Korpus), 항공사단(Aviadiviziya = Aviatsionnaya Diviziya), 항공연대(Aviapolk = Aviatsionnyy Polk), 항공중대(Aviaeskadrilya = Aviatsionnaya Eskadrilya)와 유사한 규모로 보면 된다. 예컨대 전투기 제대를 예를 들면 다음과 같다. 독일공군의 항공대대는 소련공군의 전투기연대와 맞먹는 규모로서 양측이 약 40기로 구성된다. 독일공군의 편대는 대략 12기로 구성되므로 3개 편대가 하나의 대대를 형성한다고 할 경우, 독소 양측의 항공기 수는 거의 일치하게 된다. 또한 전투비행단은 90-120기를 보유하고 있어 이 역시 120기를 보유하고 있는 전투기사단에 상응하는 수준이다. 소련공군의 경우 전투기중대는 3-4개 전투기소대로 형성되어 3개 전투기중대가 하나의 전투기연대를 구성한다. 전투기사단은 3개 전투기연대로 이루어지며 전투기군단은 2-3개의 전투기사단으로 구성되어 약 250-375기의 전투기를 보유했다. 반면 독일공군의 항공군단은 정수에 있어 상당한 차이를 보이고 있었다. 1개 항공군단은 최저 150기로부터 최고 800기를 보유하는 경우도 있었다. 항공군 역시 시기에 따라 200-1,500기 사이에서 큰 폭의 차이가 있었다.

제2 항공군 편제(1941.6월)

단위	기지	기종	정수	가용전력
2 항공군				
53전투비행단 본부	Krzewica	Bf 109F	6	6
53전투비행단 1대대	Krzewica	Bf 109F	35	29
53전투비행단 3대대	Subolewo	Bf 109F	38	36
6중폭격비행단 4대대	-	Ju 52	40	38
2 항공군단				
3중폭격비행단 본부	Deblin	Do 17Z / Ju 88A	1 / 2	0
3중폭격비행단 1대대	Deblin	Ju 88	41	32
3중폭격비행단 2대대	Deblin	Ju 88 / Do 17Z	38 / 1	32
53중폭격비행단 본부	Radom	He 111H	6	4
53중폭격비행단 1대대	Grojec	He 111H	28	18
53중폭격비행단 2대대	Radom	He 111H	21	10
53중폭격비행단 3대대	Radzyn	He 111H / He 111P	29 / 2	20
77급강하폭격비행단 본부	Biala Poldlaska	Bf 110 / Ju 87B	7 / 5	6
77급강하폭격비행단 1대대	Biala Poldlaska	Ju 87B	38	31
77급강하폭격비행단 2대대	Woskrzenice	Ju 87B / Bf 110	39 / 1	27
77급강하폭격비행단 3대대	Woskrzenice	Ju 87B	35	28
210고속폭격비행단 본부	Radzyn	Bf 110	5	4
210고속폭격비행단 1대대	Rogoznicka	Bf 110	41	33
210고속폭격비행단 2대대	Rogoznicka	Bf 110	37	37
51전투비행단 본부	Siedlce	Bf 109	4	4
51전투비행단 1대대	Starawies	Bf 109	40	38
51전투비행단 2대대	Siedlce	Bf 109	40	23
51전투비행단 3대대	Halaszi	Bf 109	38	30
51전투비행단 4대대	Krzewica	Bf 109	38	26
8 항공군단				
2중폭격비행단 본부	Arys-Rostkem	Do 17Z	11	5
2중폭격비행단 1대대	Arys-Rostkem	Do 17Z	35	19
2중폭격비행단 8, 9중대	Lyck	Do 17Z	41	23
2중폭격비행단 3대대	Suwalki	Do 17Z	44	18
1급강하폭격비행단 본부	Radczki	Bf 110 / Ju 87B	3 / 3	2
1급강하폭격비행단 2대대	Radczki	Ju 87B	39	28
1급강하폭격비행단 3대대	Radczki	Ju 87B	39	24
2급강하폭격비행단 본부	Praschnitz	Bf 110 / Ju 87B	6 / 3	4

단위	기지	기종	정수	가용전력
2급강하폭격비행단 1대대	Praschnitz	Ju 87B	35	19
2급강하폭격비행단 3대대	Praschnitz	Ju 87B	39	20
2교도비행단 2대대	Praschnitz	Bf 109E	38	37
2교도비행단 10중대	-	Hs 123A	22	17
26구축비행단 본부	Suwalki	Bf 110C/E	4	4
26구축비행단 1대대	Suwalki	Bf 110C/E	38	17
26구축비행단 2대대	Suwalki	Bf 110C/E	36	30
27전투비행단 본부	Subolewo	Bf 109E	4	4
27전투비행단 2대대	Berzniki	Bf 109E	40	31
27전투비행단 3대대	Subolewo	Bf 109E	40	14
52전투비행단 2대대	Subolewo	Bf 109E/F	39	37
V9수송비행단	-	Ju 52	-	-
V12수송비행단	-	Ju 52	43	8

* 전투비행단 JG(Jagdgeschwader) : 단발전투기
* 구축비행단 ZG(Zerstörergeschwader) : 쌍발전투폭격기
* 급강하폭격비행단 StG(Sturzkampfgeschwader) : 급강하폭격기
* 고속폭격비행단 SKG(Schnellkampfgeschwader) : 쌍발전투폭격기
* 중폭격비행단 KG(Kampfgeschwader) : 중(中)폭격기
* 교도비행단 LG(Lehrgeschwader) : 다목적(자유 기종)

◆ I-3-25 창공의 신사로 알려졌던 아돌프 갈란트 전투기총감. 대전 초기 붸르너 묄더스와 궁극의 경쟁자이자 협조자 관계를 유지하면서 단순무식한 헤르만 괴링 공군총사령관과 목숨을 건 투쟁을 계속했다. 그가 괴링이 보는 앞에서 다이야몬드 검부백엽기사철십자장을 뽑아 책상 위에 내리치며 부하들의 헌신을 폄하하는 최고사령관에게 저항한 일화는 유명하다.

두 번째 고민은 러시아의 광막한 국토였다. 공군이 지상군과는 달리 도로사정이나 하천과 같은 천연장해물에 구애받지 않는다 하더라도 끊임없이 늘어나는 전선에 따른 항공전력의 지속적인 유지관리가 가능한가라는 점이었다. 독일공군은 초기부터 천문학적인 수치의 소련기들을 격추해 나갔으나 대부분의 생산거점들은 전선으로부터 한참 뒤로 빠져나가 있었으며 그로 인해 소련공군이 가진 부담과 피해는 일시적, 국지적인 것으로 한정지을 수 있었다는데 대단히 큰 문제가 노정되었다. 물론 초전에 소련공군은 역사상 전대미문의 피해를 받으면서 괴멸적인 타격을 당하게 되어 있었다. 그러나 전선이 확대될수록 루프트봐훼가 커버해야 할 지원공역은 날로 확장되기에 이르렀고 전투비행

단은 수시로 기지를 이동하면서 지상군의 전진을 지원하고자 했으나 타이밍과 전력집중의 밀도는 날로 부정확하고 희박해져 가고 있었다. 즉 말하자면 지상군의 진공속도를 적절히 맞추지 못했다는 것은 독일공군의 양적 물량이 부족했다는 이야기가 된다. 독일공군이 소련군의 수적 우위를 일시적으로 역전시킨 것은 다행한 일이었지만 이는 항공기의 '수량'이 아니라 조종사들의 '기량'으로 버텨나갔다는 점에서 근원적인 한계를 안을 수밖에 없었다.[52] 오로지 서부전선에서만 싸웠던 루프트봐훼의 전설, 아돌프 갈란트의 다음과 같은 언명은 동부전선의 문제에 대한 그의 날카로운 예지능력을 대변하고 있다.

"공군은 복잡한 장치이며, 무엇보다 기능적인 보수정비부대에 의존한다. 우리가 막대한 손실을 입었던 것은 적기에 의한 것도, 대공포에 의한 것도 아니었다. 고도로 발달한 섬세한 병기를 움직이기 위해 필요한 전제조건은 철저하게 말살되어 있었다. 공군의 전력이 감소되어 갔던 것은 그러한 이유에서였다.

공군을 동원할 때 가장 중요시되는 기본지도원리 중 하나는 중점의 설정이다. 즉 결정적 지점에 전력을 대량으로 투입하는 일이다. 그러나 동부전선은 확장일로를 걷고 있으며 더욱이 육군으로부터의 긴급한 요청이 쇄도하고 있어 그러한 원리에 따르는 것은 곤란했다. 전반적으로는 우리가 우위에 있었음에도 불구하고, 그리고 피해가 비교적 경미한 수준이었음에도 불구하고 동부전선에 있어 불안한 장래의 한 시점을 관통해 볼 수 있는 기회가 있었다. 그것은 말하자면 언젠가 공군의 공격력이 소모전에 의해 소멸해 나가는 때가 도래하는 것이었다. 이 시점이 도래하기 전에 이 전역에서 승리할 필요가 있었다. 지금까지의 전과를 본다면 이는 처음에는 가능한 것처럼 보이기도 했다....."[53]

바르바로싸 전체 독소 전력 비교

	독일 집단군 및 소련 방면군	보병사단(독) 소총병 및 기병사단(소)	장갑 및 차량화보병사단(독) 전차 및 기계화, 차량화소총병사단(소)	계
독일군	북방집단군	20	6	26
	중앙집단군	31 + 1기병사단	15	47
	남방집단군	30	9	39
	예비	22	4	26
	계	104 + 1기병사단	34	138+1
소련군	북서군관구 및 북부군관구	31	8	39
	서부군관구	44	11	55
	남서군관구	71	20	91
	예비	104	0	104
	계	250	39	289

52) B.H, リデルハート(1982) p.170
53) アドルフ・ガーランド(2013) p.262

3개 전선 루프트봐훼 총 전력(1941.6.24)

기능 및 유형	대표 기종	대수
단좌형 전투기	Bf 109 메써슈미트	898
쌍발 주간전투기	Bf 110 메써슈미트	105
야간전투기	Bf 110 메써슈미트, He 219 하인켈	148
전폭기		124
급강하폭격기	Ju 87 슈투카, Hs 123 헨쉘	260
쌍발 폭격기	He 111 하인켈, Ju 88 융커스	931
4발 폭격기	Do 19 도르니에	4
장거리 정찰기	Do 26 도르니에	282
단거리 정찰지상협력기	Fi 156 휘질리어, Fw 189 포케불프, He 46 하인켈	388
연안 및 해상항공기	Fw 200 콘도르, Ar 196 아라도	76
수송기	Ju 52 융커스	212
계		3,428

II. 타이탄의 충돌

"스탈린 카푸트(kaputt), 하일 히틀러!"
(스탈린은 망했다. 히틀러 만세!)
"10월이면 모스크바는 함락된다. 알레스 카푸트!"
(Alles kaputt : 너희들 전부는 망했다!)
1941.6.22, 추락한 Ju 88 폭격기 조종사가 소련군에게 내뱉은 말

1. 1941년 6월 22일

".....대소련 작전의 개시는 발칸작전의 수행으로 인해 4-5주가 지연되게 되었다.
이 시점에서 대소련 작전은 목표를 하나로 줄이되
협소한 정면에 병력을 집중시키도록 하여 규모를 한정했어야 했다."
(하소 폰 만토이휄 장갑병대장)

* * * * *

운명의 그날

"도박은 이미 시작되었다. 전쟁의 결과가 아니라 전쟁이 끝나는 날에 말이다."
(무장친위대의 비밀전문)

1941년 6월 22일 바르바로싸의 막이 오르기 전 야간작전은 이미 진행 중에 있었다. 6월 22일 새벽 3시 10분, "제군들, 좋은 아침이야!"(Morgen, meine Herrn!)란 인사로 부하들을 만난 2장갑집단 사령관 구데리안 상급대장은 짧게 몇 마디 나눈 뒤 전방 감시소로 향했다. 3시 11분 프릿츠 바이에를라인(Fritz Bayerlein) 2장갑집단 작전참모장에게 전화가 걸려왔다. 24장갑군단 참모장 오토-헤르만 브뤽커(Otto-Hermann Brücker) 중령이었다. "바이에를라인, 코덴(Koden) 교량은 안전하게 접수됐다." 이 말을 들은 바이에를라인은 프라이헤어 폰 리벤슈타인(Freiherr von Liebenstein) 참모장에게 눈짓을 주면서 고개를 끄덕인 뒤 브뤽커 중령에게 잘 알아들었다는 대답을 건네며 행운을 빌었다. 코덴 교량은 부크 강으로부터 브레스트로 향해 장갑부대와 전차들이 최단 시간 내 지나가야 할 천금과 같은 존재였다. 3장갑사단의 특공대가 몰래 잠입해 적군 초병들을 소리가 나지 않게 해치운 뒤 교량 건너편에 설치된 폭발물을 해제하고 3시 15분의 포성만을 기다리고 있었다. 4군 역시 브레스트의 위쪽과 아래쪽에서 부크 강의 교량을 설치하는 작업에 착수하고 있었다. 브레스트 북쪽으로 80km 지점의 드로히췬(Drohiczyn)에서 178공병대대가 인고의 야간행군과 포복으로 78보병사단 및 292보병사단이 통과할 부교설치 준비작업을 완료했다. 이때가 3시 12분이었다. 이제 모두가 초조한 가운데 맥박과 가슴이 동시에 뛰는 흥분을 느끼며 손목시계만을 들여다볼 시각이 다가오고 있었다.

바르바로싸의 첫 총성은 야포에 의한 것이 아니었다. 독일군 특수부대 브란덴부르그 여단(Brandenburgers)은 22일 공세가 시작되기 전날 밤 소련군 점령 하의 폴란드 구역으로 들어갔다. 독일 공병들은 이 특수작전을 위해 동부 프러시아의 비교적 무른 땅을 골라 지하갱도를 파 비밀리에 병력을 이동시켰다. 소련군 군복을 입고 러시아어를 구사하는 4명의 위장병들이 탄 차량이 국경 쪽으로 향하다 큰 나무가 도로를 막고 있는 곳에서 정차하게 되었다. 이 차량은 1940년 소련과 싸웠던 핀란드군으로부터 얻은 것이었다. 고요한 적막이 흐르는 가운데 두 명의 독일군이 차량으로 접근했다.[1] 가까이 다가온 한 명의 독일군은 갈색 군복을 보고도 태연하게 물었다. "그대들이 브란덴부르그 연대인가?" 위장병의 지휘관으로 보이는 병사가 대답했다. "물론, 우리가 브란덴부르거다" 독일군은 이내 이들을 통과시켰다. 이들은 브란덴부르크 특수부대 3개 대대 중 중앙집단군에 소속된 3대대 10중대의 특공대들이었다. 헤르베르트 크리이크스하임(Herbert Kriegsheim) 소위가 이끄는 4명의 특공대는 리투아니아 국경 남쪽 5km 지점에 위치한 아우구스토프스키(Augustowski) 운하의 교두보를 장악하는 것이 주 임무였다. 이 구역은 6월 22일 39군단의 20장갑사단이 통과해 리투아니아의 수도 빌니우스로 직행하기 위한 중요한 거점 중 하나였다. 문제는 이들이 러시아어에는 능통하지만 국경수비대의 암구호는 파악하지 못하고 있었기에 어차피 유혈충돌은 불가피했다는 부분이었다. 브란덴부르거들은 새벽 3시 5분 전까지는 절대 발포를 하지 않도록 엄중한 지시를 받았으나 어쩔 도리가 없는 순간이었다. 거기다 위장은 했지만 독일군복 위에 소련군 상의를 덮어 입은 형식이었기에 자세히 들여다보면 곧 발각되는 것이 당연했다. 크리이크스하임 소위의 부하들은 소련군 진영으로 깊숙이 파고들다 잠깐 나침판을 들여다보는 사이 공산당 국경수비대원 2명과 맞닥뜨렸다. "서라! 암구호!" "아스트라칸!" "틀렸다! 움직이지 마라!" 정지신호와 함께 소총을 겨누며 다가온 경비병들은 소련군복을 보자 안심을 놓았으나 독일군 위장병들은 이미 권총의 방아쇠를 뒤로 당긴 상태였다. 크리이크스하임은 한 발을 얼굴에, 다른 한 발은 적군의 다리에 박았다. 얼굴을 맞은 병사는 즉사했으며 다리를 저는 초병은 비틀거리면서 총을 겨누려 하자 크리이크하임은 냉혹하게 머리를 맞추어 그 자리에서 즉사시켰다. 총성이 울리자 사방에서 휘슬 소리와 함께 소련군의 사격이 빗발쳤으며 크리이크스하임과 코흐(Koch) 상병은 재빨리 현장을 이탈해 어두운 숲으로 빨려 들어갔다. 아우구스토프스키와 그로드노 사이의 주도로에 도달한 두 명은 이동 중인 소련군에게 립스크(Lipsk)로 가는 방향을 물었고 소련병은 아무 의심도 하지 않은 채 방향을 가리켜 주었다. 크리이크스하임과 코흐는 이동 중인 적군들 틈에 끼여 립스크의 교량에 도착하여 상황을 살폈다. 유창한 러시아어를 쓰는 위장병들을 전혀 의심하지 않은 소련군들은 그냥 지나쳤으며 잠시 후 그들 두 명만 남게 되는 상황이 발생했다. 소련군들과 어깨를 부딪치며 행군대열에서 잠깐 이탈했으나 별로 의심을 받지는 않았으며 다리 또한 온전하게 유지되고 있는 것으로 파악되었다. 이제 여기만 제대로 지키면 되었다. 한데 갑자기 다리를 폭파하기 위해 교량으로 다가온 40명 정도의 소련공병 소대와 어설프게 조우하게 되자 더 이상의 트릭이 불가능하다고 판단한 위장병들은 움푹 파인 곳으로 들어가 기관단총을 겨누어 사격을 준비했다.[2] 위장병임을 눈치챈 소련군은 조심스럽게 다가왔으며 2명의 독일군은 70m 정도까지 끌어당긴 뒤 기습적으로 사격을 개시했다. 선두 병력들이 쓰러짐과 동시에 소련군들도 2명에 대해 신랄한 응사를 가해 옴에 따라 전투는 격렬하게 전개되었고 흙덩이들이 사방으로 흩어지면서 갑자기 주변은 기관단총의 굉음으로 뒤 덮혔다. 단 두 명이 소대 병력을 감당하기에는 탄약이 모자랐다. 마지막 탄환을 다 써버린 코흐는 적에게 피격되어 쓰러졌다. 수통의 물을 마시게 하려던 크리이크스하임은 쓰러진 코흐를 안고 고함을 질렀으나 소용이 없었다. 그 순간

1) Bishop & Warner(2001) p.125
2) ローレンス・パターソン(2019) p.150

착검을 한 3명의 소총병들에게 뒤를 기습당해 크리이크스하임은 대검이 목 부위를 관통하는 부상을 입으면서 그 역시 쓰러졌다. 잠시 후 눈을 떴을 때 그는 들것에 실려 있었으며 옆에 누운 코흐는 이미 전사한 상태였다. 하나 사방에는 죄다 독일군이었다. 크리이크스하임은 중상을 입었지만 입가에 미소를 떠올렸다. 성공이었다. 단 두 명이 지켜낸 교두보를 지나 엄청난 수의 독일군 병력과 중화기, 차량들이 통과하여 전선으로 이동할 수 있었다. 브란덴부르그 연대의 특공대들은 각 교두보를 지켜냄은 물론 소련군의 전화선을 모조리 잘라버림으로써 최전방에 어떤 일이 벌어지고 있는지 적군 사령부가 전혀 감을 잡지 못하도록 혼란에 빠트리는데도 기여했다. 10중대는 당초 총 8개의 교량을 장악토록 되어 있었고 그중 4개를 확보하면서 우군의 강 도하를 직접적으로 지원했다. 브란덴부르그 연대는 대혼란의 서막을 여는데 혁혁한 공을 세웠으며 그것은 곧 바르바로싸의 시작이었다.[3]

* * * * *

전 세계가 숨을 멈춘 순간

"정확히 1941년 6월 22일 오전 3시 10분, 사격준비에 돌입했다.....오전 3시 15분, 거대한 땅덩어리 전체에 걸쳐 번개불이 밤하늘을 찢었다. 수천발의 포탄이 고요한 대지를 뒤흔들었다. 나는 이 수초 동안의 순간을 영원히 잊지 못할 것이다."

(18장갑사단, 하인츠 될 소위)

6월 22일 새벽 3시 5분 독소전의 막이 올랐다. 중앙집단군의 9군과 3장갑집단은 여타 집단군의 제대보다 10분 일찍 포문을 열었다.[4] 오전 3시 15분, 대소련 침공을 알리는 암구호 '도르트문트'(Dortmund)가 타전되었다. 약 1,250대의 항공기가 하늘을 뒤덮은 가운데 190만 명의 독일군들이 움직이기 시작했다. 4개 장갑집단을 포함한 7개 군 3개 집단군, 3개 항공군, 60만대의 차량, 75만 필의 군마, 3,580대의 전차와 장갑차량, 7,184문의 야포가 450만의 소련군 방어선으로 몰려들었다. 방향은 동쪽이었다. 그리고 이는 기습이었다. 최초로 출격한 30대의 하인켈 폭격기는 10개의 공군기지를 급습했고 500대의 폭격기, 270대의 급강하폭격기, 480대의 전투기를 동원한 루프트봐훼는 22일 하루에만 총 66곳의 비행장을 쑥대밭으로 만들었다. 소련군은 독일군이 쳐들어온다 하더라도 8월까지는 불가능할 것으로 판단했으나 히틀러의 부대는 예정대로 이날 전선을 덮쳤다. 최전방의 포병수비대들은 단 한 발의 포탄도 날려 보지 못한 채 몰살당한 진지도 속출했다. 아니 3장갑집단 57장갑군단의 선봉 12장갑사단이 치고 들어간 구역은 아예 탄약조차 준비가 되지 않았던 기가 막힌 사실도 확인되었다.[5]

---

3) Bergström(2016) pp.27-8

4) 공명심 많기로 유명한 2장갑집단 사령관 구데리안이 왜 최초 공세를 호트 3장갑집단에게 양보했는지는 불명확하나 여하간 그로 인해 초기 단계에서의 진격은 호트가 구데리안보다 다소 빠른 것으로 나타났으며 객관적인 전과도 더 나았던 것으로 평가받았다.

5) BM-MA, Gen.Kdo.LVII.A.K.(mot.) Ic. Tätigkeitsbericht. v.22.6.-31.12.41., 15683/20, Fol. 2, Stolfi(1993) p.90

중앙집단군은 수봘키(Suwalki) 동쪽 국경지대와 부크(Buk) 강에 걸린 블로다봐(Wlodawa) 사이 구간에 대해 모든 종류의 야포사격을 전개하면서 포문을 열었다. 2, 3장갑집단과 4, 9군이 중앙을 치고 들어간 순간 서부군관구의 3개군은 북쪽의 수봘키로부터 남쪽의 브레스트-리토프스크 구간에 포진되어 있었다. 북에서 남으로 3군은 그로드노(Grodno) 인근구역, 10군은 비알리스톡 주변, 4군은 브레스트-리토프스크 동쪽에 배치되어 있었으며 너무 국경과 근접한 위치에 산개되어 있었기에 독일군의 최초 돌파 단계에서 허무하게 무너지는 비극을 맞이하고 있었다. 독일군의 기습방식을 이미 들어 알면서도 당할 수밖에 없는 상황이었다. 극장에서 희가극을 보고 있던 파블로프(D. G.Pavlov) 서부방면군 사령관은 황급히 민스크로 돌아와 전선을 챙기려 했으나 이미 때는 늦은 감이 있었다. 아니 알았더라도 어찌할 도리가 없었다. 독일군의 공세는 소련군 국경수비대가 예상한 것과 같은 국지적인 교란행위가 아니었다. 미증유의 병력이 동원된 인류사 최대의 전쟁이 시작되었다는 것을 믿고 싶지가 않았으며, 믿었다 할지언정 야전사령부 본부와 최전선의 교신이 불가능했던 상황에서 소련군이 초동단계에서 취할 수 있는 여력은 거의 아무 것도 존재하지 않았다. 소련군 지휘부의 지휘계통은 대혼란에 빠져 훈련이나 준비가 되지 않은 전방의 제대들을 확인하기도 어려웠다. 이들이 얼마나 당황했는가는 최전방에서 공격을 받은 지휘관이 본부에 긴급통화하면서 건넨 말이었다. "적이, 독일군이 들이치고 있다. 무엇을 해야 하나?" 본부의 답이 더 걸작이었다. "너 어디가 좀 이상한 것 같다. 한데 왜 암호전문으로 연락하지 않았지?" 카오스의 시간이었다.

독일공군기가 서부군관구의 3군 기지를 쑥대밭으로 만들고 있는 순간에도 스탈린은 독일군을 자극할 수 있는 포사격은 중단하라는 명령을 내리고 있었으며 이에 도무지 이해가 되지 않는다는 최전방 지휘부는 일대 혼란에 빠졌다. 스탈린은 22일 아침 보고를 받고도 이는 국지적인 도발이지 전면전이 아니라고 우기면서 반격을 가하더라도 절대 독일 국경을 침범하지 말라는 지시까지 취했다. 그는 심지어 히틀러가 독일 장군들의 도발을 모르고 있을 수도 있으니 베를린에 직통연락을 취해야 한다는 생각까지 저버리지 않았다. 바로 전날 6월 21일 비밀경찰국장 베리야가 "요시프 피싸리오노뷔취(스탈린의 이름)여, 우리 인민과 저는 히틀러가 1941년에 우리를 공격하지 않으리라는 당신의 현명한 예언을 확실하게 기억합니다!"라고 스탈린에게 전한 말이 아직도 귓가에 울리고 있었다. 창백하고 지친 표정으로 의자에 앉아있던 스탈린은 느리고 우물거리는 특유의 말투로 대책을 강구하라고 지시했다. 베를린의 소련 대사와 연락을 취한 뒤 스탈린을 찾아간 몰로토프 외상은 겨우 더듬거리며 이런 말을 건넸다. "우리가 이런 일을 당할 만한 짓을 한 적이 있습니까?" 전후 니키타 흐루시쵸프의 증언에 따르면 스탈린은 히틀러의 공격 소식에 완전히 넋이 나갔으며 이날 이후 아예 사무실에서 나오지를 못하고 아무런 지휘통제를 하지도 못하는 심리적 붕괴를 경험했다고 한다.

티모셴코(S.K.Timoshenko) 국방인민위원장은 2시간 동안 3번에 걸쳐 파블로프에게 연락을 취했으며 파블로프는 10군의 동태를 살핀다며 현장을 이탈하는 등 지휘부 자체가 아무런 해결책을 내놓지도 못한 채 동분서주하고 있었다. 현장은 현장대로, 모스크바의 스타프카는 스타프카대로 난리였다.[6] 스타프카는 이미 독일군에게 괴멸당해 연락이 두절된 제대에게 공격명령을 내리면

6) 개전 당시 독일군이 유일하게 그 능력을 인정했던 티모셴코는 꽤 이른 시점에서부터 모스크바의 함락에 대비한 마음가짐을 토로한 바 있었다. "만약 독일이 모스크바를 석권하는데 성공한다면 이는 명백히 우리에게 크나큰 실망이 될 것이다. 그러나 결코 그것이 우리의 대전략을 교란시킬 수는 없다. 그 자체만으로 전쟁을 이기는 것은 아닐 것이다."

◆ II-1-1 서부방면군 사령관 드미트리 파블로프 대장. 전선 붕괴의 책임을 지고 6월 30일에 처형 당했으나 최근 그에 대한 재평가가 진행 중이다.

◆ II-1-2 스탈린의 구세주 안드레이 예레멘코. 좀 과장되긴 하지만 적군(赤軍) 내에서는 '소비에트의 구데리안'으로 불리기도 했다. 바르바로싸 기간 중 모스크바 방위전에서 공습에 의한 중상을 입어 2개월 간 전선에서 이탈해 있었다.

서 답이 없다고 한탄해 하기도 했다. 독일군 주공의 정면에 있었던 소련 4군은 상급지휘부와 예하 사단들과의 연락이 완전히 차단된 상태였으며 3군은 서부군관구 사령부로부터 명령을 접수하고 있었으나 예하 사단들에게 명령을 내릴 수 있는 통신이 마비되어 있었다. 브란덴부르크 특공대가 저지른 교란행위는 이처럼 통신체계의 중추를 파괴시킴으로써 소련군은 정확한 전황을 파악할 수 없는 상황에서 현장에 직접 인력을 파악하여 보고하는 등의 원시적인 전투행태로 퇴행하는 모습까지 비쳐졌다. 통신도 문제지만 당시 소련군 각 제대는 이동배치되고 있던 과정에 있어 부대 자체가 뒤죽박죽으로 얽혀져 있었다. 연락장교가 현장에 뛰어가더라도 어느 제대가 어디에 있는지를 파악하기도 쉽지 않았다. 어떤 부대는 너무 전방에 배치되어 뒤에 있던 제대와 도저히 연락을 할 수 없을 정도로 간격이 벌어져 있기도 했으며 어떤 제대는 최소한도의 병력만 전진배치시킨 상태에서 그보다 훨씬 덩치가 큰 예비병력은 한참 뒤에 처져 있기도 했다. 이동 중의 소련군들은 적의 위치뿐만 아니라 자신들의 부대가 이웃하는 제대와 어떤 위치에 있는지조차 확인이 안되고 있었다. 전투서열도 확립이 되어있지 않았던 이 대혼란의 시기에 어떤 사단은 전선에 도착하여 불과 수 시간 만에 괴멸당하는 참사를 맞기도 했다.[7]

파블로프는 얼마 후 극동에서 날아 온 안드레이 예레멘코(A.I.Yeremenko)로 대체되었고 한 달 후인 7월 22일 무능한 죄로 처형당했다. 형식적으로는 오랜 기간의 취조 끝에 자신의 방어구

7) 오버리(2009) p.122

역으로 독일군이 신속하게 침투했으므로 적과 내통하지 않고는 이런 일이 벌어질 수 없다는 '엉터리 반역죄'를 뒤집어씌워 무자비하게 처형해 버렸다.[8] 소련의 구데리안이라고 칭송받던 베테랑 장성의 희비극적 최후였다. 스탈린은 22일 저녁 지령 3호를 발부하면서 독일군에게 반격을 가하라는 지시를 하달했다. 그와 동시에 그때까지 군관구로 지칭되던 해당 병력은 독일의 집단군에 해당하는 방면군(Fronts)으로 개칭되었다. 단 스타프카는 두 개 이상의 방면군 지휘체계의 조율이 필요한 경우에는 방면군 바로 위에 군관구(district) 총사령관직을 두어 상위제대의 역할을 수행토록 했었다.

* * * * *

호트 장갑집단의 전격전

"리투아니아 주민등은 열렬히 우리를 환영했다. 일부는 눈가에 눈물을 글썽거리기도 했다.
소녀들과 어린애들은 우리에게 꽃다발을 던졌고 모든 차량들이 라일락으로 뒤덮혔다.
이건 마치 전쟁이 없는 상황같았다."
(5군단 35보병사단 35정찰대대, 게르하르트 봅 상병)

◆ II-1-3 7장갑사단 25장갑연대장 칼 로텐부르크 대령. 유능한 지휘관이었던데 비해 너무 일찍 전사하였으며 25장갑연대는 후에 '로텐부르크 연대'로 불리기도 했다. 사진은 40년 서방전격전 당시 사단장이었던 에르뷘 롬멜과 함께 한 장면

호트의 3장갑집단과 9군은 북방집단군과 공조하여 진격을 개시하고 구데리안의 2장갑집단과 4군은 10분 후인 3시 15분에 공세에 착수했다. 소련 11군은 170km 전선에 8개 소총병사단들을 깔고 있었으나 호트의 사단들은 선봉의 128소총병사단은 상대도 하지 않은 채 수비라인을 지나쳐 네만(Neman) 강변으로 돌진해 버렸다. 따라서 최초 수 시간 동안은 큰 교전 없이 원활한 진격을 이루어내었으며 항공정찰에 의해서도 진격로 상에 겨우 한 개 포병중대만이 놓여 있는 것으로 확인되었다.[9] 이날 3장갑집단은 스스로가 놀랄 수밖에 없는 광경을 경험할 수 있었다. 네만 강에 놓인 3개의 교량이 모두 파괴되지 않은 채 살아 있었다. 올리타(Olita) 부근에서 포로가 된 적군 공병장교의 진술에 따르면 22일 오후 7시에 다

8) Ellis(2015) pp.465, 485
9) BA-MA RH 21-3/43, Panzerarmeekommandos Tagesmeldungen 21.6.-31.8.41., Fol. 11(1941.6.22)

리를 폭파하라는 명령을 이미 받고 있었으나 독일군의 진격속도가 너무 빨라 대응을 하지 못했다는 것이었다.[10] 이처럼 운 좋게 3개 주요 교두보를 소련군 공병들이 폭파시키기 전에 모두 확보한 3장갑집단은 도하에 필요한 장비들을 정력적으로 운반했다. 선봉 39장갑군단의 7장갑사단은 푸스즈카(Puszca)-루드니카(Rudnica) 습지대로부터 빌니아 방면으로 나가는 진격로상에 있었다. 칼 로텐부르크(Karl Rothenburg) 대령이 이끄는 7장갑사단 25장갑연대는 선봉부대가 아침 9시경에 알리투스(Alytus)에 도착한 것을 확인했다. 25장갑연대는 정오 이전에 올리타에 도착하여 파손되지 않은 교량을 온전히 확보했다. 단 보병과 포병들이 늦게 도착해 올리타 내부를 소탕하는 작업은 저녁까지 이어졌다. 7장갑사단은 낮 12시 40분 알리투스 외곽에 도착하여 준비가 안 된 공산당 내무위원회(NKVD) 수비대들을 급습하면서 2개 교량의 안전을 확보했다. 한편 39장갑군단의 20장갑사단은 수발키(Suwalki)-칼봐리야(Kalvarija) 국도에서 칼봐리야 남쪽 고지대의 적군을 향해 나아갔으나 적군 수비대는 고지대를 비운 채 이미 다른 요새 구역으로 후퇴한 뒤였다. 이 요새는 소련군 공병들이 지난 3개월 동안 축성해 온 방어기지였다. 결국 칼봐리야 북쪽에서 서성대던 20장갑사단은 올리타로 향하던 중 일부 소련군 병력과 격돌하여 그냥 간과하기에 조금 힘든 저항에 직면하다가 저녁 무렵에는 그럭저럭 올리타로 합류할 수 있었다.

◆ II-1-4 19장갑사단장 오토 폰 크노벨스도르프와 25장갑연대 1대대장 뷜터 멕케 소령. 크노벨스도르프는 대전 발발시 33군단 참모장을 역임하다가 1940.2.1 이래 19보병(장갑)사단장직을 보유했다.

10) Hoth(2015) p.68

57장갑군단은 숲이 우거진데다 호수가 많은 지형을 통과하게 되어 요제프 하르페(Josef Harpe)의 12장갑사단은 아침처럼 속도가 나지 않아 애를 먹고 있었다. 사단은 선봉의 19장갑사단 뒤를 따라 들어간 후 최초 단계에서는 별다른 교전없이 북쪽으로 수발키 갑(岬)을 통과해 나가 소련군이 점령해 있는 리투아니아 구역으로 진출했다.[11] 부분적으로 잘 매복된 소련군 진지들을 소탕한 장갑군단은 오후에 메르키네(Merkine)를 따 내고 늦은 저녁에는 12장갑사단의 29장갑연대가 봐레나(Varena)에서 소련군과 교전을 계속했다. 호트의 독일군은 별다른 적의 저항을 받지 않은 채 순조로운 진격을 달성하여 22일 저녁에는 주력 전체가 네만 강변에 도달함으로써 주요 거점인 알리투스와 메르키네를 완전히 장악했다. 호트는 이 정도의 움직임으로도 소련군 북서방면군과 서부방면군 사이를 상당 부분 벌려놓는 효과를 나타냈다. 그러나 호트의 부하들은 소련군의 집요한 저항은 폴란드나 프랑스전 때와는 전혀 다른 인상을 주고 있다며 22일 첫날부터 이 전쟁이 이전과는 다를 것이라는 조짐을 안겨주고 있었다.[12]

알리투스에서는 훼도르 훼도로프(Fedor Fedorov) 대령 휘하 발틱특별군관구의 5전차사단이 나타나 네만 강을 건너는 7장갑사단 25장갑연대와 한판을 붙게 되었다. 훼도로프 대령은 휘하의 병력들이 너무 산개한 형태로 있는 것을 확인하고 알리투스 방면으로 집결하는 명령을 내렸다. 5차량화소총병연대의 1개 대대는 알리투스 교량 쪽으로 향하게 하고 9전차연대의 1개 대대는 이미 동쪽에서부터 교량 북방을 지탱하고 있었기에 또 다른 대대를 지원으로 급파했다. 10전차연대는 알리투스 남쪽의 카니우카이(Kaniukai) 교량으로 진출했으며 네만 강 서쪽 제방을 정찰하기 위해 BA-10 장갑차량 수대를 파견했다. 이때 정찰을 나왔던 독일군 7장갑사단의 7모터싸이클대대와 교전에 휘말려 1대의 장갑차량이 전소되는 일이 있었다. 이제는 주력들간의 혈투가 시작될 참이었다.

이반 붸르즈빈스키(Ivan G. Verzhbinsky) 소위의 9전차연대 2대대는 개전 이래 불과 10시간 만에 T-34의 충격을 독일군 장갑부대에게 선사하면서 역사에 남을 시간을 가졌다. 하나 아직 소련 전차병들이 T-34 운전에 익숙지 않아 개개의 전차가 갖는 기량은 들쑥날쑥했다. 2대의 T-34는 강물에 빠져버렸으며 어떤 T-34들은 참호와 분지에서 정지되어 독일군의 손쉬운 먹이가 된 것들도 속출했다. 독일군의 37mm 대전차포나 38(t) 전차, 심지어 4호 전차의 75mm 단포신 주포로도 T-34의 장갑을 관통시킬 수는 없었다. 대신 독일군은 105mm 곡사포의 고폭탄을 근거리에서 명중시켜 T-34의 기동을 멈추게 할 수는 있었다.[13] 고폭탄은 철갑탄과 달리 전차의 장갑을 뚫지는 못했으나 장갑궤도를 망가뜨려 기동을 멈추게 하거나 강판과 부품들이 차체 안으로 박히게 함으로써 기계장치를 고장나게 하여 전차병들을 죽일 수 있는 역량은 갖추고 있었다. 다만 살벌하게 가까운 근거리에서 가격했을 때만 그러한 효과가 나온다는 것이었다. 78포병연대 1대대는 그러한 방식으로 상당수의 T-34들을 없애는 수훈을 발휘했다. 이반 붸르즈빈스키는 24대의 T-28 전차들을 가진 9연대 1대대가 오는 것을 기다려 전열을 재정비한 다음, 이날 세 번에 걸친 반격작전을 주도했다. 강 남방의 교두보를 장악한 7장갑사단의 전투단은 같은 5전차사

11) Rubbel(2012) p.50
12) BA-MA 59054, 3. Pz. Gr. KTB 25.5.41-31.8.41, Fol. 36(1941.6.22)
13) Zaloga(2017) p.60

단의 10전차연대의 공격을 받았으나 이쪽은 다행히 45량의 BT-7 전차만으로 편성된 부대였으며 T-34는 전혀 없었다. 소련군 BT-7 전차들은 25장갑연대 2대대의 38(t) 경전차들을 만나 그중 6대를 매복된 위치에서 격파했다. 그래도 문제는 역시 북쪽 도하지점이었다. 5전차사단은 9연대 2대대의 마코간(Makogan) 상사의 T-34가 맹활약하는 가운데 4량의 4호 전차를 포함한 독일전차 11량을 격파하면서 일시적인 위기를 초래했다. 교전 후 최초의 독일 38(t) 전차를 격파한 마코간 상사는 이날 홀로 독일전차의 절반 가량을 파괴하는 기량을 뽐냈다.[14] 5전차사단은 전차병의 미숙한 조종술 이외에도 철갑탄이나 제반 탄약, 연료가 부족하다는 의외의 문제가 있었다. 총 44대의 T-34가 있기는 했으나 전반적으로 7장갑사단이 확보한 교두보를 밀어낼 힘은 없어 이내 전세는 역전되었다. 후에 전군에서 27명에게만 수여된 다이야몬드 백엽검기사철십자장(Ritterkreuz des Eisernen Kreuzes mit dem Eichenlaub mit Schwertern und Brillanten)을 받게 될 전차전의 명인이자 '군신'(軍神)으로 추앙되던 아달베르트 슐쯔(Adalbert Schulz) 중령은 이날 그 스스로 6대의 소련전차를 격파하고 T-34의 쇼크를 극복하자며 부하들을 격려했다.[15] 5전차사단은 300km 거리를 주파해 오는 동안 기계결함으로 상당수의 전차들이 길바닥에 주저앉는 불행한 사태를 빚고 있었다. 5전차사단은 독일군과 달리 보병이나 포병, 공군의 지원이 전혀 없는 전차만으로 구성된 제대였기에 우수한 질의 전차를 보유하고도 상황을 호전시킬 수가 없었다. 소련군은 서방전격전에서 프랑스가 당하는 전격전의 방식을 보고도 여전히 제병협동의 원칙과 실천을 체화하지는 못하고 있었다. T-34들을 상대하기가 버거웠던 로텐부르크 대령은 공군의 지원을 요청하면서 난국을 타개해 나갔다. 로텐부르크 대령은 훗날 올리타와 알리투스에서의 전차전이 생애 가장 힘든 시간이었다고 술회했다.[16] 충분히 이해

◆ II-1-5 7장갑사단 장갑연대 1대대장 아달베르트 슐쯔 중령. 국방군 장갑부대 굴지의 지휘관으로서 부하들로부터 '판쩌 슐쯔'라는 이명으로 불릴 정도로 혁혁한 전과를 달성했던 인물. 40년 9월 29일에 기사철십자장, 41년 12월 31일에는 빨리도 백엽기사철십자장을 획득했다. 사진은 1943년 7월 쿠르스크 전선.

14) Forczyk(2014) pp.44-5
15) Kurowski(2010a) p.255
16) Scheibert(1991) p.56

가 되는 부분은 7장갑사단이 불과 1주일 동안(6.22-28) 전체 전차량의 절반 가량을 상실하면서 3개 방면군 장갑사단 중 가장 많은 피해를 입었다는 사실이었다. 물론 이 손괴는 적군의 사격에 의한 것이 아니라 험한 지형문제로 인한 기계적 결함과 파손에 따른 것이었다. 6월 22일 알리투스 교량 북쪽의 전투에서 완파된 독일군 전차는 사실상 5대에 지나지 않았다. 25장갑갑연대와 5전차사단간의 6시간에 걸친 사투에서 소련전차는 총 82대가 파괴되었다.

루프트봐페 8항공군단이 5전차사단을 때리는 가운데 알리투스 공항을 장악한 20장갑사단이 오후 7시 30분 남서쪽에서 등장해 소련군을 북동쪽으로 밀어냈다. 20장갑사단은 수중에 보유한 주포의 포탄 중 3분의 1을 25장갑연대에 전달하고 25장갑연대는 3대대만을 예비로 남긴 뒤 1, 2대대로 적군을 몰아쳤다. 27대의 T-34를 포함한 총 73대의 소련군 전차와 장갑차량 9대의 잔해가 대지에 나뒹굴었다. 22일 밤 5전차사단은 15대만 수중에 남아 사단으로서는 더 이상 존속할 수 없었다.[17] 73대는 전량 9전차연대 소속인 것으로 판단되었으며 7장갑사단 78포병연대 1대대가 12대, 37장갑정찰대대가 3대를 격파한 것으로 보고했기에 일단 독일군 스스로가 주장한 것에 따르면 90대 가량의 적 전차가 파괴된 것으로 집계되었다. 5전차사단은 당초 117대로 시작했다가 15대만 남았기에 102대를 상실한 것으로 집계되나 독일 7장갑사단은 그보다 작은 수치만을

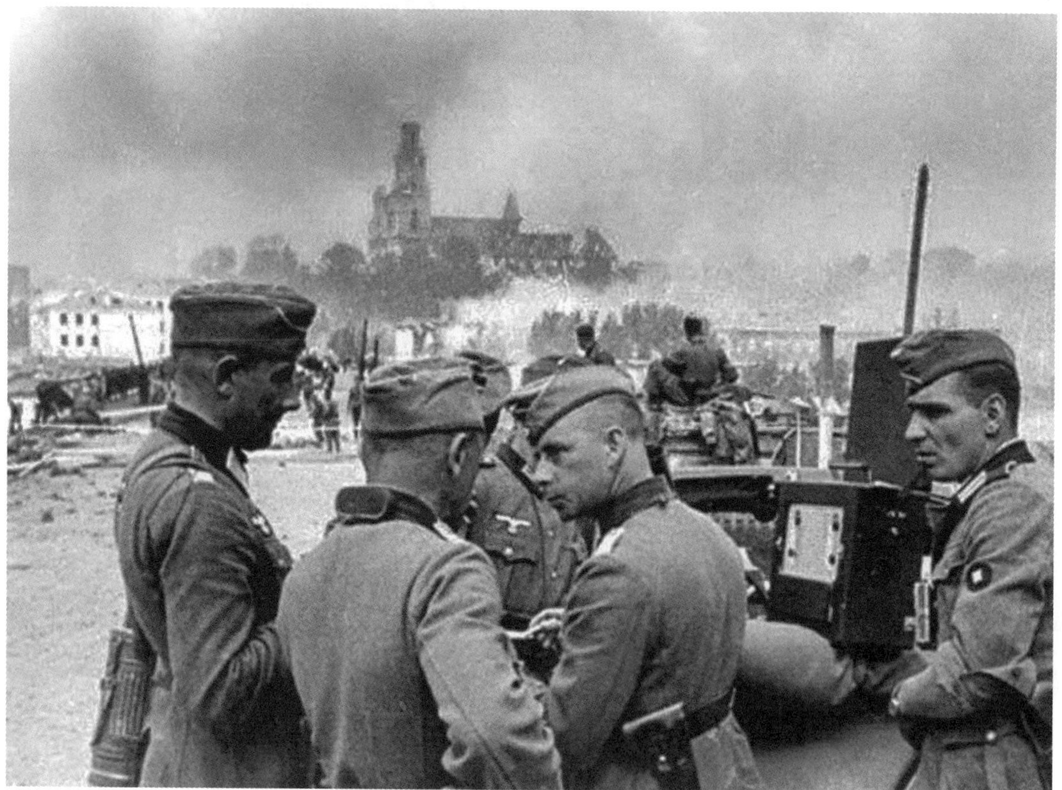

◆ II-1-6 그로드노에 진입한 호트의 3장갑집단 소속 장교들

17) Kirchubel(2007) p.33

자신들의 전적으로 잡았다. 아마도 이는 장갑사단이 제대로 파악을 못했거나 나머지는 루프트봐페에 의해 제거된 것으로 추정되었다. 독일군은 이 전투에서 4대의 4호 전차와 7대의 38(t) 전차, 계 11대의 전차를 완파당했으며 인명 피해는 미미한 수준에 그쳤다.[18]

3장갑집단은 그로드노(Grodno) 북쪽의 적군 국경 수비대를 돌파하여 9군과의 공조 하에 민스크 북쪽으로 치고 들어가 남서쪽에서 민스크로 향할 구데리안의 2장갑집단과 연결되는 것이 당면과제였다. 이 두 장갑집단은 비알리스톡(Bialystok)과 민스크 사이에 놓이게 될 소련 야전군의 격멸을 겨냥하고 있었다. 단 포위망의 크기를 어느 정도로 잡을 것인가에 대한 사전 예약은 없었다. 비알리스톡은 스탈린이 특별히 강조한 전초기지로서 위험스럽게 서쪽으로 돌출부를 형성하고 있었으며 준비가 안 된 이곳을 사수하려는 소련군의 발상은 엄청난 재앙을 초래할 수밖에 없었다. 더욱이 독일군의 최초 공격을 간단히 흡수하겠다는 의도를 가졌던 소련군은 3, 4, 10군, 3개 군을 너무나 전방에 가깝게 포진시켰던 관계로 두 장갑집단이 쾌속전진을 달성함에 따라 자연스럽게 돌출부에 갇혀버리는 본의 아닌 재난을 야기하고 있었다. 하나 그토록 많은 병력을 서부방면에 집결시킨 소련군 치고는 포위를 금세 뚫고 나가려는 의지는 별로 보이지 않았다. 장갑부대가 워낙 빠른 속도로 진격해 겨를이 없다고도 생각될 수 있었으나 2, 3장갑집단 사이에서 뒤따르는 아돌프 슈트라우스(Adolf Strauss)의 제9군 보병사단들은 소련군의 저항이 생각보다 약해 혹시 주력이 독일군이 예상하는 것보다 훨씬 동쪽에 치우친 것이 아닌가 의심하는 수가 많아졌다.[19]

소련군으로서는 다행히 6기계화군단의 4전차사단이 비알리스톡 동쪽의 울창한 숲지대에서 독일군의 공세에 대비하여 자리를 틀고는 있었다. 4전차사단은 2개 전차연대와 1개 소총병여단을 갖고 있었으며 갑자기 전차와 소총병을 분리한다는 군단 본부의 급한 연락을 받고 당황하기 시작했다. 소총병여단은 나레프(Narev) 강 도하지점을 사수하고 전차연대는 그로드노에서 진격해 들어오는 독일 장갑부대를 막는다는 구상이었다. 사단장 포타투르췌프(A.G.Potaturchev) 소장은 소총병과 분리된 전차부대가 얼마나 취약한지를 알고도 군단 본부가 그런 명령을 내린데 대해 황당해 하면서도 명령은 명령이라 비알리스톡을 떠나 북진하기 시작했다. 가는 도중 슈투카의 공습을 맞았지만 큰 피해는 없었다. 하나 더욱 황당한 일이 벌어졌다. 독일 장갑부대의 선봉은 4전차사단을 상대하지 않고 그대로 직진하여 소련군의 배후로 더 깊이 들어가 버렸고 4전차사단은 갑자기 독일군 보병사단들에게 포위되는 형세에 놓이게 되었다. 포타투르췌프의 병력은 완전히 각개격파되었으며 나레프 강변으로 다가간 소총병여단 역시 비슷한 재앙을 맞이했다. 개전 당시 국경 주변의 소련 야전군들이 저지른 유사한 실수의 대표적인 사례가 바로 스탈린이 자랑하던 4전차사단과 같은 운명이었다. 포타투르췌프 4전차사단장은 부하들과 함께 걸어서 민스크까지 도주하기 위해 비알로뷔에자(Bialowieza) 숲을 빠져나와 동쪽으로 향했다. 6월 30일 포타투르췌프는 민간인 복장을 하고 독일군 방어선을 빠져나가려 하다 들켜 곧바로 포로가 되었다. 스탈린의 총애까지 받았던 그는 바르바로싸 개전 이래 소련군 최초의 장성급 포로로 기록되는 수모를 안았다.[20]

---

18) Milsom(1970) pp.61-2
19) NA : T-312 ; roll 281, Ia, "KTB-Ostfeldzug-Nr. 2 'Russland'", frame 7.841.883(1941.6.22)
20) Carrel(1966) p.63

서부 특별군관구 기동전력(1942년 6월)

기동군단	전차사단	기계화사단	사령관	전투구역	전차 대수
6기계화군단	4, 7	29	M.G.Khatskilevich	비알리스톡	1,000
11기계화군단	29, 33	204	D.K.Mostovenko	그로드노	204
13기계화군단	27, 31	4	P.N.Akhlyustan	벨스크	300
14기계화군단	22, 30	205	S.I.Oborin	브레스트	508
17기계화군단	25, 54	103	M.A.Petrov	바라노뷔취	300
20기계화군단	26, 38	210	N.Vedeneyev	민스크	300
6개 기계화군단	12개 전차사단	6개 기계화사단			2,612

* * * * *

구데리안 장갑사단들의 공세

"중요한 것은 많이 내달리고 적게 쏘는 것이다."
(Es kommt darauf an, viel zu fahren, wenig zu schiessen)
(17장갑사단 40차량화보병연대, 요제프 딩글라이터 중위)

구데리안은 호트보다 190km 남쪽에서 움직여 중앙집단군의 최선봉 중 하나로서 호트와 경쟁하는 입장에 섰다. 새벽 3시 15분 50개 포병중대의 야포들이 소련군 진지를 향해 포문을 열었다. 2장갑집단 정면의 부크(Bug) 강 위의 하늘은 온통 화포사격으로 불길에 잠긴 모습이었다. 3시 40분 2항공군단 소속 슈투카 급강하폭격기들의 공습이 개시되었고 4시 15분이 되자 드디어 장갑부대가 발진을 시작했다. 그에 앞서 사단의 모터싸이클대대의 병원 120명은 88mm 대전차포들이 서부 부크 강 동쪽 제방의 적군 진지들을 잠재운 뒤 프라툴린(Pratulin)에서 공격용 상륙정으로 도하작전을 전개하여 전차와 차량의 안전을 미리 확보한 상태였다.[21] 17, 18장갑사단이 선봉을 구성한 가운데 4시 45분 발터 네링(Walter Nehring)이 이끄는 18장갑사단의 선견대가 부크 강을 건넜다. 두 장갑사단이 도하한 프라툴린에는 교량이 전혀 없어 모두가 보트나 훼리로 강을 건너야 했다. 공병들이 부교를 설치하는 동안 공세 개시를 눈치 챈 소련군들이 기관총 사격을 가해왔고 이들은 얼마 안 있어 독일군에 의해 모두 사살되었다. 그중 특이한 것은 18장갑사단 18장갑연대 1대대가 80량의 잠수가능 전차들을 동원하여 도하를 완료한 작전이었다. 4시 45분 18장갑연대 2중대의 잠수전차 1호 차량에 탄 헬무트 뷔어르쉰(Helmut Wierschin) 상사가 맨 선두에서 서서히 물속으로 들어가자 보병들은 경탄의 눈초리로 지켜보고 있었다. 만프레드 그라프

21) NA : T-314 ; roll 1097, Korpsbefehl Nr. 1 für den Angriff(XXXXVII.-Armee-Korps(mot.)), frame 000299

슈트라흐뷔츠(Manfred Graf Strachwitz) 소령 휘하의 잠수전차들은 마치 유보트처럼 물속으로 사라졌다가 건너편 강기슭으로 유령처럼 나타났다.[22] 18장갑사단은 80대의 잠수전차들을 온전히 도하시킨 뒤 사상 처음으로 실전에 사용함으로써 일부 구역에서는 소련군 수비대를 경악하게 할 정도의 기습효과를 나타냈다. 이어 에두아르트 하우저(Eduard Hauser) 대령이 이끄는 18장갑연대 전체 병력이 뒤를 따랐다. 강 건너 교두보를 분쇄하려던 소련군 장갑정찰차량들은 이들 잠수전차들에 의해 800m 거리를 두고 모두 파괴되면서 초동대응에 실패하고 말았다. 구데리안의 병력은 부크 강에 교두보를 확보한 뒤 구데리안 스스로가 보트로 도하하여 강 건너편을 장악케 하고 돌격포들은 보병들의 진격을 엄호했다.[23] 아침 5시경에 공병들은 또 다른 부교를 설치하여 병력이동을 원활하게 진행시킬 수 있었다. 구데리안은 당시 902돌격보트특공대(Sturmbootkommando)를 포함, 무려 81척에 달하는 공격용 보트를 보유하면서 사단급 레벨의 공병대들을 동원하고 있었다. 발터 모델(Walter Model)의 3장갑사단은 일찌감치 코덴(Koden)의 교량을 확보했기에 물에 젖어가며 강을 건널 필요는 없게 되었으나 나머지 제대는 도하에 상당한 시간을 할애하여 장갑집단 전체가 강을 도하하는 것은 22일이 다 지나도록 종료되지 못했다. 한 개 장갑연대 전체가 도하하는 데는 평균적으로 6시간이 소요되었다.

◆ II-1-7 & 8 18장갑사단 18장갑연대 2중대의 잠수전차(3호 전차 E형 베이스)

6월 22일 2장갑집단은 소련군 6, 42, 49, 75소총병사단 진지를 짓밟으며 전례가 없는 쾌속 전진을 달성함에 따라 실제로 보병사단들이 딱히 할 일은 없는 것으로 보였다. 그러나 구데리안

22) 18장갑사단이 동원한 잠수전차(Tauchpanzer)는 3호 전차 F, G, H형을 개조한 것으로서 지금까지도 황당무계한 소리처럼 들리지만 이미 1940년 7-8월에 4개 부대 168량의 전차로 해중주행시험을 성공적으로 마쳐 실용성을 입증한 바 있었다. 잠수주행심도는 15m이며 20분 동안 수중행동이 가능했다. 잠수전차는 방수커버를 장착하여 잠수 시에도 전방을 시찰할 수 있었으며 18m 길이의 슈노켈로 해면상의 부항(浮航)부이에 의해 진로를 확인할 수 있었다. 하나 장기간 잠수할 경우 차내의 일산화탄소로 인해 중독사할 가능성이 높아 장전수는 지속적으로 일산화탄소의 농도를 측정해 일정한 기준치를 초과하면 탈출할 준비를 갖추어야 했다. 하나 만약 15m 깊이까지 전차가 내려앉아 있다면 탈출이 그리 간단치는 않았을 것이다.

23) Haupt(1990) p.163

의 뒤를 따라 이동할 폰 클루게 4군의 선봉은 초장부터 적군 수비대의 만만찮은 저항에 예상했던 진격을 이루지 못하고 지원병력이 오기까지 기다려야 하는 신세가 되었다. 미리 만들어진 교량을 확보하지 못한 독일군은 오전 9시에 겨우 부크 강을 건널 최초의 제대로 된 교량을 건설했다. 78보병사단의 178공병대대는 드로히쥔(Drohizyn) 부근에 도하지점 양쪽을 확보하긴 했으나 상당한 시간지체를 초래했다.

구데리안의 선도병력, 17, 18장갑사단이 바라노뷔취(Baranovichi) 방면으로 접근할 기미를 보이자 파블로프는 13 및 14기계화군단을 동원해 2장갑집단을 막아보려 했다. 독일군은 국경지대에 배치된 가장 강력한 6기계화군단의 존재와 위치는 정확히 파악하고 있었으나 측면에 대기중인 11, 13, 14기계화군단 등에 대해서는 정보가 부족했다. 하나 그 중 13기계화군단은 대부분 T-26 경전차와 훈련용으로나 쓰는 540대의 탱케트(tankette)로 무장하고 있었으며 숫자만 많았지 베테랑 독일 전차병들을 상대할 수준이 되지 못했다. 포병 출신인 14기계화군단장 스테판 오보린(S.I.Oborin) 소장은 전차부대 운용의 경험이 없는 지휘관으로 그저 교범에서 배운 대로 경직된 기동에만 의존하는 타이프였다.

6월 22일 독일군은 브레스트-리토프스크에 위치한 14기계화군단 22전차사단의 연료저장소와 탄약창고를 파괴시킨 뒤 자빈카(Zhabinka)-코브린(Kobrin)을 향해 진군할 계획이었다. 전차사단의 보급창고가 탈취되고 코브린 구역이 공습에 의해 초토화되자 478대의 전차를 보유했던 14기계화군단도 일찌감치 나가떨어지는 운명을 맞이하게 되었다. 22전차사단은 1개 전차대대를 보내 도하 중인 2장갑집단의 잔여 제대를 막으려 했으나 별다른 효과를 보지 못했고 아침 5시경 독일공군의 공습을 당해 제대간 연락선이 두절된 상태에서 큰 혼란을 겪고 있었다. 14기계화군단장 오보린은 그 와중에서도 힘겹게 22, 30전차사단을 규합해 이른 아침까지는 전열을 가다듬을 수 있게 되었다.

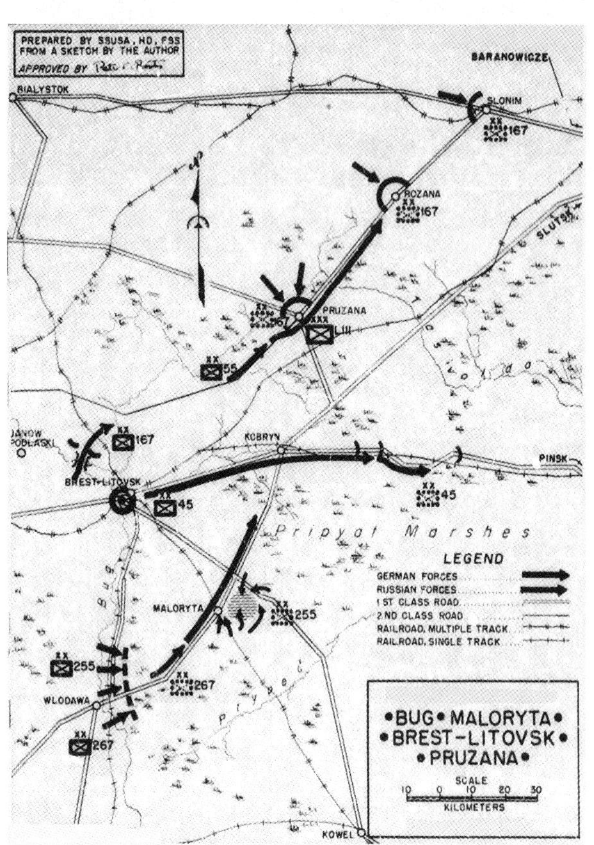

◆ II-1-9 브레스트 요새에서 슬로님까지의 진격로

22일 정오 30전차사단은 1개 전차연대를 전방으로 보내 18장갑사단의 슈트라흐뷔츠의 부대를 공격하기로 했다. 하나 30전차사단이 기대했던 독일 전차들은 나타나지 않고 대신 루프트바훼가 나타나 지상의 전차들을 부수기 시작했다. 대공화기도 없이 당하기만 한 30전차사단은 오보린 군단장의 명에 따라 오후 6시 30분 작전을 중단하고 익일 총공격 준비에 들어갔다.

13기계화군단은 22일 늦게 구데리안을 건드렸다. 연료와 탄약의 고갈, 철갑탄의 부족, 전차의 기계적 결함 등등 준비가 안 된 섣부른 공격은 어설픈 전차부대의 조율로 인해 산산조각이 났다. 그 중 13기계화군단의 25전차사단이 그나마 가장 잘 싸웠으나 독일군은 적이 도주하면 가장 취약한 측면을 노려 맹타를 가하고, 공격이 여의치 않으면 즉각 화포사격으로 대응하였으며 KV 중전차가 나타나 전선을 교란할 때면 온갖 화력을 집중해 위기를 타개해 나갔다. 그와 같은 눈부신 적응력과 신축적인 공수전환은 소련군이 미처 경험해 보지 못했던 전술이라 프랑스가 왜 오래 버티지를 못했는가를 소련군 지휘관들은 이 교전에서 피부로 실감하고 있었다. 13전차군단은 제대로 싸워보지도 못하고 선방을 맞아 그로기로 몰린 후 뒤따라 들어온 폰 클루게의 4군 제대에게 후속타를 허용해 결과적으로는 10군의 반격이 아무런 효과를 내지 못한 채 좌절되는 운명에 처했다.

오후 3시 3장갑사단과 4장갑사단이 순차적으로 소련군 수비대를 잘라 들어가 일차 목표점인 보브뤼스크(Bobruisk) 방면으로 별 어려움 없이 진출해 나갔다. 문제는 적군의 저항보다 도로사정이었다. 도대체가 그 어떤 종류의 차량도 이동이 안 되는 극악한 수준임을 확인한 24장갑군단은 결국 3, 4장갑사단이 하나의 같은 도로를 이용하게 되면서 교통 체증은 악화일로를 치달았다.[24] 그나마 공세 초일 24장갑군단에 배속된 것은 두 장갑사단을 제외하면 255보병사단 하나였기에 협소한 길을 통과할 수 있었으나 10차량화보병사단과 1기병사단까지 한꺼번에 이동하려 했다면 그보다 더한 혼잡을 초래했었을 것으로 예상되었다. 2장갑집단의 공세정면에 거추장스러웠던 것은 브레스트 요새 하나뿐이었기에 요새는 프릿츠 슐리퍼(Fritz Schlieper) 중장 휘하 45보병사단에게 처리토록 하고 장갑부대는 곧장 전방으로 향했다. 2장갑집단의 최우익에서 가장 빠른 속도로 진격해 들어간 모델의 3장갑사단은 22일 저녁까지 브레스트 동쪽 18-20km 지점에 도달하였고 해가 떨어질 무렵 전차들은 사주경계에 들어갔다. 보병여단이 너무 뒤에 처져 있는데다 날이 어두워 추가적인 작전은 불가능했다. 원계획대로라면 3장갑사단은 80km를 주파하고 있어야 했다.

◆ II-1-10 우세한 공세를 펼치더라도 우군의 피해는 따르는 법. 6월 23일 작전 개시 이틀째 전우의 부상에 당황해하는 독일군

24) BA-MA RH 27-4/27, Kriegstagebuch 4.Panzer-Division Fü hrungsabtl. 26.5.41-31.3.42, p.7

◆ II-1-11 3장갑사단 6장갑연대 1대대장 구스타프-알브레히트 슈미트-오트 소령

23일 오보린의 14기계화군단은 아침 5시 13, 22전차사단에 205차량화소총병사단까지 동원해 기본적으로는 30전차사단은 18장갑사단을, 22전차사단은 3장갑사단을 저지하는 것으로 분담한 후 오전 8시에 총공격을 개시했다. 총 478대의 전차가 동원되었다.[25] 205차량화소총병사단이 추가되었지만 제대간 유기적인 협조는 초보적 수준이었으며 소총병과 포병의 긴밀한 지원없이 전차들만 기동하는 문제로 인해 전투 개시 이전에 이미 기본 포메이션의 다대한 결함들이 노출되고 있었다. 오보린은 그야말로 축구의 '올 아웃 어택'(all-out attack)과 같은 공격방식을 채택하면서 변변찮은 예비병력 하나 뒤에 두지 않았다. 구데리안은 24, 47장갑군단의 4개 장갑사단이 북동쪽으로 치고 나가면서 일방적인 득점을 올리게 되었다. 독일전차들과 장갑엽병들은 통신설비의 부족으로 전차간 교신이 잘 안 되는 소련전차들을 하나하나 격파하는데 큰 어려움을 겪지 않았다.

23일 오전 4시 30분 발진해 나간 3장갑사단 6장갑연대 3대대는 12중대가 선두에 선 가운데 시속 40km의 속도로 행군했다. 잠시 후 900m 전방에 적군과 적군 전차들이 있는 것으로 판단되자 장갑소대장 알베르트 블라이히(Albert Blaich) 원사는 작은 숲지대의 나무 사이로 조그만 마을이 보이는 지점에 다다랐다. 쌍안경으로 전방을 주시하던 블라이히는 그 앞에 작은 내천이 흐르는 것을 보고 그 마을이 야시올다(Jasiolda)라는 것을 감을 잡고 다리가 어디에 있는지 살피기 시작했다. 다리 위에 소련군 종대가 보이기는 했으나 아직 적 전차는 눈에 들어오지 않았다. "한데 조금 전에 보였던 전차들은 도대체 어디에 있나?" 블라이히는 주변을 두리번거리다 숲 끝자락에 포신을 12장갑중대 쪽으로 향한 소련전차들이 기다리고 있는 것을 발견했다. 이들 전차는 47mm 주포를 단 T-26 경전차들로서 독일군이 가진 75mm 주포 탑재 4호 전차로는 충분히 정면승부를 걸 수 있을 것으로 보았다. 적 전차가 얼마가 되건 간에. "판쩌 앞으로! 폴가스(Vollgas), 슐쯔(Schulz), 가자!" 얼마 후 블라이히는 전차들을 멈추게 했다. "12시 방향, 전방에 적 전차, 포이어 프라이(Feuer frei)!" 불과 5초 후 블라이히의 전차에서 첫 발이 발사되었다. 명중이었다. 숲 끝자락에 있다 피탄된 전차는 검은 연기를 뿜으며 명이 다 된 것 같았으며 다시 11시 방향으로 정조준한 4호 전차는 두 번째 탄을 발사했다. 첫 번째보다 더 정확히 급소를 때린 명중탄이었다. 내부가 완전히 전소된 T-26은 포탑이 공중으로 날아갈 정도의 충격을 받았다. 블라이히 중대의 다른 소대전차들이 가세했다. 숲 언저리와 마을 도처에서 전차전이 벌어졌고 10분 후 6대의 적군 전차들 시체가 길바닥에 드러눕게 되었다. 블라이히는 포수 폴가스에게 마을로 들어가자고 재촉했다. 한데 입구 50m 정도에 다가서자 갑자기 섬광이 비쳤다. 적군 대전차포였다. 블라이히는 불과 100m 떨어진 곳의 헛간을 겨냥했다. "9시 방향, 적군 대전차포, 발사!" 포탄이 헛

25) Burtt(2016) p.27

◆ II-1-12 3장갑사단 6장갑연대 3대대 12중대 소대장 알베르트 블라이히 원사. 12중대의 최선봉 전차장이었다. 바르바로싸 개전 직후 기사철십자장을 획득했던 얼마 안 되는 부사관으로, T-34가 아닌 T-26을 상대했기에 비교적 손쉬운 전과를 올렸던 것으로 파악된다. 단 대전 전 기간을 통해 유수의 전차지휘관이었다는 점만은 인정할 만했다.

간의 문에 명중하자 집채 자체가 공중으로 치솟았다. 이것도 명중탄이었다. 하나 그다음이 문제였다. 불과 50m 거리의 집 모서리에 있던 대전차포가 발사되면서 블라이히 전차의 포탑 위를 스치고 지나가 버렸다. 어지간히 사격실력이 없든가 포수가 긴장에 떨었다는 증거였다. 블라이히는 해치를 닫았다. 이번에는 뒤에서 포탄들이 날아왔다. 초긴장 상태로 땀을 흘리던 블리이히는 적군 전차의 주포사격이 시작된 것을 깨달았다. "지줘스(Jesus), 이건 50대의 적 전차다." 블라이히는 아드레날린이 끓어오르는 것을 느꼈다. 블라이히는 12중대의 모든 전차들이 엄폐물을 찾아 산개하도록 하고 자신은 뒷걸음질을 쳐 위장처리가 잘 된 가옥 안으로 차체를 숨겼다. 갑자기 마을과 마을 주변은 전차들의 각축장으로 변했다. 수많은 소련전차들이 부서지면서 경기는 불공평하게 흘러갔다. 그중 한 대가 마을의 동쪽 입구로 들어오자 블라이히는 정통으로 탄을 작렬시켜 그 자리에서 폭파시켜 버렸다. 내부에 유폭이 일어났던 것으로 보였다. 그제서야 정신을 차린 소련전차들은 좀 더 정교한 사격을 개시했고 블라이히는 불과 한 치 앞에서 적탄이 떨어지는 위험한 순간을 경험했다. "위치전환!" 블라이히는 조종수 슐쯔에게 다른 가옥으로 이동하라고 지시했고 그의 전차는 다시 사격하기 좋은 위치를 잡아냈다. 새로운 자리를 찾은 블라이히의 전차는 다시 한번 T-26 한 대를 격파했고 우군 전차에 의해 궤도를 망가뜨리게 된 또 한대의 적 전차는 포획되었다. 도저히 상대가 안 된다고 생각한 소련전차들은 마을에서 빠져나와 야지로 도주하기 시작했다. 꽁무니를 빼는 전차들을 사냥하는 것은 전혀 어렵지 않았다. 곳곳에서 뒤통수를 맞은 적 전차들이 불길에 타올랐고 일부 전차는 습지대로 빠져나가 버리면서 기동이 거북해져 더 쉬운 먹이가 되고 말았다. 오전 7시에서 9시까지 2시간의 전투를 끝낸 블라이히의 전차들은 교량 쪽으로 다가갔고 다른 소대의 전차들도 다른 방향에서 합류하고 있었다. 블라이히는 2대의 전차가 경계를 서도록 하고 자신의 소대전차들을 건너가게 했다. 곧이어 3장갑대대의 다른 전차들과 정찰대대 및 모터싸이클대대 병력들이 합류하면서 교량 주변은 북적거리게 되었으며 그 와중에 3내내장 슈나이더-코스딜스키(Ferdinand Schneider-Kostalski) 대위가 블라이히를 반갑게 맞았다. "블라이히, 네가 12중대의 선봉이다. 다음 목표는 코브린(Kobryn)이다!"[26]

진격을 이어가던 블라이히 원사는 멀리서 각종 차량들이 먼지를 내며 달리는 것을 보고 적군 종대가 이동 중인 것을 직감했다. 전차가 아니니 겁낼 것도 없었다. 공격명령이 떨어지자 소련군 종대는 산산조각이 났다. 차량들이 폭발하는 가운데 소총병들은 뿔뿔이 사방으로 흩어졌고 부상

26) Röll(2009) pp.47-8

◆ II-1-13 3장갑사단 6장갑연대 1대대 2중대장 에른스트-게오르크 부흐터키르흐 중위. 부흐터키르흐는 40년 6월 29일에 이미 기사철십자장을 획득하였으며 41년 12월 31일에 전군 44번째의 백엽기사철십자장에 빛났다.

을 당한 병사들과 상처를 입은 군마들의 비명이 사방에서 들려왔다. 그때 갑자기 엎드려 있던 적병들이 머리에 손을 얹고 블라이히 앞에 나타났다. 블라이히는 권총을 꺼내 들어 뒤로 물러설 것을 요구하고 적병들의 얼굴들을 살폈다. 죽음의 공포에 질린 걱정과 수심이 가득한 모습을 본 블라이히는 승리의 기쁨보다는 기습적으로 당해 만신창이가 된 적병들을 불현듯 측은하게 생각하게 되었다. 같은 12중대의 다른 전차와 차량들이 한곳에 모이자 블라이히는 다시 선봉에서 진격을 리드했다.

3장갑사단의 6장갑연대는 3대대를 앞세워 모래땅을 어렵게 극복해 가며 오전 11시경 코브린 외곽에 도달했다.[27] 마을 서쪽 외곽의 소련군 수비진에게 강한 잽을 날린 장갑부대는 중앙으로 쳐들어가 도중에 등장한 경전차들을 모두 해치웠다. 이 시가전에서 처음으로 우군 전차 1대가 파괴되어 5명의 전차병들이 전사했으나 그날의 목표를 달성하기 위한 부득이한 피해였다. 가옥 창문에서 반격을 가해 온 소총병들의 기관총좌는 고폭탄으로 잠재운 뒤 30분 정도의 교전 끝에 코브린은 사단의 수중에 떨어졌다. 모터싸이클 부대는 마을을 가로질러 질주한 뒤 부크-드니에프르 운하에 걸린 코덴(Koden)의 교량을 접수하였으며 그 후 사단은 정찰대대와 모터싸이클대대를 선봉대로 정해 동쪽 도로를 향해 진격을 계속했다. 코덴 교량 접수는 39공병대대 3중대의 프리드리히 묄호프(Friedrich Möllhoff) 중위와 한휄트(Hahnfeld) 하사 단 두 명이 맨손으로 장악하는 놀라운 테크닉을 발휘한 전과였다. 도로 주변에 널린 소련군들은 별다른 저항을 보이지 않은 채 장비와 차량들을 방기하고 도주하는 장면이 목격되었으며 이 부근의 소련군들은 3장갑집단 호트 제대가 직면했던 강인한 저항정신은 갖고 있지 않았다. 키가 큰 옥수수밭으로 몸을 숨겨 종대를 공격하던 적군 소총병들은 장갑차량들이 야지로 방향을 바꾸어 들어가 모두 사살하면서 고민거리를 해소했다.[28]

전차병들은 코브린 장악으로 그날의 수확이 끝난 것으로 생각했으나 슈나이더-코스탈스키의 3장갑대대는 그것으로 성이 차지 않았다. 다음 목표는 65km 떨어진 베레자-카르투스카(Bereza-Kartuska)였다. 이처럼 3장갑사단은 코브린 주변 구역에서 기다리는 소련군 수비대를 상대하지 않고 더 동쪽으로 돌파해 나갔다. 소련 제4군은 6, 42, 49 및 75소총병사단으로 프루자

27) Haupt(1997b) p.31
28) Kurowski(1990) p.228, Veterans of the 3rd Panzer Division(2012) pp.146-7

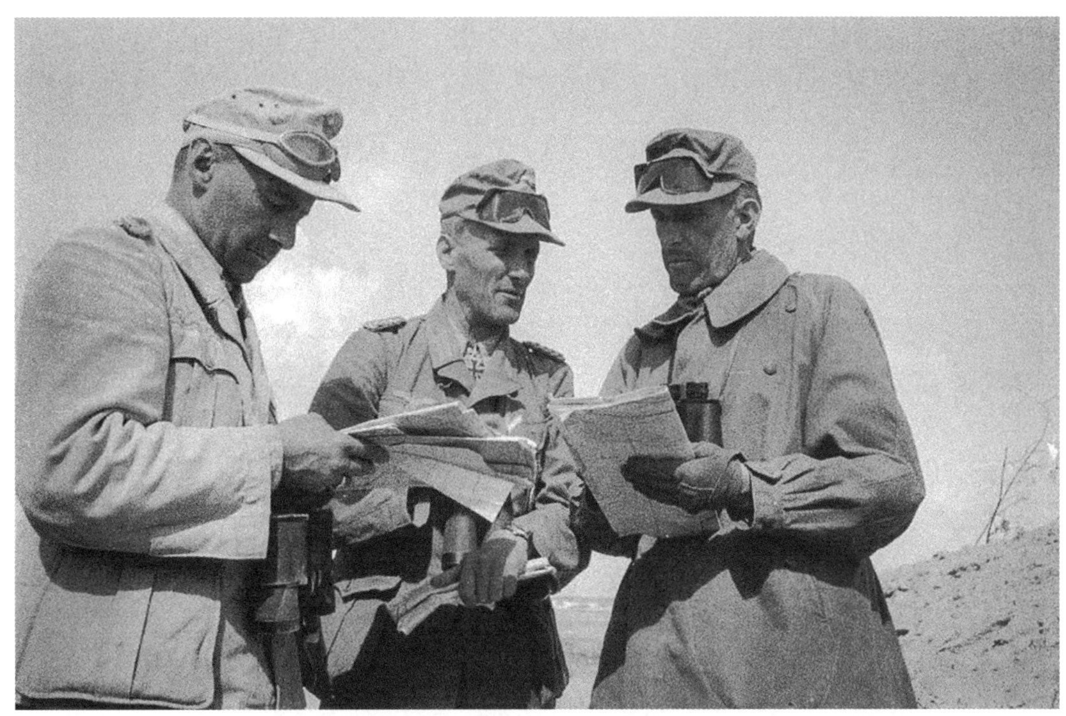

◆ II-1-14 17장갑사단장 뷜헬름 리터 폰 토마 소장(맨 우측). 가장 좌측은 롬멜의 참모장 프릿츠 폰 바이에를라인. 폰 토마는 후에 북아프리카에서 독일군 장군으로서는 최초로 영군에 포로가 되는 불행한 신세가 되었다.

나(Pruzana)-코브린(Kobrin) 구간을 저지하고 있었으나 3장갑사단은 4군의 이 두 번째 방어선을 돌파해 버리는 효과를 나타냈다. 구데리안은 본격적인 전차전이 개시되기 전 늘 하던 대로 공습으로 적 진지와 전차종대들을 폭격하도록 요구했다. 오후 3시 45분경 6장갑연대 1대대가 부코뷔에쩨(Buchowiecze)에 도달했을 때 소련군 전차들의 역습이 있었다. 숲속에서 기다리다 뛰쳐나온 적군 전차들이 독일군 종대를 집중적으로 공격하자 1대대장 구스타프-알브레히트 슈미트-오트(Gustav-Albrecht Schmid-Ott) 소령은 역으로 소련군 전차들을 포위해 36대의 T-26들을 격파했으며 그 중 2중대의 에른스트-게오르크 부흐터키르흐(Ernst-Georg Buchterkirch) 중위가 수분만에 12대를 잡아내는 묘기를 발휘했다. 베레자-카르투스카로 내달린 3장갑대대는 전차들과 모터싸이클대대의 변화무쌍한 위치전환을 통해 적의 의중을 교란시킨 후 늦은 오후에 목표지점에 도달할 수 있었다. 이곳은 민스크로 향하는 철길이 연결된 곳이었다. 모델의 부하들은 23일에 적군의 의도를 완전히 따돌린 채 작전 개시 이틀 만에 150km를 주파하고 소련 4군 사령부를 점령하는 깜짝 쇼를 연출했다. 사단은 107대의 적 전차(대부분은 T-26)와 수백 문의 야포들을 파괴하거나 노획하는 전과를 달성했다. 그중 알베르트 블라이히 원사가 소속된 3장갑대대가 60대의 적 전차를 노획하거나 파괴하고 210mm 대구경 야포를 포함한 다수의 포병진지를 제압했다. 이날의 공적으로 39공병대대장 프릿츠 바이겔(Fritz Beigel) 소령은 사단 최초로 기사철십자장을 받는 영예를 누렸다.[29]

29) Haupt(1990) p.70, Veterans of the 3rd Panzer Division(2012) pp.147-8

코브린에서는 슈나이더-코스탈스키가 욕심을 내어 베레자-카르투스카까지 내달리게 되었으나 이번에는 모델 사령관이 야간기동을 명령했다. 미칠 지경이었다. 4장갑사단 35장갑연대는 23일이 그토록 길게 느껴질 줄은 미처 모르고 있었다. 목표도 쉽지 않았다. 드니에프르의 지류에 해당하는 스즈챠라(Szczara) 강 부근의 교량 3개를 몽땅 장악하라는 지시였다. 다시 알베르트 블라이히의 소대가 전면에 나섰다. 최초 교량은 12중대의 대범한 돌진에 의해 금세 통과되었고 에른스트-게오르크 부흐터키르흐(Ernst-Georg Buchterkirch) 중위의 2중대도 두 번째 교량을 접수하면서 계속 진격해 들어갔다. 전차병들은 왜 모델이 굳이 이 교량을 빨리 탈취하라고 다그쳤는지 이해할 수 있었다. 여기서부터 드니에프르까지는 무방비 상태로 파악되었으며 만약 소련군이 교량을 폭파시켰다면 수일 동안 그 자리에서 진격이 돈좌될 여지가 높았다. 세 번째는 쉽지 않았다. 두 시간의 행군 끝에 밤 10시경 현장에 도착한 륄(Rühl) 소위의 7중대는 목조교량 300m 전부터 격렬한 교전에 들어갔으며 모터싸이클대대와의 공조 하에 일단 교량을 따내는 데는 성공했다. 모터싸이클대대가 교량을 지키는 동안 장갑중대들은 어두운 밤중에 10km를 더 전진해 소련군 포병진지들을 격멸시켜 버렸다. 이 미친 듯한 진격에 소련군은 부근의 철도역까지 탈취당했으며 3장갑사단에게만 하루에 150km의 종심을 헌납했다.[30] 이날의 승리는 최초 종대가 지나간 뒤 연이어 2파, 3파가 그 뒤를 이어 공략해 들어가 소련군에게 진지를 구축할 여유를 허용하지 않았다는 것이 주효했다. 그렇다고 소련군이 그저 물러선 것은 아니었다. 도로 양쪽과 숲지대, 야지, 습지대 곳곳에서 매복하던 소련군은 전차들이 지나간 다음 위치를 확인해 야포사격을 가하는 등 상당히 지능적인 플레이를 전개함으로써 독일군의 손실이 전혀 없을 수는 없었다.

23일 3장갑사단은 선견대와는 상관없이 자비안카에서 막 점령한 코브린으로 사단본부를 이동시켰다. 18장갑사단은 80km를 주파해 당일 오후에 프루자니(Pruzhany)를 잡아내는 성과를 올렸으며 구데리안의 사령부는 이날 프루자니로 본부를 옮기게 되었다. 24일 2장갑집단의 가장 좌익에 위치했던 빌헬름 리터 폰 토마(Wilhelm Ritter von Thoma) 소장의 17장갑사단은 발진지점으로부터 140km에 위치한 슬로님(Slonim)을 장악했다. 현지 시찰을 나간 구데리안은 로자나(Rozana)와 슬로님 사이의 주도로에서 독일군들이 소련군 소총병들의 저항사격에 막혀 있는 것을 발견했다. 장병들의 솜씨가 마음에 들지 않았던 구데리안은 자신이 타고 있던 장갑차량의 기관총수에게 말했다. "준비되면 쏴라, 마이너르스(Meiners)!" 초급부사관 마이너르스는 MG34 기관총을 갈겼고 구데리안의 차량은 주도로를 따라 그대로 돌진을 시작했다. 차량에서 내려 낮은 자세로 교전을 하던 17장갑사단의 모터싸이클대중대 장병들은 군사령관이 아무런 호위도 없이 장갑차량을 몰아 적진으로 뛰어드는 것을 보고 당황해 모두 일어나 엄호사격을 실시했다. 적군 소총병들은 사실 별것이 아니었다. 독일군들이 막상 밀고 들어가자 대부분 도주하기 시작했다. 모터싸이클중대 장병들은 소련군 진지를 점령한 후 자신들이 이긴 이유가 단지 구데리안이 미친 척하고 돌진한 것 외에 다른 이유를 찾아볼 수가 없었다. 구데리안이 옆을 지나쳐가자 어이가 없던 독일군들이 속삭였다. "저기 저 영감이 하인츠 구데리안 상급대장이다. 저 영감이 '슈넬러' 하인츠래....." 구데리안은 그런 인물이었다. 후배들에게 직접 한 수를 가르쳐 준 구데리안은 오전 11시 30분 17장갑사단 본부에 도착했다.[31]

30) Röll(2009) pp.71-2
31) Guderian(1996) pp.154, 156, Kurowski(2010a) p.123

◆ II-1-15 지휘차량에 탄 하인츠 구데리안. 사진은 1940년 5월 서부전선으로 기관총좌에 서 있는 장병이 그때에도 마이너르스.

24일 구데리안은 슬로님에서 24장갑군단 지휘관들과의 회의 도중 소련군의 기습을 받아 하마터면 죽음을 당할 수 있었던 위기를 모면했다. 이때 구데리안은 직접 권총을 꺼내어 대응했던 것으로 알려져 있다.

부크 강 동쪽 제방을 따라 볼코뷔스크(Wolkowysk) 방면을 향해 진격하던 226돌격포대대는 4군의 9군단 137보병사단 구역에서 적 전차들을 상대하는 임무를 담당했다. 전투는 올레디(Oledy)에서 벌어졌다. 놀라운 것은 3중대 하나가 총 39대의 적 전차를 격파하고 그중 16대를 슈타인만(Steinmann) 소위가 처리했다는 사실이었다. 마일봄(Meilbohm) 하사는 12대, 아인벡크(Einbeck) 중위는 7대, 메츠거(Metzger)와 모저(Moser) 소위는 각각 2대씩을 잡았다. 물론 이 전차들은 T-34가 아닌 경전차들이었다.[32] T-34와 맞상대한 것은 아니지만 이는 돌격포대대가 바르바로싸에서 거둔 최초의 대승으로 기록되었다.

6월 24일 브레스트의 북쪽과 남쪽에서 독일군 3, 18장갑사단의 전진을 저지하려 했던 선봉의 22전차사단(14기계화군단)은 사단장 푸가노프(V.P.Puganov) 소장이 전사하는 불운을 맞자 금세 조직력이 와해되면서 붕괴되어 버렸다. 압도적인 독일군에 밀렸던 소련 전차사단의 이 처절한 전투는 코브린 근처에서 발생했다. 22전차사단은 3장갑사단에 의해 철저하게 유린당했고 30전차사단 역시 18장갑사단에 의해 난도질을 당했다. 3장갑사단은 8중대의 일부 병력을 포함한

32) Kurowski(1999) p.83

야로쉬 폰 슈붸더(Jarosch von Schweder) 중위의 5중대가 9대의 적군 경전차를 처치하고, 1대대장 슈미트-오트 중령이 사단의 측면을 찔러 들어온 T-26를 스스로 격파한 것을 더해 24일에만 총 33대의 소련전차들을 불살랐다. 5중대는 그 외에도 2개 포병중대를 격멸하고 16문의 대전차포들을 해치웠다. 24일이 끝날 무렵, 소련군은 브레스트 동쪽에서 더 이상 조직적인 저항을 할 수 없는 처지에 놓였다. 소련군 22 및 30전차사단과 42소총병사단, 29기계화사단의 잔존 병력은 슬루츠크와 보브뤼스크 남쪽에서 동쪽으로 퇴각해 나가면서 최대한 독일군의 진격을 늦추는 작업에만 매달리게 되었다. 한편 13기계화군단의 잔여병력은 하이노프카(Hajnovka) 숲으로 후퇴하였고 추격하는 독일군 131, 134보병사단은 숲을 우회해 나가는 동안 13군단 및 53군단의 병력은 숲지대에 숨어든 적병들을 소탕하는 대단히 긴장되는 작전에 투입되게 되었다.

6월 25일 3장갑사단은 스즈챠라(Szczara)의 교두보를 확장하기 위해 2장갑대대 5중대를 앞세워 진격을 속개했으나 이번에는 소련군의 저항이 만만치 않았다. 4장갑사단은 개전 후 처음으로 제대로 된 적군과의 교전에 들어갔으며 소련공군까지 나타나 쉽게 끝날 전투가 아니었다. 독일군은 9대의 적 전차와 15문의 대전차포를 격파하고 2개 포병중대를 와해시켰다. 1장갑대대는 그날 저녁 마리노보(Marynovo)에 위치한 스즈챠라의 두 번째 돌출부에 도달해 오후 8시부터 도하를 단행했다. 부흐터키르흐 중위의 2장갑중대는 장갑연대 본부 소속 전차들과 모터싸이클대대 병력과 함께 불타는 교량으로 접근하였고 모터싸이클대대는 보트로 강을 건너갔다. 그러나 교량은 결국 지탱하지 못하고 불에 타 사라졌으며 익일 아침까지 공병들이 기존의 목조교량보다 튼튼한 '장갑공병교량'(Panzerpionierbrücke)을 설치했다.[33]

◆ II-1-16 줄봐-슬로님 국도상에서 포로가 된 소련군 소총병들

33) Glantz(ed)(1993) p.205, Röll(2009) pp.73-4

소련군 14기계화군단은 사실상 이틀 만에 절반의 전차와 보유 전력을 상실했으며 26일까지 버틴 잔여 병력은 전체의 10분의 1에 해당하는 30대 수준으로 떨어졌다. 더 이상 군단이 아니었다.[34] 30전차사단장 보그다노프(S.Bogdanov)는 잔여 병력을 이끌고 핀스크(Pinsk)로 피신했다. 소련군의 반격은 실패했고 부상당한 오보린 14기계화군단장은 스탈린의 명에 의해 체포되어 그 즉시 처형당하는 운명을 맞이했다. 그러나 구데리안의 장갑부대가 자빈카, 코브린, 프루쟈니에서 펼친 전차전은 적 병력을 효과적으로 격멸시켰는지는 몰라도 상당한 시간을 지체함으로써 개전 초기에는 호트의 진격에 밀려나 있었다.

구데리안 2장갑집단이 초기에 안고 있었던 제반 문제는 다음과 같았다. 4장갑사단의 최초 선봉대는 22일 새벽 4시부터 고무보트와 뗏목으로 부크 강을 건너 강 건너편 숲지대에 근거를 마련하고 정오경에는 각종 차량들을 훼리로 실어 날랐으나 전차들의 기동은 그리 원활치를 못했다. 3장갑사단 뒤를 따라 전진한 4장갑사단의 장갑부대는 코덴(Koden)에서 출발해 브레스트-코브린 국도를 따라 진격해 들어갔다. 문제는 전술한 것처럼 3장갑사단과 사실상 같은 국도를 따라 이동해야 된다는 점에서 첫날의 진격속도는 예상보다 일층 더디게 나타났다. 도로사정은 엉망이었으며 길을 가로질러 야지로 건너가기도 불가능할 정도로 열악한 러시아의 인프라는 24장갑군단장을 돌아버리게 할 정도로 가혹했다.[35] 간선도로가 아닌 곳으로 가자면 끝도 없는 모래땅을 밟고 가야 했다. 그럼에도 불구하고 전술한 바와 같이 3장갑사단 뒤를 따라 출발한 4장갑사단은 22일 초일 3장갑사단보다 더 빨리 코브린 외곽까지 도달했었다. 도중에 바라노뷔취 구역에서 지원 요청이 따르자 하인리히 에버바흐(Heinrich Eberbach)의 35장갑연대는 긴급으로 뛰어가 기습에 의해 시 자체를 아예 따내 버렸다. 이 기동은 출중한 작전으로 평가되었으나 사단장은 명령도 없이 제멋대로 장갑부대를 운용한 에버바흐를 군법에 회부하는 문제까지 고민할 정도로 화가 나 있었다. 그러나 이 탁월한 전차지휘관은 직후에 스탈린 라인을 돌파하여 스타리 비쵸프(Stary Bichov)를 공략하고 프로포이스크(Propoisk) 교량을 제압하는 일련의 신속한 전과로 군법회부 건은 상쇄되고 말았다.[36]

◆ II-1-17 4장갑사단 35장갑연대장 하인리히 에버바흐 대령. 바르바로싸에서 여단장, 사단장을 역임한 뒤 47장갑군단, 48장갑군단, 40장갑군단의 사령관직을 수행하면서 독일 국방군 장갑부대 굴지의 야전지휘관으로 자리를 굳혔다. 구데리안과 롬멜의 신임을 받았던 에버바흐는 숱한 격전을 겪는 과정에서 용감하면서도 인간미 넘치는 성품을 잃지 않았다.

34) Kirchubel(2009) p.63
35) BA-MA RH 27-3/14, KTB 3. Pz. Gr. vom 16.8.40 bis 18.9.41, p.39(1941.6.22)
36) Kurowski(2010a) p.82

2. 초전의 충격

"전쟁이란.....우리들의 의지대로 적군을 움직이도록 강제하는 군사행동을 말한다."
(칼 폰 클라우제뷔쯔, '전쟁론'(Vom Kriege))

* * * * *

브레스트 요새

"독일군을 죽이지 않고는 죽지마라"
(브레스트-리토프크스크 요새의 격문)

1차 대전 말기에 독일과 러시아가 휴전조약을 체결했던 브레스트-리토프스크에 소재한 브레스트 요새는 국경 남북 중앙부의 소련측 영토에 포함되어 있었다. 이 요새는 여러 번에 걸쳐 레노베이션을 거쳤다고는 하나 근대적 공성전을 치를 만한 요건은 구비하고 있지 않았다. 마땅한 대공포나 야포들도 충분히 갖추고 있지 못했으며 대전차포가 일부 배치되어 있을 뿐이었다. 독일군의 주력은 이곳을 우회에 나갔으나 부크 강과 바르샤바-모스크바 간선도로를 감제하는 요새의 지형적 특성상 그냥 지나칠 수도 없는 곳이긴 했다. 요새는 중앙, 북쪽, 남쪽 및 서쪽의 4개의 섬에 설치되어 있었으며 평상시는 17국경수비대가 경계를 서는 정도였다. 22일은 일요일이었기에 이 요새를 지키던 병력 또한 6, 42소총병사단 소속 수천 명의 병원과 일부 공병, 대전차 및 대공포 병력 등 소규모의 지원부대에 불과했다. 브레스트 요새를 지키는 소련군 제대의 정수는 아직 제대로 채워지지 않은 상태에서 대략 5개 소총병연대가 혼재되어 있는 상태였다.[1]

독일군 45보병사단은 22일 새벽 2시부터 브레스트로 접근하기 위한 교량탈취에 나섰다. 사단의 130, 135보병연대는 어둠을 틈타 조심스럽게 부크 강의 교량으로 접근한 뒤 행선지는 몰랐으나 거대한 철교 위로 곡물을 실은 독일행 마지막 열차가 지나가는 것을 목격했다. 3시 15분 예정된 포사격과 함께 브레스트 전투의 막이 올랐다. 45보병사단은 4특수박격포연대의 9개 화기중대를 동원하여 30분 동안 2,880발의 박격포탄을 부크 강 너머로 퍼부으면서 시와 주변 숲지대를 불태우기 시작했다. 그와 동시에 98포병연대는 적군 진지들을 핀포인트 사격으로 초토화시키면서 보병들의 전진을 위한 정지작업을 수행했다.[2] 135보병연대 3중대의 소대장 헬무트 줌페(Helmut Zumpe) 소위는 3시 15분이 되자 돌격구호와 함께 철도 제방으로부터 뛰쳐나와 선두에 나섰다. 키가 큰 덤불 속에 있던 독일군들이 마치 육상경기의 스프린터들처럼 약진해 나갔다. 목표는 교량이었다. 머릿속에 든 것은 단 하나였다. 적군이 파괴하기 전에 다리를 점령하는 것뿐

1) Smith(1989) p.102
2) Haupt(1991) p.167

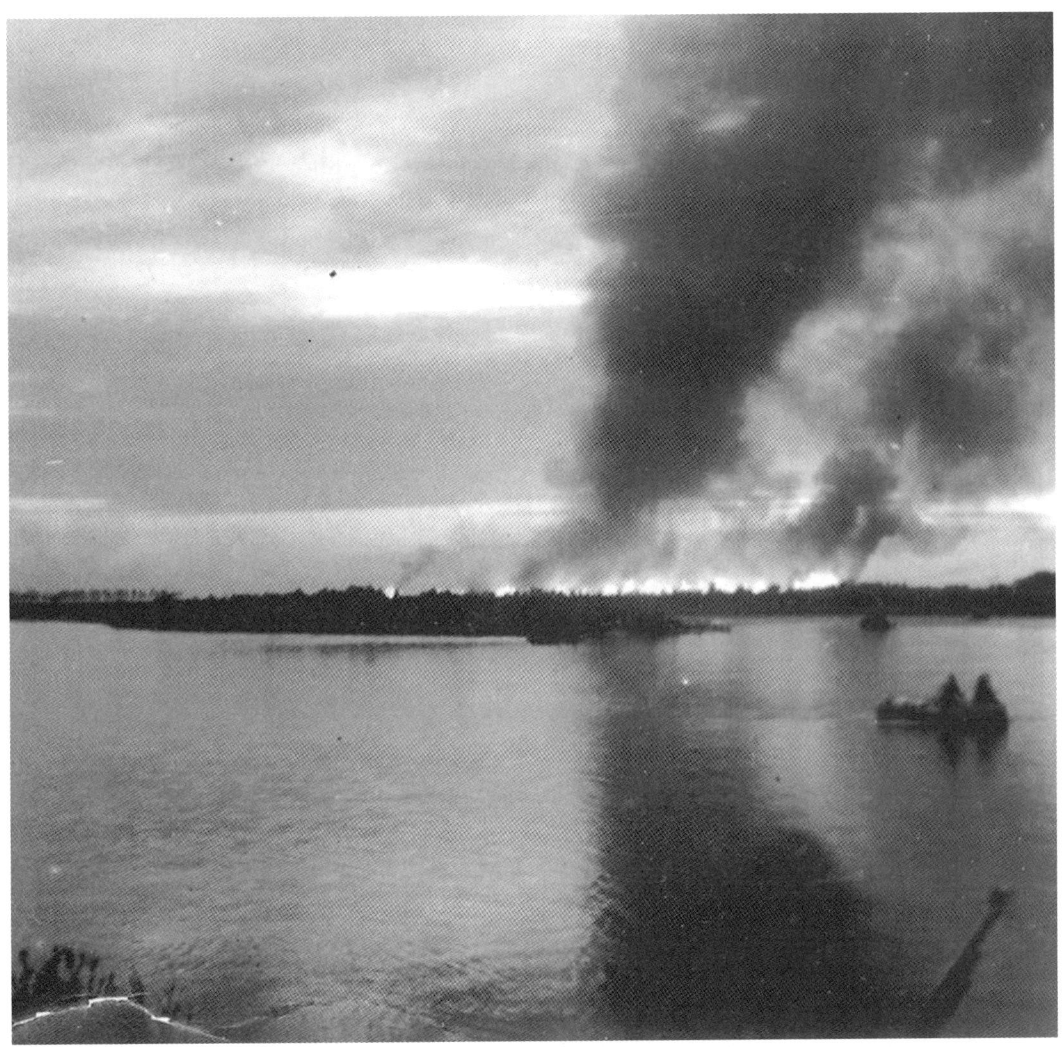

◆ II-2-1 독일군의 시점에서 바라본 부크 강 건너편 브레스트 요새 구역

이었다. 교량 건너편 닥인 상태의 초병들이 기관총 사격을 가해왔다. 홀쩌(Holzer) 상병의 MG 34가 마치 농약 뿌리듯 소련군 진지를 강타하자 수비대는 이내 잠잠해졌다. 줌페 소위의 특공부대에 붙여졌던 81공병대대의 1중대가 교량 쪽으로 쏜살같이 달려가 나머지 병력을 제기했다. 약간의 총소리와 하얀 연기가 전부였다. 전투는 그것으로 끝이 났다. 공병들은 아직 진화는 되지 않았으나 다리 중앙에 설치된 폭약들을 제거하고 줌페 소위의 병원들은 교량 양쪽으로 빠져 들어가 건너편 철도 제방에 기관총좌를 재빨리 설치한 다음, 주변의 적군 벙커가 모두 제거되었음을 신호탄으로 알렸다.[3] 번개 같은 작전으로 교두보는 탈취되었으며 굳이 추가적으로 연락할 것도 없이 최초 장갑차량들이 교량을 통과하기 시작했다. 여기까지는 브레스트 요새가 이날 오전 중으로 점령될 것처럼 보이기도 했다.

3) Carrel(1966) pp.13-4

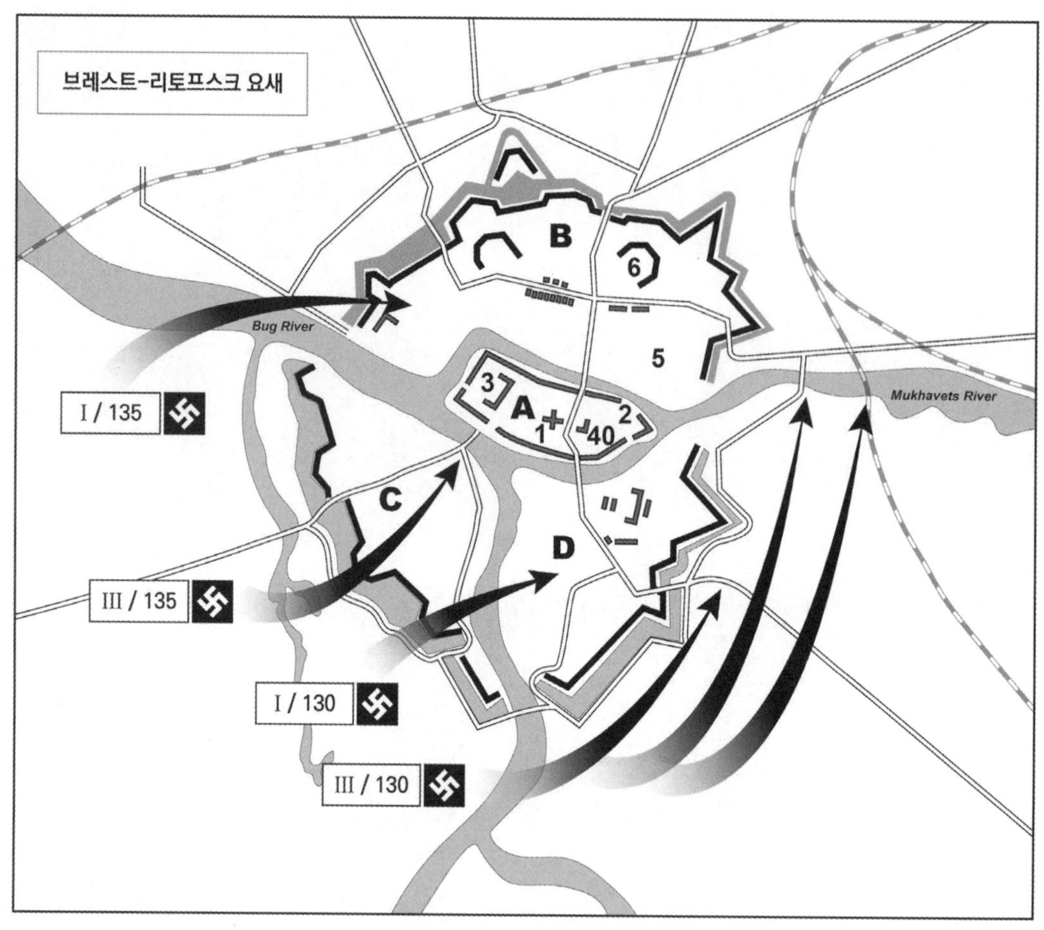

45보병사단의 브레스트 요새 공략도

45보병사단의 135보병연대 1대대는 22일 정오까지 북섬의 대부분을 장악하고 브레스트의 철도역을 점거했다. 130보병연대의 1대대는 소련군 야포 진지들을 우회한 뒤 남섬을 공략하여 부크 강의 5개 교량과 무하붸츠(Mukhavets)를 점령함으로써 2장갑집단의 24장갑군단이 동진할 수 있는 길목을 여는 데 성공했다.[4] 135보병연대 로베르트 프락사(Robert Praxa) 대위의 3대대는 서쪽에 위치한 섬을 공략하여 내부로 진입하면서 요새로 달려갔으나 건물 창문으로부터 열화와 같은 소련군의 저항에 막혀 더 이상의 진입이 불가능하게 되었다. 소련군 수비대는 2개 포병연대, 1개 정찰대대, 1개 독립대전차지대, 병참 및 의무대대를 포함한 5개 연대 병력으로 요새를 사수하고, 독일 45보병사단은 130, 135, 2개 보병연대로 요새를 포위하여 소탕작전에 들어갔다. 단 전차의 지원은 별로 없었다. 요새 입구로 진입한 독일군이 황당해 했던 것은 60mm 박격포탄이나 사단 포병대의 야포사격이 전혀 피해를 주지 않고 그저 요새 정문만 파괴하는 정도에 머물렀다는 사실이었다. 포격은 적군에게 경각심만 일깨워준 셈이었으며 실질적인 사전파쇄효과

4) Kirchubel(2007) p.44

◆ II-2-2 3호 전차에 올라타 브레스트 요새로 다가가는 독일군 보병들

는 전혀 없었던 것처럼 보였다. 독일군은 공군에 요청해 일단 공습으로 두들겨 보았으나 별 효과는 없었으며 돌격포의 75mm 주포사격으로 요새 곳곳에 숨은 진지들을 격파하려 했지만 그도 소용이 없었다. 기습으로 하루 만에 요새를 탈취하려던 시도는 무위로 끝났다. 그나마 성과가 있었던 것은 130보병연대가 요새 동쪽에서 공격을 가해 오후 4시 15분경 144고지를 점령한 것 정도였다. 오후 6시 30분 4군 사령관 폰 클루게 원수가 45보병사단 진지를 방문해 요새점령의 협의에 들어갔다. 딱히 머리 맞대고 논의할 일도 없었다. 폰 클루게는 부차적인 의미밖에 없는 이 요새에 불필요한 출혈을 강요해서는 안 된다고 규정하고 대신 요새의 수비대를 아사시키는 방안을 강구할 것을 지시했다.[5]

소련군은 군장을 제대로 챙기지 않은 상태에서도 온갖 무기들을 끌어 모아 태평양 전선의 일본군들과 같은 싸움을 벌이기 시작했다. 총알이 떨어지면 부삽과 망치로 독일군에게 다가갔고 책상다리를 부셔 무기로 쓰는 병사도 있었다. 그로 인해 독일군 포병대는 적과 우군이 너무 근접해서 교전 중이었기에 적절한 지원 포사격도 불가능했다. 쉽게 끝날 것으로 예상한 이 전투는 22일 저녁 21명의 장교와 290명의 부사관이 전사하는 엄청난 피해를 입으면서 그로부터 9일간이나 지속되는 소모전으로 변질되었다. 같은 12군단의 31보병사단은 12명 전사에 72명 부상이었으며 단 한 명의 장교도 죽지 않았다. 23일 오전 8시 45분 45보병사단은 대략 2,000명의 포로를 잡은 것으로 추산했으며 2시간이 지나자 포로수는 두 배로 증가했다. 독일군의 공격을 피한 대부분의

5) Aliev(2013) p.130

소련군 수비대는 중앙섬으로 이동하면서 뒤에 놓인 교량들을 파괴시켜 버렸다. 전투는 한 치 앞을 예상할 수 없을 정도로 시소게임을 벌였으며 공산당 내무위원회 제9국경수비대의 안드레이 키제봐토프(Andrei Kizhevatov) 소위는 절체절명의 상황에서도 반격을 가해 독일군 기관총좌를 격파하는 등 필사적인 항쟁을 전개했다. 독일군 토벌대는 이와 같은 소련군의 기적에 가까운 항전으로 예기치 않은 피해를 당하고 있었으며 심지어 3대대의 병력 70명은 성 니콜라이 교회가 있는 요새 주변에 역으로 갇히는 상태에 처했다. 소규모이긴 하지만 이는 개전 이래 독일군이 최초로 포위당하는 치욕적인 순간이기도 했다.

독일군 포병대는 12대의 210mm 곡사포, 네벨붸르훠 다연장로케트포, 그리고 공성전을 위해 833중포병대대가 특별히 준비한 600mm 구포(臼砲) '칼'(Karl)까지 동원해 브레스트 요새를 두들겼으나 이곳의 소련군은 가히 초인적인 인내력을 발휘하고 있었다.[6] '토르'(Thor)라 이름붙인 구포가 11발을, '오딘'(Odin)으로 명명된 구포가 6발을 발사하여 요새 전체를 뒤흔들었다. 그중 한 발은 불발로 끝났다. 브레스트 요새 공략을 위해 칼 구포는 합계 60발을 발사하여 궁극적으로는 요새 방벽의 파괴에 기여했다.

◆ II-2-3 언제나 웃고 있다 하여 '웃는 케셀링'이라 불렸던 알베르트 케셀링 공군원수. 단 이 사진은 미소가 없다. 후에 지중해 전역에서 번번이 롬멜과 충돌했으나 롬멜은 케셀링을 대외적으로 비난하지는 않았다.

24일 예비로 남겨져 있던 133보병연대 1대대가 서쪽 섬에서부터 침입해 포위된 독일군이 구출되었으며 소련군 포로 400명과 어린이와 여자들을 밖으로 빼낸 뒤에도 남은 소련군 병력은 옥쇄를 각오한 상태로 처절한 항쟁을 속개했다. 같은 날 동쪽 섬이 독일군에게 장악된 것은 이제 적군 수비대의 종말이 다가온 것으로 비쳐졌으나 희한한 안전판 하나가 만들어지게 되었다. 즉 독일군이 소련군과 서로 육안으로 확인하면서 근접전을 치르게 되자 독일군 포병대는 우군과 적군이 너무 가까이 있는 관계로 적극적인 포사격을 할 수 없게 되었다. 역설적으로 독일군의 존재 자체가 소련군 수비대에게는 방패막이 역할을 하게 되었다는 아이러니였다. 24일 밤 소련군은 야음을 틈타 북섬에서 북쪽으로 탈출작전을 전개했으나 무위로 끝났다. 독일군의 조명탄이 사방을 대낮처럼 비추는 가운데 기관총좌의 정확한 사격은 강을 건너려 했던 거의 모든 소련군들을 죽음으로 몰았다. 그중 40명으로 이루어진 한 개 그룹은 단 두 명만 살아남는 대신

6) Kirchubel(2013) p.152

전원이 독일군 기관총의 제물이 되었다. 24일의 주요 성과는 133보병연대 2대대가 남섬의 소탕을 완료한 것이었다. 여기에서 소련군 정치국원들에 대한 무자비한 사살이 자행되었다. 1-2일에 끝날 전투가 이토록 길어지자 독일군들은 그간 동료들의 죽음을 앙갚음할 뭔가를 찾아내야 했고 이들은 의도적으로 코미사르들을 골라내 복수를 시작했다. 한편 135보병연대는 북섬의 서쪽 구역을 장악함으로써 24일에만 계 1,250명의 포로를 확보했다. 이것으로 요새의 90%는 독일군의 손에 점령당한 것으로 보였다.[7] 전투가 막바지에 접어들었다고 판단되었음에도 불구하고 요새 곳곳에 숨어들어 처절한 저항을 보이고 있던 적군 병력들은 도처에 퍼져 있었다. 특히 동섬과 145 포인트에서 소련군이 보인 저항은 대단한 것이었다. 더욱이 이 구역을 맡은 133보병연대 3대대는 화기가 충분치 못해 완전한 제압을 위해서는 수중의 전력으로는 불가능하다는 판단을 내리고 있었다.

6월 28일 8항공군단의 슈투카들이 마지막 일격을 가해 요새의 적군 방어진을 깨부수려 했으나 먹히지 않았다. 특히 북쪽 섬의 동편 구역은 29일 공군이 1,000파운드 폭탄으로 때렸는데도 효과가 없자 알베르트 케셀링(Albert Kesserling) 원수는 급기야 당일 오후에 4,000파운드(1,800kg)급 '자탄'(Satan) 폭탄을 동원한 3폭격비행단 소속 7대의 융커스 Ju 88의 공습으로 겨우 저항을 잠재울 수 있었다. 단 아무도 쉽게 항복하지 않았다. 6월 30일 오후 8시 30분이 되어

◆ II-2-4 1975년 5월 9일 브레스트 요새 전공기념식에 참석한 표트르 가브릴로프(Pyotr Gavrilov)와 니콜라이 발라크(Nikolai Balak) 상사

7) Aliev(2013) p.183

서야 160명이 항복했으며 9시에 220명, 밤 10시까지 384명이 투항한 것으로 보고되었다. 30일 45보병사단은 브레스트 요새 전투를 종식시키고 100명의 장교를 포함한 7,000명의 포로를 잡아냈다. 독일군은 40명의 장교를 포함한 414명의 병원이 전사하였고 부상자는 1,000명에 달했다.[8] 6월 30일까지 전 러시아 전선에서 8,886명이 전사한 것에 비추어 이 공성전에서 죽은 독일군의 수는 전체 전사자의 5%에 달하는 것이었다. 동시에 브레스트 전투는 독일군 최초로 전사자 묘지를 적지에 남기게 되는 근거를 마련할 정도로 쌍방 격돌의 잔인함과 치열함을 극명하게 전달했다. 서전에서 독일군을 가장 괴롭힌 이들 수비대는 역사에 길이 남을 방어전을 펼쳤음에도 스탈린은 그들을 배신자 처리하면서 역사의 기록에서 의도적으로 지워버렸다. 보고를 받은 구데리안마저 이들의 전투정신에 깊은 감명을 받았을 정도인데도 브레스트에서 살아남은 400명의 장병들은 단순히 패배했다는 사실만으로 치욕의 일생을 보내게 되었다. 전후 스탈린 격하운동이 시작되면서 브레스트에서 포로가 되거나 옥쇄한 장병들은 다시 소연방의 영웅으로 재평가받기는 했다. 전투는 6월 30일에 종식되었지만 요새 곳곳에 남아있던 일부 병원들은 7월 중순까지도 사투를 벌였던 것으로 기록되어 있다. 권총과 수류탄을 들고 가장 마지막까지 투쟁했던 소련군 44소총병연대장 표트르 가브릴로프(Pyotr M. Gavrilov) 소령은 중상을 입고 독일군의 포로가 되었으나 기적적으로 전쟁을 살아남아 사망 시 브레스트의 영웅에 걸맞는 장례식(1979.1.26)을 치렀다. 이곳 요새의 벽에는 마지막으로 죽은 병사 스스로의 손에 의해 다음과 같은 글귀가 새겨져 지금도 보존되고 있다. "나는 죽을 것이다. 하지만 나는 항복하지 않을 것이다. 안녕, 나의 조국이여..." 시각은 7월 20일 오후 4시였다. 구데리안은 이렇게 말했다. "이들 병사들은 최고의 존경을 받아 마땅하다."[9]

본 보크는 첫날 공세의 결과를 긍정적으로 평가했다. 물론 의도했던 모든 목표가 달성된 것은 아니었다. 가장 인상적이었던 것은 구데리안이 아니라 호트의 3장갑집단으로, 네만 강을 도하한 독일군은 소련 제3군을 우익에서 우회해 적군을 혼란에 빠트린 다음, 서부군관구와 북서방면군 사이의 갭을 100km나 갈라놓으면서 쾌조의 스타트를 끊었다. 소련군 27, 56, 87소총병사단은 그로드노가 불타는 가운데 막대한 피해와 충격을 안은 채 남동쪽으로 퇴각하기에 바빴다. 5소총병군단 전체는 전선 사수를 포기하고 비알리스톡 부근으로 후퇴하였으며 6기병군단 역시 동쪽으로 도주함으로써 서부군관구의 북익은 철저히 유린당하고 말았다. 독일군은 전 전선에서 돌파를 단행해 구멍을 만들었으며 선도 병력은 적진 40km까지 파고들었다.

22일 단 하루 만에 소련군이 재앙적 타격을 받은 것은 확실했다. 하나 바로 그 첫날 독일군들은 소련군만큼이나 내심 당황한 흔적을 남겼다. 각 제대의 전투 일지에는 폴란드나 서방전격전과 달리 투항하거나 쉽게 항복하는 소련군은 없었다는 점이 분명하게 기록되어 있었다.[10] 어찌 보면 무모한 저항일수도 있는 소련군들의 이 집요한 저항정신은 서구의 합리주의적 사회환경에서 자란 인간들의 눈으로는 이해하기 힘든 전투양식을 보이고 있었다. 물론 모든 소련군 장병들이 투혼을 불태운 것은 아니며 베테랑 독일군이라고 해서 모든 전투에 교범대로 작전을 수행하지는 않

8) Weal(2010) p.14, Buchner(1991) p.196
9) Carrel(1966) pp.35-8, ヨーロッパ地上戦大全(2003) pp.56-7
10) Stahel(2009) pp.155-6

았다. 그러나 서방에서의 전투와는 전혀 다른 그 무엇이 독일군을 기다리고 있다는 묘한 불안감은 개전 첫날부터 다가오고 있었다.

* * * * *

소련공군의 괴멸적 타격

"충격효과는 완벽했다. 적군의 방어는 전혀 효과가 나지 않았으며, 있다 하더라도 이는 주공이 이미 훑고 지나간 지역에서만이 발생했다."
(8항공군단 참모장, 로타르 폰 하이네만 대령)

6월 22일 바르바로싸 최초 공중전의 주인이 나타났다. 남들보다 일찍 일어나는 습관이 배인 3전투비행단 1중대의 로베르트 올레이니크(Robert Olejnik) 중위는 오전 3시 반 이전에 출격해 국경에 뻗어 있는 소련 공군기지를 정찰했다. 올레이니크 중위는 20분 전에 눈으로 봐둔 기지 쪽으로 되돌아가던 중 700-800m 아래에서 소련기 2대가 발진해 올라오는 것을 포착했다. 적기가 300-400m 정도로 접근하자 올레이니크는 급강하하면서 선두의 적기를 격추시켰다. 적의 윙맨은 곧바로 도주해 버렸다. 올레이니크가 기억하기로는 이때가 오전 3시 58분이었으나 편대 기록장부에는 3시 40분 I-16를 격추한 것이 최초의 소련기 격파로 등재되었다. 공식 기록에 따른 2위는 27전투비행단 5중대의 한스 뷧첼(Hans Witzel) 소위가 I-15를 3시 54분에 격추하고 3위는 그로부터 불과 60초 후에 격추시킨 것으로 알려졌다. 뷧첼에게는 억울하지만 이 역사적인 주인공은 올레이니크로 기억하게 된다.[11]

소련공군의 배치 현황

군관구	항공기 규모(총계/신형기)
레닌그라드 군관구	1,288 / 208
발틱 군관구	1,200 / 156
서부 군관구	1,658 / 347
키에프 군관구	1,901 / 425
오데사 군관구	962 / 222
계	7,009 / 1,358

6월 22일 이날은 소련공군에게도 재앙의 날이었다. 소련은 독일군의 장갑부대에 영향받아 전차부대를 재편해 나간 것처럼 루프트봐페의 성공을 본 따 신형기의 양산이나 신규 비행장 건설에 의한 공군재편작업에 착수하고 있었다. 적군항공대는 독소 개전 시에 전차의 양과 비슷한

11) Weal(2013a) p.23, Weal(2001) pp.15-6

◆ II-2-5 부하들이 '파파'라 부르며 따랐던 대전 초기 루프트봐페의 상징적 존재이자 인류 최초의 100기 격추를 기록했던 붸르너 묄더스. 품위, 인격, 지도력, 공중전의 이론 및 실제에 대한 실력과 전과, 군기엄수, 국가에 대한 충성, 그 어느 면을 보더라도 독일군 3군 전체를 통 털어 최고의 군인상을 확립했던 인재.

20,000기를 보유하여 그 대부분을 독일과의 전투에 대비해 전방에 전진배치하는 조치를 취했었다. 그중 폭격기가 8,400기, 전투기 11,500기, 지상공격기 100기가 주축을 이루고 있었다. 소련공군기 또한 전차의 성격이나 배치와 흡사한 문제를 안고 있었다. 전진배치된 국경군관구항공대는 대부분 구식의 전투기만을 보유하고 있었으며 신형기라고 할 수 있는 Pe-2 폭격기, LaGG-3, Yak-1이나 MiG-3 전투기 배급율은 22%에 지나지 않았다. 더욱이 신형기라 하더라도 대부분은 41년에 들어 점진적으로 배치되었기에 신형기를 모는 조종사들의 훈련 수준은 초보적인 단계에 머무르고 있었다. 따라서 독일 공군기에 비교해 기종 자체는 기술적으로 떨어지지 않는다 할지라도 지난 2년 동안 격전을 치른 베테랑 독일 조종사들의 능력에 대항할 여지가 없었다. 어처구니없게도 이들 소련공군 조종사들은 공산주의 정신교육에 너무나 많은 시간을 할애하고 있었으며 정작 훈련이나 전투경험을 쌓을 시간은 태부족인 상태였다. 더욱이 믿기지 않는 사실은 소련기들이 지상의 전차와 마찬가지로 무선송수신이 장착되어 있지 않아 동료간 조율은 물리적, 기술적으로 불가능했으며 공중전에서도 360도 전방위 방향설정은 물론 비행고도까지 제한을 받았던 소련기들은 '자유사냥'을 허가받은 독일 조종사들을 당해 낼 재간이 없었다. 심지어 소련기들은 피격당해 추락하고 있는 적기를 추격하는 일도 상관의 허가를 받아야 할 정도로 특정구역을 일관되게 커버하는 편대비행에만 몰두하고 있는 아둔함을 나타냈다.[12] 상상을 초월하는 경직되고 관료적인 수직적 명령체계를 하늘에까지 반영한 소련군은 천문학적인 피해를 당해도 이상할 것이 없을 정도였다.

소련 전투기들은 3대가 하나의 편대를 이루어 고정된 일직선을 유지하면서 비행한데 반해 독일공군은 2대가 한 조가 되는 '로테'(Rotte), 4대의 전투기로 구성되는 2개의 로테가 하나의 '슈봐름'(Schwarm)을 이루는 편대구성을 통해 소련기들을 파리 잡듯이 해치우고 있었다. 이 기본 편대구성은 세계 최초로 100기 격추를 달성한 전설적인 에이스 붸르너 묄더스(Werner Mölders)가 정치화(情致化)시킨 기술로서 그 후 전 세계의 모든 공군은 독일공군을 따라 4대가

12) Bergström(2016) p.255

하나의 편대를 이루는 편제를 채택하게 된다. 즉 묄더스가 창안한 이 편대공중전의 기술은 2기를 최소의 전술단위로 구성해 만든 아이디어로, 주기(主機)가 공격목표에 전념하는 동안 또 한 대의 윙맨은 적의 요격을 근접엄호하는 기능분담을 염두에 둔 것이었다. 독일 전투기들은 효율적인 공대공 통신을 이용해 느슨한 수직 대형으로 비행하다가 공중전이 시작되면 신속하게 2기 일조(로테)로 분산된 뒤 소련 공군기들을 완벽하게 제압하면서 천문학적인 피해를 안겼다. 한편 속력이 느린 소련의 폭격기 역시 8,000피트 상공에서 집결한 형태로 비행하는 천편일률적인 이동형태를 유지함에 따라 독일공군은 이들 폭격기들을 물오리사냥 하듯 격추시켜 나갔다.[13] 소련공군의 폭격기사단은 한 개 항공연대로 총 60기를 운용했으나 이는 독일 전투기들의 밥이 되기 쉬운 너무나 방만한 편제였던 탓에 7월 말, 8월 초에는 32기로 구상되는 두 개 연대가 하나의 폭격기사단을 형성하는 것으로 변경되었다. 또한 이는 지난 6월의 괴멸적 타격으로 인해 장부상의 전력을 유지하기 어려운 현실을 감안하여 대수를 줄여 다운사이즈 된 체제로 운용하는 것이 불가피한 데 따른 조치이기도 했다.[14]

소련공군은 폴란드의 동쪽 땅을 점령함에 따라 새로 건립한 비행장에 너무 많은 항공기들을 집단으로 옮겨 놓음으로써 개전 첫날 역사에 유례가 없는 피해를 입게 된다. 22일 초일, 서부군관구에서만 26개의 공군기지들이 맹공을 받았다. 3개 집단군 전역으로 따지자면 전날 밤부터 새벽에 걸쳐 10개의 공군기지, 낮 동안에 무려 66개의 기지에 대해 대대적인 파괴작업이 개시되었다. 또한 아직 재편 중에 있던 공군이라 거의 모든 항공기들이 밀집 대형으로 한 곳에 집중시켜 놓았던 탓에 단 한 개의 폭탄으로 한 개 편대를 날려버릴 수 있는 취약한 배치 상황도 독일군에게는 무척 유리한 공격의 타깃이 되었다. 다음은 남방집단군 구역에서 공습에 가담했던 53전투비행단 3대대 한스 폰 하안(Hans von Hahn) 대위의 진술이다.

> *"우리는 우리의 눈을 믿을 수가 없었다. 정찰기, 폭격기, 전투기들이 마치 퍼레이드라도 하듯 지상에 열을 맞추어 정돈되어 있었다. 우리는 소련군이 우리에 대응해 동원한 항공기와 공군기지의 수에 경악을 금치 못했다."*[15]

한편 6월 22일 그로드노(Grodno)와 볼코뷔스크(Wolkovysk) 사이 구간에서 4번의 출격을 기록한 급강하폭격기 슈투카의 전설 한스-울리히 루델(Hans-Ulich Rudel)은 지상에 가지런히 정렬해 있는 소련공군기들을 보고 다음과 같이 읊었다.

> *"이건 마치 소련군이 조만간 우리를 향해 공격을 준비하기 위해 만든 기지처럼 느껴졌다. 소련은 우리가 아니고 서방의 누구를 향해 공격하기를 원했던 것일까? 만약 소련이 모든 준비를 끝냈었더라면 이들을 막을 가능성은 별로 없었을 것이다."*[16]

---

13) 오버리(2009) p.130
14) Smith(1985) p.198
15) McNAB(2009) pp.114-5
16) Rudel(2016) p.13

◆ II-2-6 슈투카의 화신, 한스-울리히 루델. 1945년 1월 전군에 단 한 명에게만 수여되었던 '황금다이아몬드 백엽검기사철십자장'이 전달되려고 할 때 히틀러는 더 이상 비행을 하지 말 것을 명했으나 루델은 전투를 못하게 한다면 훈장도 진급도 필요없다며 총통에게도 달라 들었던 창공의 협객이었다.

◆ II-2-7 53전투비행단 3대대장 볼프-디트리히 뷜케 대위. 서부전선에서 13기 격추를 기록한 뒤 동부전선으로 이동하여 누계 25기를 돌파한 시점인 41년 8월 6일에 기사철십자장을 받았다.

독일군과 가장 가까이 대치하고 있던 서부특별군관구의 공군기지는 비행기가 뜨기도 전에 400대가 지상에서 파괴당하는 참사를 맞이했다. 장부상의 40-45%가 사라지는 이 결과에 따라 각 항공연대는 10-20대의 기체로만 존재하는 꼴이었다. 독일공군은 이들 기지 상황을 파악하기 위해 연일 정찰을 계속해 왔으나 스탈린은 어설픈 항공정찰 대응은 히틀러에게 전쟁 개시의 빌미를 준다며 아무런 조치를 취하지 않도록 한 것도 화근이었다. 22일 첫날 18시간이 지나기 전에 독일공군은 총 35기를 상실했다. 그 중 소련공군과 지상의 고사포에 의한 피해는 불과 20기에 지나지 않았다.[17] 이에 반해 소련공군은 무려 1,800대 이상, 대략 2,000기 정도를 파괴당한 것으로 집계되었으며 정오경 중간보고에서 공군참모가 1,489기를 격추 또는 지상에서 파괴시켰다고 하자 헤르만 괴링 공군사령관 스스로가 믿지를 못해 현지에 전령을 파견하는 소동을 벌일 정도로 소련군의 피해는 극심했다. 그러나 31개 소련군 공군 기지에 대한 정밀검사가 마무리되자 적군의 피해는 처음에 가늠했던 것을 훨씬 능가하는 결과가 나타났다. 22일 지상의 소련 공군기들이 1,500대나 파괴되었으며 공중전에서 332대가 격추되었다. 그 중 메써슈미트 Bf-109에 의한 피해가 전체의 80%에 달했다. 따라서 폭격기에 의한 지상격파는 전체 피해의 82%에 달하고 있었다.[18] 중앙집단군 소속인 2항공군은 528기를 지상에서, 210기를 공중에서 처리했다. 초일의 이 수치는 별로 놀랄 일도 아니었다. 대책 없이 공군기의 전진배치만을 집행했던 소련공군은 바르바로싸 5일째가 되던 날, 총 4,000대의 믿기지 않는 공군기의 손실을 경험했다. 6월 23일까지 단 이틀 동안 중앙집단군 전구의 2항공군은 1,020기를 격추 또는 파괴시킴으로써 서부군관구 전체 적군 공군력의 66%를 박멸했다. 이후 서부군관구의 적군 공군기는 이슬처럼 사라져갔다. 24일 512기만 남아 있던 것이 30일에는 465기, 7월 10일에는 369기로 떨어졌다.[19] 6월 23일, 서부군관부 공군사령관 코페츠(I.I.Kopets) 중장은 스스로 목숨을 끊었

17) Smith(2006) p.85
18) Weal(2007) p.7, 広田厚司(2007) p.48
19) Hooton(2016) pp.65, 71

다. 수천대의 공군기를 잃으면서 겨우 12대의 독일 공군기를 격추시키는데 그친 자신의 무능에 대한 자학이었다.

53전투비행단은 22일 공중전을 통해 가장 높은 수치의 격추 기록을 세웠다. 단 2기를 잃은 대신 74기의 소련기를 격추시켰으며 서부 전선에서 13기 격추기록을 갖고 있던 항공대대의 볼프-디트리히 빌케(Wolf-Dietrich Wilcke) 대위가 이끄는 편대는 창공에서 36기를, 지상의 항공기를 28기나 부수는 묘기를 연출했다.[20] 빌케 스스로도 3대를 격추시켰다. 붸르너 묄더스가 있던 51전투비행단(나중에 '묄더스 전투비행단'으로 개칭)은 12기의 전투기, 57기의 폭격기를 파괴시켰으며 지상에 대기 중이던 129기를 가루로 만들었다. 붸르너 묄더스는 22일 스스로 4기를 격추시켜 통산 72기를 기록하고 곧바로 백엽검기사철십자장(Schwerter zum Ritterkreuz des Eisernen Kreuzes)에 수여되었다. 그의 진정한 친구이자 라이벌이었던 서부전선 26전투비행단의 아돌프 갈란트 중령은 바로 하루 전에 69기 격추로 같은 급의 훈장을 수여받았다. 갈란트는 백엽검기사철십자장을 받은 전군의 1번 전사였다. 루프트봐훼 최초의 기사철십자장을 기록했던 묄더스는 후에 최초 3주 동안 27기를 격추하여 7월 15일에는 총 101기 격파를 달성하고 전군에서 27명밖에 수여하지 않았던 다이야몬드 백엽검 기사철십자장(Brillanten zum Ritterkreuz des Eisernen Kreuzes)을 전군 최초로 획득하는 영광을 누렸다. 이때는 묄더스가 갈란트를 제치고 1번에 등극했다. 이후 묄더스는 공중전 참가를 금지당해 지상근무에만 종사토록 특별한 대우를 받게 되어 대령으로 진급한 후 최초의 전투기총감(General der Jagdflieger)으로 취임하게 된다.[21] 같은 51전투비행단의 1대대 소속 하인츠 배르(Heinz Bär) 소위는 오전에만 3기를 격추하여 통산 20기를 기록했다. 배르가 기사철십자장을 받게 되는 것은 9기를 추가로 격추한 10일 뒤였다. 중앙집단군에 배속된 52전투비행단의 2대대는 22일 초일, 소련군 폭격기와 전투기를 합해 겨우 16기를 격추시키는데 그쳤다. 그러나 이 2대대는 특별히 대지공격에 특화된 훈련을 받은 바 있어 공중전보다는 지상의 시설을 폭격하는데 할애되어 있었다. 2대대의 메써슈미트들은 불과 2kg 중량에 불과하나 치명타를 동반하는 SD-2 파쇄폭탄 총 96발을 적재하고 슈투카처럼 급강하 공습을 감행했다.[22] SD-2 폭탄을 탑재한 것은 27전투비행단도 마찬가지였으며 4중대 편대장 구스타프 뢰델(Gustav Rödel) 중위는 지상에 대한 연차공습으로 45대 이상의 적기를 파괴시키는 대기록을 남겼다.

◆ II-2-8 51전투비행단의 1대대 하인츠 배르 소위. 동, 서부 전선 전체에 걸쳐 700회 출격에 통산 221기 격추에 빛나는 화려한 무공을 수립했다. 배르는 러시아, 지중해, 북아프리카, 독일 본토 등 모든 지역의 상공에서 고른 전과를 수립함으로써 동부전선에서만 손쉬운 스코어를 기록한 여타 에이스들보다 더 출중한 능력을 보유한 것으로 인식되기도 한다. Me 262 제트전투기로 16기를 격추하여 지금까지도 제트전투기 격추 최고의 지위를 누리고 있다.

20) Weal(2011) p.46
21) Weal(2001) p.18
22) Weal(2004) p.59

54전투비행단은 45기 격추에 이어 35기를 추가로 지상에서 파괴시킨데 반해 메써슈미트 단 한 대를 상실하는 경이적인 상호격파 비율을 갱신했다. 지상에 놓인 적기를 가장 많이 부순 것은 210고속폭격비행단(Schnellkampfgeschwader)으로 14개 비행장을 휩쓴 결과 무려 344기를 파괴시켰다. 우군기 손실은 메써슈미트 7기에 불과했다.[23]

독일군의 주공이 중앙집단군에 주어져 있었던 만큼 케셀링 원수의 2항공군(Luftflotte 2)에 가장 많은 항공기가 투입된 것은 당연했다. 북방집단군 전구에 배치된 1항공군(Luftflotte 1)은 주로 발틱 3국 지역의 북익에서 활동하면서 중장거리 전략폭격이나 레닌그라드 근처 크론슈타트 요새 주변의 자기기뢰 설치작전에 할애되는 등 대단히 제한적인 작전에만 동원되었다. 북방집단군 전체 병력이 가장 작았던 것과 마찬가지로 공군 역시 1개 항공군단(1항공군단)만 배정되었다. 남방집단군을 지원할 4항공군(Luftflotte 4)은 4, 5항공군단을 보유하고 있었으나 폰 클라이스트 1장갑군의 속도가 나지 않아 별다른 역할을 보이지 않고 있었다. 남방집단군은 우선 프루트(Pruth) 강을 넘은 뒤에는 다시 대하 드니에프르를 도하하는 수순을 밟고 있었기에 일단 렘베르크(Lemberg)와 타르노폴(Tarnopol) 등 주요 도시에 대한 공습부터 전개했다. 심지어 코카사스 북쪽의 요새구역까지 장거리를 날아 공습하기도 했다.[24]

그에 반해 2항공군(Luftflotte 2)은 빠른 속도로 전진하는 장갑부대의 근접항공지원에 특화된 업무에 종사하였다. 따라서 가장 기동력이 뛰어난 부대들을 집결시켜야 했으며 이미 엘리트 군단으로 이름 높은 8항공군단과 2항공군단, 2개 군단이 배치되었다. 2항공군은 국경지대와 민스크 사이의 공군기지, 연락선, 부대집결지와 전차병력 등 닥치는 대로 부수는 전방위 작전에 투입되었으며 1940-41년 동계 시즌의 경우처럼 영국에 대한 막연한 야간공습이 아니라 주간에 적군의 주요 거점들과 군사적 목표를 정확한 저공비행에 의해 때려야 한다는 사뭇 다른 전술형태를 띠게 되었다. 중앙집단군 전구의 루프트봐훼는 한편으로 지상의 장갑부대 화력을 지원하는 '하늘의 포병' 역할을 수행하는 것이 요구되었다. 따라서 융커스 Ju 87 슈투카 급강하폭격기의 경우는 7개 항공대대(Gruppen) 모두 2항공군에 배치되었으며 4개 대대가 북쪽(좌익)에, 3개 대대가 남쪽(우익)에 할당되어 보다 전통적인 핀포인트 공격에 종사하고 있었다. 22일 첫날 총 290기가 동원된 슈투카의 피해는 단 2기에 불과할 정도로 발군의 기습효과를 발휘했다.[25] 6월 22일, 독일공군은 3개 집단군 전체 전구에서 총 1,766대의 폭격기와 506대의 전투기를 동원해 총 2,272회의 출격을 달성했다. 1주일 후에는 동원 공군기가 960기로 줄어들었으나 7월 3일이 되면 다시 일일 1,000회 출격을 기록하게 된다.

6월 22일 초일, 소련공군기가 그저 가만히 있었던 것은 아니었다. 그러나 결과는 실망적이었다. 22일 아침 6대의 전투기가 77슈투카편대가 위치한 비알라 포들라스카(Biala Podlaska) 공항을 공격했다. 슈투카 호위를 위해 이미 공중을 날고 있던 메써슈미트 Me 109는 6기 모두를 격추하고 오후에 동일한 장소로 날아 들어온 15기 역시 한 대 남김없이 파괴당했다. 같은 날 오후 또 다른 12기가 구데리안이 차량에 타고 이동하던 종대를 공습했으나 이 역시 묄더스가 이끄는

---

23) Bergström(2016) p.65
24) Air Ministry(2008) pp.166-7
25) Weal(2008) p.9, □田厚司(2007) p.47

51전투비행단의 요격에 걸려 12기 모두 땅에 떨어졌다.[26] 이날 지상에서의 파괴를 면했던 소련 전투기들은 용감하게도 독일군 기지들을 공격하기도 했지만 귀환하는 과정에서 총 322기가 대공포의 재물이 되고 말았다. 루프트봐훼의 대공습이 있고 난 직후 10혼성항공사단 39대지공격항공연대의 SB 폭격기 18대는 아침 7시 22분에 출격해 보복 차 부크 강을 건너는 독일군 종대를 습격했다. 적어도 다리 하나는 부수었으나 돌아가는 길에 재앙을 만났다. 상대는 피격된 He 111 한 대를 엄호비행하던 51전투비행단 1대대의 Bf 109 2대였다. 하인츠 배르(Heinz Bär) 소위와 하인리히 회훼마이어(Heinrich Höfemeier) 상사는 우군기의 지원을 요청함과 동시에 소련폭격기들을 향해 돌진했다. 고도 1,200m 부근에서 편대 가장 바깥쪽에 있던 폭격기의 배를 노린 회훼마이어 상사는 엔진과 날개 모두를 명중시키면서 불에 붙게 했다. 이 폭격기가 편대 밖으로 떨어져 나가자 회훼마이어는 얼른 두 번째 기체도 화염에 휩싸이게 했다. 랜딩기어를 아래로 내린 폭격기는 그대로 지상으로 떨어져 작은 숲지대에서 폭발했다. 회훼마이어는 다시 우측으로 기체를 돌려 세 번째 먹이로 다가갔다. 불과 30-50m 거리에서 쏜 기총탄의 위력으로 인해 왼쪽 날개에 불이 붙기 시작했다. 후좌사수는 낙하산으로 뛰어내렸으나 기체는 작은 마을 위로 추락했다. 3번째 폭격기와의 대결에서 회훼마이어는 동체와 날개에 모두 흠집을 받긴 했으나 다시 4번째 상대로 접근했다. 이 역시 생각보다 간단히 불에 타면서 숲지대 아래로 떨어져 회훼마이어는 22일 홀로 4대의 폭격기를 격추시키는 대전과를 기록했다. 회훼마이어는 왼쪽 팔에 부상을 입어 더 이상 전투를 이어가지는 못했으며 배르 소위는 2대의 폭격기를, 그리고 지원으로 날아왔던 우군기들이 6대의 SB들을 격추시켰다. 폭격기들을 향한 공중전은 끝장을 볼 때까지 계속되어 결국 이날 과감한 보복공습에 나섰던 39대지공격항공연대의 폭격기 18대는 단 한 대도 귀환하지 못했다.[27]

* * * * *

파블로프의 절망적 반격

"밤 9시 10분, 볼딘의 반격이 거의 그로드노의 중심까지 돌파하는 극적인 절정에 달했을 때였다. 목표점의 1.5km 지점에서 공세는 돈좌되었다. 격파된 100대 이상의 전차들에서 화염이 뿜어져 나왔고 나머지 전차들은 연료가 바닥이 나 있었다. 볼딘은 결사적으로 민스크로부터의 공중급유를 갈망했으나 그가 파블로프에게 연락삼아 보낸 항공기들은 2대 모두 격추되었다."

(동부전선 독일군 베테랑 겸 미국(귀화)의 군사사가, 샤를르 폰 루티하우)

폰 보크의 중앙집단군을 상대할 파블로프의 서부방면군은 70만의 병력, 383대의 T-34, KV를 포함한 2,000대의 전차, 항공기 1,900대를 보유하면서 단순 통계상으로는 충분히 버텨낼 것으로 보였으나 상황은 이상하게 돌아가고 있었다. 당장 반격을 준비했던 파블로프는 제10군이 상황을 진정시킬 수 있을 것으로 보고 거기에 6, 11기계화군단과 6기병군단을 붙이게 되었다. 하나

26) Haupt(1997b) p.30
27) Bergström(2007) p.19

안타깝게도 파블로프가 기대를 걸었던 콘스탄틴 고룰베프(Konstantin Gorulbev) 소장의 제10군은 개전 이래 가장 먼저 포위섬멸되는 가혹한 운명에 처하게 된다.

구데리안, 호트, 두 장갑집단의 전차들이 열악한 러시아의 도로를 따라 이동하는 데는 엄청난 인내와 추가적인 연료 소모가 수반되었던 탓에 바르바로싸 개전 시부터 불평이 연일 터져 나왔다. 육군참모총장이 차량의 윤활유가 부족한 것까지 챙겨야 되는 고약한 병참상황은 얼마 안 되는 간선도로 상의 교통적체로 인해 짜증은 더더욱 가중되고 있었다. 이날은 독일군이나 소련군이 잘하고 못해서가 아니라 단순히 지형적 특성에 따른 복잡한 문제들이 장갑부대 기동의 발목을 잡고 있었다. 특히 루드닉카(Rudnicka) 숲은 모래언덕이 많은데다 한 번도 차량에 의해 밟혀 본 일이 없는 미답지가 많아 첫날과 달리 23일 호트 장갑집단의 진격은 답답한 행군이 계속되었다. 전차들은 그런대로 모래언덕과 늪지대를 극복할 수는 있었으나 일반 차량들과 보병이 뒤처져 장갑부대는 숲지대 통과 후 곧바로 공세에 들어가지는 못했다. 23일의 중점은 39장갑군단에 의한 리투아니아의 수도 빌니우스 진격이었다. 알리투스 남방에서는 18차량화보병사단에 앞서 선봉으로 나선 57장갑군단의 12장갑사단이 야간에도 진군을 계속해 23일 새벽 2시에는 봐레나(Varena)의 공군기지를 유린했다. 이는 발틱특별군관구에서 본부로 내용이 잘못 전달되어 독일군 공수부대가 봐레나를 친 것으로 보고되었다. 당장 5전차사단이 파견되어 10전차연대의 후방경계병력은 카니우카이 교두보 근처에 남겨두고 나머지 주력은 40km의 야간행군을 통해 남서쪽으로 나아가 봐레나 공군기지를 공격했다. 독일군과의 교전은 오전 5시에 시작되어 5전차사단은 일단 독일군 선봉을 격퇴한 것으로 보고했다. 그러나 이들은 당시 독일군의 속도가 워낙 빨랐기에 기동전력이 봐레나에 도착한 것이 아니라 여전히 공수부대가 기지를 장악한 것으로 오판하고 있었다.[28]

◆ II-2-9 서부방면군 작전참모장 이봔 볼딘 중장

20장갑사단은 오전 9시에 발진하다 연료가 엉뚱한 곳에 배달되어 공격시점은 다소 지연되었으며 정오경 에이기로도니(Eigirdony)에서 소련군 전차 및 소총병들과 교전에 들어가면서 92포병연대가 추가적인 화력을 지원했다. 사단은 루드지스키(Rudziski)와 봐르카(Warka) 구간에서 비포장도로의 모래와 늪과 싸우면서 한참 동안 시간과 연료를 허비하다 공병들의 도움으로 저녁이 되어서야 겨우 전차와 차량들을 마른 땅으로 옮겨 나를 수 있었다. 오무스키스(Omuskis)에서는 40톤의 적 전차가 92포병연대 소속 중대의 야포 2문을 격파하여 일시적으로 패닉에 빠졌다가 2포병중대가 겨우 해치우는 일이 있었다.[29] 사단은 오무스키스에서의 적군 포사격이 너무 심해 마을을 우회해 나가기는 했으나 종대의 측면 숲지대에 숨어

28) Zaloga(2017) p.63
29) Haupt(1990) p.164

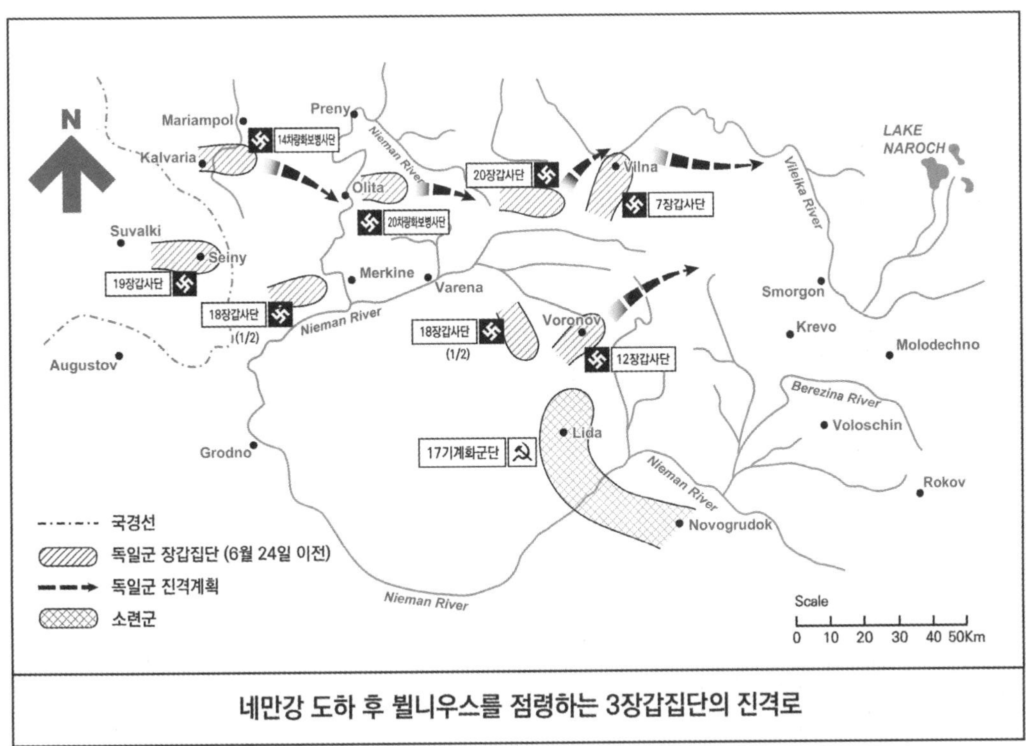

네만강 도하 후 빌니우스를 점령하는 3장갑집단의 진격로

있던 적군이 맨 뒤에 따르던 후방경계병력에 대해 공격을 가해 이 또한 시간을 지체하게 만드는 요인으로 작용했다.

7장갑사단은 23일 아침 빌니우스로 직행하는 양호한 도로가 연결된 카니우카이 교두보를 향해 완력을 구사했다. 사단의 전차들은 일단 봐레나를 북쪽에서 지나치려고 했으나 도중에 공항을 때렸던 5전차사단의 10전차연대와 맞붙게 되었다. 선봉의 7장갑사단은 칼 로텐부르크(Karl Rothenburg) 25장갑연대장의 노련한 실력으로 5전차사단의 남은 전차들을 모조리 격파하고 소련군이 작심한 최초의 반격을 떨쳐냈다.[30] 이후 로텐부르크 대령의 전투단은 프리드리히-칼 폰 슈타인켈러(Friedrich-Carl von Steinkeller) 소령이 이끄는 모터싸이클대대와 함께 23일 저녁 빌니우스 남쪽으로 이동해 다음 날 해가 밝자 시 외곽으로 진입했다. 이즈음 20장갑사단의 21장갑연대도 봐르카(Varka) 강을 넘어 적군 전차들을 빌니우스로 몰아내고 있었다. 적의 전차가 눈에 보이지는 않았으나 남부 빌니우스 공항 근처로 접근하자 맹렬한 기관총좌의 사격이 시작되었다. 차량으로부터 재빨리 내린 슈타인켈러 소령의 부하들은 짧지만 강하고 효과적인 접전으로 적군 진지들을 분쇄하고 공항에 대기 중이던 50기의 항공기들을 통째로 접수했다. 모터싸이클대대의 주력은 동쪽으로 진격해 소련군 방어기지들을 격파하였고 시 중심으로 빨려 들어갈 듯 적군 수비라인을 유린했다. 빌니우스 시가는 소련군 84내무인민위원회(NKVD)연대, 12대공포여단 및 84차량

30) Hoth(2015) p.72

◆ II-2-10 1강습비행단 후베르투스 힛취홀트 대위. 왼쪽은 바르바로싸 당시 8항공군단장 볼프람 프라이헤어 폰 리히트호휀

화소총병사단의 부분 병력들이 깔려 있었다. 오전 5시경 독일군은 뷜니우스 철도역과 뷜레이카(Wilejka)의 교량을 점거하면서 시 내부 주요 거점들을 모두 장악하는 성과를 올렸다. 시 청사에는 리투아니아의 옛날 국기가 게양되고 교회에서는 종을 울리는 가운데 시민들이 쏟아져 나와 독일군을 해방자로 환영했다. 슈타인켈러와 로텐부르크는 브라우히취 육군총사령관으로부터 올리타와 뷜니우스 점령의 수훈을 치하하는 표창을 받았다.[31]

6월 23일 1강습비행단의 후베르투스 힛취홀트(Hubertus Hitschhold) 대위는 뷜니우스-카우나스 국도를 따라 이동하는 소련군 종대를 습격하던 중 자신의 슈투카로 너무 저공비행을 시도하다 피격되어 추락했으나 이를 지켜본 또 한 대의 슈투카가 지면에 착륙해 힛취홀트 대위와 후좌 무전수(기총수)를 구해 내어 우군 기지로 도주하는데 성공했다. 2인승인 슈투카에 4인이 어떻게 올라탔는지는 알 수 없으나 이 순간을 가까스로 살아남은 힛취홀트는 42년 6월 18일에 1강습비행단의 사령관으로 등극하게 된다.[32]

호트의 3장갑집단이 24일 뷜니우스를 완전히 점령한 다음, 39장갑군단은 57장갑군단의 지원을

31) Kurowski(2010b) p.256
32) De Zeng & Stankey(2009) p.181

받아 민스크 북쪽의 요새화된 진지를 향해 남동쪽으로 찔러 들어갔다.[33] 57장갑군단 구역에서는 선봉의 12장갑사단 뒤를 따라가던 19장갑사단이 24일 오후 측면이나 뒤를 볼 것 없이 곧바로 민스크를 향해 진격하라는 군단본부의 명령을 받았다. 3장갑집단은 개전 첫날부터 에리히 보이트케(Erich Woitke) 대위가 지휘하는 52전투비행단 2대대의 근접항공지원을 받으면서 일단 하늘을 걱정할 것 없이 앞만 보고 달리면 되었다. 구데리안의 2장갑집단은 같은 날 소련 4군을 밀쳐내고 슬로님을 장악하였으며 17장갑사단은 민스크로 향하는 남방 루트를 개통하는 성과를 잡아냈다. 또한 뒤따르는 18장갑사단이 좌익을 엄호하는 형세로 지원을 제공함으로써 혹여 적군에게 역포위당하는 위험을 미연에 방지할 수 있었다. 24일 소련공군 효도르 폴리닌(Fyodor Polynin)의 13폭격항공사단은 브레스트와 민스크 사이를 이동하는 구데리안 2장갑집단의 종대를 기습하려 했다. 서부방면군 구역 여기저기 흩어져 있던 기체들을 모은 13폭격항공사단은 꽤 많은 폭격기편대를 운용해 한 번에 12-20대를 올려 보냈다. 이는 묄더스의 51전투비행단이 요리했다. 10시간에 걸친 공중전에서 51전투비행단은 64대의 SB기, 18대의 DB기를 파괴하고 자체 손실은 11기로 기록되었다. 이때 9중대장 칼-하인츠 슈넬(Karl-Heinz Schnell) 중위는 단 2분 안에 두 대의 SB를 격추시킨 것을 포함, 총 7대를 잡았다. 3대대의 오트마르 마우레르(Ottmar Maurer) 소위는 6기를 격추시켰으며 그중 3대는 단 1분 만에 처치하는 놀라운 기량을 과시했다.[34]

호트의 최초 공세는 북서방면군의 좌익을 붕괴시키면서 이웃하는 비알리스톡 돌출부의 서부방면군이 북쪽에서부터 포위당할 수 있는 위험에 노출되고 있었다. 파블로프는 25일 소련군의 방어선을 리다-슬로님-핀스크로 교정했으나 독일군은 이미 24일에 이 선을 넘어버린 후였다. 당시 소련군의 현황 파악은 그 정도로 느렸고 거의 카오스 상태였다. 21소총병군단이 7, 20장갑사단의 전진을 막아보려 했으나 역부족이었고 두 사단의 선봉대는 리다(Lida) 부근에서 북쪽을 향해 새로운 방어선을 형성하기 위해 남서쪽으로 방향을 옮겨가고 있었다.

호트가 연료 부족문제에도 불구하고 북쪽 노선을 따라 피치를 올리자 파블로프의 서부군관구 병력은 호트의 전진을 막기 위해 무리스럽지만 전 병력을 동원해 반격에 나서기로 했다. 파블로프는 6, 11기계화군단으로 중앙집단군의 좌익을 때려 북쪽에 위치한 우군 제대와 격리되지 않기를 희망했다. 11기계화군단은 별 쓸모가 없는 200대의 T-26 및 BT 시리즈 경전차들과 약 60대 가량의 T-34와 KV-1 전차를 보유하고 있었다. 반면 6기계화군단은 총 960대 중 거의 절반을 신형인 T-34와 KV-1 전차로 포진하고 있어 일단 장부상으로는 독일 전차들과 붙어볼 만은 했다. 그러나 소련군은 독일 전차들을 만나기 전에 볼프람 프라이헤어 폰 리히트호휀(Wolfram Freiherr von Richthofen)의 8항공군단의 공습에 시달려야 했으며 그로드노 남쪽 집결장소에 모이기도 전에 전차 종대들이 슈투카들의 먹이가 되는 좋지 못한 상황에 직면해 있었다. 그뿐이 아니었다. 지상군의 진격을 지원하기 위해 53폭격기연대가 그로드노를 향해 황급히 날랐으나 전투기의 호위가 없어 재앙을 맞았다. DB-3A와 DB-3F 폭격기 27대는 27전투비행단 3대대에 걸려 7대를 격추당했다. 독일기들의 피해는 전혀 없었으며 그날이 끝날 무렵 53폭격기연대는 총 9대를 상실한 것으로 집계되었다. 6월 24일 루프트봐페는 하루 동안 총 557대의 소련기를 잡은

33) KTB OKW, Vol. II, p.418(1941.6.24)
34) Bergström(2007) p.23

것으로 집계했으나 개전 3일 동안 독일측이 3,100대를 격파시켰다고 주장한데 비해 소련측은 자체손실을 그보다 많은 3,922대로 기록하고 있으므로 24일 역시 557대보다는 더 많았을 것으로 추정되고 있었다.[35]

중전차들을 다수 보유하고 있던 미하일 하츠킬레뷔취(Mikhail Khatskilevich)의 6기계화군단은 엉뚱한 일을 당했다. 연료가 부족해 우선 연료탱크가 채워진 경전차 T-26와 쾌속전차 BT만을 내보냈다가 낭패를 당했다. 장갑사단도 아닌 256보병사단의 4대공포연대 2대대는 88mm 대공포의 수평사격에 의해 800m 거리를 두고 경전차들을 휴지조각처럼 만들어갔다. 정확한 통계는 잡혀져 있지 않으나 대략 20-40대의 전차가 파괴된 것으로 추정되었으며 이에 6기계화군단은 중전차들과 여타 제대가 도착할 때까지 공세를 중단하게 되었다.[36] 대신 이 소동으로 인해 독일군 또한 소련군 기동전력이 대규모로 움직인다는 사실을 확인하고 방어진을 보강하는데 주력했으며 쿠즈니카(Kuznica)의 256보병사단에 대해 210돌격포대대의 2개 중대를 지원하는 조치를 취했다. 그 외에 같은 24일 8엽병사단에 대한 11기계화군단의 공세 역시 수중의 전차들을 모두 상실하는 피해를 안았다.

파블로프의 작전참모장 이반 볼딘(Ivan Boldin) 중장은 전차의 집단 운용을 제대로 연습해 보지도 못한 병력을 끌고 나간다는 것 자체가 마음에 들지 않았으나 독일군이 이미 우군 지역 깊숙이 들어와 버린 상태에서 절망적인 반격작전을 펼치는 도리밖에 없었다. 빈약한 무선장비와 탄약 부족, 비조직적인 공격대형편성의 결함을 안고도 전차운용에 초보적인 내용밖에 모르는 병원들을 몰고 나간 볼딘은 결국 재앙적 사태에 조우했다.[37] 1,300대나 되는 전차들이 대지를 굴러다녔으나 호트의 장갑부대는 이미 지나가 버린 후였으며 뒤따라 들어온 9군의 8군단과 20군단이 루프트봐풰의 지원을 받아 괴멸적 타격을 가했다. 볼딘의 전차부대를 지원하기 위해 동원된 6기병군단은 루프트봐풰의 공습에 노출되어 그 중 36기병사단은 24시간 내 병원의 70%를 상실하는 피해를 입었다. 전차가 없는 9군 제대는 소련군 전차들을 일정 구역으로 유인한 뒤 장갑엽병들이 대전차포로 전차의 측면을 노려 격파하는 방식을 되풀이하였으며 일부 지휘 차량에만 무선장비가 장착되어 있던 소련군 전차들은 일대 위기 상황 속에서도 교신이 원활치 못해 알고도 당하는 경우가 다반사였다. 3장갑집단은 초전에 당한 소련군들이 숲지대로 피신한 다음 장갑사단들의 측면과 배후에서 공격을 가해오는 일이 빈번해져 정해진 속도를 맞추지 못하는 짜증나는 조건에 놓이게 되자 뒤따르는 9군 제대가 숲지대를 확실하게 소탕해 줄 것을 부탁했다.[38] 숲지대에서의 전투는 육박전투 형태로 진행되는 경우가 많아 장갑부대가 처리하기에는 적당치 않았으며 보병사단들이 처리할 경우에도 독일군은 이와 같이 월남전과 유사한 밀림전을 경험한 적이 없어 전반적으로 보병사단들의 속도 또한 예정된 시간표를 훨씬 지체한 상태에서 움직이고 있었다. 이처럼 개전 초기 수일 동안은 이기고 있는 독일군도 희비가 엇갈리는 경험들을 맛보면서 복잡한 생각들을 하고 있었으며, 구데리안 같은 경우는 소련군이 독일군 공세의 방향을 알면서도 하급제대에 제 때에 명령을 하달하지 못하는 명령체계로 인해 자

35) Glantz(ed)(1993) p.210, Bergström(2007) p.23

36) NA : T-314 ; roll 653, Bericht der Leistungen und Erfolge der II./Flakregiment 4 bei der 256. Division in der Zeit vom 22-27.6.41(XX.-Armee-Korps), frame 000228, 000231

37) Glantz(2001) p.34

38) BA-MA 59054, KTB 3. Pz. Gr. 25.5.41-31.8.41, Fol. 52(1941.6.24)

신들을 적기에 대응하지 못하는 것으로 이해하려 했다. 또한 독일군 보병사단들은 군 첩보부가 알려준 것보다는 적군의 저항이 약해 9군 사령관이 추측하는 것처럼 소련군의 주력은 그들이 쳐 낸 지역보다 한참 뒤에 놓여 있는 것이 아닌가 하는 의혹을 끊임없이 안고 있었다.[39] 특히 장갑부대가 지나가고 난 다음 뒤치다꺼리를 하는 보병들로서는 이기고 있으면서도 최전방의 상황이 어떤지에 대한 의심과 불안을 떨쳐내기가 어려운 조건에 있었다.

◆ II-2-11 51전투비행단 5중대장 한스 콜보 중위. 7월 16일 저공비행 중 적군 대공포에 맞아 지면으로부터 불과 20m를 두고 뛰어내렸으나 전사했다.

6월 24-25일에 걸친 바르바로싸 최초의 기동전에서 11기계화군단은 305대의 전차 중 275대를 격파당했으며 6만 명이 전사하거나 포로가 되었고 겨우 600명만이 살아남아 도주했다. 6기계화군단은 보유 전력의 50%를 상실했으며 그 대부분은 공습에 의한 피해였다. 6월 25일 6기계화군단은 150-200대의 T-34와 KV-1 & 2 전차들로 독일군 256보병사단을 쳤으나 소총병 제대와 포병대의 협조를 받지 못해 전차만으로의 무모한 공격에 의해 전혀 실적을 내지 못했다. 20군단의 256보병사단은 37mm와 50mm 대전차포로는 소련군 신형 중전차들의 장갑을 도저히 관통할 수가 없다고 판단하고 210돌격포대대의 2중대에게 지원을 요청해 적 전차들을 처치하려 했다. 하나 당시 돌격포에 장착된 단포신 75mm 주포로는 응징이 되지 않자 그나마 88mm 대전차포를 사용해 십 수대를 격파하는 정도에 그쳤다. 물론 잘만하면 50mm 대전차포의 철갑탄(Panzergranate 40)으로도 KV-1 전차의 측면 장갑을 관통시킬 수는 있었다. 하나 이는 대단히 숙련된 장병들이 적 전차를 200m 안으로 끌어들여 초 근접거리에서 발사할 수 있는 용기와 실력을 갖추고 있을 때나 가능한 이야기였다. 보병사단의 256장갑엽병대대는 일정한 시간이 지나자 적군 중전차들이 일으킨 패닉을 극복하고 중전차들을 요령껏 해치워 나가기 시작했다. 그 와중에 T-34에 타고 있던 군단장 미하일 하츠킬레뷔취(M.Khatskilevich) 소장은 그로드노 근방에서 파괴된 전차 안에서 죽은 것으로 확인되었다. 6월 30일 같은 6기계화군단의 미트로화노프(A.S.Mitrofanov) 포병대 소장도 거의 비슷한 구역에서 전사했다.[40] 256보병사단은 6월 24-26일간 3일 동안의 내전차전에서 오로시 대선차화기로만 무려 250대의 소련전자들을 격파하는 부공을 수립했다. 독일공군은 공습에 의해서만 105대의 소련군 전차를 격파한 것으로 집계했다. 일부 사단은 겨우 3량의 전차, 12대의 장갑차량, 40대의 군용트럭만 남는 경우도 있었다.[41] 묄더스의 51전투비행단은 25일 단 4기를 상실하는 대신 83기의 적기를 격추시켰다. 묄더스 그 자신 단 1분 만에 2대의 투폴레프 쌍발폭격기를 격추하고 자신의 격추기록을 75기로 갱신했다. 51전투비

39) NA ; T-313 ; roll 80, Pz. Gr. 2 Ia KTB 22.6.41-23.8.1941, frame(1941.6.25) / NA : T-314 ; roll 346, Ia, 'KTB Nr. 5b', frame 000617-000620(1941.6.22-6.24)

40) Maslov(1998) pp.3-4

41) 글랜츠 & 하우스(2010) p.83

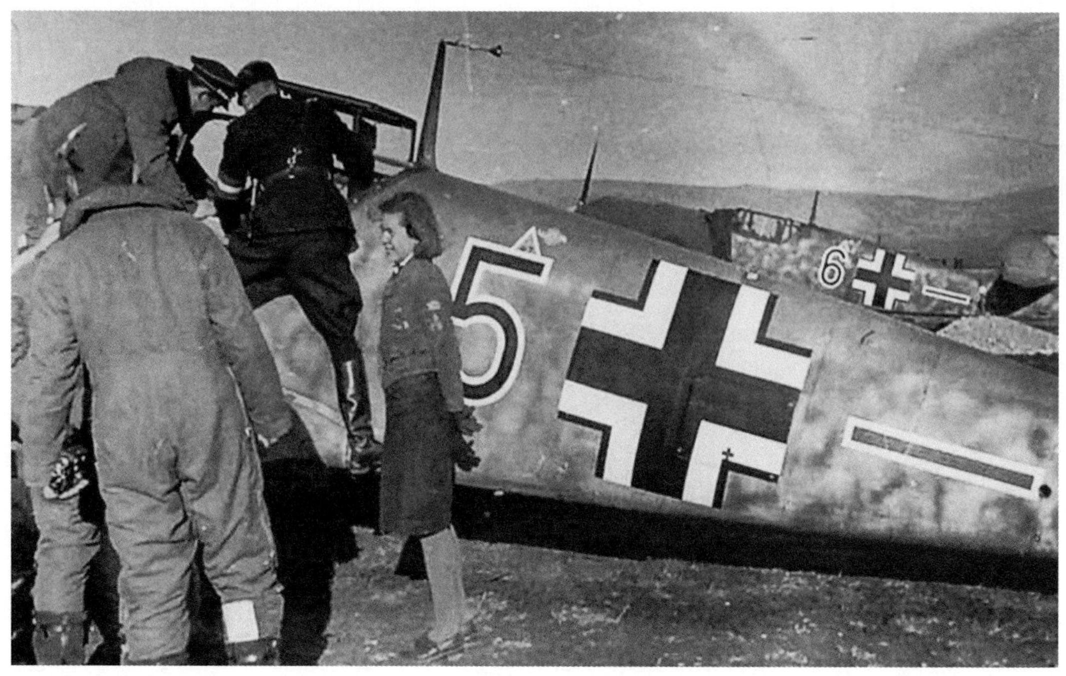

◆ II-2-12 27전투비행단 3대대의 구스타프 랑간케 소위의 애기 Bf 109E 'Schwarz 5'

행단은 25일 68대의 소련 폭격기들을 떨어뜨렸으며 그중 한스 콜보(Hans Kolbow) 중위가 6대를 처리했다. 리투아니아의 수도 빌니우스는 3장갑집단에 의해 장악되었으나 소련공군은 빌니우스 상공을 포기하지 않았다. DB-3과 SB 폭격기들은 기지에서 이륙하자마자 루프트봐훼의 27, 53전투비행단이 쳐놓은 덫에 걸려들고 있었다. 독일공군의 27전투비행단은 24일 획득한 빌니우스 공군기지 상공에서 단 한 대의 Bf 109를 잃는 대신 54대의 소련 폭격기들을 격추시켰다. 27전투비행단 3대대의 구스타프 랑간케(Gustav Langanke) 소위는 3대대가 격추시킨 24대 중 7대를 요리하면서 자신의 격추기록을 8기로 갱신했다.[42]

독일군들은 연일 승리를 구가했다. 그러나 이 전투에서 T-34 및 KV-1과 처음으로 조우한 독일군들은 이기고도 심리적 패닉상태를 일시적으로 경험하고 있었다. 37mm 대전차포로는 아무리 두들겨도 흔적도 나지 않는 중장갑이란 점을 확인하게 되자 그들의 4호 전차보다 월등히 강한 방어력과 일층 앞서는 스피드를 가진 적군의 존재를 다시금 재평가하게 되었다. 바르바로싸의 서전에서 독일군은 그들보다 수적으로 많은 적군을 상대한다는 것은 각오하고 있었으나 독일군보다 질적으로 뛰어난 무기들을 가졌다는 사실에 적잖이 당혹해하기 시작했다. T-34와 KV-1의 존재에 대한 보고가 온갖 제대에서 빗발치자 육군참모부는 당장 50mm 대전차포를 배정할 것을 지시했지만 대부분이 구형의 37mm로 무장된 상태에서 이를 지급으로 교체하기는 쉽지 않았다. 또한 기존의 3, 4호 전차로는 이들을 당할 재간이 없다고 판단한 독일군 수뇌부는 새로운 전차의 개발을 서두르게 되는 결정적 계기를 맞게 되나 아시다시피 대체 전차가 나오기까지는 그로부터 무려 2년이나 소요된다.

42) Mombeek, Bergström & Pegg(2003) p.107, Bergström(2007) p.25

III. 민스크 포위전

"독일군 작전 계획 I, 목표 모스크바는 아직 유효하다.
측면공세는 견제기동에 불과하며 주된 목표는 중앙전선에 존재한다."
(1941.7.2, 스위스 주재 소련첩보부)

* * * * *

스탈린 라인 돌파와 포위망의 형성

".....1,000대의 전차들이 북서쪽에서 포위해 오고 있다. 이에 대항할 가능성은 전무하다."
(서부방면군 사령관, 드미트리 그리고레뷔취 파블로프 상장 : 1941.6.26)

호트와 구데리안이 전선을 휩쓸고 있는 동안 히틀러와 독일군 수뇌부는 개전 후 불과 이틀 만에 비알리스톡과 민스크 포위망의 크기에 대해 간섭하기 시작했다. 히틀러는 빨리 최초의 포위망을 만들어 비알리스톡 돌출부를 제거하고자 했으며 할더 역시 집단군과 야전 사령관들이 너무 자유롭게 전선을 장악하여 OKH의 지시를 받지 않는 의사결정을 내리는 것을 우려하였기에 히틀러의 지시를 일단은 액면 그대로 전달했다. 요점은 3장갑집단이 뷜니우스 외곽으로부터 남동쪽으로 틀어 민스크 북쪽의 고지대를 장악하고 2장갑집단과 공조하여 4군과 9군 정면에서 도주하는 소련군 병력을 포위한다는 것이었다. 폰 보크, 구데리안, 호트는 전혀 다른 생각을 하고 있었다. 이들은 비알리스톡-민스크 포위전은 부차적인 것이며 모스크바로의 진격이라는 단일한 목표 하에 드뷔나와 드니에프르 구역에서 보다 종심깊은 포위작전을 구상하고 있었다. 즉 히틀러와 베를린은 작은 포위망을, 중앙집단군은 좀 더 결정적인 대회전을 승리로 이끌 수 있는 기회를 포착하고자 했다. 포위망의 크기에 차이가 난다는 것은 장갑집단의 공세방향이 바뀐다는 것을 의미했다. 폰 보크와 호트는 동쪽과 북쪽으로 나아가려 했으나 OKH의 지시는 동쪽과 남쪽으로 진격하라는 것이었다. 호트는 이미 작전 개시 전부터 폰 보크와의 협의 하에 고정된 포위라인보다는 좀 더 유연하고 변경가능한 포위작전으로 작전술적 목표와 전술적 승리간의 균형을 도모한다는 합의까지 본 바 있었다. 상부의 지시대로라면 호트는 민스크를 지나 오르샤 방면으로 진출해야 하는데 그러자면 오르샤-뷔테브스크에서 적군의 이동을 차단시켜야 했다. 하지만 호트는 적군의 병력 대부분은 여전히 비알리스톡과 노보그루도크(Novogrudok) 사이에 몰려 있는 것으로 판단하고 있어 OKH가 내린 결정은 호트 장갑집단의 당초 이동경로와는 상당한 굴곡을 의미하게 되었다.[1] 폰 보크는 상부의 지시에 문제가 있으며 자신들의 자율적인 행동을 허가해 달라고 수차 요청했으나 소용이 없었다. 할더는 심지어 말 잘 안듣는 구데리안과 호트의 장갑집단을 폰 클루게의 지휘 하에 두어 '4장갑군'으로 개칭하고 기존 4군의 보병전력은 전략적 예비로 있던 막시밀리안 프라이헤어 폰 봐익스(Maximilian Freiherr von Weichs)의 2군에 합류시키는 방안까지 구상하고 있었다. 6월 25일 아침에는 총통의 부관인 루돌프 슈문트(Rudolf Schmundt) 대령이 폰 보크의 본부를 직접 방문해 중앙집단군이 의노하는 민스크 포위망은 너무 크므로 총통은 좀 더 작은 포위망을 형성해 빠른 시간 내 성과를 내야 한다는 점을 강조했다. 히틀러는 심지어 장갑집단이 진

1) Hoth(2015) p.77

격을 중단하고 포위전을 전개해야 된다는 지시를 내리자 할더는 그것만큼은 곤란하다면서 보병사단의 포위전으로 인해 장갑집단의 속도가 차질을 빚어서는 안 된다는 점을 분명히 했다. 26일에는 브라우히취 총사령관까지 폰 보크를 찾아와 같은 맥락에서 총통의 견해를 따라 줄 것을 주문했다.[2] 폰 보크는 내키지 않지만 이를 수락하여 병력 재편성과 적기 이동을 약속했다. 폰 보크는 브라우히취와의 양해 하에 약간의 절충을 하기로 약속했다. 일단 민스크 정면에서 큰 포위망의 외곽은 장갑집단이 형성하고 내부의 작은 포위망은 보병들이 만든다는 노동분업이었으며, 호트의 제대는 뷔테브스크와 폴로츠크(Polotsk)로, 구데리안의 제대는 슬루츠크(Slutsk), 보브뤼스크와 로가췌프(Rogatchev) 방면으로 강행정찰을 할 수 있도록 한다는 것이었다. 즉 포위전을 실행키로 하되 장갑집단의 선견대는 더 동쪽으로 진출할 수 있는 여지를 남겨놓는다는 방침이었다. 이는 전술적으로는 전선의 안정적 관리를 위해 타당해 보이기는 했으나 작전술적 차원에서는 적에게 시간을 공짜로 주는 치명적인 실수로 인식되었다. 그러나 한편으로 당시 소련군은 포위되었을 때는 자리를 사수하는 것이 아니라 무조건 탈출하는 것을 기본 교리로 삼고 있어 독일군이 포위망을 만들 때까지 기다려 주지는 않는다는 속성이 있었다. 따라서 독일 4군의 보병사단들은 우선 포위망을 삐져나오는 소련군들을 도로 집어넣는 작전기동이 필요하기는 했다. 본부 방침에 충실한 폰 클루게는 파블로프의 부대를 포위하기 위해 갖은 노력을 기울였음에도 당장 효과가 나지 않자 2장갑집단에 속한 29차량화보병사단을 빼 볼코뷔스크(Volkovysk) 구역에 포진시키는 조치를 취했다.[3] 자신의 어떤 제대도 이탈되는 것을 싫어했던 구데리안은 연락장교를 보내 항의하는 등 소동을 피웠고 폰 클루게와 구데리안의 악연은 다시 점화될 조짐마저 보이고 있었다. 하나 이는 이미 폰 보크가 양해한 일이어서 폰 클루게에게만 책임이 있는 것은 아니었다.[4] 4군의 기동력을 보완하기 위해 투입된 29차량화보병사단은 서쪽으로 비알리스톡, 동쪽으로는 노보그루데크(Novogrudek) 지점을 두고 다가올 민스크 포위전의 두 꼭지점을 장악하려는 형세를 취했다. 한편 뒤따르던 134, 131, 31, 34보병사단은 푸르자니와 슬로님 사이에서 북쪽으로 들어가면서 북부 구역에서 활동하던 소련군 제대들을 덫에 가두는 포위기동을 추진하고 있었다. 구데리안의 짜증에도 불구하고 볼코뷔스크 북서쪽으로 파고드는 이 기동은 소련 10군과 3군의 배후를 교란시킨다는 의미에서 결코 가볍지가 않았다. 볼코뷔스크는 비알리스톡과 민스크를 잇는 중요한 병참선을 통제하는 곳으로서 그 자체만으로도 충분한 전략적, 전술적 가치가 있는 장소였다.

26일 정오경 최초의 포위망이 만들어지자 소련군은 볼코뷔스크에서 맹렬한 기세로 돌파를 시도하려 했기에 이곳에서의 전투는 결코 만만한 수준은 아니었다. 사단은 29일까지 해당 구역에서 전투를 벌였다. 문제는 호트의 3장갑집단과 9군이 구데리안과 4군이 도착해 남쪽에서 포위망을 완전히 만들기도 전에 북쪽 끝자락을 때리는 이른 공세를 취함에 따라 상당수의 소련군 병력은 남동쪽으로 도주해 나가는 만족스럽지 못한 결과가 나왔다는 점이었다. 하나 여기에 희극적인 비

2) NA : T-84 ; roll 271, Tagebuchnotizen Osten I, frame 000297-000300(1941.6.25-6.26)

3) Fedor von Bock, KTB 'Osten I', Fol. 4(1941.6.26)

4) 구데리안은 후에 폰 클루게 때문에 41년 12월 동계전역을 망친 것으로 이해하면서 그와는 돌이킬 수 없는 원수지간이 되었다. 폰 클루게는 심지어 히틀러에게 구데리안과 목숨을 건 결투를 하겠다고 신청한 바도 있었으나 히틀러가 허락하지 않았다. 수년 후 폰 클루게가 총통본부에서 구데리안을 만나 악수를 건넸고 구데리안이 이에 응하지 않자 그는 왜 악수를 받지 않느냐고 물었다. 그때 구데리안은 자신은 제복에 대해 경례하지 사람에 대해 경례하지 않는다고 답한 구절은 지금도 유명한 일화로 회자되어 왔다.

◆ III-1 OKW 인사국장 루돌프 슈문트 대령. 사진은 소장 승진 이후의 것

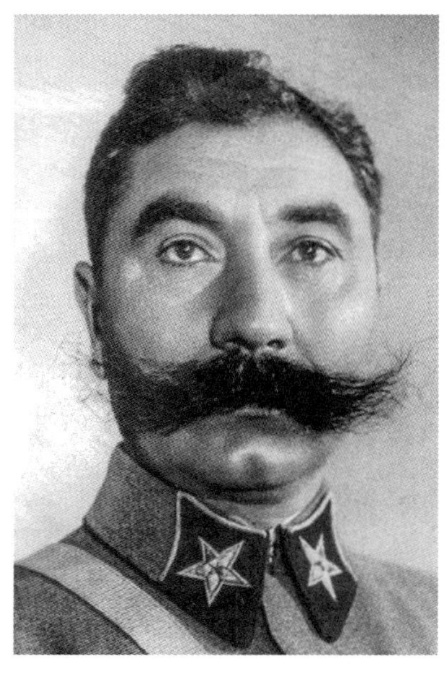

◆ III-2 수염이 얼굴보다 크다는 놀림을 받았던 세묜 부덴뉘 원수. 무능했기 때문에 오히려 여러 번의 숙청을 살아남았다.

극이 기다리고 있었다. 볼코뷔스크 포위망을 빠져나간 볼딘의 병력은 민스크 포위망이라는 더 큰 덫으로 들어가고 있었다.

6월 25일 OKH는 그간 예비로 두고 있던 봐익스의 2군 사령부를 구성하고 장갑집단이 형성하고 남긴 비알리스톡(Bialystok)-노보그루데크(Novogrudek) 포위전을 담당케 했다. 지금까지 장갑부대 뒤에서 소탕전을 전개하던 4군과 9군은 각각 2, 3장갑집단과 함께 민스크-스몰렌스크 전구로 이동하여 2군 제대가 두 개 군이 맡던 임무를 인수했다. 9군은 리다-뷜니우스 방면으로 이동하고 6군단은 북쪽의 26보병사단, 남쪽의 6보병사단이 39장갑군단을 따라 진격을 속개하도록 했다. 5군단은 5, 35보병사단을 동원해 6군단과 공조하기로 되었다가 6월 26일 비알리스톡 포위망 속의 소련군 제대가 북동쪽으로 빠져나가려는 움직임이 포착되자 5보병사단은 종대에서 이탈해 다시 남쪽으로 선회했다.[5]

6월 25일 스탈린은 적군 최고사령부(Stavka)를 창설하여 단일한 지휘계통을 확립하고 위기관리를 총괄적으로 통솔하는 메카니즘을 구축했다. 군부의 이러한 단일기구 역시 스탈린의 1인 지배체제를 위협하는 부르조아적(파시스트적) 제도적 장치로 판단했기에 개전 전에는 폐지된 상태였으나 전쟁이 발발한 만큼 부르조아니 프롤레타리아니 하는 등속의 논쟁은 더 이상 의미가 없었다. 동시에 1기병군 사령관 부덴뉘(S.M.Budenny) 원수로 하여금 19, 20, 21, 22군을 동원해 예비방면군(Reserve Front)을 결성토록 조치했다. 예비방면군은 중앙집단군이 쇄도하는 뷔테브스크(Vitebsk)-오르샤(Orsha) 구간 정면에 배치할 계획이었으며 독일공군은 7월 1일부터 예비방

5) Haupt(1997b) pp.36-7

면군의 병력이동과 배치가 진행되고 있는 것을 확인할 수 있었다. 이어 쥬코프는 24군과 28군을 동원해 옐니아를 중심으로 2차 저지선을 설정하고 3차 저지선은 그 뒤의 브야지마(Viazma)-칼루가(Kaluga) 사이로 잡았다. 스타프카는 독일군의 주공세가 향하게 될 스몰렌스크-모스크바 사이에 되도록이면 밀도 높은 방어벽을 설치한다는 구상에 착수했다.

서부전선이 급속도로 붕괴되는 것을 알게 된 스탈린은 극동의 시베리아군관구에서 인물 하나를 찾았다. 안드레이 이봐노뷔취 예레멘코(Andrey Ivanovich Yeremenko). 6월 22일 시베리아 횡단 열차를 타고 하바로프스크를 떠난 예레멘코 중장은 노보시비리스크에 도착한 뒤 다시 쌍발 폭격기로 갈아타고 모스크바까지 2,800km 거리를 날았다. 노보시비리시크는 극동의 블라디보스토크로부터 브레스트-리토프스크 구간의 거의 정 중간에 위치하는 도시였다. 예레멘코는 급유를 위해 4번이나 이착륙한 뒤 노보시비리스크에서 3,520km나 떨어진 서부전선까지 가야 했으며 그 사이 브레스트는 이미 독일군의 수중에 장악되고 있었다. 6월 30일 파블로프의 사령부를 방문한 예레멘코는 서부방면군 사령관의 경질 사실을 전달하고 자신이 후임으로 취임했다. 소비에트의 롬멜이라고까지 추앙받았던 예레멘코는 39년 6기병군단을 이끌고 서부 지역 전구를 담당한 적이 있으며 40년에도 카우나스(Kaunas)로 진격했던 경험이 있어 지형에 대해서는 비교적 익숙한 편이었다. 그러나 예레멘코는 불과 3일 동안만 자리를 지켰으며 스탈린의 명에 의해 인민국방위원장 티모셴코가 방면군 사령관직을 맡고 예레멘코는 부사령관으로 들어갔다.[6]

호트 3장갑집단의 선봉 7장갑사단은 25일 선봉의 선봉격인 25장갑연대를 앞세워 민스크를 향한 진격을 재촉했다. 24일 저녁까지 5전차사단은 15대의 전차와 20대의 장갑차량, 9문의 야포만 보유하고 있었다. 이 순간 사단은 총 전력의 70%에 달하는 병원을 상실했으며 절반의 보유차량과 150대에 달하는 전차를 파괴당한 것으로 파악되고 있었다. 소련 13군의 휠라토프(P.M.Filatov) 소장은 상심한 훼도로프(F.F.Fedorov) 사단장에게 임시 전투단을 만들어 독일군에게 대항하도록 조치했다. 주축은 9전차연대와 빌니우스보병학교의 사관후보생들, 그리고 84내무인민위원회연대 소속 병력이었다. 거기다 10전차연대의 잔존 병력이 21소총병군단의 37소총병사단과 합류하여 15대의 T-34와 14대의 T-26을 끌고 들어와 최소한의 기동전력은 확보한 상태였다. 이 포메이션은 25일 아침 몰로데취노(Molodechno)에서 민스크 국도상으로 이동하는 7장갑사단 25장갑연대에 대해 반격을 가했다.[7] 의욕은 좋았으나 절대적인 훈련부족과 무선송수신의 장애, 제대간 조율의 혼란으로 독일군을 오래 막지는 못했다. 그러나 25일은 7장갑사단이 처음으로 적군 소총병들의 공고한 방어진에 부딪힌 날로서 에리히 폰 웅거(Erich von Unger) 대령의 6차량화보병연대가 장갑부대를 대신해 리투아니아-폴란드-소련의 오랜 국경지대를 따라

6) Bergström(2016) p.58

7) 퇴각하던 소련군 5전차사단이 더 곤란을 겪었던 것은 소련으로부터의 해방을 갈구하던 리투아니아 병원들이 독일군에게 붙어버린 점이었다. 5전차사단이 이동하던 진로에는 소련에게 병합되기 전 리투아니아 군대로 조직된 179, 184소총병사단을 포함한 29향토(territorial)소총병군단이 있었다. 이 두 사단들은 알리투스와 빌니우스 국도를 따라 독일군 7장갑사단에게 쫓기는 5전차사단을 가로막고 있는 형세였다. 6월 23일에는 지역 민족주의자들로 구성된 리투아니아행동전선(Lietuvos Aktyvistu Frontas)이 임시정부를 만들어 독립을 선포하고 모든 부대가 소련군과 함께 싸울 것을 종용했다. 그로 인해 소련군들은 빌니우스에서 시가전을 펼칠 엄두조차 내지 못한 채 대부분 철수해 버렸다. 그중 5곡사포병연대는 184소총병사단에 의해 매복기습을 당하기도 했다. Zaloga(2017) p.64

돌파구를 여는 역할을 담당했다. 몰로데취노에서의 교전에서는 20장갑사단도 7장갑사단의 전투를 거들었다. 20장갑사단에는 나중에 전차 격파 서열 2위에 등극할 오토 카리우스가 38(t) 전차를 몰고 있었으나 아직은 숙련이 되지 않은 전차병이라 언급할 만한 전투 기록은 없었다. 5전차사단은 그나마 남아있던 전차도 모두 파괴되어 전멸 직전에까지 이르렀다. 25일 오후 4시에는 5대의 전차와 12대의 장갑차량만이 남아있었다. 25-26일 밤 25장갑연대는 표트르 휠라토프(P.M.Filatov) 13군 사령관과 참모들을 태운 차량 종대를 습격하였고 휠라토프 소장은 가까스로 죽음을 면하면서 탈출할 수 있었다. 25일 밤 5전차사단은 3대의 전차와 40대 정도의 각종 차량들만 남을 정도로 고갈되어 있었다. 5전차사단은 7월 중에 칼루가 방면으로 퇴각해 14기계화군단에 소속되면서 명줄을 이어갔다.[8] 25일은 28전차사단에게도 재앙의 날이었다. 55, 56전차연대를 보유했던 사단은 24시간 안에 총 84대의 전차를 상실하는 수모를 당했다.

7장갑사단은 약간의 지체가 있긴 했지만 민스크 포위망 구축을 위한 정상적인 작전계획을 집행하고 있었다. 사단은 25일까지 불과 나흘 동안 275km를 돌파해 민스크 동쪽 40km 지점의 스몰레뷔에쩨(Smolewiecze)에서 모스크바 국도로 진입하는 길목을 장악했다. 사단의 25장갑연대와 6차량화보병연대 1대대는 25일 야간행군을 강행해 밤 10시에는 민스크-모스크바 국도를 장악하였으며 전투단이 도착한 이 지점은 민스크 북동쪽으로 20km 거리에 있었다. 이로써 호트의 사단들은 민스크로 직행하는 길을 확보하고 서부방면군의 남익을 따라 움직이면서 대규모의 소련군 병력을 우리에 가두는 구도를 형성해 나갔다. 이제는 진격하는 독일군이나 퇴각하는 소련군이나 모두 동쪽을 향한 출구를 모색하고 있었다. 파블로프의 서부방면군은 당초 목표였던 장갑집단을 놓친 데다 여차하면 포위될 가능성이 있어 26일 전면 퇴각을 결정했다.[9] 티모셴코가 파블로프에게 지정한 라인은 리다(Lida)-슬로님(Slonim)-핀스크(Pinsk) 구간이었다. 파블로프는 질서있는 퇴각기동을 요구해 추후의 반격에 대비하고자 했지만 연료가 떨어져 차량을 이용할 수 없게 되자 소총병들은 도보로 빠져나가게 되었으며 이때는 루프트봐훼가 가차 없는 공습을 가했다. 하나 구데리안의 2장갑집단은 이미 파블로프가 이동하고자 했던 이 방어라인을 넘어버린 후였다. 이 퇴각기동이 구데리안 2장갑집단의 늘어난 좌익을 위협하는 묘한 구도가 잡혀가게 되자 가뜩이나 호트보다 뒤쳐진 구데리안은 이웃 제대의 협조방식에 불평을 제기하게 되었다. 거기다 29차량화보병사단을 폰 클루게에게 빼앗겼기에 불만투성인 채로 차기 목표인 슬루츠크로 다가갔다. 26일 낮 12시 반에 24장갑군단(3장갑사단)이 슬루츠크를 점령한 것에 이어 호트의 3장갑집단의 20장갑사단이 26일 오후 민스크 북쪽 29km 지점까지 도달했다는 연락이 확인되었다. 이것으로 이제 독일국경으로부터 300km를 진격한 셈이었다. 20장갑사단은 소련군들이 방자에게 절대적으로 유리한 콘크리트 건축물에서 저항을 계속하고 있었기에 상당한 출혈을 감내하면서 해당 구역을 극복해야 했다.[10]

구데리안은 47장갑군단이 바라노뷔쩨를 치고 난 다음 민스크로 직행하도록 하고 24장갑군단은 예정대로 보브뤼스크 방면으로, 자신의 휘하 병력은 타르타크(Tartak)로 향하도록 결정했다.

8) Zaloga(2017) p.69
9) Stolfi(1993) p.120, Glantz(2001) p.34
10) BA-MA RH 27-20/2, KTB 20.Pz.Div. vom 25.5.41 bis 15.8.41, Fol. 20(1941.6.26)

◆ III-3 6월 26일 민스크 구역, 하프트랙에서 내려 개개의 가옥을 제압하려는 순간의 척탄병들. 앞쪽의 하프트랙은 SdKfz.251/1-C형이며 바로 뒤쪽은 37mm 대전차포(Pak35/36)를 탑재한 SdKfz.251/10 척탄병소대장의 차량

이날 46장갑군단의 일부 제대는 타르타크 부근에 도착해 24장갑군단과 47장갑군단을 연결하는 역할을 맡게 됨에 따라 24장갑군단은 이웃 군단에 대한 염려 없이 보브뤼스크로 직행할 수 있었다.[11] 다만 이날부터 2장갑집단은 4군의 지휘 하에 들어가 비알리스톡에서 밀려나고 있는 서부방면군 제대를 치기 위해 상당한 병력을 포위소탕전에 남겨 두어야 했다. 26일 포위망에 갇힐 우려가 있었던 소련군은 3군이 북쪽에서, 10군은 남쪽으로 빠져나가고 있었고 아직 남쪽에서 들어오는 구데리안의 포위가 만들어지지 않아 대부분 남동쪽 퇴로를 따라 탈출하고 있었다. 분산된 병력들은 주변의 파르티잔 조직과 합류하여 독일군의 후방을 교란시키는 것으로 전환되어 독일군으로서는 이 점도 향후 작전계획 수립에 적의 반영해야 했다. 갑작스럽게 다량으로 포획되는 포로들은 일일이 관리가 되지 않아 보초도 없이 그들 스스로 후방으로 걸어가 독일군 부대에 투항하라고 지시하고 그냥 지나치는 경우가 있었다. 이들을 붙잡고 있으면 정해진 작전기동을 완수할 수 없었기 때문이었다. 특히 이때 전진하는 독일군들이 잡은 적군 포로를 후방으로 이송시키는 작업은 자칫 잘못하면 큰 화를 초래할 수가 있어 차라리 공격지점 부근에 집결시켜 두든지 아니면 포로만을 전담하는 초병들이 관리토록 하여 후방으로 이송하는 것이 나았다.[12]

호트의 3장갑집단은 26-27일간 '스탈린 라인'을 돌파하고 더딘 속도를 나타내고 있던 20장갑사단의 좌익에 위치한 7장갑사단은 25일에 민스크 북쪽으로 20km 떨어진 스몰레뷔에찌

11) Guderian(1996) p.158
12) BA-MA RH 27-3/14, KTB 3. Pz. Div. vom 16.8.40 bis 18.9.41, p.48(1941.6.26)

◆ III-4 불에 탄 건물 잔해 위를 밟고 나가는 소련군 소총병들. 마지막 병사가 엄지손가락을 치켜든 것은 진격이 순조롭다는 뜻인가?

(Smolewiecze)에 도달한 뒤 주변구역을 감제함에 따라 민스크 포위망을 북부에서 잠그는 단계를 마쳤다. 이 진격은 상당한 고통과 피해를 수반하게 되었으며 2장갑집단에 비해 상대적으로 숲 지대가 많은 구역을 통과해야 했기에 간헐적으로 반격을 가하는 소련군 제대에 의해 적지 않은 출혈을 감내하고 있었다. 호트 뒤를 따르는 9군 역시 이 숲지대를 소탕하는 작업 때문에 무척 고달픈 진군을 경험하고 있었으며 서구와는 전혀 다른 집요한 전투행위를 구사하는 소련군에 대한 보고가 속속 도착하고 있었다. 반면 12장갑사단은 26일 라쿠프(Rakuv)에서 스탈린 라인을 돌파하고 미미한 적군의 반격을 쳐내면서 순조로운 진격을 계속했다.[13] 호트는 일단 보병사단들이 뒤처져 있는데다 구데리안의 2장갑집단이 남쪽에서 자루를 틀어쥐게 될 때까지는 여전히 이틀을 더 필요로 했기에 일단 공세를 중지하고 일시적인 진지전 모드로 전환했다. 소련군은 3장갑집단과 9군의 이동간격을 벌여놓는 일에 전념하는 동안, 밀리는 소총병들이 포위되지 않으면서 북쪽과 동쪽으로 퇴각하는 지연전을 구사하고 있었기에 이 작전은 어느 정도 시간을 버는 효과는 있었던 것으로 판단된다.[14] 27일 12장갑사단은 이미 민스크 외곽까지 진출했으며 구데리안의 17장갑사단이 남쪽에서 도착하는 것을 기다리는 쪽으로 가닥을 잡았다. 26일에 현지에 도착했던 12장갑사단이 외곽지대를 막고 있던 적군 수비대를 쓸어버리는 동안 17장갑사단은 27일 안으로 민스크

13) Stahel(2009) pp.160, 173
14) NA : T-312 ; roll 281, frame 7.841.939(1941.6.27)

주변구역에 도착해 3장갑집단과 연결되는데 성공했다.[15] 17장갑사단이 뒤를 받치는 동안 18장갑사단은 구데리안 제대 중 가장 북동쪽으로 나아간 사단으로서 늘어난 남익의 측면은 29차량화보병사단과 소규모의 5기관총대대만이 엄호하게 되었다. 이 간격은 27일 아침까지 60km나 벌어졌기 때문에 소련군이 자르고 들어올 위험은 대단히 높았다. 또한 그보다 남쪽에서 뻗어 나간 24장갑군단과의 갭을 향해 소련군 3개 군단 병력이 포진하고 있어 국지적 교란행위는 이미 24일부터 빈번하게 발생하고 있었다.[16]

이 자루 속에는 소총병, 전차, 기계화부대, 기병 등 온갖 병종의 사단 53개가 들어가 있었다. 4개 군, 50만 명의 병력이었다. 3, 4, 10, 13군, 4개 군은 대략 3개의 그룹으로 나뉘어져 있었으며 각각 6개 소총병사단을 보유한 3군과 10군은 비알리스톡과 볼코뷔스크에 몰아져 있었다. 가장 큰 세 번째 그룹은 3군의 부분 병력과 13군의 대부분, 그리고 4군의 일부와 그간 파블로프가 마구잡이로 쑤셔 넣었던 혼성 제대들이 포함되어 노보그루도크와 민스크 사이에 있었다. 이 그룹의 총 병력은 15개 소총병사단에 달했다. 그중 코로브코프(Aleksandr Korobkov) 소장의 4군은 슬루츠크가 이미 함락당한 상태에 있어 조직 전체가 붕괴 직전으로 몰리고 있었다. 13군 또한 4개 소총병사단이 전투서열표에서 삭제될 정도의 피해를 입으면서 빈사상태로 내몰리고 있었다.

6월 26-27일 밤 18장갑사단장 봘터 네링(Walther Nehring)은 어둠 속에서 장갑연대를 따라잡지 못해 니에스뷔에츠(Nieswiez) 근처에 위치한 연대본부를 찾아 헤매고 있었다. 먼 거리에서 어렴풋이 중세 장원풍의 건물 윤곽이 보이면서 네링이 건너려고 한 교량도 눈 안에 들어왔다. 네링은 자신이 타고 있던 하프트랙 조종수에게 전방으로 다가가도록 명령했다. 그 순간 뭔가 움직이는 것이 포착되었다. 순간 네링의 부하가 외쳤다. "장군님, 우리 3호 전차입니다"[17] 그와 동시에 육감적으로 뭔가를 이상하게 느낀 네링이 갑자기 멈추라고 지시했다. 우군 전차로 보이는 물체와 겨우 50m 간격을 두고 자세히 살피려고 한 순간, 갑자기 등 뒤에서 전차의 엔진과 장갑궤도가 구르는 소리가 들리면서 불길한 감이 스쳐 지나갔다. 소련군 T-26 경전차 2대가 네링의 뒤를 노리고 들어온 순간이었다. 네링은 반사적으로 오른쪽으로 꺾으라고 지시한 뒤 적 전차의 기관총 사격을 피해 도주하려고 했다. 두 대의 T-26은 네링의 하프트랙을 겨냥하고 사격을 개시했으나 어둠 속에서 정확히 명중시키지를 못했다. 그 순간 교량 쪽에서 엄호하고 있던 3호 전차가 구원에 나서 불꽃 신호탄을 쏘아 올려 주변을 갑자기 환하게 비추기 시작했다. T-26의 위치를 알아낸 3호 전차는 급회전으로 포신을 돌려 단 두발로 두 대의 적군 전차를 잠재웠다. "간발의 차다. 얘들아 빨리 이곳을 빠져 나가자!" 네링이 소리치며 부하들을 독려하여 위기일발의 상황에서 벗어났다. 다음 날 구데리안은 라지뷜(Radziwill) 성(城)이라 명명된 이 중세풍의 건물로 2장갑집단 사령부를 옮겼으며 정문 앞에서 불타있는 적 전차를 보기는 했으나 이것이 전날 밤 네링을 죽일 수도 있는 일촉즉발의 대결에서 망가진 것들이라는 것을 알지는 못했다.[18]

---

15) Guderian(1996) p.158, Bishop(2007) p.91
16) BA-MA RH 24-47/2, Kriegstagebuch der 29.I.D.(mot) vom 25.5.1941 bis 29.7.1941, Folier 번호 없음(1941.6.24)
17) Kurowski(1990) p.224
18) Kurowski(2010a) p.220, Guderian(1996) p.159

구데리안은 소련군의 저항에 의해 47장갑군단의 속도가 예상보다 느린 점을 개탄하면서 4군에 속한 12군단이 장갑집단의 주보급선을 제대로 엄호해 줄 것을 요청하고, 예비로 대기하고 있는 46장갑군단은 함부로 전력에서 빼지 말 것을 폰 클루게에게 당부했다. 원래 사이가 안 좋은 둘은 차량으로 움직이는 장갑전력과 말과 발로 움직이는 보병전력의 괴리 문제를 두고 사사건건 언쟁을 주고받았으며 폰 클루게는 가장 좋은 도로는 전차들이 사용하면서 가장 질 낮은 도로를 보병들이 쓰는데도 요구사항이 많은 구데리안을 못마땅해 했다.[19] 실은 포위망의 남동쪽은 29차량화보병사단 하나로 지탱하는 형편이어서 전차와 보병간 간격이 90km까지 늘어난 시점에 OKH의 예비전력이 간격을 메워야 할 필요는 있었다. 그러나 이 예비 역시 4군의 12군단 외에 따로 존재하지 않았으며 그 역시 한참 뒤처져 있었다. 구데리안은 포위전에 몰입하는 것보다는 최소한의 보병 제대로 소탕작전을 진행시키되 장갑전력은 곧장 더 동쪽으로 달려가 스몰렌스크-옐니아-로슬라블(Roslavl) 라인을 장악하는 것이 더 중요하다고 판단하고 있었다. 물론 이 기동은 상당한 위험을 내포한다는 것은 구데리안 본인도 인정하는 바였다.[20] 폰 보크는 고민하다 결국 포위망 속의 적군을 내버려 둘 수는 없다며 일단 야전군을 없애는 방안으로 결정하고 폰 클루게가 10장갑사단(46장갑군단!)으로 공세를 취할 것을 명령했다. 폰 클루게는 아직 준비된 게 아무 것도 없다며 수일을 더 달라고 난색을 표명했고, 구데리안은 다시금 열 받아 집단군 사령부에게 10장갑사단을 빼는 것은 민스크 작전 전체를 망가뜨린다고 난리를 피웠다.[21] 28일에 폰 보크가 1기병사단도 폰 클루게에게 넘긴다고 하자 구데리안은 완전히 돌 지경에 달했다. 이미 2, 3장갑집단 전체를 폰 클루게에게 바치는 것도 감당키 힘든 일인데 전군에 유일하게 존재하는 기병사단도 넘겨버리려 하자 그는 차라리 자기를 잘라 버리라고 항변했다. 폰 보크는 구데리안을 달래 이해를 시키고자 했지만 구데리안은 28일부로 당장 29차량화보병사단까지 되돌려 달라는 등 그 특유의 성질을 부리기 시작했다. 구데리안의 주장을 이해 못 하는 바는 아니었으나 폰 보크는 슬로님으로부터 민스크까지의 구간은 1기병사단과 다스 라이히(Das Reich : 41년 당시는 Reich) SS사단이 지키는 것으로 결론짓고 구데리안의 청을 최종적으로 거절했다. 구데리안은 포위망 속의 적군을 관리하는 것은 지금의 병력으로 충분하며 다른 제대는 빨리 드니에프르 강을 도하해야 한다고 우겨대기 시작했다.[22] 상관 말을 잘 안 듣는 구데리안이 개성이 강한 것은 둘째 치고 독일군에는 원수(field marshal)들이 너무 많았다. 베를린과 동 프러시아에서 명령을 내리는 할더 참모총장은 원수가 아니라 상급대장이었다. 따라서 폰 보크 원수가 할더의 말을 제대로 이행하기 어려운 측면이 많았다.

6월 26일 슬루츠크를 따 낸 3장갑사단의 보델 장군은 부하들을 좀처럼 쉬게 하지 않았다. 이틀을 내리 전진한 3장갑사단은 28일 베레지나 강변에 도착하여 소련 4군을 밀쳐내면서 보브뤼스크를 장악하고, 붸르너 알프레드 빌헬름 폰 레뷘스키 (Werner Alfred Wilhelm von Lewinsky) 중령의 6장갑연대는 시 청사에 하켄크로이쯔 기를 게양했다.[23]

19) BA-MA RH 21-2/927, KTB Nr. 1 Panzergruppe 2 vom 22.6.1941 bis 21.7.41, Fol. 65(1941.6.27)
20) Guderian(1996) p.159
21) BA-MA RH 21-2/927, KTB Nr. 1 Panzergruppe 2 vom 22.6.1941 bis 21.7.41, Fols. 73-74(1941.6.28)
22) NA : T-313 ; roll 90, frame 7.318.461-7.318.462(1941.6.29), Stahel(2009) p.176
23) Bergström(2016) p.51

◆ III-5 5보병사단 5정찰대대장 호르스크 니막크 소령. 출중한 지략과 냉혹한 강심장의 소유자. 41년 10월 1일에는 장갑부대훈련소 교관으로 발령났다.

이 당시 비알리스톡과 민스크의 거대한 포위망은 볼코뷔스크(Volkovysk)와 슬로님(Slonim) 사이 구간이 독일군 5보병사단(북쪽) 및 29차량화보병사단(남쪽)에 의해 남북으로 좁혀들면서 동서 두 개의 포위망으로 나뉘는 구조로 변화되고 있었다. 우선 비알리스톡 입구로 들어가는 구역은 23, 87보병사단이 지키고 있었으며 포위망은 좌(서)에서 우(동)로 161, 28, 8보병사단을 가진 8군단, 256, 161, 102보병사단의 20군단, 87, 23보병사단의 42군단, 7, 268보병사단의 7군단, 그리고 9군단의 127, 202보병사단이 에워싸고 있었다. 그 중 스즈챠라(Szczara)와 민스크(Minsk) 사이 구간은 29차량화보병사단과 34보병사단만이 막고 있어 이 두 개 사단으로 150km를 방어하여 적군의 도주를 막기에는 대단히 낮은 병력 밀도였다. 두 번째 포위망은 슬로님 서쪽에서 형성된 상대적으로 작은 자루로서 17군단과 42군단의 사단들이 둘러싸 서쪽에서 동쪽으로 17, 78, 134, 131, 45, 31보병사단 순으로 배치되어 있었다.[24] 한편 기동군단들이 전량 동쪽으로 진격하게 됨에 따라 포위망 소탕에 묶인 제대 이외의 예비들은 모두 기동사단들을 지원하는 것으로 조치되었다. 53군단은 측면엄호를 위해 남쪽으로 진출하고 46장갑군단의 10장갑사단, 60차량화보병사단, 다스 라이히는 2장갑집단을 따라 들어갔으며 9군 42군단의 129보병사단은 20군단과 7군단 사이에 포진되었다. 또한 167보병사단(2장갑집단 47장갑군단), 252보병사단(4군 42군단), 258보병사단(4군 7군단)은 슬로님 포위망 서편에 배치되었다. 2, 3장갑집단은 지난 5일 동안 일일 평균 64km의 속도로 320km 거리를 주파했다.

6월 27일 5보병사단의 선견대는 졸루데크(Zoludek)에서 가벼운 교전을 마친 뒤 오를라(Orla)가 위치한 네만 강으로 다가갔다. 다행히 목조교량이 온전히 버티고 있어 독일군은 재빨리 남쪽 강변에 교두보를 만들어내고 호르스트 니막크(Horst Niemack) 소령의 5정찰대대가 이끄는 사단 선견대는 다시 다른 교두보를 확보하기 위해 남쪽과 남서쪽으로 이동했다. 오를라의 교두보는 35보병사단의 선봉이 인계받아 지키면서 서쪽의 그로드노 포위망으로부터 빠져나오는 적군들을 봉쇄하도록 했다. 니막크 소령은 오를라 교두보를 향한 소련군의 공격에도 불구하고 선봉 정찰대를 네만 강 남쪽 기슭으로 이동시킨 뒤 남서쪽을 돌파하여 피아스키(Piaski)에 교두보를 만들려는 시도를 추진했다. 정찰대는 오후에 네만 지류를 따라 급속하게 이동한 뒤 밤을 이용해 피아스키 북동쪽으로 전진했다.[25] 5정찰대대의 이 기동으로 서쪽의 더 큰 포위망으로부터 철수하는 소련군들은 동쪽으로 이동할 수 있는 퇴로를 차단당하는 운명에 놓이게 만들었다. 니막크는

24) Haupt(1997b) p.39
25) Buchner(1991) p.172

아직 적군의 흔적이 없는 야지를 주행해 스즈챠라(Szczara)까지 도달한 다음 이곳의 교량을 폭파시켜 버렸다. 이제 도주하는 소련군이 퇴각에 이용할 강변으로 난 길이 모두 정찰대에 의해 장악되면서 피아스키와 즈지에시올(Zdzieciol) 사이의 10km에 걸친 동쪽 도주로는 차단되기에 이르렀다. 간발의 차였다. 초병이 니막크에게 달려와 소련군 차량들이 대거 몰려오고 있다는 보고를 전달했다. 니막크는 4대의 대전차포를 준비하여 숲 가장자리에 포진시키도록 지시하고 니막크는 곧장 전방으로 뛰어갔다. 이열 횡대를 이룬 소련군들은 기관총과 야포들을 배치해 정찰대 쪽을 공격해 들어왔다. 3시간에 걸친 전투 끝에 6대의 적군 차량이 불타면서 엄청난 수의 소련군들이 쓰러졌으나 끝도 없는 인해전술에 독일군들도 상당한 피해를 내고 있었다. 이번에는 수 대의 소련군 전차들이 몰려왔다. 모든 중화기를 한곳에 집중시킨 니막크는 재빨리 조준사격에 들어갈 것을 명했다. 정찰대의 대전차포는 800m 거리에서 2대를 격파시키자 약간 주춤해 보이던 전차들은 다시 진지 가까이 접근해 들어왔다. 다른 대전차포가 한 방에 명중탄을 날려 세 번째 전차를 파괴시키면서 나머지 전차들은 뒤로 물러나기 시작했다.[26] 30분 후 또 다른 전차가 소총병들과 함께 독일군 기관총좌 좌측에서 출몰했다. 적 전차가 기관총좌를 향해 포신을 돌리는 동안 하이늘레(Hainle)는 두 명의 동료와 함께 3kg 대전차지뢰를 들고 전차 왼편으로 바짝 붙어갔다. 소총병들의 총탄이 하이늘레의 머리 위를 살짝 스치고 지나가는 순간 하이늘레는 전차에 올라타 주포 뒤편에 지뢰를 장착하고 움푹이 파인 땅으로 뛰어내렸다. 전차는 검은 화염에 휩싸이기 시작했고 해치가 공중으로 날아가면서 내부 유폭으로 파괴되는 광경이 확인되었다. 하나 여전히 첩첩산중이었다. 이번에는 소련 기병들이었다. 독일군 기관총좌는 100m 안으로 끌어당긴 뒤 일제사격을 가했다. 인간과 말의 울부짖음이 아비규환을 이루는 가운데 온 사방으로 피와 살점이 튀기 시작했다. 불과 수분만에 1파의 공세가 무너지자 소련군은 모든 병력을 끌어모아 총공격을 시도했다. 전차를 앞세운 소총병들이 진격하는 가운데 장갑차량들은 양익을 커버하면서 독일군 진지 쪽으로 돌격해 들어왔다. 독소 양군은 이제 50m 거리를 두고 치열한 근접전을 치르고 있었다. 라이블레(Raible), 벡커를링(Beckerling), 토이프너(Teupner) 하사가 일제히 수류탄을 투척해 선두의 적군들을 무너뜨리자 이내 30명 가량의 적군들이 바로 일어나 최 지근거리까지 다가왔다. 라이블레 하사는 다시 한 번 수류탄을 투척하고 웅크리기 직전 적탄에 오른쪽 어깨를 맞고 쓰러졌다. 그 이후는 볼 것 없는 육박전이었다. 독일군은 불과 2m를 두고 소련군이 쓰러지는 것을 보는 순간을 맞이하고 있었다.[27] 소련군은 불과 얼마 되지 않아 다시 한번 돌파를 시도하였으며 독일군은 숲지대에서 적군의 측면을 가격해 28일의 적군 공세를 최종적으로 물리칠 수 있었다. 소련군의 물결은 그것으로 일단 사라졌으나 대대장 니막크 소령이 부상을 당했다. 5보병사단장 칼 알멘딩거(Karl Allmendinger) 소장은 후방 이송을 명했으나 니막크는 듣지 않았다. 이 중요한 순간에 전장을 이탈할 수 없다는 뜻이었다. 포위망에 갇힌 소련군 15개 소총병사단은 일단 피아스키를 그나마 가장 취약한 방어구역으로 간주하고 이곳을 계속해서 두들기는 쪽으로 집중하고 있었다. 그러나 탈출 가능성에 점점 회의적이 된 소련군은 132고지를 포함해서 되도록 여러 곳을 시험해 보는 방안을 채택하고 그 가운데 상대적으로 허술하다 싶은 구간을 돌파하려고 했다.

26) Alman(1985) p.246
27) Kurowski(2015) p.38

◆ III-6 5보병사단장 칼 알멘딩거 소장

29일 스즈챠라(Szczara)에서 전투를 계속하다가는 더더욱 포위망에 갇힌다는 생각을 갖게 된 소련군은 즈지에시올(Zdzieciol) 방면으로의 돌파로 전환했다. 이곳은 5보병사단의 주력과 35보병사단이 저지시킬 수 있었다. 그러나 오전 11시 탄약이 떨어져 간다는 보고가 들어오자 독일군은 초조해지기 시작했다. 주변에 5보병사단 이외의 우군 병력은 전무했다. 소련군은 오후 1시 5분 작심한 듯 총공세를 개시했다. 이번에는 독일군 저지선을 돌파할 수 있을 것이라고 믿었고 독일군도 이번에는 밀려날 수도 있다는 불안감을 지우지 못하고 있었다. 이때 창공의 구원군이 나타났다. 알멘딩거 사단장의 SOS를 받은 2항공군의 슈투카들이 나타나 지상의 소련군들을 초토화시키기 시작했다. 무려 25대가 소련군 종대의 한복판을 사정없이 때리기 시작했다. 대공포가 없는 적군들은 방법이 없었다. 대지에는 온갖 종류의 차량과 야포들이 나뒹굴면서 묵시록적인 광경을 오랫동안 연출하고 있었다. 소련군은 그 이후에도 소규모의 병력을 모아 세 번에 걸친 공격을 가했으나 5보병사단에 의해 모두 격퇴되었다.[28]

니막크의 부하들이 이룬 이 쾌속 전진과 죽음의 항전은 장갑사단의 최전방 진격만큼이나 포위망을 닫는데 결정적인 공헌을 다한 것으로 평가되었다. 호르스트 나막크는 이때의 무공으로 8월 10일 백엽기사철십자장에 서훈되었다. 니막크는 국방군에서는 무장친위대의 쿠르트 마이어(Kurt 'Panzer' Meyer)만큼이나 저돌적인 아이콘이었으며 이 전투의 공적만큼은 부하들에게 돌리면서 겸손의 자세를 견지하고 자신을 도운 병사들의 이름을 일일이 거명하면서 승리를 공유했다. 그는 그 치열한 사선에서도 실종된 부사관의 시신을 찾아 장례를 치러준 5정찰대대의 그라프 아델만(Graf Adelmann) 중위를 각별히 치하했다.[29]

이와 유사한 전투는 6월 28일 북쪽의 29차량화보병사단 구역에서도 벌어졌다. 이쪽은 더 믿기 어려운 끔찍한 장면들이 나왔다. 구데리안 제대 중 유일하게 방어전에 투입된 사단의 5보병연대와 모터싸이클대대가 예지오르나쨔(Yeziornitsa)에 주둔하고 있을 때 소련군 기병들이 마을 남서쪽에서 나타나 정면돌격을 감행했다. 기병들은 젤봐(Zelva) 부근에서 모터싸이클대대의 전초부대를 통과해 들어오자 15, 71보병연대는 분주해졌다. 특히 15보병연대의 1대대는 중대, 대대, 연대급으로 가릴 것 없이 들어오는 소련군들의 파도타기 공격을 막아내기 위해 동분서주하였고 특히 젤봐 외곽 1.5km 지점에 있었던 5중대는 그중 가장 힘든 시간을 보내고 있었다. 소련군은

28) Kollatz(1990) pp.13-21
29) Kurowski(2015) p.43

◆ III-7 민스크를 향한 롤반에서 소련군 경전차를 격파시킨 50mm Pak38 대전차포

아무런 지형지물이나 엄폐물이 없는 넓은 평원지대를 2, 3, 4개의 진을 치면서 순차적으로 들어오기 시작했다. 그들 특유의 "우라아아.....!!"라고 울리는 함성도 빠트리지 않았다. 이건 거의 미친 짓이나 다름없었다. 1대대장 프릿츠 슈미트(Fritz Schmidt) 대위가 말했다. "이건.....이건 (적군의) 자살행위나 다름없다.....내가 명령할 때까지 아무도 쏘지 마라!!" MG34 기관총수들이 입맛을 다시며 조준하기 시작했다. 여러 개의 제파를 구성해 돌격해 오는 소련군의 횡대는 마치 거대한 벽이 자신들에게 다가오는 것 같은 느낌을 받았다. 이걸 치지 않으면 독일군들이 금세 당할 수 있는 형세였다. 누가 먼저 죽이느냐는 순간의 싸움이었다. 그리고 이는 기와 정신력의 싸움이었다. 적 기병들의 숨소리가 느껴질 만큼 가까이 다가왔을 때 대대장의 구호가 떨어졌다. "마음대로 쏴라(Feuer frei/ open fire)!!!" MG34와 MP40의 기계음이 천지를 진동했다. 제1파가 일제히 쓰러졌고 2파는 1파의 시신들 위에 다시 걸려 넘어졌다. 3파는 뒤로 물러났다. 이건 거의 일방적인 살육에 가까운 전투였다. 저녁 무렵에는 소련군들이 장갑열차를 동원해 공격을 재개했다. 젤봐 철도역을 가운데 놓고 기병들은 좌측에, T-26 경전차를 앞세운 소총병들은 우익에 포진해 공격해 들어오면서 열차는 모든 포사격을 독일군 진지에 집중하게 되었다. 경전차들은 5보병연대의 2대대 구역을 겨냥했다. 2대대 14중대의 37mm 대전차포가 황급히 전방으로 배치되는 동안 공

병들은 철도를 파괴해 일단 적군 장갑열차가 움직이지 못하게 만들었다. 그 사이 8중대는 열화와 같은 기관총 사격으로 기병들을 살육했다. 살육당한 적군 병사들도 그렇지만 고통에 울부짖는 말들의 비명은 독일군이 감당하기 힘든 처참한 괴성을 만들고 있었다. 독일군들은 말의 고통을 덜어주기 위해 기관총으로 모두 죽여버려야 했다. T-26 경전차들은 독일군의 50mm 대전차포가 상대했다. 전차들은 단 한 대도 방어선을 넘지 못하고 모두 파괴되거나 뒤로 물러났다. 이 경전차들과 T-34 사이에는 화력이나 장갑방어력에 있어 너무나 큰 갭이 존재하고 있었으며 T-26는 독일군 50mm 대전차포의 관통력을 당해 낼 수가 없었다.[30]

6월 28일 오후 4시 호트의 3장갑집단은 민스크 내부로 진입했다. 7, 20장갑사단이 주된 시가전을 치르면서 빠른 시간 내 적군의 수비대를 잠재웠다. 선봉의 7장갑사단은 할 일을 다 한 것으로 받아들여졌지만 도대체가 적군보다는 엉망진창의 도로와 씨름하느라 믿기 어려운 손실을 안고 있었다. 7장갑사단은 2, 3호 전차의 50%, 4호 전차는 전체 전력의 75%에 가까운 피해를 기록했다.[31] 특히 4호 전차는 사단 전체에 25대만 남게 되어 1개 장갑대대는 일시적으로 기능이 중단되다시피 했다. 23일부터 도주하는 적군을 쫓아 줄곧 동쪽 방면으로 치고 들어왔던 57장갑군단의 12장갑사단은 제2파로 민스크 외곽을 향해 쑤시고 들어갔다. 5, 26차량화보병연대와 26모터싸이클대대가 전방을 휘젓는 가운데 사단은 5일 동안의 격전 후에 드디어 민스크에 도달하는 성과를 나타냈다. 이때 시가에 진입하는 것은 보병들이 아니라 우선 장갑연대의 4호 전차들이 나섰다. 나중에 세계 최다 전차 격파 기록(168대)을 보유하게 될 29장갑연대 1대대 소속 포수 쿠르트 크니스펠(Kurt Knispel)은 28일 적 전차보다는 대전차포와 기관총좌의 성가신 반격에 노출되어 있었다. 크니스펠의 전차가 3열 대로변으로 접근하자 과수원 쪽으로부터 기관총 사격이 집중되었다. 전차장 개르트너(Gärtner) 하사의 외침이 들려왔다. "고폭탄 장전, 목표 과수원!" 크니스펠의 첫 발은 적군 기관총좌를 덮쳤다. 전차장의 차기 발포 명령과 거의 동시에 크니스펠은 최초 겨냥한 곳에서 약간 방향을 교정한 후 두 번째 탄을 날렸다. 1초의 절반도 안 되는 찰나에 포탄은 목표물에 그대로 박혔다. 명중이었다. 과수원 건물 안에 포진되었던 기관총좌는 흔적도 없이 박살이 나 버렸다. 이로써 12장갑사단의 5, 26차량화보병연대와 26모터싸이클대대의 민스크 진격을 위한 귀찮은 장해물들이 하나하나 제거되어 나갔다.[32] 쿠르트 크니스펠은 민스크 시내를 장악해 수색에 나서던 중 양조장을 발견하고 다량의 주류와 맥주를 챙겨 그날 저녁 동료들과 승리의 술판을 벌이게 되었다. 크니스펠은 그간의 기록사진으로 보아 한 술 하는 것으로 짐작된다. 쿠르트 크니스펠은 당시 75mm 단포신의 4호 전차에 타고 있어 이 전차로 T-34를 격파하려면 최하 800m까지는 끌어당겨야 했기에 전차전보다는 적군 진지와 벙커 제압에 할당되었으며 개전 초기에는 이렇다 할 전과가 부족했다.[33] 크니스펠은 8월에 레닌그라드 남부에서 자신의 최초 적 전차 격파를 기록하게 된다. 공군의 에이스들도 마찬가지지만 최초의 적기와 전차를 파괴하는 그 순간부터 일이 순조롭게 풀리게끔 되어 있었다.

30) Carrel(1966) pp.43-4
31) BA-MA RH 27-7/46, Kriegstagebuch Nr.3 der 7.Panzer-Division Führungsabtelung 1.6.1941-9.5.1941, Fol. 21(1941.6.28)
32) Kurowski(2004) p.137
33) Kurowski(2007) p.51

한편 구데리안은 아직 멀었지만 일단 폰 클루게의 4군은 열악한 도로사정을 극복하고 민스크를 향한 최종 공격의 준비단계를 마쳤다. 구데리안의 부대는 29일 오후에 남쪽에서 좁혀 들어와 포위망을 완성시켰다. 이때 이미 민스크 시의 80%는 파괴되었고 외곽의 건물들만 건재했다. 우여곡절은 있었지만 구데리안 2장갑집단의 진격은 서방전격전에 비해 결코 뒤떨어지지 않았다. 호트보다 이틀이 늦게 된 2장갑집단은 마지막 스퍼트에 박차를 가해 민스크로 쇄도했다. 선두에서 진입한 네링의 18장갑사단은 이미 호트의 사단들이 내부를 평정하였기에 자신은 민스크를 지나 남쪽의 국도를 따라 이동한 뒤 베레지나 강변의 보리소프로 향해 거기서 교두보를 형성할 계획을 세웠다. 18장갑사단은 어쩌면 자살에 가까울 정도로 적진 깊숙이 일일 100km 주파를 목표로 잡고 있었다. 24장갑군단은 더 날뛰었다. 6월 27일 아침 진격에 착수한 4장갑사단은 28일 아침, 불과 24시간 동안 250km 진격을 달성했다.[34] 3장갑사단은 슬루츠(Sslutsch)에서의 지체를 극복하고 6장갑연대 야로쉬 폰 슈벨레(Jarosch von Schweler) 중위 지휘 하의 5중대를 선두에, 그 뒤는 레뷘스키 중령의 1장갑대대와 오스카르 문쩰(Oskar Munzel) 중령의 2장갑대대가 두 개의 종대를 만들어 매우 근접한 형태로 진격해 나갔다. 정오경 장갑연대 전체가 총공세로 돌아섰다. 하나 칼리스타(Kalista) 숲에서 엄청난 수의 기관총좌들이 역습을 가해오면서 진정국면으로 전화될 때까지 사단은 상당한 출혈을 감내해야 했다. 그 직후 빅토르 린나르쯔(Viktor Linnarz) 대령이 지휘하는 장갑여단은 5, 7장갑중대를 끌고 동쪽으로 진군해 프리페트 습지의 작은 지류인 프리트이(Pritj)가 위치한 글루샤(Glusha)에 도달했다. 그 순간 목조교량이 소련군의 화포에 맞아 불타기 시작했다. 독일군은 3대의 지휘전차와 4대의 4호 전차, 그리고 4대의 차량이 불타는 교량을 재빨리 최고속도로 지나갔다. 불에 타던 목조교량은 곧바로 쓰러졌다. 그 와중에 어처구니없는 일이 발생했다. 린나르쯔 대령이 우군의 오폭으로 인해 부상을 당하자 레뷘스키 중령이 지휘권을 이어받았다. 사단 대부분의 제대들이 27일 오후 늦게까지는 강변에 도착했으나 재집결하는 데는 상당한 시간이 소요되었다. 발터 모델은 정찰대대의 차량을 직접 타고 남쪽으로 이동해 다음 진격로에 대한 정찰에 나섰다. 모델은 오후 9시 베레지나 강변의 보브뤼스크를 향한 공격을 명했다. 3장갑사단은 이 시점 24장갑군단의 본대와는 90km나 떨어져 있었으며 자매사단 4장갑사단은 슬루즈크(Sluzk)에 주둔해 있었다. 사단 전체가 통과할 교량건설은 약 이틀이 소요되었으며 그 와중에 나타난 소련공군의 공습은 대공포부대가 2대를 격추시키면서 공사와 도하를 속개하도록 했다.[35]

프랑스군이 날이 갈수록 약세로 돌아선 데 반해 소련군은 당하면서도 점점 집요한 근성을 들어내었다는 증거들은 부지기수로 있으나 구데리안의 눈부신 스피드는 러시아의 평원에서도 빛을 발했다. 대 프랑스전에서 구데리안의 19장갑군단은 239km 거리를 7일 만에 주파하였고 마지막 날인 7일째는 일일 최고인 89.6km를 주파했다. 바르바로싸에서 구데리안은 역시 같은 7일 동안 437km를 진격했으며 역시 최대 기록을 세운 마지막 날 115km를 주파했다.[36]

---

34) Stolfi(1993) p.129
35) Kurowski(1990) pp.232-3
36) ケネス マクセイ(1977) p.217

* * * * *

민스크와 스몰렌스크 사이에서

"포위망의 저항을 종식시키는 것이 지연된다는 못마땅한 상황 속에서,
기동제대들은 발이 묶여 동쪽으로의 진격을 재개하는 것이 연기되고 있었다.
기동제대의 지휘관들은 이 같은 상황에서 포위망 속의 적군을 격멸시킨다는 상부의 명령에도 불구하고
그들의 행동을 빡빡하게 구속하는 것을 회피하여
가능한 한 빠르게 진격을 획책할 것이라는 행동의 의혹을 받는 것은 전혀 놀랄 일이 아니었다."
(제1SS 차량화보병사단 '라이프슈탄다르테 아돌프 히틀러' LSSAH 장병 겸 군사사가, 에른스트 클링크)

포위망을 완성시킨 6월 29일 이날은 다시 논쟁거리가 될 만한 문제가 발생했다. 딱히 놀랄 일도 아니었으나 구데리안은 여전히 포로를 헤아리는 일보다 더 빠르게 모스크바를 향해 진격을 서둘러야 한다는 속내를 노골적으로 나타내고 있었다. 구데리안은 측면이나 뒤를 볼 것 없이 상대에게 숨 쉴 틈을 주지 않고 진격을 계속해야 소련군 지휘부의 감각을 교란시킬 수 있으며 그를 통해 차기, 차차기 목표를 보다 빠른 시간 내 달성할 수 있다는 논리였다. 폰 클루게는 서방전격전의 결과에 근거하여 구데리안의 생각을 전혀 틀리다고 판단하지는 않았으나 군이 땅을 막연히 장악하는 것보다 당면한 민스크 포위전에 집중하여 실익을 챙기자는 입장이었다. 폰 클루게가 4군의 보병제대를 지원토록 하지 않는 한 구데리안의 장갑부대가 대놓고 앞으로 나갈 수만은 없었다. 한편 할더도 다소 복잡한 생각을 갖고 있었다. 포위전은 보병 제대에게 맡기고 드니에프르 강변의 로가췌프(Rogachev)와 모길레프(Mogilev)를 점령한다면 스몰렌스크는 물론 모스크바로 향하는 길목을 연다는 염원을 구체화시킬 수 있을 것으로 보고 있었다.[37] 한데 히틀러는 모스크바보다 발틱국가들을 먼저 따내는 쪽이 매력적인 것으로 보고 일단 민스크 포위전이 끝나고 나면 주력이 모스크바로 갈 것인지 아니면 레닌그라드로 향할 것인지를 결정하자는 운을 띄우기 시작했다. 히틀러는 중앙집단군의 일부가 북진함으로써 발틱해 국가들을 소비에트로부터 이탈시키고 소련군이 북해로 진입하지 못하도록 차단함에 따라 스칸디나비아와의 통상 루트를 온전히 할 수 있음은 물론, 핀란드군이 동쪽으로 진격하는데 일조할 수 있다는 견해를 나타냈다. 즉 중앙집단군이 북방집단군과 연계하여 레닌그라드를 석권하고 그 다음에 모스크바로 향한다는 구상이었다.[38] 여기서 다시 한번 모스크바는 부차적 목표로 격하된다. 동시에 히틀러는 24장갑군단의 측면이 너무 노출된 점을 지적하고 더 이상의 진격을 하지 않도록 지시하려하자 브라우히취는 24장갑군단은 단지 장갑집단의 측면을 엄호하는 역할 외에 다른 의도가 없다고 설득했으나 히틀러는 납득하지 않았다. 당시 OKW의 작전부장 요들은 히틀러의 생각에 찬동하기를 꺼려했다. 요들은 북부 전선의 지형조건상 장갑부대가 레닌그라드를 서쪽과 남쪽에서 공략하는 것이 대단히 어려운 것으로 판단하고 이미 27일까지 이 작전은 먹히지 않을 것이라는 확신까지 견지하고 있었다. 하나 요들의 성격이나 지위상 우크라이나의 경제적 전략자산을 소련군으로부터 탈취하기 전까지

37) Franz Halder, KTB III, p.25(1941.6.29)
38) KTB OKW, Vol. II, pp.1019-1020, Dokument 64(1941.6.29), Dokument 65(1941.6.30)

모스크바 진격은 유보한다는 히틀러의 생각에 반기를 들기도 어려운 상황이었다.[39] 최소한 이 시점에 한해서는 요들은 구데리안이나 호트와 같은 전략을 구상하고 있었던 것은 분명했다. 하지만 그와 마찬가지로 히틀러 역시 반드시 중앙집단군의 지원을 얻어 북부를 제압해야 한다는 구상에 개인적인 확신을 지니고 있었던 것은 아니었던 것으로 보인다. 히틀러는 아직 우크라이나 전선에 진전이 없고 북부도 막혀 있었던 만큼, 당분간 중앙집단군의 남익이 불안하다는 점을 염두에 두면서 고멜(Gomel) 일대를 장악하는 것이 더 안전하다는 생각을 갖고 있었다.

이때는 OKW와 거의 유사하게 OKH의 수뇌부도 초기 단계의 구상에 수정을 가하고자 하는 심리적 동요를 경험하고 있었다. 29일 24장갑군단은 보브뤼스크에 도달해 베레지나(Beresina) 강 동쪽 제방에 교두보를 확보하려 하고 있었다. 실은 이 시점만큼은 할더도 구데리안과 같은 생각이었기에 히틀러의 명령을 야전군에 그대로 전달하기는 싫었다. 아니 그러한 결정은 중대한 실수로 간주하고 있었다. 할더는 불명확한 표현으로 구데리안과 같은 야전 사령관에게 자율권을 줄 수 있는 여지를 남기면서 총통의 명에 불복종하지 않는다는 근거를 남기려고 했다.[40] 3장갑집단의 호트도 구데리안과 같은 철학의 소유자였다. 그는 중앙집단군 사령관 폰 보크와 마찬가지로 작은 규모의 포위망을 조급하게 만들기보다 연속포위에 의해 소련군의 방어태세 모멘텀을 붕괴시키면서 끊임없이 선제공격을 이어가야 한다는 생각이었으며 폰 보크 역시 작전계획 단계에서부터 민스크 포위전의 시기와 규모를 미리 설정한 것은 결코 아니었다.[41] 여기서 한 가지 묘한 것은 호트가 브라우히취와 할더의 OKH가 내린 포위전 관련 결정을 마치 무시하고 이를 폰 보크가 묵인한 것처럼 보이지만, 실은 할더와 브라우히취는 호트와 구데리안(폰 보크 포함)이 자신들의 명목적인 지시를 이행하지 않고 마음껏 행동의 자유를 누려주기를 바랬다는 부분이었다. 즉 겉으로는 히틀러의 명에 따르는 것처럼 보이게 하면서도 두 장갑집단 사령관이 자신들의 명에 반해 모스크바로 가는 길을 재촉해 줄 것을 은근히 바라고 있었다는 것은 분명하다. 그렇게 함으로써 OKH는 혹시나 히틀러로부터 추궁을 듣는다 하더라도 중앙집단군 사령부에게 책임을 물으면 될 것으로 판단했고, 호트와 구데리안은 자신들의 독단적 행동을 상부가 문제 삼기 전에 재빨리 기정사실화될 만한 전과들을 선제적으로 취득하면서 히틀러의 질타를 무위로 돌아가게 할 심산이었다. 바꿔 말하면 포위망이 너무 커 적군의 도주가 우려된다는 히틀러의 생각이 전달되기 전에 한국식으로 '빨리빨리' 다음 수순으로 넘어가 버리면 히틀러도 어쩔 도리가 없을 것이다라는 간이 부은 술수를 쓰고 있었다. 그리고 호트와 구데리안, 특히 구데리안은 히틀러고 뭐고 상관의 명을 안 듣기로는 천하가 아는 스타일이라 할더와 폰 보크가 그러한 성향과 기질을 이용한 측면이 적지 않았다.[42]

여기서 한 가지 폰 보크가 염려했던 부분은 도주해버린 소련군 병력이 나중에는 민스크(Minsk)-노보그루도크(Novogrudok) 포위망에 걸리도록 되어 있었지만 구데리안이 포위망 동쪽과 남쪽을 너무 빨리 느슨하게 만들어버림으로써 소련군이 민스크와 슬로님 사이로 돌파해 나

39) BA-MA RW 4/v. 78(OKW/1570); Kriegstagebuch OKW, vol. I, "Sonderakte Jodl, Operative Entscheidungen, 1941" "Barbarossa," Anlage, p.1037(1941.6.29)

40) Stahel(2009) p.179

41) BA-MA RH 21-3/46, 'Panzerarmeeoberkommandos Anlagen zum Kriegstagebuch "Berichte, Besprechungen, Beurteilungen der Lage" Bd.III 25.5.41-22.7.41' Fols. 80-81(1941.6.29)

42) Mombeek, Bergström & Pegg(2003) p.107, Bergström(2007) p.25

◆ III-8 스몰렌스크 전구 크봐수이(Kwassuy) 부근의 29차량화보병사단 29정찰대대의 장갑차량 Sd.Kfz.223. 상체를 완전히 드러낸 것으로 보아 주변 전투가 일단 종료된 상태의 것으로 추정.

갈 우려가 발생할 수 있다는 것이었다. 해서 폰 보크는 29일에 다스 라이히 등과 같은 제대가 전방으로 나가고 나머지 제대는 포위망을 좀 더 오래도록 지탱하는 것이 좋겠다는 제안을 한 바 있으나 구데리안은 휘하의 모든 병력이 당장이라도 드니에프르를 도하할 준비가 되어 있으며 반드시 그럴 필요가 있다는 입장을 개진하였다.[43]

구데리안의 2장갑집단이 늦게 포위망을 형성하는데 동참함으로 인해 남쪽 구역을 커버하고 있던 29차량화보병사단은 상당한 애로를 겪고 있었다. 그들보다 더 많은 병력을 가진 소련군 제대가 여기저기서 빠져나와 전방을 교란하였고 전차까지 동원한 소련군의 탈출극은 차량화보병사단의 일부 제대가 역포위 당해 곤욕을 치르게 하는 경우도 있었다. 예컨대 젤뷔안카의 소련 4군 제대는 발터 폰 볼텐슈테른(Walter von Boltenstern) 소장의 29차량화보병사단 소속 '토마스 전투단'(Kampfgruppe Thomas : 71보병연대 주축)을 정면으로 돌파해 나와 15보병연대 1대대 뒤편으로부터 돌아 들어가는 기동을 보임으로써 젤봐(Zelva)의 철교를 재탈환하려는 기도를 나타내기도 했다. 특히 29일 소련군의 압박은 대단한 것이어서 결국 7장갑연대와 71보병연대는 자리를 내주고 대량의 적군 병력들이 빠져나가는 것을 관망해야만 했다.[44] 이 어정쩡한 위기는 29차

43) NA : T-312 ; roll 281, frame 7.841.937-7.841.938 / NA : T-314 ; roll 245, frame 000073-000080
44) BA-MA RH 26-29/6, Kriegstagebuch der 29.I.D.(mot) vom 25.5.1941 bis 29.7.1941, Folier 번호 없음(1941.6.27, 6.28, 6.29)

량화보병사단의 작전참모 게르하르트 프란쯔(Gerhard Franz) 중령이 해결했다. 그는 정력적으로 대전차진지를 구축해 소련군을 쳐내면서 우군 보병사단들이 도착할 때까지 도주하는 적군을 잔혹하게 처단해 나갔다. 개인호에 있던 사단의 모든 참모장교들도 기관단총을 들고 직접 전투에 참가해 장교와 사병의 구분이 없는 혈투를 벌였다. 이틀 동안에 걸친 이 전투를 통해 29차량화보병사단의 이름은 적군과 우군에게 널리 알려졌다. 스나이핑 사격의 달인으로도 알려졌던 게르하르트 프란쯔 중령은 7월 24일 기사철십자장을 받았다.

프랑스와 달리 러시아는 너무나 광대한 국토로 인해 장갑부대가 지나간 후방을 보병 제대들이 완전히 커버하기에는 불가능에 가까웠다. 포위망 속의 소련군 병력들은 여전히 틈만 나면 탈출을 기도했고 심지어 보병지원 전차나 중화기를 동반한 제대도 있어 이들을 단순히 울안에 갇힌 쥐로 판단한다는 것은 무리였으며 때때로 일어나는 소련공군의 공습과 화포사격은 어느 쪽이 추격하는 쪽이며 어느 쪽이 사냥당하는 쪽인지 구분이 가지 않는 혼란스런 경우를 야기하고 있었다. 또한 깊은 숲지대에서 적군을 소탕하는 것은 토벌을 행하는 우군에게도 상당한 피해를 초래케 했다. 확실히 소련군들은 많은 병력을 구비하고 있음에도 개활지에서의 기동은 서툴었으나 숲지대에서 만큼은 놀라운 생존력을 발휘했다. 서방전격전 당시에는 일단 적군이 포위되면 이내 심리적으로 위축이 되어 전투를 거의 포기하다시피 하는 수가 다반사였으나 소련군은 전혀 그렇지가 않았다. 이들은 단순히 우군의 시간을 벌기 위해 특정 구역을 죽음으로 지키는 경우도 있었으며 독일군에게 잡히나 우군에게 반역죄로 처형되나 마찬가지라는 절망적인 상황 속에서 살아남기 위한 불가사의한 항전의식을 발휘하는 제대들도 존재했다.[45]

6월 29일 비알로뷔에자 숲지대를 소탕하기 위한 과정에서 그와 같은 격돌은 극에 달했다. 13군단 78보병사단은 215보병연대를 우익에, 195보병연대를 좌익에 놓고 238보병연대는 후방에 2파로 구성시킨 뒤 숲지대로 진입했다. 이곳은 몰락한 4전차사단과 여타 3개 소총병사단 및 여단의 잔존 병력과 일부 포병대를 모아 전설적인 소련 축구 골키퍼와 이름이 같은 야쉰(Yashin) 대령이 지휘하고 있었다. 전투는 근접전, 육박전, 백병전으로 전개되는 것이 불가피했다. 적과 우군이 너무 가까이 접근해 있어 화포사격은 불가능했으며 오로지 박격포에만 의존하는 화공전이 치러졌다. 승부는 29일 오후에 가려졌다. 215보병연대 3대대가 포펠레보(Popelevo)에서 측면과 후방을 강타하자 소련군들은 전열이 흐트러지면서 사방으로 도주하기 시작했다. 무지 용감했던 야쉰 대령은 나뭇가지들로 만든 도로 장해물 옆에서 전사한 것으로 확인되었다. 숲지대에서의 전투는 다음 날로 이어져 독일군은 울창한 숲에서 소련군 전차의 반격에 유념하면서 소대 단위로 잘게 나눈 병력들로 소탕전을 치렀으며 시계가 좁아 모든 명령은 신호탄의 색깔로 확인케 하는 것이 불가피할 정도로 힘든 전투가 계속되었다. 30일 저녁 78보병사단은 비알로뷔에자 숲을 완전 장악하고 통과해 나왔다. 600명의 소련군 시신이 남겨졌으며 포로는 1,140명, 나머지 3,000명 정도가 같은 13군단의 자매사단인 17보병사단 구역으로 도주했다. 독일군의 피해도 만만치 않았다. 78보병사단의 114명이 전사하고 12명이 부상을 입었다. 아무리 기동력과 전투력에 차이가 아니더라도 개활지가 아닌 좁은 숲에서의 전투는 이처럼 결과가 사뭇 다르게 나타나고 있었다.[46]

45) Stahel(2009) pp.182-3, BA-MA RH 19-II/128, Tagesmeldungen der Heeresgruppe Mitte vom 22.6.41 bis 15.7.41, Fol. 87(1941.6.29)

46) Carrel(1966) p.66

6월 말까지 소련군은 총 기동전력의 25-30%를 상실했다. 소련군에게 다소 곤혹스러운 것은 T-34와 KV 중전차들을 너무 1진에 집중 배치한 결과 2진에는 주로 경전차들로만 포진된 제대가 많아 독일 장갑사단을 밀어낼 펀치력은 약한 것으로 추정되고 있었다. 독일군은 최초 8일 동안 4개 장갑집단 모두 합해 10,000명의 병원 피해와 106대의 전차를 잃는 정도에 그쳤다. 따라서 7월 첫 주에는 대부분의 장갑사단들이 여전히 100대 이상의 전차들을 보유하고 있어 서전에 약간의 피해가 발생했다고 해서 큰 문제가 될 것은 없었다. 다만 하나의 우려는 소련군의 공격보다는 부실한 보급으로 인해 장갑부대의 작전술적 효율성이 저하되는 것이 가장 시급한 문제로 대두되고 있었다.

모델의 3장갑사단은 28일 보브뤼스크에 다가가 상당한 출혈을 감내하며 공성전을 극복하고 베레지나 강변에 도착했다. 3장갑사단은 개전 이후 여기까지 도착하는 동안 불과 1주일이 채 안 되어 무려 442km에 달하는 주파기록을 갱신했다. 다만 다소 허탈했던 것은 교량이 이미 소련군에 의해 폭파되고 난 다음이었다는 사실이었다. 따라서 사단의 보급차량들은 상태가 엉망인 우회도로를 이용해 이동해야 하는 불편을 감수해야 했으며 결국 베레지나 부근에서 사단 장갑부대와 보병들의 유연한 기동은 저해될 수밖에 없었다.[47] 394보병연대 2대대는 강변 동쪽 제방에 교두보를 확보하기 위해 밤새도록 싸운 뒤 익일 아침에는 작은 규모의 교두보를 확보하기는 했다. 29일은 2장갑집단의 전 구역에서 격렬한 전투가 계속되었으며 특히 29차량화보병사단과 10장갑사단의 일부 제대가 집결해 있던 젤뷔안카(Zelvianka) 구역이 가장 극심한 공방전을 치르고 있었다. 젤뷔안카에 몰린 소련 4군의 큰 덩치들은 동쪽으로 빠져나가 베레지나에서 소위 '예레멘코 라인'으로 명명된 새로운 방어진을 구축할 계획이었다. 그 때문인지 2장갑집단은 적군이 남동쪽으로 빠져나가는 것을 막을 겨를이 없는 것으로 보였으며 그로 인해 3장갑집단은 다소의 불만이 쌓이는 게 당연했다.[48]

6월 30일 구데리안은 호트에게 찾아가 두 장갑집단의 공조방향에 대해 협의한 후 자신의 18장갑사단이 3장갑집단의 우익을 공고히 지켜나가면서 차기 목표점인 보리소프로 향하는 것을 약속했다. 이에 따라 호트는 민스크-스몰렌스크 국도를 2장갑집단의 좌익에 맡기고 자신의 장갑집단은 베레지나 북쪽을 쳐 국도 남쪽 구역에서 포위망을 형성키로 했다. 또한 호트의 7장갑사단은 북진을 위해 베레지나 서쪽에 집결시킨다는 방침을 굳혔다. 구데리안과 호트는 차기 전략적 공세방향에 대해 완전히 일치되는 견해를 갖고 있음을 확인한 후 흡족해 했다. 이들 장갑부대의 달인들은 적이 드니에프르와 드뷔나 강 서편 후방에서 신규 병력들을 규합하는 것을 저지하기 위해 정 동쪽으로 진격을 속개하는 것이 타당하며 포위전 뒤처리는 보병제대에 맡겨야 된다는 원칙적인 입장을 확인했다.[49] 그러나 두 장갑부대가 당장 동진을 속개할 수 있는 형편은 아니었다. 6월 29일 '장갑부대 총감'(General der Panzerwaffe)직에 있던 빌헬름 리터 폰 토마(Wilhelm Ritter von Thoma)는 개전 1주일이 지난 시점에 장갑집단의 전차전력을 조사한 결과 3장갑집

47) BA-MA RH 27-3/218, KTB 3. Pz. Div. I.b. 19.5.41-6.2.42(1941.6.28)
48) BA-MA 59054, 3. Pz. Gr. KTB 25.5.41-31.8.41, Fol. 71(1941.6.28)
49) Hoth(2015) p.81, Guderan(1996) p.160

◆ III-9 베레지나 강을 도하하는 2장갑집단 소속 장병들

단은 정수 전력의 70% 정도가 7월 2일 공세에 맞출 수 있다는 진단을 제시했다.[50] 따라서 호트는 7월 1일까지도 베레지나 동쪽과 드니에프르 방면 구역으로 정찰부대를 보내는 정도로만 대처하고 있었다.

6월 30일 이날 OKH는 드니에프르로 진출하는 것을 허가했다. OKH는 중앙집단군이 스몰렌스크로 진격하는 방안의 중대성을 거듭 강조하고 드니에프르의 로가췌프, 모길레프, 오르샤 구역과 드뷔나의 뷔테브스크와 폴로츠크에서 도하해 가능한 한 빠른 시간 내 교두보를 확보하라는 지시를 내보냈다. 이 결정에 따라 폰 클루게 4군 사령관은 일시적으로 구데리안과 호트의 두 장갑집단을 동시에 관장하게 되었으며 대신 4군의 보병사단들은 6월 27일부터 예비로 돌려져 있던 봐익스의 2군이 인수하는 것으로 조정되었다. 2군에 포함되게 된 제대는 9, 7, 12, 13, 43, 53군단 소속 17개 보병사단과 1개 경계사단, 그리고 4군 예비병력인 3개 보병사단과 1개 경계사단이 모두 포함된 방대한 전력이었다.[51] 24장갑군단은 이미 6월 30일 베레지나의 스뷔슬로츠(Svisloch)에서 확고한 교두보를 장악하고 정찰대대는 보브뤼스크 동쪽으로 나가면서 그 뒤를 3장갑사단의 주력이 대규모 병력을 모길레프 방면으로 움직이게 하는 과제를 수행하고 있었다. 소련군은 베레지나 강변에 위치한 보브뤼스크의 교량을 이미 폭파시킨 상태였으므로 전차들이 스뷔슬로츠로 진입하는 과정은 한참 더디게 진행되었다.

50) BA-MA 59054, 3. Pz. Gr. KTB 25.5.41-31.8.41, Fol. 71(1941.6.29)
51) KTB OKW, pp.1122, 1135-6

예레멘코는 6월 30일 사령관으로서 최초의 명령을 하달했다. 13군이 민스크 주변에서 모든 제대를 동원해 반격을 가한다는 것으로 이는 꽤나 작심한 준비를 거쳤지만 추진되기 직전에 다시 베레지나 강변으로 퇴각한다는 결정으로 변경되었다. 그러나 구데리안과 호트는 이미 베레지나 강변을 위협하고 있었으며 전술한 것처럼 호트에 비해 구데리안 제대가 아직 포위망의 봉합을 완료하지 못하고 있었기에 적군들이 남쪽으로 빠져나가는 것이 포착되고는 있었으나 이미 와해 상태에 놓인 소련군 사단들이 전세를 돌이켜 놓는 것은 지극히 어려운 것으로 관측되고 있었다.[52] 반격이 전혀 불가한 것은 아니었으나 이미 6월 30일까지 서부방면군의 3, 4, 10군과 예비로 있던 13군마저 민스크 서쪽에서 거대한 포위망에 갇히는 형세로 발전되었기에 적군은 일단 뒤로 빠져 전열을 정비하는 쪽으로 가닥을 잡았다. 서부방면군은 이때 사실상 조직화된 전력으로서는 더 이상 존재할 수가 없었다.[53]

기동사단들이야 그저 치고 나가면 그만이지만 소탕전을 전개하는 것은 보병사단들의 몫이었다. 이는 결코 쉽지 않았다. 2장갑집단에 배속되어 있던 12군단은 비알리스톡 동쪽에서 탈출을 감행하는 소련군 병력들을 막아야 했는데 어떤 경우에는 너무 많아 도저히 감당이 안 되는 기막힌 수도 있었다. 13군단 31보병사단은 6월 30일과 7월 1일 사이 극에 달하는 전투를 경험했다. 포위망을 뚫으려는 소련군의 파도는 8진, 8파였으며 마지막 예비까지 총동원해 독일군을 치고 나가면서 상호 엄청난 출혈을 감내해야 했다. 12군단의 전초부대 역시 그보다 월등히 우세한 적군을 맞아 단순소탕전이라고는 차마 할 수 없는 지옥의 사투를 벌였다. 단 소련군의 탈출작전은 집요한 정신력은 있었으나 조직적이거나 제대간 조율이 이루어진 효율적인 측면이 결여되어 있어 그만큼 희생이 컸다.[54] 개전 1주일 만에 이 정도의 격투가 벌어진다면 러시아 전선은 확실히 서방과는 다르다는 점이 각인되었다. 독일군은 기관총이 달아오를 때까지 적병들을 쓰러트렸고 전투가 종료된 후에는 시체를 셀 수 없을 정도로 소련군의 인해전술이 실시되었던 것으로 판단되었다.[55] 독일군이 서쪽에서 동쪽으로 도주하는 소련군보다 먼저 길목을 막아 벌이는 전투 또한 그리 쉽지는 않았다. 독일군 장갑부대는 뒤따르는 보병사단에게 설거지를 맡기고 앞만 보고 나아갔기에 만약 탈출하는 소련군이 전차들을 동반하는 경우에는 골치 아픈 접전이 생겨나곤 했다. 다음은 137장갑엽병대대와 공조하던 226돌격포대대의 쿠르트 막시밀리안 게오르크 슐리쓰만(Kurt Maximilian Georg Schließmann) 소위의 당시 진술이다.

"포탄은 튕겨버렸다. 아직 사정거리는 멀었다. 이미 7대의 소련전차들이 지나간 것으로 보였다. 우리는 계속 진격한 후 400m 거리 안으로 적 전차들이 들어오자 두 번째로 주포사격을 실시했다. 첫발은 정확히 엔진부위의 측면에 적중하면서 거대한 폭발음과 함께 차체가 불타올랐다. 두 번째로 피탄된 전차는 연기를 뿜으면서 100m 뒤로 물러나다 역시 폭발했다. 세 번째도 마찬가지였다. 네 번째 전차와 마지막 차량도 날아갔으며 밖으로 뛰쳐나온 적군 전차병들은 근접전으로 사살했다." [56]

---

52) BA-MA 59054, 3. Pz. Gr. KTB 25.5.41-31.8.41, Fol. 72(1941.6.29)
53) Glantz(2012) p.32
54) KTB OKW, Vol. II, Tagesmeldungen der Operation-Ausbildung des GenStdH, p.502
55) NA : T-313 ; roll 82, Pz. Gr. 2 Ia KTB, frame 7.320.919(1941.7.2)
56) Tornau & Kurowski(2017) p.73

볼코뷔스크 3km 앞까지 전진한 226돌격포대대는 북으로 선회한 뒤 야크트뷔츠(Jagdwitz) 방면으로 나아가 뒤처져 있던 소련군들을 다시 밀어냈다. 공병들은 재빨리 지뢰를 심어 서쪽에서부터 도주해 오는 전차들을 상대했다. 3대의 중전차들이 다가왔다. 2대는 지뢰를 밟아 기동불능이 되었고 1대는 슐리쓰만 소위가 직접 처치해 버렸다. 해질 무렵 서쪽에서 탈출하던 3대의 적 전차가 처치된 뒤 다시 여러 무리의 전차들이 이동했고 그중 10대가 돌격포들에 의해 피격되었으나 완파 여부는 확인되지 못했다. 익일 돌격포들은 독일군의 원래 방어선이 있던 자리 200m 지점으로 접근하던 10대의 전차들 중 8대를 격파했다. 6월 말까지 226돌격포대대는 비알리스톡 남동쪽의 크쥐케(Czyke)에서 다량의 소련전차들과 대적하여 자체 손실을 감수하면서도 9군단 제대들과 함께 북동쪽으로의 진격을 이어갔다. 대대는 7월 3일까지 총 107대의 적 전차를 격파한 것으로 집계되었다. 같은 날인 7월 3일 226돌격포대대의 대대장 프릿츠뷰어(Pritzbuer) 대위는 192돌격포대대의 에리히 함몬(Erich Hammon) 대위, 201대대의 하인츠 후프만(Heinz Huffmann) 소령, 203대대의 지휘관(??미상)과 모두 모여 그간의 전황을 분석, 점검하고 당시 유테보크(Jüterbog)에 위치해 있던 교도포병연대의 6대대 소속 장교들과 회동하여 보병사단들의 지원방침에 관한 작전회의에 들어갔다. 6월 말-7월 초의 전과에서 보는 것처럼 기동전력이 약한 보병제대들은 이처럼 군단 단위로 배속되어 있던 돌격포대대들에게 전적으로 의존하고 있었다. 쥬코프는 독일군의 공세를 효율적으로 저지시키기 위해서는 장갑부대와 후속하는 보병들을 분리해 나간 뒤 전차, 포병, 보병들을 각개격파하라는 지령을 내린 바 있어 이처럼 돌격포들이 뒤따르는 보병들의 화력지원을 적절히 커버해 준다면 쥬코프의 기도는 간단히 성취되기가 어려운 것처럼 보였다.[57]

7월 1일 3장갑사단은 이른 아침부터 베레지나를 도하했다. 선도 대대는 올라(Ola)에 도착하자 소련공군의 공습을 받는 위기가 발생했으나 521, 543대공포대대의 중대들이 혼신의 힘을 기울여 그중 10대의 폭격기들을 격추시키면서 난관을 타개했다. 하나 이로 인해 공세는 둔화되었으

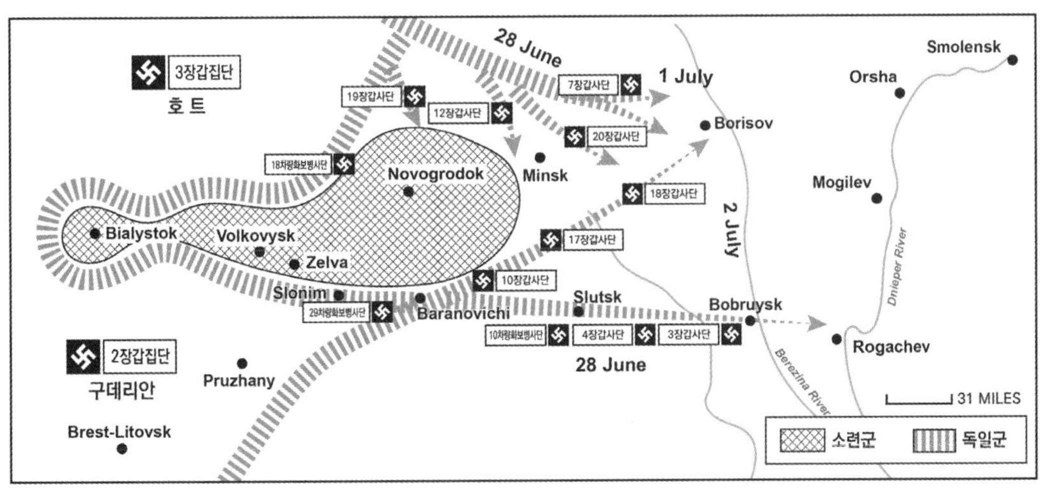

2장갑집단의 보리소프 공략 구도

57) NA : T-312 ; roll 1654, Ia KTB Teil I, frame 000038(1941.7.15)

며 일시적으로 모멘텀을 잃게 되었다. 모델은 6장갑연대 2대대장 레빈스키(W.A.W.v.Lewinski)에게 일단 북쪽으로 올라가 파블로뷔취(Pawlowitschi) 교량까지 이른 다음, 올라 건너편으로 이동할 것을 명령했다. 즉 레빈스키는 올라 강변을 따라 이동해 올라 강의 다른 쪽 제방을 파고든 뒤 적군의 배후에서 야포진지들을 깔끔이 없애버리라는 요청을 받았다. 이동할 도로는 결코 양호한 수준이 아니었으며 레빈스키의 2장갑대대는 측면과 배후에서 적군의 공격을 받기는 했지만 야포진지들을 부수는 작업만은 확실하게 끝냈다. 다행히 3장갑사단은 그날 중으로 레빈스키의 선견대와 주력 제대가 보르트닉키(Bortnicki)에서 조우하는 것을 확인할 수 있었다.[58]

7월 2일 4장갑사단 12차량화보병연대 1대대는 1개 장갑중대와 103포병연대의 1개 대대를 지원받아 기습적으로 스뷔슬로츠의 도로와 철교들을 장악하면서 돌파구를 마련했다. 독일군들은 소련군 지원부대가 도착할 때까지 치열한 교전을 벌이다가 수천 명의 병원들을 태운 소련군의 장갑열차를 상대해야 했다. 이 열차에는 12문의 대공포를 포함한 최신예 화포들이 빼곡하게 장착되어 있어 약 500명의 독일군들이 이 열차들을 상대해야 하는 어려운 순간을 맞이했다. 이때 9대의 슈투카들이 날아와 열차를 가루로 만들기 시작했다. 이어 4대의 전차들이 반격을 가하기 시작하자 임시 중대장 오스카르 샤우프(Oskar Shaub) 상사는 엄폐물로부터 뛰쳐나가 장병들을 전차 뒤에 몸을 숨기도록 하여 공격케 한 뒤 도주하는 적병들을 숲지대로 패주시켰다. 독일군은 결국 스뷔슬로츠 역에 도착했던 모든 열차들을 파괴하고 3,000명에 달하는 포로를 잡았다. 하루 동안 3대의 장갑열차와 혈투를 벌였던 에른스트-뷜헬름 호프만(Ernst-Wilhelm Hoffmann) 소령의 12차량화보병연대 1대대는 오후 3시 2개의 교두보를 모두 장악하면서 스탈린 라인의 최종 붕괴를 향한 진격을 속개했다.[59]

24장갑군단 좌익의 46장갑군단은 최초 단계에서 24, 47장갑군단 후방에 위치해 있다가 6월 27일부터 두 군단 가운데로 파고들어 베레지나 방면으로 진격하면서 수개의 도하지점들을 장악하는 복잡한 임무를 안았다. 6월 29일 4장갑사단과 10차량화보병사단보다 진격의 우선순위를 부여받은 다스 라이히는 야크쉬쥐(Yakscizy)와 브로데즈(Brodez) 교두보를 장악하여 유지하는 것과, 모길레프(Mogilev) 서쪽 췌르벤(Cherven)을 중심으로 2장갑집단 공세의 중앙을 공고히 형성하는 것을 목표로 삼았다.

7월 1일 다스 라이히는 정찰대대를 필두로 푸쵸뷔에체(Puchoviece)의 교량을 탈취하는 작전을 기안하고 '도이칠란트' 연대 3대대가 경야전곡사포중대, 공병중대, 장갑엽병중대, 20mm 대공포중대와 일부 돌격포들과 함께 전투단을 구성해 정찰대대의 뒤를 따라 들어가 적진에 화력과 기동력을 동반한 충격을 가하도록 준비했다. 1일 새벽 2시에 출동한 정찰대대 선도부대는 2중대의 만프레드 렌쯔(Manfred Renz) SS하사와 왹스너(Öchsner) SS상사의 특공조를 발동해 푸쵸뷔에체의 교량을 온전하게 확보하는 작전에 착수했다. 민스크 남동쪽 60km 지점의 스뷔토츠(Svitocz) 강에 걸린 100-150m 길이의 푸쵸뷔에체의 목조교량은 2장갑집단 전체가 중요한 교두보로 사용할 수가 있었으며 다스 라이히 정찰대대로부터는 27km 지점에 있었다. 정찰대는 8

58) Kurowski(1990) p.233
59) Kurowski(2010b) pp.219-20

륜 장갑정찰차량 2대와 돌격포중대의 돌격포 '쉴'(Schill)을 지원받아 최대한 빠른 속도로 교량으로 접근해 나갔다. 그 뒤는 뫽스너의 분대와 정찰소대의 나머지 병력이 프릿츠 포그트(Fritz Vogt) SS중위의 2중대 본대와 함께 따라갔다. 프릿츠 포그트 SS중위는 이미 40년 9월 4일에 일찍이 전군 202번째 기사철십자장을 획득한 저돌적인 정찰대 장교로 차량에 오르자마자 부하들의 어깨와 등을 두드리며 사기를 진작시켰다. 도중에 놓인 보로로드(Bororod)와 플론(Plon)에는 적군이 없었다. 처음에 시속 50km로 달리던 종대는 점차 60-70km로 기어를 올리면서 푸쵸뷔에체의 실루엣이 보이는 지점까지 당도했다. 만프레드 렌쯔는 모터싸이클을 직접 몰아 마을 수백 미터 지점으로부터 대쉬해 들어갔다. 땅은 굳어 있어 먼지는 날리지 않았으며 그 뒤는 8륜 정찰차량이 20mm포를 준비해 곧바로 사격태세에 들어갔다. 전직 육상선수였던 렌쯔는 5명의 장병과 기관총 사수들을 계획보다 좀 더 뒤에 배치한 채 그대로 교량 쪽으로 밀고 들어갔다. 워낙 빠른 속도라 소련군들은 미리 대응을 하지도 못했고 총 한방 발사되지 않은 채 렌쯔는 교량 중간으로 빠져들었다. 폭발물이 설치된 것을 발견한 렌쯔는 마치 축구선수처럼 폭발물을 힘껏 걷어차 강물에 빠트렸고 본격 전투에 앞서 자신의 부하들을 챙기기 시작했다. 이를 지켜본 모두가 등에 땀이 흠뻑 젖을 정도로 긴장해 있는 상태였다. 그때 '나도 거기에 있을 것이다!'라고 약속했던 프릿츠 포그트 SS중위가 하안(Hahn) SS소위가 이끄는 최전방 소대와 합류했다. 포그트 SS중위는 뫽스너 SS상사의 2분대를 끌고 1분대 위를 따라 50m를 질주한 뒤 질풍처럼 다리를 건너버렸다. 돌격포 '쉴'과 2대의 장갑정찰차량은 4정찰중대의 대전차포들과 함께 사격을 시작했다. 소련군은 교량 동쪽 숲지대에서 대응을 해 왔고 정찰대의 기관총수가 숲을 향해 집중사격을 실시했다. MG34 기관총수 갈(Gall)은 교량 오른쪽의 적군을 향해 달려가면서 사격한 뒤 수류탄 투척 후 몸을 지면에 바짝 붙여 파편을 회피했다. 소련군은 쓰러지면서도 갈에게 총질을 가했으나 일단 제거된 것으로 보였다. 3명의 모터싸이클병들은 도로 옆에 2륜 차량을 세운 뒤 도보로 적군이 위치한 곳으로 다가가 온갖 화기들을 퍼부었다. 이는 대단히 위험한 사격으로, 앞서 진격해 나가던 우군 병사들의 머리 위를 스치고 지나갈 듯한 높이로 이루어졌고 여하간 소련군들은 계속해서 밀려나는 것으로 확인되었다. 그와 동시에 돌격포 '요크'(York)와 '뤼쪼'(Lützow)가 가세해 포사격을 속개하고 렌쯔 SS하사는 교량에서 뛰어내려 안전한 곳으로 몸을 숨겼다. 2중대장 포그트는 렌쯔의 소대가 도로를 따라 진격하도록 하고 뫽스너의 소대는 후미를 엄호하도록 지시했다. 하나 문제가 발생했다 물러난 것으로 판단한 적병들이 교량 쪽을 향해 사격을 집중하게 되자 교량으로 다가가려던 중대의 주력이 꼼짝달싹하지 못하는 순간이 왔다. 이들이 200m를 달려 교량을 통과해 나간 것은 그로부터 수분이 흘러야 했고 포그트는 교량을 빠져나간 뒤에는 재빨리 사주경계를 설 것을 명령했다. 포그트 SS중위의 목에는 후줄근한 땀이 흘러내리고 있었다. 그도 그럴 것이 이들은 이제 소련군 진영 한복판에 놓인 셈이었다. 포그트는 좀 더 앞으로 나가 반원상의 진지를 잡을 수 있는 곳을 모색해 볼 것을 요구했으나 당장 어떻게 할 도리는 없었다. 교량 장악 후 1시간이 지나자 독일군들은 겨우 참호를 파고 안정을 취했으나 이내 척후병의 경계신호가 떨어졌다. 교량 쪽으로 먼지가 나면서 차량행열이 다가온다는 소식이었다. 적인이 아군인지 긴장하던 독일군은 안도의 숨을 쉬었다. 이들은 마르틴(Martin) SS소위의 장갑차량들로 보병들의 지원 없이 교량을 통과한 것으로 드러났으며 '쉴' 돌격포도 같은 방식으로 본대에 합류했다. 또한 '도이췰란트' 3대대가 정찰대를 지원하기 위해 교량으로 파견되어 이제는 당장 위기에 빠질 것 같은 분위기는 아

◆ III-10 다스 라이히 정찰대대 2중대장 프릿츠 포그트 SS중위. 기사철십자장 수여자가 넘치는 다스 라이히 사단 안에서도 대단히 이른 시기에 고급훈장을 획득한 장교.

◆ III-11 다스 라이히 돌격포중대 에버하르트 텔캄프 SS중위

니었다. 돌격포 '쉴'은 교두보 2km까지 파고들어 홀로 격전을 치르고 있었다. 도로 왼쪽에서 등장한 적군 전차는 세 번의 주포사격에 의해 격파했으며 두 번째 전차는 단 한방의 명중탄 선사로 충분했다. '쉴'은 여세를 몰아 소련군 종대를 사방으로 흩어 놓았다. 하나 이 시점 '쉴은 거의 모든 탄약을 소모해 단 두 발의 포탄만 남긴 채 시속 50km 속도로 적진을 빠져나가려고 했다. 소련군 대전차포탄 두 방이 전면에 맞았으나 튕겨져 나갔으며 3번째 탄이 차체를 관통했으나 다행히 크뤼거(Krüger) SS이병과 봘터 뮬러(Walter Müller) SS이병은 경상만을 입는 데 불과했다.

7월 1일 오전 중 '도이췰란트' 3대대 선봉과 함께 교량에 도착한 돌격포 1중대의 '륏쪼'와 '요크'는 숲지대에 잠입한 소련군 병력에 대해 공격을 가했고 소련전차들도 되받아쳤다. '륏쪼'는 4대, '요크'는 3대의 적 전차를 격파했으나 그들 역시 각각 3발의 대전차포탄을 맞았다. 단 용하게도 어느 한 발도 명중탄이 되지 못해 두 대의 돌격포는 격전을 살아남았으며 소총병들이 퇴각하자 독일군은 본격적으로 숲지대를 소탕하기 시작했다.

이처럼 오전 8시부터 사단 선견대는 특공조가 마련한 위치에 도달해 전차를 동반한 소총병들과 붙어 교두보를 지탱하고는 있었으나 오전 10시 10분 항공정찰에 의해 푸쵸뷔에체 동쪽 숲지대에서 100-200대의 전차와 차량들이 이동 중이라는 것이 포착되었다. 10장갑사단은 스밀라뷔에체(Smilaviece)에서 교량이 폭파되는 바람에 진격이 돈좌되었으며 사단의 4장갑여단은 구데리안의 직할로 있어 당장 쓸 수가 없었다. 일단 '데어 휘러'가 2개 대대를 동원해 북동쪽을 향해 경계를 서는 것으로 했으나 오후 4시가 될 때까지 소련군의 공격은 발생하지 않았다. 하나 정오가 지나자 두 대의 적군 장갑차량이 접근하는 것이 포착되었다. 소련군 장갑차량들이 만프레드 렌쯔의 병력이 있는 곳까지 겨우 20m 안으로 들어오고 있었다. 독일군 장갑차량이 철갑탄으로 첫 번째 차량을 때려 검은 연기가 하늘로 치솟게 하자 두 번째는 후진기어를 밟기 시작했다. 마르틴 SS소위의 장갑차량은 20mm 기관포로 두 번째 차량을 집중적으로 갈겼으나 피탄되었는데도 전선을 빠져나가 버렸다. 이제는 최초 장갑차량에서 이탈된 소총병들과의 전투가 시작되었다. 렌쯔의 병력은 차량에서 뛰어내린 적병들을 사살하고 나머지는 도로변 분지로 숨어들게 만들었다. 마르틴 SS소위의 장갑차량들은 교량 쪽으로 퇴각했고 1시간 후 만프레드 렌쯔는 자신의 눈을 믿지 못할 환희의 순간을 맞이했다. 교량으로 접근하던 '도이췰란트' 연대 9중대의 보병들을 리드하는 지휘관은 바로 자신의 학교 동기인 겔흐샤이머(Gelchsheimer) SS소위였다. 수년간 만나지 못했던 친구를 이런 격전장에서 만난 것도 반가운 일이었으나 그것으로 푸쵸뷔에체 교량은 더 이상 적의 위해를 받을 수가 없게 되었으며 손상되지 않은 채 우군들을 통과시킬 수 있는 결정적인 계기를 확보했다.

7월 2일 46장갑군단의 다스 라이히는 10장갑사단과 함께 야크쉬쥐(Yakschizy)에 걸린 베레지나의 교량을 확보하는 긴급작전에 투입되었다. 다스 라이히의 돌격포 3대는 모터싸이클 병력과 함께 야크쉬쥐 2km 정면에서 전력을 재정비해 오후 5시 10분 마을을 공격했다. 기습효과는 들어맞았다. 반격을 가할 수 없었던 소련군은 150m 길이의 목조교량을 넘어 베레지나 강 건너편으로 피신했다. 독일군은 교량 쪽으로 이어진 도로를 따라 소련군 전차들과 차량들을 파괴하며 진격했고 최선두에 섰던 에버하르트 텔캄프(Eberhard Telkamp) SS중위의 돌격포 '륏쪼'(Lützow)는 교량을 지키던 대전차포 1문을 격파하고 강 건너편 동쪽 제방으로 도주하는 소총병들을 추격하면서 다리 위를 질주했다. 그 순간 교량이 폭파되었다. 다행히 돌격포는 목조자재들과 함께 밑으로 추락해 교량을 지탱하는 버팀목에 부딪히면서 구사일생으로 살아난 텔캄프 중위는 부하들을 차량 밖으로 재빨리 끌어내는 데 성공했다. 죽지는 않았으나 텔캄프는 얼굴에 화상을 입었으며 3명의 부하들 모두 중경상을 입는 피해를 입었다. 이제는 어수선한 틈을 타 동쪽으로 도

◆ III-12 야크쉬쥐의 베레지나 강 목조교량과 함께 아래로 추락한 다스 라이히의 돌격포 '륏쪼'. G는 구데리안(Guderian) 2장갑집단을 표시.

주했던 적병들이 서쪽 제방을 향해 반격사격을 가해 왔다. 다리가 폭파되는 것을 지켜본 균스터(Günster) SS중위는 교량 왼편으로 다가가 텔캄프의 병력들이 안전하게 빠져나오도록 클라프케(Klaffke) SS하사의 '요크'(York)가 지원사격을 제공하도록 하고, 자신은 '자이들리츠'(Seydlitz)를 직접 움직여 부서진 돌격포를 견인했다. 그 사이 롭마이어(Lobmayer) SS하사의 돌격포 '쉴'(Schill)는 다시 교량 쪽으로 접근하는 소련군에 대해 포사격을 가하고 동쪽 제방의 소련군 야포중대 하나를 헤쳐 놓으면서 위기를 타개했다. 다스 라이히 돌격포중대는 2일 하루 동안 총 11대의 적 전차, 6문의 대전차포와 1문의 야포를 격파했으나 교량이 파괴되었기에 추가전진은 중단될 수밖에 없었다.[60] 하나 46장갑군단은 다스 라이히의 속도전에 의해 교량이 놓인 베레지나 강변으로 다가간 것은 긍정적으로 평가했다.

베레지나 강변의 장악은 이것만으로 될 것은 아니었다. 7월 3일 다스 라이히 프릿츠 클링겐베르크 SS대위의 모터싸이클대대는 추격전을 펼치던 중 베레지나 강 서쪽의 페레보스(Perevos) 부근에서 소련군 제대의 강력한 저항에 직면했다. 모터싸이클대대가 세차게 밀어붙이자 소련군은 공병들의 지원을 받아 훼리로 베레지나를 도하하려는 기동에 착수했다. 클링겐베르크 SS대위는 손수 2중대를 이끌고 마을로 진입해 가가호호 소탕전을 펼쳐 끝내 페레보스를 장악하는데 성공했다. 일부 소련군들은 도주하기도 했으나 기습을 당한 적군은 1개 공병제대를 다수의 기자재와 함께 교두보에 남겨놓음으로써 상당한 장비와 병원들을 상실하는 운명에 처했다.[61]

그 동안 하늘에서는 묄더스의 51전투비행단 소속 Bf-109 전투기들이 소련공군기와 대규모의 공중전을 벌여 적어도 90대의 적기를 격추시키는 호쾌한 전과를 달성했다.[62] 6월 30일 소련공군은 투폴레프(Tupolev) TB-3 4발 폭격기 수백 대를 중앙전선에 동시에 날리는 무리수를 쓰자 51전투비행단은 6월 중 최고의 헌팅파티를 장식했다. 6월 마지막 날 소련공군은 독일공군의 진공을 저지하고 기지이전에 충격을 가하기 위해 다소 대담한 아이디어를 실천에 옮기면서 베레지나 강변의 보브뤼스크 교두보에 대해 2차에 걸친 폭격기 편대의 공습을 감행했다. 1파 공습은 10대공포연대에 의해 대형이 무너지면서 메써슈미트들이 날아와 없애버렸으며 51전투비행단의 기지를 강습하려던 2파의 공습은 단 6분 만에 22대의 폭격기를 상실하면서 무위로 돌아갔다.[63] 이날 2번에 걸친 요격전에서 51전투비행단은 5기를 잃는 대신 총 113대의 적기를 격추시켰으며 에이스 묄더스 중령과 헤르만-프리드리히 요피엔(Hermann-Friedrich Joppien) 대위 및 헤르만 배르 소위가 사이좋게 5기를 격추시키는 진기록을 낳았다. 그중 1편대장 헤르만-프리드리히 요피엔 대위는 5기 격추 중 4번째를 통해 드디어 통산 50기 격추를 등재했다.[64] 요피엔은 30일 안으로 추가 격추를 올려 총 52기 격추를 기록했다. 하루에만 157회 출격을 기록한 묄더스의 전투비행단은 60명의 조종사들이 최소 1-2대의 격파를 기록하면서 그날 저녁까지 137대의 폭격기와 전투기를 격추시켰다. 137대 가운데에는 51전투비행단이 39년 개전 이래 기록한 1,000번째 격

60) Weidinger(1995) pp.265-269
61) Yerger(1997) p.314
62) Schäufler(2010) pp.74-5
63) Mombeek, Bergström & Pegg(2003) p.107
64) Weal(2006) p.61

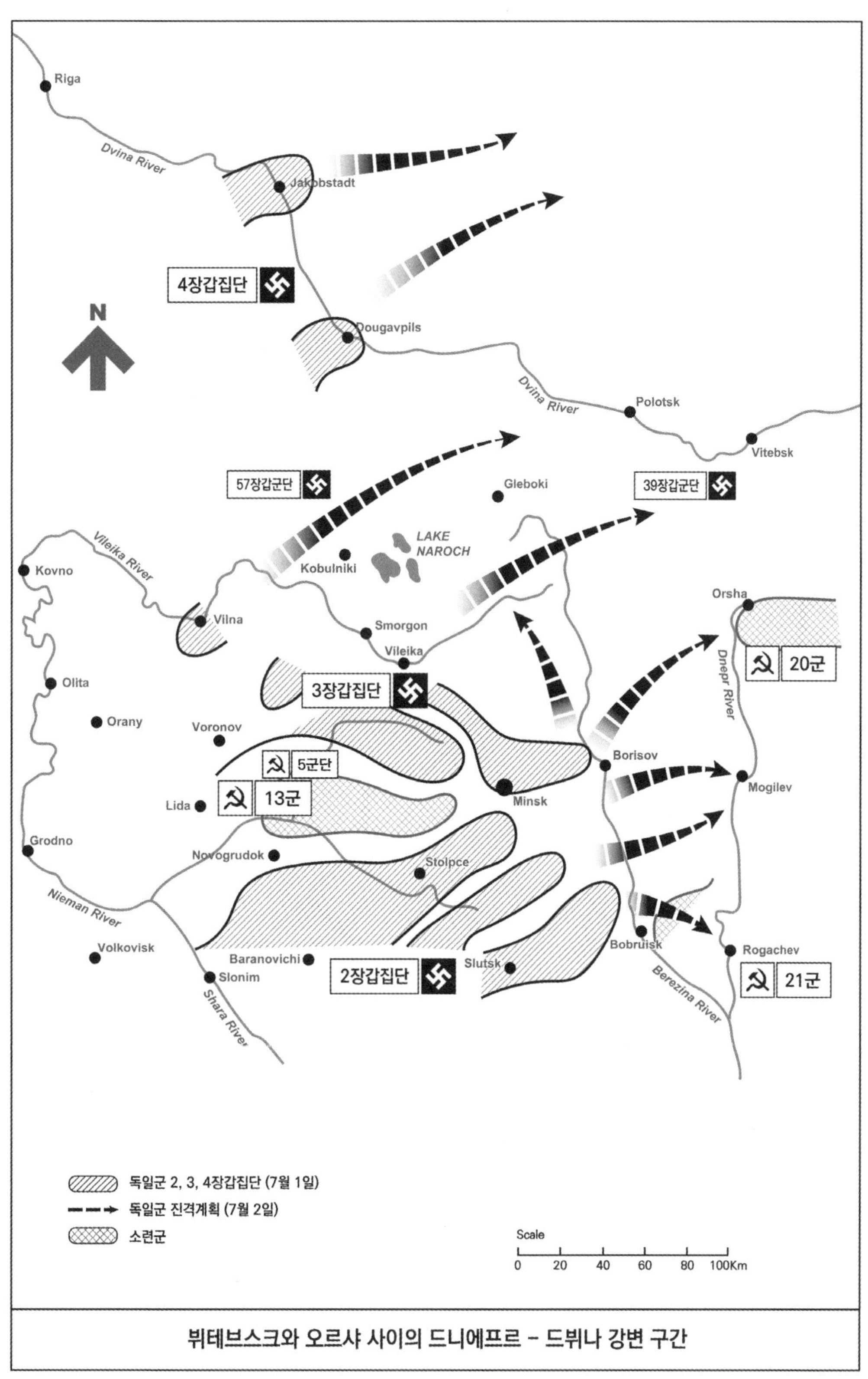

뷔테브스크와 오르샤 사이의 드니에프르 - 드뷔나 강변 구간

추가 포함되어 있었다. 51전투비행단 전체가 드디어 1,000기 격추를 돌파하는 경이적인 기록을 수립하는 순간이었다. 그중 400기가 6월 22일 바르바로싸 개시 이후의 전과였다. 이 실적은 독일공군 아니 전 세계 공군 전체에 걸쳐 최초의 신기록이었으며 묄더스 자신은 이 전투를 통해 통산 82기를 격추함으로써 1차 세계대전 최고의 격추왕 '붉은 남작'(Red Baron) 만프레드 프라이헤어 폰 리히트호휀(Rittmeister Manfred Freiherr von Richthofen)의 80기 기록을 추월했다.[65]

독일공군은 바르바로싸 개전 이래 6월 29일까지 4,990대의 적기를 파괴하는 동안 179대를 잃는 28 대 1의 승률을 기록했다. 이후 소련공군은 전투기 간의 맞상대로는 도저히 루프트봐훼의 테크닉을 당할 수가 없어 국지적으로 독일 지상군을 집중 공격하다가 루프트봐훼가 나타나면 공중전을 회피한 채 도주하는 방식으로 전환하기 시작했다. 소련 공군기 조종사들은 맨투맨의 공중전보다 대지공격에 특화한 연습만 되풀이해 온 탓에 전투기간의 '독화이팅' 공중전에서는 도저히 루프트봐훼를 따라잡지 못하고 있어 이러한 기동은 불가피한 측면이 있었다. 6월 30일까지 총 57명의 루프트봐훼 조종사들이 최초의 적기 격추를 기록했으며 수주 후 이 수자는 100명을 넘어서게 된다. 이들 대부분은 그 후 러시아 전선에서 50기 이상을 격추하는 세미-센츄리 클럽의 후보군에 속하게 된다.[66] 독일공군은 개전 당시 적기 20기 격추에 기사철십자장을 수여했으나 시간이 흐를수록 고득점자가 너무 많아 이제 20기로는 보장할 수 없게 되었다. 즉 전쟁이 격화될수록 50기 이상을 없애야만 기사철십자장 수여가 가능했으며 경우에 따라서는 그보다 월등히 많은 데도 수여가 안 되는 수도 있었다. 가장 극단적인 예로 공중전 넘버원 에리히 하르트만은 1943년 10월 29일 기사철십자장을 받을 당시 무려 148기를 격추시키고 있었다. 3위 균터 랄이 42년 9월 3일 65기로 기사철십자장에 수여된 것과, 2위 게르하르트 바르크호른이 42년 8월 23일 겨우 59기 격추로 동급의 훈장을 받은 데 비하면 억울할 정도의 서훈이었다.

18장갑사단은 6월 30일-7월 1일간 보리소프를 향해 100km를 주파하고 그 뒤를 17장갑사단이 지원으로 동참했다. 18장갑사단은 사단 주력이 예레멘코의 제대들과 한판 제대로 붙는 사이 소규모의 전투단을 만들어 보리소프에 파견해 신속하게 베레지나 강의 교두보를 확보토록 하는 긴급명령을 발동했다. 6월 29일 구데리안의 명을 받은 봘터 네링 18장갑사단장은 30일 이른 아침 101차량화보병연대를 정면에 놓고 뷜리 테에게(Willi Teege) 소령의 18장갑연대 2대대가 막스 슈페를링(Sperling) 소령의 18모터싸이클대대와 선봉을 구성하되, 파울 타이헤르트(Paul Teichert) 소령의 88장갑포병연대 2대대는 보리소프의 교량 정면을 향해 포진시키는 준비를 갖추게 했다. 일단 장갑연대 1대대가 정면을 치고 이어 101차량화보병연대가 뒤따르게 하되 별도의 전투단이 적진에 기습을 선사하는 계획을 수립했다. 네링은 전투단에게 적을 만나면 중단 없이 무조건 밟아버리고 뒤는 사단 주력이 받쳐준다는 조건을 달면서 적의 의표를 찌르는 강습을 지시했다. 뷜리 테에게 소령 주도 하의 2장갑대대, 모터싸이클대대와 정찰부대 일부 병력 및 파울 타이헤르트 소령의 2포병대대를 규합한 전투단은 정오경 보리소프에 도달했다. 보리소프에 있던 소련군 사관생도들과 전차부대 훈련소의 부사관들은 초장에 당황해하면서도 이내 처절한 사투를 벌이기 시작했다. 예레멘코는 수중에 남은 모든 병력을 보리소프로 집결시키려 했고 사단의 전초

65) Braatz(2008) p.315, Weal(2006) p.22
66) Weal(2007) p.18

부대들은 상당한 대가를 치르면서 진격해 나갔다. 하나 이상한 것은 이들이 교량을 재빨리 폭파시키지 않고 있다는 점이었다. 이른 오후 18장갑사단의 52차량화보병연대 소속 2개 대대는 전차의 지원을 받아 서쪽 제방에서부터 소련군 교두보를 강타하기 시작했다.[67] 시간을 끌면 다리가 날아갈지도 모른다는 생각에 네링은 52차량화보병연대를 전면적으로 풀고 적군의 교량파괴를 저지할 특공대를 급파했다. 10중대 1소대의 오토 부카췌크(Otto Bukatschek) 상사는 적군의 사격이 빗발치는 전선을 뚫고 교량 쪽으로 접근했다. 오토 부카췌크 상사의 1소대는 교량 만곡부에 놓인 2개의 소련군 기관총좌를 없애버리면서 저돌적인 공격을 감행했다. 부카췌크 상사는 총탄에 어깨를 맞았으나 그대로 교량으로 달려가 반대쪽 제방에서 소련군 중위가 폭발물을 점화하기 직전에 교량을 온전하게 탈취했다. 테에게 소령의 전차들과 모터싸이클 부대는 안전하게 베레지나 강을 건너 교두보를 확대하기로 하고 쿠르트 라우베(Kurt Laube) 대위의 88mm 장갑엽병중대는 소련군의 반격에 대비해 요긴한 장소에 대전차포들을 포진시키는 조치를 취했다. 이는 당연한 조치였으나 만약 하지 않았다면 7월 2일에 전개된 소련군의 반격을 견디기 힘들었을 것으로 판단되었다. 거기다 17장갑사단이 7월 2일에 보리소프로 이동했다. 이는 사실 집단군의 의도와는 다른 것이었는데 폰 보크는 29차량화보병사단이 17장갑사단 구역으로 이동하고 17장갑사단은 10차량화보병사단과 함께 푸샤(Pusha)-날리보카(Naliboka) 숲 끝자락에 다다를 때까지 서쪽으로 진격해 민스크 포위망의 소련군을 때리라는 지시를 내보낸 상태였다. 한데 뭘 잘못 이해했는지 47장갑군단은 17장갑사단이 베레지나 강변의 보리소프로 공격해 들어가 18장갑사단을 백업하라는 명령을 하달했다.[68] 이는 나중에 군법회의 회부 소동까지 빚게 된다.

소련군 대대 병력은 교두보를 되찾기 위해 이른 아침부터 맹공을 퍼붓는 과정에서 독일군은 상당한 피해를 경험했다. 이때 2중대의 프란쯔 될(Franz Döll) 소위는 적군 전차와 특공대, 스나이퍼들의 집요한 공격을 극복하고 국도를 따라 이동하는 적의 종대 한복판을 88mm 대전차포로 갈기면서 위기를 모면했다. 장갑엽병들의 분전으로 나폴레옹 전쟁 때부터 유명했던 베레지나 강은 무사히 확보되었다.[69] 그것으로 드디어 18장갑사단이 오르샤와 스몰렌스크로 가는 길이 열리게 되었다. 부상을 당하고도 초인적인 파이팅을 외치면서 교량 점거의 무공을 발휘했던 오토 부카췌크 상사는 감탄해 마지않은 네링의 추천에 의해 7월 24일 기사철십자장에 서훈되었다. 이는 18장갑사단 최초의 수여자였다.

◆ III-13 18장갑사단 52차량화보병연대 10중대 1소대의 오도 부카췌크 상사. 영화로 만들어도 믿기지 않을 징면으로 치부될 교량 탈취작전의 영웅

67) Alman(1985) pp.154-5
68) NA : T-313 ; roll 80, Pz. Gr. 2 Ia KTB, frame 7.318.492(1941.7.2)
69) Carrel(1966) p.69

17, 18장갑사단의 보리소프 파견은 또 한 번 폰 클루게와의 충돌을 일으켰다. 폰 클루게는 6.26-30 사이의 포위전에서 소련군 4개 군이라는 엄청난 병력의 탈출을 사방으로 막아내면서 동분서주하고 있는 판에 드니에프르로 더 나가는 것은 말도 안 되며 17장갑사단은 제 자리를 지키라는 명령을 하달했다. 실제로 포위망 속의 소련군 규모는 예상 이외로 컸다.[70] 29차량화보병사단은 사단 내 1개 차량화보병연대 자체 전력만으로 36,000명의 포로를 잡아냈다. 그러니 장갑사단도 이를 거들어야 한다는 게 폰 클루게의 주장이었다. 그러나 구데리안이 이 명령을 받았을 무렵에 18장갑사단은 이미 보리소프에 도착해 베레지나 강변을 통제하에 두었으며 47장갑군단 전체가 이동할 수 있는 교두보를 드니에프르에 확보토록 조치 중이라는 보고가 전달된 다음이었다. 어떤 문헌에서는 구데리안이 의도적으로 상부의 명령을 마치 못 받은 것처럼 하면서 자신의 공격일변도 철학을 밀고 나가려 했다는 해석이 존재하거나 아니면 단순히 사단장급 지휘관들의 이해부족이나 오판으로 보기도 하나, 어느 쪽이 타당하건 이 전쟁 통에 어지간히 말 안 듣는 장군이 다른 나라도 아니고 독일군에 있었다는 것은 진정으로 희한한 해프닝이었다.[71]

7월 2일 구데리안은 47장갑군단과 29차량화보병사단에게 포위망을 단단히 지키라는 상부의 명을 전달하고 코이다노프(Koidanov)에 주둔한 17장갑사단으로 옮겨 최근에 벌어진 소련군의 돌파를 성공적으로 저지했다는 보고를 받게 된다. 문제는 그다음이었다. 17장갑사단의 일부 제대가 상부 지시를 제대로 수령하지 못해 보리소프로 진격해 버렸다는 사실을 뒤늦게 포착했다. 7월 3일 구데리안은 폰 클루게에게 소환당해 이전에도 구데리안과 호트가 상관의 명을 무시하고 마음대로 행동했던 점을 거론하면서 둘을 군법에 넘길 수도 있다는 경고를 받았다. 심지어 그는 휘하의 장군들이 제멋대로 작전을 수행하기 위해 음모를 꾸미는 것 같다는 느낌을 노골적으로 전달하기도 했다.[72] 구데리안은 일단 군사령관을 진정시키는 정도의 해명을 전달한 후 자리를 빠져 나와 다른 구역의 전선을 시찰했다. 이 긴장과 갈등은 물론 여기서 끝나지 않고 계기가 있을 때마다 다시 전개된다.

구데리안이 폰 클루게의 걱정을 전혀 무시하는 바는 아니었다. 폰 클루게는 자신의 보병군단 2개가 장갑집단을 지원할 때까지 공세를 연기하라는 입장이었으며 구데리안은 보병사단의 도움 없이 장갑부대만으로 드니에프르 라인을 돌파한다는 것은 엄청난 출혈을 강요당할 것이라는 것을 알고는 있었다. 구데리안은 폰 보크에게 좀 더 많은 열차를 할당해 줄 수 없느냐고 졸라댔으나 집단군 사령부는 당시 모든 열차들을 풀가동하고 있는 상태여서 구데리안의 2장갑집단을 위해 추가로 배정할 이동자산은 존재하지 않는다는 답변을 보내버렸다.[73] 단 철도병참은 다소 원활해지고 있었다. 중앙집단군의 철도정비반은 7월 1일까지 브레스트-바라노뷔취-민스크 라인과 그로드노-뷜니아-민스크 라인 2개를 수리하여 7월 5일에는 민스크까지 물자를 실어 나를 수 있게 되었다.[74]

70) KTB OKW, p.502
71) NA : T-313 ; roll 80, Pz. Gr. 2 Ia KTB, frame 7.318.469-7.318.470(1941.6.30)
72) Guderian(1996) pp.161-2
73) NA : T-313 ; roll 80, Pz. Gr. 2 Ia KTB, frame 7.318.500(1941.7.3)
74) NA : T-313 ; roll 330, O.Qu., Kriegstagebuch, Panzerarmee 4, frame 8.610.992

* * * * *

보리소프 전차전(T-34의 충격)

".....오른쪽 모서리에서 1개 소련군 전차대대가 최고속도로 우리쪽을 향하고 있었다. 1대대의 키린 대위는 미친 듯이 사격을 퍼부었으나 포탄은 모두 튕겨나고 말았다..... 11대의 T-34들이 늪지대에 빠졌다.....소련군 전차지휘관들은 진정 황당해 했다."
(18장갑사단 18장갑연대 소속 무명용사의 증언, 1941.7.3)

7월 3일 오전 7시, 보리소프와 톨로취노 사이 구간으로 대규모의 소련군 전차부대가 출현했다는 보고가 날아들었다.

"장군님, 적어도 100대의 적 전차가 오르샤 방면으로부터 접근 중입니다. 지금까지 본 적이 없는 육중한 체구의 중전차도 섞여 있는데요."
"어디서 온다고? 이것들은 목숨이 한 9개쯤 되는 모양이다."

발터 네링 18장갑사단은 사단의 항공정찰 보고를 받고 초전에 그토록 두들겨 팼는데 또 전차 100대가 몰려온다는 소리에 적잖이 당혹해했다. 7월 3일 모스크바에서 이동한 1차량화기병사단이 다수의 T-34와 단 1대의 KV-2을 포함한 약 100대의 전차를 동원해 보리소프로 집결하여 스몰렌스크를 노리는 구데리안의 장갑집단을 저지하려 했다. 1차량화기병사단은 소련군 1전차사단의 전신으로 적군 전차부대 전체의 상징적인 존재이자 자부심의 화신이었다. 이는 예레멘코가 크레이저(I.G.Kreyzer) 사단장에게 직접 지시한 반격작전으로, 독일군의 항공정찰에 따르면 적군은 보리소프-오르샤-스몰렌스크 구간 간선도로를 따라 이동 중인 것으로 파악되었다. 물론 거기에는 기존 BT 시리즈와 T-26 경전차가 뒤섞인 혼성 제대로 구성되어 있었으며 500문 정도의 각종 야포들까지 배치되었다. 18장갑사단과 1차량화기병사단은 보리소프 동쪽 10km 지점에 위치한 립키(Lipki)에서 OK 목장 결투식의 접전을 치렀다.[75] 이는 중앙집단군이 처음으로 전차 대 전차와의 대결에서 T-34와 맞붙은 기념비적인 날로, 3, 4호 전차의 주포사격이 먹히지 않는 것을 직접 목격한 독일 전차병들은 경악 정도가 아니라 싸늘한 공포에 휩싸이기 시작했다. T-34뿐만이 아니었다. 기형적으로 포탑이 길고 큰 52톤짜리 KV-2까지 등장했다. 독일 전차의 45구경 50mm 주포로는 T-34의 45mm 경사장갑에 씨가 먹히지 않았다. 반면 T-34의 76.2mm 주포는 쏘는 대로 장갑을 관통했다. 일단 전면장갑을 관통할 여지는 제로였고 소문은 들었지만 이 정도로 강력한 존재라는 것을 처음으로 체험한 독일 전차병들은 순간적으로 패닉상태에 빠졌다. 전투를 직접 육안으로 관찰한 네링 사단장은 11발의 포탄을 맞고도 생채기 하나 나지 않는 KV-2 전차를 경이로운 눈으로 지켜보았다. 18장갑사단의 전차병들은 당황해하면서도 이내 정신을 차리기 시작했다. 적 전차의 장갑이나 화력이 강력한 것은 확실한데 왠지 기동이 어수룩하다는 느낌을 갖기 시작했다. 이유가 있었다. T-34는 전선에 배치된 지가 얼마 되지 않아 소련 전차병들은

---

75) Kurowski(2010a) p.222

◆ III-14 보리소프 전투에서 파괴된 BT-7 쾌속전차들. T-34와 같은 중전차들을 제외한다면 개전 당시 T-26 경전차와 함께 소련군 전차부대의 중추를 형성했던 차종이었다.

겨우 4시간의 훈련을 받고 전선으로 나섰으며 제대로 숙련되지 않아 시간이 갈수록 피해가 늘어나는 쪽으로 역전되어 갔다. 탑재된 포탄이 부족해 당하는 전차들도 속출하기 시작했다. 또 하나 문제는 소련군이 그토록 강력한 중전차들을 집단적으로 운용하지 않고 경전차 사이사이에 끼워넣는 식으로 대응한 결과, 약간의 잽만 날리면 금세 대오가 흐트러져 각개격파 당하기 쉬운 취약성을 노출시키고 있었다. 이에 독일 전차병들은 능숙한 운전술로 T-34의 측면을 돌아 들어가 가장 취약한 전차 후면을 때리든가 일단 궤도를 망가뜨린 후 장갑이 가장 약한 측면에 대고 집중사격하는 방식으로 위기를 해소했다. 보병들은 집속폭탄으로 전차의 궤도를 손상시켜 차분하게 대전차 육박공격을 전개하고 꽤나 용감하게 싸우는 모스크바의 1차량화기병사단을 기술적으로 구타하기 시작했다. 빌터 네링의 관찰에 따르면 52톤짜리 KV-2 괴물전차도 50mm 포탄이 유도륜에 박히면 전차병들이 밖으로 나올 수밖에 없는 치명상을 입힐 수 있다는 사실이 증명되었다.[76] 구식의 T-26이나 BT쾌속전차는 장갑이 얇아 큰 문제는 되지 못했으며 3, 4호 전차들이 처음부터 쉽게 처리할 수 있었다. 한편 3대의 T-34는 소택지로 길을 잘못 드는 바람에 늪에 빠져 기동을 못하게 되자 독일군들이 완전한 상태로 노획하는 행운을 잡았다. 율리우스 키른(Julius Kirn) 대위의 1장갑대대 1중대는 이날 습지대에 빠져 꼼짝도 못하게 된 11대의 T-34들을 거저 잡아들이는 횡재를 했다. 같은 1중대의 포올(Pohl) 소위는 움직이지 못하는 T-34들을 가격하면서 허탈해하는 적군 지휘관과 부관을 포함한 11명의 포로를 잡았다. 키른 대위는 7월 17일 기사철십자장에 서훈되었다. KV-2도 난공불락은 아니었다. 두 대의 3호 전차가 동시에 주포사격을 가해 KV-2의 장갑 한 곳을 뚫게 되자 엔진과 기관고장을 일으킨 52톤의 괴물은 멈춰 서버렸고 소련 전차병들은 빠져나와 후방으로 도주했다. 빌터 네링은 자신의 서한에서 다음과 같은 감격을 표시했다.

76) GRAPHIC ACTION(グラフィックアクション) No.12 攻防ロシア戦線 独ソの激突!(1992) p.22

"독일군은 여기서 (T-34를 당해낼) 무기가 없었다. 그들은 용기와 규율, 부단히 연마한 사격술과 모범적인 지도력, 그리고 무선장치의 기술로 승리를 획득했다."[77]

또한 릮키에서의 이 위기는 독일공군이 말끔히 해소하는 기회를 잡아냈다. 브루노 마이어(Bruno Meter) 중위가 이끄는 2교도전투비행단(Lehrgeschwader 2)의 전폭기편대는 헨셸(Henschel) Hs-123A들을 몰아 전차전에 훈수 두듯 개입하여 총 47대의 T-34, KV-1전차들을 격파하면서 휘날레를 장식했다. Hs-123A는 낡은 스타일의 복엽기이긴 하나 적기의 방해가 없다면 대단히 효과적인 대지공격기로 활용되고 있었다. 이는 단일 공습에 의해 다량의 소련군 전차를 격파한 최초의 공습으로 기록된다.[78] 소련 1차량화기병사단의 준비가 덜 된 반격은 실패로 끝났다. 단 압도적 성능차를 보이는 T-34의 쇼크는 독일군의 자존심을 심히 손상시키는 앙금을 남겼으며 이제 소련 전차와의 대결에서 독일군은 정면에서는 승부를 걸 수가 없다는 전술적 판단을 갖게 된다.[79]

2, 3장갑집단의 공세가 재개된 7월 2-3일, 52전투비행단 2대대는 포위망에 갇힌 소련군을 지원하려는 적 공군의 움직임을 철저히 차단시키고 있었다. 2대대는 48시간 동안 보리소프 상공에서 36대의 적 공군기를 격추시켰으며 그중 4분의 3이 DB-3 일류신 폭격기였다. 4편대장 요하네스 슈타인호프(Johannes Steinhoff) 중위는 홀로 5기를 격추시켰으며 빌리 네미츠(Willi Nemitz) 하사와 게르하르트 바르크호른(Gerhard Barkhorn) 소위가 기다리고 기다리던 데뷔 격추를 이루면서 장기 레이스에 돌입했다.

◆ III-15 2교도전투비행단의 브루노 마이어 중위. '슈투카'에게 루델이 있었다면 '헨쉘'에게는 브루노 마이어가 있다고 할 정도로 대지공격에는 일가견이 있었다.

◆ III-16 통산 301기 격추로 하르트만에 이어 인류 서열 2위를 기록할 게르하르트 바르크호른 소위. 에이스들의 실력비교는 차치하고서라도 인간적인 풍모만큼은 연합국 에이스들을 포함해 단연 최고의 신사라는 평가를 받았다.

에리히 하르트만에 이어 유사 이래 결코 변하지 않을 세계 2위 서열에 등극하게 될 바르크

77) Alman(1985) p.155
78) Haupt(1997b) p.47
79) ドイツ裝甲部隊全史 2(2000) p.20, Carrel(1966) pp.72-3

호른 소위는 21회 출격에서 단 한 대의 적기도 격추시키지 못하는 독일공군의 열등생이었으나 드디어 1호 격추를 기록하면서 통산 301기를 향한 대장정의 첫발을 내디뎠다.[80]

말 안 듣는 구데리안에 대해 군법에 회부하겠다고 으름장을 놓은 폰 클루게의 협박에도 불구하고 또다시 명령 불이행에 가까운 해프닝이 발생했다. 폰 클루게는 7월 4일 2장갑집단의 '그로스도이췰란트' 보병연대가 스톨브쮜(Stolbtsy) 구역에서 포위망의 적군 섬멸을 위한 자리를 잡으라고 명령했으며 29차량화보병사단과 5기관총대대 사이에서 구체적인 지시를 이행하도록 요구했다. 하나 당일 오후 11시, 그로스도이췰란트는 포위망을 지키지 않고 리흐트 전투단(Kampfgruppr Licht)을 위시한 17장갑사단의 다른 병력들과 함께 보리소프로 이동해 버렸다.[81] 이것 역시 7월 2일에 이은 구데리안의 객기인지, 단순한 상부명령에 대한 이해부족인지는 여전히 밝혀지지를 않고 있다. 물론 4일부터 5일에 걸쳐 그로스도이췰란트는 적진으로 이동하는 과정에서 포위망을 빠져나오는 소련군들과 조우해 심히 잔인한 살육전을 주고받아 전혀 상부의 명령에 배치되는 기동을 한 것은 아니었다.

7월 5일, 소련군 전차들이 보리소프 동쪽 톨로취노 부근을 때리고 들어왔다. 그 중 한 대가 숲지대에 걸려 꼼짝을 못하고 있자 18장갑사단 101차량화보병연대 2대대 휜다이젠(Findeisen) 상사는 6, 7중대원들을 끌고 대전차공격으로 격파해 버렸다. 동시에 10대의 T-26 경전차들이 국도변에 모습을 드러냈다. 여기에 간이 부은 독일군 초급장교 한 명이 있었다. 88장갑엽병대대 장갑엽병소대장 하인리히 이젠벡(Heinrich Isenbeck) 소위는 50mm 대전차포 하나를 믿고 도로를 가로막았다. 소련 전차들은 집중타를 맞지 않기 위해 비교적 적당한 거리를 두고 진격해 들어왔다. 이젠벡 소위는 무릎을 굽혀 납작 엎드린 뒤 한방씩 침착하게 사격을 했고 선두 전차는 이내 불길에 잠겼다. 두 번째 전차는 피격되어 도로변 가장자리로 밀쳐졌고 세 번째는 궤도를 손상당해 아무런 기동을 하지 못하게 되었다. 이젠벡은 추가로 5대를 더 격파하였고 9번째 전차는 불과 30m 거리를 두고 포탑 바로 아랫부분을 강타했다. 9번째 전차가 마치 횃불 덩어리처럼 도로상에서 타오르자 10번째 전차는 지그재그로 운전하면서 뒤로 빠져나갔다. 홀로 무려 9대의 적 전차들을 격파했으나 이상하게도 이젠벡 소위에게는 아무런 훈장도 수여되지 않았다. T-34나 KV-1, KV-2전차가 아니었기 때문인지는 모르겠으나 이젠벡은 43년 11월에야 독일황금십자장을 받는 정도에 그쳤다.

7월 7일 소련군 전차부대의 공격이 재개되었다. 이날 7월 5일 전투의 영웅이었던 이젠벡 소위의 대전차포는 KV-2 중전차에 한 발을 맞아 이젠벡이 부상을 당했고 나머지 병원은 모두 전사하거나 중상을 입었다. KV-2는 독일 대전차포 진지를 뭉개면서 들어왔으며 어느 순간 발목을 잡혀 기동불능이 되자 그럼에도 불구하고 주포사격을 계속했다. 이날은 게오르크 크로이터(Georg Kreuter) 소위가 나설 차례였다. 크로이터는 101차량화보병연대 본부중대 소속 12명으로 구성된 특공대를 만들어 이 괴물전차에게 다가갔다. 사방으로 기관총을 쏴대면서 대전차포들이 일제히 중전차에 집중했으나 총탄이 모두 콩알처럼 튕겨나가는 광경이 목도되었다. 붸버(Weber) 상사가 뛰어올랐다. 그 뒤는 퀴네(Kühne) 상병이 따르면서 중전차의 기관총 사격이 빗발치는 가

80) Weal(2004) p.59, Braatz(2008) p.315
81) NA : T-313 ; roll 80, Pz. Gr. 2 Ia KTB, frame 7.318.511(1941.7.4)

운데에서도 전차를 향해 달려갔다. 붸버와 퀴네는 흙과 먼지가 난무하는 전선을 가로질러 기관총의 사각지대로 숨어 들어가 준비한 집속형 폭탄을 집어 던졌다. 엄청난 굉음과 함께 온갖 파편이 튀면서 퀴네 상병의 오른팔 윗부분이 찢겨져 나가는 중상을 입혔다. 폭탄이 포탑 부위를 파손시키면서 적 전차는 주포를 돌릴 수 없게 되었다. 이 순간 크로이터 소위의 부하들이 전차 주변으로 돌진해 순간적으로 에워쌌다. 크로이터는 주포 아래쪽을 살피더니 "수류탄!"이라고 외쳤다. 예더만(Jedermann) 일병이 방망이 수류탄을 던지자 자연스럽게 낚아챈 크로이터는 핀을 뽑은 후 주포 안으로 슬쩍 밀어 넣고 몸을 날려 차량으로부터 뛰어내렸다. 주포 포신 안으로 굴러 들어간 수류탄은 내부 유폭으로 인해 해치가 공중으로 날아갔고 차분히 대기하고 있던 클라인(Klein) 상병은 마지막 마무리를 위해 7.5m 거리에서 폭약을 던졌다. 육중한 포탑은 4.5m나 떨어져 나가면서 한동안 거대한 횃불덩어리처럼 서 있었다.[82]

7월 8일 17장갑사단이 외딴 마을에 고립되어 수배나 되는 적군 전차부대의 공격을 받게 되는 위기가 발생했다. 선봉 적 전차는 15km나 깊게 파고들어 독일군 진영을 유린하고 있던 상태였다. 장갑사단은 가용 전차 대수가 너무 적어 루프트봐풰의 지원을 요청하여 1급강하폭격비행단(StG 1) 3대대가 현지에 급파되었다. 편대장 헬무트 마알케(Helmut Mahlke) 대위는 7월 1일 보리소프에서 적군 대공사격에 격추되어 도보로 우군 기지까지 돌아오는 행운을 누린 자로서 이날은 복수의 칼날을 갈고 있었다. 소련군 전차들이 야지로 나오자 슈투카들은 독수리처럼 지상의

◆ III-17 양손을 머리에 대고 지나가는 소련군 포로를 바라보는 독일군 보병들. 7월 2일자 사진

82) Carrel(1966) pp.73-4

전차들을 덮치기 시작했다. 불과 수 분 만에 전차들이 불길에 타오르면서 전차들은 지그재그로 운전하다 모두 도로 건너편으로 이동하려는 기동을 나타냈다. 슈투카들은 화염에 이은 다량의 연기로 인해 상황을 정확히 파악하기는 어려웠으나 희한한 광경을 목격하게 되었다. 갑자기 전차들이 주포만 보인 채 차체가 땅으로 꺼져 들어가는 것이었다. 소련군 전차들이 도주하려 했던 도로 건너편은 마른 땅이 아니라 늪지대였다. 순식간에 전차들이 당하면서 적어도 20대가 덫에 걸린 것처럼 주저앉고 말았다. 한편 가장 깊숙이 들어왔던 T-34는 100mm 야포의 수평사격으로 겨우 해치우면서 이날의 전투는 종료되었다. 공교롭게 마알케 대위는 8일에도 격추되어 러시아 전선에서만 한 달이 되기 전에 벌써 세 번이나 떨어지는 신세가 되었다. 단 억세게 운이 좋아 이번에도 보리소프의 군병원으로 송치되었다. 상처는 왼쪽 어깨 관통상과 양 팔의 2급 화상이었다.[83]

구데리안이 T-34를 직접 목격한 것은 보리소프 서쪽 모스크바로 향하는 국도에서였다. 3대의 T-34가 길가의 습지대에 방기되어 있는 것을 독일군이 거저 노획했던 것으로 구데리안은 전투현장을 본 것이 아닌데도 경탄해 마지않았다. 비교적 단순무식하게 생겼지만 도발적인 자태를 나타내는 견고한 프레임, 60도 전면경사의 압연강판(壓延鋼板), 강력한 주포, 독일 전차를 능가하는 야지 주행능력은 실질적인 전과는 차치하고서라도 전선의 화제가 되기에 충분했다. 7월 3일은 겨우(?!) 100대의 전차가 나타났지만 앞으로는 T-34만으로 수백 대가 독일군 공세정면을 지키게 되는 수가 생기게 된다. 독일군으로서는 뭔가 대책을 세워야 했다.

7월 3일 민스크 포위전은 종료되었다. 적군의 상당 병력이 비교적 포위망이 얇은 남동쪽으로 빠져나가는 과정에서 허점을 노출하기는 했으나 공군의 공습과 조직적인 화포사격은 온갖 방향으로 분산되고 있던 소련군에게 가혹한 피해를 안겼다. 비알리스톡-민스크 전투에서만 적 전차 2,585대가 파괴되거나 노획되었다. 독일전차는 65대가 완파된 것을 포함하여 대략 130대가 피해를 입은 것으로 집계됨에 따라 130대를 전량 파손된 것으로 잡더라도 상호 격파 비율은 19-20대 1의 격차를 나타내 독일 장갑부대의 압승으로 기록되었다. 2, 3장갑집단은 각각 7%, 12%의 전력상실을 기록한 정도에 불과했으나 3분의 1정도의 전차와 차량들이 수리나 보충작업이 필요한 것으로 드러났다. 그중 가장 양호한 것은 10장갑사단으로 격전 이후에도 84%의 전차들을 가동시킬 수 있는 조건에 있었다. 독일군은 7월 9일 기준으로 포로 341,000명, 4,799대의 전차, 9,427문의 야포, 1,777대의 항공기 파괴 및 노획을 기록하고 추가로 수십만 명의 부상자와 행불자를 발생시켰다.[84] 7월 1일 독일군은 10만 명의 포로를 잡았으며 5일에는 그 수가 3배나 되는 30만에 달했고 공식 집계가 끝난 11일에는 40만으로 늘어났다. 서부방면군은 전투 개시 당시 627,000명의 병원으로 시작했기에 3명 중 2명이 전사 또는 부상을 당한 것으로 기록되었다. 소련군의 비알리스톡-민스크 방어전은 2주를 견뎌내지 못하고 붕괴되었으며 독일군은 4개 군을 사실상 와해시키는 최초의 대히트를 달성했다. 그중 쿠즈네쪼프(V.Kuznetsov)의 3군과 골루베프

83) Weal(2008) p.13, De Zeng IV & Stankey(2009) p.67
헬무트 마알케 대위는 억세게 운이 좋은 사나이였다. 7월 8일 적군 전차들을 공격하기 위한 두 번째 공세는 소련 전투기들이 지상의 전차들을 엄호하고 있어 손쉬운 사냥이 되지 못했다. 마알케 대위는 피격당해 기체에 불이 붙자 낙하산으로 탈출하려 했고 뒷좌석의 기관총 사수는 낙하산이 펴지지 않는 사고로 전사했다. 전신에 화상을 입은 마알케 대위는 그가 지원하려고 했던 17장갑사단의 모터싸이클부대에 의해 구조되어 또 한 번 구사일생의 위기를 넘겼다.

84) Glantz(2001) p.46의 통계를 보면 이 시점까지는 우크라이나를 공격한 남방집단군이 가장 다대한 전과를 달성했던 것으로 추측된다.

◆ III-18 비알리스톡-민스크 포위전에서 격멸당한 소련군 T-34와 각종 군용차량들

(K.Golubev)의 10군은 완전히 괴멸된 상태였으며 휠라토프(P.M.Filatov)의 13군은 3분의 1 정도의 병력만 포위망을 빠져나갈 수 있었다. 7월 3일, 바르바로싸 개시 12일째가 되던 날, 러시아 전선 전체의 독일군은 54,892명의 피해를 안은 데 반해 소련군은 935,000명에 달했다. 할더는 다음과 같이 정리했다.

"대략적으로 말해 비알리스톡 구역은 별로 중요치 않은 일부 잔존 병력을 제외한다면 적군은 소탕된 것으로 보인다. 북방집단군 구역에서는 12-15개 사단 병력이 완전히 일소된 것으로 파악된다. 남방집단군 전구의 적들도 장기간의 공세에 따라 약체화되면서 대부분은 전멸되었다. 따라서 드뷔나와 드니에프르 서부 지역의 소련군을 섬멸하는 일은 성취되었다고 보아도 무방할 것이다. 또한 개전 2주 만에 소련군을 타도했다는 것은 아마도 전혀 과장된 것이 아닐 것이다. 물론 이는 모든 것이 끝났다는 것을 의미하는 것은 아니다. 광대한 적국의 국토와 적군의 집요한 저항은 앞으로 수 주 동안 여러모로 우리를 바쁘게 할 것이다."[85]

다음은 중앙집단군 사령관 폰 보크의 평가 부분이다.

85) Halder(1964) p.36

"비알리스톡과 민스크에서의 이중 전투(Doppelschlacht = double battle)는 끝났다. 집단군은 32개 소총병사단, 8개 기계화 및 전차사단, 6개 차량화 및 기계화여단과 3개 기병사단으로 구성된 4개 소련군과 교전했다. 그 중 22개 소총병사단, 7개 기계화 및 전차사단, 6개 차량화 및 기계화여단이 전멸되었다.

포위망을 빠져나간 제대의 전투력 역시 극도로 약화되었다. 적군의 피해는 엄청난 수준에 달한다. 어제 집계한 포로와 노획물자의 내용은 다음과 같다. 일부 적군 군단장 및 사단장을 포함한 포로 287,704명, 중전차를 포함한 2,585대의 전차, 1,449문의 야포와 246대의 항공기가 파괴되거나 노획되었다. 여기에 셀 수도 없이 많은 양의 개인 화기와 탄약, 각종 차량, 식량과 연료가 추가되었다. 우리는 이 승리를 반드시 활용해야 한다."[86]

쥬코프를 비롯한 소련군 수뇌부는 7월 2일 비조직적인 저항으로 약체화된 소련군 제1진이 독일군의 공세를 막지 못한 것을 시인했다. 이들은 독일군이 그 정도로 강력한 장갑부대를 공세정면에 집중시키리라고는 상상을 못했으며 폴란드전과 프랑스전을 통해 독일군의 작전기동 행태를 면밀히 조사검토 했음에도 불구하고 막상 실전을 경험하는 차원에서는 전혀 다른 결과를 맞이했다. 독일군의 차기 공세가 스몰렌스크이며 그 다음이 모스크바라는 것은 명약관화했다. 스몰렌스크가 떨어진다면 모스크바까지는 불과 370km만 남게 되었다. 모스크바가 갖는 전략적, 정치외교적, 경제적 의미를 떠나 이 역사적인 수도가 독일군에게 점령당할 수 있다는 심리적 쇼크는 말할 나위가 없었다. 소련군은 무슨 수를 쓰던 이미 베레지나 강을 넘은 독일군의 선봉에 대해 드니에프르 앞에서 충격을 가할 필요가 있었으며 그 어떤 희생을 치르더라도 모스크바로의 진격은 저지해야 한다는 절박한 요구가 있었다. 목(파리)을 잘린 프랑스가 더 이상 전투를 계속할 가능성이 없었던 것처럼 모스크바가 잘린 소연방은 상상하기 힘든 존재로 생각되고 있었다.

* * * * *

스몰렌스크로 가는 길

"나는 고멜 부근에 집결한 적군이 나의 남익이나 폰 룬트슈테트의 북익에 대해
대규모로 위협을 가할 수도 있다는 생각에 신경쓰고 있었다.
그러나 만약 그들이 그렇게만 한다면!
그렇다면 이는 내가 다시 한번 그들에게 또 다른 큰 패배를 안길 수 있는 기회가 될 것이리라."
(중앙집단군 사령관, 훼도르 폰 보크 육군원수 : 1941.7.6)

86) Bock(1996) p.243, Carrel(1966) pp.70-71

보리소프에 대한 1차 반격이 좌절된 뒤에도 스타프카는 보리소프를 포함한 보브뤼스크, 레펠(Lepel) 구간을 따라 조직적인 반격을 획책하고 있었다. 스탈린은 피폐하게 변한 티모셴코의 서부방면군을 지원하기 위해 예비방면군이 가진 5개 군 중 19, 20, 21, 22군, 4개 군을 티모셴코에게 양도했다. 당장 20군과 5, 7기계화군단이 베레지나 강 중류 지역을 방어하고 쿠로취킨(P.A.Kurochkin) 중장의 7개 소총병사단(18, 73, 128, 137, 153, 229, 233)이 2장갑집단 47장갑군단의 공세를 막기 위해 동원되었다. 파블로프의 제대는 몰락했지만 2라운드를 맞이하는 소련군은 여전히 낙관적인 전황을 꿈꾸고 있었다. 서전에 서부방면군이 괴멸당한 것은 공군을 비롯한 지상군 병력을 너무 전진배치시킴으로써 화를 자초했다는 것이며 전략적 충격 효과가 사라진 2라운드에서는 이전보다는 효과적으로 독일군의 진공을 막을 수 있을 것으로 내다보았다. 전전의 교리에 따르면 소련군은 1차 저지선(전략적 1진)을 최전방 20-100km 지점에 구축하여 적의 공세를 쳐내는 동안 100-400km 뒤에 설치된 2차 저지선(전략적 2진)이 반격을 가할 시간적 여유를 번다는 계산을 하고 있었다. 그러나 파블로프의 서부방면군이 너무 이른 시간에 붕괴되었기에 소련군은 2차 저지선에서 승부를 건다는 계획을 수립하는 것이 당연했다. 또한 티모셴코는 무모하게 진지를 사수하거나 자살공격을 감행하기보다 점진적으로 후퇴하면서 후방경계작전에 중점을 두는 방향으로 전환하기 시작했다. 이 점은 독일군도 소련군의 전술행태가 사뭇 다르게 변하고 있다는 것을 인지하게 할 정도였다. 특히 드니에프르 서쪽과 드뷔나 남쪽에서 후퇴하는 소련군 제대는 주된 공세방향에 위치한 독일군과의 교전을 의도적으로 회피하면서 강 도하를 막기 위한 마지막 방어선 구축을 위해 시간을 버는 지연전을 구사하는 것으로 확인되고 있었다.[87]

7월 3일 민스크 포위전이 종료되는 바로 그날 중앙집단군의 두 장갑집단은 동쪽으로의 진격을 곧바로 속개했다. 구데리안은 민스크 서쪽 포위망에 든 적군을 재빨리 소탕하고 기동전력의 주력을 몰아 동진하는 것을 건의했고 호트 역시 적군이 동쪽으로 퇴각하고 있는 것이 분명하므로 구데리안과 같은 견해를 제시했다. 폰 클루게 4장갑군(임시) 사령관은 원칙적인 방향에는 동의를 표하되 우선 17장갑사단을 제한적으로 푸는 것을 허용했다. 나머지 사단들은 기존 임무가 종료되는대로 '행동의 자유'를 얻는 것으로 정리되었다.[88] 스몰렌스크 공략은 전형적인 집게발 공격의 형식을 취하도록 준비되었다. 구데리안과 호트가 남과 북에서 두 갈래로 치고 들어간 다음 동쪽의 야르쩨보-옐니아 구역에서 합류하는 것을 목표로 하되, 2, 3장갑집단이 지난 민스크전처럼 연속포위공격형태를 유지하는 것으로 재정비되었다. 호트 3장갑집단의 39장갑군단은 뷔테브스크로부터 데미도프로, 그 다음에는 야르쩨보로 진격하는 구도를 잡았다. 구데리안 2장갑집단의 47장갑군단은 1812년 나폴레옹의 사령부가 있었던 톨로췬에서 시작해 오르샤와 옐니아를 겨냥하고 있었다. 구데리안 장갑집단의 우익은 46장갑군단과 24장갑군단이 약간 남쪽의 모길레프에서 적군을 포위하여 소탕토록 하고 로슬라블을 향해 남동쪽으로 진군할 계획이었다.

호트는 39장갑군단이 우선 뷔테브스크로, 57장갑군단은 디스나(Disna)와 드뷔나로 향하게 했다. 39장갑군단의 선봉은 7장갑사단으로서 장갑정찰대대는 가장 선두에서 동쪽과 북동쪽으로 광범위한 구역을 정찰하는 임무를 맡았으며 민스크 포위전에서 전사한 리이더러 폰 파아르

87) BA-MA RH 21-3/43, Panzerarmeekommandos Tagesmeldungen 21.6-31.8.41, Fol. 78(1941.7.4)
88) BA-MA RH 21-2/927, KTB Nr. 1 Panzergruppe 2 vom 22.6.1941 bis 21.7.41, Fols. 119-120(1941.7.3)

◆ III-19 목조 다리가 시원찮아 중간에 걸려버린 단포신 4호 전차

(Riederer von Paar) 소령을 대신해 한스 폰 루크(Hans von Luck) 대위가 지휘권을 잡았다. 57장갑군단의 18차량화보병사단은 3일까지 폴로즈크(Polozk)에 접근했으며 북서쪽의 19장갑사단은 디스나에 도달했다.[89] 디스나는 드뷔나 강을 따라 30km 지점에 위치한 곳으로 19장갑사단은 7월 3일에 디스나를 장악한 다음 4일에는 북쪽 제방에 공고한 교두보를 설치했으며 이곳은 동쪽으로의 진격 추진에 있어 대단히 요긴한 장소였다.

구데리안의 2장갑집단 구역에서는 24장갑군단이 로가췌프에서 이미 드니에프르를 통과하고 있었다. 7월 3일 3장갑사단은 로가췌프 동쪽의 도하지점들을 잡고 오후 6시경 최초의 교두보를 만들어냈다. 최전방의 돌격부대는 394차량화보병연대 2대대로서 장갑엽병부대와 블라이히(Albert Blaich) 상사 지휘 하 6장갑연대 12중대의 잠수전차들이 증강되었다. 알베르트 블라이히의 전차는 100m 너비의 강을 넘어 최초 적군의 대전차포를 박살내고 다른 2대의 전차들도 보병들이 당도하기 전까지 남은 잔여 수비대들을 내쫓았다. 그 직후 소련군들은 교두보를 붕괴시키기 위해 강력한 병력을 투입시켰으며 3장갑사단은 헤르베르트 뮬러 소령과 블라이히의 전차들이 동분서주하면서 적의 반격을 잠재웠다.[90]

46장갑군단은 모길레프에서 드니에프르를 넘어 보다 넓은 공세정면을 확보하고 그간 예비로

89) Haupt(1997b) p.46
90) Kurowski(1990) p.234

있던 다스 라이히와 '그로스도이칠란트' 보병연대는 베레지나 강에 걸린 교두보 확보와 민스크 주변에서 적 부대의 퇴로를 차단하는 임무를 수행했다.[91] 한편 47장갑군단은 그보다 북쪽의 뷔테브스크로 가는 길의 정 중간에 놓인 오르샤로 진격했다. 3장갑집단은 갑작스런 폭우로 도로가 진창으로 변하자 시간당 10km의 속도밖에 내지 못하는 달팽이 걸음을 하게 되었다. 바르바로싸 시작 이후 8일 동안 단 한 차례도 오지 않던 비가 쏟아지자 티모셴코는 약간의 시간을 얻을 수 있었다.[92] 특히 약체화된 6개 사단으로 280km 구간을 지키던 22군으로서는 반드시 휴식이 필요한 시점이었다. 호트집단은 폭우 이외에도 난관이 많았다. 보리소프에서 레펠로 가는 80km 거리의 길목에는 무려 100개에 달하는 목조교량들이 있어 이걸 모두 건너야 했으며 형편없이 만든 다리들은 전차와 중장비의 하중을 견디지 못해 일일이 공병의 지원을 받거나 견인기로 차량과 장비들을 끌어 올리는 고된 작업이 뒤따랐다. 소련공군의 주장에 따르면 베레지나 강의 쓸 만한 9개의 다리들을 모두 파괴함으로써 독일군의 진격을 최소 3일은 지연시킨 것으로 선전되었다. 특히 호트의 정면을 가로막은 소련군들은 드뷔나 강 서쪽과 베레지나 강에서 강고한 진지들을 조성하여 진격을 더디게 하고 있었으며 이 무수히 많은 진지는 장갑부대가 아니라 후속하는 보병사단들이 처리할 수밖에 없을 정도로 높은 병력 밀도를 유지하고 있었다.[93]

7월 3일 베레지나 강에 걸린 레펠의 큰 교량이 소련군에 의해 폭파되어 버리자 7장갑사단 장갑연대는 좀 난감해졌다. 6차량화보병연대장 하소 폰 만토이휄(Hasso von Manteuffel) 대령은 하프트랙을 탔던 정찰대의 보고에 의해 레펠 남쪽에 아직 손상되지 않은 다리가 살아 있다는 정보를 듣고 야간작전에 착수했다. 만토이휄 대령은 시브키(Sivki)를 지나 교량 쪽으로 접근하기로 하고 한스-요아힘 붕게(Hans-Joachim Bunge) 소위가 최선봉에 선 뒤에 헬무트 구쯔쉬한(Helmut Gutzschhahn) 중위의 7중대가 따르는 것으로 지시했다. 7월 4일 새벽 3시 시브키에 도달하자 만토이휄의 전투단은 적군의 격렬한 일제사격을 받았다. 맨 앞에 나갔던 붕게 소위가 76.2mm 대전차포 하나를 제거해 버리자 구쯔쉬한 중위는 재빨리 7중대 본대로 돌아와 공격을 개시했고 시브키 서쪽의 작은 숲지대에 은닉했던 적군 기관총좌는 마치 채찍질하듯 신경질적인 사격을 퍼부었다. 만토이휄은 수개 소대들을 정면에서 응사하도록 하고 붕게 소대가 뒤로 돌아가 소련군의 퇴로를 차단케 했으며, 소련군이 독일군의 좌익으로 치고 오면서 반격을 강화하자 만토이휄은 중화기들을 좌익에 집중시키기 시작했다. 그즈음 칼-한스 룽거하우젠(Karl-Hans Lungerhausen) 중령의 6차량화보병연대 2대대가 총공격을 감행하여 공세정면의 언덕을 장악해 버리자 승부는 끝나버린 것으로 보였다. 7장갑사단은 만토이휄 병력의 투혼으로 뷔테브스크를 지나 야르쩨보로 향하는 길목을 열어 스몰렌스크 북익으로 도달하는 가능성을 확보하게 되었다.[94]

서부방면군 구역, 일종의 심리적 마지노선인 '스탈린 라인'은 구간에 따라 마치 요새처럼 강고한 진지가 버티고 있는 곳이 있는가 하면 아무런 방비가 없는 한가한 곳도 있었다. 독일군이 스

91) 武裝SS 全史 1(2001) p.60
92) BA-MA RH 21-3/43, Panzerarmeekommandos Tagesmeldungen 21.6-31.8.41, Fol. 73(1941.7.3)
93) BA-MA RH 21-3/43, Panzerarmeekommandos Tagesmeldungen 21.6-31.8.41, Fol. 73(1941.7.3)
94) Kurowski(2005) pp.50-1

탈린 라인을 돌파하는 7월 초에 소련군은 이전과는 달리 매우 세찬 항전을 거듭하면서 독일군들을 긴장하게 했던 것은 사실이었다. 그럼에도 불구하고 7월 4일 호트는 디스나 부근의 드뷔나 강변에서, 구데리안은 로가췌프 부근에서 교두보를 장악하는 성과를 올렸다. 호트의 19장갑사단은 24시간 동안 190km를 진격하여 디스나 교두보를 장악하는 눈부신 속도를 나타냈으며 14, 18차량화보병사단이 측면을 엄호하는 동안 공병들이 교량를 설치하는 정력적인 움직임을 나타냈다. 이 교두보의 중요성을 공감한 소련군은 철저한 화포사격과 주기적인 반격을 가함으로써 호트의 3장갑집단을 5일까지 꼼짝 못 하게 묶어 두었으며 구데리안의 부대도 별다른 진전을 이룩하지 못하고 있었다. 소련군은 특히 로가췌프 남동쪽의 드니에프르 동쪽 제방 구역에만 36개 포병중대들과 117소총병사단을 동원하고 있었으며 야포들도 대부분 150mm 대구경들로 독일군을 심하게 괴롭히고 있었다. 일단 4장갑사단의 장갑부대는 오전 11시경 보브뤼스크에 도달하여 시가를 관통해 정오에는 베레지나 강에 걸린 교량을 건너는 데 성공했다. 이때는 3장갑사단이 남쪽으로 방향을 꺾을 수가 있게 되어 4장갑사단 장갑대대는 교통체증 없이 롤반(Rollbahn)을 독점적으로 쓸 수 있게 되었다.[95] 강변에서는 사단 공병들이 애써 만든 교량이 210mm 곡사포를 실어 나르다 망가지는 애로가 있었으나 정오가 되기 이전에 복구하는 등 교두보 확보 뒤에 대규모 병력을 이동시키기 위한 도하작업은 만만치 않게 애를 먹이고 있었다. 7월 3일 마인라트 폰 라우헤르트(Meinrad von Lauchert) 소령의 4장갑사단 35장갑연대 1대대는 사단 주력과는 한참 떨어진 드루트(Drut) 강 서쪽 제방의 췌췌뷔취(Tschetschewitschi)에 있었다. 드루트 구역은 너무 습지대가 많아 시간이 지체되는 관계로 대규모 병력을 한꺼번에 집어넣을 수 있는 여지가 없었다. 35장갑연대는 3일 오전 6시부터 급유를 끝내고 집결지로의 이동을 시도했지만 예상보다 도착시각은 늦어지고 있었으며 소련군은 이미 취니취(Chinicy)의 교량을 폭파해 버린 상태였다. 폰 라우헤르트는 우선 되는대로 한스 데틀로프 폰 코셀(Hans Detloff von Cossel) 중위가 이끄는 5대의 1중대 전차들만 3일 저녁 무렵에 적진으로 투입시키는 무리수를 두었다.[96] 이 결정은 재앙을 초래했다. 7월 4일은 4장갑사단 35장갑연대에게 있어 하나의 악몽이었다. 폰 코셀의 1중대는 4일 오전 9시 10분 교량을 건넜다는 무전을 날렸으나 그로부터 통신이 두절되었다. 앞서간 1중대 뒤를 여타 장갑중대가 신속하게 뒤따르도록 되어 있었으나 전차간 간격이 너무 벌어지면서 라디오 송수신이 차질을 빚은 것으로 추측되었다. 그러나 실제로는 2문의 대전차포를 처치한 선두의 1중대가 목조교량을 이동하면서 6번째 전차가 지나치는 순간 교량이 붕괴되어 5대만 전방으로 나갈 수 있었던 것으로 후에 밝혀졌다. 따라서 바로 이 순간 독일전차들은 두 개로 쪼개지게 되었으며 폰 코셀 중위는 후속 병력을 기다릴 것 없이 기습효과를 살리기 위해 계속 진격한다는 결정을 내리게 되었다. 이들은 1대대장 폰 라우헤르트 소령이 뒤따라와 자신들과 합류해 주기를 바랬으나 이 시점에서는 자신들의 뒤가 어떤 상황인지를 알지 못했다. 거기다 소련군은 스타리 비쵸프(Staryi Bychoff) 정면의 교량에만 65문의 대전차포들을 배치하고 독일군을 기다리고 있는 상태였다.

1중대는 잘 매복된 소련군 대전차포와 대공포들의 습격으로 5대 중 4대를 상실하고 당일 날 전사한 것으로 처리되는 비극을 안았다. 또한 소련군의 야포사격으로 1중대가 통과한 교량은 15m 정도가 날아가는 통에 보병들이 넘지 못하게 되는 불상사가 발생했으며 그 후에 이어진 격

95) Rosen(2013) p.69
96) Zetterling(2017) p.217

렬한 포사격에 의해 교량의 나머지 부분도 파괴되기에 이르렀다. 독일군 전차 1대도 직격탄을 맞아 전소되었다.[97]

35장갑연대는 그날 오후 6시 30분 소련군 소총병연대의 절반에 해당하는 병력이 반격작전을 전개하여 이를 되받아 치는 과정에서 3대의 전차를 추가로 잃었다. 스타리 비쵸프(Staryi Bychoff) 남쪽에서 고무보트로 드니에프르 강을 도하한 적군 소총병들은 포병대의 지원을 받아 강 서쪽 제방에 대해 강력한 반격을 가하면서 독일군을 궁지로 몰아넣고 있었다. 이 사태는 저녁 늦게 장갑연대의 2대대가 현지에 도착함으로써 적의 추가진격을 막아낼 수 있었다. 35장갑연대는 4일에만 합계 총 9대의 전차를 상실했으며 스타리 비쵸프와 드니에프 강의 교량을 확보하기는 했으나 드니에프르 강변 일대는 거의 요새 수준의 강고한 적군 진지들로 뒤덮여 있었다. 9대의 전차 상실은 그때까지의 기록으로는 일일 최대의 피해였다. 또한 33-34명의 병력 피해가 기록되었으며 이 역시 개전 이래 최대의 손실이었다. 대신 35장갑연대는 1,500명의 적군을 격멸하고 20대의 견인차량과 다수의 중화기들을 파괴 혹은 노획했다.[98] 하인리히 에버바흐(Heinrich Eberbach) 대령은 장비와 병원의 피해는 물론 폰 코셀 중위와 같은 유능한 장교를 잃은데 대단히 상심하고 있었으나 48시간 후 믿기지 않는 소식이 전달되었다. 폰 코셀 중위는 살아남은 자신의 4명의 부하들과 함께 150m 너비의 드니에프르 강을 헤엄쳐 연대 본부에 합류하게 되는 사건이 있었다. 이들 4명은 코셀 중위 외에 하인츠 부르크하르트(Heinz Burkhardt) 소위, 후고 플뢰쳐(Hugo Plötscher) 하사, 그리고 나중에 독일연방군의 장성으로 진급할 리햐르트 프라이헤어 폰 로젠(Richard Freiherr von Rosen) 하사였다. 에버바흐 대령은 폰 코셀과 감격적인 해후를 한 뒤 이미 그의 부모에게는 전사통지를 알린 상태였다고 하면서 이 기적적인 생환을 누구보다도 진심으로 축하했다. 에버바흐는 거의 눈물을 흘릴 지경에까지 이르도록 그의 귀환을 자신의 일처럼 기뻐했다.[99]

◆ III-20 35장갑연대 폰 코셀 중위와 함께 사선을 넘어 우군진지로 복귀했던 리햐르트 프라이헤어 폰 로젠 하사. 그는 나중에 503중전차대대에서 너무나 유명한 봘터 쉐르프, 알프레드 루벨 등의 전설적 티거 전사들과 만나게 된다.

7월 4일 호트는 자신이 보유한 전차가 50% 수준으로 떨어졌다고 보고하였고 더 이상 전력에 도움이 안 되는 1호 전차는 거추장스럽다며 독일로 돌려보내는 조치도 아울러 취해졌다. 1호 전차는

97) BA-MA RH 39/689, Panzer-regiment 35 Abt. Ia, Bericht über Einsatz Staryi Bychoff, Rgts.Gef.Stand, den 4.7.1941, 20,00 Uhr.(1941.7.4)

98) Jentz(1996) p.201

99) Rosen(2013) pp.102-3

이제 정찰에도 적합지 않았으며 연료만 먹어치우는 애물단지 취급을 받고 있었다. 5일 구데리안은 민스크에서의 회동에서 브라우히취와 폰 클루게에게 선봉의 3, 18장갑사단은 병원과 장비의 부족으로 더 이상의 진격이 불가능하다는 비관적인 보고를 올렸다.[100] 4, 17장갑사단의 전차 가동율은 60% 수준, 18장갑사단의 전차가동율은 58%, 3장갑사단의 경우는 겨우 35%에 지나지 않았다. 10장갑사단은 80%로 가장 온전히 유지되었으며 이는 처음부터 예비전력으로 출발했기에 교전으로 인한 손실은 상대적으로 적은 편이었다.[101] 어지간히 까다롭게 구는 구데리안을 못마땅하게 생각한 폰 클루게는 이번에는 OKH가 아닌 OKW의 브라우히취 총사령관에게 구데리안과 호트는 도저히 감당하기가 힘든 친구들이라며 불평을 늘어놓았다. 브라우히취는 이에 동조하기보다 장갑집단 사령관들에게 너무 자잘하게 간섭하는 것이 4군 사령관의 임무가 아니라면서 차기 목표달성을 위해 오히려 작전행동의 자율권을 부여하라는 지시를 건넸다. 짜증이 난 폰 보크도 폰 클루게에게 구데리안과 호트 스스로가 세부 단위작전의 자유를 누리도록 해 줄 것을 훈계조로 이야기했다. 폰 보크는 위엣사람이 상대하기도, 밑의 사람이 모시기에도 까다롭고 차가운 성격의 소유자였다. 폰 클루게는 폰 보크와 일하는 것도 싫어했기에 나중에는 중앙집단군에서 빠져 남방집단군으로 자신의 부대를 빼는 꼼수까지 쓰게 된다. 하여튼 1941년 할더, 폰 보크, 폰 클루게, 구데리안, 호트 5인의 복잡한 인간관계는 전쟁 전체를 그르칠 수도 있는 위험천만한 고비들을 넘기게 된다.[102]

7월 5일 구데리안의 2장갑집단은 3, 4장갑사단을 동원해 기습을 가하려는 시도를 감행했으나 오후부터 전개된 소련군의 화포사격으로 인해 3장갑사단의 선봉 396차량화보병연대 2대대는 전혀 진전을 이루지 못했다. 드니에프르 강은 '스탈린 라인'과 겹쳐 있어 일부 구간에서 독일군에게 교두보를 내주었다 하더라도 장갑사단들의 도하는 철저히 차단하겠다는 적군의 의도가 고스란히 드러난 강력한 저항의 상징이었다. 4일 침공에서 실패를 겪은 4장갑사단은 5일 내내 스타리 비쵸프에 묶여 있었고 공세로 나서려면 로가췌프 외부에 놓인 3장갑사단 6장갑연대의 지원을 기다려야 했으며, 3장갑사단은 이웃하는 10차량화보병사단에게도 병력을 떼 내주어야 했기에 펀치력이 약할 수밖에 없었다. 6장갑연대의 1대대는 일시적으로 10차량화보병사단에 배속되어 있었으며 6장갑연대의 잔여 병력은 4장갑사단을 지원하고 2대대만은 적군의 공세가 예상되는 사단의 남익을 엄호해야 하는 등 각 제대의 역할과 업무분장은 대단히 복잡하게 얽혀 있었다. 거기다 장교들의 부상이 속출하는 가운데 이날 사단 또는 군단 전체가 드니에프르를 도하하려는 기도는 간단히 좌초되고 말았다.[103]

7월 4-5일 스몰렌스크 상공에서는 독소 양군의 에이스들이 충돌하는 일이 있었다. 7월 1일 스몰렌스크 지구에 배치된 소련공군 401전투기연대의 에이스 스테판 수프룬(Stepan Suprun) 대령은 묄더스가 있는 51전투비행단을 시험해 보고자 했다. 하나 이는 만용이었다. 일단 기량면에서 독일 조종사들이 앞서는 것은 말할 나위도 없지만 MiG-3 기종으로는 메써슈미트를 이길 수가 없었다. 수프룬 대령은 격추당해 전사했으며 묄더스는 고멜 상공에서 2대의 MiG-3와 고속폭

100) BA-MA RH 21-2/927, KTB Nr. 1 Panzergruppe 2 vom 22.6.1941 bis 21.7.41, Fol. 133(1941.7.5)
101) BA-MA RH 21-2/927, KTB Nr. 1 Panzergruppe 2 vom 22.6.1941 bis 21.7.41, Fol. 149(1941.7.7)
102) KTB OKW, p.1136
103) BA-MA RH 21-2/927, KTB Nr. 1 Panzergruppe 2 vom 22.6.1941 bis 21.7.41, Fol. 134(1941.7.5)

격기 2대를 격추시키면서 자신의 기록을 86기로 끌어올렸다.[104] 6월 22일부터 7월 5일까지 소련 공군은 러시아 전역에서 4,990대를 상실, 루프트봐훼는 179대를 잃은 것으로 집계되었으며 또 다른 통계는 소련기 4,017대, 독일기 160기로 기록되어 있다.[105]

7월 6일 3장갑사단 6장갑연대 1대대가 2대대를 기다리지 않고 성급하게 공세를 추진하다 소련군의 강력한 저항을 받으면서 다시 뒤로 튕겨나고 말았다. 소련군은 루키(Luki) 남동쪽 고지대에 포대를 설치하여 3장갑사단과 10차량화보병사단의 진격을 가로막고 있어 여기에는 뭔가 특별한 조치가 필요했다. 서부전선에서 한쪽 팔을 잃은 1장갑대대 2중대의 루디 라이닉케(Rudi Reinicke) 상사는 거의 홀로 적군 한 개 포병중대와 추가로 2문의 야포들을 격파하면서 난관을 타개했다. 그러나 이날은 6장갑연대 1장갑대대에게는 악몽의 날이었다. 6일 아침 13대로 시작한 4장갑중대는 즐로빈(Zhlobin)으로 향하다 교묘하게 위장한 소련군 야포와 대전차포 진지에 걸려 무려 10대가 파손되는 참사를 안았다. 브로도프스키(Brodowski) 중위 지휘 하의 선도전차는 도로 양쪽에서 날아오는 적군에 피탄되었으며 두 번째 전차가 지뢰에 걸려 기동불능이 되자 뒤따라오던 3대의 전차가 모두 적군의 포화에 피격되었다. 슈미트-오트(Gustav-Albrecht Schmidt-Ott) 대대장은 황급히 1중대를 불러 4중대를 전선에서 빠지게 하고 2중대의 일부 전차들도 부상당한 전차병들을 후방으로 이송하는 퇴거작업에 투입되었다. 이때도 루디 라이닉케 상사가 한 몫을 해냈다. 전투는 졌지만 라이닉케는 혼신의 힘을 다해 동료 전차들을 구해내면서 7월 9일 기사철십자장에 서훈되었다. 수여식은 모델 사단장이 직접 거행했다. 6일 정오까지 1대대는 총 22대의 전차를 상실하는 충격을 안았다.[106] 물론 1대대는 19대의 적 전차, 21문의 야포, 13문의 대전차포, 2문의 대공포를 부수긴 했지만 기량이 한참 떨어지는 소련 전차들을 상대로 거둔 성적표로서는 낙제에 가까운 결과였다. 확실히 소련군은 매설된 지뢰와 매복된 대전차포로 숨어서 기습을 가할 때는 독일전차들의 기동력과 유연성을 이처럼 상대화시킬 수 있었다.

이 복수는 당일 오후 2대대가 달려와 실현했다. 오스카르 문젤 2대대장은 야로쉬 폰 슈붸더(Jarosch von Schweder) 중위가 이끄는 5중대를 선두에 두고 7, 8중대가 뒤를 받쳐주도록 지시했다. 선봉 전차들은 테르테쉬(Tertesch)와 철도선 사이 구역에서 4개 포병중대를 격멸하고 전차 1대와 3문의 대전차포를 보너스로 격파했다. 이번에는 5중대와 7중대가 2선으로 물러나고 쾰러(Köhler) 소위의 8중대가 전면으로 뛰어올랐다. 8중대는 테르테쉬를 측면기동으로 부수고 들어가 드니에프르 강에 걸린 교량을 향해 전속력으로 질주해 들어갔다. 소련군은 간발의 차로 교량을 파괴하기는 했으나 그로 인해 미처 도주하지 못한 적군들이 고스란히 마을 내부에 남게 되어 독일군의 사냥감으로 전락했다. 6대의 4호 전차로 무장한 쾰러 소위는 1대대가 당한 것과 정확히 같은 수치인 22대의 소련군 전차들을 격파하고 2문의 대전차포와 장갑열차까지 파괴해 버리는 수훈을 세웠다. 일단 이로써 즐로빈으로부터 개시된 적군의 진격은 당분간 저지시키는 효과를 가져왔다.[107] 그러나 22대 우군 전차의 손실은 전체 가용전차의 양에 비추어 대단한 충격이었다. 피

104) Mombeek, Bergström & Pegg(2003) p.131, Braatz(2008) p.315
105) NA : T-971 ; roll 18, frame 000793(1941.7.5)
106) Department of the Army Pamphlets(2015) p.91, Kurowski(1990) pp.228-35
107) Kurowski(2010a) pp.163-4, Röll(2013) p.85

탄되었다 하더라도 전선에 버려진 전차들은 수리를 위해서라도 목숨을 무릅쓰고 운반해 와야 했다. 부상병의 후송과 피격당한 전차의 수거는 야간에도 진행되었다. 소대장 야콥스(Jacobs) 소위는 피격당한 3대의 우군 전차를 빼 오는 와중에도 4문의 소련군 대전차포를 격파시키기도 했다.

* * * * *

서부방면군의 레펠(Lepel) 공세와 센노(Senno) 전차전

"이날(7.8) 두 사단의 100대가 넘는 적 전차들이 격파되어 불타는 전차들은 어디에서나 볼 수 있었다. 17장갑사단은 보급부대가 췌리자(Tscheriza)에서 사단 본대와 분리되었기에 재편성, 재장전, 급유하는데 대단히 긴 시간을 요하게 되었다."
(2장갑집단 47장갑군단장 요아힘 레멜젠 장갑병대장)

한편 장갑부대와 보병 제대와의 간격이 날로 늘어나는 문제는 비단 보급뿐만 아니라 해당 간극을 소련군 병력들이 차지하여 파르티잔들과 함께 다양한 교란을 일으키는 심각한 사태를 야기시키고 있었다.[108] 심지어 독일군은 보급문제를 해결키 위해 장갑 선도부대가 도착도 하기 전에 전방에 미리 물자를 수송해 보기도 했으나 이는 적군의 공격에 의해 엄청난 피해를 수반하기 마련이었다. 결국 장갑부대를 따라잡지 못하는 보병 제대는 엄청난 양의 말(馬)에 의존해야 했으며 하루에도 30-40km, 길게는 50km를 행군해야 하는 보병들의 고충은 서부전선과는 전혀 다른 것이었다. 제대로 먹고 마시지도 못하면서 행군에 행군을 강요당한 보병들은 체중이 빠져 벨트의 구멍을 더 늘려 바지가 내려가지 않게 하는 등의 기가 막힌 일을 경험하기도 했다.[109]

◆ III-21 그 넓은 러시아의 대지를 두발로 걸어 다녀야 할 팔자의 보병들. 선도하는 부사관이 이처럼 말을 타게 되면 더 열 받게 마련이다.

어떻게 보면 이 모든 사태는 장갑부대가 너무 앞으로만 나아가 보병과의 간격을 맞추지 못하는 데서 기인한다는 생각을 갖기에 충분한 조건들이 있었다. 장갑과 보병

108) BA-MA RH 19 Ii/128, Tagesmeldungen der Heeresgruppe Mitte vom 22.6.41 bis 15.7.41, Fol. 138(1941.7.3)

109) 2006 - 2008년 독일 체류 시 2차 대전에 보병으로 참전했던 옆집 주민 발데마르 슈트라이히(Waldemar Streich)를 통해 들은 증언으로, 원래 마른 체질이었던 슈트라이히는 워낙 가혹한 행군으로 살찔 여가가 없었을 뿐더러 체지방이 남아있질 못했다고 밝혔다. 한편 본인은 1974년 서독월드컵에 참가했던 동독 국가대표 축구선수 요아힘 슈트라이히(Joachim Streich)의 친척으로 확인되었다.

간의 문제와 더불어 장갑부대간의 괴리도 심각한 수준에 달하고 있었다. 3장갑집단은 뷔테브스크 근처의 39장갑군단과 폴로츠크 및 디스나로 뻗어 나간 57장갑군단간에 160km 이상의 간격이 벌어지는 일에 직면해 있었다. 예레멘코는 신규로 받은 20군 제대를 풀어 오르샤와 뷔테브스크 사이의 공간을 파고들어 호트와 구데리안이 사용할 스몰렌스크로 연결되는 도로를 장악하려고 했다. 그에 따라 소련 20군의 5, 7기계화군단은 레펠에 집결해 있는 독일군을 공격하는 것과 아울러 구데리안의 47장갑군단보다 약간 북쪽에 위치한 39장갑군단을 치기 위한 기동에 들어갔다. 잘만하면 두 장갑군단의 사이를 찢어놓을 수 있는 가능성이 있어 독일군 제대간 응집력을 와해 상태로 몰고 갈 여지도 있었다. 두 기계화군단은 7월 6일 서전에서 7장갑사단을 30km나 뒤로 물러나게 하면서 위력을 과시했다.[110] 18장갑사단 역시 상당한 피해를 입으면서 혼전 속에서 전차전을 치르는 고된 시간을 보냈다. 호트와 구데리안 사이를 파고 든 두 기계화군단의 초기 공세는 어느 정도 효과를 본 것은 사실이었다. 그러나 얼마 안 가 준비가 안 된 전차부대의 본전이 드러나면서 전세는 독일군 장갑사단 쪽으로 기울어졌다. 장부상으로는 무려 2,000량 정도의 전차들을 보유했어야 하나 실제 전장에 투입된 것은 70%(1,420량) 정도였고 12, 17, 18장갑사단과 순차적으로 교전을 벌이다가 전력은 경향적으로 약화되어 갔다. 소련 기계화군단은 의욕만큼이나 사전 준비가 따라주지 못했다. 예컨대 이반 봐실레프(I.D.Vasilev) 대령의 14전차사단은 뷔테브스크 남쪽에서 116km나 되는 거리를 달려오면서도 숲지대에 대한 사전정찰도 하지 않았으며 변

◆ III-22 소련의 명품 대지공격기 Il-2 슈트르모빅. 소련공군의 대표기종이라 할 정도로 유명세를 떨친 전폭기로 단일 기종으로서는 세계 최대의 생산량(36,183대)을 기록했다. 많이 만든 만큼 많이도 파괴되어 대전 말기까지 소련공군기 전체 손실의 30%에 달하는 총 11,570대가 사라졌다.

110) BA-MA RH 21-3/43, Panzerarmeekommandos Tagesmeldungen 21.6-31.8.41, Fol. 93(1941.7.6)

변한 지도도 없었다. 또한 그들 앞에 놓인 독일군이 대대, 연대, 혹은 사단이나 군단 병력인지 무엇인지 거의 알지를 못했다. 추가적인 문제는 소총병지원이 취약하다는 것과 대전차포와 항공지원 역시 시원찮았다는 것이 독일군에게는 크나큰 득이었다.[111] 7월 6일 51전투비행단 4대대의 하인츠 배르 소위는 4ShAP 대지공격연대 소속 Il-2 슈트르모빅 2기를 격추시켰다. 이는 대전 말기까지 맹위를 떨칠 소련공군의 슈트르모빅이 최초로 등장한 공중전이었다.

7월 7일 오전 8시 뷔노그라도프의 7기계화군단은 39장갑군단 7장갑사단 전구로 공세를 개시했다. 이는 거의 자살에 가까운 공세였다. 7장갑사단은 서부 드뷔나 강 서쪽 제방에 강력한 대전차진지를 미리 구축한 상태에서 7기계화군단의 14, 19전차사단은 마치 덫으로 들어가는 꼴이었다. 최전방에는 단 한 개의 장갑대대가 정찰에 종사하고 있었으나 볼프강 토말레(Wolfgang Thomale) 중령의 25장갑연대 3대대가 모터싸이클 부대와 장갑엽병들을 보강하여 최초 공격을 되받아쳤다. 1차 공격이 돈좌된 후 플랜 B를 미처 준비하지 못했던 소련군들은 계속해서 시간만 허비하다 오후 4시 30분이나 되어서야 센노에서 공세를 재개했다. 토말레 중령의 전투단은 이 공세도 물리쳤고 3차 공격은 그날 오후 7시 2대의 KV-2와 1대의 T-34를 동반해 시작되었다. 토말레의 전차들은 이날 괴물같은 두 대의 KV-2를 포함해 17대의 적 전차들을 격파하고 자신들의 피해는 4대의 전차와 1문의 50mm 대전차포로 줄이는 수준에서 전투를 종료시켰다. 25장갑연대 전체는 이날 60대의 적 전차들을 재물로 삼았다.[112] 19전차사단보다 더 북쪽에 있던 14전차사단은 같은 7장갑사단 소속 보이네부르크 전투단(Kampfgruppe Boineburg)과 맞대결을 펼쳤다. 전투단은 '군신'(軍神)이라 불리게 될 전차전의 달인, 아달베르트 슐쯔(Adalbert Schulz) 대위의 25장갑연대 1대대, 7보병연대 2대대, 8장갑엽병대대 1중대와 기타 단위부대로 편성되었으며 장갑엽병 1중대는 37mm 대전차포를 탑재한 자주포를 보유하고 있었다.[113] 보이네부르크 전투단은 적 정면을 4개 포병 단위부대로 막게 한 다음 슐쯔의 1장갑대대가 우회기동을 택해 측면을 강타하는 것으로 정리했다. 화력과 기동력의 놀라운 조합에 넋이 나간 14전차사단은 43대의 전차를 상실하면서 패주하는 신세가 되었다. 7장갑사단은 7일 단 하루 동안 불과 136명의 전사자와 부상자 및 8대의 우군 전차를 상실하는 대신 소련군 전차 103대를 격파시키면서 12 대 1이 넘는 상호격파비율의 놀라운 전과를 달성했다.[114]

7장갑사단은 센노 구역에서 고전하던 7모터싸이클대대를 구원하기 위해 호르스트 오를로프(Horst Ohrloff) 중위의 11장갑중대가 소규모 그룹을 형성해 북쪽에서 적군의 측면을 쳐보는 시험적인 공격을 가해 보기로 했다. 한데 이 기동이 결국은 센노 자체를 점령하게 되는 계기를 만들게 된다. 11장갑중대는 1개 포병소대와 1개 장갑엽병소대, 그리고 단 한 대의 4호 전차를 지원받아 새벽부터 기동에 착수했다. 7일 오전 3시에 출발한 오를로프 중위의 11중대는 너무 빨리 적군을 깨우지 않기 위해 기도비닉을 유지하며 북쪽의 숲지대를 지나 센노가 바라다보이는 지점까지 조심스럽게 이동했다. 30명의 소련군들이 커피를 마시며 한가하게 있는 것을 본 11중대는 기습

111) Erickson(1983) pp.161-2
112) NA : T-315 ; roll 406, frame 000040-000041, Kurowski(1990) p.245
113) Nafziger(1999) p.66
114) NA : T-314 ; roll 926, Abteilung Ic Bericht von Panzergruppe 3, frame 000558

◆ III-23 파괴된 BT-7 쾌속전차 옆에 버려진 소련군 시신을 점검하는 독일군

적으로 덮쳐 전원 몰살시켰으며 해당 지역에 배치되어 있던 일부 적군 전차들을 파괴했다. 그 후 작은 지류를 건넌 11중대는 7모터싸이클대대와 합류하여 센노를 쳤으나 소련군의 강한 반발에 부딪혀 일단 예비로 주둔해 있던 센노 북서쪽 쇼테니(Schoteni)로 복귀했다. 소련군은 막대한 손실을 입었으나 마을 자체는 여전히 손에 넣고 있었으며 독일군의 센노 장악은 8일로 미루어졌다. 11장갑중대는 전력보강을 위해 1개 장갑소대와 3대의 4호 전차를 추가로 지원받았다.

같은 39장갑군단의 20장갑사단은 오전 10시부터 개시된 포병대와 슈투카들의 공격에 이어 본격 공세에 착수했다. 공병들은 보트로 서부 드뷔나 강을 넘어 또 다른 지점에서 기만전술을 전개했다. 정오가 될 무렵 사단 주력은 진격에 착수해 울라(Ulla)에서 미리 나가 있던 토마시우스(Thomasius) 소위의 정찰대와 연결되었다. 주력을 위한 임시교량이 가설되자 사단의 선봉부대는 곧바로 공세를 이어갔으나 소련군의 상당한 저항에 직면했고 이곳에서는 결코 만만히 물러날 것처럼 보이지는 않았다. 임시교량은 그리 튼튼하지가 못해 차량이 지나가면서 부분적으로 휘게 되어 이동 중의 긴장과 스트레스는 지대했다. 다행히 게오르크 폰 비스마르크(Jürgen Georg von Bismarck) 대령이 이끄는 선봉부대(20차량화보병여단)가 적군의 방어를 뚫고 야지로 진출하자 돌파구는 마련된 것으로 보였으며 총알이 사방으로 날아드는 전선에서 항상 모습을 드러내는 폰 비스마르크 대령이 과감하게 정면돌파를 시도하자 소련군들은 양 측면으로 빠져나가면서 도주하기 시작했다. 이날 선봉대는 뷔테프스크의 관문에 거의 닿을 듯한 지점까지 다가갔으며 사단 주력은 저녁까지 약 60km 거리를 주파한 것으로 파악되었다.[115]

115) Luther & Stahel(2020) p.69

◆ III-24 북아프리카 전선, 에르뷘 롬멜 장군과 함께 한 유르겐 게오르크 폰 비스마륵크 21장갑사단장. 사진은 1942년 6월 토브룩 함락 당시의 것. 비스마륵크 장군은 42년 8월 31일 알람 엘 할파(Alam el Halfa) 전투에서 전사했다

7월 8일 오르샤와 뷔테브스크 가운데에 놓인 센노(Senno)에서 보리소프 전차전의 10배 정도 규모의 전투가 진행되었다. 이 전투는 무려 5일을 끌었다. 이날은 2장갑집단 47장갑군단의 17장갑사단이 처음으로 T-34와 조우한 날이기도 했다. 오전 11시경 소련군은 능숙하게 매복해 기다리다가 17장갑사단을 지근거리에서 급습했다. 당황한 39장갑연대의 3개 대대는 야지로 흩어졌고 장갑엽병들은 우군 전차의 측면을 엄호하기 위해 재빠르게 적과 우군 사이에 자리를 틀었다. 한편 73차량화보병연대의 병력들은 우군 전차를 엄호하기 위해 적 전차의 기동을 일일이 확인해가면서 소련군 대전차포의 측면공격을 막아내야 했고 소총병들과 적군의 대전차 파괴팀들도 동시에 처치해야 하는 고달픈 임무를 수행하고 있었다. 이 과업은 특히 6월부터 대전차전을 수행한 경험이 있던 중대장 한스-아르노 오스터마이어(Hans-Arno Ostermeier) 중위가 다대한 전과를 획득하면서 철십자 훈장을 타냈다.[116] 소련군 전차병들은 보리소프전 때와는 다른 테크닉을 갖고 있었다. 단순히 정면으로 독일전차들을 상대하는 것이 아니라 측면과 뒤를 파고들면서 조직적인 편제의 기본 형태를 무너뜨리려는 지능적인 시도를 감행했다. 오후가 되자 독일군 전차병들은 무선을 통해 장기전에 대비하여 포탄을 아낄 것을 종용하고 적 전차의 약점을 파고들기 위해 사력을 다했다. 오후 5시경 9중대의 자르게(Sarge) 상사는 적의 중전차가 등장한 것을 보고 소리 높여 외쳤다. "중전차다, 10시 방향, 철갑탄 장전, 발사!!" "명중이다!!" 그러나 적 전차는 맞은 기

116) Berger(2007) p.378

◆ III-25 모양부터도 엽기적으로 생긴 52톤 무게의 KV-2 중전차. 주포는 M-10 152mm 유탄포를 탑재했으며 독일군들은 이걸 부수면 5일 정도 휴가를 줘야 한다고 투덜거릴 정도로 격파에 힘들어했다. 단 기동전에는 적합지 않은 차체에 시속 26km밖에 내지 못하는 느림보였기에 최초 생산분 334대의 대부분은 개전 초기에 격파되었다.

색조차 하지 않았다. 9중대의 전차 4대는 800-1,000m 거리에서 주포를 갈겼으나 아무런 효과가 없었다. 잠시 후 이웃하는 7중대의 호른보겐(Hornbogen) 상사가 공격을 받았다. 바로 40m 코앞에서 적의 주포가 작열하는 긴급상황에서 호른보겐은 재빨리 화망에서 벗어나 바로 옆에 있던 우군 37mm 대전차포로 명중탄을 날렸으나 청진기란 오명이 붙은 이 포가 중전차를 상대하기는 무모했다. 괴물처럼 생긴 이 KV-2 중전차는 최고 기어를 올려 대전차포 진지 쪽을 밀고 들어왔다. 독일군은 20m, 10m, 5m까지 다가오는 동안 수차례에 걸쳐 차체를 때렸으나 이건 공룡을 바늘로 찌르는 격이었다. 독일군들은 미친 듯이 옆으로 몸을 굴려 자리를 피했고 중전차는 15km를 더 전진하며 독일군 진지를 쑥대밭으로 만들었다. 그나마 이 괴물이 습지대의 무른 땅에 걸리자 100m 장포신 야포 사격에 걸려 그때 서야 전진을 중단했다. 전투는 밤이 될 때까지 계속되었으며 자르게 상사가 전사하는 등 독일군은 상당한 피해를 감수하면서도 전선을 지켜냈다.[117]

13, 17전차사단을 포진한 5기계화군단 역시 비슷한 운명에 처했다. 7월 6일 정오에 센노 부근에 도착한 두 전차사단은 430대의 전차를 보유한 17전차사단이 군단의 우익에 포진하고, 411대를 가진 13전차사단이 네링의 18장갑사단이 쑤시고 들어오는 군단의 좌익을 커버하기로 했다. 계 842대

117) Carrel(1966) pp.75-6

의 전차라는 수치만 보면 전율을 느끼게 할 수도 있을 것이나 내용을 들여다보면 전혀 아니었다. 독일 전차들에 확실한 승부수를 띄울 수 있는 T-34와 KV-1전차는 17전차사단이 16대, 13전차사단은 17대에 불과했다. 그러나 이들 중전차에 비해 월등히 빈약한 장갑의 독일전차들이 애를 먹은 것은 당연했다. 18장갑사단은 7월 7일 국도를 따라 소련전차들과 차량을 구타하면서 교묘한 포위전을 구사하고 있었다. 소련전차들의 조종술은 형편이 없어 쉽게 격파당하는 운명에 처했으며 워낙 미친 듯한 전차전을 하다보니 누가 누구를 포위하는지 모르는 상황이 전개되었다. 18장갑연대는 본부전력과 빌리 테에게(Willi Teege) 소령의 2장갑대대 등이 20대 정도의 전차들로 전차전을 벌이던 중 숲지대에서는 역으로 포위되는 형국에 놓이게 되었다. 독일군의 50mm 대전차포로는 이들 중전차들의 약한 부위만 관통할 뿐 격파시킬 위력이 될 수가 없었다. 일단 4대의 경전차와 1대의 중전차를 격파한 2대대는 숲으로 들어오는 1대의 전차와 숲 가장자리의 도로를 따라 침범하는 또 한 대의 전차를 처리해야 했다. 게오르크 크로이터(Georg Kreuter) 소위의 장갑소대는 연대본부의 명에 따라 이들을 추격하다 도저히 3호 전차의 주포로는 중전차를 당할 수가 없어 불과 수 미터를 두고 옆을 지나가는 동안 숨을 죽이며 기다리고 있다가 전차에서 이탈해 육박공격을 전개하기로 했다. 크로이터 소위는 추가로 폭약을 단 수류탄을 투척해도 소용이 없자 직접 전차에 다가가 포신 안으로 수류탄을 밀어 넣어 겨우 망가뜨리게 하는 데 성공했다.[118]

8일부터 10일 동안 약 이틀에 걸친 전차전에서 5기계화군단은 금세 너덜너덜해졌다. 7월 9일 센노 서쪽에서 들이친 요제프 하르페(Josef Harpe)의 12장갑사단은 100대도 안 되는 장갑대대 2개 전력으로 기계화군단 하나를 가지고 놀았다. 13, 17전차사단은 드니에르프 강을 넘어 동쪽으로 무질서하게 도주하여 재충전을 위해 오르샤 구역으로 집결했다.[119] 소련 기계화군단이 그나마 위안으로 삼을 수 있었던 것은 레멜젠의 47장갑군단이 오르샤를 장악하는 것과 39장갑군단의 7장갑사단이 뷔테브스크를 잡아내는데 약간의 시간적 지연을 초래케 했다는 정도에 불과했다. 그에 비해 두 개 기동군단이 불과 수일 만에 사라졌다는 것은 너무나 큰 피해였다. 특히 이봔 코르챠긴(I.P.Korchagin) 대령이 지휘한 17전차사단은 훈련도 부족한데다 스탈린 체제에 반대하는 감정을 가진 우크라이나 출신들이 60%를 차지하고 있어 결코 사기나 전의가 강한 병력이 아니었다.[120]

압도적으로 우세한 소련전차들이 하나씩 당한 데에는 그만한 이유가 있었다. 독일군의 장갑중대는 3개 소개 편성을 기준으로 총 17대의 전차가 배정되었는데 반해 소련군의 전차중대는 10대에 불과했으며 3개 소대에 소대당 3대의 전차가 배당되었다. 독일군의 장갑소대는 5대의 전차로서 일단 두 개 그룹으로 분리되어 협공을 할 수 있는 여지가 있었으나 3대의 전차로는 독자적인 작전을 수행하는 데는 상당한 무리가 따랐다. 그러니 전차는 어떤 형태로든 소총병들의 지원화기 외에 별다른 아이디어를 발휘하기가 어려웠다. 개전 초기에 독일군이 더 놀랐던 것은 그들이 모든 차량에 무선장비가 설치되어 있었던데 반해 소련군은 소대장 전차에만 무전기가 있었으며 나머지 차량들은 수신호와 깃발로 소통하는 원시적인 방법에 의존하고 있었다는 점이었다. 이처럼 소련군의 전차는 무선장비가 일일이 장착되어 있지 않아 전차간 교신이 불가능했을 뿐만 아

118) Department of the Army Pamphlets(2015) p.70

119) Glantz(2010) p.75

120) NA : T-314 ; roll 926, Abteilung Ic Bericht von Panzergruppe 3, frame 000558

◆ III-24-1 7장갑사단 25장갑연대 3대대 11중대장 호르스트 오를로프 중위. 센노 장악의 수훈으로 7월 27일 기사철십자장에 서훈되었으며 28일에는 전차전참가기장(Panzerkampfabzeichen)까지 받았다. 1939년부터 11중대장을 역임했던 오를로프는 39년에만 두 번에 걸친 부상장을 받아 그의 저돌성와 용기를 유감없이 증명했다.

니라 일부 지휘관 전차에만 있었기에 효과적인 전차운용은 기대할 수가 없었다. 거기다 포탑에는 2명만 들어갈 수가 있어 계속해서 사주경계를 하면서 독립적으로 적 전차와 진지의 방향을 잡아줄 수 있는 전차장이 종종 장전수의 역할을 겸해야 했다. 따라서 한 발을 쏘고 나면 다시 고개를 들어 전방을 주시해야 했으며 그사이에 독일전차들은 즉각적인 응사를 통해 적 전차를 간단히 처치할 수 있었다. 반면 독일 전차의 승무원은 총 5명, 포탑에는 3명(전차장, 포수, 장전수)이 움직일 수 있어 전차장은 모든 상황을 독자적으로 판단하여 포수와 조종수에게 직접 명령을 내리는 구조로 되어 있었다. 이 치명적인 전차 포탑 구조의 결함은 1944년이 되어서야 해소된다. 또한 소련군은 T-34와 같이 가장 기술적으로 뛰어난 전차를 집중적으로 사용하는 근대적 기갑전의 교리를 아직 제대로 흡수하지 못했다. 근대전의 전차는 부분 또는 전면적으로 집단적 편제를 형성하여 적의 취약부분을 단숨에 돌파함으로써 조직적인 파괴를 달성해야 했으나 1941년의 소련 전차들은 여전히 소총병들의 지원화기로만 사용되었으며 전차 편제를 효과적으로 활용하는 방법을 익혔다 하더라도 앞서 말한 무선통신의 부재로 인해 독일군과 같은 유기적인 전술적 기동을 유지할 수가 없었다. 그 외에 조종능력의 미숙, 낮은 신뢰성과 불편한 운용성 등 여러 가지 주변적인 문제들이 있을 수 있겠지만 전차 대 전차의 대결에서는 이와 같은 근원적 결함으로 인해 소련군은 실로 어마어마한 피해를 입어야 했다.[121]

센노에서의 전차전에서는 또 하나의 변수가 있었다. 전차가 양적, 질적으로 딸리던 독일군은 대신 공군의 지원이 있어 5, 7기계화군단은 하늘과 땅에서 협공당하는 운명에 처했다. 2항공군은 7월 8-9일 양일간에 걸쳐 서부방면군에 대해서만 1,200회 출격을 기록하면서 소련 전차부대에 괴멸적 타격을 가했다. 독일군은 7일에 7장갑사단이 내준 센노를 8일에 탈환하고 레펠에 대한 소련군의 반격을 저지하는 데 성공했다. 25장갑연대의 1개 장갑대대가 동쪽에서 치는 동안 호르스트 오를로프(Horst Ohrloff) 중위의 11장갑중대는 북쪽에서 협격을 시도했고 모터싸이클대대는 서쪽에서 센노의 소련군 수비대를 몰아내는 작업에 착수했다. 동쪽에서부터 공격해나간 독일군 소대병력은 부분적으로 피해를 입기도 했으나 소련군이 지친 기회를 이용해 올아웃어택을 시도한 독일군 전차와 모터싸이클리스트들은 결국 센노를 손아귀에 넣었다. 3장갑대대는 22대의 적 전차, 2대의 장갑정찰차량, 6문의 야포를 격파하고 50명의 포로를 잡았다. 우군 전차의 피해는 미미(2대 손상)했으나 대신 병원의 피해가 녹록치 않았다.[122] 그 가운데 17장갑사단은 주로 T-26이긴 하나 오르샤 지역에서 9일 하루에만

121) 허진(2019) pp.343-4
122) BA-MA RH 19 II/128, Tagesmeldungen der Heeresgruppe Mitte vom 22.6.41 bis 15.7.41, Fol. 196(1941.7.9), Glantz(ed)(1993) pp.385-7

◆ III-26 민스크-비알리스톡 전구에서 파괴된 T-26 전차 위에 올라 승리감을 만끽하는 독일군 전차병. 원통형의 포탑과 각진 차체가 T-26의 특징

100대를 격파시키면서 용맹을 과시했다. 결국 독일전차들은 T-34의 쇼크를 어느 정도 극복한 상태에서 두 기계화군단의 전차 총 832대(소련측 통계는 860대 이상)를 파괴하면서 잔존 병력을 스몰렌스크로 퇴각시키게 했다.[123] 소련군은 특히 레펠에서의 반격작전에서 엄청난 전차전력을 상실했으나 그래도 3일 동안 17, 18장갑사단의 전진을 지체시키는 데는 어느 정도 기여했다. 전투는 레펠과 센노를 둘러싼 꽤 큰 영역에서 벌어졌으나 센노 자체를 완전장악하는데 가장 큰 공을 세운 7장갑사단 11장갑중대장 호르스트 오롤로프 중위에게 7월 27일 기사철십자장이 수여되었다.

독일군 지휘부는 일단 전선을 안정화시키면서도 사실은 이때도 내심 놀란 눈치였다. 독일군 첩보부는 여전히 적군 동원병력에 대한 파악이 서툴렀으며 티모셴코가 민스크 패퇴 이후 그렇게 빠른 시간 내 1,000대 이상의 전차를 동원하리라고는 상상을 못하고 있었다. 8일 시점에 독일군 참모들은 티모셴코가 대충 11개 사단 정도로 버티고 있는 것으로 판단했으며 3일 후 할더는 소련군이 더 이상 예비병력이 없을 것이라는 자신의 견해를 기록하기도 했으나 실은 무려 66개 사단이 동원되어 있었다. 그중 제1선에 24개 사단, 전선에 투입된 총 사단 수는 37개나 되었다.[124] 그리고 불과 수주 후 소련군의 사단 총수는 350으로 불어나게 된다. 독일군은 그간 89개 사단이 몰락했고 46개 사단 정도가 제대로 된 전투력을 유지하고 있는 상태에서 소련군의 사단 총수를

123) Guderian(1996) p.169, Kirchubel(2007) p.48

124) BA-MA RH 21-3/46, 'Panzerarmeekommandos Anlagen zum Kriegstagebuch "Berichte, Besprechungen, Beurteilungen der Lage" Bd.III 25.5.41-22.7.41', Fol. 90(1941.7.7)

164개로 파악하고 있었다. 이건 너무 상대를 얕본, 너무나 비현실적인 판단이었다.

전격전의 원칙이나 구데리안과 호트와 같은 공격일변도의 장군들에게 있어 장갑사단은 오로지 적진을 기습적으로 돌파해 적의 중추를 마비시키면서 기동력을 상시 유지하는 임무가 필수적이었다. 그러나 개전 후 2주가 조금 넘은 시점에서 본다면 장갑사단은 사실상 돌파와 전과확대, 추격의 분화된 임무를 모두 소화해야 했으며 심지어 포위망 속의 적군을 가두고 분쇄하는 데에도 장갑부대들이 일선에 서 왔었다. 이는 기본적으로 장갑부대와 속도를 맞추지 못하는 보병 제대들과의 간격문제로 인해 발생하는 결과로 해석될 수는 있었다. 한데 실제 전과를 비교해 놓고 보면 다소의 의문이 제기되고 있었음을 부인하기는 어렵다.

중앙집단군 전과 비교(비알리스톡-민스크 포위전 : 1941.6.22-7.7)

	적군 포로	적군 전차	적군 야포	적군 항공기
2장갑집단	157,176	1,233	384	0
3장갑집단	102,433	405	313	140
2군	40,003	90	87	90
4군	2,210	1,085	663	0
9군	25,170	375	383	114
후방경계 및 본부	5,019	0	0	0
계	332,111	3,188	1,830	404

이 표는 중앙집단군이 비알리스톡-민스크 포위전에서 달성한 바르바로싸 이후 16일 동안의 전과를 나타낸 것으로, 실제 파괴하거나 노획한 소련군 전차의 양은 개전 전 독일군이나 소련군이 자체적으로 집계한 수치를 초과하고 있다. 다른 통계에 따르면 독일군은 7월 8일 비알리스톡에서만 2,585대의 전차, 7월 11일에는 민스크 전구까지 아울러 3,332대를 잡아낸 것으로 되어 있다.[125] 30만이 넘는 포로 중 비알리스톡 주변의 작은 포위망에서만 10만 명이 사로잡혔다.[126] 한편 포로의 획득이 67,483명을 잡은 보병사단들보다 259,609명을 잡은 장갑사단의 몫이 월등히 크다는 특이한 점을 발견케 된다. 이는 포위망 속의 적군들을 솎아내는 작업까지 장갑부대들이 깊이 개입했다는 통계이며 그만큼 자체적인 피해도 많았을 것이라는 추측이 가능하다. 그중 특이한 것은 폰 클루게의 4군으로, 적군 포로수는 2,210명으로 기형적으로 작으며 대신 격파한 전차 대수가 장갑집단에 못지않은 1,085대에 달하고 있다. 이 수치는 호트의 3장갑집단 405대를 2.5배나 뛰어넘는 놀라운 수치이며 구데리안의 2장갑집단의 기록과 비교해도 큰 차이가 없다. 또한 집단군 5개 군 중에 적의 야포 파괴는 663문으로 단연 톱의 지위에 올라있다.[127] 이는 마치 장갑사단이 적군 소총병들과 붙고 독일군 보병들은 소련군 전차들과 대치한 것과 같은 착각마저 일으키게 하는 것으로서 이와 같은 전과는 장갑집단의 사령관들과 보병사단들을 이끄는 군 사령관들과의 오랜 갈등이 내재된 문제의식을 반영하고 있었다. 보병들은 전차의 엄호가 없이 전차를 동

125) Fugate(1984) p.330
126) NA : T-313 ; roll 80, frame 7.318.550(1941.7.8) / NA : T-312 ; roll 281, frame 7.841.954(1941.6.30)
127) Stolfi(1993) p.122

반한 적들과 계속해서 전투를 해야 된다는 불만이 있었으며 장갑부대는 빨리 따라붙지 못하는 보병 제대들을 기다린다면 결정적인 공세의 시기를 놓쳐버린다는 초조감으로 인해 독자적으로 진격해 버리는 경우가 많았다. 반면 포위망 속의 적군이 다량의 기동전력을 보유한 상태에서 탈출을 시도한다면 보병 제대만으로는 적군에 대한 유효한 타격을 가할 수 없다는 점에서 장갑부대가 설거지까지 맡아야 되는 수가 있었다. 다행히 돌격포대대가 장착된 보병사단들은 그나마 상대적으로 나은 성적을 낼 수는 있었다. 7월 6일 2군 53군단 소속 52보병사단에 지원되었던 203돌격포대대의 2중대는 적의 경전차이긴 하나 하루에만 무대 50대를 격파하는 위력을 떨쳤다.[128] 하지만 이는 일시적인 현상으로서 돌격포대대는 대개 군단이나 군의 직할로 있으면서 여러 군데에 불려 다니는 경우가 많아 반드시 보병 제대들을 고정적으로 지원한다는 보장은 없었다. 구데리안이야 40년 당시 서방전격전에서도 앞만 보고 전진한다는 그 특유의 철학을 고집한 바 있어 진정으로 위태로운 해프닝들을 잉태시킨 장본인이었다. 7월 7일 드니에프르 도하를 앞두고 구데리안이 전 장병들에게 내린 지시도 이전과 다를 바 없었다. 측면이나 배후에서 닥치는 위협을 신경 쓰지 말고 오로지 정면만 보고 내달려라는 명령이었다.[129] 폰 클루게를 위시한 보수적인 장성들은 이미 40년에 전격전의 정수를 경험했음에도 이를 자살행위로 간주하고 있었고 정면과 측면, 속도전과 보병-장갑부대간의 간격유지와 같은 근본적인 철학의 차이에서 비롯되는 논쟁은 이 시기 독일군 지휘부를 가장 괴롭혔던 궁극의 화두였다. 그러한 문제는 다가올 키에프, 브야지마-브리얀스크 포위전에서 더 분명하게 드러나게 된다. 장갑부대와 보병간의 이와 같은 단순한 의견대립은 이해 여름부터 시작해 타이푼 작전이 끝나는 시점까지 계속되며 구데리안과 폰 클루게의 대립은 직위해제, 군법회의 회부 논란, 결투 신청으로 이어지는 일련의 해프닝까지 야기하게 된다.

---

128) Kurowski(1999) p.74
129) NA : T-313 ; roll 80, frame 7.318.542

IV. 스몰렌스크 포위전

"무조건 막아내고, 필요하면 죽으라"
(스탈린, 바르바로싸 내내 내뱉은 말)

* * * * *

드뷔나와 드니에프르

"여기에 내 생명을 바치는 것은 두렵지 않다.....
울지 마라. 너는 아마도 나의 무덤을 찾지조차 못할 것이다.
아니 내 무덤이 존재할 수 있을까?"
(소련군 전차병, 알렉산드르 골리코프)

폰 보크는 민스크 포위전이 종료된 상태에서 이제는 두 장갑집단의 공세를 쇄신하여 모스크바 방면을 향해 속도전을 펼쳐야 한다는 생각을 갖고 있었다. 그보다 더 보수적인 폰 클루게는 전혀 그럴 의향이 없었다. 7월 3일부로 폰 클루게는 2, 3장갑집단을 보유한 '4장갑군'(명목상의 장갑군)의 사령관이었기에 형식적으로는 구데리안과 호트의 직상위자였다. 폰 보크는 중앙에 강력한 '주먹'을 만들기 위해 47장갑군단 및 39장갑군단과 함께 46장갑군단을 북쪽으로 몰아넣는 구상을 비쳤으나 소련군들이 드니에프르 서쪽에서 전방위적인 공세를 취해오자 실현 가능성이 희박한 것으로 판단했다.[1] 티모셴코는 드뷔나와 드니에프르 구간을 확고히 하고 스몰렌스크로 직행하는 독일군의 선봉을 어떤 수로든 쳐내야 시간을 벌 수 있었다. 폰 보크는 일단 드니에프르 서쪽을 다진 다음, 본격적인 병력재편성을 희구하고 있었으나 광역에 걸친 소련군의 반격은 예상보다 빠른 속도로 진행되고 있었다. 병력집중이 어렵다면 그저 각 제대가 맡은 전구에서 동시에 진격한다는 뜻이 되는데 엄폐물이 없는 하천 제방 구역에서 뛰쳐나간다는 것은 상당한 위험을 내포하고 있었다. 7월 4일 뷔테브스크를 정면에서 치고 들어간 7장갑사단은 이반 코네프(I.S.Konev)의 19군에 막혀 슈트라우스의 9군 보병제대가 도착할 때까지 멈추어야 했다. 같은 날 7월 4일 7장갑사단은 베레지나 구역 베쉔코뷔취(Beshenkovitshi) 동쪽 호숫가에 난 협로를 통과하려하다 소련군의 집요한 저항에 매우 당황하게 되었으며 적군이 전차와 야포를 동원해 유리한 고지대를 거점으로 들어앉아 버리자 상황은 독일군에게 불리하게 전개되었다. '로텐부르크'(25) 장갑연대는 7차량화보병연대와 공조하여 이 고지대의 적군을 들어내기는 했다. 그러나 이 부근은 그로부터 수일 동안 쌍방간 치열한 전투가 이어졌다.[2] 방어하는 소련군도 그다지 유리할 것이 없었다. 티모셴코의 사단들은 드뷔나 강을 따라 넓게 분산 배치되어 있어 방어밀도는 그리 높을 수가 없었으며 호트의 진격을 저지할 22군은 울라(Ulla)에 대해 39장갑군단이 스트레이트를 갈기자 뒤로 밀려나는 형세가 되었다.

소련군은 디스나에 마련된 57장갑군단의 조그만 교두보도 쳐내지 못했다. 울라(Ulla)를 지나 뷔테브스크로 가는 길이 뚫리자 57장갑군단은 19장갑사단만 디스나에 머물게 한 뒤 12장갑사단

1) Fedor von Bock, KTB 'Osten I', Fol. 18(1941.7.7)
2) Haupt(1990) p.164

과 18차량화보병사단이 39장갑군단의 뒤를 따라 이동토록 하여 신속한 전과확대를 기대하고 있었다. 이는 예컨대 최전선 경험이 약한 18차량화보병사단과 같은 제대는 대규모 종대 형성과 적 수비라인 돌파에 있어 테크닉이 부족하다는 판단 하에 베테랑 사단들을 따라 움직이는 것으로 조정한 데 따른 결과였다.[3]

7월 7일 39장갑군단의 20장갑사단은 기동력을 살린 기습전보다 화력의 집중에 의한 총공격을 시도하려 했다. 59차량화보병연대는 8항공군단의 공습지원과 15분간에 이르는 92포병연대와 51네벨붸르훠연대 3대대의 화포사격에 이어 코마취노(Komatschino) 구역 울라 북쪽에서 드뷔나 강을 도하하고 20모터싸이클대대는 울라 정면을 치도록 했다. 울라 정면을 치는 것은 실은 주공의 움직임을 은폐하기 위한 기만전술이었다. 7일 오후 2시 최초 공습이 있고 난 45분 뒤 화포사격이 전개되었다. 공병대대는 오후 3시 공격용보트를 준비해 차량화보병들을 강 건너편으로 실어 나르고 중화기들도 질서 있게 운반하는 작업을 수행했다. 112차량화보병연대 1대대와 2대대는 강 북동쪽 제방에 강력한 적군 수비대가 있는 것을 확인하고는 소련군들이 상대적으로 적은 나데쉬노(Nadeshino) 북쪽에서 드뷔나 강을 도하했다. 소련군 62소총병사단은 일단 도하를 완료한 59차량화보병연대의 두 개 대대에 대해 공격을 가하면서 독일군의 주 공세를 차단시키려 했다. 오후 4시 50분 59차량화보병연대는 코마취노를 점령하고 그 사이 112차량화보병연대는 주도로로 진출했다. 59차량화보병연대는 오후 7시 30분 울라 구역의 교량을 공격하고 들어가 약 200명의 전사자와 부상자를 발생시키는 희생을 치르면서도 기어코 교량을 확보했다. 짧고 치열했던 전투였다. 7일에 20장갑사단은 적의 끈질긴 반격에도 불구하고 60km를 주파하는 실적을 올렸다. 92장갑공병대대는 전차들과 중화기들을 이동시키기 위해 추가적인 교량을 건설하여 8일 오전 9시에 개통하는 템포를 보였다.[4]

이 돌파는 효과를 보았다. 20장갑사단은 20차량화보병사단의 지원을 받아 울라(Ulla)에서 62소총병군단을 완전히 밀어내고 폰 리히트호휀의 급강하폭격기들이 벙커들을 제압하는 가운데 티모셴코의 좌익에 균열을 일으키게 했다. 동시에 20장갑사단은 울라에서 서부 드뷔나 강을 도하하기 위한 제반 준비에 착수하여 수일간 이곳을 지탱할 수 있었다.[5] 8일 아침 개통과 동시에 교량을 통과한 39장갑군단의 전차들은 뷔테프스크로 가는 길을 재촉했다. 20장갑사단이 가장 먼저 통과하고 그 뒤를 18, 20차량화보병사단이 차례로 도하했다. 20장갑사단은 게오르크 폰 비스마륵크(Georg von Bismarck)의 비스마륵크 전투단이 7월 9일 아침에 적군 진지 후면을 파고들면서 뷔테프스크를 잡아내게 했다. 20차량화보병여단장 폰 비스마륵크 대령은 이날 홍길동처럼 전차와 보병들을 동시에 지휘하면서 적군의 저항을 분쇄했다. 뷔테프스크는 20장갑사단의 화포사격에 의해 거의 폐허가 되다시피 했으나 실은 소련군 스스로가 주요 시설들을 독일군에게 넘기지 않기 위해 폭파시킨 것이 절반에 달했다. 뷔테프스크의 함락에 의해 소련군 21군과 22군 사이에는 거대한 구멍이 발생하여 티모셴코는 여기를 메울 예비가 필요했고, 아직 충전이나 병력 재구

3) BA-MA RH 21-3/46, 'Panzerarmeekommandos Anlagen zum Kriegstagebuch "Berichte, Besprechungen, Beurteilungen der Lage" Bd.III 25.5.41-22.7.41', Fols. 100-101(1941.7.8)

4) Battistelli(2008), pp.45-6

5) NA : T-313 ; roll 231, Ia Bericht, frame 006176

성이 끝나지 않은 이반 코네프의 19군을 불러들이려 했다. 호트 3장갑집단은 티모셴코의 좌익을 효과적으로 분쇄하여 드뷔나 방어진을 무력하게 만든 것까지는 좋았으나 벌써 이때부터 전차들의 피로감이 누적되고 있었다. 이미 병원과 장비의 피해도 무시 못 할 수준이었으며 그간 드뷔나 전구를 지키는 소련군들의 솜씨가 녹록치 않다는 것을 인정해야만 했다. 이들은 독일군이 근접할 때까지 기다렸다가 반격을 가하는 기술적 능력이 있었으며 그다지 능력이 뛰어나지 못한 제대도 최후까지 견뎌내는 끈기와 근성은 알아줄 만했다.[6]

7월 7일 57장갑군단의 북익을 담당한 19장갑사단의 성과는 다소 희비가 엇갈렸다. 체코제 38(t) 전차로 형성된 27장갑연대 선봉의 2중대는 드뷔나 강을 따라 페레메르카(Peremerka) 방면을 향해 동쪽으로 진격했다. 2중대는 이른 아침의 공세는 돈좌되었으나 모터싸이클 보병병력들과 합세하여 드뷔나 강변 쪽을 계속 침투해 나가는 성과를 올렸다. 1장갑소대 마티유(Mathieu) 소위가 이끄는 최선봉은 다수의 기관총좌와 박격포 진지들을 뭉개고 들어가 2중대의 진격로 확장에 공헌했다. 그러나 드뷔나 강의 교량 부근에서 적군 대전차포들의 미친 듯한 포사격에 적잖은 피해를 감수해야 했다. 상대가 개활지의 전차가 아니라 숨어있는 대전차포일 경우에는 더 어려운 전투가 진행되었다. 슈투피(Stuppy) 상사는 움바흐(Umbach) 전차장이 탄 우군 전차가 대전차포에 피격되자 매복된 지점을 재빨리 확인해 2문의 대전차포를 격파하고 부상당한 동료들을 자신의 전차에 태워 후방으로 이송시키는 등 분주한 시간을 보냈다. 대신 2장갑소대 뷰르슈팅하우스(Bürstinghaus) 하사는 숲지대 쪽으로 들어가 적군 대전차포 진지들을 상대하고 프란쯔 될혀(Franz Dölcher) 상사의 3소대는

◆ IV-1 제방 너머로 적진을 관찰하는 독일군 장교와 부사관들. 7월 10일자 사진

6) BA-MA 59054, 3. Pz. Gr. KTB Nr. 2 25.5.41-31.8.41, Fol. 108(1941.7.8) / BA-MA 59054, 3. Pz. Gr. KTB Nr. 2 25.5.41-31.8.41, Fols. 113-115(1941.7.9)

좌측면을 커버하는 역할을 담당했다. 될혀 상사는 근처 관목지대에 적군이 숨어든 것으로 의심하고는 시험적인 주포사격을 가했다. 예감은 적중했다. 3소대는 소련군 중대 병력과 겨루어 적 진지들을 파괴하였으며 전차에서 내린 전차병들이 보병들처럼 각개전투를 구사하면서 20명을 포로로 잡는 등 이날은 정상적인 전차전을 수행하는 날이 아니라 매우 복잡한 과정을 거쳐야 했다.[7] 어둠이 깔리자 숲지대에서 다시 소련군 전차들이 등장했다. 레오 뷰르쉐겐스(Leo Bürschegens), 레페르트(Reppert), 코발스키(Kowalski) 하사는 동시 공격을 통해 4대의 적 전차들을 파괴하고 80mm 중박격포를 포함한 소련군 진지들을 무력화시키면서 연이은 적군의 반격도 쳐내는 데 성공했다. 4호 전차들로 무장된 기벨타(Giebeltha) 소위가 이끄는 별도의 소대도 숲지대 바깥의 개활지에서 적군을 격퇴하면서 대대 주력이 사보르게(Saborge)를 통과해 동쪽으로 전진하는 기틀을 제공했다. 27장갑연대의 전차들은 각 중대들이 도착하는 대로 정면의 숲이 우거진 언덕을 장악하려 했으나 이곳은 소련군이 독일전차들을 내려다볼 수 있는 지형이어서 간단히 무력화시킬 수 있는 처지가 아니었고, 대대본부 역시 공격을 주저하는 가운데 현 위치는 공격도 방어도 힘들다는 판단에 도달하고 있었다. 결국 언덕 숲지대를 관통하는 일은 아무래도 우군의 피해가 불가피하다고 판단하여 일단 7일에는 장갑연대가 교량 건너편으로 퇴각하는 것으로 마무리했다. 이 구역은 10일 날 재개된 공세에 의해 겨우 돌파구가 마련되었다.[8]

7월 10일 밤 7장갑사단은 센노에 주둔하고 있었으며 두브로프카 전구에서 소련군의 야포사격이 끊이질 않자 만토이휄의 6차량화보병연대는 돌격부대를 두브로프카 서쪽 언저리로 일단 물러서게 했다. 한데 8중대장 봘터 봘스베르크(Walter Walsberg) 중위가 이상하게 소련군의 포사격이 중지되었다고 전하자 만토이휄은 소련군이 퇴각하는 것이 아닌지 의심하게 되었다. 이 예상은 적중했다. 만토이휄은 여러 군데로 흩어져 있던 8중대를 대대 본대로 모이게 하고 예비로 있던 7중대까지 포함해 두브로프카를 쳐내기로 했다. 만토이휄의 병력은 새벽 3시에 공격을 개시해 두브로프카 동쪽의 고지대 뒤쪽에 대한 야간기습을 전개함으로써 마지막까지 버티던 소련군들을 제거하는데 성공했다. 북동쪽을 압박해 나가던 독일군은 오스트로보(Ostrovo)에 도달해 뷔테브스크로 가는 길목을 확보했다.[9]

호트의 3장갑집단과 마찬가지로 2장갑집단의 구데리안도 드니에프르로 접근하는 과정에서 기본적으로 험난한 지형에 더해 간헐적인 소련군의 공격과 교량건설의 지체 등으로 진격속도에 차질을 빚고 있었다. 당연한 일이긴 하지만 구데리안은 개전 16일이 지나자 계속되는 전투에 상당한 피로감이 누적된 것을 토로하고 있었다.[10] 또한 46장갑군단의 10장갑사단은 돌출부를 형성해 소련군의 역습에 당할 위기에 빠져 있었기에 이 건은 베레지나를 도하한 다스 라이히가 해결하면서 드니에프르로의 진격을 가속화시킬 필요가 있어 피곤하다고 그냥 쉴 수도 없는 사정이 있었다. 다스 라이히는 벨뤼니취(Belynitschi)를 건너 쉬클로프(Schklov)로 재빨리 진출한 뒤 드니

7) Zetterling(2017) pp.222-3
8) Jentz(1996) pp.203-4
9) Kurowski(2005) pp.51-2
10) BA-MA RH 21-2/927, KTB Nr. 1 Panzergruppe 2 vom 22.6.1941 bis 21.7.41, Fol. 167(1941.7.8)

에프르 강변에 도달하기 위해 신속한 기동을 꾀하고 있었으며 이 구역의 소련군은 단순히 뒤로 빠지는 동작에도 상당한 기량을 뽐내고 있었다. 이에 다스 라이히 사단장 파울 하우서(Paul Hausser)는 7월 7일 저녁 에스몬(Esmon)의 적군들을 몰아내기 위해 증강된 모터싸이클대대를 전방에 투입해 오슬리크(Oslik) 구역으로 내몰 준비를 강행시켰다. 사단 주력이 정면을 치는 동안 모터싸이클대대는 공세정면의 북쪽을 공격했다. 소련군의 반항도 만만치 않았다. '데어 휘러' 연대를 가로막고 있는 소련군 병력은 솜리(Somry) 부근에서 강력한 저항을 나타내면서 사단 전체의 공세에 차질을 주고 있었다. 파울 하우서는 이때 가장 선두에 나가 있던 대대를 직접 방문하여 적진을 살피던 중 불과 수 미터 옆에서 터진 포탄 파편에 부상을 입는 위험한 상황에 노출되기도 했다.[11]

7월 9일 폰 클루게 4군 사령관은 톨로취노(Tolochino)에 있는 구데리안의 사령부를 직접 방문했다. 용건은 드니에프르를 장갑부대만으로 먼저 넘느냐 아니면 이틀을 대기해 보병사단들의 합류를 기다리느냐 하는 장갑병과 보병간의 고질적인 의사결정조율 건이었다. 도하작전은 보병들이 시도하는 것이 월등히 효과적인 것은 사실이었으나 도하를 이틀이나 미룬다면 소련군의 반응속도도 빨라질 것으로 예상되었기에 이 문제는 쉽지가 않았다. 구데리안은 7월 5일에 이미 도하를 시도하려고 했으나 폰 클루게에게 막혀 민스크 주변에서 대기 상태로 있는 것을 매우 못마땅하게 생각하고 있다가 8일부터 드니에프르를 건널 준비를 서두르도록 부하들을 재촉하고 있었다.[12] 물론 2주 이상의 격전으로 인해 휘하의 제대들이 다소 지친 것은 사실이지만 좀 더 빨리 도하를 시도했더라면 적군의 저항이 강화되기 전에 전세를 유리하게 끌고 갈 수 있었다는 것이 구데리안의 불만이었다. 폰 클루게는 이미 1940년 서방전격전 때부터 구데리안과 악연이 있어 이 논쟁을 단칼에 자르기 위해 구데리안과 직접 얼굴을 맞대려 한 것으로 추측되었다. 구데리안이 먼저 말문을 열었다. 호트의 3장갑집단이 드뷔나-드니에프르를 지키는 적군의 방어선에 구멍을 냄에 따라 남쪽의 2장갑집단도 시급히 드니에프르를 넘어야 한다고 주장했다. 이날 구데리안은 다시 한 번 폰 클루게와 해묵은 설전을 벌였다. 지난번과 같은 맥락의 논쟁이었다. 구데리안은 호트가 북쪽에서 돌파구를 만들었기에 당연히 자신도 드니에프르를 도하해 스몰렌스크로 가는 길을 열어야 한다고 했고 폰 클루게는 보병 제대가 도착할 때까지 기다리라는 것이었다. 구데리안은 이미 24장갑군단과 46장갑군단은 발진지점에서 도하준비에 착수하고 있다고 강조하면서 더 이상 기다릴 수가 없다는 점을 분명히 했다. 만약 기다린다면 이내 소련공군의 눈에 포착되어 공습에 노출될 것이며 지금 이 시간을 제대로만 살린다면 그해 안에 전쟁을 끝장 낼 수 있다는 요지로 설명했다.[13] 폰 클루게는 싫지만 일단 구데리안의 안을 허가하고 폰 보크는 2장갑집단의 후방대기 제대가 호트가 만들어 놓은 도하지점을 따라 북쪽으로 이동할 것을 명했다. 결과적으로 이 결정은 올바른 것으로 확인되었다. 공군의 항공정찰에 따르면 티모셴코의 차량화 제대가 드니에프르를 향해 질주하고 있었으며 고멜 북동쪽에는 전혀 모르던 신규 병력이 집결하고 있다는 소식이었다. 단 이는 당장 구데리안 제대에게 위협을 가할 수 있는 잠재력이 있는 기동이 아니었으며 스몰렌스크 주변에서 우왕좌왕하는 혼란스런 적군 병력이동의 한 단면이었다. 폰 보크는 7월 9일, 드니에프르 도하 직전에 이미 드뷔나를 넘어선 호

11) Yerger(1997) p.246
12) BA-MA RH 21-2/927, KTB Nr. 1 Panzergruppe 2 vom 22.6.1941 bis 21.7.41, Fol. 167(1941.7.8)
13) Guderian(1996) p.169, 広田厚司(2013) p.302

트의 3장갑집단이 2장갑집단보다는 더 유리한 조건에 있다는 판단 하에 북쪽에서 스몰렌스크를 공략하고 그 다음에 동쪽으로 진격하는 방안을 고려한 적이 있었다. 하나 폰 클루게의 참모장인 균터 블루멘트리트(Günther Blumentritt)는 그러다가는 구데리안이 난리를 칠 것이라며 구데리안 이외의 인물에게 주공을 맡겨서는 곤란하다는 입장을 개진하였다. 구데리안이 조금이라도 자신의 병력이나 역할이 줄어들면 불같이 화를 내며 깽판을 치겠다는 일은 이미 6월 28일 민스크전에서도 드러난 바 있었다.[14] 여하간 구데리안과 호트의 두 장갑집단은 7월 9일까지 8항공군단과의 조율 하에 소련군 5, 7기계화군단을 두들겨 패면서 합계 832대의 전차들을 없애 버렸다. 이 공방에서 소련군이 그나마 자위할 수 있었던 것은 47장갑군단이 오르샤를, 39장갑군단이 뷔테브스크를 장악하는데 약간의 시간적 지체를 초래케 했다는 정도일 것이다. 그 시간 소련군은 무질서하게 드니에프르 강을 도하하고 있었다.

7월 10일 아침 독일 공군정찰기는 스몰렌스크 서쪽 고로데크(Gorodek)를 지나 남쪽으로 이동하는 큰 규모의 적군 병력을 발견했다가 당일 오후에는 갑자기 군 첩보당국에 의해 바로 그 병력이 네벨을 향해 북동쪽으로 후퇴하고 있다는 소식이 들어왔다.[15] 이는 당시 서부방면군이 반격작전에 필요한 병력을 모으기 위해 각지에 흩어진 제대를 규합하려는 과정에서 나타난 혼선으로, 통신장비가 엉망인 상태에서 야전 지휘체계가 제대로 작동하지 않는 결과에 따른 것이었다. 소련공군은 스몰렌스크의 고립을 막기 위해 시급히 공군력을 확충하기로 하고 새로 형성된 예비방면군의 150대에 달하는 공군기들까지 이곳을 커버토록 하는 조치들을 실행에 옮기고 있었다. 일단 서부방면군에는 339기의 전투기들과 120대의 폭격기들이 지원되었다.

붸르너 묄더스는 7월 9일 낡은 복엽기 I-153 2기를 떨어뜨리면서 자신의 87, 88기 격추를 갱신했다. 개전 이래 계속해서 2장갑집단의 진격을 지원했던 210고속폭격비행단은 7월 10일까지 700대의 공군기를 파괴(지상 639, 공중 61)하고 106대의 전차, 63문의 야포, 834대의 차량 격파, 1,006회 출격을 기록했다. 루프트봐풰는 7월 9일까지 전 전선에 걸쳐 6,223대의 소련공군기를 격추시켰으며 그중 1,900기가 전투기끼리의 공중전에 의한 것으로 집계되었다. 이 통계는 소련측의 자체 집계와 거의 일치했다.[16]

구데리안은 10-11일 양일간에 걸쳐 드니에프르를 도하했다. 가장 극적인 도하는 4장갑사단 34모터싸이클대대 2중대가 스타리 뷔쵸프(Stary Bychov=Bykhov)에서 드니에프르 강에 걸린 목조교량을 탈취한 것으로서 2중대는 1, 2, 3차 저지선을 모두 번개처럼 돌파해 제방 근처의 벙커들을 수류탄으로 제압하고 다수의 포로를 잡아 소련군 진지 일대를 대혼란에 빠트렸다. 프릿츠 뤼쪼(Fritz Lüzow) 상사는 교량 북쪽의 공터로 진격하다 적군의 수류탄이 날아오자 마치 야구선수처럼 이를 되받아 던져 적 진지를 파괴하였으며 아울러 이는 2차 저지선을 허물어버리는 효과를 나타냈다. 2중대장 붸르너 로데(Werner Rode) 중위는 쏜살처럼 목조교량으로 달려가 소련군

---

14) NA : T-78 ; roll 271, Tagesbuchnotizen Osten I, frame 000323-000324(1941.7.9) / NA : T-313 ; roll 80, frame 7.318.453(1941.6.28)

15) Stolfi(1993) pp.131-3

16) De Zeng IV & Stankey(2013) p.331, Mombeek, Bergström & Pegg(2003) p.108

초병과 공병들을 처치하고 그 스스로 교량에서 소련군이 점화시킨 폭발물의 도화선을 가까스로 잘라내면서 교량의 안전을 최종적으로 확보했다. 때마침 북쪽에서 기동을 시작하여 드니에프르로 접근한 보병 제대들은 동쪽에서부터 스타리 비쵸프로 접근해 들어오면서 전차와 중장비들이 움직일 수 있는 공간을 제공함에 따라 도하작전은 무사히 완료될 수 있었다.[17]

◆ IV-2 4장갑사단 34모터싸이클대대 2중대장 붸르너 로데 중위

4장갑사단의 35장갑연대는 적군이 우왕좌왕하고 있는 틈을 타 적기에 동쪽의 소즈(Sozh) 강변에 위치한 프로포이스크(Propoisk)를 친다는 구상을 실천에 옮기려 했다. 선봉은 1대대가 맡고 바로 뒤에서 2대대가 지원하는 형세를 띄되 헬무트 크라우제(Helmut Krause) 중위의 3중대가 최선봉을 담당하게 되었다. 12일 아침 대대장과 여타 중대장들과의 협의를 마친 크라우제는 4호 전차로 이루어진 1개 장갑소대를 추가로 지원받아 공세에 착수했다. 늪지대로 덮인 제방 근처의 강 지류에 도착하자 크라우제는 1개 소대를 정찰에 내보냈으나 이내 적군의 포사격이 시작되면서 강 근처에 있던 우군 전차 1대가 파괴되었다. 1대대장은 크라우제가 동쪽으로 나가고 라흐확(Rachfall) 중위는 좀 더 북쪽으로 진격해 적 진지를 우회하는 기동을 전개토록 했다. 본부와의 연락에 따르면 적군은 겨우 2문의 대전차포와 소총병들이었는데 크라우제보다는 라흐확 중위의 전차들이 먼저 도착해 적군을 섬멸한 것으로 확인되었다. 뒤늦게 현장에 도착한 크라우제는 이 정도로 끝날 일이 아니라는 것을 직감하고 주변에 적군 병력이 없는지를 면밀히 관찰했다. 아니나 다를까 도로 좌측에서 소련군 소총병들이 차량에서 하차하여 은폐, 엄폐하려는 움직임이 포착되었다. 크라우제의 반사신경이 빛을 발하는 순간이었다. "고폭탄 착탄, 10시 방향, 거리 100m, 덤불 근처의 차량을 맞춰라. 사격 개시!" 소련군들은 포탄이 그들을 향해 날아와 터지기 전까지 주포사격의 섬광조차 알아차리지 못했다. 크라우제는 가장 후미에 있던 3소대가 좌측으로 나가 마을을 우회하도록 했다. 그러나 500m 전방의 건물이 위치한 곳에서 소련군의 포사격이 크라우제의 전차들을 노리고 있는 것이 확인되어 독일군들은 황급히 현장을 이탈하려 했으나 여기에 뜻하지 않은 구원군이 나타났다. 부근에 있던 3중대의 뷜리 봘로브스키(Willi Wallowsky) 상사는 상관의 명령이 없었는데도 적 진지를 겨냥해 주포사격을 가하면서 소련군 야포들을 잠재웠다. 크라우제는 다시 공세의 고삐를 조였다. 봘로브스키 상사는 강 건너편에 작은 교두보를 장악하여 뤼쉬코프카(Ryshkovka) 북쪽에 대기토록 하고 3중대의 다른 전차들은 남쪽에서부터 뤼쉬코프카를 공략하는 것으로 조율했다. 12일 이날 크라우제는 위기의 연속이었다. 갑자기 2문의 적군 대전차포가 크라우제를 노렸으나 빗나갔다. 그것도 아주 근거리였다. 크라우제의 조종

17) Schäufler(2010) pp.85-6

◆ IV-3 4장갑사단 35장갑연대의 지휘관들. 왼쪽부터 차례로 3중대 헬무트 크라우제 중위, 빌헬름 에써 소위, 1대대장 마인라트 폰 라우헤르트 소령, 게르하르트 게오르기 소위

수는 탄을 갈아 끼우기 직전에 대전차포 포대를 장갑궤도로 뭉개버리면서 적군을 혼돈에 빠트렸다. 크라우제는 1소대장 게르하르트 랑게(Gerhard Lange) 소위가 진지로부터 탈출하는 적 병력을 추격하도록 하고 프릿츠 혼슈테터(Fritz Honstetter) 소위의 경소대는 랑게 소위의 공격을 뒤에서 지원하도록 지시했다. 랑게의 부대가 원하던 위치에 도달했다는 보고를 받는 순간 크라우제는 다시 한 번 위기에 노출되었다. 적군의 철갑탄이 자신의 전차 측면에 박히면서 기동불능 상태가 되어 버렸다. 하나 크라우제의 전차병들은 아무도 다친 사람이 없이 기적적으로 살아남았다. 크라우제는 적 포대를 박살내도록 요청하고 자신은 움직이지 않는 전차를 빼내기 위해 다른 전차와 철선으로 연결하는 작업을 지시하였다. 자신의 전차가 망가진데 다소 열 받은 크라우제는 잠깐 갈아탔던 랑게 소위의 전차에서 뛰어내려 직접 적 포대를 부수려 했다. 부하들이 적 포병과 소총병들을 제압하는 동안 크라우제는 수류탄을 포신 안으로 밀어 넣고 몸을 피했다. 적군 포대가 파괴되자 크라우제는 랑게의 전차로 되돌아갔다.

뤼쉬코프카 북단을 공격하던 빨로브스키 상사의 소대도 마을 어귀의 숲으로부터 적군의 포사격에 힘든 시간을 보냈다. 빨로브스키는 숲 안으로 들어가 적군을 치도록 하고 힐데가르트(Hildegard) 상사는 자신의 전차를 적군 포대 가까이에 접근시키면서 그 스스로 해치를 열고 수류탄을 투척하여 적병들을 몰살시켰다. 패닉상태에 빠진 소련군들은 사방으로 도주하기 시작했다. 숲지대에서의 전투는 결코 쉽지 않았다. 크라우제는 좌측에 혼슈테터와 랑게의 전차들을 포진시킨 형태로 늪지대 건너편 숲의 가장자리로 돌아가 소련군이 웅크리고 있는 구역의 양 측면을 때리기로 했다. 그러나 지형구조상 전차를 바로 들이밀 형편이 아니어서 크라우제는 전차병들이 내려 보병들처럼 각개전투를 하도록 지시했고 이는 정확히 적중했다. 포복 거리가 비교적 짧았던 탓에 독일군들은 삽시간에 적 진지를 급습해 소련군들을 해치웠다.

크라우제는 지독히도 운이 좋은 사나이였다. 벌써 여러 차례 전차를 이탈했던 그는 다시 적군 대전차포에 걸려 2방을 맞아 부하들과 함께 탈출하는 해프닝을 또 다시 겪게 되었다. 전차 안에 중요한 문서와 지도가 남아 있음을 인지한 크라우제는 급히 피격된 전차로 다가갔으며 희한하게도 전차는 아직 기동할 수 있는 상태였음을 확인했다. 같이 뛰어간 조종수가 전차를 견인하는 동안 크라우제는 나무 뒤로 15명 가량의 적병들이 몸을 숨기는 것을 포착했다. 반사적으로 수류탄 2개를 던진 크라우제는 적군이 아우성을 치는 순간을 놓치지 않고 포수에게 지시해 엎드려 있던 적병들을 무장해제 시켜버린 뒤 후방의 포로수용소로 보내버렸다.

크라우제는 진격로 상의 좌측에 포진한 소련군이 월등히 강력하다는 판단 하에 좌익은 2, 3소대가 맡기로 하고 우익은 혼슈테터의 경소대와 1소대가 포진하여 앞으로 나아가게 했다. 도중에 혼슈테터의 주포가 먹통이 되어 곤란한 문제가 야기되긴 했지만 크라우제의 전차들은 기민하게 행동하여 적군 진지를 초토화시키는데 성공했다. 주포가 고장 난 혼슈테터는 대신 기관총을 사방으로 갈겨 적병들을 사살하면서 선도 전차들을 지원했고 크라우제는 최고속도로 피치를 올리면서 적 진지를 구타했다. 전투가 끝난 자리에는 10문의 야포를 비롯, 다수의 장비와 차량들이 널려 있었다. 소련군은 다시 800m 거리에서 포사격을 가해왔고 크라우제는 이를 되받아쳤다. 그날로 전투를 끝내고 싶어 했던 크라우제는 대대장의 정지 명령도 무시하고 저녁이 될 때까지 전투를 계속했다. 소련군들의 저항이 결코 약한 것은 아니었으나 크라우제의 부하들은 그보다 좀 더 끈기가 있음을 증명했다. 크라우제의 3중대는 7월 12일 200명을 포로로 잡고 20문의 야포와 10문의 대전차포를 격파하는 전과를 잡았다.[18]

7월 11일, 10장갑사단에 배속되어 있던 '그로스도이칠란트' 보병연대는 오전 5시 20분 고로디쉬췌-고르키-샤모보(Schamowo) 축선을 따라 옐니아로 향하는 루트를 잡아 드니에프르를 도하했다. 10장갑사단의 북쪽에서는 다스 라이히가, '그로스도이칠란트' 바로 아래는 다스 라이히의 '도이칠란트' 연대가 남방의 측면을 엄호하는 형태로 도하가 이루어졌다. '그로스도이칠란트' 보병연대의 1차 공격은 아구스토보(Augustovo)-벨 스자스코브코(Bel Szasskowko)-챠모다니(Tschamodany) 라인을 따라 가도록 하고 장갑여단은 보병연대의 돌파구 마련을 위해 고로디쉬췌와 고르키의 교두보를 순차적으로 잡아내는 임무에 할당되었다. '그로스도이칠란트'가 제방으로 접근하는 양상은 소련군이 거의 모두 감제하고 있었으며 그에 따른 화포사격은 독일군들이 제방 비로 이래 가파른 사면에 도달할 때까지 도로 양쪽을 두들기고 있었다.

동이 틀 무렵 18공병중대가 고무보트와 각종 뗏목들을 끌어 모아 도하작업에 착수했다. 병사들의 몰골은 초라했다. 오랜 기간 동안의 격전 끝에 얼굴은 더럽고 수염은 덥수룩하게 자라나 있었으며 이른 아침에 커피 한 잔도 없어 강변의 추위에 떨고 있었다. 춥고, 더럽고, 목마르고, 죽음을 앞둔 공포에 떠는 것은 전 세계 최전방의 어느 군인이나 마찬가지였다. 강변 직전의 높은 사면을 지나 개활지로 산개해 나가자 소련군의 빗발치는 사격이 개시되었다. 이 사면은 동쪽 제방에 이르기 직전의 가장 어려운 지형이었으며 이것을 통과하면 곧바로 도하가 진행될 수 있었다. 땅

18) Zetterling(2017) pp.224-231

바닥에 바짝 엎드려 있던 독일군들은 적의 포사격이 주춤하자 돌격구호를 외치면서 작은 무리를 이루어 적의 집중사격이 효과를 보지 못하도록 지그재그로 움직여 나갔다. 적군의 기관총과 야포 사격이 교차하는 가운데 독일군들은 포화를 뚫고 강변까지 도착했다. 병사들은 물을 보자 환호를 내지른 뒤 기민한 동작으로 보트에 분승해 강을 건넜다. 여전히 적군의 포사격이 그치지 않는 가운데 독일군의 보트들은 거대한 물기둥이 솟구쳐 오르는 사이를 운 좋게 빠져나갈 수 있었으며 영화 '머나먼 다리'의 한 장면처럼 소총의 개머리판으로 노를 저으면서 앞으로 나아갔다. 도하 직후 독일군들은 근처의 덤불 뒤로 몸을 숨기면서 적과의 교전에 들어갔다. 전투는 치열했다. 1중대의 에르드만스도르프(Erdmannsdorf) 소위는 적과의 수류탄 투척 대결에서 온 몸이 피로 얼룩졌으며 군복은 갈기갈기 찢겨졌는데도 태연하게 전후방을 수시로 주파하면서 병사들을 독려했다. 1중대의 병사 하나가 적군의 사격을 뚫고 화기중대 4중대에게 도움을 요청하러 뛰어갔다. 그가 포사격을 피해 뛰어든 곳에서 왼편으로 몇 발자국 떨어진 포탄의 분화구에는 4중대장 칼 해네르트(Karl Hänert) 중위가 태연하게 담배를 피면서 여유를 부리고 있었다. 놀라운 광경이었다. 그는 잠시 웅크리고 있다가 걱정말라는 투로 병사를 안심시켰다. 포화가 빗발치는 그 상황에 어느 누구도 고개를 들 수 없는 조건이었으나 해네르트 중위는 몸을 일으켜 4정의 기관총들이 동시에 적진에 대해 사격을 가할 것을 명령했다. 위치는 화염이 나오는 덤불 너머인 것으로 확인되었다. 기가 막힌 사격이었다. 적이 타격된 것으로 짐작되자 1대대의 장병들은 일제 공격을 개시하고 태양이 이글이글 타오르는 여름의 폭염을 극복하면서 쾌속으로 적진을 돌파해 나갔다.

13일 소련군은 이 구역에 병력을 증강시켰다. 28문의 야포, 26문의 대전차포, 장갑차량 3대, 10량의 장갑열차 및 30대의 군용차량이 몰려들자 전투는 다소 소강상태로 접어들었다. 35장갑연대는 여전히 24량의 전차를 보유하고 있었기에 계속해서 프로포이스크에 묶여 있을 수는 없었다. 장갑부대가 500m 길이의 프론탸(Prontja) 교량 구역과 주변의 습지대로 치고 들어가는 동안 7장갑정찰대대는 육박전투로 4개의 교량을 모두 안전하게 접수했다. 로브챤카(Lobtschanka) 교량은 소련군이 이미 폭파한 뒤여서 의미가 없어졌지만 프론탸 하나만으로도 크리췌프(Kritschew)로 가는 길이 열리는 효과를 얻을 수는 있었다.

4장갑사단은 제대간 상당한 편차는 있었지만 우여곡절 끝에 전선을 돌파해 예정된 위치에 도착하는 성과를 나타냈다. 이와 같은 여러 가지 강과 지류의 도하 기간 동안에는 별다른 피해는 발생하지 않았으며 이로써 2장갑집단은 10-11일 동안 수하의 가용한 450대 전차 전부를 동원해 드니에프르 동쪽에 교두보를 각각 확보하는 전과를 수립했다. 구데리안은 소련군 42개 사단이 드니에프르 강변에 길게 포진한 것을 보고 정찰대를 통해 면밀한 답사를 한 다음, 세 군데 지점이 적군의 방어가 가장 약하다는 것을 파악했다. 소련군은 7월 11일까지 31개 소총병사단, 7개 전차사단, 4개 차량화소총병사단 및 민스크에서 괴멸적 타격을 입은 16군의 잔존병력들로 강변 방어진을 구축했으나 허점이 없을 리는 없었다. 46장갑군단은 쉬클로프(Shklov)에, 47장갑군단은 코퓌스(Kopys)에, 24장갑군단은 스타리 뷔쵸프(Stary Bychov)에 각각 자리를 틀었다.[19] 스타리

19) Michaelis(2013) p.79

뷔쵸프의 도하지점에서는 모터싸이클 정찰대가 간단한 보트로 강행도하를 달성, 2시간이 채 못 되어 드니에프르를 건넜다. 코퓌스는 소련군의 화포사격과 공습이 만만치가 않았으나 차량화보병부대가 역시 보트로 강을 건너는 대담함을 보였다. 쉬클로프 역시 단시간의 교전 끝에 중화기대대가 도하를 선도하여 공병들이 가교를 설치하는 가운데 10장갑사단이 무사히 도하를 완료했다. 이로써 구데리안의 2장갑집단은 로가췌프, 모길레프, 오르샤의 소련군 진지들을 우회해 스몰렌스크로 진격할 수 있는 터전을 마련했다.[20] 이 구역은 소련군의 전술적 예비가 주둔하고 있던 곳으로서 이러저러한 파편화된 제대들과 더불어 소위 '13군'이라 칭하고 있던 전력이었기에 다른 구역에 비해 가장 약한 고리처럼 보일 수도 있었다. 따라서 2장갑집단이 만약 7월 16일까지 스몰렌스크를 점령하기 위한 최대치의 공세를 퍼부은 다음 폰 클루게가 약속한 2군의 보병제대들이 드니에프르에 도달만 해 준다면 전형적인 구데리안식의 전격전이 가능할 수도 있었다.[21]

◆ IV-4 목재로 임시 교량을 만드는 독일군 건설공병들

7월 11일 아침에 드니에프르를 넘은 47장갑군단의 29차량화보병사단은 소보봐(Sobowa) 공군기지를 유린하면서 지상에 대기 중이던 20기의 소련군 항공기들을 노획하는 전과를 올렸다. 이날 오후 아무것도 모르고 공군기지에 착륙한 20군 사령부와 23항공사단의 기밀서류를 지참한 해당 제대 소속 장교들은 지상의 독일군에게 잡혀 자신들이 타고 온 항공기는 파손되고 모든 서류는 압수되는 해프닝이 있었다.[22] 2장갑집단의 배후에 위치한 봐익스의 2군 제대는 이때쯤 베레지나 강에 도달해 다소 무리하게 강요된 보병들의 행군을 통해 동쪽의 드니에프르로 접근해 나갔나.

차기 목표는 스몰렌스크 북동쪽 80km 지점의 옐니아와 야르쩨보(Yartsevo)였다. 46장갑군단은 옐니아로, 47장갑군단은 24장갑군단이 장갑집단의 우익을 엄호하는 가운데 오르샤로 진격해 들어갔다. 단 모길레프를 향한 지나치게 의욕적인 공세는 대가를 치렀다. 3장갑사단은 모길레프 정면을 치다 그냥 지나칠 수 없는 피해를 당했으며 오르샤에 대한 17장갑사단의 공세도 격퇴당했다. 17장갑사단은 9일날 100대의 소련군 전차를 격파하면서 기세를 올렸으나 결국 교두보

20) GRAPHIC ACTION(グラフィックアクション) No.12 攻防ロシア戦線 独ソの激突!(1992) p.24
21) NA : T-313 ; roll 80, frame 731.591(1941.7.11)
22) Stolfi(1993) pp.131-3

를 포기하고 29차량화보병사단 뒤로 포진하기로 했다.[23] 독일군이 내부로 진입하면 진입할수록 소련군의 피해는 늘어만 갔으며 7월 9일까지 12,000대의 전차가 격파되었다는 것이 소련측 자체 통계로 집계된 바 있었다. 7월 12일 2장갑집단의 10장갑사단은 오르샤 남동쪽 48km 지점의 고르키(Gorki)를 장악하면서 가장 중요한 전과를 달성했다. 10장갑사단의 이 기동은 소련 13군의 20기계화군단과 61소총병군단의 드니에프르를 향한 퇴로를 차단하는 효과를 나타냈다. 이에 소련공군은 고르키의 독일군을 공습으로 저지시키려 했고 리히트호휀의 8항공군단 또한 1급강하폭격비행단 3대대의 슈투카들을 오르샤 지구로 보내 구데리안의 드니에프르 공략을 지원하도록 조치했다. 독일기들이 증원되기 전에 고르키의 10장갑사단 등의 제대가 소련 대지공격기들의 공습에 상당한 몸살을 앓았던 것은 분명했다. 2, 3장갑집단은 7월 12일까지 상당량의 병참지원을 받아 스몰렌스크 공략의 준비를 갖추어 나갔다. 2,000입방미터의 연료, 2,600톤의 탄약, 그리고 이틀분의 식량을 준비한 보급선은 보리소프까지 이어져 있었으며 놀랍게도 화력전보다 스피드에 의한 기동력이 더 중요하다는 판단 하에 OKH 병참부서는 탄약보다 연료를 더 많이 공급하는 방식을 채택하고 있었다.[24]

24장갑군단의 3장갑사단은 7월 13일에 주력을 드니에프르 강 건너편으로 실어날랐다. 24장갑군단이 포함된 2장갑집단은 모길레프를 우회해 나가려고 했고, 소련군은 모길레프 주변의 병력으로 장갑집단의 측면을 위협하고 있었기에 모길레프를 위요한 긴장은 수일 동안 지속되고 있었다. 14일 코스틴카(Kostinka)의 소련군 포병진지를 박살낸 사단의 장갑중대들은 모길레프(Mogilev)-챠우시(Tschaussy) 도로를 향해 내달렸으나 여기서부터 소련군의 강한 압박이 시작되었다. 소련군은 전차와 차량들이 지나가게 한 다음 뒤에서 역습을 가하는 방식을 통해 독일군에게 엄청난 피해를 입혔으며 그 와중에 장갑엽병대대 3중대장 헬트(Held) 중위가 전사했고 394차량화보병연대 2대대의 7중대는 모든 장교들이 적군에게 당하는 충격을 경험했다. 이는 모길레프 자체가 강력한 소련군 수비대의 수중에 있었기에 사단은 시 동쪽의 우회도로에만 의존해야 한데서 비롯되었다. 하나 그 때문에 사단의 전 제대는 서로의 간격을 좁히면서 응집력을 강화시킬 수 있다는 역설도 존재했다. 394차량화보병연대가 고전분투하는 동안 3차량화보병연대는 1대대가 394차량화 2대대와 공조하여 리코보(Lykovo)를 탈환하기에 이르렀으며 두 보병연대를 중심으로 사단의 전 병력이 동쪽으로 진입하는 계기를 만들어냈다. 394차량화 1대대는 14일 오전 8시에 공세를 개시해 기습적으로 쿠티냐(Kutjna)를 장악했으며 레뷘스키(Werner von Lewinski) 중령의 장갑연대는 모길레프 방면으로 진군하는 과정에서 2, 4중대가 도로를 타고 정면으로 향하는 동안 1, 9중대는 우측면을 공격하도록 조치했다. 소련군은 여하튼 3장갑사단의 측면을 때려 진격을 좌절시켜 보려는 필사적인 노력을 기울였으며 장갑연대는 2시간 동안의 사투 끝에 두브로프카-쿠티냐 도로에 도달해 쉴 새도 없이 볼코뷔쉬(Volkowishi)로 향했다. 그때까지 4대의 T-26 전차와 2문의 야포, 10문의 대전차포를 파괴한 6장갑연대 1대대는 1시간 뒤 볼코뷔쉬를 점령했고 남쪽에서 치고나간 4장갑사단과 연결됨은 물론 9장갑중대는 10차량화보병사단과도 연결되어 감제하기 좋은 고지대를 장악하게 되었다. 이런 험난한 난국면 속에서도 사단은 해질 무렵에는 챠우시 외곽까지는 도달할 수 있었다. 3장갑사단은 15일 전열을 가다듬어 이른 아침부터

23) Guderian(1996) p.171, Spaeter(1992) p.29
24) Na : T-313 ; roll 335, Anlagenband 2 z. KTB, Panzergruppe 4, frame 8.617.204

챠우시 마을을 때려 15일 안으로 탈취하는데는 성공했다. 선봉은 3차량화보병연대 1대대로 고트프리드 리이스(Gottfried Ries) 대령의 포병대 지원을 받아 30분만에 작전을 끝내는 기민함을 나타냈다. 하나 바스야(Bassja) 강의 교량이 폭파된데다 모길레프 구역에서 쏘아대는 적군의 측면공격이 예상보다 강력해 일단 병력을 재편성한 다음, 그날 저녁에 챠우시 남쪽의 철교를 공격해 이 구역을 통제하에 두도록 했다.[25]

이 시점에서 약간의 혼란이 발생하고 있었다. 6월 29일에 있었던 히틀러와 OKH의 회의 시 거론되었던 차기 공세의 방향에 관한 문제로서 히틀러는 7월 8일부터 중앙집단군을 북쪽이나 남쪽으로 공세의 중점을 바꾸는 방안을 다시 제기했고 할더와 폰 보크는 특별한 반대를 표명하지 않은 채 어정쩡한 상태가 계속되고 있었다. 할더는 중앙집단군의 정면에 소련군의 병력이 증강되고 있는 시점에서 섣부른 반향전환은 위험하며 만약 필요하다면 구데리안과 호트가 동쪽으로 돌파구를 확대하여 완전한 행동의 자유를 확보한 다음에나 가능한 것으로 보았다. 즉 할더는 집단군들의 공세방향을 수정하기 전에 일단 모스크바로 향하는 길목은 확보해야 된다는 생각을 굳히고 있었다. 여기서 변수는 3개 집단군간의 간격이었다. 중앙집단군은 북쪽의 벨리키에 루키(Velikie Luki)로부터 남쪽의 로슬라블(Roslavl)까지 300km에 퍼져 있었으며 이 광역을 커버하는 동시에 스몰렌스크로 가는 주공도 형성해야 하는 복잡한 임무를 안고 있었다. 할더는 일단 벨리키에 루키를 장악해 북방집단군의 우익에 포진한 소련군 병력을 잘라내고, 북쪽의 옐니아와 남쪽의 로슬라블 공세를 위한 구데리안 장갑집단의 남익을 말끔히 정리하는 작업에 착수했다.[26] 그렇지 않으면 중앙집단군만이 가운데를 가로질러 스몰렌스크와 모스크바를 향할 경우 북방집단군과 남방집단군과의 간격이 지나치게 벌어짐에 따라 공세의 균형을 상실할 수 있었기 때문이었다. 바꿔 말하면 집단군내 장갑과 보병 제대간의 격차가 벌어짐에 따라 집단군의 측면이 위태롭게 되는 것처럼, 집단군간의 조율이 이루어지지 못할 경우 집단군간의 측면엄호도 취약하게 될 우려가 생겨나고 있었다. 구데리안과 호트가 쾌속으로 전진해 나갈 경우 북쪽의 57장갑군단은 두 장갑집단의 속도를 따라잡으면서 북익을 엄호할 여력이 희박했다. 또한 남방집단군은 프리페트 습지를 끼고 있으므로 진격이 느린데다 강력한 소련군의 저항에 직면해 있어 중앙집단군과 보조를 맞출 스피드를 낼 수는 없었다. 그리고 이때 이미 히틀러는 키에프를 향해 주공을 우크라이나로 형성하는 방안까지 검토하고 있는 중이었다. 적어도 이 시점까지는 히틀러가 폰 레에프의 북방집단군이 자력으로 레닌그라드를 공략할 수 있을 것으로 보고 장갑부대가 아니라 공군의 공습만으로도 가능하다고 판단하고 있었다. 물론 여기에는 헤르만 괴링의 허풍이 한 몫을 했다.

7월 11일 주로 2장갑집단의 드니에프르 도하를 지원하던 2항공군은 24시간 동안 1,048회의 출격을 기록하면서 지난 2주 동안의 최고기록을 갱신했다. 이날 51전투비행단의 전투기들은 하루에 4-5회의 회전문식 출격을 강요당하면서 미친 듯한 공중전에 말려들었으며 비행단 전체는 34대의 소련기를 격추시켰다. 7월 12일, 붸르너 묄더스의 51전투비행단은 리햐르트 레플라(Richard Leppla) 대위가 3대의 적기를 격추시킴에 따라 바르바로싸 개시 이래 소련공군기 500대 격추를 기록하고 1939년 개전으로 소급해 연합군 공군기 총 1,200대를 격추한 것으로 집계되

25) Veterans of the 3rd Panzer Division(2012) pp.178-9, Glantz, David M.(ed)(1993) p.433
26) Stahel(2009) p.237

었다. 그 가운데 509기가 동부전선에서의 기록이었다. 6월 22일 이래 전사 또는 행방불명된 조종사는 단 6명에 불과했으며 상실한 메써슈미트는 89대였다. 7월 15일 기준, 51전투비행단에 남은 Bf 109는 49대였으며 벌써부터 병참의 문제가 솔솔 불거져 나오고 있었다. 전투기의 가용비율도 47%로 떨어져 있었다.[27]

* * * * *

티모셴코의 1차 반격작전

** 쥬코프 : 오르샤와 모길레프 전선을 약화시키지 마라.*
적군 보브뤼스크 집단의 배후에 압박을 가하기 위해
고멜과 보브뤼스크 축선을 따른 작전기동을 활성화하라.
** 구데리안 : 적군의 20개 사단은 모길레프와 오르샤에 갇힌 소련군 병력이 탈출을 시도하는 동안*
고멜로부터 장갑집단의 우측면을 향해 이동중이다.

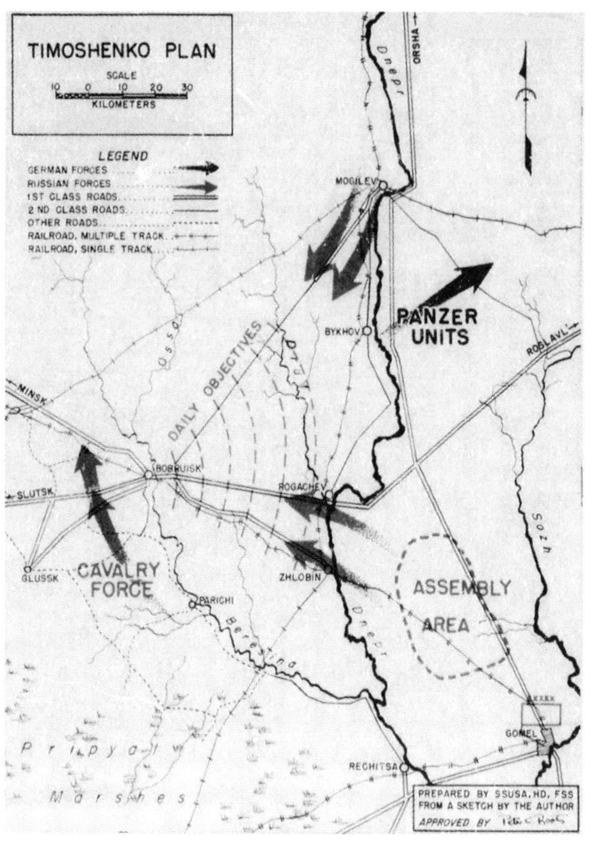

티모셴코의 반격작전 개요

이 혼돈의 와중에 티모셴코는 7월 13일 기다려 오던 반격작전을 개시했다. 티모셴코는 7월 10일부터 병력 재편성에 착수해 11일에는 31개 소총병사단과 7개 전차사단 및 4개 차량화소총병사단을 확보하고 13일까지는 42개 사단을 드니에프르 강 상류지역에 동원할 수 있었다. 또한 민스크 포위망에서 탈출한 4군의 잔존병력과 남방전구에 있다 중앙으로 이동한 16군의 일부 병력도 지원받았다. 13일 반격에 동원될 티모셴코의 부대는 대략 다음과 같은 방어구역에 나뉘어 포진되어 있었다.

우선 레멜젠(Joachim Lemelsen)의 47장갑군단 정면의 오르샤, 코퓌스, 쉬클로프로 향하는 서쪽은 쿠로취킨(P.A.Kurochkin) 20군의 남익이 지키

27) Mombeek, Bergström & Pegg(2003) p.131, Weal(2001) p.23, Weal(2006) p.63, Braatz(2008) p.316

고 있었으며 부상당한 휠라토프를 대신한 레메조프(F.N.Remezov)의 13군은 모길레프에 자리를 잡아 쉬클로프로부터 남쪽으로 모길레프를 지나 노뷔 뷔호프까지 이르는 드니에프르 강변에 진을 쳐 휘팅호프(Heinrich von Vietinghoff)의 46장갑군단을 상대하고 있었다. 그보다 더 남방에는 게라시멘코(V.F.Gerasomenko)의 21군이 노뷔 뷔호프로부터 남방으로 로가췌프, 즐로빈, 레취쨔(Rechitsa)를 지나 고멜 남쪽까지 내려가 슈뷉펜부르크(Leo Geyr von Schweppenburg)의 24장갑군단을 막아서 있었다. 산달로프(Leonid Sandalov)가 지휘하는 4군의 잔여 병력은 소즈 강을 따라 티모셴코 방면군의 뒤에 배치되어 크리췌프에서 재충전과 재편성작업에 들어가 있었다. 그 외의 추가 지원병력은 코네프(Ivan S.Konev) 19군의 선견대와 23기계화군단으로, 후자는 7월 5일 24군을 지원하는 것으로 지정되었다가 다시 19군을 지원하는 방향으로 교정되었다. 이는 당초 19군을 지원키로 되어있던 25기계화군단이 하르코프로부터 올라오는데 너무나 많은 시간이 지체된 데 따른 수정작업이었으며, 수중에 남은 163대의 전차가 모두 낡고 취약한 경전차들이라 거의 도움이 되지 않을 것으로 판단되었기 때문이었다. 48, 51전차사단 및 220차량화소총병사단으로 편성된 23기계화군단은 그래도 21대의 T-34, KV 중전차를 포함해 413대의 전차를 보유하고 있었다.[28]

티모셴코의 의도는 간단히 말해 호트와 구데리안의 장갑집단을 박멸하고 드니에프르 강을 따라 서부방면군의 방어진을 회복하는 일이었다. 이를 위해 19, 22군이 뷔테브스크와 서부 드뷔나 강 라인을 장악하여 16군과 20군이 오르샤와 쉬클로프 사이의 방면군 방어구역을 복구하도록 했다. 또한 13군과 21군은 4군의 잔존 병력과 함께 모길레프 및 로가췌프 동쪽의 드니에프르 강에 포진한 독일군을 밀어내고 보브뤼스크로 진격하는 방안을 계획했다. 소련공군은 로가췌프와 즐로빈(Zhlobin)의 독일군을 몰아내기 위한 21군의 반격 지원을 위해 19, 28, 135전투기연대를 동원하여 2항공군과 맞승부를 겨루는 태세에 들어갔다.

서부방면군 편성(1941.7.10.)

방향	군	군단
중앙	13군	20기계화군단
	19군	43소총병군단
	20군	2, 20, 69소총병군단, 5 & 7기계화군단
우익	22군	51, 62소총병군단
좌익	21군	63, 66, 67소총병군단
예비	4군(크리췌프)	28, 47소총병군단
	16군(스몰렌스크)	32소총병군단, 57전차사단

한편 참모총장 쥬코프는 스몰렌스크, 오르샤, 폴로츠크 및 네벨(Nevel) 지역으로부터 강력한 반격작전을 펼치도록 하여 호트와 구데리안의 침투를 막아 고멜(Gomel)과 보브뤼스크 구간을

28) Glantz, David M.(2010) p.91

◆ IV-6 소련 제20군 7기계화군단 14전차사단의 전차병들

축으로 설정한 지점에서 방어전을 구사하도록 지시했다. 이 기동은 그간 3주 동안의 연속되는 전투에 지친 독일군을 상대로 초반에는 효과를 보았다. 41년의 여름은 유난히 덥고 습한 기후여서 병사들의 피로도는 일층 가중되었으며 낮 동안에는 먹는 것보다는 우선 목을 축이기 위해 마시는 일이 더 급했다. 21군은 드니에프르 남쪽에서 공세를 전개해 독일 2군의 43군단과 53군단에 맹공을 퍼부으면서 로가췌프와 즐로빈으로부터 독일군을 뽑아냈다. 이로 인해 동쪽으로 나아가던 43군단은 베레지나 강변의 보브뤼스크 부근에서 진격이 일시적으로 정지되고 말았다.[29] 21군은 한편 4군과 공조하여 드니에프르의 뷔코프(Bykov)를 향한 북부 공세를 조율했다. 21군의 63소총병사단은 로가췌프와 즐로빈으로부터 독일군을 서쪽으로 몰아갔으며 67소총병군단은 25기계화군단의 지원을 받아 구데리안의 남익을 공격해 보았다. 후자의 공세는 효과가 나지 않았다. 또한 21군은 3개 기병사단을 몰아 레취쨔(Rechitsa)로부터 보브뤼스크를 향해 남서쪽으로 독일군의 배후를 깊이 잘라 들어가면서 66소총병군단의 232소총병사단과 연계작전을 펼칠 수 있었다. 이 공세는 독일군의 지휘체계와 연락선 및 보급선을 교란시키면서 232소총병사단이 80km를 주파하여 베레지나와 프티취(Ptichi) 강 건너편에 각각 교두보를 만들어내는 성과를 올렸다.

서부방면군의 공세는 2장갑집단의 24장갑군단이 모길레프 남쪽에서 교두보를 확장하려는 시도에도 영향을 끼쳤다. 3장갑사단이 탈진상태였기에 4장갑사단 혼자서 모길레프 주변의 4, 13군 제대와 상대해야 했으며 프로포이스크(Propoisk)로 가기 전에 35장갑연대 선봉의 1대대가 뤼쉬

29) Hürter(2015) p.71

◆ IV-7 스몰렌스크 인근 외곽을 노리고 들어가는 독일군 차량화보병들. 왼쪽은 20mm Flak 30 대공포를 탑재한 SdKfz 10/4(20mm FlaK auf Fahrgestell Zugkraftwagen Sd.Kfz.10/4) 반궤도차량. 7월 13일자 사진

코프카(Ryshkovka)에서 측면을 엄호하고 2대대는 부트람스예프카(Butramsjevka)로 진격해 들어갔다. 소련군은 13일 아침 8시 30분부터 뤼쉬코프카의 1대대를 쉴새 없이 몰아붙이면서 마을로 진입하기 시작했다. 1대대는 당장 반격을 가해 28문의 야포, 26문의 대전차포, 10대의 중장비 운반 원동기, 3대의 장갑차량과 30대의 트럭 등을 노획하면서 전투를 마무리했다. 4장갑사단은 13일 기준으로 24대 정도의 전차만 남아 이후 매일같이 위치를 바꾸어 가며 공방전을 펼치는 곤욕을 치르고 있었다.[30] 다만 소련 두 개 군을 상대로 수 개 사단이 버틸 수 있었던 것은 당시 소련군 사단의 정수가 태부족이었던 관계로 그나마 수적으로 열등한 독일군이 전선을 무난히 지켜낼 수는 있었다. 구데리안도 장갑집단의 남익에 소련군 20개 사단이 들이치고 있다고 우려했지만 당시 어떤 소총병사단은 3,000명 남짓한 병원으로 사단을 구성하고 있어 독일군이 그리 엄살을 떨 이유는 없었다. 14일에는 2항공군단이 일일 885회 출격을 달성하면서 13군의 전진을 저지시키는 노력을 병행했다.

7월 13일 티모셴코의 반격은 국지적으로 독일군을 밀어내는 효과는 있었으나 독일 장갑집단의 진공을 결정적으로 늦출만한 펀치력은 약했으며 일선 야전 지휘관들의 우려도 소련군이 작심

30) BA-MA RH 27-4/27, Kriegstagebuch 4.Panzer-Division Führungsabtl. 26.5.41-31.3.42, p.43(1941.7.13)

◆ IV-8 디미트리 파블로프의 뒤를 이은 예레멘코가 갑자기 다른 보직을 받게 되자 개전 이후 세 번째로 서부방면군 사령관이 된 세묜 콘스탄티노뷔취 티모셴코. 그의 풍부한 경험은 독일군들도 인정하는 바였으며 스탈린 역시 계속되는 패배에도 불구하고 그를 쉽게 숙청하지는 않았다.

하고 공세를 추진하는 것인지, 그저 즉흥적으로 저항하는 것인지 감을 잡지 못할 정도에 그쳤다. 이는 레멜젠의 47장갑군단이 13일 반격작전이 개시된 바로 그날 오르샤를 가볍게 점령함에 따라 이 반격작전의 강도나 의중은 과히 적절히 반영되지 않은 측면이 있었다. 또한 티모셴코가 감행한 남방에서의 이 공세는 동시에 진행된 북부 지역 독일 장갑부대의 동진에 의해 부분적으로 상쇄되었다. 호트 장갑집단의 주요 루트는 데미도프와 뷀리즈, 그리고 레스노를 장악한 뒤 좀 더 동쪽으로 선회하여 스몰렌스크를 겨냥하는 수순에 의거해 있었다.[31] 39장갑군단은 코네프의 신규 병력에 대해 가혹한 피해를 안기면서 속도를 내기 시작했다. 뷔테브스크를 떠난 3장갑집단의 선봉 7장갑사단은 북쪽에서 스몰렌스크를 압박하고 들어갔으며 13일에는 구데리안의 선봉 29차량화보병사단과 40km 정도로 간격을 좁히는 데 성공했다. 3장갑집단의 12장갑사단은 셴노에서 동진하여 바비노뷔취(Babinovitschi)까지 도달함으로써 서부방면군 20군의 제대가 오르샤의 서쪽 끄트머리로부터 돌출부를 만들게 되는 기동을 보였다. 이처럼 북쪽에 위치한 호트의 좌익은 네뷀을 향해 진격하고 우익은 뷀리즈와 스몰렌스크로 향하면서 남쪽의 2장갑집단과 두 개의 집게발을 벌려 간격을 좁히는데 박차를 가하고 있었다. 구데리안의 47장갑군단과 46장갑군단 역시 소련군의 반격에 괘념치 않고 북동쪽으로의 진격을 서둘러 스몰렌스크 남동쪽 크라스뉘(Krasnyi) 정면에 도착했다. 47장갑군단의 선봉 29차량화보병사단은 이미 스몰렌스크 18km까지 접근하였으며 46장갑군단은 모길레프 북부를 치고 들어가 61소총병군단과 20기계화군단이 모길레프에 고립되도록 압박해 나갔다.[32]

이 순간만큼은 드뷔나를 넘어 들어가는 호트의 진격이 드니에프르에서 북동쪽으로 전진하는 구데리안보다 더 눈부신 성과를 나타냈다. 호트의 제대는 스몰렌스크 북서쪽의 27군, 22군 및 20군을 서로 해체시키는 효과를 나타내면서 뒤따르는 슈트라우스의 9군이 코네프의 19군을 상대하기 유리하도록 제반 여건을 다져 나가고 있었다. 그러나 7월 13일 히틀러는 장갑집단의 전진이 보병과의 거리를 맞출 수 없을 정도로 빨리 진행되는 것에 일말의 불안을 느낀 나머지 최소한 호트의 집단은 보병사단들이 도착할 때까지 당분간 전력을 보전하는 방향으로 수정하려는 움직임이 나타나고 있었다.[33] 보병과 장갑부대의 간격 문제는 소련군들도 있었다.

---

31) Fugate(1984) p.128
32) Bergström(2016) p.73
33) BA-MA RH 21-3/46, 'Panzerarmeekommandos Anlagen zum Kriegstagebuch "Berichte, Besprechungen, Beurteilungen der Lage" Bd.III 25.5.41-22.7.41', Fol. 151(1941.7.13)

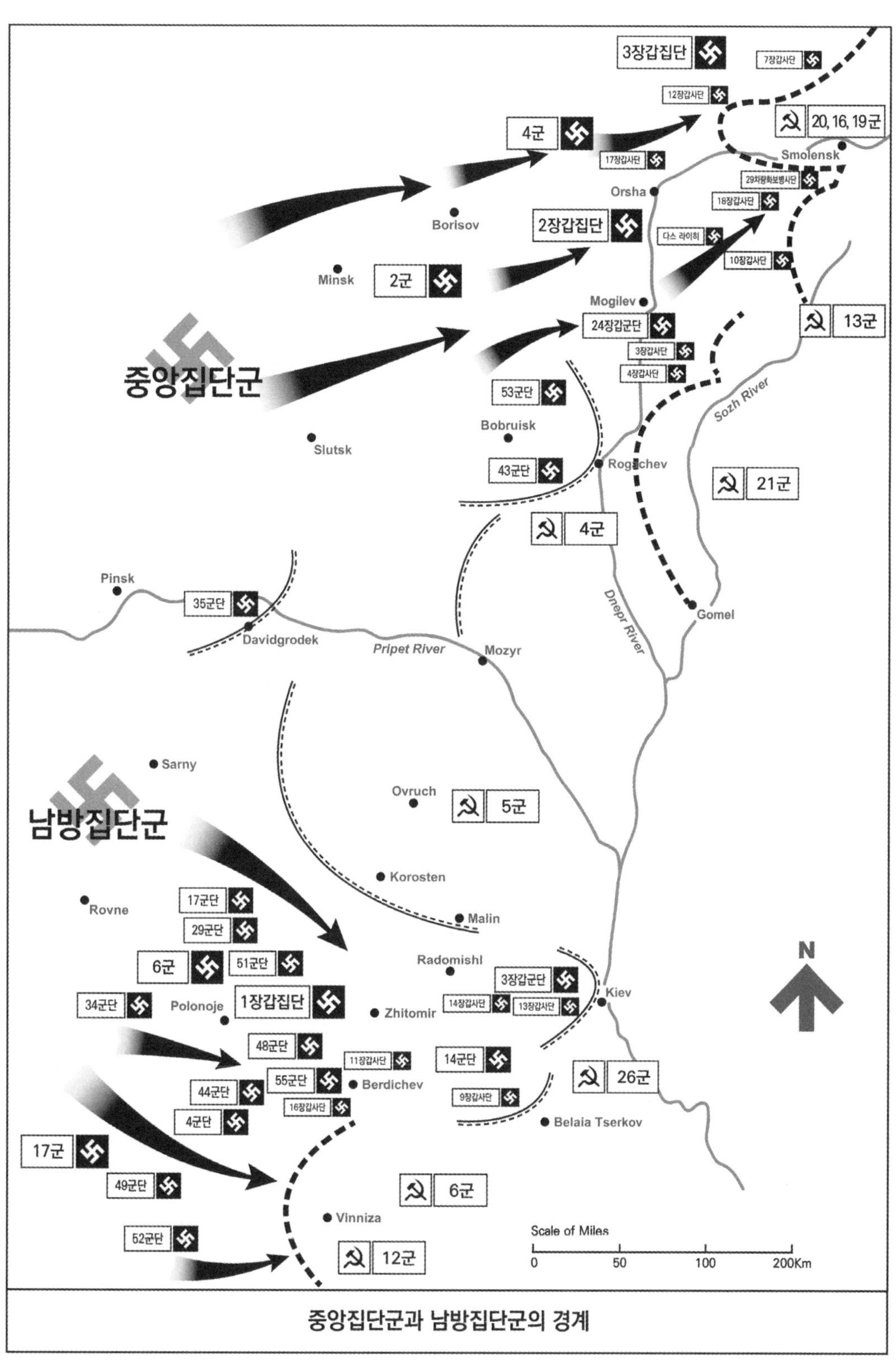

중앙집단군과 남방집단군의 경계

소총병들은 전선에서 밀려 동쪽으로 도주하고, 소련군의 기동전력은 늦게나마 동에서 서로 움직이고 있어 어느 쪽을 타격해야 할지 헷갈리는 수도 있었다. 최소한 이 시점까지는 호트의 3장갑집단이 구데리안의 2장갑집단보다 속도가 빠른 것으로 인지되는 가운데, OKH의 할더는 2개 군과 3장갑집단만으로 모스크바 공세를 전개하고 2장갑집단은 우크라이나와 볼가 강 하류를 향해 남쪽으로 빼는 방안(!)을 구상하고 있었다. 구데리안은 물론 브리얀스크를 관통해 오카 강을 건너 모스크바 남부를 넓게 쓸어버리는 장갑타격을 필요한 조치로 보고는 있었으나 자신의 부대가 모스크바를 향한 주공을 형성하지 않고 남으로 방향을 튼다는 것에 대해서는 강한 불만을 갖고 있었다.[34]

붸르너 묄더스의 51전투비행단은 13일에 27기, 14일에 15기를 격추시키면서 주로 소련폭격기들을 요격하여 지상군의 피해가 없기를 희구했다. 2폭격비행단의 울프 발케(Ulf Balke)에 따르면 이 시기는 독소 양군의 전투기들이 적군의 폭격기들을 주로 노린 것으로 진술하고 있으며 실제로 묄더스 개인의 경우, 7월 12-15일간에 떨어트린 8대 모두 소련공군의 DB-3, Pe-2 폭격기 종류였다.[35]

원래 티모셴코는 독일군이 일시적으로 공세를 중단했을 때에 맞추어 드니에프르 강을 넘은 뒤 일종의 독립된 단일(set-piece) 반격작전을 준비하고 있었으나 너무 빠른 시간 내 코퓌스와 모길레프가 떨어지자 티모셴코는 생각을 바꾸게 되었다. 이번에는 오르샤 부근의 돌출부의 독일군을 치되, 스타리 뷔호프와 프로포이스크에 예비병력을 투입한 후 드니에프르 상류를 따라 조직된 강력한 소련군 병력을 오르샤로부터 남쪽으로 수렴하게 하는 방안이었다. 그러나 이 역시 16일 밤이 되자 호트의 3장갑집단이 너무 가파른 속도를 내면서 무위로 돌아갔다.[36]

* * * * *

스몰렌스크 공방전

"스몰렌스크가 불타고 있다. 저녁에 보는 괴물같은 광경이었다.
2시간 반 동안의 폭격 후에 우리는 우리의 목표물들을 볼 필요조차 없었다.
불타오르는 화염이 밤새도록 우리의 앞길을 밝혀주고 있었다."
(하인켈 He 111 폭격기 조종사, 한스 아우구스트 포뷘켈)

스몰렌스크 공방전은 민스크 포위전에 이어 쾌속전진의 독일군에게 또 한 번의 30만 적군 포로를 발생시키는 대승으로 기록되는 것이 일반적이나 실은 이 공방전의 과정과 결과가 바르바로

34) NA : T-313 ; roll 80, Pz. Gr. 2 Ia KTB 22.6.41-23.8.1941, frame 7.318.619(1941.7.14)

35) Braatz(2008) p.383

36) NA : T-313 ; roll 1310, frame 000086(1941.7.15), 독일 제2군 53군단이 7월 15일 소련군으로부터 입수한 작전지도는 41년 2월에 작성된 것으로서 독일군이 로가췌프 북쪽에서 드니에프르를 도하할 경우 티모셴코는 즐로빈-로가췌프 구간 남서쪽과 모길레프를 통과해 남동쪽 양익에서부터 반격을 가하는 것을 상정하고 있었다. 이는 실제 전투의 진행과정과 너무나 흡사하게 미래를 예상한 것이어서 독일군 수뇌부를 놀라게 했다.

싸 초기단계에 상당한 변화를 초래한 것은 틀림이 없다. 크게 보면 스몰렌스크 동쪽의 옐니아에서 구데리안의 2장갑집단이 돌파구를 마련하지 못하게 되자 히틀러가 눈을 남부전선의 키에프로 돌리게 된 원인을 제공한 것인데, 이후 전개될 극적인 변화를 좀 더 이해하기 쉽도록 해당 시기를 네 개로 분절하면 다음과 같다.

1	7월 10일 ~ 7월 20일	독일 장갑부대가 서부방면군의 우익과 중앙을 돌파하기 위한 시기로서 스몰렌스크에서 소련군 16군과 20군을 포위하기까지의 과정
2	7월 21일 ~ 8월 7일	티모셴코 서부방면군의 반격공세와 포위된 16, 20군의 섬멸전
3	8월 8일 ~ 8월 21일	중앙집단군 우익에서의 소련군의 위협 제거. 소련 중앙방면군 및 브리얀스크방면군의 방어전. 소련 예비방면군 제대와의 공조에 의한 서부방면군의 2차 반격공세
4	8월 22일 ~ 9월 10일	남방집단군 지원을 위한 중앙집단군 우익 제대의 소련 중앙방면군에 대한 공세 및 키에프 전구에서의 소련 남서방면군의 포위기동. 옐니아 돌출부의 제거를 위한 소련군의 반격공세. 서부방면군, 브리얀스크방면군, 예비방면군의 방어전

7월 14일 12장갑사단은 리오즈노(Liozno)에 도착한 후 스몰렌스크를 향해 남동쪽으로 꺾어 들어가자 리오즈노 바로 밑 소련군 수비대의 북쪽 돌출부에 해당하는 루드냐(Rudnya)에서 맹공이 가해졌다. 뷔테브스크 국도 상에서 루드냐를 장악한 소련 20군은 이날 사상 처음으로 '카츄샤'(Katiusha) 다연장로케트를 사용했다. 독일군은 이 신병기를 전혀 알지 못했다. 이반 플료로프(Ivan Flyorov) 대위가 지휘하는 카츄샤 중대는 불과 15초 동안 7기의 카츄샤에서 16,132발의 로케트탄이 발사되는 기념비적인 작전을 수행했다. 이 발사속도는 3개 포병연대가 동시에 포탄 한 발씩을 발포하는 것과 똑같은 화력이었다. 가장 집중적인 피해를 맞은 제대는 독일 5군단의 5보병사단으로 독일군은 후일 카츄샤에 '스탈린의 오르간'이라는 이명을 붙이게 된다. 이 신병기는 T-34와 함께 독일군에게는 하나의 크나큰 충격으로 다가왔다. 당시 독일군의 150mm 네벨붸르훠(Nebelwerfer) 41 다연장로케트포는 10초 동안 겨우 여섯 개의 튜브에서 포탄을 날리는 정도에 불과했으며 화력도 카츄샤에 비할 바가 못 되었다.[37]

12장갑사단은 세 방향에서 협공당하는 꼴이 되자 굳이 힘들게 7장갑사단 쪽으로 적군을 밀어낼 필요는 없을 것으로 판단했다. 사단은 좀 더 북쪽에서 벨리즈(Velizh) 건너편 75km 지점의 보르(Bor)로 향하는 20장갑사단과 합류하는 방안을 모색키로 하고 공세를 일시적으로 중단했다. 7장갑사단의 선봉은 14일 저녁까지 스몰렌스크 북쪽 35km 지점까지 도달했다. 20차량화보병사

37) Fugate & Dvoretsky(1997) p.160
원래 카츄샤 다연장로케트포는 중요한 대외비로서 전투서열에도 '중박격포'란 이름으로 표기되었다. 독일군이 이 신병기의 존재나 규모를 정확히 알지 못하게 하기 위한 조치였다. 소련군은 이미 카츄샤가 널리 알려진 다음에도 제대 표시는 계속해서 중박격포대대, 연대라는 표기를 유지했다.

◆ IV-9 독일군들이 '스탈린의 오르간'으로 부르며 가장 두려워했던 신병기, 카츄샤 다연장로케트. 북한이 자랑하는 소위 장사포라는 것이 이 카츄샤의 현대적 개량형이다.

단은 7장갑사단의 뒤를 따라 데미도프(Demidov)로 진격하고 그로부터 수일 동안 남쪽에서 들어오는 소련군의 반격을 수차례에 걸쳐 쳐내는 역할을 맡게 된다.[38]

같은 날 구데리안은 46장갑군단과 다스 라이히 SS사단을 고르키(Gorki)로 보내고 그 스스로 뒤를 따라갔다. 전날 스몰렌스크 전방 12.5km까지 다가간 29차량화보병사단은 놀라운 템포로 시를 향해 접근해 나갔고 18장갑사단은 크라스뉘로부터 북쪽과 북서쪽으로 향하면서 29차량화보병사단의 좌익을 엄호했다. 18장갑사단의 좌익은 13일까지 502대의 소련군 전차 격파 기록을 갱신한 17장갑사단이 오르샤로부터 드니에프르 강을 따라 북상하고 있었다. 다스 라이히는 고르키에서 소련공군의 폭격기들에 의해 엄청난 병원의 손실을 보았다. 사단의 11SS연대는 하루 동안의 전투에서만 50명의 장교가 전사 또는 부상의 피해를 입었다. 7월 15일 47장갑군단은 오르샤로 진격해 17장갑사단이 마을을 접수하는 성과를 나타냈다.[39] 군단의 여타 제대는 그루시노 주변의 적들을 소탕해 나가면서 느리지만 비교적 착실하게 서부방면군의 목을 죄어가고 있었다.

7월 15일 연료가 떨어질 때까지 앞만 보고 진격하기로 소문난 호트의 7장갑사단은 데미도프

38) Hoth(2015) p.111
39) Haupt(1997b) p.52

◆ IV-10 불타는 가옥들 사이로 행군하는 다스 라이히의 장병들

를 거쳐 스몰렌스크 북동쪽 울호봐 슬로보다(Ulkhova Sloboda)에 도착했다. 7장갑사단은 3주가 안 되는 기간 중 두 번이나 간선도로를 장악하고 동쪽으로 후퇴하는 적군을 막아서는 가장 중요한 도로를 차단해 버렸다. 이 도로는 민스크에서 시작해 스몰렌스크를 관통한 뒤 브야지마로 연결되는 독소 양군 모두에 있어 가장 중요한 병참선이기도 했다. 저녁 무렵에는 보이네부르크(Freiherr von Boineburg) 대령의 전투단이 야르쩨보까지 진출하게 되자 포위되는 상황을 인지하지 못하고 4차선 도로를 따라 서쪽으로 병력을 이동시킨 소련군 제대는 점점 함정에 빠져 들어갔다. 이 지점은 6월 26일 사단이 보리소프에 들어섰을 때보다 모스크바와 270km나 가까운 거리에 있었다. 15일 당시 7장갑사단의 전차병(포수) 칼 푹스(Karl Fuchs)는 마치 전쟁이 8-10일내로 끝날 것 같다는 승리에 도취되어 있을 정도로 사기는 높았다. 그보다 북쪽의 20장갑사단은 스몰렌스크 북동쪽의 벨뤼(Bely)를 향해 나아가 39장갑군단의 북익을 공고히 할 예정이었으나 벨리즈(Velizh)에서 상당 시간을 지체해 버렸다. 사단은 14일부터 다시 동쪽으로 꺾어 들어가는 기동을 택할 수 있었고 규모는 작으나 일부 제대가 15일 남북으로 연결된 두호프쉬취나(Dukhovshchina)-벨뤼(Bely) 국도 선상에 설 수 있게 되었다. 이곳에서는 적군의 별다른 반격이 없어 모스크바로 가는 길목에 큰 장해가 없을 것으로 보이기도 했다. 20장갑사단은 깊은 모래 수렁과 같은 북쪽 전구의 악랄한 도로사정으로 인해 평소보다 훨씬 많은 휘발유를 소모함에 따라 극심한 연료 부족을 경험하고 있었다. 루돌프 슈미트 39장갑군단장은 직접 눈으로 현지 사정을

◆ IV-10-1 7월 15일 스몰렌스크 전구에서 작전을 지시하는 29차량화보병사단장 봘터 폰 볼텐슈테른 소장

파악하고는 도저히 믿기지 않는다는 논평을 내렸으며 사단은 그럼에도 불구하고 선봉 7장갑사단의 북익을 온전히 엄호하는 역할을 훌륭히 수행했다.[40] 이로써 39장갑군단은 전날 오르샤에서 구데리안의 2장갑집단 북익을 공격하던 소련군 제대가 퇴각하도록 강요하는 형세로 스몰렌스크의 북쪽 전구를 장악해 들어갔다. 갑자기 오르샤-스몰렌스크 국도는 후퇴하는 소련군 병력들로 엄청난 교통체증을 빚고 있었으며 이제부터 스몰렌스크 함락은 거의 초읽기 단계로 돌입한 것처럼 보이기 시작했다. 15일 오전 7시 71보병연대는 당일 일몰 시기까지 돌격부대가 시 남부에 침투하도록 조치하였으며 시 방어사령관 말뤼세프(P.F.Malyshev) 대령은 주요 교량들을 모두 폭파하라는 지시를 내렸다. 독일군은 16일 오후 8시까지는 시 대부분을 장악하기에 이르렀다. 한참 북서쪽의 57장갑군단은 19장갑사단이 15일 네벨에 도착함으로써 북방집단군의 남익을 보호하고 나머지 제대가 스몰렌스크에 집중할 수 있는 안전판을 마련했다.[41]

그즈음 18장갑사단은 크라스뉘 북쪽에 도달하여 그루시노(Grusino) 부근에서 적군과 격렬한 교전에 들어갔다. 17장갑사단은 드니에프르 동쪽 제방에서 오르샤의 동쪽과 남쪽 구역을 따내고 오랫동안 독일군의 진격을 가로막고 있던 오르샤에서 숨통을 트는 계기를 확보했다. 오르샤에서 퇴각하던 소련군이 4-5개 종대를 만들어 간선도로를 넘치게 만들었던 것은 17, 18장갑사단과 29차량화보병사단이 오르샤 남쪽을 잘라 들어가면서 빠른 속도로 동진한 데 따른 결과였다.[42]

40) Stahel(2009) p.251
41) バルバロッサ作戦の 情景 : 第2次大戦 グラフィック アクション(1977) p.27, Hoth(2015) p.112
42) Guderian(1996) p.175

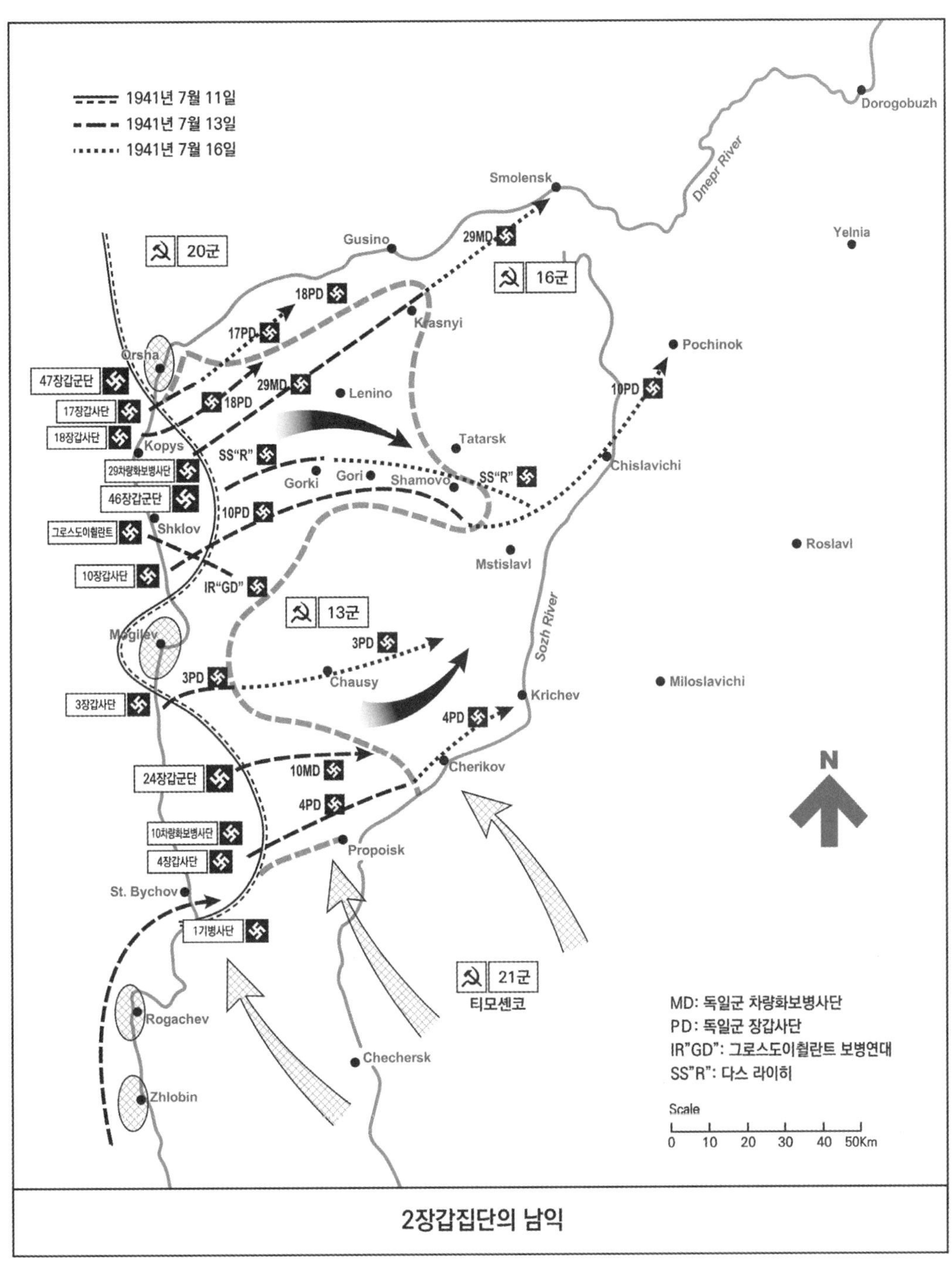

2장갑집단의 남익

7월 15일 소련군은 전차부대를 비롯한 제대구성에 중요한 변화를 가져다주는 결정을 내렸다. 개전 이후 한 달이 채 못 되었으나 천문학적인 병원과 장비의 피해를 입고 있던 소련군은 기존의 전차사단을 폐지하고 전차여단과 전차대대, 혹은 독립전차연대를 유지하는 쪽으로 축소변경되었으며 어차피 사단 규모의 조직을 운용할 기동전력 작전의 기법이 빈약했던 소련군으로서는 그보다 작은 규

◆ IV-11 열차 위에 실린 KV-1 중전차를 제압한 뒤 철도선을 넘는 독일군들

모의 여단이 관리하기가 수월하다는 이점도 감안한 것으로 분석되었다. 거기다 워낙 많은 차량들을 파괴당한 결과, 차량화소총병사단은 더 이상 꾸려갈 수가 없어 모두 단순히 소총병사단으로 일원화되었다. 또한 이 시기부터 소총병사단들은 굳이 바로 상위의 소총병군단 없이 군사령관의 직접적인 명령 하에 움직일 수 있도록 되었으며, 이 역시 지휘계통을 단순화한다는 의미도 있었지만 군단에 걸 맞는 지휘권을 행사할 인재가 부족한데서도 원인을 찾을 수 있는 변화였다. 따라서 이때부터 각종 소련군 제대들은 하나의 군 아래에 아무런 군단본부가 없이 군사령부의 직할로 유지되는 것이 부지기수였다.

7월 16일 2장갑집단 보병 제대들의 선견대는 드니에프르에 도착하여 장갑부대를 따라 들어갈 예정이었으며 비록 전력 누수가 심했음에도 불구하고 정찰대대와 모터싸이클 병력들이 상호 연계역할을 충실히 이행하고 있었다. 프랑스에서는 장갑부대와 보병과의 간격이 벌어지더라도 큰 문제는 없었다. 양질의 도로와 원활한 급유사정을 바탕으로 이내 간격을 좁힐 수 있었으나 러시아는 지나치게 앞질러 가는 장갑부대 뒤에 광활한 구역이 공백으로 남게 되어 포위망 속의 적군은 비교적 쉽게 빠져나갈 수 있었으며 경우에 따라서는 독일군 장갑과 보병들을 잘라내 버리면서 종대간의 유기적 연결을 단절시키는 곤란한 상태를 자주 야기시키고 있었다. 더욱이 패잔병들이 인근의 파르티잔들과 합류하여 게릴라전을 펼칠 때는 독일군의 진공 속도가 현저하게 떨어졌으며 많은 포로가 발생하는 것도 후방이동이나 관리 차원에서 결코 반가워할 일이 아니었다.[43] 소련군은 고멜로부터 2장갑집단의 우익을 때리면서 속도를 늦추려 했으며 오르샤와 모길레프 구역에 갇힌 소련군 제대는 남쪽과 남동쪽으로 탈출을 시도함으로써 공고한 포위망이 형성되지 못하도록 교란작전을 펼치고 있었다. 이 탈출극은 단지 살아남기 위한 도주가 아니라 티모셴코가 의도적으로 계산하여 추진시킨 전술행동이었다. 이날은 고멜과 클린쥐(Klinzy) 방면으로 신규 병력이 파견되고 있었으며 소련군은 스몰렌스크 동쪽으로 크게 경사된 병력밀도를 보이게 되었다. 독일군은 가능한 한 빠른 시간 내 이 포위망을 축조해야 했으며 일단 스몰렌스크를 탈취함으로써 포위망의 단추를 닫는 일이 무엇보다 시급했다.

7월 15일 7장갑사단은 스몰렌스크를 스쳐지나 북쪽으로 향하면서 스몰렌스크-모스크바 구간 국도와 철도선 모두를 단절시켜 버렸다. 이로써 스몰렌스크는 포위망 속의 포위망이 되면서 소련

43) Stahel(2009) p.254

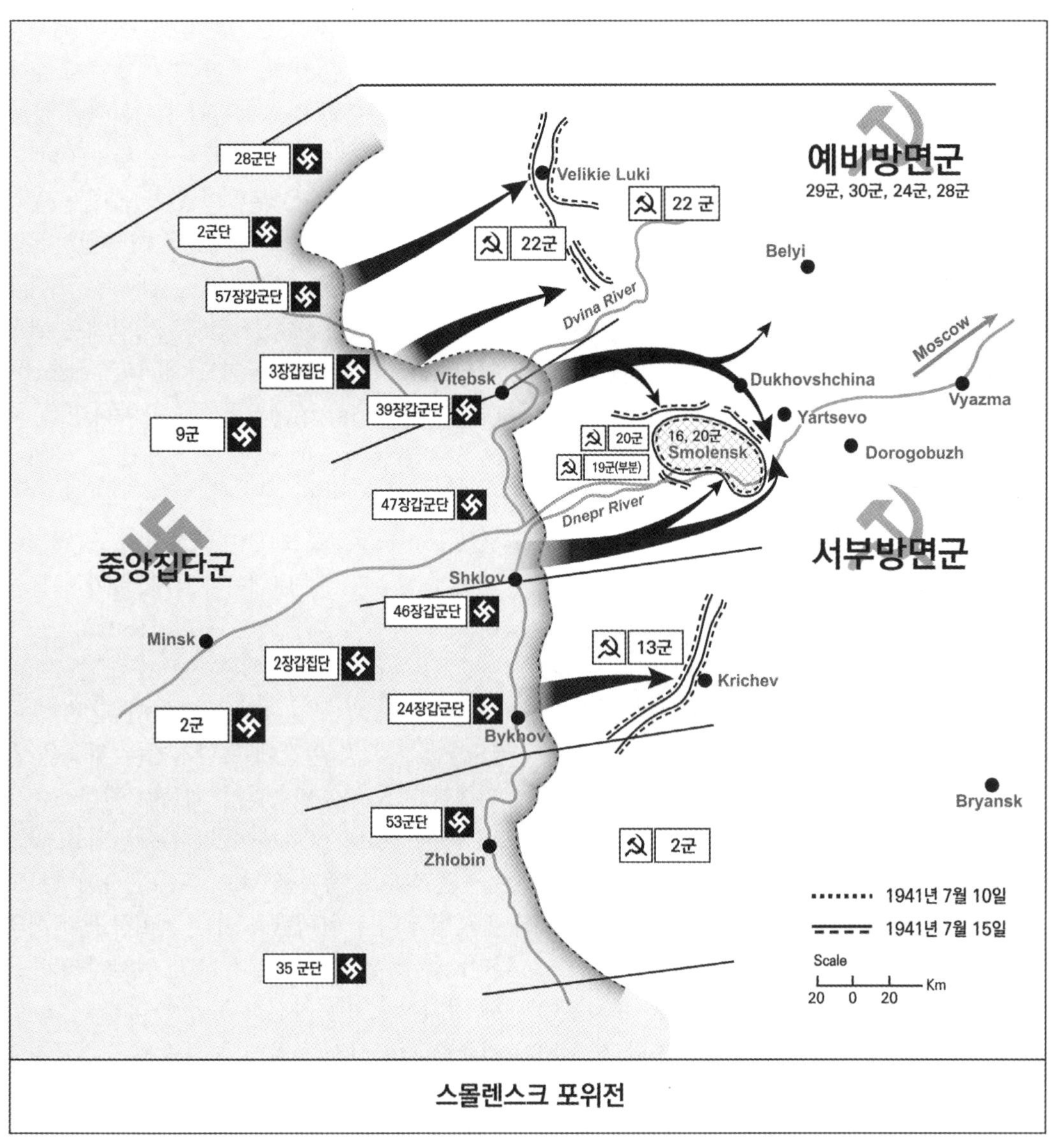

스몰렌스크 포위전

3개 군(16, 19, 20) 15개 사단이 갇혀 버리게 되었다.[44] 아달베르트 슐쯔의 25장갑연대 1대대와 바론 한스 프라이헤어 폰 보이네부르크(Baron Hans Freiherr von Boineburg-Lengsfeld) 대령 휘하의 7차량화보병여단이 국도변의 야르쩨보에 도착하자 티모셴코는 야르쩨보의 본부를 황급히 철수시켜 브야지마로 이전했다. 소련군은 34소총병군단을 주축으로 시 방어전을 준비했다. 경찰과 공장노동자, 가게 점원들은 모두 무장한 채 군의 단일한 지휘체계로 흡수되었고 시내 주요 구역에는 바리케이드를, 각 주택은 마지막 저항지점으로 요새화하면서 최후의 한 명까지 사수한다는 각오를 다졌다. 지상군이 시내로 진입하기 전에 다량의 슈투카들이 스몰렌스크로 몰려왔다. 딱히 과도한 공습을 가할 필요도 없었다. 모든 것을 태우고 적에게 줄 것을 남기지 말라는 스

44) BA-MA 59054, 3. Pz. Gr. KTB 25.5.41-31.8.41, Fol. 131(1941.7.15)

◆ IV-12 스몰렌스크 철도역, 완전히 전소된 객차 옆을 통과하는 보병들

탈린의 초토화 지시로 인해 시는 이미 폐허가 된 유령도시처럼 변해 있었다. 여기까지 오는 동안 슈투카들의 활약은 1년 전의 배틀 오브 브리텐 시기와는 전혀 다른 면모를 보여주고 있었다. 실로 놀라운 부활이었다. 특히 중앙집단군 주공의 진격을 지원했던 제1급강하폭격비행단 2, 3대대는 6월 25일 빌니우스-베레조프카 구간에서 발동을 건 뒤 29일에는 뷔자이니(Wizajny)-몰로데취노(Molodechno)-바라노뷔취(Baranovichi)를 장악하면서 최초 1주일 동안 240km를 커버하였고, 다음 1주일 만에는 250km를 추가로 진격하면서 레펠(Lepel)-두코도보(Dukodovo) 구간을 손아귀에 넣었다. 두 대대는 7월 21일까지 스몰렌스크 서부에 해당하는 수라즈(Surazh)-데미도프(Demidov)-모샤(Mosha)-샤탈로프카(Shatalovka) 구간까지 진출하여 한달 만에 580km를 제공권 안에 포함시키는 위력을 발휘했다.[45] 51전투비행단장 붸르너 묄더스는 7월 15일 100기 격추를 돌파하는 위업을 달성했다. 세계 최초의 일이었다. 이를 계기로 묄더스는 전군 최초로 독일군 최고 훈장인 다이아몬드 백엽검기사철십자장에 서훈되었다. 묄더스는 그와 동시에 51전투비행단을 떠나 독일공군 전체의 전투기총감직에 취임했다. 히틀러는 개인적으로 묄더스를 너무 좋아했으나 나치 체제에 염증을 느낀 철저한 카톨릭 신자 묄더스는 군 수뇌부에 대해 정치적으로는 완전히 등을 돌리게 된다. 한 가지 안타까운 것은 이 불세출의 에이스가 100기 격추를 넘어서자 히틀러와 괴링은 출격금지령을 내려 묄더스가 혹여 적기에 의해 전사하는 일이 없기를 희구했다. 그의 불상사는 나중에 엉뚱하게 일어난다.[46]

한편 47장갑군단의 29차량화보병사단은 스몰렌스크 돌파를 작정하고 15, 71보병연대, 29장갑엽병대대 및 29포병연대 1대대에게 시 장악 임무를 부여했다. 스몰렌스크를 지키는 소련군 34소총병군단 수비대의 각오는 비장한 것이었음에도 불구하고 29차량화보병사단은 능란한 테크닉과 비범한 전술로 스몰렌스크를 순식간에 함락시키는 광란의 템포를 과시했다. 71보병연대는 15일 아침 7시 시 남서쪽 15km 지점의 농장에서 소련군 방어라인을 우회하여 남쪽에서부터 공세를 전개했다. 오전 11시에는 2대대가 코뉴호보(Konyukhovo) 언덕에서 소련군 중대들을 급습하고 포로들의 심문결과에 따라 정 남쪽에 너무나 공고한 수비벽이 있음을 확인하고는 다시 우측으

45) Smith(2006) p.92
46) Braatz(2008) p.317

◆ IV-13 착검한 Kar98 소총을 들고 적진을 돌파하는 독일군 보병. 파괴된 중앙철도역 부근으로 추정.

로 빠져 시의 남동쪽에서 공격을 시작했다. 15일 저녁 구데리안의 자랑 29차량화보병사단의 주력은 스몰렌스크 북서쪽 끝자락에 도달했다. 오후 5시경에 소련군이 독일군의 움직임을 포착했을 때는 이미 늦어버렸다. 보병제대들은 소련군의 극심한 화포사격에 혼이 났으나 15일 저녁까지 대략 스몰렌스크의 남서쪽 지구를 장악하는 성과를 올렸다. 71보병연대의 선봉 돌격조는 이미 시 남방 외곽에 도달했고 야간기습을 통해 적의 방어의욕을 상실케 한 뒤 익일 새벽 4시에는 15보병연대와 공조하여 주공세를 전면 확대하는 쪽으로 변경했다. 스몰렌스크 시 자체에 대한 공격은 바로 이 16일 새벽4시에 개시되었으며 좁은 도로로 인해 사단포병대는 보병들이 시 내부로 진입하는데 직접적인 도움은 주지 못했다. 일단 88mm 대공포와 각종 중화기, 박격포, 자주포의 화공이 교차하는 가운데 공병들의 화염방사부대가 보병들의 앞길을 트면서 소련군을 패닉으로 몰고 갔다.[47] 스몰렌스크를 지키는 적군 수비대의 주력은 주로 강변 북쪽 제방에 몰려 있었으며 기동전력은 북쪽과 동쪽에서 시 내부로 진입하는 것이 관찰되었다. 100장갑연대의 자주포와 화염방사전차들은 늦은 아침 무렵 남쪽 제방에 교두보를 확보한 것으로 보고되었다. 정오경에는 독소 양군이 서로 쏘아대는 포사격에 시는 완전히 폐허로 변하면서 건물의 골조들만 나타나거나 그마저도 산산조각이 나는 광경이 속출하고 있었다. 오후 4시에는 독일군 15, 17보병연대가 고무보트로 드니에프르 강을 도하하고 남쪽 제방에 있던 29포병연대가 소련군이 집중되어 있던 북쪽 제방을 때리면서 본격적인 소탕전이 시작되었다. 가장 먼저 상륙한 15보병연대는 오후 5시 반까지 중앙철도역에 도착하여 성당 등에 숨은 적병들을 색출하여 사살하는 시가전에 돌입하였고 129소총병사단은 묘지의 비석을 방패삼아 비교적 끈질긴 저항을 계속했다. 오후 6시에는 드디어 시의 끝자락까지 밀이붙이는 성과를 내었으나 바로 그 지점에 위치한 소련군 병영 하나가 완전히 요새화된 형태로 항전하고 있어 이 부근에서의 진격속도는 대단히 완만하게 변하고 있었다.[48]

29차량화보병사단은 16일 저녁 시의 남쪽 절반을 장악해 들어가는 성과를 나타냈으며 드디어 북쪽에서 내려오던 7장갑사단과 연결되어 포위망의 외곽을 구축하는 절차를 밟았다. 구데리안과 호트의 극적인 해후이기도 했다. 단 아직 완전히 포위망이 공고해진 것은 아니며 격렬한 시가

47) Carrel(1966) p.84
48) Fugate(1984) pp.126-7

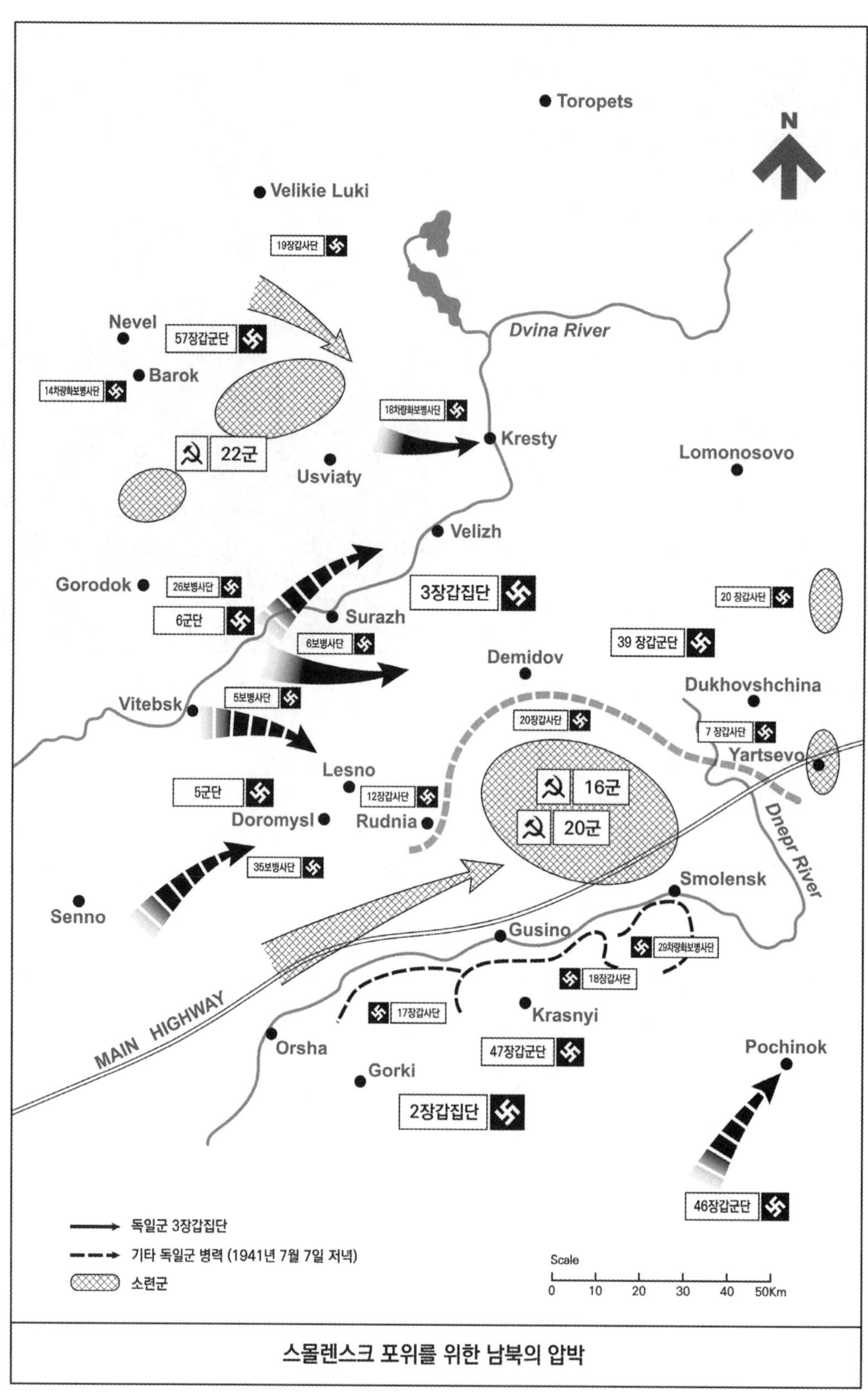
Toropets
N
Velikie Luki
19장갑사단
Nevel
57장갑군단
Dvina River
Barok
14차량화보병사단
18차량화보병사단
Kresty
22군
Usviaty
Lomonosovo
Velizh
Gorodok
26보병사단
3장갑집단
6군단
Surazh
20 장갑사단
6보병사단
39 장갑군단
Demidov
Vitebsk
5보병사단
Dukhovshchina
20장갑사단
7 장갑사단
Yartsevo
Lesno
5군단
12장갑사단
16군
Doromysl
Rudnia
20군
Dnepr River
35보병사단
Smolensk
Senno
Gusino
29차량화보병사단
18장갑사단
17장갑사단
Krasnyi
MAIN HIGHWAY
Orsha
47장갑군단
Pochinok
Gorki
2장갑집단
46장갑군단
독일군 3장갑집단
기타 독일군 병력 (1941년 7월 7일 저녁)
소련군
Scale
0 10 20 30 40 50Km
스몰렌스크 포위를 위한 남북의 압박

전이 끝나기 전까지의 자그마한 워밍업이었다.[49] 여하간 이는 소련군에게 중대한 적신호였다. 스몰렌스크는 42년의 스탈린그라드와 유사한 정치군사적 의미가 있었으며 모스크바로 가기 직전 가장 긴요한 거점도시였기에 스타프카는 탈출이 아니라 철저한 진지 사수를 명했다. 1812년 8월 16-17일 나폴레옹이 스몰렌스크를 정복하고 모스크바로 향했던 역사적 사실을 들어 독일군은 이 도시를 장악하는 데 약간의 흥분감마저 느끼고 있었다. 하나 바로 그 해 정확히 석 달 후인 11월 16-17일 쿠투조프 장군의 반격작전으로 프랑스의 Grand Armee를 격파한 기억은 소련군들에게는 하나의 심리적 위안으로 작용했다.

2항공군은 스몰렌스크가 떨어지던 7월 16일 보브뤼스크 방면의 21군을 상대로 615회 출격을 기록하였고 14대의 전차, 154대의 트럭, 2문의 대공포와 9문의 야포를 파괴하면서 대지공격의 마무리를 장식했다. 이 시기 한 가지 문제는 만인이 장갑부대와 공군의 체계적인 공조에 의한 적군 격멸을 평가하면서도 지상군의 안일한 태도를 내부적으로 비난하는 소리도 있었다는 부분이었다. 헤르만 플로허(Hermann Plocher) 공군대령은 공군의 지원이 없는 경우에는 보병들이 별 것 아닌 소련군의 반격에도 엄살을 떠는 경우가 많았다고 하고, 지상군 간부들은 자기들이 잘못해도 육군 야전부대에 파견 나가 있는 공군 연락장교를 탓하는 수가 많았다고 비판했다. 8항공군단장 볼프람 폰 리히트호휀(Wolfram Freiherr von Richthofen) 역시 공군기는 작전 후 기지로 돌아가 급유하고 폭탄을 적재하는 등 시간이 많이 걸리는 군종으로, 지상군이 부른다고 이리저리 뛰어다니는 것이 아니라 장갑부대와 마찬가지로 요긴한 장소에 집중해야 한다면서 육군 지휘관들을 다독인 것으로 알려져 있다.[50]

남쪽이 상대적으로 안정화된 데 비해 시 북쪽의 산업지대 쪽에서는 경찰과 노동적위대의 저항이 완강하게 이어졌다. 결국 집집마다 하나하나 돌아다니면서 저항을 종식시켜야 했고 권총과 수류탄, 대검을 사용하면서까지 처치하지 않으면 솎아내기 힘든 잔인한 전투가 지속되었다. 29차량화보병사단을 지원했던 18장갑사단은 수중의 전차가 겨우 12대로 떨어지는 피해를 입으면서 이틀 동안의 격전을 지탱했다.[51] 7월 16일 오후 8시 드디어 29차량화보병사단의 주공이 시 북단에 도착하면서 스몰렌스크는 독일군 손에 완전히 떨어졌다. 시 북쪽 외곽에 포진하고 있던 적군 포병대는 그 사이에도 쉴 새 없는 포사격을 퍼부었기에 시 내부의 정지작업은 밤 11시가 되어서야 겨우 종료될 수 있었다. 이로써 바르바로싸 개시 25일 만에 독일군은 최초의 전략적 거점을 확보하는 기념비적인 전과를 달성했다. 지옥훈련으로 유명했던 29차량화보병사단은 3주 동안 650km를 진군하여 6만 명의 포로를 잡는 범상치 않은 전과를 달성했다. 그보다 뒤에 처져 있던 4장갑사단도 7월 17일까지 500km를 주파하면서 적군 방어선을 현란하게 유린했다. 중앙집단군은 이로써 야르쩨보-스몰렌스크-옐니아-로슬라블 구간에 들어섰고 전 구간 700km를 장악하는 형세로 다가섰다. 모스크바까지는 아직 350km가 남아 있었다.[52]

---

49) BA-MA 59054, 3. Pz. Gr. KTB 25.5.41-31.8.41, Fol. 132(1941.7.15), Hoth(2015) p.113
50) Bergström(2007) p.47
51) Burtt(2016) p.36
52) Carrel(1966) p.85

◆ Ⅳ-14 불타는 스몰렌스크 시가를 점령한 독일군

바르바로싸 개전 이래 스몰렌스크가 떨어지는 7월 중순까지 한 달이 채 안 되는 기간 동안 소련군은 천문학적인 피해를 입고 있었다. 누계 63만 명의 포로가 발생했으며 5,700대의 전차, 4500문의 야포, 6,000대의 항공기가 사라졌다. 그에 비해 폰 보크의 중앙집단군은 겨우 43,000명의 피해만으로 스몰렌스크 포위전을 종료했다. 탈출 시기를 놓친 포위망 속의 소련군은 대부분 괴멸당하는 운명에 처했다. 7월 9일 오르샤 부근에서 격전을 치른 107전차사단은 60대나 되는 전차를 몰아 동쪽으로 빠져나가는 17-18일 양일간의 후퇴기동에서도 전멸을 면치 못했다. 당시 포로가 된 전차병 게오르기에뷔취 코봘렌코(Georgiewitsch Kowalenko)는 그중 단 두 대의 전차만이 살아남았다고 증언했다. 스탈린은 시가 떨어졌다는 소식을 접하자 이성을 잃을 정도로 노발대발했다고 한다. 티모셴코는 순간 비알리스톡에서 숙청당한 파블로프가 머리에 떠올랐지만 이 노병은 그런 운명을 피하는 용한 재주가 있었다. 어려웠던 스몰렌스크 포위전이 결착이 나자 당시 소련군 지휘관들은 모스크바가 조만간 떨어질 것이라는 암울한 예상들을 떠올리고 있었다. 물론 수도 방위전은 역사에 남을 공방전이 되겠지만 결국 독일군이 모스크바를 점령하고 전쟁에 승리할 것이라는 소문이 거의 예외 없이 적군 지휘관들 사이에는 팽배해 있을 시점이었다.[53]

53) NA : T-313 ; roll 131, Abwehrgruppe beim A.O.K. 4 und bei Panzergruppe 2. Abschrift den 17.7.41, frame 7.379.104, (1941.7.17)

* * * * *

스몰렌스크를 넘어

"7월 17일에 벨리키에 루키를 들이친 19장갑사단이 불과 이틀 뒤에 병력을 빼게 되자 당장 소련군은 동쪽으로부터 시내로 진입해 버렸다. 이때는 19장갑사단이 벨리즈로 진입하는 것이 현재의 어려운 여건하에서 적의 공격재개를 막을 수 있을 것이다."

(57장갑군단장 아돌프-프리드리히 쿤첸 장갑병대장 : 1941.7.21)

북방집단군과 연결된 중앙집단군의 최북단은 57장갑군단이 커버하고 있었으며 단 한 개 군단으로 집단군 사이의 경계를 보호한다는 것은 엄청난 무리가 따랐다. 네벨을 떠나 벨리키에 루키로 향했던 19장갑사단은 7월 17일 벨리키에 남쪽에서 적군의 대전차포 화망에 걸려드는 위험에 노출되었다. 그러나 오토 크노벨스도르프(Otto Knobelsdorff) 사단장은 침착하게 전차들을 전방으로 밀어 넣어 시 남쪽의 주요 고지대를 장악하고 보병들을 진격시켜 구간별로 차근차근 점거해 나갔다. 17일 저녁까지 19장갑사단은 벨리키에 루키 남쪽 20km 지점에 선도부대를 파견하고 사단 주력은 네벨 북서쪽의 북방집단군 2군단의 12보병사단과 연결되는 구조로 안착되었다. 소련군은 18일에 반격을 전개하여 사단 배후에 놓인 유일한 도로를 잘라내면서 오히려 독일군이 포위당할 위험마저 생기게 되었다. 그러나 사단은 보병연대가 전차들과 함께 광신적인 전투를 벌여 그날 오후에는 상황을 정리하고 전날 장악한 지점들을 지켜낼 수 있었다. 확실히 제대간 경계구역은 이와 같은 적군의 역습이 언제든지 가능하다는 취약한 면모가 있었다.[54]

19일, 19장갑사단은 모터싸이클대대가 시 내부로 진입하는 동안 19차량화보병여단 주축의 슈미트 전투단(Kampfgruppe Schmidt)이 장갑연대의 부분병력과 함께 동쪽에서, 73차량화보병연대 중심의 멘켈 전투단(Kampfgruppe Menkel)은 화물열차 대기소를 공격하면서 실마리가 풀렸다. 이후 74차량화보병연대와 19포병연대의 중대들이 증강되면서 로봐트 강의 교두보가 완성되었고 익일 20일에는 벨리키에 루키를 떠나는 여정을 거쳤다.

그와 더불어 2장갑집단의 남단도 경시할 수가 없었다. 구데리안 제대 중 가장 남쪽에 위치한 24장갑군단은 모길레프 포위망 속의 소련군이 남쪽으로, 노뷔 뷔호프(Novy Bykhov)에서는 북쪽으로 튕겨 나가는 돌파기동을 보임으로써 군단의 후방 연락선이 차단될 위험이 생겨나고 있었다. 특히 3장갑사단은 열악한 보급사정으로 허덕이고 있었으나 봘터 모델은 기름이 없어도 동쪽으로 진군한다는 방침을 굳히고 있어 국도변 숲지대에 포진한 적군의 공격을 받을 가능성은 일층 높아지고 있었다.[55] 7월 13일부터 전개되었던 티모셴코의 반격은 드니에프르를 도하해 로가췌프와 즐로빈을 탈환하고 보브뤼스크를 향해 강한 압박을 가하는 충격효과는 있었다. 21군 하나만 해도 20개 사단에 달해 스몰렌스크가 함락된 상태에서도 독일군의 신경을 거슬리게 하기에는 충

54) 독일군은 개전 이래 6주 동안 1,200km를 진격하는 것으로 예정했으나 스몰렌스크에 다가갈수록 늘어나는 측면엄호에 대한 우려는 증폭되어 갔다. 이는 프랑스와 같이 양호한 도로와 곳곳에 설치된 주유소들을 보유했던 서방에서의 진격과, 열악한 도로와 광활한 대지를 가진 러시아와의 극단적인 차이에서 비롯된 현상이었다.

55) BA-MA RH 27-3/218, KTB 3. Pz. Div. I.b 16.8.41-6.2.42, Folier 번호 없음(1941.7.17)

분했다. 7월 16일 슈뷔펜부르크 군단장은 당장 12군단의 보병사단들이 지원해 주기를 긴급으로 요청하고 티모셴코의 4, 13, 21군이 반격을 가해 오는 광역 전선을 지키고자 안간힘을 쓰고 있었다.[56] 이처럼 12군단은 스몰렌스크 포위전이 끝났는데도 전혀 한가하지 않았다.

폰 봐익스 2군 사령관은 노뷔 뷔호프 구역에서 드니에프르 강 서쪽 제방을 넘어 들어온 소련군에 대항하는 53군단이 강한 압박을 받은 점을 고려해 12군단이 스타리 뷔호프에서 53군단과의 갭을 좁히는 일에 진력하도록 했다. 53군단은 16일 이른 오후에 7개의 적군 사단들에게 밀리고 있다며 현 위치를 사수하기가 곤란하다는 판단을 갖고 있었다.[57] 이러한 상황에서 폰 봐익스는 독일군의 모든 제대들이 한꺼번에 자신의 2군에 대해 너무 많은 요구를 남발한다며 불만이 이만저만이 아니었다. 구데리안은 폰 클루게에게 전화를 걸어 남쪽의 24장갑군단의 압박을 덜어주기 위해 12군단이 모길레프를 공격해 줄 것을 요청해 보았으나 12군단은 이미 측면의 위협에 대비하기 위해 남쪽으로 방향을 튼 상태라며 수락되지 않았다.[58] 이때 폰 봐익스 2군 사령관은 2군의 주력을 남방으로 이동시켜 24장갑군단과 함께 골치 아픈 고멜 지역을 장악하고 중앙집단군 남익을 성가시게 구는 소련군 제대를 없애버리는 것이 궁극적 방안이라 판단하고 있었다. 당시 폰 봐익스의 2군은 4개 방면으로부터 소련군의 반격에 시달리고 있어 장갑집단들 못지않게 바쁜 시간을 보내고 있었다. 첫째(1)는 핀스크(Pinsk) 습지대를 돌파한 병력으로, 이는 규모가 크지 않아 당장은 괜찮았다. 둘째(2)는 보브뤼스크 남쪽을 압박하는 1개 소총병사단과 1개 기동사단의 공격이었다. 셋째(3)는 53군단의 발목을 잡고 늘어지던 즐로빈-로가췌프 구간의 적 병력이었으며 마지막(4)은 노뷔 뷔호프와 모길레프, 그리고 드니에프르 서쪽에서 2장갑집단이 지나쳐버리면서 도중에 고립되어 있던 병력이었다. 그중 가장 강력한 것은 세 번째 8-9개 사단을 보유한 즐로빈-로가췌프의 소련군으로서 기존 병력 외에도 고멜로부터 끊임없는 병력지원을 받고 있는 신경 쓰이는 존재였다. 동시에 소련군은 프로포이스크(Propoisk)의 24장갑군단 구역에도 병력을 증강시키고 있었다.[59]

그러나 폰 보크는 북쪽 전구도 쓸데없이 에너지를 낭비하며 주공의 방향(모스크바 정면)과 멀어질 우려가 있는데 남쪽까지 부차적인 세부 전선을 형성해서는 안 된다는 입장을 제시했다. 폰 보크는 주공인 장갑집단들과 마찬가지로 2군도 기본적으로 스몰렌스크를 향해 북동쪽으로 움직여야 하는 점을 분명히 했다. 따라서 남익은 필요 최소한도의 병력만 유지시키도록 하고 12군단은 절대적으로 필요한 경우에만 남쪽으로 선회한다는 방침을 굳혔다.[60] 이제 2군은 고멜 방면에서 전개되는 적의 공격을 경계하는 정도로만 남익을 보호하는 것으로 하고, 7, 9, 13군단은 모두 북동쪽으로 진격하는 구도로 결정되었으며 준비가 되는대로 빠른 시간 내 드니에프르를 도하하는 것이 요구되고 있었다.

민스크와 스몰렌스크가 끝나고 난 뒤 벌써부터 독일군 지휘부는, 아니 야전 사령관들 사이에서조차 공세 방향에 대한 혼란이 야기되고 있었다. 폰 보크는 자신의 집단군이 모스크바를 향해

56) BA-MA RH 21-2/927, KTB Nr. 1 Panzergruppe 2 vom 19.5.1941 bis 21.7.41, Fol. 241(1941.7.16)
57) NA : T-312 ; roll 1654, frame 000041
58) NA : T-313 ; roll 80, Pz. Gr. 2 Ia KTB, frame 7.318.657(1941.7.17)
59) NA : T-312 ; roll 1654, frame 000046-000049(1941.7.16)
60) NA : T-84 ; roll 271, Tagebuchnotizen Osten I, frame 000342(1941.7.18-19)

정방향으로 진격하기에도 빈약한 병력을 유지하고 있는데 자꾸만 북쪽과 남동쪽으로 각종 제대가 분산되는 경향을 눈치채고는 상당한 노기까지 띄게 되었다.[61] 한 개 집단군이 세 방향으로 움직이게 되는 이 반복되는 경향은 잠시 후에 엄청난 리더쉽의 위기를 가져오게 된다. 이때 구데리안은 어디가 어떻고 저떻고 간에 무조건 옐니아의 고지대를 하루라도 빨리 장악하겠다는 일념뿐이었다. 장갑집단의 남익을 지탱하는 24장갑군단은 소련군이 프로포이스크와 크리췌프 사이에서 소즈 강을 건너 소즈 동쪽에서 독일군 제대를 단절시켜 버리려는 위험을 감지하고 있었다. 그러나 가이르 폰 슈뷔펜부르크 장갑병대장은 속내야 어떻든 구데리안의 생각에 저항하지는 않았으며 스몰렌스크 다음에는 옐니아가 당면목표라는 점에 대해서는 별로 의심하지 않았다.[62]

스몰렌스크가 떨어지면서 주공의 방향은 정 동쪽으로 기울어졌지만 남동쪽의 모길레프에는 하나의 달걀 모양으로 소련군이 포위망에 갇혀 있었다. 폰 보크는 이를 그냥 지나치기에는 갇힌 병력이 만만치 않아 보였으며 티모셴코로서는 만약 7월 20일경의 반격이 성공할 경우 모길레프를 새로운 스프링보드로 활용할 수 있다는 점에서 모길레프 포위전은 계륵과 같은 존재로 남게 된다. 티모셴코에게 있어서는 만약 모길레프가 최종적으로 함락된다 하더라도 일정 기간만 버텨주면 4군과 13군이 크리췌프로부터 소즈 강을 따라 남방으로 향한 드니에프르까지의 교차점 구역에 새로운 방어선을 구축할 수 있는 시간을 벌 수 있었다. 모길레프 포위망에는 13군의 61소총병군단, 20소총병군단, 그리고 20기계화군단의 26, 38전차사단과 210차량화소총병사단이 들어가 있었다. 이 병력은 독일 7군단의 4개 사단이 묶어놓고 있었다. 20일 오후 2시 23보병사단은 3개 연대로 소련군 방어진 정면을 뚫으려고 하였으나 대부분 자그마한 교두보 근처와 모길레프 외곽 모서리에서 돈좌되고 말았다. 이 공격이 다소 무리했던 이유는 모길레프 포위망의 서편을 때리는 제대는 오로지 23보병사단 하나에 불과했다는 점이었다. 이에 사단장 하인츠 헬미히(Heinz Hellmich) 중장은 모길레프와 드니에프르 강 상류지점 남동쪽에 위치한 루폴로보(Lupolovo)를 연결하는 교두보를 치는 것으로 방향을 바꾸어 정력적인 야간전투를 전개해 실마리를 풀어나갔다. 9보병연대는 참호에 낮게 파고 들어앉은 적군을 기술적으로 제거하는 데 성공했다. 그러나 이 격전은 비싼 대가를 치렀다. 그 중 슈로트케(Schrottke) 중위 지휘 하의 67보병연대 11중대는 적군에게 측면을 노출당해 가장 큰 피해를 입었으며 중대의 모든 장교들이 목숨을 잃었고 중대원의 3분의 2가 전사했다. 한편 드니에프르 강 서편에서는 한스-오토 브란트(Hans-Otto Brandt) 소위의 10중대가 강 제방 밑의 육교를 따라 돌진하여 적군 수비대를 쳐내고 동편에서 고전하고 있던 9보병연대와 연결하는 전과를 달성했다. 그런 와중에 소련군 45소총병군단은 용케 포위망을 빠져나와 동쪽으로 도주해 21군과 연결되었으며 일부 제대들도 무질서한 퇴각이긴 하지만 북쪽과 동쪽으로 탈출하고 있었다. 7월 21일 61소총병군단장 바쿠닌(F.A.Bakunin) 소장은 21군 사령부에 대해 진지를 사수할 테니 탄약이라도 공수해 달라고 요청하고 일단 소련공군기가 탄약을 지상에 떨어뜨리긴 했다. 하나 대부분은 독일군 지역으로 낙하되었으며 그나마 소련군이 찾아낸 것은 기존 야포와 구경이 맞지 않는 것들이어서 사태는 황당한 국면으로 치달으면서 공수물자를 서로 경쟁적으로 확보하려는 형국으로 발전해 나갔다. 한편 보병사단들이 모길레프를 치는 동

61) Bock(1996) p.254
62) NA : T-313 ; roll 80, Pz. Gr. 2 Ia KTB, frame 7.318.639-7.318.640(1941.7.16)

◆ IV-15 비참하게 산화한 소련의 BT-2 전차병들. 41년 7월 21일자 촬영

안 남동쪽의 24장갑군단은 서에서 동으로 슬라브고로드-췌리코프-크리췌프 축선을 따라 소련 21군, 13군 및 4군(역시 서에서 동으로)과 맞서고 있었다. 포위망의 소탕은 보병제대가, 적진 돌파는 장갑사단들이 전담하는 것은 당연하나 경우에 따라서는 장악한 구역을 관리할 자산이 부족해 황당한 일이 벌어지기도 했다. 21일 4장갑사단은 췌리코프 부근에서 소련군 제대를 잘라내어 10,000-12,000명의 병력을 사로잡을 수 있었으나 그 중 2,000명만 포로로 삼고 나머지는 다시 소련군 진영으로 되돌려 보내는 결정을 내렸다.[63] 물론 무장해제 시킨 뒤의 일이었다. 4장갑사단은 이들을 관리할 여력도 없었으며 그렇다고 그 많은 병원을 학살할 수도 없었기에 이와 같은 어처구니없는 일이 발생할 수도 있었다. 독일군이 바르바로싸 초기에 구사한 연속포위작전은 보병과 장갑부대의 진격속도 문제로 인해 그와 같은 끊임없는 난제에 직면해 있었다.

7월 22일 독일 13군단의 78보병사단은 북동쪽으로부터 진입하려는 1차량화소총병사단의 구출작전을 저지했다. 78보병사단은 61소총병군단 진지 외곽의 남쪽 구역을 치고 들어가 5,000명 이상의 포로를 잡고 필요한 군수물자를 확보하면서 소련군 방어진을 압박해 들어갔다. 22일 이래 61소총병군단 하나는 5개 독일군 사단을 상대하면서 절망적인 순간을 맞이하였으며 23일에는 7군단의 2개 보병사단이 서쪽에서, 남쪽의 78보병사단은 드니에프르 동쪽 제방을 공략하면서 포위망은 가파른 속도로 좁혀지고 있었다.[64] 7월 21일 13군단을 프로포이스크로 이동시킨 2군

63) BA-MA RH 27-4/10, Kriegstagebuch 4.Panzer-Division Führungsabtl. 26.5.41-31.3.42, pp.67-8(1941.7.21)
64) Bock(1996) p.260

은 23일에 17보병사단으로 하여금 곤경에 빠진 24장갑군단 10차량화보병사단을 구조하는 작업에 들어갔다. 대부분은 진정국면으로 들어갔으나 프로포이스크 북서쪽에서는 격전이 끊이질 않았다. 24일, 5(5군단), 7, 23(7군단), 78보병사단(13군단) 4개 사단은 드디어 모길레프 안으로 진입하면서 격렬한 시가전을 펼쳤다. 특히 172소총병사단의 결사적인 방어는 독일군 4개 사단을 당황하게 할 정도로 영웅적인 항전을 지속케 했으나 외부로부터 지원병력이 투입되는 것은 전혀 가능한 일이 아닌 것처럼 보였다. 이즈음 구데리안 제대와 공조하던 13군단은 21군의 전초수비대를 소즈 강 방어라인 남쪽 55-65km까지 밀어내면서 모길레프로부터 멀찌감치 이격시키게 되었기 때문이었다. 7월 26일 소련군은 강 동편의 목조 교량을 폭파시키면서 서로 죽자는 결사항전의 의지를 드러냈다. 탄약이 바닥난 61소총병군단은 26-27일 밤을 기해 탈출하도록 명령하고 부상자들까지 모두 실어 나르도록 배려했다. 하나 극히 일부 병력만 빠져나갔으며 대부분은 사살되거나 포로가 되었다. 로마노프(M.T.Romanov) 172소총병사단장은 부상을 입고 도주하다가 독일군에게 잡혀 포로가 되었으며 20기계화군단장 니키틴(A.G.Nikitin) 소장은 동쪽으로 도주하다 전사하는 운명에 처했다. 명령을 어기고 탈출을 지시했던 바쿠닌(F.A.Bakunin) 소장은 군법에 회부되었다. 독일군은 소련군이 그토록 철저히 부수고 태우려고 했던 목조교량을 보수하여 23보병사단이 서둘러 동쪽으로 도하케 하고 15보병사단은 모길레프를 장악하는 것으로 노동을 분담했다. 독일군은 7월 27일 시내에 몰린 23,000명의 포로와 다수의 중화기 및 장비들을 노획하였으며 스몰렌스크가 떨어지고 난 정확히 10일 후인 26일, 모길레프 주변 전투가 모두 종료된 시점에서는 13군 소속 총 35,000명의 포로와 245문의 야포를 전리품으로 획득했다.[65] 그때 모길레프 시내 전체를 진동하는 이상한 술 냄새가 났다. 소련군이 거대한 양조장 하나를 폭파시킴으로써 아까운 맥주가 드니에프르 강으로 흘러 들어갔다. 독일군들은 갈색의 맥주가 온 사방에 넘쳐흐르는 것을 보고 입맛만 다시게 되는 전혀 유쾌하지 않은 시간을 경험했다.[66] 이로써 구데리안의 제대는 측면의 위협을 제거하면서 주공의 방향에 무사히 합류할 수 있게 되었으며 소련군이 갖는 모길레프의 전략적 가치를 상대화시켜 버렸다. 그러나 소련군 수비대의 저항은 티모셴코 반격작전 준비에 시간을 벌어주는 데는 부분적으로 기여하였으며 봐익스 2군의 보병사단들을 1주일이나 모길레프 구역에 묶어놓음으로써 그보다 더 중요한 스몰렌스크 전투에 앞서 다량의 탄약과 무기를 소모시키는 부작용을 초래시키는 데도 일조했다.[67] 예컨대 가장 치열한 접전을 벌인 23보병사단은 264명 전사, 98명 행방불명, 1,088명의 부상을 기록했다. 스몰렌스크 포위전이 끝난 이후 최전선 한 참 뒤에서 벌인 소탕작전 치고는 상당한 대가였다.

7월 17일 스몰렌스크 함락과 임박한 승리에 대한 독일군의 확신은 이날의 훈장 수여에서도 입증되었다. 구데리안과 호트, 슈미트 39군단장과 폰 리히트호휀 8항공군단장은 백엽기사철십자장을 받았으며 슈붸펜부르크 24장갑군단장, 레멜젠 47장갑군단장 및 모델 3장갑사단장은 기사철십자장을 받았다.[68] 8항공군단의 2급강하폭격비행단 오스카르 디노르트(Oskar Dinort) 중

65) NA : T-312 ; roll 1654, frame 000070-000074(1941.7.24-26) / NA : T-84 ; roll 271, Tagesbuchnotizen Osten I, frame 000354(1941.7.24)

66) Carrel(1966) p.86

67) Glantz(2010) pp.280-281

68) BA-MA 59054, 3. Pz. Gr. KTB 25.5.41-31.8.41, Fol. 139(1941.7.17)

령과 210고속폭격비행단의 봘터 슈토르프(Walter Storp) 소령 역시 빨리도 백엽기사철십자장을 받게 되었다. 국방군의 모든 지휘관들이 스몰렌스크 포위전의 종결을 준비하고 있는 와중에도 구데리안은 모스크바로 가는 길을 정확히 감제할 수 있는 옐니아의 고지대에 이미 눈을 빼앗기고 있었다. 아니 구데리안은 포위망을 만드는 일보다 무슨 수를 쓰던 모스크바로 가까이 다가가는 일이 더 중요하다고 믿고 있었다. 17일 선봉의 10장갑사단은 이미 포취노크(Pochinok)와 옐니아 사이에 도달해 있었으며 다음 날 18일이면 옐니아에 도착할 수 있는 거리에 있었다. 호트의 3장갑군단은 구데리안에 대해 불만이 꽤 있었다. 옐니아의 가치를 모르는 바는 아니나 구데리안이 너무 성급하게 진격해 나가는 통에 포위망을 채 잠그기도 전에 스몰렌스크와 야르쩨보 사이로 상당수의 소련군 병력들이 남동쪽으로 빠져 나가고 있었으며 호트의 제대가 맡고 있는 북쪽 구역이 비교적 공고한 데 비해 남쪽의 2장갑집단 구역은 빈틈이 너무 많아 이걸 포위망이라 부르기도 좀 뭐한 상황이었다.[69] 실제로 46장갑군단이 도로고부즈(Dorogobuzh)로 나아가 호트의 3장갑집단과 연결되는 것이 어렵게 되자 소련 16군과 21군 소속 상당수 병력들은 도로고부즈를 통과해 동쪽으로 계속 빠져나가고 있었다.

7월 18일 오후 39장갑군단의 7장갑사단은 데미도프-야르쩨보-스몰렌스크 구간에 대해 몰려오는 소련군을 쳐내느라 힘든 시간을 보냈다. 약 80대의 전차를 동원한 소련군은 지속적으로 늘어나는 소총병들과 함께 사단의 제대간 갭을 파고들었으며 7장갑사단은 포병대와 차량화보병연대의 연계에 의해 소련군의 선봉을 구타했다. 30대의 소련군 전차가 불길에 휩싸이며 대지에 나뒹굴었다. 그중 적군의 한 개 전차소대는 집요하게 저항하며 독일군을 2시간이나 한곳에 묶어두는 투지를 발휘했고 사단은 시간이 걸리긴 했으나 이를 최종적으로 퇴치하는 데는 성공했다. 소련군은 상당한 출혈이 있음에도 불구하고 계속해서 사단 북익의 빈틈을 노리게 됨에 따라 25대 정도의 독일전차들이 이곳을 상시적으로 방어하는데 할애하게 되는 내키지 않는 소모전 현상을 빚고 있었다.[70]

2장갑집단의 남쪽 전구도 티모셴코의 서부방면군 제대의 빈번한 공격에 쉴 틈이 없었다. 17일 구데리안은 직접 24장갑군단 사령부로 날아가 현장을 관찰했다. 1기병사단은 가장 뒤쪽인 스타리 뷔호프(Starry Bykhov)에 묶여 있었으며 이때는 일시적으로 12군단에 배속되어 보병제대들과 방어전을 치르고 있었다. 소련군 3개 소총병사단은 이후 4일 동안 스타리 뷔호프의 교두보에 대해 무려 19번에 달하는 공격을 가해왔으나 기병사단의 분전에 의해 모두 격퇴되었다. 이 전투에서 나중에 니코폴(Nikopol)의 영웅으로 등극하게 될 22기병연대 6중대장 게오르크 미햐엘(Georg Michael) 중위가 맹활약하면서 전선을 지켜내는 진정한 주인공으로 떠올랐다.[71]

가장 남단에 위치한 4장갑사단은 크리췌프(Krichev)에서 적군의 강력한 저항에 혼이 나고 있었다. 에버바흐 전투단은 17일 새벽 2시 15분에 크리췌프를 공략해 들어가면서 선봉은 철도역에

---

69) BA-MA RH 21-3/43, Panzerarmeekommandos Tagesmeldungen 21.6-31.8.41, Fol. 166(1941.7.17) / BA-MA 59054, 3. Pz. Gr. KTB 25.5.41-31.8.41, Fol. 139(1941.7.17)

70) Scheibert(1991) p.60

71) Kurowski(2010b) p.171

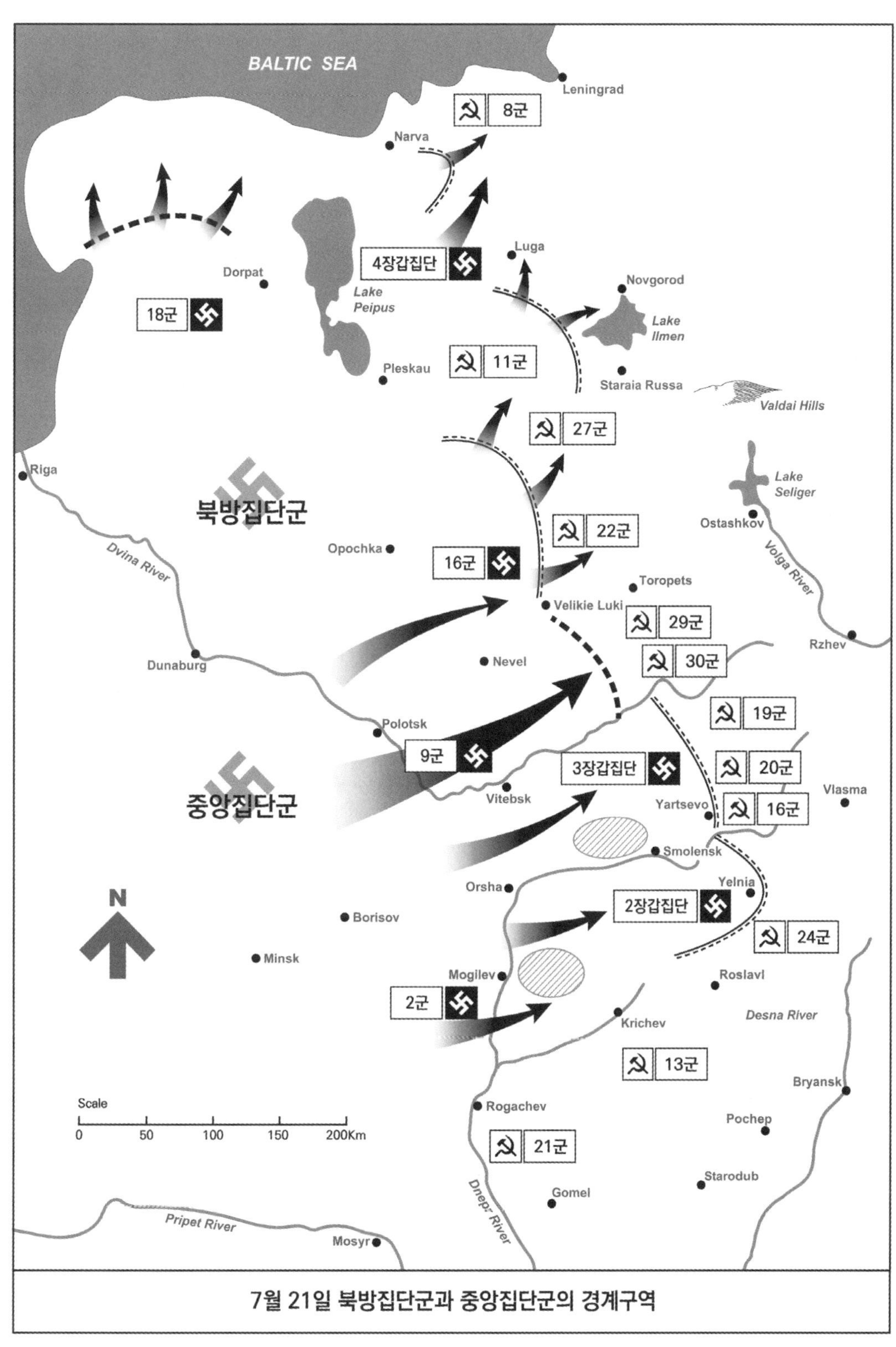
BALTIC SEA
Leningrad
8군
Narva
4장갑집단
Luga
Novgorod
Dorpat
Lake Peipus
Lake Ilmen
18군
Pleskau
11군
Staraia Russa
Valdai Hills
27군
Riga
Lake Seliger
북방집단군
22군
Ostashkov
Opochka
16군
Dvina River
Volga River
Toropets
Velikie Luki
29군
Rzhev
Dunaburg
Nevel
30군
19군
Polotsk
9군
3장갑집단
20군
Vlasma
Vitebsk
중앙집단군
Yartsevo
16군
Smolensk
Orsha
Yelnia
N
2장갑집단
Borisov
24군
Minsk
Mogilev
Roslavl
2군
Krichev
Desna River
13군
Bryansk
Scale
0 50 100 150 200Km
Rogachev
Pochep
21군
Starodub
Gomel
Dnepr River
Pripet River
Mosyr

7월 21일 북방집단군과 중앙집단군의 경계구역

도달하고 적군이 이미 폭파시킨 후이긴 하지만 소쉬(Ssosh) 강변까지 도달하는 데 성공했다. 전투단 주력 전체가 크리췌프를 완전히 진입한 뒤에는 소련군이 모든 화포사격을 마을 내부로 집중시키면서 에버바흐를 괴롭히고 있었다. 그 강력한 35장갑연대를 가진 4장갑사단이 고전하고 있었던 것은 기본적으로 전차의 대수였다. 169대로 출발한 전차의 양은 17일 40대로 떨어져 있었다.[72] 특히 크리췌프의 2장갑대대는 6월 22일 90대로 출발했다가 8대의 3호 전차와 5대의 2호 전차로 버티고 있었기에 이토록 열악한 상태로 로슬라블을 향해 공세를 취한다는 것은 무모한 발상이었다. 4장갑사단은 일단 공세와 방어의 양쪽 가능성을 모두 열어둔 채 먼저 크리췌프의 교두보를 철저히 장악한 다음, 프로냐(Pronja) 교량-프로포이스크-크리췌프로 이어지는 50km 구간을 커버하는 것으로 작전범위가 조정되었다. 다만 프로포이스크의 주변구역은 소련군의 움직임이 워낙 활발하던 탓에 프로포이스크 자체는 방어선 바깥에 존치시키는 것으로 하고 소련군의 보급종대가 늘어선 췌리코프(Tscherikov)는 12차량화보병연대의 1대대가 마을 내부를 소탕하는 것으로 계획되었다.

이날 4장갑사단의 헨펠트(Henfeld) 중위는 유독 잘 싸우는 소련군 진지 하나를 겨우 격파하고 다가가 본 즉 단 한 명의 장병이 대전차포를 안고 전사해 있는 것을 발견했다. 이 한 명의 병사에게 온 중대원이 한 동안 막혀 있던 셈이었다. 독일군은 예를 당해 장례를 치르고 세 발의 조포를 울려 이 적군 병사의 용맹을 치하했다. 묘비 앞에 선 연대장은 죽은 이 병사처럼 총통을 위해 싸운다면 자신들은 세계를 정복할 수 있을 것이라며 적군의 죽음을 애도했다. 독일군은 마을의 주민들도 초대해 그들의 군대가 얼마나 용감히 싸우고 있는지를 같이 느끼라고 하고 죽은 소련병의 주소가 적힌 종이 한 장을 건네주면서 다음과 같이 말했다. "그의 모친에게 자신의 아들이 얼마나 용감히 싸웠으며 어떻게 죽었는지를 써서 편지로 보내라." 잔혹한 살육이 난무했던 동부전선에서 이렇게 용감한 적에 대해 정중히 존경의 염을 표하는 경우도 있었다.[73]

스몰렌스크 포위망이 아직 제대로 닫혀지지 않고 있는 것은 객관적으로 봐도 구데리안의 탓으로 돌리는 것이 일면 타당한 측면이 있었다. 호트의 3장갑집단은 이미 15일부터 구데리안이 포위망의 남쪽을 장악하지 못해 지난 민스크 포위전 때처럼 완벽한 연결이 되지 않고 있다고 불평해오고 있었다.[74] 당시 구데리안의 2장갑집단은 주력이 남방에 묶여 있음으로 해서 스몰렌스크 동쪽에서 포위망을 완성시킬 유휴 병력이 존재하지 않았다. 굳이 찾는다면 2장갑집단의 정중앙에 포진한 휘팅호프(Heinrich von Vietinghoff)의 46장갑군단이 방향을 바꾸는 수는 있었으나 이 군단은 이미 모스크바 바로 앞의 옐니아 방면을 향하고 있었다. 폰 보크는 폰 클루게에게 군단병력을 북동쪽이나 동쪽으로 돌려 구데리안이 현재 어느 위치에 있건 3일 전에 지시한대로 스몰렌스크 동쪽에서의 연결을 지금이라도 완결해라는 요구를 날렸고 형식적으로 상관인 자가 구데리안을 왜 제대로 못 다루느냐고 힐책하기까지 했다. 폰 클루게는 신중한 사람이긴 하나 무척 우유부단한 인물이었다. 폰 보크는 호트 집단의 전진 속도가 2장갑집단보다 더 양호하다며 집단군의 중점을 구데리안이 아닌 호트에게 전환시키라고 명령했을 때도 끝없이 주저했던 폰 클루게를 대

72) BA-MA RH 27-4/10, Kriegstagebuch 4.Panzer-Division Führungsabtl. 26.5.41-31.3.42, p.58(1941.7.17)
73) Bergström(2016) p.124
74) BA-MA 59054, 3. Pz. Gr. KTB 25.5.41-31.8.41, Fol. 132(1941.7.15)

단히 못마땅해 하고 있었다. 옐니아로 주력을 이미 보내버린 구데리안은 포위망 종료에 대한 압박을 해소하기 위해 어느 정도 제스춰를 취해야 했다. 구데리안은 7월 18일 힘들어하는 18장갑사단을 남동쪽의 도로고부즈(Dorogobuzh)로 이동시켰다.[75] 이 사단은 전차의 3분의 1과 대전차포의 절반을 상실하고 연대병력 병원의 절반이 피해를 입는 상태에서 추가적인 보병사단의 지원 없이는 측면엄호도 힘든 지경에 처해 있었다. 18장갑사단은 일단 그로스도이췰란트 보병연대 구역을 대체하는 것이 구데리안의 원래 아이디어였지만 현장에 도착하자 사단은 단순이 그로스도이췰란트를 빼내는 것이 아니라 도로고부즈 자체를 공략하기에 정신이 없게 되었다. 이때 중앙집단군은 우선 스몰렌스크 포위망을 단단하게 잠그는 것이 그 어떤 것보다 우선시된다며 호트 3장갑집단이 7장갑사단을 남쪽으로 내려보내 구데리안 제대와의 연결을 좀 더 확고하게 할 필요가 있음을 수차 강조하고 있었다. 호트는 충분히 그럴 의사가 있었음에도 불구하고 동쪽에서부터 가해 오는 소련군의 압박이 도저히 멈출 기미가 보이지 않아 7장갑사단을 현 위치에서 더 이상 남쪽으로 이동시키는 것은 어렵다는 판단을 갖고 있었다.[76] 이는 7장갑사단 자체의 문제라기보다는 여전히 두 장갑집단에 뒤쳐져서 거리를 맞추지 못하는 보병사단들이 해결해야 할 사항이었다. 구데리안은 동쪽, 남동쪽, 남쪽 모두에서 적의 반격에 노출되어 있었으며 호트는 이미 지나쳐버린 서쪽의 스몰렌스크 자체를 포함, 포위망 속의 적군들과도 싸우고 있었고 동쪽과 북동쪽에서 오는 소련군 제대와도 힘겨루기를 해야 하는 형편이었다. 이런 상황에서 장갑사단들이 행동의 자유를 얻기는 쉽지 않았다.

스몰렌스크 포위망의 독소군 제대(1941.7.19-23)

<table>
<tr><th>방면</th><th colspan="2">독일군</th><th colspan="3">소련군</th></tr>
<tr><td rowspan="2">동쪽</td><td>39장갑군단</td><td>7장갑사단</td><td colspan="3" rowspan="2">19군 잔존 병력</td></tr>
<tr><td>46장갑군단</td><td>다스 라이히</td></tr>
<tr><td rowspan="3">서쪽</td><td>5군단</td><td>5, 35보병사단</td><td>16군</td><td colspan="2">152소총병사단</td></tr>
<tr><td rowspan="2">8군단</td><td rowspan="2">268보병사단</td><td rowspan="2">20군</td><td colspan="2">73, 144, 229, 233소총병사단</td></tr>
<tr><td colspan="2">5기계화군단</td></tr>
<tr><td rowspan="3">남쪽</td><td>47장갑군단</td><td>17, 18장갑사단, 29차량화보병사단</td><td rowspan="3">16군</td><td colspan="2">17, 57전차사단</td></tr>
<tr><td>9군단</td><td>137보병사단</td><td colspan="2">129소총병사단, 46소총병사단(일부)</td></tr>
<tr><td>4군 직할</td><td>5기관총대대</td><td>34소총병군단</td><td>127, 158소총병사단</td></tr>
<tr><td rowspan="2">북쪽</td><td>39장갑군단</td><td>12장갑사단, 20차량화보병사단</td><td rowspan="2">16군</td><td colspan="2" rowspan="2">46소총병사단</td></tr>
<tr><td>20군단</td><td>129보병사단</td></tr>
</table>

확실히 호트의 3장갑집단은 남북으로 너무 벌어져 있었다. 호트 장갑집단의 북쪽에서는 소규모의 소련군들이 남서쪽으로 진입하는 일이 잦아 OKH는 차제에 벨리키에 루키를 따내어 3장갑집단이 북방집단군의 남익을 좀 더 안정화시켜야 한다는 사고가 팽배해 있었다. 단 폰 보크는 벨리키에 루키에는 아무 것

75) BA-MA RH 27-18/20, 18. Panzer Division, Abt. Ia. Kriegstagebuch Teil I vom 22.6-20.8.41, Fol. 40(1941.7.18)

76) BA-MA RH 21-2/927, KTB Nr. 1 Panzergruppe 2 vom 22.6.41 bis 21.7.41, Fol. 287(1941.7.20), Fedor von Bock, KTB 'Osten I' Fols. 36-37(1941.7.20)

◆ IV-16 펠리키에 루키를 공격하는 독일군 보병들

도 얻을 게 없으며 호트의 제대를 로테이션 형식으로 자주 분산시키는 것은 당면한 스몰렌스크 포위망 형성에도 차질을 빚을 우려가 있다며 반대의사를 표명했었다. 19장갑사단의 부분 병력은 16일 네벨(Nevel)-고로도크(Gorodok) 도로 상에서 남서쪽으로 향하는 적군을 쳐낸 데 이어 14차량화보병사단은 17-18일 양일간 네벨 남부에서 사단의 보안구역을 따라 동쪽 방향으로 이동해 들어오는 적군을 쫓아냈다. 그즈음 벨리키에 루키 주변 철도역에 상당한 병력집중이 이루어지고 있다는 보고가 들어오자 19장갑사단은 벨리키에 루키를 공략하여 17일 시의 동쪽 구역을 장악하고 철도선을 가로채는 작전행동을 집행했다.[77] 때마침 다량의 소련전차를 실은 기차가 동쪽에서 도착하여 사단은 엄청난 양의 전리품과 보급품을 챙길 수 있었다. 시는 적군의 반격에 따라 18일에 빼앗기게 되었으나 이 과정에서 폰 클루게는 중앙집단군 구역이 아닌 지역까지 나갔다며 난리법석을 피운 탓에 사단은 다시 네벨로 되돌아오고 말았다. 18일에는 12장갑사단이 네벨 북서쪽에 도착함으로써 23군단 구역과 소련 16군의 남익으로부터 도주하던 병력, 약 2개 사단이 포위망에 갇히게 되었다. 그로 인해 적군을 구타하기 좋은 위치는 잡았으나 12장갑사단과 20차량화보병사단은 데미도프 남동쪽으로부터 루드냐까지의 80km에 가까운 구간을 지켜야 되는 부담이 있었다.[78] 또한 3장갑집단의 다른 사단들이 북동쪽으로 이동함에 따라 특히 20장갑사단은 프레취스토예(Prechistoje) 구역을 중심으로 사방으로 트여진 곳을 방어해야 했다. 이에 18차량화보병사단은 크레스튀(Kresty)로 진격해 20장갑사단 좌익에 포진했고 900교도여단은 데미도프를 지나 20장갑사단의 우익으로 접근하면서 겨우 간격을 유지할 수 있게 되었다. 이 구도 하에서는 독일군의 6개 사단이 포위망에 든 12개 소련군 사단들과 대치하고 있는 형국이었다. 7월 19일 포위망에 갇힌 적군 제대들 중 2개 소총병사단이 호트 3장갑집단의 39장갑군단 14차량화보병사단 구역을 돌파하는 데 성공했고, 그 가운데 한 개 사단이 19-20일 밤을 이용해 14차량화보병사단의 가장 취약한 방어선을 뚫고 달아나 네벨-고로도크 선상에 도달했다.[79] 14차량화보병사단은 이미 탈진상태인데다 너무 여러 곳에 분산 배치되어 있어 소련군이 집단적으로 탈출하는 것을 막을 여력이 없었다. 폰 클루게는 적군의 공세가 여러 군데에 균열을 내고 들어오자 19장갑사단이 14차량화보병사단을 긴급으로 지원하도록 조치했다.[80] 이 적군 병력은 21일 19장갑사단에 의해 최종적으로 소탕되었다.

77) BA-MA 59054, 3. Pz. Gr. KTB 25.5.41-31.8.41, Fol. 139(1941.7.17)
78) Haupt(1997b) p.56
79) NA : T-313 ; roll 225, Pz. Gr. 3 Ia KTB Nr. I, frame 7.489.088-7.489.093(1941.7.20-9.19)
80) BA-MA RH 26-14/10, Kriegstagebuch Ia. 14.Inf.Div.(mot.) vom 25.5.41-1.10.41, Fol. 74(1941.7.20)

3장갑집단의 기동사단들이 활로를 개척하는 동안 보병사단들은 포위망 속의 적군을 격멸시키는데 엄청난 에너지를 쏟아붓고 있었다. 소련군들은 독일군의 공세가 주춤거리고 있을 경우 반격을 가하는 따위의 전술적 이니시어티브를 쥐려는 행동을 보이지는 않았다. 이 점은 독일군이 안심해도 괜찮을 부분이었다. 그러나 대신 소련군은 총알이 다할 때까지 진지를 떠나지 않는 집요한 근성은 살아 있어 오히려 이러한 습성이 독일군을 지치게 만들면서 소모전으로 끌고 갈 우려가 있었다. 2장갑집단에서 9군의 6군단으로 전속된 26보병사단은 7월 20일 구르키(Gurki) 부근에서 야간전투에 휘말려 있었다. 다음은 26정찰대대 헤르베르트 프뤼쉬(Herbert Frisch) 이병의 증언이다.

"땅바닥의 나뭇가지들이 꺾이는 소리가 들렸다.....(독일군)대전차포, 기병들의 소총, 기관총이 제 자리를 잡아 나갔다.....소련군들은 우리 앞 불과 15m까지 다가와 있었다.....기관총과 소총사격이 그들 바로 앞에 즉방으로 가해졌다. 소련군은 어둠 속에서 독일군 진지를 파괴하기 위해 끊임없이 전방으로 기어 들어왔다. 이건 의미 없는 죽음이었다.....적군의 이미 죽은 시체들과 죽어가는 적병들의 살아 있는 육체가 독일군 진지 앞에 쌓이기 시작했다.....그러나 적군들은 이 미친 짓거리를 포기할 생각이 없어 보였다. 그들은 어떤 상황에서라도 돌파를 이루겠다는 의도를 나타냈다. 2시간 정도 후에 소련군들은 더 이상 독일군의 타이트한 포위망을 헤쳐나갈 수 없게 되었다는 것을 깨달은 듯했다. 아직 죽지 않았거나 부상당한 소련군들은 독일군에게 쉴 곳을 제공해 줄 것을 간청했다."[81]

벨리키에 루키는 생각보다 점점 공고한 형태의 요새진지로 둔갑해 가고 있었다. 할더는 스몰렌스크의 포위망이 닫히기 전에 이곳이 장악되어야 한다는 생각을 갖고 있었으나 당시 사정으로는 북방집단군과 3장갑집단의 공조를 통해 네벨 북서쪽에서 소련군 병력을 포위하는 일은 쉽지 않아 보였다. 12, 19장갑사단을 가진 57장갑군단은 7월 중순 너무 의욕적인 공세를 펼친 까닭에 북익 전구에서 일관된 공세도 공고한 방어진도 만들지 못했으며 인근 제대와의 협조도 원활치 않아 7월 21일 벨리키에 루키로부터 일단 빠지는 조치를 취했다.[82] 해당 결정은 전날인 20일 오후 7시에 내려졌으며 우선 네벨까지 퇴각토록 조치되었다. 대신 네벨 북서쪽의 적군 잔여 제대는 원 북방집단군 소속의 23군단이 처리하고 19장갑사단은 22일 벨리즈에 도착했다. 그러나 3장갑집단의 모든 사단들이 스몰렌스크-벨뤼 사이 구간에서 단일한 작전행동을 개시하게 되는 것은 그로부터 또 수일이 경과한 뒤였다.[83] 장갑사단들이 빠지면서 해당 구역은 23군단의 251보병사단이 253보병사단과 함께 7월 29일 오후 6시부터 벨리키에 루키를 공격해 들어갔으며 전투는 치열하게 전개되어 갔다. 진격에 진척이 없자 일부 지휘관은 허락없는 퇴각행동으로 인해 군법회의에 회부되는 일도 있었다. 호트는 벨리키에 루키를 포기한 데 대해 폰 클루게와 폰 보크를 맹렬히 비난했다. 이곳을 확보하지 못하면 스몰렌스크 주변에서 거대한 포위망을 만드는 작업 자체가 훼손될 수 있다는 판단에서였다. 하나 엄밀히 보면 스몰렌스크 포위망이 완성되기도 전에 병력을 여

81) Stolfi(1993) p.95
82) BA-MA RH 26-14/10, Kriegstagebuch Ia. 14.Inf.Div.(mot.) vom 25.5.41-1.10.41, Fols. 69-70(1941.7.20)
83) Hoth(2015) pp.115-6

기저기로 분산시켜도 된다고 히틀러를 설득한 것은 프란쯔 할더였다.[84] 이 시점에서는 누가 가장 큰 책임을 져야 할지 애매하기는 하나 후에 호트는 8월이 되자 벨리키에 루키를 탈환하려면 7개 보병사단과 2개 장갑사단이 필요하다며 7월 중순에 벨리키에 루키를 포기한 것은 대단히 잘못된 결정이라는 자신의 주장을 굽히지 않았다.

7월 18일 스탈린의 아들인 7기계화군단 14전차사단 소속 전차중대장 야코프 쥬가쉬빌리(Yakov Dzhugashvili) 중위가 스몰렌스크 동쪽에서 12장갑사단과의 교전 끝에 포로가 되는 일이 발생했다. 쥬가쉬빌리 중위는 센노 전차전에서 살아남은 잔존 병력에 포함되었던 인물로, 그 스스로가 소련 전차부대 지휘관들은 큰 덩치의 전투집단을 어떻게 관리하고 운용하는지 거의 무지에 가까운 지능을 지녔던 것으로 비판한 바 있었다. 동시에 그는 적군(赤軍) 병력이 와해 중에 있다는 언급을 남기면서도 종국적으로는 소련이 승리한다는 신념을 굽히지 않았던 것으로 알려져 있다. 1943년 일본은 스탈린의 아들과 파울루스 6군 사령관을 서로 교환하는 방안을 중재하려 했으나 스탈린은 육군원수와 일개 중위를 바꿀 수는 없다며 거절한 것으로 기록되어 있다. 그 후 스탈린의 아들은 1943년 4월 14일 작센하우젠 수용소에서 경비병의 총탄에 사살되었다.[85] 불필요한 고문이나 가혹행위가 있었던 것은 아니나 그가 일부러 사살당하기 위해 도주행각을 벌였다는 추측에 의거해 이를 자살행위로 간주하는 사람들도 있었다.

◆ IV-17 & 18 독일군 12장갑사단에게 포로가 된 스탈린의 아들 야코프 쥬가쉬빌리 중위(14전차사단 소속). 후에 일본이 스탈린그라드에서 포로가 된 파울루스 원수를 스탈린의 아들과 맞교환하는 방안을 중재하려고 했을 때 스탈린은 원수와 하급장교를 교환할 수는 없다며 거부한 것으로 알려져 있다.

---

84) Luther & Stahel(2020) p.96, NA : T-313 ; roll 225, Pz. Gr. 3 Ia KTB 25.5.41-31.8.41, frame 7.489.093(1941.7.20)
85) BA-MA RH 27-12/2, Kriegstagebuch Nr. 1 der 12.Pz.Div. vom 25.5.41-30.9.41, Fols. 53-54(1941.7.18)

V. 주공분산의 위기 : 전격전의 황혼

1. 독소 크로스카운터의 굴곡

"7장갑사단, 진격을 중단해라,"
"뭐라꼬(Wie bitte)??"
(중단하라는 명령을 극도로 혐오하는 사단 장갑부대 무전수의 반응)

* * * * *

진지전으로의 회기

"선봉중대 3중대는 엄청난 피해를 입었다. 1소대의 모든 지휘관들이 전사했다. 중대는 호를 파야 했다..... 나는 3중대 3소대의 동료 파울 홀짜펠(Paul Holzapfel) 일병이 노획한 조준경없는 대전차총에 의지해 총신을 통해 다가오는 소련군들을 사격하는 장면을 볼 수 있었다."
('다스 라이히' 차량화보병사단 '도이췰란트'연대 1대대 3중대 아놀드 호프만)

46장갑군단의 10장갑사단은 스몰렌스크가 떨어지기 전인 7월 16일 오후 9시에 이미 옐니아를 장악하라는 명령을 받았다.[1] 스몰렌스크 남동쪽으로 82km 지점에 위치한 옐니아는 데스나 강변에 위치한 인구 15,000명이 거주하는 도시로서 시 주변의 고지대는 스몰렌스크 포위전 이후 모스크바를 겨냥하는 최적의 감제기능을 갖춘 곳이었다. 옐니아에서 모스크바 시 경계까지는 300km가 채 안 되는 298km 거리였다. 2장갑집단 선봉의 10장갑사단은 7월 18일 옐니아로 향했다. 10장갑사단은 16일에 수중의 전력이 위험수위에 다다르고 있다는 보고를 내면서 겨우 30%의 전차 대수로 지탱하고 있음을 확인했다.[2] 선봉의 7장갑연대 테오도르 카이저(Theodor Keyser) 중령은 오전 5시 45분에 단신으로 약간 파손된 하마라(Khamara) 강의 교량을 건너다 차량이 주저앉는 바람에 공세는 익일로 연기되었다. 10장갑사단은 이 다리로부터 수 킬로 떨어져 있던 별도의 교량 두 개를 이용해 도하를 완료했다. 시의 수비대는 24군 소속 19소총병사단으로, 교량 문제로 시간을 번 소련군들은 공병들이 대전차호를 준비하고 중화기를 끌어다 옐니아 입구에서 독일군이 나타나면 사정없는 포사격을 가할 태세를 갖추었다. 소련군은 특히 18일 밤부터 19일 아침까지 포취노크-옐니아 도로를 건너 꽤 큰 규모의 대전차호를 축성하여 독일군의 진격에 차질을 안기고자 했다.[3] 시의 북동쪽 스몰렌스크 고지대에서 시작되는 두나(Duna) 강은 폭 60m, 깊이 3m의 하천이었다. 코텔니코프(I.G.Kotelnikov) 19소총병사단장은 동쪽 제방도 강화

1) NA : T-315 ; roll 561, Ia, KTB Nr. 5, frame 000325(1941.7.16)
2) BA-MA RH 27-10/26a, Kriegstagebuch der 10. Panzer Division Nr. 5 vom: 22.5 bis: 7.10.41, Folier 번호 없음 (1941.7.16) / BA-MA RH 21-2/927, KTB Nr. 1 Panzergruppe 2 vom 22.6.1941 bis 21.7.41, Fol. 243(1941.7.16)
3) NA : T-315 ; roll 561, frame 000353(1941.7.19)

◆ V-1-1 후에 뷔킹사단의 장갑연대장이 될 5SS정찰대대장 요하네스 뮬렌캄프 SS대위. 후에 무장친위대 굴지의 장갑부대 지휘관으로 성장했다.(사진은 SS대령 시절의 것)

시키는 작업을 추진해 시 동쪽 고지대에 토치카와 감제장소를 설치했다. 10장갑사단의 좌익에 포진한 다스 라이히는 옐니아 북쪽 40km 지점의 도로고부즈로 이동해 고지대 장악을 노리고 있었다. 선봉을 지휘할 '데어 휘러'(Der Führer) 연대장 오토 쿰(Otto Kumm) SS소령은 갑작스런 비로 소련군 진지상태를 정찰할 항공지원이 불가능해 찝찝해 했으나 요하네스 뮬렌캄프(Johannes Mühlenkamp)의 정찰대대를 선두로 하여 100km 거리의 행군을 시작했다. 뮬렌캄프 SS대위는 나중에 5SS뷔킹사단의 장갑연대장으로 대활약할 인물로 원래는 다스 라이히 소속이었다. 다른 곳도 마찬가지지만 도로고부즈 서쪽의 도로와 작은 하천 지류의 교량은 악랄한 수준으로서 진격은 결코 쉽지 않았다. 다스 라이히는 전방 수비대에 맹타를 가했으나 이내 지원 병력이 달려와 반격을 가하는 통에 뒤로 밀려났으며 이러한 시소게임은 19일 내내 계속되었다.

한편 옐니아 구역에서는 시 주변으로 2km에 걸쳐 포진된 이중의 대전차진지를 근거로 적군 수비대가 집요한 저항을 보임에 따라 훼르디난트 샬(Ferdinand Shaal) 10장갑사단장은 적 진지를 우회하기 위해 병력을 두 개로 분리했다. 좌익 그룹은 칼 마우스(Karl Mauss) 중령이 7장갑연대 2대대, 69차량화보병연대 2대대 및 90장갑엽병지대 3중대로 포진하고, 7장갑연대 1대대 및 10모터싸이클대대로 구성된 우익 그룹은 테오도르 카이저(Theodor Keizer) 중령이 지휘했다. 소련군은 많은 피해를 입은 뒤 자신들이 포위당한다는 것을 알아차리고는 일단 후퇴하기 시작했다. 10장갑사단 제대는 북서쪽과 북동쪽으로부터 시내 진입을 기도했다. 오후 2시 30분경 선도부대가 옐니아 시내로 진입하자 19소총병사단의 2개 연대와 격렬한 시가전에 돌입하게 되었고 독일군은 가가호호 문을 부수며 들어가 근접전을 치러야 될 조건에 처했다.[4] 그 와중에 휘팅호프 46장갑군단장은 도로고부즈의 다스 라이히가 곤경에 빠져 있다며 일부 병력을 빼 지원할 것을 명했다. 사단장 샬은 옐니아도 정신없는데 그나마 병력을 분산시키면 시간만 더 지체된다며 항의했으나 군단장은 막무가내였다. 결국 69차량화보병연대 1대대와 90포병연대 4중대, 구축전차 1개 단위부대가 다스 라이히 전구로 넘어갔다. 독일군은 특히 10모터싸이클대대가 과다한 피해를 입은 가운데 오후 6시경까지 시의 동쪽 절반을 장악하는 데 성공했다. 코텔니코프의 부하들은 절망적인 상황 속에서도 전원 옥쇄의 자세로 처절하게 항전했다. 샬은 69차량화보병연대 2대대를 지원으로 투입하고 86차량화보병연대는 시 북서쪽을 방어하는 형세를 구축했다. 독일군이 동쪽에서 서쪽으로 밀고 나가면서 철도변 제방으로 다

4) Weidinger(1995) p.301

가가자 소련군의 저항은 더욱 거센 반응을 보였고 오후 6시 25분에는 강력한 반격작전을 전개하기도 했다. 소련군 포사격도 독일군의 공격 라인에 집중되면서 도저히 전투가 그날로 끝날 것 같지가 않자 샬은 순간적으로 망연자실하면서 전망을 어둡게 보았다.[5] 이 전투는 그로부터 4시간이나 계속되어 장갑연대의 전차들을 동반한 보병들이 작심하고 철도 제방을 강타하자 소련군들은 하나하나 제거되기 시작했다. 밤 11시경 전투는 종료되고 시 전체는 10장갑사단에 의해 장악되었다. 단 시 중심부는 여전히 통제 불능이었으며 소총병 대대병력이 포병대의 지원을 받아 시내로 재침투하는 등 혼란은 거듭되고 있었다. 같은 날 스몰렌스크 남동쪽 48km 지점의 포취노크(Pochinok)도 46장갑군단의 손에 떨어졌다. 소련군도 할만 큼 했다는 생각이었으며 약 100명 이상의 전사자를 낸 독일군도 지칠 대로 지쳐 이 날의 전투는 동원병력이나 피해규모에 관계없이 기록적인 공방전을 경험한 것으로 가슴을 쓸어내리고 있었다. 일단 옐니아를 독일군이 장악했다는 것으로 1장은 막이 내렸다. 그러나 이 전투가 바르바로싸의 전략적 방향에까지 영향을 미치게 될 줄은 아직 아무도 모르고 있었다.

도로고부즈의 다스 라이히는 고전하고 있었다. 무려 5개의 공항을 접수하면서 주요 거점들을 장악하는 데는 성공했으나 소련공군기가 날씨가 게인 틈을 타 사단 선봉대를 가격하는 바람에 SS 병력은 무질서하게 흩어져 버렸고 사방에서 적군이 사격을 가해오는 장면이 연출되고 있었다. 샬 10장갑사단장은 이 상황에서 도로고부즈와 옐니아를 동시에 치기는 여건이 허락지 않는다며 휘팅호프 46장갑군단장에게 사정을 호소했으나 받아들여지지 않았다. 휘팅호프는 옐니아와 도로고부즈를 동시에 석권하는 것이 군단에 주어진 본연의 임무였다며 작전 강행을 주장했다. 이미 10장갑사단은 적절한 지원병력도 없이 전선에 너무 엷게 깔리고 있었다.[6]

7월 20일 10장갑사단은 시 서쪽과 남북 양방향의 고지대 정면에 놓인 소련군 병력과 대치하게 되었다. 사단은 이틀에 걸쳐 교두보를 확장할 방침이었으며 소련군은 이를 저지하기 위해 20일 아침 수십 대의 전차들을 들이밀었다. 하나 이는 90장갑엽병대대 소속 단 한 명의 부사관이 10대의 전차들을 잡아내면서 총 18대를 격파해 버렸다. 이 시점 사단의 전차와 차량들은 열악한 도로사정에 따른 잦은 고장과 예상치보다 거의 두 배나 많이 써 버린 연료의 고갈로 기동력을 많이 상실해 있었다. 소련군의 반격강도가 약하다면 또 모를 일이나 옐니아에서 보여준 소련군의 저항은 그때까지와는 전혀 다른 모습으로 등장했다.[7] 86차량화보병연대가 시 돌출부의 북익을 맡고 있어 69연대 하나만으로는 소련군의 수비진을 쳐 내기가 어려워만 보였다. 독일군이 여러 곳으로 분산되고 있었는데 반해 소련군은 계속해서 신규 병력을 집어넣고 있었으며 교묘히 위장된 야포진지는 소총병 전진 라인 뒤에서 꽤 정확한 사격을 가해왔다. 오후에 공격을 재개한 소련군은 다시 25대의 전차를 상실했으며 10장갑사단은 20일 하루 동안 7장갑연대가 보유한 한줌의 전차들로 총 50대의 적 전차들을 없애버렸고 700명의 포로를 발생시켰다.

샬 사단의 북익에 위치한 다스 라이히는 '도이췰란트' 연대가 전날 장악한 공항 서쪽으로 진격

5) NA : T-315 ; roll 561, frame 000367(1941.7.19)

6) BA-MA RH 27-10/26a, Kriegstagebuch der 10. Panzer Division Nr. 5 vom: 22.5 bis: 7.10.41, Folier 번호 없음(1941.7.19)

7) Luther(2013) p.571, BA-MA RH 27-10/26a, Kriegstagebuch der 10. Panzer Division Nr. 5 vom: 22.5 bis: 7.10.41, Folier 번호 없음(1941.7.1)

하면서 소련군을 밀어내고자 했으나 방어가 만만치 않았다. 중화기를 동원한 적군은 '도이췰란트'의 측면을 맹타하면서 그 자리에 주저앉게 만들고 있었다. 이때 46장갑군단의 예비로 있던 국방군의 엘리트 조직 '그로스도이췰란트' 차량화연대가 등장해 다스 라이히를 대신해 공항 구역을 방어하기로 하고 병력 재편성을 도모했다. '그로스도이췰란트'는 10장갑사단의 진격로를 열어주면서 그와 동시에 스몰렌스크-로슬라블 국도를 장악해야 하는 임무가 부가되었다.[8] 원래 구데리안은 드니에프르 상류의 구시노(Gusino)에서 18장갑사단을 뽑아 로슬라블 북쪽 35km 지점에 있던 '그로스도이췰란트' 구간으로 이동시킨 다음 '그로스도이췰란트'는 남쪽에서부터 도로고부즈를 공략토록 하는 계획을 수립했었다. 그러나 폰 클루게는 18장갑사단이 갑자기 자리를 뜨게 되면 드니에프르를 따라 포진한 2장갑집단의 북쪽 측면이 위태롭게 된다는 판단 하에 승인하지 않았다. 구데리안이 생각하는 대로 되려면 9군단이 18장갑사단 구역을 재빨리 커버해 주어야 되나 보병사단들의 걸음걸이로는 7월 21일까지는 도무지 무리였다.[9] 결과적으로 18장갑사단이 '그로스도이췰란트'를 풀어주기 위해 현지에 도착한 것은 7월 24일이 되어서야 가능했고 이들은 오자마자 소련군의 강력한 저항에 기동이 정지되어 버리게 된다. 따라서 구데리안이 그의 회고록에서 이동한 제대가 로슬라블 방면으로부터 위기에 내몰리게 된 것은 OKH가 스몰렌스크 서쪽에 있던 보병사단들을 이동시켜 주지 않았기 때문이었다고 서술한 부분은 상황을 너무 자의적으로 해석한 것으로 보이며, 차량이 부족한 보병사단들이 그렇게 빨리 병력대체작업을 추진할 수는 없었다.

그러나 이러저러한 임시방편에도 불구하고 다스 라이히에 대한 적군의 공격은 결코 줄어들지를 않았으며 더 이상 이렇다 할 진전을 보기가 어려웠다. 휘팅호프 46장갑군단장는 자신의 제대가 크게 둘로 나뉘는 것을 우려하여 구데리안과 대책을 강구하고 결국은 도로고부즈 구역을 부차적인 것으로 격하시켜 해당 구역을 맡고 있던 다스 라이히를 옐니아 돌출부의 북익을 전담하게 한 뒤 86보병연대를 다른 구역으로 이동케 했다.[10] 공항 서편을 맡은 '그로스도이췰란트'는 소련군의 맹렬한 포격에 고개를 들 수 없는 형편이었다. 만약 조금이라도 자리를 이탈하면 곧바로 즉사하는 광경이 연출될 정도였다. 병사들은 깊고 작은 참호에 들어가 숨는 도리밖에 없어 혹여 이 전투가 1차 대전과 같은 진지전으로 전환되는 것이 아닌가 우려될 정도였다. 폰 클루게는 소련군의 저항이 그 정도로 대단하다면 아예 2장갑집단을 스몰렌스크 남쪽 소즈(Sozh) 강변까지 끌어내리는 것을 검토할 정도였다.[11] 구데리안은 사실 다스 라이히에게 휴식을 허락한 바 있으나 주변 상황이 도저히 허용하지 않음을 감지하고 일단 '도이췰란트'가 현장에 도착한 뒤에는 사단의 주력이 이오노보(Ionovo)에서 집결하여 옐니아와 도로고부즈 중 하나를 택일해 공격 방향을 정하기로 했다. 20일에 10장갑사단의 장갑대대가 옐니아 동쪽과 남쪽에서 수개의 적군 야포진지들을 격파하기는 했으나 강고한 진지의 완성도나 소련군의 탄약사정으로 보건대 전혀 만만치 않다는 판단을 갖게 되었다.[12] 할더와 다른 야전지휘관들 역시 이미 지나온 비알리스톡-민스크 포위전에서는 예상보다 소련군의 포병전력이 약하다는 느낌을 받아 다소 의아해 했지만 이제 7월도 3주가 지나간 시점에서는 옐니아 전구의 적군이 지금까지와는 전혀 다른 성격을 지니고 있음을 깨닫고

8) McGuirl & Spezzano(2007) p.7
9) NA : T-313 ; roll 80, Pz. Gr. 2 Ia KTB, frame 7.318.699(1941.7.21)
10) BA-MA RH 21-2/927, KTB Nr. 1 Panzergruppe 2 vom 22.6.1941 bis 21.7.41, Fol. 287(1941.7.20)
11) Fedor von Bock, KTB 'Osten I', Fol. 36(1941.7.20)
12) NA : T-315 ; roll 561, frame 000367(1941.7.21)

있었다. 구데리안은 마음만 먹었다면 스몰렌스크 포위망을 좀 더 빨리 형성할 수도 있었으나 다음의 두 가지 문제가 있었다. 첫째 소련 24군이 46장갑군단에 가한 강한 압박과, 둘째 21군에 의해 구데리안 장갑집단 남익과 폰 봐익스의 2군이 받고 있던 공세로서, 그가 옐니아에서 병력을 빼 좀 더 유연하게 행동했더라면 도로고부즈를 따내고 호트의 3장갑집단과 연결될 수는 있었다. 단 구데리안은 그러고 싶지를 않아서였지 그게 불가능하다고 판단한 것은 아니었다. 20일 폰 클루게는 구데리안에게 전화로 연결해 46장갑군단을 옐니아로부터 철수시키는 것은 어떻겠느냐는 의향을 물었고 구데리안은 그럴 경우 이미 지고 있는 적군을 물리적으로나 정신적으로나 보다 공고하게 만들어 줄 우려가 있는데다 자신의 부하들도 그것을 이해하지 못할 것이라는 반응을 보이며 일축해 버렸다.[13] 구데리안은 고민 끝에 20-21일 밤 다스 라이히가 계속해서 옐니아를 붙들고 늘어지는 것으로 결정해 버렸다. 그는 아무래도 옐니아가 모스크바로 향하기 위한 스프링보드로서의 기능을 저버릴 수 없다는 인식에 사로잡혀 있었다.

다스 라이히의 선봉을 맡았던 '데어 휘러' 연대는 21-22일 옐니아로 이동해 옐니아 남동쪽 11km 지점 125.6고지와 우샤코봐(Uschakova)의 크라스나야 언덕 북쪽에 위치한 판텔로프(Pantelov) 언덕의 서쪽 고지대를 잡는 것으로 주목표를 설정했다. 작전지시는 오전 5시에 발부되어 9시 15분 사전 포사격 없이 공세에 나섰다. 기습의 효과를 고려했다기보다는 수중의 포탄이 부족했다는 한심한 사정이 있었는데 소련군 포병대의 탄약이나 야포 수는 독일군보다 월등히 우세했다. 데어 휘러는 상당한 출혈을 감내하면서도 적군의 계속되는 반격을 쳐내면서 22일 저녁에는 목표점에 도달할 수 있었다.[14]

하나 여기서 다시 한번 열악한 보급과 병참의 문제가 제기되었다. 4장갑사단은 엔진오일이 바닥났으며 10장갑사단은 7월 22일을 기준으로 5대의 2호 전차와 4대의 3호 전차, 계 9대만을 가용한 수량으로 확보하고 있었다. 나머지는 모두 기계결함이나 적군의 공격으로 망가진 것들로서 러시아 전선의 장갑부대는 평소보다 2배나 많은 연료와 관련 부품들을 소모하고 있었다.[15] 그로 인해 샬 10장갑사단장은 수중의 3개 연대로 준비했던 도로고부즈 공격을 연기해 버림과 아울러 도로고부즈로 가는 도로 상에 있던 다스 라이히가 46장갑군단의 북동쪽 측면을 엄호하는 태세로 전환하는 결정을 내렸다. 22일 구데리안은 폰 클루게에게 개인적인 서신 형식으로 지원을 요구했다. 100km의 전구를 관리해야 하는 2장갑집단은 늘어나는 측면을 엄호할 보병제대가 절대적으로 필요한 것으로 판단되니 2-3개 보병사단으로 구성된 1개 군단을 보내달라는 부탁이었다. 그렇지 않다면 장갑집단은 선봉에 나가 있는 병력을 도로 불러 측면과 후방을 담당토록 해야 한다는 점을 추가했다.[16] 여기에 대한 폰 글루게의 반응은 기록되어 있지 않으나 지난 7월 10일 앞만 보고 드니에프르를 도하하겠다는 구데리안이 꼴좋게 되었다는 비아냥거림을 감출 수는 없었을 것으로 보인다. 단 폰 봐익스가 2군 제대는 무작정 동쪽으로 나가게 되면 보브뤼스크가 위험에 빠질 수도 있다는 보고에 대해 폰 보크가 자신이 책임질 테니 무조건 드니에프르를 건너라고 한 것을 보면, 최소한 이 시점에서는 폰 클루게의 신중론을 집단군 사령부가 받아들이지 않았던 것으로 유추된다.

---

13) NA : T-313 ; roll 80, Pz. Gr. 2 Ia KTB, frame 7.318.684(1941.7.20)
14) Weidinger(1998) p.150
15) NA : T-315 ; roll 561, frame 000381(1941.7.20) / NA : T-315 ; roll 561, frame 000409(1941.7.22)
16) NA : T-313 ; roll 80, Pz. Gr. 2 Ia KTB, frame 7.318.708(1941.7.22)

◆ V-1-2 농장 울타리 아래에 파인 도랑에 엎드려 소련군의 화포사격을 피하는 다스 라이히의 척탄병들

7월 21-22일 밤, 결과는 신통찮았지만 공군사에 기억될 일이 추진되고 있었다. 모스크바에 대한 사상 최초의 전략폭격이었다. 지금까지 폭격기조차 전술적으로만 이용된 것을 불쾌하게 생각한 폭격비행단의 조종사들은 이날을 기다려 왔고 소련군 또한 언젠가 루프트봐훼가 모스크바 상공에 나타날 것을 초조하게 기다리고 있었다. 이 폭격에는 3, 54폭격비행단의 Ju 88, 53 및 55폭격비행단, 그리고 27, 100폭격비행단의 He 111와 26폭격비행단 3대대가 보유한 Ju 88이 참가했다.[17] 총 195대의 폭격기가 출격했다. 가장 먼저 55폭격비행단이 35대의 하인켈을 보야리(Bojary)에서 모스크바로 출격시키되 최단 거리에 있는 도로고부즈의 대공포를 피해 옐니아를 거쳐 지나가도록 지시했다. 동프로이센 구역에 배치되어 있던 4폭격비행단은 프로뷀렌(Prowehren)에서 모스크바까지 왕복 4,000km를 날아야 했기에 이는 하인켈의 항속거리의 한계에 해당하는 거리였다. 여하튼 날랐다. 1940년 런던을 공습할 때와 같은 흥분에 젖었던 이들은 경악했다. 모스크바 전방 30km 지점에 깔린 300개의 서치라이트들이 하늘을 비추는 가운데 셀 수도 없는 대공포 사격과 6전투기군단 소속 170대의 소련 전투기들이 환영식을 거행했다. 워낙 사나운 대공사격에 폭격기들은 제대로 목표물에 접근하지 못하고 4,000m 상공에서 폭탄을 투하해야 했다. 2폭격비행단 3대대 도르니에 Do 17를 몰던 브로이흐(Broich) 원사의 증언은 다음과 같다.

"써치라이트 하나가 우리를 잡아내자 동시에 30개의 써치라이트 불빛이 한꺼번에 집중되었다. 최초의 대공포 사격이 우리 바로 옆에서 터졌다. 우리는 폭탄들을 투하하기 시작했고 대공포와의 전투에 돌입했다."[18]

소련군의 대공사격은 대단했다. 100폭격비행단 1대대의 한스게오르크 배쳐(Hansgeorg Bätcher) 중위는 모스크바 공습이 동부전선에서 경험한 가장 힘든 과업이었다고 술회할 정도로 대공포의 사격은 놀라울 정도의 정확성을 보여주었다. 55폭격비행단 2대대의 에른스트 큐울(Ernst Kühl) 소령은 그나마 1.5km 상공에서 30분간 비행하는 동안 원하던 목표물을 명중시켰다고 보고는 했으나 크레믈린을 가루로 만들겠다는 포부는 물거품처럼 사라졌다. 독일 폭격기들이 투하한 고폭탄의 양은 200톤 정도였다. 그 정도의 폭격으로는 모스크바의 면적을 도무지 커버하기가 어려웠으며 저공폭격이 불가능했던 야간의 상황에서 실적보고조차 정확하게 할 수가 없었다. 독일 조종사들은 소련군의 대공포 사격이 영국군보다 더 정확했다고 하면서 수도 폭격의 어려움을 여러 번 토로하는 형편이었다. 소련군의 주력 대공포인 85mm M1939는 포구제퇴기(砲口制退器)가 달린 매우 특수한 고사포로서 사격 시 포의 반동을 감소시켜 보다 강력한 탄약을 사용하여 고달고도를 신장시킬 수 있는 장점이 있었다.[19] 최초 공습이 끝난 후 스탈린은 22대의 독일기를 격추시켰다고 했으나 실제는 6기였으며 같은 날 밤 두 번째 출격에서는 115기가 떠올라 단 두 대가 회기하지 못한 것으로 집계되었다. 이 공습에서 소련공군이 가장 먼저 올린 격추기록은 새벽 2시 10분 He 111 를 잡은 41전투기연대의 츌코프(I.D.Chulkov)가 차지했다.

7월 22-23일 출격에서는 3대의 융커스 Ju 88을 포함한 5대가 격추되었으며 그 후 공습에 참

17) Dierich(2012) p.183
18) Bergström(2007) p.51
19) GRAPHIC ACTION (グラフィックアクション) No.34 攻防ロシア戦線2 ドイツ軍不敗神話の崩壊(1996) pp.34, 88

가한 대수는 점점 줄어들어 갔다. 3일째 밤은 겨우 100대, 4일째는 65대만 동원되었으며 9월 중순까지 산발적으로 치러진 공습은 수도방위에 대해 아무런 물리적, 심리적 위해를 가하지 못했다. 워낙 소규모의 공습이다 보니 독일기의 피해도 미미한 수준이었다. 41년 총 76번에 걸쳐 추진된 모스크바 공습에서 겨우 17번 정도가 중규모였으며 나머지는 3-10대 정도에 불과한 폭격기로 국지적인 교란을 발생시킬 정도의 작전에 그쳤다. 그야말로 상징적 수준의 공습이었다.[20]

* * * * *

표류하는 중점

"모스크바를 향한 진격을 중단하고 방어태세로 전환한다는 결정은 충격이었다.
무슨 전략을 생각하고 있는 것인가?
최고위층에서 내려졌다는 이 명령은 이내 사방에 돌아다녔고,
그 최고위층이란 히틀러 자신을 말하는 것이었다."
(12장갑사단, 알렉산더 슈탈베르크 대위)

7월 17일 히틀러는 드디어 모두에 의해 우려되던 자신의 결정을 실천에 옮기는 방안을 택했다. 옐니아에서의 적군 저항이 피부에 와 닿기 이전 중앙집단군의 정면은 큰 걱정거리가 없다며 폰 보크의 두 장갑집단을 분리하여 남북으로 갈라놓는 방안이었다. 3장갑집단은 레닌그라드 점령에 허덕이는 북방집단군을 지원키로 하고 2장갑집단은 남쪽으로 방향을 돌려 남방집단군의 폰 클라이스트 1장갑집단과 함께 우크라이나에서 커다란 포위전을 실현한다는 이 구도는 이미 오래 전부터 히틀러의 머릿속에 들어앉아 있었던 환상이었다. 이 구상은 19일 지령 33호라는 악명 높은 문건으로 역사에 남게 된다. 히틀러는 소련군의 주력이 대부분 와해된 것으로 잘못 판단하고 두 장갑집단을 다른 곳으로 돌려도 중앙집단군은 자력으로 모스크바 진군을 강행할 수 있을 것으로 예단하고 있었다. 여기에는 무능한 독일군 첩보부의 그릇된 보고가 한 몫 거들었다. 티모셴코가 4-5개 신규 군 병력을 동원해 반격을 준비하고 있는 와중에도 동방군사정보당국(東方外國軍課) 에버하르트 킨첼(Eberhard Kinzel) 과장은 겨우 8-9개의 소총병사단과 2-3개의 전차사단만이 존재할 것이라는 황당한 추정치를 제시한 바 있었다. 이 경우 폰 보크의 공세정면은 오로지 보병제대만이 동진한다는 결과가 되는데 이상하게도 이 지령이 발부된 19일 시점에 할더 참모총장은 아무런 거부반응을 나타내지 않은 것으로 기록되어 있다. 7월 19일까지 중앙집단군이 제거한 소련 사단은 모두 114개이며 그때까지 160개 이상의 사단이 모스크바 정면을 지키고 있었기에 남아 있는 사단은 아직 34개나 되었다.[21] 그리고 계속해서 신규 사단이 창설되어 전선으로 이동하는 중이었다. 적의 전력을 과소평가하고 독일군의 불패신화를 과장되게 묘사한 것은 할더도 그 책임에서 자유로울 수는 없었다. 어차피 바르바로싸는 자신과 자신의 참모들이 기안한 것인 만큼, 개

20) Weal(2010), pp.20-1, Weal(2013b) pp.18-9
21) Stolfi(1993) p.91

전 한 달이 지나지 않은 시점에 공세에 근원적인 문제가 있다고 발언하고 싶지 않았다는 것은 이해할 만하다. 하나 구데리안과 호트의 장갑집단 2개를 모두 주공의 방향에서 빼 낸다는 것은 동부전선 최초의 대실수로 작용하게 되는 결정적인 단서가 된다. 히틀러는 지역의 확장이 중요한 것이 아니라 적 야전군의 격멸이 더 중요하다고 설파한 것처럼, 모스크바가 중요한 것이 아니라 소련 군수산업의 중심이자 자원의 보고, 남부 곡창지대의 핵을 이루는 우크라이나 지구를 장악하는 것이 전쟁승리의 요건으로 인식하고 있었다. 이는 히틀러가 공격정면의 중점이 아니라 측면을 명시적으로 강조하고 나선 최초의 결정이 된다. 히틀러는 21일 친히 북방집단군을 방문해 폰 레에프의 전황 설명을 직접 청취했다.

이 사실을 안 브라우히취 육군총사령관은 할더보다 더 놀라 22일 히틀러와 대면해 공격의 중점은 반드시 모스크바라야 하며 현 상태에서 주공의 병력을 분산시켜서는 안 된다는 점을 분명히 했다. 할더는 지령 33이 나오자마자 최소한 호트의 3장갑집단만큼은 모스크바를 향해 2, 9군과 공조할 수 있도록 수정코자 했으나 이를 할더의 꼼수로 받아들인 히틀러는 용인하지 않았다. 브라우히취는 깊은 시름에 빠져 이 상태로는 모스크바 점령은커녕 궁극의 승리를 거두기가 요원해진다는 느낌을 받을 정도로 우울증에 빠졌다. 구데리안은 당장 옐니아에서 묶여 정신없는 판국에 장갑부대를 남쪽으로 뺀다는 것은 난센스라고 생각했고, 호트는 스몰렌스크 포위전을 종료시키는 단계를 밟는 와중에 동쪽에서 들어오는 소련군 구출부대도 쳐내랴 네벨과 벨리키에 루키에서도 상당 병력이 교전 중인 상태에서 장갑부대를 북쪽의 뷔시뉘 볼로쵸크(Vyshny Volochyok) 구역으로 이동해 모스크바-레닌그라드 라인을 절단 내라는 것은 무모한 결정으로 파악하고 있었다. 거기다 레닌그라드도 포위하여 아예 점령해 버리라는 주문도 빠지지 않았다.[22]

소련군은 아직 버티고 있었다. 히틀러나 독일군 수뇌부가 생각하고 있는 것처럼 포위망으로부터 도주하는 적군 병력만 소탕하면 되는 것이 아니라 티모셴코의 서부방면군이 여전히 신규 병력을 동쪽에서 끊임없이 쏟아 붓고 있었으며 프리페트 습지와 드니에프르 서쪽의 소련군은 아직 남쪽으로 밀려 내려오지도 않았다. 또한 발틱 지역의 적군도 발틱 해로 밀려난 것이 아니며 겨우 백러시아(벨라루스) 구역만 중앙집단군에 의해 장악된 시점이었다. 히틀러가 땅을 빼앗는 것보다 야전군을 격멸하는 것이 더 급하다고 한 언급도 실제 자신의 수정명령과는 합치되지 않았다. 소련군의 가장 많은 병력이 괴멸한 곳은 중앙집단군이 르제프(Rzhev) 방면으로 진격해 오면서 대규모의 적군 병력을 격멸시킨 스몰렌스크와 벨리키에 루키 구간이었다. 그렇다면 앞으로도 적은 가장 많은 병력을 모스크바 공세정면에 투입시킬 것인데 그럴수록 장갑병력의 집중을 통해 중앙을 쳐내는 것이 군사적으로 타당한 순서였다. 차라리 중앙집단군이 옐니아에서 막혀 있으니 작전술적 차원의 공세 방향을 수정하자는 쪽이 더 설득력이 있었는지도 모른다. 히틀러는 정치적 이유 때문에 볼셰비키들의 요람인 레닌그라드를 때리고 싶어 했고 경제적 이유로 인해 남부 우크라이나의 돈바스 지대를 먹고 싶어 했다. 이러한 개인적인 상황평가는 국방군 장성들의 기본 인식과는 엄청난 괴리가 있었으며 야전군 사령관들이 직시하고 있는 전방의 현실과는 너무나 동떨어진 자기기만이었다. 히틀러는 '독일군에게 안 되는 것은 없다'라는 말로서 그의 지령에 반론을 제

22) Hoth(2015) pp.122-3

기하는 장성들을 대가 약하다고 비난하기 일쑤였다. 히틀러는 7월 중순까지 소련군 300만을 섬멸하고 100만을 포로로 잡았다는 단순 통계에 너무 들떠 있었다.

7월 23일 소위 '지령 33'의 보충 명령이 되는 '지령 33a' 가 발부되었다. 이는 더 황당한 것으로 변질되었다. 내용은 이러했다.

> *"1, 2장갑집단은 폰 클루게의 4장갑군 지휘 하에 하르코프를 석권하고 코카사스를 향해 돈 강으로 진격한다. 남방집단군의 주력은 돈 강과 크림반도에 도달하기로 한다. 중앙집단군의 좌익은 적절한 지원을 받아 스몰렌스크와 모스크바 사이의 적군 병력을 일소하고 모스크바를 점령한다. 3장갑집단은 일시적으로 북방집단군에 들어가 우익을 엄호하면서 레닌그라드를 포위한다"*

조금 더 자세히 분절하여 설명하면 다음과 같다.

(1) 폰 클루게의 4장갑군은 중앙집단군의 남익, 즉 2장갑집단과 2군 구역을 지휘한다.
(2) 폰 클루게의 병력은 중앙집단군으로부터 분리되어 폰 룬트슈테트의 남방집단군 방면을 향해 남동쪽으로 진출한다.
(3) 그 다음 폰 클루게의 병력은 동쪽으로 선회하여 스탈린그라드(?!)를 궁극의 목표점으로 설정한다.
(4) 슈트라우스의 9군은 2개로 분리되어 남익은 폰 봐익스의 2군과 합류하고 북익은 북방집단군과 연결하되, 북방집단군의 16군과 4장갑집단은 공세 방향을 약간 남쪽으로 수정한다.
(5) 2군과 3장갑집단을 포함하는 중앙집단군은 홀름으로부터 볼로고예로 이어지는 축선을 따라 동쪽으로 이동하여 모스크바를 남북으로 협격한다. 이 공세는 북방집단군의 지원 하에 추진된다.
(6) 중앙집단군은 그 다음 단계에서 볼가 강 중류의 카잔으로 향하게 한 뒤 1941년이 끝나기 전에 러시아 유럽 지역의 장악을 완료한다.

전후에 육군참모총장 할더는 군사적으로 불가능에 가까운 계획이 수립되었었다고 토로하며 히틀러는 이를 전혀 이해하지 못했다고 허탈해 했다.[23] 가장 우스꽝스럽게 생각한 것은 구데리안이었다. 2장갑집단은 소련 21군이 남익을 파고드는 것도 막아야 되며 옐니아 고지대도 지탱해야 하는 판국에 아시아와의 경계지역인 코카사스로 간다는 것은 전혀 센스가 없는 발상으로 폄하하고 있었다. 히틀러 스스로가 23일 당일 '장기적 목표'는 당분간 접는다는 뜻을 밝혔음에도 불구하고 모스크바보다 더 먼 코카사스가 공문서에 등장한 것이었다. 구데리안은 이전부터 만약 자신의 집단이 남하하여 1장갑집단과 어디선가 연결되려면 적어도 오카(Oka) 강변 구역으로부터 시작해야 된다는 생각을 갖고 있었다.[24] 오카 강은 모스크바 남서쪽 150km 지점으로부터 북쪽으로 흘러 칼루가까지 닿아 있는 강으로 이 정도까지 진출한 다음에야 '측면'에 대한 정지작업'(남하)을 시도하는 것이 바람직하다는 뜻이었다. 호트는 아직 스몰렌스크 포위전이 종료되지도 않았으며 북쪽과 동쪽으로부터 소련군의 계속되는 공격에 시달리는 판에 명확한 공격목표도 없는 북방

23) Halder(1964) p.100
24) BA-MA RH21-2/927, KTB Nr. 1 Panzergruppe 2 vom 22.6.1941 bis 21.7.41, Fol. 222(1941.7.14)

으로 이동하는 것은 가당찮은 것으로 판단했다. 더더욱 가관인 것은 장갑부대를 빼고 보병만으로 모스크바를 향해 진격하라는 결정이었다. 이에 따르면 기존에 '가장 강력한 중앙'의 집단군이 2개 장갑집단과 3개 군을 거느리고 있다가 모두 측면으로 주전력을 돌려놓은 상태에서 1개 군으로만 동진한다는 뜻이 되었다.[25] 히틀러의 자만심이나 자가당착이 극에 달한 상태의 지령이었다. 아마 아무 것도 모르는 북한의 김정은도 이런 사고는 하지 않았었을 것으로 짐작되는데 어찌 보면 자신의 결정이 있을 때마다 조건을 다는 것처럼 보이는 군 관료들을 형편없는 집단으로 보는 히틀러의 개인감정이 개입한 것으로도 유추된다. 공개적으로는 이 보충지령이 브라우히취의 조언을 바탕으로 확대개편된 것이라면서도 육군참모부의 의견은 전혀 반영되지 않은 졸속의 안이 나왔기 때문이다. 히틀러는 중앙집단군 정면의 적군 동태가 예상보다 완고한 것이기에 좀 더 작은 포위망을 만드는 것에 주력하면서 보병 제대가 공세정면을 맡고 장갑집단은 측면으로 돌리는 것이 불가피하다는 설명으로 자신의 결정을 합리화했다. 브라우히취가 카이텔 합참의장을 찾아가 히틀러의 마음을 돌려놓으려 해도 차갑게 거절되었으며 할더가 처음으로 모스크바가 우리들의 변함없는 중점이라는 사실을 애써 강조했음에도 소용이 없었다. 할더는 모스크바의 중요성을 누차 지적하고 구데리안을 남쪽으로 보내면서 가뜩이나 80% 전력밖에 안 되는 보병사단들을 2장갑집단의 측면지원에 할당하고 호트의 장갑집단마저 북쪽으로 보내면 폰 보크의 중앙집단군은 보병밖에 남지 않는다는 기가 막힌 현실을 적시했다. 특히 호트의 장갑부대는 중앙을 찌르는데 가장 필요한 존재이며 북쪽으로 가 봐야 상대할 뚜렷한 적군이 존재하지 않는다는 점을 들어 호트의 병력은 중앙 또는 집단군의 좌익에 포진시켜야 된다는 논지를 전개했다. 한편 7월 23일 호트의 장갑사단들은 전차 27%가 완파, 31%가 수리, 그리고 남은 42%만 전투에 가용한 것으로 보고가 되어 있어 북방으로 이동한들 큰 도움은 되지 않을 것이라는 분석도 제기되었다.[26]

폰 보크는 그러한 기술적이고 지엽적인 문제보다는 어떻게 바르바로싸의 주공이 전쟁 개시 한 달 만에 세 방향으로 전력을 분산할 수 있는가에 대해 한심하다는 생각을 갖고 있었다. 만약 그렇게 된다면 자신의 중앙집단군은 있으나마나한 존재이며 자신의 직위를 아예 없애버리라며 강한 어조로 반박했다.[27] 구데리안 또한 이 계획이라면 '전차들을 모두 독일로 돌려보내라'는 것과 마찬가지라고 힐난했다. 할더는 히틀러 스스로가 볼가 강에 진출하는 것은 장갑부대로만 가능하다고 했던 사실을 피력하면서도 보병만으로 모스크바로 떠나라는 그런 결정을 내렸다는 것은 장교교육을 받지 않은 애송이의 순진한 발상으로 치부하고 있었다. 보병제대들을 다 끌어 모은 것도 아니었다. 폰 클루게의 4군이 남동쪽으로 방향을 튼 상태에서 9군과 2군만으로 러시아의 수도로 향한다는 것은 가당치 않으며 설혹 그것이 가능하다면 호트의 3장갑집단이 북동쪽 구역을 깔끔히 청소하여 주공의 측면에 이상이 없어야 한다는 점이 전제되어야 한다는 것을 강조했다. 하지만 할더는 어떻게 보면 히틀러의 그와 같은 무리한 방책에 일종의 근거를 제시한 장본인이기도 했다. 할더는 바르바로싸가 서방전격전처럼 단기간에 끝낼 수가 없다는 점을 감지하고 히틀러처럼 소련군의 군수경제를 파탄내는 것이 더 급할 수도 있다는 '경제적 논리'를 은근슬쩍 용인한 측면

25) KTB OKW, Vol. II, p.1030, Dokument 77(1941.7.21)
26) BA-MA RH 21-3/47, 'Panzerarmeekommandos Anlagen zum Kriegstagebuch "Berichte, Besprechungen, Beurteilungen der Lage" Bd.IV 22.7.41-31.8.41', Fol. 112(1941.7.23)
27) NA : T-84 ; roll 271, Tagesbuchnotizen Osten I, frame 000354-000355(1941.7.24)

이 짙으며 중앙집단군을 분리해 남북 측면을 우선 다진 다음, 궁극의 목표인 모스크바로 진격한다는 구상을 실제로 지니고 있었다. 스몰렌스크와 옐니아에서 소련군은 예상을 훨씬 뛰어넘는 근성을 발휘했고 비알리스톡-민스크의 소련군과는 전혀 인종이 다른 형질의 인간처럼 보이기도 했다. 또한 중앙집단군의 북익에 해당하는 호트 3장갑집단의 좌익에 대한 적군의 압박이 강화됨에 따라 7월 13일에 히틀러에게 모스크바 진격을 중단하는 것을 제안한 것은 바로 할더였다. 이때 할더는 3장갑집단이 벨리키에 루키와 홀름 방면으로 선회해 네벨과 벨리키에 루키 구간의 소련군 병력을 제거해야 된다는 구체적인 방안까지 제시했었다.[28] 스몰렌스크 포위전이 본격화되는 시점이 되자 이제는 할더 뿐만 아니라 OKH의 모든 간부들이 중앙집단군의 측면에 대한 심각한 우려를 표명한 것은 사실이었다. 할더는 모스크바로의 최단노선을 확보하는 것이 그토록 출혈이 과다하다면 약간 남과 북으로 우회해 가는 것도 나쁘지 않다는 생각을 지니고 있었던 것으로 판단되며, 그 때문에 히틀러가 모스크바가 아닌 키에프로 목표점을 수정했을 때도 그리 집요하게 반발하지는 않았다. 하나 할더가 잘 몰랐던 것은 그 자신은 모스크바 진공의 수정계획을 집행하는데 있어 구체적인 상황전개에 따라 유연성을 발휘할 수도 있을지 몰라도 히틀러는 일단 몰입하면 다른 변수를 고려하지 않고 집착하는 성격의 소유자였던 부분이었다. 할더는 당시 중앙집단군의 남익과 남방집단군이 직면한 제반 문제를 동시에 해결하기 위해 주공보다 측면을 일시적으로 중시하게 되었던 것인데, 이를 두고 구데리안은 할더가 이미 그 순간에 궁극의 도달점인 모스크바를 키에프로 대체했다고 서둘러 규탄해 버린 측면은 있었다. 폰 보크도 이점에서는 결코 비난을 벗어나지는 못할 것인데 7월 16일에 19장갑사단으로 하여금 벨리키에 루키를 장악하라고 한 것은 폰 보크 그 자신이었기 때문이었다.[29] 달리 말하자면 할더는 쓸데없이 히틀러가 귀를 세울 만한 제안을 했다가 자신이 감당하지도 못할 연속적인 사건의 늪으로 끌어들인 장본인이었다고 해도 이상할 게 없었다. 또 하나, 이때 OKH는 총사령관 브라우히취나 할더나 히틀러와 OKW를 다루는데 있어 전혀 결속력이 없었으며 서로가 서로의 이익을 위해 폰 보크나 구데리안을 논쟁에 끌어 들여 하나의 bargaining chip으로 사용했다는 근원적인 문제가 있었다. 하나로 똘똘 뭉쳐 뭔가를 기용해도 힘든 판에 히틀러에게 온갖 빌미를 제공하면서 리더쉽의 착종을 초래한 부분은 할더가 전적으로 책임을 져야할 것으로 보였다. 구데리안은 OKH가 모스크바 진격이 가장 핵심적 사안이라는 점을 히틀러에게 인식시키는데 갖은 노력을 다할 것에 대해서는 의문을 품지 않았으나 할더가 만들어내는 구체적 방안에 대해서는 못마땅해 했고, 7월 23일의 결정이 히틀러의 압력에 의한 것이건, 할더의 개인적인 아이디어이건 간에 자신의 병력을 줄이거나 다른 곳으로 이전시키는 것에 대해서는 히스테리칼한 반응을 보이고 있었다. 이는 이미 6월 28일과 7월 9일의 갈등에서도 두드러지게 나타난 바 있었다.[30]

히틀러는 이미 서방전격전 당시부터 할더와 틀어져 있어 군 장성의 조언을 경청하는 것보다 점점 자신의 생각이 더 높은 차원의 전략적 가치를 추구하는 것으로 스스로를 기만하고 있었다. 이 지

28) Halder(1964) p.73

29) Fugate(1984) p.156

30) NA : T-84 ; roll 271, Tagesbushnotizen Osten I, frame 000377(1941.7.28) / NA : T-313 ; roll 80, Pz. Gr. 2 Ia KTB 22.6.41-23.8.1941, frame 7318453(1941.6.28) / NA : T-84 ; roll 271, Tagesbuchnotizen Osten I, frame 000323-000324(1941.7.9)

령 33과 33a는 히틀러와 OKH를 궁극적으로 갈라서게 하는 중요한 계기로 작용하게 된다. 다만 아직 히틀러가 좌지우지하는 OKW와 브라우히취 및 할더가 장악한 OKH가 화해할 가능성이 전혀 없는 것은 아니었다. 브라우히취와 할더는 41년이 다 갈 때까지 모스크바로부터 히틀러의 눈이 이격되지 않게 하기 위한 갖은 노력을 강구하게 된다. 이들의 눈에는 히틀러가 클라우제비쯔의 '전쟁론'을 전혀 이해하지 못한 것으로 생각하고 있었고, 히틀러는 1차 대전 당시 50번의 불사신처럼 전투를 살아남은 본인과 부상 한 번 당하지 않은 할더는 질적으로 다른 인간이란 편견을 갖고 있었다. 국방군 장성들은 나약한 관료들이며 자신은 니체가 말하는 초인같은 존재라는 뜻이기도 했다.[31]

한데 여기서 히틀러가 말하는 '조그만 해법'은 장차 '큰 해법', 즉 중앙집단군과 남방집단군의 협격으로 키에프를 공력하는 방안으로 발전하게 되는데, 처음에 이 '조그만 해법'은 히틀러가 아닌 브라우히취가 제안한 것이었다. 브라우히취는 남방집단군의 정면에 해당하는 베르디쳬프(Berdichev)에서 폰 클라이스트 1장갑군이 발 빠른 행보를 보이고 있음에 따라 이 전과를 이용하여 1장갑군을 소련 6군과 12군의 배후를 향해 남진시키는 것을 히틀러에게 제안했다. 하나 이때부터 이미 히틀러는 모스크바보다 키에프에 더 많은 관심을 보이고 있으면서 드니에프르 서안(西岸)을 크게 돌아 남진함으로써 우크라이나의 수도 키에프를 점령한다는 보다 큰 해결책을 구상하고 있었다. 이는 실은 7월 7일 할더가 그간의 사태진전에 비추어 히틀러에게 대단히 낙관적인 전황보고를 했던 것에 근거하여 좀 더 야심찬 '큰 해법'이 성안되었던 것으로 판단된다. 당시 할더의 분석은 독일군이 추정한 대략 146개 소련군 사단 중에 89개 사단은 이미 섬멸되었으며 남은 사단 중 18개는 제2선에 있고 11개 사단은 불명, 따라서 전투능력을 갖는 것은 46개 사단 정도일 것이라는 내용이었다. 이즈음 브라우히취가 '조그만 해법'을 제기하자 아마도 히틀러는 할더의 보고에 기초하여 보다 더 크고 원대한, 1차 대전 당시 힌덴부르크의 탄넨부르크 전투보다 더 웅장한 스케일의 포위섬멸전을 고안하게 되었던 것으로 추정된다. 다만 7월 7일을 전후한 시점에서는 히틀러가 아직 결정을 내리지는 않았으며 브라우히취 역시 보급의 애로를 들어 분명한 반대의사를 표명하였다. 히틀러는 이미 마음을 굳힌 것으로 보이기는 했으나, 다만 키에프 부근에 주둔하고 있는 소련군의 병력 규모와 질을 좀 더 자세히 알아보고 결정하자는 것으로 보류된 바 있었다.

티모셴코의 2차 반격이 개시되기 직전이 되면 7월 초에 내렸던 적군의 규모에 대한 낙관적인 분석이 별로 신빙성이 없다는 것이 밝혀지게 된다. 물론 가장 많은 병력은 여전히 남방집단군 구역이었다. 한데 중앙집단군의 정면에 끊임없이 사단수가 증가하고 있다는 것은 간과하기 힘든 엄중한 사안이었다. 7월 19일 기준, 소련군은 중앙집단군 정면에만 160개 사단을 풀어놓게 되는데 개전 당시 겨우 55개 정도에서 3개 정도의 경계사단이 불어난 것으로 짐작했던 것이 그 짧은 시간에 3배수가 되었다는 이야기였다. 여기까지 오는 동안 중앙집단군은 114개의 소련군 사단을

31) 히틀러는 할더를 어지간히 싫어했다. 전문적인 군 관료라는 티를 너무 내는데다 카이텔과는 전혀 딴판으로 결코 총통에게 고분고분하지 않았다. 히틀러는 1940년 5월 프랑스 점령을 완료한 후 군 사령관들에게 원수 계급장을 반액 세일하는 조치를 취하면서 정작 육군 참모총장 할더에게는 원수 칭호를 주지 않았다. 그러면서도 할더를 경질하지 않은 채 바르바로싸의 중책을 맡긴 것은 히틀러가 그의 전문성은 형식적이나마 인정한다는 결과였다. 히틀러는 할더와 의견이 맞지 않거나 전투와 전장의 기본에 관한 논쟁이 제기되었을 때 결정적으로 할더의 자존심을 건드리는 발언을 날린 적이 있었다. "1차 대전에서 부상 한 번 당해 보지 않은 당신이 전투를 안다고요?....." 히틀러는 50번의 전투에 무수히 많은 부상을 겪으면서 두 번의 철십자훈장을 받아낸 것을 자랑으로 여기며 50번 이상의 전투를 살아남은 것은 그 자신이 바로 신이 고른 독일의 메시아라는 환상을 지니고 있었다.

해체시켰으나 2, 3장갑집단이 진격하는 공세정면에 다시 35개 소총병사단과 9개 전차사단, 계 44개 사단이 진을 치고 있는 것으로 확인된 바 있었다.[32] 할더는 아마도 이 병력의 규모와 동원속도를 보고 모스크바 정면이 너무 견고하다는 생각을 굳혔을 수도 있었다.

* * * * *

티모셴코의 2차 반격작전

".....막 위치를 바꾼 중(中)야포소대는
급하게 롤반 쪽으로 방향을 돌려 검을 휘두르는 적군 기병들을 저격했다.....
전차들도 가담해 전투 종료시점까지 적에게 막대한 손실을 입혔다.
남은 기병들은 패닉 상태에서 사방으로 분산되었다."
(19장갑사단 포병대 베테랑, 롤프 힌쩨)

7월 13일에 전개된 티모셴코의 역습은 사실상 겨우 수개 사단으로 돌파구를 마련하려는 워밍업에 불과했다. 쥬코프는 20일 좀 더 큰 규모의 병력을 동원해 스몰렌스크 주변에 몰린 독일군 제대를 역포위한다는 구상을 실천에 옮기고자 했다. 스탈린은 7-8개의 소총병사단과 1개 기병사단으로 독일군의 측면을 쳐내라는 대단히 구체적인 지시까지 티모셴코에게 구두로 전달할 정도로 의욕을 보이고 있었다. 티모셴코는 전차가 태부족인 상태에서 의욕적인 공세를 펴기가 쉽지 않다고 했으나 스타프카는 일단 5개 군을 지원해 다섯 개의 그룹을 형성하도록 지시했다. 대부분 소총병군단과 사단으로 편성된 병력이었다. 24, 28, 29, 30군 사령관은 공산당 내무위원회(NKVD) 소속 장군들이었으며 폴란드 출신의 비교적 젊은 콘스탄틴 로코솝스키(K.K.Rokossovsky) 소장이 임시 편제의 군을 지휘하고 모두 21일에 일제히 반격을 개시하는 것으로 준비되었다. 우선 야르쩨보 정면에 로코솝스키 그룹과 칼리닌(S.A.Kalinin) 소장의 24군이 20장갑사단의 선봉을 막는 것으로 하고 그보다 북쪽에 29군과 30군이, 카챨로프(V.Ia.Kachalov) 중장의 28군이 옐니아 남쪽에 배치되었다. 스몰렌스크는 일단 함락되었지만 포위망 속의 16, 19, 20군은 아직도 항전을 계속하고 있어 이들을 구출하는 것이 당면과제였다. 당장의 중점은 모스크바로 향하는 제1선에 위치한 구데리안의 2장갑집단이었고 그 지점은 옐니아로 초점이 모아졌다.

각 군에서 차출하여 배정한 공격 그룹의 편성은 다음과 같다.

칼리닌(Kalinin) 그룹(24군)

- 병력 : 53, 89, 91, 166소총병사단
- 진격로

32) NA : T-313 ; roll 131, Oberkommando der 4. Panzer Armee. Ic, frame 7.378.936 (1941.7.19) / NA : T-313 ; roll 131, Oberkommando der 4. Panzer Armee. Ic, frame 7.378.916(1941.7.22)

- 22일까지 야르쩨보 북동쪽 30km 지점 붸틀리쮜(Vetlitsy) 및 보프(Vop) 강 입구 방면으로 서진한 뒤, 호멘코 그룹의 공세진전에 이은 전과확대 단계에 대비
- 벨뤼 남동쪽 20km 지점 미아키쉐보(Miakishevo), 페트로폴예(Petropolje), 니키틴카(Nikitinka) 철도역 구역에서 호멘코 그룹의 2진으로 대기

카찰로프(Kachalov) 그룹(28군)

- 병력 : 145, 149보병사단 및 104전차사단
- 진격로
  - 21일까지 스몰렌스크 남쪽 및 남동쪽 110km 지점 크라피붼스키(Krapivenskii), 붸즈니키(Vezhniki)와 로슬라블 구역에 집결
  - 22일 아침 스몰렌스크 북부 방면으로 진격

마슬렌니코프(Maslennikov) 그룹(29군)

- 병력 : 243, 252, 256소총병사단과 장갑열차 53호 및 82호
- 진격로
  - 23일까지 토로펫츠(Toropets) 남쪽 25km, 스몰렌스크 북쪽 165km 지점의 스타로-토로파(Staro-Toropa)에서 데미도프 방면으로 남진, 토로펫츠 북서쪽 40km 지점의 취하취(Chikhachi)와 아르테모보(Artemovo) 철도역 구역 지지츠코예(Zhizhitskoje)에 도달
  - 토로펫츠 축선 보호와 그룹의 측면을 엄호하기 위해 대대급 규모의 선견대를 취하취 북쪽 25km 지점 크냐조보(Knyazhovo)로 파견
  - 그룹 사령부는 토로펫츠 서쪽 22km 지점 셀리쉬췌(Selishche)에 위치

호멘코(Khomenko) 그룹(30군)

- 병력 : 242, 250, 251소총병사단 및 50, 53기병사단
- 진격로
  - 22일까지 벨뤼 남서쪽에서 두호프쉬취나 남방으로 진격하여 붸리 남서쪽 22km 지점 막시모프카(Maksimovka)와 페트로폴예(Petropolje)에 도달
  - 23일 두호프쉬취나 방면으로 전반적 공세 개시
  - 50, 53기병사단은 21일까지 벨뤼 서쪽 40-50km 지점 자보에도보(Zhaboedovo), 쉬츄췌(Shchuche), 자르코프스키(Zharkovskii)에 집결하여 3개 소총병사단과 연락선을 유지한 뒤 두호프쉬취나를 향한 연계공세 시도
  - 그룹 사령부는 벨뤼 구역에 위치

로코솝스키(Rokossovsky) 그룹

- 병력 : 101, 107전차사단, 38, 89, 91소총병사단, 509대전차연대
- 진격로

- 야르쩨보에서 두호프쉬취나 축선을 따라 서쪽으로 공격, 호멘코 그룹과의 공조 하에 오제로, 데미도프, 두호프쉬취나, 야르쩨보 구역의 독일군을 섬멸하고 스몰렌스크 진격을 준비

이 그룹들은 정말 말 그대로 하루 동안에 급조된 병력으로 훈련도 전혀 되지 않은데다 소대, 중대, 대대 단위의 조율은 물론이고 연대나 사단 레벨에서의 단위부대 합동훈련 따위는 전혀 기대할 수가 없었다. 우선 시간도 없었으며 병원들의 대부분이 강제 징집으로 끌려온 기초훈련 부족의 얼치기들이란 점이 가장 큰 우려사항이었다. 사령관 역시 로코솝스키와 카찰로프만이 정규 군사교육을 받은 장성이며 나머지는 독기만 오른 공산당원이었다. 그러다 보니 그룹 내의 제대간 협조는 물론이거니와 각 그룹간의 제휴나 공조의 질도 물어볼 것이 없는 수준이라는 것이 짐작되었다. 보다 못한 쥬코프가 지원하게 된 것은 각 그룹에 21대씩의 전차를 공급하는 것으로 대략 10대의 T-34, 11대의 BT전차 또는 T-26였으며 로코솝스키 그룹이 그나마 40대 정도의 전차를 보유하고 있는 것이 다행이라면 다행이었다. 또 하나 쥬코프는 21군에 소속되어 있던 43, 47 기병사단 외에 32기병사단을 붙여 소총병들의 지원에 할당키로 했다.[33] 5개 그룹 중 카찰로프 그룹만이 2장갑집단을 상대하며 나머지 4개는 모두 호트의 3장갑집단의 공세정면에 맞추어져 있었다. 이 비대칭적인 병력포진은 호트에게 엄청난 압박을 가해 결과적으로는 벨리키에 루키를 포기하고 네벨로 되돌아가는 과정을 밟게 된다.

7월 23일 쥬코프가 조율하고 티모센코가 총지휘하는 주공세의 막이 올랐다. 카찰로프 그룹은 145, 149소총병사단 104전차사단으로 스몰렌스크 남동쪽 100km에 위치한 로슬라블 방면으로 공격을 시작했다. 부르코프(V.G.Burkov) 대령의 104전차사단은 KV와 T-34를 합쳐 42량의 신

◆ V-1-3 전선으로 향하는 소련군 포병대

33) Glantz(2010) p.197

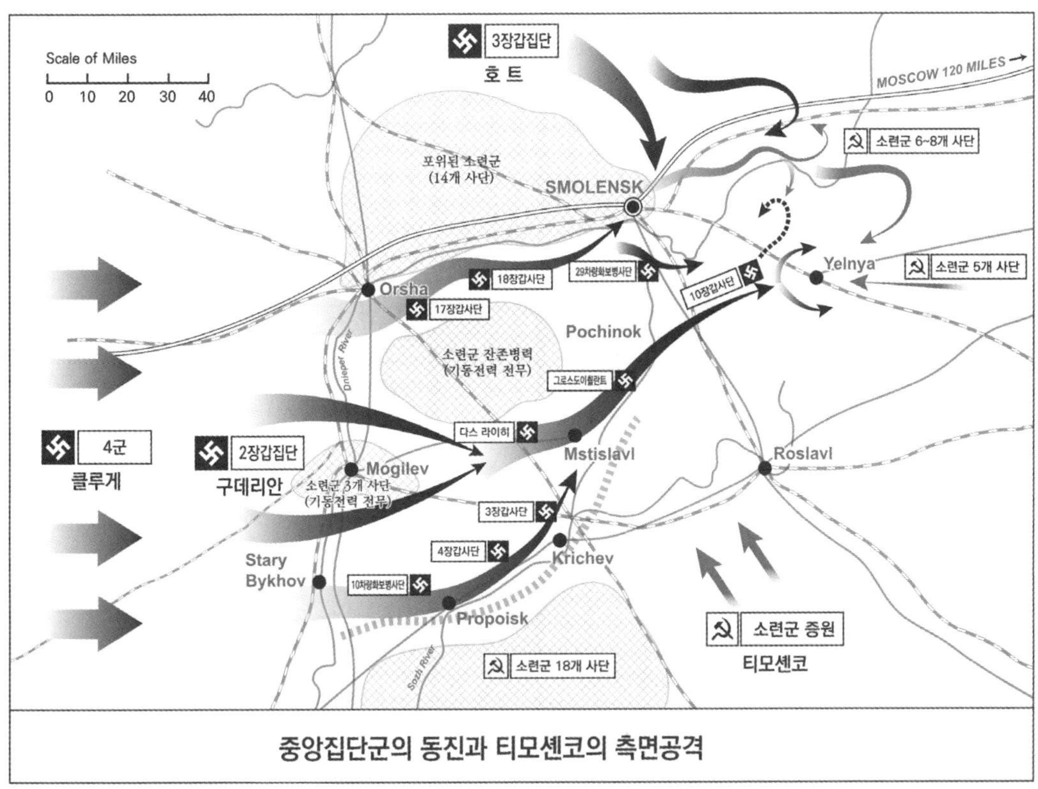

중앙집단군의 동진과 티모셴코의 측면공격

예 전차들로 무장되어 있었다. 카찰로프 그룹은 전차와 소총병들을 동원해 46장갑군단의 우익을 담당하는 '그로스도이칠란트' 보병연대와 18장갑사단에 잽을 날리면서 옐니아로 향하는 독일 제대들을 루드니아(Rudnia)를 지나 북쪽으로 기울어지는 기동을 강요하게 되었다. 18장갑사단은 그때까지 여전히 정수의 20% 전력밖에 되지 않았으나 전날인 7월 22일 신규로 30대의 3, 4호 전차를 공급받은 상태여서 소련군이 쉽게 농락할 수는 없는 조건이었다.[34] 적군의 작심한 기습이었음에도 불구하고 장교와 병원들의 훈련이 전혀 되어 있지 않아 이 공세는 엄청난 희생을 초래했다. 카찰로프 그룹은 기동전력을 한곳에 모으지 못한 채 고질적으로 정면공격만을 고집했기에 구데리안의 유연한 제대들은 비교적 손쉽게 이들을 요리할 수 있었다. 소총병 제대들을 엄호할 포병대의 지원도 전혀 조율이 되지 못했다.[35] 원안대로라면 로슬라블 북서쪽의 포췌프(Pochev)를 에워싸는 형세로 진공할 계획이었으나 독일군 9군단의 263, 292보병사단이 측면을 잘라내고 18장갑사단이 서쪽에서 황급히 들어와 포췌프 북쪽을 다지게 되자 소련군의 공격은 중단되었다. 이날은 411폭격항공연대 소속 10대의 Pe-2 폭격기가 28군의 지원에 동원되어 그 중 5대가 스몰렌스크와 로슬라블 사이에 놓인 샤탈로보(Shatalovo) 공군기지를 공습하는 도중 메샤슈미트에 걸려 모두 격추당했다. 나머지 5대는 오후에 다시 239전투기연대 소속 4대의 LaGG-3의 호위를 받아 공습에 나섰으나 그 중 3대가 파괴되면서 지상군 지원으로서의 기능은 상실하고 말았다. 이

34) BA-MA RH 24-47/2, Kriegstagebuch Nr. 2 XXXXVII.Pz.Korps. Ia 25.5.1941-22.9.1941(1941.7.22)
35) Glantz(2010) pp.307-8

요격은 51전투비행단 4중대의 하인리히 호프만(Heinrich Hoffmann) 중위와 프란쯔-요제프 베에렌브록크(Franz-Josef Beerenbrock) 하사의 몫이었다. 7월 11일 적기 격추 40대를 기록했던 하인츠 배르는 이날 두 대의 폭격기를 없애버림으로써 43, 44기 격추를 갱신했다. 23일 배르 소위는 Il-2 1대를 격추시키면서 45기를 달성하고 7월 말까지 총 55기가 떨어진 Il-2의 진정한 사냥꾼으로 알려지기 시작했다.[36] 이 기종은 대지공격용이라 메써슈미트보다 속력은 떨어지나 엄청난 두께의 강판을 두른 장갑전폭기라는 점에서 결코 쉬운 상대가 아니었다.

7월 23일 티모셴코의 공세가 기술적, 전술적 결함으로 인해 당장 독일군에게 쇼크를 초래한 것은 아니지만 개개의 전투는 상상을 불허할 정도로 극렬한 강도를 띄고 있었다. 다음은 크루글로프카(Kruglovka)에 포진한 '그로스도이칠란트' 1대대(2, 3, 4중대) 전구에서의 기록이다.

".....그들이 온다!! 거대한 인(人)의 물결이 참호 아래쪽의 언덕에서 분지로 몰려들었다. 말을 탄 적군 장교들이 그들 가운데에서 움직이고 있었다. 우리 앞에 놓인 것은 모두 갈색 군복의 소련군이었다. 참호 안의 병사들이 서서히 고개를 들기 시작했다.....

적군 대부분은 우리 앞의 분지에 있었다. 적의 화포사격은 끝났다. 우리들의 귀가 윙윙거리기 시작했다. 내가 있는 곳의 화기는 기관총 2정이 전부였다. 기관총 사격은 분지 쪽을 정확히 겨냥하더라도 아직은 너무 멀었다. 그러자 약간의 박격포들이 지원되었다. 갈색의 운무는 바로 우리 앞에까지 왔다. 마구 사격을 해댔지만 그들을 약화시키지는 못했다. - 그들이 온다! - 점점 더 늘어나고 있다! 하늘은 우리를 질식시키고 있는 것 같았다. 화기중대장 칼 해네르트(Karl Hänert) 중위는 그의 참호 앞에 섰다. 800m 거리였다. 그는 아무 것도 하지 않았다. 대지에 자란 목초 사이로 우리는 적군 하나하나를 확인하기 시작했다. 우리는 그들의 얼굴까지 잘 알아볼 수 있었다. 그들이 오고 있었다.

이때 12정의 기관총들이 일제히 총구를 열었다. 사격은 빠르게 그리고 곧바로 끝났다. 이는 마치 단 하나의 방아쇠가 12정의 총을 격발한 것과 같이 느껴졌다.

이 놀라운 광경은 말로 표현할 수가 없다. 수초 만에 거대한 무리의 인의 물결이 사라졌다. 잠깐의 정적이 감돌았다. 기관총의 재장전 소리가 기계적으로 들려 왔다.

그러자 그들은 우리 100m 앞에서 하나씩 나타나기 시작해 총질을 해대기 시작했다. 척탄병들은 하나하나를 정확히 겨냥해 사냥을 시작했다. 마치 한발에 한 명씩 죽이겠다는 각오였다.

소련군들은 일층 가까이 다가왔다. 그들의 총성은 온 사방으로 울려 퍼졌다. 우리 좌익에서도 소리가 들렸다. 그쪽은 아무런 우군 병력이 없었기에 적군들은 진지를 패스해 나갔다는 의미이기도 했다.

소련군들은 쉴 새 없이 사격을 가해오면서 50m까지 접근해 왔다. 우리들의 사격은 약해졌다. 한 개 참호에는 두 명의 척탄병들이 있었다. 많은 수의 병사들이 죽은 동료 시체 옆에서 날을 보냈다. 대낮이었는데도 당한 우군 병사를 돌 볼 여지는 없었다. 수 시간 동안 그

36) Mombeek, Bergström & Pegg(2003) p.133

들은 더 이상 가까이 다가오지 못했다. 적의 공격은 격퇴된 것인가? 적의 포사격이 재개되면서 어두운 밤을 화염이 밝히기 시작했다. 우리 앞에 있던 적병들은 엄폐물이 없었다. 그들은 그들의 포사격에 당해 비명을 지르면서 죽어갔다.

새벽 1시가 되자 적의 화포사격은 거의 끝난 듯했다.....머리에 가슴에 총을 맞는 병사들은 모두 전사했다. 이는 그들이 적에게 당한 순간에도 사격을 가하면서 서서히 죽어갔다는 것을 의미했다. 적에게 사격을 가하기 위해 그들은 상체와 머리를 내밀 수밖에 없는 상황이었다. 그들은 전선에서 어떻게 하는지를 모두 알고 있었다. 이보다 더한 것을 제공할 수 있을까? 이보다 더 강할 수 있을까?.....[37]

'그로스도이췰란트'는 최초 공세를 이처럼 처절하게 사수하면서 약간의 휴식을 취할 수 있을 것으로 보았으나 23일의 공세는 뒤이어 있을 보다 더 큰 공세의 단순한 예고편에 지나지 않았다.

24일에는 호멘코 그룹의 242, 250, 251소총병사단과 1개 전차여단이 벨뤼 남동쪽에서 발진해 야르쩨보 북서쪽의 두호프쉬취나 방면으로 공격하고, 칼리닌 그룹은 53소총병군단, 89, 91, 166소총병사단이 역시 1개 전차여단과 함께 호멘코 그룹의 초기성과를 바탕으로 전과확대를 위해 두호프쉬취나 정면을 때리고 들어갔다. 또한 가장 북쪽의 벨뤼 방어정면에서는 50, 53기병사단이 두호프쉬취나 후방 깊숙이 파고들어 독일군 57장갑군단의 18차량화보병사단과 19장갑사단의 진격로를 도중차단시키려는 기도를 드러냈다.[38] 이 공세는 서부방면군의 30군도 가세해 야르쩨보와 벨리 사이의 140km 거리를 두고 작심한 공세를 펼쳤다. 우선 소련공군이 대규모의 병단을 동원했다. 예비방면군 소속 153기의 전투기와 100대의 폭격기 및 전폭기, 1폭격항공군단 소속 100기와 2, 3폭격항공군단의 장거리폭격기 120기가 하늘을 덮었다. 이 병력은 주로 호트 3장갑집단이 스몰렌스크 포위망을 좁히기 위해 남진하는 것을 막을 목적으로 주공을 형성했으며 호트의 병력은 예기치 않은 대규모 공습에 병원과 장비를 상실함은 물론, 무엇보다 시간을 빼앗기고 있다는 문제 때문에 전전긍긍하기 시작했다. 특히 7장갑사단은 포위망 남쪽으로 진격해 들어갈 수 있는 가장 유리한 지점에 있었으나 23일의 대규모 공세가 시작되자 현 위치에서 동서로 협공당하는 위치에 서게 되어 이동 자체가 가능하지 않았다.[39] 독일군은 야르쩨보 북쪽에 위치한 남쪽의 7장갑사단으로부터 북쪽 방향으로 12장갑사단, 900교도여단, 20장갑사단, 18차량화보병사단 순으로 포진하고 있었으며 야르쩨보가 스몰렌스크와 최단 거리에 있어 소련군은 여기서부터 돌파를 시도하려는 분명한 의도를 지니고 있었다. 소련군은 보프 강 구역의 50km 구역에 걸쳐 좌에서 우로 101전차사단, 133, 129, 91, 144, 69, 251, 220소총병사단, 즉 1개 전차사단 및 7개 소총병사단으로 독일군 진지의 허점을 찾고 있었다. 7장갑사단 구역은 실개천이 많아 보프 강의 큰 교량이 아니라 하더라도 독일군 진영을 넘다들 장소는 널려 있었다. 사단은 공격할 입장임에도 불구하고 낭장 적군의 반격이 격화됨에 따라 공병들을 풀어 적군의 진격로를 따라 지뢰를 심는 조치를 취했으며 자신들이 장차 드니에프르까지 진출할 때 사용해야 할 다리를 적군

37) Spaetr(1992) pp.205-6
38) Kirchubel(2007) p.59
39) BA-MA 59054, 3. Pz. Gr. KTB 25.5.41-31.8.41, Fols. 159-160(1941.7.24)

◆ V-1-4 롬멜 장군도 그의 능력을 인정했다고 하는 7장갑사단 정찰대대장 한스 폰 룩크 대위. 사진은 44년 당시 서부전선의 것

이 쓰지 못하게 폭약으로 날려야 할 멋쩍은 상황에 처해 있었다. 사단은 7월 27일부터 무려 8월 6일까지 솔로붸보(Solovevo)-말레예보(Malejewo)-사드냐(Sadnja) 구간을 지키는 공자에서 방자의 신세로 바뀌게 되어 방자에서 공자로 전환한 소련군의 반격을 되받아치는 전투를 계속했다.[40] 롬멜의 정기가 서린 이 엘리트 사단이 야르쩨보 부근에서 막혀 고전을 면치 못하게 되자 정찰대대장 한스 폰 룩크 대위는 '전격전은 이제 끝난 것 같다'는 표현을 그의 비망록에 남길 정도였다. 이 말은 그 후 모스크바 정면에서 한스 폰 풍크(Hans von Funck) 사단장이 정확히 그 표현을 되풀이하게 된다.

"이 전쟁은 우리가 생각한 것보다 오래 갈 것 같다. 전격전의 시대는 끝났다."[41]

그러나 소련군 호멘코, 칼리닌 그룹이 맹렬한 공격을 강화시키게 된다는 것은 스몰렌스크 서쪽 포위망이 점점 공고하게 굳어져 간다는 사실에 소련군이 조바심을 나타낸 것으로 봐야 했다. 문제는 여기서 누가 얼마나 끈질기게 버티냐 하는 점이었다. 좌익에 이웃하는 12장갑사단은 보프(Vop) 강을 등진 89, 91소총병사단이 맹공을 퍼부어 예비를 다 닦아 써야 할 위급한 상황에 처했지만 달리 지원병력이 없었으며 그보다 좌익에 있던 900교도여단 역시 89, 91, 166소총병사단을 쳐내느라 이웃 사단 걱정할 형편이 아니었다.[42] 900교도여단 좌익에 위치한 20장갑사단 역시 일단 연료가 부족해 움직일 수 있는 장갑사단이 아니었고 상대적으로 보급창고와의 거리가 멀어 조그만 이동에도 허덕이는 상황이었다.[43] 병원과 차량의 부족을 동시에 안고 있던 20장갑사단의 21장갑연대는 특히 소련군의 야포사격과 스나이퍼 저격에 한참 애를 먹고 있었으며 헬무트 디트리(Helmuth A. Dittri) 본부상사의 증언에 따르면 참호에서 손가락 하나만 보여도 잘 매복된 곳에서 총알이 날아든다고 불평할 정도였다. 57장갑군단은 이때 200km 구간을 4개 사단으로 막아야 할 사정으로, 특별히 이 지역은 전차나 차량이 굴러가기에는 험난한 지형인데 반해 적군의 소총병들과 기병들은 마음대로 들락거리는 대칭적인 조건에 있었다. 연료와 보급상태가 원활치 못해 이 사단들은 이미 정수에 한참 미달하고 있었으며 27일의 20장갑사단은 병원과 장비 양면에 있어 무시 못 할 손실을 입고 있었다. 사단의 모터싸이클 부대는 특히 더 그러했다.[44]

40) Scheibert(1991) p.62
41) Luck(1989) pp.74, 76
42) BA-MA RH 27-12/2, Kriegstagebuch Nr. 1 der 12.Pz.Div. vom 25.5.41 bis 30.9.41, Fol. 67(1941.7.24)
43) BA-MA 59054, 3. Pz. Gr. KTB 25.5.41-31.8.41, Fol. 160(1941.7.24)
44) Luther & Stahel(2020) p.93, BA-MA RH 27-20/2, KTB 20. Pz.Div. vom 25.5.41 bis 15.8.41, Fol. 62(1941.7.27)

남쪽 카찰로프 그룹의 공세 또한 초기 단계에서는 상당한 고민거리였다. 로슬라블 북쪽에서 2장갑집단의 남익을 밀어올리기 위한 적군의 공세는 철저하게 화포사격을 뒷받침한 만만찮은 공격을 가하면서 끊임없이 신규 병력을 투입시키는 저력을 발휘했다. 7월 25일 해당 구역은 145, 149소총병사단이 좌익과 중앙을 맡고 104전차사단이 우익에서 그로스도이췰란트 보병연대의 좌익을 위협하면서 바로 뒤에 포진한 18장갑사단을 우회하려는 기동을 나타냈다.[45] 이곳은 보병사단들이 서쪽에서 아직 이동 중이어서 18장갑사단과 그로스도이췰란트 2개 제대로 막아야 할 상황이었다. 18장갑사단은 개전 이래 가장 큰 곤욕을 치르고 있었으며 26일에는 포취노크 방면으로 밀려났고 27일이 되면 대대가 겨우 중대 규모의 전력으로 떨어지는 긴급한 사태로 전락했다.[46] 그로스도이췰란트는 20m 거리를 두고 백병전을 치르는 살벌한 시간을 가졌으며 가슴에 적탄을 맞은 기관총수는 두 명의 적군이 진지로 뛰어들기 직전 스스로 목숨을 끊는 비장한 순간도 있었다. 포위될 위험을 회피하기 위해 야간에 진지를 이탈한 일부 척탄병들은 불과 50m 뒤에 소총병들이 추격해 오자 수류탄으로 제거하는 등 위기일발의 연속적인 장면들이 연출되었다. 7월 26-27일 야간의 탈주극에서 소련군 장교의 품에서 나온 지도에 따르면 3개 소총병사단이 그로스도이췰란트 구역을 치다가 정지당한 것으로 확인되었다. 이들의 사투로 인해 구데리안 2장갑집단은 측면을 손상당하지 않게 되었으며 척탄병연대의 1대대 2중대는 16명의 전사자와 24명의 부상자를 낳게 한 처절한 사투의 주인공으로 부각되었다. 그로스도이췰란트에 가해진 이 위기는 9군단의 262, 293보병사단이 그로스도이췰란트와 18장갑사단을 해제시키면서 28일부터 겨우 진정 국면으로 접어들었다.[47]

소련공군은 이 시기 진정 온갖 노력을 다 쏟아부은 것으로 평가해도 지나치지 않을 정도로 열심이었다. 질로서 되지 않는 것을 양으로 보전하기 위한 이 노력은 상호 격추비율로는 실패작이었지만 전혀 의미가 없는 것은 아니었다. 14차량화보병사단은 7월 25일 행군 내내 소련공군의 공습을 받아 병원과 장비의 다대한 손실을 입고 있었으며 레멜젠의 47장갑군단은 소련기의 저공비행에 의한 위협에 빈번하게 노출되어 있었다.[48] 이 구역에는 51전투비행단의 4대대 소속 9기만이 남겨져 있어 그 많은 적기들을 다 소탕할 수가 없었다. 이반 포블린(Ivan Poblin) 중령이 이끄는 150폭격항공연대는 하루 3-4회 출격을 통해 독일군 장갑부대를 집중적으로 타격하였으며 7월 26-28일 전체 작전기간 동안 소련공군은 총 20,000회 출격이라는 놀라운 기록을 달성했다. 다량의 출격에도 불구하고 소련기들의 지상타깃 명중률은 신통치 않았으나 포블린 중령의 Pe-2 폭격기들은 독일의 슈투카를 흉내 내는 꽤 정확한 핀포인트 공습을 감행했다.[49] 이때 유독 호트와 궁합이 잘 맞는 폰 리히트호휀의 엘리트 8항공군단 소속 메써슈미트들이 지급으로 날아가 위기를 해소했다. 7월 5일부터 스몰렌스크에 배치되었던 410폭격항공연대의 Pe-2 38기는 7월 26일 총 33기가 공중에서 격추 또는 지상에서 파괴당하면서 김이 새 버렸다. 같은 26일 소련공군 50고속폭격항공연대의 Pe-2 폭격기 7대는 51전투비행단에 걸려 한 개 편대가 몽땅 사라지는 참사를 맞았다. Pe-2는 122전투기연대의 MiG-3

45) BA-MA RH 27-18/20, 18. Panzer Division, Abt. Ia. Kriegstagebuch Teil I vom: 22.6-20.8.41, Fols. 50-51(1941.7.25)

46) BA-MA RH 27-18/20, 18. Panzer Division, Abt. Ia. Kriegstagebuch Teil I vom: 22.6-20.8.41, Fol. 54(1941.7.27)

47) NA : T-313 ; roll 80, Pz. Gr. 2 Ia KTB 22.6.41-23.8.1941, frame 000567-000568(1941.7.28)

48) BA-MA RH 26-14/10, Kriegstagebuch Ia. 14.Inf.Div.(mot) vom 25.5.41-1.10.41, Fols. 87-88(1941.7.25)

49) Smith(1985) pp.198-9

전투기들의 호위를 받았으나 묄더스 비행단의 2대대와 3대대 소속 전투기들이 태양을 등지고 내리꽂히는 동작의 집단습격에서 모두 당하는 운명에 처했다. 소련공군의 기록에는 이날 10-12대의 Bf 109가 등장했다고 했지만 실은 2, 3대대의 소속 전투기들이 섞인 단 6대의 Bf 109들이었다. 게오르크-페터 에더(Georg-Peter Eder) 소위는 오후 6시 43분 최초의 Pe-2를 격추시켰고 그로부터 수분 내에 총 6기의 Pe-2가 불길에 타올랐다. 막시밀리안 마이에를(Maximilian Mayerl) 소위와 오토 슐쯔(Otto Schulz) 상사가 각각 2대를 잡았으며 7번째 Pe-2는 피격된 상태에서 도주하다 지면에 떨어져 파손되는 것이 목격되었다. 26-27일간의 공중전은 훈련이 안된 소련군 조종사들에게는 재앙적 타격을 안겼다. 메써슈미트들은 단 6기만 손상되었을 뿐 83기를 격추시키는 경이적인 기록을 수립했다. 소련군들은 어차피 상대가 안 되는 전투임에도 불구하고 매일 출격하는 근성을 발휘하였고 조종사들의 평균 수명은 불과 수주에 지나지 않는 상태에서 희생된 병원들을 대체하는 인원 확충문제에도 적신호가 들어오고 있었다. Ju 87 슈투카들의 대지공격 역시 가공할 만한 위력을 발휘했다. 26일 9군 5보병사단 상공에 뜬 21대의 슈투카들은 말 그대로 '대량학살'에 가까운 공습을 시현했다. 28일 루프트봐훼 2항공군은 총 696회 출격을 달성하면서 327회에 그친 소련공군을 눌렀다. 같은 날 샤탈로프카의 47장갑군단이 적기의 공습에 다시 노출되었을 때는 51전투비행단의 3대대가 날아와 9기를 격추시키면서 위기를 타개했다. 그중 요아힘 학커(Joachim Hacker) 소위가 4대를 요리했다. 서부방면군의 410폭격항공연대는 총 38대의 Pe-2폭격기를 수주 만에 33대나 파괴당했으며 방면군 공군 전체는 7월 1일 신규로 900기를 지원받아 1,300대로 루프트봐훼들과 대결했으나 7월 29일까지 수중에 남은 것은 188기에 불과했다.[50] 7월 한 달 동안 소련공군은 일일 240회 출격이었는데 반해 독일공군은 575회를 과시했다. 소련군에게 다행스러웠던 것은 그래도 7월 한 달 동안 총 900대의 신규 공군기를 지급받을 수 있었다는 부분이었다. 물론 이는 3개 전구로 나뉘어 배치될 경우 중앙집단군 공세구역에 할당되는 것은 50% 정도일 것으로 추산되었다.

티모셴코의 반격은 이번에도 큰 성과가 없었다. 기본적으로 전차의 양이 부족했고 탄약도 모자란다는 보급의 문제와 더불어 제대간 공조방식은 더욱 엉망이었다. 소련군은 아직 큰 규모의 병단을 작전에 투입해 유기적으로 관리해 나가는 능력이 빈약한데다 여전히 요긴한 병력을 당장 필요한 곳에만 축차적으로만 갖다 놓는 보수적인 방식에 의존하고 있었다. 그나마 가장 괄목할 만한 진전이 있었다면 가장 전력이 약했던 로코솝스키 그룹이었다. 겨우 2개 소총병연대와 4개 포병연대로 출발한 로코솝스키는 38소총병사단의 잔존 병력과 101전차사단의 전차 90량을 끌어 모아 28일 브야지마-모스크바를 향하는 독일군의 가장 의욕적인 사단들 앞에 나타났다. 39장갑군단 소속 7장갑사단과 20차량화보병사단은 공세가 중단되었을 뿐 아니라 로코솝스키 제대의 정력적인 반격작전에 의해 뒤로 밀려나는 수모를 당했다. 17장갑사단이 지원으로 투입되었으나 로코솝스키를 격퇴시키지 못했으며 101전차사단과 38소총병사단이 야르쩨보 남쪽 구역을 철통같이 방어하는 바람에 스몰렌스크와 도로고부즈 중간에 놓인 솔로붸보(Solovevo) 근처로 다가가 포위망 외곽을 확보하는 일도 실현되지 못했다. 지상군으로 승부가 나지 않아 폰 보크는 공군력으로 제압하면서 추가적인 전과를 내지 못하도록 공세정면에 적군을 묶어 놓는 정도로 만족해야

50) Bergström(2007) p.48, Bergström(2016) pp.135-6

했다. 따라서 티모셴코의 반격작전이 여전히 미숙하고 어설픈 것은 사실이었지만 독일군 주공의 진격을 더디게 하면서 상당한 출혈을 불가피하게 만든 화공전술의 효과는 이 작전이 전혀 무의미한 것은 아니라는 점을 시사하기도 했다.[51]

신설된 5개 그룹이 티모셴코의 반격을 담당하는 동안 스타프카는 서부방면군의 혼란스런 지휘체계를 정리하기 위해 7월 23일 서부방면군을 2개로 나누어 중앙방면군을 창설키로 했다. 16, 19, 20, 22군은 서부방면군으로, 13군과 21군은 중앙방면군으로 배치되었으며 4군은 해체되어 13군에 포함되도록 했다. 서부방면군은 티모셴코가 그대로 지휘하고 13군 사령관 쿠즈네쪼프(F.I.Kuznetsov)가 중앙방면군을 담당케 되었다. 양 방면군의 경계는 브리얀스크, 로슬라블, 쉬클로프(Shklov)와 민스크이며 각 도시 자체는 서부방면군 관할로 지정되었다.[52] 새로 만들어진 중앙방면군의 주 임무는 고멜과 소즈 강 구역을 방어하는 것이었으나 두 개 군의 상태가 정상이 아니어서 도대체가 가능한 임무는 아니었다. 쥬코프는 좀 더 많은 포병전력을 바탕으로 3개 군을 중앙방면군에 지원할 것을 건의하였으나 받아들여지지 않았다. 쥬코프는 적군에서 가장 공격적인 성향의 니콜라이 봐투틴(Nikolai Vatutin) 북서방면군 참모장에게 해당 임무를 부여하자는 매우 구체적인 인사이동까지 제기했지만 스탈린은 회의적이었다. 스탈린은 병력을 뽑아 남동쪽으로 치우치게 할 경우 모스크바 정면이 위험하다며 옳은 선택으로 보지 않았다. 쥬코프는 2주 내로 완편전력의 9개 사단이 극동지역에서 이동하여 모스크바 앞에 배치될 예정이기에 큰 문제는 없다고 주장했으나 스탈린은 그럼 일본 관동군은 누가 막느냐며 계속해서 시큰둥한 반응으로 일관했다. 쥬코프의 고민은 개전 한 달이 된 시점에서 독일군이 레닌그라드나 모스크바 정면으로 들어올 가능성은 희박하다고 보고 당장 운샤(Unscha)와 고멜(Gomel) 구역에 포진한 약체 소련군을 향해 장갑부대가 찌르고 들어간 뒤 측면을 후벼내어 남서방면군의 배후로 침투하는 우려였다.[53] 그 때문에 쥬코프는 당장 독일군의 2대 목표인 레닌그라드와 모스크바가 아닌 남동부 전선의 위기를 가장 우려했던 것으로 보인다. 이는 결과적으로 맞아떨어진 명석한 예측이었다.

* * * * *

옐니아의 다스 라이히

"우리는 결코 막강한 병력이 아니었다.
4명 중 3명은 통신소대원이었고 참모차량 운전원들과 수명의 연락병들이 예비의 전부였다....
소련군은 대대 병력으로 3중대를 공격하고 2소대 구역에서 돌파를 달성했다.
튀크젠 SS대위는 예비병력과 본부중대원들을 이끌고 적군의 저지에 나섰다!"
('다스 라이히' 모터싸이클대대 연락병, 헬무트 균터 : 1941.7.25-26)

51) Stahel(2009) p.285
52) Glantz(2010) p.293
53) Erickson(1983) pp.177-8

◆ V-1-5 다스 라이히 '도이췰란트' 연대장 빌헬름 비트리히 SS대령. 친위대라는 고정관념과는 달리 적으로부터도 존경을 받았던 기사도 정신에 투철한 군인으로, 41년의 가장 힘든 전투들을 극복하면서 동부전선에서 가장 신뢰받는 야전지휘관으로 각인되었다.

옐니아는 이전처럼 양군 모두 상당한 출혈과 피해를 나타내면서 날로 격화되는 전투를 치르고 있었다. 7월 21일 티모셴코가 반격작전을 준비하는 동안 휘팅호프는 옐니아 동쪽 데스나-우샤 구역에 적군 병력이 증강되는 것을 보고 옐니아 남동쪽에서 자체적인 공세를 취하려고 했다. 샬의 10장갑사단은 일단 남쪽에서 진격을 시작해 데스나 방어구역 전체를 뒤로 밀쳐낼 작정을 하고 22일 정오 전에 공격을 개시했다. 10장갑사단은 탄약이나 연료가 태부족이라 야포의 포탄도 헤아려가며 쏠 정도였으며 7장갑연대는 21일에 겨우 수 대의 전차를 가용할 수 있게 되었다.[54] 다스 라이히는 10장갑사단의 좌익에 위치했다. 옐니아의 북동쪽에서 접근한 다스 라이히는 옐니아 동쪽 8km 지점 프로니노(Pronino)와 125.6고지를 점령하고 이게 먹히면 다시 프로니노 남동쪽 8km 지점의 코스튜키(Kostyuki) 주변의 고지대를 장악할 계획이었다.

오후 2시 45분 10장갑사단의 맹렬한 화포사격이 있은 다음 보병들은 도로 제방 양쪽을 따라 소련군 진지로 다가갔다. 이미 야간의 공습과 포병대의 사격으로 상당한 피해를 입은 소련군들은 마지막 한 명까지 처절한 항쟁을 전개하였고 맨투맨의 백병전도 쉴 새 없이 전개되었다. 독일군은 이러한 근접전을 별로 경험한 적이 없는 아웃복서였으나 소련군의 인파이팅은 이제부터 단골 메뉴가 될 참이었다. 69, 86보병연대가 벙커 라인을 장악하고는 앞으로 더 전진해 나갔다. 일부 지역의 소련군은 독일군의 마지막 열이 지나갈 때까지 버티다 소탕되는 등 진격은 다른 구역처럼 속도가 나지 않았다. 22일의 전투는 어둠이 깔리자 휴식에 들어갔으며 전차의 수리가 시급해 7장갑연대의 전차들은 옐니아 서쪽 12km 지점까지 이동해 보급을 완료해야 했다. 수중에 남은 가용한 전차는 2호 전차 5량, 3호 전차 4량이 전부였다. 10장갑사단은 이미 21일부터 차량의 엔진오일이 심히 부족하다는 보고와 함께 움직일 수 있다고 해봐야 7장갑연대는 오일과 새로운 엔진을 공급받을 때만이 겨우 가용하다는 푸념을 늘어놓고 있었다.[55]

빌헬름 비트리히(Wilhelm Bittrich) SS대령 지휘 하의 다스 라이히 '도이췰란트' 연대 1, 2대대는 탄약 부족으로 사전 화포사격없이 선봉으로 10장갑사단의 좌익에서 공세를 폈졌다. 소련군은 고지대에 토치카를 설치한 상태에서 저지대로부터 올라오는 독일군을 상대했기에 공격팀의 피해는 결코 적지 않았다. 특히 가장 전방에서 공격한 3중대는 가장 많은 피해를 입었으며 소련군

54) BA-MA RH 27-10/26a, Kriegstagebuch der 10. Panzer Division Nr. 5 vom: 22.5 bis: 7.10.41, Folier 번호 없음 (1941.7.21)
55) BA-MA RH 27-10/26a, Kriegstagebuch der 10.Panzer Division Nr.5 vom: 22.5 bis: 7.10.41(1941.7.21)

의 포사격에 수시로 참호 안으로 들어가야 했고 적의 반격 때에는 모든 장교들이 개인화기로 스스로를 방어해야 할 정도로 사정은 다급해졌다. 독일공군이 적 진지를 찾아내 일부는 파괴시켰으나 교묘히 위장된 야포진지는 살아남아 계속해서 다스 라이히의 병사들을 괴롭히고 있었다.

2진으로 출발한 오토 쿰의 '데어 휘러'는 '도이췰란트'를 도와 적군의 '반격에 대한 반격'을 시도했다. 치열한 근접전이 치러지는 가운데 소련군의 포사격은 적군과 우군의 구분없이 사방으로 행해졌다. '데어 휘러'는 소련군의 가장 강력한 진지가 포진한 곳까지 진격해 신속한 우회기동을 시도했다. 3대대의 하안(Hahn) SS대위는 쿰의 지시에 따라 소련군의 좌익으로 돌아가 측면을 강타하자 조직적인 저항이 불가능하게 된 소련군들은 뒤로 후퇴하기 시작했다. 그러나 비싼 대가를 치렀다. 오후 9시 탈진상태에 도달한 다스 라이히의 장병들은 더 이상의 추격은 하지 못한 채 125.6고지를 통제하에 두는 것으로 그날의 전투를 마쳤다.[56] 소련군 역시 엄청난 사상자를 발생시켰으며 그 중 19소총병사단의 피해가 가장 컸다. 다스 라이히는 1,100명을 포로로 잡았다. 단 이들 적군 제대는 끊임없는 병원의 지원을 받아 이전 수준을 빠르게 회복할 수 있었으며 100, 103소총병사단은 구멍이 발생한 19소총병사단의 우측면에 포진해 차기 공세에 대비하고 여타 제대는 좌익에 포진되었다. 각종 중화기를 비롯한 야포들도 속속 증강 배치되었으며 독일군에게는 악몽이 될 카츄샤 다연장로케트까지 전방에 나타나기 시작했다.

7월 23일 오전 4시 소련군은 '데어 휘러' 전구에 대대적인 공격을 감행했다. 이미 22일의 정찰을 통해 소련군이 남동쪽, 남쪽, 북동쪽에서 병력집중을 추진하는 것으로 관측되었기에 새삼스러울 것은 없었다. 새로운 포병 제대의 화포사격과 전차를 동반한 소총병들의 공격은 22일에 탈취당한 고지대를 도로 되찾겠다는 의지의 표현이었다. 그날따라 유달리 타는 듯한 더위가 대지를 뒤덮은 가운데 소련군은 빽빽한 곡물지대를 은폐물 삼아 독일군 진지로 접근해 나갔다. '데어 휘러'의 중화기 중대들은 수중의 모든 화기들을 쏟아부어 대지를 불태워 버릴 것 같은 기세로 집중적인 화포사격을 가했다. 도저히 감당하기 어렵다고 판단한 적군은 무질서하게 뒤로 후퇴했다. 소련군은 같은 시각에 10장갑사단에 대해서도 공세를 취했다. 사단의 남쪽과 남서쪽 측면에 대한 공격이 가장 거세게 나타났다. 사단은 다행히 군단 본부로부터 81박격포지대와 268가농포지대의 지원을 받고 있어 화끈한 화포사격으로 적군의 반격을 떨쳐낼 수는 있었다. 사단의 좌익에는 다스 라이히의 정찰대대가 옐니아 서쪽 20km 지점 글린카(Glinka) 철도역 부근을 점령하고 있었다가 소련군의 포사격과 소총병 제대의 공격에 상당한 애로를 안고 있었다. 당연히 퇴각을 하는 것이 불필요한 피해를 줄이는 일이었으나 당장 빠진다면 10장갑사단의 좌익이 노출될 위험이 컸다. 요하네스 뮬렌캄프 SS대위의 정찰대대는 과다출혈을 느끼기 직전까지 갔다가 사단의 지원으로 겨우 위치를 지켜낼 수는 있었다. 23일 '데어 휘러' 한 개 연대는 총 38km의 거리를 방어하였고 좌익 구역은 대공포부대에 의해 간간히 정찰을 하면서 경계를 서야 했기에 연대는 공병대대만을 예비로 남겨놓은 채 모든 병력을 방어선 유지에 투입해야 했다. 단 이날은 그리 위험할 것이 없었던 것이 소련군 수비대 역시 독일군 병력의 규모를 잘 알지 못해 대대급 규모로 강행정찰을 수차례 시도하는 정도에 머물러 있었으며 본격적인 전투는 아직 시작도 하지 않았다는 점이었다.[57]

56) Weidinger(1995) p.308
57) Weidinger(1998) p.151

◆ V-1-6 다스 라이히 모터싸이클대대장 프릿츠 클링겐베르크 SS대위. 1941년 발칸 전역 시 축구팀과 동일한 11명의 특공대를 이끌고 유고의 수도 베오그라드를 공갈협박만으로 점령한 장본인.

23일 구데리안은 옐니아의 열악한 상황을 직접 눈으로 확인하기 위해 10장갑사단을 방문했다. 사단장 샬은 하루에만 소련군 전차 50대를 격파하면서 전선을 지켜내고는 있으나 연료와 탄약이 고갈 시점에 도달하고 있어 보급이 없는 한 도저히 전진할 수 없다는 형편을 단도직입적으로 표현했다. 옐니아까지 도착해야 할 보급종대는 450km나 뒤에 처져 있어 당시의 운반사정으로서는 긴급수혈이 도저히 가망이 없는 상태였다.[58]

구데리안은 가장 동쪽 끝자락으로 진출해 있던 옐니아 북쪽의 다스 라이히 제대도 방문했다. 이곳은 1941.4.12 단 10명의 부하들로 유고슬라비아의 수도 베오그라드를 점령해 기상천외의 특공작전을 펼쳤던 프릿츠 클링겐베르크(Fritz Klingenberg) SS대위의 모터싸이클대대가 포진한 곳으로 구데리안은 이 좁은 구역이 왜 돌파가 안 되는지를 스스로 체험해 보는 기회를 가질 수 있었다. 클링겐베르크 SS대위는 명령만 주어진다면 언제든지 어떻게든 싸우겠으나 탄약이 없이는 아무리 광신적인 전투를 하는 SS라도 어렵지 않겠느냐는 능청맞은 보고를 올렸다. 구데리안은 다스 라이히의 고전을 감안해 도로고부즈 구역은 '그로스도이췰란트'가 지원으로 도착할 때까지 당분간 연기하는 것으로 결정했다.[59] 그러나 포취노크(Pochinok) 남방에 주둔하고 있던 '그로스도이췰란트'가 한가하게 예비로 있던 것은 아니었다. 소련군은 벌써 두 번에 걸쳐 연대급 병력으로 독일군 저지선을 돌파한 적이 있어 이웃하는 18장갑사단은 '그로스도이췰란트'가 현 위치를 버리고 다스 라이히를 지원한다는 명분으로 도로고부즈로 공세를 취하는 것에 반대하고 있었다. 또한 이미 104전차사단 소속 40-50대의 적 전차가 소련군 전선 뒤를 돌아 24일에는 공격으로 나올 것 같다는 첩보까지 입수된 상태였다.[60]

구데리안은 일단 휘팅호프 군단장에게 보급이 완료될 때까지 공세를 늦추어도 좋다고는 했으나 모스크바로 가는 길목에 있는 옐니아를 발진지점으로 사용하는 것을 계속해서 고집했다. 처음으로 발목이 잡혀 독일 장갑부대 특유의 기동전이 먹히지 않는 데 따른 오기가 작동했던 것인지는 알 수가 없으나 구데리안은 옐니아에 지나치게 집착하기 시작했다. 결과론적으로는 호트가 불평을 늘어놓는 와중에도 스몰렌스크 포위망을 다지기보다 옐니아를 넘어서는 일에 더 집중했던 구데리안의 전투방식으로 인해 상당수의 적군 병력들이 그 시각에도 포위망을 빠져나가고 있다는 보고가 들어오고 있었다. 케셀링 공군원수도 약 10만 명의 소련군들이 주로 구데리안이 지켰어야 할 남쪽과 남

58) BA-MA RH 21-2/819, Kriegstagebuch der O.Qu.-Abt. Pz. A.O.K.2 vom 21.6.41 bis 31.3.42, Fol. 285(1941.7.24), Guderian(1996) p.181
59) Guderian(1996) p.181
60) BA-MA RH 27-18/20, 18. Panzer Division, Abt. Ia. Kriegstagebuch Teil I vom: 22.6-20.8.41, Fol. 46(1941.7.23), Fol. 48(1941.7.24)

◆ V-1-7 8대의 전차를 격파하면서 장렬히 전사한 다스 라이히 장갑엽병대대 2중대 에리히 로쓰너 SS상사.

동쪽으로 탈출한 것으로 집계했다. 실제로 2, 3장갑집단은 아직 스몰렌스크 포위망을 완전히 구축하지도 않은 상태에서 옐니아를 관통하는 중앙공격은 지지부진한 상태였기에 폰 보크의 조바심은 날로 높아져 갔다. 이게 누구 책임인가를 따기지 전에 이미 23일부터 티모셴코의 반격이 전 전선에서 시작되고 있었으므로 구데리안과 호트는 일단 가용한 모든 병력을 끌어모아 눈앞의 적을 쳐내는 것에 매달리게 되었다.[61]

7월 24일 소련군은 병원과 장비의 수적 우세를 바탕으로 125.6고지를 탈취하기 위해 공세를 재개했다. 샬은 당장 취약한 지구를 틀어막기 위해 7장갑연대의 7중대 전차들을 파견했으며 이 혜안은 효과를 보았다. 불과 수분 정도로 간발의 차이를 두고 도착한 독일군 전차들은 수비라인을 침투한 7대의 적군 전차를 정확히 때려잡았다. 단 독일전차가 없는 장소로 들어온 소련군 전차들은 상대적으로 유리한 국면을 만들 것으로 예상되었지만 사실은 그렇지를 못했다. 다스 라이히 방어구역 골짜기 지형에서 50mm 대전차포를 갖고 있던 장갑엽병대대 2중대의 에리히 로쓰너(Erich Rossner) SS상사는 8대의 소련전차들이 침투한 것을 발견하고 부하들에게 50m 안으로 끌어당길 때까지 사격하지 말 것을 지시했다. "놈들을 50m 안으로 들어오게 해라. 최초 전차를 때린 뒤 두 번째 전차를 같은 방식으로 처리하고 나머지를 순차적으로 잡아라."[62] 그의 부하들은 그가 시키는 대로 이행했다. 전차엔진의 굉음이 가까이 다가올 때는 병사들의 심장이 최고 피치로 두근거리는 것이 당연하나 이들은 침착하고도 싸늘하게 적군을 맞이하고 있었다. 로쓰너 SS상사는 선두 전차를 정통으로 맞히면서 화염에 치솟게 했다. 두 번째 전차를 겨냥하려하자 이놈은 그냥 전차가 아니라 화염방사전차였다. 지옥불의 화염이 주포를 밀쳐 나오는 순간 독일군들은 비호처럼 참호로 몸을 날렸다. 소련 전차병들은 자신들이 포대를 확실히 부순 것으로 오인하고 독일군의 죽음을 확인하기 위해 전차 밖으로 나와 주변을 살피기 시작했다. 로쓰너와 그의 부하들은 갑자기 상체를 들고 일어나 기관단총으로 부주의한 적군들을 모조리 사살했다. 이 작은 전투는 수류탄으로 시작해 개인화기, 나중에는 부삽까지 휘두르는 백병전이 되고 말았다. 그 직후 다시 대전차포를 잡은 이들은 연속으로 나머지 7대의 전차들을 격파하며 전차 대 전차의 대결보다 몇 배나 어려운 대전차전을 치르면서 진지를 막아냈다. 대전차포만으로 8대의 적군 전차들이 단 5분 안에 쓰리졌다는 것은 그때까지로는 기록적인 전과였다. 로쓰너 SS상사는 25일 전투에서 파편을 맞아 7월 30일 23세의 나이로 전사했다.

61) BA-MA 59054, 3. Pz. Gr. KTB 25.5.41-31.8.41, Fol. 156(1941.7.23) / BA-MA RH 21-2/928, KTB Nr. 1 Panzergruppe 2 Bd.II vom 22.7.1941 bis 20.8.41, Fol. 14(1941.7.23)

62) Mooney(2008) p.84

그는 극히 소수의 병원으로 8대의 전차를 파괴한 전공에 근거해 8월 25일 기사철십자장에 추서되었다.[63]

다스 라이히 포병연대 6중대는 24일 전초기지로부터 소련군 전차 5대가 접근하고 있다는 연락을 받고 경계에 들어갔다. 6중대는 절벽 뒤에 자리잡고 있었으며 신통찮은 대전차화기의 성능상 200m 거리 내로 좁혀야 제대로 된 사격을 할 수 있었다. 이에 중대장 슈텔터(Stelter) SS소위는 에른스트 호른(Ernst Horn) SS병장에게 37mm 포를 끌고 전방의 작은 언덕으로 이동할 것을 지시했다. 호른 SS병장은 2톤짜리 경곡사포 IFH 18을 새로운 장소에 포진시키고 전방을 주시해 본 결과 3대의 전차는 1,800m 거리에서 독일군 진지 정면을 향하고 나머지 2대는 인근 마을로 돌아 들어가는 것이 관찰되었다. 호른은 1,500m에서 첫발을 갈겨 명중시키기는 했으나 소용이 없었다. 상대는 말로만 듣던 T-34로서 이 경화기로는 사정거리가 1km가 넘으면 무용지물이라는 것을 느꼈다. 선두 전차는 300m 안으로 접근하자마자 갑자기 분지 안으로 숨어 들어가 버렸다. 이때 37mm 대전차포가 가까이 배치되었다. 이 역시 T-34에게는 상대가 되지 않는 장난감이었다. T-34는 37mm 대전차포를 깔아뭉개면서 돌진한 뒤 호른 SS병장이 있는 곳으로 방향을 틀고 들어왔다. 호른은 되건 안 되건 곡사포를 연사하면서 15m까지 접근할 때까지 죽을힘을 다해 버텼다. 워낙 근거리에서 쏜 탓에 우군의 파편에 중대장이 부상을 입기도 했다. 호른은 목숨을 걸고 T-34에 대항해 6m 앞에서 조종수의 해치를 강타했다. 해치가 안으로 빨려 들어가면서 둔탁한 소음이 난 뒤 갑자기 전차는 멈춰 버렸다. 호른과의 거리는 불과 5m였다. 호른이 미친 듯이 연타를 가하자 T-34는 드디어 불길에 휘감기면서 내부 유폭으로 폭발해 버렸다. 호른은 이와 같은 근접전으로 5대의 전차를 모두 격파했다. 이 순간까지 경곡사포로 T-34를 이렇게 격파한 적은 없었다. 파리채로 멧돼지를 때려잡는 이 무공은 '도이췰란트'의 비트리히 연대장까지 감격해 찬사를 아끼지 않았다. 소련군 전차는 오후 6시 30분에 '도이췰란트' 2대대 쪽으로 들어왔고 독일군은 대전차포로 8대 중 3대를 격파시켰다. 1시간 뒤에는 3대대 전구로 다시 들어왔으나 이 역시 3대의 전차를 파괴시키면서 김이 빠지게 만들었다. '도이췰란트' 연대는 이날 소련군의 모든 공세를 쳐냈고 중전차만 10대를 격파하는 기록을 남겼다.[64]

독일군 두 사단의 분전에도 불구하고 옐니아 북동쪽 구역은 소련군의 지속적인 공세로 말미암아 여전히 취약지대로 남아 있었다. 특히 도로고부즈 도로로부터 주공을 밀어 넣을 경우 휘팅호프 군단 전체가 위기에 빠질 위험이 상존하고 있었다. 소련군은 24일 옐니아 북동쪽 38km지점 도로고부즈 국도 상에 위치한 우샤코보(Ushakowo)를 점령했다. 이곳은 독일군이 최종적으로 재탈환할 때까지 주인이 세 번이나 바뀌는 지옥의 혈전장으로 변해 가고 있었다. 북서쪽의 다스 라이히 모터싸이클대대 구역도 한참을 두들겨 맞으면서 인원과 장비의 피해는 급상승하기 시작했고 전차를 동반한 소총병 제대의 순차적인 공격은 엄청난 압박을 만들어냈다. 모터싸이클대대는 결국 공병대대에 의해 대체되었으며 우샤코보(Ushakowo)를 두 번이나 적군에게 빼앗기는 곤란을 겪고 있었다. 결국 오후가 되자 40km 공세정면 전체에 걸쳐 점점 악화되는 상황으로 인해 다스 라이히는 옐니아의 좌익을 내주면서 부분적으로 후퇴하는 방안을 택했다.[65]

63) Weidinger(1995) p.315, McTaggart(2017) p.62
64) Weidinger(1995) pp.318-9
65) BA-MA RH 21-2/918, KTB Nr. 1 Panzergruppe 2 Bd.II vom 22.7.1941 bis 20.8.41, Fols. 22, 24-25(1941.7.24)

구데리안은 고심 끝에 남쪽에서 도로고부즈를 치기 위해 17장갑사단과 다스 라이히만으로 작전을 전개하려 했다. 그때까지의 조건으로 보아 이 기도는 대단히 위험스러운 작전이었기에 7월 25일 폰 클루게는 작전발동 바로 직전에 너무 출혈이 과다한 계획이라며 구데리안을 설득하여 취소토록 했고, 구데리안은 이번에는 상관의 명을 그대로 따르기로 했다.[66] 구데리안이 폰 클루게의 의견에 동의한 몇 안 되는 희귀한 케이스에 속한 에피소드였다.

7월 25일 오후 5시 다스 라이히 참모장 붸르너 오스텐도르프(Werner Ostendorff) SS중령은 군단의 예비로 남아 있던 수 대의 전차, 4문의 대전차포, 그리고 '자이들리츠'(Seydlitz), '지텐'(Ziethen), '데어플링거'(Derfflinger), 돌격포 3대를 끌고 나타나 적의 공격에 가장 취약한 장소로 다가갔다. 오스텐도르프 SS중령은 서쪽으로 우샤코보 마을 측면으로 다가가 스스로 정찰을 행한 다음 전차와 돌격포, 중화기와 보병들을 직접 지휘해 소련군 사격지점까지 접근하는 대범함을 보였다. 소련군은 야포사격으로 대응하면서 처절하게 저항했다. '자이들리츠'와 '지텐'은 각각 적 전차 1대씩을, '데어플링거'는 야포 1문과 대전차포 1문을 파괴하고 SS공병들은 육박전투를 불사하며 적군의 방어를 무너뜨렸다. 오스텐도르프는 서로 다른 병과의 장병들을 체계적으로 재편성하여 공병들을 기능적으로 투입하고 돌격포중대는 적의 기동전력이 그리 만만치 않았음에도 불구하고 가장 힘든 전투를 승리로 이끌게 하는 뛰어난 지도력을 발휘했다.[67] 그는 중과부적의 상태에서도 가장 모험적인 역침투를 달성하고 적군을 포위섬멸해 주방어선을 회복함으로써 북쪽 경계 전체에 대한 적군의 침입을 제거하는 업적을 이루어냈다. 오스텐도르프는 단순히 참모본부에서 펜을 굴리는 재미없는 관료가 아니라는 점을 입증했다.

오전 10시 20분 '데어 휘러' 연대 방어구역으로 공격해 온 적군의 전차공격과 11시 '도이칠란트' 연대에 대한 공세는 격퇴되었다. 전날부터 증강되기 시작했던 소련군 포병대는 독일군보다 5배나 많은 수의 야포들을 포진시키면서 한 개 중대 구역에 대해 5분 동안 156문의 야포들이 불을 뿜는 막강한 화력을 과시했다. 소련군은 낮 12시 30분 전차와 소총병 제대가 함께 '데어 휘러' 2대대 구역을 치고 들어가게 했으며 이는 대전차공격으로 일단 물러나게 했다. 소련군은 오전 중에만 13대의 전차를 상실한 뒤에도 다시 27대를 몰아 다스 라이히와 10장갑사단 경계에 해당하는 구역에 병력을 집어넣었다. 4-6대의 전차가 경계선을 뚫고 들어와 그중 3대의 적 전차는 옐니아를 거의 관통할 정도로 의욕적인 침투를 기도했다. 샬은 88mm 대전차포와 얼마 되지 않는 전차들로 유기적인 공조와 효과적인 화망을 형성하여 불과 30분 만에 적 전차 27대 중 16대를 불길에 잠기게 했다.[68] 소총병들은 피격된 전차들 바로 뒤에 붙어 있었기에 전차가 폭파당하면서 동시에 목숨을 잃는 피해를 당했다. 소련군에게 돌파당한 곳은 단 한 군데에 지나지 않았으나 만약 소총병들이 뒤따라 들어왔다면 판세는 사뭇 달라질 수도 있는 상황이었다. 소련군은 여전히 가장 기본적인 수준의 전술이해도가 부족한 상태에서 억울하게 많은 장병들의 목숨을 앗아가는 작전행동을 수도 없이 일삼는 고질적인 문제들을 노정시키고 있었다.[69] 소련군들은 제병협동의 원칙과 기법들을 아직 터득하지 못했다. 적군의 장갑차량이나 전차와 보병들을 분리시킨 뒤 지능적으

66) NA : T-313 ; roll 80, Pz. Gr. 2 Ia KTB, frame 7.318.699(1941.7.25)
67) Wedinger(1995) p.317, Mooney(2008) p.86
68) NA : T-315 ; roll 561, frame 000430(1941.7.25)
69) Fugate & Dvoretsky(1997) p.172

로 각개격파시키는 테크닉이 발휘되는 것은 아직은 독일군들의 몫이었다. 25일 다스 라이히는 사상 처음으로 소련군의 30톤짜리 T-28 중전차와 맞대결을 펼치는 상황에 처했다. 정찰대대 봐이젠바흐(Weisenbach) SS소위와 엠(Ehm) SS소위는 37mm 대전차포가 먹히지 않자 소련군 중전차에 올라타 환기구로 폭약을 밀쳐 넣고 가솔린을 부어 엔진에 불이 붙게 하는 방식으로 대전차 육박전투를 전개했다. 익명의 부사관 한 명은 전차에 올라타 도끼로 기관총을 망가뜨리게 한 다음 권총을 관측창으로 밀어 넣어 적병들을 사살하고 불을 붙여 파괴시키는 만화 같은 전공을 세우기도 했다. 또한 쿰프(Kumpf) SS중위 휘하 '도이췰란트'연대 11중대는 중대만으로의 단독행동으로 3대의 전차, 5문의 대전차포, 2기의 중박격포, 중기관총 6정 및 다수의 개인화기들을 파괴하거나 노획하는 전과를 올렸다. 뮬렌캄프 SS대위는 옐니아를 거치면서 지금까지 이러한 전투를 해 본 경험이 없었다고 술회하고 독일군이나 소련군이나 마지막 총알이 다할 때까지 싸웠다는 증언을 남긴 바 있다. 오토 봐이딩거는 이때의 대전차 육박전투를 두고 "적 전차를 추격하는 것은 이제 스포츠가 되었으며 전차에 대한 공포는 사라졌다."라고 술회했다.[70] 다스 라이히는 23-25일간 중전차 T-28 8량을 포함해 총 52량의 소련군 전차들을 격파했다. 이는 당시 독자적인 전차 전력이 없던 다스 라이히가 무려 7배나 많은 적군을 상대로 오로지 대전차 육박공격에 의해 성취한 놀라운 기록이었다. 사단은 특히 옐니아와 앞으로 있을 모스크바 외곽 전투에서 엄청난 병원의 피해를 입게 되나, 그러한 지옥의 사투를 이겨 낸 다스 라이히는 동부전선의 최일선에서 귀중한 경험들을 전취하면서 독일군 최강 사단의 하나로 등극하게 된다.

7월 25일 오후, 가이르의 9군단은 폰 클루게의 명에 의해 옐니아에 막혀 있는 2장갑집단을 지원하기 위해 수중의 보병사단들을 북상시켰다. 단순히 전구이동인데도 이 기동은 쉽지 않았다. 263보병사단의 485연대는 보로쉴로보(Voroshilovo) 동쪽에서 돌출부로 접근하던 중 소련군 149소총병사단의 공격을 받아 2개 대대가 고립되어 사방으로부터 적군의 공격에 시달리는 일도 있었다. 사단은 별도의 예비가 없었으며 자력으로 포위망을 탈출하게 된 2개 대대는 엄청난 병원과 장비의 피해를 안은 채 7월 27일에야 자루 속을 빠져나왔다.[71] 9군단은 옐니아 서쪽의 18장갑사단과 '그로스도이췰란트' 구역도 해제시켜 다시 위치를 잡도록 하고 나머지 제대들은 스몰렌스크 포위망 소탕작전을 준비토록 대기시켰다.[72]

7월 26일에도 처절한 근접전은 이어졌다. 25일까지 옐니아 남서쪽에 위치한 프루드키(Prudki)의 남쪽과 샤탈로프카(Shatalovka) 공항 주변에 포진했던 '그로스도이췰란트'는 21일부터 소련군의 매서운 공격을 맞아 압도적으로 불리한 여건에서 초인적인 전투행위를 구사하고 있었다. 그 중 4중대장 칼 해네르트(Karl Hänert) 중위는 1개 화기중대와 1개 보병중대만으로 소련군 145, 149, 2개 소총병사단을 상대하고 있었다. 해네르트 중위는 소나기 같은 화포사격의 와중에도 침착하고 냉정하게 사태를 수습하며 모범적인 지휘역량을 과시했다. 팔과 다리에 3번이나 부상을 입고도 악마처럼 전선을 지켜낸 해네르트 중위는 8월 23일 기사철십자장을 받았으나 10월 14일 스나이퍼에 걸려 전사했다.[73]

---

70) McTaggart(2017) pp.62-3, Wedinger(1998) p.152

71) NA: T-314 ; roll 405, frame 000562-000565(1941.7.27)

72) NA: T-314 ; roll 561, frame 000567-000568(1941.7.28) / NA : T-313 ; roll 80, Pz. Gr. 2 Ia KTB, frame 7.318.744(1941.7.25)

73) McGuirl & Spezzano(2007) p.7

구데리안의 2장갑집단이 일단 우크라이나를 향해 남진하는 기동에 들어가자 옐니아에 남아 있던 모든 제대는 자리를 지키지 말고 곧바로 이동을 실시할 것이 요구되었으나 너무 한꺼번에 빠질 경우 옐니아 돌출부를 마지막으로 지키고 있던 병력들이 곤경에 빠질 우려가 있었다. 다행히 휘팅호프의 46장갑군단은 결정적 순간에 우군을 구해낼 기동전력의 예비가 있어야 한다는 점을 감안해 필요 최소한도의 전력들을 후방에 두고는 있었다. 7월 26일 아침 소련군은 다스 라이히 방어구역 전체에 대해 공군과 지상군을 총동원해 강력한 펀치를 구사했고 다스 라이히는 10장갑사단에게 유휴 기동전력을 급파해 달라며 힘든 시간을 맞이하고 있었다. 미리 언급한 것처럼 다행히 구데리안의 명을 제대로 이행하지 않은 제대가 있었기에 다스 라이히는 빠른 시간 내 우군의 지원을 받을 수는 있었다.[74] 다스 라이히의 클렘프(Klemp) SS대위가 이끄는 1모터싸이클 중대의 좌익을 맡고 있던 칼 훼르스터(Karl Förster) SS하사는 100명이 넘는 적군을 상대로 겨우 수명의 부하들과 함께 진지를 지키다 전사했다. 독일군 수색소대가 도착했을 때 그의 동료 요제프 클라이버(Josef Klaiber) SS병장, 미하엘 부슈너(Michael Buschner), 헤르만 올덴뷰어하위스(Hermann Oldenbuerhuis), 빌리 슈벤크(Willi Schwenk) SS상병, 봘터 슈마(Walter Schyma) SS이등병들은 모두 전사한 상태였다. 진지 앞에는 60-70명의 적군 소총병들의 시체가 널려 있었으며 모두 수류탄 투척거리에서 벌어진 처절한 백병전의 흔적이 있었다. 전쟁에서 수비란 어떻게 하는 것인지를 보여준 위대한 항전의 역사였다. 휘팅호프 군단장은 이들의 사투를 영웅적 행위로 치하하고 6명의 이름을 독일육군 전몰장병 명예의 전당에 기록하도록 조치하였다.[75] 26일에 소련군은 리프냐(Lipnya)에서 부분적인 돌파를 이루어 독일군이 손을 쓸 수 없게 만들었다. 모처럼 소련 폭격기까지 동원되어 입체적인 화포사격이 온 사방으로 전개되었으며 탄약이 떨어진 46장갑군단은 대응사격조차 할 수 없는 어이없는 순간들을 맞이했다. 26일 1개 포병중대에 할당된 포탄 수는 80발에 불과했다. 이것으로는 보병들의 방어나 진격을 지원할 수준이 아니었다. 다만 부분적으로 소련군의 돌파가 이루어졌을 뿐 아직 진지 배후가 위협받을 정도는 아니었으며 군단은 엄청난 출혈을 감내하면서도 그럭저럭 방어선을 유지하고는 있었다.[76]

7월 26일 오전 10시 50분 다스 라이히와 10장갑사단의 경계를 노린 소련군의 공격이 다시 이어졌다. 클링겐베르크의 모터싸이클 대대는 오전 11시 5분경 서로 다른 소련군 제대로부터 협공당하고 있었으며 전날에 이어 다시 한번 온 사방에 화포사격이 쏟아지면서 다스 라이히는 치명타를 입고 있었다. 비트리히의 '도이췰란트' 연대와 유르겐 봐그너(Jürgen Wagner) 11SS보병연대도 적의 강공을 맞았으나 일단 적의 공세를 그날 안으로 쳐내는 데는 성공했다.[77] 피해는 막대했다. 사실상 이날 소련군의 포사격은 약간의 휴지기를 제외한다면 아침 6시부터 오후 2시까지 다스 라이히에 대해서만 퍼부었던 기록적인 날이었다. 그로 인해 비트리히의 연대는 대대당 병원 수가 200명으로 급감하는 충격적인 사태를 맞이하고 있었다. 파울 하우서 다스 라이히 사단장은 오후 1시 45분 군단 본부에 연락해 이 상태로 아무 조치를 취하지 않으면 사단은 적의 포사격으로 갈기갈기 찢겨져 나갈 것이라는 절박한 사정을 보고했다.[78] 얼마 전까지 잠잠하던 소련공군

74) NA : T-315 ; roll 561, frame 000437-439
75) Deutscher Verlagsgesellschaft(1996) p.31
76) BA-MA RH 19 II/129, KTB Nr.1 Panzergruppe 2 Bd.II vom 22.7.1941 bis 20.8.41, Fol. 223(1941.7.26)
77) Deutscher Verlagsgesellschaft(1996) pp.140-1, McTaggart(2017) p.63
78) BA-MA RH 24-46/8, Kriegstagebuch Nr. 2 des XXXXVI.Pz.Korps Teil II. 8.7.41-23.8.41, Fol. 115(1941.7.26)

◆ V-1-8 잘 나가던 시절의 10장갑사단 4호 전차에 올라탄 전차병들. 장갑궤도 휀더 부분에 '구데리안' 2장갑집단의 G자가 확인된다.

의 폭격도 잦아졌다. 독소 양군은 서로의 포사격과 공군의 공습에서 살아남기 위해 깊은 호를 파고 대치 상태로 들어갔다. 워낙 서로의 화포사격이 치열한 상황에서 부상자를 후방으로 빼는 것도 쉽지 않아 적기에 치료를 받지 못해 과다출혈로 죽는 병사가 속출했다. 10장갑사단의 장갑여단은 연료가 떨어져 기동전력이 아니라 특정 구역을 지키는 야포대로 변질될 정도로 보급 상황은 열악했다. 장소만 달랐지 이는 1차 세계대전 서부전선의 진지전, 참호전과 다를 바 없었다. 그래도 독일군은 이 전투가 아무리 길어도 1차 대전 때처럼 몇 년이 아니라 수주 후면 끝날 것으로 생각하고 있었다. 옐니아에서의 전투는 독일군들의 생각이 맞았다. 그러나 독소전은 그들의 희망대로 수주 안에 끝날 가능성은 이제 완전히 사라지고 있었다.[79]

* * * * *

스몰렌스크 포위망

"우리들은 모스크바 바로 바깥에 있다.
전 세계가 이전에는 보지 못했을 정도로 모든 부대가 하나의 강철과 같은 쇠사슬로 용접되어 있다.
정말 잠시 후, 조만간 세계사의 거대한 이벤트가 곧 발생할 것이다."
(17장갑사단 소속 E.M.의 이니셜을 쓰는 하사 출신의 장병 : 1941.7.28)

79) BA-MA RH 21-2/928, KTB Nr. 1 Panzergruppe 2 Bd.II vom 22.7.41 bis 20.8.41, Fols. 49-50(1941.7.26)

7월 25일 카이텔 합참의장이 직접 폰 보크를 방문했다. 가뜩이나 지령 33와 33a로 인해 짜증이 나 있는 상태에서 카이텔은 폰 보크에게 전략적 기동에 의한 대규모 포위전보다 작은 규모의 전술적 포위망을 빨리 만들어 적군을 섬멸하라는 총통의 지시가 내려졌다며 2군과 2장갑집단의 24장갑군단으로 하여금 중앙집단군의 남익을 다지기 위해 고멜(Gomel)과 모쉬르(Mosyr)로 병력을 이동시킬 것을 요구했다. 카이텔은 라이헤나우(Walther von Reichenau)의 6군에 의해 당한 소련군 잔여 병력이 모쉬르 방면을 향해 북으로 이동하고 있고 모쉬르에서 집단군의 남익으로 떨어질 가능성이 높아 총통은 남익을 어떻게든 안정화시켜야 한다는 꽤 구체적인 주문까지 곁들였다. 폰 보크는 당장 난색을 표명하고 이는 육군총사령부의 지시와 명백히 어긋나며 구데리안의 제대는 원래 남동쪽으로 향해야 하는데 고멜과 모쉬르를 공략하려면 그와는 반대방향인 남서쪽으로 가야 한다며 자신의 '광범위한 전략적 기동'과 '작은 규모의 전술적 포위전'은 결코 합치되지 않는다고 잘라 말했다.[80] 하지만 이는 총통의 명령이 아닌가. 히틀러는 OKH의 보고보다 야전 지휘관의 보고를 더 신뢰하면서도 너무 큰 포위전을 하려다 스몰렌스크가 아직 닫혀 지지 않고 있으니 이 흠결이 많은 OKH의 작전 대신 작은 규모의 포위전을 주요 도시별로 진행시키자는 제안이었다. 폰 보크만 반대한 것이 아니었다. 모두가 이는 잘못된 결정이라 판단했고 구데리안은 작은 포위전에 열중하면 할수록 적군은 신규 병력을 뒤에서 규합하는 데 시간을 벌게 되며 무엇보다 단기전으로 바르바로싸를 끝내는 것에 심대한 차질을 빚는다는 생각을 갖고 있었다.[81] 카이텔은 그 다음 브라우히취와 만나 총통의 '작은 전술적 포위' 개념을 전달했고 브라우히취는 망연자실한 상태에서 육군 총사령관으로서의 비참한 자괴감을 느끼다가 26일 할더 참모총장과 협의에 들어갔다. 할더는 그날 저녁 히틀러와 만나 상당한 설전을 주고받았으나 소용이 없었다. 히틀러는 지금과 같은 방식으로는 소련군이 물러서지 않으며 축차적인 전술적 포위전에 의해 적군을 타도해 나가야 한다는 주장을 굽히지 않았다. 이는 바르바로싸를 기안한 육군총사령부와 야전 지휘관들의 기본 개념과 완전히 유리되는 결정적인 사안이었다.

할더는 다음과 같이 자신의 논지를 정리했다.

> *"만약 각 지역에 산재해있는 조그만 적군 병력을 치는 것이 우리들의 유일한 목표라면 이 캠페인은 우리들의 전선이 겨우 몇 발자국 옮기는 것처럼 느리게 움직이면서 지엽적인 승리를 안겨다 주는 데 지나지 않을 것이다. 그러한 방식은 전술적 위험을 제거하면서 집단군간의 간격을 줄일 수 있는 데는 도움을 줄 것이다. 그러나 이 방식에 따르면 우리는 종심(depth) 개념을 상실한 채 전선을 길게만 확대시키는 형태(width)로 우리들의 전력을 소진시킬 것이며 궁극적으로는 진지전으로 귀결될 것이다."*[82]

표현은 다르지만 할더와 구데리안, 보크와 브라우히취의 생각은 크게 다를 바가 없었다. 폰 보크는 집단군의 남익이 그렇게 우려된다면 원래 주공인 중앙집단군의 측면을 엄호하는 남방집단군이 해결하면 될 것인데 육군총사령부가 이러한 기본적인 조율조차 못한다는 것은 말이 안 된다

80) Bock(1996) p.262
81) Guderian(1996) pp.182-3
82) Franz Halder, KTB III, p.121(1941.7.26)

며 격앙하기 시작했다. 폰 보크는 개인적으로 자신의 장갑집단이 다른 구역으로 이동배치된다는 사실 자체로도 자존심이 상한 상태였다. 할더는 자신의 처에 보낸 서신에서도 총통의 이 같은 처사를 '어리석은 아이디어'라고 단정지은 바 있었다. 할더는 이 시기 소련군의 공세에 따른 전장의 위기보다 히틀러의 아마츄어적인 간섭으로 인해 그가 축조해 온 동부전선 캠페인의 기본 틀이 왜곡되는 것을 더 우려할 정도였다. 히틀러의 이 개념은 그간 독일군의 전격전이 성취해 온 제반 요소들을 모두 포기한다는 말과 같으며, OKH가 공을 들여 만들어 온 전략, 작전술적 차원의 작전계획을 전술 차원으로 격하시키는 결과에 다름 아닌 것으로 판단되고 있었다. 바르바로싸는 벌써 한 달 만에 질적인 변화를 경험하기 시작하고 있었다.

히틀러의 생각을 조금이라도 수정할 수 있는 챤스는 단 하나가 존재하고 있었다. OKW의 작전부장 알프레드 요들이었다. 카이텔은 히틀러의 명을 기계적으로 전달하고 아무런 전략적 사고를 하지 않는 인물로서 그 밑의 어느 장성도 카이텔과 협의하여 문제를 풀어갈 수 있다고 생각한 적은 없었다. 그러나 요들은 모스크바를 향한 주공의 형성을 가장 의미있는 것으로 인식하고 있던 인물이었다. 그가 카이텔과 질적으로 다른 참모는 아니나 히틀러의 말대로 땅의 점령이 아니라 야전군의 격멸이 중요하다면 당연히 가장 많은 적군 방어병력이 포진해 있는 모스크바를 치는 것이 이치에 맞다는 생각을 갖고 있었다. 헤르만 호트는 OKW와 OKH가 화해할 수 있는 접점을 찾는다면 요들 이외에 다른 대안이 없다고 판단하고 있었다.[83] 비슷한 시기에 히틀러도 중앙집단군의 정면에 대한 위기를 보고받고 두 장갑집단을 분산시키는 것이 과연 옳은 일인지 잠도 못 자고 고민한 흔적은 있었다. 그러나 결국 이는 실현되지 못했다. 고민했다는 히틀러도 결국은 모스크바 정면이 막혀 있으니 중앙집단군은 남익을 교란시키고 있는 적군을 소탕하는 일부터 하자면서 자신의 '작은 전술적 포위전'의 논리를 재탕, 삼탕 강조하는 것으로 매듭을 지웠다. 즉 집단군 정면이 기존 지령 33a대로 대규모 공세를 추진할 형편이 되지 않으니 적군 8-10개 사단이 모여 있는 고멜을 우선 제거하자는 말이었다.[84]

이 시점에서 가장 큰 문제는 결국 전략이든 전술이든 독일군의 창(槍)이라고 할 수 있는 장갑집단들이 추가적인 진공을 이어갈 수 있는 여력이 있는가 하는 부분이었다. 우선 인프라가 되어야 어떤 형태의 작전기동을 할 것인지를 판독할 수 있을 것인데, 독일 육군의 수뇌부도 히틀러도 이 부분만큼은 진중하게 신경을 쓰지 않았다. 바르바로싸가 개시된 지 한 달이 넘은 시점에서 이 점은 반드시 짚고 넘어가야 할 내용이었다. 6월 22일 구데리안은 총 953대의 전차들을 몰아 러시아를 누볐으나 7월 29일 당초 전력의 30%에 불과한 286대에 머물고 있었다.[85] 그중 132대가 정말 쓸모없는 1, 2호 전차들이었으며 3, 4호 전차는 135대에 불과했다. 하지만 이 전차들도 새로 등장한 T-34, KV 중전차들과는 맞상대가 되지 않는다는 사실이 여러 차례 검증되었다. 이미 한 달에 걸친 격전 속에서 열악한 도로와 먼지, 감당이 안 되는 장거리 전선, 보급부족 등의 요소로 빚어진 장갑집단의 문제는 진정 위험수위에 달하고 있었다.[86] 거기다 동부전선 전 구역에 월별로 대체가능한 전차의 엔진은

83) Hoth(2015) p.128
84) KTB OKW, Vol. II. p.1040, Dokument 86(1941.7.28)
85) BA-MA RH 21-2/928, KTB Nr. 1 Panzergruppe 2 Bd.II vom 22.7.1941 bis 20.8.41, Fol. 78(1941.7.29)
86) BA-MA RH 21-2/928, KTB Nr. 1 Panzergruppe 2 Bd.II vom 22.7.1941 bis 20.8.41, Fols. 78-79(1941.7.29)

◆ V-1-9 2장갑집단의 위험한 작전은 거의 도말다시피 했던 다스 라이히의 척탄병들. 원거리에 놓인 적 진지의 시설물을 불태우는 장면. 다른 중화기들이 주변에 없다면 MG34 기관총 사격이 화약고를 건드린 것으로 추정.

45개 정도라는 경악할 만한 수치가 제시되었다. 이는 한 개 장갑집단에도 부족한 양이었다. 보병전력의 감소도 심각했다. 113,500명의 병원으로 시작한 2장갑집단은 7월 29일 현재 20,271명의 사상자를 안았으며 보충은 10,000명에 지나지 않았다.[87] 구데리안은 보급이 완료되려면 상당한 시일이 소요됨에 따라 자신의 부대는 8월 5일까지 꼼짝달싹 못 할 것이란 전망을 내놓았다. 공교롭게도 그날은 스몰렌스크 포위전이 완전히 종료되는 날이 되었다.

3장갑집단의 사정도 거의 마찬가지였다. 39장갑군단은 7월 27일 기준 겨우 23대의 4호 전차를 지니고 있었으며 모든 종류의 전차와 장갑차량들에 있어 당초 전력의 40%만 구비하고 있는 형편이었다.[88] 57장갑군단은 61대의 4호 전차 중 겨우 14대만 남았으며 장부상에 확인된 234대의 체코제 Kpwf 38(t) 전차는 76대가 굴러가고 있었다. 결국 총 전력의 30% 수준이었으며 57장갑군단은 기본적인 부품조차 부족하다며 볼트나 윤활유가 필요하다는 어찌 보면 대단히 한심한 내용들을 전투일지에 기록하고 있었다.[89] 이와 같은 상태에서 동쪽이든 남쪽이든 의욕적인 기동을 펼치는 것은 무리이며 이 재미없는 병참문제가 해결되지 않는 한 전술적, 작전술적, 전략적 어느 기동도 의미가 없다는 답이 나오고 있었다. 이와 같은 상황에서 구데리안은 본인 스스로가 가장 긴요하다는 옐니아에

87) NA : T-313 ; roll 80, Pz. Gr. 2 Ia KTB Nr. I, Vol.I, 22.6.41-23.8.1941, frame 7.318.788(1941.7.29)

88) BA-MA RH 21-3/47, 'Panzerarmeekommandos Anlagen zum Kriegstagebuch "Berichte, Besprechungen, Beurteilungen der Lage" Bd.IV 22.7.41-31.8.41', Fols. 97-98(1941.7.27)

89) BA-MA RH 21-3/47, 'Panzerarmeekommandos Anlagen zum Kriegstagebuch "Berichte, Besprechungen, Beurteilungen der Lage" Bd.IV 22.7.41-31.8.41', Fol. 99-100(1941.7.27)

다스 라이히와 10장갑사단 겨우 2개로 승부를 보려 했다는 것의 배경에는 그와 같은 열악한 병참의 문제가 가로놓여 있었다. 7월 셋째 주까지 소련군은 전체 전력의 절반 이상이 전투서열표에서 날아가는 재앙적 타격을 입었으나 독일군 역시 전체 기동전력의 절반이 사라졌거나 수리소에서 대기하는 상태였으며 비장갑차량은 40%가 격전 끝에 소진된 형편이었다.

병원의 격감은 장비만큼 심각했다. 소련군은 장병들의 질적 전투력은 차치하고서라도 밑바닥이 보이지 않는 군 병력을 수시로 빈 곳에 집어넣고 있었다. 독일군은 죽여도 죽여도 끝도 없이 밀려드는 적군의 파도를 경탄의 눈으로 바라보기 시작했다. 전술한 것처럼 구데리안의 장갑집단은 7월 25일 기준으로 2만 명의 피해를 안았으나 대체 인력은 그 절반에 불과했다. 단순 병사들만이 아니라 독일군으로서는 베테랑급 부사관들과 다수의 유능한 장교인력들을 상실하고 있는데 당혹해하고 있었다. 지난 34일 동안의 전투에서 1,000명의 장교가 전사 또는 부상을 당했다. 호트의 장갑집단도 크게 다를 바는 없어 7,000명의 병사와 350명의 장교가 장부상 과부족으로 남아 있었다. 장교의 피해는 8월 1일이 되면 50%까지 상승하게 된다.[90] 소련군도 제대로 훈련된 장교가 부족해 지휘력의 부재로 쓸데없는 희생을 강요당하고 있는 측면이 많았다. 어떤 경우에는 독일군이 적군 단위부대를 통째로 사살하거나 사로잡았을 때 장교가 전혀 보이지 않았던 경우도 있었다. 이처럼 훈련된 장교가 단위부대의 중추를 형성해야 하는데도 동부전선의 전투가 옐니아에서처럼 소모전으로 치달을 경우에는 인구적 측면에서 소련의 상대가 안 되는 독일로서는 암울한 전조가 깃들게 마련이었다. 독일군은 우수한 전차병들이 파괴되거나 고장난 전차로부터 이탈해 보병들처럼 싸우는 것도 우려하고 있었다. 보병과 달리 전차병들은 상당 기간의 강도 높은 훈련이 필요해 공군 조종사와 마찬가지로 그들이 생존해야 다음 전차부대를 운용할 수 있는 인적 자산을 확보할 수 있었기에 보급부족으로 전차를 다루지 못하는 흑색 제복을 입은 전차병이 백병전으로 희생을 강요당하는 것은 용인하기 힘든 사태였다. 이즈음 집단군의 보병 제대 9군과 2군이 장갑부대를 따라붙어 전차와 전차병들의 피해를 줄일 수는 있게 되었으나 그렇다고 해서 두 장갑집단이 보급과 충전을 위해 뒤로 무작정 빠질 수 있는 조건이 아니었다. 소련군의 화포사격과 공습은 날로 격화되고 있어 전선을 단순히 기동력이 약한 보병에게만 맡길 수는 없었다.[91]

독일군은 작전참모들뿐만 아니라 병참장교들까지도 상상을 초월하는 러시아 전선의 스케일에 압도당하고 있었다. 그들은 전쟁을 시작할 때 북해에서 아조프 해까지 무려 1,800km가 된다는 지리공부를 하지 않은 것처럼 생각되었다. 무조건 단기전으로 끝낸다는 확신 속에 점령지 주민들이 반스탈린적 정서를 지니고 있는데도 이들을 유용한 자산으로 활용하지 않았다. 늘어난 보급문제를 해결하기 위해 독일군은 온갖 경제적 자산을 약탈하고 무자비한 폭정을 휘둘렀으며 거의 독립국가로 만들어 줄 수도 있는 우크라이나 주민들의 등을 돌리게 만들었다. 이들은 스탈린 독재와 횡포에 실망한 나머지 히틀러의 군대를 해방자로 맞이했으나 이들 역시 또 다른 이름의 약탈자들이었다. 그들은 점차 독일군에게 협조해 보아야 더 이상 삶이 나아질 것으로 보이지 않는다는 생각에 도달하고 있었다.

---

90) BA-MA RH 21-3/47, 'Panzerarmeekommandos Anlagen zum Kriegstagebuch "Berichte, Besprechungen, Beurteilungen der Lage" Bd.IV 22.7.41-31.8.41', Fol. 18(1941.7.28) & Fol. 96(1941.7.29)

91) BA-MA RH 21-2/928, KTB Nr. 1 Panzergruppe 2 Bd.II vom 22.7-1941 bis 20.8.41, Fol 78(1941.7.29) / BA-MA RH 19 II/129, Tagesmeldungen der Heeresgruppe Mitte vom 16.7.41 bis 5.8.41, Fol. 163(1942.7.30)

7월 27일 호트와 구데리안 장갑집단의 위치

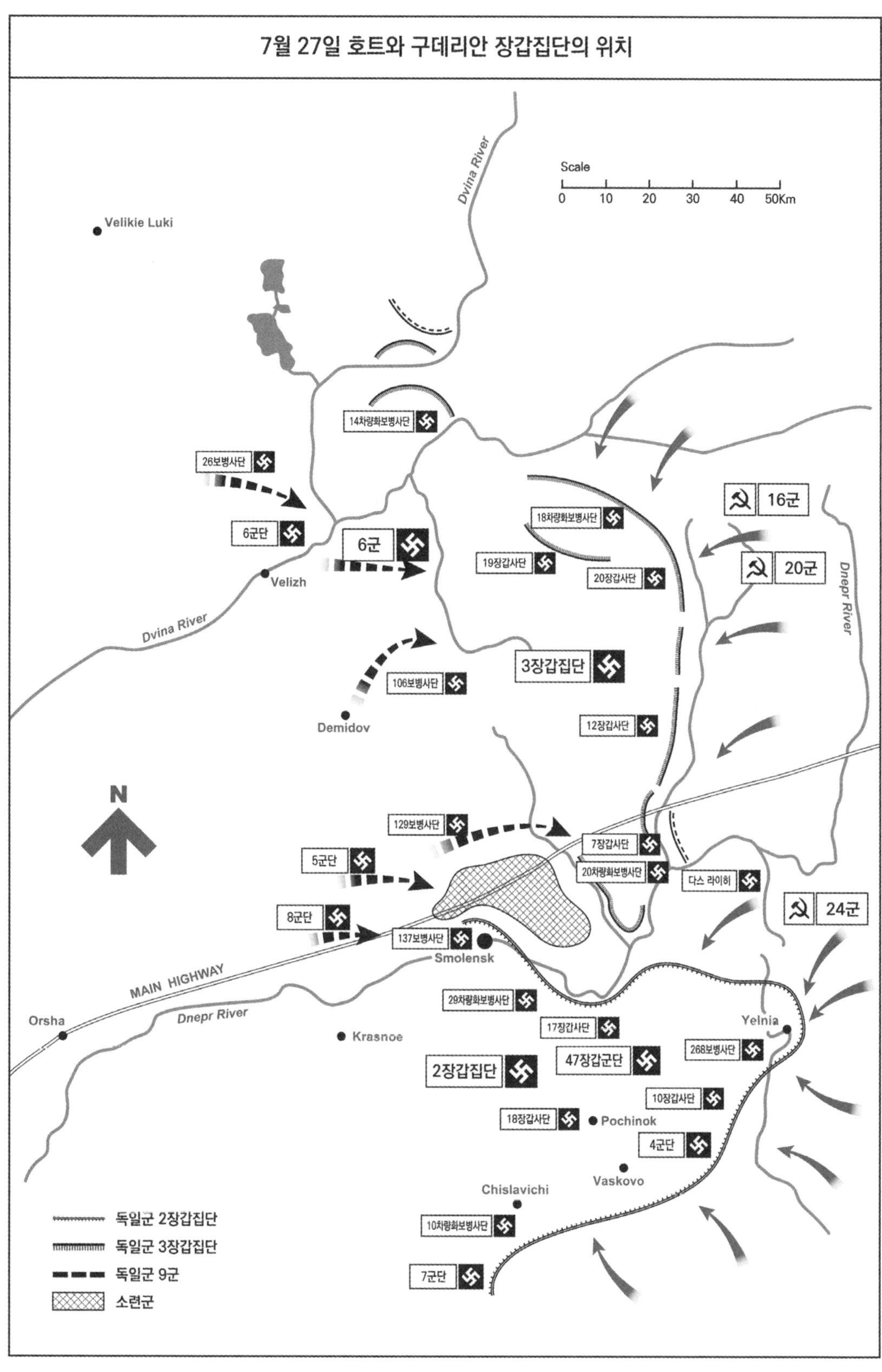

7월 26일 오전 10시, 7장갑사단의 장갑정찰대대는 야르쩨보 정면의 철교를 장악하고 이른 아침에는 소련기들의 방해를 받았으나 잠시 후 독일기들이 제공권을 잡으면서 순조로운 진격이 이루지기 시작했다. 25장갑연대는 늦은 오후 고르키(Gorki)를 장악한 뒤 솔로뵈봐(Ssolovjva)에 도착했다. 뒤따르던 2개 보병대대는 드니에프를 건넌 다음 교량을 폭파했고 소련군이 때때로 위기국면을 조성하기는 했지만 독일군은 대충 전선을 안정화시켜 나가는데 성공했다. 7월 27일 호트의 3장갑집단이 북쪽으로부터 결정적인 기동을 완료함에 따라 드디어 스몰렌스크 포위망이 완성되었다.[92] 16, 19, 20군, 3개 군에 속한 적군 제대들이 갇히게 되었고 이미 오랜 기간 동안 절반 정도 닫힌 서쪽 편의 소련군 사단들은 7월 말까지 빠른 속도로 병원의 감소에 직면해 있었다. 이에 따라 티모셴코는 스몰렌스크 주변을 에워싼 독일군 제대를 쳐내는 일을 중단하고 포위망 속의 우군을 구출하기 위해 포위망 외곽을 교란시키는 방향으로 전술을 바꾸게 되었다. 쿠로취킨(P.A.Kurochikin) 20군 사령관은 우선 14, 17전차여단으로 구성된 7기계화군단을 몰아 돌파를 시도했으나 부분적인 성과만 나타냈으며 16군과 20군은 여전히 포위망에서 빠져나올 기미가 보이지 않았다. 7월 27일 포위가 이루어졌을 때 자루 속의 소련군은 줄잡아 70만에 달했으나 그중 20만은 독일 보병사단들이 장갑부대를 따라잡는 동안 포위망을 이미 빠져나가 버렸다. 이 소식이 타전되자 그동안 포위망 강화에 도움을 주지 않는다고 비난받았던 구데리안은 결과적으로 숨을 돌리게 되었고 이제는 본인이 욕심내는 옐니아에 집중하든가 집단군과 2장갑집단의 남익을 정리하는 일에만 병력을 동원하면 될 것처럼 보였다. 구데리안은 자신의 제대가 가장 위험한 옐니

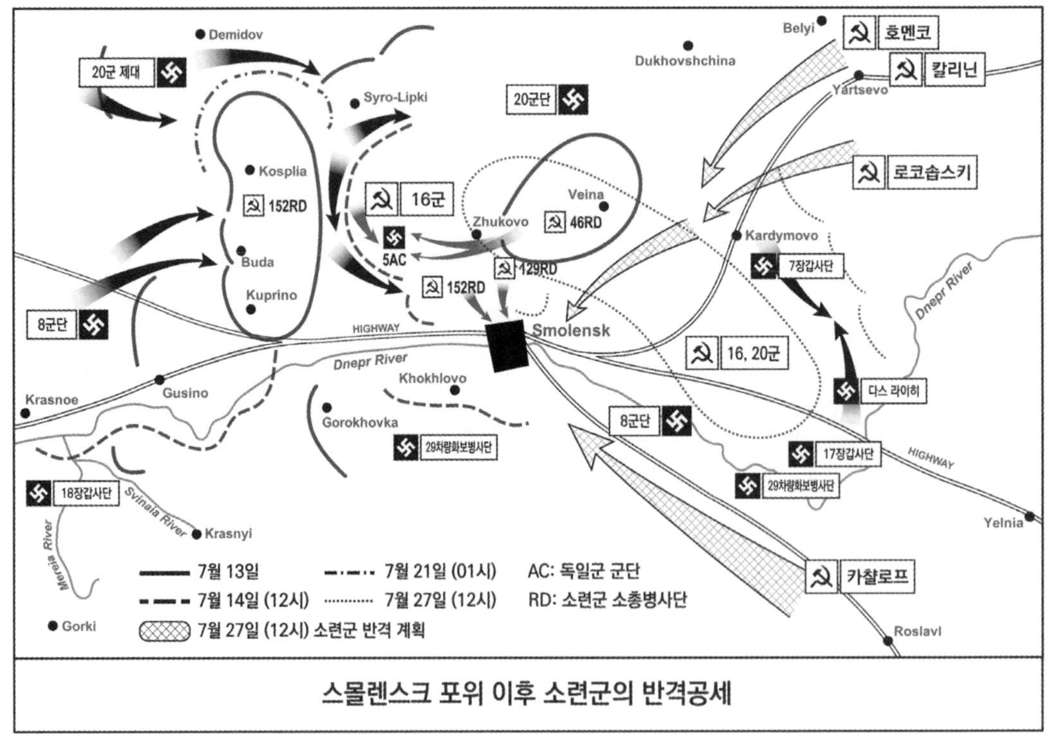

스몰렌스크 포위 이후 소련군의 반격공세

92) BA-MA 59054, 3. Pz. Gr. KTB 25.5.41-31.8.41, Fols. 168-169(1941.7.27), Fedor von Bock, KTB 'Osten I' Fol. 44(1941.7.27)

아 동쪽과 로슬라블 남쪽의 문제를 해결해야 한다는 뚜렷한 지론을 갖고 있었다. 즉 로슬라블은 모스크바 진공 직전에 남익을 안전하게 정리해야 한다는 차원에서 반드시 집고 넘어가야 할 도시였으며 구데리안은 이미 27일 이전부터 그러한 구상을 염두에 두고 있었다. 하나 이 순간은 일단 옐니아가 더 급했다. 당장 268보병사단과 137보병사단이 옐니아로 들어가 '그로스도이췰란트' 등 피곤에 지친 병력들을 지원하기로 했다.[93] 동시에 다스 라이히와 10장갑사단 중 피로가 겹친 병력들은 뒤로 빼고 신규 전력들이 공백을 메우는 것으로 정리되었다. 옐니아 앞을 가로막은 소련군의 병력은 5개 소총병사단과 2개 기계화연대였다. 이들은 독일군의 신, 구 병력 교체 시기 중에도 열화와 같은 포사격을 전개하면서 이 어수선한 과도기의 허점을 제대로 노리고 있었다. 당연히 10장갑사단과 다스 라이히는 퇴각 중에도 상당한 피해를 입었다. 소련군으로서도 옐니아 고지대는 대단히 중요했다. 구데리안이 이곳을 자신의 발진지점으로 삼고자할 만한 가치가 있었던 것처럼, 쥬코프 역시 독일군 선봉이 가장 동쪽으로 뻗쳐 나온 곳이 옐니아였기에 이곳을 타격해야만 모스크바로 진격하는 독일군의 진로를 차단할 수 있을 것으로 평가했다.

한편 도로고부즈 정면의 소련 16군(루킨)과 20군(쿠로취킨)은 스몰렌스크 포위망 속의 우군들이 빠져나오는 것을 지원하기 위해 좁은 회랑지대를 철저히 방어할 태세를 갖추고 있었다. 중앙집단군은 남북의 39, 47장갑군단이 야르쩨보 남쪽에 생긴 갭으로 좁혀 들어가 포위망의 우익을 잘라내려 했으나 소련군은 이 회랑부에 온갖 소총병사단들을 투입해 사활을 걸고 있어 지도상에서 보는 것과 현장 실정은 많은 차이가 있었다. 두 장갑군단은 사실상 두 개의 성격을 달리하는 군과 대결하고 있어 포위망의 우군을 뽑아내려는 20군의 내부 링과, 좁혀드는 독일군에 반격을 가하는 16군의 외부 링을 제대로 처리하지 않는 한 이 구역을 완전히 소탕하기는 쉽지 않아 보였다. 또한 27일 한스 쪼른(Hans Zorn)의 20차량화보병사단이 드니에프를 건너 솔로에보(Soloevo)와 라트취노(Ratchino)에서 두 개의 교두보를 장악했지만 폰 토마(Wilhelm Ritter von Thoma)가 지휘하는 17장갑사단이 회랑부 남쪽의 병목부분에 결정타를 날리지 못해 어설픈 갭이 여전히 존재하고 있는 상태였다. 17장갑사단은 그저 강 남쪽 3km 지점에 가벼운 경계라인을 설정하여 틈을 보는 정도의 조치로 대응해 가고 있었다. 독일군이 답답한 것과 마찬가지로 두 개의 거점을 장악당한 티모셴코도 초조해진 것은 당연했다. 28일 티모셴코는 야르쩨보와 가장 가까이 위치한 16군 북쪽의 로코솝

◆ V-1-10 20차량화보병사단장 한스 쪼른 소장. 7월 27일 기사철십자장에 서훈되었으며 백엽기사철십자장은 43년 9월 3일에 획득했다.

93) McTaggart(2017) p.63

스키 그룹이 스몰렌스크의 생명선을 부활시켜 줄 것을 주문하면서 야르쩨보와 자드니아 남쪽 구역 보프(Vop) 강 서쪽 제방을 따라 다량의 참호들을 파 진지전을 수행할 것을 지시했다.[94]

스몰렌스크 포위망에 대한 소탕전이 실시되려면 옐니아 부근에 주둔하고 있던 독일군 제대들의 안정이 담보되어야 했다. 25일부터 옐니아를 지원하기 위해 북상했던 9군단은 옐니아 남동쪽에 자리를 틀어 292보병사단을 10장갑사단 다음으로 가장 동쪽에 배치하고 263보병사단은 가장 서쪽을 맡도록 했다. 보병사단들의 이동과 재배치는 10장갑사단장 샬이 손수 지휘하면서 돌출부 전체의 균형을 도모하고자 했다. 9군단은 모조리 보병사단들 뿐이었기에 전차가 단 한 대도 없었으나 다행히 돌격포와 대공포부대를 보유하고 있어 이틀 동안에 이어진 소련군의 다면적 공세에 어느 정도 버텨낼 수는 있었다. 이들 자주포 계열의 차량들이 없었다면 돌출부의 동쪽, 북동쪽, 남쪽과 남서쪽에서 몰아치는 소련 24군의 공격에 대해 9군단이 엄청난 위기에 몰렸을 것이라는 추측은 당연했다.[95] 특히 데스나 강 상류 주변의 습지대에는 온갖 잡목들이 무성하게 자라 공격하는 소련군들이 은폐할 수 있는 골치 아픈 지형이어서 방자인 독일군에게 매우 불리한 여건이었으며 날로 증강되는 소련군 포병대의 강도는 혀를 내두를 만했다.

7월 28일 히틀러는 중앙집단군이 중앙에서 고전하고 있는 것을 제대로 파악하고는 브라우히취를 통해 다음과 같은 수정 계획안을 전달토록 했다. 수정명령이긴 하나 '작은 전술적 포위전', '장기목표의 폐기'와 같은 기존의 핵심적 사항은 그대로 반영되어 있었다. 이 명령은 공세의 방향뿐 아니라 집단군 내의 지휘계통을 새로이 정하는 것을 포함하고 있어 대단히 중요했다. 히틀러는 중앙집단군 정면의 적을 처단하기 위해 일단 집단군을 재조직하려 했다. 우선 2, 3장갑집단을 끌어모아 구성했던 폰 클루게의 4장갑군은 해체되며 구데리안의 2장갑집단은 기존 장갑군단 이외에 보병군단을 붙여 '구데리안 군집단'(Armeegruppe Guderian)으로 개칭해 폰 보크의 중앙집단군의 직접적 지휘를 받도록 했다.[96] 이 군집단(Armeegruppe)은 집단군(army group)과는 구분되며 여전히 군과 집단군의 경계에 해당하는 병력이나 사실은 군(Armee)과 맞먹는, 아니 통상적인 군보다도 더 규모가 큰 집단이었다. 폰 클루게 원수(元帥)를 원수(怨讐)처럼 여기는 구데리안으로서는 반길 만한 결정이었으며 거기다 7군단과 9군단, 2개 보병군단(7개 사단)까지 거느리게 되었으니 총통에게 감사하게 생각할 일이었다. 나중에 결국 변경되기는 하나 일단 7군단은 고멜(로슬라블)로, 9군단은 옐니아 돌출부의 우군을 지원하는 것으로 배정되었다.[97] 구데리안 밑에 있던 유일한 1기병사단은 2군에 속하게 되었다. 호트의 3장갑집단은 그간 9군 예하에 들어가 있다가 이제는 북방집단군에 편입되어 집단군의 우익을 엄호하는 것으로 개편되었다. 폰 클루게는 4장갑군이 아닌 구 칭호인 4군의 사령관으로 복귀(?)하면서 2군과 9군으로 분산되었던 제대들을 다시 흡수했다. 4군이 4장갑군으로 바뀌었던 것이 무리한 승격이었다면 다시 4군으로 회기한 것

94) Glantz(2010) p.241

95) NA : T-314 ; roll 405, frame 000569-000571(1941.7.28-29)

96) 広田厚司(2013) p.304, 독일군이 말하는 이 '그룹'(Gruppe)이라는 것은 별로 정밀한 개념이 아니다. 통상 잘 알려진 '전투단'(Kampfgruppe)이 그룹보다 상위의 제대로 기능할 때도 있으며, 여기에서처럼 군과 군단 사이의 '집단' 개념보다 더 크게 잡는 수도 있는 등, 이 그룹이라는 명칭은 연대, 사단, 군단처럼 일정한 정수 규모를 전제로 하는 것이 아니라는 데 주의를 요한다. 독일군의 전투일지에는 2장갑집단을 굳이 '구데리안 그룹'으로 표기를 변경하는 것이 의무화되어 있지 않았기에 여기서는 그냥 2장갑집단으로 통칭하겠다.

97) BA-MA RH 21-2/928, KTB Nr. 1 Panzergruppe 2 Bd.II vom 22.7.1941 bis 20.8.41, Fol. 66(1941.7.28)

은 사실상 폰 클루게가 구데리안과 호트를 지휘하지 못하게 되는 격하 조치에 다름 아니었다. 브라우히취와 폰 보크는 폰 클루게가 상관이나 부하 어느 쪽으로도 전격전 수행에 적합지 않은 철학을 가진 인물로 평가하고 짧은 4장갑군 시절 동안 비용만 많이 들 뿐 이렇다 할 실적이 없었다는 점을 개탄해 했다.

히틀러는 구데리안이 크리췌프로부터 소련 중앙방면군 21군이 지키는 고멜을 향해 남동쪽으로 진격하고 집단군 남익(우익)을 공고히 하기 위해 정면에 놓인 적 사단들을 분쇄할 것을 지시했다. 구데리안은 남쪽의 로슬라블을 잡은 뒤 고멜을 찌르되 실제 고멜을 점령하는 것은 여전히 7개 보병군단을 보유한 봐익스의 2군이 담당하는 것으로 되어 있었다. 2군의 목표는 쿠즈네쪼프(F.I.Kuznetsov)의 중앙방면군을 와해시킨 뒤 고멜 장악을 위해 로가췌프 방면으로 진격하는 것으로, 이는 스몰렌스크 포위전 이후 전격전의 구조와 방향을 변화시킬 중요한 제2단계 국면으로 들어가게 된다. 그런 차원에서 로슬라블-고멜 전투는 서로가 연결된 하나의 시리즈 전투였다. 호트는 북방집단군의 우익을 방호하면서 발다이(Valdai) 언덕으로 진출해 모스크바-레닌그라드 사이의 연락선을 차단하라는 명령을 발부받았다. OKH는 히틀러의 명령을 받아 다시 전군에 공격목표와 방향에 관한 지시를 내렸으며 결국 나중에 총통의 새로운 지령 34호로 폐기되기는 했지만 기본 내용은 대략 아래와 같았다.[98]

- 소련군은 훈련이 덜 된 병력을 마구잡이로 집어넣으면서 집요한 저항으로 우크라이나, 모스크바, 레닌그라드를 향한 독일군의 전진을 막으려 할 것이며 늘어난 측면에 대해 끊임없는 공세를 가할 것으로 예상됨
- 소련군은 발틱 해로부터 흑해에 이르기까지 전 전선에 걸쳐 독일군을 진지전으로 끌고 가기 위한 기동을 획책하면서 우군의 전진을 동결시키려 할 것임
- 그러나 이는 해체 직전에 와 있는 소련군의 전력상황으로 볼 때 불가능한 일이며 우리는 이러한 기회를 철저히 이용해 적군이 전선을 공고화하거나 기동력을 확보하기 이전에 고립된 병력을 축차적으로 섬멸해야 함
- 이러한 작전은 적군의 군수보급 기능을 차단하기 위해 산업지역들을 장악하기 위한 전제조건이 될 것임
- 당분간 장기목표를 위한 작전은 포기되어야 할 것임[99]

같은 날 오후에 폰 보크는 군사령관들과 구데리안 및 호드를 불러 차기 공세의 방향과 제대 이동을 설명했다. 폰 보크는 모스크바로 직행하는 것이 아니라 스몰렌스크 남서쪽 270km 지점의 고멜을 때린다는 계획을 전달했다. 구데리안은 그의 참모들과 함께 이러한 우회기동은 시간만 낭비할 뿐임은 물론, 오히려 소련군 수비대의 병력증강을 허용하는 꼴이 될 것이라며 모스크바가 아니라면 최소한 브리얀스크 방면으로라도 방향을 틀어 줄 것을 촉구했다. 구데리안은 모스크바가 아닌 다른 곳으로 지신의 병력을 빼는 것에 대해 노골적으로 분통을 터트렸으나 폰 보크는 일

98) KTB OKW, p.499
99) Hoth(2015) pp.129-30

단 그를 진정시킨 뒤 자신의 아이디어를 설명했다.[100] 폰 보크는 히틀러 말대로 2장갑집단의 주력을 고멜로 보낼 생각은 없으며, 이 작업은 이미 로가췌프와 즐로빈에서 교전 중인 봐익스의 2군에게 맡기고 구데리안의 장갑부대는 고멜이 아닌 로슬라블로 보낸다는 것이었다. 폰 보크는 동 건에 대해 이미 브라우히취와 양해를 한 상태라며 이미 7월 20일부터 로슬라블 공략이야말로 모스크바 진격을 위한 집단군 남익의 엄호 차원에서 가장 요망되는 방책이라는 구데리안의 기존 생각을 지지했다.[101] 이로써 구데리안도 다소 누그러졌다. 로슬라블 전구는 그리 만만치는 않았다. 지난 7월 18일부터 소련군은 소즈(Sozh) 강변에 주둔한 24장갑군단을 괴롭히고 있었으며 7월 24일부터는 소즈 강 동쪽의 스토마트(Stomat) 강을 따라 47장갑군단을 밀어내고 있었다. 구데리안은 이미 7월 23일에 모스크바로 가기 전 이곳을 정리한다는 구상 하에 13군단이 도착하기 전까지 24장갑군단을 프로포이스크(Propoisk)-췌리코프(Cherikov) 구간에 주둔시켜 둔 상태였다. 구데리안은 보급을 제대로 마치려면 8월 5일에나 공세를 시작할 수 있다고 사정을 설명했으나 로슬라블-크리췌프 구간에 대한 공세는 무조건 8월 1일에 한다는 것이 폰 보크의 명령이었다.[102]

7월 28일 오후 4시 30분 소련 24군은 옐니아 북쪽을 지키는 클링겐베르크 모터싸이클대대를 향해 전차를 동반한 2,000명의 병력을 집어넣었다. 클링겐베르크의 부하들은 상당한 대가를 치르고서 적군의 공격을 떨쳐냈다. 오후 6시 20분에는 오토 쿰의 '데어 휘러' 연대가 적군의 야포사격에 혼이 났다가 슈투카들이 출동해 적 포병대 진지를 잠재우면서 출혈은 멈추었다. 10장갑사단도 당하고 있었다. 더욱이 499보병연대가 전방으로 이동 중에 적군의 포사격에 노출되어 진절머리 나는 전투와 전투의 연속에 골머리를 앓고 있었다. 가뜩이나 이 시기는 구데리안이 포병대와 장갑집단에 붙어 있던 공군병력을 떼 내어 옐니아로부터 이탈해 나가고 있었기에 소련군에 비해 압도적으로 딸리는 야포의 양에 있어서도 더 불리한 입장에 서게 되었다.[103] 독일군의 신규 병력이 옐니아에 도착하는 즉시 소련군의 환영식이 거행되었으며, 신랄한 포사격 뒤에 이은 소련공군의 공습, 그 뒤를 이은 전차와 소총병들의 공격이라는 공식이 기계적으로 반복되는 가당찮은 압박에 고통을 받고 있었다. 이러다가 정말 모두가 참호에 들어앉아 버리는 진지전으로 회기하는 것이 아닌가 하는 의문을 갖기 시작했다. 7월 29일 기준 구데리안 2장갑집단의 기동전력에 적신호가 들어왔다. 수중의 가용한 전차는 총 296대로, 1호 전차 4대, 2호 전차 13%(128대), 3호 전차 10%(97대), 4호 전차는 기껏 4%(38대), 기타 장갑지휘차량이 2%(19대) 수준이었으며 무려 71%가 파괴되었거나 수리상태에 놓여 있었다. 개전 불과 한 달 만에 총 전력의 75% 가까이가 상실 내지 기동불가 상태에 있다는 것은 구데리안에게 어울리지 않는 통계표였다.[104]

7월 29일 소련군에도 큰 변화가 있었다. 이날 쥬코프 참모총장은 메흘리스(L.Z.Mekhlis) 적군 정치국장이 배석한 자리에서 스탈린과 대면했다. 스몰렌스크에서 상당한 피를 흘린 독일군이 모스크바로 직행할 것 같지는 않다는 예감을 갖고 있었다. 쥬코프는 중앙집단군이 당장 예비가 없는 상

100) Guderian(1996) p.182, 広田厚司(2013) p.303

101) Bock(1996) p.264

102) Fugate & Dvoretsky(1997) p.216, Fugate(1984) p.160

103) McTaggart(2017) p.64

104) BA-MA RH 21-2/928, KTB Nr. 1 Panzergruppe 2 Bd.II vom 22.7.1941 bis 20.8.41, Fols. 78-79(1941.7.29)

◆ V-1-11 키에프전을 앞두고 스탈린의 진노를 사 자의적으로 참모총장직을 사임한 게오르기 쥬코프 예비방면군 사령관

◆ V-1-12 게오르기 쥬코프의 뒤를 이은 스타프카 대표 보리스 미하일로뷔취 샤포쉬니코프 원수. 구 제정러시아의 군인이었음에도 스탈린의 높은 신뢰를 샀다. 42년 5월 11일 알렉산드르 봐실레프스키에게 참모총장직을 넘길 때까지 적군 강화의 실무적 책임자였다.

태에서 주공의 북익과 남익을 동시에 커버할 수 있는 여력이 없다고 판단하고, 대신 독일군의 작전변경에 따라 쿠즈네쪼프(F.I.Kuznetsov)의 중앙방면군이 위험에 노출될 수 있다는 전망을 제시했다. 중앙방면군은 13군과 21군으로 우네챠와 고멜을 방어하고 있었기에 여기에 서부방면군, 남서방면군 및 스타프카의 예비에서 각 1개 군, 계 3개 군을 뽑아 중앙방면군에 지원해야 된다는 견해를 밝혔다. 물론 여기에는 상당량의 포병대가 동반되어야 한다는 점도 강조되었다. 스탈린은 모스크바로 직행하는 코스를 막고 있는 서부방면군을 약화시키는 데는 난색을 표했으며 쥬코프는 12-15일내로 극동 지구에서 1개 전차사단을 포함한 완편전력의 8개 사단이 서부방면군으로 충원되기 때문에 전력의 누수는 일시적일 뿐이라고 해명했다. 또한 중앙방면군은 전 병력을 뽑아 드니에프르 강 뒤로 이동시켜야 하며 최소한 5개 사단을 2파로 구성하여 중앙방면군과 남서방면군의 경계구역에 배치해야 한다는 대단히 상세한 제진구도까지 설명하면서 다음에 있을 독일군의 공세에 인파이팅으로 맞서서는 곤란하다는 자신의 주장을 개진했다. 따라서 키에프가 포기되어야 하는 것은 물론이거니와 옐니아의 교두보도 차제에 철수시키면서 불필요한 출혈을 피해야 한다는 점을 거듭 설명했다. 쥬코프가 옐니아를 포기하자는 제안을 스탈린 앞에 내놓자 격노한 스탈린은 이러다가 키에프, 레닌그라드마저 다 내놓을 판이라며 무슨 수를 쓰던 옐니아 구역을 사수하라고 다그쳤다. 쥬코프는 한술 더 떠 키르포노스(Mikhail Kirponos)의 남서방면군도 키에프를 포기하고 드니에프르 뒤로 포진하는 것이 필요하다는 순수하게 군사적인 측면에서의 논지를 제시했다. 이는 대단히 합리적이자 소련군 수뇌부에 얼마 안 되는 냉철한 두뇌의 판단이었다. 하나 이는 스탈린의 신경질적인 뇌관을 건드린 꼴이었다. 완전히 열 받은 스탈린이 내뱉은 말은 "도대체 이런 난센스를!!" 이었다.[105] 당시 스타프카에서 스탈린에게 직언을 할 수 있었던 얼마 안 되는 장성 중 하

105) Fugate(1984) p.246, Erickson(1983) p.178

나인 쥬코프는 더 대담한 강수를 두었다. "참모총장(쥬코프 자신)의 생각이 난센스라면 지금 당장 저를 해임하고 전방으로 보내시기 바랍니다." 스탈린은 7월 30일 쥬코프를 해임하고 그를 예비방면군 사령관으로 내정했다. 쥬코프의 후임은 나이가 든 노장 보리스 샤포쉬니코프(Boris M.Shaposhnikov)였다. 쥬코프는 상대적으로 한직으로 밀리면서도 결과적으로는 옐니아 동쪽으로 투입하기 위한 예비병력들을 육성, 관리하게 되었으며 단순히 진지전을 토대로 한 수비가 아니라 반격에 대비한 공격적인 모드로 장병들의 훈련에 들어갔다. 이 대찬 장수는 곧 독일군에게 하나의 악몽으로 변하게 된다.

7월 29일 로코숍스키 그룹은 가장 중요한 목표점이었던 두호프쉬취나(Dukhovchina)를 잡지는 못했지만 KV 중전차를 보유한 101전차사단과 소총병 제대가 야르쩨보를 탈환하는 성과를 올렸다. 또한 티모셴코의 요구대로 보프 강을 건너 서쪽 제방에 자리를 틀고 남쪽의 솔로에보 도하지점을 돌려받기 위한 노력을 기울였다. 그러나 스몰렌스크 포위망 동쪽에서 기동하던 16군이 로코숍스키의 38소총병사단과 느슨한 연락선을 유지하고 있었음에도 티모셴코가 요구하는 것처럼 독일군의 돌파를 근원적으로 막고 스몰렌스크를 되찾을 방도는 없는 것처럼 보였다. 30일 3장갑집단의 20차량화보병사단과 17장갑사단이 솔로에보 동쪽 야르쩨보 지점을 돌파하기 위한 작심한 공격을 전개했다. 로코숍스키는 빈약한 전력에도 불구하고 큰 탈 없이 이 공세를 물리쳤다. 다만 로코숍스키를 지원하기 위해 양동작전을 펼쳤던 20군의 46, 73, 152소총병사단이 독일군의 측면에 대해 펼친 반격은 역으로 엄청난 피해를 당하면서 수포로 돌아갔다.

7월 30일 새벽 2시 10장갑사단 구역은 적군의 격한 화포사격으로 잠이 깼다. 3시 45분에는 강력한 소총병 제대가 공격해 들어왔다. 항공정찰에 따르면 독일군 포병대의 사정거리 밖에서 다량의 소련군 야포들이 발견되었다는 것과 이들은 교묘하게 위장되어 있어 공습으로 타격하기가 어려울 것이라는 전망을 접했다.[106] 소련군은 86보병연대 2대대와 69보병연대 2대대, 10모터싸이클대대 구역을 중점적으로 노리고 들어왔으며 한동안 치열한 교전 끝에 독일군은 이들을 물러나게 했다. 날이 밝자 소련공군의 공습이 7시부터 시작되었다. 10모터싸이클대대 구역은 전차를 동반한 소총병들의 공격에 구멍이 생겨나게 되었고 상황은 대단히 어렵게 전개되고 있었다. 샬 사단장은 마지막 예비까지 투입할 정도로 다급했다. 49장갑공병대대 1개 중대를 적군 뒤로 빠져들게 하고 268보병사단 268포병연대의 포사격을 의뢰했다. 이 조치는 효과가 있었다. 2개 대대를 전방으로 보낸 268포병연대는 적절한 감제장소를 확보해 돌격해 오는 적군에게 결정적인 펀치를 날리면서 전선을 회복하고 그에 따라 소련군은 뒤로 후퇴했다. 이날 46장갑군단 전체는 오후 12시 45분, 1시, 3시, 4시 30분의 대규모 공세를 포함하여 14번에 걸친 소련군의 공격을 모두 떨쳐냈다.[107]

그중 다스 라이히의 모터싸이클대대는 옐니아 구역에서 14.2km 구간을 홀로 막아야 하는 과중한 부담을 안고 있었는데 소련군 역시 이 구역을 따내기 위해 사정없이 포화를 퍼붓고 있었다. 원래 5중대장이던 오토 봐이딩거(Otto Weidinger) SS대위는 3중대장 크리스티안 튀크젠(Christian Tychsen) SS대위가 부상으로 이탈하자 이날 7월 30일 3중대장을 전격적으로 맡게

106) NA : T-315 ; roll 561, frame 000468(1941.7.30)
107) Weidinger(1995) p.336, Glantz(2010) p.309

되었으며, 3중대 구역은 특히 방어밀도가 낮아 운전병과 보급부대 종사자까지 다 몰아넣어도 시원찮을 판이었다. 끊임없이 밀려오는 적군의 공세를 수차례에 걸쳐 물리치기는 했으나 사상자가 늘어가는 가운데 뭔가 특별한 조치가 필요한 시점이 왔다. 아직 중대에 온 지 얼마 안 되는 오토 봐이딩거는 재빠르게 돌격조를 편성하여 육박전투에 대비하고 보다 적극적으로 적군 진지를 공략해 그로부터 24시간에 걸쳐 참호와 참호를 옮겨 다니며 각개격파에 나섰다. 소련군 역시 있는 물량을 모조리 끌어모아 1차 세계대전을 방불케 하는 근접전을 전개하면서 전투는 극에 달하고 있었다. 봐이딩거의 병력은 480명의 소총병들을 사살하고 수많은 부상자를 낳으면서 최종적인 승리를 구가했다. 봐이딩거의 돌격조가 가졌던 단 한정의 MG34 기관총은 이 전투에서만 합계 21,000발을 발사했다.[108]

◆ V-1-3 다스 라이히 모터싸이클대대 3중대장 오토 봐이딩거 SS대위. 사진은 기사철십자장 수여(1944.4.21) 이후의 것으로 SS소령 시절의 비공식 사진. 오른쪽 호주머니에 독일황금십자장(1943.11.26), 왼쪽 호주머니 윗부분에 근접전투(백병전)휘장 동장(1944.4.30), 그 아래 1급철십자장(1940.7.25), 차량화보병돌격장 동장(1941.10.21)을 패용하고 있다.

독일군이 한 가지 고민하기 시작한 것은 중앙집단군 전구에 벌써부터 소련군의 전략적 예비병력이 도착한 것이 아닌가 하는 부분이었다. 갓 잡은 포로들을 보면 지금까지의 어수룩한 농군 스타일의 소총병들이 아니라 깨끗한 군복에 훈련을 제대로 받은 장병들이라는 느낌이 왔기 때문이었다. 선두병력이 이 정도라면 후속하는 주전력의 성격을 충분히 파악할 수 있었다.[109] 기동사단들이 지나간 다음에 벌어지는 보병사단들의 소탕전에서도 만만치 않은 일들이 벌어지고 있었다. 35군단 197보병사단은 민스크 동쪽, 고멜 북쪽의 모길레프 외곽에서 적군의 강력한 기관총진지를 제거하는데 진땀을 빼기도 했다. 그들 중 일부는 기관총 사수가 땅을 깊게 파고들어가 가슴까지 흙을 덮은 채로 방어전을 치렀던 것이 확인되었다. 즉 자신의 자리를 떠나지 못하도록 땅에 묻어 놓은 병사들이었다.

7월 31일 소련군 카찰로프 그룹은 '그로스도이칠란트' 구역에 대해 카츄샤를 동원한 공세를 펼치면서 독일군을 공포로 몰아갔다. 초고속의 로케트탄이 수평선에 집단적으로 깔리면서 독일군은 어찌할 바를 몰라 참호 속에 웅크리는 도리밖에 없었으며 실제 피해보다는 소련군의 신형 무기에 대한 공포심이 더더욱 심리적인 위축을 가져왔다. 이날 추가로 지원된 268보병사단의 1개 보병연대는 다스 라이히 구역으로 옮겨 역시 전차를 동반한 소총병 제대와 교전에 들어갔다. 이들은 도착하자마자 겨우 1시간 뒤에 적군과 근접전을 치르게 되면서 장교 12명을 포함한 52명의 피해를 안았다. 대신 적 전차 2대, 대전차포 2문, 12정의 중기관총좌를 격파했다. 옐니아 주변 전구는 스트라디노(Stradino)로부터 드니에프 강을 따라 북서쪽으로 48km, 쉬마코보(Shmakovo) 남쪽과 남서쪽에서 30km나 벌어지는 길고 긴 방어선이 만들어졌다. 독일군 야전

108) Yerger(2000) p.9
109) NA : T-314 ; roll 405, frame 000573(1941.7.30)

◆ V-1-14 수류탄 투척을 준비하는 독일군 척탄병들

교범에 따르면 대대당 2km가 적정선이나 여기서는 한 대대가 4-5km를 커버해야 했다.

7월 30-31일 밤 총통의 지령 33, 33a를 대체하는 새로운 지령 34호가 발동되었음이 밝혀졌다. 할더는 쾌재를 불렀다. 그동안 하루에 4시간밖에 못 자면서 시름시름 앓고 있었던 할더는 다시 모스크바로 진격할 수 있는 모멘텀을 잡았다고 안도의 숨을 쉬게 되었다. 그러나 지령 어디에도 모스크바라는 말은 없었다. 다만 탈진상태에 가까운 장갑사단들이 회복할 수 있도록 10일 동안의 휴식기간을 부여한다는 것과 당분간 대규모 공세는 전면 중단한다는 내용이었다. 단 당장 급한 곳은 집단군과 군사령부가 '제한된 범위'의 공세를 허가하도록 한다는 뜻이 담겨져 있었다. 일단 불분명하긴 하지만 히틀러가 육군총사령부의 의견을 반영했다는 것을 환영하고 어떻게든 히틀러의 관심을 모스크바로 향하게 할 수 있도록 시간을 벌었다는 점이 할더에게는 큰 소득이었다. 하나 히틀러의 머리에 아직 모스크바는 들어오지 않았다. 지령에 따르면 히틀러는 여전히 고멜을 칠 것을 희망하고 있었으나 폰 보크는 고멜은 2군이 담당토록 하고 2장갑집단은 고멜이 아닌 로슬라블-크리췌프 축선으로 이동케 한다는 방침을 이미 굳히고 있었다.[110] 말하자면 일단 꼼수였다. 2군으로 하여금 고멜을 치는 것은 여하간 총통의 공격명령을 이행한 것이 되며, 향후 모스크바로 나갈 발판을 삼기 위해서는 구데리안의 뜻대로 로슬라블을 먼저 치는 것이 타당하다고 하는 것이 폰 보크의 생각이었다. 이에 대해서는 브라우히취 육군총사령관과도 양해가 된 상태였다. 그리고 언제가 되더라도 모스크바의 최선봉은 구데리안 스스로가 결코 양보할 의지가 없다는 것을 잘 아는 폰 보크는 구데리안을 달래 그의 의욕을 고무시키는 방향으로 유도했다. 특히 폰 보크는 일찍이 7월 27일에 7군단과 9군단을 로슬라블 공세를 위해 구데리안 2장갑집단의 통제 하에 두는 것을 허락했다.[111] 7월 31일, 독일군은 개전 이래 58,228명의 전사를 포함해 총 213,301명의 피해를 안았다. 소련군이 입은 피해에 비하면 아무 것도 아니나 이전의 전역에 비해 이 피해는 독일의 인력상황이나 경제규모가 감당하기 힘들 것이라는 전조들이 나타나기 시작했다.[112]

---

110) Bock(1996) p.267
111) NA : T-84 ; roll 271, Tagesbuchnotizen Osten I, frame 000375(1941.7.27)
112) Halder(1964) p.151

2. 쿠오봐디스, 구데리안

"지식과 싸우는 것보다는 신념과 싸우는 것이 더 어렵다"
(아돌프 히틀러)

* * * * *

구데리안의 로슬라블 공세

"우리는 계속 밀어붙여 150명의 포로를 사로잡고 12-15대의 미제 대공포들을 노획했다.....
전차와 모터싸이클 대원들은 이미 적군의 측면을 치고나간 것으로 보였고
적군의 저항이 심하지 않아 로슬라블을 소탕하는 것은 별로 어렵지 않았다."
(2장갑집단 소속 제대 보병, 프릿쯔 쾨엘러)

구데리안은 모스크바로 향하기 전 남익을 안전하게 지탱하기 위해서는 여러 구차한 방안보다는 로슬라블을 장악하는 것이 궁극적인 효과를 낼 수 있을 것으로 믿고 있었다. 소련군 또한 7월 18일부터 소즈 강을 따라 포진한 24장갑군단을 압박하고 있었으며 소즈 강 동쪽 스토마트(Stomat) 강변에 위치한 47장갑군단은 7월 24일부터 소련군의 공격에 시달리고 있어 적군 또한 로슬라블을 반격의 거점 중 하나로 인식하고 있었던 것이 분명했다. 7월 25일에는 폰 봐익스의 2군이 소즈 강에 접근하고 13군단은 프로포이스크-췌리코프 라인에 도달하고 있었다. 2군은 26일 모길레프가 독일군 수중에 떨어지고 난 이후 드니에프르 도하를 본격적으로 추진하여 다수가 북쪽으로 이동하고 일부는 스타리 뷔호프 남쪽으로 진격했다. 단 그보다 서쪽의 53군단은 로가체프-즐로빈 구간의 소련군들에게 붙들려 있어 여전히 드니에프를 넘지 못하는 문제가 있었다.[113]

로슬라블을 향한 공세준비는 7월 20일 필요한 연료와 탄약을 보급받은 뒤 27일 전까지 세부계획을 수립하였으며 24장갑군단은 바로 이 로슬라블 공세를 위해 다소 힘들더라도 구원 차 달려온 13군단에게 전구를 이양하지 말고 프로포이스크-췌리코프 축선에 머물러 있을 것을 요구받았다.[114] 다행히 구데리안은 지난 22일에 신청했던 1개 군단병력의 지원을 2개 군단(7 & 9군단)으로 늘려 받는 행운까지 누리면서 갑자기 기분이 좋아지기 시작했다. 그로 인해 구데리안은 로슬라블뿐만이 아니라 소즈 강변의 크리췌프까지 딸 수 있을 것으로 예상하고, 로슬라블-크리췌프 축선에 대한 공격을 8월 1일부터 개시하는 의욕을 나타내고 있었다. 구데리안은 이전에 지원병력이 없다면 아무리 빨라도 8월 5일 이전에 고멜을 치는 일은 없을 것이라며 자신의 상관들을 협박한 바 있었다.

---

113) NA : T-312 ; roll 1654, frame 000077(1941.7.28)
114) NA : T-313 ; roll 80, Pz. Gr. 2 Ia KTB, frame 7.318.685, 7.318.720, 7.318.738(1941.7.20)

◆ V-2-1 로스라블에서의 구데리안. 하계인데도 코트를 입고 있는 것이 다소 의아하나 사진은 41년 8월로 기록되어 있다.

8월 1일 로슬라블로 가야 할 2장갑집단은 옐니아에 포진한 46장갑군단의 우익이 위험에 처하자 전방에서 빼려고 했던 10장갑사단을 그대로 두어야 하는 문제가 발생했다. 구데리안은 추가적인 보병사단을 요청했으나 집단군 사령부에 의해 받아들여지지는 않았다. 옐니아에서의 긴장고조는 여전했다. 46장갑군단에 따르면 1개 중대에 5분 동안 200발의 소련군 포탄이 쏟아져 들어오는 상황이었다.[115] 8월 2일 268보병사단의 보고에 따르면 1개 대대에 1시간 동안 300-400발이, 3일에는 1,550발의 대구경 야포사격에 군단이 쩔쩔매고 있다는 메시지가 전달되었다. 소련군은 개전 이래 가장 강력한 화포사격을 이 옐니아 지역에서 선보이고 있었으며 최소한 이 시기, 이 구역에 있어서만큼은 소련 포병대가 독일군을 완벽히 압도하고 있었다. 8월 2일 다스 라이히는 3,000명에 가까운 병사들의 전사 또는 부상의 피해를 안았으며 한 개 중대의 병원이 60-70명 선으로 저하하는 극단적인 예도 적지 않았다.[116] 이틀 후인 8월 4일에는 20명으로 버티는 중대들이 나타났으며 이와 같은 이례적인 병원의 피해와 장비의 손실을 보정하지 않고서는 이들에게 주어진 과제를 완수하라는 것은 더 이상 가능하지 않은 것으로 받아들여지고 있었다.[117]

옐니아는 당장 해결의 기미가 보이지 않는 가운데 구데리안은 폰 보크의 지시대로 로슬라블을 향한 공세에 착수했다. 로슬라블 전투는 포위전의 교범같은 사례로 진행되었다. 먼저 24장갑군단은 7군단과 공조하여 소즈 강을 건너 집게발 공격의 일익을 담당케 했다. 장갑부대는 7군단이 서쪽과 약간 북쪽에서 로슬라블로 접근하는 동안 남쪽과 동쪽에서 시를 잘라내는 수순에 들어갔다. 집게발의 다른 한쪽으로서는 옐니아에서 남쪽으로 내려가는 9군단이 코발리(Kovali)와 코사키(Kosaki) 방면을 향해 데스나 강을 따라 진격해 데스나 강 서쪽, 로슬라블의 북동쪽에서 24장갑군단과 연결되는 것이 공세의 주요 골자였다.[118]

이때 2장갑군단의 백업을 담당할 보병제대들의 이동사항을 다시 한번 되풀이 하면 다음과 같다. 최소한 로슬라블 공세에 있어서는 구데리안이 이전과는 달리 보병사단들과의 공조에 비교적 신

---

115) BA-MA RH 21-2/928, KTB Nr. 1 Panzergruppe 2 Bd.II vom 22.7.1941 bis 20.8.41, Fol. 109(1941.8.1) / BA-MA RH 19II/386, Kriegstagebuch Nr. 1(Band August 1941) des Oberkommandos der Heeresgruppe Mitte, p.230(1941.8.1)

116) BA-MA RH 24-46/8, Kriegstagebuch Nr 2 des XXXXVI.Pz.Korps Teil II. 8.7.41-23.8.41, Fol. 158(1941.8.4)

117) BA-MA RH 24-46/8, Kriegstagebuch Nr 2 des XXXXVI.Pz.Korps Teil II. 8.7.41-23.8.41, Fol. 171(1941.8.3)

118) NA : T-313 ; roll 80, Pz. Gr. 2 Ia KTB, frame 7.318.781(1941.7.28) / NA : T-314 ; roll 405, frame 000578(1941.7.31)

경을 많이 쓴 흔적이 산견되며, 이는 그간 보병들을 장갑병들을 위한 뒤치다꺼리쯤으로 치부했던 구데리안의 기본 사고와는 상당한 차이를 보이고 있었다. 구데리안이 진격하기 전 봐익스의 2군은 7월 25일 13군단이 프로포이스크-췌리코프에 도달하면서 소즈 강에 교두보를 마련하기 시작했으며 26-27일 모길레프 포위전이 종료되자 2군의 주력은 드니에프르 강을 넘어 북쪽과 남쪽의 스타리 뷔쵸프로 나아갔다. 단 53군단은 로가췌프-즈볼린 구역의 소련군이 워낙 강력한 포진을 이루고 있어 도하를 하지 못한 상태였으며 선봉의 24장갑군단은 7월 28일 12군단이 소즈 강 동쪽 크리췌프 교두보에 지원 세력으로 도착함으로써 드디어 로슬라블로 향할 수 있게 되었다. 다만 선봉을 형성할 4장갑사단은 한 달 이상의 격전 끝에 175대를 보유하고 있던 전차가 7월말에는 49대로 떨어지면서 전력누수가 상당한 것이 문제로 지적되었다. 또한 사단의 차량화보병중대들은 병원의 50-70%를 잃는 피해를 입고 있어 다른 제대와의 혼성병력으로 전투단을 유지하는 것이 불가피했다.[119] 3, 4장갑사단이 서에서 동으로 진격하는 공안 북에서 남으로 압박을 가할 47장갑군단의 17, 18장갑사단도 허덕이는 것은 마찬가지였다. 7월 30일에는 병원과 장비 모두에 있어 연대 미만으로 떨어진 이 두 사단을 하나로 합쳐 임시편제로서 하나의 단일 사단으로 유지하는 것을 검토할 정도였다. 그러나 두 사단을 합치더라도 하나의 사단 정수를 채우지 못할 정도로 열악한 상태에 놓여 있었다.[120]

최소한 이때까지는 독일군의 전차들이 적군 전차들과의 1 대 1식 대결에서 망가진 것보다는 진격 과정에서 빚어진 도로와 기계결함의 문제에서 비롯되었다는 것이 가장 큰 고민거리였다. 기본적으로 비포장도로에다 말도 안 되는 열악한 도로 관리 수준은 독일전차들이 시종일관 기어를 낮은 상태로 유지하면서 달려야 했고 이는 과중한 연료부담을 야기했다. 높은 기온과 비포장도로에서 발생하는 먼지는 쉽게 기계를 망가뜨렸으며 그러한 와중에 엔진오일을 적기에 갈아줄 보급사정은 절대 부족 상태에 처해 있었다.[121] 그러나 독일군들은 이제 이러한 조건이 변수가 아니라 상수라는 인식을 갖게 되었으며 되든 안 되든 정해진 공세는 무조건 추진한다는 의식이 자리 잡고 있었다.

8월 1일 24장갑군단이 선봉을 구성한 가운데 2항공군단이 공습을 감행했다. 8항공군단을 북방집단군 전구로 빼앗긴 탓에 중앙집단군은 가장 약한 2항공군단에 의존해야 했으며 이날 소련군의 만만찮은 대공포 사격에 35기 중 어느 하나도 성한 채 돌아온 항공기는 없었다. 지상에서는 그간 7월 말까지 충분한 휴식을 취한 4장갑사단이 돌파를 담당하고 측면보호는 구데리안의 선배이자 과거 상관이었던 헤르만 가이어(Hermann Geyer) 대장의 9군단이 담당하게 되었다. 구데리안은 아직 동부전선의 경험이 없는 9군단에게 장갑집단이 "어떻게 싸우는지를 보여주겠다"며 가이어에게 건방을 떨었던 것으로 알려져 있다.[122] 가이어가 반응을 보이지는 않았지만 이미 137보병사단 하나가 2,000명 이상의 피해를 입으면서 드니에프르를 넘어온 자신의 보병군단에 대한 상당한 모독으로 받아들였던 것으로 추측된다. 그럼에도 불구하고 지금까지 구데리안의 장갑부대는 가장 중요한 전투에 가장 위험한 일을 맡으면서 가장 혁혁한 전과를 달성한 살아있는 전설이었기에 그의 실력에 대해 의문을 제기하는 사람은 없었다. 가이어 대장은 후배의 작전계획

119) Hein & Stock(2010) p.97
120) BA-MA RH 21-2/928, KTB Nr. 1 Panzergruppe 2 Bd.II vom 22.7.1941 bis 20.8.41, Fol. 89(1941.7.30)
121) BA-MA RH 21-2/819, Kriegstagebuch der O.Qu.-Abt. Pz. A.O.K.2 vom 21.6.41 bis 31.3.41, Fol. 267(1941.8.1)
122) Guderian(1996) p.185

을 최종적으로 수긍하고 자신이 할 일을 묵묵히 집행하기로 했다. 구데리안은 그를 '면도날 같은 지능'을 가진 인물로 평가한 바 있으며 여기에서도 볼 수 있는 것처럼 그는 최소한 공사를 충분히 구분할 줄 아는 인격을 갖춘 장군이었다.

24장갑군단이 남쪽과 동쪽으로부터 로슬라블을 향해 소즈 강으로 진입하고 7군단은 서쪽과 약간 북쪽으로부터 로슬라블을 겨냥해 들어갔다. 9군단이 맡은 역할은 사실 장갑부대가 적격이었으나 여의치 않았던 관계로 옐니아로부터 출발해 데스나 강을 따라 정 남쪽으로 진격하여 코발리(Kovali)와 코사키(Kosaki)로 향했다. 7군단과 9군단은 2일부터 본격적인 이동을 시작해 로슬라블-모스크바 도로를 차단하는 일에 집중했다.[123] 구데리안은 9군단 사령부로 날아가 직접 현장지시를 내리면서 부하들을 격려했다. 선배인 가이어 장군은 못마땅했겠으나 독일제국 육군 시절부터 구데리안은 이처럼 현장에 직접 나타나 카리스마적인 모습을 보이는 것을 좋아했다. 롬멜도 마찬가지였지만 너무 최전방 가까이 다가가는 버릇 때문에 간혹 그 스스로 권총을 꺼내어 근거리에 위치한 적군의 사격을 되받아치는 등 위험천만한 일도 있었다. 초기 공세와 함께 동원된 2항공군단의 공습은 로슬라블에 포진된 소련군 대공포부대의 호된 저항에 아무런 실효를 거둘 수가 없었다. 놀랍게도 격추된 것은 전혀 없었으나 최초 출격 35대의 공군기들 중 손상을 입지 않고 귀환한 것은 한 대도 없을 정도로 만신창이가 되어 돌아왔다.[124] 이어 오랜 기간 충전과 휴식을 취한 4장갑사단이 공세에 나선 것은 당연했으나 또 하나의 기동사단이 아쉬운 국면이었음에도 불구하고 여의치 않아 나머지는 보병사단으로 채워야 할 사정이었다. 로슬라블로 향하는 길목은 그리 크지도 않을뿐더러 강력한 소총병 제대가 지키고 있는 것도 아니었지만 보병사단만으로 신속하게 포위망을 형성해 적군을 효과적으로 구타하는 것은 어려워 보였다.

8월 1일 로슬라블 정면을 맡고 있던 적군은 4장갑사단과 23보병사단의 공격에 의해 대체적으로 붕괴 직전으로 치달아 독일군은 마지막 한방만 남겨놓고 있는 상태였다. 다만 24장갑군단 4장갑사단 소속 에버바흐 그룹(Gruppe Eberbach)이 최초 단계에서 히트를 기록하면서 순조로운 전진을 이루었으나 아무래도 기동력이 딸리는 9군단이 발 빠른 장갑부대의 기동을 따라잡기는 힘들었다.[125] 137, 292보병사단은 2일 로슬라블-모스크바 국도를 점령하지는 못했으며 적군보다는 비가 온 이후의 진창도로 때문에 속도를 올리지 못하고 있었다. 특히 292보병사단은 코스튀리(Kostyri)의 늪지대에서 발목이 잡힌 신세가 되었다. 구데리안은 9군단이 눈앞에 바로 보이는 전과를 위해서라도 재빨리 이동할 것을 명령하고 자신의 선배사령관이 있는 9군단으로 직접 뛰어가 로슬라블-모스크바 국도 장악과 차단의 중요성을 거듭 강조했다.[126] 8월 2일 저녁 4장갑사단의 전차들과 척탄병들은 로슬라블 서쪽 외곽 15km 안으로 접근했다. 이때 북쪽에서는 4장갑사단의 좌익에 있던 6군단의 23, 78보병사단이 그보다 좌측의 9군단 197보병사단과 공조하여 포취노크-로슬라블 도로를 향

123) NA : T-314 ; roll 405, Ia KTB Nr. 7, frame 000584(1941.8.2)

124) BA-MA RH 21-2/928, KTB Nr. 1 Panzergruppe 2 Bd.II vom 22.7.1941 bis 20.8.41, Fol. 98(1941.7.31) & Fol. 105(1941.8.1)

125) 독일군은 소련군과 달리 장갑(전차)여단을 극히 예외적으로만 운용했다. 4장갑사단의 경우, 에버바흐는 워낙 규모가 큰 부대를 지휘하고 있어 연대보다는 큰 덩치를 보유하고 있다하여 '그룹'으로 표기하는 수가 많으나, 이 '그룹'이라는 표현은 제대의 규모와 성격을 명확히 규정짓는 것이 아니라 그저 막연히 부르는 것이 관례였다. 따라서 어떤 '그룹'은 통상적인 전투단보다 작을 수도, 아니면 '군'보다 큰 집단일 수도 있어 매우 혼돈스럽다.

126) NA : T-314 ; roll 405, Ia KTB Nr. 7, frame 000584(1941.8.2)

해 카챠로프 그룹을 동쪽으로 밀어내었고, 197보병사단은 로슬라블 근처 카챠로프 그룹 본부 사이에 놓인 로슬라블-스몰렌스크 국도를 중간에서 차단해 버리는 성과를 올렸다. 그와 동시에 9군단이 데스나 강과 로슬라블-스몰렌스크 국도 사이에서 남쪽으로 뛰쳐나가 카챠로프 그룹을 동쪽 측면으로부터 돌아 들어가자 남북으로 늘어진 적군 그룹은 포위의 위협을 인식하고 결사적으로 항전할 태세를 갖추었다. 그렇지 않으면 '비겁한' 죄나 '소극적'이라는 이유로 총살을 당하게 되니 이러나저러나 싸워야 하는 것 외에 방법이 없었다. 145소총병사단을 동원해 그룹의 좌익을 엄호하려던 소련군의 의도는 사실상 자살에 가까운 시도였다. 함께 공조하려던 222소총병사단이나 21, 52기병사단은 이미 구데리안의 전차들에 밀려 남쪽으로 내려가고 있어 로슬라블은 정 동쪽을 빼고는 모두 포위된 상태였다. 8월 2일 밤 절망적이 된 카챠로프 중장은 후퇴를 결정하고 본부 참모들은 145소총병사단의 퇴로를 따라 움직이는 것으로 퇴각기동이 진행되었다.

중앙집단군의 장갑집단을 지원하는 2항공군단의 전력이 반 토막 났는데도 소련공군은 이 기회를 살리지 못하고 있었다. 실은 중앙방면군의 공군전력이 너무 빈약했던 것이 원인인데 이를 지원하기 위한 8월 2일의 시도는 참사로 돌변했기 때문에 김이 새 버렸다. 174강습항공단의 Il-2들은 칼-고트프리드 노르트만(Karl-Gottfried Nordmann) 중위의 51전투비행단 4대대를 비행 도중에 만나 비참한 최후를 맞이했다. 그것도 단 4대의 Bf 109들이었다. 9대의 Il-2들이 10분을 약간 넘기는 시간 동안 하염없이 격추되는 공포와 전율의 시간이었다. 슈트르모빅 Il-2 대지공격기는 전폭기치고는 워낙 빠르고 장갑이 두터워 루프트봐훼의 에이스들이 꺼릴 정도의 문제아였으나 이날은 제대로 임자를 만난 것 같았다. 하인리히 호프만(Heinrich Hoffmann) 원사가 4대, 편대장 노르트만 중위가 3대, 한스 보오스(Hans Boos) 소위가 2대를 잡으면서 사냥축제는 끝이 났다.[127]

8월 2일 구데리안은 병사들을 격려하기 위해 226돌격포대대 뒤를 따라 보병처럼 행군하면서 이 진격의 중요성을 부각시키고자 했다. 8월 3일 4장갑사단은 로슬라블 시를 장악하고 모스크바 국도 쪽으로 병력을 보내 30km 거리를 행군해오는 292보병사단과의 연결을 시도했다. 이때 구데리안은 507보병연대의 선도중대에 끼여 사단 남쪽 진격로 상의 무르고 진창 투성이 도로에서 고전을 거듭하고 있었다. 구데리안이 보병처럼 차량에서 내려 행군하는 병사들을 독려하자 "슈넬러(schneller : 재빠른) 구데리안이 보병과 함께 있다!"라는 구호가 어디선가 터져 나왔다. 도로를 따라 움직이던 모든 병사들이 외쳤다. "구데리안 장군이 보병과 함께 있다!" 이 구호는 삽시간에 종대를 따라 퍼져 나갔다. 종대가 모스크바 국도 수 킬로 지점에 도달하자 선도하던 자주포 제대가 갑자기 멈추어 섰다. 구데리안은 전방에 무슨 일이 있냐고 다그쳤다. "상급대장 각하, 국도 전방에 전차가 등장했습니다." 구데리안은 쌍안경을 들어 전방을 주시했다. "흰 연기 신호탄이다." 구데리안이 말하자 그와 동시에 멀리 선도전차에 타고 있던 전차장이 권총으로 같은 흰색의 신호탄을 발사했다. 이 흰 신호탄은 우군이 있다는 표시였다. 구데리안은 눈가에 여러 겹의 주름살을 지으며 환하게 웃었다. 4장갑사단의 35장갑연대였다. 우군과의 연결이 성공한 것이었다.[128] 4장갑사단(24장갑군단)과 292보병사단(9군단)이 만난 곳은 로슬라블 북동쪽 17km 지점 코사키(Kosaki)의

127) Bergström(2007) p.54

128) NA : T-313 ; roll 80, Pz. Gr. 2 Ia KTB, frame 7.318.589(1941.8.3) / NA : T-314 ; roll 405, Ia KTB Nr. 7, frame 000591, Carrel(1966) pp.106-7

◆ V-2-2 4장갑사단 5장갑여단장 하인리히 에버바흐와 의견을 나누는 구데리안

정 동쪽 오스트리크(Ostrik) 강의 파괴된 교량 부근으로, 이는 모스크바로 가는 길목을 차단함과 아울러 카찰로프 그룹을 덫에 가두면서 문을 걸어 잠그는 효과를 나타냈다. 그로부터 수 시간 후 수 천명의 소련군들이 무기를 버리고 투항해 왔다. 물론 카찰로프와 간부장교들은 필사적으로 도주로를 찾아 헤맸고 옐니아 구역으로부터 남쪽의 브리얀스크에 이르는 카찰로프 그룹(28군)의 데스나 강변 방어선 전체가 잠식되어 가는 형세로 굳어져 갔다.

하인리히 에버바흐 대령은 친정 제대 4차량화보병여단 사령부가 상실됨에 따라 8월 3일 5장갑여단을 구성하여 여단장직을 승계했다. 당시 대부분의 장갑사단들은 여단을 폐지하고 연대와 대대만으로 편제되었으나 4장갑사단의 경우는 그 중 하나의 예외를 이루고 있었으며 에버바흐의 5장갑여단이 바르바로싸 전 기간을 통해 4장갑사단 또는 24장갑군단 내지 2장갑집단의 실질적인 선봉역할을 수행했다. 로슬라블에서 포위망을 만들게 된 것은 기본적으로 4장갑사단의 드라이브가 주효한 것이었으나 피해가 적지 않았다. 사단의 35장갑연대는 7월 30일에 90대를 보유하고 있다가 8월 3일 아침 71대만을 보유하고 있어 이틀 동안 25%의 전력을 상실했다는 결과를 확인했다.[129]

* * * * *

카찰로프 그룹의 박멸

"공중지원이 필요하다, 특히 전투기들을!"

(28군 사령관, 블라디미르 카찰로프 중장 : 1941.8.4, 전사 직전에 외친 한마디)

8월 3일 24장갑군단과 9군단은 데스나 강 서쪽이자 로슬라블 북동쪽에서 연결되어 비교적 작은 규모의 포위망을 형성했다. 작다고는 하지만 28군 소속 7만 병의 소련군들이 갇히는 효과를 발생시켰다. 속도가 나지 않는 보병제대가 포위의 한 축을 형성하고도 비교적 짧은 시간 내 작전을 수행했다는 것은 이전의 벨리키에 루키나 스몰렌스크에 비해서는 괄목할 만한 전술적 진전이었다. 이제 291보병사단이 포위망의 서쪽을, 137보병사단은 데스나 강과 잇닿아 있는 동쪽을 틀어막아 기다리기만 하면 되었다. 도주하는 소련군과 포위하는 독일군이 최초로 조우한 것은 8월 3일 새벽 4시로

129) BA-MA RH 27-4/10, Kriegstagebuch 4.Panzer-Division Führungsabtl. 26.5.41-31.3.42, p.84(1941.7.31) & p.94(1941.8.3)

서 독소 양군은 스타린카(Starinka)에서 맞붙어 그날 오후 5-6시가 될 때까지 전투가 이어졌다. 카찰로프 그룹의 참모장 에고로프(P.G.Egorov) 소장은 4일 아침 6시에 북동쪽으로 빠져나가 전차와 야포의 도움으로 부드카(Budka)를 장악한 뒤 오스트리크 강 서쪽 제방의 무린카(Murinka)에 도착했다. 무린카에는 오후 6시까지 200대에 달하는 차량과 야포, 보급품들이 집결하여 다음 퇴로를 찾아 이동하는 준비를 서둘렀다. 한편 오전 10시 45분 7군단의 23보병사단은 로슬라블의 북쪽 구역에 침투하면서 오후 내내 본격적인 전투에 들어갔다. 7군단은 3일부로 3,700명의 포로, 90량의 전차와 60문의 야포 및 1대의 장갑열차를 파괴 또는 노획하는 전과를 올리고 있었다.[130]

카찰로프 그룹의 포위를 직감한 쥬코프는 철수명령을 하달하면서 43군이 새로 도착한 258소총병사단으로 데스나 강을 따라 수비진을 구축하고 24군은 카찰로프 그룹에 대한 적군의 압박을 덜어주기 위해 옐니아 구역 독일 수비대에 대한 공격을 강화할 것을 지시했다. 4일 오후 12시 40분, 카찰로프 그룹은 43군의 예하로 들어가 탈출을 기도했으나 구데리안은 로슬라블 포위 후 48시간 안에 작전을 완료할 템포로 움직이고 있어 이미 때는 늦은 감이 있었다. 카찰로프는 로슬라블 북쪽으로 16km 지점의 스타린카에서 전사했다. 에고로프의 일행들은 강 동쪽 제방에서도 독일군의 조준사격이 가해지자 마땅한 도하수단이 없던 이들은 장비를 버리고 강으로 몸을 던져 수영으로 빠져나가는 도리밖에 없었다. 무린카에 둔 차량과 장비들은 독일군의 포사격에 화염에 잠겼으며 강을 건너는 소련군들은 포사격과 기관총의 세례에 일대 패닉에 빠져 강 양쪽은 거의 아수라장으로 변해갔다. 무수한 시체가 강을 떠내려갔다. 살아남은 병력은 오후 8시 무린카 동쪽 숲에 모여 3개 그룹으로 나눈 뒤 다시 북동쪽으로 도주하는 계획을 실행했다. 구데리안 장갑집단 주력의 대부분은 3일에 로슬라블의 경계선상에 도달해 있었다.

4일은 글린키가 적군의 774소총병연대의 손에 넘어가자 슈투카가 날아와 적진을 때려 갈기면서 독일군은 즉각적인 반응을 나타냈다. 소련군은 전차를 동반해 197보병사단의 좌측과 우측을 동시에 강타하고 나섰으나 독일군은 보병사단의 모든 화기들을 집중적으로 몰아세우면서 돌파를 돈좌시켰다. 글린키는 4일 다시 독일군의 손에 들어왔다. 일단 후퇴한 소련군은 모스크바 방면 국도를 따라 공세를 재개했다. 독일군은 7군단의 197보병사단이 로슬라블 정면에서 동쪽으로 적 병력을 몰아가고 263보병사단은 북쪽, 137, 292보병사단은 시의 북동쪽에서 포위망을 형성하였으며 시 남쪽은 23보병사단이 4장갑사단을 대신하여 소탕전을 진행시키는 수순을 밟았다.[131]

그러나 8월 5일에 위기가 찾아왔다. 137보병사단은 구데리안의 독려에 의해 데스나 강변 보그다노프에 도달했으나 사단의 우익은 오스트리크 강을 따라 형성된 로슬라블 포위망 북동쪽에서 불안한 사태를 맞고 있었다. 137보병사단은 포위망 안 서쪽에서부터의 압박과 동쪽 데스나로부터의 공세에 샌드위치가 되면서 탄약이 고갈되어가기 시작했다. 이때 전차를 동반한 소련군들이 집요하게 측면을 파고드는 과정에서 5일 오후 코사키 부근으로부터 오스트리크 강 방면으로 돌파당하는 문제가 발생하였고 이 병력은 3장갑사단의 정면으로까지 파고드는 과단성을 보였다.[132] 4장갑사단이 뛰어오긴 했지만 시간을 맞추지 못해 결국 6일날 코사키는 소련군 손에 떨어졌다. 137, 292보병사단은 그럼에도 불구하고 보병전력만으로 코사키를 탈환하여 6일 안으로는

130) Guderian(1996) pp.188-9
131) Glantz(2010) p.326
132) BA-MA RH 27-3/14, KTB 3. Pz. Div. vom 16.8.40 bis 18.9.41, p.160(1941.8.6)

포위망을 완성시켰다. 이제 더 이상의 혼란은 없었다. 포위망은 확실하게 닫혀졌다. 4장갑사단이 적기에 도착했더라면 좀 더 효과적인 작전이 될 수는 있었지만 일시적인 위기상황을 재빨리 복구하여 빈 공간을 틀어막는 보병사단의 순발력은 대단한 진전이었다. 3-4개 소총병사단 총 38,561명의 포로가 발생했다. 파괴된 적 전차는 200대, 야포는 713문, 파괴 또는 노획된 군용트럭은 2,000대의 수치에 달했다.[133] 기타 50대의 장갑궤도차량과 2,000대에 달하는 각종 차량 및 다수의 야포와 대전차포들이 파괴 또는 노획되었다. 이는 카찰로프 그룹 전체 전력의 80%에 해당하는 것으로서 해당 수치로 추산컨대 28군의 중추는 완전히 파괴된 것으로 판단되었다. 로슬라블에서의 승리는 여러모로 상상력을 일깨우는 계기를 마련했다. 신이 난 구데리안은 이제 모스크바로 가는 길이 열리게 되었다며 자신은 스파스 데멘스크와 브야지마로 향하고 3장갑집단의 호트와 브야지마에서 연결된다면 모스크바 공략 이전의 적군 수비대를 말끔히 없애버릴 수 있다는 희망을 품고 있었다. 이제 구데리안의 장갑집단은 키에프를 방어하는 소련군의 북익을 어떤 형태로든 유린할 수가 있었으며 동진하든 남진하든 여러 개의 변수가 거론될 수 있었다. 하나 주지하는 바와 같이 히틀러는 구데리안과는 전혀 다른 구상을 갖고 있었다. 구데리안은 모스크바로의 직행을 꿈꾸고 있는데 반해 히틀러는 고멜을 향해 남하하는 방안을 상정하고 있었으며 이는 그보다 더 큰 포위전을 준비하는 바로 전 단계에 해당하는 정지작업이었다.

이 전투는 작전술적 차원의 깔끔한 승리이긴 했으나 당초 구데리안이 염려했던 대로 휴식과 충전을 해야 할 부대가 포위전에 투입되었기에 상당한 에너지가 소모된 것은 사실이었다. 4장갑사단은 25%의 전차를 상실했으며 24장갑군단은 4일 가량의 공세중단이 필요하다는 견해를 피력하고 있었다. 스몰렌스크 포위전에 동원되어 있는 레멜젠(Joachim Lemelsen)의 47장갑군단도 틈만 나면 충전과 휴식을 갈망하고 있었다. 29차량화보병사단은 포위망 속의 소련군을 솎아내고 있었으며 17장갑사단은 둘로 나뉘어 일부는 전선을 지키고 일부는 뒤로 빠지는 기동을 하고 있었다. 다수의 소련군 병력과 전차들을 파괴하기는 했지만 피해도 적지 않았다. 29차량화보병사단 15차량화보병연대 7중대는 스몰렌스크 진입구의 건물들을 장악하는데 60명의 병원을 희생시켜야 했다. 18장갑사단도 탈진 상태에서 가장 먼저 후방으로 빠져 충전에 들어갔다. 47장갑군단은 8월 2일 연료가 다 된 전차들을 길바닥에 버린 채 이동해야 하는 한심한 상황에 처해 있었다.[134]

* * * * *

공세정면과 측면

"독일군이 완전한 작전기동의 자율권을 누린다면
모스크바는 올해가 끝나기 전에 도달되어야만 할 것이다.....
우리는 바쿠를 향해 강력한 병력으로 유전지대를 돌파해 나가야 한다."
(육군참모총장 프란쯔 할더 상급대장 : 1941.8.4)

---

133) BA-MA RH 19II/130, Tagesmeldungen der Heeresgruppe Mitte vom 6.8.41 bis 26.8.41, Fol. 18(1941.8.8)
134) BA-MA RH 21-2/819, Kriegstagebuch der O.Qu.-Abt. Pz. A.O.K.2 vom 21.6.41 bis 31.3.41, Fol. 265(1941.8.2)

8월 4일 구데리안은 바르바로싸 개시 이후 처음으로 히틀러와 회동했다. 장소는 중앙집단군 사령부가 있는 노뷔 보리소프였다. 이 자리에는 카이텔, 요들, 히틀러의 부관(인사국) 슈문트 대령과 폰 보크, 호트 및 OKH의 작전주임 아돌프 호이징거(Adolf Heusinger) 대령이 참석하였고 논의가 개시되자 폰 보크와 구데리안, 호트는 한결같이 모스크바 진공이 가장 중요한 사안임을 강조했다. 카이텔은 이를 총통의 뜻을 거스르기 위한 OKH의 작심한 집단행동으로 간주하고 있었다. 구데리안은 8월 15일, 호트는 20일까지 공격준비를 완료할 수도 있다는 구체사항까지 보고했다. 단 구데리안은 기존 전력의 70%, 호트는 60%의 전력으로 차기 공세에 나선다는 전망치를 제시하고 새로운 전차의 보급과 엔진 및 부품의 적기 조달이 시급함을 알리면서 온갖 수사를 동원해 히틀러를 설득시키려 했다.[135] 히틀러는 기껏 400개의 엔진과 새로 반입될 35량의 전차만 가능하다고 언급하고 그 이상은 가능치 않다고 하면서 두 장군의 요청을 사실상 거절했다. 구데리안은 자신의 장갑집단만 해도 300개의 엔진이 필요한데 러시아 전선 전체에 400개라는 건 말이 안 된다며 한참 동안을 허탈해 했다. 당시 OKW는 영국의 대륙 침공에 대한 대비와 발칸작전을 끝낸 기존 2, 5장갑사단의 충전, 신규로 편성되는 사단에 우선적으로 전차와 부품을 조달한다는 방침이어서 당장 전선에 필요한 자재마저도 공급이 안된다는 입장을 고수하고 있었다.[136]

◆ V-2-3 8월 4일 히틀러와 만나는 폰 보크 중앙집난군 사령관. 자신의 생각이 히틀러에 의해 받아들여졌을 때는 나름 총통의 통찰력을 평가하면서도 히틀러의 면전에서는 아무런 아부를 하지 않았다. 능력은 뛰어났으나 기본적으로는 위아래로 별 친화력이 없던 인물.

135) KTB OKW, Vol. II, p.1043, Dokumemt 88(1941.8.4)
136) KTB OKW, Vol. II, pp.1041-1042, Dokumemt 88(1941.8.4)

◆ V-2-4 스몰렌스크 전투의 결과에 만족해하는 구데리안과 그의 참모들

다음은 주공의 방향 문제였다. 히틀러는 현재로서는 레닌그라드가 가장 중요하나 그다음 모스크바와 우크라이나(키에프) 어느 쪽으로 갈 것인지는 결정하지 못했다고 답했다. 히틀러는 이미 키에프로 기울어져 있었다. 히틀러는 남방집단군이 우크라이나 전구에서 결정적인 모멘텀들을 잡아내고 있으며 남부지방의 곡물과 지하자원은 독일의 전시경제에 필수적인 자산이라는 점과, 소련공군이 루마니아의 유전지대에 대한 전략폭격을 시도하고 있기에 당장 크림반도를 잡아야 한다는 논지로 우크라이나의 중요성을 강조했다. 또한 히틀러는 겨울이 오기 전에 모스크바와 하르코프를 점령해야 된다는 운은 띄웠다. 스몰렌스크가 끝난 다음에는 당연히 모스크바냐 키에프냐란 문제를 두고 씨름을 하게 될 것인데 이때 이미 히틀러는 본심을 드러낸 것으로 비쳐졌다. 결과적으로 8월 4일의 회동은 1순위 레닌그라드, 2순위 우크라이나 동부 하르코프 남쪽의 도네츠, 그리고 3순위는 모스크바라는 점이 거의 확실시되었다. 할더를 비롯한 육군의 참모들과 야전지휘관들은 불과 수일 전 모스크바로의 전략적 진격을 꿈꾸었다가 다시 원위치로 돌아온 데 대해 망연자실했다.[137] 이 회의에서는 아직도 전략적 목표를 명백히 밝히지 못했으며 병참에 관한 근본적인 해결도 이루지 못한 채 끝이 났다. 하나 아직은 모든 게 불확실했다. 브라우히취는 5일에 다시 히틀러와 만나 차기 공세 방향의 중점에 대해 협의하였고 이때 히틀러는 대략 3개를 제시했다.

첫 번째는 빌다이 언덕을 향한 호트 3장갑집단이 북방집단군의 우익을 엄호하는 것을 제시했다. 할더는 이를 일단 받아들이는 척하다가 호트가 빌다이 언덕을 장악하면 북쪽이나 북서쪽이 아니라 모스크바 내지 볼가 강 동쪽으로 발진할 수 있는 계기로 삼을 수 있다는 가정에서 과히 나쁘지 않은 것으로 판단했다.

137) Guderian(1996) pp.189-90, Department of the Army Pamphlets(1955) p.61

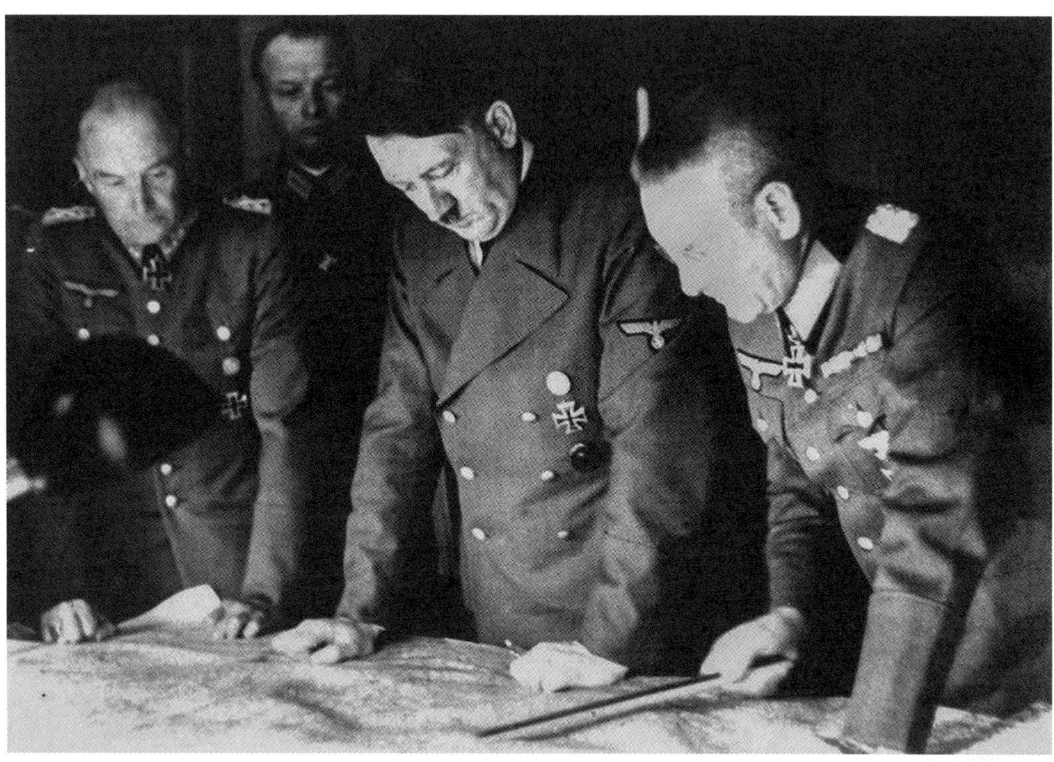

◆ V-2-5 히틀러와 논의 중인 브라우히취 육군총사령관(좌)과 할더 육군참모총장(우). 사진은 8월 7일자. 원칙적으로 할더가 참모장이며 브라우히취가 지휘관이어야 하나 간혹 서로의 기능이 뒤바뀐 경우가 많았다.

두 번째는 중앙집단군의 남익을 처리하기 위해 남쪽의 코로스텐(Korosten)을 점령하고 그 다음에 모스크바로 가는 길을 모색하는 방안이었다. 할더로서는 모스크바가 언급되었기에 이거야말로 궁극의 해결책이라는 일차 반응을 보였다. 그러나 이내 침울해진 것은 만약 집단군의 주력이 남쪽으로 빠져 묶여 버리게 되면 동쪽으로의 진군에 결정적인 차질을 맞지 않을까 하는 문제였다.

세 번째는 남방집단군 전구 내에서 활로를 모색하는 문제였다. 즉 남부 부크 강 서쪽에 포진한 소련군을 일소하는 것이었다. 일단 이 방안은 중앙집단군에게 직접적인 영향을 주지 않으니 할더에게 나쁠 것은 아닌 것처럼 보이기도 했다. 하나 호트 장갑집단과 8항공군단을 북방집단군 전구로 빼돌리려는 것처럼 중앙집단군의 일부를 남방으로 돌리게 된다면 더더욱 치명적인 전략적 이탈을 경험할 수도 있는 민감한 사안이었다.[138]

브라우히치는 할더와의 사전 교감에 의해 2안을 지지했으며 히틀러는 모스크바로 진격하는 문제는 여전히 열어 둔 상태에서 코로스텐을 청소하는 것이 모길레프의 동쪽과 남쪽, 그리고 키에프에서의 문제를 동시에 해결할 수 있을 것이라는 점을 견지하고 있었다. 할더는 히틀러의 이와 같은 생각에 내심 기뻐하고 있었다. 물론 코로스텐 주변의 적을 치는 것에 상당한 비용과 시간

138) Stahel(2009) p.343, Hoth(2015) p.132

을 지불하는 것이 꺼림직 하지만 여하간 모스크바와 우크라이나를 동시에 공격한다는 것은 최소한 모스크바로 향하는 전략적 구도가 훼손되지 않는다는 희망을 갖게 되었기 때문이었다. 히틀러는 당장은 고멜과 코로스텐에서의 전술적 승리 따위에 눈을 빼앗기고 있었지만 할더는 만약 이 국면이 끝나면 비알리스톡-민스크, 스몰렌스크와 같은 대규모 포위전을 위한 전략적 기동이 다시 한 번 가능할 것으로 믿고 있었다. 구데리안 역시 그와 같은 맥락에서는 할더와 마찬가지로 모스크바 진공을 꿈꾸면서 유연하고 자유로운 장갑집단의 기동을 희구하고 있었다. 단 여기서 한 가지 마찰은 구데리안이 2군의 로가췌프-즐로빈 작전을 지원하기 위해 단 한 개의 장갑사단도 포기할 생각이 없다는 점에서 할더와 각을 세웠다는 점이었다. 상급자인 할더가 당연히 구데리안을 몰아세워야 했으나 그는 그러지를 않았고 고집 센 구데리안은 이번에도 자신의 입장을 밀고 나갔다.

8월 5일 중앙집단군은 스몰렌스크 포위전이 공식적으로 종료되었음을 선포했다. 단 소규모의 소탕전은 지역적으로 지속되다가 8일에 완전히 종식되는 수순을 밟았다. 폰 보크는 아래와 같이 정리했다.

> *"스몰렌스크에 포위된 소련군 사단들을 괴멸시킴으로써 3주 동안의 드니에프르, 드뷔나, 스몰렌스크 전투는 다시 한번 독일군과 독일인의 임무를 완수한 빛나는 승리로 종결되었다. 309,110명의 포로, 전차 3,205대의 파괴 및 노획, 3,000문의 야포, 341대의 항공기 격추를 주요 전과로 잡았다. 이 수치는 아직 확정적인 것은 아니다. 여러분들의 공적은 역사의 한 부분이 되었다. 이는 그와 같은 성과를 이룰 수 있었던 군에 대한 나 스스로의 감사이자 나의 자랑이기도 하다. 총통의 만수무강을!"*[139]

이로써 동부전선 독일군 전체는 개전 이래 누계 895,000명(혹은 774,000명)의 포로, 13,145대의 전차, 10,388문의 야포, 9,082대의 항공기를 파괴 혹은 노획한 것으로 집계되었다. 적군의 전사자는 300만으로 추산되었다. 이 모든 전과는 한 달 반 만에 이룬 것으로서 이것으로 소련군은 괴멸 직전에 이르렀다고 외친 프로파간다가 당시로서는 크게 이상할 것이 없었다. 소련군의 피해 통계만으로는 빛나는 승리가 분명했다. 그러나 이 전투가 종결될 때까지 독일군 수뇌부와 야전 지휘관들은 중점을 찾거나 고수하는 데 필요 이상의 에너지와 시간을 허비하고 있었다. 최초 단계의 비알리스톡과 민스크처럼 일관된 목표를 향해 꾸준히 전과를 쌓아가면서 최종 목표에 도달한 것이 아니라, 그 이후는 수시로 전략적 목표와 전술적 성과 사이를 정신없이 오가며 지휘계통이 흔들리는 통에 엉뚱한 시간을 너무 많이 낭비한 측면이 없지 않았다. 스몰렌스크에서 또 한 번 30만 이상의 포로가 발생하면서 통계상의 승리를 거둔 것은 사실이나 생각보다 그 전과가 그리 화려하지 않았다는 자성은 독일군 내부에서도 있었다.[140] 장갑집단과 보병군단과의 조율이 원활하지 않아 타이트한 포위망 구축에 실패하면서 10만 정도가 야르쩨보 동쪽의 좁은 통로를 따

139) BA-MA RH 19II/129, Tagesmeldungen der Heeresgruppe Mitte vom 16.7.41 bis 5.8.41, Fol. 223(1941.8.5), Fedor von Bock, KTB 'Osten I' Fols. 53-54(1941.8.5)

140) BA-MA RH 19II/386, Kriegstagebuch Nr. 1(Band August 1941) des Oberkommandos der Heeresgruppe Mitte, p.239(1941.8.3)

라 탈출해 나갔다는 것도 충분히 아쉬운 대목이었다. 여기서는 구데리안의 너무나 의욕적인 속도전적 집행이 오히려 착실한 포위전 구축에 저해요인이 되었다는 것이 다수의 비판적 시각이기는 하다. 비알리스톡에서 성급한 반격으로 괴멸적 타격을 맞은 서부군관구의 파블로프는 처형당했으나 스몰렌스크에서 비슷한 규모의 피해를 안은 티모셴코는 살아남았다. 티모셴코는 소련군의 피해는 차치하고 독일 7-8개 장갑 및 차량화보병사단과 2-3개 보병사단의 공격력을 상실케 했다는 자신의 변명으로 스탈린을 설득했다. 그 정도 사단들을 격멸한 것은 아니지만 단지 서방전격전과 같은 속도전을 둔화시키면서 전격전의 핵심을 뽑아버렸다는 변명이었다. 그렇다고 이것을 소련의 승리라고 규정짓는 것은 더더욱 기가 찬 난센스가 아닐 수 없었다. 7월 20일부터 준비된 24, 28, 29, 30군 4개 군에 의한 반격작전은 스몰렌스크 정면과 주변의 독일군 병력을 일소하고 포위망 속의 우군을 구출하는 것이 주 임무였으나 소련군은 그 어느 것도 성취하지 못했다. 폰 보크의 성명이 프로파간다에 경도된 자화자찬이라면 스몰렌스크에서 독일의 진격이 좌초됨에 따라 소련이 이긴 것과 진배없다는 소련이나 동맹국 영국의 주장도 공허한 프로파간다에 다름 아니었다. 독일군은 병원과 장비의 피해가 소련군에 비해서는 경미한 것이라고 볼 수 있으나 조기에 소련을 타도한다는 원대한 청사진과 당초의 야심찬 작전계획에 비추어 본다면 원하던 결과에 못 미쳤다는 것이 보다 정확한 표현일 것이다. 마찬가지로 경악할 정도의 피해를 입은 소련군은 그럼에도 불구하고 전선을 지켜내면서 그간에 당한 피해를 독일군보다 빠른 속도로 복구할 수 있었다고 설명하는 것이 보다 사실에 가깝다. 바르바로싸 4부작을 집필한 호주 출신의 David Stahel은 독일, 소련 모두가 패한 전투라고 표현하고 있으나 30만을 포로로 잡고 3,000대 이상의 전차를 격파한 것이 승리가 아니라 한다면 도대체 얼마를 부셔야 승리라 해야 되느냐 하는데 대해서는 답이 나오지 않는다.[141] 8월 3일 103,000명의 소련군 포로를 낚으면서 남방집단군 최초의 포위섬멸전으로 종료된 우만(Uman) 포위전의 3배 전과를 올리고도 적절한 승리가 아니라고 하는 것은 '그 정도로는 소련이 무너지지 않았다'는 결과론에 집착한 서술이지 당시 소련군의 초조한 정신상태를 객관적으로 반영한 분석은 결코 아니었다. 쉽게 말해 그와 같은 사후적 시평은 시시각각 모스크바로 다가오는 독일군 진격의 위험도를 애써 무위로 돌리려는 심리전적 의도에 지나지 않았다. 따라서 독일군은 스몰렌스크 포위전에서 전술적 승리를 거두었으나 작전술적 차원의 지평을 확대하지 못했으며(옐니아에서의 공세중단), 전략적 차원의 모멘텀을 이어가지 못했다고 규정하는 것이 더 타당할 것이다(모스크바 중점의 상실). 독일군이 민스크에 이어 또 한 번 원투 스트레이트를 작열시켰던 것은 분명했다. 다만 한 가지 찜찜한 것은 개전 초 소련군이 많아야 200개 사단 정도를 동원할 수 있을 것으로 예상되었는데 반해 스몰렌스크가 끝나갈 무렵 지도상에만 300개 사단이 나타난 놀라운 사실 하나였다.[142]

8월 5일 독일공군은 전 전선에서 9,082대를 격추시켰으며 7월 10일부터 8월 6일 기간 동안 1항공군은 771기, 2항공군은 1,098기, 4항공군은 980기를 포함, 거의 3,000기에 달하는 공군기들을 삭제시켰다. 스몰렌스크전투가 절정에 달했던 7월 한 달 동안 소련기는 전투기 2,565대, 폭격기 1,806대, 기타 공군기 446대, 총 4,908대가 파괴되면서 이 포위전은 하늘에서도 막대

141) Stahel(2009) p.348, Showalter(2009) p.180
142) Showalter(2009) p.171

한 양의 전력이 사라졌음을 시사했다. 7월 10일부터 31일까지 소련공군은 5,200회, 독일공군은 12,653회의 출격을 기록한 것만 보아도 스몰렌스크 항공전이 어느 정도로 강도높게 진행되었지를 짐작할 수 있겠다. 스몰렌스크 전투가 끝난 이후 이제 고멜 구역으로 초점이 옮겨가면서 북방집단군의 53전투비행단과의 공조가 필요한 시기가 도래하고 있었다.

* * * * *

전장의 프리 마돈나, 하인츠 구데리안

"모스크바 진격 또는 그와 유사한 주된 공세가 취해지기 전에 반드시 달성되어야 할 조건이 하나 있었다. 크리췌프에 놓여진 우리의 우익이 엄호되어야 한다는 것이었다."

(2장갑집단 사령관, 하인츠 구데리안 상급대장)

스몰렌스크 포위전의 종료에 따라 호트 3장갑집단은 재충전할 수 있는 기회를 얻었다. 야르쩨보로부터 벨뤼 남서쪽과 네벨 북동쪽으로 이어진 구역을 따라 장갑집단의 두 장갑군단은 공고한 방어선을 지탱하면서 히틀러가 약속한 휴식에 들어갔다. 8월 5일에는 슈트라우스 9군 사령관이 병가를 내는 관계로 호트가 야르쩨보로부터 벨리키에 루키까지 이르는 구역의 중앙집단군 북익을 관장하게 되었다. 9군과 호트의 제대는 대부분 스몰렌스크-모스크바 국도 북쪽에서부터 홀름(Kholm) 남쪽의 습지대에 퍼져 있었다. 소련 19군과 대치한 12장갑사단은 8월 6일에도 격렬한 접전을 전개하면서 5보병사단이 대체해 줄 때를 대기하고 있었으며 19군 역시 약화된 전력을 메우기 위해 신규 병력이 이동 중에 있는 것으로 판명되는 등 가장 치열했던 포위전의 절정기는 지나갔으나 여전히 긴장은 고조되고 있었다.[143] 따라서 39, 57장갑군단은 그 와중에도 보프(Vop) 강변 구역에 대한 동쪽으로부터의 적군 공격이 끊이질 않아 5, 6군단과 함께 피곤한 방어전을 구사하고 있었다. 불필요한 교전으로 자산을 낭비하기가 무의미하다고 판단한 독일군은 방어선을 부분적으로 교정한다는 결정을 내림에 따라 8월 7일까지 39장갑군단은 12장갑사단 일부 병력을 제외하고는 모두 뒤로 빠지면서 충전에 들어가게 되었다.[144] 집단군의 북익을 맡고 있던 57장갑군단은 장갑집단의 여타 제대와 너무 멀리 떨어져 있어 8월 11일까지 순차적으로 뒤로 이동했다.[145] 이 후퇴는 18일 또는 20일까지 차기 공세를 위한 병력 재편성을 위한 것이지 단순한 숨고르기는 아니었다. 형식적으로 3장갑집단을 관할하고 있는 9군은 전차엔진의 보급이 늦어 20일이 되어야 충전이 완료될 것 같다는 전망을 제시했다.[146]

가장 남쪽의 2장갑집단 47장갑군단은 18장갑사단이 너덜너덜해진 가운데 이미 7월 말부터 후방으로 빠져 29차량화보병사단 및 17장갑사단과 약간의 시차를 두고 합류했다. 46장갑군단은

143) BA-MA 59054, 3. Pz. Gr. KTB 25.5.41-31.8.41, Fol. 194(1941.8.6)

144) BA-MA 59054, 3. Pz. Gr. KTB 25.5.41-31.8.41, Fol. 196(1941.8.7)

145) BA-MA 59054, 3. Pz. Gr. KTB 25.5.41-31.8.41, Fol. 196(1941.8.7)

146) BA-MA 59054, 3. Pz. Gr. KTB 25.5.41-31.8.41, Fol. 199(1941.8.9), Fedor von Bock KTB 'Osten I' Fol. 58(1941.8.9)

10장갑사단을 오래 전부터 빼려고 결정하고는 있었으나 옐니아에서의 전투가 예상을 불허하는 형세로 격변하고 있어 여전히 부분적으로는 전투에 투입되고 있었다. 다스 라이히와 '그로스도이칠란트'는 8월 7일 옐니아 최전방에서 후퇴하여 북서쪽의 휴식장소로 이동했다. 이쪽은 소련군의 포사격 거리 범위 밖이었다. 단 24장갑군단은 두 개의 보병군단과 함께 이미 로슬라블 전투에 휘말려 있어 도대체가 쉴 새가 없었으며 딱히 예비를 둘 수 있는 여유도 없었다. 8월 7일 기준으로 쿤쩬(Adolf-Friedrich Kuntzen) 장갑병대장의 57장갑군단은 북익이 너무 멀리 떨어져 있어 이들을 불러들이는 데는 11일까지 기다려야 했기에 24장갑군단은 다시 피곤한 몸을 이끌고 차기 전투의 준비에 임하는 숨 가쁜 일정을 소화하고 있었다.[147] 구데리안은 8월 7일에 폰 보크에게 연락해 24장갑군단을 소즈 동쪽 크라스노폴예로 이동시켜 2군 북익에 위치한 소련군을 쳐내는 한편, 크라스노폴예를 지나 더 남쪽의 췌케르스크와 고멜로 돌진하겠다는 의사를 표명한 바 있었다. 하나 이는 연기될 수밖에 없었던 것이 2군의 가장 남익에 위치한 43군단이 여전히 너무 서쪽에 치우쳐 있어 두 번째의 포위망을 구축할 여지가 없었기 때문이었다. 더군다나 포위망을 형성할 만한 자산도 부족했다.[148] 일단은 로슬라블을 확실히 잡아내는 일에 전념하는 것으로 결정되었다. 8월 8일 24장갑군단은 9군단과의 공조 하에 최종적인 한 방으로 로슬라블을 쳐 38,000명의 포로를 획득했다. 200량의 전차와 세 배 이상 수치의 야포를 격파 혹은 노획하는 대단히 만족스러운 전과를 기록했다.[149] 로스라블 공략에 3개 중대를 풀로 가동했던 226돌격포대대는 봐이세예프코(Weissjevko)를 치고 들어간 뒤 고멜 방면으로의 공세를 가다듬고 8일에는 덤으로 노보-벨리자(Novo-Beliza)까지 점령하는 성과를 잡았다.

2장갑집단의 측면을 관리할 봐익스의 2군은 기동하기가 거북한 프리페트 습지대에 병력을 밀어 넣어야 할 상황으로, 좌에서 우로 13, 12, 53, 43군단을 배치했으며 가장 오른쪽에는 45, 293보병사단을 보유한 53군단이 자리잡았다. 45, 293보병사단은 남방집단군의 좌익과 적정한 간격을 두고 연결을 했어야 하나 8월 6-10일 사이 이 간격은 150km나 벌어져 있었다.[150]

로슬라블이 구데리안 손에 들어가던 날, 쥬코프 예비방면군 24군에 새로이 속하게 되었던 57폭격기연대는 51전투비행단 4대대에 의해 철저한 응징을 받았다. 8월 7일 전선에 투입된 직후 바로 뒷날 최초 출격에 나선 57폭격기연대의 SB 폭격기 27대는 옐니아를 치기 위해 날았으나 목표점에 도달하기 직전에 Bf 109들의 습격을 받았다. SB 폭격기들은 10전투기연대의 MiG-3 전투기들이 호위를 했음에도 불구하고 전혀 효율적인 공방을 전개하지 못했다. 51전투비행단 4대대는 우선 크라스츄벤코(I.T.Kraschubenko) 중위의 2편대를 집중적으로 가격했다. 1편대장 오시포프(G.A.Osipov) 중위는 2편대 쪽을 보다가 공포에 휩싸이기 시작했다. 2편대의 9기 모두가 불에 타는 것이었다. 그러나 놀랍게도 이들은 불에 타고 있는 와중에도 목표지점을 향해 편대비행을 유지하고 있는 것이었다. 더욱 놀라운 것은 결국 9기 모두 격추되는 신세가 되었으나 폭격기들은 폭탄들을 전량 투하하고 일부 조종사들은 낙하산으로 탈출하면서 그들의 임무를 여하간 완

147) BA-MA 59054, 3. Pz. Gr. KTB 25.5.41-31.8.41, Fol. 196(1941.8.7)
148) NA : T-84 ; roll 271, Tagesbuchnotizen Osten I, frame 000391, 000397-000398(1941.8.7-8.8)
149) BA-MA RH 19 II/130, Tagesmeldungen der Heeresgruppe Mitte vom 6.8.41 bis 26.8.41, Fol. 18(1941.8.8)
150) Haupt(1997b) pp.65-6

◆V-2-6 남진을 계속하는 구데리안 2장갑집단의 선봉 모터싸이클 정찰대. 뒤쪽은 기관실 상부에 프레임안테나가 부착된 3호 지휘전차

수했다는 것이었다. 그 후 Bf 109들은 1편대의 SB 폭격기 2대를 처치하고 총 11대의 폭격기들을 격추시키는 전과를 달성하였으며 우군기는 단 한 대의 손실로 마무리할 수 있었다. 이 케이스는 소련 전투기들이 얼마나 엄호를 제대로 하지 못했는가를 입증하는 분명한 통계자료였다. 9일에도 폭격기 대 전투기들의 승부가 이어졌다. 전투기들의 엄호 없이 날랐던 3편대의 SB 폭격기 8대 중 5대가 51전투비행단 4대대의 재물이 되었다. 하인츠 배르 소위가 그중 한 대를 처치하며 자신의 통산 기록을 55기로 늘였고 폭격기 기총사수 리스트라토프(Listratov) 상사는 1대의 Bf 109를 떨어트렸다. 피격된 것은 33기 격추를 기록하고 있던 헤르베르트 후페르츠(Herbert Hupeertz) 소위로서 다행히 부상도 입지 않은 해 긴급착륙을 시도해 목숨을 건질 수 있었다. 이로써 57폭격기연대는 14대의 기체만을 갖게 되어 야간폭격으로 돌려졌으며 24군을 지원했던 10전투기연대는 7월 말 32기의 MiG-3을 보유하고 있다가 8월 10일에는 단 10대만을 유지하고 있는 형편이었다.[151]

호트가 당분간 교전을 중단하고 가능한 한 오랜 기간 휴식과 충전에 시간을 할애하려한 데 반해 로슬라블 전투를 승리로 이끈 구데리안은 잠시도 쉬려고 하지 않았다.[152] 항공정찰에 의해 이미 적군의 방어망에 구멍이 생긴 것이 확실하며 주변에 소련군 병력의 집중이 부재한 틈을 타 계

151) Bergström(2007) p.55
152) BA-MA RH 21-2/928, KTB Nr. 1 Panzergruppe 2 Bd.II vom 22.7.1941 bis 20.8.41, Fol. 170(1941.8.7)

속해서 승기를 이어간다는 발상을 갖고 있었다. 소련군은 모스크바 바로 앞의 도시 브리얀스크 40km 지점까지도 아무런 병력을 남겨놓지 못했다. 24장갑군단이 연속적인 격투로 전차나 연료나 모든 보급품이 부족한 상태에서 수천 톤의 물자를 같은 집단의 46, 47장갑군단으로부터 이양받게 되는 것은 괴롭지만 불가피한 조치였다. 병참국은 당장 작전을 속개하는 것이 불가능하지는 않으나 46, 47장갑군단이 상당한 비용을 지출해야 될 것이라는 경고를 숨기지는 않았다.[153] 실제로 중앙집단군의 측면이 너무 길게 노출되어 로슬라블-크리췌프-고멜로 이어지는 남방 축선으로 이동한다는 수정계획을 집행하고 있는 도중인데도 구데리안은 측면이 늘어나는 것을 전혀 개의치 않는 것 같았다.

2장갑집단은 크리췌프 부근에서 장갑집단과 중앙집단군의 남익을 공고하게 형성할 필요에 따라 크리췌프로 향하는 작전을 준비했다. 이는 로슬라블에서 당한 소련군이 추가적인 반격을 가하지 않고 뒤로 물러남에 따라 구데리안은 2군에 대해 한 개 사단도 지원하는 일 없이 남서쪽으로의 추가 진격을 용이하게 할 수 있게 된데서 비롯했다. 최초 공격목표는 폰 보크의 결정에 의해 로슬라블 남서쪽 120km에 위치한 크라스노폴예(Krasnopolje)로 정해져 24장갑군단의 모든 사단이 8월 9일 공세를 개시했다.[154] 공세는 마치 교범에 따르는 것처럼 순조롭게 진행되었으며 스탈린을 혐오하는 지역 주민의 환호 속에 후방경계를 둘 필요도 없이 2군의 북익을 지키는 적군 수비대를 몰아내고 있었다. 발터 모델의 3장갑사단은 약간 서쪽으로 치고 들어가 클리모뷔취(Klimovichi)를 장악하여 13군 45소총병군단 소속 3-4개 사단을 가두어 크리췌프 동쪽의 포위망을 좁혀 들어갔다. 3장갑사단은 7보병사단과 10차량화보병사단 전투단의 지원을 받아 포위망 속의 소련군 사단들을 구타하고, 4장갑사단은 크리체프 남쪽 콤무나리(Kommunary) 방면 북쪽 입구를 막아서서 13군의 여타 제대가 구원군으로 도착하지 못하도록 방해하고 있었다.

구데리안은 그 후 췌케르스크(Checkersk)와 고멜(Gomel)을 순차적으로 공략하라는 폰 보크의 명령에 반하여 고멜로 직행하려 했으나 47장갑군단과 2군이 남익에서 너무 서쪽으로 치우쳐져 있어 이동하는 데 지나치게 많은 시간을 소요한다는 점으로 인해 연기되고 말았음은 전술한 바와 같다. 췌케르스크는 남서쪽으로 60km, 고멜은 크라스노폴예로부터 90km 거리에 위치했다. 47장갑군단 없이는 포위망의 다른 한 쪽을 구성할 제대가 절대 부족이었기에 이는 불가피한 결정이었다. 실은 구데리안은 24장갑군단의 실력에 자신감이 있어 100km도 남지 않은 브야지마로 진격하려 했으며 그 의도는 옐니아 정면에 수 개 사단을 더 동원해 소련군 방어선을 통과함으로써 좀 더 모스크바 가까이 다가가려는 속셈에 근거한 것이었다. 폰 보크 역시 주공이 모스크바여야 한다는 점에 대해서는 이견이 없었으나 당시 상황으로서는 옐니아 정년의 소련군은 지속적으로 예비를 풀어 넣고 있는 상황이어서 구데리안이 짐작하는 것처럼 소련군 수비망의 두께가 그리 얇지 않다는 사실을 직시하고 있었다.[155] 하여튼 이 '올아웃 어택' 정신에 중독이 되어 있는 구데리안은 매일같이 건의를 올렸다. 8월 9일에는 로슬라블을 호쾌하게 잡았으니 이제는 로슬라블 남서쪽으로 밀고 들어가 크리췌프 동쪽으로 진출한 다음, 전선을 뒤바꾸어 브야지마를 향해 북동

153) BA-MA RH 21-2/819, Kriegstagebuch der O.Qu.-Abt. Pz. A.O.K.2 vom 21.6.41 bis 31.3.41, Fols. 254-255(1941.8.7)

154) BA-MA RH 21-2/928, KTB Nr. 1 Panzergruppe 2 Bd.II vom 22.7.1941 bis 20.8.41, Fol. 186(1941.8.8)

155) BA-MA RH 21-2/928, KTB Nr. 1 Panzergruppe 2 Bd.II vom 22.7.1941 bis 20.8.41, Fol. 217(1941.8.11)

쪽으로 치고 나가는 방안을 제안했다. 구데리안은 그의 장갑부대가 로슬라블-모스크바 국도를 따라 남익에서 동쪽으로 진격하고 자신의 휘하에 있는 두 보병군단이 중앙부로 나아가 북익을 커버하면 된다면서 주된 루트는 브야지마로 향해 있는 스파스-데멘스크(Spas-Demensk)를 통과하는 길을 잡자는 아이디어를 제시했다. 그는 이 방법이야말로 호트 집단이 북쪽에서부터 모스크바를 향해 진군하는데 유리한 여건을 조성할 수 있을 것으로 판단했다. 물론 폰 보크가 로슬라블 주변에 상당한 갭이 발생한 것을 모르는 바는 아니었으나 아직 옐니아의 적군이 전혀 약화되지 않고 있다는 점을 들어 승인하지는 않았다. 즉 만약 소련군이 옐니아에서 강력한 예비를 쏟아붓는다면 2장갑집단 자체도 위험할뿐더러 당장은 드니에프르에 접한 2군의 정면에 놓인 적군을 격멸시키는 것이 급선무라는 점을 강조했다.[156] 구데리안은 8월 4일 집단군 사령부가 북동쪽으로의 전진을 묵시적으로 인정해 놓고도 다시 자신의 발목을 잡는다며 안타까워했으나 어쩔 도리없이 크리췌프 공략을 마무리하기로 결정했다. 구데리안의 눈에는 브야지마가 바로 코앞에 있는 것처럼 보였으나 폰 보크와 할더가 합심해서 절대 안 된다고 하니 당장 가능한 작업부터 끝내놓고 보는 도리밖에 없었다. 24장갑군단과 13군단의 7보병사단이 맡게 된 이 공세는 진창 도로사정으로 인해 쉽지 않은 과정을 거쳤다.[157] 그와 동시에 고멜로 향하는 2군의 진격도 마찬가지 형편에 놓여 있었다. 이 시기는 수일 동안 폭풍을 동반한 비가 내려 모터싸이클을 탄 전령들의 이동도 쉽지 않았으며 9군의 보병사단들은 여름철임에도 불구하고 습하고 쌀쌀한 변덕스런 날씨에 고통받고 있었다. 251보병사단의 한스 마이어-벨커(Hans Meier-Welcker) 소령은 이제 서서히 동부전선이 자신의 진정한 모습을 드러내고 있다고 표현했다. 8월 9일, 독일군은 개전 이후 두 달이 안 된 시점에서 895,000명의 포로, 13,145량의 적 전차, 10,388문의 야포 및 9,082대의 항공기 격추를 전과로 발표했다. 독일군의 피해는 부상자를 합해 240,989명의 규모였다.

24장갑군단의 3, 4장갑사단은 10일까지 밀로슬라뷔취(Miloslavitschi) 남서쪽을 공격하고 10차량화보병사단은 이미 밀로슬라뷔취에 도달하여 공격의 고삐를 늦추지 않았다. 3장갑사단은 8월 10일 밀로슬라뷔취에서 결코 작지 않은 포위망을 형성하여 20,000명의 포로를 잡았으며 여기서부터 모스크바까지는 250km라는 이정표를 발견했다. 11일 24장갑군단은 크게 어렵지 않은 적을 상대로 크리췌프를 시시각각 밀어붙이고 있었으나 장비의 손상에 적신호가 나타나고 있었다. 4장갑사단은 25량의 3호 전차, 8량의 4호 전차를 포함해 겨우 64량의 전차로 버티고 있었으며 이전부터 고민해 오던 부품부족과 엔진의 마모는 위험수위에 달해 있었다.[158] 12일이 되자 봐익스의 2군은 자체 공세에 나섰다. 기동전력없이 보병만으로 진격하는 문제는 이날의 전투에서 여실히 나타났다. 코스탸쵸보(Kostjachowo)에서는 매복한 소련군의 기습에 1개 대대의 절반이 희생되는 충격을 당해 어떤 중대는 35명으로 남게 되는 경우도 발생했다. 2장갑집단 우익의 7군단은 78 및 197보병사단이 로슬라블 동쪽과 남쪽에 20km 길이의 전초선을 설정해 24장갑군단이 남진하는 동안 좌측면을 엄호하는 노력을 기울였다. 실은 24장갑군단은 봐익스의 2군 제대, 즉 우익에 13군단, 좌익에 7군단의 엄호를 받아 남진하는 것으로 잡혔으나 7군단이 북동쪽

156) NA : T-84 ; roll 271, Tagesbuchnotizen Osten I, frame 000400-000401(1941.8.10)

157) NA : T-84 ; roll 271, Tagesbuchnotizen Osten I, frame 000398(1941.8.9)

158) BA-MA RH 27-4/10, Kriegstagebuch 4.Panzer-Division Füuhrungsabtl. 26.5.41-31.3.-42, p.103(1941.8.11) / BA-MA RH 21-2/928, KTB Nr. 1 Panzergruppe 2 Bd.II vom 22.7.1941 bis 20.8.41, Fol. 215(1941.8.11)

에서 속도를 내지 못해 24장갑군단의 기동사단들은 균일한 간격설정에 따라 측면을 제대로 엄호받는 양호한 형편은 아니었다.[159] 즉 남서쪽의 13군단과 북동쪽의 7군단은 점점 대각을 형성하여 간격이 벌어지고 있었으며 이 문제는 결국 47장갑군단이 7군단의 두 보병사단들을 지원하러 이동하면서 부분적으로 해결하게 된다. 24장갑군단에 비해 레멜젠 군단의 17, 18장갑사단은 스몰렌스크 주변에서 충전할 수 있는 기회를 가져 8월 11일경에는 17장갑사단이 80대의 전차를, 18장갑사단은 129대를 보유하게 되어 상당 수준의 전력을 확보한 것으로 평가되었다.[160] 이는 제대간 속도와 간격유지 조율이 불충분한 탓도 있지만 공격성향의 3, 4장갑사단 지휘관들의 관성에 따른 보병과 장갑부대의 고질적인 이격현상의 하나이기도 했다. 그럼에도 불구하고 24장갑군단은 포위망을 좁혀 들어가 12일 안으로 적군 병력을 외부와 단절시키는 데 성공했다. 12일 크리쳬프는 24장갑군단과 7보병사단에 의해 포위된 상태에서 상당한 출혈을 감내하는 소규모의 포위전으로 발전했다. 고멜에 주둔하던 12군단의 34보병사단은 북쪽의 모길레프와 남쪽의 고멜 중간에 해당하는 소즈 강 부근에서 도하를 시도했다. 8월 12일 게오르크 호프만(Georg Hoffman) 중위는 80보병연대 13중대의 최선봉에서 건너편 제방에 도착했으며 그로 인해 교두보 하나가 확고하게 장악되는 성과가 나왔다. 13일 34보병사단의 인근에 위치했던 17보병사단은 호프만 중위의 기습에 힘입어 80보병연대와 함께 공세를 이어갔다. 대신 호프만의 선봉중대는 봐실예프카(Vasilyevka)에서 소련군의 화포사격에 시달리는 대가를 치렀다. 34보병사단은 다소 더딘 속도지만 차기 목표인 우고스트(Ugost)를 향해 8월 나머지 기간동안 꾸준한 진격을 이루어냈다.[161]

8월 14일 4장갑사단은 콤무나리를 석권하고 3장갑사단의 선도부대는 크리쳬프 남동쪽 25km 지점의 췌리코프(Cherikov) 외곽으로 진입했다. 6일 동안 로슬라블과 크리쳬프 사이 소즈강 주변에서 전투를 벌인 슈붸펜부르크의 24장갑군단은 13-14일 16,033명의 포로를 잡고 소련군 3개 사단을 해체하였으며 76문의 야포와 15량의 전차 및 장갑열차 1대를 파괴함으로써 포위망을 완전히 제거했다.[162] 14일 봐익스의 2군은 소련 21군의 63, 67소총병군단 소속 적어도 6개 소총병사단을 집게발 형식으로 공격해 들어가 고멜 북서쪽 드니에프르 강 동쪽 제방에 가두어버렸다. 포위망 속의 소련군들은 사력을 다해 빠져나가려 했기에 봐익스는 13군단과 1기병사단 이외의 가능한 모든 제대를 몰아넣어 포위망을 지켜야 했다. 구데리안은 다시 의기양양해졌다. 그는 폰 보크와 할더의 지시에 반해 2군에 단 하나의 사단도 넘기지 않으면서 2군의 북익에 대한 안정을 가져왔으며 그가 그의 상관들보다 옳았다는 점을 전승의 결과로서 입증했다. 대단한 고집불통이 만든 거부할 수 없는 결과였다.

이즈음 브라우히취는 췌케르스크와 고멜을 따 내라고 독촉하게 되는데 폰 보크는 생각이 달랐다. 24장갑군단의 실력과 경륜을 모르는 바는 아니나 크리쳬프에 이어 두 도시를 한꺼번에 따 낼 여력은 없을 것으로 판단되었다. 역시나 4장갑사단이 코스튜코뷔취(Kostiukovichi)에서 강력한

159) Glantz(2010) pp.389, 391

160) BA-MA RH 24-47/2, Kriegstagebuch Nr. 2 XXXXVII.Pz.Korps. Ia 25.5.1941-22.9.1941(1941.8.11)

161) Zetterling(2017) pp.238-9

162) BA-MA RH 21-2/928, KTB Nr. 1 Panzergruppe 2 Bd.II vom 22.7.1941 bis 20.8.41, Fol. 237(1941.8.13)

적의 저항에 부딪히자 브라우히취의 요망은 당장 실현될 수가 없었다.[163] 아울러 구데리안은 쉐케르스크 정도에 관심을 둘 만한 여유가 없었으며 공격일변도의 성향인 그가 추구하고자 하는 바는 더 동쪽으로 들어가 적군을 남쪽에서 북쪽으로 말아 올리는 일이었다. OKH는 이를 허락하지 않았다. 그보다 더 문제가 되었던 것은 4장갑사단의 가중되는 피로도였기에 폰 보크는 추가 공세는 2군에게만 일임하고 장갑사단은 적절한 충전과 휴식을 취하는 것을 허용했다. 그럼에도 불구하고 코스튜코뷔취는 14일 안으로 독일군의 수중에 장악되었다. 크리췌프 부근의 작전이 성공한 것은 사실이었지만 구데리안의 4장갑사단은 병원과 장비의 소모에 비해 기대했던 성과는 아닌 것으로 판단하고 있었다. 브라우히취가 원했던 것만큼 모여 있을 것으로 생각했던 소련군의 주력은 이미 자리를 비우고 다른 곳으로 이동한 것으로 판단되었다.[164]

* * * * *

3개 집단군의 균형과 중점설정

"나는 이 시점에서 집단군을 어떻게 움직여야 할지 더 이상 알 수가 없다.
오늘은 진지전이 시작되는 첫날이다!"
(중앙집단군 사령관 훼도르 폰 보크 육군원수 : 1941.8.15)

폰 보크는 구데리안의 2장갑집단이 충전도 하랴 남방으로의 공세도 준비하랴 정신이 없는 가운데 옐니아 전구의 46장갑군단이 곤욕을 치르고 있는 상황에서 8월 말에 모스크바 진격이 가능하더라도 12월 안에 바르바로싸를 끝낼 수 있을지 불안해하기 시작했다. 할더 역시 소련군은 더 이상 예비를 동원할 능력이 없을 것이란 판단을 내리고 있었으나 8월 11일 첩보당국의 보고를 받고 난 직후 얼굴색이 바뀔 정도로 경악한 나머지 중앙집단군의 전력이 여러 군데로 흩어져 있는 당시 시점에서는 제한된 범위의 공세만이 가능하다는 쪽으로 입장을 변경했다. 분석의 출발은 다르지만 결국 히틀러가 주장하는 '작은 전술적 승리'의 공식으로 되돌아온 셈이었다. 좋게 말해 지금까지 독일군의 능력을 과대평가하고 소련군의 동원능력을 과소평가해 온 할더가 처음으로 정신 차리고 현장의 느낌을 제대로 파악한 시점이었다. 그러나 그렇다 하더라도 결론은 모스크바였다. 적군의 병력 동원능력이 그 정도라면 시간을 끌면 끌수록 소련의 산업규모는 더 확대될 것이며 연합군의 물자지원 역시 가파른 속도로 증폭될 것이었기에 단기결전의 논리는 여전히 타당했다. 즉 다른 전구에 눈길을 줄 여가가 없었다. 할더는 그와 같은 수정된 정보에 근거하여 남방으로 공세를 확대하면서 전방위적으로 적군의 전선을 분산시켜야 된다는 브라우히취의 논지를 정면으로 반박하게 된다. 하지만 8월 초순 독일군은 700km의 전선을 지켜내면서 차기 목표를 저

163) NA : T-84 ; roll 271, Tagesbuchnotizen Osten I, frame 000398-000404(1941.8.9-8.13) / NA : T-313 ; roll 80, Pz. Gr. 2 Ia KTB, frame 7.318.934-7.813.962(1941.8.11-8.12)

164) BA-MA RH 27-4/10, Kriegstagebuch 4.Panzer-Division Führungsabtl. 26.5.41-31.3.-42, p.109(1941.8.14), Bock(1996) p.281

울질하고 있었으며 각 제대가 연료와 탄약부족, 특히 옐니아 지구에서의 병원 피해 등이 늘어나면서 만약 소련이 단기간에 끝낼 수 있는 상대가 아니라면 설혹 모스크바가 떨어지더라도 소연방은 살아남아 계속해서 전투를 하는 것이 아닌가 하는 것이 폰 보크의 우려였다.[165]

할더는 8월 7일부터 요들을 만나 히틀러가 모스크바 공략을 포기하지 않도록 OKW의 이해와 지지를 촉구했다. 요들은 궁극적으로 모스크바로 진격함으로써 전쟁을 종식시킬 수 있다는 신념은 갖고 있어 OKH 와 OKW가 화해할 수 있는 여지는 어느 정도 남겨져 있었다. 할더는 중앙집단군을 자꾸 북이나 남으로 빼려는 히틀러의 의도를 차단하기 위해서는 북방집단군과 남방집단군이 이웃 집단군(중앙)의 지원을 받지 않고서도 레닌그라드와 키에프 진공을 완수할 수 있다는 조건을 갖추게 함으로써 중앙집단군을 온전히 보전할 수 있다는 설득을 제시하면 될 것으로 생각했다. 다행히 남방집단군은 8월 3일 우만 포위전을 성공적으로 끝내면서 사기가 오르고 있었고 북방집단군은 상대적으로 지지부진하지만 폰 리히트호휀의 8항공군단이 중앙에서 북방집단군으로 지원 나가있는 상태였기에 더 이상의 병력 재배치는 어렵다고 설명하면 먹힐 수 있을 것 같다는 예상을 하고 있었다. 8월 7일 할더는 요들을 설득시키는데 성공한 것처럼 보였다. 즉 모스크바와 우크라이나(키에프)를 겨울이 오기 전에 동시에 공략한다는 것으로 구데리안의 2장갑집단은 돈 강을 따라 남동쪽을 향해 진군하는 것도 조율되고 있었다. 이 부분에서 할더가 유리했던 것은 OKW의 발터 발리몬트(Walter Walimont) 작전과장이 OKH의 전략적 구상을 상당부분 공유하면서 자신의 상급자인 요들을 설득시킬 수 있었다는 점이었다. 발리몬트는 특히 8월 10일 자신이 작성한 보고서에서 고멜과 벨리키에 루키 주변의 측면 위협을 해소하고 나면 2, 3장갑집단이 모스크바 방면으로 진격해 르제프-브야지마-브리얀스크 축선에 몰린 약체 소련군을 붕괴시키는 것이 가능하다고 제안했다. 즉 이 축선이 무너지면 중앙집단군은 본격적인 모스크바를 향한 '추격'(pursuit)의 단계를 밟게 되며 이때 북부와 남부에 대한 지원까지도 가능할 것으로 내다 보고 있었다. 이제 이것으로 OKW와 OKH는 상당히 근접한 것으로 보이기도 했다. 할더가 자신의 일지에 남긴 요약된 내용은 다음과 같다.

"북방집단군이 자력으로 작전을 수행할 수 있다는 나의 오랜 인상은 확인되었다. 중앙집단군은 (모스크바 정면의) 소련군 주력을 격파하는데 집중되어야 한다. 남방집단군은 충분히 강력하나 중앙집단군의 지원을 받을 수는 있을 것이다.(2장갑집단의 남동쪽 기동 암시)"[166]

따라서 할더와 폰 보크는 8월 9일 그 어떤 경우에도 모스크바를 향한 기동전력의 보전을 위해 여타 구역으로 과도한 병력을 빼지 않는다는 합의를 보고, 앞으로 있을 벨리키에 루키 주변에 대한 대규모 포위작전을 실행하지 않기로 했다. 대신 9군이 남에서 북으로 일멘(Ilmen) 호수를 향해 진격해 가급적 좁은 구역에서의 전세 회복을 감행하는 것으로 축소 조정되었다.[167] 또한 11일 군 첩보부의 보고가 있기 전까지만 해도 할더는 독소 양군 제대수 비교를 통해 소련군의 전력이 약화되고 있다는 확신을 갖고 있었다. 11일 전까지 북방집단군은 26개 사단(3개 기동사단)이 소

165) Fedor von Bock KTB 'Ostern I' Fol. 61(1941.8.12)
166) Halder(1964) pp.165, 170
167) Fugate(1984) p.200

련군 23개 사단(2개 기동사단)을 상대하고, 중앙집단군 60개 사단(17개 기동사단)은 70개의 소련군 사단(8.5개 기동사단)을, 50.5개 사단(9.5개 기동사단)을 가진 남방집단군은 거의 비슷한 수치(6.5개 기동사단)의 소련군 사단들과 대치 중인 것으로 파악되었다. 물론 소련군의 제대 수는 실제보다 훨씬 과소평가된 것으로서 할더는 이 통계비교만으로는 북방집단군이 자력으로 전선을 지탱할 수 있으며 남방집단군은 오히려 중앙집단군을 지원할 수도 있는 여력까지 갖춘 것으로 해석된다며 이에 기초할 경우 히틀러를 설득하여 중앙집단군이 모스크바로 향하는데 전혀 문제가 없다는 점을 각인시키려 했다. 주공의 정중앙을 치고 들어갈 구데리안 장갑사단의 경우, 17, 18장갑사단은 충분히 공격적인 작전을 시도할 수 있는 여지가 있었으며 10장갑사단도 옐니아 구역을 차치한다면 아직도 전력의 절반 이상은 동원가능한 것으로 파악되고 있었다.[168] 물론 이 희열은 단 하루 만에 먹구름이 끼이게 된다. 24시간 안에 할더가 받은 보고서에는 자신의 예상을 뒤엎을 정도로 가공할 만한 소련군의 예비병력들이 전선에 나타나고 있다는 정보가 확인되어 있었다. 이 수정 보고 자체는 할더와 폰 보크에게 전혀 이로울 게 없었다. 할더가 모스크바 진격재개의 가능성을 타진하고 있던 8월 11일 같은 날 구데리안은 현재 교착상태에 있는 옐니아 전선을 타개하기 위해 수중의 장갑군단들을 모두 집결시켜 옐니아를 통과해 브야지마로 직행하는 방안을 제안했었다. 이는 옐니아에 묶여 있는 지친 병력을 해제시키면서 차제에 배후에 놓인 적군 예비병력 전체를 격파시키겠다는 구상이었다.[169] OKH는 이를 승인하지 않았고 폰 보크도 동의하지 않았다. OKH나 중앙집단군이나 모스크바 진공을 바라는 바지만 그럴 경우 옐니아 정면을 통과하는 데 엄청난 피해가 불가피하며 2장갑집단의 우익이 고스란히 늘어나 적군 예비병력의 역공을 당해내기 힘들다는 판단을 갖고 있었다. 폰 보크는 결론적으로 구데리안이 온갖 피해를 무릅쓰고 설사 전술적인 승리를 획득한다 하더라도 전략적인 승리를 담보하지 못하는 위험부담은 곤란하다는 자신의 입장을 최종적으로 정리했다.[170] 하나 이는 구데리안을 화나게 하는 데 충분했다. 그는 OKH나 집단군이나 모스크바 진격의 의욕이 박약하다고 규정하면서 그렇다고 의미없는 옐니아를 포기도 하지 않으면서 진지전을 수행하는 듯한 지휘부의 행태는 납득이 되지 않는다는 견해를 갖고 있었다. 즉 구데리안은 3개 장갑군단의 집중에 의해 옐니아를 잘라내고 정 동쪽으로 진격하든가, 옐니아를 단념하고 다른 루트를 찾자는 간단명료한 지시를 희망하고 있었다. 문제는 당시 히틀러 및 OKW나 OKH, 중앙집단군은 대단히 복잡한 요구와 기대, 당면과제와 궁극의 목표, 소련군의 진정한 의도와 현재의 병력배치 이해에 대한 착시와 착종(錯綜) 현상에서 벗어나지를 못하고 있다는 점이었다.

8월 12일 OKW가 내린 히틀러의 지령 34a(34의 수정안)에서는 조건부로 모스크바 진군이 여전히 가능하다는 암시를 남기고 있었다. 할더에게 희망을 주었던 것은 남방집단군은 중앙집단군의 도움을 받지 않고서도 스스로 문제를 해결할 수 있다는 언명과, 중앙집단군은 남익을 안정화시킨 다음 동쪽으로 진격하는 방안을 검토해야 한다는 표현이었다. 즉 아직은 모스크바 진군 가능성이 살아있다는 점이었다. 하지만 할더가 다소 우려하는 바는 여전히 북방집단군의 레닌그

168) BA-MA RH 21-2/928, KTB Nr. 1 Panzergruppe 2 Bd.II vom 22.7.1941 bis 20.8.41, Fol. 220(1941.8.11)

169) BA-MA RH 21-2/928, KTB Nr. 1 Panzergruppe 2 Bd.II vom 22.7.1941 bis 20.8.41, Fols. 211-215(1941.8.11)

170) BA-MA RH 21-2/928, KTB Nr. 1 Panzergruppe 2 Bd.II vom 22.7.1941 bis 20.8.41, Fol. 217(1941.8.11), Fedor von Bock KTB 'Osten I' Fol. 59(1941.8.10)

라드 공세의 결과에 따라 모스크바 진격이 이루어진다는 전후관계 설정이 불안하다는 것이었다. 이 불안은 당장 14일에 불거져 나왔다. 스타라야 루사(Staraya Russa) 남방에서 집행된 소련군의 강력한 공세는 측면이 늘어난 10군단을 강타하면서 위기가 증폭되고 있다는 보고가 들어왔다. 이 보고는 히틀러에게까지 전달되어 문제를 복잡하게 만들고 있었다. 히틀러는 그냥 1개 사단을 지원하도록 하라고 한 다음, 15일이 되자 마음이 바뀌어 가능한 한 가장 빠른 기간 내에 1개 장갑사단과 2개 차량화보병사단을 북방집단군 구역으로 이동시키라는 명령을 하달한다.[171] 할더는 다시 한번 폭발했다. 불과 1개 소총병사단의 공격으로 독일군 3-4개 사단이 묶이게 되는 말도 안 되는 현상이라며 길길이 뛰었다. 그러나 잠시 후 마음을 고쳐먹었다. 10군단은 차량화소총병사단과 기병사단, 계 2개 사단의 공격을 받은 것이 아니라 34군의 6개 신규 사단과 2개 기병사단의 집중적 공격을 받고 있다는 연락이 들어왔다. 북방집단군도 황급히 추가 조치를 취했다. 폰 레에프는 레닌그라드로 진격하는 에리히 폰 만슈타인(Erich von Manstein)의 56장갑군단을 철군시켜 드노(Dno) 방면으로 257km를 이동하라는 지시를 내렸다. 만슈타인이 매우 황당해 했던 것은 단순히 오던 길을 되돌아가라는 일로서 천신만고 끝에 레닌그라드에 철퇴를 가하려 떠나다가 다시 남방으로 이동하라고 하니 구데리안처럼 열이 뻗힐 수밖에 없는 상황에 직면해 있었다.[172]

할더의 전화연락을 받은 폰 보크는 더 죽을 지경이었다. 700km, 730km에 달하는 전선을 40개 사단 정도로 막으면서 추가 공세도 장기적인 방어전도 펼칠 여력이 없는 중앙집단군으로부터 다시 군단 병력 하나를 뺀다는 것은 전투를 하지 말라는 것과 같다며 정색을 했지만 할더도 어쩔 도리가 없다면서 하는 데까지는 해 보자는 허탈한 결론을 내렸다. 브라우히취는 할더와의 통

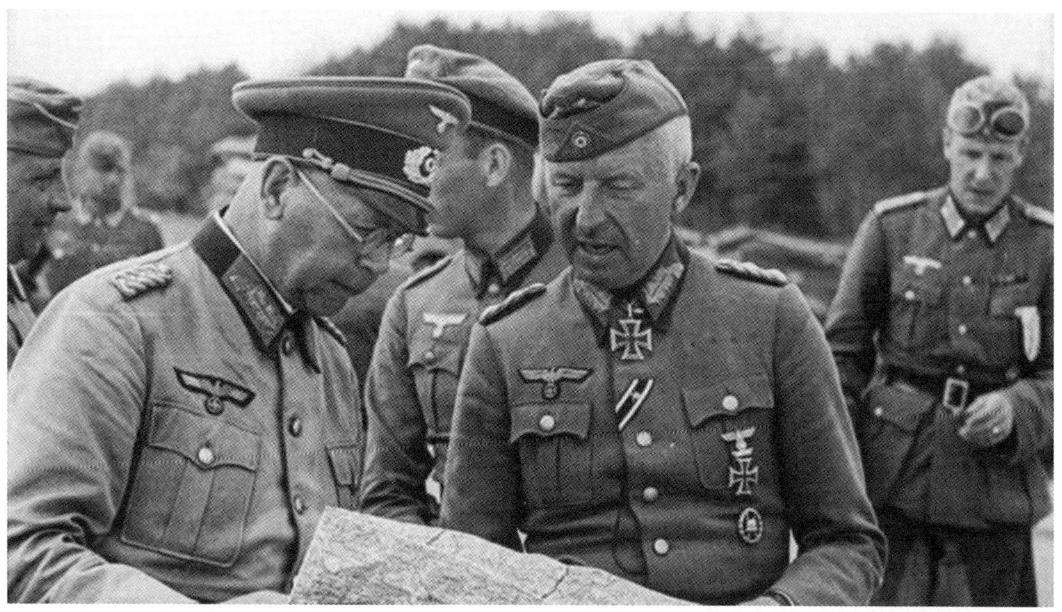

◆V-2-8 56장갑군단장 에리히 폰 만슈타인. 가장 전력이 약했던 북방집단군이 그나마 템포를 유지할 수 있었던 것은 만슈타인 기동제대의 기여가 컸다. 왼쪽은 8장갑사단장 에리히 브란덴베르거 소장. 브란덴베르거는 외모상 군인이라기보다 학자풍의 인물로 대단히 세심한 지휘력을 통해 나름 위아래의 신뢰를 획득했다.

171) KTB OKW, Vol. II, p.1045, Dokument 91(1941.8.15)
172) Manstein(1994) p.199

화를 끝낸 폰 보크에게 연락해 3개 기동사단은 상황이 호전되면 당장 되돌려 줄 테니 이는 일시적인 것으로 이해하라고 다독였다.[173] 실질적인 문제는 북방집단군의 남익을 지탱하고 있던 호트의 3장갑집단이었다. 즉 말하자면 3개 사단을 빼내어야 할 바로 그 집단이었다. 8월 13일까지 겨우 15%의 보급과 충전을 마친 장갑부대가 당장 전투에 나설 경우 전력누수로 인해 최소한 25%의 피해가 불가피하다는 병참국의 분석이 나왔다.[174] 3장갑집단은 그로부터도 8일 동안의 휴식이 필요한 시점인데 15일의 결정에 따라 재충전이 끝나지 않는 사단들을 동원한다는 민감한 문제에 봉착했다. 호트가 북쪽의 벨리키에 루키를 점령하려면 군단전력 전체가 필요한데 전차의 엔진은 16-17일이 되어야 도착할 것으로 예상되었으며 필요한 부품은 17-18일에나 가능하다는 보고가 있어 당장 병력을 이동시킬 수가 없는 조건에 있었다. 거기다 신규로 지원된 900장갑교도여단(Lehrbrigade)은 15일에 이미 전투에 휘말려 있어 예비로 쓸 전력이 아니었다. 행군 거리는 500km에 달해 가는 동안 모든 차량들이 망가지게 될 사태에도 대비해야 했다.[175]

이와 같은 병력 이동 문제에도 불구하고 모든 장성들은 다소 시간이 지체되더라도 궁극적으로는 모스크바로 가면 된다고 생각했기에 여하간 히틀러의 생각을 모스크바에 붙들어 두면 된다고 여겼다. 하지만 이 희망은 날이 갈수록 희박해지고 있었다. 15일 히틀러는 브라우히취와 요들을 만난 자리에서 다시 한번 모스크바는 북방집단군 전구의 문제가 해결되지 않으면 절대 고려하지 않는다는 점을 분명히 했다.[176]

* * * * *

고멜 점령

"작전술적 차원에서 말하자면
이는(고멜 함락) 러시아 중앙전구의 절반이 끝장났다는 것과 다를 바 없었다."
(제2군 43군단장 고타르드 하인리키 보병대장 : 1941.8.18)

히틀러의 편견이 확인되었던 같은 날 8월 15일, 여하간 구데리안이 모스크바로 진군하는 것이 당분간 실현 가능성이 없게 되자 구데리안은 그럼 옐니아를 지키는 것 자체가 의미가 없으니 병원들의 피해를 줄이자는 차원에서 병력을 빼 줄 것을 요청했으나 이는 집단군 사령부에 의해 거부되었다. 당장 빼면 독일군이 처음으로 전선에서 물러났다는 프로파간다에 이용당하기 쉽다는 것과 옐니아 정면을 통해 소련군이 적극적 공세로 전환할 수 있다는 것이 그 이유였다. 구데리안은 그 순간 고멜로 나가는 것은 옳지 않다고 생각하고 있었다. 전략적 목표가 분명히 설정되지 않은 상태에서 남서쪽으로 병력을 이동시킨다는 것

173) BA-MA RH 19II/386, Kriegstagebuch Nr. 1(Band August 1941) des Oberkommandos der Heeresgruppe Mitte, pp.328-329(1941.8.15)
174) BA-MA RH 59054, 3. Pz. Gr. KTB 25.5.41-31.8.41, Fol. 207(1941.8.13)
175) BA-MA RH 19II/386, Kriegstagebuch Nr. 1(Band August 1941) des Oberkommandos der Heeresgruppe Mitte, p.330(1941.8.15) / BA-MA RH 59054, 3. Pz. Gr. KTB 25.5.41-31.8.41, Fol. 212(1941.8.15)
176) KTB OKW, Vol. II, p.1045, Dokument 91(1941.8.15)

은 그 자체 한 발자국 뒤로 물러서는 것이라 생각되었으며 장갑사단 하나를 뽑아 달라는 집단군 사령부의 요청도 거절해 버렸다.[177] 구데리안은 우선 자신의 제대를 뽑아내는 것을 극도로 싫어하고 있었으며 또한 한 개 사단으로 전선에 무슨 변화를 줄 수 있냐며 장갑전력은 집합적으로 운용할 때에만 효과를 발휘한다는 평소의 지론을 제시했다. 구데리안이 집단군을 설득시키고 나자 이번에는 OKH가 장갑사단 하나로 고멜로 진격하라는 명령을 내렸다. 결국 구데리안은 그럴 바에야 아예 고멜을 치러 가는 것이 낫다며 3개 기동사단을 모두 출동시켰다. 3, 4장갑사단이 선두에 서고 10차량화보병사단이 2진에 배치되어 노보쉬브코프(Novosybkov)와 스타로두브(Starodub)로 진격케 했다.[178] 구데리안은 돌파가 진행되면 우익에 포진한 사단이 고멜을 때리는 것으로 준비했다. 포위망의 동쪽을 담당할 12군단은 로가췌프 방면에서 돌파를 감행하는 소련군들을 맞이하기 위해 서쪽으로 이동했고 13군단은 고멜을 향해 남진을 시도했으나 이게 잘 먹히지 않았다. 전차를 동원한 소련군은 고멜로부터 17보병사단의 측면을 깊게 파고들면서 군단에 대한 압박을 강화시켰고 이는 힘겨운 공방전 끝에 겨우 해결될 수 있었다. 8월 15일 43군단이 고멜을 향해 진격을 시작하자 13군과 21군을 토대로 갓 형성된 중앙집단군 사령관 쿠즈네쪼프(F.I.Kuznetsov)는 이미 로가췌프와 고멜을 포기한다는 결정을 내린 상태였다.[179] 따라서 소련군의 저항은 급격히 둔화되는 것이 당연했다. 53군단의 52보병사단은 15일 늦은 아침 로가췌프를 점령했고 소련군 후방경계부대는 노보쉬브코프를 향해 동쪽으로 빠지는 퇴각로를 확보하기 위해 사력을 다하고 있었다. 이 작은 후방경계부대의 작전은 고멜에서의 공격에 영향을 줄 정도로 철저하게 진행되었다.

8월 16일 모델의 3장갑사단은 므글린(Mglin) 도로교차점을 장악했다. 스타로두브를 향한 24장갑군단의 공세는 바로 이 시점에서부터 시작되고 있었다. 문제는 폰 봐익스의 2군이었는데 8월 16일 2군은 4개의 서로 다른 군집으로 전개하면서 서로 다른 구역에서 독자적으로 기동하고 있어 고멜을 향한 협격에 차질을 초래하고 있었다. 우선 (1) 베레지나 남서쪽의 35군단은 OKH의 명에 따라 모쥐르(Mozyr)에서 프리페트 강을 향해 공세를 개시했고, (2) 12군단, 13군단, 43군단, 53군단의 부분 병력들에 의해 로가췌프-즈볼린 구역의 포위망을 만든 다음, (3) 13, 43군단의 일부 병력은 고멜로 향해 나아갔다. (4) 소즈 강변 췌췌르스크(Chechersk) 교두보의 167보병사단에 의해 결성된 전투단은 34, 258보병사단 병력으로 편성한 '베엘렌도르프 그룹'(Gruppe Behlendorff)와 함께 소즈 강으로부터 고멜 정 북쪽을 향해 동진하고 있었다.[180] 이 병력들의 제휴나 공조가 시원찮았던 것은 13, 43군단의 고멜 진격이 차질을 빚고 있을 때 로가췌프-즈볼린 구역의 그 어떤 제대도 두 군단을 지원하기 위해 빠져나올 수가 없었다는 데에서도 확인된다. 13군단의 267보병사단은 루덴카(Rudenka)와 자보드(Zavod) 사이를 뚫고 들어온 소련군 사단에 의해 심한 압박을 받았으며 반격을 당한 소총병들은 마지막까지 항복하지 않는 근성을 보이고 있었다. 독일군 역시 피해는 막대했다. 267보병사단의 한 중대는 소련군의 광신적인 공격을 쳐낸 후 68명만 남는 고약한 조건에 처하기도 했다.[181]

8월 17일에는 2장갑집단 우익의 4장갑사단이 적군의 강력한 방어에 막혀 진격이 중단되었으나 3장갑사단과 10차량화보병사단은 우네챠(Unecha) 철도역을 점거함으로써 고멜-브리얀스

177) NA : T-84 ; roll 271, Tagesbuchnotizen Osten I, frame 000390(1941.8.1), 000391(1941.8.6)
178) Guderian(1996) p.195, Fugate(1984) p.194
179) NA : T-312 ; roll 1654, frame 000136-000144(1941.8.14-8.15)
180) NA : T-312 ; roll 1654, frame 000145(1941.8.16)
181) NA : T-312 ; roll 1654, frame 000153(1941.8.17)

크-모스바로 향하는 국도를 차단해 버렸다.[182] 이때 구데리안은 폰 봐익스의 2군이 자신의 우익에서 공세를 강화해 줄 것으로 믿었으나 웬일인지 2군은 자신의 주력을 고멜 정면으로부터 북동쪽을 향해 24장갑군단의 훨씬 뒤로 돌아가는 기동을 택함에 따라 24장갑군단은 스타로두브-우네챠 구간에서 격렬한 교전에 휘말리게 되었다. 보병의 지원없이 장갑부대만으로 싸우고 있다는 이야기였다. 구데리안은 집단군 사령부에 연락해 2군은 자신의 우익에서 싸워야 한다고 주장했고 일단은 알았다는 회신을 받았다. 그러나 다시 2군에 확인해 본 즉 북동쪽으로 이동하라는 것은 2군의 자체 결정이 아니라 집단군 사령부의 명령이었다는 이야기였다. 다시 상황보고를 정리한 폰 보크는 2군은 루가췌프-즐로빈 구간에 필수불가결한 병력만 남겨둔 채 주력을 고멜 방향으로 이동시켜 최고속도로 따라붙으라는 지시를 내렸다.[183] 하여튼 이 시기 독일군 지휘계통과 연락망 조정의 문제는 욕을 얻어먹어도 쌌다. 이러한 혼란의 와중에 17일이 되자마자 다행히 소련 21군이 고멜에서 빠져 나간다는 보고가 당도했다.[184] 이날 24장갑군단은 북동쪽으로 이동해 우네챠와 스타로두브 구역에서 동쪽으로 도주하는 소련군을 저지하라는 지시를 받게 된다. 3장갑사단이 가장 먼저 남하하고 겔린코뷔취(Gelynkovich)를 이미 따 낸 4장갑사단은 3장갑사단의 뒤를 따라갔다. 10차량화보병사단은 보병사단과의 접촉을 위해 3장갑사단의 우익에서 진군해 들어갔다. 가장 선두를 달린 붸르너 알프레드 폰 레뷘스키(Werner Alfred Wilhelm von Lewinski) 중령의 3장갑사단 6장갑연대는 18일까지 스타로두브 주변에 도착하는 것을 목표로 우네챠 남방에서 진격을 개시했다. 장갑연대의 측면을 엄호하던 프라이헤어 폰 튀르크하임(Freiherr von Türkheim) 소령의 543장갑엽병대대는 독일전차들이 주포사격을 하기도 전에 7대의 적군 경전차를 격파하면서 길목을 다져나갔다. 레뷘스키 전투단(Kampfgruppe Lewinski)은 스타로두브 남쪽과 서쪽으로 돌아들어가고 3차량화보병연대 2대대와 공조하던 훼르디난트 슈나이더-코스탈스키(Ferdinand Schneider-Kostalski) 대위의 9장갑중대(3장갑대대)는 오전 9시 스타로두브의 외곽에 당도했다. 소련군은 갑자기 배후에서 나타난 전차들을 보고 독일 공수부대가 미리 대기했던 것으로 오인해 당황하기 시작했다. 콤소몰 청년적위대 등의 광신적인 저항으로 일부 구역에서 상당한 격투가 있기는 했으나 오전 9시 15분 스타로두브는 독일군 손에 장악되었다.[185] 독일군은 티모셴코 사령부에 스타로두브가 아직 소련군이 지키고 있다는 엉터리 보고를 타전하면서 혹여 있을 소련군의 화포사격을 미연에 방지하는 조치를 취했다.

그에 앞선 8월 16일, 쥬코프는 구데리안의 부대가 스타로두브와 우네챠에서 발견되자 심각한 고민에 들어갔다. 또한 장갑부대가 17일 약체화된 13군의 전선을 유린해 브리얀스크-고멜 철도선을 차단해 버리자 16일에 새로 발족된 브리얀스크방면군을 위기에 빠트리게 되었다. 더욱이 고멜로부터 21군이 철수하게 되면서 예비방면군과 중앙방면군의 갭은 점점 벌어지게 되었다. 크리췌프 포위전 이후 구데리안의 부대가 브리얀스크를 거쳐 남쪽에서부터 모스크바를 향할지 모른다는 것이 스타프카의 우려였기에 브리얀스크방면군을 급조한 것이었으나, 이제는 구데리안이 브리얀스크방면군 자체를 노리고 들어오게 되자 스탈린은 헷갈리기 시작했다. 구데리안은 도대체 어디로 향하는가?

182) Guderian(1996) p.196
183) NA : T-84 ; roll 271, Tagesbuchnotizen Osten I, frame 000409-000410(1941.8.16)
184) Bergström(2007) p.96
185) Veterans of the 3rd Panzer Division(2012) pp.194-5, Röll(2009) p.89

◆ V-2-9 고멜-조블린 구간 러시아 가옥에 숨어든 포대를 격파하는 독일군 장갑엽병들. 왼쪽에 후미부분만 보이는 것은 Sd.Kfz. 231 6륜 장갑정찰차량. 41년 8월 16일 촬영

8월 17일 중앙집단군 폰 그라이휀베르크(Hans von Greiffenberg) 참모장은 9군 참모장 벡크만(Weckmann)을 만나 집단군 정면의 적은 소멸되었다고 잘라 말하면서 모든 군은 모스크바로 정조준하여 돌파를 감행할 것임을 분명히 했다.[186] 즉 바로 이때까지만 해도 독일군이나 소련군의 그 누구도 모스크바가 목표이며 부분적으로 측면을 엄호하는 기동이 실시되는 한이 있더라도 모든 공격 사단의 일반적인 방향은 모스크바 정면이 될 것이라는 데에 대해서는 의문의 여지가 없었다. 그게 군사적 상식이고 순리였다. 한데 브리얀스크방면군을 대하는 구데리안 2장갑집단의 태도는 일반적인 예상과는 사뭇 다른 경향을 나타냄에 따라 소련군의 참모진과 야전지휘관들은 약간의 혼돈에 빠지기 시작했다. 일부는 혹여 7월 29일 쥬코프가 스탈린에게 제기한 내용(독일군 주공의 모스크바 축선 이탈)이 사실이 아닌가 궁금해 하는 부류들도 존재하는 것으로 감지되었다. 하나 적어도 소련군에게 있어서는 구데리안이 모스크바를 향한 동진이 아니라 키에프를 향해 남진하게 될 것이라는 것을 넘겨 집기에는 아직까지 기본적으로 증거가 부족했다.

8월 17일 4장갑사단에 앞서 스타로두브에서 남방으로 향하던 3장갑사단은 제대간 속도조절이 되지 않아 스타로두브에서 므글린에 이르기까지 여러 군데로 널려 있었다. 따라서 4장갑사단이 3장갑사단을 따라잡도록 394보병연대는 너무 앞서나가지 않으면서 후방 제대와의 연결을 확고히 하는 것으로 지시되었다. 18일 내내 슈나이더-코스탈스키의 6장갑연대 3대대와 3차량화보병연대 2대대로 구성된 사단의 선봉은 너무 가파른 속도로 진격하는 통에 후속하는 제대와의 연결이 원활하지는 못했다.[187] 그로 인해 3장갑사난의 만토이휄 전투단, 레뷘스키 및 클레에만 전투

186) BA-MA RH 19II/386, Kriegstagebuch Nr. 1(Band August 1941) des Oberkommandos der Heeresgruppe Mitte, p.341(1941.8.17)

187) BA-MA RH 27-3/218, KTB 3. Pz. Div. I.b 19.5.41-6.2.42(1941.8.18)

◆ V-2-10 3장갑사단 공병소대장 게오르크 스퇴륵크 소위. 부교가설이나 하는 단순한 공병이 아니라 거의 자살특공대 역할만을 도맡아 시피 한 3장갑사단의 보물이었다.

단 모두 소련공군의 공습에 노출되어 18일 밤, 19일 새벽까지 공중으로부터의 폭격에 시달리게 되었다. 이 제대간 간격유지의 문제는 19일에 약간의 위기상황까지 만들어냈다.

8월 19일 우네챠에 포진했던 3장갑사단 394보병연대는 15대의 T-34로부터 매서운 공격을 당했다. 18-19일 밤을 이용한 소련군의 반격은 3장갑사단과 4장갑사단의 사이를 치고나가 우네챠와 므글린의 연결이 단절되는 사태까지 발생했다. 당시 3장갑사단 6장갑연대 1, 2대대의 전차들은 우네챠에서 수리 중이었으므로 뷰르쉐겐스(Buerschgens) 하사는 급한 대로 2대의 3호 전차(전술번호 101호 & 731호)를 몰아 마을 북서쪽으로 이동해 교량 정면에서 6대의 선봉 적 전차들을 상대했다. 또한 4호 전차 1대(412호)가 적군 중전차의 궤도를 망가뜨려 당장의 위기는 해소한 것으로 판단되었다. 겨우 3대의 독일 전차가 그 중 3대를 격파하자 나머지는 도주하다 늪지대에 빠져 굳이 격파할 필요를 느끼지 못한 채 방기된 것도 있었다. 위기는 또 발생했다. 52톤의 괴물 전차 KV-2가 온 시내를 마음대로 활보한다는 보고가 있어 오스카르 아우되르쉬(Oscar Audörsch) 연대장은 공병소대장 게오르크 스퇴륵크(Georg Störck) 소위가 처리할 것을 명령했다. 스퇴륵크는 731호 전차 위에 올라타 철길 제방에 놓인 괴물 전차를 발견하고 곧바로 공격을 시작했다.[188] 물론 3호 전차의 주포로는 처치가 불가능한 전차였다. 스퇴륵크 소위는 집속폭탄으로 투척해 봤자 꿈적도 하지 않는 괴물을 직접 육박전투로 해결하려 했다. 스퇴륵크는 전차 뒤에 올라타고 발데스(Baldes) 상병도 동시에 전차 위로 점프해 관측창을 자신의 손으로 막아 조종수를 당황하게 했다. 이때 스퇴륵크는 해치를 열어 그 안으로 집속폭탄을 밀어 넣고 비호처럼 뛰쳐나와 가옥 구석에 몸을 숨겼다.[189] 괴물 전차는 격파되었으나 안에 있던 전차병들은 상처도 입지 않은 채 기어 나와 곧바로 포로가 되었다. 아우되르쉬 연대장은 자신의 제복에 붙은 1급 철십자장을 떼 내어 스퇴륵크의 가슴에 붙여주며 용감한 그의 공적을 치하했다.[190]

고멜을 향한 공세는 장갑부대와 보병사단들간의 공조가 원활하지 못해 짜증나는 계기들이 몇 번 있었으나 결국 이는 해당 구역의 소련군 수비대가 질기게 항전하는 과정에서 예정된 시간표를 맞추지 못한 데 따른 결과였다. 다행히 2군의 베엘렌도르프 그룹(Gruppe Behlendorff)이 소즈강 교두보를 떠나 24장갑군단의 북익을 엄호할 수 있게 되자 24장갑군단이 스타로두브 동쪽에서 서쪽으로 이동하면서 포위망을 좁히는 가시적인 성과가 나타나기 시작했다. 17-18일 즐로빈-로

188) Jentz(1996) p.204

189) NA : T-313 ; roll 80, Pz. Gr. 2 Ia KTB, frame 7.319.042(1941.8.20)

190) Veterans of the 3rd Panzer Division(2012) p.197, Fugate & Dvoretsky(1997) pp.226-7

가춰프-고멜 축선에 몰린 소련군은 사면초가 상태가 되어 여러 곳에서 작은 포위망에 갇혀 투항하는 적군 병력들이 발생했다. 18일 2장갑집단과 2군은 포춰프(Pochep) 주변구역을 장악하고 고멜과 스타로두브 방면을 압박하면서 소련 23군과 21군의 경계를 위협하기 시작했다. 소련 21군 사령관 고르도프(V.M.Gordov) 장군은 63소총병군단이 고멜로 안전하게 퇴각하는 것을 스탈린에게 요청하였으나 인가가 나지 않았다. 63소총병군단의 병력은 모두 포위되어 전멸당했으며 군단장 페트로프스키(L.G.Petrovsky)는 스케프니아(Skepnia) 근처에서 장렬하게 전사했다. 독일군은 페트로프스키의 시신을 찾아 정중한 예를 다해 장례식을 치르고 그의 무덤에 십자가를 세운 뒤 용감히 싸우다 죽은 적장의 전사기록을 새겨 넣었다.[191] 18-19일은 그간 혼선을 빚었던 제대간 조율이 정돈상태로 들어가 곳곳에서 포로들이 잡히는 보고가 들어왔으며 즐로빈 주변에서의 적군 저항이 약화되자 2군은 본격적으로 속도를 낼 수 있게 되었다.

이 작전의 간단한 개요는 2군이 북서쪽에서 고멜 정면으로 진격해 들어가는 동안 24장갑군단이 동쪽으로 원호를 그리면서 적군의 배후를 돌아들어가 도주로를 잘라내는 결과를 만들어냈다는 따지고 보면 단순한 구도에 지나지 않았다. 8월 19일 고멜에 대한 최종 공격은 아침 7시 북서쪽과 북동쪽에서 동시에 전개되었다. 13군단 17보병사단이 서쪽과 북쪽으로부터 가장 먼저 진입해 격렬한 시가전을 거치면서 소련군 수비대를 시 중앙으로 몰아내고 결국 다수의 병력을 더 남방으로 떨쳐내면서 고멜 시 전체를 장악해 들어갔다. 19일 저녁이 다가오자 소련군은 대부분 시내 중심가로 몰리거나 남쪽으로 쫓기게 됨에 따라 소즈 강의 교량들을 폭파하면서 본격적인 철수준비에 들어갔다. 소련군의 포위망 탈출극은 구간에 따라 상이했다. 19일 53군단 267보병사단 구역을 빠져나가려던 800명 정도의 소련군은 겨우 100m를 남겨두고 독일군과 백병전을 벌이는 사투를 겪기도 했으며 독일군의 피해 또한 녹록지 않았다. 19일 안으로 2군은 고멜에 입성했다. 131보병사단에 붙게 되었던 '그로스도이췰란트'의 192돌격포대대는 고멜의 최초 동네를 아무런 피해없이 접수하고 보병사단 로터(Rotter) 중령의 지휘 하에 1중대 7대의 돌격포들이 시내 100m까지 접근했다. 그때부터 소련군의 저항이 계속되었으며 2문의 야포와 1대의 적 전차를 파괴한 직후 상황은 독일군에게 유리하게 전개된 것으로 보였다. 어둠이 깔리자 보병들은 돌격포 위에 올라타 시내 깊숙한 곳까지 파고들면서 적들을 소탕했다. 선두의 돌격포 3대는 추가로 3문의 야포와 4문의 대전차포, 그리고 소총병들을 가득 태운 4량의 트럭들을 불살랐다. 시의 소탕전은 그로부터 24시간이 더 소요되었으며 시 중심을 지속적으로 파고들었던 17보병사단이 소즈 강 동쪽의 교두보를 지키던 소련군 수비대를 격멸하면서 전세는 완전히 기울게 되었다. 최종 마무리는 131보병사단이 17보병사단을 대체해 주변 구역을 방어하는 것으로 종료되었다.[192]

2군은 고타르트 하인리키(Gotthard Heinrici)의 43군단이 잡은 1만 명의 포로와 아울러 5만 명의 적군 포로를 잡았으며 크리춰프와 고멜 구역 전체로는 78,000명의 포로가 발생했다. 이것으로 7개 소총병사단으로 된 2개 소총병군단이 사라졌다.[193]

그 직후 구데리안의 장갑부대는 클린취-스타로두브를 통과해 노보쉬브코프까지 진격하고 레멜젠의 47장갑군단은 24장갑군단의 동쪽 측면을 엄호하면서 나아갔다. 29차량화보병사단은 24장갑군

191) Glantz(2010) p.390
192) NA : T-312 ; roll 1654, frame 000164-000168(1941.8.19-8.20), Kurowski(1999) p.55, Fugate & Dvoretsky(1997) pp.228-9
193) NA : T-312 ; roll 1654, frame 000159-000160(1941.8.18), Hürter(2015) p.77

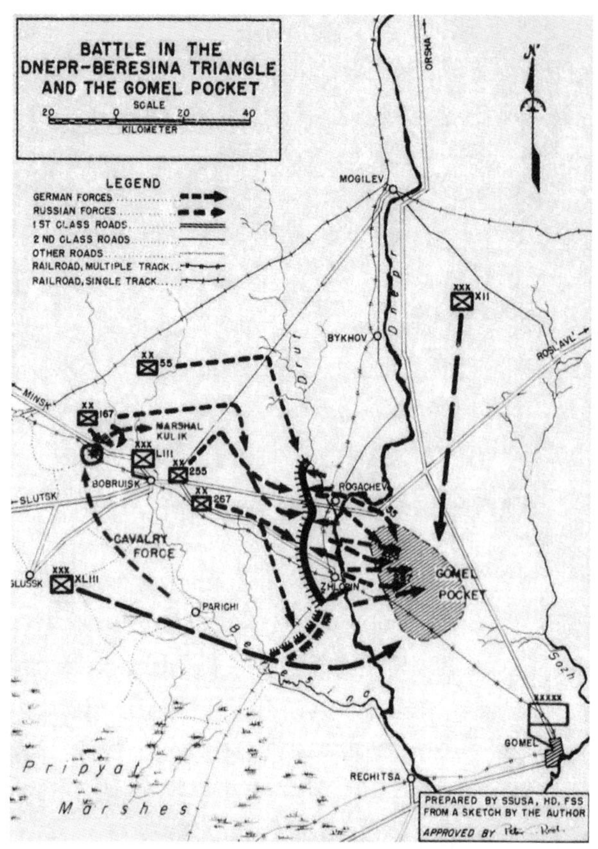

◆ V-2-11 드니에프르-베레지나 삼각주 및 고멜 포위망

단의 좌익에서 선두에 선 17장갑사단과의 진격속도를 조율하면서 남쪽으로 이동했다. 레멜젠의 47장갑군단은 포췌프에서 강력한 적군의 저항에 직면하기도 했으나 큰 피해는 없었다. 하나 19일 슈붸펜부르크의 24장갑군단은 연료고갈사태로 더 이상 고멜 동쪽의 노보쉬브코프를 칠 수 없다는 결론에 도달했다.[194] 그럼에도 불구하고 고멜 구역의 장악은 일단 소련 21군과 13군을 분리시킴으로써 중앙방면군과 예비방면군 사이의 갭에 쐐기를 박는 효과는 있었다.

8월 20일 24장갑군단은 수라쉬-클린쥐-스타로두브 구간을 따라 들어온 적군의 공격을 떨쳐냈다. 다만 일부 제대가 우네챠 남쪽 구역에서 동쪽으로 돌파해 나간 일이 있었다. 이날 폰 보크는 차후에 있을 모스크바 진공에 대비하기 위해 2장갑집단이 포췌프 방면으로 더 남진하지 말고 로슬라블 남쪽 구역으로 퇴각할 것을 지시했다. 20일 1기병사단이 아직 고멜 동쪽에서 적과 교전 중이었으나 2군은 드니에프르 강과 소즈 강 사이 구간을 소탕하면서 고멜 구역 전투를 사실상 종료시켰다. 그보다 이 시점 구데리안의 각 사단들은 연료가 고갈 직전에 도달해 더 이상의 진격은 불가능했다. 3장갑사단이 연료가 딸리는 것은 당연했고 10차량화보병사단은 구르지 않는 차량들을 도로에 버리고 다녀야 했으며 뒤에 처진 4장갑사단은 아직도 북쪽에 치우쳐 있었다.[195] 이런 상황에서 구데리안 스스로가 고멜 동쪽 노보쉬브코프를 장악하기는 불가능하다고 타전하고 당분간 2-3일 동안은 연료공급이 가능하지 않기 때문에 4장갑사단은 수중의 가용한 전차 수가 44대로 줄어 있는 것을 확인할 수 있었다.[196] 다만 4장갑사단은 20일 우네챠에 도달해 주변구역을 장악하면서 24일까지는 소탕작업에 들어갔다. 이 과정에서 사단은 600명의 포로와 60대의 차량, 8문의 야포를 획득했다. 47장갑군단의 17장갑사단이 24장갑군단의 동쪽을 커버해 주고 있는데도 고멜 동쪽으로의 공세계속은 그 단계에서 멈추어야 했다. 당시 중앙집단군은 적어도 일일 24개의 객차들이 보급물자를 실어 날라야 겨우 지탱이 될 정도인데 실상은 그 절반 수준에 불과했다. 병참국은 일일 지원량을 30-35개 객차로 증가시키는 것을 약속했으나 가장 잘 도착했을 때가 18개에 그치고 있었다.

194) BA-MA RH 21-2/928, KTB Nr. 1 Panzergruppe 2 Bd.II vom 22.7.1941 bis 20.8.41, Fol. 296(1941.8.19)
195) BA-MA RH 21-2/928, KTB Nr. 1 Panzergruppe 2 Bd.II vom 22.7.1941 bis 20.8.41, Fol. 302(1941.8.20)
196) BA-MA RH 27-4/10, Kriegstagebuch 4.Panzer-Division Fü hrungsabtl. 26.5.41-31.3.42, p.115(1941.8.20)

고멜 포위전은 크리췌프보다 확실히 규모가 컸다. 78,000명의 포로, 700문의 각종 야포, 144량의 전차를 노획했다.[197] 21일 24장갑군단은 추가적으로 코스토보브르(Kostobobr)를 따내고 가장 남방에 위치했던 47장갑군단은 폰 보크의 철수명령에도 불구하고 포췌프를 점령했다. 최소한 이 시점에서 구데리안의 21장갑집단은 로슬라블 남방을 완전히 정리하면서 모스크바로 다시 한 번 정조준할 수 있는 계기를 마련했다. 폰 봐익스의 2군 또한 고멜이 점령됨에 따라 드니에프르와 소즈 강 사이의 소련군 병력을 일소할 수 있게 되었으며 나아가 모쥐르 북쪽 35군단을 막고 있던 소련 5군의 북동쪽 측면에 강한 압박을 구사할 수 있게 되었다. 고멜에서의 패퇴 이후 소련 5군은 모쥐르와 독일 남방집단군의 북익 구역으로부터 빠져나와 프리페트 습지대를 향해 남하하기 시작했다.

그간 북방 전구로 이동해 있었던 폰 리히트호휀의 8항공군단이 8월 8일 2항공군으로의 복귀 명령에 따라 8월 15-20일간 중앙집단군 전구로 붙여졌다. 이로써 일시적으로 수적 우세를 보였던 소련공군을 몰아낼 수 있을 것으로 예상되었으나 격전을 겪은 8항공군단은 너무 찌들어 있었다.[198] 스몰렌스크-고멜 지구는 51전투비행단과 53전투비행단 3대대가 옐니아 돌출부의 2군 지원뿐만 아니라 해당 구역의 소련공군 전체를 일소한다는 각오로 날뛰고 있었다. 8월 1-16일간 두 제대는 11기를 잃은 대신 총 169대의 소련공군기를 격추시켰다. 51전투비행단 4대대 편대장 칼-고트프리드 노르트만(Karl-Gottfried Nordmann) 중위는 이 시기 중 자신의 40기 격추를 기록했다. 한편 8월 1-9일간 구데리안이 로슬라블에서 소련 28군을 괴멸시키는데 일조했던 210 고속폭격비행단은 그 후 옐니아에서의 방어전 수행과 고멜에서의 21군 및 5군의 부분 병력을 내

◆ V-2-12 8월 22일 2장갑집단 전초기지에서 장갑지휘관의 브리핑을 받는 구데리안. 부하들로부터는 절대적인 신뢰와 존경을 받았으나 상관들에게는 영원한 문제아로 남았었다.

197) Bock(1996) p.287

198) BA-MA RH 19II/386, Kriegstagebuch Nr. 1(Band August 1941) des Oberkommandos der Heeresgruppe Mitte, p.273(1941.8.9)

려치는데 지대한 공헌을 제공했다. 210고속폭격비행단은 8월 23일까지 해당 구간들을 관리하다 로슬라블 남동쪽 40km 지점의 세쉬췬스카야(Seshchinskaya)로 이동했다.[199]

8월 21일 이날 석권한 포췌프와 스타로두브는 발진지점으로서는 안성맞춤의 조건을 구비하고 있었다. 폰 보크도 히틀러가 요구했던 것처럼 결국 고멜을 따 냈으니 그 다음은 모스크바로 향하는 궁극의 결정을 내려 줄 것을 기대하고 있었다. 하지만 22일 구데리안이 집단군 사령부로부터 받은 질의는 고개를 갸우뚱하게 만들었다. 2장갑집단이 2군의 좌익에서 기동하기 위해 클린취-포췌프 구역으로 이동이 가능한가라는 것이었다. 구데리안이 보기에 이는 더 남쪽으로 내려가라는 이야기이며 결국 남방집단군의 6군과 공조하기 위한 포석으로 짐작하면서 장갑집단을 남북으로 나누게 되는 이와 같은 아이디어는 치명적인 결과를 초래할 것이라며 당연히 불가 의사를 전달했다.[200] 구데리안은 22일 폰 보크가 왜 이러한 질문을 했는지에 대해서는 아직 감을 잡지 못하고 있었다. 이 질문의 배경은 나중에 밝혀지지만 메가톤급 의사결정의 후속조치에 따른 것이었다.

한편 9군의 지휘를 받고 있던 북쪽의 호트 3장갑집단은 병원과 장비의 손실을 감안컨대 당시 4곳으로 분리된 지휘소를 통합관리하지 않는 한 적 방면군의 중앙을 헤집고 들어가는 것은 무리라고 판단하고 있었다.[201] 때마침 슈트라우스 9군 사령관이 병가를 내는 바람에 호트가 일시적으로 지휘권을 받았으나 휘하의 제대가 너무 넓게 분산되어 있어 단일한 지휘체계의 유지마저도 어려운 상황에 처해 있었다. 9군은 공세를 준비해야 함에도 불구하고 계속되는 소련군의 잽으로 인해 특히 보프 강 구역을 중심으로 한 전 방어선에 걸쳐 잦은 교전이 이어지고 있었다. 8월 12일 5군단의 5보병사단 구역에서는 적군이 방어선을 돌파하여 사단 포병대가 위치한 후방지역까지 위협하는 기세를 떨치기도 했다.[202]

8월 15일 북방집단군에게 3개 사단을 넘기라는 결정이 떨어져 가뜩이나 머리가 복잡한 판국에 티모셴코는 17일 코네프의 증강된 19군을 동원해 호트의 집단을 내리쳤다. 5, 8군단이 당장 뒤로 밀렸고 코네프는 야르쩨보 근처 두호프쉬취나(Dukhovshchina) 주변에 포진한 독일군 수비대에 맹공을 퍼 부었다. 8월 18일 드니에프르(Dnepr), 보프(Vop), 로이냐(Loinja) 강을 따른 방어구역을 담당하던 8군단의 161보병사단은 군단의 북익을 지키고 있다가 소련군에게 밀려 이전 방어구역으로 되돌아가는 신세가 되었다. 5군단과 6군단 구역도 비슷한 처지였다. 8월 20일까지 소련 19군은 집요한 공세를 가함에 따라 최전방의 161보병사단은 도저히 자체 전력만으로는 전선을 지키기가 힘든 시점에 도달하고 있었다. 급하게 된 호트는 폰 보크에게 7장갑사단으로 구멍을 틀어막겠다고 하자 폰 보크는 호트의 마지막 예비인 14차량화보병사단을 쓸 것을 종용했다. 그러나 이 사단이 도착하는 것을 기다릴 수는 없을 정도로 전선이 악화되어갔기에 호트는 7장갑사단 홀로 공세를 취

199) De Zeng IV & Stankey(2013) p.331
200) Guderian(1996) p.198
201) BA-MA RH 21-3/47, 'Panzerarmeekommandos Anlagen zum Kriegstagebuch "Berichte, Besprechungen, Beurteilungen der Lage" Bd.IV 22.7.41-31.8.41', Fol. 53(1941.8.16)
202) NA : T-84 ; roll 271, Tagesbuchnotizen Osten I, frame 000403(1941.8.12)

하도록 지시했다.[203] 25장갑연대, 7차량화보병연대 및 84포병대대를 동원한 7장갑사단은 로이냐 강과 보프 강 사이 키슬로봐(Kisslowa)에서 병력을 집결시킨 뒤 소련군의 돌파가 이루어진 우군 보병사단 진지의 북쪽으로 진격하고, 그 뒤 다시 남쪽으로 선회해 161보병사단 구역을 통과해 나간 적군 종대의 허리를 자르기 위한 기동에 들어갔다. 이는 다시 말해 적군의 침입이 이루어진 프롤(Frol) 남서쪽의 북익으로 들어가 다시 마코뷔아(Makovia) 남서쪽으로 잘라 들어가는 것을 의미했다.[204] 7장갑사단은 주변에 널린 5보병사단, 900훈련여단 및 643장갑엽병대대를 동원해 야르쩨보 부근으로 접근해 나갔다. 비가 억수같이 쏟아지는 그날 7장갑사단은 보프 강 서편에 몰린 적군을 강타하여 소련군 소총병사단 하나를 사실상 전멸시키면서 이전의 주방어선을 회복시키는데 기여했다. 그러나 소련군은 여기서 좌절하지 않고 야간에 강변으로 다시 병력을 동원하여 21일에 전날과 동일한 공세를 반복해 왔다. 다만 이 공세는 지금까지와는 사뭇 다르게 전개되었다.[205]

코네프의 19군은 주 전력인 101전차사단과 50, 64소총병사단을 동원해 짜레뷔취(Tsarevich) 강을 따라 확보된 구역을 강화하면서 강 서쪽 제방 건너편으로 공세를 확대했다. 한편 91, 166소총병사단은 포병대와 박격포의 화력을 바탕으로 7장갑사단의 선봉 전투단의 반격에 대비했다. 또한 89소총병사단은 202전차연대가 50소총병사단의 서쪽 공격을 지원하는 동안, 마코브예(Makovje) 남동쪽에 대전차진지를 구축하고 북쪽으로 향해 7장갑사단의 주력을 내려치는 계획을 수립했다. 한 개 장갑사단에 이처럼 공을 들인 방어막을 쳤다면 전투는 만만찮은 게임이 될 것으로 예상되기에 충분했다. 낮 동안 양군의 전투가 격화되자 코네프는 상대적으로 한가한 30군의 45기병사단과 244소총병사단을 19군 전구에 인계하여 마지막 피치를 올리도록 조치했다. 결과적으로 7장갑사단은 21일 개시된 이 공세에서 상상을 초월하는 피해를 안았다. 2중으로 포진한 적군 방어라인에서 30대의 전차를 상실했다. 소련군 전차가 30대 격파되는 것은 전장에서 큰 변화를 초래할 수가 없으나 독일 정예 사단의 전차가 30대를 잃었다는 것은 적잖은 충격이었다.[206] 비록 국지적 차원이기는 하나 7장갑사단은 사상 최초로 철수명령을 내렸고 8월 20-21일은 소련군이 한판승을 거둔 기록적인 날이었다. 한편 21일 7장갑사단 6차량화보병연대장 에리히 폰 웅거(Erich von Unger) 대령이 두호프쉬취나-벨리 국도 동쪽 숲지대에서 전사하게 되자 하소 폰 만토이펠(Hasso von Manteuffel) 중령이 연대장직을 인수해 모스크바 침공 때까지 직을 유지하게 된다.

◆ V-2-13 51전투비행단 1대대장 헤르만-프리드리히 요피엔 대위. 8월 25일 전사할 때까지 통산 70기를 격추시켰던 요피엔 대위는 당시 기준으로 루프트봐훼 격추 서열 4위에 올라 있었다.

203) BA-MA RH 19II/386, Kriegstagebuch Nr. 1(Band August 1941) des Oberkommandos der Heeresgruppe Mitte, pp.355-356(1941.8.20)
204) Fugate(1984) p.202
205) Scheibert(1991) p.67
206) BA-MA RH 27-7/46, Kriegstagebuch Nr. 3 der 7.Panzer-Division Führungsabtl. 1.6.41-9.5.42, Fol. 104(1941.8.21) / BA-MA RH 59054, 3. Pz. Gr. KTB 25.5.41-31.8.41, Fol. 227(1941.8.21)

8월 21일 야르쩨보 구역은 묄더스의 51전투비행단이 별로 관심을 표명하지 않았던 곳이었으나 갑자기 1대대가 등장해 처음으로 소련 190대지공격연대 소속 슈트르모빅의 편대를 덮쳤다. 편대장 헤르만-프리드리히 요피엔(Hermann-Friedrich Joppien) 대위는 호위하는 129전투기연대 소속 MiG-3 전투기 한 대를 격추함으로써 이날 자신의 65기 격추를 기록했다. 한데 129전투기연대 표트르 코봐츠(Pyotr Kovats) 중위는 자신의 MiG-3기를 메써슈미트에 부딪히게 해 동반자폭하는 카미카제식 행태(taran이라고 알려진 자살충돌)를 자행했다. 다소 놀란 요피엔 편대장은 일단 철수하는 소동을 빚었다. 22일 소련공군은 장거리폭격기들을 동원해 옐니아 돌출부와 야르쩨보 구역을 집중적으로 타격했다.[207] 51전투비행단은 지상군들이 당하기 전에 먼저 타격을 가한다는 방침 아래 정력적인 출격회수를 시현하였으며 이때도 요피엔 대위의 1대대가 맹활약했다. 독일군은 단 한 대의 메써슈미트를 상실하는 대신 소련기 12기를 격추시켰으며 요피엔은 21일에 이어 22일에도 장거리폭격기 2대 격추를 추가했다.

* * * * *

모스크바냐 키에프냐

"겨울이 오기 전에 성취해야 할 가장 중요한 목표는 모스크바가 아니라 크림 반도의 봉쇄다"
(아돌프 히틀러, 1941.8.21)

8월 18일 차기 공세를 위한 2개의 안이 히틀러에게 제출되었다. 하나는 할더가 호이징거를 통해 OKH의 안을, 다른 하나는 빨리몬트가 OKW의 안으로 작성한 것으로서 할더는 이미 요들과 입을 대충 맞춘 만큼, 모스크바로 향하는 것이 궁극의 열쇠라는 점을 육군총사령부와 국방군총사령부가 동시에 제안하면 히틀러를 최종적으로 승복케 할 수도 있다는 기대감을 갖고 있었다. 지령 34a의 내용만 보아도 아직은 히틀러가 모스크바를 원위치 시켜 놓을 수 있는 여지를 남겨 놓고 있는 것으로 보았다.

호이징거의 안은 중앙집단군 정면에 적 병력이 가장 밀도높게 집중되어 있는 점을 고려, 모스크바로 진격하여 적 야전군의 중추를 격멸하는 것이 가장 시급하다는 점을 분명히 했다. 그러나 공세 개시에 시간적 제약이 있다는 점을 언급하면서 장갑부대의 약화된 전력을 감안하여 공세는 제한된 거리에만 동원될 수 있다는 점도 아울러 기술하고 있었다. 즉 OKH는 1941년 안에 전쟁을 끝내기 위해서는 단 한 번의 결정적인 작전으로 절대적으로 필요한 행동에 구속되어야 한다는 점을 천명했다. 재언하면 이 모든 것은 폰 보크가 모스크바로 진격하는 것에 달려 있다는 결론이었다.[208]

빨리몬트의 제안도 결론은 중앙집단군의 모스크바 진격이었다. 이유는 북방집단군과 남방집단군은 자력으로 주어진 임무를 충분히 이행할 수 있는 능력을 지니고 있다는 것이었다. 이 표현은 할더가 요들에게 부탁한 부분인 것으로 추정되는데 굳이 어느 집단군이 다른 한쪽에게 조력을 건네어 병력배치에 누수가 생기는 일 없이 전면적인 공세가 가능하다는 암시를 풍기고 있었다.

207) Bergström(2016) pp.142-3
208) KTB OKW, Vol. II, pp.1055-1056, Dokument 95(1941.8.18)

빌리몬트는 1941년 안에 도네츠 분지와 하르코프, 모스크바와 레닌그라드를 연결하는 선까지 진격이 가능하다는 분석과 전망치를 제시했다.[209]

육군총사령관 브라우히취는 이날 필사적으로 모스크바 진격이 시급함을 히틀러에게 읍소했다. 모스크바의 겨울은 10월 중순이면 이미 시작되며 우크라이나보다 5주나 빠르다는 점을 상기시키면서 겨울이 오기 전에 수도를 공략할 수만 있다면 그 이후 여분의 병력을 남쪽으로 이동시키는 일은 얼마든지 할 수 있다며 모스크바에 대한 최우선의 가치를 부여해 줄 것을 당부했다. 히틀러는 이때 너무나도 적군의 대규모 포위섬멸에만 집착한 것으로 드러났다. 히틀러는 장갑집단이 보병들과의 보조를 맞추지 않고 너무 나가버리기 때문에 포위망 속의 소련군이 모두 달아나는 것 아니냐며 그저 진격하기만을 기다리는 구데리안과 호트의 견해에 동의를 표하지 않았다. 일단 그 정도로 얼버무린 히틀러는 이 두 안에 대해 즉각적인 반응은 보이지 않았던 것으로 알려져 있다. 하나 히틀러가 독일군의 병참 사정을 제대로 파악했는지 아닌지 여부를 떠나 모든 야전 사령관들이 보급이 부족하다며 불평을 하면서도 당장 모스크바로 진격이 가능하다는 주장은 약간 앞뒤가 맞지 않는 논리전개일 수는 있었다. 다른 한편으로는 아무리 할더를 비롯한 육군 장성들이 독일군의 능력을 과대평가하더라도 히틀러는 1812년 나폴레옹이 겪은 악몽이 재현되지 않을까 하는 두려움으로부터 자유로울 수는 없었다는 점을 고려해야 했다. 더욱이 옐니아 앞에서 진로가 막혀 대체할 예비병력도 시원찮으면서 모스크바로 가지 않으면 시간이 없다는 주장도 그리 설득력이 있다고는 보기 어려웠을 것이다. 히틀러는 20일까지도 묵묵부답이었다. 히틀러가 이 문건에 별 관심을 보이지 않았다는 것은 이미 자신의 마음이 모스크바를 떠나 있다는 것을 의미하는 것으로 받아들여야 했다. 그런데 문제는 언제 그 속내를 공개하면서 명확하게 공식화할 것인가 하는 것이었다. 그 결정은 호트의 표현대로 전쟁 자체를 좌우하는 운명의 한 수가 될 수 있었다.

8월 20일 다음과 같은 히틀러의 결정이 익일 8월 21일 OKH에 전달되었다.

> *"겨울이 오기 전에 성취해야 할 주된 목표는 모스크바의 장악이 아니다. 대신 남부의 크림반도와 도네츠 지역의 산업기지 및 석탄채굴 구역을 점령하는 것이며, 그럼으로써 코카사스의 유전지대를 고립시킬 수 있을 것이다. 북부에서는 레닌그라드를 포위함으로써 핀란드 군대와 연결되는 것이 긴요하다."*[210]

목표는 키에프였다. 이 결정은 다시 22일 폰 보크에게 전달되었으며 폰 보크에게는 이제 겨울 이전에 적 야전군을 격멸시키면서 전쟁을 끝낼 수 있는 기회는 날아갈 것처럼 보였다. 먼저 충격을 받은 브라우히취는 일단 히틀러의 요구대로 남방으로 병력을 이동시길 경우 중앙집단군이 기동전력 없이 8일을 견딜 수 있는지를 탐문했다. 폰 보크는 이론상 전혀 불가능한 것은 아니나 그나마 전선 뒤에 배치된 7장갑사단, 다스 라이히, 14차량화보병사단 및 완전히 녹초가 되어 버린 161보병사단이 빠른 기간 내 재충전을 마칠 수 있어야 된다는 조건이 충족되어야 한다고 응답했다. 또한 폰 보크는 이는 긴급조치를 통해서만 가능하며 최대한 8-10일을 버틸 수는 있지만 그 이상은 무리라

---

209) Department of the Army Pamphlets(1955) p.69, KTB OKW, Vol. II, pp.1054-1055, Dokument 94(1941.8.18)
210) KTB OKW, Vol. II, p.1062, Dokument 99(1941.8.21)

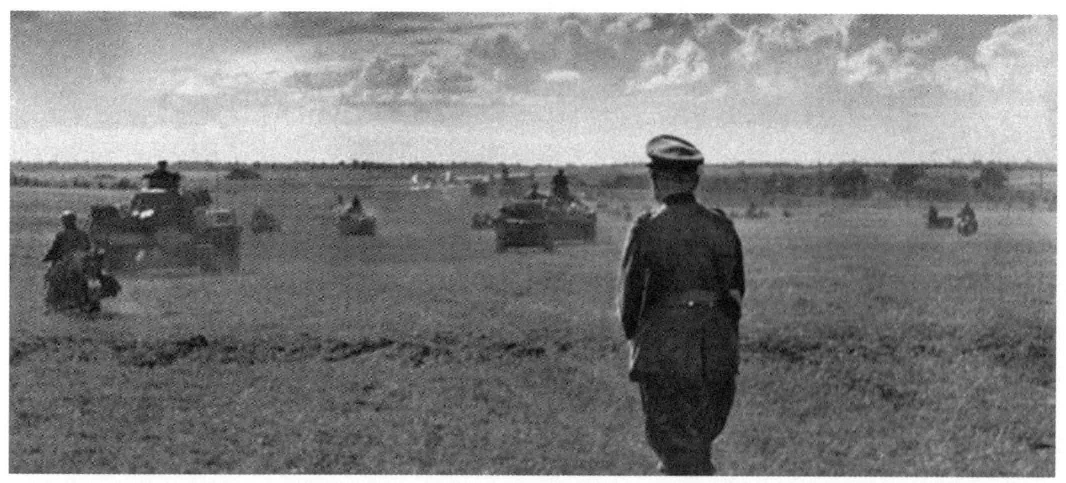

◆ V-2-14 "잘 다녀 오거라." 자신의 전차들이 최전선으로 이동하는 것을 지켜보는 구데리안. 사령관 홀로 이렇게 서 있는 것이 매우 어색하기에 이 사진 역시 의도적 연출인 것으로 추정

는 평가를 내놓았다.[211] 폰 보크는 대규모의 소련군 수비대가 자신의 정면에 포진하고 있는 상태에서 장갑집단을 남쪽으로 이격시키는 문제에 대해 극도로 민감하게 반응하였고, 할더는 이 전쟁 전체의 결과를 좌우할 결정적인 요인이 될 것이라는 점을 숨기지 않았다. 특히 폰 보크는 눈앞의 적을 격멸하고 싶은데도 이를 저지시키는 상부의 결정을 심정적으로 도저히 받아들이지 못하고 있었으며 어떻게 하든 모스크바로의 공세를 복원시킬 방법을 찾고자 했다. 폰 보크는 일단 히틀러의 명에 따르는 척하면서도 모스크바 침공계획을 방기할 의사가 전혀 없었다.[212] 브라우히취는 가장 먼저 포기하고 말았다. 구데리안은 적군의 방어가 강화되기 전에 집단군의 늘어난 전선을 재빨리 수습하려면 동쪽으로의 공세를 늦출 수는 없다고 강조하면서 '동진'이 아닌 '남진'은 '범죄적 행위'라고까지 위험수위의 발언을 마다하지 않았다. 진부한 표현이지만 주사위는 던져졌다는 표현을 대체할 말은 이 순간 찾기가 힘들었다. 그렇다고 구데리안이 당장 움직일 수는 없었다. 2장갑집단의 선봉 3장갑사단은 8월 22일을 기준으로 198대로 시작한 막강 전력의 전차 대수가 60대로 줄어들어 있어 일시적인 충전과 휴식은 불가피했다.[213]

---

211) BA-MA RH 19II/386, Kriegstagebuch Nr. 1(Band August 1941) des Oberkommandos der Heeresgruppe Mitte, p.366(1941.8.22)

212) BA-MA RH 19II/386, Kriegstagebuch Nr. 1(Band August 1941) des Oberkommandos der Heeresgruppe Mitte, pp.364-365(1941.8.22)
당시 육군의 모든 장성들은 중점, 즉 전략적 장기목표가 없는 바르바로싸의 일탈에 대해 대부분이 반대하는 입장이었으며 일시적으로 부차적인 작전이나 전구가 형성된다 하더라도 주공의 방향은 모스크바라야 한다는 점에 대해서는 이견이 없었다. 한데 폰 클루게 4군 사령관만 히틀러를 추종해 남방의 우크라이나(키에프)로 진격하는 방안에 한 표를 던졌다. 군사적 섭리로서는 이해할 수 없는 부분이기는 하나 폰 클루게는 이미 폰 보크 집단군 사령관과 사이가 좋지 않은데다 두 장갑집단을 자신의 휘하에서 빼내어 집단군 직할 체제로 만든 데 대해 개인적인 감정을 갖고 있었던 것으로 추측되었다. 더욱이 4장갑군의 작전참모장 균터 블루멘트리트(Günter Blumentritt) 소장의 전후 증언에 따르면 어차피 주공이 키에프로 빠지게 되면 자신의 4군은 폰 룬트슈테트의 남방집단군 예하로 들어가게 될 것이고 껄끄러운 폰 보크보다는 폰 룬트슈테트 밑에서 일하는 것이 낫다는 개인적인 판단을 내렸던 것으로 보고 있었다. 폰 보크는 이지적이지만 차갑고 냉정한 사람이었으며 폰 룬트슈테트는 적군도 존경했던 비교적 다정다감한 노장 지휘관이었다. 블루멘트리트는 그 중요한 시국에 개인적인 감정으로 보직변경과 군의 병력이동을 시도하는 폰 클루게를 상당 수준으로 비판하고 있었다. 폰 보크 역시 폰 클루게를 좋지 않게 평가하면서 자신의 일지에서조차 노골적인 반감을 드러낸 표현을 남기고 있다.

213) NA : T-313 ; roll 86, Pz. Gr. 2 Ia KTB, frame 7.326.496(1941.8.22)

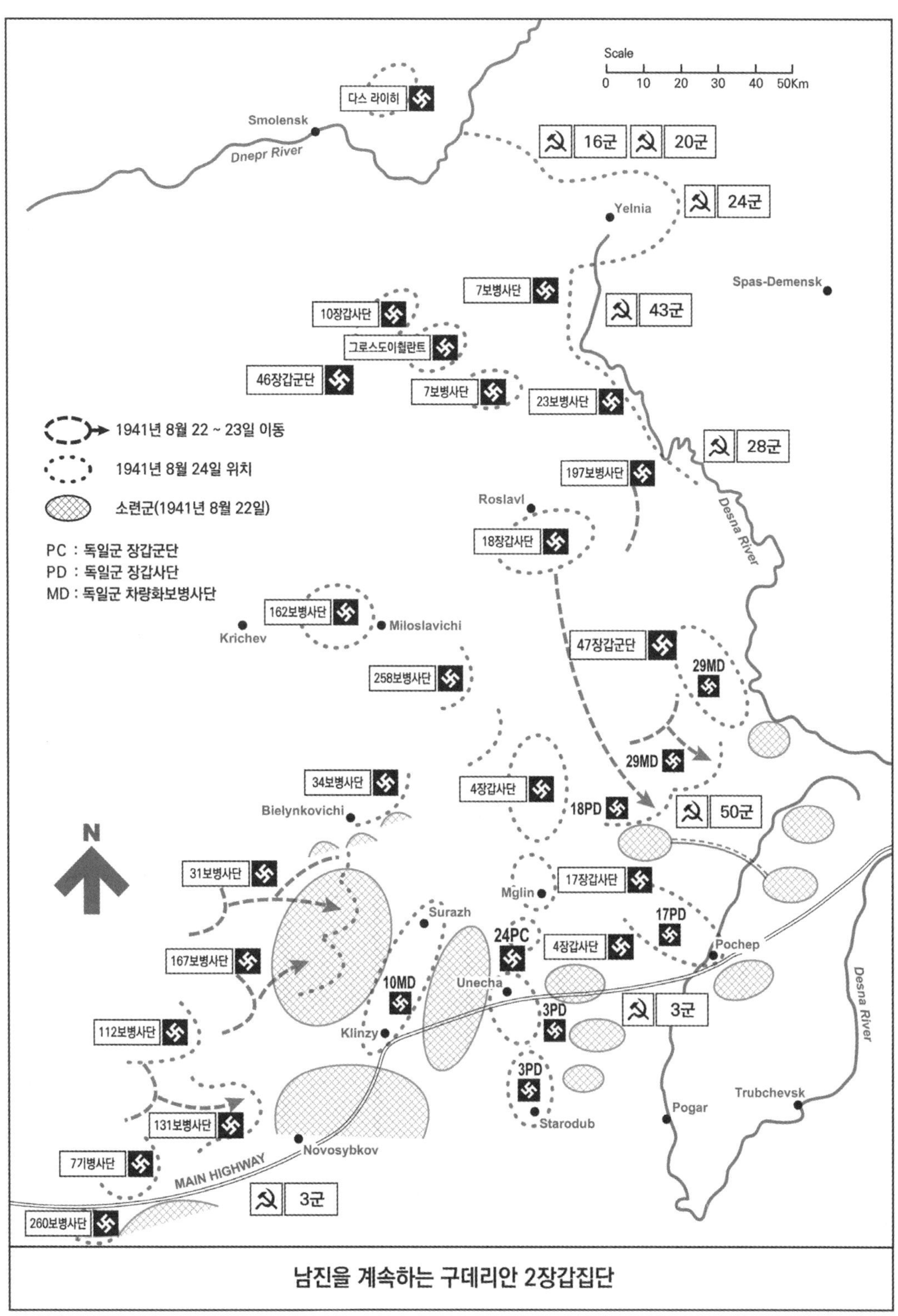

남진을 계속하는 구데리안 2장갑집단

* * * * *

구데리안 vs 히틀러

"나는 그때 처음으로 히틀러가 '나의 장군들은 전쟁의 경제적 측면을 이해하지 못한다'는 언명을 들었다."
(2장갑집단 사령관 하인츠 구데리안 상급대장)

8월 23일 역사적인 분수령이 될 이날 중앙집단군 본부에는 독일 육군 참모부와 수뇌급 야전군 지휘관들이 모두 모인 가운데 히틀러의 차기 공세계획을 청취하는 자리가 있었다. 다소 핏기가 없는 할더 참모총장이 8월 21일에 발표된 총통의 지령을 설명했다. 이는 8월 18일 OKH가 제출한 계획안을 전면적으로 부정하는 내용이었다. 요지는 모스크바가 더 이상 목표가 아니라는 것이었다. 가장 중요한 것은 소련공군의 전략폭격으로 루마니아 유전지대가 위협받고 있는 것을 타개하기 위해 크림반도를 점령하고 도네츠의 산업기지들을 수중에 넣음과 동시에 코카사스를 장악하여 소련의 석유공급을 차단하는 것이라는 결론이었다. 아울러 레닌그라드는 '점령'이 아니라 '고립'시킨다는 쪽으로 문구가 수정되었다.[214] 중앙집단군은 소련 5군을 막는다는 왜소한 임무에만 할당되었다. 한데 그 임무란 키에프 동쪽에서 남방집단군과 공조한다는 단서조항에 묶여 있었다. 히틀러는 소련군의 재조직과 전력강화에 도움을 줄 수 있는 일체의 산업기반들을 파괴하거나 석권한다는 전략적 목표를 제시했다. 하나 그 구체적 추진방안은 작전술적 차원의 군사지형 개선과 여전히 전술적 차원의 작은 포위전을 제시하는 데만 그치고 있었다.

모두가 돌아버릴 지경이었다. 히틀러가 그간 미적거리긴 했지만 겨울이 오기 전에 모스크바 공세를 재개한다는 한 가닥의 희망이 있었다. 그러나 8월 23일에 공개된 8월 21일의 결정은 그 모든 것을 물거품으로 돌아가게 했다. 독일군의 내놓으라하는 장성들간에 당장 격론이 벌어졌다. 할더, 폰 보크는 대책강구를 논의했지만 사태를 돌이킬 수 없을 것으로 체념하고 있는 듯 했다. 그 중 가장 난리를 피운 것은 역시 다혈질의 구데리안이었다. 오로지 모스크바만을 보고 그날까지 진격해 온 구데리안은 특히 자신의 24장갑군단은 단 하루도 쉬지 않고 전투에 전투만을 거듭했다고 강조하면서 키에프로 간다는 것은 결국 겨울이 될 때까지 싸운다는 뜻이 된다며 모스크바로 가는 길은 요원해 졌다고 탈기하기 시작했다.[215] 설혹 남방으로 진출한다 하더라도 겨우 4개 사단만이 가능한 실정이며 열악한 상태의 긴 도로를 주행해 장갑집단의 최남단에 위치한 스타로두브까지 이동시키는 것은 도대체가 불가능에 가깝다고 악을 썼다. 또한 도착한다 하더라도 전력의 30% 정도만이 남방집단군과의 연계작전에 참여할 수 있을 것이라고 예상했다.[216]

히틀러의 말대로 키에프와 우크라이나를 치고, 레닌그라드를 고립시키면 전쟁이 끝날 것으로 믿는 지휘관은 별로 없었다. 물론 작전술적 차원에서 모스크바로 향하는 주공의 측면에 대한 위험요소를 제거하고 당면한 보급 상황을 개선할 수 있다는 여지는 충분히 있었으나 그것으로 소련군이 항복할 것이라는 예단은 논리적 비약이자 현실성이 결여된 희망사항이었다.

---

214) KTB OKW, Vol. II, p.1062, Dokument 99(1941.8.21)

215) Carrel(1966) pp.97-8

216) BA-MA RH 19II/386, Kriegstagebuch Nr. 1(Band August 1941) des Oberkommandos der Heeresgruppe Mitte, pp.371-372(1941.8.23)

폰 보크는 별자리 장성급들부터 말단의 사병들까지 그들의 전략적 목표는 수도 모스크바라는 것을 다 아는 상황에서 이 결정은 자칫 동부전선 전체의 사기를 저하시킬 우려가 있다는 점을 우려했다.[217] 물론 그것이 그리 중요한 것은 아니었다. 하나 독일군은 바르바로싸 개시 이래 모스크바까지 총 거리의 3분의 2를 장악했다. 그것도 불과 6주 만에 이룬 성과였다. 이제 나머지 3분의 1만 다가가면 된다는 자신감을 갖고 있었다. 중앙집단군은 그때까지 소련 9개 군 중 8개 군을 전투서열표에서 삭제시킨 바 있었다. 이는 아무리 소련군의 저항이 처절하다 하더라도 모스크바를 무너뜨리면서 궁극의 승리를 쟁취할 수 있다는 확신에 근거하고 있었다. 그러나 이 진격이 지연된다면 싫든 좋든 겨울을 맞이하게 되며 그 순간 전쟁을 1941년 안에 끝내기는 요원해 질 수 있다는 생각은 많은 장성들로부터 말단 사병에까지 만연되어 있던 직감이었다. 그리고 결과적으로 그 직감은 '역사적 사실'이 된다.

마지막으로 구데리안이 할더를 대동하여 히틀러를 다시 한 번 설득에 나서기로 결정했다. 다만 브라우히취는 구데리안에게 한 가지를 당부했다. 2장갑집단의 현 상황을 브리핑하는 것은 좋으나 절대 모스크바라는 단어를 입 밖에 내지 말라는 주문이었다. 남쪽으로 간다는 결정은 이미 내려졌고 지금부터는 어떻게 꾸려 가느냐는 것이 중요하지 더 이상 다른 전략적 목표를 논의하는 것은 소용이 없다고 잘라 말했다. 폰 보크 역시 어차피 할더(OKH)와 요들(OHW)의 각본이 정해져 있는 만큼 히틀러를 만나기 전에 당부해야 될 내용을 미리 전달할 필요가 있다는 생각에서 집단군 참모장 그라이휀베르크가 구데리안에게 전화연락을 취하도록 요구했다. 그라이휀베르크는 구데리안의 장갑집단 중 일부가 남쪽의 네진(Nezhin)과 코노토프(Konotop)로 갈지 모른다는 점부터 운을 띄우기 시작했다.

- 그라이휀베르크 : *만약 그러한 요청을 받게 되면 어떻게 하시겠습니까?*
- 구데리안 : *그럼 나를 자르라고 말하겠네*
- 그라이휀베르크 : *만약 작전에 필요한 군수물자가 로슬라블-고멜을 통해 공급된다고 하면요?*
- 구데리안 : *그건 아직 한참 뒤의 이야기 아닌가.....이제 절반만 가면 나는 모스크바에 도달할 수 있다네. 나는 장갑집단 전체를 여기에 두고 있어야 하네.....나는 이 모든 결정이 아직 내려지지 않았으면 하는데.....*
- 그라이휀베르크 : *아직 내려진 바는 없습니다.*[218]

구데리안은 23일 오후 동프러시아(프로이센) 라스텐부르크로 날아가 히틀러를 면담하기로 긴급한 약속을 잡았다. 그 과정은 할더가 슈문트 대령에게 연락해 면담을 주선해 달라고 부탁한 것이었다. 구데리안은 바로 그날까지 막강 독일군을 존재하게 한 실질적인 장본인이었다. 1차 대전 이후 독일의 재군비와 장갑부대의 창설, 현기증 날 정도의 전술적 파괴력, 전광석화와 같은 스피드와 종횡무진의 트릭 등등 굳이 장갑부대의 쾌속전진에 의한 전격전을 자세히 들먹이지 않더라도 대전 초

217) BA-MA RH 19II/386, Kriegstagebuch Nr. 1(Band August 1941) des Oberkommandos der Heeresgruppe Mitte, p.374(1941.8.23)

218) Fugate(1984) p.240

◆ V-2-15 1939년 10월 27일 구데리안에게 기사철십자장을 수여하는 히틀러. 맨 왼쪽은 프란쯔 할더 육군참모총장, 구데리안의 오른쪽은 헤르만 호트

기 역사에 보기 드문 눈부신 전과를 달성한 '살아있는 신화적' 인물은 바로 구데리안이었다. 이 장군은 아무한테나 자신의 신경질을 드러내는 독선적인 구석은 있었지만 바로 그러한 이유 때문에 OKH는 구데리안만이 히틀러에게 입바른 소리를 할 수 있는 인물로 간주하고 있었다.[219]

회의실에 들어선 구데리안은 여느 때와 마찬가지로 히틀러와 그의 OKW 심복들로 구성된 일당들과 조우했다. 브라우히취는 보이지 않았고 동참하기로 한 할더 역시 모습을 나타내지 않았다. 아니 놀라운 사실은 OKH에서 단 한 명도 출석치 않았다는 사실이었다. 뭔가 석연치 않은 분위기가 감돌고 있었으나 이미 히틀러와의 단판 승부를 위한 주사위는 던져져 있었다. 구데리안은 자신의 장갑집단이 겪고 있는 고초와 러시아 지형의 특수성 문제에 대한 의견을 개진했다.[220] 다음은 히틀러 차례였다.

- 히틀러 : 당신은 지난 전과를 토대로 또 다른 주요 작전을 치를 능력이 있는가?
- 구데리안 : 만약 병사들에게 주요 목표가 부가되어 그들을 열광케 할 수만 있다면 답은 '야(Ja : 예스)'입니다.
- 히틀러 : 말하자면, 모스크바인가?
- 구데리안 : 예, 각하가 그 문제를 제기하셨으니 저의 의견을 설명드리기로 하겠습니다.
- 히틀러 : 구데리안, 마음에 담아 있는 내용을 이야기 하시게.

모두가 숨죽인 시간이 왔다. 구데리안은 차분히 설명했다. 가장 중요한 문제는 지금까지 전투에서 치명적인 피해를 당하고 있는 적군을 최종적으로 격멸하는 것이며 그것은 키에프가 아니라

219) Fugate(1984) p.239
220) NA : T-313 ; roll 86, Pz. Gr. 2 Ia KTB Nr. I, vol. II, frame 326.511-326.512(1941.8.23)

모스크바라는 사실을 적시했다. 모스크바는 파리와는 전혀 다르며 정치적 수도이자 도로, 철도, 교통의 중심지이자 산업기반의 중추를 이루는 곳으로서 모스크바의 점령은 적에 대한 심리적 파괴효과 뿐만 아니라 전 세계를 향해서도 충격을 가져다 줄 수 있는 급소라고 설명했다. 더욱이 병사들은 모스크바로 진군하는 것만을 기대하고 있으며 이를 위해 드높은 사기를 토대로 만반의 준비를 갖추고 있음을 힘주어 강조했다. 적군의 가장 많은 병력이 집결한 모스크바를 향해 가장 중요한 진격을 실현하게 되면 우크라이나의 산업지대는 자동적으로 수중에 떨어지게 되며, 교통망 허브로서의 모스크바를 장악당한 소련은 군 병력을 북쪽에서 남쪽으로 이동시키는 것조차 곤란을 겪을 것이란 논지를 전개하면서 모스크바만이 문제해결의 열쇠라고 단정 지웠다. 구데리안은 중앙집단군 전체가 모스크바 정면을 바라보고 있는 상태에서 키에프나 남서쪽으로 병력을 이동시키는 것은 지금까지의 병참, 보급, 러시아의 도로사정을 감안할 때 엄청난 시간을 허비하게 되며 예정된 계획대로 작전이 이루어지지 않을 경우, 독일군의 공세는 '나쁜 계절'(겨울)까지 연장되는 추가적인 문제에 직면하게 될 것을 경고하였다. 구데리안은 결론적으로 모든 고려사항은 '군사적 결정의 주된 성과'에 종속되어야 하며, 그것이 성취될 경우 그에 수반되는 성과물은 독일군의 것이 될 것이라며 자신의 브리핑을 마쳤다.

히틀러는 구데리안의 설명 도중 단 한 번도 중단시키는 일 없이 주의 깊게 경청하면서 이례적으로 침묵을 지켰다. 천천히 말문을 연 히틀러는 우크라이나의 천연자원과 곡물은 전쟁 계속을 위해 절대적으로 필요하며 적이 루마니아 유전지대를 위협하고 있는 만큼 크림반도를 제압하는 것도 필수적이라고 언급했다. 히틀러는 자신도 클라우제비츠를 읽었다며 '먼저 적 야전군을 섬멸하고, 그 다음 수도를 장악하라'는 그의 언명을 잘 알고 있다고 하면서 그러나 지금은 그게 포인트가 아니라고 잘라 말했다. 구데리안은 여기서 처음으로 히틀러가 '나의 장군들은 전쟁의 경제적 측면을 이해하지 못한다'란 언급을 처음 듣게 된다. 장갑집단 작전참모 프릿츠 바이에를라인(Fritz Bayerlein) 장군의 회고에 따르면 그때 구데리안은 피가 거꾸로 치솟는 기분이었다고 한다. 구데리안은 전쟁은 적을 쓰러뜨리는 것이지 버터와 달걀, 석탄과 기름을 의미하는 것이 아니라고 생각했다. 그것은 식민주의자들이 고려할 사항이지 결코 클라우제비츠가 아니라고 판단했다.[221] 히틀러는 나아가 지금 당장 전략적(!) 목표인 키에프를 공략하기 위해 모든 수단을 동원해 준비를 마칠 것을 촉구했다. 그와 함께 OKW의 모든 참석자들은 고개를 끄덕이며 동의를 표했고 대차게 논지를 설명했던 구데리안은 비감한 마음으로 홀로 서 있게 되었다. 독일 육군으로서는 '검은 8월 23일'(black day)이었다. 구데리안은 OKW의 모두가 자신에게 등을 돌린 상태에서 국방군 최고 통수권자인 히틀러에게 격앙된 어조로 반박하기는 불가능한 것으로 판단했다. 어차피 브라우히취나 할더도 없이 고립무원의 구데리안이 할 수 있는 일은 별로 없었다. 아니 할 수 있다 하더라도 이미 마음을 굳힌 히틀러를 돌아서게 할 여지는 존재하지 않는 것으로 보였다. 대신 구데리안은 가을비가 내리기 전에 작전을 완료해 '불가능을 가능한 것으로' 만들겠다고 약속하면서 다만 자신의 장갑집단은 손대지 말 것을 부탁했다. 즉 중앙집단군이 남북으로 갈리더라도 자신의 제대는 자신이 관리하고 독점하도록 자율권을 달라는 이야기였다. 단 한 개 사단도 빼지 못한다는 암시였다. 히틀러는 이를 받아들였다.[222]

221) Carrel(1966) p.102
222) Guderian(1996) pp.199-202

할더에게 히틀러를 설득하는 일이 실패로 끝났다고 보고되자 할더는 일시적으로 소위 속된 말로 '멘붕'(정신적 허탈감) 상태에 빠졌다. 구데리안이 자세한 경위를 설명했는데도 할더는 히틀러와 싸우라고 보냈더니 자기의 부대만 온전히 유지해 달라는 사적인 욕심만 채운 채 끝났다며 냉소적인 반응을 보이면서 둘의 감정대립이 시작되었다. 특히 할더는 히틀러의 의중이 확고하게 드러나자 구데리안이 '불가능을 가능케 하는 것이 자신의 의무'라고 히틀러 앞에서 능청을 떨었다는 점을 매우 불쾌하게 생각했다. 구데리안은 구데리안 대로 화가 날 수밖에 없었다. OKH에서 아무도 참석하지 않은 상태에서 자신만 총대 메고 들어가 담판을 지으라는 할더의 요구도 우습지만 결국 뒤에서 부탁만 하고 아무 기여도 하지 않은 할더의 행동은 대단히 비겁한 것으로 간주했다. 이미 오래 전에 포기한 브라우히취는 히틀러의 결정에 따라 최대한 가능한 계획안을 준비하겠다고 나섰지만 할더는 '명령으로 사람의 성격을 바꿀 수는 없다'며 지극히 탐탁지 않은 반응을 나타냈다. 그것으로 할더와 구데리안의 인화관계도 끝이 났다. 단지 모스크바라는 전략적 목표를 향해 공조해 온 사이지만 키에프로 향하는 것이 결정난 상황에서 이제 더 이상 아무 것도 할 수 없게 된 절망적인 미래에 대해 한 숨만 쉬는 꼴이 되었다.[223] 하나 할더 역시 구데리안을 탓할 일은 아니었다. 할더가 브라우히취와 함께 수 주간을 투자해 설득시키지 못한 일을 그보다 하급자인 구데리안이 단 수분만의 대화로 히틀러를 납득하게 할 수 있을 것이라고 믿은 것은 대단히 나이브한 생각이었다. 이 점에 있어서는 브라우히취도 폰 보크도 할 말이 없어야 당연하다. 명색이 육군총사령관인 브라우히취가 OKW와 OKH, OKH와 집단군 사이의 고위급 전령 역할이나 하면서 아무런 리더쉽도 아무런 책임도 지지 않으려는 비겁한 행각으로 일관하자 군부 내 그에 대한 신뢰는 역력히 떨어지고 있었다. 할더는 당시 스스로 사임하는 것을 염두에 두었다고 하나 그 어떠한 책임있는 결정을 취하지 않았다. 당시 군부는 구데리안과 할더야말로 히틀러에게 바른 말을 할 수 있는 당찬 인재들로 생각하고 있었으나 23일의 사건으로 이 모든 가능성은 물거품이 되었고 이로써 할더와 구데리안의 관계도 끝장이 난 것으로 보였다.[224] 할더는 심지어 폰 보크에게 구데리안이 자신들의 희망을 저버렸다고 욕을 퍼부었던 것으로 기록되어 있다. 이 소식을 접한 폰 보크 역시 그간 독일군 지휘부 통솔문제의 착종(錯綜)으로 인한 복잡한 심정에서 구데리안을 원망하게 되는 것을 숨길 수는 없었다.[225] 할더는 전후에도 구데리안은 독일 육군 내에서 한 마리 '외로운 늑대'였으며 그 역할을 내심 즐기고 있었다는 악평까지 서슴지 않았다. 반대로 구데리안은 할더가 그 이후 필요한 자산을 제공하기를 꺼려하면서 끊임없이 자신의 작전을 방해했다고 진술한 바 있었다.

할더는 이제 전격전의 시대는 끝났다고 판단했다. 이제는 군사적 승리의 수준이 아니라 경제적 지구전으로 전환하게 된 것으로, 1941년 안에 전쟁을 끝내기는 불가능하며 음험한 동계전투로 들어가게 될 것을 염려하고 있었다. 즉 나폴레옹의 전철을 운명적으로 밟게 되는 길을 정확하게 예감하고 있었다. 그에게는 8월 23일의 결정이 지옥문으로 걸어가는 것과 다를 바 없는 것으로 여기고 있었다. 마찬가지 맥락에서 구데리안은 남방으로의 공세를 요구하는 것은 겨울이 오기 전에 또 하나의 가장 포괄적인 작전을 집행하는 과업을 배제하는 것과 같다는 믿음을 갖고 있었다.[226] 하나 구데리안은 더 이상 히틀러의 마음을 바꿀 수 없게 된 이 시점에서 군인이 할 수 있는 일은 주어진 여

223) Franz Halder, KTB III, p.195(1941.8.24)

224) ケネス マクセイ(1977) p.241

225) BA-MA RH 19II/386, Kriegstagebuch Nr. 1(Band August 1941) des Oberkommandos der Heeresgruppe Mitte, p.375(1941.8.24)

226) BA-MA RH 21-2/931, KTB Nr. 1 Panzergruppe 2 Bd.II vom 21.8.1941 bis 31.10.41, Fol. 22(1941.8.23)

건에서 최선을 다하는 것 외에 달리 방법이 없다는 것을 느끼고 있었다. 이 점에 대해서는 브라우히취나 할더나 결코 구데리안을 탓하거나 비난할 입장은 아니었다. 8월 23일의 결정이 그토록 중요한 것이라면 그 둘은 옷을 벗을 수도 있었을 것이다. 하지만 아무도 이 결정으로 인해 스스로 사임을 표한 사람은 없었다. 어찌 보면 할더는 결과가 이렇게 될 줄 알고 있었을 수도 있었으며 단지 폰 보크가 구데리안이 직접 히틀러를 면담토록 하는 방안을 강하게 어필했기에 마지못해 주선했을 뿐 그가 생각하던 해답이 나올 것을 그리 기대하지 않았을 수도 있었다. 그러나 결론적으로 키에프가 아닌 모스크바로 가는 것이 그토록 사활이 걸린 문제라면 할더 스스로가 구데리안을 도와 히틀러를 설득토록 하는 노력이라도 시도했어야 하나 전혀 그러지를 않았다는 것은 우리가 할더를 결코 동정할 수 없는 근본적인 이유이다.[227]

* * * * *

호트의 북진 공세

"3장갑집단의 5개 제대를 북으로 돌리고 2장갑집단 대부분의 전력이 고멜을 향해 남진하게 된 것은 중앙집단군이 모스크바로 진격하는 기회를 박탈해 버렸다."
(3장갑집단 사령관, 헤르만 호트 상급대장)

(이 부분은 벨리키에 루키 공략보다 시기적으로 뒤에 해당하나 호트의 3장갑집단이 레닌그라드를 향해 진격했던 유일한 국면이며 그 이후로는 중앙집단군과 연관성이 없는 관계로 여기에 먼저 서술키로 한다).

호트는 7월 초에 예정되었다가 6주가 지난 시점에서 자신의 제대를 북방집단군 구역으로 이동시키는 찝찝한 순간을 맞이했다. 구데리안 같으면 난리를 쳤을 것이나 웬만하면 상부의 명에 복종하는 타이프의 호트는 8월 16일 12장갑사단, 18, 20차량화보병사단으로 구성된 39장갑군단을 북으로 이동시켰다. 실제로 당시 북방집단군은 자체 전력으로는 레닌그라드를 잡을 수가 없어 중앙집단군으로부터의 화력과 기동력 지원이 불가피한 상황이었다. 3장갑집단의 39장갑군단이 스타라야 루사(Staraya Russa)를 향해 집결토록 한 것은 8월 14일 히틀러의 허가를 받은 요들 OKW 작전부장이 취한 조치였는데 이는 중앙집단군의 북익에 위치한 10군단이 위기에 몰려 있었기에 내려진 결정이었다. 하나 결과적으로 이 조치는 의미가 없었다. 8월 19일 반격을 전개한 에리히 폰 만슈타인(Erich von Manstein)의 56장갑군단이 21일에 폴리스트(Polist) 강변의 이전 방어구역을 회복함으로써 10군단에 대한 적군의 압박은 이미 해소되었기 때문이었다.[228]

---

227) NA : T-84 ; roll 271, Tagesbuchnotizen Osten I, Juni-Dezember 1941, 21-g-16/4P-5, frame 000421-000422(1941.8.23)

228) Manstein(1994) p.200, 이 전투에서 만슈타인의 56장갑군단은 12,000명의 포로와 141대의 전차, 246문의 야포, 수백 대의 중화기와 차량들을 전과로 기록했다.

◆ V-2-16 통산 168대의 적 전차 격파로 전 세계 전차격파 1위에 오른 쿠르트 크니스펠. 바르바로싸 당시는 12장갑사단 29장갑연대 1대대 3중대 소속으로 후에 503중전차대대로 옮기기 이전부터 한스 휀데자크(좌)와는 잘 아는 사이였다.

39장갑군단은 빌니우스를 관통해 큰 원호를 그리는 방식으로 이동해 북방집단군의 북익에 자리를 잡았다. 이 이동은 대단히 많은 시일을 소요했다. 가장 먼저 츄도보(Chudovo) 부근에 도착한 제대는 18차량화보병사단으로 그때가 이미 8월 24일이었다. 20차량화보병사단과 12장갑사단은 쉼스크(Shimsk)와 노브고로드(Novgorod) 사이의 통로를 택해 북상했다. 군단은 레닌그라드 공략에 할애되었으며 시 남쪽 구역으로부터 동쪽으로 이동해 일부는 차량으로, 일부는 도보로 행군해 티흐뷘(Tikhvin)에 도착했다.[229] 당초 39장갑군단은 28군단과 합쳐 '슈미트 집단'(Gruppe Schmidt)를 형성해 남동쪽에서 레닌그라드를 포위하는 것으로 계획되었다가 소련군이 류반(Lyuban)-츄도보(Chudovo) 철도선을 향해 대규모 반격을 전개하면서 기존의 공격이 틀어지게 되었다. 그에 따라 레닌그라드를 향해 서진해야 할 18차량화보병사단은 당장 전선에서 빠져 북쪽으로 방향을 바꾸는 것으로 전환되었다. 변경된 목표는 콜피노(Kolpino)였고 지휘계통의 통일을 위해 사단은 일시적으로 1군단에 배속하는 것으로 조치되었다. 20차량화보병사단은 볼호프(Volkhov)로 향했다. 이때 12장갑사단은 121보병사단 구역을 통과해 8월 25일에는 류반을 장악해 버렸고 보병사단은 장갑사단의 진격로를 방해하지 않기 위해 주도로에서 이탈했다.[230] 8월 25일 12장갑사단 29장갑연대 1대대 3중대에 배속되어 있던 쿠르트 크니스펠은 포수로서 처음으로 소련군 전차를 격파하면서 진가를 발휘하기 시작했다. 인류 전차 파괴 최다기록, 통산 168대 적군 전차 격파의 시발이었다. 한스 휀데자크(Hans Fendesack) 상사의 4호 전차에 동승한 크니스펠은 레닌그라드 남쪽의 국도에서 적군의 T-34로부터 먼저 일격을 당하는 위기를 맞았다. 늘 그러던 것처럼 조종수와 장전수가 전차에서 이탈했다. 그 순간 크니스펠은 관목 숲에서 또 한 대의 T-34가 뛰쳐나오는 것을 발견했다. 그에게 필요한 것은 불과 3초의 시간이었다. T-34가 방향을 틀려는 순간 크니스펠의 포탄이 작렬하며 정통으로 내리꽂혔다. 당시의 4호 전차는 75mm 단포신을 탑재한 보병지원 전차로서 T-34를 격파하려면 800m 안으로 끌어당기되 적 전차의 가장 약점에 포탄을 명중시키지 않으면 파괴가 불가능했다. 크니스펠은 단 한 발에 근거리의 T-34를 날려 보내는 테크닉을 발휘하면서 부대의 자랑거리로 등극하기 시작했다.[231] 개별적인 전적과는 별개로 12장갑사단의 전차들은 26일이 되면 충격적일 정도로 급감하고 있었다. 32대로 출발한 4호 전차는 불과 9대만 남았으며 109대나 보유하고 있던 체코제 38(t) 경전차는 42만 가동할 수 있는 형편이었다.

229) Hoth(2015) p.139
230) Glantz(2001) p.100
231) Kurowski(2007) p.53

12장갑사단은 다시 여세를 몰아 이스호라(Ishora)에 당도하여 28일에는 마을을 점령하는 데까지 성공했지만 거기까지였다. 적군의 단단한 저항에 막혀 사단은 기존 공세가 중단되면서 더 이상 전진을 할 수 없었다. 20차량화보병사단은 네봐(Neva)를 향해 북진하여 라도가 호수 건너편을 장악하는 임무에 묶여 있었으므로 12장갑사단을 도울 처지는 아니었으며 126보병사단의 424보병연대까지 보유하고 있어 기존 자매사단들과 공조를 추진할 여건은 더더욱 아니었다.[232] 그런 악조건 속에서도 12장갑사단은 29일 토스노(Tosno)와 므가(Mga)를 장악하면서 실력을 발휘했다. 그와 동시에 18차량화보병사단이 레닌그라드에서 동쪽으로 난 마지막 철도를 절단하고 시의 남동부를 방어하던 소련군 병력을 둘로 쪼개는 효과를 발생시켰다. 이렇게 되면 레닌그라드로 이어지는 길목은 라도가 호수 남쪽으로 연결된 좁은 회랑구역만 남게 되었다. 29일 므가 시내로 진입한 12장갑사단 29장갑연대는 시민들이 집을 비우지 않고 그대로 거주하고 있는 것을 목격했으며 쵸콜렛 공장이 여전히 풀로 가동되고 있는 상태임을 확인하고 전 장병들이 간만에 단 맛을 느끼는 유쾌한 시간을 갖기도 했다. 30일 더 이상 밀려서는 곤란하다고 판단한 소련군은 이암(Iam)-이스호라(Ishora) 방어선을 사수하면서 독일군 기동전력의 돌파를 저지시키려 했다. 이 방어는 적군의 결연한 의지에 기초하여 양측에 상당한 출혈을 강요하고 있었으며 독일군을 일시적으로 당혹스럽게 만들어갔다. 소련군은 아키모프(Akimov)의 48군이 카렐리나국경수비대로 구성된 NKVD사단을 보강해 30일에는 므가를 탈환했으나 바로 익일 31일에는 20차량화보병사단이 달려와 하루만에 므가를 재탈환하는 숨 가쁜 시소게임이 벌어졌다.[233] 당시 므가에 마치 포위된 상태였던 12장갑사단의 29장갑연대는 3중대의 분전에 힘입어 끔찍한 공방전을 경험했다. 쿠르트 크니스펠은 이때도 수대의 적 전차와 대전차포 진지를 다수 파괴하면서 데뷔골에 이은 추가득점을 급피치로 올려가고 있었다. 3중대장 타이젠(H.G.Thaysen) 대위는 미친 듯한 전투 중에 크니스펠이 "우리는 해낸다. 우리는 대체될 시점까지 버틴다. 그래야 방어전의 묘미가 있지 않은가!"라고 외쳤던 상황을 기록하고 있다. 적군의 혼란스런 반격에 따라 다소 복잡하게 된 그와 같은 상황변화로 인해 8월 31일, 39장갑군단은 레닌그라드 포위전에서는 해제되는 신세가 되었다.[234]

호트는 9군에 대한 소련군의 압박이 예사롭지 않기는 하나 벨리키에 루키를 장악해 적군에 대한 이니시어티브를 되찾는다는 의지는 확고했다. 문제는 보병제대로 구성된 9군이 포위전을 전개할 정도의 전력이 되지 못해 큰 그림을 그릴 수가 없었다는 점이었다. 8월 9일 폰 보크는 벨리키에 루키에 대한 포위는 생략하고 그저 9군이 일멘(Ilmen) 호수 서쪽 구역에서 시작해 남에서 북으로 접근해 들어가면서 적군의 영역을 밀쳐내는 소극적인 대안으로 변형시켰다. 따라서 호트의 장갑부대는 벨리키에 루키를 위한 주공을 형성하지 않도록 하고 언제가 될지는 오르지만 모스크바 진공을 위해 아껴두는 방향으로 교정되었다.[235] 즉 보병제대의 화력지원으로 기용한다는 방침이었으며 실제로 충전을 모두 마치려면 그때부터 11일이나 소요된다는 계산이 나왔기에 당분간 3장갑집단 전체를 운영하기는 불가능했다.

232) Haupt(1997a) p.86
233) Glantz(2001) p.101, Bergström(2007) p.107
234) Haupt(1997a) pp.85-6
235) NA : T-78 ; roll 271, Tagesbuchnotizen Osten I, frame 000399(1941.8.9)

◆ V-2-17 '슈툼메 그룹'을 형성한 게오르크 슈툼메 장갑병대장. 오른쪽은 제프 디트리히 1SS 라이프슈탄다르테 사단장. 디트리히는 군사적으로는 내세울 게 없는 장군이었으나 국방군 장성들과의 관계는 나쁘지 않았다.

공세의 선봉은 19, 20장갑사단을 앞세운 57장갑군단으로 40군단의 지원을 받았다. 57장갑군단의 19장갑사단은 39장갑군단의 20장갑사단과 함께 8월 11일에 보병제대들에게 해당구역을 인계하고 작전에 나설 수 있었으며 18차량화보병사단은 15일에야 충전을 마치고 해제될 수 있었다.[236] 두 장갑사단의 지휘관은 독일에서 도착한 게오르크 슈툼메(Georg Stumme) 장갑병대장으로서 여타 공격단위부대들과 102, 110, 206, 256, 4개 보병사단을 합쳐 일시적으로 '슈툼메 그룹'을 형성했다. 호트의 3장갑집단은 8월 공세재개 시 기존 39, 57장갑군단을 뒤섞어 아래와 같은 제대 재편성을 경험했다.

호트 3장갑집단의 1941.8.16 공세재개 전투서열

39장갑군단	원 소속 제대	슈툼메 그룹	원 소속 제대
12장갑사단	57장갑군단	19장갑사단	57장갑군단
18차량화보병사단	57장갑군단	20장갑사단	39장갑군단
20차량화보병사단	39장갑군단	102보병사단	42군단
		110보병사단	OKH 직할
		206보병사단	23군단(9군)
		256보병사단	20군단

236) BA-MA 59054, 3. Pz. Gr. KTB 25.5.41-31.8.41, Fol. 200(1941.8.11)

기존 8개 소총병사단으로 버티던 에르샤코프(F.A.Ershakov)의 22군은 벨리키에 루키 방어를 위해 4개 소총병사단을 추가로 동원해 나름 공고한 수비라인을 구축했다. 85대의 전차를 보유한 23기계화군단 소속 야코블레프(D.Y.Yakovlev) 대령의 48전차사단은 폴로츠크(Polotsk) 북동쪽 네벨에 주둔하여 독일군의 공세에 대비하고 있다가 7월 21일 벨리키에 루키를 탈환하고 난 뒤부터는 시 방어의 주요 기동전력으로 남아 있었다. 전차사단이라고는 하지만 T-34가 하나도 없어 사실은 연대급 규모의 기동전력 정도에 불과했다. 9군은 남쪽과 서쪽에 병력을 분산 배치하고, 르제프로 향하는 철도선을 단절시킨 다음 시 남동쪽에 장갑사단 2개를 공세발진지점에 포진시켰다. 8월 21일 기준, 3장갑집단의 4개 장갑사단은 정수의 절반에도 못 미치는 전력으로 버티고 있었으며 19장갑사단의 전차가동률이 60%, 20장갑사단은 48%, 7, 12장갑사단은 45%에 그치고 있었다. 즉 3달 동안 절반의 전력이 상실되었다는 증표였다.[237] 어느 정도 충전과 휴식을 취한 호트의 장갑부대는 22일 네벨붸르훠대대의 로케트탄 사격으로 공세를 개시했다. 돌파는 57장갑군단의 기동사단들이 담당하고 슈툼메의 40군단이 전과확대의 분업구조를 유지했다. 19, 20장갑사단이 전과확대를 위한 본격적인 진격에 착수하기 이전의 돌파단계는 군단 직할로 있던 189돌격포대대가 선도했다. 19장갑사단은 단 하루 만에 북쪽으로 24km를 주파하고 벨리키에 루키 동쪽과 남동쪽 28km 지점에 위치한 쿠니아(Kunia) 철도역을 장악해 버렸다. 이로써 19장갑사단은 벨리키에 루키 동쪽 32km 지점의 22군 본부와 시 남동쪽 20-35km 구간에 놓인 22군 주력 사이의 연락선을 모조리 파괴, 절단하는 효과를 나타냈다. 19장갑사단의 좌익에 위치한 20장갑사단은 29소총병군단의 170소총병사단 진지를 돌파하여 북쪽으로 20km를 치고 들어가 벨리키에 루키 동쪽과 남동쪽 18km 지점, 봐톨리노(Vatolino) 근처의 벨리키에 루키-토로펫츠 국도를 잘라냈다. 23일, 두 장갑사단이 동쪽에서부터 벨리키에 루키를 압박해 들어가는 동안 23군단의 86, 251, 253보병사단은 남쪽과 서쪽에서 포위해 들어갔고, 102, 110, 256보병사단은 62소총병군단의 잔존 병력을 일소하면서 29군의 배후로 침입하여 토로펫츠를 노리게 되었다.[238] 19장갑사단은 22일부터 북서쪽으로 꺾어 벨리키에 루키를 동쪽에서부터 공략해 들어갔으며 70% 전력을 유지하고 있던 20장갑사단은 98, 170, 179소총병사단을 봐톨리노 남방 루키노(Lukino) 서편으로 밀어내면서 남쪽에서 치고 올라오는 86, 206, 110보병사단(좌에서 우로)이 퇴치하도록 덫을 만드는 기동을 완료했다. 20장갑사단은 19장갑사단과 거의 비슷한 구역에서부터 북상했으나 보유한 프랑스제 차량들은 러시아의 도로에서 한번 망가지면 수리가 곤란한 측면이 많아 시 자체를 치는 선봉 공격은 19장갑사단보다 뒤쳐질 수밖에 없었다.[239] 슈툼메 장군의 전차들은 시 동쪽을 기점으로 잡아 맹공을 퍼부으면서 적진을 파죽지세로 짓누른 뒤 24일에는 소련 22군을 포위하는 데 성공했다. 25일 9군 사령부는 포위전이 순조롭게 진행되고 있음을 보고하였으며 특히 북쪽 구역에서 많은 진전을 나타내면서 소규모의 포위망들을 순차적으로 제거해 나가고 있었다. 구간별로는 위험천만한 일도 있었다. 9군의 5보병사단은 52톤이나 되는 괴물전차를 맞아 루돌프 슈튓젤(Rudolf Stützel) 상병이 분전했던 5장갑엽병대대가 오후 5시 10분부터 전개된 공방

237) BA-MA RH 21-3/47, 'Panzerarmeekommandos Anlagen zum Kriegstagebuch "Berichte, Besprechungen, Beurteilungen der Lage" Bd.IV 22.7.41-31.8.41', Fols. 78-79(1941.8.21)

238) Fugate(1984) p.202, Glantz(2010) pp.557, 559

239) BA-MA RH 21-3/47, 'Panzerarmeekommandos Anlagen zum Kriegstagebuch "Berichte, Besprechungen, Beurteilungen der Lage" Bd.IV 22.7.41-31.8.41', Fols. 78-79(1941.8.21)

에서 24번에 걸친 대전차포 사격 끝에 괴물을 정지시키는 등 힘든 시간을 보내고 있었다.

이날 벨리키에 루키의 포위망을 빠져 나오려 했던 소련군의 돌파는 184돌격포대대가 39대의 차량들을 파괴시키면서 좌절시키는데 성공했다. 22군은 그 어떠한 경우에도 토로펫츠 방면으로 밀려나지 않도록 지시받았기에 우선은 최전방 방어선을 사수하는데 집중하고 있었다. 48전차사단의 전차들과 소총병사단들은 이틀 동안의 포위전을 힘들게 치르면서 시 방어에 사력을 다했으나 더 이상 막을 방도가 없다고 판단한 야코블레프(D.Y.Yakovlev) 대령은 26일 포위망을 탈출했다. 그나마 48전차사단은 가장 질서있는 퇴각을 집행하면서 병원의 70%는 건져냈다. 자루에 갇힌 소련군은 24,109명이 슈툼메 그룹의 포로가 되었으며 빠져나온 것은 단 두 대의 전차와 2,400명의 병력이었다.[240] 22군은 57장갑군단을 맞아 비교적 격렬한 저항을 나타내며 스타프카의 지령에 충실하고자 노력은 했다. 그러나 일부 제대를 제외하곤 거의 모든 지휘부가 통제권을 상실하고 연락마저 두절되어 응집력있는 방어선을 구축하기는 불가능했다. 더욱이 야포까지 태부족인데다 포탄마저 없어 난감한 상황이 업습해 오고 있었다. 26일 호트의 제대는 벨리키에 루키를 최종적으로 석권하고 34,000명의 포로와 300문의 야포를 전리품으로 잡았다.[241] 이것으로 에르샤코프의 22군은 최초 전력의 절반 이상을 상실하는 피해를 입었다. 48전차사단장 야코블레프는 티모센코의 명에 의해 명령을 완수하지 못한 이유로 처형당했다. 야코블레프는 억울한 측면이 있었다. 빈약한 전력으로 벨리키에 루키를 바르바로싸 개시 이래 처음으로 일시적이나마 적군에 의해 수복된 시로 역사에 남게 했으며, 그로부터 한 달 동안 독일군 장갑사단들을 묶어 두는 지연효과를 내게 한 것은 그의 공적이었다. 전술한 것처럼 그가 이끈 전차는 최신형의 T-34가 아니었으며 T-26과 BT 시리즈와 같은 85대의 경전차가 전부였다.

폰 보크의 중앙집단군이 8월 6일부터 벨리키에 루키를 포위하여 24일까지 이룬 성과는 옐니아에서의 고전에도 불구하고 대단히 화려했다. 이는 8월 22일 집단군 자체 판단에 따라 거의 모든 기동사단들이 최저한도의 전력으로 작전을 수행했으며 완전한 충전과 휴식이 아니면 대규모 공세는 불가하다는 조사보고에 반해서 이루어낸 놀라운 업적이었다.[242] 불과 3주 동안 중앙집단군은 스몰렌스크 지역 소련 16, 19, 20군, 3개 군의 대부분을 전투서열표에서 삭제시켰으며 로슬라블에서 28군(카찰로프 그룹)을 괴멸시키고 벨리키에 루키 주변 숲지대에서 22군을 피폐한 수준으로 떨어트렸다. 21군은 구데리안과 봐익스에게 밀려 고멜을 포기하고 패주하였으며 8월 말 9월 초에 기용키로 했던 29군은 반격작전에 투입되기도 전에 극도로 왜소화되어 있었다. 중앙집단군은 스몰렌스크 북동쪽 및 동쪽에서 4만 명, 고멜에서 9만 명, 로슬라블과 벨리키에 루키에서 6만 명, 계 19만 명의 적군 전사자 및 포로를 기록했다. 이 수치는 부상자를 포함하고 있지 않은 완전한 전력이탈만을 뽑은 통계였다. 8월 26일, 이날을 기점으로 중앙집단군은 개전 이래 총 80만의 포로, 6,870대의 적 전차, 6,500문의 야포와 774대의 항공기 격추를 전과로 기록했다.[243]

호트 3장갑집단의 57장갑군단과 23군단은 8월 29일 벨리키에 루키 동쪽으로부터 70km 떨

240) NA : T-313 ; roll 231, Pz. Gr. 3 Ia KTB, frame 006.176

241) NA : T-84 ; roll 271, Tagesbuchnotizen Osten I, frame 000426(1941.8.26), Bock(1996) p.294

242) BA-MA RH 19II/386, Kriegstagebuch Nr. 1(Band August 1941) des Oberkommandos der Heeresgruppe Mitte, p.364(1941.8.22)

243) Glantz(2010) p.27, Bock(1996) pp.292-4

어진 토로펫츠(Toropets)를 석권하면서 일련의 작전을 종료시켰다. 토로펫츠를 따내라는 히틀러의 명령은 이행되었으나 바로 이곳에서 모스크바 진공이 이루어지지 않았기에 이곳에서의 전투는 시간낭비라는 불평들이 생겨나고 있었다. 30일 소련군은 12장갑사단 29장갑연대 1대대가 지키고 있는 포포브카(Popowka) 철도역 방면으로 대대 병력을 동원해 접근하는 일이 있었다. 이 병력은 독일군에 의해 극심한 피해를 입고 오전 중으로 철길 동쪽 췌르니코보(Tschernikowo) 쪽으로 물러났다. 그러나 정오경 4대의 KV-2 중전차를 포함한 6대의 소련군 전차들이 췌르니코보 남쪽 구역에서 출몰해 1장갑대대를 공격하기 시작했다. 소규모의 전차전이 벌어져 치고받는 일진일퇴를 거듭했지만 독일군의 38(t) 전차나 4호 전차로는 정면대결이 불가능했다. 일단 1장갑대대는 적 전차들을 췌르니코보 방면으로 되돌려 놓았으며 KV 시리즈 중전차에 대해서는 보병들과의 협동작전이나 장갑궤도에 대한 측면타격을 통해 기동을 정지시키는 정도로 만족해야 했다. 1장갑대대는 4호 전차 1대가 완파되고 38(t) 전차가 가벼운 피해를 입었으며 대신 KV-2 전차 1대가 노획되었다.[244]

호트의 제대는 그 후 북방집단군 16군 예하로 들어가 발다이 언덕 공략에 착수했다. 이 지역은 깊은 수풀과 곳곳에 위치한 크고 작은 호수, 엉망인 상태로 내팽겨진 도로사정으로 인해 대규모의 장갑부대가 기동하기에는 대단히 부적합한 지형을 이루고 있었다. 9월 초 57장갑군단이 북방집단군과 조율하기 위해 자리를 이동하는 사이, 만슈타인의 56장갑군단은 9월 12일 3차량화보병사단과 함께 남쪽으로 이동해 남방집단군 9군 지휘 하에 놓이는 조치를 당했다. 이는 만슈타인이나 여타 야전 지휘관들이 상식적으로 이해하기 어려운 복잡한 제대 이동이었으며 이 순간 북부 쪽은 여전히 레닌그라드와 모스크바를 놓고 공세의 방향을 저울질하는 난국에 빠져 있는 것으로 보였다. 그로 인한 히틀러와 OKH의 대립 및 반목의 희생양은 바로 전선의 독일군들이었다. 이처럼 57장갑군단은 만슈타인의 56장갑군단과 함께 9월 내내 북방집단군의 남익을 발다이 언덕으로 전진시키는 작전에 투입되었으며 병원과 장비 면에서 상당한 피해를 안게 되었다.[245]

후에 39장갑군단 제대들은 9월까지 북부 전선에서 싸우다 '타이푼' 작전에 맞추어 7, 20장갑사단 및 14차량화보병사단은 다시 중앙집단군으로 복귀하였으나 20차량화보병사단만은 연말까지 소련 볼호프방면군과 대치 상태에 들어가 있었다. 이곳에서의 전투는 만만치 않았다. 사단의 76차량화보병연대 3대대는 자매 대대가 포위망에 빠지자 9중대장 헤르만 불프(Hermann Wulf) 중위가 사력을 다해 구출작전을 전개해 우군을 살려내는 등 중앙집단군 전구에 비해 상대적으로 관심이 적었던 이 구역에서도 위기가 끊이질 않았다. 헤르만 불프는 10월 13일 기사철십자장을 받았다.[246] 이후 20차량화보병사단은 기존 중앙방면군과는 외롭게 떨어진 상태에서 티흐빈과 일멘(Ilmen) 호수에서 격전을 이어갔다.

244) Jentz(1996) p.205
245) Manstein(1994) p.202
246) Berger(2007) p.566

3. 옐니아 전투의 진단과 처방

"나는 어렸을 때 1차 세계대전 당시 서부전선에서 전투한 베레랑들과 대화한 적이 있었다.
그들은 진지전과 참호에서의 생활을 묘사하곤 했으나
나는 그들이 실제로 경험한 것을 제대로 측정할 수가 없었다.
하나 나는 옐니아에서 그들의 경험이 어떤 것이었는지 감을 잡을 수가 있었다.
다행히 우리의 경우는 수년이 아니라 수주 정도의 고통으로 끝나는 것을 신에게 감사해야 했다."
(1941.7.26, '다스 라이히' SS정찰대대장 요하네스-루돌프 뮬렌캄프 SS대위)

* * * * *

선수 교체

"옐니아의 지옥에서 벗어나는 것에 모두 만족해 했다.
우리가 어디로 가든지 상관은 없었다. 이건 단순히 우리를 살게 하는 구제책이었다."
('다스 라이히' SS정찰대대장, 요하네스-루돌프 뮬렌캄프 SS대위)

6월 22일부터 8월 3일까지 46장갑군단은 총 3,615명의 피해를 안고 있었으며 대부분은 적군 포병대의 화포사격에 의한 것이었다. 그중 456명은 극히 짧은 기간 옐니아에 주둔했음에도 불구하고 심한 타격을 받은 268보병사단의 몫이었다. 268보병사단은 8월 2일 한 시간 동안 1개 대대에 가해진 적군의 포탄 수가 300-400개에 달했다고 보고했으며 그 전날 46장갑군단은 1개 중대에 분당 200개의 포탄이 쏟아지는 상황에서 병사들은 참호 밖으로 나올 수가 없는 상황임을 토로했다. 일일 사상자가 300명에 달한다는 것은 것은 장기적으로는 도저히 감당키 어려운 통계였다.[247] 8월 2일 다스 라이히는 옐니아에서 3,000명의 사상자를 안아 어떤 중대들의 경우에는 60-70명의 병원으로 버텨나가고 있다는 점을 부각시켰으며 8월 3일에도 46장갑군단 전체는 주로 150mm 대구경 야포로부터 날아온 1,550발의 포탄세례에 노출되어 있었다. 4일이 되자 다스 라이히는 겨우 20명으로 버티는 중대가 있음을 보고했다.[248] 다스 라이히를 도와주러 왔다가 서로 비슷한 신세에 처한 '그로스도이칠란트'는 일부 중대에 20명만 남는 처절한 전투를 경험하고 있어 도저히 현 위치 사수조차 되지 않는 상황에 있었다. 옐니아 돌출부가 얼마나 어수선했는가하면 이미 데스나 강 상류 서쪽 제방을 따라 코발리(Kovali)와 코사키(Kosaki) 방면을 향해 병력을

247) BA-MA RH 24-46/8, Kriegstagebuch Nr.2 der XXXXVI.Pz.Korps Teil II. 7.8.41-23.18.41, Fol. 148(1941.8.2) / BA-MA RH 19II/386, Kriegstagebuch Nr. 1(Band August 1941) des Oberkommandos der Heeresgruppe Mitte, p.230(1941.8.1), Luther(2013) p.575

248) BA-MA RH 24-46/8, Kriegstagebuch Nr.2 der XXXXVI.Pz.Korps Teil II. 7.8.41-23.18.41, Fol. 158(1941.8.2), Fol. 171(1941.8.3), Fol. 178(1941.8.4)

남쪽과 동쪽으로 빼려고 했던 9군단은 기존 방어구역이 너무 위태로워 7월 말일에 다시 돌아왔다는 점 하나로도 알 수 있었다.[249]

기동사단들이 움직이지도 못한 채 옐니아에 묶여 있었음에도 구데리안이나 할더는 여전히 이곳을 차기 공세의 발판으로 이용하려는 욕심이 있어 현장을 이탈하려고 하지 않았다. 히틀러야 늘 그렇듯이 전술적 이익이 있다 하더라도 퇴각이나 진지이동을 금하는 스타일이지만 이때만큼은 간섭할 필요가 없었다. 구데리안과 할더는 적군이 그토록 피를 흘리면서 지키고 있다면 역시 옐니아를 돌파하는 것이 적군에게도 뼈아픈 일격을 가할 수가 있다는 식으로 해석하고 있었다. 하나 그러기에는 피해가 너무 막심했다.

휘팅호프 46장갑군단장은 8월 4일 '그로스도이췰란트'를 다스 라이히에 합해버렸다. 8월 5일에는 15보병사단의 86보병연대가 다스 라이히의 11SS보병연대 구역을 인계받고 81, 106보병연대는 '그로스도이췰란트'를 풀어주도록 조치되었다. 한편 292보병사단도 수일 내로 전선에 도착해 격전에 찌든 제대들을 쉬게 할 계획이었다. 이 조치들은 6-7일 사이 단행되었으며 8월 10일까지 다스 라이히, '그로스도이췰란트', 10장갑사단은 2선으로 물러났다. 이로써 옐니아 돌출부는 남서쪽 끝자락에서부터 보면 268보병사단, 다스 라이히, 292보병사단의 1개 연대, 그리고 북쪽 측면 가장자리를 15보병사단이 지탱하는 구도로 이루어지게 되었다.[250] 소련군들은 2.5km 너비 전구에 3km의 비교적 협소한 종심을 파고들고 있었으나 다스 라이히는 그간의 피해로 인해 사실상 전력의 한계점에 도달한 것으로 보고되었다.[251] 이 2개 사단과 1개 연대는 7월 20일부터 8월 9일까지 전사 924명, 3,228명 부상, 100명의 행방불명을 기록했다. 같은 기간 중 소련군은 옐니아 전구에만 20개 사단을 동원하고 그 중 7개 소총병사단과 2개 전차사단은 상시 주둔하고 있었다. 소련군의 피해는 동 기간 중 35,000명으로 추산되었다.

* 옐니아 전구 독일군의 전과(1941.7.22-8.8)

제대	포로	전차 및 장갑차량	야포	대전차포	항공기
10 장갑사단	3,305	72	14	21	0
다스 라이히	3,070	77	15	22	19
그로스도이췰란트	1,280	27	0	5	3
268 보병사단(7.30-8.8)	840	23	1	4	0
군단 직할 단위부대	0	13	0	0	0
합계	8,495	212	30	52	22

249) NA : T-314 ; roll 405, frame 000578(1941.7.31)
250) NA : T-314 ; roll 651, frame 000178-000180(1941.8.6-8.8)
251) BA-MA RH 21-2/928, KTB Nr. 1 Panzergruppe 2 Bd.II vom 22.7.1941 bis 20.8.41, Fol. 209(1941.8.11)

* 옐니아 전구 독일군의 피해(1941.7.22.-8.8)

제대	장교			부사관 및 장병		
	전사	부상	행방불명	전사	부상	행방불명
10 장갑사단	6	31	1	123	499	35
다스 라이히	14	47	1	362	1,213	26
그로스도이췰란트	6	22	0	193	722	17
268 보병사단(7.30-8.8)	8	14	1	145	476	7
군단 직할 단위부대	3	12	0	64	192	12
합계	37	126	3	887	3,102	97

옐니아 전선은 기동사단으로부터 보병사단에게 인계되어 당분간 20군단이 지휘토록 하였으며 구데리안 2장갑집단의 전반적인 통제 하에 두는 것으로 되어 있었다. 소련 24군은 독일군의 병력 재편성 기간 중에 공세를 취해 여전히 전선에 남아 있는 일부 다스 라이히 제대 방어구역과 15보병사단 경계를 공격했다. 24군이 미리 알고 있었는지 우연의 일치인지는 모르겠으나 전구 교대시기에 맞춘 적군의 공격은 분명한 효과가 있었다. 그러나 다스 라이히의 장병들은 전장을 떠나는 마지막 순간까지 초인적인 근성으로 승부하고 있었다. '데어 휘러' 연대 5중대의 블라우엔슈타이너(Blauensteiner) SS상사는 드니에프르 서쪽 215고지 적진 교두보에 첫발을 내 딘 장병으로 그는 요새처럼 중화기가 포진된 소련군 진지를 7개나 격파하는 무공을 발휘했다. 이는 1940년 5월 13일 프랑스 침공 시 86보병연대 1대대에 배속된 49공병대대 2중대 소대장 봘터 루바르트(Walter Rubarth) 중사가 11명의 특공대를 이끌고 7개의 적군 벙커를 파괴한 이래 진지 격파전 최고의 쾌거였다. 611장갑엽병대대의 라펠(Rappel) SS소위는 그의 소대원들을 이끌고 육박공격으로 2대의 T-34, KV 중전차와 경전차 각 1대, 계 4대의 전차들을 날려 버렸다. 라펠 SS소위는 그 스스로 집속형 폭탄과 화염병으로 2대의 전차를 격파했다.[252]

24군은 옐니아로부터 16km 떨어진 지점의 클레마티나(Klematina) 근처의 고지대를 공군의 지원과 함께 공격하면서 독일군을 뒤로 물러나게 한 뒤 클레마티나 부근의 작은 마을을 재탈환했다. 포탄이 부족한 독일군은 15보병사단의 요청에 따라 20군단 본부가 105mm 포탄 3,000발을 지급으로 지원하는 등 모든 창고를 뒤지고 있었으나 이미 구데리안이 2개 포병연대를 남쪽으로 이동시킨 후여서 야포와 포탄은 태부족인 실정이었다. 소련군은 야포와 실탄이 부족한 경우는 없었다. 15보병사단은 8월 10일 마지막 예비로 있던 2개 공병중대마저 전투에 투입해야 하는 사정으로 몰리고 있었으며 10-11일 밤사이에만 20명의 장교를 상실하는 등의 막대한 병원의 손실을 입고 있었다.[253] 지원으로 달려온 292보병사단조차 힘을 못 쓴 뒤 적군 전차와 소총병 제대에게 밀려 클레마티나 남쪽으로 내려앉았으며 후방으로 빠지던 다스 라이히의 일부가 다시 구원군을 지원하기 위해 전선으로 되돌아가기도 했다. 다스 라이히는 마지막으로 자리를 인계할 때까지

252) Weidinger(1995) p.355
253) BA-MA RH 21-2/928, KTB Nr. 1 Panzergruppe 2 Bd.II vom 22.7.1941 bis 20.8.41, Fol. 203(1941.8.10)

◆ V-3-1 적 진지 분쇄에 불가결한 공병대의 FmW35 화염방사기. 1930년에 개발되어 1935년에 제식화되었다.

총 83회에 걸친 적군의 공격을 쳐내고 27번에 걸친 반격작전을 주도했다. 8월 8일 기사철십자장을 받은 파울 하우서 사단장은 8월 10일 일일명령(Tagesbefehl)의 마지막 구절에서 다음과 같이 자신의 부하들을 치하하고 격려했다.

> "사단은 우리보다 몇 배나 강력한 적을 만나 이룩한 승리와 전과에 대해 각별한 자부심을 느낄 것이다. 우리는 차기 작전에 대한 명령을 기다리고 있다. 이제 '라이히' SS사단은 불타는 지옥에서도 악마들을 쫓아낼 수 있을 것이다"[254]

하우서의 기사철십자장 서훈을 인가한 하인츠 구데리안은 "그는 측면과 배후에서 적군이 다가오는 위험한 상황에도 불구하고, 자신의 몸을 돌보지 않은 채 항상 부하들을 선두에서 지휘하는 전투의 가장 중심에 존재했다"라는 평과 함께 사단의 무공을 길이 인정했다.

254) Mooney(2008) p.78

◆ V-3-2 다스 라이히 사단장 파울 하우서. 적탄에 한 쪽 눈을 잃기 이전의 사진. 발칸 공략 시기부터의 공적을 감안해 8월 8일 기사철십자장에 서훈되었다.

20군단의 어려움은 옐니아 돌출부에서 사단들이 빠지고 있는 와중에도 소련군의 공세가 더더욱 강해지고 있다는 점이었다. 소련군은 8월 10일에 15보병사단과 다스 라이히 구간 사이로 들어와 난리를 피우는 통에 군단본부는 15보병사단에게 3,000발의 곡사포탄을 지급하여 구멍난 곳을 메우도록 하는 등 정신이 없었다. 이러한 상황에도 불구하고 군단의 2개 포병연대가 46장갑군단에게로 이양된다는 결정이 내려지자 프리드리히 마테르나(Friedrich Materna) 군단장은 수비력을 극도로 약화시키는 조치라며 격렬하게 항의했으나 소용이 없었다.[255] 다스 라이히가 완전히 빠지고 난 후 20군단의 3개 사단은 험하고 구불구불한 지형을 방어정면으로 삼아 각 구역을 막아내고 있었으며 지형조건상 적군이 50-75m까지 들키지 않고 들어올 수 있는, 방자에게 대단히 불리하다는 점이 근접전으로 인한 더 큰 피해를 초래하는 원인이 되었다. 15보병사단은 22km, 268보병사단은 25km, 292보병사단은 14km를 방어하고 있었으며 이 사단들은 불과 1주일 만에 2,254명에 달하는 병원의 피해를 안고 있었다. 독일군에게 다행이었던 것은 소련군이 8월 중순까지는 주로 대대급 규모로만 공격을 가해왔다는 사실이었다. 20군단장 마테르나는 8월 14일 수중의 2개 보병사단으로는 적의 공격을 더 이상 견뎌낼 수가 없다며 퇴각을 요청했다.[256] 그 전날 그는 단 이틀 동안 15보병사단이 35명의 장교를 상실했다고 보고하면서 옐니아를 지키는 것은 '완전히 미친 짓'이라는 원색적인 표현을 써가며 휘하 병원의 피해를 염려하고 있었다. 휘팅호프 46장갑군단장은 당장 병력을 빼면 소련군은 다른 구역에 같은 병력으로 압박을 가할 것이기 때문에 이는 압박을 한 곳에서 다른 곳으로 전환하는 효과만 있을 뿐 궁극의 해결책이 아니라는 반대견해를 표명했다. 구데리안은 철수하기는 싫었으나 명확한 결정을 내리지 못하고 있었다. 일단 그는 마테르나에게 이틀만 더 두고 보자고 얼버무리면서 내심 고민하기 시작했다.[257] 구데리안은 8월 15일 9군단의 137보병사단과 263보병사단을 돌출부의 북동쪽에 파견하고 16일에는 78보병사단이 15보병사단을 대체토록 지시했다. 46장갑군단은 보병사단들이 우자(Uzha) 서쪽 돌출부의 북익을 향해 재빨리 이동배치할 수 있도록 충분한 차량들을 제공했다. 18일에는 263보병사단 463보병연대가 8월 9일부터 진지를 사수하고 있던 '그로스도이췰란트' 구역을 인계받았다.[258] 이 모든 이동은 46장갑군단의 두 기동제대, 다스 라이히와 '그로스도이췰란트'를 옐니아 남쪽의 철도선 뒤로 빼기 위한 것으로서 이 과정에서도 소련군과의 격전은

255) NA : T-314 ; roll 651, frame 000188(1941.8.11)
256) BA-MA RH 24-46/8, Kreigstagebuch Nr. 2 des XXXXVI.Pz.Korps,Teil II 8.7.41-23.8.41, Fol. 244(1941.8.14)
257) NA : T-314 ; roll 651, frame 000198(1941.8.14)
258) NA : T-314 ; roll 405, frame 000623-000625(1941.8.15-8.16)

끊이질 않았으며 그로 인해 이 퇴각은 결코 기분 좋게 휴식을 취하는 것이 아니라 목숨을 건 탈출이기도 했다. 20군단이 이 돌출부에 단 1주일만 주둔했던 8월 17일까지 군단의 3개 사단은 97명의 장교를 포함한 2,254명의 병력 피해라는 엄청난 재난을 경험하고 있었다.[259] 독일군은 이렇게 피해가 속출하는 옐니아 돌출부를 계속 유지해야 되는가에 대해 의문을 제기하고 있었으며 폰 보크도 구데리안의 뜻에 따라 포기는 하지 않고 있지만 그 스스로도 확신이 가지 않았다. 독일군이 초조했던 것처럼 소련군도 불안하기는 마찬가지였다. 엄청난 병원과 장비의 피해를 보면서도 아직 결정적인 한 방을 날리지 못하고 있는 쥬코프의 예비방면군에 대해 스탈린은 적잖이 짜증을 내고 있었다. 20군단도 힘들지만 45km의 전선을 꾸려가야 하는 헤르만 가이어 장군의 9군단도 기동전력과 중화기가 부족해 전전긍긍하고 있었다. 헤르만 가이어는 18일에 2장갑집단이 자주포와 중화기 제대를 속히 파견해 줄 것을 부탁하고 마테르나 20군단장 역시 로슬라블 근처에 주둔해 있던 구데리안을 직접 찾아가 극도로 악화되고 있는 전선상황을 궁극적으로 타개해 줄 것을 청원했다. 그러나 구데리안이 해줄 수 있는 것이라곤 돌출부 남동쪽의 268보병사단이 10장갑사단 구역을 떠맡기 위해 20군단 남방구역으로 이전하지 않는다는 정도에 불과했다.[260] 폰 보크 역시 그나마 허가한 마이너한 지원이라고는 15보병사단이 포병대를 263보병사단에게 넘기라는 정도에 불과했다. 8월 22일 폰 클루게의 4군이 돌출부의 3개 군단을 모두 관할하는 것으로 지정되면서 9군단은 북부와 서부, 20군단은 동부와 남부, 7군단은 데스나 강변 전선을 따라 남방으로 이어진 구역을 담당토록 되었다. 하나 폰 클루게가 병가를 얻는 바람에 구데리안이 26일까지 3개 군단 모두를 일시적으로 지휘하는 것으로 교정되었다.[261]

소련군이 보기에도 독일군 방어구역 중 가장 취약한 곳은 263보병사단이 위치한 북동쪽이었다. 24군은 이를 간파하고 8월 23일 침보라소(Chimborasso)로 명명된 고지대를 강타하기 시작했다. 독일군은 150명의 피해를 내면서 격퇴시키기는 했으나 바로 뒷날 중대 당 병원이 30-40명으로 줄어드는 위기를 맞았다. 25일에는 24군이 츄봐쉬(Chuvashi) 남쪽을 돌파하면서 추가로 200명의 피해가 발생했고 구멍 난 곳을 막기 휘해 전개한 반격에서 다시 150명의 피해가 추가되었다. 마테르나 20군단장과 가이어 9군단장은 민스크로 곧장 날아가 때마침 복귀한 폰 클루게를 만나 제발 전선을 직접 눈으로 보고 뭔가 결정을 내려 줄 것을 당부할 정도로 사태는 심각했다. 27일 전선을 직접 시찰한 폰 클루게 4군 사령관은 자신의 눈앞에서 263보병사단이 고지대를 탈환하는 것을 목격했지만 이에 거의 탈진 상태에 도달한 것을 알고 263보병사단 대신 휴식을 취하고 있넌 15보병사단을 다시 불러들였다. 263보병사단은 8월 20-27일간 매일 150명, 전체 1,200명의 피해를 안고 있었다.[262] 263보병사단은 우군 사단에게 전선을 인계하기 직전, 츄봐시(Chuvashi) 남쪽에서 막판 카운터블로를 날리면서 이전 방어구역을 되찾았다. 300구의 소련군 시체가 전선을 뒤덮었다.[263] 78보병사단 역시 4일 동안 400명의 피해를 안고 있었으며 사단

259) NA : T-314 ; roll 651, frame 000206(1941.8.17)

260) NA : T-314 ; roll 405, frame 000627-000628(1941.8.18) / NA : T-314 ; roll 651, frame 000218(1941.8.20)

261) NA : T-314 ; roll 405, frame 000636(1941.8.22), Fugate(1984) p.174

262) BA-MA RH 19II/386, Kriegstagebuch Nr. 1(Band August 1941) des Oberkommandos der Heeresgruppe Mitte, p.381(1941.8.25)

263) NA : T-312 ; roll 143, frame 681.640(1941.8.27)

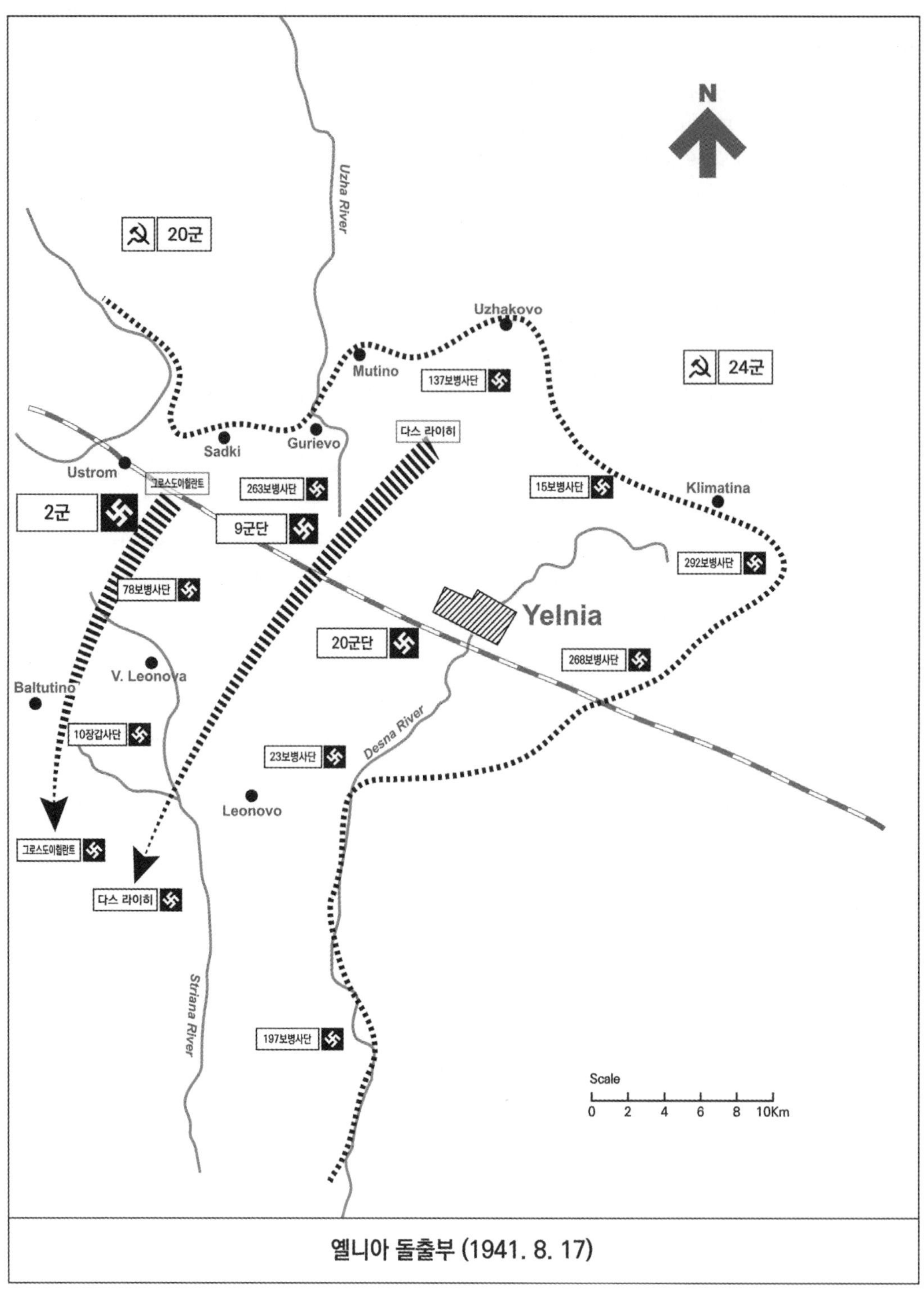
N
20군
24군
Uzha River
Uzhakovo
Mutino
137보병사단
Sadki
Gurievo
다스 라이히
Ustrom
그로스도이췰란트
263보병사단
15보병사단
Klimatina
2군
9군단
292보병사단
78보병사단
Yelnia
20군단
268보병사단
Baltutino
V. Leonova
10장갑사단
23보병사단
Desna River
Leonovo
그로스도이췰란트
다스 라이히
Striana River
197보병사단
Scale
0 2 4 6 8 10Km

옐니아 돌출부 (1941. 8. 17)

구역에는 매일 2,000발의 대구경 야포사격에 시달리고 있음을 보고받았다. 24-25일 사이에는 무려 5,000발이 78보병사단 구역에 내리꽂혔다. 8월 26일 78보병사단장 쿠르트 갈렌캄프(Curt Gallenkampf) 중장은 조만간 자신의 사단이 갈 데까지 갈 것이라는 거의 포기하는 듯한 자조 섞인 발언을 서슴지 않았다. 경험 많은 전선의 장교들은 이건 마치 1차 세계대전 때의 참호전과 다를 바 없다며 옐니아를 포기하던지 아니면 차라리 공세로 전환하자는 막가자는 의견까지 제시하고 있었다. 폰 클루게는 당장 폰 보크를 만나 옐니아에서 병력을 빼던지 이곳 수비진의 전멸을 막기 위해서는 수일 내로 모스크바 진격을 재개하여 소련군의 공세를 지역적으로 분산, 둔화시켜야 한다는 의견을 제시했다. 그러나 어느 쪽도 당장 추진되지는 못했다. 브라우히취 육군 총사령관 역시 53군단이 집단군의 방어정면으로 바짝 붙기 전까지는 46장갑군단을 후퇴시키는 것이 바람직하지 않다는 폰 보크의 견해에 공감을 표하고 있었다.[264]

* * * * *

예비방면군의 옐니아 공략

"공식적으로는 '계획된 퇴각'이었다. 그리고 '전선의 교정'이라고도 했다.
하나 내가 보기엔 헛소리다.
러시아놈들은 우리를 심하게 구타했고 우리는 병력을 재편성해야 했다."
(프란쯔 프리쉬, 옐니아에서 싸운 장병)

8월 30일 쥬코프 예비방면군의 맹공이 시작되었다. 이 반격작전은 처음으로 여타 방면군과의 면밀한 조율에 의해 준비되어 서부방면군이 북쪽의 두호프쉬취나(Dukhovchina)에서, 브리얀스크방면군이 남쪽의 로슬라블과 노보쥐브코프(Novozybkov)에서 동시다발적으로 공세가 추진되었다. 전자는 소련측에서 '두호프쉬취나 공세', 후자는 '로슬라블-노보쥐브코프 공세'로 명명한 반격작전이었다. 지금까지는 대대나 연대급 규모의 공격이었기에 독일군 수비대는 그럭저럭 버텨 낼 수 있었으나 이제는 24군 13개 소총병사단 중 9개 사단이 동시에 몰려오는 쯔나미를 맞이해야 했다. 기동전력은 102, 105, 2개 전차사단과 107, 1개 기계화사단, 계 3개 사단으로, 옐니아를 남북과 중앙 3개 방면에서 헤집고 들어갈 형세를 구축했다.

공세의 시발은 30일 새벽 같은 예비방면군의 43군이 데스나 강을 넘어 서쪽으로 로슬라블을 향해 이루어졌으며 이 공세는 옐니아에 대한 24군 공세와 동시성을 갖게 했다. 소련군은 7만 명의 병력을 동원해 10,000명 정도로 병원의 격차를 유지하면서 계속해서 들어오는 43군의 지원 병력을 토대로 수적 우위를 누려나갔다. 독일군은 70km 크기의 전구를 모두 막고 있어야 되는데 반해 소련군은 마음먹은 한곳을 찍어 누르면 되는 유리한 조건에 있었다. 쥬코프의 한 가지 걱정

264) NA : T-312 ; roll 143, frame 681.634(1941.8.26), Fugate(1984) p.175, Bock(1996) p.295

◆ V-3-3 두호프쉬취나에서 전차를 앞세워 반격으로 나서는 소련군 척후대

은 전차의 대수였다. 102, 105전차사단이 지원되었으나 전자의 보유 대수는 겨우 20대였으며 그나마 103독립전차대대 소속 15대를 합쳐 35대로 작전에 참가했다. 물론 지형적으로 전차의 기동이 절대적으로 필요한 것은 아니었으나 전차가 없다는 것은 그만큼 보병의 지원화력이 약하다는 의미이기도 했다. 다만 독일군 역시 이 지역에는 피폐한 10장갑사단 하나와 소규모 장갑전투단만이 포진되어 있어 기갑전력의 열세는 크게 우려할 사항은 아닌 것으로 짐작되었다.

오전 7시 30분, 800문의 야포와 수십 대의 박격포, 다연장로케트가 불을 뿜는 가운데 쥬코프는 남북으로 두 개의 집게발을 벌려 독일군의 눈을 분산시키도록 하고, 50, 64, 2개의 소총병사단은 옐니아 정면으로 향하게 해 독일군을 두 개로 나누려는 기도를 드러냈다. 옐니아에 대한 공습은 48항공사단이 전담하고 수개의 전차연대들이 소총병사단들의 침투를 지원했다. 100소총병사단과 107소총병사단은 102전차사단의 지원을 받아 옐니아 북서쪽 15km 지점의 사드키(Sadki) 정면 4km를 방어하는 137보병사단을 쳤다. 소련군 3개 사단은 당장 돌파구를 마련해 483, 485보병연대를 밀쳐내면서 강력한 압박을 가해왔다. 그보다 남쪽에서는 106차량화소총병사단과 303소총병사단이 옐니아 남서쪽 16km 지점 레오노봐(Leonova) 8km를 지키는 268보병사단에 대해 공세를 취했다.[265] 북쪽은 비교적 좁은 구역에 사단병력을 집중하여 독일군 수비진을 쳤기에 상대적으로 빠른 시간 내 전과확대를 노릴 수 있었으나 남쪽 구역은 너무 넓은 구역에 산개한 형태로 진격해 들어 왔으므로 당장 위기가 발생하지는 않았다. 이에 쥬코프는 8월 31일 좀 더 많은 양의 전차들을 사드키 전구에 밀어 넣었으며 강화된 화포사격으로 2km 정도의 침투를 달성케 했다. 또한 소련군은 포병대와 소총병들의 연계작전에 의해 78보병사단이 지키는 구르예보(Guryevo)를 공략했다. 독일 4군도 전날 30일에 발견된 소련군 침투구역에 대한 보강에

265) McTaggart(2017) p.60

나섰다. 우선 10장갑사단으로부터 수대의 전차를 동원해 소련군 106차량화소총병사단과 맞붙고 있던 옐니아 남쪽의 268보병사단의 지원에 착수했다. 또한 독일군은 사드키 남쪽 구역의 137보병사단에 대해 263보병사단의 한 개 연대를 뽑아 긴급수혈에 들어갔으므로 31일에 전개된 24군 3개 충격그룹의 공격은 어느 하나 결정적인 돌파구를 만들어내지는 못했다. 겨우 북쪽의 107차량화소총병사단과 남쪽의 137소총병사단이 2km 정도를 진격하여 느슨한 포위망을 형성하면서 독일군을 일시적으로 고민에 빠트리게 한 것이 성과라면 성과였다.[266] 사드키를 때린 소련전차들은 일부 차량들이 방어선을 돌파하여 배후로 1km를 전진하는 일이 있었으나 독일군은 일시적으로 상실했던 사드키를 31일 새벽에는 탈환할 수 있었다.[267] 한편 북쪽 구역을 공격하는 소련군의 선봉은 옐니아로부터 6km 떨어진 지점까지 도달하여 압박을 강화하고, 남쪽은 9월 1일에도 사드키와 레오노봐를 밀어붙였으나 큰 진전은 없었다. 그러나 이와 같은 집게발 공격으로 인해 20군단은 어느 쪽이 주공인지를 파악하기가 힘든 사태에 있었다. 당시 독일군은 남쪽의 268보병사단에 대한 공격만이 강도 높게 전개되자 소련군이 돌출부 양익을 동시에 협격할 줄 모르는 어설픈 전술을 구사하는 것으로 착각했으나 실은 독일군의 예비전력을 이격시키기 위한 것이었으며 주공은 우자(Uzha) 구역에 대해 가해졌다. 쥬코프의 작은 술수가 통하고 있다는 방증이었다.[268]

먼저 사드키에서 효과가 나타났다. 사드키에서의 돌파는 독일군 전선을 동쪽으로 넓혀 3km의 갭을 발생시켰으며 돌출부 안으로는 2km의 종심이 확보되었다. 네크라소프(I.M.Nekrassov)의 107소총병사단의 선봉 연대는 옐니아-스몰렌스크 철도선을 장악하자 일시적으로 독일군의 반격을 받아 고립되는 상황에 처했다. 그러나 연대는 그로부터 3일 동안 현장을 지켜내면서 우군이 도착할 때까지 지구전을 펼치기로 했다. 이 노력은 쥬코프에 의해서도 각별하게 치하되었다. 9월 1일 소련군은 볼로스코프(Voloskov)에 도달해 남쪽으로 이어진 철도선을 단절시켰다. 독일군 보급물자들을 파괴한 19소총병사단은 309소총병사단의 지원을 받아 78과 292보병사단 경계구역을 때리면서 또 하나의 갭을 만들어내었다. 292보병사단은 120소총병사단 침투구역인 뷔드리나(Vydrina) 남쪽에 대치상태로 있어 갭이 발생한 것을 알고도 조치를 취하지 못하고 있었다. 20군단은 이제 마지막 남은 예비병력마저 사드키에 투입해야 할 때가 온 것을 느끼고 있었다. 9월 2일 예비의 모든 포병중대들은 약 20분간 선제 화포사격을 실시하고 292보병사단은 그날 저녁 240.3고지를 탈환하는데 성공했다. 그러나 이 승리는 무의미했다. 뷔드리나에서의 갭은 여전히 닫쳐지지 않았으며 292보병사단 서쪽에 바로 접한 78보병사단 구역에 해당하는 볼로스코프의 소련군도 제거되지 못한 상태였다. 20군단은 거의 한계점에 도달해 있는 것으로 보였으며 9군단 역시 더 이상의 희생을 대체할 만한 자산도 전술적 대가도 없는 것처럼 판단되고 있었다.[269] 가장 큰 희생을 치른 9군단의 137보병사단은 8월 30-31일 이틀 동안 500명, 9월 1일에 700명의 사상자를 속출시켰으며 돌출부에 도착한 이래 무려 3,000명이나 되는 사상자를 기록하고 있었다. 가이어 9군단장은 지난 10주 동안 군단이 40명의 장교를 포함하여 1,000명의 사상자가 발생한 점을 들어 더 이상 기동전력의 지원 없이 보병만으로의 공세는 추진되어서는 안 된다는 점

266) Glantz(2010) p.338

267) NA : T-314 ; roll 405, frame 000647-000650(1941.8.30-8.31)

268) NA : T-314 ; roll 405, frame 000569-000571 / NA : T-314 ; roll 651, frame 000234(1941.8.31)

269) NA : T-314 ; roll 651, frame 000238(1941.9.2)

을 부각시키면서 엄청난 희생을 감내해 오고 있던 보병사단장들의 의견을 대변했다.[270] 이 순간 구데리안은 이미 관심이 남쪽의 키에프로 향해져 있어 옐니아에서 더 이상 진도가 나가지 않는다면 깨끗하게 포기한다는 판단을 굳히고 있었다. 2장갑집단의 존재가 아무런 역할을 하지 않은 것은 아니었다. 만약 폰 보크의 판단에 의한 10장갑사단(46장갑군단)의 23보병사단에 대한 지원이 적기에 이루어지지 않았다면 23보병사단의 운명은 대단히 위태로웠을 것이며 그 이후 사드키 구역을 최소한 8월 말일까지 안전하게 방호할 수 있는 가능성은 없었을 것이 당연했다. 8월 31일에 구데리안은 폰 보크에게 자신의 병력을 당장 남쪽으로 빼지 못하게 한다면 히틀러에게 직접 어필하겠다는 거의 협박에 가까운 의사를 전달해 폰 보크는 물론 할더까지 열 받게 하는 해프닝이 있었다.[271] 안 그래도 OKH는 옐니아 전구를 일시 포기하는 방안을 강구 중이었는데도 구데리안의 이 막가파식의 언행이 할더를 진정으로 화나게 한 것은 이 시기 독일군 수뇌부의 갈등이 어느 정도였는지를 단적으로 드러내고 있다.

9월 2일 중앙집단군 사령부에서 브라우히취, 할더, 폰 보크가 회동했다. 모이기는 했지만 언제 모스크바 진격을 재개할 것인지는 이들의 권한을 넘어서 있었다. 이들은 소련군이 기어변속을 한 다음 차기 공세를 언제 감행할지 서로 추측하다가 결국 옐니아는 더 이상 방어하고 있을 가치나 실익이 없다는데 도달했다. 한편으로 그 상태에서 모스크바 진공이 9월 안으로 이루어질 가능성은 희박해 보였다. 독일군은 빠지기로 했다.[272] 단 축차적으로 병력을 조심스럽게 뒤로 이동시키기로 하고 9월 3-4일 병참 담당 제대부터 퇴각을 실시했다. 4-5일에는 292보병사단과 78보병사단의 우익 및 268보병사단의 좌익이 옐니아 서쪽으로 빠져나갔다. 5일에는 돌출부의 가장 동쪽 끝자락에 있는 제대가 퇴각하였으며 똘똘한 후방경계병력을 붙여 강행정찰을 시도하는 적군 병력의 접근을 효과적으로 쳐내는 준비를 하고 있었다. 9월 5일 이른 아침 우자 동쪽의 78보병사단은 본대와 떨어진 137보병사단의 잔존병력들과 함께 사드키 돌출부 주변에서 서쪽을 향해 움직였다. 다행히 이곳의 소련군은 변변찮은 병력이 여기저기 흩어져 있어 137보병사단은 어렵지 않게 돌파구를 만들어 나갔고 오후 6시부터 개시된 적군 포병대의 사격은 밤이 되자 중단되면서 더 이상의 위협이 되지 못했다. 마지막 6일에는 모든 병력이 서쪽으로 빠져나가 스트리아나(Striana)-우스트롬(Ustrom) 구간에서 새로운 방어선을 구축하는 것으로 예정되었다.[273] 다행히 짙은 안개와 폭우가 쏟아져 그간 독일군을 괴롭혔던 날씨가 도주할 때는 도와주는 쪽으로 바뀌게 되었다. 특히 퇴각 마지막 이틀 동안 진창으로 바뀐 도로는 도주하는 독일군보다 추격하는 소련군의 발목을 제대로 잡았으며 쥬코프는 서쪽에서 돌출부를 잘라 들어갈 만한 전차전력이 약하다며 다소 주춤거렸던 것이 독일군에게는 행운이었다.[274] 이때 내린 폭우는 독일군에게는 실로 하늘이 내린 선물이었으며 돌출부를 빠져나간 독일군은 계획된 대로 스트리아나-우스트롬 구간에 새로운 방어선을 설정했다. 쥬코프는 9월 4일 스탈린과의 통화에서 로슬라블로 내려가 예레멘코를 도와주는 것이 어떠한가라는 의견을 듣게 된다. 쥬코프는 일단 스몰렌스크로부터 서진하는 독

270) NA : T-312 ; roll 143, frame 681.686-681.687(1941.9.2)
271) NA : T-84 ; roll 271, Tagesbuchnotizen Osten I, frame 000433(1941.8.31), Halder(1964) p.208
272) NA : T-84 ; roll 271, Tagesbuchnotizen Osten I, frame 000438(1941.9.2), Bock(1996) p.302
273) NA : T-314 ; roll 405, frame 000656-000658(1941.9.2-9.3)
274) NA : T-314 ; roll 405, frame 000662-000663(1941.9.5-9.6)

일군의 위협을 제거한 다음에 해도 늦지 않다는 자신의 견해를 피력하고, 7-8일경 43군의 104, 109전차사단, 149소총병사단으로 옐니아의 독일군을 격멸하겠다는 계획을 승인받았다.[275]

그에 앞서 소련 24군은 날씨가 게이자 작심하고 독일군을 치기로 하고 공세를 재개했으나 독일군은 이미 뒤로 빠지고 없었다. 소련군은 간단한 정찰도 없이 화포사격부터 밀어붙인 결과 불필요한 탄약만 써버린 셈이었다. 9월 6일 소련군은 모든 게 불타 사라지고 석조건물로 된 교회당만 남은 묵시록적인 옐니아에 입성했다. 독일군은 옐니아 서쪽 수 킬로 지점에 새로운 방어선을 설정하고 거기서부터는 더 이상 소련군의 추가 진격이 이루어지지 못하도록 붙들어 매고 있었다. 이곳을 방어하던 독일군 9군단과 20군단은 거의 그로기 상태로 설사 모스크바 진격이 재개되더라도 이 상태로는 전력에 도움을 줄 수 있는 형편이 아니라는 것이 확인되고 있었다. 결과적으로 옐니아에서 보인 소련군의 집요하고도 끈질긴 저항과 반격의 연속은 독일군이 스몰렌스크 동쪽에서 약 한 달간 진격을 중지해야 하는 정체상태로 몰아갔다. 9월 8일 옐니아의 독일군 교두보는 완전히 제거되었다.[276] 독일군이 여기를 되찾는 것은 키에프 포위전이 끝나고 난 후의 일이었다. 9월 7일 137보병사단장 프리드리히 베르크만(Fruedrich Bergmann) 소장이 자신의 부하들에게 알린 다음 내용은 이 전투가 얼마나 처절했는가를 잘 보여준다.

> *"사단의 장병들이여!*
> - 3주 동안에 걸친 가장 힘들었던 전투가 끝났다. 19일 동안 21km에 걸친 옐니아 전선을 지키면서 적의 모든 전투단위부대와 병기들의 작전을 물리쳤다.
> - 중대 규모 적군의 경우, 대략 하루에 10-15번에 걸친 공격이 적의 화포사격과 함께 6일 동안 치러졌다.
> - 연대 규모 적군의 경우, 하루에 20번에 걸친 공격이 동일한 장소에서 계속되었으며 약 15개 포병중대에 의한 8일 동안의 집중사격이 이루어졌다.
> - 새벽부터 황혼까지 전 전선에 걸쳐, 야간공격까지를 포함해 약 30개 포병중대에 의한 5일 동안의 공격을 견디어 냈다."[277]

소련군은 옐니아 전투에서 90,000명이 전사 또는 행방불명(포로 포함)된 것으로 집계하고 독일군 45,000-47,000명에게 피해를 안긴 것으로 발표했다. 다소 과장된 수치이긴 하나 통계 내역에 관계없이 독일군이 사상 처음으로 바르바로싸에서 전술적 후퇴를 경험한 패배가 확실했다. 좀 더 정확한 통계에 따르면 옐니아의 독일 9, 20군단은 약 18,000명의 피해를 안았다. 개전 초기에 독일군이 입은 이와 같은 피해는 대단히 희소한 것이었다. 46장갑군단은 7월 22일부터 8월 3일간 총 3,615명의 사상자를 안아 일일 평균 300명이 쓰러졌다는 당시로서는 대단히 놀라운 통계를 갖고 있었다.[278] 마지막까지 전선을 지키다 빠져 나온 137보병사단의 경우 8월 18일부터 9월 5일간 무려 2,000명의 희생을 기록하고 있었다. 소련군 반격의 주역이었던 24군은 8월 30일

275) Glantz(2010) pp.471-2
276) 글랜츠 & 하우스(2010) p.93
277) Luther(2013) p.633
278) NA : T-313 ; roll 80, Pz. Gr. 2 Ia KTB, frame 7.318.770(1941.8.5)

◆ V-3-4 러시아 화가 미하일 아나녜프(Mikhail Ananievich Ananyev)가 1962년에 그린 옐니아 방어전의 소련군 대전차포병. 전격전의 독일군에게 처음으로 쾌속진격의 돈좌를 맛보게 했던 역사적인 전투의 주인공들이었다.

13,100명으로 출발했다가 9월 9일까지 10일 동안 10,700명이 전사하고 21,000명이 부상당한 것으로 드러났다. 이는 독일군이 아닌 소련군의 자체적인 통계로서 적군 격멸 내용은 500%나 과장되게 발표하는 소련이지만 자신들의 피해는 비교적 정확하기에 이 수치는 어느 정도 근거가 있었다. 스몰렌스크 전투는 시가 함락될 때까지를 지칭하는 경우도 있으며, 옐니아 전투가 종료된 9월 초까지의 2개월간을 광의의 스몰렌스크 전투라 부르는 수가 있다. 후자의 경우 독일군은 총 8만 명의 피해가 발생한 데 비해 소련군은 40만 명의 포로를 포함해 60만 명의 이상의 병력 손실이 발생한 것으로 집계하고 있다. 만약 이 지역의 전투를 후자의 관점에서 택한다면 스몰렌스크는 곧 다가올 키에프와 같은 규모의 전과가 있었다는 이야기가 된다. 한편 소련공군은 8월 말까지 보유 항공기를 3,700기로 늘이면서 루프트봐훼보다 수적 우위를 지켰으나 7월 10일부터 9월 10일 두 달 동안 스몰렌스크-옐니아 구간에서만 903대를 상실하는 피해를 입었다. 8월 말에 보유하고 있던 3,700기 중 1,100기는 소련 내 온갖 비행훈련학교에서 끌어 모은 것들이어서 조종사의 훈련도 그렇지만 기종의 체계적 배분이나 정비 자체가 제대로 되어 있지 않아 여전히 막대한 피해를 입고 있었다. 루프트봐훼 역시 개전 후 두 달이 지나게 되자 상당한 피해통계가 확인되었다. 집단군 구간별로는 확인하기가 어려우나 동부전선 전역에서 총 1,320대가 파괴되고 820대가 손상되었다. 소련공군의 조종사들이 아직은 기술적 숙련도가 높지 않아 상호격추비율에서 지는 것이 당연하지만 격추된 뒷날 바로 전투기를 갈아타고 출격하는 투혼을 발휘하면서 마지막 순간까지 포기하지 않는 집념을 불태운 것은 루프트봐훼도 인정하는 바였다.

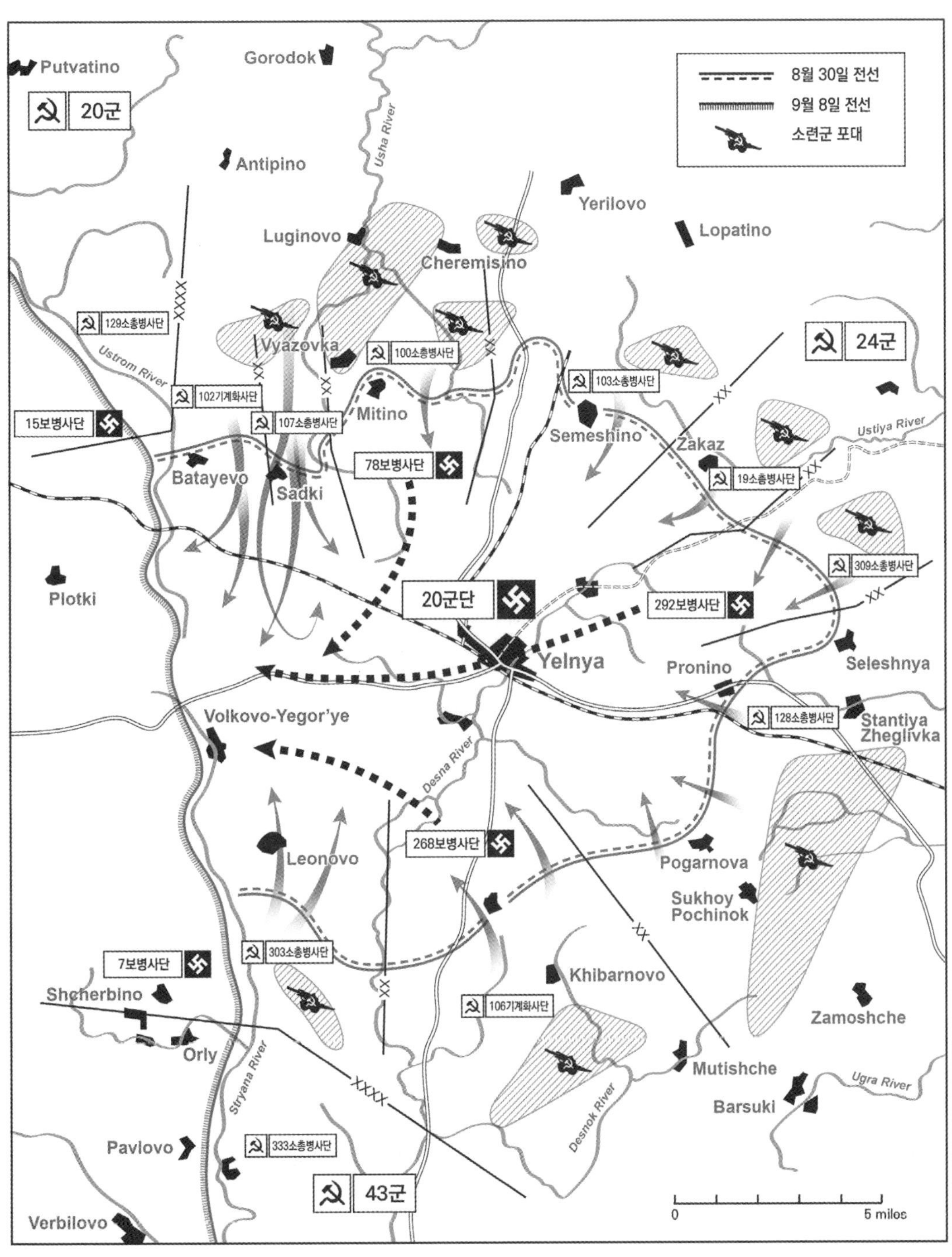

8월 30일 전선
9월 8일 전선
소련군 포대
Putvatino
Gorodok
20군
Usha River
Antipino
Yerilovo
Lopatino
Luginovo
Cheremisino
129소총병사단
Vyazovka
100소총병사단
24군
Ustrom River
102기계화사단
103소총병사단
15보병사단
107소총병사단
Mitino
Semeshino
Zakaz
Ustiya River
78보병사단
Batayevo
Sadki
19소총병사단
309소총병사단
Plotki
20군단
292보병사단
Yelnya
Pronino
Seleshnya
Volkovo-Yegor'ye
128소총병사단
Stantiya
Zheglivka
Desna River
268보병사단
Leonovo
Pogarnova
Sukhoy
Pochinok
303소총병사단
7보병사단
Khibarnovo
Shcherbino
106기계화사단
Zamoshche
Orly
Stryana River
Mutishche
Ugra River
Barsuki
Desnok River
Pavlovo
333소총병사단
43군
Verbilovo
0
5 miles

옐니아 전투의 전개

* * * * *

옐니아 공방전의 중간 평가

"우리는 예비를 갖지 못했기 때문에 면도날 끝에 선 상황이었다.
다행히 소련군 역시 김이 빠질 예정인데,
그렇지 않다면 우리는 스몰렌스크를 상실하는 분명한 위기에 직면할 것이다."
(중앙집단군 4군 참모장교, 헬무트 슈티이프 중령 : 1941.9.5)

매번 당하던 소련으로서는 이 전투의 승리를 프로파간다에 십분 이용할 필요가 있었다. 프로파간다 이상으로 이 전투에 참가했던 독일군 제대와 병사들은 종전 이후에도 옐니아에서의 격전을 가장 치열하고 처절했던 것으로 기억하고 있었다. 이 전투는 일단 중앙집단군의 모스크바 정면 진격을 돈좌시키면서 주공의 측면에 관심을 갖도록 유도하게 되는 계기가 되었으며 독일 전격전의 신화적 인물인 구데리안의 2장갑집단이 기동전이 아닌 진지전을 수행케 만드는 거북스런 결과를 초래했다. 2장갑집단과 4군의 사단들을 대적한 소련군 제대는 과히 강력하지도, 다른 전투에서처럼 압도적인 수적 우위를 누리고 있는 것도 아니었다. 그러나 주요 지점에 집중된 병력을 투입함으로써 집요한 저항정신을 발휘할 경우, 거의 대등한 전력을 가지고도 전격전의 독일군을 저지할 수 있다는 하나의 경험적 좌표가 제시되었다. 옐니아는 공세정면이 제한된 전진경로를 제압하는 요충지로서 소련군에게는 독일군의 전진을 방해할 수 있는 방어의 핵심적인 장소였다. 10장갑사단과 다스 라이히는 이 곤란한 지형조건 하에서 기동력을 제대로 발휘할 수가 없었다. 동시에 이 지역은 잘만 하면 소련군의 반격작전을 촉발시킬 수 있는 방어와 공격을 동시에 수행하게 될 전술적 기반 내지 발판으로서도 기능했다. 따라서 옐니아에서의 최종적 승리는 이 지역의 전술적 가치를 제대로 파악한 소련군이 신속하게 병력증강 조치를 시현해 방어태세를 강화함으로써 얻어낸 순수한 군사적 결과였으며 결코 우연의 산물은 아니었다.

또한 쥬코프는 파블로프와는 전혀 다른 방식으로 독일군을 대했다. 비알리스톡의 서부방면군이 초전에 재앙적 수준의 피해를 입은 것은 다른 이유도 많지만 병력을 일열 횡대로 너무 전진배치시켜 놓은 데 따른 결과였다. 옐니아에서는 달랐다. 쥬코프는 복수의 저지선을 효과적으로 설치, 운영함으로써 작전술적 제진(operational echelon) 구도를 일층 제고시키는 현명한 조치들을 취했다. 소련군은 독일군들이 탄약 부족에 화기도 제대로 쏠 수 없는 지경이었는데 반해 무려 5배나 많은 포병대를 동원하는 완력을 자랑했다.[279] 소련군은 여기서 한 가지 중요한 교훈을 체득하게 되었다. 비알리스톡-민스크에서의 재앙적 패배, 스몰렌스크-옐니아에서의 부분적 승리는 결국 독소 양군의 제병협동체계를 다루는 실력의 차에서 비롯되었다는 점을 진정으로 느끼게 되었다. 전자는 3개 기동군단만으로 독일군에 무작정 대항하려 했던 파블로프의 유치함이 문제였으며, 후자는 스몰렌스크-옐니아에서 기동전력과 보병들간의 유기적 공조가 결여된 독일군의 전술적 결함으로 말미암아 그들의 진격을 궁극적으로 멈추게 했다는 분석이었다. 그에 따라 소련군 지휘부는 이후 전차부대의 공격에 앞서 반드시 정찰활동을 강화하도록 교정하는 한편, 전차부대

279) Weidinger(1995) p.372

는 반드시 소총병 제대와 포병대와의 긴밀한 협조 속에 움직여야 한다는 교령을 하달했다.[280] 단 그 이론을 실천에 옮기는 데는 여전히 많은 회임기간을 필요로 하고 있었다. 좀 더 자세히 들여다 보면 다음과 같다.

독일군은 처음에 기동사단만으로 옐니아를 쳤다가 소련군의 반격에 직면하자 지형적 조건에 따라 이내 기동력이 상실되면서 보병의 진지전으로 전환되었고, 전력이 피폐해진 다음 보병사단들에게 전구를 이양했을 때는 더더욱 1차 대전과 같은 참호전의 성격으로 탈바꿈해 갔다. 전차가 부족한 독일 보병사단들은 그저 이동이 제한된 상태에서 요행을 바라면서 소련군의 화포사격이 빗겨 가기만을 바라고 있었다. 즉 옐니아에서는 독일군이 소련군과 같은 구태를 답습했고, 소련군은 제한된 규모에서나마 제병협동의 원칙과 실천에 의거해 독일군처럼 싸웠다. 이처럼 독일군은 장갑부대와 보병이 긴밀한 공조를 유지하면서 공군과 포병대의 입체적인 공세를 취하지 않을 경우에는 다소 어설픈 소련군으로서도 전격전의 독일군을 대응할 만한 조건에 놓이게 된다는 것을 경험하고 있었다. 물론 이를 알고도 다음 전투에서 모든 것이 완벽하게 교정될 수는 없었다.

◆ V-3-5 드니에프르 강변의 소련군 76.2mm 가농포 M1939 포병대. 붕대로 얼굴과 머리를 감싼 병사의 어색한 모습을 들어 이 사진이 실전이 아니라 프로파간다라고 주장하는 견해도 존재한다.

280) Fugate(1984) p.300
전차부대와 소총병 제대는 너무 가까이 있으면 대전차화기의 공격에 같이 당할 수도 있으며 너무 멀면 유기적인 공조가 불가능하다는 난점이 있었다. 소련군 교리의 경우, 대략 전차와 소총병들간의 간격은 200-400m 안에서 유지되도록 했다.

그러나 옐니아에서 독일군이 겪은 패배는 그들이 만든 교리대로 실천하지 않았다는 부주의로 빚어진 면이 적지 않으며, 소련군은 적이 가르쳐준 교리를 나름대로 적용하여 귀중한 승리를 낚은 것으로 평가되었다. 대학 시절, 간혹 친구의 노트를 베낀 학생이 노트를 빌려준 학생보다 성적이 더 잘나오는 그런 경우가 옐니아에 해당했다. 하나 8월 들어 전략적 목표가 한참 뒤흔들리는 리더쉽의 위기 속에서도 중앙집단군은 개전 이래 두 달 만에 모스크바까지의 직선거리 중 3분의 2를 장악하는 세를 과시하고 있었다.[281] 물론 독일군 선봉의 진공이 거기에서 일시적으로 멈추게 된 것은 옐니아에서의 돈좌가 크게 영향을 미친 것은 사실이지만 그렇지 않다 하더라도 이미 히틀러와 OKW는 모스크바 정면이 아닌 엉뚱한 곳을 염두에 두고 있어 옐니아에서의 정지를 너무 지나치게 확대해석할 필요는 없을 것 같다.

방어 측면에서 소련군은 한 가지 너무 소극적인 자세로 일관했다는 점도 지적된다. 이는 대전 전 기간을 통해 거의 변하지 않았던 행태로서 전차부대를 반독립적(semi-independent)인 반격의 수단으로만 활용하고 병력의 측면이나 소총병사단의 틈새를 메우는 방식으로만 적용했다는 점이었다. 이는 제병협동의 형식은 갖추었으나 실질적인 운용에 있어서는 거의 따로 놀면서 기동전력을 한 군대로 집중시키지 못했다는 고질적인 문제의 재생이었다. 41년 여름 이후 전차가 충분히 보충되었을 무렵에도 일부 전차와 장갑차량을 소총병연대에 지원한 적은 있지만 이 역시 화력의 집중이 아니라 보병의 지원사격에 불과한 수준이었다. 소련군으로서 한 가지 더 아쉬운 것은 이미 독일군의 주공이 키에프로 향하고 있는 시점에서 9월 8일 옐니아의 교두보를 석권하고도 전차와 병원의 부족으로 이 승기를 제대로 활용할 수가 없었다는 점이었다. 그럼에도 불구하고 1941년 모스크바 정면에서 독일군이 패퇴하기 전까지 가장 빛났던 소련군의 전술적 승리는 바로 이 옐니아에서 획득되었다. 9월 7일까지 중앙집단군은 16만 명의 사상자 피해를 안고 있었으며 그 중 상당수가 옐니아 전투에서 비롯된 것이라는 점은 확실했다.[282]

그러나 데이빗 글랜츠는 쥬코프가 이룬 옐니아에서의 승리보다 티모셴코가 독일 9군에 대해 거둔 국지적, 일시적 승리가 더 큰 충격효과가 있었기에 히틀러가 눈을 키에프로 돌리게 된 것은 결정적으로 스몰렌스크 동쪽 및 북동쪽에서 16, 19군이 달성한 돌파와 반격작전에 기인하는 것으로 규정했다. 옐니아에서 소련 24군이 얻은 면적은 18km 종심에 너비 15-20km 크기였으며 서부방면군 코네프의 19군은 8월 말까지 독일 5군단과 8군단을 보프(Vop) 강을 따라 밀어내면서 종심 10-14km, 너비 25km를 확보했다. 여기까지는 큰 차이가 없어 보인다. 그러나 19군은 교두보를 박살내기 위한 7장갑사단의 반격을 쳐내면서 70대의 전차피해를 안겼으며 아돌프 슈트라우스의 독일 9군이 지키던 80km 전선에 걸쳐 2-15km를 주파하여 700입방킬로미터를 따냈다.[283] 이는 24군이 옐니아에서 따 낸 면적의 두 배 크기에 해당한다. 더욱이 옐니아에서 폰 클루게의 4군 제대가 상당한 손실을 입은 것은 사실이지만 소련 19군은 8군단의 161보병사단을 사실상 와해시키면서 이 사

281) McNAB(2011) p.172

282) NA : T-314 ; roll 347, frame 000628

283) 이는 롬멜의 '유령사단'이라는 세계적 명성을 얻었던 7장갑사단으로는 가장 큰 규모의 피해였다. 1940년 5월 프랑스 침공작전 때부터 주공으로서 온갖 전투에 깊이 개입하면서도 신형 전차의 수요는 충족시키지 못한 채 하필이면 러시아 전선에서는 더 이상 통하지 않는 다수의 체코제 38(t) 경전차들로 무장하고 있었기에 이런 엄청난 손실을 입었던 것으로 추정된다.

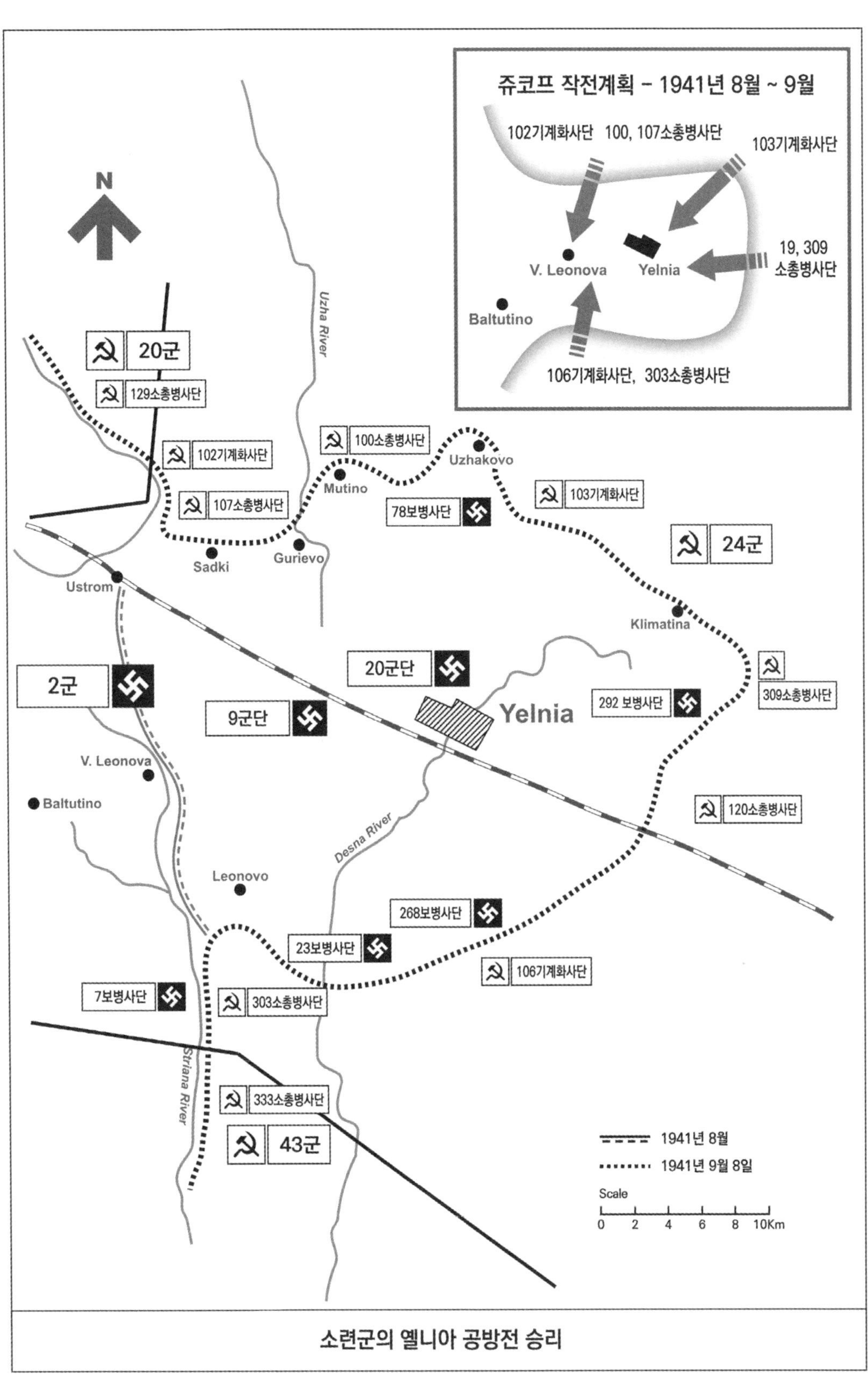

소련군의 옐니아 공방전 승리

단은 10월 21일까지 아무런 교전행위를 할 수가 없었다. 자매사단 14차량화보병사단 역시 타이푼 작전 시까지 긴 휴식에 들어가야 했다. 병원의 피해 역시 9군이 계 24,000명, 즉 4개 사단에 해당하는 피해를 안았으며 9월 5일 전투가 끝날 때까지 기존 6개 보병사단에 2개 기동사단과 2개 보병사단을 추가해야 할 정도로 다급했다. 900교도여단도 여기에 가세한 바 있었다.[284]

하지만 서부방면군과 예비방면군에 대한 글랜츠의 비교는 큰 설득력이 없다. 그가 제시한 통계 비교 역시 별반 차이는 없으며 9군에 대한 타격도 대부분 보병사단들에 대한 것이었지 구데리안이나 호트의 장갑사단들에 대한 결정적 피해를 끼친 것은 전혀 아니었다. 티모셴코의 군들이 독일 중앙집단군에 가한 충격은 일반적으로 알려진 것보다 막대한 것이어서 히틀러가 더 이상 주공에 집착할 것 없이 측면(키에프)으로 관심을 돌리게 된 배경요인이 되었을 것이라는데 대해서는 시비를 걸지 않겠다. 그러나 스몰렌스크 동쪽과 북동쪽에서 시행한 반격작전이 옐니아보다 월등한 충격효과가 있었다는데 대해서는 독일군측의 별다른 반응이 없었다. 7장갑사단이 예상 밖의 피해를 입었다고는 하나 옐니아의 10장갑사단 역시 해당 지구의 유일한 장갑사단으로 곤욕을 치르고 있었다. 따라서 이 두 지역에서 두 개 방면군이 취한 반격작전이 독일군을 대단히 곤란하게 만들어 전략적 축을 바꾸게 된 계기로 작용했다는 점에서는 수긍이 가나 어느 전투 하나 중앙집단군을 좌초시킨 것은 아니었다. 호트는 북으로 진격해 북방집단군을 지원하고, 구데리안은 남방으로 진출해 사상 최대의 포위전을 준비하게 되었다. 이 키에프 대승 직전에 있었던 티모셴코와 쥬코프의 반격이 그리 대단한 것이라면, 중앙집단군 전체가 마비될 정도의 사태가 나타났어야 되며, 하다못해 예레멘코의 브리얀스크방면군이라도 구데리안 2장갑집단의 남진을 저지시켜야 했다. 그러나 브리얀스크방면군은 24장갑군단에게 생채기 하나 내지 못하고 키에프로 향하는 것을 바라만 봐야 했으며 47장갑군단 역시 최소한의 피해만 감수한 채 예레멘코의 기동전력을 괴멸 상태로 몰아붙였다. 예레멘코는 47장갑군단이 9월 5-6일 밤을 이용해 데스나 강 동쪽 제방의 교두보를 포기하고 서쪽 제방으로 옮긴 것을 독일군이 패주한 것으로 착각하면서 현실과는 동떨어진 보고서를 작성했다. 소련군이 늘 하는 것처럼 적의 피해는 3-5배로 부풀리고 소련군 자신의 피해는 최소한도로 조작하는 것이었다. 47장갑군단이 서쪽으로 빠진 이유는 24장갑군단의 남진을 커버하기 위한 전술적 움직임이었지 예레멘코에게 밀려 달아난 것이 아니었다. 특히 17장갑사단과 29차량화보병사단은 예레멘코의 사단들과 정색으로 붙어 나가떨어진 것이 아니라 구데리안의 측면을 엄호하기 위해 제한된 교전행위만을 구사하면서 3, 4장갑사단과 함께 남쪽으로 전진해 들어간 의도적인 회피기동이었다. 소련 3개 방면군이 사상 처음으로 방면군간 긴밀하고 체계적인 공조에 의해 대규모 반격작전을 실천에 옮긴 것은 평가할 만하나, 결과적으로 중앙집단군의 이동이나 작전 변경 이상의 영향은 끼치지 못했다. 9월 6일, 예레멘코는 늦게 서야 자신의 반격이 수포로 돌아갔다는 것과 이제는 방면군 자체의 생존을 염려할 때가 된 것을 자각하게 되었다.[285]

284) Glantz(2010) pp.359-60
285) Glantz(2010) p.483

VI. 키에프로 가는 길

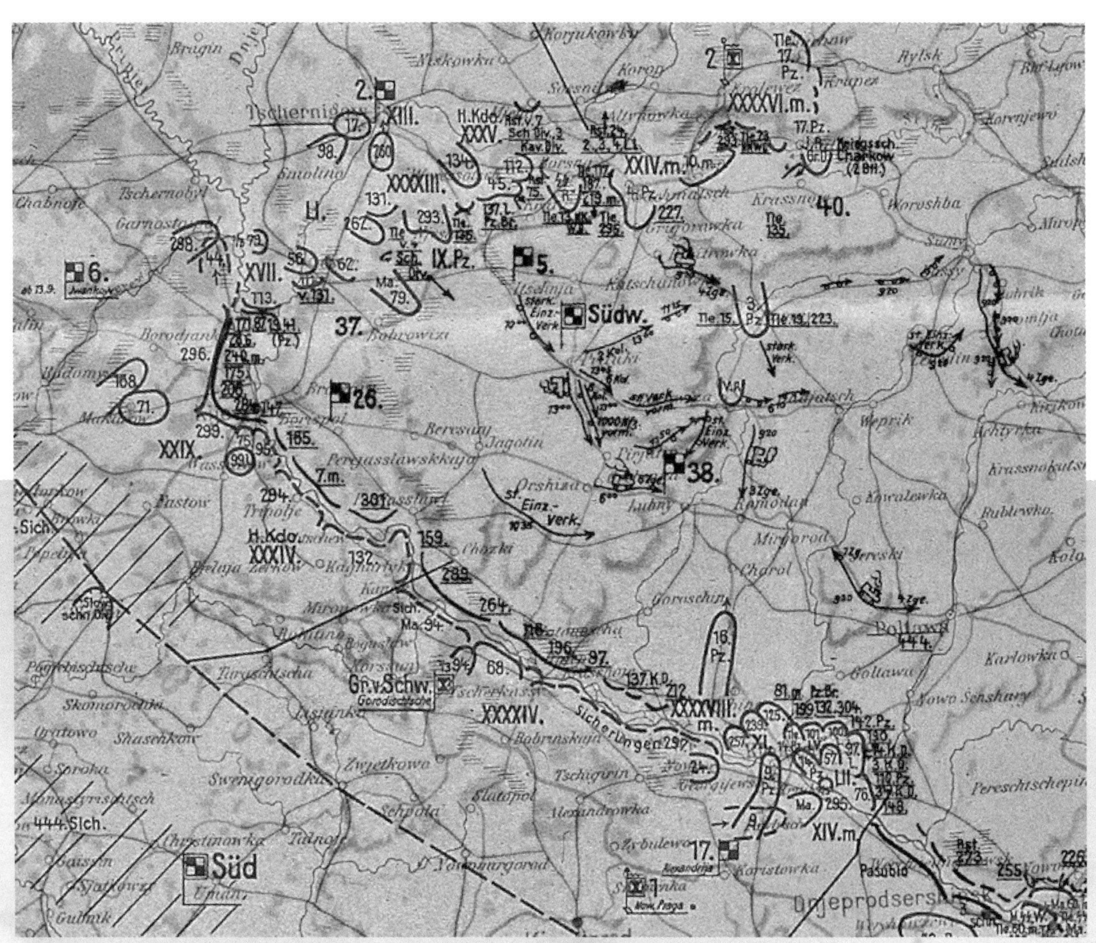

"거기는 젖과 꿀이 흐르는 땅이다"
(1941.7.23 아돌프 히틀러)

1. 키에프 회전 전야

"너가 할 수 있을 때 전쟁을 즐겨라. 왜냐하면 평화는 끔찍하니까!"
(독일군의 죠크)

흔히 인류 역사상 3대 포위전을 칸네의 포위전, 탄넨베르크 포위전, 키에프 포위전으로 규정하고 있다. 칸네는 카르타고의 한니발이 8만 명의 로마군을 괴멸시킨 고대사의 한 범주로서 근대전의 시각에서 배울 것은 그리 많지가 않다. 탄넨베르크 전투는 1차 세계대전 당시 힌덴부르크가 이끄는 10만의 독일군이 20만의 제정 러시아군을 전멸시켰던 것으로서 비교적 최근의 일이긴 하나 전차와 같은 기동전력이 없었던 보병과 포병, 기병들만의 전투였기에 이 역시 제한적으로나마 오늘날의 전투에 투영해 볼 수 있을 정도이다. 키에프는 무려 66만이 포로가 되는 희대의 포위전이었다. 전장의 규모는 동서로 200km, 남북으로 300km에 달했다. 단일 전투로는 역사에 유례가 없는 전설적인 전투로서 이러한 희대의 역사를 쓰고도 승리한 독일군은 점점 쇠약해져간 데 반해 치욕적인 패배를 당한 소련군은 그 후에 다시 찾아올 또 한 번의 67-70만 병력이 갇히는 브야지마-브리얀스크 이중 포위전을 치르고도 살아남는 아이러니를 만들었다. 따라서 41년 가을에 있었던 이 대규모의 포위전에도 불구하고 독일군의 전략적 지평은 질적으로 달라질 것이 없었다는 결과가 실은 이 전투에 대한 관심을 희석시키는 효과도 있었다. 하지만 키에프, 브야지마-브리얀스크 포위전 이후 모스크바 진군이 본격화되면서 모스크바를 소개하는 작업이 이루어지고 있었다는 41년 가을-겨울 소련군의 패닉상황 또한 사실이었으며, 극동지역으로부터 시베리아 사단들이 몰려와 동계 반격작전이 최종적으로 독일군을 패퇴하게 만들었던 일련의 과정에서 키에프 전투가 갖는 다양한 의미분석은 여전히 매력적인 포인트로 남아 있다. 키에프 전투는 지리적으로 남방집단군 전구에서 벌어졌으나 구데리안의 2장갑집단과 2군이 중앙집단군으로부터 차출되어 내려왔으며 그와 동시에 호트의 3장갑집단이 북방집단군으로 전출되는 사태로 말미암아 바르바로싸의 원천적 주공인 폰 보크의 중앙집단군이 일시적으로 가장 약한 집단군으로 남게 되면서 러시아 전선 전체의 구조를 뒤틀리게 만드는 상황을 초래했기에 이는 당연히 이 책의 본론에 넣어도 문제는 없을 것이다. 그리고 누가 봐도 키에프 포위전의 최고 스타는 폰 클라이스트의 1장갑집단이 아니라 구데리안의 2장갑집단이었다. 24장갑군단의 3장갑사단은 198대의 전차로 바르바로싸를 맞이했다가 8월 22일을 기준으로 60대로 떨어져 있었으며 4장갑사단은 이보다 못해 44대로 추락했다가 겨우 64대로 끌어올린 상태였다.[1] 47장갑군단은 선봉의 24장갑군단에 비해 전투기간이 짧았으므로 비교적 양호했다. 17장갑사단은 180대로 시작했다가 74대를 유지했으며 200대로 시작한 18장갑사단은 114대 정도를 보유하고 있었다.[2] 대수 자체만 놓고 본다면 그리 나쁜 상태는 아니나 문제는 매인터넌스였다. 구데리안은 히틀러와의 대화에서도 전차의 엔진

1) BA-MA RH 21-2/931, KTB Nr. 1 Panzergruppe 2 Bd.II vom 21.8.1941 bis 31.10.41, Fol. 9 & Fol. 17(1941.8.21-8.22)
2) BA-MA RH 21-2/931, KTB Nr. 1 Panzergruppe 2 Bd.II vom 21.8.1941 bis 31.10.41, Fol. 17(1941.8.22)

을 갈아야 된다는 지극히 기술적인 대화까지 나눌 정도로 상태는 심각했다. 비포장도로와 먼지는 기계와 부품의 수명을 극단적으로 단축시키는 악순환을 연출하고 있었으며 늘어난 보급선에다 철도수송이 용이하지 않았던 까닭에 어쩔 도리없이 도로를 주행하는 차량에만 의존할 수밖에 없는 수송조건은 지속적인 두통거리였다. 도대체 러시아의 길이 어느 정도로 악랄한지는 그 시대를 살아보지 않아서 알 길은 없으나 장갑집단에게 있어 최대의 장애물은 결국 도로사정이었다. 한데 아직은 계절적으로 독일군에게 유리한 여름이었으므로 도로에 대해서만 투정을 부리고 있었지만, 곧 진창도로를 만드는 가을비와 눈이 내리는 겨울이 온다면 사태는 더 악화될 것이 분명했다.

그에 비해 소련 남서방면군의 기동전력은 대전 초기에 어지간히 얻어터졌는데도 수백 대의 전차가 살아남아 있었다. 남서방면군은 두브노(Dubno) 전차전에서 괴멸적인 타격을 입고 스탈린 라인으로 후퇴했지만 7월 초 아직도 1,200대의 전차를 수중에 넣고 있었으며 그 중 40%의 전력이 안드레이 블라스토프(Andrey Vlastov) 소장의 4기계화군단 예하에 있었다. 8, 16, 19, 24기계화군단은 각각 100대 이상을 보유하고 있었고 9, 15기계화군단은 각 80대, 그리고 22기계화군단은 60대 정도를 지니고 있었다. 물론 이때 대부분의 전차들은 여전히 경전차들로서 T-34들이 주종이 아니었으나 개전 첫 주에 방면군은 T-34, KV-1 중전차의 3분의 2를 잃는 피해를 입었음에도 불구하고 8개 기계화군단을 통 털자면 아직도 100대의 KV-1와 150대의 T-34가 건재했다.[3] 따라서 최소한 이 부분에서는 남서방면군이 클라이스트의 1장갑군보다는 다수의 전차를 보유하고 있었으며 그러한 수적 열세로 인해 구데리안 2장갑집단의 남하가 필요하다는 결론이 나왔을 수도 있었다.

* * * * *

남방집단군의 키에프 포위공세

"만약 남방 부크 강 정면에서 소련군 병력을 포위하지 못한다면,
1장갑집단은 키에프로 진격하는 것과
남동쪽으로 드니에프르 강을 공략하기 위한 병력재편성에 들어간다."
(아돌프 히틀러 : 1941.7.10)

키에프 전투는 8월 21일 히틀러가 명시적으로 모스크바가 아닌 남부의 우크라이나로 주공을 바꾼다는 결정에서부터 본격적인 국면에 돌입했으나 실은 남방집단군 단독으로의 키에프 점령이 무산된 순간부터 이미 시작되고 있었다. 남방집단군은 중앙집단군과 달리 장갑집단은 에발트 폰 클라이스트의 1장갑집단 밖에 없어 포위섬멸전을 위해서는 보병 제대가 집게발의 한쪽을 맡던지 장갑집단을 두 개로 분리해야 하는 고민거리가 있었다. 그러나 남방집단군은 겨우 600량의 전차

3) NA : T-314 ; roll 1474, frame 000430

◆ VI-1-1 우크라이나의 평원지대를 장악한 1장갑군의 전차들.

를 보유하고 있는데 반해 키에프 주변의 소련군은 100만 대군에 2,400량의 전차를 포진시키고 있어 정면대결은 확실히 무리라는 판단이 서는 것이 당연했다.

집단군의 선봉에 선 1장갑집단은 6월 27일부터 7월 1일까지 치러진 두브노(Dubno)-붸르바(Werba) 전투에서 그때까지 3개 집단군 전구 전체에 걸쳐 가장 큰 규모의 전차전을 경험했다. 이른바 두브노 전차전으로 알려진 이 기동전에서 11, 16장갑사단의 전차 250대가 717대의 전차를 보유한 남서방면군의 기계화군단들을 맞이해 293대를 격파하면서 독일군 57, 75보병사단과 16장갑사단 구역에 가해진 적군의 공세를 성공적으로 방어했다. 이 전투에서 16장갑사단의 장갑연대 1대대장 히야친트 그라프 슈트라흐뷔츠(Hyacinth Graf Strachwitz von Groß-Zauche und Camminetz)는 그 스스로 30량 이상의 적 전차를 격파하면서 노익장을 과시했다.[4] 곧이어

4) Bagdonas(2013) pp.122-3

내린 폭우로 인해 장갑사단들은 발목이 붙잡히게 되는 곤란을 겪었으나 여하간 류반(Ryuban) 부근에서 스탈린 라인을 돌파해야 했기에 이러저러한 문제가 있다손 치더라도 진격을 멈출 수는 없었다. 하나 격전을 치른 다음의 1장갑집단 장갑사단들은 의욕만큼이나 기술적 여건에 하자를 발생시키고 있었으며 장갑집단 사령부는 7월 3일 보급부족으로 전차의 절반 가량이 수리를 할 수 없는 상황에 있음을 토로하고 5일에는 55% 정도만이 실전에 가용하다는 보고를 남겼다.[5] 개전 후 보름 동안 근 100대의 전차를 잃거나 수리를 맡기게 된 1장갑집단은 차기 목표점인 베르디췌프(Berdichev)와 지토미르(Zhitomir) 라인으로 도달하는 동안에도 전력누수가 발생할 여지가 대단히 높았다. 그에 반해 남부의 소련군은 6월 22일 이래 2,600대의 전차를 잃고도 병원과 장비에서 각각 2 대 1, 4대 1의 우위를 갖고 있었다. 그러나 소련군 역시 독일군처럼 보급과 유지관리의 애로를 겪고 있던 터여서 장부상의 전력과 실전에서의 가용자원의 격차는 상상을 초월할 정도로 컸다. 스탈린과 스타프카는 남서방면군의 실제 전투력과는 관계없이 남서방면군이 스탈린 라인으로 물러나 새로운 방어벽을 구축해도 좋다는 허가를 내렸다.[6]

폰 클라이스트의 1장갑집단은 7월 9일 아직 태세가 완비되지 않은 스탈린 라인을 돌파하여 베르디췌프와 지토미르로 향했다. 베르디췌프는 11장갑사단이, 지토미르는 13장갑사단이 각각 분담하였으며 장갑집단의 선봉은 후속하는 보병제대로부터 200km, 국경의 공격개시선으로부터 300km 위치에 닿아 있었다. 여기까지의 위치는 그간 꽉 막혀 있던 남부전선에서의 지연을 일거에 회복하고 중앙집단군의 최전선과 거의 일치되는 선까지 도달해 있었다. 그 중 11장갑사단은 다른 사단들보다 앞서 이미 7월 5일에 2개의 전투단을 구성하여 폴로노예(Polonoje)로부터 공세를 취했다. 두 전투단은 111차량화보병연대와 15장갑연대 등으로 구성된 보올만 전투단(Kampfgruppe Bohlmann)과 110차량화보병연대, 61장갑엽병대대로 조직된 루쯔 전투단(Kampfgruppe Luz)으로, 대공포대대와 119포병연대의 지원, 그리고 루프트봐훼가 엄호하는 가운데 노보 미로폴의 철교 구역으로 접근해 들어가 잘 위장된 소련군 진지들을 장악했다.[7] 7월 7일에는 베르디췌프로 향하는 길목에서 크노훼(Knofe) 원사가 이끄는 정찰대가 앞에 놓인 작은 마을 하나를 점거하면서 소수의 대전차포들을 잠재웠다. 하나 그때 갑자기 76.2mm 주포와 4개의 기관총이 달린 다포탑전차 T-28이 등장했다. 분명 괴물같은 전차이긴 했으나 장갑은 30mm에 불과해 자리만 잘 잡으면 그리 어려운 상대도 아니었다. 엄폐물이 있는 지형을 방패삼아 요긴한 방어구역을 잡은 사단은 7대의 T-28을 격파하는 헌팅 파티를 즐겼다. 그뿐이 아니었다. 독일군은 500리터의 와인이 든 창고를 발견해 거하게 축하주를 따르는 휴식의 시간을 가지는 행운을 누렸다.[8]

이처럼 가장 앞서 나간 11장갑사단은 9일에 마취노프카(Machnovka)에서 남동쪽으로 뻗은 지대에서 전차전을 벌였으며 적군의 방어가 만만치 않아 북서쪽 홀로드키(Holodki) 근처에 있던 루드뷔히 크뤼벨(Ludwig Crüwell) 사령관의 본대가 위협을 느껴 사단 전체가 같이 움직이지 못한다는 전제 하에 일부 병력만 베르디췌프 방면으로 우선 치고 들어가는 기동을 나타냈다. 같

5) BA-MA RH 21-1/347, KTB der Oberquartiermesiterabteilung der 1.Panzer-Armee, 2.5.41-31.10.41, p.15(1941.7.3)
6) Stahel(2013a) p.77
7) NA : T-315 ; roll 2320, frame 000034(1941.7.5)
8) NA : T-315 ; roll 2320, frame 000037(1941.7.7)

은 날 16장갑사단은 류반(Ryuban)에서 적군의 집요한 저항을 뚫고 스탈린 라인을 돌파했다. 16장갑사단은 10일 테테레프(Teterev) 강을 넘어 크라스노폴을 통과해 베르디체프 남서쪽 야누스즈폴(Yanuszpol)까지 진출했다. 13장갑사단 역시 이르펜 강 유역에 도달해 키에프 정면을 바라볼 수 있게 되었다. 1장갑집단의 장갑사단들은 서로 간격을 맞추지 못해 최초 단계에서는 들쑥날쑥한 진격을 이루어 여러 개의 돌출부가 발생했으나 이즈음 대부분 예정된 시간표에 맞추어 적진을 부순 결과, 10일에는 11, 13장갑 두 사단이 베르디체프와 지토미르를 각각 탈취하는데 성공했다.[9]

7월 10일 에버하르트 막켄젠(Eberhard Mackensen)의 3장갑군단이 키에프에 대한 최초의 직접 공격을 시도했다. 13장갑사단은 시의 교회 첨탑을 볼 수 있을 정도로 접근했다. 11일에는 14장갑사단도 공세에 가담하고 뒤이어 25차량화보병사단도 가세하여 이르펜(Irpen) 강에 공고한 라인을 설정함으로써 시 15km까지 다가가는 데 성공했다. 남서방면군 사령관 키르포노스와 정치위원 흐루시쵸프는 기존 정규 병력 외에 29,000명의 민병대와 함께 주변의 모든 병력을 끌어 모아 포위전 준비에 들어갔으며 소련군의 방어가 만만찮은 데다 불필요한 혈전이 수반될 것으로 판단한 히틀러는 갑자기 병력을 빼버렸다. 6군 사령관 라이헤나우는 키에프 정복은 1차 대전의 베르덩 전투와 같은 참호전으로 탈바꿈할 가능성이 크다고 판단했고 폰 룬트슈테트 역시 진행중인 우만 포위전과 키에프 전투를 동시에 수행할 자산은 부족한 것으로 내다보고 있었다.[10] 폴란드전 이후 시가전에 장갑부대를 투입하는 일을 극력 피해왔던 히틀러는 대신 1장갑집단의 주력이 베르디체프로부터 남하하여 뷔니쨔(Vinnitsa)를 경유, 11군과 함께 되도록 작은 포위망을 만들어 축차적으로 적군을 섬멸할 것을 요구하고 나섰다. 그러나 이 결정은 결과적으로 키에프 포위전을 거의 두 달이나 지연시키는 시간낭비의 효과만을 초래했다. 가뜩이나 소련군은 7월 10일 반격을 개시하여 남방집단군은 14일까지 이를 쳐내느라 뷔니쨔에서의 포위전을 추진할 겨를이 없었으며,[11] 있다 하더라도 폰 룬트슈테트는 작전규모가 너무 작아 자신이 구상했던 소련군 남익의 붕괴를 유도할 만한 가능성이 희박했기에 히틀러의 의도를 따르지 않았다. 대신 9장갑사단이 지토미르로부터 남쪽으로 내려가 베르디체프를 공격하던 소련군 배후로 잠입한 뒤 14일까지 스크뷔라(Skvira)까지 진출하는 전과를 달성했다. 남방집단군은 12일에 벌써 키에프 서쪽 100km까지 접근하는 세를 과시했다. 이로써 키르포노스의 남서방면군 구역은 폭 60km, 종심 120km의 갭이 발생하는 결과가 나타났다. 이는 소련군에게는 대단한 적신호였다. 7월 16일 폰 클라이스트의 1장갑집단은 벨라야 쩨르코프(Belaya Tserkov) 중심에 도달하고 뷔니쨔 부근에서 포위의 위협을 느낀 남서방면군의 6군과 12군은 남동쪽으로 퇴각하면서 1장갑집단의 추격전이 시작되었다. 이것이 우만(Uman) 포위전의 시작이었다.

키르포노스는 당장 1장갑집단보다 키에프 외곽으로 접근 중인 라이헤나우의 6군을 위협적인 것으로 판단하고 라이헤나우 6군의 좌익을 쳐내기 위해 5군과 6군 병력을 동원했다. 9, 22기계화군단을 앞세운 포타포프(Mikhail Potapov)의 5군은 코로스텐에서 지토미르까지의 구간에 해

9) Ganz(2016) p.73
10) Glantz(ed)(1993) p.339, Kirchubel(2013) pp.211-2
11) Haupt(1997b) p.26

◆ VI-1-2 라이프슈탄다르테 정찰대대장 쿠르트 마이어. 용감무쌍하기 짝이 없는 열렬한이었으나 부하들의 죽음과 희생에 많은 눈물을 보인 인정많은 군인이었다. 사진은 우만(Uman) 포위전 당시의 것.

◆ VI-1-3 13장갑사단 66차량화보병연대의 1대대장 알베르트 브룩스 대위. 독일 국방군의 대표적인 장갑척탄병 지휘관이었으며 종전 시까지는 임시로 17장갑사단장직(44.12.2-45.1.19)을 수행한 적이 있었다.

당하는 북익을 담당하고, 무쥐췐코(Ivan Muzychenko)의 6군은 남쪽에서부터 공격을 시도하기로 했다. 5군은 7월 24일부터 키에프 북서쪽의 말린(Malyn)에서 독일 51군단을 공격하고 그로부터 12일 동안이나 접전을 펼쳤다. 5군은 262보병사단을 10km 뒤로 물러서게 하면서 남방집단군을 초조하게 만들기는 했으나 키에프 공략 전체의 의지를 꺾을 만한 효과는 나타내지 못했다. 무쥐췐코 중장의 6군이 동원한 기동전력은 4기계화군단 8전차사단, 16기계화군단의 일부 병력과 10전차사단으로, 이 모든 전력을 11장갑사단 하나가 맡아야 했다. 스타프카는 7월 말까지 중앙아시아와 시베리아의 오지에서 편성한 24개 사단을 주로 드니에프르 강 동안(東岸)의 방어준비에 투입토록하고 일부를 서안(西岸)으로 이동시켜 서쪽에서 도주해 나오는 우군 병력을 지원하도록 조치하였다.[12]

7월 30일 29군단이 2차 공세에 돌입했다. 흐루시쵸프는 16만 명의 민간인을 동원해 65km의 방어선에 30km의 대전차호를 파 방어전에 대비했다. 26군 소속 147, 175, 296, 284소총병사단에 1, 2, 28, 161, 193민병여단이 합류했으며 750개의 벙커가 구축되었다. 7월 30일의 공세 역시 실패로 끝났다. 용감한 99경보병사단장 쿠르트 폰 데어 쉐발러리(Kurt von der Chevallerie) 중장이 부상을 당해 기사철십자장을 받는 정도의 투혼은 불살랐지만 도저히 방어선을 뚫기가 용이하지 않았다. 그 후 병력을 재편성한 독일군은 수차례 공격을 가했으며 별다른

12) バルバロッサ作戦(1998) p.56

충격을 가하지 못한 채 모두 무위로 끝났다. 히틀러는 7월 30일을 기점으로 남방집단군이 준비하고 추진 중인 우만 포위전과 드니에프르 강에 교두보를 확보하는 것 이외의 작전은 일시적으로 중단키로 한다는 결정을 내렸다. 8월 1일 1장갑집단은 노보 아르한겔스크(Novo Arhangelsk)에 도달한 뒤 페르보마이스크(Pervomaysk)를 향해 공세를 취했다. 1장갑집단은 그 다음 11군 및 17군과 연결되기 위해 서쪽으로 선회하였으며 일단 독일군은 8월 5일부터 축차적으로 드니에프르 하안(河岸)에 진출하면서 서안에 남아있는 소련군들과 격렬한 교전에 들어가기 시작했다.

그중 가장 돋보이는 1장갑군의 공세는 13장갑사단의 전투단에 의해 이루어졌다. 췌르카시 남서쪽의 스멜라(Smela)로 향하던 13장갑사단은 7월 30일 스멜라 북서쪽의 코르순(Korsun) 주변구역으로 몰려들었다. 코르순은 1944년 2월 독일군 2개 군단이 적군 포위망에 갇혀 죽음의 돌파를 시도했던 그 악몽의 코르순이었다. 13장갑사단 4장갑연대에 배속되어 있던 66차량화보병연대의 1대대장 알베르트 브룩스(Albert Brux) 대위는 31일 늘 하는 것처럼 가장 선두에 서서 돌격명령을 내렸다. 브룩스 대위가 이끄는 1대대의 선봉은 불과 1개 중대 규모로서 동쪽 측면에서부터 치고 들어가 코르순 서편에 집중되어 있던 적군 수비대를 무너뜨리는 작전을 실행에 옮겼다. 브룩스는 자신의 SPW장갑차량들을 적군의 방어밀도가 높은 곳에서 공세를 취하도록 하고 자신은 차량에서 내려 소규모의 부대원으로 적의 취약지점들을 파고들었다. 워낙 신속한 돌진에 소련군 진지에 대한 정확한 위치 파악도 하지 못한 채 온 사방에 독일군이 깔린 상태에서 전투는 점점 백병전 양상으로 변해갔다. 수류탄 투척거리에서 전개되던 근접 전투가 대검과 부삽까지 휘두르는 육박전으로 발전하면서 가깝거나 멀거나 쌍방이 쏘아대는 총탄은 거의 피할 길이 없는 난타전이 되었다. 소련군은 1대대의 기습에 결국 무너졌다. 워낙 기민한 행동에 적군들은 소총을 내던지며 교전을 포기하고 투항하기 시작했다. 브룩스 대위의 부하들은 이 짧지만 인상적인 전투에서 150mm 대구경 야포 10문과 3문의 대전차포, 3문의 중박격포를 노획하고 500명의 포로를 잡았다. 물론 희생은 따랐다. 여러 번에 걸쳐 훈장을 탔던 13장갑정찰대대 1중대의 한스-호르스트 보르그(Hans-Horst Bog) 소위는 이 전투에서의 전공에 근거해 8월 19일 '육군명예기장'(Ehrenblatt des Heeres)을 받았으나 중상의 후유증으로 전사했다. 동 기장은 동일한 전투에서 활약한 66차량화소총병연대(93차량화소총병연대?) 1대대의 하인츠 쥬쎈구트(Heinz Süssenguth) 소위와 13장갑정찰대대의 프란케(Franke)에도 수여되었다.[13] 이로써 13장갑사단은 코르순으로 향하는 길을 개방하고 코르순 자체를 아예 장악해 버렸다. 이때까지는 그들이 2년 반 뒤 바로 그곳에서 포위가 될 줄은 전혀 상상도 하지 않았다.

키에프에 대한 3번째의 시도는 8월 8일 돌격포, 네벨붸르훠, 슈투카들이 총동원된 입체적인 공세로 등장했다. 장갑사단들은 모두 키에프 남쪽으로 내려갔으므로 시 공략은 6개 보병사단을 보유한 29군단이 맡게 되었다. 전투는 치열했다. 13장갑사단은 이때 5SS 뷔킹사단과 함께 크레멘츄크 남방에서 적군의 포위기동을 위해 야간 북쪽으로 진격하는 중점을 설정하고 있었다. 소련군은 완강히 저항했다. 부상자를 뒤로 빼는 작업은 야간에나 겨우 가능할 정도로 쌍방의 포사격

13) Kurowski(2010b) p.71, Diverse(2006) p.67

은 격화일로를 걸었으며 아마츄어 소련 민병대의 전사자만큼이나 프로 독일 정규군의 피해도 막심했다. 29군단은 8월 12일까지도 진전을 이루지 못해 다시 8월 7일 방어선으로 퇴각했다. 라이헤나우의 6군 제대 역시 8일부터 수세로 몰렸으며 블라소프(Andrey Vlasov)의 37군은 12일에 반격을 가해 잃어버렸던 방어구역의 전초기지들을 모두 회복했다. 이에 6군은 중앙집단군과 남방집단군의 경계에서 진격을 방해하고 있던 포타포프(M.I.Potapov) 소장의 5군을 겨냥하는 쪽으로 선회했다.[14] 7월 16일부터 진행되었던 우만(Uman) 포위전이 8월 2일 페르보마이스크에서 1장갑집단(9장갑사단)과 17군(1산악사단)의 연결에 의해 막바지로 접어들다 7-8일 소련군의 마지막 저항이 무너지면서 종결되었다. 독일군은 우군 1명 전사 시 소련군 29명을 사살하는 1 대 29의 적병 사살 우위를 지켜냈다. 소련군은 밀집된 형태로 진지를 사수하려고 했으나 그로 인해 독일 포병대의 효과적인 화포사격은 엄청난 피해를 초래하면서 밀집대형을 일거에 분쇄했고 보병들의 각개전투가 본격화되기도 전에 전세는 기운 것으로 판단되었다.[15] 남방집단군은 소련군 6군과 12군의 주력 및 18군의 일부에 해당하는 25개 사단 103,000명을 포로로 잡으면서 처음으로 남부전선의 거대 포위전을 승리로 이끌었다. 부상과 행방불명을 합하면 적군의 피해는 20만에 달했다. 이는 폰 룬트슈테트가 성취한 최초의 전략적 승리였다.[16] 전사자를 합한 소련군의 총 피해는 20만 명 외에도 317대의 전차, 953문의 야포, 242문의 대전차포와 대공포를 파괴 또는 노획당했다. 남방집단군은 이로써 개전 이래 누계 15만 명의 포로, 1,970대의 전차, 2,190문의 야포, 980대의 항공기 격추를 집계했다. 6, 12군의 사령관은 포로가 되었고 16 및 24기계화군단을 포함한 적군 25개 사단은 괴멸되었으며 두 군단장은 8, 44전차사단의 사단장들과 함께 전사했다. 4명의 군단장과 11명의 사단장이 포로가 되었으며 2명의 군단장과 6명의 사단장들이 전사했다. 중앙집단군의 비알리스톡-민스크와 스몰렌스크 연속포위전에 비할 바는 못 되나 남방집단군은 폰 보크의 정면보다 더 많은 제대가 포진한 키르포노스의 남서방면군에 일격을 가하면서 제대로 체면은 세웠다. 이로써 남방집단군은 크리보이 로그(Krivoy Rog)로 통하는 동쪽 루트를 개통하고 오데사와 니콜라예프(Nikolayev)가 위치한 흑해까지 진군할 수 있는 전망을 확보했다. 이제 폰 룬트슈테트는 서쪽의 포위망을 신경 쓸 일 없이 드니에프르 저지대를 관통해 췌르카시로부터 자포로제에 이르는 드니에프르 서쪽 제방을 제압하면서 키에프로 향할 마지막 워밍업을 마치게 되었다. 1장갑군 주력이 췌르카시로부터 자포로제에 이르는 드니에프르 만곡부를 공략하는 동안 16장갑사단은 8월 16일 저녁까지 흑해 연안의 니콜라예프를 장악함으로써 두브노(Dubno) 기갑전 이래 류반(Ljuban)에서의 스탈린라인 돌파, 모나스튀르(Monatyr), 페르보마이스크(Pervomaisk)에 이은 자신감 넘치는 전과를 달성했다. 이 일련의 전투에서 혁혁한 공을 세운 16장갑사단 2장갑연대 1대대장 그라프 슈트라흐뷔쯔(Hyacinth Graf Strachwitz) 소령은 기사철십자장과 전차전참가 은장, 흑색부상장 등을 한꺼번에 받는 영광의 시간을 누렸다.

하나 우만이 포위되어 상당한 병력이 전투서열표상에서 지워졌음에도 불구하고 키르포노스는 여전히 키에프를 방어할 수 있다는 자신감에 차 있었다. 일단 병력이 공자인 독일군을 압도하고 있었다. 키르포노스는 실제 가용 전력과는 다소 차이가 있다하더라도 장부상으로는 73개 소총병사

14) Diverse(2006) p.71, Glantz(2001) p.120
15) NA : T-313 : roll 10, frame 7.236.070, SS Division Wiking Ic, Div. Gef. St., den 8.8.41(1941.8.8)
16) KTB OKW, Vol. II, p.560(1941.8.8)

단, 16개 전차사단, 5개 기병사단을 보유하고 있었다. 8월 중순까지 소련 남서방면군은 공군에 있어서도 전투기 2.2 대 1, 폭격기 1.5 대 1의 우세를 누리고 있었다. 반면 독일군은 이기고도 상당히 지쳐 있었다. 11, 16장갑사단은 40% 전력으로 떨어져 있었고 여타 사단도 70-80% 수준에 머물러 있었다.[17]

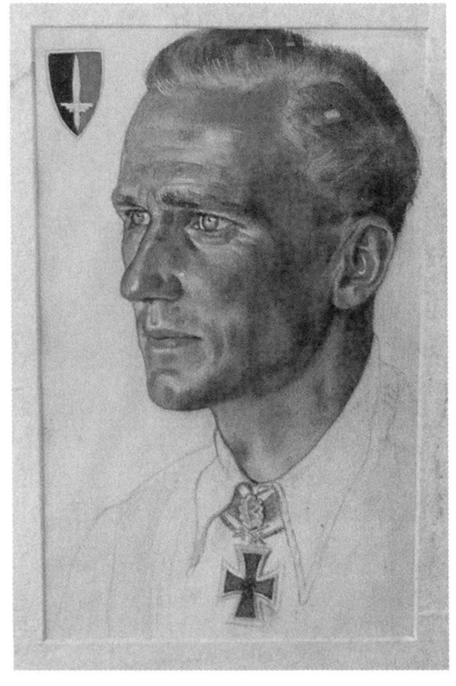

◆ VI-1-4 인류 통산 격추 서열 3위에 빛나는 52전투비행단의 균터 랄. 곡예비행의 테크닉은 '아프리카의 별' 한스-요아힘 막세이(마르세이유)를 능가했다는 설이 있다.

이 시기부터 러시아 전선에 들어온 각 전투비행단은 전설적인 소련기 격추기록들을 갱신하는 스타트를 끊었던 것으로 보인다. 루마니아에 주둔하던 52전투비행단은 키에프 공략에 맞추어 북쪽으로 이동한 다음 소련 전투기들과의 독화이팅에 들어갔다. 사기는 높지만 아직 훈련이 덜 된 소련 조종사들은 그때부터 무지막지한 상호격추비율에 모멸감을 느끼게 된다. 종전 시 세계 격추왕 3위에 오르게 될 균터 랄(Günter Rall)이 이끄는 편대는 8월 4일 단 한 차례의 출격에 20기를 떨어뜨리면서 격추 레이스의 본격적인 장이 열리게 되었다. 통상 한 번의 출격에 5-10대가 격추되는 것이 정상이나 이때부터 52전투비행단, 기타 비행단들 모두 소련기를 파리나 모기 잡듯이 격추시키는 경연장에 등장하게 된다. 남방집단군 1장갑군의 북진을 엄호할 4항공군은 3전투비행단 1, 2, 3대대와 52전투비행단 3대대, 77전투비행단의 2, 3대대, 그리고 2교도전투비행단 1대대를 동원하여 키에프전에 대한 준비에 착수했다. 소련공군은 6월 22일부터 7월 22일까지 한 달간 핀란드 전선을 제외한 상태에서도 러시아 전역에 걸쳐 총 10,000대 이상의 공군기를 상실했다.[18]

우만과 관계없이 키에프 시 자체에 대한 독일군의 공세는 떨쳐냈으나 8월 중순 당시 쥬코프나 샤파쉬니코프 모두 언젠가는 키에프가 함락될 수 있을 것으로 내다보고 있었다. 5군의 공세는 수중의 두 기계화군단이 가진 전차들이 모두 바닥이 나자 독일 6군의 국지적인 잽 넣기에도 군 전체가 흔들리는 그로기 상태를 맞고 있었다. 심지어 흐루시쵸프 정치국원조차 방어선을 줄이기 위해 스타프카의 허가를 요청할 정도였으며 그렇지 않으면 후퇴 중인 브리얀스크 방면군과 간격을 유지할 수 없다는 사정도 보고되었다. 8월 19일 스타프카는 남서방면군의 요청을 수락하고 8월 23일 6군의 압박을 받고 있는 5군이 데스나 강을 넘도록 지시했다. 소련군이 시시각각 위기국면으로 내몰리는 것은 분명했다. 그러나 키에프 포위전은 지역적으로 남방에 있던 남방집단군과 선봉인 1장갑집단이 주도하지 않고 북쪽에 위치한 중앙집단군의 남익(구데리안)이 어떻게 기동하느냐에 따라 구체적인 정황이 잡혀질 것으로 예상되었다. 이때까지 폰 룬트슈테트는 여전히 드네프

17) Burtt(2016) p.41
18) Bergström(2007) p.151, Piekalkiewicz(1978) p.153

로페트로프스크에 묶여 있었으며 우만 포위전 이후 동진하는 과정에서 병참선이 너무 늘어나버린 문제를 노정시키고 있었다. 8월 20일경 1장갑집단과 가장 가까이 위치한 철도역은 최전방 구역과 무려 350km에 달하는 간격을 발생시키면서 적기 보급을 불가능하게 만들고 있었다.[19] 따라서 당장 폰 클라이스트의 장갑사단들이 소련군을 위협에 빠트리게 할 가능성은 희박했다. 즉 그간 보병사단만으로의 키에프 공략이 한계에 도달했다는 것은 뭔가 특별한 펀치가 나오지 않는 한 우만 이후 또 한 차례의 결정적인 포위전은 가능하지 않다는 결론에 도달케 했다. 1장갑집단과 6군만으로 안된다면 북쪽에서 지원군이 도착해야만 남방전선에서의 약진을 담보하는 것으로 보여질 수 있었다. 이는 전략적 주공의 방향과 관계없이 작전술적 차원의 남방공세를 좌우하는 키워드로서, 병력이 딸리는 남방집단군으로서는 불가피한 선택이었다. 주공의 측면에 포진한 적군 병력을 도려내기 위한 이 키에프 포위전이 과연 옳았던가 하는 의문은 바르바로싸 전체를 평가하는 자리에서 후술하도록 하겠다.

* * * * *

스탈린과 쥬코프, 예레멘코의 예상

"적군의 움직임으로 판단컨대,
나는 강력한 기동전력의 지원을 받는 선도부대와 함께
그(구데리안)가 활발한 정찰을 추진하면서
브리얀스크방면군의 측면을 칠 것이라는 결론에 도달했다."
(브리얀스크방면군 사령관, 안드레이 이봐노뷔취 예레멘코)

스몰렌스크 포위전 이후 스타프카는 독일군이 당연히 모스크바를 차기 목표로 설정한 것으로 단정 짓고 있었다. 8월 10일 스탈린은 독일군이 브리얀스크를 거쳐 모스크바를 침공할 것이란 스위스 소재 첩보부의 보고를 접수했다. 그는 일급의 정보원 알렉산더 라도(Alexander Rado)가 보낸 이 보고서를 신뢰했다. 그 때문에 스탈린은 8월 12일 서부방면군 부사령관직을 맡고 있던 예레멘코를 불러 신설할 브리얀스크방면군 사령관직을 수락할 것을 요청한 바 있었다. 독일 장갑부대의 기동방식과 구데리안의 전술에 대해 잘 알고 있다고 답한 예레멘코는 자신이 적임자임을 자인하고 기꺼이 수락했다.[20] 예레멘코는 스타로두브에서 잡은 3장갑사단 소속 독일군 포로의 심문결과와 25일 항공정찰에 의해 장갑부대가 남쪽으로 이동 중인 것을 보고도 목표는 모스크바라고 철석같이 믿고 있었다. 실제로 3, 4장갑사단 및 10차량화보병사단으로 구성된 구데리안의 부대는 25일 데스나 강의 노브고로드-세붸르스키 방면으로 향하고 있었고 17장갑사단과 29차량화보병사단은 브리얀스크 구역에서 예레멘코의 병력을 저지하기 위해 구데리안 제대의 측면을 엄호

19) BA-MA RH 21-1/347, KTB der Oberquartiermesiterabteilung der 1.Panzer-Armee, 2.5.41-31.10.41, p.35(1941.8.20)
20) Fugate(1984) p.247

하는 방향으로 기동하고 있었다.[21] 어느 현상을 보아도 이는 모스크바가 아니라 구데리안의 병력이 남진하고 있다는 확실한 증거인데도 예레멘코는 키에프로 가는 것이 아니라고 단정지웠다. 그는 왜 반대로 해석했을까? 예레멘코는 구데리안의 기동전력이 브리얀스크방면군의 측면을 강타하면서 모스크바로 향하기 전에 대규모의 우회기동을 추진 중(!?)인 것으로 판단했다. 스타프카도 마찬가지였다. 상식적으로나 군사교범적으로나 독일군이 수도 모스크바로 향하는 것은 지극히 당연하다고 생각했기에 구데리안의 명백한 남하조차 모스크바 공세에 맞춘 의도적인 움직임으로 끼워 맞추고 있었다. 이것은 독일군이 전혀 의도하지 않았던 것이지만 예레멘코와 스타프카의 참모들은 구데리안의 남하를 하나의 트릭으로 간주하고 말았다. 심지어 13폭격항공사단장 훼도르 폴뤼닌(Fedor Polynin) 소장은 독일군이 자신이 보유한 360대의 폭격기가 겁이 나 남쪽으로 진출했다는 황당한 해석을 내놓기도 했다. 스탈린은 8월 14일 브리얀스크방면군을 공식 출범시키면서 주된 임무는 여전히 모스크바 남방에서의 적군 침투를 저지시키는 것으로 규정했다. 그들과 전혀 다를 바 없었던 스탈린은 구데리안이 최종적으로는 남서쪽에서 선회해 모스크바를 때릴 것으로 내다보고 구데리안이 브리얀스크방면군을 뚫고 수도 주변으로 접근하지 못하도록 방어태세를 강화하는 것으로 지시를 내리고 있었다.[22] 다만 쥬코프만은 달랐다. 쥬코프는 8월 19일 스탈린에게 지급 전문을 띄웠다.

> *"우리 군이 병력을 집결 중인 중앙방면군과 벨리키에 루키와 잇닿아 있는 적군은 모스크바 정면에 우리 군의 주력이 포진한 것을 파악하고 모스크바를 치는 계획을 일시적으로 포기한 것으로 보임. 적군은 서부방면군과 예비방면군 정면에서 활발한 방어전을 펼치면서 그들의 주요 전력과 장갑부대 모두를 중앙, 남서, 남부방면군 방면으로 투입하고 있음.*
>
> *예상컨대 적군의 의도는 다음과 같음.*
>
> *적군은 중앙방면군을 격멸한 다음 췌르니고프(Chernigov)-코노토프(Konotov)-프릴루키(Priluki)를 따라 진격해 남서방면군을 배후에서 공격할 것임. 그 후 브리얀스크 숲을 지나쳐 모스크바로 향할 적군의 주력은 그 뒤를 따라 남쪽으로 진출해 돈바스(도네츠 분지 산업지대)를 공략할 것임. 독일군의 이와 같은 작전계획을 교란시키기 위해서는 가장 빠른 시간 내 글루호프(Glukhov)-췌르니고프(Chernigov)-코노토프(Konotov) 구간에 주요 전력을 집결하여 적의 진공이 개시되자마자 적군의 측면을 강타하는 것이 유효할 것으로 판단함."[23]*

쥬코프는 가장 밀도가 높은 강력한 소련군 제대가 포진한 모스크바로 독일군이 진격해 나갈 경우, 이들은 북쪽의 벨리키에 루키와 남쪽의 중앙방면군에 의해 폰 보크 중앙집단군의 측면이 노출될 것을 대단히 우려할 것으로 예상했다. 또한 독일군은 키에프를 석권한 다음 남쪽에서부터 모스크바를 노리고 진격할 것이며 그와 동시에 도네츠 분지로도 진출하는 것이 거의 확실시된다는 분석에 기초하고 있었다. 따라서 쥬코프는 북부 우크라이나 지역 데스나 강과 세임(Seim) 강을 따라 연결된 글루호프-췌르니고프-코노토프 축선을 따라 병력을 집결한 뒤 구데리안의 제대

21) BA-MA RH 21-2/931, KTB Nr. 1 Panzergruppe 2 Bd.II vom 21.8.1941 bis 31.10.41, Fol. 42(1941.8.25)
22) Erickson(1983) p.199
23) Fugate & Dvoretsky(1997) p.243, Glantz(2001) p.121

가 남하할 때 동쪽 측면을 때림으로써 작전 초기부터 독일군의 의중을 붕괴시키자는 제안을 내놓았다.[24] 여기에 극동방면군과 모스크바군관구 및 여타 오지 군관구의 병력을 동원시키면 11-12개 소총병사단, 2-3개 기병사단, 약 1,000량의 전차, 400-500대의 항공기로 전략적 예비를 구성할 수 있다고 보았다. 하지만 사려 깊은 쥬코프의 분석과 대책은 액면 그대로 스타프카의 조치에 반영되지 않았다. 스탈린은 쥬코프의 안에 일단 동의하였으나 '다른 조치'들도 강구 중이란 여운을 남겼다.

8월 21일 피곤해 보이는 참모총장 샤포쉬니코프가 독일군은 거의 모든 구역에서 집게발 형식의 공세를 가파른 속도로 전개 중임을 감안하여 키에프 동쪽으로 병력을 후퇴시켜야 한다는 솔직한 의견을 스탈린에게 개진했다. 그러나 남서방면군 전구 총군사령관 부덴늬는 이 순간 스탈린 앞에서 만용을 부리기 시작했다. 키에프는 사수할 자신이 있으며 샤포쉬니코프가 말하는 소극적인 후방경계작전 이상의 성과를 낼 수 있다는 견해를 표명했다. 두 상반되는 이야기를 들은 스탈린은 다소 애매한 표현으로 다음과 같이 언급했다.

".....우크라이나의 주요 산업기지들을 철수하기 위해서는 가능한 오래도록 전투를 지연시킬 필요성에 유념하면서 군사위원회는 소모전의 계획을 집행하기로 한다."[25]

직접적인 언급은 없지만 키에프 사수작전을 펼친다는 뜻으로 해석해야 했다. 이에 지난번 유선접촉에서 '다른 조치'가 무엇인지 궁금했던 쥬코프는 후임인 샤포쉬니코프에게 전화로 물었다. 샤포쉬니코프 참모총장은 5군과 27소총병군단으로 구성된 남서방면군의 북익 제대를 드니에프르 강으로 이동시킨다는 것이라고 답하고 여하간 키에프는 최대한 사수하기로 했다는 방침을 알렸다.[26] 쥬코프는 불안했다. 급조된 브리얀스크방면군이 이 모든 과업을 감당할 수 있으리라고는 보지 않았으나 샤포쉬니코프는 예레멘코가 구데리안의 진격을 막아 낼 자신이 있다며 어떤 임무든 완수하겠다는 예레멘코의 의지에 스탈린이 깊은 감명을 받은 것 같다는 말도 덧붙였다. 조급해진 쥬코프는 다시 스탈린과 직접 통화하는 기회를 가졌으나 키르포노스 남서방면군 사령관과 흐루시쵸프 정치국원이 키에프를 막아낼 수 있다는 자신감을 표명한 상태라면서 키에프 방어는 기정사실임을 재천명했다. 스탈린은 베르디췌프(Berdichev)와 뷔니짜(Vinnitsa)로부터 병력을 후퇴시키는 바람에 결과적으로 우만이 포위되어 최종적으로 제거되었던 데 비추어 '싸우는 퇴각전술'(fighting retreat)은 더 이상 소용이 없으며 불굴의 의지로 키에프를 사수하는 것이 옳다는 자신의 판단을 굳게 믿고 있었다. 옐니아와 키에프로부터 철수를 주장했던 쥬코프가 더 이상 할 수 있는 일은 없었다.[27] 키에프에서 한 발자국도 움직이지 않는다는 스탈린의 결정에 따라 쥬코프가 우려하는 사태가 발생한다면 남서방면군의 5, 6, 12, 26군, 44개 사단이 독일군의 덫에 사로잡히는 일이 곧 닥쳐오게 되었다.

스탈린은 쥬코프가 전문을 보낸 8월 19일, 남서방면군 전체를 드니에프르 동쪽 제방으로 이

24) ジャフレー ジュークス(1972) p.94
25) Clark(1985) p.112
26) Spaeter(1992) p.35
27) Kirchubel(2003) p.53

동시키면서 로에프(Loev)로부터 페레볼로취나(Perevolochna)까지에 이르는 방어선을 획정하고 쥬코프가 제안한 췌르니고프, 코노토프와 하르코프 방면으로 진격하는 독일군을 막는 것으로 정리했다. 당시 북쪽의 바렌쯔 해로부터 남쪽의 아조프 해에 이르기까지 2,700km의 전선이 독일군과 소련군을 나누고 있었으나 이 시점 가장 주요한 관심은 브리얀스크 방면군에 쏠려 있었다. 브리얀스크방면군은 스타프카의 예비항공전력까지 끌어다 구데리안의 공세에 대비하면서 가능한 예비 기동전력은 모두 예레멘코에게 양도하는 작업이 진행되고 있었다. 스탈린은 남서방면군의 배후로 진입하는 독일군의 공격 가능성에 가장 신경을 쓰고 있었다. 스탈린과 스타프카는 독일군의 주공이 결국은 모스크바로 향한다고 보고, 중앙방면군의 3군과 21군을 전선에서 뽑아내 브리얀스크방면군의 우익에 미리 포진시키는 방안까지 추진했다. 하나 쥬코프는 이 조치만으로 키에프가 견딜 수 있을 것으로는 보지 않았다. 아니 이 조치는 브리얀스크방면군에게 아무런 득이 되지 않는 시간낭비에 불과했다. 구데리안이 방면군의 동쪽이 아니라 더 남쪽으로 칠 것이라는 점은 스타프카 내에서 아직 아무도 감을 잡지 못했다. 특히 스탈린은 보직을 해임 당하면서까지 충언을 마다하지 않은 쥬코프의 경고에도 불구하고 그 어떤 경우에도 폰 보크의 중앙집단군은 모스크바를 칠 것으로 철썩같이 믿고 있었다.[28] 그러나 8월 21일에 발부된 히틀러의 지령 35호 중 남방집단군에 할당된 임무는 다음과 같았다.

> *"작전술적, 보급적 여건이 허용하는 데로 1장갑집단과 2장갑집단은 드니에프르 동쪽에서 4장갑집단과 연계하여 하르코프의 산업기지로부터 돈 강을 넘어 코카사스까지 진군한다. 그 뒤는 보병 및 산악사단들이 따르게 될 것이다."*

어찌 보면 스탈린은 히틀러에게 두 번 속은 셈이 되었다. 바르바로싸 개전 당시 히틀러가 우크라이나를 주공으로 정할 것으로 예상한 스탈린은 보다 많은 병력을 남부에 포진시켰다. 그러나 6월의 중점은 중앙집단군이었다. 이번에는 모스크바로 당연히 향할 것이 예측되었음에도 독일군은 우크라이나로 선회하는 수순을 밟았다. 구데리안은 브리얀스크로 향하지 않고 고멜로부터 정 남쪽으로 남진할 예정이었으며 17장갑사단과 29차량화보병사단은 구데리안의 측면을 엄호하는 정도의 것이 아니라 키에프의 소련군 방어라인 뒤에서 함정을 파는 작업을 진행시키고 있었다.[29] 물론 이는 엄청난 무쇠와 피의 소모를 강요하는 작전이었다. 그러나 그 기동은 남서방면군 자체를 자루 속에 가두어 놓는 야심찬 계획에 따른 것이었다. 이와 같은 소련군의 판단착오는 결과적으로 독일군에게 전술적 승리를 안기는 요인으로 작용하기에도 충분했다. 그러나 어디까지나 '전술적'인 측면에서 그렇다는 것이었다. 지구전을 펼칠 여력이 없는 독일군은 결정적 한 방으로 소연방을 무너뜨려야 하는데 스몰렌스크에 도착할 때까지 아직 그 한 방은 터지지 않았다. 히틀러는 그 한 방을 키에프에서 기대하는 것처럼 보이기도 했다. 그러나 그 한 방이 어느 정도의 '전략적' 효과를 나타낼 수 있을지는 아직 알 수가 없었다.

8월 25일, 구데리안의 남진이 임박한 시점에 스타프카는 중앙방면군을 해체하고 3군, 13군,

---

28) Erickson(1983) p.178
29) Halder, KTB III, p.259(1941.9.29)

◆ VI-1-5 브리얀스크방면군 부사령관으로 취임한 미하일 에프레모프 전직 중앙방면군 사령관. 소련군은 코미사르(정치위원)에다 부사령관이란 직제를 운용함에 따라 지휘계통을 복잡하게 함은 물론, 신속한 의사결정에 많은 장애를 초래케 했다.

21군을 모두 예레멘코의 브리얀스크방면군에게로 몰아주는 결정을 단행했다. 중앙방면군 사령관 미하일 에프레모프(Mikhail Efremov)는 예레멘코 방면군의 부사령관으로 임명되었다. 구데리안이 어디로 가든 예레멘코는 구데리안의 장갑집단을 막아야 했으며 이를 위해 단일한 지휘체계가 요망된다는 판단에서 나온 조치였다. 이로써 예레멘코는 3, 13, 21, 50군, 4개 군과 에르마코프 작전집단을 거느리게 되었으나 그 중 50군만이 의도한 반격을 가할 수 있는 전력을 보유하고 있었으며 중앙방면군으로부터 인계받은 3개 군은 이미 상당히 망가져 있었다. 일단 4개 군과 1개 작전집단은 브리얀스크, 고멜, 모쥐르(Mozyr)를 연결하는 축선에 배치되었다. 참모총장 샤포쉬니코프의 큰 실수는 구데리안이 브리얀스크방면군의 우익, 즉 북쪽 전구(모스크바 방면에 가까운)를 때릴 것으로 예상하고 가장 강력한 50군을 가장 북쪽으로 포진시키는 실수를 자행했다. 구데리안은 키에프를 향해 남진할 예정이어서 스타프카는 결과적으로 독일군의 침입 가능성이 가장 희박한 구역에 가장 믿을만한 군단을 배치하고 주공의 방향에는 이미 격한 전투에 찌든 3개 군을 들이미는 판단미스를 행하게 된다.[30]

또한 소련공군은 브리얀스크방면군에 464대의 공군기를 지원하여 8월 25일부터 접전에 들어갔다. 수적으로는 살벌한 규모였으나 여전히 낡은 기종에 훈련미숙과 경험부족의 소련 조종사들은 예상외의 피해를 입게 된다. 25일, 당시로서는 루프트봐훼 격추왕 서열 4위의 51전투비행단 1대대장 헤르만-프리드리히 요피엔 대위가 70기 격추를 끝으로 전사했다. 8월 27일 51전투비행단은 단 한 대의 손실 없이 35대의 적기를 격추시켰다.

30) Erickson(1983) p.201

2. 구데리안의 남진

".....그(구데리안)가 가진 부대의 3분의 1을 박탈당했다고는 하나
구데리안은 할더나 보크를 상대하지 않고 평소의 방법대로 훌륭한 전과를 세우고자 노력했다.
더욱이 이 경우, 평상시보다 더 서두르지 않으면 안 될 이유가 있었다.
키에프 작전을 신속하게 처리하는 것만이 겨울이 오기 전에 충분한 여유를 갖고
모스크바에 대한 공격을 개시하는 것을 가능케 했기 때문이었다."
(케네스 막세이, 1941-1968 영군 기계화부대 장교)

* * * * *

데스나 도하작전

"보펠 중위는 적군의 혼란을 최대한 활용하기로 결단하고
공병들이 위험한 폭약제거작업을 완료할 때까지 기다리지 않기로 했다.
다리는 언제든 날아갈 판이었다.....
보펠 중위는 이 기회를 놓치지 않기 위해 명령을 하달했다."
"판쩌 마쉬(Panzer-Marsch)!"
(3장갑사단 베테랑들의 회상 : 1941.8.26)

드니에프르에서 데스나를 건너는 날이 왔다. 8월 22일 일단 24장갑군단이 일반적으로 남진하는 구도를 잡으면서 10차량화보병사단을 우익에, 3장갑사단을 좌익에 두고 홀미(Kholmy)-노브고로드-세붸르스키(Novgorod-Severskiy) 구간을 돌파하여 고멜 남서쪽의 소련군 병력을 잘라내는 것으로 예정되었다. 7월까지 3장갑사단의 좌익에 있었던 4장갑사단은 모델 사단의 우익으로 옮겨 군단의 동쪽 구역을 개방시키면서 소련군을 뒤로 밀어내는 기동에 착수했다. 3장갑사단은 3개 전투단을 편성, 폰 레뷘스키 중령의 6장갑연대 2대대, 3차량화보병연대 2대대, 75포병연대 3대대, 521장갑엽병대대, 1정찰대대, 39공병대대를 주축으로 하는 그룹이 주공을 형성했다. 6장갑연대 1대대, 394차량화보병연대, 75포병연대 2대대, 543장갑엽병대대 부분병력을 갖는 클레에만(Ulich Kleemann) 대령의 전투단은 노브고로드-세붸르스키 교두보에서 출발하는 주공의 바로 뒤편을 엄호하게 했다. 세 번째 만토이휄(Günter von Manteuffel) 대령의 전투단은 6장갑연대 3대대 및 3차량화보병연대 1대대와 일부 사단 지원전력으로 주공에 대한 일종의 후방경계역할을 담당하면서 사단의 동쪽 측면을 지탱하는 임무를 안았다. 오전 5시 6장갑연대 7중대가 주공의 선봉으로 스타로두브 남쪽 '풍차 언덕'에서 스타트를 끊고, 6장갑연대 3대대는 데도프(Dedov) 방면으로 진출하면서 7중대를 엄호하는 형세를 구축했다. 진격에 큰 어려움은 없었

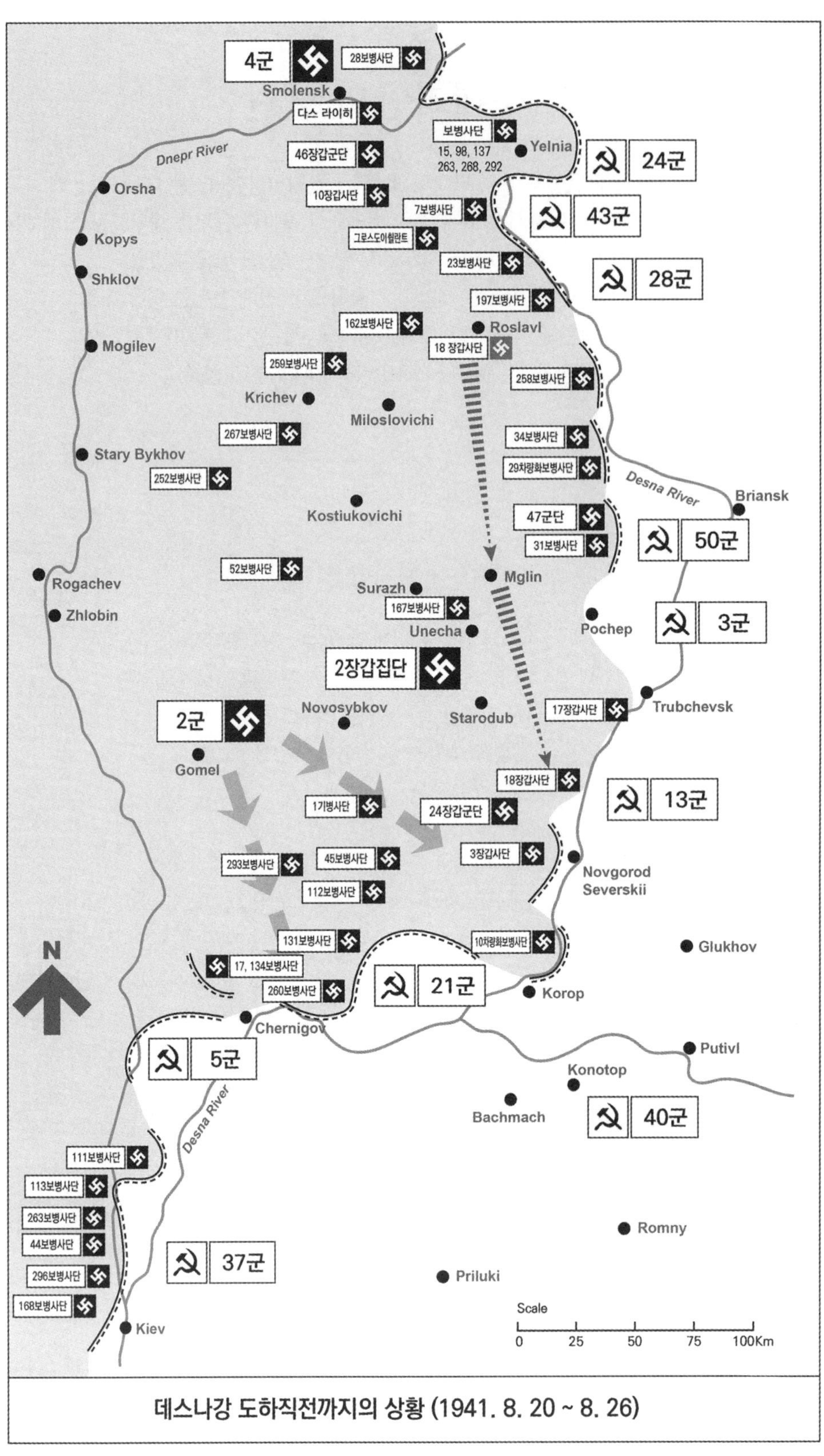

데스나강 도하직전까지의 상황 (1941. 8. 20 ~ 8. 26)

다. 미미한 적군의 저항을 누르면서 장갑중대들은 오전 11시까지 40km를 주파했다. 6장갑연대 2대대장 오스카르 문젤 중령은 전방으로 나갔던 척후대가 너무 정면으로 나가는 것은 좋지 않다고 판단하여 장갑부대를 코스토보브르(Kostobobr)에서 우측으로 꺾어 숲이 울창한 모래도로를 따라 가도록 조정했다. 하프트랙과 중장비를 운반하는 차량들은 단순히 전진하는 데만 상당한 고충을 경험했다. 3장갑사단은 2장갑군 제대 중 우크라이나 땅에 발을 디딘 최초의 병력이었다. 이전 구역과 달리 마을은 깨끗해 보였으며 우크라이나인들은 곧 실망하겠지만 나치의 군대를 일단 해방자로 맞이했다. 우크라이나 주민들은 우유와 달걀을 선물하면서 독일군을 친절하게 맞이했고 젊은 여인들은 행군하는 장병들에게 꽃을 꽂아주기도 했다. 사단의 두 번째 전투단은 오전 10시 20분 스타로두브(Starodub)-류호프(Rjukhov) 주변구역을 떠나 레뷘스키의 전투단을 따라갔다. 주공의 측면을 엄호할 전투단은 동쪽에서 압박을 가해오는 소련군의 공격을 쳐내면서 전진을 속개했다. 특히 394차량화보병연대 2중대는 200명의 소련군들로부터 격한 공격을 받았으나 어떻게 중대 자체 전력만으로 소총병들을 격퇴하면서 전진하는 주공을 따라가 오후에는 코스토보브르에 도착했다. 마침 4장갑사단의 선봉 중대들은 스타로두브에 도착해 3장갑사단의 후방경계 병력들을 전방으로 전진케 하면서 해당 구역을 인수했다. 레뷘스키 전투단은 오후 1시 페첸유기(Petschenjugi)에 도착하여 충전에 들어갔다. 이때 악재가 발생했다. 소련공군의 전폭기들이 독일군 전차와 보병종대에 공습을 가하면서 이들을 2시간 동안 움직이지 못하게 하는 지연작전을 구사했다. 다행히 심각한 피해는 없었으며 오후 3시에 공세는 재개되었다. 선봉의 7장갑중대는 데스나 직전 고지대가 놓인 포로스토뷔취(Forostowitschi) 외곽에서 제대로 된 소련군 수비대와 조우했다. 전차와 보병들은 상당 기간 고전을 면치 못하면서 전진을 저지당했으나 2장갑대대의 잔여병력이 도착하면서 교착상태는 일부 해소되었다. 하나 다시 위기가 찾아왔다. 소련군 포병대가 독일군 지휘관들이 모여 있는 것을 확인하고 집중적인 야포사격을 퍼부어 장교 1명의 전사와 4명의 중경상자를 낳게 했다. 문젤 대대장까지 부상을 입을 정도로 이 포사격은 정확했다. 더욱이 열악한 도로 사정으로 인해 장갑부대 뒤를 따라오던 보병과 포병 제대가 제때에 자리를 잡지 못해 오후 9시에 시작키로 된 공세는 지연될 수밖에 없었다. 하나 밤이 되자 전방의 상황을 알 수 없는 상태에서 공격을 가하는 것은 무리라고 판단하여 모두 사주경계에 들어가기로 하고 전차들은 깊은 골짜기가 위치한 포로스토뷔취로 되돌아갔다. 소련공군은 이날 대단히 활발했다. 지속적으로 정찰기를 띄워 독일군의 동태를 주시하던 소련공군은 야간에도 계속되는 공습을 가해 잠을 설치게 만들었다. 소련 21군은 3장갑사단을 선봉으로 하는 2장갑집단이 데스나 강을 넘어 우크라이나 깊숙이 들어올 경우에 대해 우려를 금치 않을 수 없었는데 실제로 22일 밤, 독일군은 데스나 강 불과 수킬로 지점까지 파고들어 일시적으로나마 전진을 중단한 상태였기 때문이었다.[31] 이제 3장갑사단은 바르바로싸 전역 전체에 있어 가장 기억될 만한 교량탈취와 도하작전을 목전에 두고 있었다. 이 전투는 그때까지 2,000km를 달려온 모델의 사단이 전쟁 전체 기간을 통해서도 가장 모범적이며 눈부신 전과를 달성하는 장을 마련케 했다.

폰 보크의 중앙집단군은 8월 24일 키에프 정면을 가로막고 있는 강력한 소련 5군의 배후를 치

31) Veterans of the 3rd Panzer Division(2012) pp.201-3

기 위해 구데리안의 2장갑집단을 남쪽으로 내려 보냈다. 불과 하루가 되기 전 구데리안이 할 수 없다거나 하기 싫다고 주장하던 남진이 급피치로 추진되었다.[32] 구데리안은 코노토프(Konotov)를 1차 타깃으로 정했다. 다만 그전에 데스나 강을 넘으면서 제거해야 할 도시 하나가 있었다. 모델의 3장갑사단은 24일 노브고로드-세붸르스키(Novgorod-Severskiy)로 향했다. 이튿날은 유달리 더운 날로 전차와 장갑차량이 지나가면서 길가를 행군하는 보병들에게 먼지를 덮어씌우게 되면 곧바로 '샤이써어....'(Scheisse)라는 욕지거리가 터져 나오는 짜증나는 날이었다. 보병이든 전차병이든 모두 밀가루를 뒤집어 쓴 것 같은 해괴한 모습으로 땀에 젖은 제복 소매를 말아 올린 채 남진을 재촉하고 있었다. 똑같이 먼지를 뒤집어쓰고 있던 모델 사단장은 25일 시 외곽으로 진격하다가 길 왼쪽 편에 세워진 풍차로 접근해 지도를 펼치기 시작했다. 맨땅에서 곧바로 작전회의가 진행되었다. 모델이 폰 레뷘스키 6장갑연대장에게 거리를 묻자 시까지는 35km가 남았다고 답했다. 모델은 사단 병력 전체가 도하하려면 여러 개의 다리가 필요하나 적군이 강력하게 방어할 것이라는 전제 하에 최소한 하나는 확보해야 된다며 그렇지 못할 경우 수일 혹은 수 주 동안 데스나 강변에서 시간을 지체해야 하는 점을 경고하면서 신속한 기습감행을 지시했다. 데스나 강에는 두 개의 크고 작은 목조교량이 있었으며 그 중 하나는 길이 800m에 달하는 대교로 이곳을 장악하지 못하면 데스나 강은 그야말로 넘기 힘든 거대한 자연방벽이었다.[33] 다행히 두 다리는 사단이 접근하는 동안에는 파괴되지 않은 상태로 남아 있었다. 대신 작심하고 독일군을 저지하겠다는 강력한 수비대가 기다리고 있었다.

데스나 강 서쪽 제방 고지대에 위치한 노브고로드-세붸르스키로 다가간 모델은 교회 건물 주변의 아름다운 풍광을 보다가 곧 지옥으로 변할 마을의 모습을 머릿속에 그리면서 일시적으로 씁쓸한 기분을 느꼈다. 데스나 강은 마을 뒤쪽에 놓여 있었고 거기에 독일군이 건너야 할 2개의 교량이 설치되어 있었다. 최초 교전은 선두에 섰던 모터싸이클 부대가 적의 기관총 사격을 받고나서 개시되었다. 소련군의 최초 박격포 사격은 기가 막힌 계측으로 사단 사령부를 덮쳐 고급장교들이 전사하고 모델이 경상을 입는 해프닝이 있었다.[34] 소련 공군기의 저공비행에 의한 공습도 아울러 전개됨에 따라 대공포부대도 바쁜 시간을 보내게 되었다. 6장갑연대는 모터싸이클대대와 함께 정면을 돌파하고 보병 제대는 시 북서쪽에서 동시 공격을 퍼부었으나 대전차 방어진을 구축한 적군의 저항이 만만찮아 어둠이 깔리자 공세는 일단 중단되었다. 8월 25일, 구데리안의 부하들은 작전 개시 하루만에 120km를 질주하는 기록은 달성했다. 달리는 것 하나는 알아줄 만한 구데리안 영감이었다.

8월 26일 아침 5시부터 화포사격과 함께 전투는 속개되었다. 이곳을 지키는 적군 수비대는 구역에 따라 전투력에 상당한 차이가 있었다. 어떤 구역은 집요한 투쟁정신이 발휘되는가 하면 어떤 곳은 너무나 쉽게 무너졌다. 독일군들은 이내 허탈해하기 시작했다. 이전에 군사훈련을 받아본 일이 없을 것 같은 35-45세 사이의 남자들이 겨우 수일 동안의 임시훈련을 받고 징집된 부대

---

32) BA-MA RH 19II/386, Kriegstagebuch Nr. 1(Band August 1941) des Oberkommandos der Heeresgruppe Mitte, p.375(1941.8.24)

33) BA-MA RH 27-3, KTB 3. Pz. Div. vom 16.8.41 bis 19.9.41, p.191(1941.8.26)

34) Veterans of the 3rd Panzer Division(2012) p.209, 이 포격에서 75포병연대장 고트프리드 리이스(Gottfried Ries) 대령, 1중대장 한스-오스카르 뵈엘러만(Hans-Oskar Wöhlermann) 소위가 전사하고 후에 서베를린 시장이 될 요아힘 립쉬쯔(Joachim Lipschitz) 하사는 왼쪽 팔에 큰 부상을 입었다.

도 있었기에 이들은 독일군 프로들을 당해낼 수가 없었다. 독일군은 상대적으로 저항이 약한 곳을 골라 전차와 장갑차량 등 주력 부대를 밀어 넣으면서 수비대를 솎아내는 방식을 취하기 시작했다.

오전 7시 1장갑대대 2장갑중대의 헤르만 보펠(Hermann Vopel) 중위가 이끄는 수대의 전차는 394보병연대 1중대의 장갑차량들과 함께 시 북쪽에 자리를 틀어 교량확보를 위한 공병들의 작전을 지원키로 되었다. 지난날 KV-2 중전차를 육박전투로 파괴했던 게오르크 슈퇴르크(Georg Störck) 공병 소위는 사단의 교량전문가인 6장갑연대의 에른스트-게오르크 부흐테르키르흐(Ernst-Georg Buchterkirch) 중위와 함께 소규모의 전투단을 구성하여 강변으로 접근했다. 오전 8시 엄청난 굉음이 들려왔다. 소련군이 두 개 중 작은 교량 하나를 폭파시키는 순간이었다.[35] 슈퇴르크의 팀은 자신들의 좌우에 어떤 일이 벌어지고 있는 것을 감지하지 못한 채 도주하는 소련군 종대를 쫓아 사격을 개시했다. 아니 반대로 마치 북아프리카처럼 워낙 많은 먼지가 일어나 소련군들은 독일군이 어느 방향에서 들어오는지를 알지 못했다. 슈퇴르크는 전차와 장갑차를 몰아 시 북쪽 구역을 관통해 거대한 다리가 놓여 있는 강변 골짜기로 직행했다. 부흐테르키르흐 중위가 외쳤다. "다리가 그대로 있다. 대전차포 앞으로!! 빨리 배치하라!!" 교량특공대원들은 모두 차량에서 뛰어내려 소련군 초병들을 제거했다. 일부는 총도 쏘지 않고 도주하는 광경이 관찰되었다. 보펠 중위와 부흐테르키르흐 중위의 전차는 적군이 교량에 접근하는 자기편 공병들을 엄호하기 위해 조금이라도 사격을 가해오는 지점에는 살벌한 포화를 퍼부었다. 부흐테르키르흐 중위가 지휘하는 가운데 슈퇴르크 소위는 하이에레스(Heyeres) 상사, 슈트룩켄(Strucken) 하사, 후운(Fuhn) 병장 및 바일러(Beyle) 상병과 함께 교량 근처의 소련군들을 저격하고 재빨리 폭탄 제거작업에 들어갔다. 온 사방에 폭발물 연결선이 엉켜 있어 모두 칼로 제거하고 교량에 매달려 있는 석유 드럼통도 로프를 잘라 물에 빠트려 버렸다. 적이 여전히 원거리에서 사격을 가해 오고 있었기 때문에 이들 공병들은 기관단총을 어깨에 멘 상태로 폭탄 제거작업을 완료해야 했다. 슈퇴르크 소위는 교량 한 가운데에 놓인 물탱크 주변의 도화선을 통째로 제거하려다 커다란 폭격기 탑재용 폭탄 하나를 발견했다. 시한폭탄 장치가 붙어 있었다. 죽음의 게임이었다. 시한폭탄의 초침이 마지막 폭발순간까지 가기 직전 슈퇴르크는 가까스로 뇌관을 제거하는 데 성공했다. 그는 독일판 맥가이버였다. 모든 공병들의 등에 후줄근한 땀이 배었다. 5명의 특공대는 신호탄을 쏴 올려 교량을 온전히 확보했음을 알렸다.

부흐테르키르흐 중위는 조심스럽게 교량 아래쪽으로 전차를 이동시키는 동안 보펠 중위는 제방 위편에서 전차의 이동을 엄호했다. 바로 그때였다. 폭발물과 드럼통, 몰로토프 칵테일을 들고 교량을 파괴하기 위한 30-40명의 소련군 공병들이 접근하기 시작했다. 부흐테르키르흐는 드럼통을 맞추어 화염이 치솟게 하여 적군 공병들의 접근을 막아내고 슈퇴르크의 팀원들은 아직 부분적으로 남아 있는 폭발물 제거를 위해 교량 밑으로 다가갔다. 공병들간의 격렬한 사격전도 동반되었다. 슈퇴르크는 초록색 가죽가방에 든 500lb급 고폭탄을 마지막으로 거의 모든 위험요소를 제거하는데 성공했다. 그와 거의 동시에 3장갑사단의 전차와 장갑차량들이 교량을 향해 전진해왔고 적군이 추가적으로 공격을 가해 오지 못하도록 요긴한 지점을 잡아내기 위해 분주히 서둘렀다. 소련군 포사격이 격해지면서 온 사방으로 파편이 튀었으나 5명은 모두 기적적으로 살아남았

35) BA-MA RH 21-2/931, KTB Nr. 1 Panzergruppe 2 Bd.II vom 21.8.1941 bis 31.10.41, Fol. 42(1941.8.25)

◆ VI-2-1 기사철십자장을 목에 건 3장갑사단 게오르크 스퇴르크 공병소위. 계급은 소위에 불과하나 모델 사단장이 자세히 인지할 정도로 대전 초기에 혁혁한 전과를 달성했던 인물.

다. 독일군은 전차와 자주포, 모터싸이클 부대를 교량 쪽으로 밀어 넣으면서 소련군의 대응사격을 잠재웠다. 이때 모델이 현지에 도착해 394보병연대장 오스카르 아우되르쉬(Oskar Audörsch) 중령으로부터 간단한 브리핑을 보고받았다. 모델은 왼쪽 팔 뒤에 부상을 입어 기브스를 하고 있던 슈퇴륵크에게 다가갔다. 슈퇴륵크는 사단장에게 간략히 상황을 보고했다. 모델은 흡족한 듯이 말을 건넸다. "슈퇴륵크, 이제 이 다리는 우리 사단만큼이나 튼튼하다."[36] 슈퇴륵크 소위는 키에프 전투가 종료된 후인 9월 22일, 영예의 기사철십자장에 서훈되었다. 오룔 외곽에서 거행된 수여식에서는 모델이 직접 훈장을 슈퇴륵크의 목에 걸어주었다.

소련군은 전차까지 동원해 독일군의 교두보를 없애려고 온갖 노력을 기울였다. 3장갑사단 역시 주 병력을 교량 쪽으로 붙이면서 사력을 다했고 각종 중화기들의 포화가 서로 교차하는 가운데 누가 이기는지를 가리기 힘든 교전이 계속되었다. 구데리안은 무슨 수를 쓰던 교량을 지켜내라고 재촉했으며 포사격은 아침 내도록 이어졌다. 결국 소련군은 최선을 다하긴 했으나 교두보 장악을 차단하지는 못했다. 오전 10시경 3장갑사단은 드디어 최초의 장해물인 데스나 강을 건너기 시작했다. 6장갑연대 1대대장 구스타프 알브레히트 슈미트-오트(Gustav Albrecht Schmidt-Ott) 중령의 대대가 최초로 800m 길이의 대교를 향해 움직이기 시작했다. 그 와중에도 소련군의 포사격이 진행되는 가운데 대부분은 조준이 빗나가 교량 옆의 강물에 떨어졌으나 일부는 이동하는 전차에 맞아 그 중 한 대가 포탑에 피탄 되었으면서도 자력으로 다리를 건너기도 했다. 장갑중대들의 전차가 여전히 작업 중인 공병들의 옆을 지나가는 찰나, 슈퇴륵크의 팀원들이 미처 발견하지 못했던 폭발물 하나가 터졌으나 다행히 다리 자체에 큰 손상을 주지는 못했다.[37]

모델은 이와 같이 한 줌의 공병대원들과 용감한 장교와 전차병들으로 구성된 불과 수대의 전차들로 영화같이 대담한 공격을 전개함으로써 데스나 강에 접한 노브고로드-세붸르스키에 극적으로 교두보를 만들어내었다. 종심 8km의 구간을 확보하는 순간이었다. 이제 구데리안은 넓은 초지를 짓밟으면서 우크라이나의 평원을 누비기만 하면 되었다. 남쪽에서는 폰 클라이스트의 1장갑집단이 올라오고 있었다. 키에프 1회전의 시작이었다.

8월 26일 봐익스의 2군에 대한 소련군의 공격이 격화되자 구데리안은 스몰렌스크 남쪽에서 방어전을 펼치고 있는 자신의 46장갑군단을 되돌려 줄 것을 요구했으나 OKH는 거절했다. 실제

36) Carrel(1966) pp.113-6
37) Veterans of the 3rd Panzer Division(2012) p.211

로 46장갑군단이 빠져 나가자 구데리안의 장갑전력은 3분이 1이 축소되는 결과를 나타냈다. 구데리안은 장부상 전력의 45% 밖에 안 되는 전력으로 키에프를 치러 간다는 것은 무리라며 추가적인 병력지원을 갈망하고 있던 차에 27일 OKH의 프리드리히 파울루스가 2장갑집단 사령부를 찾아 온 일이 있었다.[38] 구데리안은 2군이 현재 남서쪽으로 잘못 이동하고 있는 관계로 24장갑군단의 우익과 75km의 갭을 두고 분리되고 있는 것을 우려하면서 급하게 병력지원을 요청했다. 주문은 가당찮은 것이었다. 구데리안은 13, 43군단 모두와 1기병사단을 자신의 휘하에 두게 해 줄 것과 휘팅호프의 46장갑군단의 좌익도 강화해 줄 것을 부탁했다. 폰 보크는 할더와 상의한 끝에 이미 두 장갑집단이 남북으로 빠진 상태이며 중앙집단군의 정면이 극도로 취약해진 조건에서 46장갑군단마저 구데리안에게 반환한다는 것은 불가능하다고 단정하고, 브라우히취도 46장갑군단의 재배치는 지금으로서는 전혀 고려대상이 안된다고 거부반응을 나타냈다. 그나마 폰 보크와 OKH가 양보한 것은 1기병사단을 24장갑군단 좌익에 가깝게 포진시켜 준다는 정도로 해결되었다.[39] 이것으로 고집 센 구데리안이 만족할 리 없었다. 구데리안은 29일에도 폰 보크를 졸라대 병력 추가지원을 요청하자 겨우 받아낸 것이 '그로스도이췰란트' 보병연대 하나였다. 구데리안은 이처럼 찔끔찔끔 받아서는 전세를 진전시키기가 어렵다며 여전히 불평을 늘어놓았다. 구데리안의 생각이 전혀 틀린 것은 아니나 객관적으로 히틀러가 중앙집단군을 사실상 세 조각으로 나뉘어 놓은 상태에서는 그 어떤 제대를 함부로 뽑아내기가 쉽지 않았던 것은 사실이었다. 남방으로의 공세가 겨우 3일이 지난 27일 시점에서 선봉인 24장갑군단의 진격에 장애가 초래되고 있다는 것은 독일군의 병참사정이 전혀 개선되고 있지 않다는 증거였다.[40] 구데리안이 넘은 데스나 강의 서편에서 남하하는 2군이 구데리안이 말하는 것처럼 전혀 이상한 기동을 하고 있는 것은 아니었다. 키에프 북동쪽의 소련 5군은 독일 13군단과 43군단의 선봉을 잘라내기 위해 안간힘을 쓰고 있었으며 심지어 소련군 스스로가 데스나 강을 넘어 역습을 가하고자 하는 기도조차 감지되고 있었다. 소련군이 건설한 임시부교는 8월 28일 오후 54폭격비행단 2대대의 Ju 88들이 공습을 가해 폭파시킴으로써 일단 좌절시켰다. 소련군은 29일 아침부터 교량을 수리해 전차들과 차량들을 이송시키는 작업에 박차를 가했고 다시 2대대가 두 번에 걸쳐 파괴적인 공습을 가하자 그제 서야 소련군은 도하를 단념하고 동쪽과 남동쪽으로의 퇴각을 준비하게 되었다.[41]

8월 26일 기준으로 동부전선의 독일군은 441,100명의 전사 또는 부상자 피해를 집계하였으며 이는 총 전력의 11.67%가 상실되었다는 이야기였다. 더욱이 소련군은 이미 8월 25일부터 전방위적인 반격에 들어가고 있었다. 티모센코의 서부방면군은 벨리즈(Velizh), 데미도프와 스몰렌스크 장악을 목표로 기동을 시작하고, 브리얀스크방면군은 로슬라블과 노보쥐브코프(Novozybkov)를 향해 구데리안의 장갑부대와 대결할 채비를 마쳤다. 폰 보크 자신에게 가장 곤란했던 것은 옐니아와 로슬라블을 따 내기 위한 쥬코프 예비방면군의 공세였는데 지역적으로 결과는 사뭇 다르게 나타났지만 집단군의 우익(동쪽)이 강한 압박을 받고 있는 사정이라 남의 제대 걱정할 틈이 없었다. 소련군은 스몰렌스크가 함락된 다음에 독일군의 주력이 모스크바로 향할 것

38) Guderian(1996) p.206
39) BA-MA RH 21-2/931, KTB Nr. 1 Panzergruppe 2 Bd.II vom 21.8.1941 bis 31.10.41, Fol. 61(1941.8.27)
40) BA-MA RH 21-2/931, KTB Nr. 1 Panzergruppe 2 Bd.II vom 21.8.1941 bis 31.10.41, Fols. 59-60(1941.8.27)
41) Weal(2010) p.29

이라고 믿고 있었기에 이곳에 강력한 병력을 집어넣는 것은 군사적 상식이었다. 하지만 이때 두 장갑집단은 다른 데로 이동하고 없는 상태에서 독일군은 오로지 보병만으로 수비와 공격을 동시에 해야 한다는 이중부담을 안고 있었다. 폰 보크는 혹여 중앙집단군에 쓸 만한 제대나 기동전력이 없다는 것을 적군이 눈치라도 채면 재앙적 사태가 초래될 수 있다는 우려를 숨길 수가 없었다. 그런 와중에 구데리안이 자꾸 뭔가를 더 달라고 졸라대는 집요한 요구사항은 들어주고 싶어도 들어줄 형편이 되지 않았다. 8월 27일 폰 보크의 말을 직접 들어보자.[42]

"그(구데리안)는 저녁에도 몇 번이나 그라이휀베르크(중앙집단군 참모장)에게 전화를 걸어왔다. 대단히 격앙된 그는, 우익에서 엉뚱한 방향으로 가고 있는 이웃 군(제2군) 때문에 자신의 장갑집단의 좌우 측면이 공격받고 있다고 꾸짖었다. 예상하던 대로 이는 스몰렌스크 남동쪽에서 예비로 있는 46장갑군단을 풀어달라는 요구로 이어졌다! 나는 할더에게 전화를 걸어 현재의 집단군 사정으로 보건대 다스 라이히 SS사단을 푸는 것은 현 상태에서는 말이 안 된다고 못 박았다. 나는 또한 46장갑군단의 다른 두 사단을 푸는 것도 무모한 발상이라고 지적했다. 더욱이 46장갑군단의 두 사단은 구데리안보다 한참 뒤쳐져 있으며 - 네링의 18장갑사단은 아직도 로슬라블 남쪽에 있다 - 나는 구데리안이 46장갑군단으로 뭘 하려는지 알 길이 없다.....할더는 동의했다. 그날 밤 브라우히취도 나와 같은 생각이라는 것을 알려오면서 53군단(봐이센베르거)이 중앙집단군 방어구역으로 근접하기 전까지는 46장갑군단을 해제하는 것은 전혀 고려될 수 없다는 견해를 제시했다."[43]

할더 역시 구데리안의 막무가내식 행동에 염증을 나타내며 겉으로는 태연한 척 하면서도 속으로는 부글부글 끓고 있었다.

"나는 상황이 어렵다는 것을 알고 있다. 그러나 전쟁이라는 것은 난관으로 가득 차 있기 마련이다. 구데리안은 그 어떤 군 사령관도 자신의 위에 있기를 거부했고 총사령부의 모든 장성들이 그의 편협한 견해를 들어줄 것을 요구하고 있었다. 불행하게도 파울루스도 그에게 설득당했으나 나는 굴하지 않겠다. 구데리안은 이미 이 작전에 동의한 바 있으며 이제 그로 하여금 작전을 이행토록 해야 할 것이다."[44]

이처럼 예비 장갑사단이 사실상 존재하지 않는 상태에서 스몰렌스크 남쪽을 경계하고 있는 46장갑군단을 남방으로 이동시키는 것은 만약의 사태(소련군의 인지)에 직면할 경우 폰 보크가

---

42) Bock91996) p.294

43) 폰 보크의 이러한 견해와 행동에 대해 구데리안은 다음과 같이 분통을 터트렸다.
"-----로슬라블에서 싸웠다. 이 마을을 점령해 3만 명을 포로로 만들고 야포 250문, 전차를 포함해 다수의 군수품을 획득했다..... 대단한 성공이었다. 그러나 또 어떤 사나이(폰 보크를 지칭)가 이전처럼 개입하여 전차를 찔끔찔끔 사용해 무의미한 기동을 강요하려 하고 있다. 완전히 실망했다! 이 바보 같은 짓을 어떻게 해야 할지 도무지 알 길이 없다..... 나를 도와주는 인간은 아무데도 없다..... 3일 전 나는 총통 집무실에 출두해 부대의 정황을 보고하도록 명령을 받았다. 총통은 대단히 잘 이해해 주었으나 OKW와 집단군의 의견은 나의 생각과 일치하지 않았다. 이게 뭐하자는 이야기인가? 실로 한심스럽다!" ケネス マクセイ(1977) p.233

44) Halder(1964) pp.203-4

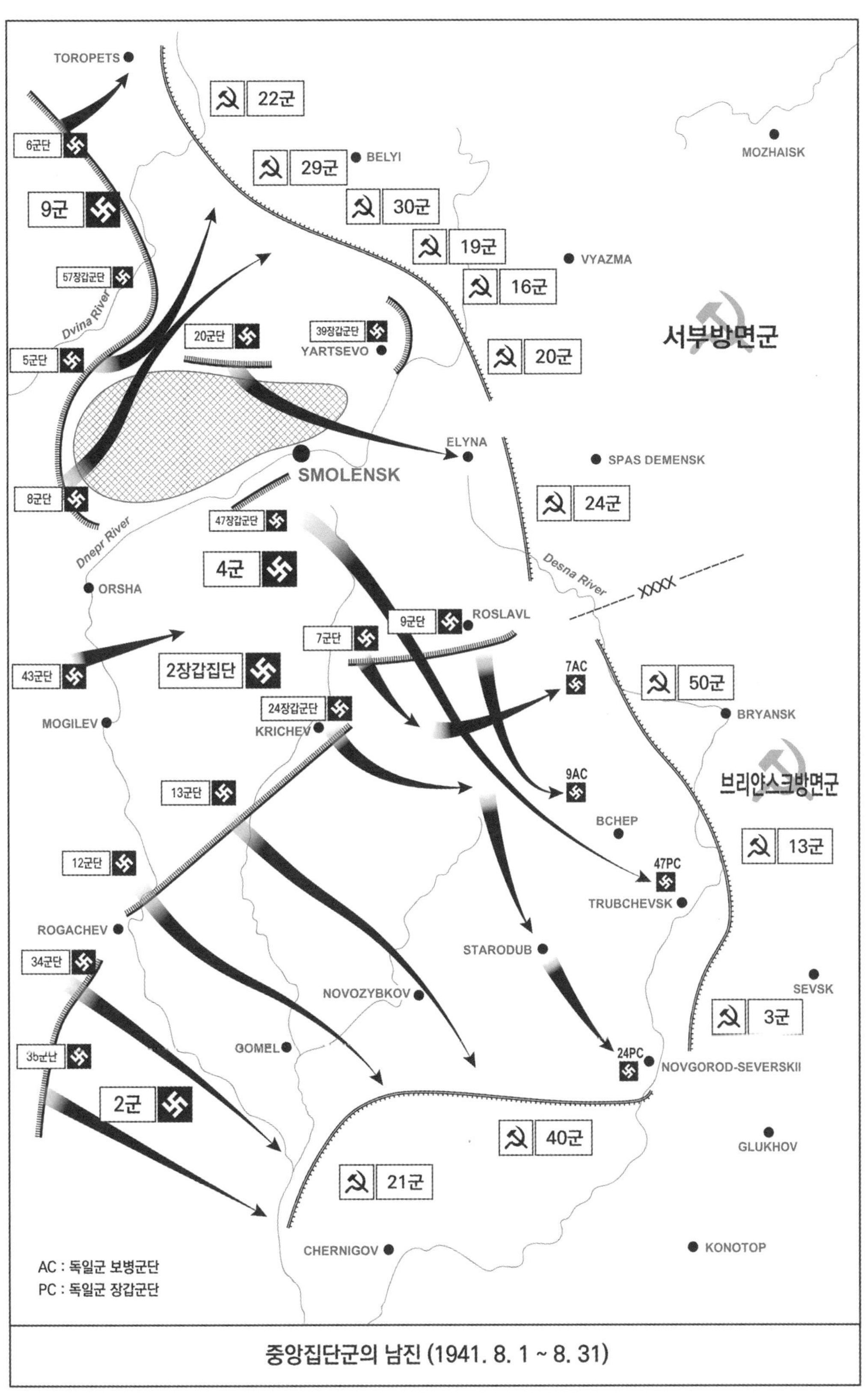

중앙집단군의 남진 (1941. 8. 1 ~ 8. 31)

감당이 안 되는 커다란 구멍이 생겨날 여지가 컸다. 장갑군단이라고는 하지만 그간 옐니아에서의 격전을 통해 극도의 피로감이 쌓인 10장갑사단과 다스 라이히 두 개 사단이었다. 바르바로싸 개시 이래 최대의 혈투극을 벌였던 이 두 사단이 어느 구역에서든 전세를 바꾸어 놓는 것을 기대하기는 어려웠다. 또한 9군의 5, 35, 106, 129, 161보병사단들이 모두 허덕이고 있는 형편이라 46장갑군단을 남방이 아닌 9군으로 전속시키는 것도 심각히 고민하고 있는 와중이었다.[45] 위기발생 시 그나마 폰 보크가 동원할 수 있는 기동사단은 일시적으로 9군 통제 하에 둔 7장갑사단과 14차량화보병사단 정도였다. 8월 28일 할더는 아직 소련군이 독일군의 병력 이동 사항과 의중을 아직 파악하지 못하고 있는 상태에서 폰 보크처럼 불안에 떨만한 첩보를 확인했다. 실제로 소련군은 북이나 남이 아닌 중앙집단군 공세정면(이제는 방어정면)에 가장 집중적으로 배치되어 있다는 사실이었다.[46] 이 순간 소련군이 작심하고 9군의 중추를 때린다면 스몰렌스크는 자동적으로 날아가고 4군마저 뒤로 후퇴해야 할 판이었다. 실제로 8월 30일 밤 소련군 104전차사단의 잔여병력의 지원을 받는 53소총병사단이 7군단의 23보병사단 구역을 침입하는 사태가 있었다. 이 위기는 203돌격포대대의 1중대가 23대의 적 전차들을 격파하면서 상황을 진정시켰다. 수훈을 세운 1중대장 오이겐 메츠거(Eugen Metzger) 중위는 9월 29일 기사철십자장을 받았다.[47] 이 시기 소련군은 몰라서 혼란스럽고, 독일군은 알아서 괴로운 묘한 시간이 흐르고 있었다. 스몰렌스크 전투가 종료된 다음에는 독일 지상군만 키에프를 향해 남쪽으로 이동한 것은 아니었다. 제1급강하폭격비행단의 2, 3대대를 위시한 전폭기와 폭격기 제대는 8월 말까지 모두 스몰렌스크 남쪽에서 400km 떨어진 코노토프로 옮겨졌다. 이들은 키에프 공략 시 시 동쪽에서 북익의 집게발 형성에 참여할 계획이었다.[48]

8월 29일 또 하나의 해프닝이 발생했다. 폰 보크가 구데리안의 47장갑군단이 왜 남쪽으로 진격하지 않느냐는 의문제기에 대해 구데리안은 당장 동쪽에서 강력한 적군이 출현함에 따라 레멜젠의 장갑사단들은 우선 거기에 집중시키도록 했다는 답을 보냈다.[49] 폰 보크는 당장 할더와 이 건을 협의하고 고민에 들어갔다. 할더는 대단히 비판적이었다. 구데리안의 측면이동은 결국 2장갑집단의 측면을 적군의 정면에 들이미는 것과 같은 효과가 날 것이라며 이는 전술적 센스의 결여라고 못 박았다. 실제로 레멜젠의 47장갑군단은 KV-1 전차들로 무장한 에르마코프 작전집단이 8월 말부터 공세를 취함에 따라 24장갑군단을 지원하는 일도 2군과의 간격을 좁히는 일도 이루지 못하는 사정에 처하고 있었다. 심지어 할더는 8월 29일 이를 '불장난하면 손을 대인다'는 원색적인 비유로 구데리안을 질타했다.[50] 구데리안이 이런 욕을 먹는 것은 조금 억울한 측면이 있었다. 실제로 2군의 진격 속도는 구데리안의 성에 차지 않는 정도가 아니라 거의 기다시피 하고 있

45) BA-MA RH 19II/386, Kriegstagebuch Nr. 1(Band August 1941) des Oberkommandos der Heeresgruppe Mitte, pp.380, 393-394(1941.8.25 & 8.28)
46) BA-MA RH 19II/386, Kriegstagebuch Nr. 1(Band August 1941) des Oberkommandos der Heeresgruppe Mitte, pp.393, 395(1941.8.28)
47) Kurowski(1999) p.74
48) Smith(2006) p.92
49) BA-MA RH 21-2/931, KTB Nr. 1 Panzergruppe 2 Bd.II vom 21.8.1941 bis 31.10.41, Fol. 78(1941.8.29)
50) BA-MA RH 19II/386, Kriegstagebuch Nr. 1(Band August 1941) des Oberkommandos der Heeresgruppe Mitte, p.401(1941.8.29)

◆ VI-2-2 4장갑사단장 뷜리발트 프라이헤어 폰 랑게만-에를란캄프. 42년 1월 8일 24장갑군단장을 수임할 때까지 1년 반 동안 4장갑사단장으로 재직했다. 구데리안 장갑집단의 최선봉 사단 중 하나였던 4장갑사단의 지휘관이긴 하나 장갑부대의 운용은 하인리히 에버바흐 여단장에게 일임했던 것으로 보인다.

었으며 그 때문에 남진하는 선봉 24장갑군단도 시간 당 겨우 12km를 진군하는 정도에 그치고 있었다.[51] 구데리안이 아무리 보병사단들과의 간격유지에 신경을 쓰지 않는 타이프라지만 군사적 상식을 전면적으로 무시하는 그런 '무대뽀'는 아니었다. 8월 31일을 기준으로 모델의 3장갑사단은 34대의 가용 전차들을 보유하고 있었으며 그보다 상태가 양호하다는 랑게만-에를란캄프(Willibald Freiherr von Langermann und Erlencamp)의 4장갑사단이 52대를 굴리고 있었다.[52] 이는 개전 당시까지 소급하면 정수의 절반에도 못 미치는 전력이었다. 사상 최대의 포위전을 장식할 독일군 최정예의 최선봉이 겨우 86대의 전차로 남하하고 있다는 것은 만약 소련군이 제대로 알았다면 큰일 날 일이기도 했다. 독일전차 86대면 막강하다고 느끼겠지만 1941년은 장포신 4호전차도, 판터도, 티거도 없던 시절이었다. 9월 5일 기준, 독일군의 전차 총 3,397대 중 47%에 해당하는 1,586대만이 가용한 상태였다. 그때까지 완파당한 전차는 702대, 542대는 수리 중이었으며 557대 정도가 중간 정도의 상태였기에 약 30%가 완파당한 것으로 집계되고 23% 정도가 수리상태에 있는 것으로 파악되고 있었다. 따라서 장갑사단은 평균적으로 정수의 34%의 전력만 구비하고 있는 형편이었다.[53] 어찌 보면 이 정도의 전력으로 사상 최대의 키에프 포위전을 달성했다는 것도 거의 기적에 가까웠던 것으로 보이기도 한다.

8월 30일 3장갑사단이 데스나 강을 최종적으로 돌파한 이래 소련군의 공격은 끊이질 않았다. 3장갑사단은 그와 같은 강변에서의 적군 저항에 상당한 시간을 소비하게 되었는데 나중에 히틀러가 화를 낼 정도로 강 도하 직후의 진전은 별로 인상적이지 못했다. 단 소련군 전차부대의 공격에 3장갑사단은 나름 효과적으로 대처하고 있었다. 394차량화보병연대 1중대의 에른스트 슈뢰더(Ernst Schroeder) 중사가 지휘하는 하프트랙은 9월 2일 9대의 전차와 1문의 야포, 2대의 군용트럭을 파괴하는 용맹을 과시했다. 소련전차를 능가할 전차도 없었지만 하프트랙의 중화기만으로 전차를 격파시킨 것은 대단한 수훈이었다. 진급한 에른스트 슈뢰더 상사와 그의 포수 엠덴(Emden) 병장은 공히 1급철십자훈장을 수여받았다.[54]

51) BA-MA RH 21-2/931, KTB Nr. 1 Panzergruppe 2 Bd.II vom 21.8.1941 bis 31.10.41, Fol. 84(1941.8.30)
52) BA-MA RH 21-2/931, KTB Nr. 1 Panzergruppe 2 Bd.II vom 21.8.1941 bis 31.10.41, Fol. 92(1941.8.31)
53) McNAB(2011) p.215
54) Veterans of the 3rd Panzer Division(2012) p.203

8월 30일, 51전투비행단 4대대의 하인츠 배르 소위는 하루에만 6기를 격추하여 자신의 일일 격추량을 갱신했다가 8월 31일 2대의 Pe-2를 떨어트려 자신의 79, 80대째를 기록하였으나 배르 스스로도 피탄되어 불시착하는 일이 있었다. 노브고로드-세붸르스키 북동쪽의 적진에 떨어진 배르는 양쪽 발목을 모두 다친 절망적인 상태였으나 여차지자 Bf 109에서 빠져나와 덤불숲에 몸을 숨겨 낮과 밤을 숨어 지냈다. 이튿날 배르는 적에게 들키지 않게 가죽점퍼를 뒤집어 입고 장화도 벗어던진 채 온몸에 짚을 바른 뒤 마치 러시아 농부처럼 위장하여 사선을 넘었다. 혹여 문제가 될까봐 기사철십자장과 불과 2주전에 받았던 백엽기사철십자장을 버릴까 하다 다시 시계와 권총과 함께 호주머니에 도로 넣었다. 발목의 통증을 연신 느끼면서도 기어코 우군 진영을 향해 도주한 배르는 무사히 구출되었으나 이때의 중상으로 그는 두 달 동안 비행을 못하게 되었다.[55]

* * * * *

폰 클라이스트의 북진

".....적군의 8개 사단 이상이 교두보 정면에서 휩쓸려 나가면서 강력한 적 병력이 묶여버렸다.
너희들의 강인한 방어는 우군들이 드니에프르에서 동진할 수 있는 활로를 개척했다.....
우리 사단은 다가오는 수일동안 적에게 철퇴를 가할 것이며 또 다른 영광을 추가할 것으로 믿는다"
(5SS '뷔킹' 차량화보병사단장 휄릭스 슈타이너 SS소장)

막켄젠의 3장갑군단은 8월 15일 13장갑사단과 5SS뷔킹사단이 크레멘츄크에 도착하는 것을 시발로 폰 클라이스트 1장갑군 북진공세의 단초를 확보했다. 뷔터스하임(Gustav Anton von Wietersheim)의 14장갑군단은 8월 17-18일 14장갑사단과 60차량화보병사단을 몰아 드네프로페트로프스크(Dnepropetrovsk) 방면을 공략하여 자포로제의 일부 구역을 제압했다. 하나 소련군은 이때 드니에프르 강의 4개 주요 도시, 즉 드네프로페트로프스크, 자포로제, 크레멘츄크 및 카네프의 교량들을 모두 파괴하는 작업을 완료함에 따라 1장갑군의 물류사정은 큰 차질을 빚게 되었으며 교두보 장악과 강 건너편으로의 병력이동은 8월 말까지 계속되면서 초조한 시간이 흐르고 있었다. 그럼에도 불구하고 소련 남서방면군은 만약 1장갑군과 남방집단군의 보병사단들이 조만간 도하를 완료할 경우의 심각한 상황에 대해서는 아직 감을 잡지 못하고 있었다.

소련 남부방면군은 드니에프르 강 건너편으로 병역을 이동시키는데 곤욕을 치르고 있었다. 8월 18일에는 공병들이 드네프로페트로프스크의 수력발전소를 너무 이르게 폭파시킴에 따라 댐에서 흘러나온 물이 자포로제 남방으로 덮쳐 강폭이 1.5km로 늘어나는 해프닝이 있었다. 이로 인해 9군과 18군이 도하지점을 상실하여 애를 먹었으며 남부방면군은 8월 22일에야 어렵게 상황을 극복하고 병력을 예정된 구역으로 옮기는데 성공했다. 8월 19일 9장갑사단은 자포로제에 도달했으나 소련군의 매서운 공격으로 주둔지역을 방어하지는 못했다. 이튿날 20일에는 드니에프

55) Bergström(2007) p.68

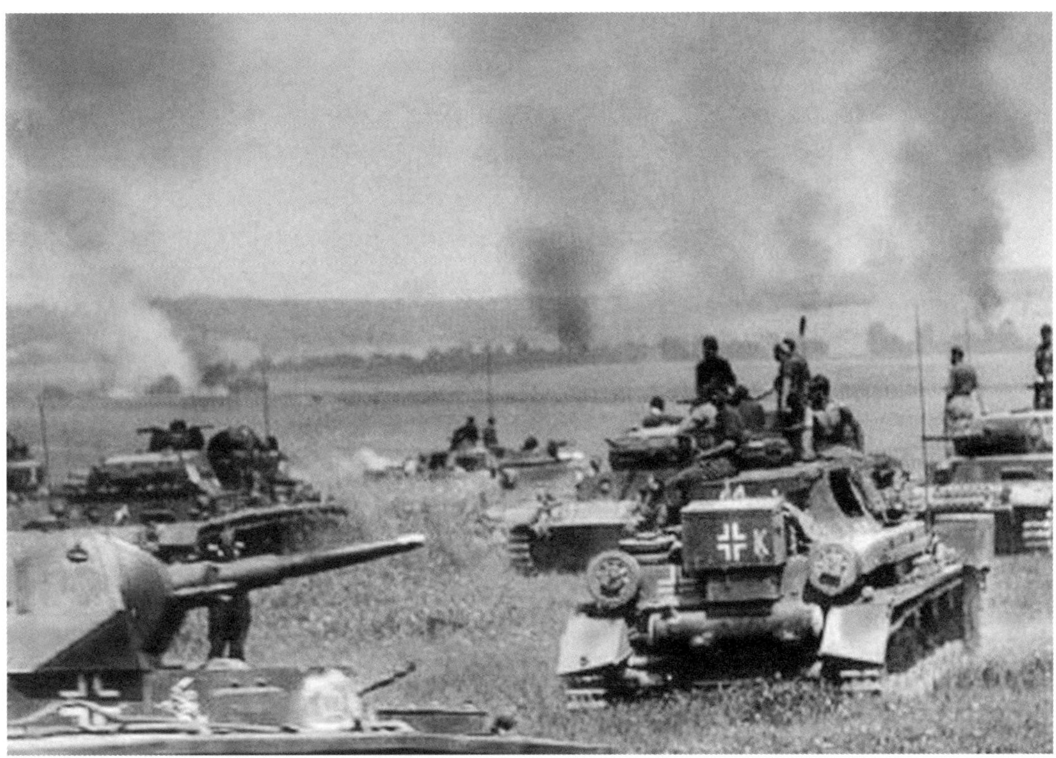

◆ VI-2-3 화염이 치솟는 전선의 지평을 바라보는 11장갑사단의 전차들. 전투가 일단락 난 것으로 보이는 광경. 전차 뒤쪽에 1장갑군 사령관 '클라이스트'의 K가 찍혀져 있다.

르보다 상류(북쪽)의 크레멘츄크(Kremenchug)가 17군에 의해 장악되었다. 같은 날 14장갑군단의 5SS뷔킹사단은 두 달 만에 1,000km 거리를 주파하면서 드네프로페트로프스크에 도착하여 교두보 장악에 나섰다. 뷔킹은 불과 2주전 드니에프르 남쪽과 스밀라(Smila) 사이 구간에서 도주하는 적군 병력과 치열한 공방전을 치르고 난 이후라 엄청나게 지쳐 있었으며 그로부터 한 달 이상 드니에프르 교두보 전투에 매달리게 된다.[56] 이어 25일에는 13장갑사단의 차량화보병(장갑척탄병의 전신)들이 시 주변과 내부로 들이닥쳤으며 총 3개의 교량 중 소련군들이 2개를 이미 폭파시킨 상태에서 드네프로페트로프스크의 1km짜리 대교를 접수하여 동쪽 제방에 가까스로 교두보를 확보했다. 시가 진입 선두에는 13장갑사단 66차량화보병연대의 1대대장 알베르트 브룩스(Albert Brux) 대위가 포함되어 있었으며 그는 7월 이래의 공적에 기초하여 9월 12일 기사철십자장을 받았다. 익일에는 60차량화보병사단이 여기에 가세했다. 이로써 드네프로페트로프스크와 자포로제는 8월 25일부로 남방집단군의 손에 떨어지게 되었다.[57] 그 후 1주일 동안 198보병사단과 5SS뷔킹 사단이 합류하여 교두보를 공고히 하였으며 소련군의 줄기찬 공격이 세 방향에서 이루어졌음에도 불구하고 루프트봐훼의 공습에 의해 부족한 지상군 전력을 보충하는 절차를 밟아나갔다. 소련군은 크레멘츄크에서 독일군 교두보를 덜어내기 위해 80대의 전차를 동원해 55군단과 정면승부를 벌였으나 그중 60대가 격파되면서 김이 세고 말았다. 폰 룬트슈테트는 드니에프르의 두 교두보

56) Michaelis(2013) p.170
57) Mitcham(2007c) p.113

에 대한 압박을 완화시키기 위해 췌르카시(Cherkassy)에 미끼용 교두보를 확보하여 남서방면군과 남부방면군의 공세와 반격을 분산시키도록 했다. 부덴뉘의 일부 병력은 췌르카시에 대해서도 반격을 가해 왔기에 일단 소련군의 전력을 부분적으로 분산시키는 일은 계획대로 진행되었다.[58]

독일군 역시 모든 일이 순조롭게 풀리지는 않았다. 8월 9일부터 16일까지 소련군의 눈을 흐리게 하기 위해 11장갑사단은 췌르카시에서 라이헤나우의 6군 예하로 들어가 격렬한 교전을 치렀다. 기만전술치고는 장비와 병원의 피해가 너무 심했다. 그로 인해 11장갑사단은 8월 17일 부터의 병원과 장비의 손실로 인해 사실상 기동불능상태로 남아 있었으며 1장갑집단 전체 전력도 절반으로 줄어든 것으로 판단되고 있었다.[59] 8월 19일 부덴뉘와 키르포노스가 그간 줄기차게 요구해 온 철수작전이 받아들여져 8월 23일 소련 5군이 드니에프르 강을 넘어 후퇴하게 되었다. 대부분의 교량을 파괴하기는 했으나 목조로 된 가르노스토이폴(Garnostoipol) 다리가 온전히 남게 되자 11장갑사단과 51군단은 '비버 작전'(Operation Biber)을 전개, 키에프와 습지대 사이에 놓인 유일한 교량을 통과해 노도와 같이 병력을 투입시켰다. 독일군은 그로부터 24시간 내 데스나 강변에 도착했다.[60] 하나 이 목조교량은 24일 오후에 Il-2를 모는 74대지공격연대 소속 세르게이 콜뤼빈(Sergey Kolybin) 소위가 떨어트린 2발의 폭탄에 의해 파괴되었다. 독일군 대공포부대는 이날 33대의 적기를 추락시키면서 분전했으나 이 한 대를 놓치는 바람에 교량을 구하지는 못했다. 콜뤼빈 소위의 기체 또한 대공포에 피격되어 독일군 차량들이 집결한 곳 위를 덮쳐 완파되었다.

◆ VI-2-4 11장갑사단 15장갑연대 소속 3호 전차 E형 또는 F형

58) Kirchubel(2013) p.277, Kirchubel(2009) p.29
59) BA-MA RH 27-11/16, 11.Pz.Div. KTB Abt. Ia vom 1.5.41-21.10.41, Fol. 107(1941.8.17)
60) Kirchubel(2003) p.58

8월 25일 구데리안이 북쪽에서 키에프 전의 서막을 연 것에 맞추어 남방집단군 6군도 피치를 올리기 시작했다. 213보병사단 하나가 전선 바로 뒤에서 프리페트 구역을 지키는 가운데 17군단(56, 62, 79보병사단, SS기병여단)이 코로스텐 전구에 투입되었다. 98, 111, 113보병사단으로 구성된 51군단은 코로스텐과 말린 사이에 놓이게 되었으며 바로 뒤에 262, 298보병사단과 11장갑사단이 적진 정면을 밀고 들어갔다. 168, 296보병사단을 갖는 34군단은 키에프 바로 앞의 서부전선을 지켜내는 형세로 키에프전 2라운드가 개시될 단계로 접어 들어갔다. 이미 소련군이 키에프 시 방면으로 퇴각 중인 것을 거듭 확인한 라이헤나우 6군의 제대는 추격전에 나섰다. 17군단과 51군단은 오브루취(Ovruch)로 진격하고 11장갑사단은 테테레프 강쪽으로 꺾어 들어갔으며 그 다음은 가르노스타이폴(Garnostaipol) 근처 교량을 향해 속도를 올리기 시작했다.[61]

북쪽의 구데리안이 노브고로드-세붸르스키(Novgorod-Severskiy) 교량을 접수하며 키에프 전의 플레이오프를 마친 것처럼 남쪽에서도 극적인 교량 탈취작전이 있었다. 111보병사단은 8월 23일 테르마쵸프카(Termachovka) 방면으로 뛰쳐나가 적군 종대와 진지들을 뭉개면서 프리보르스크(Priborsk) 정면의 적군 포병진지도 극복했다. 쵸체보(Chochevo)에서는 적군과 우군이 뒤섞이는 통에 하인켈 폭격기의 공습에 우군이 피해를 입는 일도 있었으나 111보병사단의 선견대는 드니에프르 강변의 3km(2.5km?) 길이 목조 대교를 바라볼 수 있는 지점에 도착했다. 선견대는 자전거소대들로 구성된 1개 자전거대대와 191돌격포대대 소속 1개 돌격포중대가 포함되어 있었다.[62] 만만치 않은 정찰결과가 나왔다. 동쪽 제방에 12개의 벙커가 도사리고 있었으며 대전차포와 야포가 매복된 것으로 확인되자 111보병사단은 우선 서쪽 제방에 111장갑엽병대대 3중대의 야포 4문을 설치했다. 처음 시도에서 단 두 대의 돌격포로 교량을 건너려고 했던 작전은 그중 한 대가 적군의 차량을 피하려다 교량 끄트머리에 걸리면서 실패로 돌아갔다. 두 번째는 대전차포와 공병들과 공조해 빙글러(Bingler) 소위의 돌격포가 앞장선 가운데 오후 7시에 교량 탈취에 나섰다. 돌격포 뒤에는 50보병연대 3중대의 칼 낙케(Karl Nacke) 중위 지휘 하의 1개 소대와 3문의 견인식 대전차포를 동원한 111장갑엽병대대 3중대의 쿠르트 헤니히(Kurt Hennig) 중위와 크뢰(Kröh) 소위가 뒤따랐다. 이때 가장 선두의 슈타인만(Steinmann) 중위는 111공병대대 3중대를 이끌고 교량에 접근, 소련군이 설치한 폭발물들의 도화선들을 간발의 차로 절단해 내면서 적군을 도리어 초조하게 만들었다. 양군의 치열한 포사격과 기관총 사격이 난무하는 가운데 포연으로 앞이 보이지 않을 정도로 전투는 격화되어 갔고 이는 교량을 통과하려는 독일군에게는 유리하게 작용했다. 당황한 적군의 포사격은 정확하지가 않았으며 독일군은 우군의 피해를 최소화시키면서 적군 벙커들을 육박공격으로 하나하나 제거해 나갔다. 빙글러 소위와 함께 움직였던 라부쉬(Labusch)는 교량 주변에 널린 소련군의 진지들을 차례차례 극복하면서 앞으로 나갔다. 다수의 대전차포 진지를 박살낸 라부쉬는 운 좋게 적군의 탄약창고를 명중시키면서 거대한 폭발음과 불길을 만들어냈고 수도 없이 쏟아지는 포탄의 빗속을 헤쳐나가 교량 끝자락 우편에 위치한 4문의 야포들을 잠재웠으며 그 직후에는 다시 700m 길이의 철교 쪽으로 이동했다.

때마침 11장갑사단도 강변에 도착했다. 선봉의 110차량화보병연대 6중대가 즉시 교량점

61) Haupt(1998) p.60
62) NA : T-315 ; roll 2321, frame 001.996(1941.8.23)

◆ VI-2-5 11장갑사단 191돌격포대대장 균터 호프만-쉔보른 소령

거에 동참하여 최선봉 특공대는 칼 조넨베르거(Karl Sonnenberger) 중위가 1개 소대를 조직하였으며 균터 호프만-쉔보른(Günter Hoffmann-Schoenborn) 소령이 작전 전체를 조율했다. 독일군은 모든 병과를 유기적으로 결합한 입체적인 공세를 가하면서 교량을 최종적으로 탈취하고 동쪽 제방에 조그만 교두보를 만든 뒤 선봉부대의 차량과 장비들을 신속하게 이동시켰다. 이것으로 키에프는 서쪽과 북쪽에서 문을 걸어 잠그는 효과에 직면했으며 오로지 동쪽으로 도주하는 하나의 통로만 남겨두게 되었다.[63]

러시아 전선은 그 광활한 대지에도 불구하고 수많은 하천으로 나뉘어져 있어 모든 전투는 이처럼 강과 강을 도하하는 공세와 방어의 연속으로 점철된 측면이 많았다. 남방집단군은 8월 내내 드네프로페트로프스크 교두보를 지탱하는 데 엄청난 에너지를 강요당하고 있었다. 이미 쓸 만한 다리들은 소련군들이 거의 대부분 파괴시킨 상태였으며 임시로 만든 부교로 병력이동을 실시하고 있었으나 소련공군의 끊임없는 공세로 인해 한시도 편할 일이 없었다.

또한 남방집단군은 교량이나 교두보 문제를 떠나 1장갑집단의 모든 장갑군단들이 힘든 상태를 경험하고 있어 교두보를 지탱하는 일보다는 지쳐버린 장갑사단들을 재충전하는 것이 더 시급하다고 판단하고 있었다. 즉 교두보의 유지와 확장에 더 많은 정력을 쏟는다면 연료와 탄약을 고갈상태로 몰고 갈 것이기 때문에 그와 같은 의욕은 장갑사단들의 보급과 재충전을 심각하게 저해할 것이라는 것이 남방집단군 참모들의 공통된 견해였다.[64] 그러나 할더는 이러한 사정을 의미있게 받아들이지 않았으며 드네프로페트로프스크에서의 답보상태를 타개하기 위해서는 교두보 확장을 위한 각별한 조치가 취해져야 된다는 입장을 견지하고 있었다. 이 시기 할더는 마치 히틀러처럼 객관적인 상황판단보다 강철같은 의지를 통한, 강한 동기부여와 같은 심리적 요인이 가장 중요하다면서 히틀러와 유사한 주의주의(主意主義 : voluntarism)에 빠져 있었다.[65] 어느 쪽 의견이 맞건 간에 독일군들이 극도의 피로감을 느끼고 있다는 것이 개관적인 사실이라면 충전이나 교두보 확장 문제에 앞서 과연 드네프로페트로프스크 주변의 방어상태가 양호한가라는 문제를 먼저 따지는 것이 우선이었다. 주력인 막켄젠의 3장갑군단 이외에도 갖은 지원 제대들이 드네프로페트로프스크 남쪽에 동원되어 있었기에 가뜩이나 병력이 부족한 드니에프르 강변 동쪽 끝자락에서의 독일 방어상태는 심각할 정도로 취약성을 나타내고 있었다. 8월 27일 폰 룬트슈테트는 OKH에 키에프전에 대한 자신의 작전개요를 타전했다. 17군이 크레멘츄크에 도착해 북서쪽 루

63) Tornau & Kurowski(2017) p.53, Haupt(1998) pp.61-2
64) BA-MA RH 19-I/254, Heeresgruppe Süd Kriegstagebuch II. Teil Band 3, 16 Aug.-15 Sept.1941, Fol. 84(1941.8.25)
65) BA-MA RH 19-I/254, Heeresgruppe Süd Kriegstagebuch II. Teil Band 3, 16 Aug.-15 Sept.1941, Fol. 85(1941.8.25)

◆ VI-2-6 공세로 나서는 폰 클라이스트의 1장갑집단 차량들. 전차 뒤에 클라이스트의 K를 나타내는 K자가 크게 나타나 있다.

브니 건너편에 교두보를 만드는 동안 폰 클라이스트의 1장갑집단은 보르스클라 강과 프숄 강 사이를 공략하면서 북진을 실현해 남하하는 구데리안의 2장갑집단과 연결되게 하는 것이었다. 이는 결과적으로 2차 세계대전 전 기간을 통해 가장 큰 규모의 포위전을 낳게 된다.

8월 28-29일 겨우 198보병사단 하나가 3장갑군단의 지원으로 도착했다.[66] 그것만으로는 교두보가 약하다고 파악한 독일군은 13, 14장갑사단을 진격로에서 빼 다시 드네프로페트로프스크의 좌우 측면을 방어하도록 조치하고 소련군의 압박에서 허덕이는 인근 헝가리 기동군단의 지원을 위해서는 14장갑군단의 16차량화보병사단을 급파하는 것으로 조정했다.[67] 그러나 드네프로페트로프스크의 강을 도하한 이래 한시도 쉬지 못했던 독일군 수비대들은 교두보를 지켜내기가 대단히 힘들어 보였다. 병참지원도 심각한 상황으로 내몰리고 있었다. 남방집단군의 1장갑집단, 6군, 11군, 17군, 그리고 루마니아의 2개 군에 대해서는 오로지 단 한 개의 철도선만이 할애되어 있었으며 3장갑군단이 끝없이 밀려드는 소련군의 반격을 쳐내기 위해 거의 모든 자산들을 동원하고 있었기에 탄약과 연료, 보급품은 도착하는 즉시 소진되어 버리는 수가 허다했다. 독일군의 교범대로라면 1개 군에 하나의 철도선이 확보되어야 정상적인 전투를 할 수 있다는 상식이 통해야

66) BA-MA RH 19-I/254, Heeresgruppe Süd Kriegstagebuch II. Teil Band 3, 16 Aug.-15 Sept.1941, Fol. 111(1941.8.28) & Fol. 123(1941.8.29)

67) BA-MA RH 21-1/51, Kriegstagebuch des Panzerarmee-Oberkdos.1 Band III 1.9.41-31.10.41, Fol. 10(1941.9.6)

했으나 동부전선은 더 이상 교리대로 움직이는 전역이 아니었다. 특히 1장갑집단은 더 이상 보급이나 장비와 병력의 충원을 기다릴 수가 없어 8월 25일 되는대로 드네프로페트로프스크 주변에 대한 공격준비를 서두르는 도리밖에 없었다.[68] 그러나 8월 말로서는 교두보를 단순히 지키는 것도 버거운 실정이었기에 포위망 속의 소련군이 동쪽으로 도주하는 것을 알면서도 저지시킬 수 없는 초조한 상황이 지속되었으며 독일군 전통의 공격마인드를 이 시점에서 요구하는 것은 무리라는 것이 남방집단군 전체의 판단이었다.[69] 폰 룬트슈테트의 판단으로는 일일 24개의 객차가 필요했으나 여전히 14.5개 정도로 머물고 있어 당장 의욕적인 공세로 전환하기에는 조건이 성숙되지 않은 것으로 여겨졌다. 하나 남방집단군은 7월 초 키에프 시 진입 공세가 좌절된 이후 거의 한 달 반 이상 진전을 내고 있지 못했기에 다소 무리수를 써야 할 때가 온 것으로 짐작되었다. 더 이상 버티기도 힘든 것이, 소련공군의 공습은 날로 강화되는 추세로서 8월 31일 하루에만 12회의 공습이 전개되었다. 이 25km 구간의 교두보에는 71경대공포대대 하나만이 배치되어 있어 대공방어가 제대로 되고 있지 않았으며 루프트봐훼도 전혀 활동하지 않고 있는 상태였다. 그나마 존재하는 것이라고는 슬로바키아공군이 가진 전투기편대가 약간 있었으나 아직 Bf 109를 수령하지 못해 구식의 체코제 스코다 Aria B354 복엽기로 버티고 있었다.[70] 하나 소련공군 역시 이 구역에는 Rata 복엽기만을 보유하고 있어 그리 막막하지는 않았다. 이런 상황을 아는지 모르는지 OKH와 할더는 31일 단순히 방어하는 정도가 아니라 교두보를 더 확장하라는 고단한 명령을 내렸다.[71] 폰 룬트슈테트는 공격으로 나설 객관적인 전력은 아니지만 그렇다고 포위망 탈출을 눈앞에 두고 있는 소련군을 그냥 놓칠 수는 없어 1장갑집단과 6, 17군이 되는대로 다수의 지점을 확보해 드니에프르 강을 도하하기를 주문했다. 측면은 신경 쓰지 말고 일단 도하하고 보라는 이야기였다. 폰 룬트슈테트는 그 중에서도 드네프로페트로프스크보다는 키에프와 가까운 지점에서 곧바로 공세에 착수하기를 희망했기에 17군이 크레멘츄크에서 교두보를 확보하는 것을 갈망하고 있었다. 17군은 일단 8월 31일부터 9월 2일까지는 크레멘츄크 시 자체에 발진근거지를 두게 했고, 8월 29일부터 9월 4일까지는 데리에프카(Derievka)에 있는 교량을 복구하여 넘어보도록 준비했다. 8월 마지막 날 17군의 52군단이 칼-하인리히 폰 슈튈프나겔(Carl-Heinrich von Stülpnagel) 보병대장의 지휘에 따라 크레멘츄크 남쪽의 데리에프카에서 도하작전을 강행했다.[72] 이는 폰 클라이스트의 1장갑집단이 드디어 북진을 재촉하게 되는 도화선으로 작용했다. 장갑사단들이 드네프로페트로프스크를 빠져나와 크레멘츄크에서 집중적인 도하를 실시하는 동안 보병사단들은 소련 17군 제대가 장갑부대를 따라 북상하지 않도록 제 자리에 묶어둘 필요가 있었다. 이 대가는 결코 적지 않았다. 52군단의 3개 사단은 8톤 교량이 설치된 이 교두보를 지켜내기 위해 10일 동안 적군 3개 소총병사단, 4개 기병사단 및 4개 전차여단과 밀고 당기는 공방전을 치러내야 했다. 76보병사단은 우익의 보르스클럄(Vorssklyam) 입구에서 자리를 지켜내고 100보병사단이 좌익을 지

68) BA-MA RH 21-1/347, KTB der Oberquartiermesiterabteilung der 1.Panzer-Armee, 2.5.41-31.10.41, p.38(1941.8.25)
69) BA-MA RH 19-I/254, Heeresgruppe Süd Kriegstagebuch II. Teil Band 3, 16 Aug.-15 Sept.1941, Fol. 128(1941.8.29)
70) NA : T-315 ; roll 2321, frame 001.296(41.8.29)
71) BA-MA RH 21-1/51, Kriegstagebuch des Panzerarmee-Oberkdos.1 Band II 22.6.41-31.8.41, Fol. 203(1941.8.31)
72) Halder, KTB III, p.209(1941.8.31)

탱하는 동안 중앙의 97보병사단은 32km 길이의 전구를 홀로 막아내고 있었다. 교두보에서 공세로 전이하게 된 것은 57, 295보병사단이 지원으로 가세하고 난 다음에나 가능했다. 9월 8일, 크레멘츄크 한참 서편에 위치해 있던 칼 작스(Karl Sachs) 중장의 257보병사단은 4km 너비의 강폭에 위치한 타부리쉬췌(Taburishche)에서 도하를 시도했다. 68척의 상륙보트와 150대의 뗏목으로 강을 건넌 사단은 야간기습을 통해 적진을 초토화시키면서 5km 깊이 12km 너비의 교두보를 확보하는데 성공했다. 크레멘츄크를 방어하던 적군 수비대는 야간에 선박을 이용해 돌진해 오리라고는 예상치 못해 전의를 상실한 나머지 별다른 저항도 없이 항복해 버리고 말았다. 8일 크레멘츄크는 시가전도 없이 25보병사단 한 개 사단이 접수하는 전과를 달성했다. 617공병연대는 당장 길이 200m 16톤짜리 교량을 건설하여 기동사단들을 옮기는데 분주한 시간을 보냈다. 48장갑군단은 9, 13, 16장갑사단과 16, 25차량화보병사단들이 칠흑 같은 밤을 이용해 강 동쪽으로 재빨리 이동시키는 수순을 밟았다. 남방집단군은 그 밤중에 12일까지 교두보로부터의 돌파를 단행하라는 상부의 명령을 접수하였다.

◆ VI-2-7 17군 52군단장 칼-하인리히 폰 슈튈프나겔 보병대장

52군단 좌익의 11군단은 보로프스코보(Vorovskovo)에서 101, 125, 295보병사단이 드니에프르를 도하하여 프시올(Psiol)을 중심으로 강 주변에 널린 적군 수비대를 놀라게 했다. 9월 9일 밤은 천동과 번개를 동반한 폭우가 쏟아진 시기로 강 동쪽 제방은 이내 진흙의 늪으로 변해버렸다.[73] 단 그 때문에 독일군은 도하 과정 중 적군의 저항을 상대적으로 덜 받는 이점은 누리고 있었다.

9월 2일 드네프로페트로프스크에 위치한 198보병사단과 60차량화보병사단이 드니에프르 동쪽 제방에 교두보를 확보하기 위해 무진 애를 썼으나 소련 17군의 가공할 만한 화포사격에 엄청난 고행을 경험했다. 60차량화보병사단은 8월 25일부터 이날까지 총 1,048명의 병원의 피해를 안았으며 198보병사단은 단 3일 만에 35명의 장교와 990명의 병원들을 잃는 가혹한 결과를 집어 들었다. 슈투카의 공습지원으로도 적군의 포사격을 잠재울 수가 없어 당일 저녁까지 독일군이 만든 교두보는 겨우 종심 5km, 너비 11km에 불과했다.[74] 소련군의 포사격은 드니에프르 교두보 근처 포병훈련학교에 배치되어 있던 야포들이 모두 나타나 강공을 퍼붓는 통에 독일군은 고개를 들 수 없을 정도였기에 뭔가 대책이 있어야 했다. 독일군이 아무 것도 하지 않은 것은 아니었다. 1장갑군은 9월 6일까지 드네프로페트로프스크 교두보를 지원하기 위해 4천 톤이 아닌 무려 4만

73) Haupt(1998) pp.70-1
74) BA-MA RH 21-1/51, Kriegstagebuch des Panzerarmee-Oberkdos.1 Band III 1.9.41-31.10.41, Fol. 3(1941.9.2)

◆ VI-2-8 드네프로페트로프스크 부근 이탈리아 장성과 만난 1장갑집단 사령관 에발트 폰 클라이스트 상급대장

톤의 포탄을 소비하면서 200-500km 훨씬 뒤에 쳐져 있던 보급기지에서 나름 정력적으로 탄약들을 날랐던 노력은 가당찮은 것이었다.[75] 9월 6일 전차를 앞세운 적군의 공격은 198보병사단의 전초기지를 강타하면서 다시 한 번 엄청난 병원의 희생을 초래했다. 사단의 308보병연대 1개 중대는 20명으로 떨어지는 피해를 당하는 등 드네프로페트로프스크 교두보는 가장 많은 피해를 안고 있었다.[76] 특히 이곳의 교량은 소련공군과 포병들의 집중 포화로 인해 무려 15번이나 보수공사를 해야 했으며 9월 8일까지 이미 450명의 공병들이 전사하는 막대한 재앙은 물론이거니와 교두보 주변에서만 일일 300명의 전사자가 발생하는 최대 격전지의 하나로 악명이 높았다.[77] 소련공군의 공습은 양적 규모는 그리 크지 않았으나 독충처럼 할퀴는 심리적 효과가 컸으며 날로 증가되는 야간공습은 폰 룬트슈테트의 골치 덩어리로 남아 있었다. 슈투카들과 폭격기들이 주요 거점 공략에 전념할 수 있도록 북부 전구에서 53전투비행단의 3대대가 남방집단군 5항공군단에 전속하게 되는 조치가 이루어졌다. 당분간은 폭격기들과 혼성 제대로 유지되었으며 3대대는 가능한대로 소련 공군기들을 자유롭게 사냥하면서 키에프 포위전의 일익을 담당할 것이 요구되었다. 3대대는 주로 대지공격에 집중하면서도 포위전이 진행 중이던 3주 동안 60대의 적기를 공중에서 격파하는 과히 나쁘지 않은 기록을 수립했다.[78]

75) BA-MA RH 21-1/347, KTB der Oberquartiermesiterabteilung der 1.Panzer-Armee, 2.5.41-31.10.41, p.42(1941.9.6)

76) BA-MA RH 21-1/51, Kriegstagebuch des Panzerarmee-Oberkdos.1 Band III 1.9.41-31.10.41, Fol. 12(1941.9.6)

77) BA-MA RH 21-1/51, Kriegstagebuch des Panzerarmee-Oberkdos.1 Band III 1.9.41-31.10.41, Fols. 14-15(1941.9.8)

78) Weal(2011) pp.48-9

실은 이 시기 독일군은 1, 2장갑집단의 남북연결을 가장 중요한 작전으로 간주하고 피해만 속출하는 드네프로페트로프스크는 부차적인 전구로 치부하고 있었다. 1장갑집단의 참모장 쿠르트 짜이츨러(Kurt Zeitzler) 대령은 3-4개 기동사단들이 다리 하나를 통과하면서 그토록 많은 피를 흘리는 것은 말이 안 된다며 17군의 우익제대가 3장갑군단의 부담을 덜어주는 방식으로 실마리를 풀고, 궁극적으로는 교두보를 포기하자는 안을 제출했으나 할더의 교두보 사수 명령에 눌린 폰 룬트슈테트는 이를 받아들일 수가 없었다.[79] 만약 독일군이 예상하는 것처럼 롬니(Romny)에서 두 장갑집단이 만나 거대한 포위망을 형성하게 되면 드니에프르 강 동쪽에서 소련군의 배후를 찌르는 구조가 되기 때문에 드네프로페트로프스크 교두보에서 이토록 힘들게 밀어내기를 지속시킬 실익이 없다는 것은 타당했다. 다만 OKH는 성급하게 최남단의 교두보를 포기하면 거기에 몰린 소련군이 다른 핵심전구로 병력을 이동할 가능성이 높다는 판단 아래 교두보 사수를 정당화시키고 있는 것으로 판단되었다.

한편 5SS뷔킹은 폴타봐와 자포로제 사이에 놓인 카멘카(Kamenka)를 장악함으로써 교두보의 확장을 계획했고 가장 취약한 돌출부를 맡고 있던 '노르틀란트'(Nordland)연대가 앞서 나가면서 '붸스틀란트'(Westland), '게르마니아'(Germania)연대가 후속하는 방식으로 적군 수비대에 일격을 가했다. 9월 6-7일 양일간에 거친 격전 끝에 뷔킹은 5,000명의 포로를 잡으면서 카멘카를 석권했다. 이로써 드니에프르 가장 남쪽의 교두보는 일층 안정화되었으며 소련군 8개 사단의 전열이 붕괴되어 뒤로 밀려나는 성과가 달성되었다.[80] 독일군 52, 55군단과 11군단의 일부 병력들은 9월 10일까지 도하작전을 완료했다. 9월 11일에는 76, 125, 239, 257보병사단, 그리고 97, 100, 101엽병사단이 강변 교두보 서안에서 동안으로 이동할 수 있었다. 이로써 키에프 포위망의 남쪽 토대가 사실상 완성되는 절차를 마쳤다.

소련군은 8월 말까지 키에프를 중심으로 한 방어진 구축에 혈안이 되어 있었다. 남서방면군과 남부방면군은 드니에프르를 따라 키에프에서 남쪽으로 흑해에 이르는 구간의 수비를 강화하고 남부방면군은 드니에프르 입구로부터 북쪽으로 나가 자포로제와 드네프로페트로프스크를 거쳐 보르스클라 강까지 진을 쳤다. 9군과 18군은 흑해로부터 자포로제 남쪽의 드니에프르 강변까지 방어하고 새로 형성된 말리노프스키(Rodion Malinovsky)의 6군과 갈라닌(Ivan Galanin)의 12군은 자포로제와 드네프로페트로프스크 구역에 포진되었다. 그보다 서쪽은 연안군(Coastal Army)이 오데사를 지키는 것으로 되어 있었으나 독일 남방집단군은 오데사를 지나쳐 드니에프르로 질주하면서 해당 구역을 자연스럽게 포위해 버렸다. 오데사는 독일군의 주력 대신 루마니아 4군이 담당키로 결정되었다. 한편 북쪽은 남서방면군이 포타포프(M.I.Potapov)의 5군이 독일군에 의해 이미 돌파되어 균열이 생긴 드니에프르 방어선을 지키도록 하고 블라소프의 37군은 키에프를, 26군과 38군은 드니에프르를 따라 키에프 남방으로부터 크레멘츄크 남방의 페레볼로취나야(Perevolochnaja)에 이르는 구간을 방어하도록 준비되었다.[81] 독일군의 도하작전을 가장 정면

---

79) BA-MA RH 19-I/254, Heeresgruppe Süd Kriegstagebuch II. Teil Band 3, 16 Aug.-15 Sept.1941, Fol. 176(1941.9.5) & Fol. 187(1941.9.6)

80) Strassner(1988) p.35

81) Glantz(2001) p.123

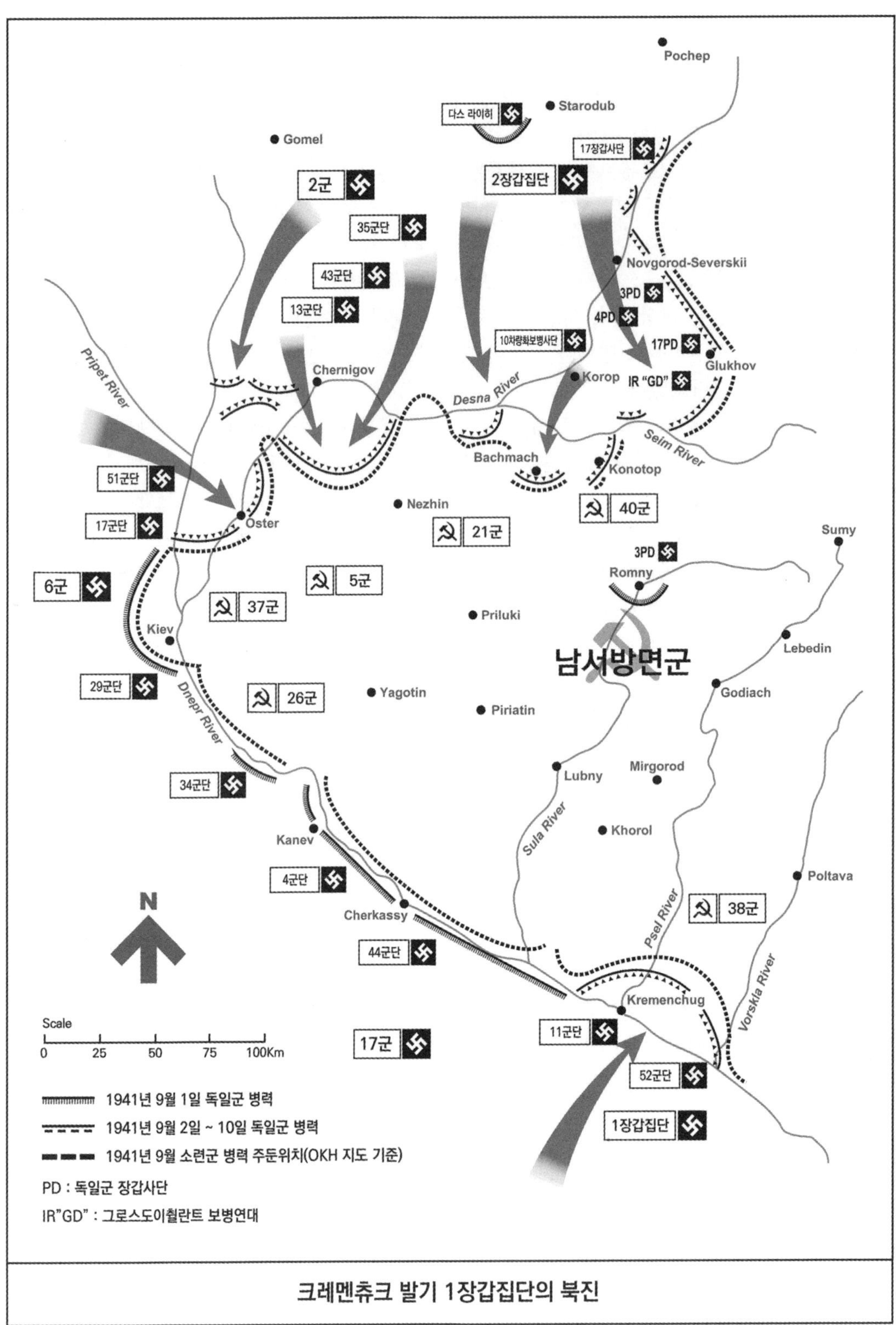

크레멘츄크 발기 1장갑집단의 북진

으로 상대해야 할 38군은 7개 소총병사단 약 4만 명의 병력으로 200km 구간을 지켜내고 있었으며 소련공군 역시 지상군이 밀리지 않게 하기 위해 루프트봐풰와의 맞불작전을 전개하고 있었다. 이즈음 독일군은 요새화된 키에프 시 자체를 제외하면 드니에프르 강 서안은 거의 대부분 장악한 것으로 판단되었다. 이제는 중앙집단군의 지원부대가 남쪽으로 내려오는 일만 남은 것으로 보인 것이 8월 말일까지의 상황이었다.

9월 8일은 키에프 전투의 남반구의 방향을 설정하는 중요한 날로 기억된다. 폰 룬트슈테트의 남방집단군 사령부에 브라우히취, 할더, 호이징거, 조덴슈테른, 짜이츨러가 모두 모여 그간의 자잘한 의견차를 좁히면서 주된 방향설정을 논의했다. 남방집단군 참모장 조덴슈테른은 1장갑군이 롬니까지 진격한 다음 루브니 남쪽까지 방어구역을 넓혀 이곳에서 돌파를 시도할 소련군의 움직임에 대응한다는 방침을 세웠다. 조덴슈테른은 루브니 남쪽에 17군 소속 4개 보병사단으로 수비라인을 형성하고 남은 6개 보병사단은 동쪽으로 진격하는 행동의 자유를 획득해 폴타봐를 지나 하르코프까지 진격한다는 구상을 제시했다. 공세 일자는 9월 11일로 정해졌다.[82] 그간 100기 이상을 격추하고 베를린으로부터 추격을 금지당한 묄더스에 이어 7월 21일 51전투비행단의 사령관으로 임명된 프리드리히 벡흐(Friedrich Beckh) 소령은 9월 8일 자대의 2,000번째 적기 격추를 기록하는 영광을 안았다. 바르바로싸 이래로는 1,300번째 격추기록이었다.

* * * * *

구데리안 vs 예레멘코

"구데리안은 방향을 90도로 꺾어 브리얀스크 북쪽으로 향한 다음, 모스크바로 향할지 모르겠다."
(소련군 참모총장 보리스 샤포쉬니코프 원수)

8월 30일 스타로두브를 향한 구데리안의 2장갑집단을 요절내라는 스타프카의 명령과 스탈린의 개인적 메시지가 브리얀스크방면군 사령부에 도착했다. 장갑집단의 47장갑군단은 측면이 너무나 길게 노출되어 있어 기습을 당하기에 대단히 취약한 환경에 놓여 있었으며 그 중 17장갑사단은 60km 구간을 관리하고 있었다. 예레멘코는 중앙의 3군 소속 2개 소총병사단과 측면에서 공세를 취할 13, 50군 소속 7개 소총병사단으로 47장갑군단을 섬멸한다는 구상을 세웠다. 또한 종심전투 이론에 입각해 침투 후 전과확대를 위한 에르마코프(A.N.Ermakov) 소장 지휘 하의 기동전단을 편성했다. 이 기동전단에는 108전차사단, 141전차여단 및 4기병사단이 포함되었으며 108전차사단은 38량의 T-34, KV 중전차 5량, T-40 22량, 계 65량의 전차를, 141전차여단은 4량의 KV, 18량의 T-34, 40량의 BT 전차, 계 62량의 전차를 확보하고 있었다. 17장갑사단은 단한 개 장갑대대 50량 정도의 전차를 보유하고 있어 56량의 T-34와 9량의 KV를 가진 기동전단

82) BA-MA RH 19-I/254, Heeresgruppe Süd Kriegstagebuch II. Teil Band 3, 16 Aug.-15 Sept.1941, Fol. 199(1941.9.8)

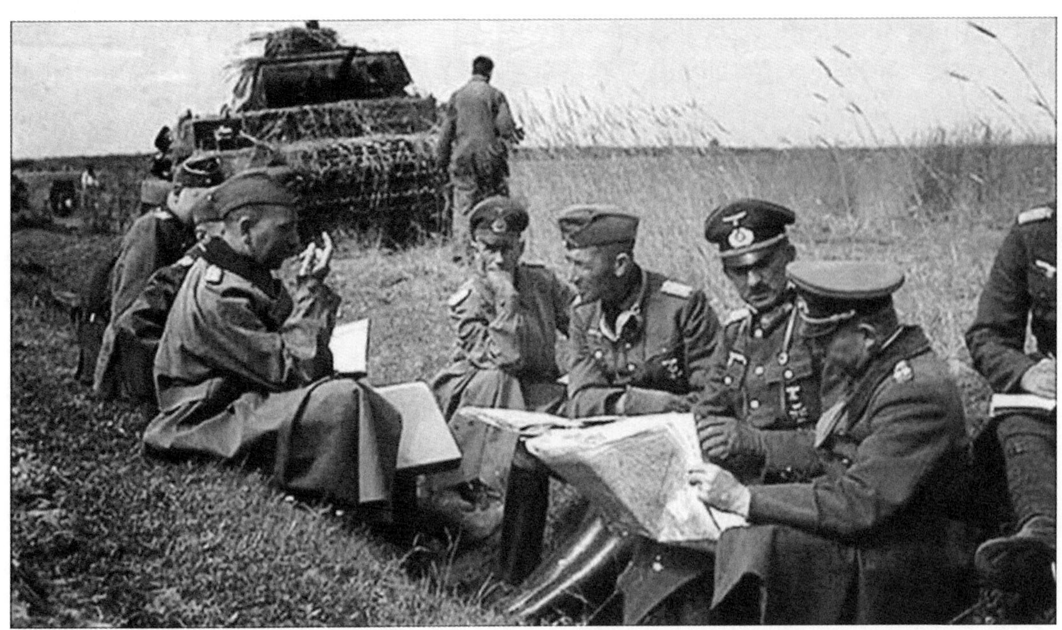

◆ VI-2-9 지도를 펼쳐든 구데리안 옆에 앉은 17장갑사단장 한스-유르겐 폰 아르님 중장. 그 옆의 고글을 목에 건 장군은 그의 직속상관 47장갑군단장 요하임 레멜젠 장갑병대장

은 2 대 1의 수적 우위를 누리고 있어 상식적으로는 독일 전차들을 이기는 것이 당연했다. 하지만 지도상에 수가 많다고 적을 압도하는 것은 아니며 일단은 붙어보아야 했다. 테크닉적으로 월등하다고 생각하는 독일 전차병들은 2 대 1, 3 대 1 수준의 단순 격차는 아무 것도 아니라고 생각할 정도로 자신감에 차 있었다.

30일 저녁 에르마코프의 기동전단은 수도스트(Sudost) 강 건너편으로 도하하기 위해 포가르(Pogar) 방면으로 진격해 들어갔다. 선봉 108전차사단은 병력을 둘로 나눠어 좌익에는 108차량화소총병연대의 2개 대대, 108포병연대 2개 대대 및 T-40전차 1개 대대를 포진시키고 우익에는 주력인 216전차연대를 배치하여 사전 정찰도 없이 앞으로 나아갔다. 포가르 북동쪽 20km 지점에 도착하자 도로와 평행하게 조성되어 있는 숲지대에 매복해 있던 39장갑연대가 좌익 그룹에 공격을 개시해 순식간에 5대의 전차를 격파하고 소총병들을 뿔뿔이 흩어지게 만들었다. 슈투카들도 날아와 9문의 야포들을 파괴하면서 2개 포병대대를 무자비하게 초토화시켰다. 좌익과 불과 8km 지점에 있었던 이바노프(S.A.Ivanov) 대령 휘하 우익그룹은 이상하게도 우군을 돕지 않고 로마노프카(Romanovka) 마을 주변의 독일군 진지 외곽으로 곧장 접근해 나갔다. 이곳 역시 39장갑연대의 일부 병력이 장갑엽병들과 야포들을 포진시키고 있었다. 이바노프는 각각 3대의 KV-1와 T-34 전차로 구성된 1개 전차소대를 내보내면서 소총병들에 의한 측면엄호도 생략하는 부주의한 방식을 택했다. 독일 대전차포들은 어차피 포탑에 사격해 봐야 효과가 없다는 것을 알고는 장갑궤도를 겨냥해 집중적으로 타격했다. 3대의 T-34와 1대의 KV-1 전차가 기동이 불가능하게 되었으며 나머지는 퇴각하고 말았다. 30일 에르마코프의 전차들은 선봉부대가 혼란에 휩싸여 제대로 상황을 타개해 나가지 못하자 당혹감을 감추지 못하는 처지가 되었다. 그럼에도 불구하고 데스나 강 동쪽 제방에 위치했던 47장갑군단은 소련군 기동전력이 독일군 방어라인 안으로 2km를

2장갑집단 좌익에 대한 브리얀스크방면군의 공세
2장갑집단
Mogilev
Roslavl
중앙집단군
Bobruisk
Bryansk
Rogachev
중앙방면군
2A
서부방면군 주둔지역 방면
Starodub
Gomel
브리얀스크방면군
N
Loev
Novgorod-Severskii
Shostka
Kursk
Pripet River
Chernigov
Desna River
Konotop
Vorozhba
Scale
0 50 100 150Km
Nezhin
2PG
Romny
남서방면군
Kiev
Priluki
Belgorod
6A
Gadiach
남서방면군
1PG
6군
Lubny
Vorskla River
Kharkov
Khorol
Kanev
Poltava
Cherkassy
Krasnograd
Kremenchug
남서방면군 주둔지역 방면
Dnepr River
남방집단군
Kirovograd
17군
Dnepropetrovsk
Bug River
Krivoi Rog
1장갑집단
Stalino
Zaporozhe
11군
Mariupol
루마니아 4군
Nikolaev
루마니아 3군
남부방면군
Odessa
Kherson
11A
Perekop
BLACK SEA
SEA OF AZOV
서부 방면 공략 병력(1941년 8월 중순)
남서부 방면 공략 병력(1941년 8월말)
41년 9월 말의 병력 주둔위치
드니에프르 강 도하 독일군 병력
드니에프르 동쪽에서의 독일군 병력 이동
소련군의 반격(1941년 8월 말 ~ 9월 초)
A : 독일군 군
PG : 독일군 장갑집단

파고드는 상황이 생기자 그대로 상황을 방치한다면 군단 자체 전력이 두 조각으로 날 수도 있다는 우려를 느끼고 있었다.[83]

17장갑사단의 한스-유르겐 폰 아르님(Hans-Jürgen von Arnim) 중장은 소련군이 조직을 재편성하기 전에 결정적으로 가격한다는 생각으로 8월 31일 슈투카를 비롯한 공군과 지상군 병력을 콤팩트하게 모으기 시작했다. 17장갑사단은 최초 접전에서 11대의 T-34를 포함한 20대의 적 전차들을 파괴하면서 이봐노프의 108전차사단을 밀어붙였다. 그러나 독일전차들도 11대가 파괴되면서 전술적으로는 형편없지만 워낙 견고한 장갑을 가진 적 전차들을 제거하는 데는 엄청난 손실을 경험하고 있었다.[84] 문제는 독일군 전차보다 하늘의 슈투카를 더 우려한 이봐노프는 참호를 파고 사주경계를 서는 방식으로 진지전을 수행하려고 했다. 폰 아르님은 자연스럽게 108전차사단 전체를 포위하는 움직임을 나타냈으며 9월 1일 적군 진지를 향한 집중적인 포사격으로 11대의 전차를 추가로 파괴했다. 141전차여단과 4기병사단이 지원으로 나섰으나 손실만 입은 채 포위망 속의 우군 구출에는 실패했다. 시간이 지날수록 독일군이 수적 우위를 누리게 될 것이 분명한데도 예레멘코는 108전차사단을 구출하려는 움직임을 나타내지 않았다. 이 부근의 전차전에서 이해하기 힘든 소련군 지휘관들의 의사결정은 상위 제대와의 교신이 제대로 되지 않은 상태에서 빚어진 실수 연발로 점철된 측면이 많았다. 레멜젠의 또 다른 기동전력인 18장갑사단은 9월 1일 4기병사단과 교전에 들어가 전차는 없지만 적군의 강력한 화포사격으로 인해 더 이상 전진이 되지 않는 심각한 상황에 처하기도 했다. 다만 4기병사단 또한 기본적으로 108전차사단을 지원하는 것이 주 임무였으므로 독일군의 공세를 저지시킬 수는 있어도 전세를 역전시킬 수 있는 여력은 지니고 있지 못했다.[85] 9월 1일 50전차사단은 수중의 모든 전체를 파괴당한 결과 모두 소총병으로 싸워야 했으며 108전차사단과 141전차여단은 17장갑사단과의 격전으로 모두 휘청거리고 있었다. 포췌프에서 스타로두브 남쪽, 그리고 수도스트 강을 따라 강력한 방어선을 구축하고자 했던 브리얀스크방면군 13군의 노력은 47장갑군단의 공격에 의해 돈좌되어 모두 데스나 강 뒤로 격퇴되었다.

9월 2일, 승리를 확신했던 예레멘코의 병력이 패배를 거듭하자 스탈린은 다음과 같은 노기에 찬 전문을 내보냈다.

> *"스타프카는 아직 귀관의 전과에 만족하고 있지 않다.....귀관은 적군을 약간 위협하기는 했으나 그들을 진지 밖으로 끌어내는 데는 성공하지 못했다. 구데리안과 그의 부대는 철저히 격파하지 않으면 안 된다. 이것을 성취하기 전까지는 성공을 논할 아무런 가치가 없다. 우리는 귀관이 구데리안 집단을 격파했다는 최종 보고를 기다리고 있다."*[86]

---

83) BA-MA RH 24-47/2 Kriegstagebuch Nr. 2 XXXXVII.Pz.Korps. Ia 25.5.1941-22.9.1941(1941.8.30)
84) BA-MA RH 24-47/2 Kriegstagebuch Nr. 2 XXXXVII.Pz.Korps. Ia 25.5.1941-22.9.1941(1941.8.31)
85) BA-MA RH 27-18/21, 18.Pz.Div. KTB Abt. Ia vom 21.8.41-29.9.41, p.13(1941.9.1)
86) ジャフレー ジュークス(1972) p.96

이처럼 스탈린과 샤포쉬니코프는 예레멘코의 실적 부진에 싫은 실망감을 표시하면서 포췌프와 스타로두브에 위치한 구데리안 병력을 일소하고 2장갑집단 전체의 진격을 무조건 막으라는 협박에 가까운 지시문을 내려 보냈다. 장갑집단을 없애지 않으면 그 어떤 전과도 가치가 없다는 판단 하에 스타프카는 최대한 공군의 지원을 제공하는 선에서 예레멘코가 현상을 타개해 줄 것을 강하게 촉구했다.[87] 훼도르 폴뤼닌(Fedor Polynin)의 13폭격항공사단은 8월 29일부터 9월 4일에 걸쳐 구데리안의 진격을 훼방하기 위해 일련의 노력은 구사하고 있었다. 항공군 전체는 4,000회, 폭격항공사단은 총 2,860회의 출격을 기록하면서 진창도로에서 속도를 내지 못하는 2장갑집단의 선봉을 타격하고자 했다. 루프트봐훼 역시 소련공군에 꿀리지 않기 위해 2항공군단이 선봉을 철저히 엄호하는 기동을 취하고 있었다. 8월 27일 하루에만 2항공군단은 180대의 슈투카와 40대의 Bf 110을 총 출동시키면서 구데리안의 진격로를 개방하는데 심혈을 기울이고 있었다. 이 시기 한 가지 이상한 것은 양 공군의 그와 같은 노력에도 불구하고 독일군의 진격은 지지부진했으며 소련공군 역시 상당한 병력을 쏟아 붙는데도 결정적 효과를 내지 못했다. 훼도르 아스타호프(Fedor Astakhov) 중장의 남서방면군 소속 공군은 8월의 마지막 10일 동안 일일 주간 출격 300회, 야간공습 20-30회를 기록했지만 독일군은 별다른 반응을 나타내지는 않았다. 아스타호프 중장은 하르코프와 북부 코카사스 지역의 공군기까지 지원을 받았음에도 9월 1일이 되면 가용한 자산은 겨우 163기로 떨어지는 결과를 안고 있었다.[88] 케셀링의 2항공군 역시 9월 6일에 겨우 251기를 가용수치로 보유하고 있었으며 키에프 포위전을 앞둔 이 기막힌 사정은 리히트호휀의 8항공군단 전력으로 일단 보충이 되기는 했다.

포위망과는 관계없이 9월 2일 예레멘코의 브리얀스크방면군은 스탈린의 독촉에 못 이겨 남하중인 구데리안 2장갑진단의 속도를 늦추기 위해 재편 중인 수중의 병력을 깡그리 모아 반격작전에 나섰다. 주 공세는 두 방향으로 전개되었다. 하나는 21군이 스타로두브 방면을 향해 남쪽으로 내려가고 두 번째는 50군이 쥬코프 예비방면군 소속 4개 소총병사단의 지원을 받아 로슬라블을 향해 북쪽을 뚫는 것이었다. 이 구상에 대해 예레멘코는 신랄하게 비판했다. 주공의 방향을 두 개로 잡게 되면 방면군의 병력을 여러 군데로 분산시키게 되어 소모만 늘어나게 되며 스타로두브로 진격중인 구데리안의 주공을 막기가 힘들다는 점이었다. 즉 50군이 21군과 공조하여 구데리안을 막아서야 되나 50군을 로슬라블로 보낸다는 것은 전력을 무의미하게 분산시키는 것으로 판단했다. 예레멘코는 공군과의 조율에 의한 보다 입체적인 제병협동작전을 준비하려 했지만 조급한 결과를 바라는 스탈린의 지시를 거부하기는 힘들었다. 이는 영화 제목 그대로 '미션 임파서블'이었다. 브리얀스크방면군의 수중에는 신규 병력없이 모두 전투에 찌든 제대만이 남아 있었는데다 구데리안이 너무 빠른 속도로 내려가면서 측면이 노출되었다고는 하나 예레멘코의 약체화된 전력으로 190km가 넘는 구간을 커버하는 것은 거의 불가능에 가까운 일이었다. 그러나 스탈린에게 구데리안을 저지하겠다고 장담한 만큼 안 되더라도 싸움은 걸어 보아야 했다.[89] 2시간 동안 화포사격을 퍼 부운 예레멘코는 충분히 독일군을 혼란스럽게 만들었다고 여기고 본격적인 공격을 개

87) Glantz(2001) p.88
88) Hooton(2016) p.84
89) Erickson(1983) p.202

시했다. 별 효과가 없었다. 예레멘코가 타격지점에 있을 것이라고 판단한 레멜젠의 47장갑군단의 본부는 그 자리에 없었다. 반면 17장갑사단은 3군의 108전차사단을 섬멸하기 위해 작심한 공격을 퍼부었으나 소련군의 강력한 저항은 장갑부대의 돌진을 저지시키는데 성공했다. 2일의 최초 접전에서 소련군은 6대의 T-34가 파괴된 것을 시인했고 독일군도 이 교전에서 7대의 전차를 상실했다. 독일군이 좀 더 정교하게 기동하면서 소련 전차들을 몰아붙이자 108전차사단은 절반 정도가 포위망에 갇히는 그림이 나타났다. 전차부대를 엄호하면서 돌파를 주도했던 4기병사단 역시 치명적인 피해를 안고 뒤로 물러나 재편성에 들어갔다.

9월 3-4일 포위망에 갇혀 있었던 이봐노프의 108전차사단은 11대의 전차와 1,200명 정도의 병원들이 탈출해 소련군 진영으로 합류했다. 8월 말 72대의 전차와 4,500명으로 시작한 사단은 더 이상 반격을 가할 기력을 상실한 상태였다. 이 탈출은 아무 것도 성취하지 못한 이봐노프가 취한 마지막 행동이었으며 불가피하게 대량의 부상병과 야포, 장비들을 방기한 채 도주해 나와야만 했다. 예레멘코의 제대는 9월 7일까지 47장갑군단의 늘어난 측면을 절단 내기 위해 수중의 모든 전력을 동원해 보았다. 충분히 분열될 것으로 판단되었던 레멜젠의 장갑부대들은 그 후 수일 동안을 능란하게 버티면서 총 127대의 적 전차 중 77대를 격파하고 108전차사단과 141전차여단의 전투력을 무력화시키는 결과를 낳았다. 108전차사단은 500명의 병원과 53대의 전차를 잃고 16대의 전차와 5량의 장갑차량만 남게 되었으며 같이 작전을 수행했던 141전차여단은 24대를 상실해 38대만 기동할 수 있었다. 독일 전차들을 기술적으로 능가할 수 있는 KV와 T-34 중전차는 두 전차부대를 합쳐 총 29대에 지나지 않았다.[90]

◆ VI-2-10 독일군에게 격파되어 대지에 버려진 KV-1와 T-26

90) Glantz(2001) p.89, Glantz(2010) p.414

예레멘코는 그래도 110대의 독일 전차를 격파했다면서 스탈린의 질책을 회피하려 했지만 전투 개시 시점 독일군 전체의 전차 수는 50대가 채 못 되었다. 원래 소련군은 자신들의 실책을 덮기 위해 독일군의 피해상황을 부풀려 보고하는 것이 다반사였으며 한편으로 말도 안 되는 상호 격파비율을 은폐하려면 독일군의 전력을 실제보다 기형적으로 확대하여 기록에 남겨야만 했다. 언제부터인가 소련군은 독일군이 전투 직전에 보유한 장비의 2-3배를 파괴했다고 하는 어처구니 없는 주장을 프로파간다가 아니라 공식적인 전투일지에 기록으로 남기는 습관이 생겨났다. 이 전투에서 실제로 완파된 독일군의 전차는 5대이며 20대가 기능불능으로 되었다가 대부분 회수하는데 성공했다. 파괴된 전차를 회수할 수 있었다는 것은 전장을 독일군이 관리했다는 이야기가 된다. 브리얀스크방면군의 피해는 10만 명을 초과했다. 기동전력은 절반 이상이 사라졌다. 에르마코프 기동전단은 우월한 성능의 전차와 2배나 많은 전력을 갖고도 측면이 늘어 날대로 늘어난 적을 타도하지 못했다. 이 당시 소련군 기동전력은 큰 덩치의 병력을 효과적으로 제어할 수 있는 전차부대의 운용기술이 너무나 뒤쳐져 있었다.[91] 독일 전차들이 소련군의 T-34, KV 전차들과의 격차를 좁히는데 거의 2년이 소요되었던 것처럼 이 기술적, 전술적 격차는 그로부터 2년 이상이나 지속되었다. 8월 말까지 독일군은 전 전선에서 총 13,145대의 소련군 전차들을 격파했다. 보통 국가 같으면 이 정도에서 전쟁은 끝나야 했다.

* * * * *

구데리안을 위요한 논쟁

".....47장갑군단은 공격을 중단하고 데스나 강 서쪽 제방으로 이동하라는 OKH의 명을 받았다.
이 명령은 나를 모욕할 정도로 촌스러운 문장으로 구성되어 있었다.....
47장갑군단 본부와 예하 사단장들은 승리가 거의 목전에 다다른 것으로 믿고 있었으나....."
(2장갑집단 사령관 하인츠 구데리안 상급대장 : *1941.9.4*)

에르마코프의 반격은 떨쳐냈지만 히틀러와 독일군 수뇌부는 구데리안 때문에 골머리를 앓고 있었다. 9월 2일 구데리안의 주력이 여전히 데스나 강 동쪽에 붙잡혀 있는 것을 알게 된 히틀러는 슬슬 짜증을 부리기 시작했다. 바르바로싸 이래 벨라루스 땅 전체가 9일 만에 장악된 데 비추어 2장갑집단은 8월 25일부터 시작해 발진지점으로부터 겨우 100km를 나아갔다는 데 대해서 히틀러는 용납하기 어렵다는 기분이었다. 그러나 데스나 강변을 향한 진공이 전혀 없었던 것은 아니었다. 12군단의 34보병사단은 9월 1-2일 소련군의 기동전력이 사단 정면으로 다가온다는 보고에 따라 브리얀스크 북동쪽의 우고스트(Ugost)에서 한 바탕 격전을 치렀다. 80보병연대와 253보병연대 가운데를 노린 소련군은 데스나 강 교두보를 없애려 했지만 3일 하루 동안 38대의 전차를 격파당하면서 주저앉았다. 즉 2장갑집단이 남하하는 동안 34보병사단과 여타 12군단의 제대들

91) Forczyk(2014) pp.102, 104-5

은 독일 기동전력들의 북익을 철저히 엄호하는 역할은 수행하고 있었다.[92]

하여튼 이 시기 뭔가 이상한 기운이 감돌았다. 9월 3일 보리소프의 남방집단군 사령부에서 브라우히취와 할더가 참석한 가운데 2장갑집단의 OKH연락장교 밸터 나겔(Walter Nagel) 중령은 구데리안의 입장을 옹호하는 열변을 토했다. 러시아어에도 능통했던 나겔 중령은 2장갑집단의 상황을 실로 객관적이고 상세하게 사태를 설명했으나 OKH로부터 '말 많고 프로파간다에만 능한' 사람이라며 직위해제 조치를 통보받는 어이없는 일을 당했다. 이미 이 순간 구데리안은 심히 불쾌해 있던 상태였다. OKW는 9월 4일 OKH를 거치지 않고 폰 보크에게 직접 연락하여 구데리안의 해명을 촉구했다.[93] 구데리안은 즉각 답을 보냈다. 우선 장갑집단의 좌익이 너무 늘어나 남방으로 직행할 수가 없으며 우익에 포진한 봐익스의 2군이 병력을 잘못 운용하고 있다고 하면서 데스나 동안(東岸)으로의 공격은 불가피하다고 변명했다. 또한 구데리안은 병력은 언제나 부족한데 매번 요구하는 지원요청은 번번이 무시되어 왔음을 아울러 항변했다.[94] 이 보고서는 폰 보크를 화나게 했다. 자신은 그래도 지금까지 구데리안의 입장을 옹호해 왔건만 이제 와서 OKW에 이러한 보고를 올리면서 자신을 간접적으로 비난하는 것은 참을 수 없다는 느낌을 받게 된다. 그는 현 상태에서 더 이상 구데리안을 지원할 제대는 존재하지 않으며 구데리안은 시급히 남쪽으로 내려가 폰 클루게 4군이 돌파구를 여는 작업에 조응(調應)해야 된다는 확신을 갖고 있었다. 폰 보크는 브라우히취에게 구데리안의 해임을 건의하게 되자 브라우히취는 좀 더 신중히 검토할 것을 부탁하면서 폰 보크를 진정시켰다.[95] 드디어 9월 5일 자정이 지나 2장갑집단의 47장갑군단이 데스나 서안(西岸)으로 이동하라는 히틀러의 결정이 내려졌다.[96] 구데리안은 완전히 돌 지경이 되었다. 다시 병력이동을 추진하는 데는 또 수일이 소요되며 47장갑군단의 제대들은 승리가 목전에 다가왔다고 생각하는데 데스나 서안으로 옮긴다는 것은 말이 안 되는 조치로 간주했다. 구데리안은 그와 더불어 지금까지 자신이 이루어온 성과에 대해서는 조금도 인정을 하지 않으면서 자신을 희생양으로 삼으려 하는 모든 상급자들을 원망하고 있었다.

> *".....이 군단(47장갑군단)은 8월 25일 이래 홀로 120대의 전차, 155문의 야포와 17,000명의 포로를 잡는 전과를 올렸으며 동 기간 중 24장갑군단은 추가로 13,000명의 포로를 획득했다. 그러나 여기에 대해 단 한 번의 치하는 없었다."*[97]

하나 히틀러의 의지가 개입된 것이 분명하다는 확신을 갖고 있었던 만큼 구데리안은 이 명령을 수락하지 않을 수 없었다. 이 소동이 8월 23일 구데리안이 히틀러 앞에서 보였던 언행에 대해 할더와 폰 보크가 복수극을 벌인 것인지에 대해서는 믿을만한 증거들이 없다. 구데리안 연구의 권위자인 케네쓰 막세이(Kenneth Macksey)는 8월 31일 할더의 일지 내용을 토대로 할더가 히틀러의 손을 빌어 구데리안에게 일격을 가하는 음모를 꾸민 것처럼 표현한 바 있었다. 또

92) Zetterling(2017) pp.239-241
93) BA-MA RH 21-2/931, KTB Nr. 1 Panzergruppe 2 Bd.II vom 21.8.1941 bis 31.10.41, Fol. 129(1941.9.4)
94) BA-MA RH 21-2/931, KTB Nr. 1 Panzergruppe 2 Bd.II vom 21.8.1941 bis 31.10.41, Fols. 131-133(1941.9.4-9.5)
95) Bock(1996) p.304
96) BA-MA RH 21-2/931, KTB Nr. 1 Panzergruppe 2 Bd.II vom 21.8.1941 bis 31.10.41, Fol. 133(1941.9.5)
97) Guderian(1996) p.212

한 그는 "이 시기에 있어 할더의 행동에 있어 현저한 점은 자신의 야심을 위해 독일장병들을 희생시키는 것을 명백하게 의도하고 있다는 것이었다"라는 표현으로 할더를 근원적으로 의심하고 있다. 한편 일을 뒤에서 조종하면서도 자신의 모습은 전면에 드러내지 않고 감추려 했다는 의혹마저 제기했다.[98] 데이빗 스태헐(David Stahel)은 할더가 폰 보크와 구데리안을 이간질시키기 위해 각본을 꾸민 것처럼 애매하게 묘사하기도 했다.[99] 그러나 할더는 키에프 공세를 원천적으로 반대한 인물이기 때문에 구데리안이 곧장 남방으로 직행하지 않고 측면을 다져나가는 움직임을 보인 것에 대해 히틀러와 동조할 이유는 없었다. 만약 그가 8월 23일 구데리안의 언행을 하나의 배신행위로 간주하고 그토록 증오한 나머지 엮어낸 음모가 맞다면 진정 치졸한 인간이 아닐 수 없다. 아마 그 정도는 아니었을 것으로 생각되나 구데리안의 참모장 리벤슈타인(Kurt Freiherr von Liebenstein) 중령은 중앙집단군이 명확한 목표를 제시하는 것을 거절하면서 도망 다니는 꼴이라며 할더보다는 오히려 폰 보크를 비난하고 나섰다. 또한 리벤슈타인은 단지 속도가 나지 않는다는 이유만으로 구데리안을 희생양으로 삼으려는 의도가 있는 것으로 의심하면서 자신들은 충분한 병력의 지원만 있다면 승리할 확신이 있음을 제시하고, 여전히 구데리안을 신뢰하는 총통에

◆ VI-2-11 3장갑사단장 봘터 모델과 논의하는 하인츠 구데리안. 전술적 과단성과 신중한 전략적 섭리를 공히 존중한다는 점에서는 두 장성이 닮은 구석이 많았다.

98) ケネス マクセイ(1977) pp.245, 247
99) Stahel(2013a) p.167

게 장갑부대의 정확한 정황을 상세히 보고할 필요가 있다는 구데리안의 생각에 동조하고 있었다. 그는 9월 5일 이런 기록을 남겼다. "도대체 언제쯤 우리는 비난(criticism)이 아닌, 명령(order)을 받게 되나?"[100]

9월 3일 전세를 바꾸는데 있어 결정적인 단서 하나가 입수되었다. 콜로붸츠(Kolovets) 상공에서 격추된 소련군 폭격기 안에서 발견된 주요 군사기밀 문건에는 소련군 제대의 위치가 명확히 표시되어 있었으며 브리얀스크방면군의 13군과 21군(구 중앙방면군) 사이에 분명한 갭이 발생하고 있음을 확인했다. 당장은 필요하지는 않지만 거기에는 모스크바의 대공포시설에 대한 구체적인 지점도 표시되어 있었다. 독어로 번역된 문서와 지도를 받아든 슈붸펜부르크(Leo Geyr von Schweppenburg) 24장갑군단장은 희열을 감추지 못했다. 슈붸펜부르크 대장은 당장 3장갑사단에게 출동명령을 내리고 구데리안에게는 전화로 보고를 마쳤다. 독일군은 이 갭으로 이동할 필요도 없었다. 3장갑사단은 이미 이 갭 안으로 들어와 있던 참이었다. 역시 놀라 자빠질 번한 구데리안은 다음 날 4일 무려 4시간 반 만에 77Km 거리를 주행해 군단 본부에 당도했다. 그 지역의 도로는 잠시만 비가 와도 진창의 바다로 변하는 고약한 조건에서 독소 양군 모두를 애먹이고 있었다. 구데리안의 제복에 흙탕물이 범벅이 되었는데도 그의 눈가에는 미소가 멈추지 않았다. 구데리안은 기쁜 마음에 3장갑사단 본부로 곧장 뛰어갔다. "어이 모델, 이건 진정 우리들의 챤스야....." 더 이상 말이 필요 없었다. 히틀러에게 대놓고 싫은 소리 할 줄 아는 국방군의 가장 유별한 두 장군이 가장 유쾌한 시간을 보내는 장면이었다.[101]

구데리안은 가이어 9군단장과 긴급협의 하에 소스니짜(Sosnitsa) 방면으로 공세를 연장하는 것이 가장 효과적일 것으로 판단하고 또 다른 빈틈을 찾고자 노력했다. 구데리안은 모델에게 일단 세임 강을 건너게 되면 코노토프(Konotop)-비엘로폴예(Bielopolje) 철도선으로 적군을 밀어붙여 보급선을 차단할 것을 요구했다. 모델의 부대는 가파른 속도를 내며 세임 강과 코노토프를 향해 긴 종대를 형성해 나아갔다. 4장갑사단은 9월 3일 서쪽으로 진출해 자레프카(Zarevka)에서 적군의 야포 11문을 파괴하고 450명을 포로로 잡았다. 한편 선봉의 장갑중대는 1개 차량화보병중대와 함께 쉐르노프카(Shernovka)에서 숲지대를 소탕하던 중 소련군의 종대와 맞닥뜨려 불기 조우전을 가진 후 800명의 포로를 획득하는 전과를 올렸다.[102] 9월 4일 24장갑군단의 4개 기동사단들은 크롤레붸츠(Krolevets)로부터 소스니쨔 방면으로 드러난 75km의 갭을 향해 남진을 재촉했다. 동쪽에서 서쪽으로 3장갑사단, 4장갑사단, 10차량화보병사단, 다스 라이히가 차례로 늘어섰으며 군단의 좌익은 노브고로드-세붸르스키 남단에 위치한 '그로스도이칠란트' 보병연대가 맡고 우익은 세메노프카 구역으로부터 빠르게 달려 온 1기병사단이 전담했다. 모델의 3장갑사단은 9월 4일 무티노(Mutino)와 스파스코예(Spasskoje)를 지나 세임 강에 도달한 후 그다지 큰 갭이라고는 할 수 없지만 적군의 취약한 부분을 발견해 내고 그쪽으로 병력을 투입시켰다. 사단은 6장갑연대 3개 대대를 중심으로 별도의 전투단을 구성해 1대대는 스파스코예, 2대대는 무티노, 3

100) ケネス マクセイ(1977) p.246
101) Carrel(1966) p.123
102) Schäufler(2010) p.105

◆ VI-2-12 소련군 포로의 후송 행렬. 오른쪽 도로변 100m 거리에 단 한 명의 초병이 소총을 어깨에 맨 채 움직이는 것을 보면 충분히 난동을 피우거나 도주를 할 수 있는 기회가 있을 것으로 보인다. 단 그럴 경우 도주하지 못한 포로들은 꿈도 꾸지 못할 보복을 당할 우려가 있어 실제로는 거의 발생하지 않았다.

대대는 카멘예(Kamenje)를 공략토록 기안했다.[103] 이후 모델의 3장갑사단은 이미 확인한 갭으로 노도와 같은 병력을 집어넣으면서 소련군 방어구역을 초토화시키고 있었다. 마치 댐이 폭발한 것처럼 장갑차량과 전차들이 소련 두개 군의 측면을 때리면서 공간을 장악해 들어갔고 보병연대와 포병대대들이 삽시간에 남방으로 쏟아 내려져 왔다. 오후 1시 무티노에 들어간 6장갑연대 2대대 주축의 전투단은 12명의 병원이 전사하고 50명이 부상을 입는 대신 적군 포로 244명을 잡았다. 6장갑연대 1대대는 스파스코예로 진출해 32대의 전차를 가진 소련군 제대와 충돌하여 접전을 벌였다. 정오에 카멘예로 나간 3대대는 협곡 가장자리를 따라 속공을 펼친 후 오후 3시 30분에 카멘예를 들이쳤다. 예레멘코의 병력은 24장갑군단의 선봉인 3, 4장갑사단의 남진을 도저히 막을 수가 없었다. 4장갑사단은 이날 코로프(Korop)-크라스노폴예(Krasnopolje)를 공격하고 전차에 대해서도 집요하게 공격해 오던 소련군을 슈투카의 공습으로 잠재우면서 해당 구간을 장악했다. 코로프는 전차, 대전차포와 대공포가 시 외곽에 배치되어 완강하게 저항했으나 4장갑사단은 7대의 전차와 대전차포들을 잠재운 다음 보병들이 격렬한 시가전 끝에 마을을 장악했다. 이에 따라 소련 40군의 남쪽과 동쪽 방어선은 붕괴되었으며 잔존 병력은 세임 강을 향해 남쪽으로 패주하는 것이 불가피하게 되었다. 사단은 이튿날 5일에도 7대의 적 전차들을 격파하면서 하루 종일 걸렸던 소련군의 반격을 떨쳐냈다. 9월 4일, 2장갑집단은 8월 25일 이래 3만 명의 적군 포로를 잡았다.[104]

103) Veterans of the 3rd Panzer Division(2012) pp.219-20
104) BA-MA RH 21-2/931, KTB Nr. 1 Panzergruppe 2 Bd.II vom 21.8.1941 bis 31.10.41, Fol. 135(1941.9.4)

9월 6일 4장갑사단 35장갑연대는 바투린(Baturin) 북쪽의 세임 강 교량을 기습으로 탈취하는 임무를 부여받았다. 원래 장갑연대에 붙어있던 차량화포병연대 1대대가 보병지원에 할애되어 있어 35장갑연대는 단독으로 작전을 수행해야 했다. 공조하기로 한 10차량화보병사단은 6일 내내 보병들을 지원하기 위해 다른 두 곳의 거점에 묶여 있었기에 연대는 다른 우군 제대의 지원을 받을 수가 없었다. 35장갑연대는 6일 오후 8시 15분이 되어서야 움직일 수 있었다. 이 역시 유명한 야간작전의 한 페이지를 장식하게 된 전과였으며 35장갑연대는 적진 깊숙이 들어가 보급기지들을 부수고 적 후방을 붕괴시킨다는 대단히 위험천만한 공세를 실전에 옮기게 되었다. 9월 7일 새벽 2시 45분에 작전을 개시한 연대는 세임 강 교량 800m 지점까지 다가가 정찰을 실시한 결과 20대 가량의 소련군 전차들이 세임 강을 넘어 퇴각하는 소총병 제대를 엄호하고 있는 것이 관측되었다. 35장갑연대는 그 중 4대의 적 전차와 2대의 장갑차량들을 파괴하자 대전차포와 소총병들을 실은 당황한 적군 차량들이 황급히 도주하다 사단의 모터싸이클부대와 같은 이동지점에서 맞부딪히게 되었다. 소련군은 재빨리 차량에서 내려 서로 수류탄 투척거리까지 근접전투를 전개했으나 모터싸이클부대에 의해 처치되었다. 사단 포병대는 도주하는 적군 포병대에 사격을 가하고 35장갑연대 2대대는 적군의 뒤로 돌아들어가 마지막까지 버티는 소련군 소총병들을 격멸하려고 했다. 이 전투는 동이 틀 무렵까지 계속되었으며 소련군은 도로 양 옆으로 난 숲에 숨어들어 모든 화기를 동원해 35장갑연대와 사투를 벌였다. 독일군은 격렬한 전투를 종료시키는 했지만 큰 전리품은 없었다. 6대의 적 전차와 30문의 야포, 13문의 대전차포가 떨어졌다.[105]

24장갑군단은 7일 낮 다스 라이히가 프라취(Prachi) 부근에서 군단의 우익을 엄호하면서 진격하고, 4장갑사단은 미췐키(Michenki)로부터 바투린(Baturin)으로 공세를 넓혀나갔다. 같은 날 9월 7일 3장갑사단 한스-붸르너 프랑크(Hans-Werner Frank) 소령 지휘 하의 선도대대는 세임 강을 넘어 크라스노폴예(Krasnopolje)-포포프카(Popovka) 도로에 도착함으로써 교두보를 확보하는 데 성공했다. 이 기동에 의해 브리얀스크방면군과 남서방면군은 30km 이상의 간격을 벌리게 되면서 유기적인 연결이 불가능하게 되었다. 이것으로 북쪽으로부터 포위망을 좁히기 위한 1단계가 완성되었다.

9월 7일 3, 4장갑사단은 코노토프를 지나 남쪽의 보르스나(Borsna)와 롬니로 향하면서 부덴뉘의 뒤뜰을 위협하고, 당일날 세임 강 남쪽 제방에 교두보를 확보하는데 성공했다. 9월 8일 4장갑사단의 33차량화보병연대는 바투린 동쪽에 교두보를 마련하여 공병들이 8톤 무게의 교량을 설치했다. 이 교량은 3장갑사단 공병대대가 건설한 것으로서 3, 4장갑사단은 모두 멜냐(Melnja)에서 세임 강을 도하하도록 되어 있었다. 오후 5시 30분 도하를 완료한 4장갑사단 35장갑연대는 코노토프-크라스노예 도로를 향해 야지로 진출한 다음, 선봉의 2대대가 다수의 대전차포를 지닌 소총병 종대와 한판 대결을 벌이게 되었다. 2장갑대대는 400명의 포로를 잡아내고 저녁 늦게 12차량화보병연대와 함께 미췐키(Mitschenky)에서 적군의 측면을 강타하는 전투에 참여했다. 이로써 2장갑집단은 크게 보아 소련 남서방면군과 그 우익에 해당하는 브리얀스크방면군 사이에 30km에 가까운 갭을 만들어내는 데 성공했다.[106] 이후 장갑부대는 네쉰(Neshin)을 차기 목표로

105) Schäufler(2010) p.106
106) Showalter(2009) p.178

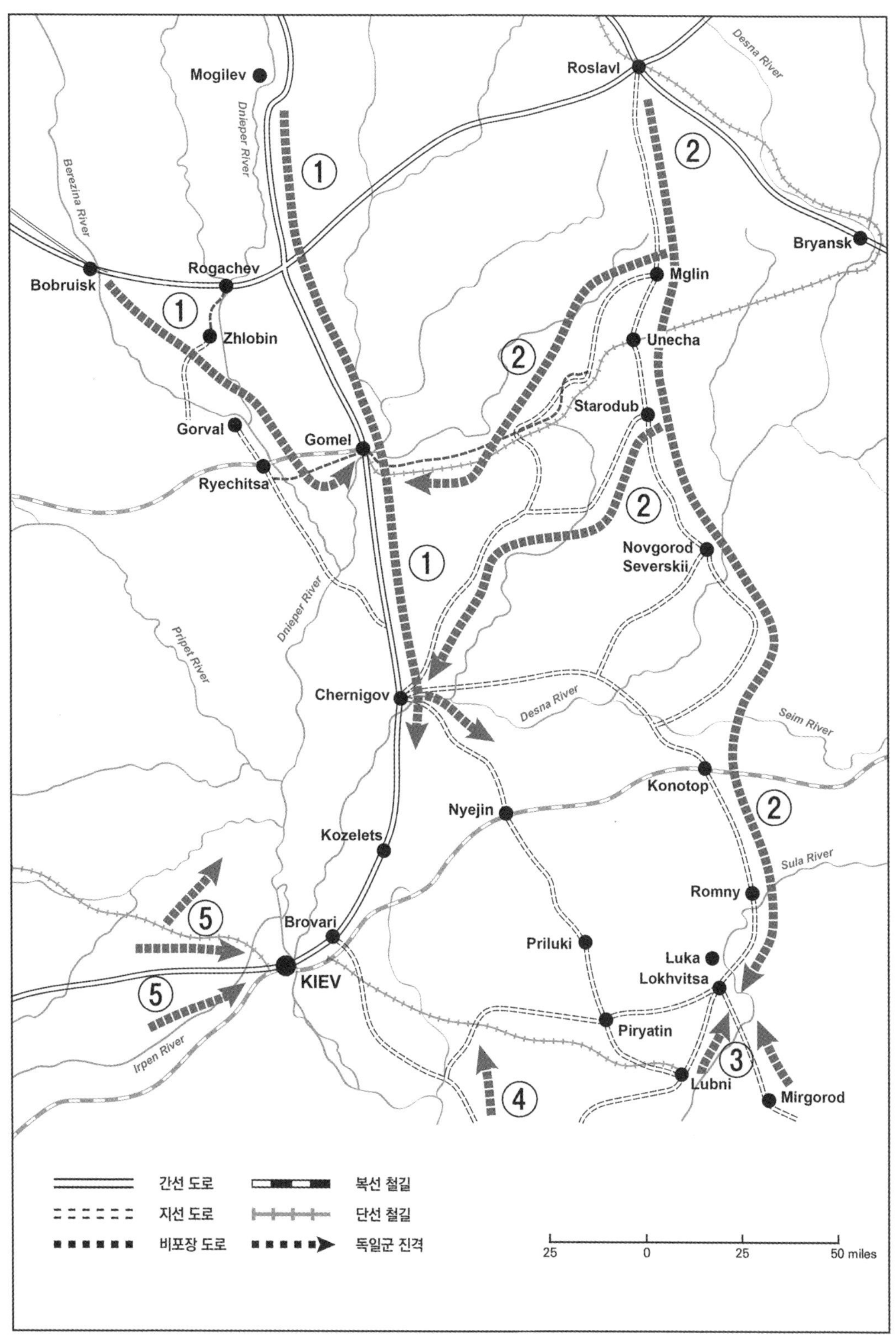

키에프를 향한 2장갑군(우)과 2군(좌)의 남진

네쉰-모나스티르쉬취노(Monastirshtchino) 축선으로 향하도록 정했다가 8일에는 다시 롬니로 방향을 수정한다는 결정이 내려졌다. 대신 지금까지 양호한 진격을 나타내고 있던 봐익스의 2군이 췌르니고프를 따 냄에 따라 구데리안 대신 2군이 네쉰-보르스나 축선으로 진격하는 것으로 조정되었다. 구데리안의 제대는 8일까지 4만 명의 포로와 250문의 야포를 노획했다.[107]

* * * * *

바흐마취(Bakhmach) 철도선 파괴 특공작전

** 로버트 그릭스(커트우드 스미스) : 이 작전은 상부가 모르는 것으로 한다네.....*
** 죤 람보(실베스터 스탤론) : 뭐 언제나 그래 왔으니까(I used to be).....*
(영화 [람보 3], 트라우트만 대령 구출작전 직전의 대화)

구데리안은 적군의 지도를 입수한 다음에 4장갑사단이 바흐마취 강으로 진격할 것을 지시했다. 바흐마취에는 두 개의 철도선이 설치되어 있어 소련군이 반격을 위한 대규모 병력을 이송시킬 가능성이 높았으며 4장갑사단은 미리 이 철도선을 파괴할 궁리를 하고 있었다. 이 특공작전은 7장갑정찰대대의 프릿츠 훼스만(Fritz Feßmann) 소위와 한스 림머(Hans Limmer) 원사에게 떨어졌다. 9월 7일 후베르트 니에를레(Hubert Nierle) 대위는 이 자살공격은 지원자만 받는다고 하면서 이들의 의향을 물었다. 훼스만 소위는 기꺼이 하겠다고 답했고 작전은 한 시간 내로 개시될 예정이었다. 정찰대의 두 지휘관은 급유를 마친 장갑차량을 점검하고 자신의 부대로 돌아왔다. 엥겔하르트(Engelhard) 상사가 먼저 물었다.

- 엥겔하르트 : *"뭡니까?"*
- 훼스만 : *"남쪽의 세임 강으로 이동하는 정찰작전이다. 엥겔하르트, 전원 준비시켜라. 한 시간 내로 출동이다."*
- 엥겔하르트 : *"베르케(Berke)가 부상당해 대체 인력이 필요합니다."*
- 훼스만 : *"아 맞다, 그걸 생각 못했네.....엥겔하르트 누구 아는 사람 있나?"*
- 엥겔하르트 : *"4소대 슈봐이클(Schweikl)이 있습니다만...."*
- 훼스만 : *"좋다. 그에게 이 자살특공대에 가담할 용의가 있는지 물어보게. 우리 중 아무도 살아 돌아올 수 없을지 모른다."*

엥겔하르트는 싱긋 웃고는 이내 사라졌다. 대전차포를 탑재한 장갑차량이 선두에 선 가운데 기관총을 설치한 2대의 특공대 장갑차량이 뒤따랐다.

이들은 교량 부근에서 한스 림머가 이끄는 3대의 장갑정찰차량과 만났다. 니에를레 대위의 안

107) Guderian(1996) p.213

내를 받아 자리를 옮기게 되자 사단장이 직접 나타났다. 이 작전이 어느 정도로 중요한지를 암시하는 장면이었다. 빌리발트 폰 랑게만(Willibald von Langermann und Erlencamp) 사단장이 직접 말을 열어 구체지시를 하달했다.

> "너희들의 임무는 적진 20km 안으로 돌파해 들어가는 것이다." 순간 훼스만은 자신들의 부하가 숨을 멈추는 것을 느꼈다. "너희들은 바흐마취의 철도선 두 개를 파괴하고 가능하면 철도선 남쪽으로 뻗어 있는 도로 교차점을 장악하기 바란다. 그럴 경우 소련군은 우리 사단 정면으로 다량의 병력을 포진시킬 수 없게 될 것이다."

훼스만은 바흐마취 서쪽 외곽의 철도선을 파괴하고 림머는 바흐마취 남쪽의 철도선을 제거한다는 간단한 임무부여 이외에 구체적인 계획은 훼스만과 림머가 현지에 가서 알아서 하라는 지시였다. 전형적인 임무형 작전이었다. 사단장은 일일이 병사들과 악수를 나누며 건투를 빌었다. 사단장이 전원과 다 손을 잡을 수 있었던 것은 불과 18명의 특공대원만 동원되었기 때문이다. 공병들이 폭발물을 싣는 동안 작전회의에 들어갔다. 훼스만은 오로지 철도를 폭파하는 일에만 집중하자고 하고 처와 자식이 있는 통신차량 운전병 췌르뷕크(Tscherwick)는 뒤로 빠져도 좋다고 했다. 췌르뷕크는 자신의 목숨은 상관없다며 기꺼이 죽기를 희망했다.

훼스만과 림머는 공병장교의 도움을 받아 보트로 강을 건너 정찰에 나섰다. 강 건너편 숲이 우거진 계곡에 6대의 장갑차량들을 이동시키기로 점을 찍은 다음 미췐키(Mitschenki)로 향하는 남서쪽 도로와의 연결지점도 확인했다.[108]

다음 날 9월 8일 새벽 3시 45분, 강 제방에 모인 특공대는 발진했다. 수백 미터를 채 가기도 전에 소련군의 152mm 대구경 야포의 포탄이 머리 위를 지나치고 있었으나 이는 훼스만의 부대를 노린 것이 아니어서 문제는 없었다. 6대의 장갑차량들이 아직 동이 트기 직전에 움직이기 시작했고 훼스만은 쌍안경으로 전방을 주시했으나 달이 구름에 가려있어 30m 전방만 관찰이 가능한 수준이었다. 새벽 4시 15분이 되자 겨우 60-80m의 시계가 확보되었다. 특공대가 미췐키에

◆ VI-2-13 4장갑사단 7장갑정찰대대 프릿츠 훼스만 소위. 주공세가 있기 전 장갑차량을 끌고 적진 깊숙이 정찰활동을 단행하며 선제적으로 교두보를 탈취하는 등의 위험천만한 작전을 도맡아했던 대표적 정찰대원. 1944년 전군 103번째로 검부백엽기사철십자장에 서훈되었으나 수령하지 못하고 10월 11일에 전사했다.

◆ VI-2-14 4장갑사단 7장갑정찰대대 한스 림머 원사. 독일은 부사관 정도의 계급이라도 무공을 세운 장병에게는 이와 같은 우편엽서들을 만들어 대중에게 시판하였다.

108) Schäufler(2010) p.113

도착할 무렵 훼스만은 동서교차로와 만나게 되자 이 교차점을 건너 미췐키의 남서쪽을 관통해 나가는 것으로 이동 루트를 변경했다. 훼스만의 최초 두 대의 차량이 이동하다 길 우측 가옥에서 두 대의 적군 차량이 있는 것이 보였고 잡답을 나누는 적병들이 나타났다. 쉐르뷔크는 차량을 멈춰 세웠다. 훼스만은 기관단총을 적에게 조준한 뒤 운전병에게 말했다. "쉐르뷔크, 움직여라" 훼스만은 적병들을 모두 갈겨버리려 했으나 이상하게도 적병들은 도로를 이탈해 자신들의 차량 쪽으로 옮겨가고 있었다. 이들은 독일군의 접근을 눈치 차리지 못했다. 다시 남서쪽으로 5km 정도 이동을 계속한 훼스만의 부대는 길가에서 가옥을 발견하고 어설픈 러시아어로 현재 이동 중인 길이 어디로 연결되는지를 길 가는 민간인에게 물었다. 러시아 농부들은 바흐마취라고 분명히 발음했다. 그 후 차량들은 갑자기 마차를 탄 소련군들과 조우하는 일이 발생했다. 너무 급작스러운데다 거리가 짧아 전진도 후퇴도 할 수 없는 상황이 되고 말았다. 훼스만은 포를 탑재한 장갑차량이 맨 선두에 오도록 하고 쉐르뷔크에게 마차 옆으로 바짝 붙으라고 지시했다. 마차로 다가간 훼스만은 기관단총을 겨누고 소련군들을 저지시켰다. 너무 갑작스런 일이라 적병들은 저항을 하지 못한 채 포로가 되어버렸다.[109] 다시 동쪽으로부터 적군의 사격이 시작되었다. 잘 보이지는 않지만 덤불 안에서 쏘는 것으로 보여 림머는 20mm 대공포를 돌려 탄환이 다할 때까지 갈겨대자 적군은 남쪽 방향으로 황급히 물러났다.

이와 같은 교전 후 그대로 직진하다가는 적에게 의중을 노출시킬 우려가 크다고 판단한 훼스만은 500m 뒤로 돌아가 도로교차점에서 림머와 나누어져 혹시 한 쪽이 당하더라도 다른 한 쪽이 임무를 완수할 수 있도록 병력을 분산시키기로 했다. 훼스만이 이끄는 3대의 차량은 지도에 표시되어 있지 않은 작은 마을을 발견하고 잠시 머물렀으나 별다른 이상이 없어 그대로 지나쳐버렸다. 오전 5시 20분 주변은 완전히 밝아졌다. 훼스만은 거친 땅의 진창도로를 지나 좌측에 위치한 마을 하나를 관찰했다. 적의 전차와 병력이 위장한 상태에서 아침을 먹는 것으로 판단되었다. 중전차와의 대결은 무리였다. 20mm, 37mm포로는 상대가 되지 않을뿐더러 적의 주포사격에 걸리면 8mm의 장갑은 휴지조각처럼 망가질 것이 분명했다.[110] 다행히 적이 아침조리에 정신이 없어 그냥 지나치기로 하고 15분을 더 달려 북쪽의 바투린으로부터 남쪽의 바흐마취로 연결되는 주도로 주변에 도착했다. 때는 5시 40분이었다. 그러나 도로 접근은 불가능했다. 소련군의 이동병력이 대규모인데다 평지에 숨을 곳도 없는 조건에서 적군들은 2차 도로를 이용해 북쪽과 동쪽으로 이동 중인 것으로 파악되었다. 훼스만은 도로 좌측의 분지에 숨어 있다가 적에게 노출되기 전에 다시 마을로 되돌아갔다. 마을의 소련군을 피해 북동쪽 끝자락으로 500m를 전진하여 바투린-바흐마취 국도를 감제하고 6시 5분 사단본부에 현 위치와 상황을 타전했다. 끝이 보이지 않는 차량과 전차의 행렬로 인해 도저히 어느 방향으로든 움직일 수가 없는 상황이었다. 서쪽으로의 돌파가 불가능해지자 훼스만은 다시 동쪽으로 틀었고 그 직후 림머의 차량 3대와 조우했다. 이들 역시 동쪽으로의 진출이 막혀 역으로 돌아오고 있는 중이었다. 6시 40분은 림머는 남서쪽으로, 훼스만은 다시 서쪽으로 방향을 바꾸었다. 훼스만은 바투린-바흐마취 국도변에 도달해 사방을 경계했다. 그때 림머 원사가 철길에 폭약을 설치했다는 사단본부의 연락을 측방으로 전해 받았다. 훼스

109) Schäufler(2010) p.113

110) 훼스만의 특공대가 몰고 갔던 Sd.kfz. 231, 232와 같은 장갑정찰차량은 최소 5mm, 최대 14.5mm 정도의 장갑에 불과해 치고 빠지는 기습이 아니라면 야지에서 일정 기간 전투를 할 수 있는 하프트랙과는 사뭇 다른 조건에 놓여 있었다.

만은 더 이상 기다릴 수가 없다며 대원들에게 시간이 왔으니 만반의 준비를 갖추도록 지시했다. 훼스만은 기다란 소련군 종대가 도로 교차점을 벗어나기를 끈기 있게 기다리다 마지막 차량이 빠져 나간 다음 300m 거리를 두고 도로변으로 접근해 들어갔다. 훼스만의 차량들은 한때 웅덩이에 빠져 로프로 견인하는 등 한 바탕 소동을 벌였으나 여차지차 이동을 계속해 도로와 150m 거리를 둔 채 남쪽 방향으로 야지를 주행했다. 대원들은 시간이 갈수록 그들이 적진 한 가운데로 침투하고 있다는 것을 알고 온 몸이 긴장으로 땀범벅이 되어가고 있었다. 적군은 그 시간에도 여전히 국도 동쪽으로 병력을 이동시키고 있었으며 훼스만은 고로디쉬췌 방면에도 적군이 득실대고 있는 상황임을 본부에 타전하면서 자신들은 바흐마취 서쪽 끝자락으로 이동할 계획임을 알렸다. 3대의 차량은 옥수수밭과 감자밭이 무성한 곳을 통과해 2km 더 간 지점에서 오두막과 가옥 몇 채가 있는 곳을 발견했다. 드디어 폭파를 단행해야 할 지점에 도착한 것이었다. 이때가 오전 8시 45분이었다.[111] 그러나 700m 지점에서 바흐마취를 오가는 운송차량들이 하역작업을 하고 있어 철길 둔덕으로 바로 접근하는 것은 너무 쉽게 노출될 우려가 있었다. 훼스만은 도중에 큰 건초더미가 있는 곳을 발견하고 모든 차량을 그쪽으로 숨겼다. 훼스만은 두 대는 남게 한 뒤 한 대의 차량에 엥겔하르트와 전투공병 슈봐이클을 태우고 혼자서 둔덕 쪽으로 접근했다. 둔덕 너머 500m 전방에 기관총좌 하나가 보였다. 둔덕 쪽으로 가까이 다가가 300m로 좁혀들자 소련군 초병이 독일군 차량을 확인하기 위해 진지에서 나오는 것이 목격되었다. 차량은 다시 옆으로 빠져 둔덕과 400m 거리가 되는 지점에 멈추어 섰다. 더 이상은 늪지대라 차량을 이동시키기가 불가능했다. 훼스만은 모자를 벗고 슈봐이클과 함께 권총만으로 무장한 채 3kg 폭약을 각각 운반하여 도보로 접근해 갔다. 순간 소련군 진지 쪽을 힐끗 본 훼스만은 초조해 지기 시작했다. 소련군들이 훼스만이 두고 온 장갑차량 쪽으로 접근하고 있었다. 그와 동시에 도로를 주행 중인 소련군 차량들도 자신들을 목격할 수 있는 거리였다. 훼스만은 대범한 발상을 했다. 일부러 담배연기를 날려 마치 농부가 일하는 것처럼 태연하게 감자밭을 캐는 시늉을 했다. 문제는 더더욱 복잡해졌다. 하필 정면에서 민간인 한 명이 훼스만 쪽으로 오고 있었고 6명의 기병이 서쪽에서 나타나 장갑차량 쪽으로 움직이고 있었다. 기병들은 훼스만과 200m 거리를 두고 있었으며 훼스만 뒤에는 5명의 적군 기관총 사수들이 차량 쪽으로 접근하고 있는 위기일발의 상황이었다. 2명이 권총만으로 5명을 모두 사살하기는 힘든 상황이며 엥겔하르트 혼자 감당하기도 불가능했다. 철도 폭파 작전은 이것으로 끝날 것인가? 한데 기적적인 일이 벌어졌다. 엥겔하르트는 차량을 빼 북쪽으로 200m 정도 이격시켜 놓자 소련군 기관총 사수들과 기병들도 이를 제대로 파악을 못한 채 지나쳐 버리는 일이 발생했다. 훼스만과 슈봐이클은 숨을 헐떡이며 마음속으로 십자가 성호를 그었다.

하지만 위기는 그것으로 끝난 게 아니었다. 여하튼 철길로 접근하는 것이 필요한데 도무지 틈이 보이지를 않았다. 훼스만은 슈봐이클이 뒤에 남아 소련군의 접근을 감시토록 하고 홀로 제방 쪽을 향해 낮은 포복으로 다가갔다. 철길과의 거리는 겨우 10m, 그러나 건너편 덤불이 나 있는 곳에 적병들이 발견되었으며 훼스만과의 거리는 40m에 불과했다. 적군 차량들은 그 순간에도 온 사방으로 주행하고 있었으며 200명 가량의 소련군들이 훼스만이 있는 방향으로 접근하는 것도 보였다. 그때 슈봐이클이 상황을 설명하려 왔고 차량이 놓여 있던 곳은 안전하다는 것을 확인했

111) Schäufler(2010) p.114

다. 그러나 3명의 소련군이 훼스만과 슈봐이클이 엎드려 있는 곳으로 다가왔다. 불과 10m였다. 슈봐이클은 잽싸게 옆으로 빠져 철길로 다가갔으며 3명의 적병은 주변에 관심을 보이지 않은 채 이들을 지나쳐 버렸다. 운이 따라주는 날이었다. 훼스만과 슈봐이클은 재빨리 철길에 폭약을 장치하고 감자밭 쪽으로 200m를 정신없이 달려갔다. 죽음과 삶이 교차하는 순간이었다. 요란한 굉음이 뒤에 들렸다. 폭약이 터진 것이었다. 훼스만을 발견한 소련군은 박격포까지 동원해 사격을 가해 왔다. 두 명의 독일군은 철길 양 옆에서 사격이 빗발치는 와중에 사력을 다해 차량이 있는 곳으로 질주해 영화처럼 탑승한 다음 건초더미가 있는 곳으로 내달렸다. 독일군 차량들은 일제히 탈출하기 시작했다. "오전 10시. 폭발 성공" 긴급 라디오 송신이 이루어졌다.[112]

구사일생으로 탈출한 훼스만의 병사들은 다시 국도 쪽으로 다가가 300대 이상의 적군 차량과 전차들이 이동하는 동안 5시간을 같은 지점에서 은폐한 상태로 대기했다. 마지막에 소련군에게 들킨 훼스만은 대전차총 사격을 피해 현장을 벗어나 정확히 왔던 지점으로 되돌아가 본대에 합류했다. 림머의 대원들도 임무를 완수했다. 중대는 난리가 났다. 샴페인을 터트리는 축제 분위기 속에 사단장이 이 특공대 대원들을 직접 치하하며 이미 군단본부에도 이 쾌거가 보고되었다는 기쁜 소식을 전했다. 불과 9명으로 구성된 2개의 특공대가 적진 20km를 파고들어 겨우 2-3명의 대원들이 철길 폭파작업을 완수하고 무사히 귀환한 것은 독일군 스스로도 믿으려 하지 않았다. 불필요한 교전행위를 극력 피해가면서 주목표만을 향해 초인적인 정신력과 판단력으로 무공을 세운 훼스만 소위와 림머 원사는 10월 27일 공히 기사철십자장을 받았다.[113] 9월 9일 훼스만의 4장갑사단은 세임 강을 무사히 도하해 전날 훼스만이 목격했던 40군과 대적할 준비를 서둘렀다.

◆ VI-2-15 다스 라이히 모터싸이클대대. 뒤쪽 차량에 구데리안 장갑집단의 이니셜인 'G'가 확인된다. 사진은 바르바로싸 시기인 것은 분명하나 월, 일은 불명.

112) Kurowski(2004) pp.75-86
113) Edwards(2013) p.342

한편 구데리안은 46장갑군단을 돌려받기 위해 무지 애를 쓰는 과정에서 다스 라이히까지 회수하는 행운을 누렸다. 다스 라이히는 옐니아에서의 혈투 이후 집단군의 예비로 남아 있었으나 9월 4일부로 24장갑군단 예하로 들어가 2군의 우익을 지탱하는 형세로 포진하게 되었다. 구데리안의 늘어난 좌익은 단순히 엄살이 아니라 폰 보크도 인정하지 않을 수 없는 민감한 숙제이기는 했다.[114] 다스 라이히는 9월 1일부터 북쪽에서 이동을 시작해 로슬라블, 므글린, 우네챠, 스타로두브를 차례로 거쳐 3일 오후 코노토프 북서쪽, 소스니자(Sosniza) 북동쪽에 위치한 아브데예프카(Awdejevka)에 도착했다. 장장 500km가 넘는 구간이었다. 다스 라이히는 10차량화보병사단을 대체하기는 했으나 휴식을 취할 여유도 없이 4일 아침부터 남서쪽으로 진격하여 2군으로부터 쫓겨 남동쪽으로 도주하는 소련군들을 잡아내는 임무를 부여받았다. 이는 사실상 부차적인 의미밖에 없으나 24장갑군단의 선봉이 지나간 후방을 철저히 관리함으로써 키에프 포위망의 외선을 공고히 한다는데 1차적인 목표가 있었다.

9월 4일 아침 6시부터 공세에 착수한 다스 라이히는 루스키(Luski), 츨로페니키(Chlopeniki)를 차례로 제압하고 아브데예프카 남서쪽의 소련군 진지들을 밀어냈다. 오토 봐이딩거(Otto Weidinger)의 모터싸이클대대 3중대는 10차량화보병사단의 일부 병력과 함께 돌파국면이 마련되면 본격적으로 개입하는 일종의 예비로 남겨져 있었다. 대대의 공세에 소련군은 일단 아브데예프카에 설정한 2차 저지선으로 물러났으나 봐이딩거의 3중대는 적진의 약한 부위를 판독한 뒤 이제 대대의 선봉으로서 힘찬 구호와 함께 적진을 향해 찔러 들어갔다. 이 기습적인 공세는 아브데예프카의 적군 방어진을 격멸시키기에 충분했다. 200명의 포로와 30정의 기관총, 4문의 대전차포가 노획되었다. 그럼에도 불구하고 여전히 상당한 규모의 패잔병들은 북서쪽의 인근 숲지대로 숨어들어 독일군에게 반격을 가할 준비를 갖추었으나 통합된 지도력이 없어 사단에 어떠한 영향을 미치지는 못했다. 오토 봐이딩거는 왼쪽 발 아래에 총상을 입고서도 계속해서 지휘를 한 다음 당일의 목표가 달성되자 그때서야 후방으로 이송되었으며 이를 계기로 흑색부상장을 받았다. 봐이딩거는 이때의 부상으로 10월 둘째 주가 되어서야 전선으로 복귀했다.[115]

9월 5일 구데리안은 데스나 강변의 교두보를 확장시키기 위해 2군과의 공조 하에 소스니자 북서쪽 포위망을 좁혀 들어갔다. 1기병사단과 10차량화보병사단이 다스 라이히 좌우 측면에서 데스나 강과 주변 지류 쪽을 밀어내는 가운데 다스 라이히는 소스니자 서쪽의 고지대를 장악하는 임무를 맡았다. 다스 라이히는 돌격포들이 정면의 적군들을 말끔히 소탕하는 과정에 힘입어 어둠이 깔리기 전에 846고지와 79.0지점을 장악하고 그 날 안으로 소스니자를 점령하는데 성공했다. 이날 질붸스터 슈타들레(Sylvester Stadler) SS대위가 지휘하는 '데어 휘러' 2대대의 5중대는 프릴루키(Priluki)를 따 내는 과정에서 900명의 적군을 사살하고 전차 13량, 야포 30문, 차량 150대를 격파하거나 노획하는 눈부신 전과를 획득했다. 프릴루키는 이날 중으로 다스 라이히의 손에 들어왔다.[116]

114) BA-MA RH 19II/386, Kriegstagebuch Nr. 1(Band August 1941) des Oberkommandos der Heeresgruppe Mitte, p.415(1941.8.31) / BA-MA RH 21-2/931, KTB Nr. 1 Panzergruppe 2 Bd.II vom 21.8.1941 bis 31.10.41, Fol. 98(1941.8.31)

115) Yerger(2000) p.10

116) Kurowski(1994) p.156

◆ VI-2-16 다스 라이히 대공포대대 2중대장 프릿츠 렌트로프 SS중위. 렌트로프에게는 기사철십자장을 받기 3일 전인 41년 10월 13일, 육군총사령부의 공적인정증명서(Anerkennungsurkunde des Oberbefehlshabers des Heeres)가 발부되었다. 이 역시 군적 기록에 남는 서훈의 일부였다.

9월 6일 다스 라이히의 차기 목표는 더 남쪽으로 진격해 소스니자 남동쪽 데스나 강(드니에프르 강의 지류)에 접한 마코쉰(Makoschin) 철교를 장악하는 데 모아졌다. 이 지점은 좌측의 2군이 소련군들을 패주시키는 과정에서 아브데예프카 북서쪽 숲에서부터 남동쪽으로 빠져 나오는 적 병력들을 제거할 수 있는 요긴한 장소였다. 선봉은 클링겐베르크의 모터싸이클대대로 오후 1시 30분에 슈투카의 지원이 있다는 전갈을 받았으나 약속된 시각에 나타나지 않았다. 2시 45분 이례적으로 구데리안 장군이 직접 대대에 연락해 마코쉰을 공격할 것을 명령했다. 모터싸이클대대는 적군의 정찰병력이 없는 틈을 타 최고 속도로 진격해 들어갔으며 소련군과의 최초 교전은 슬로브트카(Slobtka)-마코쉰 도로에서 발생해 약간의 소련군 포로를 잡았다. 모터싸이클대대 2중대장 하인츠 봐그너(Heinz Wagner) SS대위는 '데어 휘러' 소속 2대의 돌격포와 2대의 장갑차량 및 1개 모터싸이클중대를 동원해 마코쉰 동쪽 외곽으로 접근해 철도변으로 다가갔다. 소련군이 데스나 강을 넘어 후퇴하는 것을 목격한 봐그너 SS대위는 '데르플링거'(Derfflinger)와 '프린쯔 오이겐'(Prinz Eugen)이라 이름붙인 두 대의 돌격포를 보내 강 건너편 적군을 처치하도록 지시했다. 건너편에 있는 장갑열차는 위협사격만 가한 채 패주시키면서 그 가운데 적 전차 1대를 격파했다. 그러나 또 다른 한 대의 장갑열차가 달려오고 있어 돌격포들은 일단 현장을 이탈했다. 이날 다스 라이히는 기 발견되었던 두 대의 장갑열차 외에 또 다른 한 대도 파괴하여 3대의 열차를 파괴하였다. 41년 당시 보병운송차량이 부족했던 소련군에게는 야포를 탑재한 장갑열차의 기동력이 소총병 제대의 화력지원으로서는 크게 일조한 측면이 있었다.

이때 대공포대대 2중대장 프릿츠 렌트로프(Fritz Rentrop) SS중위는 '데어 휘러' 연대 14장갑엽병중대장 프랑크 SS소위의 부하들과 함께 마코쉰 마을 끝자락을 따라 접근해 들어갔다.[117] 그들의 눈앞에는 데스나 강에 걸린 4개의 교량 중 가장 큰 철교가 펼쳐졌다. 병원은 렌트로프 SS중위를 포함해 단 5명. 이들은 렌트로프 SS중위의 지휘아래 단 한 번의 대담한 돌진으로 철교로 돌진해 다리 위를 지키던 소련군 공병들을 단숨에 해치우고 1대의 적군 대전차포를 장악했다. 그 와중에 미리 소련군이 장치해 놓았던 도화선에 불이 붙어 폭발 직전까지 간 것을 가까스로 처리하였으며 철교폭파를 위해 설치된 여타 폭발물들을 모두 안전하게 제거했다. 단 5명의 특공대가 데

117) 다스 라이히의 프릿츠 렌트로프 SS중위는 꽤 많은 사진을 남긴 인물이나 왜 이때 홀로 '데어 휘러'의 장갑엽병들과 행동했는지는 불분명하다. 워낙 자잘한 전투단이나 임시조직을 자주 만드는 독일군의 습성상 당연한 일일 수도 있겠으나 프릿츠 렌트로프는 이 전투 외에 별로 알려진 활약이 없다.

스나 강 남쪽 제방에 발판을 마련한 극적인 순간이었다. 소련군은 교량에 폭발물을 재설치하기 위해 다시 접근해 왔으나 5명의 특공대는 사활을 걸고 제 자리를 지켜내면서 접근을 불허했다. 이 교전에서 프랑크 SS소위가 장렬히 전사했다. 데스나 강을 넘는 렌트로프와 그의 특공대들의 활약으로 인해 여전히 북쪽 제방에 있던 소련군 장갑열차 3대가 고립되어 독일군에게 노획당한 것도 큰 성과였다. 쌍방의 사격전이 격화될 무렵 때마침 돌격포가 되돌아왔고 총 27기로 구성된 3개의 슈투카 편대가 뒤늦게 도착했다. 마코쉰은 이내 화염과 먼지로 휩싸이면서 소련군 진지와 마을이 초토화되는 시간을 맞이했으나 슈투카의 무자비한 공습은 우군에게도 피해를 입혀 모터싸이클대대 상당수의 병원들이 억울한 죽음을 맞이했다. 10명이 죽고 30명이 부상당하는 참사를 빚었다. 그럼에도 불구하고 마코쉰은 다스 라이히에 의해 확실히 장악되었으며 모터싸이클대대는 공병도 아니면서 데스나 강에 스스로 작은 교량 하나를 건설해 익일까지 적군의 화포사격을 견뎌내는 수훈을 발휘했다. 대신 이 슈투카의 오폭은 교량 근처의 적군에게도 가혹한 피해를 입혀 결과적으로는 독일군의 승리에 기여했다.[118] 독일공군의 오폭은 8일까지도 부분적으로 이어져 렌트로프의 병원들은 우군과 적군의 공습을 모두 견뎌내야 하는 기이한 조건에 처해 있었다. 데스나 교량에서의 전투는 8일이 지나서야 겨우 종료되었다. 전사한 프랑크 SS소위를 포함하여 렌트로프 SS중위, 그리고 '데어 휘러' 14중대 소속 부르마이스터(Burmeister) SS소위, 루얼란트(Ruhland) SS상사, 프로델(Frodel) SS병장은 독일 육군 명예의 전당에 이름을 올렸다. 이 중요한 특공작전을 지휘한 렌트로프 SS중위는 10월 13일 기사철십자장에 서훈되었다.[119] 누구의 추천에 의한 것인지는 지금도 밝혀지지 않았으나 이는 무장친위대 장교로서는 겨우 16번째 기사철십자장이었으며 다스 라이히 사단으로서는 10번째의 영예였다.

남방집단군의 17군은 폰 룬트슈테트 원수가 지시한 대로 이미 두 개의 교두보를 확보하고 있었다. 하나는 8월 31일부터 9월 2일에 걸쳐 키에프 부근에, 다른 하나는 8월 29일부터 9월 4일에 걸쳐 데리에프카(Derievka) 근처에 병력을 이동, 집결시켜 파괴된 교량을 복구하거나 새로 교량을 설치해 대규모 부대이동의 인프라를 준비했다. 소련 38군은 7개 소총병사단과 3개 기병사단, 그리고 전투에 찌든 47전차사단을 동원한 것 외에 새로 편성한 2개 전차여단을 앞세웠다. 132전차여단은 경전차들로 구성된 3개 대대를 보유하고 있었으며 142전차여단은 22대의 T-34, 7대의 KV-1, 57대의 T-26로 무장하여 한결 펀치력은 있을 것으로 판단되었다. 소련 38군은 9월 11일까지 크레멘츄크에 대한 줄기찬 공세를 전개하고 17군의 보병사단들을 뽑아내려는 노력을 기울였다. 그러나 이는 먹히지 않았다. 소련군은 크레멘츄크에서만 4만 명의 병원을 상실하고 총 279대의 전차를 격파당하는 피해를 입었다.[120]

앞서 언급한 바와 같이 9월 8일 남방집단군 사령부에서 브라우히취와 할더, 호이징거, 짜이츨러가 참석한 가운데 차기 공세에 대한 논의가 있었다. 게오르크 폰 조덴슈테른(Georg von Sodenstern)은

118) Buffetaut(2018) p.55, Mooney(2008) p.115

119) Weidinger(1995) pp.36, 53, '육군명예의전당'에 언급된 이들 다스 라이히 특공대원들은 이상하게도 성(姓)만 확인될 뿐 이름이 기록되어 있지 않다.

120) Forczyk(2014) p.107

1장갑집단이 롬니(Romny)까지 진격한 다음, 적군의 대규모 탈출이 예상되는 루브니(Lubny) 남쪽까지 방어선을 구축할 것을 제안했었다. 루브니 남방에서는 17군의 4개 보병사단이 라인을 지키도록 하되 6개 보병사단은 행동의 자유를 확보한 뒤에는 동쪽으로 진격을 속개하여 산업도시 하르코프를 공략한다는 구상이었다. 공격 개시일은 11일로 잡혀졌다.[121] 폰 룬트슈테트는 이 거대한 포위전을 좀 더 효율적으로 관리하기 위해 구데리안의 2장갑집단과 봐익스의 2군을 자신의 집단군 휘하에 둘 수 있도록 간청했으나 할더는 받아들이지 않았다. 그와 아울러 9월 10일 드네프로페트로프스크 교두보에 대한 방침문제가 다시 거론되었다. 조덴슈테른 참모장은 사수, 포기, 병력지원 3자 택일을 해야 할 시점에 왔다고 지적하고 쿠르트 짜이츨러 1장갑집단 참모장과 장고에 들어갔다. 짜이츨러는 현재의 피해를 더 이상 감내하기 어렵기에 당장 철수하는 것을 희망하고 있었으나 그게 그렇게 간단치를 않았다. 이 교두보 내부에는 독일군 13개 포병중대가 있었으며 이 병력과 야포들을 빼내려면 한 개 중대를 훼리에 실어 나르는 데만 10시간이 소요된다는 계산이 나왔다. 따라서 포병대 전체를 모두 철수시키는 데는 5일 반이나 걸린다는 황당한 예상으로 인해 짜이츨러 스스로도 동요하기 시작했다. 어차피 적기 철수의 타이밍은 놓친 상태였다. 가기다 이미 엄청난 피해를 본 상태이기에 어떡하든 이곳에서 일말의 성과는 올려야 되었으며 남방집단군이 교두보를 확장하라는 기존 명령은 아직도 유효했기에 교두보 철수는 추진하기가 쉽지 않았다. 짜이츨러는 5-6일에 걸쳐 제안한 자신의 방안을 다시 끄집어내어 조덴슈테른이 폰 룬트슈테트를 설득해 보도록 부탁했다. 즉 교두보에 갇힌 9, 13, 14장갑사단과 60차량화보병사단을 뽑아내 크레멘츄크 공략에 동원하고 17군의 보병사단들이 해당 교두보를 인계받는다는 안이었다. 이는 교두보에 기동사단들을 묶어두면 피해는 늘고 기동력은 저하된다는 상식적인 판단도 존재하지만 짜이츨러 자신은 1장갑집단 전체 전력이 3분의 1로 약화된 것으로 진단하면서 그와 같은 조치는 반드시 필요하다는 점을 애써 강조했다. 예컨대 60차량화보병사단은 가장 심한 전투에 투입되어 2주 정도는 전투가 불가능한 상태라는 점이 지적되었다.[122] 또한 22,000명의 병원이 상실되어 그중 13,000명만이 충원되었다는 것과, 11장갑사단을 6군에 이양하고 '라이프슈탄다르테'(Leibstandarte) 1SS연대(LAH)를 11군에 넘긴 부분이 그런 이유의 배경이었다.[123] 1장갑군의 전차전력은 8월 22일부터 9월 6일까지 조사 일자에 따라 다소의 차이는 있으나 380대 정도로 추산되고 있었다. 그중 60대를 지닌 11장갑사단이 크레멘츄크 전역에서 빠져 버렸으므로 320대로 11일에 예정된 공세를 치르게 되었다고 보면 된다. 이는 짜이츨러가 말한 대로 3분의 1은 아니며 6월 22일 개전 이래 약 절반 수준이었다. 폰 룬트슈테트는 짜이츨러의 분석이 과장된 통계에 입각한 너무나 비관적인 평가라고 일축하기는 했으나 결국 조덴슈테른의 노력에 의해 짜이츨러의 안을 받아들이는 방향으로 교정되었다.[124]

9월 8일에 브라우히취는 폰 보크의 중앙집단군 2장갑집단 사령부도 방문하여 지원 건에 대해 협의하는 자리를 마련했다. 브라우히취는 웬만하면 들어 줄 용의가 있었으나 구데리안이 제시한

---

121) BA-MA RH 19-I/254, Heeresgruppe Süd Kriegstagebuch II. Teil Band 3, 16 Aug.-15 Sept.1941, Fol. 199(1941.9.8)

122) BA-MA RH 21-1/51, Kriegstagebuch des Panzerarmee-Oberkdos.1 Band III 1.9.41-31.10.41, Fols. 16-17(1941.9.8)

123) 1장갑집단 전차전력에 대한 짜이츨러의 분석과 종합은 다소 논란이 있다. 전차 대수에 대한 집계에 따라 전력의 3분의 2가 날아갔다고 하는 부분은 각 사단의 장부상 보유수가 아니라 실전 가용 전차로 계산하면 어느 정도 납득이 가능할 수도 있다. 그러나 1차 자료에 따른 집계에 의하면 6군으로 이양된 11장갑사단을 빼더라도 전차 수는 절반을 상회하고 있었다. 붸르너 하우프트(Werner Haupt)는 당시 크레멘츄크 교두보 전투에 동원될 1장갑집단의 전차는 총 331대라 밝히면서 이는 바르바로싸 개시 이래 53%나 되는 높은 전력을 유지하고 있는 것으로 해석하고 있으며, 2, 3장갑집단에 비해 200대 이상이 부족한 상태로 개전했던 1장갑집단이 이 정도 버티고 있었다는 것은 크게 나쁘지 않다는 판단이었다.

124) BA-MA RH 21-1/51, Kriegstagebuch des Panzerarmee-Oberkdos.1 Band III 1.9.41-31.10.41, Fols. 21-22(1941.9.10)

4개 요구조건 어느 하나도 들어주지 못하는 서먹서먹한 사태가 발생했다. 구데리안은 고멜로부터 바흐마취까지 연결되는 철도선을 깔아 줄 것과 엔진과 부품의 교체, 그리고 신규 차량들을 요구하였고 당장 부족한 연료의 공급도 지적했다. 마지막으로는 모포와 같은 병사들의 동계장비(?!)를 요구한 것이었는데 빨리도 추운 계절이 올 것을 예견한 구데리안의 정당한 요구처럼 들리기도 하지만 여전히 여름을 보내고 있는 브라우히취가 이상하게 생각한 탓인지 아니면 요구가 너무 많아 황당해 했던 것인지 알 수는 없지만 이는 지나치다는 비난을 받았다. 아무튼 항상 너무 많은 것을 요구하는 구데리안의 청은 거절되었다.[125]

* * * * *

위기관리의 위기 : 스타프카

".....키에프를 버린다는 단순한 언급 자체는 스탈린을 격노케 하여 자기통제를 상실케 만들었다.
우리는 통제불능의 분노가 터져 나오는 이 순간을 견딜만한 충분한 의지가 없다는 것과,
남서방면군 전구의 임박한 재앙적 사태의 책임을 적절히 평가할 만한 힘이 없다는 것이 분명했다."
(적군 참모차장, 알렉산드르 미하일로뷔취 봐실레프스키)

스타프카는 8월 28-29일 및 9월 1일에 부분적인 선제공격을 가한 뒤 서부방면군의 16, 19, 20군을 동원해 두호프쉬취나로부터 야르쩨보에 이르는 구간을 따라 스몰렌스크 동쪽에 놓인 독일군을 공격했다. '두호프쉬취나 공세'(Dukhovshchina Offensive)의 한 부분으로 알려진 이 반격작전은 9일 동안 지속되다가 독일군에 대한 압박이나 교란효과는 있었지만 별다른 성과를 나타내지 못하고 있었다. 작전의 실패에는 여러 문제가 중첩되어 있는 것이 당연했다. 그 중 가장 치명적인 실수는 아직 준비가 안 된 제대에 너무나 많은 명령과 지시가 떨어졌다는 것으로, 최초 명령에 따른 작전 도중에 다시 새로운 명령이 발부되어 제대간 통신장비도 변변치 않았던 소련군들은 일대 혼란을 경험했다. 즉 스타프카가 예레멘코에게 지시를 내리면 예레멘코가 직할 사령관들에게 다시 지시를 내리는 구조에서 스타프카가 아직 최초 작전이 준비와 실시에 들어가지도 않은 상태에서 새로운 명령을 전달하여 혼선을 초래케 하는 기가 막힌 착종현상이었다. 독일군처럼 하급제대에게 자율권을 부여하는 임무형 전술에 익숙지 않은 소련군들로서는 그와 같은 세세한 지시가 불가피했던 측면은 있으나 이는 야전지휘관들의 상황판단을 반영하지 않고 도상훈련에만 의존한 초조감과 조울증이 반영된 사태를 유도해 나갔다. 그러다 보니 스타프카는 최초 명령에 대한 보고를 그 후에 전달된 수정명령에 대한 보고로 오인하는 경우도 있었으며 그 반대의 현상도 비일비재했다. 이러한 지휘체계의 대혼란과 더불어 나날이 늘어만 나는 병원과 장비의 피해를 감당하기 어려웠던 스타프카는 9월 8일 3개 군을 모두 수비로 전환시키면서 3주 동안 스몰렌스크 북쪽과 북동쪽에서 전개된 '두호프쉬취나 공세'를 전면적으로 중단시켰다. 다만 이날은 전술한 것처럼 옐니아를 최종적으로 장악하면서 중앙

125) BA-MA RH 21-2/931, KTB Nr. 1 Panzergruppe 2 Bd.II vom 21.8.1941 bis 31.10.41, Fol. 164(1941.9.8)

집단군이 모스크바를 향해 최단코스를 잡으려 했던 기도는 차단시킬 수 있었다. 하지만 옐니아에서의 승리를 쉽게 상쇄할 만한 엄청난 재앙의 전조가 나타나고 있었다.

9월 6일, 남방집단군 라이헤나우의 6군 소속 51군단 262보병사단은 데스나 강을 넘어 췌르니고프(Chernigov) 남쪽 강 동편 제방에 교두보를 확보하면서 재앙의 싹은 급속도로 자라나기 시작했다. 9월 7일 51군단의 여타 사단들도 데스나 강을 도하하였으며 췌르니고프 동쪽에서 넘어온 봐익스 2군의 43군단 소속 112, 131, 260보병사단들과 연결되었다. 그로 인해 포타포프의 5군은 동쪽과 남서쪽에서 동시에 압박을 당해 세임 강 남쪽 제방으로 밀려나고 있었다. 남북 두 집단군 장갑집단간의 연결은 아직 더 시간이 필요했으나 일단 남북의 보병사단들이 교두보를 확보했다는 것은 그간 동서로 움직이던 독소 양군 공방전의 축이 남북으로 전환되고 있다는 것을 의미했다. 그보다 동쪽에서는 구데리안의 24장갑군단 소속 3개 기동사단들이 세임 강을 넘어 코로프(Korop) 구간을 지키던 소련 40군을 우회하는 기동을 나타냈다.[126]

9월 9일 스타프카는 북부로부터 남하하는 구데리안의 제대가 남쪽의 폰 클라이스트보다 더 위협적인 것으로 판단하고 5군과 37군의 북익은 드니에프르 동쪽 제방으로 후퇴해 2장갑집단의 진격에 대응하라고 지시했다. 소련군은 두 장갑집단이 롬니에서 조우할 것을 예상하고 롬니 방면에 모든 자산을 쑤셔 박는 무리수를 둘 예정이었다. 실제로 독일군은 9월 8일 드니에프르 교두보 크레멘츄크 북쪽 200km 지점의 롬니에서 1, 2장갑집단이 만나는 것으로 계획하고 있었다. 브리얀스크방면군의 반격이 무위로 끝나면서 독일군, 특히 구데리안 장갑부대의 남진은 하루가 다르게 피치를 올리고 있었으며 주요 거점들이 예정대로 독일군의 수중에 함락되자 스타프카와 일선 지휘관들은 공포의 위기가 다가오고 있음을 실감하고 있었다. 구데리안 장갑집단의 남진은 9월 10일까지 남서방면군의 배후로 잘라들어가 하르코프 일대의 산업단지와 도네츠 분지를 위협하는 형세를 구축하기에 이르렀다. 8월 말에 창설된 예비항공군은 슈트르모빅 대지공격기의 거의 전체를 구데리안의 진격로 훼방에 투입하였으며 9월 10일에는 스탈린의 개인적인 명령에 의해 키에프 전구에 있는 모든 항공자산을 롬니에 집결시키는 방안이 추진되었다. 그렇다고 1장갑집단에 대해 아무런 조치를 취하지 않는 것은 아니었다. 독일군이 잡아낸 드니에프르 교두보에 대한 소련공군의 공습은 아직 한 방은 부족한 면이 있었지만 지상의 병력들을 괴롭히기에는 충분했다. 9월 8일에는 하루 종일 6-8기의 폭격기와 전투기가 22번에 걸친 공습을 집행할 정도로 교두보 파괴에 혈안이 되어 있었다.[127] 9월 9일 봐익스 2군은 소련 5군이 췌르니고프를 포기하도록 밀어붙였고 같은 날 봘터 모델의 3장갑사단은 일부 제대가 10차량화보병사단의 지원을 토대로 코노토프를 점령했다. 봘터 네링의 18장갑사단과 10차량화보병사단은 트루브췌프스크와 노브고로드-세붸르스키의 데스나 강변 방어선에 대해 공세를 취해 온 22군을 몰아내면서 삽시간에 전력을 약화시켰다. 9월 10일 이른 아침 2장갑집단의 3장갑사단은 롬니를 기습으로 장악하고 400입방미터에 달하는 연료를 확보함으로써 수일 후 로흐뷔쨔로 갈 수 있는 여력을 가질 수 있게 되었다.[128]

---

126) Glantz(2010) p.488

127) BA-MA RH 21-1/51, Kriegstagebuch des Panzerarmee-Oberkdos.1 Band III 1.9.41-31.10.41, Fol. 17(1941.9.8)

128) NA : T-313 ; roll 86, Pz. Gr. 2 Ia KTB, frame 7.326.658

◆ VI-2-17 적 진지의 탄착점을 확인하는 독일군 척탄병들과 4호 전차. 좌측에 보이는 것은 소련군이 아니라 독일전차들로서 해당 가옥은 이미 포위된 것으로 짐작된다.

샤포쉬니코프 참모총장은 9월 10일 구데리안을 막기 위해 부된니가 소유한 2기병군단을 해제해 줄 것을 요청했으나 혁명 당시부터 그의 기둥이 되고 있던 2기병군단을 넘기라는 것은 자존심이 허락하지 않는 매우 불쾌한 요구로 받아들여졌다. 부된니는 샤포쉬니코프에게 드네프로페트로프스크에서 하르코프에 이르는 200km 전선을 남부방면군이 지키는 상황에서 이 기병군단은 방면군의 유일한 예비임을 지적하고 길길이 뛰기 시작했다. 부된니는 이어 "예레멘코가 하고 있는 꼴을 잘 봐라. 그는 적의 장갑집단을 저지하도록 되어 있으나 아무런 역할도 못하고 있지 않은가!"라며 샤포쉬니코프와 격론을 벌였다. 그래도 샤포쉬니코프가 원래 결정을 고집하자 부된니는 "좋다. 이동명령은 그대로 발부하시게나. 단 최고사령부의 스탈린에게는 나의 견해, 그리고 예레멘코의 브리얀스크방면군에 대한 내용을 보고해 주시게"라고 하며 마지막 승부수를 띄웠다. 간만에 당찬 태도를 보인 부된니였으나 이는 결과적으로 그의 해임으로 연결되게 된다.[129]

9월 10일에서 11일로 넘어가는 밤, 남서방면군 사령부는 독일군이 롬니와 벨고로드 서쪽의 그라이보론으로 침투함에 따라 21군과 40군은 이를 막을 힘이 없으니 후퇴를 허용해 줄 것을 스타프카에 요청했다. 우선 시 방어병력을 최단 시간 내 키에프로부터 빼 내고 아예 프숄 강 뒤편으로 방면군을 총퇴각시키는 방안을 제안했다. 새벽 2시 샤포쉬니코프는 키르포노스와의 전화통화를 통해 13-14일경 예레멘코의 브리얀스크방면군이 코노토프 북쪽으로의 침투를 막기 위해 동원될 계획이므로 롬니 정면

129) ジャフレー ジュークス(1972) pp.96, 98

의 적군을 무조건 막아야 한다는 10일의 지시를 되풀이 했다. 불과 수 시간 후 다급해진 부덴뉘 남서군관구 총사령관은 스타프카에 긴급으로 연락하여 이대로 놔두면 엄청난 인명과 장비의 피해가 발생하는 만큼 남서방면군이 차후에 반격을 가할 수 있도록 키에프에서 반드시 빠져 나와야 한다는 제안을 들이밀었다. 부덴뉘와 키르포노스의 요청은 스탈린을 격앙케 만들면서 무능하고 담력이 약한 두 장군을 교체해야 되겠다는 생각을 굳히게 했다. 하나 부덴뉘가 티모셴코로 바뀐다고 해서 사태가 변화될 조짐은 전혀 없었다. 11일 오전 스탈린은 남서방면군 사령부 간부들과 통화하면서 자신의 입장을 전달했다. 우선 남서방면군이 후퇴하면 독일군은 당장 드니에프르 강 동쪽 제방에 튼튼한 기지를 확보하게 될 것이며 이 경우 방면군은 두 곳이 아니라 세 곳으로부터 협공을 받게 될 우려가 생겨난다고 설명했다. 즉 키에프 서쪽과 북쪽의 코노토프, 남쪽의 크레멘츄크로부터 더 큰 포위망이 생겨날 수 있다는 논리였다. 물론 이는 사실과 다르다. 또한 스탈린과 스타프카는 지난 우만 전투에서 베르디췌프와 노브고로드-볼린스키(Novgorod-Volynskii)에서 너무 이른 시간에 병력을 빼는 바람에 6군과 12군, 두개 군이 괴멸당했다는 경험을 들어 조기 퇴각은 불가하다는 방침을 굳혔다. 또한 남서방면군이 제안한 프숄 강 부근은 방어선 설정에 부적합한 지형을 이루고 있으며 코노토프 부근의 구데리안 병력에 대한 적절한 조치를 취하지 않은 상태에서 막연히 뒤로 빠지는 것은 대단히 위험하다는 판단을 제시했다. 스탈린은 퇴각 대신 3개 포인트를 제시했다. 부분적으로는 키르포노스의 건의를 반영했다.

◆ VI-2-18 남서방면군 사령관 미하일 페트로뷔취 키르포노스 상장. 비록 키에프전에서 전사했으나 그의 모범적인 지도력과 용기는 지금의 러시아와 우크라이나에서도 여전히 높은 평가를 받고 있다.

- 남서방면군은 모든 자산을 동원해 코노토프를 향한 브리얀스크방면군과 공조할 것
- 프숄 강 동쪽 제방에 5-6개 소총병사단으로 수비라인을 구축하여 서쪽으로부터 들어오는 적군을 막고, 방어진 바로 뒤에 야포진지를 조성하여 남북으로부터 협공해 오는 장갑부대의 진격을 저지할 것
- 두 가지 요건이 충족된다면 키에프를 포기하고 드니에프르 교두보를 방기할 것과 일부 수비병력이 드니에프르 서쪽으로부터 적군 공격을 방어할 것[130]

키르포노스는 당장 철수하지는 않는다는 방침을 확인하고 다만 800km에 걸친 전선을 현재 병력으로 막기는 무리이니 26군의 두 개 소총병사단을 뽑아 롬니로 쇄도해 오고 있는 구데리안을 저지토록 지원해 줄 것을 당부했다. 아울러 키르포노스는 스탈린과 스타프카의 지시를 이행할 유

130) Fugate(1984) p.262

휴 병력은 전혀 없으며 이미 2개 반의 소총병사단은 5군을 지원하기 위해 췌르니고프로 이동한 상태임을 설명했다. 부덴뉘는 곧바로 해임되고 티모셴코가 남서군관구 총사령관직을 맡아 이 위기상황을 관리해야만 했다. 그 자신 예레멘코의 진격이 키에프 방어에 도움을 줄 수 있으리라고는 믿지 않았다. 추가적인 예비병력이라고 해봐야 1개 소총병사단과 100대의 전차로 구성된 2개 전차여단이 전부였다. 예레멘코의 방면군은 이미 구데리안 제대와 30일부터 싸우는 과정에서 수중의 전차는 겨우 전차여단 당 20량에 지나지 않게 되었다. 브리얀스크방면군과 남서방면군 사이의 간격은 9월 10일에 이미 60km로 벌어져 있었으며 충분한 예비병력의 투입없이 이 간극은 극복되기가 어려웠다. 50군의 반격작전도 실패로 끝났다. 소련군이 아무리 병원의 양적 규모에 있어 독일군을 능가하고 있다 하더라도 모스크바로 향하는 중앙집단군을 막기 위해 드니에프르와 드뷔나에서 너무나 많은 전략적 예비들을 소진해 버렸다는 아쉬움이 남는 대목이었다. 하지만 스탈린은 9월 10-11일까지도 예레멘코의 기동에 한 가닥 희망을 버리지 않고 있었으며 667,000명의 병력이 일거에 후퇴하지 않고 전선을 사수한다면 구데리안과 폰 클라이스트의 연결을 막을 수 있을 것으로 믿고 있었다. 12일 스타프카는 브리얀스크방면군이 쇼스트카, 글루호프, 푸티블과 코노토프의 독일군들을 소탕(?)하고 남서방면군과의 연결을 시도하라는 새로운 지령을 발부했다. 스타프카는 그렇게 함으로써 로슬라블 축선을 따라 이동하는 구데리안의 장갑집단을 저지하고 쇠약한 50군의 전차전력을 뽑아 13군에 이양한 다음, 구데리안의 좌익을 때리는 것을 요구하면서 늦어도 18일까지는 완료시켜야 한다는 점을 강조했다. 이는 그럴듯한 작전으로 비쳐지기는 하나 실상은 환상에 가까운 희망사항이었다.[131]

스탈린은 비알리스톡-민스크 포위전 당시 소련군 괴멸의 책임을 파블로프에게 뒤집어 씌웠고 그는 처형당했다. 하지만 그보다 더 큰 재앙이 키에프에서 발생하고 있는 순간에 책임을 물을 사람은 스탈린 자신밖에 없었다. 부덴뉘는 9월 11일 해임되어 예비방면군 사령관으로 대기했다. 눈치 빠른 쥬코프는 이 거대한 재앙이 오기 전에 입바른 소리하면서 뒤로 물러났고 포위망 속의 키르포노스는 여하간 시의 사수와 필요시 퇴각작전 전체를 총지휘하는 입장에 있었다. 소련군은 9월 14일 반격작전에 의해 위기를 타개할 결정적인 모멘텀을 잡는 것을 구상하고 있었으나 바로 그 날 독일군은 사상 최대의 포위전이 될 거대한 자루를 동여매는 작전을 완료키로 예정하고 있었다.

* * * * *

롬니와 로흐뷔짜

"남방집단군의 요청에 따라 200km 이상의 전선에 흩어져 있던 2장갑집단이
로흐뷔짜, 프릴루키와 프리야틴으로 진격하게 되었다.
이는 (12일) 이른 아침 크레멘츄크로부터 북진하는 남방집단군 기동전력들과 연결되기 위함이었다."
(중앙집단군 사령관 훼도르 폰 보크 육군원수 : 1941.9.12)

131) Glantz(2001) p.90

9월 9일을 기점으로 구데리안의 남하를 저지하기 위한 브리얀스크방면군의 좌익과 남서방면군의 우익은 경계구역에 처한 40군이 세임 강의 남쪽 제방으로 밀려나면서 새로운 국면을 맞이하게 되었다. 9일 독일군 제대들의 전투일지는 대단히 쓸 일이 많았다. 24장갑군단은 9월 8일 세임 강의 교두보를 장악한 데 이어 9월 9일에는 세임 강을 넘어 더 남방으로 내려가는 기동을 서둘렀다.[132] 사단의 모터싸이클대대는 장갑부대의 지원에 의존하지 않고 남쪽에서부터 기동을 시작해 그간 오랫동안 버티던 바투린을 장악해 버렸다. 4장갑사단의 12, 33보병연대는 슈투카와의 조율하에 고로디쉬췌(Gorodishtche)로 진격해 들어갔으며 35장갑연대는 연료 부족에 시달리면서도 갈 때까지 가 보자는 심정으로 진격을 속개했다. 큰 기여는 못했으나 부분적으로 기동력과 화력을 제공한 35장갑연대 1대대는 고로디쉬췌에서 수대의 적군 전차와 야포들을 노획함으로써 위안을 삼았다. 9일 저녁 놀라운 소식이 접수되었다. 바투린(Baturin)과 코노토프(Konotop) 사이가 대단히 취약하다는 것을 판단한 24장갑군단은 3장갑사단이 신속하게 갭으로 빠져 들어가도록 조치하고 4장갑사단은 바흐마취(Bakhmach)로, 다스 라이히는 보르스나로 각각 진격케 했다. 4장갑사단의 공세 정면에는 바흐마취를 지키는 67소총병군단 하나만 있었으나 사단의 전차 사정이 말이 아니었다. 10일 기준 사단 35장갑연대는 전혀 전투에 도움이 안 되는 2호 전차 12대, 3호 전차 13대, 4호 전차 9대, 계 34대 만으로 지탱하고 있어 21군 구역을 남북으로 자르고 들어가는 것은 다소 무리인 것으로 보였다.[133] 좌익에 있던 3장갑사단은 갈수록 고갈되어 가는 전차와 차량의 사정이 보강될 형편이 아니라면 한시라도 빨리 남방으로 진출하자는 의지 아래 고전적인 전격전의 교리대로 행동하려 했다. 3장갑사단은 우선 394차량화보병연대로 하여금 프로포프카(Propovka)를 소탕하도록 했다. 여타 제대는 모두 붸렌키(Werenki)로 집결하는 움직임을 나타내었는데 이는 사단 주력 전체가 코노토프를 서쪽으로 우회해 버린다는 것을 의미했다. 대신 코노토프 자체의 장악은 뒤따라오는 10차량화보병사단이 맡도록 했다. 단 코노토프의 공군기지는 뢰훠(Roever) 중위의 2공병중대가 처리토록 하여 2대의 공군기와 17명의 포로를 낚으면서 임무를 완수했으나 그 과정에서 뢰훠 중위가 중상을 입기도 했다. 41년 여름의 모델 장군은 육체적으로나 정신적으로나 대단히 젊었다. 그간 코노토프 정면을 지속적으로 압박해 들어가던 모델의 3장갑사단은 코노토프를 치지 않고 곧장 롬니로 직행하면서 소련군의 배후를 파고드는 쇼크를 만들어냈다.[134] 미리 예정된 바와 같이 코노토프는 뒤따르는 10차량화보병사단에게 맡기고 사단의 주력은 코노토프를 지나쳐 프로포프카(Propovka), 쉐포봘로프카(Shepowalovka), 스자라조르카(Szarazorka), 구에르프카(Guervka)와 코라부토보(Korabutovo)를 차례로 석권하면서 롬니 방면으로 진출했다. 다만 각종 전사 문건에는 이날 3장갑사단이 코노토프를 점령한 것으로 기록되어 있다. 그와 동시에 봐익스의 2군은 9일 늦은 오후 소련 5군을 밀어내고 췌르니고프를 따 냈으며 그 이후에는 2장갑집단의 키에프 북익 공세를 지원하기 위해 새로운 방어구역으로 이전했다. 또한 구데리안 장갑집단의 좌익, 즉 동쪽 구역에서는 18장갑사단이 29차량화보병사단과 함께 트루브췌프스크와 노브고로드-세붸르스키의 데스나 강을 따라 방어진을 치면서 예레멘코 제

132) Zetterling(2017) p.250
133) BA-MA RH 27-4/10, Kriegstagebuch 4.Panzer-Division Führungsabtl. 26.5.41-31.3.42, pp.151, 154-155(1941.9.9-9.10)
134) Guderian(1996) p.214

대의 약한 공세들을 가볍게 쳐내고 있었다. 17장갑사단은 역시 같은 9일 노브고로드-세붸르스키 남동쪽 55km 지점의 글루호프를 장악하면서 브리얀스크방면군 각 제대들의 연락선을 붕괴시키는 효과를 나타냈다. 데스나 강 동쪽에서 분전 중인 3, 13, 50군은 서로 연락이 되질 않아 응집력을 유지하기가 힘들어졌으며 방면군 좌익 훨씬 뒤편에 처진 21군은 완전히 고립된 상태로 방치되었다. 즉 3, 13, 50군 3개 군과 21군의 우익 및 가장 좌익에 위치한 40군은 서로 격리된 채 중점도 없이 '구데리안을 막아라'는 상부의 지시에 따라 자멸적인 공격만을 계속하고 있었다. 이 시기 브리얀스크방면군과 남서방면군의 갭은 60km 이상으로 벌어지면서 더 이상 좁혀질 가능성은 없어졌으며 폰 토마의 17장갑사단이 글루호프를 탈취하게 되면서 이 고통은 치명적인 것으로 변해가고 있었다. 2장갑집단과 2군이 키에프를 향해 북쪽, 남쪽, 서쪽 3면을 조여 가는 동안 예레멘코는 알면서도 이를 관망만 해야하는 답답한 순간을 맞이하고 있었다. 이 모든 상황이 9월 9일에 갑작스럽게 만들어 진 것은 아니었으나 이로써 구데리안은 남서방면군의 배후를 깊게 자르고 들어가면서 키에프 포위전의 플레이오프를 시작해도 될 조건이 성숙해졌다. 다음은 롬니로 내려가 남방집단군과 만나게 될 교차점을 확보하는 일이었다. 그리고 이 역시 기습이여야 했다.

9월 9일 저녁 3장갑사단은 데스나 강을 넘어 진격해 온 포위망 형성의 마지막 마무리를 위해 10일 아침 롬니로 진격한다는 방침을 결정했다. 하지만 롬니로 가는 길은 폭우로 인해 진격은 더디게 진행되었으며 큰 차량들조차 진창을 빠져 나오지 못해 상당한 시간과 에너지를 낭비하고 있었다.[135] 다만 다행히 이곳에 적기의 공습은 없었다. 하인츠-붸르너 프랑크(Heinz-Werner Frank) 소령의 선도부대가 정오경 롬니에 도착하자 북동쪽 골짜기에 마치 섬처럼 보이는 롬니의 시가가 독일군의 눈앞에 전개되었다. 프랑크 소령은 521장갑엽병대대 3중대와 39공병대대 3중대, 1개 보병중대 및 1개 포병중대를 몰아 북서쪽에서부터 로멘(Romen) 강 교두보를 탈취한 뒤 롬니로 침입하여 마을 끝자락의 술라(Ssula) 강변의 교량 부근까지 진출했다. 소련군 수비대는 독일군이 이토록 빨리 롬니로 접근하리라고는 예상치 못했다. 기습은 적중했다. 빈약한 전력에도 불구하고 대담한 침투를 달성한 3장갑사단은 행군이 끝나는 시점에 이미 시의 주요 거점들을 신속하게 장악해 버렸다.[136] 가장 선두에 섰던 하소 링크(Hasso Lingk) 중위의 521장갑엽병대대 3중대는 삽시간에 교량을 접수하며 강변 제방까지 통제 하에 두었다. 소련군은 이즈음 시가 포위되어 독일군이 시내를 휩쓸고 다니는 것을 확인하고는 곳곳에서 시가전을 전개했다. 오스카르 문첼(Oskar Munzel) 중령이 이끄는 6장갑연대 2대대와 394보병연대 1대대는 서쪽에서부터 롬니로 침투하여 보급물자가 잔뜩 실린 열차를 통째로 접수했다. 그와 더불어 원래 소련군들이 쓰기로 되어 있던 21,000갤론(80입방미터)의 석유가 탈취되어 가뜩이나 연료 사정이 어려운 장갑사단에게는 최고의 선물이 주어졌다.[137] 시가전은 울리히 클레에만(Ulich Kleemann) 대령의 전투단이 오후 5시에 도착할 즈음에야 전환점을 맞이하기 시작했다. 클레에만의 병력은 북쪽에서, 균터 폰 만토이훼(Günter von Manteuffel) 대령의 병력은 남쪽에서부터 공략을 전개함에 따라 오후 내내 걸린 전투는 종료되었다. 이처럼 3장갑사단의 시 함락은 결코 손쉬운 과정이 아니었다.

---

135) BA-MA RH 27-3/218, KTB 3. Pz. Div. I.b 19.5.41-6.2.42(1941.9.10)
136) BA-MA RH 21-2/931, KTB Nr. 1 Panzergruppe 2 Bd.II vom 21.8.1941 bis 31.10.41, Fol. 183(1941.9.10)
137) BA-MA RH 27-3/218, KTB 3. Pz. Div. I.b 19.5.41-6.2.42(1941.9.11, 9.13)

◆ VI-2-19 SdKfz 250 하프트랙 위에서 적진을 관찰하는 울리히 클레에만 대령(좌측)

소련공군은 10일 하루에만 25번의 줄기찬 공습을 가했고 마을 북쪽 외곽 정원 쪽에 갇힌 독일군 병력들은 워낙 저공비행으로 공습을 당하면서 상당한 피해를 안았다. 밤이 되자 롬니는 거대한 횃불 덩어리처럼 변했고 뒤이어 밤새도록 비가 오게 되면서 거리는 다시 진창의 바다로 변해 버렸다.[138]

3장갑사단이 롬니를 향해 먼저 빠져나가는 동안 후방을 다질 필요는 있었다. 9월 8일 세임 강을 넘어 프티블(Putiwl)에서 교두보를 확보하라는 지시를 받은 그로스도이췰란트는 9일 3대대 9중대가 보트로 강을 도하하게 했다. 소련군 박격포 사격을 피해 마치 연습하듯이 강을 건넌 9중대는 건너편 제방에 무사히 안착해 프티블을 장악할 수 있는 결정적 지점을 확보했다. 10일 새벽 4시 30분, 3대대는 9중대를 선봉으로 지정해 좌익에 배치하고, 2대대는 우익에 포진한 상태에서 프티블 바로 앞의 뤼코프(Lykoff)를 향해 공격을 전개했다. 뤼코프 정면의 소련군 수비대는 인상적인 저항을 펼치기는 했으나 1개 포병중대가 슈르만(Schürmann) 소위와 봘터 베르크너(Walter Bergner) 하사의 활약에 힘입어 제압되자 뤼코프는 그로스도이췰란트의 손에 떨어졌다. 2대대와 10중대를 포함한 그로스도이췰란트 주력은 10일 밤까지 현지에 도착했으며 프티블에 대한 공세는 11월 이른 아침에 시작되었다. 2대대와 10중대는 좀처럼 진전을 이루지 못하고 있

138) Veterans of the 3rd Panzer Division(2012) pp.224-5

다가 페터 프란쯔(Peter Franz) 중위가 이끄는 돌격포대대가 돌파구를 마련했다. 프란쯔 중위의 돌격포소대는 2개의 기관총좌, 야포와 대전차포 각 1문씩을 격파하면서 교두보를 장악했다. 그 후 그로스도이췰란트가 세임 강을 완전히 남하하자 해당 구역은 17장갑사단이 도맡기로 했다.[139]

발터 네링의 18장갑사단은 집단군 예비로 있으면서 9월 10일 기준으로 60km의 전구를 지키고 있었으며 11일이 되면 전선은 다시 70km로 늘어나버렸다. 12일 항공정찰에 따르면 80대의 소련군 전차, 그중 20대는 중전차로 무장한 큰 무리가 사단 구역으로 이동 중이라는 것이 확인되었다. 브리얀스크방면군 소속으로 판단되는 이 전차전력을 40대 남짓 되는 3, 4호 전차만으로 정면 승부수를 띄우는 것은 무모한 짓에 틀림이 없었다. 사단 수뇌부들은 장시간을 노심초사한 상태로 대기하였으나 다행히 소련군들은 더 남쪽으로 지나쳐 버리면서 우려했던 교전은 일어나지 않았다.[140] 47장갑군단의 17, 18장갑사단은 당시 150km에 가까운 전구를 관리하고 있었으며 두 사단 공히 정찰기가 격추되거나 수리 중인 상태여서 항공정찰은 46장갑군단에게 의뢰하는 등의 언짢은 절차를 거쳐야 했다.

한편 당초 롬니에서 조우하기로 된 1장갑집단은 3장갑사단이 롬니를 점령하고 난 수일 뒤에도 도착하지 못하고 있었다. 구데리안의 선봉이 대단히 지쳐 있었기 때문에 폰 클라이스트의 사단들이 기어를 올려야 할 시점이 왔다. 남서방면군 대부분의 병력들이 구데리안을 막기 위해 북쪽에 치우쳐져 있던 관계로 그간 가장 많은 병력밀도를 자랑하는 소련군과 대치 중이던 폰 룬트슈테트와 폰 클라이스트에게는 드디어 숨을 고를 틈이 왔다. 소련군은 독일군 장갑사단들이 여전히 드네프로페트로프스크에 몰려 있을 것으로 생각했으나 폰 룬트슈테트는 17군이 9월 1-11일간 크레멘츄크의 교두보를 줄기차게 확장시키는 동안 기동전력은 적군 몰래 남서쪽으로 빠져 크레멘츄크로 북진케 하면서 교묘한 트릭을 구사했다. 소련군은 심지어 예비로 편성된 거의 모든 제대를 방면군의 북익에만 몰아넣는 불균형을 초래하고 있었다. 이들은 구데리안의 남진에만 혈안이 되어 있었을 뿐 폰 클라이스트가 움직이는 것을 눈치 채지 못했다. 남방집단군의 20개 사단이 공세준비에 나설 무렵, 남서방면군 남익을 지키던 38군은 5개 소총병사단과 4개 기병사단밖에 없었다. 이제 방법은 간단했다. 가장 의욕적인 사령관을 선봉에 내세워 문을 박차고 나가게만 하면 될 것 같았다.

독일 국방군 장갑사단 현황(1941.9.10)

장갑사단	1호 전차	2호 전차	3호 전차	35(t)전차	38(t)전차	4호 전차	지휘전차	계
1	10	35	56	-	-	13	9	123
2	-	63	105	-	-	20	6	194
3	9	43	73	-	-	22	11	158
4	8	34	83	-	-	16	21	162
5	-	55	105	-	-	19	6	185
6	9	42	-	110	-	24	11	196

139) Spaeter(1992) pp.225-6, Tornau & Kurowski(2017) p.80
140) BA-MA RH 27-18/21, 18.Pz.Div. KTB Abt. Ia vom 21.8.41-29.9.41, pp.6-8(1941.9.10.-9.12)

장갑사단	1호 전차	2호 전차	3호 전차	35(t)전차	38(t)전차	4호 전차	지휘전차	계
7	10	44	-	-	129	21	13	217
9	13	30	59	-	-	18	9	129
10	11	44	86	-	-	19	15	175
11	10	34	54	-	-	17	18	133
17	4	31	67	-	-	19	7	128
18	14	39	123	-	-	31	10	217
19	6	22	-	-	87	19	10	144
20	4	19	-	-	96	22	2	143
계	**108**	**535**	**811**	**110**	**312**	**280**	**148**	2,304

9월 10일 붸르너 켐프(Werner Kempf)의 48장갑군단이 움직이기 시작했다. 켐프는 16장갑사단과 14장갑사단을 차례로 크레멘츄크로 이동시켰으며 그 뒤를 9장갑사단이 따르도록 했다. 48장갑군단은 8월 27일부터, 14장갑군단은 28일부터 재충전에 들어가 비교적 일정 기간 휴식을 취한 뒤였기에 경량급 복서처럼 가벼운 스텝을 밟을 수 있게 되었다.[141] 원래 48장갑군단에 속해 있던 11장갑사단은 6군 직할로 놓였다가 장교들의 50%가 전사하는 고통을 당했기에 워낙 사기가 떨어진데다 재충전이 절실했으며 사단장이 8월 중순부터 그때까지 3명이나 인사이동을 하는 어수선한 분위기에 있었다. 그로 인해 9월 2일 6군으로부터 해제된 11장갑사단은 익일인 9월 3일 29군단 111보병사단 구역으로 옮겨졌다. 10일 기준으로 사단은 44대의 2호 전차 중 30대, 76대의 3호 전차 중 40대, 22대의 4호 전차 중 12대만 남아 정수전력 142대 중 82대만이 가용했으며 따라서 전체 전력은 제대별로 50-65% 수준에 머물고 있었다.[142] 11일 저녁 16장갑사단은 드니에프르 강 건너편 교두보 점거를 위해 밤새도록 부교를 설치하고 익일 발진지점의 재대 배치를 서둘렀다. 9월 12일 1장갑집단의 선봉, 48장갑군단 중에서도 선봉사단인 한스-발렌틴 후베(Hans-Valentin Hube) 소장의 16장갑사단이 오전 9시부터 북으로 출발했다. 16장갑사단과 9장갑사단의 당면목표는 루브니와 하르코프 사이의 도로를 봉쇄하는 일이었으며 두 장갑사단 뒤를 11군단의 보병연대들이 따라갔다. 후베는 1차 세계대전 때 한쪽 팔을 입은 외팔이였으나 양팔이 멀쩡한 어느 장군보다 에너지가 넘치는 인물이었다. 그 뒤는 오스트리아 출신의 베테랑 알프레드 리터 폰 후빅키(Alfred Ritter von Hubicki)의 9장갑사단이 따랐다. 후베 16장갑사단의 북진은 적군 수비대에게는 상당한 놀라움을 선사했고 38군의 297소총병사단은 그 첫 재물이 되었다. 최초 12시간 안에 적진으로 60km를 주파해 들어간 2장갑연대 2대대는 붸셀뤼 포돌(Vesseliy Podol)에 위치한 38군 사령부를 급습함에 따라 다급했던 훼클렌코(N.V.Feklenko) 소장은 집무실 창문 밖으로 뛰쳐나가 도주하는 소동을 벌이기도 했다. 장갑부대는 30분 정도의 격렬한 교전 이후에는 별다른 애로 없이 그날 늦은 오후 세메노프카(Semenovka)에 당도했다. 연료가 바닥이 날 정도로 보급이 열악했으나 후베는 미국의 죠지 패튼 장군같은 황당한 결정을 내

141) BA-MA RH 19-I/254, Heeresgruppe Süd Kriegstagebuch II. Teil Band 3, 16 Aug.-15 Sept.1941, Fol. 102(1941.8.26) & Fol. 111(1941.8.27)

142) NA : T-315 ; roll 2321, frame 001.313-001.338(1941.9.10)

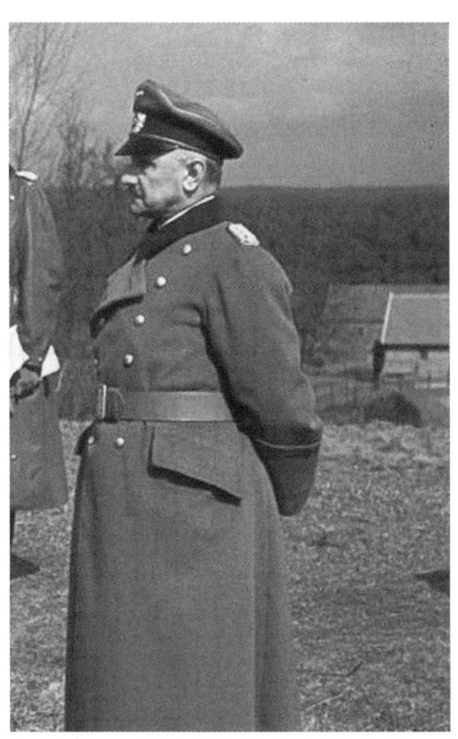

◆ VI-2-20 9장갑사단장 알프레드 리터 폰 후빅키. 9장갑사단의 전신인 4경사단 시절부터 시작해 42년 4월까지 동 사단을 이끌었다.

렸다. "기름이 없어질 때까지 전진!"이었다. 후베의 전차들은 12일 호롤(Khorol) 앞 15km 지점에서 정말로 연료가 바닥나 그 자리에서 멈추어 서고 말았다.[143] 물론 12-13일 밤을 이용해 급유가 이루어졌지만 위험천만한 발상이었다. 다행히 공습은 없었다. 반면에 후속하는 9장갑사단은 진창도로를 해쳐나가는데 곤욕을 치르고 있었으며 드니에프르 도하지점까지 가는 길에서 진을 다 빼다가 12일에는 사단병력의 절반 정도만 강을 건너는 수준에 그쳤다. 그로 인해 선봉의 16장갑사단과는 한참 간격이 발생하고 말았다.[144] 두 장갑사단이 허덕이는 와중에 소련군들이 이러한 절호의 기회를 포착하지 못한 것은 독일군에게는 행운이었다. 12일 하루에만 1장갑군과 9군에 의해 13,000명의 포로가 발생했으며 75대의 전차, 48문의 야포, 76대의 공군기가 파괴되었다.

한편 드네프로페트로프스크에 만든 임시방편의 부교와는 달리 남방집단군은 드니에프르 중류에 접한 크레멘츄크에서는 16톤 짜리 교량을 2개나 설치함으로써 이전보다는 일층 수월한 병력이동을 가능케 하고 있었다. 구스타프 안톤 폰 뷔터스하임(Gustav Anton von Wietersheim)의 14장갑군단은 붸르너 켐프의 48장갑군단이 구데리안 사단들과 접촉을 시도하는 동안 드니에프르 북쪽으로 나아가 미르고로드(Mirgorod)를 석권하고 포위망의 동쪽 외곽을 지키는 임무를 수행했다.[145] 3장갑군단의 14장갑사단은 13일부터 후베의 16장갑사단의 좌익에서 북진공세에 가담해 호롤(Khorol) 강 방면 20km 지점까지 다가갔다. 1장갑군의 3, 14, 48, 3개 장갑군단은 이즈음 소련 6군과 38군 사이에 20km 너비의 쐐기를 박는 효과를 나타내고 있었다.

폰 보크는 구데리안의 남하에 맞추어 1장갑집단이 적기에 공격을 가하지 못하고 있는데 적잖이 불안해하고 있었다. 9월 12일경 폰 클라이스트의 장갑사단들이 드니에프르를 건너게 된 것은 다행이었으나 같은 시기 서쪽에 포진하고 있던 소련군들이 롬니와 그보다 남쪽의 로흐뷔쨔와 루브니를 향해 동쪽으로 이동 중이라는 항공정찰이 입수되었다.[146] 이 세 도시는 남북으로 흐르는 술라(Sula) 강이 모두 관통하면서 그 자체가 하나의 거점으로 요긴한 장소였기에 퇴각하는 소련군이 이 지점들을 중심으로 방어선을 구축한다면 피곤한 일이 발생할 수도 있었다. 남이든 북이든 이 장소와 가까

143) BA-MA RH 21-1/51, Kriegstagebuch des Panzerarmee-Oberkdos.1 Band III 1.9.41-31.10.41, Fol. 26(1941.9.12)
144) BA-MA RH 21-1/51, Kriegstagebuch des Panzerarmee-Oberkdos.1 Band III 1.9.41-31.10.41, Fol. 26(1941.9.12)
145) BA-MA RH 21-1/51, Kriegstagebuch des Panzerarmee-Oberkdos.1 Band III 1.9.41-31.10.41, Fol. 26(1941.9.12)
146) BA-MA RH 21-2/931, KTB Nr. 1 Panzergruppe 2 Bd.II vom 21.8.1941 bis 31.10.41, Fol. 198(1941.9.12)

이 있는 독일군들이 뭔가 해결을 해주어야 할 때가 왔다. 일단 1장갑집단의 48장갑군단이 기동을 개시하였기에 어느 한쪽이 적진 깊이 침투하더라도 잘려나갈 여지는 높지 않았다. 더욱이 이때는 소련군이 자기 앞 가름하기 바빠 독일군을 치거나 역포위를 시도할 겨를이 전혀 없었다. 48장갑군단이 크레멘츄크로부터 루브니로 진격하는 동안 소련공군은 별로 반응을 보이지 않았다. 총 8회의 공습에 동원된 기체를 다 합해 보아야 23기에 불과했다. 이 시기는 루프트봐훼가 확실히 제공권을 누리고 있는 상태에서 3전투비행단은 9월 13일에만 총 26기를 떨어트렸다. 2항공군단은 이때 53전투비행단 3대대의 지원을 받아 51전투비행단, 210강습비행단과 공조해 로흐뷔쨔(Lokhvitsa)-코노토프(Konotop) 전 구간에 놓인 남서방면군 소속 소련공군의 기지들을 부수는데 전념했다.[147]

그즈음 남방집단군의 도착을 기다리기가 지루했던 모델의 3장갑사단은 12일 저녁 6장갑연대 2대대장 프랑크(Heinz-Werner Frank) 소령이 지휘하는 소규모 전투단을 결성하여 도주하는 적군들을 추적하면서 추가적인 남진 타당성을 파악키로 했다. 프랑크 소령 휘하의 긴급 전투단은 3대의 전차, 8대의 장갑정찰차량, 1개 장갑엽병중대, 야포 6문과 차량화보병 일부로 구성되어 있어 단순한 강행정찰 특공대보다는 볼륨감이 있었으나 결코 대단한 전과를 획득할 수 있는 인상적인 전력은 아니었다. 이 선도 전투단 병력은 도로사정이 엉망이라 규모를 작게 만든 이유도 있지만 이 시점 3장갑사단의 기동전력은 거의 고갈상태라는 점을 반증하고 있었다.[148] 하소 링크 중위가 이끄는 전투단의 선봉, 521장갑엽병대대 3중대는 롬니 남쪽으로부터 빠져 나와 로흐뷔쨔(Lokhvitsa)를 향해 속공을 시도하여 밤 9시 15분에 술라 강 건너편 교두보까지 점령하는 템포를 나타냈다. 술라 강의 믈리니(Mliny) 교량을 무사히 잡아낸 이와 같은 전격전은 아직도 장갑사단에게는 유효한 전술처럼 보였다. 프리드리히 묄호프(Friedrich Möllhoff) 소위의 39공병대대 3중대는 내친 김에 스탈린 철도역까지 진출해 소련군 군용차량 10대를 파괴하면서 자신들의 특기를 과시했으나 잠에서 깬 소련군들이 모두 모여 응사를 가하자 더 이상의 진전은 불가능하게 되었고 전투단은 사단 본부에 구원을 요청했다. 모델은 모멘텀을 살리기 위해 수중에 얼마 남지 않은 전차와 보병들을 급파하여 교두보를 잡아내는데 최선을 다할 것을 지시했다. 동시에 전투단은 2항공군단에 요청해 로흐뷔쨔로 향하는 적군 종대의 진격을 지연시켜 줄 것을 요청하고 주요 거점을 요새화시켜 적군의 반격에 대비했다.[149] 레뷘스키 중령 지휘 하의 또 다른 전투단이 만들어졌다. 목표는 믈리니의 우군과 접선하고 더 나아가 로흐뷔쨔에 주둔한 프랑크 소령의 전투단을 지원하여 1장갑집단을 기다리는 것이었다. 다행히 땅이 굳어 전차들의 속도가 빨라졌다. 슈투카들이 항공정찰 보고에 따라 로흐뷔쨔로 향하는 소련군 전차 종대들을 급습하기 시작했고 레뷘스키의 전차와 장갑차량들은 곧바로 믈리니로 진격해 13일 오후 4시 선봉부대와 연결되는데 성공했다. 13일 1급강하폭격비행단 3대대는 49회의 출격을 실현하였고 남진하는 3장갑사단의 종대를 엄호함과 동시에 소련군 종대와 병력주둔지 및 철도시설 등을 공습하며 응분의 몫을 다했다. 49회 출격에서 슈투카는 단 한 대만을 손실로 잡았다.[150]

---

147) Bergström(2007) p.69

148) BA-MA RH 21-2/931, KTB Nr. 1 Panzergruppe 2 Bd.II vom 21.8.1941 bis 31.10.41, Fol. 198(1941.9.12)

149) BA-MA RH 21-2/931, KTB Nr. 1 Panzergruppe 2 Bd.II vom 21.8.1941 bis 31.10.41, Fols. 204-206(1941.9.13)

150) Bergström(2007) p.69

◆ VI-2-21 3장갑사단 3차량화보병연대 1대대장 에른스트 뷀만 소령. 뷀만은 놀랍게도 1932년부터 근 10년 가까이 3차량화보병연대에만 몸을 담았던 특이한 경력을 지녔다.

레뷘스키와 프랑크는 다시 한 번 번개작전을 속개하기로 했다. 뒤에 오는 보병들과 포병 제대를 기다릴 틈이 없으니 수중의 장갑중대와 장갑엽병부대, 장갑차량들을 모는 차량화보병중대를 끌어 모아 로흐뷔쨔 전구로 들이치기로 했다. 이들은 수백 미터에 이른 제방을 따라 진격하다가 술라 강 건너 편에 놓인 교량 3개를 모두 따 냈다. 이때 불과 1.6km 거리에서 소련군 대공포의 수평사격이 시작되었다. 독일군 차량들이 하나씩 불타기는 했으나 병사들은 일단 산개해 강 남쪽 제방으로 도주했다. 도주 과정에 모든 제대가 서로 섞이게 되자 다시 병력을 재편성한 독일군은 전차를 앞세워 로흐뷔쨔 외곽으로 진격해 들어갔다. 장갑엽병중대의 자주포들이 측면을 엄호하는 가운데 전차와 보병들이 한 발자국씩 전진해 나갔다. 당연한 일이지만 로흐뷔쨔에 가까워질수록 소련군의 공격은 거칠어졌으며 박격포와 기관총 사격이 온 사방, 팔방으로 난무했다. 하나 3장갑사단에서 이런 위험천만한 일만 골라해 왔던 프랑크와 레뷘스키의 부하들은 차분하게 대응하여 오후 5시에 동쪽 외곽지대에 도달하고 겨우 30분 동안의 교전 끝에 시 동쪽 구역을 장악하는데 성공했다.

소련군들이 퇴각할 무렵 3차량화보병연대 1대대가 도착하여 피곤에 지친 전투단을 대신했다. 소련군은 대전차포와 대공포 및 야포들을 끌어 모아 격렬한 시가전으로 몰고 갔으며 시의 나머지 구역은 절대 빼앗기기 않겠다는 집념으로 버티기 시작했다. 백병전이 시작되자 서로의 얼굴표정을 확인할 수 있는 근접 거리에서 전투가 이어졌다. 밤이 되자 이제는 전방과 후방의 구분조차 되지 않았으며 좌우, 앞과 뒤로 무슨 일이 벌어지는 지도 모르는 뒤죽박죽 형태의 사투가 이어졌다.

오후 7시경 레뷘스키 중령의 전차들은 시가전투는 1대대장 에른스트 뷀만(Ernst Wellmann) 소령의 보병들에게 맡기고 시에서 빠져나와 시 끝자락을 따라 난 골짜기 구역에 경계를 서는 것으로 전환했다. 소련군들은 이후 수 시간 동안 강력한 반격을 전개하기는 했으나 3장갑사단은 13일에 탈취한 구역은 안전하게 지켜낼 수 있었다.[151] 같은 날 4장갑사단은 그리고로프카(Grigorovka)에 진입해 정오까지 시가전을 종료하고 이른 오후에는 디미트로프카(Dimitrovka)를 점령하면서 3장갑사단을 따라붙었다.

9월 14일은 로흐뷔쨔 시 소탕작전의 날이었다. 마침 비가 개어 화창한 날씨였다. 3장갑사단 뷀만 소령은 6장갑연대 3대대를 끌고 아침 5시에 출발하여 로흐뷔쨔의 주요 거점들을 제압해 나갔다. 구스타프 페슈케(Gustav Peschke) 대위의 3차량화보병연대 3중대는 기습으로 시 북쪽의 교량을 탈취했

151) Veterans of the 3rd Panzer Division(2012) pp.226-7

다. 놀랍게도 교량 정면에는 6대의 대공포가 놓여 있었으나 병사들은 아직도 담요에 말린 채 잠을 자고 있는 것이 발견되었다. 불과 수 초 만에 대공포는 노획되고 적군 포병들은 사살되거나 포로가 되었다. 그즈음 시 전체가 독일군의 수중에 장악되어 오전 10시 30분 3장갑대대의 전차들이 시 내부로 진입하면서 소탕작전은 종료단계에 들어갔다. 3보병연대 1대대는 로흐뷔쨔 북쪽의 야쉬니키(Jaschniki) 외곽까지 진출해 주변의 고지대를 점령하고 소련 40군 제대의 공격에 대비하는 작업을 수행했다.

* * * * *

톨예키와 그리고로프카의 정찰임무

"정찰지휘관의 자질은 성공의 결정적인 요인이다.
영리하고 기민하며 임무의 이해도가 높고 결단력 있는 작전기동과 풍부한 야전경험을 보유해야만 한다.
모든 지휘관들은 밤낮으로 적과 접촉하는 일에 전적으로 책임을 져야 한다."
(독일 국방군 정찰대교범의 일부)

한편 바흐마취 철도선 파괴작전을 성공적으로 마친 4장갑사단 프릿츠 훼스만의 장갑정찰대는 9월 12일 33차량화보병연대에 배속되어 선두 정찰임무를 맡게 되었다. 9월 10일 바흐마취와 코노토프가 차례로 떨어진 다음 차기 목표는 톨예키(Toljeki)였다. 가장 속력을 내어야 할 훼스만의 정찰차량들이 진창도로에 빠져 헤매다가 사단 장갑대대가 도착해 2호 전차 한 대를 인계하면서 장갑차량들을 끌어내고 톨예키 방면으로의 진격을 재촉했다. 소련군은 전차든 소총병이든 모두 톨예키 쪽으로 후퇴하고 있던 상황이었기에 이동 도중에 별다른 교전은 없었다. 문제는 작은 목조 교량을 지나 500m를 더 들어가자 우측에 적군이 방어하는 큰 교량이 발견되었다. 독일군에게 다행스러웠던 것은 매복된 대전차포가 없어 선방을 맞지는 않았다는 점이었다. 이내 소련군의 기관총 사격이 개시되었다. 훼스만은 사격구호와 함께 3대의 장갑차량들이 일제히 교량 쪽 수비대를 향해 집중사격을 퍼붓게 했다. 전투는 2분 정도로 끝났다. 훼스만의 차량들이 교량으로 접근하는 순간 3개의 불기둥이 한꺼번에 치솟으면서 바로 눈앞에서 교량이 폭파되는 광경을 지켜봐야 했다. 훼스만은 다시 작은 교량 쪽으로 되돌아가 우군 장갑부대와 조우하여 공병소대를 동원해 교량에 설치된 폭약들을 제거하고 도로에 매설되었을 것으로 짐작되는 지뢰들도 조사에 나섰다. 다행히 지뢰는 발견되지 않았다. 잠시 후 남서쪽에서 소련군이 출몰했다는 소식에 따라 훼스만은 림머의 차량과 함께 마을 남단의 적군을 저지시키고 플라셔(Flascher) 상사의 측면을 엄호하는 방식으로 교전에 들어가게 되었다. 이번에는 우군의 3호 전차가 지원으로 받쳐주었기에 이전과는 큰 차이가 있었다. 훼스만의 정찰대와 장갑부대는 도로상의 적군을 먼저 발견하고 기습에 들어갔다. 적군 종대 한 가운데를 기관총 및 기관포 사격에 의해 사방으로 대오를 흩트리는 동안 3호 전차는 3대의 소련군 76.2mm 대전차포를 일시에 제거해 버렸다. 독일군은 도주하는 적군을 쫓아 정 남쪽으로 향하다가 주도로에서 삐져나간 작은 도로로 꺾어 들어가 6km를 더 나아가자 그날의 목표 중 하나이기도 했던 88고지가 발견되었다. 이곳에서의 전투는 감당하기 힘들 정도

◆ VI-2-22 4장갑사단 7장갑정찰대대 프릿츠 훼스만 소위. 독일군 장교 중에는 생긴 것과는 전혀 다르게 노는 터프카이들이 다수 존재했고 훼스만 역시 그중 한 명이었다.

의 적군 포병대를 만나 더 이상의 진격이 불가능했다. 빗발치는 포화 속에서 용케 단 한 대의 차량도 파괴되지 않으면서 상황을 정리해 나갔지만 언덕 고지대에서 쉴 새 없이 쏘아대는 야포사격은 처음에는 50m, 그 다음엔 10m의 거리를 두고 지면에서 작열하고 있었기에 더 이상 88고지 밑에 머무르는 것은 자살행위에 가까웠다. 그 와중에 2대의 소련군 장갑차량이 나타나 훼스만의 차량들과 맞대결하게 되는 긴박한 순간이 왔다. 엥겔하르트(Engelhard) 상사는 적의 차량이 비틀면서 측면을 보이는 순간 곧바로 사격을 실시하자 포탄은 약간 포물선을 그리면서 정확히 적 장갑차량에 꽂혔다. 적 장갑차량은 기동이 불편하게 되었는데도 주포 사격을 실시했고 엥겔하르트는 신속하게 재장전후 두 번째 탄을 쏘았다. 두 번째 탄은 차량의 연료통에 작열하면서 완전히 전소시키는 효과를 가져왔다. 두 번째 장갑차량은 지그재그로 빠지면서 동쪽으로 도주해 버렸다. 어둠이 깔리면서 12일의 작전은 그것으로 종료되었다.

9월 13일은 훼스만의 정찰대에 1개 장갑중대와 2개 차량화보병중대를 붙여 그리고로프카(Grigorovka) 방면으로 진격했다. 그리고로프카는 롬니와 루브니 사이에 있어 소련군은 키에프 포위망에서 벗어나기 위해서는 이 구간의 갭을 계속 벌여놓아야 했으며 훼스만의 정찰대는 4장갑사단의 측면을 엄호하면서도 적군의 교란을 획책해야 하는 임무가 주어졌다. 장갑부대에 앞서 훼스만 정찰대 소속 3대의 장갑차량은 먼저 그리고로프카 근처로 접근해 상황을 살폈다. 마을 입구에 수비대가 있기는 했으나 대부분 북쪽으로부터 남쪽으로 이동하고 있는 것이 목격되었다. 뒤이어 엘빙거(Elbinger) 중위의 장갑중대가 도착해 이전처럼 적군이 먼저 교량을 폭파시켜버리는 고민거리에 대해 훼스만과 협의했다. 둘은 기습으로 먼저 선방을 날리기로 하고 엘빙거 중위는 폴마이어(Pollmeier) 소위와 드라헤(Drache) 하사의 2호 전차 2대를 훼스만에게 지원키로 했다. 마을입구 500m 정도 가까이 간 독일군은 적의 동태를 파악하기 위해 시험적으로 수발의 기관총 사격을 가하자 한 무리의 기병들이 마을로부터 나타나 움직이기 시작했다. 다만 너무 먼 거리라 일단교전은 중지하고 좀 더 가까이 다가가기로 했다. 200m를 채 못가 소련군 소총병들과 기병들의 사격이 시작되었다. 독일군 전차와 장갑차량들은 처음에는 고개를 못들 정도로 고전하다가 결국 기관총좌들을 모두 잠재웠고 나머지 적군들은 교량 쪽으로 이동하는 것이 관찰되었다. 훼스만은 교량 탈취를 위해 황급히 뒤따라가자 300m 정면에 교량이 나타났다. 소련군은 5문의 야포를 동원해 훼스만 정찰대에게 사격을 퍼부으면서 아마도 교량 폭파를 위한 시간을 벌려하는 것이 아닌가 추측케 했다. 2호 전차 2대가 야포들을 상대하는 동안 장갑차량들은 교량 쪽으로 접근했다. 훼스만의 통신차량 바로 뒤에 따르던 엥겔하르트 상사는 선도 차량 바로 옆에 포화가 떨어지는 살벌한 장면을 목격하면서 불과 120m 정면에서 소련군 기관총좌의 불꽃이 번쩍이는 것을 발견했다. 엥겔하르트는 정확한 20mm 기관포 사격으로 이를 잠재웠다. 2호 전차들은 3문의 적군 야포들을 파괴하여 일단 거추장스런 장해물을 제거하고 훼스만의

◆ VI-2-23 소련군 포병대의 122mm M1938 곡사포. 2차 대전기에 등장한 소련군 야포 가운데 걸작 중 하나로 사단 및 군단위의 표준야포였다. 경량인데다 신뢰성이 높고 견실한 설계가 돋보여 후에 SU-122 자주포의 주포로도 사용되었다.

교량 접근을 위해 최대한의 지원사격을 계속했다. 훼스만이 다급했던 것은 공병으로 보이는 적군 병력이 교량 쪽으로 접근하는 것을 본 순간이었다. "교량파괴팀이다!!" 쉐르뷕크(Tscherwick)가 소리치자 단 두 번의 정밀사격으로 공병들을 사살해 버렸다. 때마침 동쪽에서 장갑중대 선봉이 도착하여 훼스만은 안심하고 교량으로 가까이 다가갈 수 있었다. 모든 화기들을 소련군에게 집중시키는 동안 훼스만은 장갑차량에서 뛰어내려 교량을 점검키로 했다. 마침 2호 전차들이 남은 2대의 보병야포들을 격파하고 훼스만 차량의 무전수 벤첼(Wentzel)이 기관총을 잡아 고개를 드는 적군에게 무자비한 사격을 가하기 시작했다. 권총만을 들고 홀로 교량으로 접근한 훼스만은 단 한 발의 총격으로 다리를 날려버릴 수 있는 고폭탄이 설치되어 있는 것을 발견하고는 곧바로 물에 뛰어들었다. 다행히 깊지는 않았으며 교량을 향한 적군의 사격이 빗발쳤지만 교량 아래쪽까지는 미치지 못해 훼스만은 안전하게 다가갈 수 있었다. 훼스만은 호주머니에 든 작은 칼을 꺼내 작긴 하지만 날이 선 칼로 도화선을 제거하기 시작했다. 바로 그때 덤불 쪽에서 수상한 인기척이 느껴져 훼스만은 권총의 방아쇠에 손을 댔다. 훼스만은 이내 한 숨을 쉬었다. 수상한 인기척은 교량 폭발물 제거를 위해 자원해서 뛰어 온 공병 출신 슈봐이클(Schweikl)이었기 때문이었다. 훼스만과 슈봐이클은 재빠르게 남은 폭약들을 제거하고 우군의 교량 통과를 확보했다. 오른쪽에서 삐져나오려 했던 적군들은 독일군 보병들에게 일부가 사살당하고 수십 명은 그대로 포로가 되는 광경이 목도되었다. 슈봐이클은 교량에서 도로 쪽으로 놓인 21개의 금속지뢰도 제거하였으며 2문의 122mm 야포를 노획하는 전과를 잡아냈다. 훼스만은 쉴 새가 없었다. 그리고로프카 자체 시가전을 도와달라는 부탁에서부터 3km 떨어진 철도변에 진지를 구축한 적군을 소탕해 달라는 등의 요구가 쏟아져 들어왔다. 바흐마취 특공작전 이후 췌스만 정찰대는 사단 내 소방수로 이미 정평이 나 있었다.[152]

9월 13일 오후 췌스만은 적군 병력을 떠보기 위해 3대의 차량을 몰고 그리고로프카를 지나 외곽 철도변으로 진출해 나갔다. 개활지 도로로 들어서자마자 소련군의 반응이 시작되었다. 췌스만은 바로 눈앞에서 적군 기관총구에서 불길이 뿜어져 나오는 것을 볼 수 있을 정도로 적군은 지천에 깔려 있었다. 사방에서 대전차포와 기관총 사격이 난무하는 가운데 도저히 감당이 안 되었던 췌스만은 숲으로 연결된 2차 도로로 빠져나갔다. 그러나 이곳에서도 난리였다. 췌스만은 그의 머리 위로, 차량 옆으로 총알이 튕기는 가운데에서도 침착하게 사단 포병대에게 적군의 위치를 전달했다.

"철도 제방 정면, 도로 우측으로 약 100m 지점에 적군 대전차포 발견. 70m 간격을 두고 4문이 포진. 좌측으로 3문의 소총병 경야포. 도로로부터 40m, 철도 제방으로부터 80m 간격을 두고 포진."

사단 포병대로부터 답이 왔다. "105mm를 갈긴다. 위치 교정바람." 그 직후 사단 포병대의 야포들이 불을 뿜었다. 대전차포 진지 100m 지점에 포탄이 떨어지면서 사방으로 진흙과 진흙탕물이 튀었다. 췌스만이 외쳤다. "100m 좀 더 길게! 방향은 좋다!" 불과 1분이 안되어 2차 포사격이 실시되었다. 포탄은 진지 약간 오른쪽에 경사되어 집중되었으나 적군이 이곳에 모아두었던 포탄과 탄약에 작열하면서 천지를 진동하는 굉음과 함께 포대들이 하늘로 날아가 버렸다. 10분 후 소련군은 자신들의 진지가 정확히 타깃이 되는 것을 의아하게 생각한 뒤 숲지대로 정찰을 내보냈다. 췌스만은 소련군 전차들이 가까이 다가온 것을 감지하고 엥겔하르트 상사에게 지시를 내렸다. "엥겔하르트, 적이 너무 가까이 오기 전에 처리하자. 전방에 있는 낮은 언덕 쪽으로 차량을 이동시켜라. 그 다음은 소나무를 겨냥해라. 적은 그쪽에서 나타난다." 엥겔하르트는 췌스만의 지시대로 이동지점으로 옮겨간 후 기다렸다. 적의 경전차는 정확히 낮은 언덕의 소나무 부근으로 접근해 들어왔다. 엥겔하르트는 있는 탄창의 탄약을 모두 쏘아 부어 경전차에 집중시켰다. 20mm 기관포에 불과하지만 적군의 경전차라면 격파도 가능할 수 있었다. 검고 흰 연기가 치솟는 것으로 보아 일단 명중한 것으로 판단되었다. 무전수 라이트(Reith)가 탄창을 갈아 끼울 때였다. 파괴된 것으로 보였던 적 경전차의 주포 45mm가 대응 사격을 가해왔다. 포탄은 장갑차량의 위를 스쳐지나 뒤쪽의 나무를 박살냈다. 엥겔하르트는 적의 두 번째 탄이 날아오기 전에 조금 낮게 조준하여 사격을 전개했다. 20mm 탄은 적 전차의 가장 취약한 부분인 포탑과 차체 중간에 박히면서 해치가 뒤로 젖히더니 내부에서 검은 연기가 솟아올랐다. 그 다음 두 번째 전차가 파괴된 첫 번째 전차와 40m 거리를 두고 나타났다. 언덕 위로 올라간 적 전차는 주포와 기관총을 동시에 사격해 댔고 기관총탄은 독일 장갑차량의 전면을 맞고 강한 금속성 굉음을 내며 튕겨나갔다. 이때 다소 희한한 일이 벌어졌다. 연기가 솟아오르던 첫 번째 전차가 내부 유폭을 일으켜 큰 불기둥을 일으키면서 다시 폭발해 버리자 놀란 두 번째 전차는 더 많은 독일군에게 포위된 것으로 오인하고 언

152) Kurowski(2004b) pp.87-102

덕 아래로 도주해 버렸다. 이 전차는 수분 후 철도 제방 500m 지점에서 다시 나타났다. 그와 동시에 이제는 소련군 포병대가 모두 훼스만이 있던 숲지대를 집중 타격하기 시작했다. 훼스만은 적어도 4문의 152mm포가 제방 반대쪽에서 난타를 가해오는 것을 확인하고 사단 본부에 철수허가를 요청했다. 그와 동시에 훼스만은 재빨리 숲을 벗어나 북쪽으로 300m를 이동해 나갔고 철수허가는 그때서야 무전으로 전달되었다. 숲지대 북단으로 나아간 훼스만은 숲지대 끝자락으로 쏟아지는 소련군의 포사격이 집중하기 전에 낮은 곳으로 이어진 도로를 따라 우군 진지로 회기했다.[153] 적군 진지 동태를 최대한 근접해서 확인하고 전방에 놓인 장해물들을 적절하게 제거하는 능력도 뛰어났던 훼스만 소위는 이처럼 적의 의도를 사전에 꿰뚫어 보면서 부하와 장비의 피해를 최소한으로 줄이는 섬세한 판단력을 가진 장교였다. 얼음장같은 판단력과 대범한 돌격정신이라는 어찌 보면 상반되는 요건을 모두 갖춘 정찰대의 모범적인 지휘관이 바로 프릿츠 훼스만 소위였다.

* * * * *

조여드는 포위망

"구데리안과 클라이스트 사이의 거리는 100km도 남지 않았으며
양 장갑집단은 서로 손을 잡기 위해 급피치를 올리고 있었다.
그 속도는 포위된 소련군이 조여드는 포위망으로부터 탈출하려는 속도보다 월등히 빨랐다."
(죠프로이 쥬크스)

구데리안은 자신의 제대가 자칫하면 동서에서 협공당할 우려가 있는 것을 감지하고 9월 13일 중앙집단군의 예비로 대기 중인 18장갑사단을 풀어 줄 것을 요청하면서 해당 구역은 보병들이 지키되 장갑부대는 롬니 전구로 이동시키는 것을 희망했다. 18장갑사단은 당시 수중의 가용한 정찰기도 없는데다 우군 전투기의 근접항공지원도 불가능해 그 자리에 주둔하다가는 적기의 공습에 고스란히 노출될 우려도 없지 않았다.[154] 구데리안의 요청은 장갑집단의 동쪽 측면이 80km나 신장된 것을 감안하다면 납득이 갈 수도 있는 건의였으나 폰 보크와 할더는 받아들이지 않았다. 이들은 남쪽 전선이 해결되면 다시 모스크바로 가는 작전을 재개해야 하는데 집단군의 모든 사단들이 남방으로 이동하게 될 경우 중앙집단군 남익과 공세정면이 너무나 취약해진다는 원론적 입장을 견지했고, 설사 18장갑사단을 풀어 준다하더라도 구데리안이 당장 급하게 필요한 구역에 시간을 맞추어 집결케 하기는 불가능한 것으로 판단하고 있었다. 일단 모델은 로흐뷔쨔와 그 주변에서 1장갑집단이 도착할 때까지 방어전을 펼칠 계획이었으며 후베의 16장갑사단은 로흐뷔쨔 남쪽의 루브니로 압박해 들어갔다. 이 기동은 의미가 있었다. 2장갑집단의 선봉 3장갑사단과는 이제 겨우 40km 거리를 남겨두고 있었다. 후베는 첫날 70km를 주파한 이래 출발지로부터 술라 강 남쪽 제방까지 누계 120km를 달려 이틀 만에 루브니에 도착하였고 그 과정에서 1,500명의 포로,

---

153) Kurowski(2004b) pp.102-4
154) BA-MA RH 24-47/2 Kriegstagebuch Nr. 2 XXXXVII.Pz.Korps. Ia 25.5.1941-22.9.1941(1941.9.13)

◆ VI-2-24 16장갑사단 장갑지휘관 히야친트 그라프 폰 슈트라흐뷔츠(가운데 정찰지휘차량에 기댄 인물). 46세의 나이에 참전하는 노익장을 과시한 역전의 용사로서 신체에 13곳에 달하는 부상의 흔적이 있을 정도로 몸을 아끼지 않는 투사였다. 차량에는 안경을 낀 한스-빨렌틴 후베 16장갑사단장이 보인다.

70문의 야포, 620대의 차량과 트랙터, 공군기 3대를 처치했다.[155] 가장 선두에 섰던 16장갑사단 16장갑공병대대의 3공병중대가 술라 강 건너편 다리를 장악하면서 적군 수비대를 놀라게 하는 기습을 가했다. 공병들은 연막탄을 쏴 적군의 시야를 가리게 한 다음 교묘한 수법으로 교량을 확보하고 동쪽으로 들어가는 진입로를 개통해 루브니로 진격해 나갔다. 네벨붸르훠와 사단 포병대가 루브니 전체를 강타한 가운데 공병들은 시 외곽부터 통제 하에 두면서 중앙을 압박하고 들어갔다. 그 뒤로는 64보병연대 2대대가 따라갔다. 여기까지는 큰 문제가 없었고 독일군은 교범대로 시 외곽을 장악한 뒤 주요 거점을 통제 하에 두면서 소탕작전에 돌입하려했다.[156] 다만 루브니 시내가 문제였다. 대단한 기동전력이 있는 것도 아닌데 공산당 조직이 공장노동자들을 중심으로 구성된 노동적위대를 결성하고 민간인, 특히 여성들도 무장시켜 독일군에 대항하게 했다. 프로적인 전투경험은 없지만 1개 대전차포 단위부대를 방패삼아 광신적으로 저항하는 이들은 16장갑사단을 정지시키는 질긴 끈기를 발휘했다. 거기다 소련군의 장갑열차가 측면에서 화포사격을 가해오면서 독일군에게는 상당히 당황한 순간이 있었으나 이는 전차와 합세한 공병들에 의해 제거되었다. 보병만으로는 진도가 나지 않자 '전차의 백작'으로 불리는 전차전술의 달인, 히야친트 슈트라흐뷔츠(Hyazinth Graf Strachwitz)의 장갑부대가 시내로 들어왔다. 슈트라흐뷔츠의 전차들은

155) BA-MA RH 21-1/51, Kriegstagebuch des Panzerarmee-Oberkdos.1 Band III 1.9.41-31.10.41, Fols. 28-30(1941.9.13)

156) Kurowski(2010a) p.173

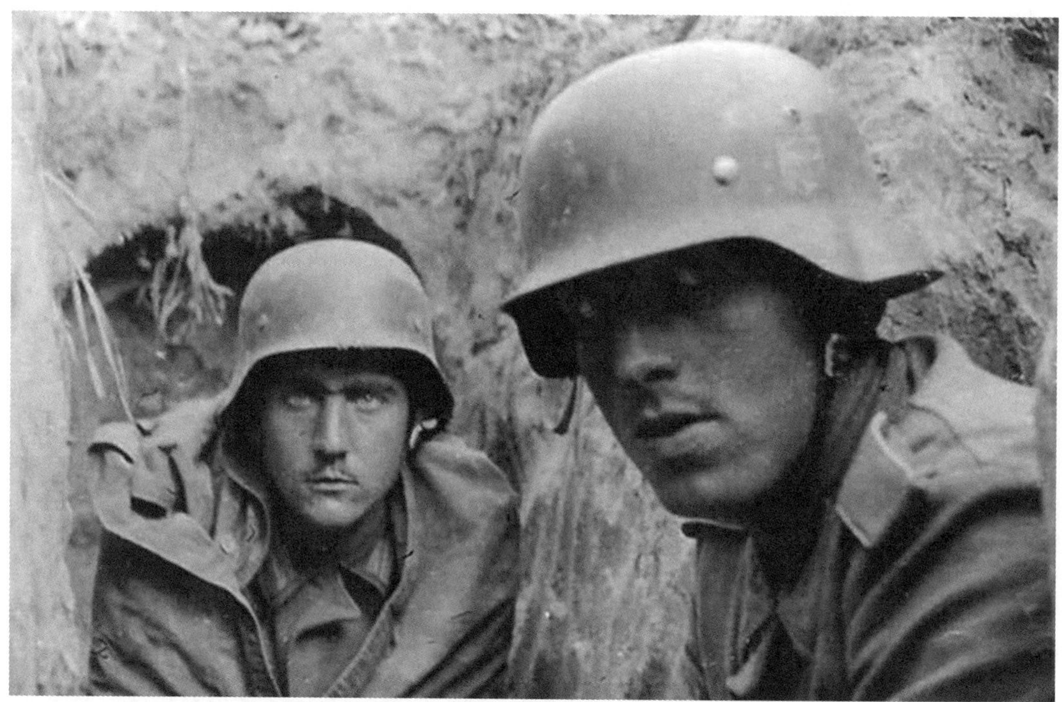

◆ VI-2-25 포위당하는 쪽이나 포위하는 쪽이나 긴장은 마찬가지. 참호에서 대기 중인 독일군 보병

고폭탄으로 가옥을 붕괴시킨 뒤 기관총 사격으로 적군들을 하나하나 솎아나갔다. 소련군 수비대는 가옥을 옮겨가며 은신처를 찾는 질긴 생명력을 발휘하는 동안 슈트라흐뷔츠는 아예 건물 자체를 부수고 들어가면서 온 사방을 잿더미로 만들기 시작했다. 공병들은 화염방사기까지 동원해 건물 지하실까지 뒤지면서 육박전투를 진행시켰다.[157] 그 와중에 슈투카들은 계속해서 공습을 가하면서 지상군의 진격을 입체적으로 지원하고 귀청을 찢는 듯한 싸이렌 소리는 정규군에 대항하려는 민간인들을 공포로 몰아가는 심리적 효과를 발휘했다. 건물의 창문을 통해 사격을 가하는 민간인들의 방해로 인한 별다른 피해는 없었지만 몰로토프 칵테일이 전차를 덮치면서 시가전은 점점 격렬해 갔고 루브니의 저항군들이 임시 바리케이드, 가옥의 지붕, 지하실 환기구 창문을 통해 극렬한 저항을 나타내자 독일군은 13-14일 밤새 작심하고 이 귀찮은 존재들을 떨쳐내야 했다.[158] 후베는 14일 79차량화보병연대를 예비로 투입하면서 전투를 진정 국면으로 접어들게 만들었다. 64차량화보병연대 2대대와 합세한 79차량화보병연대는 화창한 가을 날씨를 맞아 순조롭게 공세를 전개했고 모든 게 계획대로 맞아떨어져갔다. 이 병력은 적군 수비대가 도저히 감당키 어려운 수준의 프로들이었으며 오후에 루브니의 시가전은 완전히 종식되었다. 그 가운데 64차량화보병연대 11, 12중대가 미제 마르틴 폭격기 한 대를 격추시키는 일이 있었다.

13일 남북의 두 장갑집단이 아직 연결된 것은 아니지만 이날은 소련 남서방면군에겐 악몽과 같은 일이 급속도로 진전되고 있는 폭풍전야의 시간이었다. 남서방면군의 북익은 전투결과로 보아 기

157) Bagdonas(2013) pp.140-1
158) BA-MA RH 21-1/51, Kriegstagebuch des Panzerarmee-Oberkdos.1 Band III 1.9.41-31.10.41, Fols. 29-30(1941.9.13)

동전력과 중장비가 많지 않은데다 소총병 제대들도 훈련이 충분치 않은 후방경계병력 정도만이 있었던 것으로 추정되었다. 부분적으로 공산당 내무위원들이 조직한 민병대가 광신적인 저항을 전개하기는 했지만 로흐뷔쨔 부근의 적군 병력 또한 독일 장갑부대에게 큰 장해를 초래하지는 못했다. 1장갑집단만 막바지 스퍼트를 내 준다면 연결은 시간문제인 것처럼 보이기도 했다. 남서방면군은 동쪽으로의 마지막 퇴로마저 차단되는 것이 아닌지를 우려해 패닉상태로 빠져 들어가는 제대가 속출하고 있었다. 동쪽 후방의 퇴로까지는 200km의 진창도로가 가로놓여 있었으며 남쪽으로의 도주는 모스크바로 가는 길목을 독일군에게 제공한다는 우려(?!) 때문에 양심상 시도할 수가 없는 입장이었다. 더 중요한 것은 독일군의 포위망이 시시각각으로 좁혀 오고 있는 이 위기의 순간에 스타프카로부터의 철수명령은 떨어지지 않았다는 점이었다. 이처럼 두 장갑집단이 연결 직전까지 속도를 올리는 가운데 기동전력이 없는 2군과 6군도 진격속도를 내기 시작했고 크레멘츄크 교두보를 지탱하고 있던 17군도 북쪽으로의 진군을 시도하고 있었다. 125, 239, 257보병사단으로 구성된 11군단은 13일 1장갑집단으로 편입되어 포위망의 동쪽을 확실하게 커버하기 위한 업무분장에 들어갔다.[159]

* * * * *

브리얀스크방면군의 공과

"이 시기 동안 우리는 적군의 공격에 대해 완벽한 정보를 갖고 있지 못했다.
구데리안의 장갑부대가 8월과 9월에 남쪽으로 진격했던 것은
오로지 브리얀스방면군의 남익을 벗겨내기 위한 기동인 것으로 착각하고 있었다."
(브리얀스크방면군 사령관 안드레이 예레멘코 상장)

스타프카와 스탈린은 이 상황 속에서도 예레멘코의 브리얀스크방면군이 뭔가를 해 줄 수 있다는 믿음을 갖고 있는 것처럼 보였다. 하나 일선 지휘관들은 그렇지 못했다. 13-14일 밤 남서방면군의 참모장 투피코프(V.I.Tupikov) 소장은 간덩이가 부운 채 그 스스로 작성한 전문을 샤포쉬니코프 참모총장에게 전달하는 대담함을 보였다. 내용도 썰렁하기 짝이 없었다. "이것은 귀하가 아시는 바와 같이 불과 수일 후 닥칠 재앙의 시작이다." 이 전문을 전달받은 스탈린은 상황의 심각성을 받아들이려 하지 않은 채 5군과 21군이 지리를 내주지 말고 불굴의 의지로 후퇴를 막아야 한다는 전갈을 내보내기로 했다. 이는 누가 보아도 재앙이 틀림없었다. 문제는 방면군 정면과 남북 측면에서 독일의 보병제대들로 구성된 2, 6, 17군의 포위가 중요한 게 아니었다. 그 보다는 남서방면군의 배후에서 두 개의 장갑집단이 연결되는 것으로서, 역사상 최대 규모의 포위망이 만들어지는 동쪽에서의 매듭을 해체시켜야 하는 것이 소련군이 해야 할 일이었다. 겨우 브리얀스크방면군을 만들어 구데리안을 막아보라고는 했으나 이는 병원의 전투 숙련도나 기동전력 운용 차원의 전술적 격차로 보아 애초부터 가능한 일은 아니었다. 물론 장장 100km까지 늘어난 장

159) BA-MA RH 21-1/51, Kriegstagebuch des Panzerarmee-Oberkdos.1 Band III 1.9.41-31.10.41, Fol. 28(1941.9.13)

갑집단의 동쪽 측면을 46, 47장갑군단이 능란하게 막아낸 것에 더해, 예레멘코의 사단들이 계속적으로 움직이면서 자리를 바꾸는 독일 장갑사단들의 정확한 위치를 파악하지 못했던 행운도 작용했다. 예레멘코는 8월 말부터 9월에 걸쳐 26만 명의 병력과 259대의 전차를 동원했으나 10만 명의 피해와 140대의 전차가 격파당하면서 거품이 빠져 버렸다.[160] 독일군은 2장갑집단과 2군을 합해 약 2만 명 정도의 피해를 보았으며 전차의 피해는 예레멘코가 자신의 목이 잘리지 않기 위해 부풀려 보고한 200대가 아니라 50대 정도에 불과했다. 단 다른 50대 정도는 격전 후유증으로 각급의 수리과정을 거쳐야 했다. 아래 표는 구데리안의 장갑사단들이 9월 4-10일 사이에 보유했던 전차들의 양으로서 이 통계를 보면 예레멘코와의 교전에서 독일군이 입은 전차의 피해는 미미했던 것으로 파악된다.

구데리안 2장갑집단 전차전력 현황(1941.9.4-10)

장갑사단(검사 기준일)		1호 전차	2호 전차	3호 전차	4호 전차	지휘 전차	계
3장갑사단 (9.4)	개전 당시	13	59	110	32	15	229
	대체	-	-	-	-	-	
	가용	5	30	6	5	8	54
	수리	5	13	69	17	3	107
	완파	3	16	35	12	4	70
4장갑사단 (9.9)	개전 당시	10	51	105	20	26	212
	대체	-	-	-	-	-	
	가용	8	21	24	11	19	83
	수리	0	13	59	5	2	79
	완파	2	17	22	4	5	50
10장갑사단 (9.4)	개전 당시	11	47	105	20	17	200
	대체	-	-	-	-	-	
	가용	9	38	75	18	13	153
	수리	2	6	11	1	2	22
	완파	0	3	19	1	3	26
17장갑사단 (9.10)	개전 당시	22	45	106	30	13	216
	대체	-	-	-	-	-	
	가용	4	19	20	4	5	52
	수리	0	12	47	15	2	76
	완파	2	14	39	11	6	72
18장갑사단 (9.9)	개전 당시	17	50	114	36	12	229
	대체	-	-	20	5	-	25
	가용	12	27	30	16	8	93
	수리	2	12	83	15	2	114
	완파	3	11	21	10	2	47

160) Glantz(2001) p.91

◆ VI-2-26 전선으로 이동 중인 소련 3군 소속 KV-1 중전차. 기본 장갑판 위에 볼트로 증가장갑판을 고정시킨 것을 확연히 알 수 있다. 이 타이프는 1940년에 제작된 것으로서 KV-1E '에크라나미'라고 명명되었다.

지리적으로 보아 중앙집단군과 가장 가까이 위치한 브리얀스크방면군은 따라서 독일군의 '타이푼'(Taifun=Typhoon) 작전이 개시될 무렵 20만이 안 되는 병력으로 중앙집단군의 100만 대군을 맞이하게 된다. 예레멘코의 부대가 그리 잘못한 것은 없었다. 다만 구데리안의 장갑사단들과 붙으면서 시간을 벌어주는 동안 남서방면군이 동쪽으로 빠져나갈 수만 있었다면 그 희생이 헛된 것은 아니었을 것이나, 그 중요한 기간 동안 남서방면군은 불필요한 시간만 낭비한 채 진지전을 고수하면서 자멸의 길로 빠져들고 있었다. 또한 구데리안의 남진 공세에만 지나치게 열중한 나머지 폰 클라이스트의 1장갑집단이 남쪽에서 치고 올라오는 수순에 대비하지도 못했다. 스타프카는 예레멘코를 격려하는 차원에서 계급을 상장으로 올리면서 구데리안의 진격을 저지하여 남서방면군과의 연결을 시도하라고 지시하고, 지난 12일의 지시처럼 그 시점은 늦어도 9월 18일 이전이라야 한다는 조건을 달았다. 그러나 이 명령은 이미 구데리안의 선봉이 21군과 40군 사이를 파고들어 남진하고 있던 사정에서 아무리 수중의 모든 자산을 13군에게 몰아주어 재촉한다 하더라도 시기적으로 가능한 일이 아니었다. 16일이면 소련군 5, 21, 26, 37군, 4개 군이 완전히 포위망에 갇히게 될 일인데 18일까지 해결책을 모색한다는 것은 사태의 전후관계를 망각한 허황된 지시에 불과했다.

예레멘코의 '로슬라블-노보쥐브코프' 공세는 티모셴코나 쥬코프 공세처럼 확인가능한 전과가 나타나지 않은 채 실패로 돌아갔다. 서부방면군은 스몰렌스크 동쪽과 북동쪽에서 독일 9군의 동쪽 전선을 뒤로 물러나게 했으며 예비방면군은 7월에 빼앗긴 옐니아를 탈환하면서 4군 보병사단들을 대단히 지치게 만들었다. 그에 반해 브리얀스크방면군은 기동전력을 집결시켜 구데리안의 남진을 한 번에 좌초시킬 수 있는 기회를 갖지 못한 채 종으로 길게 뻗은 전선에 대해 축차적으로 전차부대들을 끌어들이면서 거의 요행을 바라듯 아무 구역에서나 돌파구를 마련하려는 희망사항을 안고 있었다. 13군과 50군은 각각 50전차사단과 108전차사단 하나씩을 보유하고 있었으며 에르마코프 작전집단은 2개 전차여단을 보유하여 따로따로 돌파와 전과확대를 노리고 있었다. 차라리 예레멘코에게는 이들 기동전력을 에르마코프 작전집단에 하나로 몰아 강한 펀치를 만들어 구데리안의 옆구리를 한 번에 강타하는 것이 더 효과적이었을 것이다. 그러나 각 군과 집단이 그들 수중의 전차부대를 보병의 지원화기로만 활용했기에 초전에 선방을 맞은 50전차사단은 사실상 보병사단으로 전락했고, 그나마 소련 전차들이 트루프쳬스크 서쪽과 북서쪽에 집결하려는 순간을 틈타 레멜젠의 47장갑군단이 먼저 선수를 쳐 남하해 버렸기 때문에 예레멘코의 기동전력은 독일 장갑사단들의 장악력에 계속 끌려다녀야 했다. 예레멘코를 한 가지 두둔하자면 통신장비의 부족이나 미숙한 병원 훈련도도 문제지만 기본적으로 독일 장갑부대의 상징적인 구데리안의 장갑집단을 부수기에는 기동전력의 양이 너무 빈약했다는 점이었다. 또한 티모셴코와 쥬코프는 약간의 기동전력을 보유한 독일 9군과 4군의 보병사단들만 상대하면 되었지만 예레멘코의 경우는 가파르게 움직이는 2장갑집단과 약게 치고 빠지는 2군 모두를 상대해야 했기에 예레멘코가 상대적으로 저조한 성적을 기록했다는 것은 약간 균형이 맞지 않은 측면이 있기는 하다. 스몰렌스크 포위전과 7월 13일 티모셴코의 최초 공세 이래 전개된 소련군의 4차 반격작전은 이처럼 키에프 대포위전으로 자동 전이되면서 그 실질적인 의미나 실패에 대한 성찰의 타이밍을 놓친 채 빠른 속도로 표류하고 말았다. 이제 세계의 관심은 우크라이나의 키에프로 모아지고 있었다.

9월 13일, 드니에프르 강변 크레멘츄크 교두보에서 3전투비행단은 13대의 슈트르모빅 대지공격기를 비롯한 25대의 적기를 격추시켰다. 자대 손실은 메써슈미트 단 한 대에 불과했다. 25대 중 3대대가 20대를 요리했으며 비행단 사령관 균터 륏쪼(Günter Lützow) 소령이 2대의 일류쉰 DB-3 장거리폭격기를 격추함으로써 자신의 69, 70번째 격추기록을 갱신했다. 이날 마지막 공중전을 치룬 1대대의 메써슈미트 3대는 독일 본국으로 돌아가 1전투비행단 2대대에 배속되었다.[161] 소련공군은 14일에 29기를 동원해 12번에 걸쳐 교두보를 공격하면서 나름의 전과를 올렸다. 44전투기사단의 보리스 봐실예프(Boris Vasilyev) 중령이 이끄는 I-153기들은 미로노프카(Mironovka)의 3전투비행단 2대대 기지를 공습하여 지상의 공군기 7대를 파괴했다고 주장했으나 이는 독일측 주장과는 차이가 있긴 있었다. 회항 도중 그리고리 코챠(Gregoriy Kotscha) 소위는 편대에서 이탈되어 헤매던 중 4대의 Bf 109의 추격을 받게 되었으나 다행히 빠져나가는 데 성공했다. 3전투비행단 2대대의 Bf 109들은 뒤늦게나마 소련기들을 추격하여 고르돈 골롭(Gordon Gollob) 대위와 봘터 다알(Walther Dahl) 중위가 각각 I-153 1대씩을 격추시켰다.[162]

161) Bergström(2007) p.151
162) Bergström(2007) p.70

3. 사상 최대의 포위전

"키에프 전투는 실로 눈부신 전과를 기록하고 있다.
그러나 나의 전선 앞에 놓인 소련군은 이전과 마찬가지로 아직 붕괴되지 않았으며,
문제는 우리가 최대한 빨리 적군을 쓸어내
겨울이 오기 전에 러시아가 이 전쟁에서 다시 일어나지 못하도록 승리를 활용할 수 있는가에 달려 있다."
(1941.9.17, 중앙집단군 사령관 폰 보크 원수가 육군참모총장 할더 상급대장에게 보낸 서한의 내용)

* * * * *

랑데부, 9월 14일 18시 20분

"나는 러시아가 겨울이 오기 전에 항복할 것이라는 믿음을 전혀 갖고 있지 않다.
설혹 이 타격이 대단한 성공을 거둔다 하더라도."
(제2군 43군단장 고타르드 하인리키 보병대장 : 1941.9.14)

9월 14일 구데리안의 최선봉 3장갑사단 6장갑연대 9중대에게 역사적인 임무가 부여되었다. 남쪽으로 내려가 남방집단군 폰 클라이스트의 1장갑집단과 조우하는 일이었다. 단 한 대의 3호 전차와 수대의 장갑차량이 주어졌다. 병원은 총 45명에 불과했다. 이 역사적인 작전을 추진하는 병력치고는 대단히 빈약했다.[1] 지휘관은 9장갑중대장 한스 봐르트만(Hans Warthmann) 중위와 3장갑중대장 알베르트 뮐러-하우프(Albert Müller-Hauff) 중위였고 종군기자 하이징(Heysing)이 탑승했다. 뮐러-하우프 중위가 선도해 나가는 가운데 선견대는 사단의 가장 전방의 전초기지를 맡고 있던 프랑크 소령의 부대를 지나쳐 우크라이나 농촌의 풍광으로 빠져 들어갔다. 발진 최초 단계는 슈투카가 일정 구역까지 엄호해 주었다. 날씨는 화창해 전차병들이 '전차의 날씨'로 부르기에 적합한 기분 좋은 날이기도 했다.

주행 3시간 만에 겨우 첫 번째 가옥이 시야에 들어왔다. 도로상에 물자를 운반하던 소련군이 목격되었으나 이들은 독일군 차량들을 보자 마차를 방기한 채 인근의 해바라기 밭으로 도주해 버렸다. 그 다음은 적군 차량이었다. 독일군은 볼 것 없이 기관총 사격을 가해 간단히 제압하고 더 앞으로 나아갔다. 그 다음은 좀 피곤한 존재였다. 전차 2대, 야포중대, 건설대대, 마차와 카트, 트랙터, 말을 탄 코사크 기병 등 이종혼합의 제대로 보이는 엄청난 병력이 다가왔다. 거기엔 연료통을 실은 차량과 마차들도 있었다. 곧바로 전차장의 명령이 내려졌다. "목표 1시 방향, 고폭탄 장착, 발사!!" 적군의 연료통은 거대한 횃불처럼 타올랐다. 봐르트만과 뮐러-하우프는 약간의 눈짓

1) BA-MA RH 21-2/931, KTB Nr. 1 Panzergruppe 2 Bd.II vom 21.8.1941 bis 31.10.41, Fol. 198(1941.9.12)

으로 의사를 교환한 뒤 최고 속도로 소련군 종대를 둘로 가르면서 돌진해 나아갔다. 전차의 주포와 기관총 사격이 난무는 가운데 병사들과 말들의 비명소리가 사방에 울려 퍼졌다. 소련군들은 볏으로 만든 가옥 뒤로 숨거나 근처 숲지대로 도주하고 도로상에 놓인 병력들은 카오스의 시간을 맞이했다. 독일군은 이게 목표가 아니었던 만큼 한 바탕 총질을 해댄 다음에는 계곡, 습지, 숲지대 등 아랑곳하지 않고 헤집고 다니다 티취(Titschi) 마을 부근에서 술라 강을 넘었다. 여기까지면 목적지와 절반 정도의 거리였다. 일시적으로 본부와 교신이 끊긴 선견대는 본대와 떨어져 낙오된 우군 통신차량을 우연히 발견하여 다시 교신을 이어갔다. 롬니에 있던 빨터 모델 중장은 "16시 2분 루카(Luka) 도착, 술라 강의 손상되지 않은 교량을 통과"라는 선견대 통신병의 보고를 듣자 안도의 한 숨을 내쉬었다.[2] 해가 질 무렵 선견대는 어느 고원지대에 도착해 갈대에 차량들을 숨긴 뒤 전방을 주시했다. 봐르트만은 쌍안경으로 어두워진 주변을 조심스럽게 정찰했다. 기관총과 야포 소리가 들리는 것으로 보아 분명 남방집단군과 가까이 있다는 신호였다. 남쪽 아래에는 어렴풋이 마을의 실루엣이 관찰되는 것으로 보아 이 마을은 루브니(Lubny)가 틀림없었다. 봐르트만의 정찰대는 수확물을 군데군데 쌓아둔 거대한 옥수수밭을 지나가다가 갑자기 독일군 정찰기를 발견했다. 오폭의 위험을 방지하기 위해 봐르트만은 재빨리 흰 연기 신호탄을 쏘아 올렸다. 놀랍게도 이 정찰기는 몇 번 선회하더니 봐르트만의 부대 앞에 착륙했다. 3명의 공군 조종사들과 정찰대 대원간의 악수와 웃음소리가 이어졌다. 이들이 전한 희망찬 소식은 10km도 안 되는 거리에 후베 장군의 16장갑사단이 와 있다는 것이었다. 현재까지도 정찰기에 탔던 이들 3명이 누군지는 밝혀지지 않고 있으나 정찰기는 적당히 길 안내를 한 뒤 다시 공중으로 날아갔다.[3]

선견대는 계곡을 지나 건너편 제방 쪽으로 내려가기로 했다. "판쩌 포어(Panzer, Vor)!!" 봐르트만이 외쳤다. 어둑어둑해진 주변환경을 방패삼아 전속력으로 계곡을 타고 내려간 독일군은 갑자기 나타난 소련군 초병들을 처치하고 더 앞으로 나아갔다. 그 다음 봐르트만의 부하들은 멀리서 회색 군복 차림의 군인들이 움직이고 있는 것을 발견했다. 이들은 대대급 규모로 판독되어 봐르트만은 재빨리 이들과 합류하기 위해 그날 두 번째로 다시 한 번 흰색의 신호탄을 발사했다. 곧바로 연결될 것으로 짐작하고 차량들을 움직였으나 조그만 지류 하나가 막고 있었다. 건널 만한 다리를 찾고 있던 독일군은 겨우 하나를 발견하고 다가갔으나 이미 폭발해 형체가 날라 간 뒤였다. 3호 전차로 근처를 서성대던 선견대는 건너편에 회색 군복의 병사를 발견했다. 더럽고 땀에 찌든 상태에다 수염까지 텁수룩하게 자란 우군 병사였다. 그는 손을 들어 크게 동그라미를 그리듯 환호했다. 드디어 남북이 연결에 성공한 순간이었다. 그 병사는 16장갑사단 16공병대대 칼-하인츠 린쉔(Karl-Heinz Rinschen) 소위 휘하의 2중대원이었다. 때는 정확히 1941년 9월 14일 오후 6시 20분이었다. 9월 12일 크레멘츄크 부근에 위치해 있던 16장갑사단은 소련군 배후로 파고드는 대담한 공격에 의해 100km 이상을 주파하는 과단성을 나타냈으며 14일에 독일군은 격전 끝에 루브뉘와 술라를 장악함으로써 남북 사단이 연결되는 안전판을 미리 마련한 상태였다.[4] 그 직후 64, 79차량화보병연대를 앞세운 16장갑사단은 오소붸츠(Ossowez)와 쵸르니(Tjorny) 두 곳에서 교두보를 확보하여 북에서 내려오는 3장갑사단을 기다리고 있었으며 거의 정

2) Haupt(1990) p.168
3) Carrel(1966) pp.127-8
4) Werthen(1958) p.54, Röll(2011) pp.88-9

확히 예정시간을 맞춘 일대 사건으로 기억될 만한 전과를 획득하는데 성공했다. 봐르트만은 곧 남쪽에서 온 공병대대 2중대장 린셴(K.H.Rinschen) 소위와 감격에 찬 얼굴로 뜨거운 악수를 나누었다. 하루 종일 무전기 앞에서만 초조한 시간을 보낸 모델 사단장과 하인츠 폼토(Heinz Pomtow) 소령은 "연결 완료"라는 봐르트만의 최종소식을 듣고 긴급으로 암호명 '탄넨베르크'(Tannemberg)를 사방에 타전했다.[5] 탄넨베르크는 1차 대전 당시 20만의 러시아군을 포위섬멸했던 그때의 전투명이었다. 사단 통신병들은 일제히 괴성에 가까운 환호를 내지르면서 춤을 추기 시작했다. 통신병 최고의 시간은 이런 순간들이었다.

봐르트만 중위는 선견대를 이끌고 루브뉘의 16장갑사단 본부로 달려가 후베 사령관에게 보고했다. 구데리안의 'G'를 표시한 전차가 폰 클라이스트의 'K'를 표기한 전차와 나란히 서게 되었다. 모델과 후베, 구데리안과 폰 클라이스트, 폰 보크와 폰 룬트슈테트가 만난 것과 다를 바 없었다. 단 이 선견대의 연결로 포위망이 완전히 닫힌 것은 아니었다. 부분적으로 빈 곳이 많아 스몰렌스크 때처럼 기회만 있으면 소련군들이 빠져 나갈 구멍은 있었다. 문제는 소련군에게 공식적인 철수명령이 아직 없었다는 것이었다.

9월 14일 오후 6시 20분, 키에프 포위망이 공식적으로 완결되었다. 독일군 3개 군과 2개 장갑집단이 소련군 5개 군을 포위망에 집어넣은 순간이었다. 같은 날 샤포쉬니코프 원수는 키르포노스 남서방면군 사령관에게 스탈린이 9월 11일에 내린 명령을 이행하라고 다그쳤다. 명령은 시를 사수하고 필요하면 죽으라는 내용이었다. 가장 광신적인 인민내무위원회(NKVD) 소속 병력들이 이 명령을 액면 그대로 이행하고 있었다. 루브니에서의 필사적인 저항은 일시적으로 48장갑군단의 진격을 더디게 하는 효과를 낳게 했다. 9월 15일 16장갑사단과 함께 남쪽의 선봉을 구성했던 9장갑사단은 로흐뷔쨔 남쪽을 향해 주력부대를 이동시키는 조치를 취했다.[6] 9장갑사단 33장갑연대는 미르고로드를 점령한 뒤 술라 강 동쪽 도로를 이용해 북쪽으로 진군하여 센챠(Sencha) 교량에서 3장갑사단의 주력과 합류했다. 이것으로 남북 양 장갑집단의 연결은 실질적으로 공고해졌다. 17군은 기동사단들의 측면이 위태롭지 않게 하기 위해 100, 101경보병사단 및 57, 295보병사단이 동쪽의 폴타봐를 집중 공략토록 하면서 38군 정면을 압박해 나갔다. 특히 폴타봐에는 티모셴코의 본부가 있어 사전 공습과 핀포인트 공격이 필요해 52전투비행단의 3대대가 미리 320km 거리를 날아 폴타봐를 두들기는 긴급임무를 맡았다. 포위망이 형성되기까지는 루프트봐훼의 노력이 절대적이었다. 남쪽 키로보그라드에서 작전 중이던 4항공군의 5항공군단은 북부전선 고멜 북쪽과 오르샤에서 활동하던 2항공군의 2항공군단과 상공에서 연결되었다 해도 과

---

5) BA-MA RH 27-3/14, KTB 3. Pz. Div. vom 16.8.41 bis 18.9.41, p.228(1941.9.13)

6) BA-MA RH 27-9/4, 9. Pz. Div. KTB Ia vom 19.5.41 bis 22.1.42, Fol. 101(1941.9.15) / BA-MA RH 21-2/931, KTB Nr. 1 Panzergruppe 2 Bd.II vom 21.8.1941 bis 31.10.41, Fol. 220(1941.9.15)

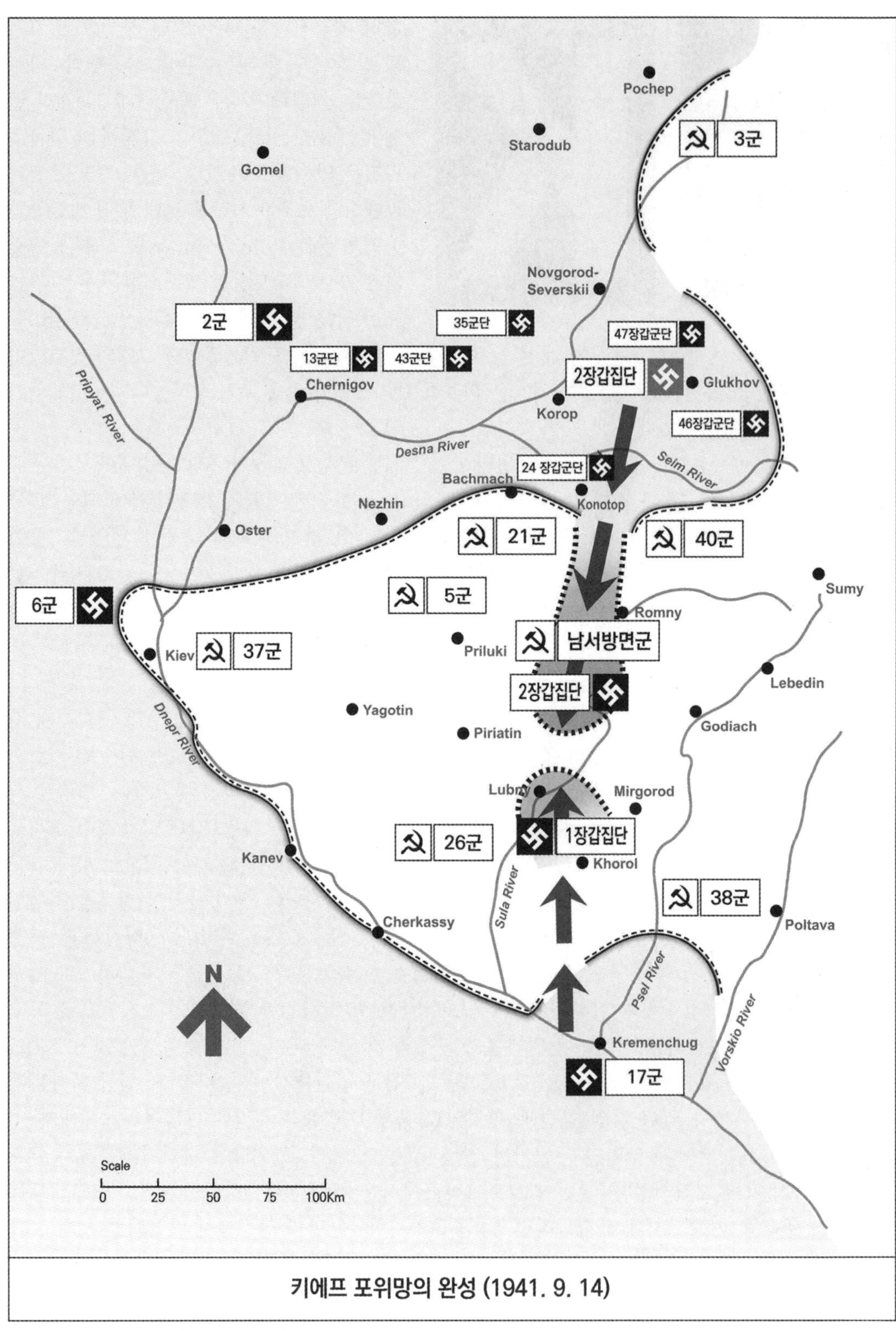

키에프 포위망의 완성 (1941. 9. 14)

언이 아니었다. 5항공군단은 14일까지 727대의 차량들을 파괴하거나 손상을 입혔으며 55폭격비행단 1대대 루돌프 키일(Rudolf Kiel) 대위는 키에프 포위작전 기간 중 675대의 차량, 22대의 전차, 58량의 군용열차들을 파괴하는 괴력을 발산했다. 같은 55폭격비행단 3중대장 아달베르트 카르베(Adalbert Karbe) 중위는 자신의 He 111로 단 한 번의 출격에 7대의 열차를 파괴하는 진기록을 남겼다.[7] 키에프 포위전 당시 소련공군의 요격기들은 슈투카들이 대지공격과 대전차 공격을 마치고 난 뒤 상공으로 날아오르는 순간을 포착하여 독일기의 머리 위에서 공격하는 방안을 채택했으나 숙련도가 낮아 큰 효과는 보지 못했다. 이 시기 포위망의 격멸과 폭격기와 슈투카들의 호위임무를 맡았던 전투기 제대는 붸르너 묄더스의 51전투비행단, 한스 트뤼벤바흐(Hanns Trübenbach) 소령의 52전투비행단과 1936년 베를린 올림픽 근대5종경기 금메달리스트였던 고타르트 한드릭크(Gothard Handrick) 대령의 77전투비행단이었다. 포위망 남쪽을 맡았던 52전투비행단 3대대의 귄터 랄(Günther Rall)은 소련기들이 별다른 아이디어 없이 원호를 그리며 느리게 다가오는 형태를 반복했기에 슈투카를 노리는 적기들은 저고도에서 쫓아버리는 반격의 형식으로 대응했다. 이 시기 소련기들의 편대대형은 훈련이 덜 된 상태여서 독일기들은 큰 어려움 없이 사냥을 즐기고 있었으나 저고도일 경우 적군의 대공포에 당할 우려가 있어 항상 안전이 담보된 것은 아니었다.[8]

키에프 시 자체 공략은 75, 95, 296, 299보병사단을 보유한 29군단에게 떨어졌다. 15-17일 3일 동안은 독일군의 포위망이 공고하게 형성되는 가장 결정적인 시간이었다. 9월 11일까지만 해도 스탈린의 사수명령에 동조했던 티모셴코는 깊은 시름에 빠졌다. 폰 클라이스트 한 개 장갑집단이라면 볼가든 코카사스든 목표가 어디건 간에 폰 룬트슈테트의 공세는 저지시킬 수 있을 것이라는 게 티모셴코와 스타프카의 판단이었다. 주공은 당연히 모스크바로 착각하였기에 구데리안의 2장갑집단은 남방으로 향하는 듯한 훼인트 모션을 쓰면서도 결국은 북동쪽으로 빠질 것이라는 것이 적군 사령관들의 일치된 견해였다. 수개월 동안 소련군은 모스크바 정면에 가장 강력한 병력을 초강도의 밀도로 포진시켰다. 그러나 이 순간만을 놓고 본다면 수도를 방어하는 이 전력은 결과적으로는 작전술적 실수였으며 독일군의 주공이 키에프로 향하면서 두 개의 장갑집단이 소련군 배후에서 연결되는 초유의 사태가 발생하게 된 것은 모두의 예상을 뛰어넘는 거대한 충격이었다. 이미 비알리스톡-민스크, 스몰렌스크에서 각각 30만 이상의 병력들이 산화했다. 이제는 2만 평방킬로미터 크기의 대지에 43-50개 사단, 100만 명 이상의 병원이 덫에 들어간 신세였다.[9] 야전 지휘관들은 더 이상 이와 같은 대규모 참사는 막아야 한다며 한 목소리로 철수를 주장했다.

9월 15일 저녁 및 16일 아침 키에프 전구를 포위한 독일군의 포진형태는 다음과 같다. 구데리안의 2장갑집단은 24장갑군단과 46군단이 가장 북익에서 짓누르는 형세를 취했다. 2군의 35군단과 43군단은 구데리안 제대의 우익에서 압박을 가하고 키에프 북서쪽의 6군은 42, 51군단이 키에프의 바로 북익을 때리도록 했다. 29군단은 34군단이 4군단 및 44군단과 함께 키에프와 크

7) Bergström(2007) p.70
8) Amadio(2003) p.88
9) BA-MA RH 19-I/73, Heeresgruppe Süd Kriegstagebuch II. Teil Band 4, 16 Aug.-15 Sept.1941, Fol. 4(1941.9.17)

레멘츄크 사이의 드니에프르 강변을 확고하게 장악하는 동안 키에프 시의 남쪽과 서쪽을 동시에 에워싸고 있었다. 17군은 9군단과 함께 술라(Sula)에 포진하고 55군단과 52군단은 폴타봐 방면으로 진격해 들어갔다. 폰 클라이스트의 1장갑군은 그 사이에 위치해 루브니에는 48장갑군단을, 미르고로드 남쪽에는 14장갑군단을 포진시켰다.

외곽 포위망도 중요하지만 이즈음 포위망 속의 주요 거점들을 잡아 적군의 응집력을 와해시키는 것이 긴요했다. 서쪽의 키에프와 동쪽의 호르뷔짜 사이 중간에 놓인 프릴루키(Priluki)는 북익을 압박해 남진하는 2장갑집단이 반드시 잡아야 할 목표였다. 9월 15일 다스 라이히 오토 쿰(Otto Kumm) SS소령의 '데어 휘러' 연대는 하루 동안 3번에 걸친 공세를 취하다 어두워질 무렵 콜레스니키(Kolessniki) 끝자락을 장악하면서 전투는 일단락이 났다. 15-16일 밤 정밀한 정찰활동을 전개한 '데어 휘러'는 밤 1시경에 소련군이 자리를 뜨는 것을 확인하고 무자비한 추격에 나서 드디어 프릴루키 북단을 점령하기에 이르렀다. 포위망의 정중앙에 도달했다는 의미였다. 야간에 도주하던 소련군 종대가 격멸되면서 1,400명의 포로가 발생하였고 18문의 야포, 4문의 대전차포, 박격포 30기, 기타 셀 수도 없었던 차량들과 군마가 끄는 장비들이 파괴 또는 노획되는 전과가 발생했다.[10] 그 후 '데어 휘러' 연대 정면에 대한 200명 가량의 적군 소총병들의 공격은 막대한 피해를 입으면서 좌절되었으며 그것으로 프릴루키의 안전은 확보되었다.

◆ VI-3-3 다스 라이히 '데어 휘러' SS연대장 오토 쿰 SS소령. 중령진급일은 41년 10월 1일이었다. 사진은 SS대령 시절. 백엽기사철십자장을 단 것으로 보아 최소한 1943.4.6 이후의 사진으로 판단

9월 16일 29군단은 지뢰와 중화기가 도사리고 있는 키에프 정면의 적진으로 치고 들어갔다. 296보병사단만은 시 북서쪽에서 돌파를 단행하고 나머지 사단은 좌에서 우로 299, 75, 95, 99보병사단이 시 남서쪽에서 북동쪽을 향해 밀어 올리는 기동을 취했다.[11]

티모셴코는 남서방면군의 작전참모장 바그라미얀(I.Kh.Bagramian) 소장을 피리아틴(Piriatin)으로 날아가게 해 키르포노스 사령관에게 방어를 담당해 온 주력부대를 모두 뽑아 드니에프르를 따라 후방으로 퇴각할 것을 지시했다. 새로운 방어구역은 200km 뒤편 프숄 강변에 설정하기로 한다는 내용도 전달되었다. 이러한 결정은 티모셴코의 권한 밖에 존재하는 중대사안이었다. 명백히 스탈린의 명령과 배치되는 결정이었다. 17일 피리아틴 북쪽의 숲에서 키르포노스를 만난 바그라미얀은 티모셴코의 명령을 전달했으나 스탈린의 처형방식을 잘 아는 키르포노스는

10) Yerger(1999) p.46
11) Haupt(1998) pp.76, 78

◆ VI-3-4 키에프 전구의 소련군 소총병들. 유연성이 결여된 지휘체계로 말미암아 상상을 초월하는 사상자를 배출했다

서면을 통한 정식 통보를 요청했다. 구두보고로 뛰쳐나갔다가 총살당할 것이 뻔 한줄 알고 있었던 키르포노스는 티모셴코와 같이 죽고 싶지는 않았다. 폴타봐에 사령부를 둔 남서군관구 총사령관 티모셴코는 독일 17군의 공격을 받아 전화연락이 끊겨 확인조차 되지 않는 상태였다. 상위 제대인 군관구 사령부는 벌써 하르코프로 옮기고 있는 중이었다. 바그라미얀이 머뭇거리자 키르포노스는 그 스스로 샤포쉬니코프 참모총장에게 전문을 보내 공식적인 후퇴를 허가해 줄 것을 요청했다. 이 건에 대해서 티모셴코는 샤포쉬니코프와도 이미 상의한 상태였다. 스탈린은 사후승인과 같은 형식을 취해 후퇴를 허가하고 이 결정은 17일 밤 11시 40분이 되어서야 남서방면군 사령부에 도착했다. 키르포노스는 수 시간 전부터 포위망의 모든 제대가 동쪽으로 돌파하여 탈출할 것을 지시했다. 5, 21, 26, 37군은 독일군 기동전력들이 철벽을 쌓고 있는 동쪽 정면을 뚫기로 하고 38군과 40군은 롬니와 부르나 방면으로 공격을 가하면서 방면군 전체의 측면을 엄호해 나가는 것으로 준비했다. 하나 포위망 속의 소련군은 온 사방에서 독일군의 공격을 받고 있었기에 질서 있는 퇴각은 사실상 불가능했다. 9월 21일 샤포쉬니코프는 키르포노스에게 다음과 같은 질문을 던지면서 긴급보고를 요청했으나 모든 통신망이 두절된 상태에서 이 전문의 답은 영영 전달될 수 없었다.

- 귀하의 제대들은 키에프를 포기하였는가?
- 만약 키에프가 포기되었다면 교량들은 폭파되었는가?
- 만약 교량들이 폭파되었다면 교량 폭파를 누가 확인하고 보증할 것인가?

* * * * *

남서방면군의 격멸

"전투는 대단히 제한된 영역에서 진행될 것이다.
편협한 자세가 하나의 병법(art)이 된다!
그리고 전투 이후에 우리는 다시 적군의 예비병력과 마주할 것이다!"
(육군참모총장 프란쯔 할더 상급대장이 중앙집단군 사령관 훼도르 폰 보크 육군원수에게 : 1941.9.15)

방면군은 포위망 내에서 크게 두 조각이 난 상태에서 독일군의 사냥감이 되어가고 있었다. 이미 철수명령이 떨어졌기에 목표는 간단했다. 기동방어고 뭐고 간에 목숨을 부지하기 위해 최선을 다해 동쪽으로 빠져 나가야 했다. 그러나 9월 17일 늦게 서야 통보된 철수명령은 각 제대에 연락이 정확히 되지 않는 상태에서 일대 혼란을 겪고 있었다. 포위망 속의 소련군은 지상군과 루프트봐훼의 입체적인 공격에 노출되어 괴멸적인 타격을 입고 있었다. 철수 결정은 너무나 늦게 발부되었다. 독일 첩보부는 이 포위망 속에 최다 60개 사단을 몰아넣은 것으로 파악했으나 이미 장기간의 전투 끝에 그로기 상태로 떨어진 제대가 많아 실제 상황은 완편전력 20개 사단 정도로 보는 것이 타당했다.[12] 사단 수가 어찌되든 간에 포위망의 5개 군은 서로 분리되어 있어 유기적이고 조직적인 탈출작전의 시도는 불가능했다. 26군은 오르지쨔(Orzitsa)에, 37군은 키에프 남동쪽에 다시 두 개의 그룹으로 나뉘어져 있었으며 21군은 피르야틴(Piryatin)에 고립되어 있었다.

◆ VI-3-5 돌격명령을 기다리는 키에프 포위전의 독일군 보병들

12) BA-MA RH 19-I/73, Heeresgruppe Süd Kriegstagebuch II. Teil Band 4, 16 Aug.-15 Sept.1941, Fol. 4(1941.9.17)

독일군 역시 사상 최대의 포위전이 진행되고 있는 것과 비례해서 사상 최대의 포위망 돌파작전이 소련군에 의해 감행될 것으로 예견하고 있었다.[13] 여기서 문제는 포위망 형성에 도달한 것까지는 대성공이나 자루 속의 적군을 격멸할 전력상태였다. 가장 많은 피해와 가장 많은 격전을 치른 모델의 3장갑사단은 6월에 198대의 전차로 시작했다가 14일 기준 단 20%의 전력으로 버티는 것으로 판명되었으며, 실제 가용한 전차 수는 10대에 불과했다. 17장갑사단도 21%에 지나지 않았으며 조금 낫다는 4장갑사단이 29%, 18장갑사단이 31% 수준이었다. 구데리안의 장갑집단은 이제 사단 당 한줌의 전차만 남은 그로기 상태였으며 다 합쳐야 겨우 한 개 장갑사단의 정수로 군단보다 큰 장갑집단을 유지하고 있다는 한심한 형편에 처했다. 물론 장갑사단 뿐만 아니라 동부전선 독일군 전체로서도 적신호가 켜진 지 오래였다. 9월 16일 기준으로 독일군은 약 50만이

◆ VI-3-6 마을 어귀에서 소총병들과 대치 중인 독일군 보병 소총수들. MP40 기관단총은 전혀 없이 전원 Kar98 소총만을 소지하고 있는 것이 이채롭다.

13) BA-MA RH 19-I/73, Heeresgruppe Süd Kriegstagebuch II. Teil Band 4, 16 Aug.-15 Sept.1941, Fol. 4(1941.9.17)

전사 및 부상을 당했으며 이는 6월 22일 당시 전력의 14%에 달하는 규모였다. 9월 28일이 되면 피해는 52만 명 이상(14.38%)으로 증가하게 되며 9월 26일 피해 병력을 대체하고 보충할 병원은 20만에 불과하다는 보고가 OKH에 전달되었다. 장갑사단 뿐만 아니라 보병제대도 마찬가지여서 봐익스의 2군이 23,000명, 폰 클루게의 4군은 38,000명, 슈트라우스의 9군은 48,000명의 피해를 안고 있었다. 장갑집단의 병원도 확실히 줄고 있었으며 호트의 3장갑집단이 9월 중순에 1,7000명, 구데리안의 2장갑집단은 3,2000명의 피해 통계를 받아들이고 있었다.[14] 이 상황에서 구데리안의 사단들이 추가로 작전을 주도할 만한 여력은 없어 보였다. 이미 고멜로부터 노브고로드-세붸르스키까지 24장갑사단들이 진격해 오는 동안 철도 사정은 하나도 나아진 것이 없었으며 9월 15일 기준으로 보아 후방의 보급기지와는 너무나 떨어져 있었다. 전차와 장갑차량의 이동은 둘째 치고 연료와 탄약, 물자를 보급하는 트럭들도 파르티잔의 매복을 피해가면서 전선에까지 도착하는 것은 그 자체가 중요한 군사작전이었다.[15] 물자를 실어 나를 트럭의 부족은 소련군뿐만 아니라 독일군에게도 지극히 심각한 난제 중 하나였다. 독일군들은 노획한 소련제 트럭들과 렌드리스에 의해 미국으로부터 소련에 지원된 포드(Ford) 회사제 트럭들을 마구잡이로 사용했고, 구데리안은 심지어 포위전 이후에 노획할 수 있는 모든 차량을 자신의 장갑집단에게 몰아달라는 부탁을 하기도 했다. 물론 이 무식한 요구는 남방집단군에 의해 당연히 거부되었다.

포위망 형성까지는 장갑사단들이 해결해야 하나 이제부터는 보병사단들이 자루 속을 뒤지며 적군들을 소탕해야 할 차례인데 이와 같은 병원의 감소와 보급의 태부족은 키에프 전 자체를 마무리 짓는데 엄청난 고민거리를 안겨주고 있었다. 그런 와중에 9월 16일 OKH는 하필 지금까지 2장갑집단과 공조해 온 봐익스의 2군을 중앙집단군 동쪽 구역으로 이전시켜버렸다. 이제는 구데리안의 부하들이 북 치고 장구 치는 모든 잡다한 일을 해야 할 시간이 도래하고 있었다. 9월 14일부터 키에프-쿠르스크-모스크바 철도선이 연결된 쉴로프카(Schilovka)를 장악하고 서쪽으로 꺾어 세임(Sejm) 남부에 위치한 소련군을 말아 올리라는 명령을 받은 '그로스도이칠란트' 보병연대는 16일 쉴로프카 북서쪽의 스붸취키노(Sswetschkino)를 공격했다. 딱히 대단한 장비가 없었던 2, 3대대는 빈 보급차량에 척탄병들을 태우고 야간기동을 취했다. 17일 오전 5시 도보로 마을에 접근한 '그로스도이칠란트'는 정면의 고지대에는 아무런 적이 없으나 마을 입구 끝자락에 소련군의 진지가 포진된 것을 알아차렸다. 페터 프란쯔(Peter Frantz) 중위가 이끄는 돌격포 16중대가 앞선 가운데 우측에는 3대대 11중대가, 좌측에는 9중대가 전진하고 바로 뒤에는 10중대가 따라나섰다. 돌격포와 대전차포는 8대의 적 전차와 9문의 대전차포를 박살내고 마지막까지 미친 듯이 포를 쏴대던 76.2mm 대전차포도 없애버리는 데 성공했다.[16] 선두에 선 프란쯔는 닥치는 대로 파괴하기 시작했다. 고폭탄을 차례로 터뜨리는 가운데 연료를 실은 적군의 차량이 폭발하여 검붉은 연기가 하늘 높이 치솟으면서 주변은 아수라장으로 변해갔다. 독일군들은 패닉에 빠진 소련군들을 무자비하게 살육하면서 서쪽으로 빠지는 하나 남은 탈출로를 봉쇄하고 조직적인 포위전투를 전개했다. 프란쯔 중위는 소련군 소총병들이 차체 옆으로 접근하자 수류탄을 투척하여 제거하는

14) BA-MA RH 21-2/931, KTB Nr. 1 Panzergruppe 2 Bd.II vom 21.8.1941 bis 31.10.41, Fol. 220(1941.9.15)
15) Stahel(2013a) p.250
16) Kurowski(1999) p.188

◆ VI-3-7 모터싸이클 연락병의 보고를 받는 에봘트 폰 클라이스트 1장갑집단 사령관. 1940년 서방전격전에서부터 1장갑집단을 맡아 1장갑군으로 승격되는 순간을 포함해 최장수 사령관으로 재직했던 1장갑군의 화신과도 같은 인물.

등 실로 힘든 시간을 보냈으나 결과는 대승이었다. 이는 9월 13일 포로로 잡혔던 독일군들이 소련군에게 혀를 잘리고 눈을 파내는 잔혹행위를 당한 데 따른 복수였다. 독일군들은 동일한 방식으로 복수하지는 않으나 항복하는데도 가차없이 죽인다는 것이 그들의 방식이었다. 돌격포들은 소련군의 군용차량을 파괴하고 군수물자를 확보하는 성과까지 잡았다.[17] 가뜩이나 보급이 시원찮은 마당에 이와 같은 전리품은 적군 사망수보다 더 값진 것일 수도 있었다. 어쩌면 독일 장갑사단들은 이 역사적인 포위전을 만들어내면서 병원과 연료, 탄약이 고갈할 마지막 시점까지 달려왔던 것으로도 생각되었다. 하지만 아직 전투가 끝난 것이 아니었다. 수십 만 병력을 솎아내야 하며 이것이 끝나면 아직도 모스크바로 향하는 일전이 남아 있었다.

9월 17일 '그로스도이췰란트'의 192돌격포대대는 남서방면군의 본부가 있던 프리야틴을 공격했다. 510보병연대의 헬무트 폰 판뷔쯔(Helmuth von Pannwitz) 중령이 이끄는 전투단의 선봉에 선 1중대는 적군의 기병부대 하나를 완전히 몰살시키면서 프리야틴을 따 내는 눈부신 전과를 기록했다. 단 이틀 동안의 전투에서 192돌격포대대는 80문의 야포와 5,000명의 포로를 잡았으며 수개의 소총병사단을 와해시키는데 혁혁한 공을 세웠고 1중대는 그중 가장 핵심적인 역할을 담당했다. 2군 사령관 폰 봐익스 상급대장은 후에 10월 1일이 되어 192돌격포대대의 공을 치하하는 장문의 문서를 남기기도 했다.[18]

17) Spaeter(1992) pp.226-7
18) Kurowski(1999) pp.55-6

◆ VI-3-8 파괴된 KV-1와 T-34이 길가에 방치되어 있다. 왼쪽 차량에 '클라이스트' 1장갑집단을 나타내는 K자가 확인된다.

폰 클라이스트의 48장갑군단은 17일 포위망의 동쪽 끄트머리를 붙들고 있다 서쪽 포위망 방향으로 전진하여 득점을 올리기 시작했다. 17일 하루에만 7,000명의 포로와 35문의 야포, 다수의 차량들을 노획했다.[19] 9장갑사단은 16장갑사단의 일부 병력과 합쳐 좌익에 25차량화보병사단을 두고 루브니에서 서쪽으로 30km 떨어진 오르지짜(Orzhitsa) 돌출부를 공격해 들어갔다. 이 공격은 로흐뷔짜와 루브니 서쪽과 남쪽에 놓인 소련군의 가장 큰 덩어리 사이로 삐져나가 남진하는 2장갑집단과 협격하는 모양새를 나타내게 되었다. 그와 동시에 11군단은 남서쪽의 소련군들을 16장갑사단 구역으로 몰아 수천 명의 포로와 다량의 장비들을 노획하는 효과를 자아냈다. 9장갑사단은 고로디쉬췌(Gorodishtsche)를 향해 전진하다 대공포들을 마치 참호에 고정된 대전차포처럼 설치한 소련군 수비대의 저항에 직면해 힘든 시간을 보냈다. 3대의 전차를 상실하게 되자 더 피해가 날 것을 우려한 9장갑사단은 본격적 공세를 18일로 연기했다.[20] 16장갑사단은 의도하던 전과를 잡아냈다. 가옥 하나하나를 끈질기게 소탕해 나가던 사단은 오전 11시 15분 선봉대가 오르지짜 강에 도달했고 64차량화보병사단 1대대는 야블로네보(Jablonewo)에서 교두보를 확보하면서 500명을 포로로 잡았다.

17군의 11군단은 48장갑군단의 남익과 드니에프르 강 사이를 지나 서쪽으로 진격해 들어갔다. 6군의 51군단은 남서방면군의 북익을 약화시킨 후 도주하는 병력을 쫓아 남쪽으로 이동한 다음에는 18일 34군단과 연결되어 르지쉬췌프(Rzhishchev)에서 드니에프르 강변에 새로운 교두보를 확보하는데 성공했다. 그 중 51군단의 95보병사단은 키에프 바로 앞에 놓인 리사 고라(Lysa Gora)를 우회하여 키에프로 직진하는 작전을 준비 중이었으며 18일 리사 고라 정면 142고지에

19) BA-MA RH 21-1/51, Kriegstagebuch des Panzerarmee-Oberkdos.1 Band III 1.9.41-31.10.41, Fol. 42(1941.9.17)
20) BA-MA RH 27-9/4, 9. Pz. Div. KTB Ia vom 19.5.41 bis 22.1.42, Fol. 107(1941.9.17)

서의 접전은 두 번이나 출격한 슈투카들에 의해 독일군들이 승기를 잡을 수 있게 되었다.[21] 서쪽으로 가장 예리하게 삐져나아 돌출부를 형성하고 있는 키에프 시 자체는 29군단과 34군단이 맡았다. 키에프에는 37군의 대다수 제대가 지키고 있었으며 방어구역 면적상 가장 많은 적군 병력이 집결해 있는 상태였다.[22]

* * * * *

구데리안의 취약한 측면

"헤이, 거대한 대규모 무덤을 준비해라!
이제 지난 수주 동안 너희들 앞에 있었던 증오의 도시를 극복할 수 있을 것이다.
아직까지는 수중에 들어오지 않았으나, 바로 내일, 드디어, 드디어!!"
(남방집단군 299보병사단 한스 로트 상병, 1941.9.18)

하지만 독일군만 쫓고 소련군은 일방적으로 몰리고 있는 것만은 아니었다. 키에프 포위전의 가장 위대한 업적을 남긴 구데리안의 장갑집단은 18일 동쪽으로부터 공격해 들어오는 소련군의 압박에 위기일발의 상황으로 내몰리고 있었다. 소련군은 각 40량의 전차를 보유한 2개 전차여단, 2개 소총병사단 및 9기병사단 등으로 구성된 4개 사단 병력이 3개 종대를 형성해 장갑집단의 사령부가 있는 롬니를 위협하고 들어왔다.[23] 방어할 수 있는 자산은 10차량화보병사단의 2대 대대와 수개의 대공포중대들의 조합에 불과했다. 한데 이 어수룩한 중대들이 놀라운 일을 해냈다. 106대공포연대와 '헤르만 괴링'(Hermann Göring) 대공포연대 소속 중대들은 지독한 악조건 속에서도 적 전차부대의 진격을 막아내고 소련군 종대는 롬니 외곽에서 정체되고 말았다. 루프트바훼를 수적으로 제압한 소련공군기까지 롬니를 폭격하는 가운데 구데리안은 1장갑군 14장갑사단의 구원요청에 대한 허가를 받아냈으나 이게 제 때에 도착할지는 의문이었다.[24] 구데리안이 '위기'라고 부를 만했던 이유는 소련군이 장갑집단의 전방관측소 900m 지점까지 도달할 정도로 가까이 다가왔기 때문이었다. 결국 이날 구데리안은 본부를 코노토프로 이동시켰다. 또한 역으로 포위당할 위험에 노출된 다스 라이히와 4장갑사단을 현 위치에서 빼 내어 코노토프와 푸티블(Putivl)로 각각 이동시켰다. 물론 이는 사단 전체가 아니라 부분적인 이동에 지나지 않았으며 다스 라이히는 롬니와 코노토프에 분산 배치하고, 4장갑사단은 남쪽에서 반격을 가하기 위한 모션을 취하도록 했다. 푸티블에서는 하르코프 군사학교의 사관생도들로 구성된 제대가 17장갑사단 및 '그로스도이췰란트'의 정면으로 공격해 들어왔다. 군가를 부르면서 용감하게 전진해 왔지만 모두 몰살당했으며 이들은 마지막 순간까지 총을 버리지 않았다. 그보다 북쪽의 노브고로드-세베

21) Kurowski(1994) p.277
22) BA-MA RH 19-I/73, Heeresgruppe Süd Kriegstagebuch II. Teil Band 4, 16 Sep.-5 Okt.1941, Fol. 22(1941.9.17)
23) BA-MA RH 21-2/931, KTB Nr. 1 Panzergruppe 2 Bd.II vom 21.8.1941 bis 31.10.41, Fol. 244(1941.9.18)
24) Guderian(1996) pp.220-2

르스키에는 기동전력을 포함한 6개 소총병사단이 들이닥쳤다. 이들은 닳고 닳은 베테랑 29차량화보병사단에 의해 저지당했다.[25]

한편 다스 라이히의 '데어 휘러' 연대는 18-19일 롬니를 향한 소련군의 공세에 대비해 10차량화보병사단의 경계구역으로 배치되었다. 10차량화보병사단은 롬니를 끼고 남서쪽으로 흐르는 로멘(Romen) 강 반대편에 자리잡은 산마루에 교두보를 형성하고 있었다. 오토 쿰 연대장은 가장 먼저 달려와 현장을 답사하고 오후에 1대대와 3대대가 속속 도착하는 것을 보고 안도의 숨을 쉬었다. 이 두 대대는 시도로프카(Sidorovka) 마을과 주변 고지대를 장악하고 2대대는 북동쪽으로 5km 떨어진 지점에서 전진하는 소련군을 측면으로 돌아 타격할 예정이었다. 1, 3대대에는 약간의 돌격포가 지원으로 추가되었다.

◆ VI-3-9 다스 라이히 '데어 휘러' 1대대 제프 라이너 SS병장. 다스 라이히의 부사관으로서는 가장 유명했던 람보형 전사.

9월 19일 '데어 휘러' 1대대장 프릿츠 에어라트(Fritz Ehrath) SS소령은 적군들이 몰려온다는 척후병의 보고에 따라 그간 최고 등급의 경계태세로 임하고 있던 부하들에게 전투준비를 지시했다. 홀찡거(Holzinger) SS병장이 소대장 제프 라이너(Josef 'Sepp' Lainer) SS병장에게 외쳤다. "헤이, 그들이 온다." 소련군의 전차는 역V자형으로 접근하다 갑자기 속도를 올려 독일군 진지 경계부근으로 밀어닥치기 시작했다. 신임 중대장 하안(Hahn) SS대위가 약 25대의 적 전차가 포착되었다고 설명하자 라이너는 30대라고 수정하여 보고했다. 최초 전차가 주포 사격을 실시하면서 누런색 군복을 입은 소련군 소총병들이 전차 뒤를 바짝 따라 들어오는 것이 목격되었다. '우라!!!"라고 외치는 그들 특유의 함성이 독일군 귀에도 들리기 시작했다. 이웃한 10차량화보병사단 교두보도 적의 공격에 심하게 구타당하는 모습이 확인되고 있었다. 지원으로 나선 '데어플링거(Derfflinger)'와 '요크'(York) 돌격포 2대가 적 전차를 800m 안까지 끌어당긴 다음 첫 발을 날렸다. 선두의 적 전차가 불길에 타기 시작했다. T-34였다. 돌격포 2대가 적 전차를 상대하고 2문의 88mm 대전차포가 지원으로 나서면서 1대대의 장병들은 참호를 떠나 공격을 개시했다. 홀찡거 SS상병은 허리춤에 붙인 MP40 기관단총을 정면으로 향하게 하여 사격을 계속하면서 앞으로 돌진해 나갔다. 좌측에도 누런색의 적병들이 나타나기 시작했고 근접한 중대가 커버하려하자 독일군과 소련군의 간격은 거의 수류탄 투척거리로 좁혀졌다. 하안 SS대위가 돌격명령을 외쳤다. 그 순간 뇌들(Noedl) SS상병이 적군의 탄환에 쓰러졌다. 제프 라이너는 재빨리 그의 기관단총을 낚아채 발사했지만 겨우 3발만 나가고 탄환이 떨어졌다. 라이너는 다시 탄창을 갈아 끼워 적병들을 향해 사격하면서 전방에 포탄으로 인

25) Carrel(1966) p.129

해 움푹 파인 곳으로 옮겨 나갔다. 소련군들이 격한 사격을 할 찰나 몸을 날려 분화구 쪽으로 뛰어 들어갔던 라이너는 바로 그 안에 수명의 적병들이 도사리고 있어 하마터면 그들의 머리를 밟고 떨어질 정도로 서로 몸이 붙어버렸다. 그 순간 소련군이 소총에 단 긴 대검을 휘둘러 라이너를 찌르려 하자 라이너는 반사적으로 기관단총을 발사해 착검한 소총병을 사살하고 나머지도 처치해 버렸다. 소련군의 대검이 얼굴을 거의 할퀴듯이 스쳐지나간 위기일발의 상황이었다. 분화구 가장자리로 기어간 라이너는 10-20m 앞에 놓인 우군을 확인하고 빠른 속도로 달려갔다. 그는 홀찡거처럼 달리는 와중에도 사방으로 총질을 하며 적군의 집중을 방해했다.

마땅한 대전차화기가 없어 적 전차는 손으로 처리해야 했다. 뷘터(Winter) SS상병은 원반형지뢰를, 그리스(Gries) SS상병은 폭약을 들고 소련군 전차 60m 앞에까지 다가갔다. 적 전차는 이들의 우측에서 우군 진지를 향해 주포사격을 가하고 있는 중이었다. 갑자기 전차 뒤에서 적군들이 나타나자 근처에 있던 홀찡거는 바닥에 엎드려 몸을 최대한 낮춘 뒤 기단관총으로 적군을 사살했다. 이때 라이너가 소리쳤다. "공격해라! 내가 엄호하겠다!" 라이너는 수 미터를 포복해 나가 적 전차 두 대 뒤편에 도달해 뷘터와 그리스의 대전차공격을 엄호하기로 했다. 뷘터가 원반형 지뢰를 전차 위에 놓고 전차 오른쪽으로 몸을 날렸다. 바로 그때 전차 뒤에 있던 소련군이 뷘터를 저격하려하자 라이너가 번개처럼 가로채 적병의 가슴에 총탄을 박았다. 그는 쓰러졌다. 그 사이 뷘터는 웅덩이 쪽으로 몸을 숨겨 폭발로 인한 파편의 위험으로부터 벗어나려고 했고 적 전차는 몇 발자국 전진하다 귀청을 찢는 듯한 굉음과 함께 불길에 타올랐다. 성공이었다. 장갑궤도가 12m 정도 앞으로 늘어지면서 전차의 기동이 멈추자 안에 있던 전차병들이 튀어나왔다. 이들은 홀찡거의 기관단총에 의해 모두 처리되었다. 집속형 수류탄을 만든 그리스 SS상병은 두 번째 적 전차에 접근했다. 그리스는 비호처럼 전차의 배장기(排障器 : fender) 위로 점프한 뒤 포탑 위에 올라타 해치를 열고 폭탄을 던져 넣었다. 다시 전차로부터 점프한 그리스는 8-9 걸음을 뗀 뒤 땅바닥에 낮게 엎드렸다. 수초 후 전차 안의 폭탄이 폭발하면서 해치가 날아가고 내부 유폭의 효과로 인해 부서진 온갖 기계장비들이 사방으로 흩어졌다. 전차 두 대를 잃은 소총병들은 방패막이를 잃어 뒤로 후퇴하려했으나 이들은 모두 기관총좌에 걸렸다.[26]

총 30대의 적 전차 중 28대가 격파되었으며 겨우 두 대가 살아남아 도주했다. '데어 휘러'는 수중에 전차 한 대 없이 오로지 돌격포와 보병들의 대전차공격만으로 전차여단 병력을 격퇴시키는 전과를 달성했다. 한편 2대대는 황혼이 깔릴 무렵 예정대로 강을 넘어 소련군 종대의 측면을 치면서 적군이 반응조차 하지 못하도록 기습을 전개했다. 이 과정에서 5기병사단 소속 1개 기병연대가 완전히 격멸당했다. 2대대는 시도로프카를 점령하고 19-20일 밤에 걸쳐 1, 3대대와 합류하여 방어전을 종료했다. 그러나 소련군은 이내 소총병과 대전차 제대를 포함한 300명의 기병들을 롬니 남쪽 도로를 따라 진격시킨 뒤 보브리크(Bobrik)를 점거하는 사태가 발생했다. 41보병연대의 1개 중대가 탈환을 위해 투입되었으나 적군을 격퇴시키지는 못했다. 9월 21일 롬니 동쪽에서 들어오는 소련군과 대적하기 위해 오토 쿰(Otto Kumm)의 '데어 휘러' 전체가 기동전력을 지원받아 작전에 나섰다. 원래 동진하려던 '데어 휘러'는 90도로 방향을 꺾어 남진하여 5기병사단의 잔존 병력을 없애려 했고 전투는 사쿠노보(Ssakunovo)에서 절정에 달했다. 1,000명 정도의 소련군을 없앤 독일군은 사

---

26) Kurowski(1994) pp.157-9

◆ VI-3-10 소련군 전차들을 제압한 다음 전진을 속개하는 독일군의 장갑부대 차량. 선두 차량은 37mm 35/36식 대전차포 탑재 1톤 견인차(37mm Pak35/36 auf Zugkraftwagen 1t)

실상 기병사단의 중추를 없애버린 것과 마찬가지 결과를 얻었으며 곧바로 이동명령을 받았기에 전과를 확인할 겨를도 없었다. 다스 라이히는 롬니 주변의 전투에서 13,000명을 포로로 잡으면서 응분의 몫을 해냈다. 24대의 적 전차, 123문의 야포, 17문의 대전차포, 박격포 40기를 노획하는 구체적인 전과가 나왔다.[27] 악랄한 도로사정과 소련군의 집요한 저항을 물리치고 얻은 이 성과는 특히 무

27) Weidinger(1995) p.87, Yerger(1999) pp.46-7

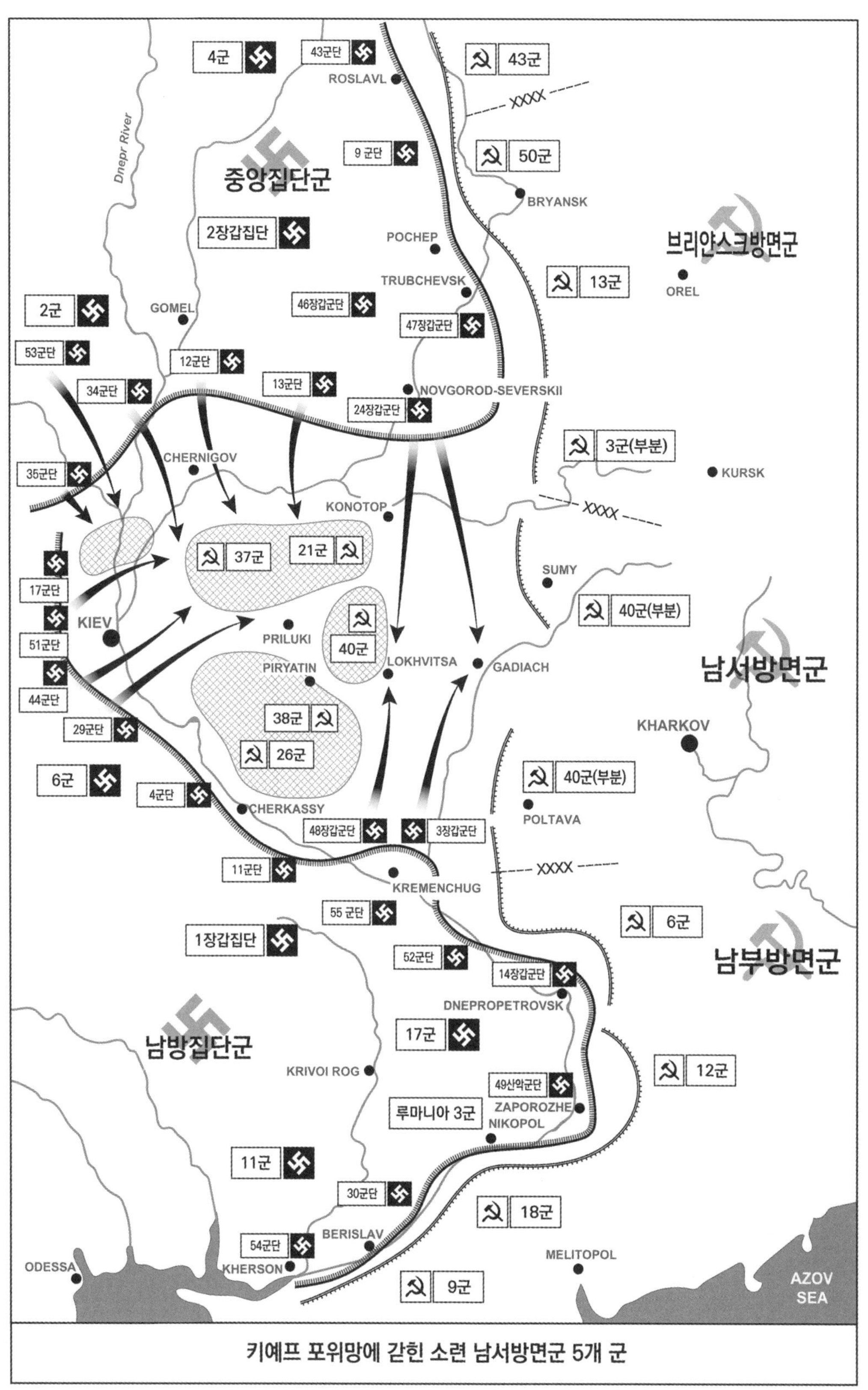

키에프 포위망에 갇힌 소련 남서방면군 5개 군

엇보다 오토 쿰의 탁월한 지휘력에 근거한 것이라는 평가가 나돌았다. 다스 라이히는 롬니에서 더 이상 남쪽으로 내려가지 않고 고멜을 향해 북서쪽으로 올라간 뒤 다시 북동쪽으로 틀어 로슬라블 방면으로 되돌아갔다. OKH는 키에프 대회전의 절정기 속에서도 차기 모스크바 공세를 위한 제대 편성에 들어가 있었으며 다스 라이히도 그 중 하나였다.

포위망 속의 소련군들이 아사 직전에 도달한 것은 분명했으나 소련군은 이처럼 동쪽에서 새로운 신규 병력들을 규합하여 축차적인 방법에 의해 서쪽으로 내보기 시작하고 있었다. 이는 동쪽 측면이 늘어난 구데리안의 사단들뿐만 아니라 독일군 전체의 배치 문제를 심각하게 재고하기에 충분한 움직이었다. 하나 소련군은 그때까지 무려 250km나 늘어난 구데리안 장갑집단의 측면을 붕괴시키지 못했다. 이들은 단 하나의 지점에 병력을 집중시켜 일익우회 포위를 시도하여 두 개의 군단을 이격시키는 등의 구체적인 작전을 이끌어냈어야 하나 전 전선에 걸쳐 교란행위 정도의 일시적인 소란만 떨다 공세가 돈좌되는 결과를 안았다. 이즈음 OKH는 이미 모스크바 진격을 재개하기 위한 또 하나의 작전을 구상하고 있었다.

9월 18일 스탈린은 프롤레타리아 혁명정신만으로는 안되었던지 구 제정 러시아 때 사용하던 '근위사단'개념을 부활시켰다. 개전 초기부터 중앙집단군과 싸워 왔던 100, 127, 153, 161, 4개의 소총병사단들을 각각 1, 2, 3, 4근위소총병사단으로 개칭했다. 이 '근위'(guards)라는 용어는 이후 군단에도 확대 적용되었으며 심지어 대대에까지 붙여주는 등 남발 기미마저 있었다. 애초의 개념대로라면 '근위'가 붙은 제대는 더 강한 전투력을 발휘해야 마땅하나 실제 독일군의 경험에 따르면 근위 아닌 보통 제대와 별반 차이가 없었다는 진술이 나와 있다.

* * * * *

남서방면군의 탈출기

"강을 건너려는 모든 노력은 소용이 없었다. 탄약도 바닥났다. 항공지원을 요청한다!"
(26군 사령관 효도르 코스텐코 중장 : 1941.9.21, 스타프카에 대한 긴급송신의 내용)

포위망이 시시각각으로 좁혀지고 있는 가운데 소련군은 처절한 항쟁을 펼쳤다. 탈출로는 오로지 동쪽 한 방향만 남은 절박한 상황에서 일부 구간에서는 독소 양군 모두 극도로 민감해진 엽기적이고도 잔혹한 혈투가 벌어졌다. 소련군의 저항이 독일군의 쇄도만큼이나 격화되고 있음에도 불구하고 포위망 내선의 장갑부대들은 착실히 득점을 올리고 있었다. 빨터 라이헤나우의 제6군은 9월 18일 서쪽에서 키에프 자체를 두들기는 최종공세에 돌입했다. 77급강하폭격비행단은 일일 4-6회의 출격을 기록하고 벙커와 포병진지들을 심하게 구타하면서 지상군의 공격을 절대적으로 지원했다. 18일 우익에 있던 구데리안의 35군단은 134, 262, 292, 3개 보병사단이 야고틴(Yagotin) 동쪽에서 오르샤를 공략했다. 45보병사단은 공세의 2파로 포진되었다. 좌익 24장갑

◆ VI-3-11 지도를 보며 전황보고를 받는 6군 사령관 발터 라이헤나우(좌). 문서작성이나 장황한 작전회의를 혐오한 반면, 스포츠와 오락을 즐겼던 행동파 장군. 친위대보다 더 나치적인 사고를 했던 악명으로도 유명했다.

군단 4장갑사단의 일부 병력은 21군 소속 3명의 장군을 포함한 대부분의 참모장교들을 사로잡았다. 다스 라이히는 프릴루키(Priluki)를 장악하여 35군단 사령부와 연결되었다. 19일, 2장갑집단의 24장갑군단은 9.13-19일간 포로 31,000명, 야포 190문, 전차 23량, 대전차포 23문의 전과를 올렸으며, 남방집단군은 19일 단 하루 만에 277문의 야포와 44량의 전차를 파괴 또는 노획하고 12,000명의 포로를 잡았다.[28]

9월 19일, 키에프 포위망 전투가 격화일로를 치닫고 있는 가운데 라이헤나우의 6군은 정오가 되기 직전 시내로 진입하는 데 성공했다. 16일부터 시 공략을 주도해 온 29군단은 71, 296보병사단을 앞세워 북서쪽에서부터 겹겹으로 에워 싼 소련군 방어진을 부수고 들어갔다. 이들은 이내 키에프 시 교회의 첨탑과 요새의 전경을 바라볼 수 있는 지점까지 돌진해 나갔으며 시내 중심부로 가까이 갈수록 적군의 저항은 일층 배가되면서 귀가 멀 정도로 난사되는 기관총과 야포의 천둥소리가 천지를 진동시켰다. 소련군의 수도 없는 벙커와 '닥인'(dug-in) 상태의 전차는 기존 보병 제대만으로는 힘들었기에 95보병사단이 지원으로 나서고 77돌격포대대 3중대가 적진돌파의 중심에 섰다. 소련군들은 확성기를 통해 스탈린의 어록을 낭독하며 저항과 반격을 고무시키는 온갖 프로파간다를 동원했으나 이들은 스탈린의 고집이 빚어낸 사상 최고의 '악수'에 의해 만들어진, 사상 최대의 포위전을 통해 억울한 죽음을 강요당하고 있었다. 어차피 항복해봐야 인간 대우

28) BA-MA RH 21-1/51, Kriegstagebuch des Panzerarmee-Oberkdos.1 Band III 1.9.41-31.10.41, Fol. 48(1941.9.19)

◆ VI-3-12 불타는 키에프 시가

도 못 받는 일을 잘 예견하고 있던 소련군들은 결코 투항하지 않고 마지막 탄환이 다할 때까지 사력을 다해 싸웠다. 독일군 역시 소련군들이 자행한 독일군 포로에 대한 잔혹행위의 소문이 파다하게 나있어 지휘부로부터 가혹한 보복을 가해도 좋다는 허가를 받은 상태였다. 따라서 살아서 보복을 받느니 죽는 편이 낫다는 소련군은 전원옥쇄의 각오로 임했고, 독일군 또한 굳이 어렵게 포로를 만들 생각을 하지 않았다.[29] 독일군은 움직이는 것은 다 냉혹하게 사살하다시피 했다. 그리고는 정오에 하켄크로이쯔가 그려진 나치 깃발이 키에프 요새에 게양되었다. 이 시가전은 결코 간단히 끝난 게 아니었다. 선봉에서 치고 들어간 71보병사단은 900명 이상이 전사하고 3,000명 이상이 부상을 기록했으며 시내 곳곳에 숨은 공산당 내무위원회 간부들은 한 명의 독일군이라도 죽이고 전사한다는 각오로 임하고 있어 마지막 교두보인 요새가 점령되었지만 잔인한 시가전은 계속되고 있었다. 키에프 시 전체는 비교적 온전한 상태로 독일군 손에 들어왔지만 소련군 수비대는 시 중심 곳곳에 부비트랩과 시한폭탄을 설치해 독일군의 진격을 지연시키려고 했으며 그와는 반대로 스탈린 체제에 반대하는 우크라이나 민족주의자 저항그룹들은 이 폭탄들을 제거하는데 자발적으로 나서기도 했다. 거의 이슬람 과격파들의 테러와 유사한 이 시가전은 수일 동안 계속되면서 보복과 보복의 연속으로 이어졌다.

키에프 시 자체는 19일 중으로 독일군에 의해 함락되었다. 같은 날 고로디쉬췌와 벨루소프카(Belusovka)는 레멜젠의 47장갑군단에 의해 무너졌다. 이로써 남서방면군은 이제 두 개가 아니

29) Stahel(2013a) p.306

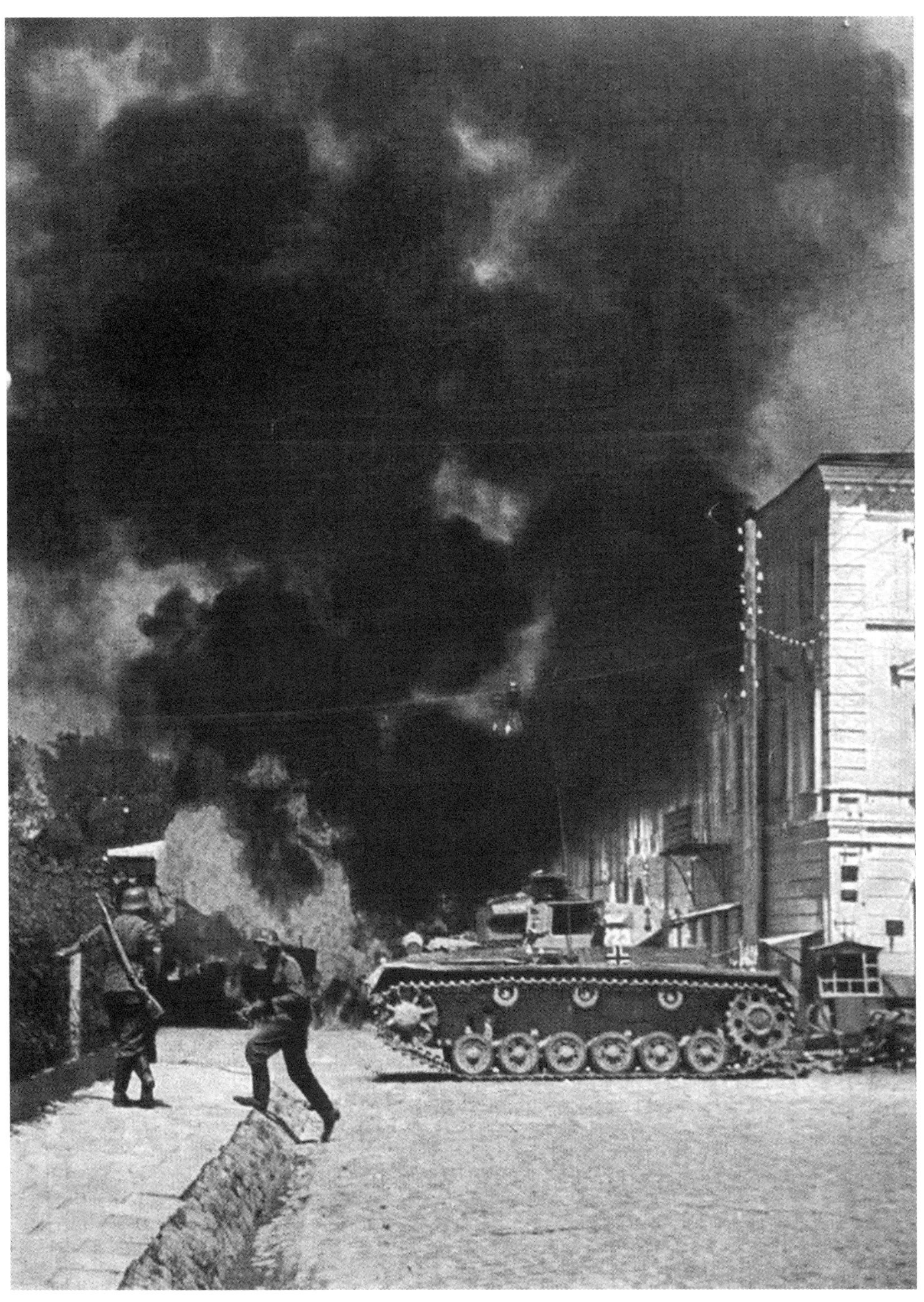

◆ VI-3-13 불타는 키에프 시가에 세워진 3호 전차. 독일군의 동작으로 보아 전투는 일단락 난 듯

라 세 조각이 난 상태에서 서로 다른 탈출로를 찾아야 했다. 그 중 가장 큰 덩치의 소련군이 갇혀 있던 곳은 보리소폴(Borisopol) 부근으로부터 키에프 남동쪽에 이르는 구간으로, 독일 17군이 동쪽으로 압박을 강화해 나가는 가운데 자루 속에 든 37군 제대는 동쪽의 소련군 진지까지 도주하는 데는 너무나 긴 거리를 주파해야 하는 난관에 직면해 있었다.[30] 더욱이 티모셴코의 사령부가 있던 폴타봐 역시 19일에 독일군이 점령함에 따라 동쪽 출구마저 막혀버린 37군은 그야말로 사면초가인 상태였다. 소련군은 너무나 당황한 나머지 폴타봐로 이어지는 보르스클라 강의 목제교량을 제때에 파괴하지 못해 17군 제대는 18일 폴타봐를 사실상 수중에 넣으면서 4,000명의 포로와 12대의 전차를 노획하는 전과까지 올렸다.[31]

두 번째는 26군으로 술라 강 부근 오르지쨔 서쪽으로 뻗어나가 있었으며 이곳의 제대는 16장갑사단이 지키는 북동쪽으로 빠져나가려 하였으나 독일 11군단이 강하게 압박하고 있는 상태였다. 문제는 이들이 술라 강을 도하하여 독일군의 포위망을 통과할 수 있느냐 하는 것이었으며 한바탕 격전을 치루지 않는 한 안전한 탈출은 불가능하게 보였다. 16장갑사단은 18일 미하일로프카로부터 오니지키(Onizhiki)까지 25km에 이르는 방어선을 치면서 츄마이(Tschumaj)와 오르지쨔(Orzhitsa)에서 11군단이 몰아내는 소련군을 맞이할 준비를 갖추었다.

포위망 속의 5군과 21군은 피리아틴과 로흐뷔쨔 사이의 도로 남쪽에 집중되어 있었으며 이미 동쪽으로의 탈출을 꾀하려다 엄청난 인명 피해를 보고 있는 상황이었다.[32] 피리아틴 근처에는 무려 2,000대나 되는 차량들이 탈출을 시도하다 슈투카 편대에 걸려 참사를 맞이했으며 온 사방에 각종 장비와 트럭이 흩어진 상태에서 마치 덩케르크에서 영불 연합군이 남긴 장비와 차량의 잔해들과 같은 모습을 나타내고 있었다.[33] 카오스 사태에서 소련군이 할 수 있는 일은 되는대로 군집 형태이든 개인이든 포위망을 빠져 나가는 것으로 이들은 군복과 무기를 집어던지고 민간인처럼 위장하여 도주하는 방법을 선호했다. 문제는 이 민간인 복장이 파르티잔과 뒤섞일 경우 구분이 안 된다는 점이었다. 바르바로싸 초기부터 장갑부대의 쾌속 전진에 의해 후방에 다량의 소련군 제대가 남겨질 경우 독일군 보병사단들에 의해 제때에 처리되지 않으면 대부분이 파르티잔과 섞여 후방을 교란시킬 여지가 높았다. 키에프 전처럼 대량의 민간인 복장을 한 소련군들이 사방으로 도주하거나 파르티잔과 합치게 되는 상황에서는 적절한 구분 없이 파르티잔으로 간주하고 사살해버리는 경우가 빈번할 수밖에 없었다. 제복을 제대로 입은 포로가 발생해도 문제는 있었다. 도저히 감당이 안 될 정도로 많은 포로가 여기저기서 튀어나와 작전 중인 독일군 제대는 이들을 감시할 병력을 따로 둘 여유가 없었다.[34] 어떤 경우는 그냥 아무런 경계병력 없이 포로들로 하여금 후방으로 내려가서 독일군 진지에 투항하라고 권유할 정도였다. 적 사단들을 섬멸하고 측면에서 공격하는 소련군 신규 병력도 쳐내기 정신없는 상황에서 대규모의 포로가 발생하는 것도 큰 곤욕거리였다. 구데리안의 2장갑집단은 9월 13-20일간 연료도 차량도 고갈되어 가는 위기 상태에서 3만 명 이상의 포로를 잡았으며, 놀랍게도 9월 21일에 적군 포로의 수는 82,000명으로까지 급상승했다. 폰 클라이스트의 1장갑집단은 9월 20일까지 43,000명을, 라이헤나우의 6군은

30) BA-MA RH 19-I/73, Heeresgruppe Süd Kriegstagebuch II. Teil Band 4, 16 Sep.-5 Okt.1941, Fol. 43(1941.9.19)
31) Bergström(2016) pp.215-8
32) BA-MA RH 19-I/73, Heeresgruppe Süd Kriegstagebuch II. Teil Band 4, 16 Sep.-5 Okt.1941, Fol. 43(1941.9.19)
33) BA-MA RH 24-48/25 Kriegstagebuch XXXXVII.Pz.Korps. Abt. Ia September 1941(1941.9.19)
34) BA-MA RH 24-48/25 Kriegstagebuch XXXXVII.Pz.Korps. Abt. Ia September 1941(1941.9.20)

◆ VI-3-14 3장갑사단 모터싸이클대대 1중대장 에른스트 폰 코헨하우젠(Ernst von Cochenhausen) 대위. 그의 부하들이 소련 5군의 사령관과 참모들을 포로로 잡았다. 사진은 소령 시절의 모습.

63,000명을 포로로 삼고 있었다. 9월 21일은 확실히 특별한 날이었다. 1장갑집단은 9월 21일 단 하루 동안에만 5만 명을 추가로 포획함으로써 바르바로싸 개전 이후 322,000명을 포로로 잡는 기록을 세웠다.[35] 폰 클라이스트의 제대는 이날 겨우 17대의 적 전차 및 34문의 야포와 대전차포를 격파하는 데 머물렀으나 대신 1,257대의 차량들을 파괴 또는 노획하는 전과를 달성했다. 9월 21일까지만 해도 독일군은 그들이 얼마나 많은 소련군을 포획할 수 있는지 정확히 알 수는 없었다. 1, 2장갑집단과 라이헤나우의 6군은 그때까지 그저 15만 명 정도의 포로와 151대의 전차, 602문의 야포를 노획한 것을 보고 대략 스몰렌스크 정도의 전리품이 나올 것으로 예상하고 있었다.

3장갑사단은 남서방면군의 사령관 키르포노스를 포함한 15명의 장군과 400명의 장교들을 찾아내기 위해 동분서주하고 있었다. 이들은 분명히 동쪽 어딘가로 빠져나가려 하고 있었으며 3장갑사단은 17-18일 피리아틴 구역을 수색하고 있었다. 20일 소련군 포로들을 이송 중인 3장갑사단 일부 병력은 40명 정도로 구성된 소련군들의 기습을 받아 포로들이 모두 탈출하는 소동도 있었다.[36]

남서방면군 사령관 키르포노스는 17일까지 피리아틴에서 멀지 않은 붸르호야로프카(Verkhoyarovka)에 사령부를 두고 있다가 18일 3,000명의 병원들과 함께 본부를 해체하고 더 동쪽으로 이동하였다. 그 후 키로포노스는 로흐뷔쨔 남서쪽 11km 지점 슈메이코보(Shumeikovo) 국영농장 근처 작은 숲에 약 800명의 부하들과 함께 은신하고 있었다. 19일 남서방면군의 작전참모장 바그라미얀은 돌파그룹을 편성해 독일군 방어라인을 뚫고 나가기로 하고 키르포노스는 그 뒤를 따르는 것으로 탈출작전을 준비했다. 바그라미얀의 돌파는 일부 구간에서 성과를 보여 주요 참모장교들 전원이 살아남을 수 있을 것 같은 분위기가 감돌았으나 독일군이 이내 전력을 보강하자 바그라미얀과 키르포노스는 서로 분리되고 말았다. 키르포노스는 전방이 막히는 바람에 다시 800명의 병원들과 함께 인근의 작은 숲으로 이동했다. 독일군 3장갑사단은 5군 사령관 소텐스키(V.N.Sotensky) 장군을 사로잡은 뒤 키르포노스의 본대를 찾아 동분서주하기 시작했다. 9월 20일, 독일군들은 소련군 포로의 심문에 따라 키르포노스가 은신해 있는 지점을 확인하고 조심스럽게 좁혀 들어갔다. 수색대가 키르포노스의 병력을 찾아내는 것은 그

35) BA-MA RH 21-1/51, Kriegstagebuch des Panzerarmee-Oberkdos.1 Band III 1.9.41-31.10.41, Fol. 55(1941.9.21)
36) BA-MA RH 27-3/14, KTB 3. Pz. Div. vom 16.8.41 bis 18.9.41, p.258(1941.9.21)

리 많은 시간을 요하지 않았다.[37] 키르포노스는 방어라인의 끝자락으로 이동하던 도중 왼쪽 다리에 총상을 입어 속도를 내지 못하다가 박격포의 파편에 머리와 가슴을 맞았다. 수분 후 키르포노스는 전사했다. 투피코프(V.ITYupikov) 참모장과 5군 참모장 피사레프스키(D.S.Pisarevsky) 소장도 전사하였으며 5군 사령관 포타포프 중장은 부상을 당한 후 3장갑사단의 에른스트 폰 코헨하우젠(Ernst von Cochenhausen) 대위가 이끄는 3모터싸이클대대 1중대의 수색대에 의해 포로가 되었다. 3장갑사단은 이날 20일 5군 포병사령관 소스틴스키(Sostinski) 소장도 포로로 잡았다. 이는 귄터 파페(Günther Pape) 소령이 이끄는 3모터싸이클대대의 쾌거였다.[38] 비극적 운명을 맞은 남서방면군의 많은 장성과 장교들과는 달리 바그라미얀은 독일군 25차량화보병사단이 막고 있는 구역을 뚫고 탈출에 성공했다. 작전참모장 바그라미얀은 후에 11근위군 사령관직을 수행하고 원수로까지 승진하는 등 소연방의 영웅으로 떠오르게 된다. 21, 26, 37군 사령관들은 모두 포위망을 빠져 나가는데 성공했다. 그 중 블라소프(A.A.Vlasov) 37군 사령관은 지난 번 르보프(Lvov) 포위전에 이어 두 번째로 살아남는 행운을 누렸다. 남서방면군 공군사령관 아스타호프(F.Astakhov)는 기체를 잃은 200명의 조종사들과 탈출을 시도하다 대부분 전사했음에도 불구하고 자신은 천신만고 끝에 11월 소련군 진지로 합류했다. 한 달 이상의 탈출기간 동안 그는 농군처럼 수염을 길렀고 다 찢어진 바지와 장화를 전화줄로 묶은 채 민간인처럼 도주하고 다녔다. 아스타호프는 독일군에게 들키지 않도록 자신의 신분증을 폐기한 죄로 강제전역을 당한 뒤 수모의 계절을 겪었으나 44년 8월에 공군원수로 진급하는 명예회복을 거쳤다.[39]

9월 21일, 스타프카는 여전히 현지 사정에 대해 정확히 파악하고 있지 못했다. 철수에 맞추어 드니에프르 강의 교량을 모두 폭파하라는 지시는 내려 보내졌지만 모든 제대가 카오스 상태에서 뒤죽박죽이 된 형태로 후퇴하고 있는 상황으로 말미암아 교신이 제대로 이루질 리가 없었다. 오르지짜 북쪽에 포위된 5군과 21군은 9장갑사단과 25차량화보병사단 및 3장갑사단의 일부 병력이 담당하고 있었다. 전투는 피리아틴-로흐뷔짜 국도 남쪽 구역에서 주로 이루어졌으며 루프트봐훼가 제공권을 누리고 있는 가운데 독일군들은 일반적으로 소련군을 밀어붙이면서 괴멸적 타격을 가했다. 물론 일부 구간에서 돌파가 성공하긴 했으며 이 거대한 병력을 다 막을 방도는 존재하지 않았다. 곳곳에서 포로가 속출했다. 9장갑사단은 도주하는 병력을 쉽게 사냥할 것으로 생각했었으나 절망적 상황 속에서도 마지막까지 버티는 소련군을 소탕하는데 엄청난 에너지를 소비하고 있었다.[40]

술라 강 근처 오르지짜 서쪽에 갇힌 26군은 11군단이 16장갑사단 주둔구역으로 몰면서 모루(16장갑사단) 위에 적군을 두고 해머(11군단)로 내리찍는 형세로 굳어져 갔다. 소련군은 비교적 많은 병력이 도주할 경우에는 독일군 방어라인 한 곳에 집중해 차량에 탄 소총병들이 일제 사격을 개시하면서 돌파해 나가는 전법을 구사하였고 경우에 따라서는 포병의 지원사격 하에 비교적 체계적으로 이루어지는 경우도 있었다.[41] 물론 퇴각하는 이웃 제대간 조율은 거의 되지 않은 상

37) BA-MA RH 27-3/14, KTB 3. Pz. Div. vom 16.8.41 bis 18.9.41, p.248(1941.9.19)
38) Görlitz(2012) p.94
39) Hooton(2016) p.85
40) BA-MA RH 27-9/4, 9. Pz. Div. KTB Ia vom 19.5.41 bis 22.1.42, Fol. 113(1941.9.21)
41) BA-MA RH 26-125/3, KTB Nr. 2 der 125.Inf.Div.(Abt.Ia) 22.6.1941-15.12.1941, p.324(1941.9.21)

◆ VI-3-15 3호 전차와 함께 전진하는 하사 계급의 척탄병. 실전이 아닌 훈련 중의 한 컷.

태였으나 어떤 경우에는 공격하는 독일군보다 돌파를 단행하는 소련군의 병력이 더 큰 수도 있었다. 11군단이 몰아세운 26군 제대를 맞아 16장갑사단이 요리하는 과정에서 독일군 역시 돌파해 나가는 소련군과 격렬한 공방전을 주고받는 가운데 상당한 피해를 입기도 했다.[42] 24, 125, 239

42) BA-MA RH 21-1/51, Kriegstagebuch des Panzerarmee-Oberkdos.1 Band III 1.9.41-31.10.41, Fol. 55(1941.9.21)

보병사단, 3개 사단을 보유한 11군단은 21일 늦은 아침부터 239보병사단 구간이 소련군에게 돌파당하면서 372보병연대가 역으로 포위되는 사태를 맞이했다. 이 역포위로 인해 갭이 늘어날 것을 우려한 요아힘 폰 코르쯔플라이쉬(Joachim von Kortzfleisch) 군단장은 북쪽을 제외한 모든 구역의 후방경계병력까지 총동원해 도주하는 적군을 섬멸할 것을 요구했다. 그러나 이는 쉽지 않았다. 이른 오후에는 125보병사단의 좌익이 붕괴되면서 소련군의 탈출이 오히려 가속화되는 현상까지 보였다. 당시 뷜리 슈넥켄부르거(Willi Schneckenburger)의 125보병사단은 다수의 기관총을 보유했어야 할 화기중대가 빈약했으며 장갑엽병대대도 갖추지 못해 소련군에 대해 화력의 우위를 견지하지 못했다. 독일군은 비전투요원까지 동원해 적을 사살해야 하는 위급한 상태에 놓였으며 사실상 전선에 수백 개의 구멍이 나 있다고 보아도 무방할 정도로 사태는 혼란스럽게 돌아갔다.[43] 677,000명의 포위된 병력이 도상에서 보는 것처럼 그리 간단히 제거되지는 않았다. 특히 이 오르지쨔 포위망 전투는 누가 누구를 포위하고 있는지도 모를 정도로 혼돈과 혼란의 연속이었다. 그럼에도 불구하고 125보병사단은 21-22일 양일간 18,795명의 적군 포로를 생포하는 초인적인 집중력을 보였다.[44] 그 중에는 군인처럼 보이지 않는 총을 쥔 여자들도 섞여 있었다.

16장갑사단의 선봉은 9월 21일 크루포데렌쮜(Krupoderenzy)에 여전히 강력한 소련군 병력이 몰려 있다는 것을 확인하고 64차량화보병연대가 2대대를 동원해 강변구역을 장악토록 조치했다. 이는 남쪽 방어선의 경계구역을 확실하게 지탱하면서 사뷘쮜의 16포병대대와 연결을 모색한다는 복안을 함께 갖고 있었다. 21일 저녁 7시 30분, 공병소대가 부서진 다리를 복구했을 무렵에 날은 많이 어두워져 있었다. 한스 라이만(Hans Reimann) 중령의 모터싸이클대대는 목표로 삼은 장소로 이동하던 중 도로 양쪽으로 움직이는 큰 덩치의 종대가 있는 것을 알아챘다. "Kennwort?" 독일군이 암구호를 물었으나 답이 없었다. 곧바로 기관총 사격이 개시되었고 서로가 정확치는 않지만 총구의 불빛과 소음에 따라 방향을 정한 뒤 가차 없는 총격전이 벌어졌다. 소련군은 종대의 차량을 재빨리 이동시켜 안전한 곳에서 전열을 갖추려 했으나 시간이 맞지를 않았다. 소련군은 백기를 들고 투항했다. 독일군은 별로 격전을 치르지도 않고 상당한 양의 장비와 포로들을 노획했다.[45]

9월 22일을 전후하여 키에프 포위전이 막바지로 치달으면서 동쪽에서 포위망 속의 소련군과 연결되기 위한 적군의 공격이 거세어졌다. 이 대부분은 구데리안 장갑군단들에 맞추어져 있어 시급한 대책이 필요한 시점이었다. 20일에 포위망의 동쪽 야골린(Yagolin) 갭으로 이동한 45보병사단은 22일부터 현지에 대대병력들을 투입하자 소련군의 반응이 거세어지기 시작했다. 포위망 속의 소련군들은 압박이 강해지면 강해 질수록 모든 수단을 동원해 빠져나가려는 처절한 몸부림을 쳤다. 이 곳은 포위된 소련군이 동쪽으로 탈출할 수 있는 주된 장소였기에 공방은 극렬한 강도를 나타내고 있었다. 46, 47장갑군단이 구데리안의 늘어난 좌측면을 방어하는 동안 24장갑군단

43) BA-MA RH 24-11/38, KNB Nr. 7 Generalkommando XI.A.K. Führungsabteilung 19.8.41-31.12.41, Fol. 76(1941.9.21)

44) BA-MA RH 26-125/3, KTB Nr. 2 der 125.Inf.Div.(Abt.Ia) 22.6.1941-15.12.1941, p.324(1941.9.22)

45) Werthen(1958) pp.65-6

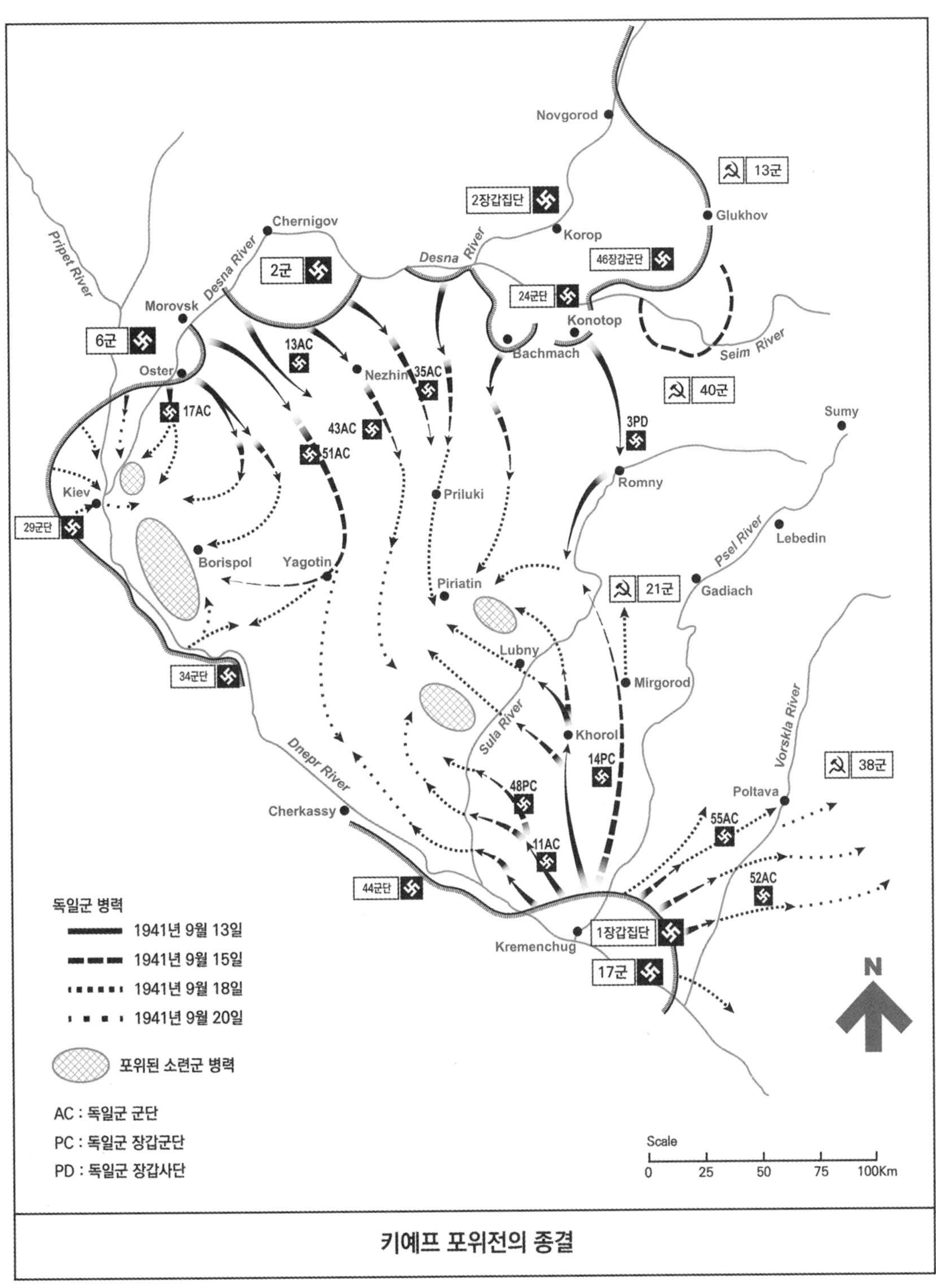

키예프 포위전의 종결

은 18-19일간 롬니에 대한 적군의 공격을 떨쳐내는데 여념이 없었다. 소련군은 20일부터 북쪽과 북동쪽으로부터 노브고로드-세붸르스키와 코노토프 사이에 놓인 글루쵸프(Gluchov)와 촐로프코보(Cholopkovo)를 공격해 왔다. 소련공군의 공습과 함께 시작된 52, 53기병사단의 이 공세는 부분적으로 독일군 수비대를 포위하기도 했다. 레멜젠의 47장갑군단은 폭격기와 전투기 계 30기로 이루어진 소련공군의 기습에 한꺼번에 노출되어 적잖은 피해가 속출했다.[46] 22일에는 4장갑사단에 대해 4량의 KV-1 중전차를 포함한 20량의 소련군 전차들이 급습을 가해 사단 포병대 위치까지 뚫고 들어오는 일까지 있었다. 사단의 장갑연대는 더 후방에서 충전 중이었기에 일시적으로 장갑사단 아닌 4장갑사단은 신통찮은 대전차화기로 적 전차를 격퇴시키는데 엄청난 출혈을 감내해야 했다. 구데리안은 해당 구역에 포진하고 있던 17장갑사단을 47장갑군단으로부터 떼 내어 자신이 직접 지휘토록 하고 '그로스도이췰란트'를 이 사단에 배속시키는 조치를 단행했다. 17장갑사단은 당장 글루쵸프에 닥친 위기를 떨쳐내기 위해 병력을 총동원해 공세로 전환했다. 17장갑사단의 공세는 보병들의 피해가 크긴 했으나 일단 소련군의 공격을 무위로 돌려놓았다.[47]

포위전의 대승이 실현되는 순간에도 독일군에게 조마조마한 순간들은 다수 있었다. 모든 구역에서 일방적인 우위의 병력과 전력으로 도주하는 소련군을 대한 것만은 아니기에 그와 같은 현상이 역전되어 있는 곤란한 상황도 극복해야만 했다. 다스 라이히 '도이췰란트'는 9월 22일 포위전이 마무리되는 시점에도 좀 더 동쪽으로 이동하여 영역을 넓히는데 진력하고 있었다. '도이췰란트'는 네드리가일로프(Nedrigailov)에서 강력한 적군 병력을 전멸시킨 다음 차량화 종대 하나를 분쇄시키면서 막바지 작업에 최종 박차를 가했다. 남동쪽으로 내려가던 '데어 휘러' 역시 도주하는 적 병력을 쫓아 끝내기 수순에 들어갔으나 죽기 직전의 적들이 완강히 저항하는 과정에서 실로 힘든 전투를 겪었다.[48] 9월 23일 사쿠노보(Sakunovo)에 위치하고 있던 다스 라이히 '데어 휘러' 연대는 2대대 구역 바로 뒤에서 들이치는 소련군 전차들의 공격을 받았다. 연대의 예비로 있던 오스카 볼커슈토르훠(Oskar Wolkerstorfer) SS중위의 15중대는 곧바로 위기상황에 투입되어 비호처럼 달려가 적군을 되받아쳤다. 15중대 앞에 나가 있던 다른 중대가 5대의 적 전차와 엉켜 힘든 사투를 벌이고 있는 것을 본 볼커슈토르훠 SS중위는 스스로 대전차육박공격을 전개해 1대의 적 전차를 격파하고 2대는 돌격포가, 남은 2대는 오던 길로 되돌려 격퇴시키면서 위기를 해소했다. 이날 계속해서 사쿠노보에 머물던 볼커슈토르훠는 T-26 화염방사전차와 격돌한 순간 다시 한번 솔로액션에 의한 육박공격을 통해 처치해 버리면서 하루에

◆ VI-3-16 다스 라이히 '데어 휘러' 연대 15중대장 오스카 볼커슈토르훠 SS중위. 독일황금십자장과 1급 철십자장 외에 오른쪽 팔뚝에 3대의 적 전차 격파를 표시하는 대전차육박기장을 확인할 수 있다.

46) BA-MA RH 24-47/2 Kriegstagebuch Nr. 2 XXXXVII.Pz.Korps. Ia 25.5.1941-22.9.1941(1941.9.20)
47) Guderian(1996) p.224
48) Mathias(2002) p.175

맨손으로 2대의 전차를 잡는 괴력을 발휘했다.[49] 23일 밤이 되자 사쿠노보를 위요한 전투는 막을 내렸으며 데어 휘러는 상당한 대가를 치르면서도 1,200명의 적병들을 사살했고 3대대는 하루 종일 그들을 괴롭혔던 카츄샤 1기를 노획하기도 했다.

다스 라이히의 세 번째 연대, '11SS연대'는 교두보의 우익 측면에서 적군의 배후로 침입해 전격전으로 세묘노프카(Ssemojonovka)를 장악하는 성과를 거두었다. 정확한 집계는 되지 않았으나 다수의 소련전차들이 파괴되었다. 사단의 정찰대대와 모터싸이클대대는 사단 주력의 북익을 지탱하면서 그때까지 거둔 전과의 전제조건들을 마련하는 숨은 역할을 감당했다. 키에프 포위전은 막바지로 치닫고 있었지만 각 군의 핵심제대들은 벌써부터 그 다음 작전의 준비단계를 밟고 있었다. 단 그 준비 역시 엄청난 격전의 연속이었으며 이것이 서부전선과는 다른 러시아 전선의 성격이었다. 다스 라이히의 제대 중 키에프 포위전에서 가장 열정적으로 싸웠던 데어 휘러 연대는 15,000명 이상의 포로를 잡고 200문을 넘는 야포들을 노획하였다.

이와는 달리 너무나 많은 포로들이 발생하는 과정에서 총 한 방 쏘지 않고 한 개 사단이 포획되는 믿기지 않는 일도 있었다. 이는 16장갑사단 그라프 슈트라흐뷔츠의 장갑대대에서 일어났다. 대령 계급의 한 소련군 지휘관은 '베르거'(Berger)라는 전형적인 독일이름을 갖고 있으면서 유창한 독어를 구사해 슈트라흐뷔츠와 직접 면담하는 일이 있었다.

- 슈트라흐뷔츠 : "어떻게 소련군에 가담하게 되었나?"
* 베르거 : "나는 독일계 소수민족으로 코카사스에서 태어났다."
- 슈트라흐뷔츠 : "왜 자네는 혼자지? 당신의 사단은 어디에 있나?"
* 베르거 : "당신들 전차가 위치한 정면 숲에 있다."
- 슈트라흐뷔츠 : "좀 미안하지만 나는 당신을 포로로 잡을 수가 없다."
* 베르거 : "왜?"
- 슈트라흐뷔츠 : "나는 당신이 사단으로 복귀해 전 병력을 끌고 나오기를 희망한다. 그 다음에 당신을 포로로 대우해 주겠다."
* 베르거 : "무슨 소리야! 그럴 수는 없어. 내가 돌아간다면 곧바로 총살 당할거다. 우리 사단에는 나를 제거하려고 할 많은 정치위원들이 있다. 더욱이 내 부하의 다수가 볼셰비키들이니까. 만약 내가 그들에게 변절을 요구하는 것을 안다면.....그 다음에는....."
- 슈트라흐뷔츠 : "어이 대령, 내 생각에 변함이 없다는 것은 이미 알고 있을 텐데."
* 베르거 : "알겠다! 당신이 원하는 대로 하지."

모자를 고쳐 쓰고 슈트라흐뷔츠에게 경례를 붙인 베르거 대령은 바깥으로 나가 이내 어둠 속으로 사라졌다. 이건 게슈타포가 알면 군법에 넘길 일이었다. 한데 놀라운 일이 발생했다. 다음 날 아침, 7,000명에 가까운 소련군들은 숲에서 나와 독일군에게 투항했다. 슈트라흐뷔츠는 베르거에게 정치위원들은 어디에 있냐고 묻자 베르거 대령은 머쓱하다는 듯이 어깨를 들썩이다가 "모

49) Berger(2013) pp.78-9

조리 도망가 버렸다"고 답했다. 소련군은 어차피 희대의 포위전에서 더 이상의 저항은 용감한 전사(戰死)가 아니라 살육이 될 것으로 생각해서 전투를 포기한 것으로는 짐작되나 그것을 설득한 독일계 대령의 결정도 대단했던 것으로 여겨진다. 하나 그보다는 슈트라흐뷔츠가 사단장 계급의 적군 지휘관을 그냥 돌려보내어 자신의 의지를 관철시킨 부분인데 이는 삼국지에서나 나올 수 있는 에피소드이지만 그 살벌한 러시아 전역에서도 이런 이상한 믿지 못할 사건이 더러 있었다.[50] 이 대담했던 장갑지휘관 슈트라흐뷔츠 백작은 8월 25일 기사철십자장에 서훈되어 9월 5일 사단장 후베 중장에 의해 직접 수여식을 거행하게 되었다.

* * * * *

키에프 포위전 평가

"독일군은 수적으로 우리를 압도했다.
그들의 탄약은 거의 무진장했고 무기는 결함이 없었으며 쇄도와 용기는 나무랄 데가 없었다.
하나 독일군의 시체는 우리들의 시체와 함께 여기저기 널려 있었다.
전투는 양쪽 모두에게 있어 지극히 자비가 없는 잔인한 것이었다."
(이반 니키취 크륄로프 소련군 상사)

9월 23일 구데리안의 2장갑집단은 86,000명의 포로, 적 전차 220량, 야포 850문의 전과를 발표했다.[51] 24일까지 소련군 포로는 29만으로 집계되었다. 폰 클라이스트의 1장갑집단은 21일 단 하루에만 50,000명의 포로를 잡아 누계 110,404명을 기록하고 17대의 전차 격파 또는 노획, 34문의 야포, 10정의 대전차총 및 1,257대의 차량을 통계로 잡으면서 키에프전 이전에 획득한 전과의 2배를 달성했다.[52] 1장갑집단은 포위전이 종료된 25일, 총 227,719명의 포로, 적 전차 92량, 야포 784문, 대전차포 115문, 항공기 24대, 6,070대의 마차 및 10대의 군용열차를 전과로 공표했다. 포로의 누계는 6월 22일로 소급할 경우 439,315명에 달했다. 또한 348대의 트랙터와 16,500대의 차량을 파괴 또는 노획했으나 그 대부분은 재활용할 수 있는 상태가 아니어서 남방집단군의 전리품인 차량들을 모스크바 진격에 쓰겠다는 구상은 제대로 실현될 수가 없었다.[53] 대개 9월 24일 키에프 포위전이 종료된 것으로 회자되는 것이 보통이나 3개로 나뉜 소련군의 포위망이 모두 해체된 것은 9월 26일로 기록된다. 24일을 지칭하는 것은 장갑사단 등 기동전력들의 작전이 중단되고 이틀에 걸쳐 보병사단들에 의한 솎아내기 작업이 진행되었다는 것을 의미한다. 3, 4장갑사단은 벌써부터 모스크바 작전에 동원되기 위해 19일부로 포위망 전투를 중단하라는 명령이 떨어진 상태

---

50) Röll(2011) p.89
51) BA-MA RH 21-2/931, KTB Nr. 1 Panzergruppe 2 Bd.II vom 21.8.1941 bis 31.10.41, Fol. 275(1941.9.22)
52) BA-MA RH 21-1/51, Kriegstagebuch des Panzerarmee-Oberkdos.1 Band III 1.9.41-31.10.41, Fol. 55(1941.9.21)
53) BA-MA RH 21-1/51, Kriegstagebuch des Panzerarmee-Oberkdos.1 Band III 1.9.41-31.10.41, Fols. 65-66(1941.9.25)

◆ VI-3-17 대지에 널린 셀 수 없는 소련군 포로들. 키에프 포위전에서 발생한 포로는 1941년 전체 소련군 포로의 5분의 1을 넘는 수준이었다.

에서[54] 독일군 8개 보병사단이 보리소프 근처로부터 키에프 동쪽에 이르는 구간에서의 소탕작업을 완료했다. 베를린은 9월 24일 '사상 최대의 포위섬멸전'이 바로 24일에 종료된 것으로 규정하고 자축행사에 들어갔다. 27일 소련군 포로는 574,000으로 발표되었다가 바로 뒷날 28일에는 665,000명으로 최종적인 확인이 이루어졌다. 적 전차 884-900량, 3,718문의 야포가 파괴 혹은 노획된 것으로 집계되었다.[55] 독일공군은 키에프전의 막바지에 해당했던 9월 17-26일간 제공권을 완전히 장악했고 51전투비행단은 41기, 3전투비행단은 35기, 53전투비행단 3대대는 14기의 적기 격추기록을 수립했다. 루프트봐훼는 9월 12-21일간 총 1,422회의 출격을 기록하고 600톤의 폭탄을 퍼부으면서 우군기의 손실은 겨우 17기 파괴, 14기 손상에 그쳤다. 소련공군은 7월 7일에서 9월 26일까지 키에프의 하늘에 띄운 1,561기의 항공기 전량을 상실했다. 남서방면군에 배속된 공군기 1,100기 이상이 격추되었으며 200기가 손상되어 버려졌다. 장거리폭격기는 100-150대가 파괴된 것으로 집계되었으며 36전투기사단이 9월 20일 포위망을 마지막으로 탈출한 공군 제대로 기록되었다.[56] 공군은 그나마 비행기를 타고 나를 수는 있었지만 지상군은 그렇지를 못했다. 포위망을 최종적으로 빠져 나간 것은 약 15,000명 정도에 지나지 않았다. 포위망이 해체된

54) BA-MA RH 21-2/931, KTB Nr. 1 Panzergruppe 2 Bd.II vom 21.8.1941 bis 31.10.41, Fol. 249(1941.9.19)

55) BA-MA RH 19-I/73, Heeresgruppe Süd Kriegstagebuch II. Teil Band 4, 16 Sep.-5 Okt.1941, Fol. 132(1941.9.26) / NA : T-313 ; roll 86, Pz. Gr. 2 Ia KTB 13.9.1941-15.9.1941, frame 7.326.705

56) Hooton(2010) p.159, Hooton(2016) p.85

순간 티모셴코가 우크라이나의 남은 전구에 보유하고 있던 병력은 147,000명에 불과한 실정이 되었다.

665,000명 포로에 대한 진위 여부는 많은 의혹과 논란을 제기해 왔다. 집계한 독일군 스스로도 놀란 수치였다. 하나 이는 소련측 발표자료와 크게 다르지는 않다. 소련은 남서방면군이 전투 개시 당시 85만의 병력과 1,000대의 전차 및 3,923문의 야포로 시작했으며 총 전사자 및 포로를 616,000명으로 기록했다. 따라서 소련측 전사자 및 포로의 통계를 고정된 것으로 잡으면 포로 665,000은 조금 많다는 소리다. 정확한 통계는 존재하지 않지만 이 거대 규모 전투에서 포위망에 든 대부분의 병력을 포로로 잡았다면 전사자의 수치가 너무 적다는 결론이 유도될 수도 있다. 순수한 전사자는 10만을 조금 넘는 것으로 추산되고 있었다. 하나 616,000명이 전사 혹은 행방불명되었다는 통계도 그다지 신빙성이 없으며 Chris Bellamy는 소련군 피해 규모를 585,598명, David Glantz는 452,720명으로 산정하면서 참고한 1차 자료의 종류에 따라 수치는 상당한 편차를 나타내고 있다. 독일군은 사실 이 665,000명의 포로를 키에프 포위전 하나만을 두고 집계한 것은 아니었다. 물론 대략적인 추정치에 근거하고 있으며 대전투의 혼란 속에서 그나마 포로 수는 객관적인 지표가 있다 하더라도 정확한 전사자 수는 확인하기가 힘 드는 것이 당연하다. 소련측은 남서방면군이 85만으로 시작했다고 주장하고 있지만 전투에 가담한 브리얀스크방면군과 다른 제대의 병력을 합하면 키에프 전구 전체에는 약 130만 명의 소련군이 존재했던 것으로 추산할 수 있다. 아래 표는 두 집단군이 어떤 구역에서 어느 시기에 어느 정도의 전과를 달성했는가를 분절하여 만든 집계다. 이 표에 따르면 독일군은 키에프 포위망 이외에 그 전주곡이 된 전투에서의 포로 수까지를 합산하고 있음을 알 수 있다. 구데리안의 경우는 키에프 전투가 8월 25일부터 시작되었으며 폰 클라이스트의 경우는 9월 12일부터로 정하는 것이 일반적인 접근방식이다. 그러나 각 문헌의 저자들이 서로 다른 기준으로 포로수를 산정해 왔기 때문에 어느 시점을 포위전 개시로 잡느냐에 따라 통계는 사뭇 달라질 수는 있다. 그럼에도 불구하고 최근래의 경향은 독일군의 발표 수치에 프로파간다적 성격이 분명히 함유되어 있다고 감안하더라도 최소한 50만 명의 소련군 포로가 발생한 것은 인정하는 것이 지배적 견해로 자리잡아 가고 있다. 통계를 어떤 방식으로 집계하더라도 130만의 소련군 병력 중 3주만에 절반이 격멸되었으며 독일군은 전사, 부상 및 행방불명을 포함해 6만 명의 피해를 입었다. 전적 비율은 10 대 1이라는 군사사상 기록적인 결과가 나왔다.[57]

스탈린은 모스크바를 구할 수 있는 시간을 벌기 위해 키에프를 버렸다고 변명할 수는 있겠다. 하나 거의 100만에 가까운 병력이 전사, 부상, 행방불명, 포로가 되는 운명으로 귀결되었다면 차라리 나폴레옹 때처럼 총퇴각 후 반격을 주도하는 것이 무모한 병원의 피해를 줄일 수 있었을 것이다. 하나 스탈린 정권은 그런 것에 신경을 쓰는 체제는 아니었으며 그가 대놓고 전장으로 몰아 죽일 수 있는 병력은 아직도 무진장 한 것처럼 보였다. 키에프전 이후에도 소련은 10-11월 동안 무려 125만 명의 병력을 모스크바 정면에 깔아놓는 괴력을 과시했다. 독일군으로서는 환장할 수 자였다. 이것을 인해전술이라고 하지 않는다면 무엇이라고 표현해야 하나?

---

57) BA-MA RW 6/v. 556, Wehrmacht Verlustwesen, Zetterling(2017) pp.263-4

키에프 포위전 소련군 피해상황 조견표

	전투지역	소련군 포로	전차	야포 및 대전차포
독일 남방집단군 (폰 룬트슈테프)	포위망(9.11-26)	440,074	166	1,727
	크레멘츄크(8.31-9.11)	41,805	279	106
	고르노스타이폴(9.4-10)	11,006	6	89
	소계(8.31-9.26)	492,885	451	1,922
독일 중앙집단군 (폰 보크)	고멜 전투 이후(8.20-9.10)	132,985	301	1,241
	포위망(9.11-26)	39,342	72	273
	소계(8.20-9.26)	172,327	373	1,514
	총계	665,212	824	3,436

여하간 남서방면군은 4개 반의 군과 75만 정도의 병력이 전투서열표에서 삭제되었다. 방면군 전체에 남은 병력은 15만으로 축소되었다. 동원된 독소 양군 규모와 단순 통계수치만으로도 이 전투는 사상 최대의 포위전임에는 분명했다. 봐익스 2군 사령관은 2차 포에니 전쟁 당시의 칸네 포위전과 1차 대전 탄넨베르크 전투에 이은 역사상 유례가 없는 대승리로 평가했다. 히틀러는 의기양양하게 그 스스로의 자기기만적 천재성을 다시 한 번 입증했다. 이 승리로 인해 히틀러는 그토록 모스크바로 가려던 국방군 장군들에게 한 방 제대로 먹이는 역전극을 펼치면서 OKH와 야전군 사령관들을 다시 한 번 경멸하게 되었으며, '총통이 하는 일에 오류는 없다'는 OHW의 아첨꾼들의 입지를 강화시키는 계기를 갖게 되었다. 어떤 면에서 히틀러는 여기까지 오는 동안 한 가지 일관성은 있었다. 주요 도시나 지역의 점령이 아니라 적 야전군의 격멸이 가장 중요하다는 소신이었다. 즉 영국와 프랑스는 점령하더라도 아리안의 인종철학 상 해당 구역에 대한 인종청소는 하지 않는 것이 분명했으나

◆ VI-3-18 66만이 넘는 포로를 몇 명의 보초가 관리할 수 있을까?

하등인간 슬라브족은 절멸시켜야 한다는 차원에서 이 전쟁은 인종전쟁이라는 점을 새삼스럽게 각인시켜 주었다. 그리고 히틀러에게 있어 유대인은 볼셰비즘을 조종하는 숙주였으며 소비에트 연방은 유대인의 생존을 담보하는 우월인종에 대한 적폐세력이었다. 히틀러는 이제 우크라이나를 제압하여 전략적 이니시어티브를 확고히 한 만큼, 소련군은 10월 15일을 기점으로 자동붕괴될 것이란 예측을 서둘러 발표하였다. 선전상 요제프 괴벨스도 키에프 포위전은 소연방 멸망의 조종을 울리는 것으로 해석하고 궁극의 승리가 코앞에 다가왔음을 소리 높여 외치기 시작했다.

키에프 포위전의 대승은 일선의 장교와 장병들에게 사기진작을 촉진하는 엄청난 매체로 작용했다. 1차 대전 때와 같은 참호전도 없으며 겨울이 오기 전에 모스크바를 딸 수 있다는 자신감이 충만하기 시작했다. 하지만 야전 지휘관들은 이 승리를 '전략적'인 것으로 판단하지 않았다. 구데리안은 키에프의 '전술적 승리'가 결국은 모스크바전을 겨울에 치르도록 하는 '전략적 장애'를 자초했다고 근심어린 시각으로 미래를 내다보고 있었다. 파울 하우서 다스 라이히 사단장은 키에프전으로 인해 모스크바 전투는 값비싼 대가를 치르게 될 것이라고 미리 예견하고 있었다. 폰 룬트슈테트 남방집단군 사령관은 키에프 근처에서만 삽시간에 15만 명의 포로가 발생하는 것으로 보고 독일군의 승리에 감탄하기보다는 오히려 지칠 줄 모르는 소련군의 병원과 장비의 충원문제를 두고 고민하기 시작했다.[58] 폰 보크 역시 이제는 전술이 아닌 전략적 목표를 향해 포메이션을 재정비해야 한다는 생각 아래 '타이푼 작전'을 빠른 시기에 추진할 것을 요망하고 나섰다. 히틀러의 대승에 말문이 막혔던 할더도 차기 목표를 모스크바로 재정돈하는 작업에 열중하기 시작했다. 이들 중 칸네와 탄넨베르크 포위전에서 승리한 카르타고와 독일 제국이 결국은 전쟁에 졌고, 키에프전에서 이긴 나치독일이 뒤에 어떻게 될 것인지에 대해 미신적인 예상을 하는 사람은 별로 없었다. 나중에 지울 수 없는 역사적 결과로 안게 된 것은 세계 3대 포위전의 승자가 모두 궁극의 전쟁에서는 패배했다는 사실이었다.

한 가지 중요한 사실은 OKH를 누르고 개인적인 승리를 쟁취한 히틀러는 그가 진정한 군사적 천재라는 것을 명시적으로 내세우기 시작했다는 점이었다. 이후 히틀러는 독일군 장성들의 의견이나 건의를 거의 무시하면서 자신의 결정이 항상 올바르다는 착각을 배가시켜 나갔다. 이 자기기만적 도취는 41년 12월 모스크바 정면에서의 패퇴와 42-43년 스탈린그라드의 참사로 이어지게 된다. 반대로 스탈린은 키에프에서의 패전 직후 영국의 처칠로부터도 군사적 상식을 무시한 멍청한 처사라는 비난을 받으면서 점점 군사적 결정에서 손을 떼게 되었다. 대신 쥬코프와 코네프, 봐실레프스키를 비롯한 전문 군인들의 말을 경청하게 되었고 쓸데없는 공산당의 간섭보다는 프로들에게 전투를 맡기는 쪽으로 경도되어 갔다. 전장에서도 정치국원에 대한 야전군 지휘관들의 입지가 조금씩 향상되어 갔다. 말기의 히틀러나 초기의 스탈린이나 공통된 점은 '현 위치를 사수하고 무조건 반격하라'는 조야한 단순명령에 의존했다는 것이었다. 스탈린은 지면서 차츰 배워 나갔고 히틀러는 이기면서도 점점 초기의 스탈린을 닮아가기 시작했다. 그러나 아직은 소련군이 이니시어티브를 쥘 정도로 전장이 바뀐 것은 아니었다. 소련군은 키에프 이후 그보다 더 피해 규모가 큰 이중 포위전을 한 차례 더 치르게 된다. 타이푼 작전의 시작이었다.

58) Mathias(2002) p.174

VII. '타이푼 작전'(Operation Taifun)

"우리는 드디어, 아무런 과장됨이 없이, 이 전쟁에서 승리했다."
(1941.10.8 알프레드 요들 OKW 작전부장)

"현재 최대의 위기는 모스크바로 나가는 길에
사실상 아무런 수비진이 없다는 것이다."
(1941.10.8 게오르기 쥬코프 서부방면군 사령관)

1. 바르바로싸 제2국면

"우리는 이곳 동부전선에서 전쟁을 끝낼 수 있는 거대한 결정적 시기를 앞두고 있다.
하나 이미 닥쳐온 추위가 모든 것을 불편하게 만드는 시간이기도 했다."
(중앙집단군 197보병사단 알로이스 쇼이에르 상병, 1941.9.24)

* * * * *

휴식이 필요한 독일군

"보통 '사단'이라고 불리는 제대는 사실상 사단 절반의 전력에 불과했다."
(4장갑집단 참모장 발터 샤를드 뷸리우 대령)

레닌그라드가 포위되고 우크라이나가 평정된 상태에서 차기 목표는 분명해졌다. 히틀러는 키에프전이 끝난 다음 모스크바를 치는 수순에 들어갔다. 아니 실은 키에프전 종료 그 이전부터 도상훈련은 진행되고 있었다. 키에프의 이후가 모스크바라는 것은 명백했기에 폰 보크 중앙집단군은 최종 승리를 위한 야심찬 계획을 자신이 실행에 옮겨야 된다는 일종의 공명심에 사로잡혀 있었다. 폰 보크는 모스크바를 향해 전방위적인 대규모 공세를 펼치면서 적이 재생하지 못할 정도로 파괴적인 일격을 가할 수 있는 결정타를 구상하고 있었으며 제한적인 범위 내에서의 한시적 공격을 염두에 둔 OKH의 할더와는 의견이 달랐다. 결과적으로는 '깊은' 침투가 아닌 히틀러와 할더가 구상한 '얕은' 공세로 가닥을 잡게 된다. 헤르만 호트 역시 소련군은 측면이 위협을 받는 와중에도 오로지 방어정면에만 집착하는 성향이 있어 너무 종심깊은 진격은 선봉과 후속하는 제대와의 간격이 늘어날 우려가 있다며 적절한 크기의 포위망을 선호하는 편이었다.[1] 하지만 어떤 방식을 취하건 10월 2일로 예정된 타이푼을 실행하기 위한 장갑사단들의 실태가 어떠한지에 대한 이들의 판단은 무지 또는 무관심 중 어느 하나에 속할 정도로 제대로 배려한 구석이 없었다.

9월 한 달 사상 최대의 전투를 치른 독일군은 전 전선에서 5만 명이 전사했다. 이 피해 규모는 1941.8월부터 1942.7월 기간 중에서도 가장 높은 수치를 기록한 달이었다. 동부전선 독일군은 9월 16일까지 총 50만 명에 달하는 전사와 부상을 기록하였으며 이는 전체 전력의 14%에 해당하는 피해였다. 소련군이 키에프 전투에서 천문학적인 피해를 당한 것은 사실이나 그 정도의 대승리를 견인하기 위한 각고의 노력은 병원과 장비 양면에 있어 실로 만만찮은 피로감이 배여 있도록 만들었다. 키에프전에서 가장 핵심적인 역할을 했던 구데리안의 2장갑집단은 8.27-9.30간 12,239명의 피해를 기록해 바르바로싸 직후부터 100일이 지난 시점에는 총 41,243명으로 늘어났다.[2]

---

1) BA-MA 59060, KTB Nr. 2, 3. Pz. Div. vom 1.9.41 bis 31.10.41(1941.9.9)
2) BA-MA RH 21-2/575 Verlustmeldungen 5.7.1941-25.3.1942, Fol. 10 (1941.8.31) & Fol. 14(1941.10.5)

◆ VII-1-1 악명높은 '라스푸티짜'의 시작. 맨 뒤쪽 왼편의 병사는 그래도 웃고 있다.

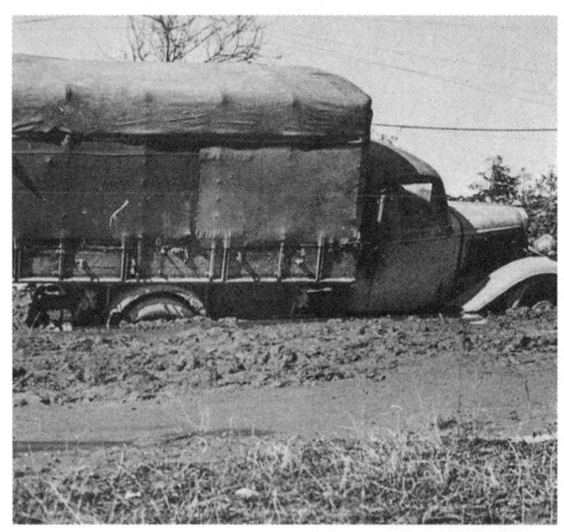

◆ VII-1-2 진흙탕에 완전히 박힌 차량. 이런 상태라면 전차나 원동기로 끌지 않는 한 진창에서 빠져나오는 것은 불가능했다.

그중 개전 이래 최악의 격전장이었던 옐니아에서 분투한 다스 라이히는 9월 말까지 1,519명의 피해를 안았고 오토 쿰 지휘 하의 '데어 휘러'는 그야말로 생지옥을 경험한 가장 피로감이 쌓인 연대였다. 9월 말, 독일군은 총 551,039명, 전체의 16%에 달하는 피해를 입고 있었다. 할더는 20만 이상은 도저히 충원이 불가능한 상태라고 고백한 지 오래였다. 독일군 피해 50만은 소련군 50만 피해와는 질적으로 달랐다. 고도로 훈련되고 실전을 경험한 50만과 마구잡이로 차출하여 만든 50만을 비교할 수는 없었다. 독일군은 41년 안에 전쟁을 끝내야 한다는 절박한 인적난, 자원난의 압박을 받고 있었으며 전선은 러시아 외에도 북아프리카와 지중해, 발칸, 영국과의 항공전과 대서양 해전 등 여러 방면으로 분산되어 있었다. 반면 소련군은 단 한 개 전선만을 지키면 되었고 41년까지 버티면 되었지 그해 안에 전쟁을 이길 능력도 없었지만 그럴 이유도 없었다. 그저 버티기만 하면 시간은 연합군의 편으로 돌아서게 되어 있었다. 타이푼이 시작되는 10월이면 그 악명 높은 진창도로가 나타나는 시즌이 되었다. 소위 '길이 없어진다'라고 말하는 '라스푸티쨔'(rasputitsa)였다. 사실 러시아의 인프라는 더 이상 불평할 가치도 없었다. 이는 주어진 조건으로 받아들여야 했다. 키에프전과 같은 승리에 도취되면 될수록 날씨와 도로 사정은 날로 악화되기 마련이었다. 이미 9월 말이면 밤은 춥고 길어졌다. 10월 중순이면 약간의 비만 내려도 도로는 진창의 바다로 변하는 것이 다반사였다.

이미 할 고생 다 한 독일군이 소련군이라는 적보다 이러한 자연환경과 보급, 물류사정에 더 많은 고충을 경험하고 있는 데 대해서는 OKW나 OKH의 어느 누구도 사전에 고민한 흔적이 별로 없었다. 유달리 더웠던 41년 여름을 되돌아보면 그해 겨울은 유달리 추울 것이라는 것은 당연했다. 독일군은 러시아의 내륙으로 들어가면 갈수록 길어지는 병참선을 어떻게 해결할 능력이 없었으며 소련군은 피로 온 국토를 적시면서도 후방의 보급기지와는 동선이 짧아지는 유리한 조건에 처해 있었다. 독일군의 병참사정은 야전 지휘관들의 욕설이 베를린까지 들릴 만 한 데도 개선될 기미가 보이지 않았다. 육군 병참국의 에두아르드 봐그너(Eduard Wagner) 소장은 지난 9월 11일, 9.17-9.30간 타이푼 작전의 준비를 위해 일일 27개 객차분의 연료를 공급하기로 약속한 바 있었다. 그러다가 17일에는 27개가 아니라 22개만 가능하다고 했고, 22일에는 봐그너가 연료가 부족한데 동원병력이 너무 많다며 역으로 할더를 공방하기 시작했고 다시 19개 정도로 줄어들 것이라는 예상치를 내 놓았다.[3] 실제로 이 시기 장갑집단들은 약속한 양의 3분의 1헤 해당하는 분량의 연료만 공급받았다. 수비가 아닌 공격을 주도해야 할 독일군이 탄약과 연료 중 양자택일을 해야 된다면 당연히 연료에 더 많은 비중이 주어져야 했다. 이처럼 전방의 독일군들은 탄약의 부족을 호소하지는 않았다. 대신 전차와 차량을 끌 연료에 대한 요구는 봇물처럼 터져 나오고 있었다. 거기다 적에게 다가가기 전에 집결지로 이동하는 데만 수백 킬로가 소요되는 이 대장정에 연료가 없다면 어떻게 하라는 말이냐는 불평과 건의가 거의 매일같이 빗발쳤다. 러시아에서는 대개 100km 주행할 수 있다고 배정된 연료를 받아 운행하다보면 항상 70km밖에 나가지 못할 정도로 도로사정이 열악했기에 작전 직전의 예상과 실제 연료 소모량은 상당한 괴리가 있었다. 당시의 기록으로는 아무리 대범하게 거리를 측정해도 기존 연료 사정으로는 브야지마 이상 나갈 수가 없으며 모스크바 전방 200km에서 주저앉는다는 계산이 나와 있었다.[4] 여타 제대처럼 타이푼의 발진지점으로 장거리를 이동할 필요가 없었던 2장갑집단도 연료가 부족한 것은 마찬가지였다. 24장갑군단장과 구데리안의 대화 내용이다.

- 슈벱펜부르크 : *"이서 연료가 태부족이라 첫 번째 목표지점에 도달할 수 있을 것 같지도 않습니다. 어떻게 하죠?"*
- 구데리안 : *"우선..... 갈 때까지 가보자!"*[5]

키에프전이 끝날 무렵 2장갑집단 대부분의 장갑사단들과 호트, 회프너의 사단들은 3달 이상

---

3) Halder, KTB III, p.245(1941.9.22)
4) BA-MA 59060, KTB Nr. 2, 3. Pz. Div. vom 1.9.41 bis 31.10.41(1941.9.13., 9.29)
5) BA-MA RH 21-2/931, KTB Nr. 1 Panzergruppe 2 Bd.II vom 21.8.1941 bis 31.10.41, Fol. 319(1941.9.27)

의 쉴 새 없는 전투로 인해 그 상태로는 모스크바로 진격할 수가 없었다. 리셔플링(reshuffling)이 필요했다. 8월 31일 할더와 요들의 만남에서 중앙집단군의 북익을 보강하기 위해 북방집단군으로부터 병력 차출이 필요하다는 안건에 대해 논의된 바가 있었다. 케셀링 공군원수는 같은 날 8월 31일 폰 보크를 방문해 히틀러가 구데리안의 장갑집단과 2군 전체를 남하시키는 것을 좀 더 신중히 생각해 보는 것 같다는 운을 띄우자 폰 보크는 다시 모스크바로 중점이 회귀할 수 있다는 믿음을 저버리지 않았다.[6] 그러나 우여곡절 끝에 46장갑군단 하나만을 남긴 채 모든 제대는 키에프전에 동원되었었다. 브라우히취, 할더, 폰 보크는 여하튼 모스크바로 가는 것이 최종 목표란 점에서는 일치된 의견을 보았으나 모든 전력이 키에프에 모아지고 있던 9월의 상황에서는 그달 말일까지 모스크바 진공을 재개할 수 있는 여지는 없었다. 호트의 3장갑집단마저 북방집단군에 배치되어 있는 상황에서 중앙집단군이 보병사단들만으로 동진한다는 것은 상상조차 되지 않는 일이었다. 하지만 언제 공세를 시작할 것인가가 중요했고 남방에서 작전이 진행 중인 상태에서도 키에프전 다음에는 모스크바로 향한다는 총통의 확고한 결정이 있어야 했다. 히틀러는 9월 5일 할더를 만나 아래 요지의 계획을 전달했다.

- 레닌그라드 포위는 이미 달성되었다. 이제 이 전구의 중요성은 부차적인 것일 뿐이다.
- 모스크바 정면에 놓인 티모셴코의 병력을 치는 것은 8-10일 안으로 가능할 것이다. 북방집단군은 1개 장갑사단과 2개 차량화보병사단을 중앙집단군에게 양도한다. 가능하다면 북방집단군 16군의 지원도 확보해야 한다.
- 우크라이나에서의 전투가 종료되면 2장갑집단은 모스크바를 향해 북쪽으로 선회한다.[7]

할더에게는 진정한 희소식이었다. 히틀러가 8-10일이라고 한 것은 불가능한 상상이지만 자신은 3주 정도의 준비기간만 주어지면 공세 개시는 가능하다고 판단했다. 바로 뒷날 지령 35호로 알려진 타이푼 작전의 개요가 히틀러에 의해 제시되었다.

1. 중앙 전구에 있어 티모셴코 방면군에 대한 작전은 가능한 한 빠른 시간 내(9월 말) 강력한 장갑부대가 측면에 집중한 상태에서 브야지마로 진격하는 주공이 스몰렌스크 동쪽에 포진한 적 병력을 집게발 공격에 의해 격파한다.
2. 티모셴코의 다수 병력을 포위섬멸전으로 격파한 다음에는 모스크바로 향하는 축선을 따라 적군의 추격(pursuit)에 나선다.
3. 북동쪽 전구에 있어 우리는 레닌그라드의 적 병력을 포위하고 9월 15일까지 활용가능한 기동전력과 1항공군이 중앙방면군을 지원할 수 있도록 조치한다. 이를 위해 레닌그라드에 대한 동쪽에서의 압박은 더욱 강화되어야 하며 날씨가 허락한다면 레닌그라드에 대한 대규모 공습을 추진한다.

이 구상은 모스크바만큼이나 레닌그라드가 자주 언급되고 있어 중점이 희석되는 것이 아닌가하는 의심을 갖게 할 수도 있으나 실은 괴링이 공군력만으로 레닌그라드를 잡을 수 있다는 허풍에 히틀러가 설득

6) NA : T-84 ; roll 271, Tagesbuchnotizen Osten I, frame 000433-000435(1941.8.31)
7) Halder(1964) p.215

◆ VII-1-3 56장갑군단장 훼르디난트 샬 장갑병대장. 41년 9월 1일에 34군단장으로 발령났다가 불과 2주도 안 되어 56장갑군단장으로 등극했다. 그해 10월 1일에는 장갑병대장으로 진급했다.

당한 것으로, 그렇다면 이제 지상군은 모스크바로 향해도 되지 않느냐는 단순한 발상에 근거한 것으로 짐작된다. 히틀러는 이때도 전략적, 작전술적 주요 거점이 아니라 보다 많은 야전군을 격파할 수 있는 장소를 찾고 있었다. 우크라이나가 안정화되고 레닌그라드를 공군에 맡긴다면 지상군은 가장 밀도높은 적군이 배치된 모스크바 정면을 향하는 것이 당연한 논리적 귀결이었다.

할더와 폰 보크는 히틀러의 결정에 고무되었지만 이 순간에도 히틀러는 모스크바를 궁극의 목적지로 생각했는지는 불분명하다.[8] 할더와 폰 보크에게는 아무래도 좋았다. 이유가 어떻건 간에 모스크바로 중점이 재설정되었으면 그간의 모든 시행착오와 착종(錯綜)은 해결이 되는 셈이었다. 여하간 이 결정에 따라 레닌그라드는 부차적인 전구로 격하되었다. 중앙집단군의 모스크바 진공 재개를 위한 병력 이동은 이미 9월 7일경에 대략적인 윤곽이 드러나 있었다. 에리히 회프너(Erich Hoepner)의 4장갑집단(4장갑군)은 1장갑사단과 2차량화보병사단을 폰 보크에게 양도하기로 하고, 폰 룬트슈테트의 남방집단군은 6군의 3개 보병사단, 11장갑사단을 포함한 2개 장갑사단, 그리고 2개 차량화보병사단을 중앙집단군에 빼 준다는 약속이었다.[9]

9월 10일 다시 폰 보크와 만난 케셀링 원수는 히틀러가 모든 가용한 장갑전력을 중앙집단군에 몰아주고 심지어 북방집단군 병력까지 끌어다 모스크바 진격로에 배치한다는 방침이 굳어졌다는 내용을 전달했다. 케셀링의 정보는 괴링을 통한 것이어서 근거는 확실했다.[10] 9월 11일, 2, 3, 4장갑집단 모두가 폰 보크 휘하로 들어간다는 조치가 취해졌다. 이제 폰 보크가 소매를 걷어붙일 시간이 오고 있었다. 16일 폰 보크는 3개 장갑집단에 모스크바 진공 준비명령을 하달하고 2, 4, 9군 보병제대와의 조율 및 병력재편성 과정에 돌입했다. 키에프전이 여진히 현재진행 중인 와중에도 모스크바 진격을 위한 공격준비는 9월 중, 하순기에 가파른 속도를 내고 있었다. 작전 개시일은 10월 2일로 잡혀졌다. 워낙 많은 사단들이 재편되는 과정을 밟아야 했으므로 키에프전이 끝난 시점에서 정해진 집결지로 이동하는 것조차 하나의 작전에 해당하는 대규모의 작업을 필요로 했다.

8) Fugate & Dvoretsky(1997) p.273
9) BA-MA RH 19-I/73, Heeresgruppe Süd Kriegstagebuch II. Teil Band 3, 16 Aug.-15 Sept.1941, Fol. 193(1941.9.7)
10) NA : T-84 ; roll 271, Tagesbuchnotizen Osten I, frame 000449(1941.9.10)

구데리안의 제대는 9월 19일부로 남방에서의 작전을 종료하고 늦어도 21일에는 모스크바 진공을 위한 준비에 착수할 것이 요구되었다. 레닌그라드는 점령이 아니라 포위고사작전으로 전환되었기에 별다른 주적이 보이지 않는 호트의 3장갑집단도 중앙집단군으로 돌아오게 되었다. 그보다 더 과격한 결정은 회프너의 4장갑집단이 타이푼에 가담하는 것이었다. 당장 1, 6장갑사단 및 36차량화보병사단이 포함된 게오르크-한스 라인하르트(Georg-Hans Reinhardt)의 41장갑군단이 레닌그라드로부터 호트의 장갑집단에 합류하라는 명령이 떨어졌다. 이동거리는 총 600km로 5-7일이 소요되는 것으로 예상되었다. 6장갑사단의 경우는 그보다 멀어 거의 1,000km나 되는 장거리를 주파하는 몸살을 앓았다. 만슈타인으로부터 지휘권을 이어받은 훼르디난트 샬(Ferdinand Schaal) 중장의 56장갑군단은 기존 사단들을 전혀 동반하지 않고 새로운 4개의 사단을 인수하게 되었으므로 사령부만 데미얀스크에서 두호프쉬취나(Dukhovshchina)로 이동했다. 거리는 250km였다. 그 뿐만 아니었다. 남방집단군 6군에 배속되어 있던 11장갑사단도 700km 거리를 주행해 회프너의 4장갑집단과 합류하라는 지시가 떨어졌다.[11] 이 병력재편성은 그야말로 복잡했다. 19, 20장갑사단을 갖는 57장갑군단은 호트의 장갑집단으로부터 회프너에게 양도되어 120km 거리를 행군해야 했다. 다른 사단이나 군단에 비해 거리는 짧으나 이때의 장갑부대들은 과도한 전투에 따른 기계손상과 부품부족 등으로 인해 제 시간에 도착할 수 있을지는 미지수였다. 20장갑사단은 특히 사정이 좋지 못했다. 105대의 전차들이 가동 불가상태였으며 그 중 20% 정도가 수리 가능으로 진단되었고 부품이 적기에 조달된다면 그나마 35%까지 기대할 수 있다는 예상치가 나왔다.[12] 거기다 벌써부터 날씨가 바뀌기 시작하면서 악명 높은 러시아의 도로는 동장군만큼이나 무서운 존재가 되어가고 있었다. 20장갑사단의 112차량화보병사단은 22일까지 집결지로 이동해야 했으며 불과 수일 전 50% 정도의 가동률만 유지하고 있어 이동하는 순간에도 이 비율은 더 하락할 것이 틀림없었다.[13] 호트의 사단들은 프랑스에서 노획한 차량들을 다수 사용하고 있었으며 이들은 연비가 좋지 않아 러시아 땅을 주행할 경우에는 평소의 6배나 많은 연료가 소모되는 골치덩어리였다. 그 때문에 독일군들은 이전에 배척되던 국산 독일제를 더 선호하는 경향마저 보였다. 다스 라이히는 롬니에서 빠져 북쪽의 로슬라블로 이동하는 데만 450km를 달려야 했다. 그로 인해 다량으로 지원되어야 할 차량들이 망가져 있거나 적기 수리가 안 되어 사단 보병의 75% 정도만 회프너의 4장갑집단에 연결되는데 그쳤다.[14] 다스 라이히는 가는 도중에도 소속 군단이 바뀌는 해프닝을 경험하기도 했다. 9월 26일 40장갑군단이 모잘크(Mosalk)-유취노프(Juchonov) 구간 동쪽의 소련군 진영으로 침투하는 과정에서 교전이 발생해 다스 라이히는 258보병사단의 지원을 위해 일시적으로만 40장갑군단에 배속되기로 되었으나 결국 타이푼 작전 종료 시까지 40장갑군단에 남게 되는 일이 있었다.[15] 따라서 최초 준비 단계에서 57장갑군단으로 배정되었기에 이와 관련된 문헌에서는 재확인도 없이 다스 라이히를 57장갑군단 소속으로 묘사하는 경우가 많으나 타이푼이 종료될 때까지 사단은 40장갑군단에 남아 있었다.

---

11) BA-MA RH 27-11/16, 11.Pz.Div. KTB Abt. Ia vom 1.5.41-21.10.41, Fol. 131(1941.9.19-9.26)

12) BA-MA RH 27-20/25, 20.Pz.Div. KTB Band Ia, vom 15.8.41-20.10.41, Fol. 93(1941.9.20) / BA-MA RH 21-4/34, Anlage zum KTB Panzer Gruppe 4: 20.9.41-14.10.41, Fol. 121(1941.9.22)

13) BA-MA RH 24-57/2, GenKdo.LVII.Pz.Korps KTB Nr. 1 vom 15.2.41-31.10.41, Fol. 239(1941.9.22)

14) BA-MA RH 21-4/34, Anlage zum KTB Panzer Gruppe 4: 20.9.41-14.10.41, Fols. 112-113(1941.9.28)

15) Weidinger(1995) p.67

* * * * *

중앙집단군 재편성

- 베테랑 초병 : "러시아 지도를 함 봐라. 어마어마한 땅덩어리다. 그런데 우리가 어디까지 갔지?
1812년 나폴레옹이 간 것보다 못하고 지도상에 가느다란 선만 정복한 셈일껄."
- 에른스트 케른(신참) : "하나 우리는 그들이 가졌던 것보다 완전히 다른 기술수단과
장비를 가지고 있지 않은가?"
- 베테랑 포병 : "근데 말이야, 그게 더 실패할 확률이 높거든!"

키에프 포위전이 끝난 시점에 있어 독일군 역시 상당한 전력누수를 경험하고 있었다. 동부전선에 배치된 142개 사단 중 54개가 겨우 3,000명 정도의 병원(정수의 30%)으로 버티고 있었다. 장갑사단 역시 거듭된 격전 끝에 많이 지쳐 있었다. 구데리안의 2장갑집단은 50% 전력에 지나지 않았으며, 1, 3장갑집단이 75%, 회프너의 4장갑집단만이 거의 완편전력에 가까운 규모를 유지하고 있었다. 따라서 나중에 자세히 언급하겠지만 4장갑집단의 사단들이 중앙집단군에 배속되는 것은 당연히 예상되던 조치였다.[16]

폰 보크의 중앙집단군에는 역사상 최대 규모의 병력이 집결했다. 구데리안, 호트, 회프너의 3개 장갑집단, 그리고 2, 4, 9군 포함 계 6개 군이 모두 그의 휘하에 들어왔다. 이는 병원으로 따져 1,929,000명에 달했고 이 수치는 바르바로싸 개시 때나 43년의 쿠르스크보다 더 비대한 규모였다. 거의 모든 면에 있어 폰 보크의 집단군은 바르바로싸 당시보다 3분의 1 이상의 전력이 증강된 상태였다. 42년에 있을 청색작전은 바르바로싸의 절반 수준에도 미치지 못했다. 독일 역사상 한 사람의 사령관 밑에 이토록 많은 병력이 주어진 적은 없었으며 2차 세계대전 전 기간을 통해서도 양적 규모만으로는 거의 유일한 작전이었다. 따라서 아마도 대전 전 기간을 통해 독일군이 소련군보다 더 많은 병력을 보유했던 단 한 번의 시기였을 것으로 추정된다. 중앙집단군은 군(Armee)과 장갑군(Panzerarmee)을 페어로 묶어 보병과 장갑부대의 긴밀한 공조와 연계를 도모하는 방식을 취했다. 북쪽 슈트라우스의 9군은 호트의 3장갑군과, 그 밑의 폰 클루게 4군은 회프너의 4장갑군과, 가장 남쪽 폰 봐익스의 2군은 그보다 더 아래의 구데리안 2장갑군과 하나의 단일 전력으로 모스크바를 남북, 중앙에서 협격하는 구도였다. 이론상 그러했다. 막상 전투가 개시되면 과연 어느 정도까지 그

◆ VII-1-4 전사 사상 한 개의 집단군 아래 최대의 병력을 포진시킬 수 있었던 훼도르 폰 보크 원수. 타이푼의 실패에 따라 구데리안과 브라우히취 등 고위급 장성들이 모두 해임되었으나 폰 보크는 이듬해까지 살아남았다.

16) McNAB(2011) p.174

러한 페어링이 유기적으로 작용할지는 알 수가 없었지만 지난 여름의 광대한 구역을 전격전으로 커버하면서 벌어진 보병과 장갑부대간의 간격유지 실패는 동일한 방식으로 재발하지 않도록 한다는 염려가 반영되어 있었다. 이 시기는 모스크바라는 단일 목표점을 향해 나가는 비교적 단순한 구조였기에 그와 같은 '간격'의 문제가 발생할 여지는 훨씬 적을 것으로 예상되기는 했다.

56개의 보병사단과 14개 장갑사단, 8개의 차량화보병사단이 동원되었으며 약 1,000량의 전차, 1,390대의 항공기가 준비상태에 들어갔다. 또한 폰 클라이스트 1장갑군으로부터 48장갑군단까지 인수받게 됨에 따라 장갑군단의 수는 기존 5개에서 8개 군단으로 늘어났다. 그러나 이 수치는 장부상의 통계이며 실전에 투입가능한 이론상의 가용전력과, 또한 실제로 전투에 동원된 실질적인 내용과는 상당한 차이가 있었다. 앞서 논한 연료와 차량 문제는 차치하고 장갑부대의 전력에 대한 분석이 무엇보다 민감한 사항이었음은 재론의 여지가 없을 것이다. 9월 15일 히틀러는 그간 그가 직접 묶어두고 있던 신규 전차들을 동부전선에 배치하는 패키지의 봉인을 해제했다. 할더가 약속받은 전차는 150량의 3호 전차, 96량의 4호 전차 및 60량의 체코제 38(t) 경전차, 계 306량이었다.[17] 이는 41년 6-8월 사이 3달 동안 생산된 총 815대의 40%에도 못 미치는 수량이었다. 그러나 2, 5장갑사단이 중앙집단군에 합류하게 되면 두 사단이 가진 기존 전력에 더하여 신규로 공급받는 전차 대수는 750량에 달해 결코 적은 수치는 아니었다.

'키에프 포위전-타이푼' 독일 장갑군 전차 정수 대비 보유비율 증가

장갑군	9월 말 전구	9월 말 전차보유비율	10월 중순 전구	10월 중순 전차 보유비율
1 장갑군	남방집단군	53%	남방집단군	74%
2 장갑군	중앙집단군	25%	중앙집단군	50%
3 장갑군	중앙집단군	41%	중앙집단군	73%
4 장갑군	북방집단군	70%	중앙집단군	100%

여타 집단보다 이틀 빨리 공세에 착수하게 될 구데리안의 2장갑집단은 6월 22일 904량으로 출발했던 전차의 수가 9월 중순에 347량, 9월 27일이면 256량으로 줄어 있었다. 특히 2장갑집단의 선봉 3, 4장갑사단은 27일을 기준으로 두 사단 합해 93대로 유지되고 있었다.[18] 다만 재수가 좋았던 것은 히틀러가 신규로 반입하는 전차의 절반을 구데리안에게 몰아준다는 약속에 따라 149량이 증강되어 총 405량으로 늘게 되었다. 한데 우스꽝스런 사건이 생겼다. 고멜에 하차해야 할 신규 전차들의 44%가 오르샤로 잘못 이송되는 바람에 56%만이 전선에 배치되었으며[19] 일단 전차가 움직인다고는 하지만 라디오 송수신기가 제대로 장착도 안 된 것들이나 고장수리가 완전하지 않는 것들 등 당장 실전에서 쓸 수 있는 전차가 어느 정도 되는지는 제대로 알지도 못한 채 구데리안의 타이푼은 시작되었다. 따라서 전차의 절반이 엉뚱한 곳에서 다시 이송해야 했기에 이틀 빨리 작전을 시작했음에도 결국은 여타 집단과 동일하게 작전에 들어간 것과 다를 바 없었다.

17) Halder, KTB III, p.233(1941.9.15)
18) NA : T-313 ; roll 86, Pz. Gr. 2 Ia KTB, frame 7.326.837
19) Guderian(1996) p.227

구데리안이 여타 집단보다 작전개시일을 이틀 앞당기고자 한 이유는 주공인 4장갑집단과 너무 벌어져 있어 간격을 맞추기 위해 그 스스로가 건의해 취해진 결정이었다. 또한 구데리안은 사단, 군단의 이동을 위해 겨우 24시간만 부여된 상태여서 재편성작업을 누구보다 빨리 마쳐야 했다. 그 때문에 남방집단군에 속해 있던 48장갑군단을 자신의 집단으로 끌어들이는 대신 북쪽에 주둔하고 있던 46장갑군단은 회프너의 장갑집단에 붙이는 것으로 조정되었다. 이게 시간을 절약해 최소한 10월 2일 공세에 임할 수 있는 최선의 방법이기는 했다.

군단은 4개지만 1, 6, 7, 3개 장갑사단만으로 출발한 호트의 3장갑집단은 사단간 전력 편차가 심했다. 그 중 1장갑사단이 가장 약했다. 9월 말 총 111대의 전차가 확인되었으나 이는 수리중인 것을 포함한 장부상의 기록이었다. 이 사단은 독일 장갑부대의 1번 사단, 즉 가장 나이 많은 형님 사단임에도 불구하고 겨우 40대 정도의 가용한 전차를 갖고 있었으며 화력이 괜찮은 4호 전차는 7대에 불과했고 나머지는 모두 T-34에 훨씬 못 미치는 3호 전차들이었다.[20] 대신 1장갑사단은 하프트랙 SdKfz251 장갑차량이 어느 사단보다 많았다. 대부분의 여타 장갑사단은 하프트랙에 탑승하는 단 한 개의 차량화보병중대를 지니고 있었으며 극히 일부가 1개 대대를 유지하고 있었으나 1장갑사단은 놀랍게도 2개의 하프트랙 대대를 온전히 보유하고 있었다. 같은 41장갑군단에 속한 6장갑사단은 바르바로싸 개전 당시는 254대로 두 번째로 많은 전차를 보유한 막강사단이었으나 타이푼에서는 140대 정도로 머물고 있었다. 6월 22일 총 264대로 독일 국방군 내 가장 강력했던 7장갑사단은 그간의 격전으로 인해 121대로 줄어들었다. 단 9월 중순에는 다소의 휴지기가 있어 충전에 힘쓴 7장갑사단은 신규로 보충된 전차를 합해 약 150-200대 정도의 양을 확보할 수 있었다. 호트에게 떨어진 신규 전차는 총 70대였기에 3장갑집단은 타이푼 개시 때 많아봐야 320-330대 정도의 양을 지니고 있었던 것으로 추정된다.[21] 호트가 기분 나빴던 것은 70대 중 3호 전차 5대, 4호 전차 15대를 제외한 나머지는 모두 체코제 38(t) 경전차라는 점이었다. 이 전차는 프랑스에서는 2호 전차보다 더 높은 성능과 3호 전차보다 나은 신뢰성을 인정받았으나 러시아의 지옥과 같은 도로사정에서는 유효기간이 만기된 차종이었다. 한데 3장갑집단의 41장갑군단에는 특이한 제대가 하나 있었다. 군단 직할로 운영되는 101장갑대대는 다수의 화염방사전차를 보유하고 있었다고는 하나, 11월 1일을 기준으로 2호 전차 6대, 3호 전차 2대, 2호 화염방사전차 5대만을 지니고 있었다. 한데 11월 8일이 되면 추가로 20대의 2호 화염방

◆ VII-1-5 4장갑집단 사령관 에리히 회프너 상급대장. 그 옆은 후에 다스 라이히 사단장을 맡게 될 4SS경찰사단장 빌터 크뤼거 SS준장.

20) BA-MA RH 21-3/70, Anlage zum Kriegstagebuch Tagesmeldungen Bd.I 1.9-31.10.41, Fol. 65(1941.10.4)
21) BA-MA 59060, 3. Pz. Gr. KTB Nr. 2 1.9.41-31.10.41(1941.9.19)

사전차를 포함해 총 33대를 확보하고 있었던 것으로 확인되는데 이 대대의 전차들이 칼리닌 전투에 투입된 것만은 분명하나 그후 어떻게 되었는가에 대해서는 1차 사료가 존재하지 않고 있다.[22] 바르바로싸 개시 때부터 3장갑사단장으로 있던 발터 모델은 10월 1일을 기해 41장갑군단장으로 취임했다.

에리히 회프너의 4장갑집단은 5개의 장갑사단을 거느리고 있었다. 가장 약했던 게오르크 폰 비스마르크(Georg von Bismarck) 중장의 20장갑사단은 다행히 신규 전차 중 69량을 지급받아 10월 2일 공세 초일에는 80대 가량을 동원할 수 있었다. 그러나 이 역시 다른 사단들과 마찬가지로 그 중 몇 대가 실전에 사용가능한 수준인지는 확인되지 않은 상태였다. 지원 69대 중 55대가 역시 호트에게 지급된 것과 동종의 체코제 38(t) 경전차였다.[23] 10장갑사단은 182대의 전차로 바르바로싸를 시작했다가 9월 말까지는 150대를 관리할 정도로 양호한 상태였다. 또한 이 사단은 소모가 심한 키에프 전에 가담하지 않았기 때문에 충분한 시간을 두고 충전할 수 있는 여유가 있었다. 143대로 시작한 11장갑사단은 9월 4일에 겨우 60대만 남는 피해를 안고 있었다. 이 사단 역시 키에프전은 모면했으나 회프너 집단에 합류하기 위해 남방에서 북방으로 700km를 행군해야 하는 문제가 있었다. 자세한 내역은 자료 부족으로 확인하기 어려우나 대략 75-120대(약 100대) 사이에서 타이푼을 준비했던 것으로 추측된다. 기존의 이 3개 사단은 합해서 330대 정도를 굴리고 있었다. 한데 그간 서부전선에서 예비로 있던 2, 5장갑사단이 모두 회프너에게 굴러들어오는 횡재를 맞았다. 두 사단은 유고슬라비아와 그리스, 발칸전투에 투입되어 그 동안의 피폐한 전력을 추스르기 위해 바르바로싸에는 투입되지 않은 생생한 사단들이었다.[24] 이 두 사단이 무려 450대의 전차를 보유하고 있었으므로 회프너는 총 780대의 전차를 보유하면서 타이푼의 진정한 핵으로 등장하게 된다. 중앙과 남방집단군의 1, 2, 3장갑집단에 비해 지금까지 단 한 번도 제대로 된 포위섬멸전을 치르지 못한 4장갑집단에게는 회심의 기회가 돌아온 셈이었다. 이 정도면 중앙집단군은 전성기 FC 바르셀로나의 MNS(메시-네이마르-수아레스) 쓰리 톱 공격시스템에 비교해도 될 만큼 강한 펀치력을 동원한 것으로 생각되었다. 한편 19장갑사단은 호트 집단으로부터 회프너에게 넘기는 것으로 예정되어 있다가 타이푼 개시 때는 참가하지 않고 집단군의 예비로 남게 되었다. 오토 폰 크노벨스도르프(Otto von Knobelsdorff)의 사단은 8월 25일 기준 102대나 되는 전차를 굴리고 있었으나 9월 초 겨우 60대의 전차만 보유하고 있었다.

◆ VII-1-6 19장갑사단장 오토 폰 크노벨스도르프. 장갑지휘관으로서의 특별한 자질은 없었으나 지속적으로 장갑부대를 지휘해 나갔다. 1958년에는 19장갑사단의 사단사를 편찬, 출간했다.

22) BA-MA RH 27-20/25, 20.Pz.Div. KTB Band Ia vom 15.8.41 bis 20.10.41, Fol. 101(1941.9.27)
23) NA : T-314 ; roll 980, Anlagenband IVb Kriegstagebuch, XXXXI Armee Korps(Mot.), 15.10.41-20.11.41, frame 850(1941.11.8)
24) Plato(1978) p.138

한데 욕심많은 구데리안이 이를 달가워 할 리가 없었다. 키에프전이 종료된 시점에 자신의 집단이 가장 남쪽에 내려와 있었기에 타이푼 공격의 우익, 즉 남방을 맡게 되는 것은 지리적 배치로 보아 당연하나 중앙에 너무 많은 장갑사단이 포함되었다며 균형이 맞지 않는다는 불평을 제기했다. 또한 그가 보기에 전투에 찌들린 46장갑군단을 공세의 중앙에 포진시키기 보다는 측면을 맡게 하고 신규 사단들이 '주공의 주공'을 형성토록 하는 것이 타당하다는 생각을 갖고 있었다.[25] 구데리안은 늘 그렇듯이 통 큰 요청만 했다. 키에프 포위전 직전에 히틀러의 약속에도 불구하고 폰 보크에게 빼앗겼던 46장갑군단을 당장 돌려주고 2, 5장갑사단까지 2장갑집단에 포함시켜 달라는 요구조건이었다. 그는 강력한 측면공격으로 중앙에 쏠린 소련군 병력의 밸런스를 무너뜨리는 것이 절실하다는 나름대로의 전술적 논리를 들이댔다. 또한 구데리안은 자신의 장갑사단에는 이미 용도폐기가 선고된 1, 2호 전차가 너무 많다는 점도 지적했다. 4장갑사단은 19대의 2호 전차, 9장갑사단은 3대의 1호 전차와 15대의 2호 전차, 그리고 18장갑사단은 1대의 1호 전차와 22대의 2호 전차를 굴리고 있어 장갑집단 전체의 무려 20%에 달하는 전차가 1, 2호라는 점을 거듭 강조했다.[26] 이런 무모한 요구를 능글맞게 요구하면 상급자는 당장 징계나 해고를 하고 싶겠지만 아직까지는 총통의 총애를 받는 구데리안이라 함부로 건드릴 수가 없었다. 하지만 그의 요구는 당연히 거부되었다.

구데리안 2장갑집단의 전차 보유 현황(1941.9.27)

단위	상태	1호 전차	2호 전차	3호 전차	4호 전차	계
3 장갑사단	전투가능	0	11	15	10	**36**
	교체	0	0	37	8	**45**
4 장갑사단	전투가능	0	19	29	9	**57**
	교체	0	0	35	7	**42**
9 장갑사단	전투가능	3	15	26	9	**53**
	교체	0	0	7	0	**7**
17 장갑사단	전투가능	0	5	10	1	**16**
	교체	0	0	30	10	**40**
18 장갑사단	전투가능	1	22	40	16	**79**
	교체	0	0	15	0	**15**
화염방사전차 지대	전투가능	5	8	2	0	**15**
	교체	0	0	0	0	**0**
계	전투가능	9	80	122	45	**256**
	교체	0	0	124	25	**149**
총계		9	80	246	70	405

25) Guderian(1996) p.227
26) BA-MA RH 21-2/931, KTB Nr. 1 Panzergruppe 2 Bd.II vom 21.8.1941 bis 31.10.41, Fols. 322-323(1941.9.27)

브리얀스크 방면 소련군 기동전력 현황(1941.9.27)

제대	KV	T-34	BT	T-26	T-40	T-50	계
108전차사단	3	17	1	-	20	-	41
42전차여단	7	22	-	-	32	-	61
121전차여단	6	18	-	46	-	-	70
141전차여단	6	10	22	-	-	-	38
150전차여단	-	12	-	-	-	8	20
113독립전차대대	-	4	-	11	-	-	15
계	22	83	23	57	52	8	245

사상 최대 전력을 갖게 된 중앙집단군의 장갑전력은 전투서열표상으로는 경악할 만했다. 하나 바르바로싸 때 1,530량을 이끈 폰 보크는 그토록 많은 사단을 흡수했으면서도 전체 전차량은 오히려 그때보다 못해 최대 수치가 1,217량으로 집계되었다. 또한 장갑사단 수는 늘어났고 신규 전차도 보충이 되었지만 폰 보크의 14개 장갑사단 중 12개 사단이 기존 전력의 절반 정도를 보유하고 있는 것으로 드러났다. 더욱이 그 중에서도 기계결함이 완전히 해소되지 못한 것들이 많아 신제품으로 전투에 임한 6월 22일과, 석 달 이상 격전을 거듭하며 시작한 10월 2일의 전력은 상당한 차이가 날 수밖에 없었다. 따라서 실제 가용 전차 수는 바르바로싸보다 50% 이상이 준 것으로 보는 시각도 존재한다. 항공기 역시 실제 가용전력은 1,006기였으며 이는 6월 22일 1,235기에 비해 당연히 낮은 수치였다.[27] 또한 지난 6월에는 중앙집단군이 500km 구간을 커버하면 되었으나 이제는 760km로 전선이 확장됨에 따라 서류상으로 30% 이상의 전력이 강화되었음에도 불구하고 30% 이상 늘어난 영역을 관리해야 하는 문제는 결국 서로 대칭되는 경향의 상쇄효과로 인해 질적으로 큰 변화가 없다는 해석도 가능했다.[28] 또한 중앙집단군이 비대해진 것은 북방집단군과 남방집단군을 희생해서 만든 것이기 때문에 동부전선 전체로 보아서는 전력이 순증되었다고 볼 수 있는 징후는 별로 없었다. 상대적으로 전력이 약화된 폰 룬트슈테트의 남방집단군은 그럼에도 불구하고 바르바로싸를 가장 훌륭히 소화한 전과를 기록하게 된다. 이들은 약화된 1개 장갑집단만으로 우크라이나와 돈바스를 휩쓸고 로스토프까지 점령해 코카사스로 향하는 관문을 확보하는 선까지 도달하면서 집단군에 주어진 당초의 목표를 모두 달성했다. 물론 동계시즌이 되자 폰 룬트슈테트가 독단적으로 작전상 후퇴를 하게 되면서 로스토프는 소련군에게 넘겨주게 된다. 로스토프는 41년 독일군이 진출한 가장 동쪽의 도시였다.

보병사단들의 전력도 마찬가지였다. 키에프전을 치른 어떤 사단의 중대는 장교가 한 명도 없는 경우도 있었으며 말이 사단이지 절반 정도의 능력밖에 보유하고 있지 못한 경우도 있었다. 계속되는 전투에 병원들의 훈련 숙련도도 과거에 비해 떨어진다는 분석도 나오고 있었다.[29]

27) BA-MA RH 19-II/411, Kriegstagebuch Nr. 1(Band Oktober 1941) des Oberkommandos der Heeresgruppe Mitte, Fols. 525-526(1941.10.2)

28) BA-MA RH 19-II/411, Kriegstagebuch Nr. 1(Band Oktober 1941) des Oberkommandos der Heeresgruppe Mitte, Fol. 526(1941.10.2)

29) BA-MA RH 21-4/34, Anlage zum KTB Panzer Gruppe 4: 20.9.41-14.10.41, Fol. 122(1941.9.15)

◆ VII-1-7 동계전을 준비 중인 24장갑군단 3장갑사단의 3호 전차 H형. 포탑 왼편에 3장갑사단의 상징인 '곰'이 그려져 있는 것을 확인할 수 있다. H형은 처음부터 50mm 주포를 탑재하고 포탑의 용적을 확대하기 위해 뒷부분의 형상을 변경시켰다. 또한 차체 전면에 30mm 증가장갑판을 장착한 것이 특징이다.

타이푼은 2항공군의 2, 8항공군단이 장부상의 1,390기 중 1,320기로 항공지원에 종사했다. 이 수치는 동부전선 전 공군력의 절반 정도에 해당했다. 독일공군은 6.22-9.30간 러시아 전 전선에서 5,000기의 공중전 격추를 포함하여 총 14,500기를 부수었고, 자체 손실은 1,603대였다. 공세 초일 소련공군은 거의 출격조차 하지 않았으나 10월 1일부터 301기의 폭격기와 201기의 전투기를 동원하여 2항공군과 대적할 준비에 들어갔다. 또한 모스크바 방위를 위한 6항공군단의 최신예기들도 배치되었다. 11월 말이 되면 독일공군의 가용대수는 600-700기선으로 떨어지게 되나 소련공군은 900대 선에서 출발해 1,170기, 12월 초에는 1,200기 이상을 보유하게 된다.[30] 폰 리히트호휀의 8항공군단은 중앙집단군의 좌익에 해당하는 3장갑집단과 9군을 지원해 소련 서부방면군과 예비방면군을 공략하기로 했다. 하나 이미 지난 달 기력을 너무 소진해 절반 정도의 전력으로 버티고 있어 의욕적인 공세는 불가능한 것으로 보였다. 부르노 뢰르저(Bruno Loerzer)의 2항공군단은 2장갑집단과 4군이 포진한 집단군의 우익을 엄호해 브리얀스크방면군을 파괴하는 것으로 지정되었다. 그에 따라 Bf 110으로 구성된 210고속폭격비행단(SKG)의 1, 2대대는 모스크바로의 길목을 여는 사전 파쇄공습을 준비하고 있었으며 41년이 끝나기도 전에 러시아 전선에서 사라질 Bf 110의 SKG 210는 1,000대의 적기, 수 천대의 차량, 250대의 전차, 8개 포병중대 200문의 야포, 다수의 열차를 파괴한 혁혁한 공을 세운 비행단으로 기록되게 된다.[31]

30) Mombeek, Bergström & Pegg(2003) p.158, Edwards(1989) p.153
31) Nauroth & Held(1991) p.164, Weal(1999) p.36, De Zeng IV & Stankey(2009) p.332

타이푼은 지상군뿐만 아니라 공군 제대도 다소 복잡한 이합집산을 겪게 했다. 붸르너 묄더스의 이름을 받은 51전투비행단 '묄더스'는 집단군의 우익에 해당하는 2장갑집단의 기동사단들을 지원하게 되었으며 52전투비행단의 2대대는 레닌그라드 전구에서 다시 중앙집단군 쪽으로 귀환하게 되었다. 1대대 역시 개전 초기부터 북해 연안에서 활동하다 2대대와 함께 타이푼 작전에 참가하게 되었다. 이 두 대대는 완편전력이 아닌 관계로 일시적으로 27전투비행단의 지휘 하에 놓이게 되었다. 키에프 포위전에 특화된 임무를 맡았던 53전투비행단 3대대는 이미 9월 16일에 코노토프로 이동하기는 했으나 이 지역은 키에프 북동쪽 가장자리로부터 50km도 안 되는 반경 내에 있어 중앙집단군의 전투에 줄곧 개입해 있었다. 3대대는 독일 본토방위전에 투입될 10월 4일까지 375대의 적기 격추를 기록했다. 동 기간 중 적에게 사살되거나 행방불명 또는 포로가 된 조종사는 단 4명에 불과했다.[32] 또한 8월에 레닌그라드 전구로 이동했던 8항공군단의 2급강하폭격비행단도 북부 전선에서 되돌아와 집단군의 레프트 훅을 쓸 3장갑집단을 지원하는 임무에 포진되었다. 77급강하폭격비행단은 우크라이나에서 빠져 나와 1급강하폭격비행단의 2개 대대를 지원하면서 공세의 남익을 커버하도록 조치되었다.[33] 비행단들은 9월 말 또는 10월 1일까지 주로 키에프 북동쪽 210km 지점의 코노토프에 집결하여 타이푼 공세에 대비했다.

타이푼 작전 중앙집단군 전투서열

<table>
<tr><th>집단군 직할</th><th>장갑집단 및 군</th><th>군단</th><th>사단</th><th>원 소속 제대</th></tr>
<tr><td rowspan="15">- 19 장갑사단
- 900 교도여단
- '그로스도이칠란트' 보병연대

후방경계사령부
- 339 보병사단
- 707 보병사단
- SS 기병여단
- 221 경계사단
- 286 경계사단
- 403 경계사단
- 454 경계사단</td><td rowspan="15">2 장갑집단
(구데리안)</td><td rowspan="3">24 장갑군단</td><td>3 장갑사단</td><td>24 장갑군단</td></tr>
<tr><td>4 장갑사단</td><td>24 장갑군단</td></tr>
<tr><td>10 차량화보병사단</td><td>24 장갑군단</td></tr>
<tr><td rowspan="3">47 장갑군단</td><td>17 장갑사단</td><td>47 장갑군단</td></tr>
<tr><td>18 장갑사단</td><td>47 장갑군단</td></tr>
<tr><td>29 차량화보병사단</td><td>47 장갑군단</td></tr>
<tr><td rowspan="3">48 장갑군단</td><td>9 장갑사단</td><td>14 차량화보병군단</td></tr>
<tr><td>16 차량화보병사단</td><td>1 장갑집단 직할</td></tr>
<tr><td>25 차량화보병사단</td><td>1 장갑집단 직할</td></tr>
<tr><td rowspan="2">34 사령부(군단)</td><td>45 보병사단</td><td>12 군단</td></tr>
<tr><td>134 보병사단</td><td>43 군단</td></tr>
<tr><td rowspan="5">35 사령부(군단)</td><td>95 보병사단</td><td>51 군단</td></tr>
<tr><td>262 보병사단</td><td>4 군단</td></tr>
<tr><td>293 보병사단</td><td>53 군단</td></tr>
<tr><td>296 보병사단</td><td>4 군단</td></tr>
<tr><td>1 기병사단</td><td>24 장갑군단</td></tr>
</table>

32) Weal(2011) p. 49
33) Weal(2004) p.65, Weal(2008) p.24

집단군 직할	장갑집단 및 군	군단	사단	원 소속 제대
	2 군(봐익스)	13 군단	17 보병사단	13 군단
			260 보병사단	13 군단
	● 112 보병사단	43 군단	52 보병사단	35 군단
			131 보병사단	43 군단
		53 군단	31 보병사단	12 군단
			56 보병사단	17 군단
			167 보병사단	47 장갑군단
	3 장갑집단 (호트)	41 장갑군단	1 장갑사단	41 장갑군단
			36 차량화보병사단	41 장갑군단
			6 보병사단	6 군단
		56 장갑군단	6 장갑사단	41 장갑군단
			7 장갑사단	39 장갑군단
			14 차량화보병사단	39 장갑군단
			129 보병사단	42 군단
		5 군단	5 보병사단	5 군단
			35 보병사단	5 군단
			106 보병사단	35 군단
		6 군단	26 보병사단	6 군단
			110 보병사단	35 군단
	9 군(슈트라우스) ● 161 보병사단	8 군단	8 보병사단	8 군단
			28 보병사단	8 군단
			87 보병사단	42 군단
		23 군단	102 보병사단	42 군단
			206 보병사단	6 군단
			251 보병사단	23 군단
			256 보병사단	20 군단
		27 군단	86 보병사단	101 후방경계 군지대
			162 보병사단	20 군단
			255 보병사단	2 장갑집단 예비
	4 장갑집단 (회프너)	40 장갑군단	2 장갑사단	예비
			10 장갑사단	46 장갑군단
			258 보병사단	7 군단
		46 장갑군단	5 장갑사단	예비
			11 장갑사단	48 장갑군단
			252 보병사단	43 군단

집단군 직할	장갑집단 및 군	군단	사단	원 소속 제대
		57 장갑군단	2 SS 다스 라이히	46 장갑군단
			20 장갑사단	39 장갑군단
			3 차량화보병사단	56 군단
		12 군단	34 보병사단	12 군단
			98 보병사단	6 군단
	4군 (폰 클루게)	7 군단	7 보병사단	7 군단
			23 보병사단	7 군단
			197 보병사단	35 군단
			267 보병사단	24 장갑군단
		9 군단	137 보병사단	9 군단
			183 보병사단	OKH 직할
			263 보병사단	9 군단
			292 보병사단	9 군단
		20 군단	15 보병사단	35 군단
			78 보병사단	13 군단
			268 보병사단	7 군단

* * * * *

소련군의 방어전환

** 코네프(서부방면군사령관) : "독일군은 10월 1일에 공세를 개시할 모양입니다."*
** 스탈린 : "뭐라고? 그렇게나 빨리?"*

소련군은 바르바로싸 전반기 동안 준비가 안 된 상태에서 제대간 조율이 초보적인 상태로 무모한 반격작전을 감행한 결과, 엄청난 전력 손실을 안고 있었다. 9월 30일까지의 병력 피해는 소련측 자료에 의거할 경우 전사자와 포로만 2,129,677명에 달했고 우군 진지에서 치료를 요하는 부상자는 687,626명이었다. 이 손실은 개전 직전 소련군 전체 병력의 절반에 해당하는 수치였다.[34]

한데 독일군의 통계로는 9월 30일까지 포로만 240만을 잡았다고 발표하고 41년 12월이 되면 이 수치는 3백만으로 증가하게 된다. 타이푼 개시 직전까지 독일군은 소련군 전차 17,500대(혹은 20,000대)와 21,000문의 야포를 격파 또는 노획하였으며 14,200대의 항공기를 격추시켰

34) 글랜츠 & 하우스(2010) p.409

다. 스탈린의 말대로 인류 역사상 이런 피해를 입고도 항복하지 않고 4년 후 세계대전의 승전국이 되는 나라는 소련을 제외하고는 존재하지 않았다. 한 해 겨우 반년 동안 수백만이 죽고 수백만이 포로가 되었는데도 이 나라는 믿기지 않는 질긴 생명력을 보유하고 있었다. 6월 22일 소련군은 5,373,000명이 배치되어 있었다가 8월 말이 되면 6,889,000명으로 늘게 된다. 12월 31일이 되면 무려 8백만의 정규군이라는 엽기적인 수치가 등장하게 된다. 1941년 한 해에만 군인으로 복무하거나 징병 가능한 인구는 1,400만으로 추산되었다.

타이푼의 독일군을 맞이하는 소련군은 125만 명이었으며 동부 전선 중앙집단군의 190만 대군이 전체의 60%에 해당하는 병력인데 반해 125만의 병력은 소련군 전체의 40%를 차지하는 정도였다. 125만 중 중앙방면군 정면에만 1,183.000명이 배치되었다. 소련군 전차는 3개 방면군에 배급된 것만 990대지만 다른 전구와 후방에 대기 중인 전력을 합하면 2,715대, 야포는 총 20,580문 중 7,600문만 전방에 배치되어 있었다. 항공기는 9월 말경에 863대로 집계되었다가 10월 1일까지 472대의 폭격기와 697대의 전투기가 지원되어 서부방면군 구역에만 1,540기가 집결되었다. 이는 독일 2항공군의 1,000기를 능가하는 수자였지만 아직은 절반 이상이 구형의 공군기들어서 큰 신뢰를 가질 수는 없었다. 거기다 군용기의 대수는 제대별로 큰 편차가 있었는데 81폭격항공사단의 경우 9월 말까지 겨우 40대만을 보유하고 있었으며 새로운 전폭기라고 할 수 있는 Pe-3기와 같은 종류는 겨우 12대에 불과했다. 서부방면군 전체로 보면 9월 25일까지 다 끌어모은 것이 63대였고 그중 20대는 대단히 낡은 기종으로 유효한 전력이 될 수는 없는 형편이었다.[35] 한데 변수는 있었다. 월별 가용 공군기의 수는 루프트봐훼에 약간 뒤처지는 편이나 조만간 이것도 곧 역전이 될 것이며 전차와 야포 전체 수에 있어서는 소련이 독일을 능가하고 있었다. 다만 이 시기 병원 수에 있어서만은 대략 300-320만으로 거의 비슷한 수준의 균형을 이루고 있었다. 그러나 소련은 여전히 수백만의 인원을 간단한 징집절차를 통해 전장으로 내보낼 수 있었는데 반해 독일은 그러한 인력의 풀이 없었다. 특히 군첩보부 동방군사정보당국(東方外國軍課)의 판단에 따르면 독소 양국의 징집 속도와 규모를 감안할 경우, 독일이 최대한 213개 사단을 만들 수 있는데 비해 소련은 최대 469개 사단을 창설할 수 있다는 불안한 통계가 제시되었다. 타이푼이 시작되는 10월의 모스크바 축선에서는 일시적으로 독일군이 수적 우위를 누리거나 서로 엇비슷하다 하더라도 시간이 지나면 압도적인 소련의 우세가 예상된다는 뜻이었다. 41년 한 해 동안의 전차 생산 수에 있어서도 소련은 독일을 가볍게 능가했다.

하지만 역사상 최대 규모의 포위전이 끝난 직후 소련군의 병력 사정은 대단히 심각했다. 소총병사단은 평균 5,000-7,000명 정도로 유지되고 있었으며 이는 정수의 절반 정도에 지나지 않았다. 심한 경우에는 한 개 사단에 겨우 3,000명으로 버티는 수도 있었다. 따라서 이 시기 독일군이나 소련군은 서류상의 정수와는 상당한 괴리가 있었으며 비교적 단위부대 정수가 독일군보다 작은 소련군 제대의 양이 많아지는 것은 조직편제상 생겨날 수 있는 당연한 차이였다. 독일군이 차량부족에 시달리고 있다고는 하지만 소련군은 더 심했다. 영미로부터의 물자가 대량으로 도착하

35) Wagner(1973) p.69, Smith(2020) p.95

◆ VII-1-8 Nizhny Tagil 소재 Uralvagonzavod의 T-34 전차제작공장

기 전까지는 소총병 제대의 적진 이동조차 용이하지 않은 상태여서 전차만 많다 뿐이지 군 단위 부대 전체의 기동력은 여전히 많이 떨어지는 편이었다. 이러한 기동력 부재는 소련군의 방어행태에도 영향을 미쳤다. 소련군은 1차 저지선에 비교적 약한 수비대를 배치하고 독일군의 주공이 확인되면 그다음 전열에서 보다 강력한 수비병력을 막아 세우는 양식을 되풀이했다. 이는 결국 독일군에게는 적군이 축차적으로만 대응하는 것으로 파악되어 비교적 손쉽게 제압해 나갈 수 있었으며 장갑차량과 트럭의 부족으로 인한 구조적인 문제는 기동전의 요건들을 충족시킬 수가 없어 전장의 주도권은 항상 독일군이 쥐게 되어 있었다. 또한 한 치의 땅도 양보하지 말라는 스탈린과 스타프카의 지시는 야전군 제대가 좀 더 유연하게 상황에 적응가능토록 기동방어(mobile defence)와 같은 전술을 구사할 수 있는 여지를 전혀 남겨놓지 않았다.

소련군은 부덴뉘가 경질된 9월 11일부터 사실상 방어전으로만 일관하고 있었다. 파블로프의 서부방면군이 준비도 안 된 상태에서 반격을 가하다 재앙적 타격을 입은 데 비추어 섣부른 공격은 독일군의 크로스 카운터에 나가떨어질 확률이 높다는 것이 그간 야전 지휘관들의 경험이었다. 타이푼의 중앙집단군을 맞이할 소련군은 서부방면군, 브리얀스크방면군, 예비방면군 3개 방면군이었다. 이 3개 방면군은 외선 방어벽을 구축하고 데스나 강과 수도스트 강을 따라 브야지마 서쪽으로 연결된 구간에 병력을 포진시켰다. 그보다 동쪽에는 35-45km 간격을 둔 두 개의 서로 다른 방어선을 구축했다. 이는 르제프-브야지마 방어선이라 불린 것으로서 그 중 가장 중요한 지점은 볼로콜람스크(Volokolamsk), 모자이스크(Mozhaisk), 말로이아로슬라벳츠(Maloiaroslavets), 칼루가(Kaluga)로 이어지는 모자이스크 방어선이었으며 이것이 모스크바로 가는 독일군의 공격축선이 될 것으로 간주하고 있었다. 소련군은 이미 7월 14일 이후 시점에 독일군의 모스크바 진격에 대비해 상기 4개 지점을 연결하는 방어선에 32, 33, 34군, 3개 군을 신설하여 오랜 기간 대비해 오고 있었다. 이 수비라인은 일단 아르테메프(P.A.Artemev) 중장의 모스크바군관구에서 관할토록 하고, 초기에는 엉성한 방어진으로 출발했으나 시간이 갈수록 병력밀도는 높아져 오히려 소련군이 뒤로 밀릴수록 방어진은 더 공고해지는 현상이 생겨났다. 모자이스크선은 9월 경 40-50% 정도만 완성되어 있었다. 3개 방면군은 모두 11-12개 군으로 1차 저지선에 포진하고 제2선에는 4개 군을 배치했다.[36] 방어전력은 다음과 같다. 예레멘코는 스탈린으로부터 기대에 미치지 못했다는 평을 들으면서도 브리얀스크방면군 사령관직을 유지했다. 9월 11일 남서군관구 총사령관 직위에서 물러난 부덴뉘는 예비방면군을 맡게 되었고 티모셴코의 뒤를 이어 서부방면군은 19군 사령관을 수행하던 코네프가 이어받았다.

- 서부방면군(6개 군) : 16, 19, 20, 22, 29, 30군(방어정면 340km) ; 셀리거(Seliger) 호수로부터 야르쩨보 남부까지의 구간/ 558,000명
- 예비방면군(6개 군) : (전방)24군, 43군 (후방)31, 32, 33, 49군(방어정면 95km) ; 옐니아 북부와 로슬라블 동쪽 프롤로프카 사이 구간/ 448,000명
- 브리얀스크방면군(4.5개 군) : 3, 13, 50군, 에르마코프 작전집단(방어정면 290km) ; 로슬라블 동쪽으로부터 남방을 향한 세임 강까지의 구간/ 244,000명

소련군은 레닌그라드 전구에서부터 흑해에 이르는 구간에 전체 병력의 40%에 달하는 125만 명을 배치했다. 그 중 이전 전투에 찌들지 않은 후레쉬한 병력은 193,000명에 불과했으며 대부분은 격전을 거듭하면서 독일군과 거의 비슷한 환경에 놓인 피곤한 병원들로 구성되어 있었다. 수개월 동안의 격전을 치르면서 베테랑이 된 자원들도 있었으나 훈련이 덜 된 병원들과 뒤섞여 있어 단위부대의 응집력은 기대에 미치지 못한 수준이었으며 무엇보다 야포나 중화기가 태부족이었다. 사단 당 평균 5-7,000명 정도로 유지되고 있어 이는 정수의 절반에 해당할 정도로 약체화되어 있었다. 총 83개 소총병사단, 2개 기계화사단, 1개 전차사단, 9개 기병사단 및 13개 전차여단, 2개 독립전차대대가 3개 제진을 형성했다. 66개 소총병사단이 1진을 구성하고 2진은 17개 소총병사단과 7개 전차여단을 두었으며 그 뒤에는 12개 소총병사단과 6개 전차여단이 예비로 편성되어 있었다. 서부방면군 사령관 코네프는 1개 군보다 더 큰 덩치의 병력을 예비로 설정했다. 이 예비는 4개 소총병사단과 2개 차량화소총병사단, 1개 기병사단, 4개 전차여단 및 5개 포병연대로 이루어져 있었다. 3개 방면군 전체를 합한다면 장부상의 전체 전력 중 990대의 전차와 863대의 항공기가 가용자산으로 확인되었으며 야포는 3개 방면군 전체를 합해 총 7,600문이 포진되었다.[37]

36) Stahel(2013a) p.341
37) Bergström92016) p.130, マクシム・コロミーエツ(2004) p.7

소련군 전차부대 편성체계 추이(1941.7월-10월)

일자	지령번호	전차 정수				
		KV	T-34	BT & T-26	기타	계
1941.7.6	010/44	20	42	153	-	215
주요 내용	전차사단은 2개 전차연대와 1개 차량화소총병연대, 1개 포병연대, 1개 보급부대로 편성					
1941.8.23	010/85	-	9	20	-	29
주요 내용	전차대대는 3개 전차중대, 3개 독립전차소대로 편성					
1941.9.13	010/87	7	22	32	T-40 수륙양용전차 포함	61
주요 내용	전차연대는 2개 전차대대로 편성					
1941.10.9	010/306	10	16	20	T-40 수륙양용전차 포함	46
주요 내용	전차여단은 2개 전차대대, 1개 차량화소총병대대, 기타 4개 중대로 편성					

소련군은 개전 이래 전차부대의 편제에 큰 변화를 가져오는 결정을 내린 바 있었다. 기존의 전차사단으로는 너무 덩치가 커 제대로 된 작전을 수행하기가 어려웠을 뿐 아니라 아직 전차병이나 장교들의 훈련도가 떨어져 도상연습과 실제전투와는 많은 차이가 있었다. 또한 소총병 제대와 유리된 채 제병협동의 원칙을 유지하지 못하고 전차부대만으로 작전기동을 추진하는 것은 실패할 확률이 대단히 높았다. 소련군의 전차사단과 여단에는 포병이나 공병과의 제휴도 없었기에 그 어떤 유기적인 작전행동도 곤란하게 만드는 조직형태를 유지하고 있었다. 어떤 경우에는 전차 한 대없는 독일군 보병제대의 대전차전에 걸려 전차여단이나 전차사단이 괴멸하는 수가 있어 항공기보다 더 많은 전차가 격파되는 비운을 맞은 바 있었다. 이에 소련군은 사단보다 작은 규모의 전차여단 편제만을 유지하면서 모두 소총병 제대의 화력지원으로만 투입한다는 상당히 과격한 결정을 내렸다. 이 조치는 7월 중순부터 단행하는 것으로 되어 8월에는 거의 모든 전차들이 단일한 전차여단으로 통합되었다. 예외적으로 운영했던 전차사단은 2개의 전차여단으로 구성하되 각 연대는 1개 중(中)전차대대, 2개 경전차대대 및 1개 지휘중대로 이루어져 있었다. 각 여단에는 93량의 전차로 구성되는 1개 전차연대와 1개 차량화보병대대가 주어졌다. 전차연대는 1개 KV 중전차중대, T-34 중대 및 3개 경전차중대로 구성되었으며 9월 말이 되면 키에프 전의 여파로 여단 당 93량이 아닌 67량 정도로만 버티는 경우가 대부분이었으며 그마저도 구비를 하지 못한 여단도 있었다.[38] 10월에 들어서면 사단과 여단에 공통으로 적용되는 단일한 중(中)전차대대가 중추를 형성하게 되어 장부대로라면 이 대대는 10대의 KV-1로 된 1개 중(重)전차중대와 역시 10대의 T-34로 된 중(中)전차중대 2개 편제로 되어 있어야 했다. 따라서 1개 중(中)전차대대의 전차 정수

38) Porter(2009a) p.55

는 지휘전차 T-34 1대를 포함해 모두 31대로 운영되어야 했다.[39] 독일군은 개전 초부터 T-34의 충격을 센세이셔널하게 곱씹고 있었지만 실제 전선에 배치된 양은 얼마 되지 않았다. 990량의 전차를 보유한 3개 방면군 중 477량의 전차를 지닌 서부방면군을 보면 21량의 KV 중전차, 51량의 T-34를 제외한 3분의 2가 전력 미달의 경전차들이었다. 따라서 3개 방면군 전체의 T-34 대수는 133량 정도에 불과했다. 모스크바 방위전에 동원된 소련전차의 종류는 실로 다양했다. 모든 종류의 T-26, BT-2, BT-5, BT-7, T-37, T-38, T-40, T-27, T-28, T-50, T-34, KV, BA-3, BA-6, BA-10, BA-20, FAI, 장갑견인차 T-20 '콤소몰레츠'가 총동원되었다. 마지막 것은 오로지 이 모스크바 방위전에만 참가한 대단히 희귀한 종류였다. 말하자면 움직일 수 있거나 못 움직이면 포라도 쏠 수 있는 모든 차량들이 모조리 동원되었고 쿠빙카에 있던 A-20 경전차나 T-29 중전차와 같은 시제품까지 끄집어냈다. 이 전투에서는 T-30, T-60과 같은 신형 전차들도 처음으로 전선에 배치되었으며 T-30은 그렇다 치고 T-60은 다른 지구에서는 유례를 찾아보기 힘들 정도로 다량이 동원되었으며 랜드리스에 의한 영국제 전차들도 여기에 처음으로 데뷔했으나 그 수는 50대를 넘지 못했다.[40]

소련군은 여러 전투지역에 걸쳐 분산되어 있는 전차의 총수는 독일을 능가하고 있었으나 모두 잘게 분절된 형태로 나뉘어져 있어 화력과 기동력의 집중을 제고할 수는 없었다. 예컨대 KV-1 중전차는 서부방면군과 브리얀스크방면군을 합해 41대에 지나지 않아 모두 중전차대대 또는 여단에 귀속된 뒤 소대 단위로 나뉘어 활용되고 있어 전혀 집단적인 위협을 나타내지 못했다.[41] 반면 독일군은 적은 수의 전차들을 되도록 특정 구역에 집중적으로 배치하여 결정적인 돌파를 달성하기 위한 응집력을 발휘하고 있어 전차의 성능이 떨어지더라도 당분간은 기동전과 전차전에서의 승기를 누리고 있었다.

서부방면군 소속 제대 기동전력 현황(1941.10.1)

제대	KV	T-34	BT	T-26	T-37	계
107차량화소총병사단	3	23	1	92	6	125
101차량화소총병사단	3	9	5	52	-	69
126전차여단	1	-	19	41	-	61
127전차여단	5	-	14	37	-	56
128전차여단	7	1	39	14	-	61
143전차여단	-	9	-	44	-	53
147전차여단	-	9	23	18	-	50
계	19	51	101	298	6	475

스타프카는 모스크바를 향해 진격해 들어오는 최단 거리에 위치한 양질의 국도변에 가장 방어

39) Porter(2014) p.238
40) マクシム・コロミーエツ(2004) pp.19-20
41) Forczyk(2012) p.59

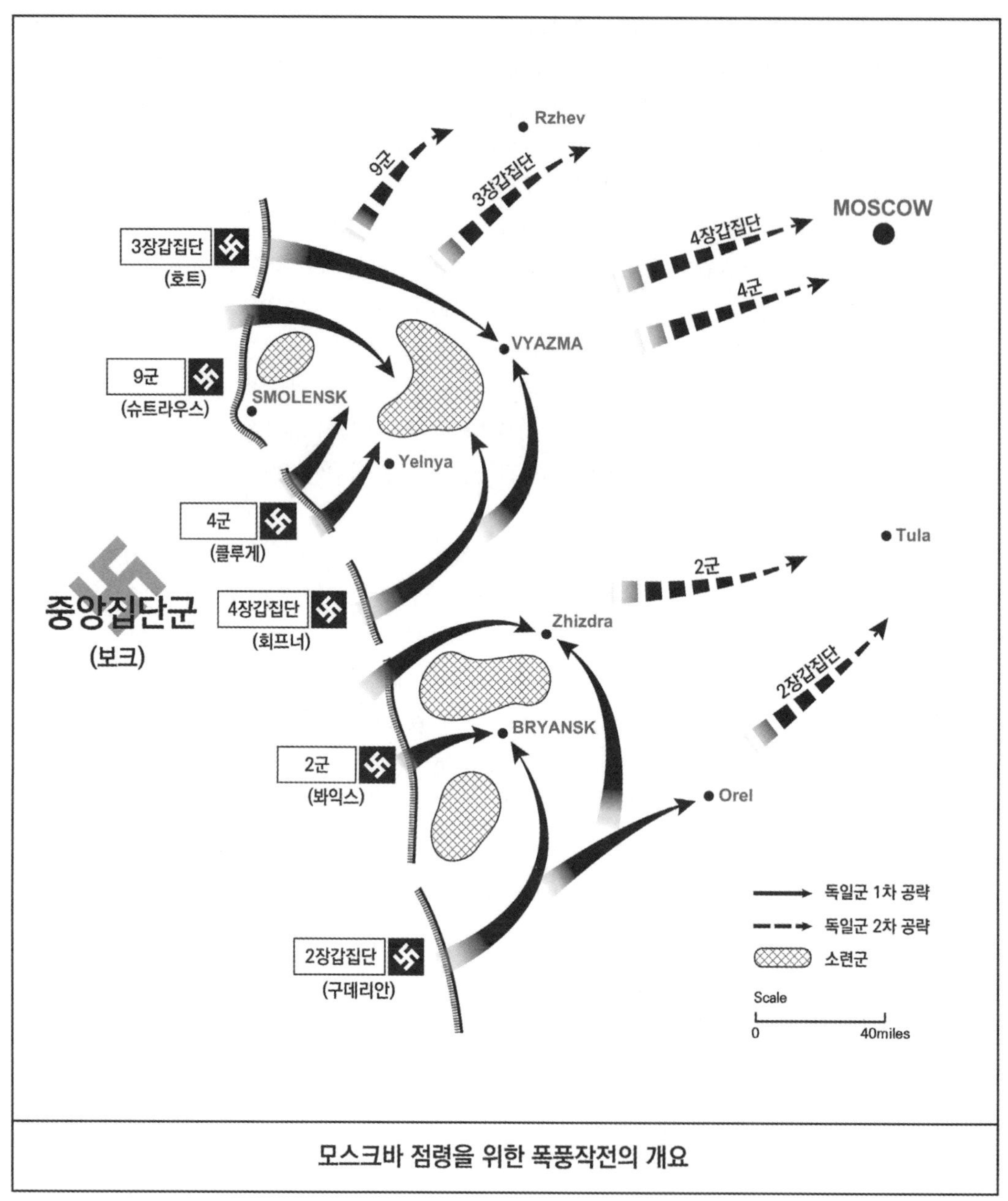

모스크바 점령을 위한 폭풍작전의 개요

밀도가 높은 병력을 포진시켰다. 하나는 스몰렌스크-모스크바를 잇는 민스크 국도이며, 또 다른 하나는 로슬라블-모스크바 구간의 바르샤바 국도였다. 서부 및 예비, 두개 방면군의 12개 군이 모스크바 축선에 집중적으로 배치되어 중앙집단군 주공의 침투를 막는 것으로 계획되었다. 또한 남방에서 올라오는 구데리안의 라이트 훅에 대응하기 위해 브리얀스크 3개 군과 에르마코프 작전집단이 브리얀스크와 오룔 축선에서 모스크바를 방어하는 것으로 구분되었다. 문제는 독일군에 비해 기동전력이 빈약하다는 이유로 기본적으로 진지전을 수행하며 한 발자국도 물러서지 않는다는 스탈린의 엄명에 매달려 있었다는 점이었다. 16군 사령관 로코솝스키는 9월 27일, 경우에 따라서는 일정 구역을 후퇴하는 것을 감안한 유연한 기동방어 계획을 수립했으나 코네프는 후퇴는 없다며 계획을 다시 짜라고 다그치는 일이 있었다.[42] 이 정지 내지 사수 명령은 독일군의 강력한 장갑집단들이 수동적으로 멈추어 있는 소련군 사단들을 남북 양쪽으로 집게발을 벌려 포위섬멸할 수 있는 빌미를 제공했다. 키에프전에서는 대책없이 시간만 낭비하다가 포위망 탈출의 적기를 놓쳐 대군이 학살당하는 운명에 처했었으나 이번에는 적군의 공세방향을 알면서도 기동력을 스스로 제한하면서 유연방어술을 방기하는 원칙에 따라 또 한 번 재앙의 시간을 재촉하고 있었다.

스탈린은 코네프가 독일군이 10월 1일부터 모스크바를 향한 공세에 나올 것으로 보인다는 정찰보고를 올리자 다시 한번 놀라게 된다. 키에프전이 끝나고 그토록 빨리 병력을 재편성하리라고는 믿지 않고 있었다. 전방의 장병들 또한 포위전 수행으로 독일군도 지쳤을 것이며 곧 '라스푸티짜'가 오는 계절이기에 다소의 숨을 고를 수 있는 시간적 여유는 있을 것이라고 보았으나 벌써 독일전차의 엔진 소리가 전선에 울려 퍼지고 있었다. 소련군은 북방집단군의 4장갑집단과 남방집단군의 48장갑군단이 중앙집단군으로 배속되기 위해 장거리를 이동하여 전선에 자리잡는 움직임을 알아채지 못했다. 스탈린과 스타프카는 독일군이 당연히 모스크바로의 최단거리를 잡아 주요 간선도로를 타고 브야지마를 정면으로 칠 것을 예상하고 있었다. 스몰렌스크와 브야지마를 연결하는 이 간선도로는 소련 16군과 19군 사이의 경계에 해당했었기에 서부방면군 지휘관들은 당연히 이곳으로 독일군이 집중적으로 몰려들 것으로 생각하고 보다 많은 전차와 야포들을 할당했다. 하나 이 예상은 빗나갔다. 독일군은 이 간선도로보다 더 북쪽과 남쪽으로 퍼져 거대한 집게발을 벌린 형태를 구축했고 소련군 각 방면군은 제1진에 너무 적은 병력만을 포진시켰기에 각 방면군의 주력과 너무 동떨어져 있어 적에게 당하게 될 때의 지휘체계를 곤란하게 만들었다. 이는 각 군의 방어종심을 15-20km로 좁게 잡고 예비부대의 거점을 포함시켜도 35-50km 정도를 넘지 않도록 비교적 촘촘하게 포진시켰음에도 불구하고 발생하게 된 실수였다. 물론 주된 선봉은 구데리안으로 간주했으나 구데리안은 남쪽으로 돌아 측면을 타격하려 했던 것도 예상치 못했다. 이 시점까지 소련군은 독일군 주공의 방향문제에 있어 바르바로싸 이래 세 번의 크고 작은 속임수에 당한 것이 된다.

* * * * *

공세의 구도

".....너희들은 240만의 포로를 잡았으며 17,500대의 전차와 21,000문 이상의 야포를 격파하고
14,200대의 항공기들을 공중에서 격추시키거나 지상에서 파괴했다.
전 세계는 이러한 것을 이전에 본 일이 없었을 것이다."
(아돌프 히틀러 : *1941.10.1* 밤)

3개 장갑집단의 동시 공격은 역사상 다시는 없을 가공할 만한 병력집중이었다. 공격의 주공은

42) Glantz(2001) p.250

모스크바로부터 320km 거리에 있었던 호트와 회프너의 3, 4장갑집단으로 6월 개전 초기 장갑부대의 평균 진격속도로 따지자면 5일 만에 점령을 할 수도 있는 거리였다. 옐니아로부터 모스크바를 향할 두 장갑집단의 공세정면은 240km였다. 그 밑에 놓인 구데리안의 2장갑집단은 주공으로부터 240km나 떨어져 있어 구데리안의 제대는 모스크바까지 550km나 떨어진 지점에서 발진하게 되었다. 타이푼 공세는 크게 두 가지 국면으로 나뉘게 된다. 첫 번째는 4군과 9군의 공세정면에 위치한 서부방면군을 잘라 북쪽으로 전진하는 것과, 남쪽으로 스몰렌스크-모스크바 국도를 따라 최단거리를 확보하는 단계였다. 3장갑집단은 북쪽, 4장갑집단은 남쪽에서 들어가 브야지마 외곽에서 만난 다음, 시 주변에 놓인 적군 병력을 격퇴하는 수순을 밟도록 되어 있었다. 구데리안의 2장갑집단은 우크라이나 북부의 글루호프로부터 발진해 남서쪽에서 북동쪽을 향해 오룔(Orel) 방면으로 쳐들어갈 예정이었다. 교통의 요충지 오룔을 따 내기 위해서는 진창도로가 만들어지기 전에 맑은 날씨를 받아 최대한 신속하게 기동할 것이 요구되었다. 그 후 구데리안의 장갑군단들은 브리얀스크방면군의 배후를 잘라 들어가 브리얀스크로 진출한 뒤 3개 장갑집단이 동시에 포위전을 펼치는 것으로 계획되었다. 두 번째는 패주하는 적을 좇아 모스크바로 진격하여 시를 포위 또는 석권하는 마지막 절차로 준비되었다. 폰 보크는 이미 동계시즌을 피할 수 없을 것으로 보고 10월은 돌파(breakthrough)와 포위섬멸(encirclement), 11월은 땅이 어는 시점을 기다려 추격(pursuit)하는 두 개의 수순으로 나누었으며 결과적으로 11월은 모스크바공방전으로 전화(轉化)되면서 타이푼의 마지막은 독일군의 당초 생각과는 전혀 다른 새로운 국면을 맞이하게 된다.

〈호트 3장갑집단〉

호트의 3장갑집단은 생각보다 복잡한 구상으로 고민을 하고 있었다. 포 보크의 집단군 사령부는 9군이 브야지마를 향해 최초의 돌파를 달성하고 남서쪽으로부터 브야지마로 접근하는 4군과 공조하여 포위망 속의 적군을 섬멸하는 방안을 제안했다. 이 경우 3장갑집단은 41, 56장갑군단의 기동전력들을 모아 9군과 함께 병진하는 것으로 되어 있었다. 호트의 참모와 예하 지휘관들은 적이 끊임없이 새로운 방면군을 투입시킬 수 있기 때문에 단순히 뒤로 밀어붙이기보다 적군이 드니에프르와 모스크바 뒤쪽 방어라인으로 빠지지 못하도록 퇴로를 차단하는 것이 무엇보다 긴요하다는 점에 전원일치의 합의를 보았다. 문제는 돌파 국면인데 여기서 3개의 옵션이 상정되었다.

첫 번째는 가장 많은 적을 격멸시키기 위해서는 가능한 한 북쪽으로 돌아 들어가야 하며 그 경우 일멘(Ilmen) 호수로부터 나가는 것이 최상이라는 견해였다. 확실히 이 부근은 적이 아직 수비태세를 갖추지 못한 것으로 관측되었고 이렇다 할 방면군 제대가 도착하여 진을 치고 있는 것도 아니었다. 그러나 빌다이 언덕과 로봐트(Lovat) 동쪽의 열악한 지형은 전차의 기동에 적합지 않아 9군이 진격하는데 북쪽에서 엄호할 가능성이 희박한 것으로 분석되었다. 이 방안은 기각되었다.

둘째, 토로펫츠 동쪽의 근교로부터 서부 드뷔나 강 건너편으로 공격하기 위해 안드레아폴(Andreapol) 교두보를 활용하고, 넬리도보(Nelidovo)-올레니노(Olenino) 철도선 북쪽 고지대를 향해 동쪽으로 전진한 다음, 브야지마를 향해 남쪽으로 꺾어 들어가는 방안이었다. 이를 위해서는 서부 드뷔나 강변 안드레아폴(Andreapol)-바예보(Bayevo) 구간의 적군을 포위섬멸하는 일이 전제가 되어야 했다. 장갑집단의 병참조건은 9군의 대규모 공세 여부에 의해 상대화될 수 있으며 가능하다면 벨리키에 루키와 자파드나야 드뷔나(Zapadnaya Dvina) 사이의 철도선을 확실히 장악해야 했다. 문제는 적군의 측면 상태와 병력이동의 스피드, 계절의 변화를 고려해야 했다. 장갑집단은 남동쪽으로 벨뤼-시췌프카(Bely-Sychevka) 라인을 넘어야만 소련군을 위기에 빠트릴 수 있으며 그 과정에서 적군에게 드니에프르로 빠져 나가는 시간을 허용할 수 있다는 우려도 감안해야 했다. 또한 장갑군단들은 기상악화로 인해 안드레아폴로부터 브야지마에 이르는 200km 구간 중간에서 주저앉을 가능성도 농후했다. 따라서 시간을 줄이자면 좁은 축선을 향해 공세를 취할 수밖에 없으며 그렇다면 큰 포위망을 만들 수는 없다는 결론에 도달했다.

세 번째 옵션은 노보셀키(Novoselki)에서 치고 들어가 브야지마를 향해 홀름(Kholm)을 통과하는 방안이었다. 날씨만 적당하다면 제대간 기밀한 조율을 바탕으로 작전 개시 이틀 만에 홀름이 위치한 드니에프르에 도달할 수 있을 것으로 전망되었다. 또한 보병사단들이 기민하게만 움직여준다면 브야지마와 홀름 사이 60km 구간의 포위망을 형성할 수도 있었다. 이 방안의 단점은 포위망을 제한적으로 설정함에 따라 벨리 남서쪽의 강력한 적군 병력을 부분적으로 교란은 시킬 수 있겠지만 포위는 불가능하다는 것이었다. 그렇게 되면 이 적군들은 9군의 북익에서 출몰하여 온전한 진공을 저지할 가능성도 있었다. 또 하나의 단점은 적의 기동전력이 아니라 하더라도 마차를 끄는 적군이 좁은 구간으로 침투해 장갑부대의 후미를 때릴 여지도 있었다. 이 결함들을 해소하기 위해서는 보병사단들을 장갑집단에 가깝게 붙이는 일이 필요했다.

9군 사령부도 자신들의 안을 제출하였으며 거기에 따르면 5군단이 선봉에서 보프(Vop) 정면을 치는 것으로 되어 있었다. 두 장갑군단은 보병 제대의 진격로 양 사이드에서 나란히 전진해야 된다는 이야기인데 이 안은 보병이 주공이 되고 장갑집단은 부수적인 역할로 왜소화되는 기형적인 구조로 만들어져 있었다. 이 안대로라면 장갑집단이 적 방면군의 뒤쪽을 강타하기는 요원해 보였다. 호트는 구데리안과 마찬가지로 장갑부대는 후방에 어떤 일이 벌어지건 앞만 보고 전진해야 한다는 거의 종교적 신념에 가까운 고정관념이 있었다. 그가 이를 수용할 리는 없었다.

집단군의 최종 결론은 장갑집단이 보병 제대의 도움없이 홀로 홀름-브야지마 축선을 따라 돌파를 이루어내는 것으로 낙착되었다. 호트에게 반가운 소식은 돌파는 장갑부대 단독으로 진행하더라도 5, 6군단 모두 호트 집단 예하에 둔다는 결정이었다.[43] 문제는 지형적 조건이었는데 3장갑집단의 우익에서만 양호한 도로를 사용할 수가 있었으며, 대부분은 수백 미터에 걸쳐 습지로 조성된 곳에 소련군 방어진지들이 있어 주공에 다량의 전차들을 집결시킬 수가 없었다. 따라서 3장갑집단의 남방(우익)에서 더 북쪽으로 진격하는 9군 제대의 이동을 원활히 하기 위해서는 벨뤼 서쪽의 습지대를 관통하는 구역을 사전에 정리할 필요가 있었으며, 초장에 이것이 이루어진다면 그 다음에 르제프 서쪽 45km 지점 시췌프카를 향해 정 동쪽으로 진출할 수가 있었다. 이 경우 주공 56장갑군단은 노보셀키의 양익 회랑을 군의 좌익제대가 커버하기로 되었으며 41장갑군단은 56장갑군단의 이동경로와 겹치는 벨리 방면의 포장도로를 이용할 수는 없었다. 따라서 41장갑군단은 공세정면의 지형상 6보병사단을 주력으로 내세우고 1장갑사단의 일부 병력만을 동원하는데 급급했다.

43) Hoth(2015) pp.149-150

◆ VII-1-9 4장갑집단 사령관 에리히 회프너 상급대장(앉은 사람). 사진은 41년 북방집단군 소속 당시의 것. 자신보다 위에 위치한 상급지휘관의 불합리한 판단에 대해서는 거침없이 비판을 가하는 성격의 소유자였다. 우측은 6장갑사단장 프란쯔 란트그라프(Franz Landgraf) 소장, 좌측은 6장갑사단 작전참모 그라프 킬만제크(Graf Kielmansegg) 소령. 뒤쪽은 회프너의 부관 로베르트 슈트락크(Robert Strack) 대위.

〈회프너 4장갑집단〉

회프너의 4장갑집단은 전투에 찌들지 않은 2, 5장갑사단과 함께 780대의 전차를 확보한 확실한 타이푼의 주공역할을 감당해야 했다. 소련군은 구데리안이 아닌 회프너에게 이 기회가 제공된 것을 전혀 알지 못했으며 북방에 있던 4장갑집단이 정중앙에 포진되는 과정도 감 잡지 못했다. 중점(Schwerpunkt)으로 낙점된 회프너의 장갑집단은 40, 46, 57장갑군단 3개 군단을 보유하고 그 중 슈툼메의 40장갑군단이 335량의 전차를 보유하여 중점 중에서도 중점의 역할을 감당해야 할 막중한 임무가 주어졌다. 또한 4장갑집단에는 보병 제대에 전속되어 있던 1개 돌격포대대도 확보하고 있었으며 4군 소속 보병 제대와는 별도로 12군단을 장갑집단의 예하에 두고 있었다. 회프너가 또 하나 유리했던 것은 병참기지 역할을 하는 로슬라블과는 겨우 25km만 떨어져 있어 보급문제는 어느 집단보다 원활히 해결할 수 있는 이점이 있었다.

당초 회프너는 북부 구역, 즉 호트 3장갑집단의 남익과 경계를 이루는 부분에 중점을 설정하여 토로펫츠와 홀름 부근 서부 드뷔나 강 상류 뒤편에 집결한 뒤 르제프 방면으로 향하는 전체 병력의 좌익을 구성하기로 했었다. 그러나 르제프까지 진격할 시간적 여유가 없어 로슬라블 근처로 내려가 중앙집단군 중앙의 남쪽 부위에 중점을 설정키로 변경하게 된다.[44] 4장갑집단은 2개의 군

44) Hoth(2015) p.146

단으로 로슬라블로부터 북동쪽을 향해 스파스 데멘스크(Spas Demensk)까지 진격하고, 그 다음에는 브야지마를 향해 북진하여 유흐노프에서는 46장갑군단이 정 동쪽으로 돌파하는 것이 주된 공세의 방향으로 설정되었다. 따라서 회프너는 로슬라블-모스크바를 연결하는 2차 도로를 이용하여 진격해 들어가 다시 스몰렌스크-모스크바 국도를 향해 좌측으로 꺾어져 나갈 계획을 잡았다.[45] 4장갑집단은 2열로 배치된 부덴뉘의 예비방면군 구역을 자르고 들어가 브야지마 포위망의 남쪽 집게발을 형성할 예정이었다. 회프너는 40, 46장갑군단을 25km 공세정면에 배치하고 57장갑군단은 돌파가 성공한 다음 전과확대 단계까지는 예비로 남기게 했다. 당초 2장갑사단(40장갑군단)과 5장갑사단(46장갑군단)은 전선에 막 도착한 상태여서 예비로 쓸 작정이었으나 아직 전투에 찌들지 않은 신규 사단이라는 점에서 오히려 57장갑군단을 예비로 돌리는 수를 택했다. 46장갑군단 5장갑사단은 좌익에 4군 소속 7군단의 23보병사단과 경계를 두고 우익에 11장갑사단을 둔 상태에서 브야지마를 남쪽에서부터 공략해 들어가는 준비를 서두르고 있었다. 46장갑군단장 휘팅호프(Heinrich von Vietinghoff) 대장은 5장갑사단의 초대사단장을 역임한 바 있었으며 로슬라블 남동쪽에서 유흐노프(Jukhnov)를 거쳐 모스크바로 가는 계획은 이미 키에프 포위전 이전 구데리안의 2장갑집단에 속해 있을 때부터 염두에 두고 있던 터라 4장갑집단에 속해 있어도 큰 문제는 없었다.

회프너의 정면을 지키는 소련 43군은 8개 사단으로 85km 구간을 방어하고 있었다. 1km 당 겨우 200명의 병원과 1대가 안 되는 대전차포로 포진된 희박한 밀도로 인해 회프너의 부대는 압도적인 병력의 우위를 누릴 수 있게 되었다. 예컨대 10장갑사단 정면은 겨우 4-5문의 대전차포를 지닌 1개 소총병연대만이 지키고 있었으며 43군 전체에는 145, 148전차여단의 전차 88량밖에 존재하지 않았다.[46] 심지어 부덴뉘의 장병들은 대부분이 훈련이 떨어지는 민병대 출신이 많았으며 단위부대들을 넓은 구간에 너무 분산된 형태로 벌여놓았기에 독일군의 돌파가 이루어질 시점에는 인근 제대간 협조는 거의 낙제 수준이었다. 따라서 북쪽의 호트가 지형 문제로 고민을 거듭하고 구데리안은 짧은 재정비 시간과 주공의 우익과 벌어진 갭을 줄이기 위해 배전의 노력을 도모해야 하는데 비해, 회프너의 장갑군단들은 가장 약한 적들에 대해 가장 강력한 화력을 집중시킬수 있는 유리한 입장에 있었다. 거기다 적은 아직도 회프너 집단의 실체와 구체 내역을 파악하지 못하고 있었다. 주도권을 잡는 것과 전력을 증강시키는 것 이상으로 작전의 기밀을 유지하는 것이 더 중요했던 점에서 소련군이 이를 간파하지 못했던 것은 타이푼 초기의 혼란을 야기시킨 또 하나의 원인으로 작용했다. 하나 알 수는 없었다. 일단 전투가 시작되면 작전의 전체 그림을 이해하는 것도 중요하지만 당장 전투장 바로 그 자리에서의 상황판단에 더 결정적으로 좌우되는 수가 허다했다.[47]

〈구데리안 2장갑집단〉

구데리안의 2장갑집단은 이번에도 3, 4장갑사단을 선봉으로 하는 24장갑군단이 정중앙에 위치했다. 좌익에는 47장갑군단의 17, 18장갑사단 및 29차량화보병사단이 쇼스트카(Shostka)에 포진하고 우익의 쉬테포프카(Shtepovka) 부근에 주둔한 48장갑군단은 9장갑사단과 16, 25차량화보병사단으

45) Showalter(2009) p.183
46) Forczyk(2014) p.128
47) NA : T-315 ; roll 561, frame 000731

로 채워졌다. 34군단은 장갑집단 전체의 우익을 엄호하기로 하고 35군단과 1기병사단은 좌익에 붙어 몇 개의 제진으로 나뉘어 장갑군단들의 측면을 경계하면서 전진하는 것으로 준비되었다. 구데리안은 3, 4장갑집단에 비해 가장 불리한 병참조건에 놓여 있었다. 9월 27일, 공세 3일 전날 수중의 전차는 전체의 25% 정도에 해당하는 187대가 가용전력의 전부였다.[48] 물론 신규로 100대를 수령하게 되었으나 배달지연 등의 문제로 인해 10월 1-2일이 되어서야 도착을 했고 구데리안은 이를 다 기다리지 않는 상태에서 48장갑군단이 먼저 나가도록 결정하게 된다. 연료와 기타 물자의 보급도 여타 집단에 비해 가장 열악한 상태에 있었다. 200km만 달리면 연료는 고갈되는 것으로 예측되었으나 그런 걸 따지는 구데리안은 아니었다.

◆ VII-1-10 야전지휘관으로서의 구데리안의 활약은 사실상 키에프전으로 종료된 것과 다를 바 없었다. 타이푼 작전에서는 겨우 툴라에 도달하는 정도에 그쳐 모스크바 공략에 실패한 채 전선을 떠나게 된다. 전격전의 창시자이자 독일 장갑부대의 아버지와 같은 절대존엄의 소유주치고는 대단히 불행한 은퇴를 맞이하게 되었다.

2장갑집단은 글루호프에서 출발해 1차 목표를 오룔로 설정했다. 오룔로 가는 구간에는 상당한 전력을 비축한 소련군들이 포진해 있긴 했으나 소련군은 구데리안이 브리얀스크로 직행하는 것으로 예상했고 남방을 크게 돌아 오룔 시 자체를 공략하리라고는 생각지 않았다. 구데리안이 30일이 아닌 28일, 선제적으로 푸티블(Putivl)로 치고 들어가게 한 48장갑군단의 식전 공세는 일단 실패로 끝났다. 대신 소득이 있었다. 쉬테포프카 구역에서 예상치 않은 전투를 겪게 된 소련군 수비대는 구데리안의 주공이 어디로 향할지를 몰라 다소의 혼란을 경험하고 있었고 이는 결과적으로 소련군이 즐겨 쓰는 기만전술의 효과를 역으로 얻을 수 있었다. 24장갑군단은 10차량화보병사단을 뒤에 놓고 3, 4장갑사단을 전면에 내세운 뒤 남동쪽에서 북동쪽 방면으로 진격해 세프스크(Sevsk)를 따 내도록 했다. 47장갑군단은 17, 18장갑사단을 선봉으로 얌폴(Yampol)에서 출발한 군단의 우익이 세프스크로 향하도록 했다. 좌익과 후미에 배치된 29차량화보병사단은 세프스크 서쪽에 위치한 세레디나 부다(Seredina Buda)로 진격했다. 48장갑군단은 9장갑사단을 앞세워 가디아취(Gadiach)-쉬테포프카(Shtepovka)에서 네르디가일로프(Nerdigailov)를 지나 푸티블로 진격하고 16, 25차량화보병사단은 주둔 구역을 34군단에게 물려주게 되면 곧바로 9장갑사단을 뒤따르도록 설정되었다. 군단은 이미 주공세가 시작되기 전, 119보병연대의 대대가 중전차를 동원한 소련군의 기습에 이미 당한 상태여서 9장갑사단이 빠른 시간 내 상황을 정리토록 했다. 장갑군단의 측면을 엄호할 보병 제대는 부분적으로 코스트보브르(Kostbobr)와 롬니(Romny)를 지나 북동쪽으로 진격해 나갔다. 1기병사단은 포가르(Pogar) 양쪽으로 걸친 수도스트 강의 서쪽 제방을 따라 측면을 방호해 나가고 있었다.[49]

48) BA-MA RH 21-2/931, KTB Nr. 1 Panzergruppe 2 Bd.II vom 21.8.1941 bis 31.10.41, Fols. 322-323(1941.9.27)
49) Guderian(1996) pp.227-8

◆ VII-1-11 41년 당시 독일군 유일의 기병사단, 제1기병사단의 기마병들. 이 사단은 후에 24장갑사단으로 개편된다. 왼쪽 팔뚝의 계급장으로 보아 가운데가 병장, 오른쪽은 상병임이 확인된다.

타이푼의 주공은 분명히 회프너 4장갑집단이며 이들의 진격로에 놓인 로슬라블-스몰렌스크 축선이 가장 핵심적인 공격 루트이자 소련군의 방어중점임에는 의문의 여지가 없었다. 그러나 주공의 4장갑집단이 모스크바로 가는 직행로를 뚫기 위해서는 남익의 안전이 담보되어야 하며 그를 위해서는 구데리안 장갑집단이 브리얀스크방면군의 측면을 강타하면서 북동쪽으로 나가야 한다는 전제조건이 필요했다. 따라서 소련군은 구데리안의 움직임 자체를 사전에 저지하기 위해 상당한 병력을 퍼부어야 했고, 반대로 독일군에게는 주공과의 간격을 좁히면서 응집력있는 측면엄호를 위해서는 남방의 우회기동을 통한 오룔-칼루가 축선을 반드시 확보해야하는 절박한 요구가 있었다. 앞으로 다가올 브야지마-브리얀스크 전투의 '묘미'는 조공을 맡은 구데리안의 진격이 주공과 마찬가지 비중으로 브리얀스크방면군과 스타프카의 초미의 관심사로 대두된 것처럼, 구데리안에게 있어서도 브리얀스크방면군, 즉 모스크바 남서쪽의 적군 전력배치와 이동상황이 타이푼 작전 전체를 좌우할 수도 있는 '미묘'한 상황이 전개되는데 있었다. 그러한 점에서는 타이푼에 있어 주공과 조공의 차이는 별로 크지 않았다.

2. 수도 모스코바로의 여정

"이번에 설정된 작전목표들은 이전 같았으면 우리들의 머리털이 모두 서게 만들었을 것이다.
모스크바를 향한 동진! 그런 뒤에 전쟁은 대체로 종결될 것이며
아마도 소비에트 체제의 붕괴로 이어질 것으로 생각한다."
(독일 국방군 병참감 에두아르드 봐그너 : 1941.10.5)

* * * * *

타이푼의 시작

"태양이 하늘로부터 미소지을 무렵,
우리가 쏜 최초의 포탄이 적진에 꽂힐 때 우리들의 가슴은 요동치고 있었다."
(한스-알베르트 기제, 중앙집단군 제9군 장병)

작전명은 비와 천둥, 번개를 수반하는 '태풍'이지만 독일군은 화창한 '공격의 날씨'를 원하고 있었다. 10월 2일은 청명하고 맑은 날씨였다. 오전 5시 30분, 천지를 진동시킬 포병대의 화포사격에 이어 루프트봐훼와 지상군의 동시 공격이 시작되었다. 바르바로싸 '파트 투'(part II), 타이푼의 시작이었다. 2항공군은 첫날에만 1,387회의 출격을 달성하면서 적군 야포진지, 야전군 병영, 도로상의 이동병력 종대들을 집중적으로 습격했다.[1] 9월 30일에 진군을 시작하기로 된 구데리안의 2장갑집단은 실은 9월 28일 구데리안이 48장갑군단을 글루호프로부터 오룔에 이르는 주공세의 우측면을 엄호하기 위해 가장 먼저 발진시켰다. 이는 타이푼 작전에 있어 가장 먼저 뛰쳐나간 부대였다. 48장갑군단이 측면을 엄호하는 과정에서 정중앙 주력의 선봉을 맡은 것은 24장갑군단의 4장갑사단, 그중에서도 하인리히 에버바흐가 지휘하는 5장갑여단이었다.[2] 초기 단계에서는 별 성과가 나지 않았다. 그러나 30일에는 예정대로 3개 장갑군단이 모두 공세에 나서 소련군 진지를 돌파하기 시작했다. 아침의 짙은 안개 등으로 인해 슈투카들이 제 때에 뜨지 못하는 불상사도 있었으나 장갑부대의 전반적 전진에 큰 애로는 없었다. 이곳은 사방이 트인 평지였기에 공자보다 방자가 불리한 조건에 있었다. 2장갑집단의 정면은 주공인 3, 4장갑집단보다는 상대적으로 약한 적군 병력들만이 놓인 것처럼 보이기도 했다. 여기에는 에르마코프 작전집단(Operational Group Ermakov)의 3개 소총병사단과 2개 기병사단 이외에 121전차여단과 150전차여단이 포진되어 있었으나 전차는 12량의 T-34를 합해 두 여단 합계 90량의 전차만으

---

1) Bergström(2016) pp.192-7
2) BA-MA RH 39/373, 4. Panzer-division, "Gefechtsbericht der 4. Panzer-Division für die Zeit vom 29.9.-6.10.1941." Div.Gef.Stand, 8.10.1941(1941.10.8)

로 무장되어 있었다. 이들은 다분히 구데리안의 기습에 당황한 기색이 역력했으나 소련군 특유의 수비대답게 완강하게 버티기는 했다.[3] 하인리히 에버바흐가 이끄는 4장갑사단의 35장갑연대는 전방의 283소총병사단을 휩쓸면서 단숨에 돌파를 단행하고 에스만(Essman) 부근에서 150전차여단과 조우했다. 1대대가 수대의 전차를 부수면서 쉬운 경기가 될 것으로 예상했으나 단 두 대의 전방 T-34에 막혀 수 시간을 허비하게 되었다. 에버바흐는 2대대를 측면으로 보내 그 중 한 대의 T-34를 격파했고 대신 6중대장 아르투어 볼슐레거(Artur Wollschlaeger) 중위의 전차가 피격당해 볼슐레거는 황급히 전차를 갈아타는 소동을 벌였다. 볼슐레거는 바꿔 탄 전차를 이용해 자신을 때렸던 것으로 추정되던 소련군 전차 2대를 연이어 격파하자 나머지는 물러났다. 4장갑사단은 공군의 지원을 받아 Bf-110 전폭기들이 지상의 소련군들을 공습하면서 겨우 위기를 타개했다. Bf-110 자체는 폭탄적재량이 적어 적군 전차부대에 치명타를 입힐 능력은 부족했다. 그러나 이들은 지상군 부대에게 적 전차와 소총병 제대의 위치를 신속정확하게 알려줌으로써 에버바흐의 전차들이 적기에 우회하여 적을 격멸하는데 지대한 공헌을 했다.[4] T-34만 믿고 꼼짝하지 않던 소련군 전차들은 그제 서야 사방으로 분산되면서 응집력을 상실해 버렸다. 에스만에서 서쪽으로 뻗어나간 외곽 마을은 여전히 소련군들이 지키고 있었으나 3대의 적 전차들이 격파되자 적군은 물러섰으며 정오경 에스만은 4장갑사단의 손에 떨어졌다. 마을의 소탕은 뒤이어 달려온 모터싸이클대대가 처리했다. 슬로보다 북쪽으로 우회해 들어갔던 2대대는 오후 3시 1대대와 연결되어 초일의 공세를 성공적으로 마무리하였다.[5] 30일 저녁 무렵 크루글라야 폴야나(Kruglaya Polyana)를 점령한 에버바흐의 전투단은 30km 거리를 주파하면서 소련군의 방어진을 확실하게 찢어버린 것으로 평가되었다.

◆ VII-2-1 4장갑사단 5장갑여단 2대대 6중대장 아르투어 볼슐레거 중위. 전후 그의 아들이 나치의 유대인 학살에 관한 만행을 뉘우치기 위해 유대인으로 개종했다는 뉴스가 있었다.

구데리안은 독일군이 이처럼 빨리 공세로 나서리라고 예상치 못한 에르마코프 작전집단을 때리면서 5개 사단을 온 사방으로 흩트려 놓았다. 이 자체만으로 13군과의 간격을 20km 이상으로 벌리면서 확고한 돌파를 단행했다. 에르마코프의 제대는 전차가 부족한데다 공군의 지원도 없었고 제대간 조율이 엉망이라 구데리안의 선방에 벌써부터 그로기 상태로 몰리기 시작했다. 브리

---

3) BA-MA RH 21-4/37, Anlage zum KTB Pz.Gruppe 4 Meldungem von unten 20.9.41-14.10.41, Fol. 82(1941.10.2)
4) BA-MA RH 39/373에는 에버바흐가 이끄는 4장갑사단 내 5장갑여단 전투단의 활약상이 자세히 기술되어 있기는 하나 장갑부대가 위기 때마다 도움을 받았던 루프트봐훼의 지원에 대해서는 별반 언급이 없다.
5) Schäufler(2010) pp.121-2

얀스크방면군 사령관 예레멘코 상장은 너무 고차원적인 생각을 하고 있었다. 그 명성 높은 구데리안이 주공이 아닌 남방에서 조공을 담당할 리가 없다며 지난 번 키에프 때처럼 이는 구데리안의 트릭으로 간주하고 있었다. 2장갑집단 전체가 움직이고 있음에도 에르마코프 작전집단은 단 한 개 장갑군단만이 맞보기 교전을 감행한 것으로 잘못 판단하여 겨우 30대의 경전차들로 대처하려는 안일한 대응으로만 일관했다. 아침 안개로 인해 그와 같은 환상은 더더욱 독일군의 기동을 신비스럽게까지 만들면서 방면군 지휘부를 혼란스럽게 만들어갔다. 구데리안이 당연히 타이푼의 주공을 맡을 것으로 생각한 스타프카는 브리얀스크에 구멍이 발생하자 갭이 생긴 구역으로 당장 예비병력들을 급파하기는 했다. T-34의 위협을 제거한 4장갑사단은 150전차여단을 동쪽으로 패주시켜 오룔로 향하는 국도를 개방시켰으며 121전차여단은 에버바흐 장갑연대의 측면을 칠 수 있는 유리한 지점을 선점하고 있었지만 독일군들이 이를 지나쳐 소총병과 포병 진지들을 바로 급습하자 아무런 기능을 못한 채 수일 동안 현지에 대기 상태로 남았다. 또한 3장갑사단은 소련군 121전차여단과 공조하는 10차량화소총병사단을 사방으로 흩어버리면서 유기적인 대형을 갖추지 못하도록 효과적인 교란작전을 전개했다. 4장갑사단은 10월 1일 세프스크로 향했다. 77급강하폭격비행단의 슈투카가 장갑부대의 전진을 지원하는 가운데 에버바흐의 주력은 정면을 행하고 마인라트 폰 라우헤르트 소령의 35장갑연대 1대대는 세프스크를 우회하여 포위해 들어갔다. 길 양쪽을 따라 포진한 소련군의 대전차포가 연사를 가해 오는데도 에버바흐 대령은 해치를 열고 꼿꼿한 자세로 전진해 들어갔다. 1장갑대대의 일익우회 작전은 먹혀 들어갔다. 4장갑사단은 정오가 되기 전 세프스크를 차지했다.[6] 모든 교량은 안전하게 탈취되었으며 군용기 2대도 보너스로 확보했다. 세프스크를 장악한 시점에서 4장갑사단은 9월 30일 아침부터 70km를 주파하는 기록을 세웠다. 빌헬름 호흐바움(Wilhelm Hochbaum) 중령의 35장갑연대 2대대는 모멘텀을 살리기 위해 드미트로프스크(Dmitrovsk)로 직행해 하르코프-브리얀스크 철도선을 절단하려는 기도를 실행에 옮겼다. 사단 공병대대의 3, 8중대는 노보-얌스키예(Novo-Jamskije) 주변 고지대에서 15문의 중곡사포와 60대의 중장비운송기기를 노획했다. 이후 2개 중대는 30분 먼저 앞서나가 있던 중대와 연결되어 스투피나(Stupina)의 교량을 안전하게 장악하는데 성공했다. 35장갑연대의 선봉은 오후 9시 30분 드미트로프스크에 도달한 뒤에는 바로 이어 네사(Nessa)에 걸린 2개의 교량마저도 건너면서 사단 주력이 도착하는데 거추장스러운 장해물들을 모두 제거해 버렸다.[7]

24장갑군단의 선봉은 이날 드미트로프스크를 석권하면서 추가로 60km를 진군해 하루에만 135km를 주파하는 실력을 과시했다. 10월 2일 주공의 공세 첫날, 호트는 20km, 회프너가 15km를 진격한 데 비해서는 혀를 내두를 만큼 경이적인 기록이었다. 구데리안의 2장갑군은 10월 1일 크로미까지 점령함으로써 발진지점으로부터 170km에 달하는 거리를 장악하는 실력을 발휘했다. 이로 인해 브리얀스크방면군의 좌익이 돌파당한 것은 분명해졌으며 에르마코프의 제대는 오룔과 브리얀스크를 향해 무질서한 후퇴를 강요당하고 있었다. 그와 동시에 우익에 있던 13군의 측면도 독일군의 공격에 위험스런 상황에 처하게 되었다. 더욱이 오룔 서쪽을 지키는 소련군 수비대조차 언제 당할지 모르는 위험에 노출되기 시작했다.[8]

---

6) Forczyk(2014) p.118, Kurowski(2010a) pp.82-3
7) Schäufler(2010) p.122
8) BA-MA RH 39/373 5. Panzer-Brigade, "Gefechtsbericht für die Zeit vom 29.9.-3.10.1941." O.U. 5.10.1941(1941.10.5)

구데리안은 독불장군식의 외고집과 프리마돈나적 기질, 불같은 성질 등등 여러 가지 결함에도 불구하고 확실히 야전지휘관으로서는 호쾌한 인물이었다. 부하들은 그를 따랐고 위기 상황에서도 웃음과 유모아를 잃지 않는 자신만만한 성격의 소유자였다. 작전 개시 이틀째 구데리안은 나이 든 보병들이 장갑부대 전진의 묘미를 알게 되었다는 밝은 표정으로 이야기를 나누고 있을 때 갑자기 화제에 끼어들어 담소에 참여했다. "제군들은 보병대대 소속으로 10km 정도의 정면을 확보하기는 힘들 것이라고 생각하겠지...정말 그럴까? 나는 30km 이상이나 측면이 비어있다네. 거기에는 아무 것도 없지...그러나 나는 조금도 걱정하지 않는다네. 왜냐하면 제군들이 있으니까...그러니 제군들도 힘을 내어 주게!" 불세출의 '판쩌 장군'(Panzergeneral) 하인츠 구데리안이 일개 졸병들에게 일일이 말을 걸어 격려해주는 이러한 광경에 힘이 빠질 병사는 없었다. 행군 도중 한때 차량이 진창 웅덩이에 빠지는 해프닝이 있었다. 구데리안은 씨익 웃으면서 죠크를 던졌다. '헤이, 바르제뷔쉬(K. von Barsewisch), 자네 똥통에 빠졌구만!" 병사들은 살벌한 전투 속에서 이러한 유모아를 즐길 줄 아는 장군과 함께 한다는 것을 대단한 자부심으로 생각했다.[9] 종횡무진, 신출귀몰, 동분서주하는 이 월드 클래스 장군은 총알이 빗발치는 가운데서도 적진과 참호를 누비며 부하들을 독려하기로 유명했다.

4장갑사단의 선봉 에버바흐 장갑연대가 세프스크를 따 낸 뒤 북쪽으로 3km를 이동하던 중 '풍차 언덕'으로 알려진 지점에서 구데리안이 에버바흐를 만났다. 이 둘은 잘 아는 사이였다. 에

◆ VII-2-2 언제나 낙천적이었던 하인츠 구데리안. 지금에 와서는 부하들의 인기를 독점하기 위해 다소 지나친 쇼맨쉽에도 능했던 것으로 인식되고 있다.

9) ケネス マクセイ(1977) p.250

버바흐는 '주저하지 마라.....중단하지마라.....앞만 보고 돌격하라', '찰싹 때리지 말고 두들겨 패라'(Nicht kleckern, sondern klotzen)는 구데리안 학파의 수제자였다.

- 구데리안 : "어이 에버바흐, 전진이 중단될 형편이라던데?"
- 에버바흐(놀란 듯) : "잠깐, 상급대장 각하." "저희들 지금 잘 나가고 있습니다. 지금 멈춘다는 것은 실수인데요....."
- 구데리안 : "하지만 에버바흐, 쥬스(연료)는? 내가 듣기로는 쥬스가 없다며?"
- 에버바흐(웃음) : "아하, 우리는 지금 대대본부에 보고하지 않은 다른 종류의 쥬스로 전진하고 있습니다. 걱정하지 마십시오!"
- 구데리안(웃음) : "알겠다. 계속 가게."

그 순간 도로상에 소련군의 포탄이 떨어졌다. 구데리안은 이런 경우가 한 두 번이 아니었다.[10]

24장갑군단의 좌익을 엄호하던 레멜젠의 47장갑군단은 4장갑사단과 마찬가지로 소총병 제대의 엷은 방어진을 깨고 돌파한 뒤 141전차여단과 맞닥뜨렸다. 17, 18장갑사단에 정면공격을 시도한 여단은 독일군 종대를 흩트리게 했으나 두 대의 KV 전차가 격파되면서 전세가 역전되었다. 레멜젠의 사단들은 중전차를 극복하기 위해 105mm 유탄포와 88mm 대전차포를 장갑대대에 붙여 당분간은 장갑대대 스스로가 대전차엽병 역할을 동시에 수행하도록 하고 있었다. 승기를 잡은 17, 18장갑사단은 13군의 측면을 찢으면서 돌파를 달성해 13군과 에르마코프 그룹과의 거리를 확장시키는 효과를 만들어내었다. 레멜젠의 47장갑군단은 불과 3일 동안 3,800명의 포로를 확보하고, 17량의 전차, 42문의 야포, 77량의 차량 및 300필의 군마를 전리품으로 획득했다.[11]

◆ VII-2-3 4장갑사단 35장갑연대 전차장 헤르만 빅스 상사. 빅스는 총 61일의 전차전 전투를 통해 75대의 적 전차를 격파하였으며 하루 동안 16대까지 격파하는 대기록을 수립한 바 있었다. 45년 3월 22일에 기사철십자장을 획득했으며 종전이 되기 직전에 사관후보생이 되었다.

구데리안은 10월 2일 4장갑사단의 34모터싸이클대대를 100km나 앞서 오룔 국도를 따라 진격시켰으며 그 뒤를 35장갑연대가 따라 들어갔다. 4장갑사단 35장갑연대의 전차병들은 적군의 연료를 탈취하는데 혈안이 되어 있었다. 헤르만 빅스(Hermann Bix) 상사는 10월 2일 해가 뜰 무렵 게르트텔(Gerdtell) 중위와 함께 크로미(Kromy) 방면 20km 지점을 정찰하던 중 도로 오른편에 커다란 연료 탱크가 있는 것을 발견했다. 무려 5개의 거대한 탱크가 약간의 간격을 두고 나란히 설치되어 있는 것이 목격되었다. 놀라서 도주하던 소련군들은 단

10) Guderian(1996) p.230, Carrel(1966) p.138, Kurowski(2010a) p.83
11) BA-MA RH 24-47/2 Kriegstagebuch Ia Nr. 2 XXXXVII.Pz.Korps. Ia 23.9.1941-31.12.1941, Fol. 19(1941.10.2)

한 대의 전차만 있는 것을 확인하고 되돌아와 대전차총으로 연료통을 폭파시켜 탈취당하지 않으려는 반응을 보였다. 빅스의 3호 전차는 주포와 기관총 사격으로 일부 소련군을 사살하자 나머지는 도주하고 말았다. 이 귀중한 연료의 확보는 적군의 격멸만큼이나 중요한 과업이었다.[12] 급유 후 선도 장갑대대는 볼슐레거 중위가 최선봉에 선 가운데 저녁 무렵 오카(Oka) 강의 크로미에 도착하여 강변 교량을 접수하기에 이르렀다. 독일군이 이처럼 빨리 도착할 줄 몰랐던 크로미의 적군 수비대는 삽시간에 붕괴되었다. 에버바흐는 볼슐레거 중위에 대한 기사철십자장 서훈을 추천했으나 받아들여지지 않다가 볼슐레거는 42년 1월 23일에 최종 서훈되었다. 그 후 에버바흐의 장갑연대가 이끄는 4장갑사단 주력은 최고속도로 오룔을 향해 진군했다. 그러나 역시 예상했던 대로 연료부족으로 인해 사단의 선견대만 오룔에 진입하고 나머지는 20-40km 구간 사이에서 정지되는 형편에 처했다. 소련공군의 잦은 공습으로 오룔 공항을 이용하기도 여의치 않아 4장갑사단은 후방으로 되돌아가 연료를 실어 나르는 촌극을 벌였으며 이는 거의 4일을 소모하게 된다.

2장갑집단 최우익의 48장갑군단은 남방집단군과의 공조 하에 비교적 순탄한 진격을 달성했다. 빌터 폰 라이헤나우의 6군은 가디아취(Gadiach) 구역으로 공격해 장갑군단의 전진에 장해가 되는 요소를 제거하고 있었으며 17군은 미르고로드(Mirgorod)로 진격해 48장갑군단과의 갭을 줄이려는 노력을 시도하고 있었다. 한편 장갑집단 좌익의 2군은 적군의 집요한 저항에도 불구하고 수도스트-데스나 라인을 통과해 나가 47장갑군단의 좌익을 온전히 관리해 나갔다. 구데리안의 최초 공세는 충분한 기습효과를 나타낸 것으로 판명되었다. 각 사단별 진격속도는 그다지 균일하지는 못했으나 3개 장갑군단의 동시 공격은 소련 13군이 북동쪽으로 크게 밀려나는 형세를 구축해 가고 있었다.[13]

봐익스의 2군은 브리얀스크방면군이 남서쪽으로 향하는 구데리안의 움직임을 따라 자리를 이동하지 않도록 50군에 대해 일련의 훼인트 공세를 감행했다. 10월 2일 43군단의 131보병사단이 시도한 집단군 정면의 소련군 진지 공략은 예상보다 많은 피해를 안으면서 스타트에서부터 애로를 경험했다.[14] 10월 3일 2군은 수중의 8개 사단 중 5개 보병사단이 동원되어 53군단이 주공을 형성해 브리얀스크 방면을 향해 동쪽으로 진격해 들어갔다. 소련군은 독일군이 로슬라블로부터 주도로를 따라 공격해 올 것으로 생각하고 비교적 많은 병력을 준비하였기에 53군단의 공세는 적잖은 피해가 잇따랐다. 10월 5일까지 53군단은 별다른 성과를 내지도 못하면서 진격속도는 답보상태를 면치 못했으며 방어하고 있던 예레멘코도 답답했던지 예비로 있던 108전차사단을 풀어 보병사단들을 제거하려 했다. 이는 피해가 얼마가 되었건 독일군들이 바라던 바였다. 레멜젠의 47장갑군단이 이미 브리얀스크의 남동쪽 교외지역으로 접근하고 있는 가운데 폰 봐익스의 2군은 소련군의 눈을 자신에게로 집중시켜 구데리안의 장갑부대를 방해하지 않도록 하는데 성공했다.

회프너의 4장갑집단은 10월 2일 오전 5시 30분, 2항공군의 막강한 근접지원과 함께 적 진지

12) Schäufler(2010) p.34

13) Guderian(1996) p.230

14) BA-MA RH 20-2/207, Armeeoberkommando 2. I.a KTB Teil 2 19.9.41-16.12.41, p.26(1941.10.2)

◆ VII-2-4 소련 108전차사단의 KV-1 전차와 전차병들. 41년 9월 포가르스키(Pogarsky)에서 촬영

를 잠재우는 화포사격으로 스타트를 끊었다. 4장갑집단 주력 정면의 데스나 강에는 당장 건널만 한 교량이 없어 258보병사단이 전차보다 먼저 건너가 교두보를 확보하는 것으로 대체했고 기동 선봉인 10장갑사단의 7장갑연대는 오전 8시부터 서서히 움직이기 시작했다. 데스나 강 약간 서쪽에 위치하고 있던 7장갑연대의 전차들은 9시 30분경 강변에 도착했으며 스노포트(Snopot)에서 별다른 전투없이 획득한 철교는 4륜 차량들이 통과하도록 하고 장갑궤도를 가진 전차와 장갑 차량들은 수심이 얕은 쪽을 택해 데스나 강을 넘어갔다. 회프너의 선봉은 2시간 안에 데스나 강의 교두보를 확보하여 소련군 소총병사단들의 취약한 제1저지선을 무너뜨리고 지나갔다. 도하 직후 7장갑연대의 1대대는 부타프카(Butafka)를, 2대대는 베레소프카(Beresovka)를 치는 것으로 준비되었으나 1대대가 갑작스럽게 적군의 포사격에 노출되는 위기가 찾아왔다. 하나 다행히 슈투카들이 날아와 야포 진지들을 때려 부수자 1대대장 폰 그룬트헤어(von Grundherr) 소령은 추가 지시가 있을 때까지 현 위치를 지키라는 명령을 무시하고 공세에 착수했다. 폰 그룬트헤어 소령은 2중대가 우측면을 엄호하고 4중대가 좌익을 커버하는 동안 3중대가 중앙을 치고 나가도록 하면서 곧바로 1중대와 대대본부가 뒤따르는 것으로 지시했다.[15] 적기에 틈을 노려 돌파구 마련에 성공한 1대대는 저녁 무렵 베레소프카를 향해 진격해 들어가 루돌프 게르하르트(Rudolf Gerhard) 소령의 2대대와 합류하여 그날의 작전을 무사히 종료시켰다. 이는 현장상황에 탄력적

15) BA-MA RH 39/99 KTB Pz.Rgt. 7 Ia, I./Pz.Rgt. 7 Ia, Gefechtsbericht vom 2.10-7.10.41, Abt. Gef.Stand, den 9.10.41/ II./Pz.Rgt. 7 Ia, Bericht über den Vorstoß der Abteilung vom 2. bis 7.10.1941, 9. Oktober 1941(1941.10.9)

으로 적응하여 당초 상부의 명령에 관계없이 자율적인 공세를 주도하도록 훈련받은 독일군 특유의 임무형전술이 낳은 결과였다. 당시 슈투카의 출격은 예정된 바도 아니었으며 1대대나 2대대가 공군의 지원을 사전에 파악한 것도 아니었다.[16]

소련군은 이날 데스나 강을 제대로 지키지도 않았으며 부교를 설치하는 동안에도 공군을 부르지 않는 안일한 태도로 일관했다. 예컨대 11장갑사단은 강물이 얕은 지점을 잡아 내 다른 시설물 없이 도하하는 행운을 누렸으며 소련군이 강 주변에 지뢰를 매설하지도 않아 40, 46장갑군단의 전차들은 큰 걱정없이 야지로 진출할 수 있었다. 또한 공세정면의 43군은 145, 148, 2개의 전차여단으로 즉각적인 반격을 가하지 않고 스파스-데멘스크(Spas-Demensk)의 철도교차점을 방어하는 것으로 대기하고 있었다. 만약 이때 이웃하는 33군의 5개 소총병사단을 촘촘하게 깔아 전차들과 동시에 공세를 취했더라면 회프너 사단들의 진격을 다소 늦출 수는 있었다. 그러나 이 사단들은 서로 격리되어 있어 슈툼메의 40장갑군단은 적군 사단 하나하나씩을 각개격파하면서 방어진 전체를 유린하기 시작했다. 대전차화기도 변변찮은 이 소총병사단들이 병력을 집중시켜도 힘든 판국에 이러한 안일한 방식으로는 효율적으로 결집된 기동전력의 쇄도를 막을 수는 없었다. 또한 부덴뉘 예비방면군 사령관은 그 당시 43군 사령부를 방문하고 있던 차에 독일군의 급속한 이동으로 일시적으로 포위되는 상황에 처했다. 부덴뉘는 여기에 갇혀 방면군 전체를 지휘하거나 조율할 처지가 못 되어 전선의 지휘계통은 혼란 속에 휩싸여 있었다. 88대의 전차를 지닌 145, 148, 두 개 전차여단이 요긴한 장소에 있지 못하였기에 10장갑사단은 겨우 4-5문의 45mm 대전차포로 정면을 막고 있던 소총병연대를 걷어차면서 쾌조의 스타트를 끊었다. 회프너의 4장갑집단은 첫날 평균 15km 거리를 주파하면서 소련군을 당혹스럽게 만들기는 했으나 소련군들은 질 줄 알면서도 처절하게 저항하는 끈질긴 전투력을 발휘하고 있었다.[17] 10장갑사단은 3일 발진지점으로부터 40km 떨어진 우스트로제노(Ustrozheno)에 당도했다. 공세 초일 10장갑사단의 선봉 7장갑연대는 24시간 동안 40km를 주파하는 쾌조의 스타를 끊었으며 차량화보병들은 전차들의 뒤를 따라 모잘스크(Mosalsk) 방면으로의 진격에 탄력을 받게 되었다. 장갑연대는 2-3일 밤 야간에도 쉴 새 없는 기동을 전개하여 그렇지 않아도 비교적 허술했던 공세 정면의 소련군 수비대를 무너뜨리면서 야간전투의 위험에 대한 응분의 성과를 얻어냈다.

46장갑군단의 5장갑사단은 모래로 덮인 구역을 통과하는 바람에 최초 진격은 지지부진했다. 89공병대대의 공병들이 분주하게 작업을 했음에도 불구하고 2-3일 밤을 기해 31장갑연대만이 데스나 강을 건넌데 불과해 10월 3일 오후 3시가 되어서도 주력은 여전히 데스나 강 서쪽에 머물러 있었다. 장갑연대는 3일 오후 포취노크(Potschinok) 서쪽 류부샤(Ljubuscha)에 도달했으나 오후 9시가 되자 연료부족으로 북동쪽으로의 공세를 이어갈 수가 없는 형편이었으며 포취노크에서 만들려했던 교량은 3일 안으로 완성되지 못했다. 지뢰가 너무 많아 89공병대대 3중대의 공병들은 총계 400개의 지뢰를 제거하는 데만 상당한 시간을 소비하고 있었다.[18] 46장갑군단은 4일에 스파스-데멘스크를 장악하고 145, 148전차여단을 포위해 버렸다.

호트의 3장갑집단은 4장갑집단과 함께 중앙을 형성하고 있어 어차피 브야지마 뒤를 돌아 포

16) Zetterling(2017) p.261
17) BA-MA RH 21-4/37, Anlage zum KTB Pz.Gruppe 4 Meldungen von unten 20.9.41-14.10.41, Fol. 82(1941.10.2)
18) Plato(1978) pp.141, 143

◆ VII-2-5 회프너 4장갑군 46장갑군단 11장갑사단의 3호 전차들. 오른쪽 차량 뒤편에 11장갑사단의 상징인 '유령'을 그린 심벌이 보인다. 41년 10월 4일 촬영

위전을 펼친다는 것은 상식적으로 예견할 수 있는 일이어서 기습의 효과는 별로 기대할 수가 없었다. 호트는 41, 56장갑군단의 1, 6, 7, 3개 장갑사단을 동원해 서부방면군의 19군과 30군 사이를 갈라놓는 것을 눈 여겨 보고 있었다. 50km나 되는 전구를 맡은 이 두 개 군은 기동전력이 없는 소총병 제대들로만 구성되어 있었으며 1km 당 겨우 3문의 대전차포가 포진된 정도의 밀도였다. 거기다 19, 30군은 지난 8월 '티모셴코 공세' 당시 격전을 치렀던 피폐한 전력에서 전혀 충전이 되지 않아 훈련의 숙련도는 대단히 유치한 수준이었으며 최소한도의 통신체계와 중화기 지원 등으로 버티고 있었고 타이푼과 같은 대규모 기동전력의 공세를 막아낼 수 있는 테크닉을 배운 바가 없었다. 독일군의 주공은 빈약한 체코제 경전차를 300대 기르고 있던 훼르디난트 샬의 56장갑군단으로, 대신 210돌격포대대와 643장갑엽병대대를 통해 어느 정도 화력을 보강한 상태였다. 호트의 6, 7장갑사단은 제대로 된 전차수가 부족해 두 사단의 11, 25장갑연대들은 모두 6장갑사단이 지휘토록 통합관리하고, 드니에프르 강을 넘은 후에는 각각의 모사단으로 복귀하는 것으로 정해져 있었다.[19] 10월 1-2일 사이 선봉의 6, 7장갑사단은 129보병사단이 개척해 놓은 전방도로를 따라 10km가 채 안 되는 침투로에 전차들을 쏟아 부었다. 이 지역은 가파른 언덕이 많고 거의 절반이 숲으로 덮인 지형이라 전차의 기동에는 적합지 않았다. 2일 아침 5시 30분부터 기다리던 공세가 시작되었다. 여느 집단의 공세와 마찬가지로 네벨붸르훠와 화포사격의 사전파

19) Scheibert(1991) p.68

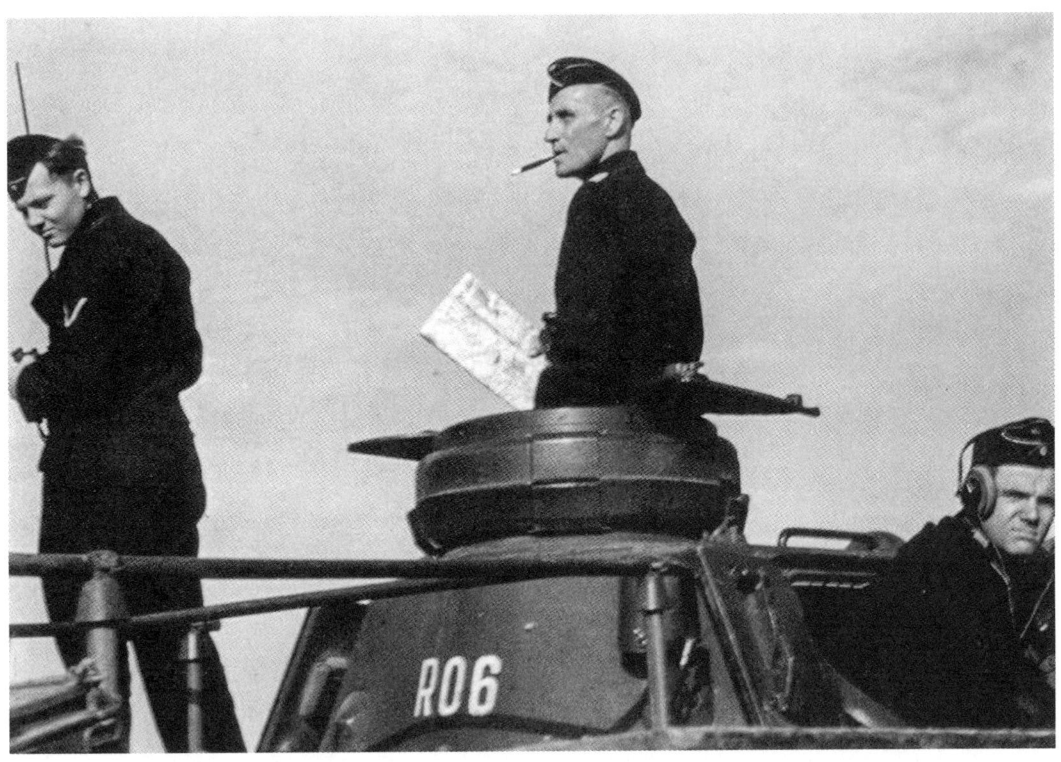

◆ VII-2-6 10월 2일 브야지마 북부 쪽을 향하는 6장갑사단 리햐르트 콜 장갑여단의 3호 전차 R06호 지휘차량. 담배를 문 전차장이 여단장 리햐르트 콜 대령

쇄작용으로 전선을 두들긴 다음 6장갑사단의 라우스 전투단(Kampfgruppe Raus)이 19군의 91 소총병사단 방어진을 잘라 들어가면서 7장갑사단과 함께 선두를 개척해 나갔다. 6장갑사단은 10월 2일 초일, 30km 이상을 파고들어 드니에프르 상류에 도달하고 기습으로 두 개의 교량을 잡아내는 전격전을 실현했다.[20] 91소총병사단은 지난 7월 시베리아로부터 파견된 최초의 사단으로 다른 제대에 비해 훈련수준이나 장비가 월등히 나은 것으로 판단되고 있었으나 장갑부대의 진격을 막아내지는 못했다.

7장갑사단은 드니에프르 교두보에서 소규모 강행정찰대를 동쪽으로 파견해 적군 수비라인의 조직과 강도를 검색하고 있었다. 소련군은 대전차 장해물과 닥인 전차들로 기다리고 있었으나 사단의 장갑부대 주력이 들이닥치자 큰 저항은 하지 못했다. 소련 19군은 3개 곡사포연대를 동원해 152mm 대구경 유탄포로 사단의 선봉을 저지하려 했으나 정확한 관측이 되지 않은 상태에서 움직이는 전차들을 타격하지는 못했으며 소총병, 포병, 전차부대가 따로 동원되어 제병협동이 실현되지 못하는 조건 하에서는 극히 유동적이고 임기응변에 능한 독일 장갑사단들을 따라잡기는 어려웠다. 소련군들은 이때만 해도 대대를 하나하나씩 보내다 안 되면 연대를 동원하고 그것도 안 되면 다시 여단이나 사단병력을 축차적으로 보내는 결함을 갖고 있었으며, 심지어 병종이 다른

20) Raus(2003) p.85

제대들도 축차적으로 투입하는 습관이 있었다. 소총병과 포병으로 되지 않자 19군은 53량의 전차를 갖는 143전차여단을 보내 7장갑사단의 선봉을 막으려 했다. 하나 143전차사단은 독일 장갑부대를 놓친 상태에서 뒤에 들어오는 8군단을 잘못 건드려 격퇴당하기도 했다. 10월 2일 호트의 사단들은 그나마 청명한 날씨 덕택에 20km 정도를 주파하면서 양호한 속도를 유지했다. 도로는 여전히 문제가 많았으나 비교적 마른 땅을 골라 우회할 수도 있어 전반적으로 계획된 기동이 그다지 저해받지는 않았다.[21]

56장갑군단의 좌익에 포진한 라인하르트의 41장갑군단은 1장갑사단이 30군의 162소총병사단을 때리는 것으로 시작했다. 호트 집단 정면의 소련군 2개 방면군은 사실 상당한 전차전력을 구비하고 있었다. T-34가 90량, KV 중전차가 35량, 계 639량이 전투서열표상에 등재되어 있었으며 이들은 모두 기병 제대들과 혼성형태로 편제되어 최전선에 너무 가깝게 소총병 제대들을 지원하도록 배치되어 있었다. 따라서 독일 장갑사단들이 좁고 제한된 구역을 통과해 좌우로 갭을 벌이는 경우에는 아무리 전방에 전차가 많아도 즉각적인 반응을 나타내기가 힘들었다. 설사 전방에 다량으로 배치한다 하더라도 일부는 독일 전차들이 돌파 후 곧바로 전과확대 단계로 이어가지 못하도록 반격을 가할 수 있는 전술적 예비를 후방에 두어야 했으나 소련군은 아직 이런 단순한 방어술도 체화시키지 못하고 있었다. 소총병 제대와 마찬가지로 아직도 기동전력을 집중시키지 못하는 이 전법은 막대한 손실을 자초하고 있었다. 또한 개전 이전의 소총병사단들에는 자체적인 대전차대대가 배속되어 있었으나 7-8월에 급조된 사단들은 순수히 소총병들로만 구성되었지 대전차 제대를 포함시키지 못하고 있었다. 이와 같은 편제상의 결함 역시 소련군이 유기적인 방어전을 펼치는데 크나큰 제약요건으로 작용하고 있었다. 3장갑집단의 41장갑군단은 수적으로 우위에 있는 소련군을 맞아 여타 기동제대보다 전력이 열세했음에도 불구하고 그와 같은 적군의 어설픈 전술형태로 인해 19군과 30군 사이의 갭을 만드는 데는 큰 문제가 없을 것으로 보였다. 또한 41장갑군단은 지형상 호수와 숲이 많은 구역을 통과해야 했던 관계로 기동전력이 취약한 부분을 보병들이 벌충하며 나아갔으며 이에 56장갑군단의 129보병사단이 적절한 지원을 제공했다.

슈트라우스의 9군은 3장갑집단의 좌익에 2개 군단, 우익에 1개 군단을 포진한 뒤 10월 4일부터 공세에 가담했다. 이는 폰 보크가 보병사단들을 정면에 놓을 경우 요새화된 적군 진지의 즉각적인 대응에 의해 너무 피해가 큰 점을 우려하여 기동사단으로 돌파구를 만든 다음 보병들은 그 이후의 전과확대 단계에서 포위망을 형성하는 것으로 준비된데 따른 수순이었다. 27군단은 야르쩨보 주변에 포진된 소련 16군의 진지들에 대해 공격을 취하는 동안 8군단은 2개 보병사단을 동원해 소련 16군과 19군 사이의 경계를 허무는 작업에 종사했다. 9군 제대 중 실제로 격렬한 전투에 투입된 것은 2개 사단 정도에 지나지 않으나 16군을 모두 진지 안에 쳐 박혀 있도록 기선을 제압함으로써 정면공세와 적절한 우회기동을 혼합한 당초 작전의 소기의 목적은 달성될 수 있었다.[22]

폰 클루게의 4군은 여타 군들에 비해 가장 늦게 10월 4-5일에 공세를 개시했다. 4군은 10개

21) BA-MA 59060, 3. Pz. Div. KTB Nr. 2 1.9.41-31.10.41(1941.10.2) / BA-MA RH 21-3/70, Anlage zum Kriegstagebuch Meldungen Bd.I 1.9.41-31.10.41, Fol. 48(1941.10.2)

22) Forczyk(2006) pp.36-7

사단 중 8개 보병사단을 동원해 지난번에 잃어버렸던 옐니아 구역을 탈환하는 일부터 착수했다. 옐니아 구역에는 20군과 24군이 지키고 있었으며 이곳은 독일군의 8개 사단보다 많은 12개 사단 이상이 포진하고 있어 기동전력 없이 밀고나가기는 쉽지 않았다. 중앙집단군의 다른 제대보다 비교적 휴식기간을 길게 잡았던 폰 클루게의 4군은 상대적으로 보급상태도 양호해 처음부터 짜증을 내지는 않았다. 폰 클루게는 보병과 포병의 적절한 조화를 통해 전차 없이도 적군 진지를 유린하면서 기동제대와 같은 파괴력을 과시했다. 좌익에 있던 가이어의 9군단이 옐니아 정면에 포진한 20군을 치는 동안 화름바허의 7군단과 마테르나의 20군단은 소련 24군과 43군 구역을 찌르고 들어가 20군의 측면을 말아 올리기 시작했다. 20군단은 소련 24군을 내리치면서 옐니아를 포위하고 예전의 빚을 갚았다. 한편 20군단의 78보병사단은 공병들이 보트로 데스나 강을 건너 적군 벙커와 지뢰를 제거하고 보병들의 진격로를 개방하게 되자 강변 지점을 장악한 뒤 10km를 돌파하면서 거점 주변의 적군 수비대를 몰아냈다.[23] 4군은 장갑집단과 같은 각광을 받지는 못했으나 범상치 않은 높은 전과를 달성했다. 10월 5일까지 4개 소총병사단과 T-34로 무장한 145전차여단이 격멸당하면서 폰 클루게에게 무릎을 꿇었다. 4군은 서부방면군의 좌익을 붕괴시키면서 브야지마의 포위망을 만들기 위한 전제조건을 확보해 나갔다. 이 전과는 상당한 피해를 수반했다. 단 이틀 동안의 전투에서 198명의 장교가 전사 또는 부상당하는 기록적인 결과였다.

10월 5일은 타이푼작전 중 공중전이 절정에 달한 날이었다. 51전투비행단은 한 대의 손실없이 20대의 적기를 격추시켰다. 3전투비행단의 균터 륏쪼 소령은 4대의 DB-3 장거리폭격기를 해치웠고 2대대장 고르돈 골롭(Gordon Gollob) 대위는 전투기 2기 격추를 올리면서 자신의 기록을 51기까지 갱신했다.[24]

* * * * *

오룔 장악

"오카 강 수면으로부터 서서히 안개가 올라왔다. 황혼이 시 전체를 에워싸기 시작했다.....
수대의 공군기들이 폭탄을 여기저기 투하했으나 그 정도로는 사태에 변화를 줄 수가 없었다.
오룔은 우리 손에 들어왔다!"
(4장갑사단 35장갑연대 3중대 헤르만 빅스 상사 : 1941.10.3)

10월 3일 아르투어 볼슐레거 중위가 이끄는 4장갑사단 35장갑연대의 선봉이 프로민카(Prominka) 장원 북쪽 구역의 적군 저지선을 돌파하여 북쪽으로 3km 떨어진 지점의 오카 강 교량을 탈취했다. 이 교량은 소련군이 미리 폭파시키려 한 곳이었으나 볼슐레거의 병력이 간발의 차로 낚아챈 아슬아슬한 순간이었다. 볼슐레거의 장갑중대는 장원 북쪽의 숲지대를 통과하다 해당 구역 수비대와의 교전에서 소련군 대전차포에 걸려 3대가 파손되었다. 약 한 시간에 걸쳐 전

23) Haupt(1997b) p.81
24) Mombeek, Bergström & Pegg(2003) p.159

◆ VII-2-7 4장갑사단 34모터싸이클대대 1중대장 게오르크 폰 가우프-베르크하우젠 중위

개된 이 교전에서 독일군은 전차와 포병대, 차량에서 내린 모터싸이클부대의 원활한 공조에 의해 4문의 대전차포를 파괴하고 80명의 포로를 잡았다. 그 직후 볼슐레거의 전투단은 오룔로 직행하고 사단의 주력은 공병들의 도움을 받아 모두 오카 강을 건너 전진 속도를 올리려고 했다. 장갑부대와 모터싸이클대대는 잠시 후 100명의 포로를 추가로 잡은 뒤 오후 4시 30분에는 공항 부근에 포진한 공수여단의 2개 대대와 격렬한 공방전에 휩싸였다. 2대의 전차가 적의 공격에 피해를 입었으나 이때도 모터싸이클대대의 분전에 의해 사태는 정리되었다. 34모터싸이클대대는 숲지대에 숨어든 적군을 소탕하기 위해서는 근접전투가 불가피한 것을 인식하고 베르기우스(Bergius) 중위의 3중대는 국도 동쪽 사면을, 붸르너 로데(Werner Rode) 중위의 2중대는 국도 서쪽 제방까지 침투하여 일단 도로변의 적군들은 소탕할 수 있었다. 숲 안쪽은 게오르크 폰 가우프-베르크하우젠(Georg von Gaupp-Berghausen) 중위의 1중대가 가장 치열한 접전을 펼치면서 400명의 포로를 잡아냈으며 나머지는 모두 전사하고 일부는 밤을 틈타 멀리 도주해 버렸다. 독일군의 손실도 적지 않았다. 16명 전사에 42명이 부상을 당했으며 장갑부대의 오일러(Euler) 소위와 뷰르크너(Bürkner) 소위도 부상을 입었다.[25]

에버바흐 전투단과는 별개로 움직였던 폰 융겐휄트(Freiherr von Jungenfeldt)의 35장갑연대 2대대는 오룔 외곽에서부터 상당히 어려운 난관에 처했었다. 공세정면은 엄폐물이 없는 야지였으며 500m 앞에는 숲이 있었다. 2대대 소속 장전수 쇠휄(Schöffel) 일병은 오룔의 건물들을 관찰하고 있다가 갑자기 햇빛에 뭔가 금속성 물체가 번득이는 것을 목격했다. 직감적으로 적군의 포대나 전차일 것으로 보고 고폭탄하나를 장전한 오일러(Euler) 소위는 즉각 주포사격을 실시했다. 순간 물체는 명중되어 폭발한 것으로 보아 뭔지는 모르지만 좌우지간 적군의 시설일 것으로 짐작하여 계속해서 사격을 가해 주변을 초토화시켰다. 문제는 여기서 끝나지 않았다. 독일 전차들이 야지로 진출하자 갑자기 사방에서 야포와 총기류들의 사격이 빗발쳤고 소련군들은 몰로토프 칵테일을 던져 전차의 환기구에 명중시키면서 위기로 몰아갔다. 차체 내 연기를 내뿜기 위해 환기구를 열었던 쇠휄 일병은 불길이 차량 안으로 번져오자 결국 전차 밖으로 뛰쳐나가야 했고 주변의 동료 전차들도 난리가 아니었다. 이처럼 소련군의 화포사격과 더불어 소총병들의 근접전투가 촉발됨에 따라 몰로토프 칵테일이 각 전차의 환기구로 투척되면서 대대장이 자신의 전차를 탈출하는 해프닝까지 있었다. 화염병 투척 하나만큼은 소련군의 솜씨를 인정해야 했다. 이 위기는 8월 30일에 기사철십자장을 받았던 소

25) Schäufler(2010) pp.124-5

대장 에르드만 가브리엘(Erdmann Gabriel) 상사가 달려와 해결하고 당시 비교적 통통한 체구에도 불구하고 재빠르게 차량에서 탈출한 폰 융겐헬트 소령은 부서진 궤도 옆에서 자신의 무전기로 5중대의 헬무트 렉샤트(Helmut Leckschat)에게 공격을 계속할 것을 명령했다. 이때 쇠헬 일병이 달려와 케이블이 끊어졌기에 무선송신이 안 된다며 전선을 소령 눈앞에서 보여주자 순간 흥분했던 폰 융겐헬트는 헤드셋을 집어던지면서 불필요한 피해를 줄이기 위해 현장을 이탈하는 것으로 결정했다. 다행히 렉샤트는 폰 융겐헬트를 자신의 전차에 태워 현장을 빠져나갔다.[26]

오룔은 이상하게도 장갑부대 전체가 정면으로 들어가 장악한 도시가 아니었다. 독일 장갑부대에는 그들 특유의 특공대 선제공격이라는 것이 있었다. 주력이 도착하기 전 아르투어 볼숼레거가 이끄는 선봉 4장갑사단의 6장갑중대는 단 4대의 전차만으로 오룔 시를 질주해 들어갔다. 선도하는 2대의 전차 뒤에 300m 거리를 두고 다른 2대가 한 조를 이루어 진격했다. 한 일은 매우 단순했다. 시내 주도로를 가로질러 들어가 철도역과 주요 거점을 점거하고 주력부대가 도착하기 전까지 3시간을 대기하는 것이었다. 오룔 시가 얼마나 당황했는가는 구데리안의 기록에서처럼 독일 전차들이 시내로 진입했을 때 그때까지 시가전차를 운행하고 있었다는 데서도 짐작할 수 있다.[27] 전차에 탄 승객들은 당연히 소련군이 시 방어를 위해 들어오는 것으로 착각했다. 그러나 곧 얼굴색이 바뀌었다. 회색 제복과 검은 전차병 제복을 본 시민들은 모두 집 안으로 숨어들었고 아무런 저항도 하지 못했다. 사실상 오룔 시내는 총 한 방 쏘지 않고 점령하는 위업을 달성했다. 첫 번째 목표가 너무나 쉽게 성취되었기에 모스크바가 곧 떨어질 거라는 생각을 갖는 것도 무리는 아니었다. 단 오룔 주변으로 접근하는 독일군 제대는 그냥 무사히 당도한 것만은 아니었다. 선봉의 4장갑사단은 드미트로프스크(Dmitrovsk)에 도착하는 동안 소련공군의 공습에 노출되어 도로를 따라 진격하는 종대에 적잖은 피해를 초래했다.[28] 그러나 격전은 주로 시 외곽에서 발생했다.

에버바흐 대령은 2개의 장갑중대를 정면으로 향하게 하는 훼인트 동작을 취하게 한 뒤 연대의 주력은 시 끝자락을 돌아들어가 포위하는 기동을 택했다. 소련군들은 장갑부대의 주력이 우회한다는 것은 상상하지 못했으며 정면의 2개 중대가 주력이고 측면기동이 훼인트로 착각하고 있었다. 소련군은 마지막 예비를 풀었다. 오룔 시 군사학교의 사관후보생으로 급조된 병력이었다. 이들은 아직 전투를 지휘할 만한 수준은 못되었으나 때로는 용감하게, 때로는 무모하리만큼 광신적으로 투쟁했다. 이들은 독일전차를 극복하지 못하고 다른 곳에서 싸웠던 용맹스런 사관생도들처럼 전원 몰살했다. 시 주변에서의 크고 작은 전투로 인해 2-3일 밤은 잠시도 조용할 시간이 없었으며 곳곳에 화염과 불길이 치솟고 있었다.[29] 소련군 201공수여단은 에버바흐의 전차들이 오룔로 입성하는 동안 오룔 북쪽에 강하하여 NKVD 후방경계병력들과 연결된 뒤 이봐노스카야(Ivanovskaja) 부근에서 오룔-툴라 국도를 차단하는 진지들을 축성했다.

184보병사단에 편입되어 있던 202돌격포대대가 오룔로 접근할 무렵 3중대 1소대의 제프 브

---

26) BA-MA RH 39/373, 5. Panzer-Brigade, "Gefechtesbericht für die Zeit vom 29.9.-3.10.1941," O.U. 5.10.1941(1941.10.5) / BA-MA RH 39/373, 4. Panzer-Division, "Gefechtesbericht der 4. Panzer-Division für die Zeit 29.9.-6.10.1941," Div.Gef.Stand, 8.10.1941(1941.10.8)

27) Guderian(1996) p.232

28) BA-MA RH 27-4/10, Kriegstagebuch 4.Panzer-Division Führungsabtl. 26.5.41-31.3.42, Fol. 189(1941.10.3)

29) Kurowski(2010a) p.84

◆ VII-2-8 202돌격포대대 3중대 1소대 요제프 빌헬름 브란트너 소위. 사진은 종전 거의 직전에 백엽기사철십자장을 받은 45년 4월 26일 이후의 것으로, 쿠얼란트(Kurland) 16군 예하 912돌격포여단장 때의 모습. 계급은 소령

란트너(Sepp Brandner) 소위는 2대의 돌격포로 브리얀스크 방면 도로와 겹치는 구역의 마을들을 정찰하고 있었다.[30] 장갑부대가 오룔 정면으로 향하는 동안 이들은 브리얀스크 방면으로 가다가 다시 남쪽으로 꺾어져 오룔 쪽으로 내려와 적군 수비대의 측면을 노릴 작정이었다. 망원경을 쓰자마자 소련군 소총병의 물결이 보이기 시작했고 동반했던 독일군 보병들은 기관총 사격으로 접대했다. 순간 보병들이 전차가 나타났다고 소리 질렀다. T-34였다. 최초 전차는 오른쪽에서 왼쪽으로 두 집채 사이를 헤집고 들어왔고 다른 한 대는 그 뒤를 바짝 따르고 있었다. 브란트너와의 거리는 120m였다. 돌격포가 쏜 1, 2발의 철갑탄은 T-34의 포탑에 명중했음에도 불구하고 모두 공중으로 튕겨나갔다. T-34가 쏜 첫발은 차체가 대단히 낮은 돌격포 머리 위로 지나가 버렸다. 첫 번째 T-34는 두 발을 더 맞았으나 전혀 요동이 없었다. 단 브란트너의 돌격포 '마르텐'(Marten : 담비) 곁으로 또 다른 돌격포 '일티스'(Iltis : 족제비)가 접근하자 T-34들은 가옥 쪽으로 되돌아 가버렸다. 슈란쯜(Schranzl) 하사는 욕을 내뱉었다. "빌어먹을! 도대체가 관통이 되질 않는다. 우리는 언제까지 이런 쓰레기 같은 포탄으로 전투를 해야 하나!" 두 대의 적군 전차가 달아난 줄 알았으나 다른 두 대의 T-34들이 다시 나타났다. 돌격포들은 이번에는 장갑궤도만 집중적으로 때렸고 기동불능이 되어 밖으로 도주하는 전차병들은 기관총으로 사살했다. 브란트너의 '마르텐'은 T-34의 뒤로 돌아 직격탄을 날렸다. 상대적으로 뒷면의 장갑이 얇은 T-34는 엔진에 불이 붙으면서 화염에 타올랐다. 모두가 돌격포의 포신이 짧은 것과 철갑탄이 신통치 않다는 불평을 늘어놓자 중대장 한스-에버하르트 한드리크(Hans-Eberhard Handrick) 대위는 이미 군단 본부에 연락을 한 상태라며 수일 내로 대체 포탄이 올 거라는 답을 한 채 자리를 떴다.

가옥에서 휴식을 취한 한드리크 대위의 돌격포중대는 5시간 후 숲지대로 다가갔다. 이미 어둠이 덮여 전방은 잘 보이지도 않았다. 그때 브란트너는 숲에서 4개의 총구가 불을 뿜는 것을 확인했다. 브란트너의 '마르텐'이 고폭탄을 갈겨 주변 일대를 박살내고 다시 다른 곳에서 기관총 사격이 가해지자 이번에는 '일티스'가 단 한 방으로 막심 기관총좌 진지를 제압했다. 돌격포들은 도중에 몇 번이나 파르티잔들의 습격을 받으면서도 아무런 피해없이 야간기동을 통해 숲지대를 빠져

30) 제프 브란트너는 페터 프란쯔(Peter Frantz), 후고 프리모찌취(Hugo Primozic), 발터 크나이프(Walter Kneip) 등과 함께 3호 돌격포의 가장 유명한 에이스 중 하나로 꼽히며 총 61대의 적 전차를 격파한 기록을 갖고 있다. 45년 1월 17일 기사철십자장, 4월 30일에 백엽기사철십자장에 서훈되었으며 브란트너는 소령으로 제대할 때까지 해당 계급을 가진 장교로서는 가장 많은 훈장과 휘장, 기장을 획득한 무협지급 인물이었다.

나와 아침에는 개활지로 진출했다. 다시 소련군 전차들이 나타나는 것이 목격되었다. 돌격포들은 횡대로 넓게 포진한 다음 골짜기 방향으로 다가가다가 '마르텐'이 피격되는 일이 발생했다. 돌격포는 곧바로 기동불능이 되었고 두 번째 탄은 포탑 부위에 맞긴 했지만 다행히 관통되지는 않았다. 브란트너는 잽싸게 화기들을 챙긴 뒤 부하들과 무사히 밖으로 빠져나왔다. 그러나 그 순간 콤비로 운용하던 '일티스'까지 피탄되어 두 번째 철갑탄은 오른쪽 궤도에 명중해 그 역시 주저앉고 말았다. '일티스'의 프라인링거(Preinlinger)는 재빨리 튀어나와 적군의 기관총 사격을 피해 지그재그로 달리다가 안전한 곳으로 튀었다. 전차병들은 그 뒤를 따라 나와 도주했으나 마지막에 나온 조종수 피쉘(Pischel)은 철갑탄의 파편이 가슴을 관통해 그 자리에서 즉사했다. 장전수 루비쉬(Lubisch)가 피쉘을 끌어안고 애통해 했지만 이미 늦었다. 4대의 적 전차가 150m 앞으로 접근해 왔으며 맨 앞에는 막심 기관총을 카트에 끌고 다니는 기관총수들이 들어오고 전차 뒤에는 다수의 소총병들이 전진하면서 사격을 계속해 왔다. 30m 오른쪽에 큰 돌덩어리를 본 브란트너는 모두 그쪽으로 튀어 엄폐할 것을 외쳤다. 큰 암벽이 있는 곳에서는 오히려 적에게 반격을 가할 수도 있을 것으로 판단되었다. 브란트너는 낮은 포복으로 돌덩어리에 다가간 순간 어디선가 총성이 울려 퍼졌다. 그가 일어서서 돌덩어리 뒤에 숨어서 본즉 소련군 기관총수 하나가 고꾸라졌고 두 번째 총성에 바로 그 옆의 병사가 쓰러졌다. 그 순간 소련군들은 도주하기 시작했다. 잠시 후 적은 다시 나타났다. 돌 뒤에 숨은 브란트너는 기관단총의 탄약이 다 떨어질 때까지 난사하며 소련군들을 무너뜨렸으나 끝이 없었다. 적군 기관총좌 두 개가 브란트너 쪽을 겨냥했다. 돌에 총탄이 맞으면서 온 사방으로 조각들이 흩어지자 브란트너는 신속하게 엎드린 뒤 이번에는 다른 쪽 돌덩이 뒤로 옮겨 응사했다. 바로 그때 4대의 적군 전차들이 모두 주포사격을 가해 왔다. 독일군들이 주포 사격에 쓰러지는 동안 소련군들은 브란트너 쪽으로 접근해 오자 브란트너는 불과 40m 거리에서 적병들을 쓰러뜨렸다. 소총병들은 가을 낙엽처럼 쓰러지긴 했으나 그 중 살아남은 4명이 브란트너 쪽으로 다가왔다. 둥근 탄창이 달린 소련군의 PPSh-40 기관단총이 난사되는 순간 대응사격을 가하려 했으나 탄환이 다 떨어졌다. 브란트너는 총을 옆으로 던지고 권총을 빼들었다. 이쯤 되면 거의 죽음 직전에 와 있는 것으로 간주해야 했다. 고개를 들 수 없을 정도로 쏴대는 상황에서 권총만으로 대적하기는 영화가 아니면 불가능했다. 그의 권총은 요사이 쓰는 다연발 베레타나 글록도 아닌 구식의 루가08이었다. 적군 사격이 불과 1초 간격으로 멈춘 순간 브란트너는 재빨리 돌 뒤에서 일어나 가장 가까이 다가온 두 명에게 권총을 갈겼다. 두 명 다 그 자리에서 쓰러졌다. 다시 머리를 숙인 브란트너는 자신이 몸을 숨긴 돌덩어리에 집중사격이 되는 것을 느꼈고 거의 몸을 더 이상 움직일 수 없을 정도로 적의 사격이 빗발쳤다. 적군이 돌덩어리 뒤를 돌아들어오는 순간 브란트너는 또 한 명의 적병을 사살했다. 그 순간 전차의 굉음이 두 배나 크게 들렸다. 그의 앞으로 불과 50m를 남긴 채 전차가 달려왔다. 바로 그때 루비쉬가 달려오는 것이 보였다. 루비쉬는 잠깐 보이더니 이내 사라졌다가 다시 전차 위로 차고 올라가는 것이 보였다. 루비쉬의 동료 둘은 전차 옆의 적군들에게 엄호사격을 가하고 있었다. 루비쉬는 전차에서 뛰어내려 몸을 숨겼다. 그 순간 화염이 치솟으면서 전차의 포탑이 앞쪽으로 밀림과 동시에 주포가 땅바닥을 향하게 되어 전차는 그 자리에서 정지되었다. 루비쉬가 단독으로 전차 뒤에 폭약을 설치해 해치운 것이었다. 첫 번째 T-34는 격파되었으나 나머지 3대는 여전히 전방으로 다가오고 있었다. 동시에 독일군들이 도주해 왔던 골짜기 쪽에서도 기관총 사격이 가해지고 있어 브란트너는 오히려 전차가 오는 방향으로 가깝게 근접하는 것이 안전할 수도 있다는 생각을 했다. 이때였다. 마리쉬카(Marischka) 소위의 돌격포가 두번 째 T-34를 때리면서 검붉은 연기가 하늘로 치솟게 만들었다. 프라인링거 상사는 동료들과 함께 '일티스'를 빠져 나오면서 한드리크 대위에게 무전으로 구원을 요청했고 그에 따라 마리쉬카 소위가 달려 온 것이었다. T-34 2대가 파괴당하자 나머지 두 대는 물러서기 시작했다. 그 중 한 대는 돌격포에게 측면을 보이다가 직격탄을 맞아 화염에 잠겼다. 아무리 강력한 T-34라도 옆구리를 강타당할 경우에는 관통이 가능했다. 브란트너와 프라인링거가 감사의 표시를 할 겨를도 없이 마리쉬카 소위는 잠깐 얼굴만 보인 뒤 다시 다른 곳으로 이동했다. 이들은 피쉘이 쓰러진 곳으로 다가갔으나 이미 죽은 뒤였다. 루터(Luther)는 죽은 피쉘의 시신을 붙잡고 눈물을 흘렸으나 이런 감상에 젖어 있을 여유가 없었다. 브란트너는 병사들을 독려하여 망가진 두 대의 돌격포들의 궤도를 교체하고 손상된 부위를 신속하게 수리한 뒤 마을 쪽으로 내려가기 시작했다.

마을로 접근하자 정면에 '닥인' 전차들이 확인되었다. '마르텐'과 '일티스'는 마을 남쪽 측면을 향해 오른편으로 돌아 들어가도록 했다. 돌격포들이 물웅덩이를 지나 골짜기 쪽으로 나가는 순간 T-34들이 접근하고 있다는 외침이 들려 재빨리 협곡을 빠져나가 덤불을 짓밟으면서 전진속도를 올렸다. 브란트너는 100m도 안 되는 지점에서 최초 T-34를 목격했다. T-34들은 한드리크 중대 전체에 대해 공격을 가하면서 정면을 향해 돌진하다가 선봉의 두 대가 갑자기 동작을 멈춘 뒤 포신을 돌리기 시작했다. 다행히 그들은 브란트너의 돌격포를 발견하지 못하고 다른 곳을 주시하고 있었다. 브란트너는 조종수 라코뷔츠(Rakowitz)에게 50m 더 우측으로 이동토록 하고 장전수 슈란쯜에게 포탄 장착을 명령했다. '마르텐'이 진격해 나가는 순간 브란트너는 우측에서 다시 3-4대의 T-34가 접근하는 것을 보았으나 그는 방향을 바꾸지 않고 그대로 밀고 나갔다. "정지!!" 갑자기 '마르텐'이 정차하고 주포를 발사했다. 포탄은 엔진 부위 위쪽에 설치된 격자무늬 모양의 쇠창살에 부딪히며 불이 붙기 시작했다. 라코뷔츠가 다음 전차를 조준하려하자 T-34 한 대도 그와 거의 동시에 포신을 돌리기 시작했다. 그러나 슈란쯜의 주포가 더 빨랐다. 루비쉬 역시 또 하나의 포탄을 T-34 엉덩이에 박았다. 두 번째 T-34도 화염에 잠겼다.

마르텐이 다른 먹이를 찾으러 이동하는 순간 차체와 포탑이 심하게 흔들리는 것을 느꼈다. T-34의 주포 사격이었으나 포탄이 빗맞고 튕겨나가는 소리였다. T-34는 덤불을 헤치고 포 사정거리 안으로 좁혀 들어오고 있었다. '마르텐'은 최고 기어를 올려 지그재그로 운전하면서 마을 쪽으로 이동했다. 그 순간 브란트너는 자신의 약간 뒤편 좌측으로부터 우군 돌격포의 발포 소리가 들리면서 주변이 소란스러워지는 것을 느꼈다. 우군 돌격포들이 추격해 오는 T-34들을 처리해 주기로 되었다. 그 틈에 브란트너는 마을 가옥 쪽으로 그대로 돌진했다. 마을에 포진한 소련군들의 기관총과 기관단총의 사격이 거칠어지면서 돌격포 포탑에 튕기는 금속성 소음이 돌격포 안에 퍼지기 시작했다. 브란트너는 거의 가옥과 부딪힐 정도로까지 접근하다 좌측으로 급회전할 것을 지시했다. '마르텐'은 갑자기 왼편으로 턴하기는 했으나 차체의 우측이 벽을 들이박고 말았다. 전혀 문제는 없었다. 진흙으로 된 담벼락이었다. 돌격포는 기관총좌들을 향해 무차별 공격을 가하고 돌격포의 장갑을 기관총으로 관통시킬 수 없는 것을 안 소련군들은 돌격포 뒤에서 따라 들어오는 독일군 보병들에게 집중사격을 실시했다. 보병들은 돌격포 위에 올라타 가가호호 뒤지면서 치열한 백병전을 펼쳤다. 집은 불타고 벽은 힘없이 무너지면서 마을은 아수라장으로 변해 갔다. 격전이 끝난 후 202돌격포대대는 오룔 외곽에 도착하여 주변 마을을 통제 하에 두게 되었다. 브

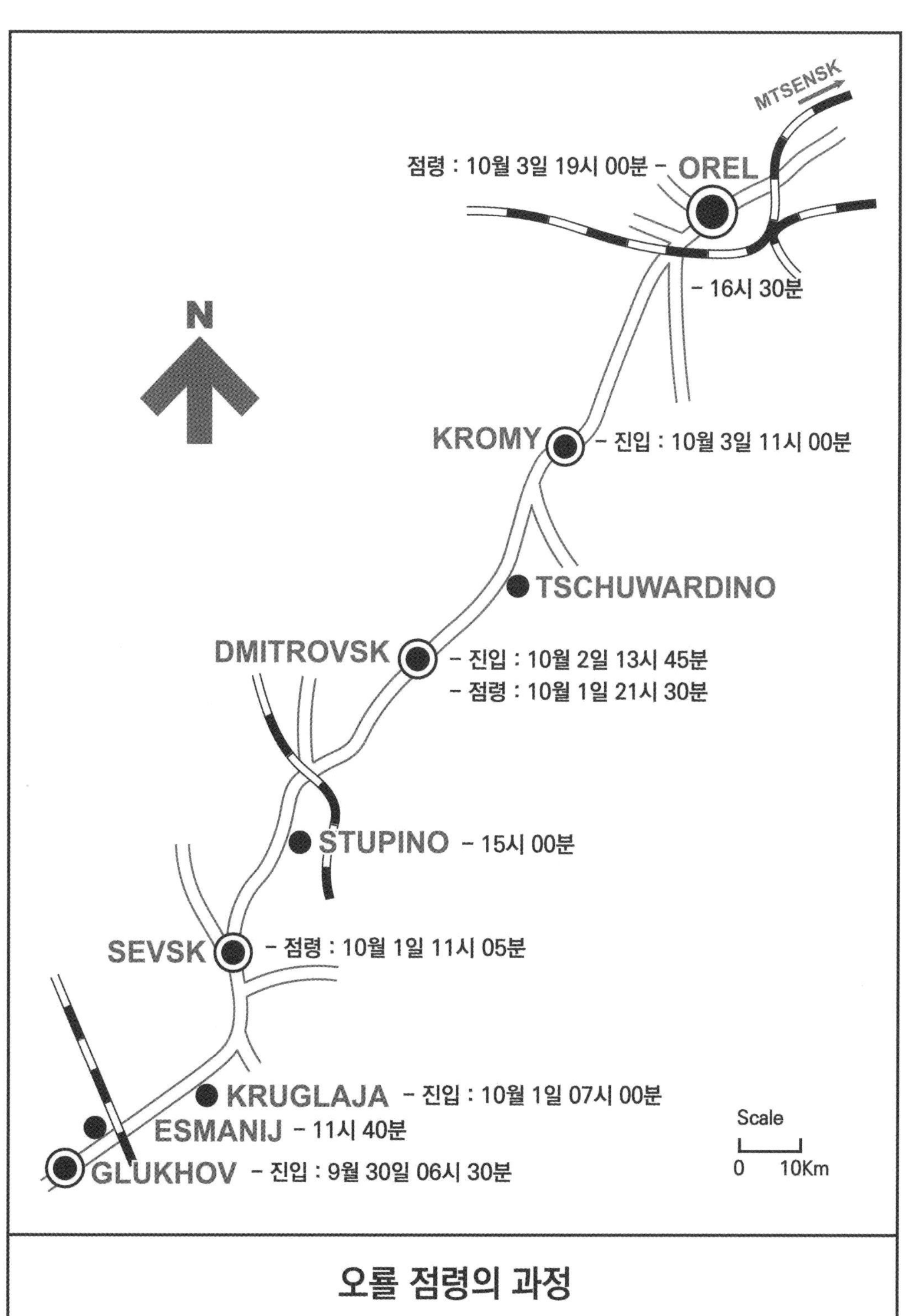
MTSENSK
점령 : 10월 3일 19시 00분 - OREL
- 16시 30분
N
KROMY - 진입 : 10월 3일 11시 00분
TSCHUWARDINO
DMITROVSK - 진입 : 10월 2일 13시 45분
- 점령 : 10월 1일 21시 30분
STUPINO - 15시 00분
SEVSK - 점령 : 10월 1일 11시 05분
KRUGLAJA - 진입 : 10월 1일 07시 00분
ESMANIJ - 11시 40분
GLUKHOV - 진입 : 9월 30일 06시 30분
Scale
0 10Km

오룔 점령의 과정

란트너는 죽음의 순간 앞에서도 권총으로 3명의 적병을 사살하면서 살벌한 위기에서 벗어났고 피격된 '마르텐'과 '일티스'를 살려내 우군 전력을 유지하는 데 최선을 다했다. 그들은 T-34를 정면에서 대결할 수 있는 신종 철갑탄을 지급으로 공급받아 오룔로 향해 나아갔다.[31]

오룔에는 15만 명의 소련군 정규군과 NKVD 병력들이 모여 있었으나 전구에 대한 정확한 상황인식이 없었으며 지휘계통도 엉망이었던 탓에 불과 수대의 독일전차에 의해 중추가 파괴되면서 시 자체가 전격적으로 탈취당하는 수모를 당했다. 전후 표트르 그리고린카(Pyotr Grigorinka) 장군은 실제로 전투를 감당한 것은 정규군들이었으며 말만 많았던 NKVD와 당 간부들은 독일군을 보자마자 도주한 것으로 술회한 바 있었다. 또한 35장갑연대 본부의 루돌프 폴커(Rudolf Volker) 원사 역시 오룔의 소련군은 장교나 부사관, 장병 모두 투혼을 발휘했던 것을 인정하면서도 NKVD들은 가장 먼저 시를 빠져나갔던 것으로 기억하고 있다.[32] 오룔이 점령당한 것은 소련군에게 단순한 심리적 패닉만을 초래한 것은 아니었다. 오룔을 중심으로 한 연락선의 파괴는 브리얀스크방면군과 시 주변 수비대와는 물론, 스타프카와도 일시적으로 교신이 중단되는 사태가 발생했다. 2장갑집단은 이처럼 불과 이틀 만에 200km를 주파해 10월 3일에 오룔을 급습하고 도주하려는 수비대에게 가혹한 펀치를 날렸다. 선봉 4장갑사단은 240km를 주파, 2,200명의 적군 사살, 16량의 전차와 24문의 야포 노획을 기록하고 우군의 피해는 41명 전사, 120명 부상으로 꾸려나갔다. 전차 손실은 3호 전차 5대와 4호 전차 1대로 마무리했다.[33]

10월 2-3일 루프트봐훼의 근접항공지원은 좀 복잡한 사정이 있었다. 구데리안 2장갑집단의 공세를 지원하기 위해 2항공군단이 2일에 오룔을, 3일에 쿠르스크 소재 공군기지를 폭격하는 한편 3전투비행단 3대대가 2장갑집단의 배후에 위치한 글루호프에 도착한 것은 매우 고무적이었다. 특히 3전투비행단은 세프스크 남쪽 구데리안 장갑집단의 우익에 해당하는 10차량화보병사단의 진격로 상공을 커버하는 동안 74강습항공연대 소속 4대의 Il-2를 격추시키면서 하늘로부터의 방해를 일축했다. 그러나 같은 군단의 4장갑사단이 오룔을 장악했을 무렵 사단으로부터 가장 가까운 공군기지는 208km나 떨어져 있어 적절한 항공지원을 확보하는 데는 실패했다. 그 때문에 215강습항공연대의 Il-2 3대와 129전투기연대 MiG-3 전투기 6대의 혼성그룹은 4장갑사단을 덮쳐 12대의 차량들이 파괴당하고 적어도 2개 포병중대가 작동이 중단되는 사태를 속수무책으로 바라보고만 있어야 했다. 단 한 번의 공습으로는 상당한 피해였다. 독일 2항공군은 전체적으로 보아서는 타이푼 작전 초기의 제공권을 확고하게 장악한 것으로는 보였다. 10월 3일 단 하루 동안 984회의 출격을 단행해 679대의 차량들을 격파한 것으로 보고되어 소련 지상군의 기동은 엄청난 차질을 받았던 것으로 추측되고 있었다. 익일 4일에는 48대의 슈투카와 32대의 중폭격기들이 수미-르고프-쿠르스크 구간 철도선을 파괴하고 브리얀스크방면군과 남서방면군의 연락선을 차단시키는 결과를 만들어냈다.[34]

좌익의 47장갑군단은 카라췌프 방면으로 진군해 브리얀스크방면군 사령부 뒤편에서 브리얀스

31) Kurowski(2004) pp.8, 24
32) Schäufler(2010) p.129
33) BA-MA RH 39/373 5. Panzer-Brigade, "Gefechtsbericht für die Zeit vom 29.9.-3.10.1941," O.U. 5.10.1941(1941.10.5)
34) Bergström(2007) p.91

크-오룔 국도를 차단해 버렸다. 레멜젠의 사단들은 3일 동안 3,800명의 포로와 17량의 적 전차, 42문의 야포, 77대의 차량과 200필의 군마를 전리품으로 잡았다. 이 시점까지 24, 47장갑군단은 10,000명의 적군을 제거하고 두 개의 전차여단을 공략해 거의 뼈만 남은 상태로 패주시켰다. 구데리안은 적군의 격멸이 순조롭게 진행되는데 긍정적인 평가를 내리면서도 우군의 피해가 얼마 되지 않는다는 점에 대해서도 만족을 표했다. 다만 여전히 연료의 확보문제가 가장 큰 골칫거리였다.

◆ VII-2-9 오룔 지구 전투에서 격파된 T-34를 점검하는 독일군

* * * * *

코네프와 볼딘의 반격

"우리가 이룩한 전과가 특별 라디오방송을 통해 전달될 것으로 믿는다.
그래, 너희들은 모스크바 근처 전선 어딘가에서 나를 발견할 수 있을 것이다!
러시아놈들은 추위가 닥친 연중 이 시기에 우리가 공격할 것이라고는 믿지 않았을 것이다."
(7장갑사단 전차병, 칼 푹스 상사)

10월 3일 호트의 장갑집단은 홀름(Kholm)-지르코프스키(Zhirkovskii) 동쪽의 드니에프르 강변으로 침투해 2개의 교량을 무사히 접수하면서 그날 저녁까지 브야지마 60km 지점에 도달하게 되었다. 코네프의 제대는 황급히 반격을 가해 일단 호트의 사단들이 정체되게 하는 데까지는 힘을 다했다.[35] 하쏘 폰 만토이휄(Hasso von Manteuffel) 대령이 이끄는 6차량화보병연대는 드니에프르 강 한참 건너편의 글루쉬코보(Glushkovo)에 교두보를 확보하기 위해 10월 3일 7장갑사단의 장갑부대와 함께 도하작전을 전개하고, 적의 포사격이 빗발치는 가운데 차량과 병원들을 신속하게 나르고 있었다. 장갑차량에서 무선연락을 주고받으며 전방에서 병사들을 독려하던 만토이휄 대령은 자신의 지휘차량에 총탄이 튕기는 위험천만한 일을 경험하면서도 쾌속으로 강을 건넜다. 도하하자마자 독일군은 삼면에서 날아오는 적의 사격에 시달려야 했으며, 만토이휄 그 자신은 우군 전차가 피격당해 전차병들이 빠져나오자 이내 유폭되어 불기둥이 하늘로 치솟는 드라마틱한 광경을 스스로 목격하기도 했다.

만토이휄의 병력은 동쪽으로 500m를 진격하면서 적진 한 가운데를 관통해 나갔다. 얼마 후 글루쉬코보

35) BA-MA 59060, 3. Pz. Gr. KTB Nr. 2 1.9.41-31.10.41(1941.10.4-10.5)

◆ VII-2-10 7장갑사단장 6차량화보병연대장 하쏘 폰 만토이휄 대령. 모스크바를 목전에 둔 여러 전투에서 대담무쌍한 기습을 감행해 다대한 전과를 획득했다. 사진은 1944년 그로스도이췰란트 장갑척탄병사단장 시절.

의 교량이 기습으로 접수되었다는 전갈이 도착했으며 그로부터 교두보는 500m 이상 확대되기에 이르렀다.[36]

3일 코네프 서부방면군 사령관은 호트의 선봉 6장갑사단의 라우스 전투단을 잘라내기 위해 기병사단들과 전차부대를 동원키로 하고 비알리스톡에서 곤혹을 치렀던 볼딘(I.Boldin) 중장이 126, 18전차여단과 101기계화사단을 끌어 모으도록 지시했다. 서류상으로는 10량의 T-34, 11량의 KV, 계 190량의 전차를 확보하고 있었으나 불과 수 시간 만에 재편성을 해야 한다는 문제점과 제대간 조율에 골머리를 앓고 있었다. 볼딘으로서는 설욕의 시간이었다. 볼딘의 기동전단은 홀름(Kholm)-지르코프스키(Zhirkovski) 근처 드니에프르 강 건너편 교두보에 주둔하고 있던 56장갑군단을 남동쪽에서 공략하고, 호멘코의 30군이 2개 소총병사단과 일부 기병제대를 동원해 북동쪽을 치는 것으로 계획되었다.

볼딘의 전차들은 10월 4일 15량의 독일 전차들을 파괴하면서 일단 공자로서의 선방효과를 과시하려고 했다. 소련군은 홀름 남방에서 넓은 구역을 산개된 형태로 들어왔으므로 6장갑사단의 라우스 전투단은 크게 우려하지는 않았다. 여전히 기동전력을 주요 지점에 집중시켜 돌파를 달성하지 못하는 느슨한 공격형태는 단순한 대전차포 방어로도 제어할 수 있을 것으로 예상되었다. 100대 정도의 소련군 전차들이 남쪽에서 홀름의 도로 허브를 향해 진격해 오는데도 6장갑사단은 적 전차들이 T-34가 아닌 대부분 경전차라는 점을 알아차리고는 겨우 체코제 35(t) 전차로 구성된 1개 장갑대대와 하프트랙을 다수 지녔던 114차량화보병연대의 6중대 하나만 달랑 전선으로 내보냈다.[37] 라우스 전투단은 홀름과 드니에프 남쪽 사이 구간에 대전차포 방어라인을 축성하고 기다리자 볼딘의 전차들이 작은 군집 형태로 나뉘어 돌진해 왔다. 돌연 독일군의 사격이 시작되면서 소련군 전차 지휘관들은 대전차포 사격을 피하기 위해 더욱더 독일군에게 유리한 변화를 주기 시작했다. 소련 전차들은 속도를 올려 독일군 수비진을 돌파하기보다 전방위적으로 병력을 분산시키게 되면서 라우스의 부하들은 각개격파 시키기 좋은 위치들을 잡아나갔다. 초전에 25량의 소련군 전차들을 격파시켰으나 반격이 만만치 않았다. 15량의 독일전차들이 파괴되었다. 대부분 T-26 경전차와 BT 시리즈 전차들로 무장한 볼딘의 전차부대들이 이 정도 전과를 올린 것은 대단한 일이었다. 물론 이 당시는 티거도 판터도 없던 시절이라 못쓰게 된 독일전차의 손실이 그리 대단한 것은 아니지만 이날의 전차전으로 6장갑사단과 여타 호트의 제대가 상당한 피해와 심리적 교란을 당한 것은 분명했다.[38]

36) Kurowski(2010b) pp.143-4
37) Raus(2003) p.86
38) BA-MA RH 19-II/411, Kriegstagebuch Nr. 1(Band Oktober 1941) des Oberkommandos der Heeresgruppe Mitte, Fol. 545(1941.10.4)

10월 2일 오프닝 때 레닌그라드로부터의 장거리 이동 여파로 속도를 내지 못했던 선봉의 1장갑사단은 10월 3-4일 동안 소련공군의 공습에 시달려 스타트는 영 신통찮았다.[39] 1장갑사단은 4일 33량의 적 전차들을 격파했다. 단 이날 사단의 피해도 만만찮아 불과 40대의 전차로 줄어들었다. 하나 총계 80대의 소련 전차들이 격파되자 6장갑사단 주력은 드니에프르 동쪽 제방에 축성된 마지막 방어라인을 세차게 돌파하면서 남은 적군의 전차에 신경 쓰지 않은 채 동진을 속개했다. 결과적으로 볼딘의 반격은 6장갑사단의 진격을 수 시간 정도 지체시키는 정도에 머물렀으며 총 100대의 전차가 하루 만에 모두 상실되는 피해를 입었다. 전차가 제거되자 6, 7장갑사단은 후방에 무방비 상태로 놓인 소련군 야포 진지들까지 짓밟으면서 재반격의 싹을 도려내기 시작했다. 코네프는 볼딘의 진격이 실패로 끝남에 따라 더 이상 호트의 집단을 저지시킬 수 있는 수단을 동원할 수 없었다. 호트 56장갑군단의 진격을 단 한방에 격퇴시키겠다는 의욕은 대단한 것이었으며 부분적으로 독일군 제대에 간과하기 힘든 피해를 안기기는 했으나 전차간 무선송신이 극도로 제한된 기술적 결함은 전술적 미숙함과 맞물려 당면한 위기를 제거하기는 힘들었다.[40] 그러나 호트 역시 고민거리가 많았다. 구데리안과 마찬가지로 연료의 부족문제였는데 이때 일시적으로 급유를 위한 공군의 수송기 Ju-52들이 무려 200기나 레닌그라드 전구로 이동하였기에 모스크바를 향한 주공의 장갑부대들이 연료가 없어 땅바닥에 주저앉는 웃지 못할 일이 속출하고 있었다. 이로 인해 호트의 사단들은 10월 5일 하루는 움직이지 못한 상태에서 고양이처럼 상처를 핥는 의도하지 않은 휴식을 취하게 되었다. 그 중 1장갑사단은 1번 사단으로서의 체면유지를 위해 10월 6일 107기계화사단과의 정면승부에 들어가 총 60대의 전차들을 격파하는 기록을 남겼다.[41]

회프너의 4장갑집단은 10월 5일 돌파 이후 전과확대를 위한 단계에 돌입했다. 40, 46장갑군단이 북익 방면에서 브야지마를 감싸고도는 기동을 전개하는 동안 57장갑군단은 다스 라이히가 40장갑군단의 10장갑사단의 뒤를 따라 그자츠크(Gzhatsk)로, 3차량화보병사단은 유흐노프(Jukhnov)로 향하게 했다. 46장갑군단 5장갑사단은 10월 5일 우그라(Ugra) 강 바로 아래 뷔숄리(Wyscholy)로 진출한 다음 6일에는 폴드네보(Poldnewo)에 도달했다. 10장갑사단의 전투단은 6일 오전 5시 30분 유흐노프를 장악하는데 성공했다. 부덴뉘의 예비방면군 제대들은 별 힘을 쓰지 못했다. 단위부대들이 하나하나 각개격파되어 가는 가운데 이는 마치 전과확대가 끝난 다음의 '추격'에 해당할 정도로 소련군 제대는 쉽게 무너져 내렸다. 이날 10장갑사단은 40km를 파죽지세로 진군해 다스 라이히의 모든 제대와 함께 데스나 강을 도하하고 저녁 무렵 유흐노프에 도달했다.[42] 10장갑사단은 훼르디난트 샬(Ferdinand Schaal)이 56장갑군단장으로 승격함에 따라 볼프강 휘셔(Wolfgang Fischer) 장갑병대장이 맡게 되었다. 사단은 두 개의 전투단을 구성해 하나는 브야지마로 진출시키고 다른 하나는 오전에 유흐노프로 들어가 5시 30분 마을을 장악케 하는데 성공했다. 모스크바로부터 겨우 200km 거리에 위치한 유흐노프가 떨어졌다는 소식에 스탈린은 거의 쓰러질 정도의 충격을 받았다. 스탈린은 황급히 코네프와 부덴뉘의 병력들이 모자이스크 선으로 긴급 후퇴할 것을 지시했다.

39) BA-MA RH 27-1/58, Kriegstagebuch Nr. 7 des Kdos. Der 1.Panzer-Div. 20.9.41-12.4.42, Fol. 11(1941.10.3) & Fol. 14(1941.10.4)
40) BA-MA 59060, 3. Pz. Gr. KTB Nr. 2 1.9.41-31.10.41(1941.10.4-10.5)
41) BA-MA RH 27-1/58, Kriegstagebuch Nr. 7 des Kdos. Der 1.Panzer-Div. 20.9.41-12.4.42, Fol. 16(1941.10.6)
42) Weidinger(1995) pp.71-2

◆ VII-2-11 직격탄을 맞아 횃불처럼 타오르는 T-34 중전차

10월 5일부로 4개의 장갑집단은 명목상으로는 모두 '장갑군'으로 승격되었다. 장갑집단 개념은 형식적으로는 군단과 군의 중간 개념 정도로 해석되고 있었으며 실제로는 군의 수준과 다름없는, 아니 기동전력면에서는 월등히 군을 능가하는 수준이었다. 장갑집단이 장갑군이 되었다고 해서 전투력 자체 향상을 위한 제대가 늘어난 것은 아니었으나 기존의 장갑집단이 갖지 못한 병참기능을 독자적으로 확보함으로써 이전과는 전혀 다른 위상을 갖추게 되었다.[43] 즉 병참기능을 확보했다는 것은 장갑집단이 그간 군사령관의 예하에 위치하면서 그의 명령을 받아야 하는 문제가 있었지만 이제는 군사령관과는 독자적으로, 완전히 대등한 위치에서 작전을 조율하면 되었다. 좀 더 알기 쉽게 설명하자면 구데리안은 원수같은 4군의 폰 클루게의 간섭을 받지 않아도 된다는 뜻이었다. 그러나 실제로는 구데리안만 정식으로 2장갑군의 지위를 획득했으며 나머지는 42년 1월에서야 정식 군으로서의 지위를 획득하고 그 전까지는 모두 4군이나 9군 사령관의 지휘 하에 놓여 있었다.

10월 5일의 가장 큰 충격은 헤르만 호트가 3장갑집단을 떠나 남방집단군의 17군 사령관으로 부임케 된 인사발령이었다. 이는 형식적으로는 승진이었으나 호트는 모스크바 진공을 목전에 둔 상태에서 하나의 자신의 등락으로 간주했다. 이는 17군 사령관 슈튤프나겔(Victor von Stulpnagel)이 갖고 있는 너무 강한 리더쉽의 문제로 인해 폰 룬트슈테트 남방집단군 사령관과 불화를 빚어 5일날 급거 해임된 데 따른 후속 조치였다. 신임 장갑집단 사령관은 서방전격전 때 롬멜과 함께 이름을 날렸던 41장갑군단장 게오르크-한스 라인하르트(Georg Hans-Reinhardt)가 맡게 되었다. 군단장 자리는 발터 모델이 3장갑사단을 떠나 41장갑군단장직을 수행하게 되었다. 신임 3장갑사단장은 기동전의 명수 헤르만 브라이트(Hermann Breith)였다. 이는 타이푼을 시작하자마자 얼마 안 가 취해진 큰 폭의 인사이동이었다.

43) ドイツ装甲部隊全史 2(2000) pp.21-2

◆ VII-2-12 10장갑사단장 볼프강 휘셔 중장. 43년 2월 1일 이탈리아군이 심은 지뢰에 걸려 사고사를 당해 동년 4월 1일에 장갑병대장으로 추서되었다.

◆ VII-2-13 신임 3장갑집단 사령관 게오르크-한스 라인하르트 상급대장. 40년 서방전격전에서부터 기갑전에서는 일가견이 있는 인물이었다. 모스크바 공략은 실패로 끝났으나 42년 1월 1일 상급대장으로 진급하는 행운을 누렸다.

◆ VII-2-14 프리드리히 키르흐너 장갑병대장. 41년 11월 15일에 57장갑군단장직에 오른 이후 종전 시까지도 이 직을 유지한 특이 경력의 소유자이다. 45년 1월 26일에 검부백엽기사철십자장을 받았다.

◆ VII-2-15 모델의 뒤를 이은 3장갑사단장 헤르만 브라이트(10월 22일). 바르바로싸 때의 전공으로 42년 1월 31일 백엽기사철십자장을 받았으며 57장갑군단장 프리드리히 키르흐너처럼 종전 시까지 3장갑군단장직만을 유지했다.

VIII. 브야지마-브리얀스크 이중포위전

"우리를 여기까지 오게 한 것은, 대원 전원이 수일 동안의 작전을 통해
과도하게 지치면서도 그들이 가진 임무를 다하고 서로 도우며,
같이 협동하는 것과 응집력을 발산해 온 것에 기인한다.
이는 그러한 것들을 경험해 본 자들만이 공유할 수 있는 가치이다.
우리가 이해하기로는 그것이야말로 진정한 동료애의 발로라 생각한다.
이것이 7장갑사단이다."
(1941.10.7, 7장갑사단 6차량화보병연대장 하쏘 폰 만토이펠 중령)

* * * * *

구데리안의 브리얀스크 포위

"이는 우리 전차들에 대한 T-34의 전반적인 우월성이 명백히 입증된 사례였다.
(4장갑)사단은 심각한 피해를 입었다.
따라서 툴라를 향해 쾌속으로 진격하겠다는 당초의 계획은 당분간 접을 수밖에 없었다."
(2장갑군 사령관 하인츠 구데리안 상급대장 : 1941.10.6)

10월 4일 24장갑군단의 선봉은 모스크바 남부의 툴라(Tula)로 향하는 길목에 위치한 모인(Moin)을 장악하고 3, 18장갑사단은 카라췌프 방면으로 향했다. 17장갑사단은 네루사(Nerussa) 강에 교두보를 만들어 그 이후에는 더 북쪽으로 진군할 예정이었다. 목표점은 브리얀스크였다. 장갑집단의 좌익에는 직전에 구데리안 휘하에 있었던 다스 라이히가 볼봐(Bolva)를 향해 나가면서 47장갑군단과의 간격을 제대로 유지하고 있음이 관찰되었다.

한편 구데리안 2장갑집단의 북익에 위치한 2군은 브리얀스크방면군을 포위하려는 기도를 나타내자 소련군의 강력한 반격에 직면했다. 소련공군의 지원을 받는 기동전력이 가해 온 반격은 반격이라기보다는 선방을 먹이겠다는 기세로 달라 들었고 기동전력이 전혀 없던 2군은 루프트봐훼를 불렀다. 루프트봐훼는 152대의 급강하폭격기와 259대의 중폭격기로 반격에 대한 재반격을 가했고 202대의 슈투카와 188개의 중폭격기가 추가로 등장했다. 이 막강한 항공전력은 브리얀스크-스파스-데멘스크 구간의 소련군 종대를 습격하고 독일군은 이 교전에서 4대의 KV 중전차를 포함한 22대의 전차와 450대의 차량, 3개의 유류저장소를 파괴하면서 소련군의 반격에 제동을 걸었다. 이 상공에서의 공중전 또한 만만찮았다. 52전투비행단 1대대의 하인츠 아너르트(Heinz Ahnert) 상사와 오토 슐라우흐(Otto Schlauch) 소위는 2대의 동시공격으로 당시까지 170회 공중전 경험에 독일기 5대 격추를 기록하고 있던 29전투기연대 소속 봐실리 미구노프(Vasily Migunov) 소위의 I-16기를 피격시켰다. 단 추락은 시켰으나 미구노프 소위는 부상만 입은 채 살아날 수는 있었다. 이날 아너르트 상사와 슐라우흐 소위는 환상적인 콤비플레이로 29전투비행단의 I-16기 3대를 2분 안에 잡는 테크닉을 과시했다.[1]

10월 5일 오전 10시 30분 레멜젠의 47장갑군단 본부에 도착한 구데리안은 18장갑사단이 오률-브리얀스크 국도를 따라 북쪽으로 나아가도록 하고 폰 아르님(Hans-Jürgen von Arnim)의 17장갑사단은 기습으로 브리얀스크를 탈취할 것을 명령했다. 레멜젠의 두 장갑사단은 아직 구데리안의 의중을 알아차리지 못한 예레멘코가 13군이 측면을 붙들어 현 위치를 지키도록 지시한 결

1) Bergström(2007) p.91

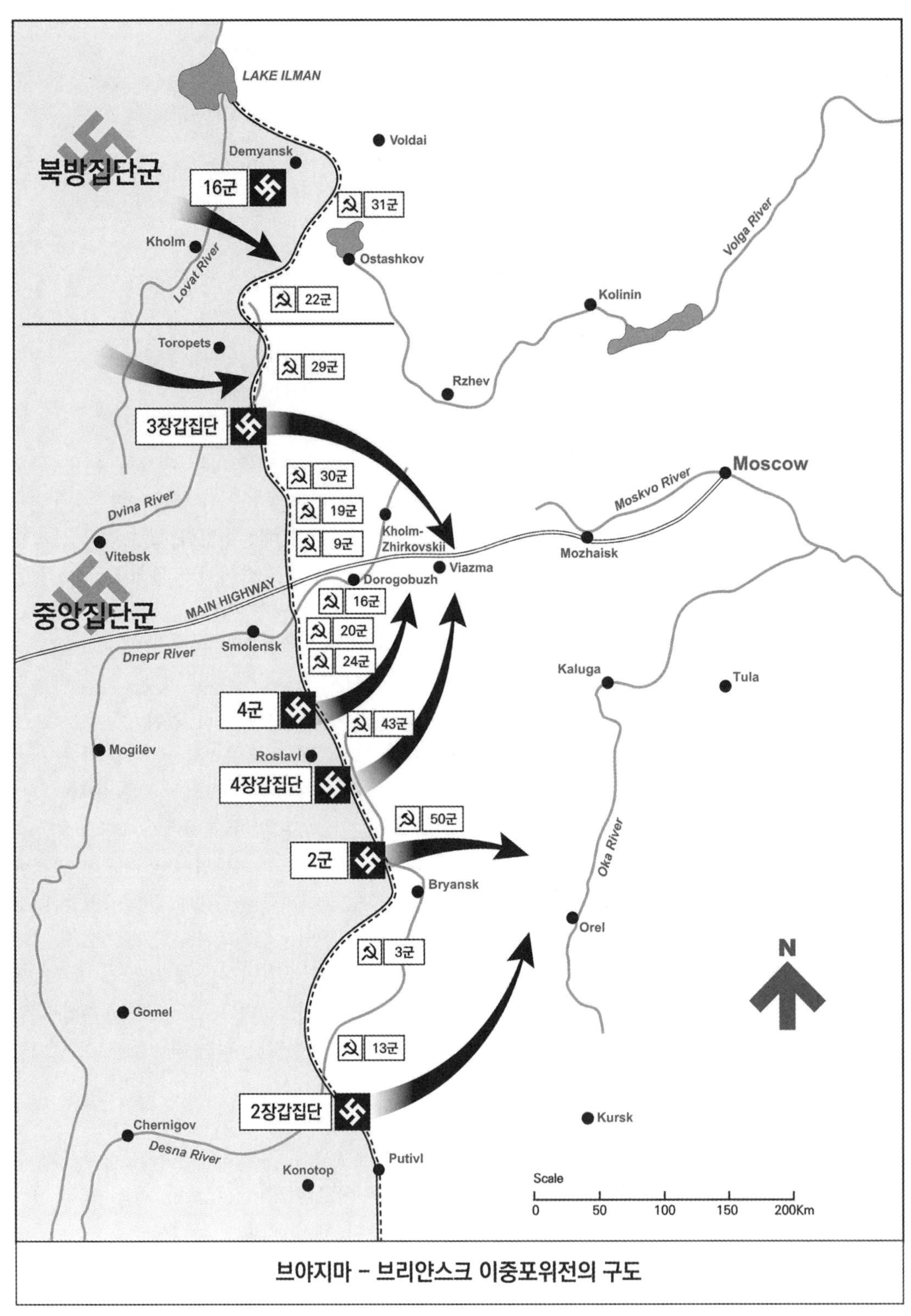
LAKE ILMAN
Voldai
Demyansk
북방집단군
16군
31군
Kholm
Lovat River
Ostashkov
22군
Volga River
Kolinin
Toropets
29군
Rzhev
3장갑집단
30군
Moscow
Moskvo River
Dvina River
19군
9군
Kholm-
Zhirkovskii
Mozhaisk
Vitebsk
Viazma
Dorogobuzh
MAIN HIGHWAY
중앙집단군
16군
20군
Smolensk
Dnepr River
24군
Kaluga
Tula
4군
43군
Mogilev
Roslavl
4장갑집단
50군
2군
Oka River
Bryansk
Orel
3군
N
Gomel
13군
2장갑집단
Kursk
Chernigov
Desna River
Putivl
Konotop
Scale
0
50
100
150
200Km

브야지마 - 브리얀스크 이중포위전의 구도

과, 13군의 배후를 돌아 브리얀스크로 진출할 수 있는 길목을 손쉽게 열 수 있었다. 예레멘코는 뒤늦게 마지막 기동예비로 있던 141전차여단을 풀어 카라췌프로 치고 들어오는 두 장갑사단을 막게 했으나 산산조각이 나고 말았다. 이날 카라췌프는 빌리 테에게(Willi Teege) 소령이 이끄는 18장갑사단 18장갑연대 3대대에 의해 점거당했다.[2]

10월 5일 2장갑집단의 좌익에 위치한 13, 33군단은 수취니취(Suchinitschi)로 진격하고 유흐노프(Yuchnov)를 점령하는 진전을 달성했다. 예레멘코는 더 이상의 전차들을 불러 모을 수가 없어 스타프카에 전술적 후퇴를 허가해 달라고 요청했으나 샤포쉬니코프는 지원군을 보낼 테니 좀 더 버텨달라는 주문을 했고 예레멘코는 도리없이 대기하는 방향으로 마음을 굳히고 있었다. 소련군이 이처럼 난관에 처해 있었음에도 2장갑집단은 연료부족 사태로 전전긍긍하고 있었다. 구데리안은 10월 5일 2항공군 사령관 케셀링에게 500큐빅의 연료를 공수해 줄 것을 요청했지만 2항공군은 익일 6일까지 겨우 70-100큐빅밖에 주지 못한다는 답을 보내왔다. 참고로 이때는 북쪽에 있던 4장갑집단의 46장갑군단 또한 질 낮은 도로와 연료부족으로 거의 엉금엉금 기다시피 하고 있는 사정이었다.[3] 그런 사정에도 불구하고 10월 6일 24장갑사단이 중앙을 찌르고 들어가는 순간, 48장갑군단은 남익을, 47장갑군단은 북익을 엄호하는 형세로 브리얀스크를 향해 진군하면서 키에프 다음 두 번째의 거대한 포위전을 그려가고 있었다.[4]

* * * * *

브리얀스크의 기습점령

"철도수송종점은 그냥 두라. 교량이 더 중요하다.....
자 속도를 올려라.....
모두들 나를 따르라!"
(17장갑사단 39장갑연대 1대대장 한스 그라들 소령)

하나 구데리안이 기다려 주지를 않았다. 10월 6일 그는 브리얀스크를 손에 넣을 작정이었다. 그전 10월 4일 17장갑사단의 39장갑연대 1대대장 한스 그라들(Hans Gradl) 소령은 39장갑연대 1대대와 63차량화보병연대 2대대, 장갑정찰대대 1개 소대, 사단 공병대대 주력, 그리고 군단 대공포대의 88mm 2문으로 그라들 전투단을 결성했다. 물론 정면이 아니라 카라췌프를 거쳐 뒤를 치는 작전이었다. 왜냐하면 10월 5일 기준으로 사단은 겨우 30량 정도의 가용전차를 지니고 있었기에 이 전력으로는 브리얀스크와 같은 요새화된 시 정면을 칠 수 있는 가능성은 희박했다.

2) Guderian(1996) p.233
3) BA-MA RH 19-II/411, Kriegstagebuch Nr. 1(Band Oktober 1941) des Oberkommandos der Heeresgruppe Mitte, Fol. 552(1941.10.5)/BA-MA RH 21-4/34, Ankage zum KTB Panzer Gruppe 4: 20.9.41-14.10.41, Fol. 52(1941.10.5)
4) Haupt(1972) p.77

◆ VIII-1 17장갑사단 39장갑연대 1대대장 한스 그라들 소령. 노획한 T-34에 올라 타 취한 포즈. 그라들은 1936년 10월 1일 창설된 독일군 장갑부대의 초대 장갑중대장 중 일원일 정도로 오랜 기간 전차부대의 운용에 정력을 쏟아왔었다.

그라들 전투단에게 할당된 전차는 따라서 7량 정도가 최대 가능치였다.[5] 10월 5일 39장갑연대장 쿠르트 쿠노(Kurt Cuno) 대령은 17장갑사단 본부로부터 귀환해 그라들 소령에게 작전 개시의 시간이 왔음을 알리고 사단의 우익은 18장갑사단이 받쳐줄 것이라는 내용도 전달했다. 구데리안의 남쪽은 호트나 회프너의 북쪽보다 전력이 약한 것이 사실이었지만 폰 봐익스의 2군 제대들이 적절한 공간을 커버해 준다면 큰 탈은 없을 것으로 보고 있었다.

사단 선견대로서의 그라들 전투단은 4-5일 네루사 강을 넘어 브리얀스크-모스크바를 연결하는 도로를 따라 북상하여 사단 주력의 측면을 엄호한다는 목적을 달성했다. 그라들의 전차들이 63차량화보병연대의 선견대와 만나 키가 낮은 목초지를 지나갈 무렵 고지 언덕에서 적군의 사격이 시작되었다. 그라들은 전차의 해치를 닫고 전진 명령을 내렸다. 독일군 전차들은 덤불지대를 지나 언덕 사면 쪽으로 올라가면서 적군 진지의 위치를 알아차렸다. 그라들은 전차들이 언덕 꼭대기에 도달하면 연막탄을 터트려 시야를 가리게 한 다음 전차들을 산개시키도록 명령했다. 그라들은 전진하는 자신의 우편에 기관총좌 하나를 목격했다. 조종수는 사격을 할 것도 없이 장갑궤도로 깔아뭉개고 지나가 버렸다. 그라들은 다시 경전차 한 대의 접근을 알아챘다. "휘어(4)-눌(0)-눌(0)(거리 400m라는 뜻).....11시 방향....." 그라들은 포수가 정조

5) BA-MA RH 24-47/258, Kriegstagebuch Nr, 2 XXXXVIi.Pz.Korps. Ia 23.9.1941-31.12.1941, Fol. 24(1941.10.5)/ BA-MA RH 19-II/411, Kriegstagebuch Nr. 1(Band Oktober 1941) des Oberkommandos der Heeresgruppe Mitte, Fol. 564(1941.10.6)

준할 때까지를 기다리다 사격구호를 외치자 그와 동시에 주포가 발사되었다. 포탄은 경전차 바로 앞에 떨어졌다. "좀 짧다. 20m 더 길게 조준! 발사!" 이번에는 명중탄이었다. 포탄은 차체와 포탑 사이를 정확하게 뚫고 전차를 두 동강이로 내고 말았다. 전차 뒤에서 따라 들어오던 보병들은 소련군 기관총좌와 벙커들을 공격하자 어느 정도 저항은 하다 도저히 안 되겠다싶어 개인호에서 기어 나와 항복하는 적병들이 갑자기 증가하기 시작했다. 그라들은 언덕 북쪽에서 병력을 재집결시키면서 카라췌프로 진군하기 위한 준비를 서둘렀다.

소련군들은 237고지 뒤편에 아직도 남아 있는 것으로 관찰되었다. 한시가 급한 그라들 전투단은 카라췌프와 브리얀스크를 사이에 두고 모스크바로 이어지는 주도로를 따라 진격을 속개하려 했다. 17장갑사단의 주력은 이 주도로를 따라 올 예정이었다. 그러나 이 도로를 감제하는 237고지를 중심으로 포진한 또 하나의 소련군 진지와 조우함에 따라 전진을 중단하고 일단은 사단 공병대가 237고지의 대전차호들을 처리하는 것으로 조치했다. 6일 새벽 237고지에 대한 공세를 시작한 전투단은 적군 진지 돌파 후 공병과 보병 대부분을 본대로 돌려보내고 자신은 겨우 13량의 전차와 4대의 장갑차량, 20mm 대공포를 탑재한 자주포 2대와 보병 1개 소대(?)만으로 카라췌프로 향했다. 언덕을 따라 내려가던 전투단은 소련군의 대전차포 3문을 격파하고 카라췌프가 바라보이는 곳까지 당도했다. 하나 사단 첩보부에서 카라췌프로 진입하는 교량이 이미 폭파된 후라 직진할 필요가 없다는 연락을 송신했다.[6] 그라들은 베게만(Begemann) 소위가 2대의 정찰소대 차량으로 척후에 나서도록 지시하고 얼마 안 있어 브리얀스크로 가는 도로에 별 문제는 없다는 보고를 받게 된다. 그러나 차량화보병들이 전차의 속도를 따라잡지 못해 그라들은 쾨르버(Körber) 소위에게 뒤로 돌아가 보병들을 빨리 끌어당겨 전차와 보조를 맞출 수 있도록 하라고 지시했다. 보병 없이 전차만으로의 공격은 불가능하다고 판단되었으며 마침 그때 폰 아르님 사단장으로부터 사단 작전장교가 갈 때까지 좀 기다리라는 지시가 떨어졌다. 30분도 안 되어 보기슬라프 폰 보닌(Bogislaw von Bonin) 소령이 그라들의 전투단이 있는 곳에 도착했다. 작전회의에 들어갔다. 우선 카라췌프-브리얀스크 국도를 따라 정면으로 접근하는 것은 여러 겹으로 쌓인 적의 수비진으로 인해 자살에 가까우며 어떻게든 뒤로 돌아들어가야 한다는 데는 의견이 일치되었다. 폰 보닌 소령은 그라들에게 어차피 어디든 적은 있게 마련이지만 그나마 브리얀스크와 사레보(Sarewo) 사이의 숲을 통과하는 게 어떠냐는 제안을 내놓았다. 그라들은 동의했다. 보병들이 도착하는 대로 숲지대로 들어가 브리얀스크의 뒤통수를 치겠다는 다짐을 건넸다.[7] 그라들은 뒤따라온 차량화보병 제대의 전투차량들을 규합해 6대의 3호 전차, 7대의 2호 전차, 4대의 SPW장갑차량 및 대공포 2문을 추려 전투단 중의 별도 특공대를 조직했다. 그라들은 이제부터 브리얀스크를 바로 치러 갈 터이니 모두 다 최선을 다해 줄 것을 병사들에게 당부했다. 그 외에 달리 할 말은 없었다. 병사들은 그라들 소령이 바르바로싸 첫날부터 항상 그들의 맨 앞에 서서 지휘해 왔다는 것을 알고 일말의 존경심을 품고 있었다.

전투단은 카라췌프에서 더 서쪽으로 전진하여 소련군 수비대가 별로 없는 카라췌프와 브리얀스크 사이에 위치한 숲 가운데 놓인 철길을 따라 브리얀스크로 향했다. 전투단은 사레보(Sarewo)-세미쉬췌(Semischtsche) 구역 숲 중간에서 단 한명의 말을 탄 초병을 잡아 심문하고 적군의 위치를 대충은 알아냈다. 전투단은 곧장 숲을 통과해 속도를 내기 시작했다. 이때 전투단

6) Kurowski(2010a) p.223
7) Kurowski(1990) p.275

은 도로 좌측에 소련군들의 차량과 무선안테나가 달린 막사를 발견하고 전투태세에 돌입했다. 점점 더 많은 적군과 적의 차량들이 보이기 시작하였으며 이들은 단순히 정찰대 병력이 아니라는 것이 감지되었다. 전차를 본 소련군들은 도주하기 시작했고 그라들은 무차별 사격을 지시했다. 전차의 주포사격이 3분이나 계속되었다. 그라들의 병력은 무선송신기지와 근처에 흩어진 차량들을 모두 파괴하고 독일군에게 응사를 가해 온 기관총좌는 간단히 제압해 버렸다. 그라들 전투단의 기습을 전혀 예상하지 못한 예레멘코는 사령부를 때린 독일군의 급습에 당해 스스로 부상을 입고 현장을 빠져나갔다. 이들은 독일군의 주력이 곧 들이닥칠 것으로 예상하고 바삐 위기를 빠져 나가는 데만 급급했다. 일시적으로 전투가 끝나자 독일군은 그때서야 그들이 예레멘코 방면군 사령관을 50m 앞에서 놓친 것을 알게 되었다.[8]

전투단은 브리얀스크방면군 사령부로 판단되는 장소를 발견하고는 곧바로 전투에 들어가 소탕작전을 취할 수도 있었으나 그라들은 일격을 가한 후 전과확대에는 관심을 보이지 않은 채 현장을 통과해 버렸다. 그라들 소령은 소련군 소위가 이끄는 연료운송 종대를 습격해 연료를 확보하고 방면군 사령부 본부 건물로 보이는 곳을 지나치다 소련군 보초들을 번개처럼 포로로 잡았다. 이들은 본부 구역까지 독일군들이 전차로 밀고 들어올 줄은 상상도 못한 채 순식간에 잡히고 나서야 어떤 상황이 벌어졌는지를 짐작했다. 근처에 있는 철도역에서는 소련군 소총병중대가 하차하는 것이 목격되어 그라들의 부하가 적 병력을 쓸어버리자고 하자 데스나 강의 다리가 더 중요하다며 이마저도 지나쳐 버렸다. 6일 저녁 무렵 데스나 강의 교량에 접근한 그라들은 쌍안경으로 교량 쪽 초병들의 동태를 살펴보다 적에게 노획된 2, 4호 독일군 전차가 교량을 지키고 있는 것을 확인했다. 그라들은 기습으로 초병들을 제압하라고 하고 이내 두 대의 잃어버렸던 전차들도 회수하는 수확을 거두었다. 그라들 전투단은 데스나 강에 걸린 다리 하나를 확보한 뒤 본격적인 시가전에 대비한 교두보를 다지는 작업에 들어갔다. 브리얀스크-로슬라블 국도를 통과하던 전투단은 좌측에 놓인 소련군 병영을 급습해 100명의 적군을 포로로 잡았으며 이를 구출하기 위해 급파된 소총병 차량들이 달려오자 종대 정면에 집중적인 주포사격을 가해 소련군들을 패닉상태에 빠지게 한 뒤 도주하지 못한 병력을 모조리 포로로 사로잡았다. 전투단은 작전 개시 이후 포로만 400명을 잡는 불필요한 소득으로 인해 잠시 골머리를 앓기도 했다. 그라들은 포로의 처리 문제도 있거니와 사단 본부에 연락을 취했다. "데스나 교량은 확보했다. 교두보는 브리얀스크 서쪽까지 확장했다. 본부 지원을 요청함!!"[9]

그 후 오후 5시경 그라들 전투단은 칼 뤼스바움(Karl Rüsbaum) 대령의 63차량화보병연대장 주도 하에 구성된 상위 전투단에 포함되어 시 공략에 참가했다. 그라들을 만난 뤼스바움 대령은 극찬을 아끼지 않았다. "축하한다, 그라들! 골 때리는 짓을 했구먼!" 뤼스바움 전투단은 63차량화보병연대 본부와 2대대 2개 중대, 40차량화소총병연대 1대대로 구성되어 있었으며 모두 하노마그(Hanomag) 장갑차량으로 편성되어 있어 화력과 기동력에서는 크게 손색이 없었다. 그라들은 우선 병력을 교량 부근에서 빼 내어 시 공략 직전에 북쪽으로 800m 지점에 포진되어 있던 소련군 대공포 2문을 제거했다. 6시경 소련군은 시 주변에 쌓아두었던 연료와 탄약 및 식량을 독일

8) ドイツ装甲部隊全史 2(2000) p.24, 이때 예레멘코는 중상을 입어 전선에서 이탈되는 불운을 겪었으며 그것으로 그의 41년 전역은 끝이 났다.

9) Kurowski(2010a) pp.111, 114

◆ VIII-2 SdKfz 251 하프트랙. 1941년 10월의 촬영.

군에게 탈취당하지 않기 위해 모두 폭파시켜 버렸다. 거대한 불길과 천둥과 같은 폭발 소리가 났기에 독일군들은 북쪽 정확히 어느 지점인가를 파악할 수 있었다. 이어 전투단은 증강된 중대규모의 보병들과 전차들을 앞세워 과감한 돌파를 시도하고, 독일군의 공세정면을 향한 동쪽이 아닌 서쪽으로부터 돌아들어가 시를 공격함으로써 완전하게 적군 수비대의 의표를 찌르는 전격전의 모범을 과시했다. 소련군이 난공불락으로 생각했던 브리얀스크는 방면군 사령부와의 교신도 두절된 상태에서 머리를 잃고 헤매다가 완벽히 방어기능을 상실하는 운명에 처했다. 브리얀스크는 10월 7일 새벽에 최종 함락되었다.[10] 소련군은 아침이 되자 주 교량 이외에 데스나 강에 걸린 또 하나의 보조 교량을 통과하기 위해 온갖 화력을 집중해 전투단을 교란시키려 했다. 그때마다 그라들의 전차들이 나타나 상황을 되돌려 놓고 소련군은 다시 병력을 증강시켜 독일군을 쳐내려는 시소게임이 계속되었다. 게임은 오전 10시 15분경에 종료되었다. 그라들은 수중의 전차들을 모두 모아 결국 휘니쉬 블로를 날렸다. 성가시게 굴던 소련군은 격멸당했으며 브리얀스크의 서쪽이 완전히 청소됨과 동시에 교량은 그라들 전투단의 손에 확고하게 들어왔다. 소련군이 몰살한 장소에 남은 것은 대전차포 1문과 대공포 1문이 전부였다.

이는 기가 막힌 기습의 대표작 중 하나였다. 적에게 반응할 시간적 여유를 주지 않으면서 사령부에 치명적인 일격을 가한 뒤, 적 수비대의 중추를 무너뜨리는 가히 전광석화와 같은 걸작으로 평가되었다. 그라들의 전투단은 시를 장악했을 뿐만 아니라 1,000명 이상의 포로, 포병 1개 대

10) バルバロッサ作戰(1998) pp.24-5

대, 4량의 KV-1을 포함한 17량의 전차, 14문의 야포, 8문의 대전차포, 차량 100대, 공군기 1대를 파괴 또는 획득했다. 독일군은 창고 속에 보관되어 있던 10만 개의 몰로토프 칵테일도 압수했다. 독일군은 이를 사용하지 않고 전량 폐기해 버렸다. 현기증 날 정도로 기민한 전투단의 작전기동은 브리얀스크 사령부를 거의 해체시키는 교란효과를 달성했으며 소련 3군과 13군의 14개 사단들이 포위망 속에 갇힐 전제조건들을 확보했다. 구데리안이 오른쪽을 파고들면 좌익의 2군이 브리얀스크 주변을 감싸고돌아 남방 포위망을 구축하게 될 예정이었다. 브리얀스크 함락은 모스크바 공략의 제1단계가 완료된 것과 같은 의미가 있었다. 그라들 소령은 브리얀스크 장악의 공로로 11월 15일 기사철십자장을 받았다.

10월 7일 2장갑군의 우익에 위치한 48장갑군단은 디미트리에프(Dimitriev)로 진격하고 2장갑군의 남쪽에서 기동 중인 남방집단군은 쉬테포프카(Shtepovka)로 진격하면서 남방경계 지점에서 순조로운 공조를 이루고 있었다. 원래 붸르너 켐프(Werner Kempf)의 48장갑군단은 북쪽(좌익)에 위치한 툴라의 폰 슈붸펜부르크(Leo Geyr von Schweppenburg) 장갑병대장의 24장갑군단을 지원하기 위해 300km의 거리를 행군하여 제대간 간격을 유지할 필요가 있었으나 우선은 그 전에 쿠르스크로 직진하여 시를 따내는 것이 당면목표였다.[11] 2장갑군 좌익의 53군단(31, 56, 167보병사단)은 서쪽에서부터 브리얀스크를 향해 들어갔으며 브리얀스크에 대한 적군의 반격을 물리쳐 냈다. 47장갑군단의 29차량화보병사단은 7일에 레브나(Revna)에 도착했으며 이로써 로슬라블-브리얀스크-오룔 구간의 보급루트를 안정화시킴으로써 47장갑군단의 공격기능이 회복될 수 있는 여건이 마련되어 가고 있었다. 더 북쪽에서는 2군이 수취니취(Suchinitschi)와 메쉬췌프스크(Meshtschevsk)를 점령함으로써 포위망의 북익을 공고히 하고 있었다.[12] 지상군과 마찬가지로 루프트봐훼 역시 맹위를 떨치고 있었다. 19월 6-7일간 1,400회 출격을 기록한 2항공군은 7일에만 공습에 의해 전차 20대, 야포 34문, 차량 650대, 기타 벙커 수개들을 파괴하는 전과를 달성했다.

* * * * *

카투코프의 므텐스크(Mtensk) 지연작전

"러시아군은 보병들로 정면공격을 가하고 전차를 집단적으로 운용해 우리의 옆구리를 파고 들었다. 그들이 뭔가를 배우고 있다."

(2장갑군 사령관, 하인츠 구데리안 상급대장)

10월 5-6일 구데리안 사단들의 쾌거와 극명하게 대비될 만한 문제가 10월 5일 24장갑군단 진격로에서 발생했다. 스타프카는 오룔을 탈환하기 위한 병력을 동원해 브리얀스크방면군 전선을 무너뜨린 구데리안의 선봉을 막아보려는 시도를 궁리했다. 반드시 독일 장갑부대를 격파시키지 않는다 하더라

11) BA-MA RH 19-II/411, Kriegstagebuch Nr. 1(Band Oktober 1941) des Oberkommandos der Heeresgruppe Mitte, Fol. 564(1941.10.6)

12) Guderian(1996) p.234

도 오룔 북부를 막으면서 어느 방향으로든 튈 수 있는 2장갑군의 공세를 지연시키는 것만으로도 부분적인 전술적 효과는 기대될 수 있었다.[13] 1근위소총병군단 사령관 렐류셴코(D.Lelyshenko) 소장은 똘똘한 적군 지휘관들을 불러 모았다. 훗날 1전차군 사령관이 될 미하일 카투코프(Mikhail E. Katukov) 대령의 4전차여단은 스탈린그라드에서 철도로 모스크바로 이동하던 도중 오룔 북쪽 므텐스크(Mtensk)로 방향을 틀었다. 10월 4일 카투코프의 여단은 7량의 KV와 22량의 T-34를 포함하여 총 60량의 전차를 므텐스크에서 하차시켰다. 같은 시기 아르만 마티소뷔취(Arman P. Matisovich) 대령의 11전차여단은 모스크바에서 50량의 전차를 몰아 므텐스크에 도착했다. 카투코프는 블라디미르 구세프(Vladimir Gusev) 대위와 알렉산드르 부르다(Aleksandr F. Burda) 중위로 하여금 19량의 T-34와 2량의 KV-1로 구성된 2개 전차중대를 오룔 쪽으로 내려가게 해 강행정찰을 시도하도록 지시했다.

◆ VIII-3 4전차여단장 미하일 카투코프 대령. 훗날 소련전차군 굴지의 에이스 중 한 명으로 등극하게 된다. 전후 미 3군 사령관 패튼과의 만남에서 소련군을 혐오하는 패튼이 욕지거리를 해댄 뒤 '그럼 개새끼들끼리 건배!'라고 외치게 만들었던 장군이 바로 카투코프였다.

◆ VIII-4 소련군 4전차여단의 전차 에이스 알렉산드르 부르다 중위(중앙)

13) 구데리안은 미하일 카투코프 여단장의 반격을 엄청난 충격으로 받아들이고 있었다. 승승장구하던 그의 장갑부대가 처음으로 프로적인 스타일의 소련군 기동전력에 의해 결정타를 얻어맞으면서 진격이 돈좌되었음을 솔직하게 시인하기도 했다. Guderian(1996) p.235

10월 5일 4장갑사단의 에버바흐 연대장은 1개 장갑중대를 투입해 오룔-툴라 국도 방면 15km 지점을 정찰토록 했다. 그 뒤에 선봉을 맡은 2장갑대대가 오룔-툴라 철도선을 따라 진격해 들어갔다. 이 종대는 구세프 대위와 부르다 중위의 T-34들에 걸려 선두 장갑차량이 격파되면서 일대 혼전을 거듭하다 황급히 도주하는 일에 직면했다. 총 20량의 소련군 전차들이 나타났으며 T-34, KV-1, T-26들이 뒤섞인 혼성 제대였다. 3대의 T-34들이 거의 동시에 주포사격을 가하면서 선두에 선 소대장 칼 큐스페르트(Karl Küspert) 소위의 전차가 명중탄을 맞았다. 5중대장 헬무트 렉샤트(Helmut Lekschat) 중위가 주포사격을 계속 하면서 소리를 질렀다. "큐스페르트, 빠져 나와라!!" 렉샤트의 포수 헨리히스(Henrichs) 상사가 외쳤다. "빌어먹을, 철갑탄조차 관통하지 않는다!!" 큐스페르트는 다시 "전차가 움직이지 않는다. 탈출, 큐스페르트는 탈출하겠다!!"고 무선으로 전달했다. 큐스페르트와 그의 부하 전차병들은 포탑에서 빠져나오는 순간 소련군들의 기관총 사격이 빗발쳤으나 용케 부셔진 자신들의 전차 뒤로 몸을 숨길 수 있었다.[14] 그 와중에 렉샤트 중위의 전차도 여러 차례 피탄되는 통에 부분적으로 파괴되어 뒤로 후퇴하는 도리밖에 없었다. 3호 전차의 장포신 50mm나 단포신 75mm 주포로는 끄떡도 하지 않는 중전차들이었다. 독일군은 개전 이래 적의 전차에 밀려 처음으로 후퇴하는 비참한 경험을 했다. 뒤에 있던 헤르만 빅스(Hermann Bix) 상사는 대대의 좌익은 조용하나 우익에서 격렬한 교전이 발생하고 있는 것을 확인하고 자신이 직접 처리하겠다고 나섰다. 뵉클러(Böckler) 소위는 빅스에게 주의를 주었다. "어이 빅스, 상대는 모두 T-34, KV-1이다. 조심해라." 빅스는 600m 바깥에서 적의 전차들을 확인하고 300m 안으

◆ VIII-5 4장갑사단 35장갑연대 2장갑대대 장갑소대장 칼 큐스페르트 소위(우측)

14) Kurowski(1990) p.274

로까지 가까이 오기를 기다렸다. 정면으로 다가오던 T-34는 갑자기 빅스의 눈앞에서 마치 자신의 옆구리를 때려달라는 식으로 측면을 보이면서 커브를 틀기 시작했다. 전차 포수로서는 가장 때리기 좋은 위치였다. 빅스가 "포이어(Feuer)!!!"라고 외치자말자 포수 크라우제(Krause)가 직격탄을 날렸다. 명중이었다! 두 번째 탄은 포탑을 갈겼다. 관통은 되지 않았으나 상당한 충격은 가했을 것으로 믿었다. 그러나 이들은 믿을 수가 없는 광경을 보고 있었다. 아니 믿고 싶지 않은 광경이었다. T-34는 마치 '효자손'으로 옆구리와 등을 안마 받은 것처럼 약간 꿈틀거리더니 포탄이 날아오는 방향도 의식하지 않은 채 전진을 계속했다. 조종수 슈바르쯔(Schwarz)가 외쳤다. "이 새끼들, 아예 우리를 쳐다볼 생각도 하지 않는다!" 렉샤트 중대장이 전 전차병들에게 알렸다. "대대는 후퇴한다. 이것들은 우리 전차로는 상대가 되지 않는다. 우익의 피해가 너무 크다." 그 순간 이웃하던 2대대도 할 만큼하고 태세전환이 불가능하다고 판단했던지 모두 퇴각하고 난 뒤인 것으로 보였다.[15]

10월 6일 에버바흐의 장갑부대는 일부 부상자를 버려둔 채 므텐스크로 향하게 되자 카투코프는 리시자(Lisiza) 강변으로 병력을 빼 교량 쪽을 감제할 수 있는 고지대에 2개 전차대대를 배치시켰다. 이는 기가 막힌 매복장소였다. 에버바흐는 소련 중전차의 화력을 극복하기 위해 88mm 대전차포중대, 100mm 중야포, 105mm 곡사포 1개 중대씩을 선봉에 붙여 신중한 성격의 마인라트 폰 라우헤르트(Meinrad von Lauchert) 소령으로 하여금 진격을 주도하게 했다. 그는 43년 판터 신형전차의 최초 야전지휘관이 될 인물이었다. 라우헤르트 소령의 선봉은 오전 9시 행군을 시작해 5일 전투가 치러진 지점을 통과한 뒤 리시자 강 교량에 도달했으나 이상하게 마치 적이 모두 도주한 것 같은 느낌을 받았다. 카투코프는 하나의 기만전술을 준비하고 있었다 그는 공산당 내무위원회(NKVD) 소총병들을 동원해 소총병들의 병영처럼 보이는 위장진지를 축성하고 45mm 대전차포 수대를 그럴듯하게 설치하여 독일군을 유인하기 시작했다. 독일군들은 이를 대단한 진지로 오인하고 모든 화력을 퍼부어 결과적로는 탄약을 낭비하게 되었으며 소련군들은 그와 같은 위장진지들을 따라 병력을 순차적으로 이동시키면서 장갑부대의 시선을 따돌리는 효과를 얻었다. 이에 라우헤르트는 슈투카의 공습을 요청하고 제 때에 잘 안 오던 급강하폭격기들이 이때는 쏜살같이 나타나 위장진지를 공습하기 시작했다.[16] 동시에 화포사격과 함께 전차들을 몰아 진지들을 공략했다. 소련군 병력은 이내 무너졌다. 물론 NKVD 대원들이 희생이 되었으나 이는 독일군을 방심하게 만들기에 충분한 미끼였다. 라우헤르트의 부대는 오전 11시 30분 2개 장갑중대를 교량 건너편 언덕 쪽으로 다가가게 하고 모터싸이클 부대와 2문의 88mm, 1문의 100mm 및 103포병연대 6중대를 따라 붙였다. 카투코프의 전차들은 교량 뒤쪽 400m 지점에 중전차들을 포진시키고 독일군을 기다리고 있었다. 독일전차들이 언덕 쪽으로 접근하자 자작나무가 늘어 선 도로 양 옆으로 포진하고 있던 KV-1와 T-34의 주포들이 일제히 불을 뿜었다. 그 중 한 대의 전차에 불이 붙자 피격된 전차의 전차병들은 다행히 부상을 입지 않은 채 빠져 나올 수는 있었다. 나머지 독일전차들이 숲을 향해 응사를 실시했다. 그러나 예상대로 3호 전차 50mm 장포신 주포는 중전차들의 철갑을 뚫지 못했다. 지금까지 소련군 전차부대는 우수한 질의 장비를 갖고도 지형에 대한 연구부족과 치졸한 전술로 번번이 참패를 당했으나 이번에는 달랐다.[17] 라우헤르트는 무기력한 자신의 전차들을 뒤

15) Kurowski(2004a) pp.80, 82
16) ヨーロッパ地上戰大全(2003) pp.62-3
17) BA-MA RH 27-4/10, Kriegstagebuch 4.Panzer-Division Führungsabtl. 26.5.41-31.3.42, p.196(1941.10.6)

◆ VIII-6 4장갑사단 35장갑연대 마인라트 폰 라우헤르트 소령. 1938년부터 35장갑연대에 배속되어 2차 세계대전을 이 연대의 1중대장으로서 시작할 정도로 35장갑연대와의 유대관계는 각별했다.

◆ VIII-7 4전차여단의 전차 에이스 이반 티모훼예뷔취 류부쉬킨 상사. 41년 10월 6일 9량의 독일전차들을 완파 또는 반파시켰다. 42년 6월 30일에 전사했다.

로 물리고 88mm를 앞으로 배치하여 중전차를 상대하려 했으나 이동시키는 데만 10분이 소요되었으며 체고가 너무 높아 적 전차의 사격으로부터 방호할 수 있는 엄폐물이 적당하지 않았다. 88mm가 선제 사격으로 류부쉬킨(I.T.Lyubushkin) 상사의 T-34를 때렸으나 4명의 전차병들 모두가 부상을 입으면서도 전차 자체는 부셔지지 않는 신기한 일이 발생했다. 첫 번째 88mm는 금세 격파되었고 두 번째 88mm도 몇 발 쏘지도 못한 채 파괴되면서 다시 전세는 소련 쪽으로 기울었다.[18] 류부쉬킨 상사는 잠시 후 정신을 차린 뒤 산마루 가장자리에서 독일전차 5대를 격파하면서 이날 피격된 10대 중 절반을 주저앉게 만드는 실력을 발휘했다. 라우헤르트는 수중의 병력이 교량을 건너 후퇴하도록 하고 가장 먼저 모터싸이클 부대부터 빼내기 시작했다. 독일군의 퇴각을 알아차린 구세프 대위는 부르다 중위의 중대가 독일군을 도주하지 못하게 강하게 치도록 긴급 지시했다. 100mm 야포와 T-34가 서로 치고받아 동시에 격파되는 광경이 목격되었다.

구세프는 남은 21량의 T-34과 4량의 KV-1 전부를 몰아 독일군에게로 정면돌진하게 했다. 25대 중 10대는 1파로 공격해 들어오고 나머지 15대는 2선에서 꽤 정확한 지원 포사격을 가해왔다. 103포병연대 6중대의 105mm 곡사포 4문이 막아섰다. 맞대결은 치열했다. 심지어 전차와 야포가 10-20m 간격을 두고 승부를 가린 경우도 있었다. 3량의 T-34가 피탄되었으나 그와 동시에 105mm 2문도 박살이 났다. 크라우제(Krause) 소위는 덤불 뒤에 매복해 있다 적 전차 바로 뒤에서 발포하여 2대를 격파하고 쾨니히스휄트(Königsfeld) 소위도 비슷한 방식으로 적 전차 1대를 파괴시켰다. 갑자기 기계고

18) Forczyk(2012) p.60

장을 일으킨 KV-1는 독일군 진지 앞에서 정지되자 보병들이 연료통을 들고 전차에 올라타 사방에 휘발유를 뿌린 다음 불을 붙여 그 자리에서 폭파시켜 버렸다. 이 영화같은 장면의 주인공들은 칼 크레머(Karl Kremer) 소위와 하인리히 알가이어(Heinrich Allgaier) 상사로, 전차에 재빨리 올라탄 이들은 엔진패널을 열어 발진기를 도끼로 잘라버리자 소련 전차병들은 주포를 돌려 이들을 떨어뜨리려 했다. 크레머와 알가이어는 여전히 전차에 달라붙어 잽싸게 관측창에 진흙을 발라 시야를 가린 다음, 전차 궤도에 한쪽 발이 끼여 죽음 직전에 몰린 포병 한 명을 구출하면서 전차로부터 뛰쳐나갔다. 소련 중전차는 화염에 싸여 그대로 붕괴되었다.[19]

더 이상의 전차 손실을 원하지 않았던 카투코프는 남은 전차들을 퇴각시켰으나 4장갑사단 선봉의 도하를 저지하고 구데리안의 전진에 상당한 지체를 가져오는 놀라운 성과를 얻었다. 독일군 역시 파괴된 장비를 뒤로 한 채 전장을 물러나 이날의 쇼크에서 하루빨리 벗어나고자 했다. 라우헤르트의 병력은 총 10대의 전차가 피격되어 그 중 6대가 완파되었으며 4-5문의 야포들이 망가졌다. 그러나 신기하게도 불과 7명의 전차병들만이 전사하고 나머지는 피격된 전차를 빠져나와 다른 전차로 갈아탈 수 있게 되었다. 카투코프는 2대의 T-34, 1대의 KV-1, 4대의 BT 전차가 파괴되었으며 추가로 피격된 4대의 T-34는 전장을 카투코프가 지킬 수 있었기에 후방으로 빼내어 수리에 들어갈 수 있었다.[20] 카투코프의 4전차여단은 그 후 이때의 공적을 치하해 1근위전차여단으로 개칭되었다. 전차 격파 비율로는 비슷한 전적을 기록한 카투코프와 라우헤르트는 43년 여름, 쿠르스크에서 다시 한 번 정면으로 맞붙게 된다. 이날 4, 11전차여단과 싸운 4장갑사단은 독일군 전차 피해 10량, 소련군 전차 격파 17량(T-34 10량, KV-1 7량)으로 보고했다.[21] 카투코프의 성과는 사실 독일군의 피해에 비추어 별 것 아닌 것으로 생각될 수도 있을 것이나 소련 전차병들이 대등하게 독일의 베테랑 전차들과 붙어 전투를 승리로 이끌었다는 것과, 무엇보다 이 단순하고 작은 규모의 전술적 승리가 모스크바로 향하는 독일군의 진격속도를 떨어트리게 했다는데 더 큰 의미가 있었다. 또한 소련군도 지형적 조건을 적절히 활용한 다음 충분한 준비를 갖춘다면 독일군과 맞짱을 뜰 수 있다는 자신감과 교훈도 아울러 갖게 된 것이 큰 소득이었다. 특히 10월 6일의 전투는 56량의 전차를 가진 4장갑사단을 45량의 소련군 전차들이 공격해 공세를 돈좌시켰다는 점에서 독일군 장갑부대에 가해진 충격은 대단한 것이었다.[22] 4장갑사단의 전투일지는 다음의 내용을 기록했다.

"러시아 전차들은 대단한 기술을 체득한 것으로 보였다. 이들은 갑자기 물러났다가 측면공격으로 재빠르게 선회하는 기동을 보였다. 그날 오후 우리는 중전차들의 공격에 막대한 손실을 입었다. 우리 전차들이 천천히 도로 양쪽의 언덕을 따라 이동해 나가자 금세 중전차들의 화력에 노출되었다. 우리 전차 중 한 대가 파괴되었다.....우리는 대전차포를 도로에 포진시켰다.....다른 적군 전차들이 주포사격을 가해 우리 대전차포는 직격탄을 맞았다. 중대장이 부상을 당했고 포수들의 대부분이 전사하거나 중상을 입었다.....세 번째 포격이 실시된 직후 도로 언덕 우편에 놓여 있던 두 번째 대전차포가 정통으로 맞아 격파되었다. 우리 전차들은 언덕으로부터 철수했다....."

19) Schäufler(2010) p.133
20) 글랜츠 & 하우스 p.117
21) BA-MA RH 27-4/10, Kriegstagebuch 4.Panzer-Division Führungsabtl. 26.5.41-31.3.42, p.198(1941.10.6)
22) BA-MA RH 27-4/10, Kriegstagebuch 4.Panzer-Division Führungsabtl. 26.5.41-31.3.42, p.192(1941.10.4) & 196(1941.10.6)

한편 카투코프의 부하들은 다음과 같은 증언을 남겼다. 대개 소련군은 공식기록조차 부정확하거나 의도적으로 날조하는 경우가 다반사이나 이 증언은 비교적 객관적인 것으로 알려져 있다. 10월 11일 4전차여단의 드미트리 라브리넨코(Dmitriy Lavrinenko) 중위가 이끄는 4대의 T-34와 수대의 BT-7전차들은 오룔로부터 므텐스크로 향하는 도로에서 4장갑사단의 전차들에 대해 매복기습을 가했다. 조종수 뷕토르 이봐노뷔취 포노마렌코(Viktor Ivanovich Ponomarenko) 상사는 라브리넨코의 지휘전차를 몰고 있다가 독일전차들을 발견했다.

"우리는 갑자기 독일전차들이 나타나는 것을 보았다. 나는 전차를 멈춘 뒤 주포를 발사했다. 그 다음 순간 우리는 적 전차에 피탄되었으나 우리의 장갑을 관통할 정도는 아니었다. 그러나 우리 옆에 있던 두 대의 BT-7들이 화염에 잠기는 것을 볼 수 있었다. 독일전차 한 대도 불에 타올랐다. 우리는 또 한 대의 전차를 목격했다. 이 전차는 도주하려했고 우리는 다시 한 발을 갈겼다. 화염이 치솟았다. 이제 3대의 독일전차들이 불타고 있었다. 전차병들은 차체 밖으로 기어 나오기 시작했다.....나는 300m 거리에서 또 한 대의 독일전차를 발견하고 즉각 라브리넨코 중위에게 보고했다. 그는 차분하게 겨냥했다. 두 번째 탄이 작열하면서 라브리넨코는 4대의 적 전차 격파를 달성했다....."[23]

그때까지 T-34와 KV 중전차의 충격이 널리 회자되고는 있었으나 그들 전차에 의해 독일군이 결정적인 패퇴를 당한 적은 없었다. 그저 축차적으로 소총병의 화력지원으로만 동원되었던 탓에

◆ VIII-8 4전차여단 드미트리 라브리넨코 중위. 41년 12월 18일 전사할 때까지 총 52대의 독일전차들을 격파함으로써 소연방내 서열 1위에 올랐으며 종전 시까지 아무도 그의 기록을 깨지 못했다. 단 이 기록은 별로 신빙성이 없어 소련군 스스로도 의아해 나는 경우가 많다.

23) Bergström(2016) p.200

전차전의 맞대결이 아니라 하더라도 측면을 노린 대전차포 공격이나 보병들의 대전차공격으로 해소될 수 있는 것으로 생각하고 있었다. 그러나 이번처럼 상당한 양의 중전차를 집중적으로 운용할 경우에는 전혀 다른 결과가 나온다는 사실이 감지되기 시작했다. 므텐스크의 전투에서 독일군 3호 G형 전차는 3대의 동시 주포사격 끝에 겨우 T-34 한 대를 격파시키는 장면을 스스로 목도했었다. 매번의 교전을 이처럼 3대 1조로 적군을 맞이할 수도 없는 입장이며 적군의 전차와 1대 1에서 밀린다는 조건은 전술적으로 엄청난 결손을 초래하고 있었다. 이 전투에서 처음으로 적군에 호각세를 나타내는 뛰어난 지휘관과 놀라운 성능의 중전차가 있음을 깨달은 4장갑사단장 랑거만(Freiherr von Langermann)은 10월 22일 므텐스크 교전에 근거한 장문의 보고서를 올릴 정도였다. 구데리안은 10대 미만의 전차가 당한 정도였는데도 이 전투의 피해를 엄중하게 생각하고 OKH의 정식 감사를 요청해 독일전차의 개량을 모색토록 건의를 올렸다.[24] 10월 6일 므텐스크에서의 독일군 진격이 돈좌된 바로 그날 러시아의 첫눈이 내렸다. 이 눈은 무려 120년만의 추위를 몰고 올 러시아 최고의 장군(?!), 동장군(冬將軍)이 다가오는 불안한 전조였다. 하지만 단순 통계상으로 독일군의 승리를 의심할 사람은 별로 많지 않았다. 10월 6일까지 중앙집단군은 78,744명의 포로, 전차 272량, 야포 541문, 대전차포 181문, 대공포 75문 및 항공기 10기를 파괴 또는 노획하는 전과를 올리고 있었다.[25]

* * * * *

브야지마 공략

"300문의 야포와 박격포들이 소련군 진지와 전차들의 머리 위로 떨어졌다.....
파괴작업은 20분도 채 경과되지 않았다.....
우리들은 남쪽에서 올라온 4장갑군 10장갑사단과 연결됨으로써 40만의 소련군을 우리에 가두었다."
(6장갑사단 6차량화보병여단장 에르하르트 라우스 대령)

3장갑집단은 연료 문제로 오랫동안 고생하다 겨우 행동의 자유를 얻었다. 41, 56장갑군단은 6군단과 함께 홀름 교두보 서쪽의 고지대를 돌파해 모스크바 방면 국도 쪽으로 진출했으며 전차여단과 함께 방어진을 편 보병사단들의 강력한 저항에 직면하여 초기 단계에서는 고전을 면치 못했다. 야르쩨보와 벨뤼 사이를 크게 돌아 들어간 3장갑집단은 56장갑군단의 전차들을 동원해 6장갑사단 11장갑연대를 주축으로 형성된 '콜 장갑여단'(Panzerbrigade Koll)을 조직한 뒤 보프(Vop) 구역에서 진흙으로 만들어진 둑길을 따라 포진한 소련군을 쳐내고 동쪽으로 나아갔다.[26] 드니에프르를 건넌 56장갑군단은 103전차여단을 쳐내는 과정에서 동 여단이 모두 미제 전차로

---

24) Guderian(1996) p.233
25) BA-MA RH 19-II/411, Kriegstagebuch Nr. 1(Band Oktober 1941) des Oberkommandos der Heeresgruppe Mitte, Fol. 565(1941.10.6)
26) 콜 장갑여단에는 7장갑사단 25장갑연대도 포함되어 있었다. Scheibert(2003) p.82

◆ VIII-9 6장갑사단 '콜 장갑여단'의 전진. 목재로 만든 다리를 지나기 직전의 순간

◆ VIII-10 적진을 돌파 중인 리햐르트 콜 대령의 장갑여단 소속 전차들. 초점이 시원찮은 이 사진은 당일 후속하는 차량에 타고 있던 헬무트 리트겐(Helmut Ritgen)이 찍은 것으로 알려져 있다.

무장하고 있음을 알고 약간 당혹해 했다. 그 뒤는 41군단의 1장갑사단과 36차량화보병사단이 시췌프카(Sychevka)를 공략하면서 장갑집단의 북익을 엄호하는 형세로 공격해 들어갔다. 10월 4일 41장갑군단은 벨뤼를 지나쳐 남쪽으로 내려가 동쪽으로 쳐들어가면서 지나친 구역은 6군단이 처리하도록 하고 5군단 역시 홀름 남쪽으로 진출해 앞길이 바쁜 장갑사단들의 부담을 덜어주는 작업을 진척시키고 있었다. 이날 1장갑사단은 33대의 적군 전차들을 처리했다. 56장갑군단의 장갑사단들은 생각보다 깐깐한 적군들을 만났다. 프란쯔 란드그라프(Franz Landgraf) 중장의 6장갑사단은 25대의 적 전차들을 격파했으나 자체 손실도 15대에 달했다. 이는 홀름(Kholm) 남방에서 전개된 이반 코네프의 반격공세가 독일군에게 상당한 피해를 안겼음을 증명하는 것이었다.[27]

10월 5일 1장갑사단은 메드붸데보(Medwedevo) 부근에서 다량의 적군 전차부대와 조우했다. 이들은 사단의 장갑연대가 아닌 37장갑엽병대대가 처리했다. 엽병대대 2중대장 하인리히 드래거(Heinrich Draeger) 중위의 장갑엽병들과 척탄병들은 307전차여단 소속 총 35대의 중전차들을 제거했는데 그 대부분은 소위 '크리스티'(Christie) 형으로 알려진 BT 쾌속전차들이었던 것으로 확인되었다.[28] 23군단은 서부 드뷔나 강 상류에서 소련군을 치고 있었으며 이곳의 소련군은 전력이 약하다고 판단되었던지 방어정면에 다량의 지뢰를 매설한 뒤에는 르제프 북서쪽 볼가 강 뒤편으로 퇴각하는 기동을 나타내고 있었다.[29]

10월 6-7일 브리얀스크가 독일군 손에 떨어지면서 3, 13, 50군 3개 군이 포위될 위험에 처하게 될 시점에 6, 7장갑사단도 브야지마 근처에 나타나게 되었다. 두 사단은 드니에프르에 걸린 홀름 교두보까지 진출한 뒤 브야지마로 방향을 틀었다. 6장갑사단은 흐멜리타(Khmelita)를 지나 남쪽으로 향하고 7장갑사단은 데르노봐(Dernova)를 관통해 북쪽으로 나가되 브야지마로 향하는 주도로와 평행하게 움직여 나갔다. 두 사단은 남동쪽에서 브야지마로 연결되는 모든 입구를 차단하고 적군 수비진을 거칠게 뒤흔들면서 방면군의 배후를 잘라 들어가는 놀라운 돌파력을 과시했다. 확실히 충분한 충전을 마친 사단의 스피드와 전투력은 남다른 데가 있었다. 7장갑사단의 선봉 만토이휄의 전투단은 브야지마 북쪽을 지나면서 상대적으로 약체인 소련군 수비대를 쳐 내고 남진한 후 6일 오후 8시경 민스크-모스크바 국도를 차단했다. 전투단은 브야지마를 관통하는 민스크-모스크바 국도에 최초로 발을 디딘 제대가 되었다. 만토이휄 대령은 잠깐 차에서 내려 사방을 주시하다가 다시 자신의 지휘차량으로 돌아오자 수초 후 자신이 서 있던 바로 그 자리에 포탄이 떨어지는 일이 있었다.[30] 브야지마에 있던 16군 사령관 로코솝스키 소장은 그의 눈으로 7장갑사단 전차들이 시가로 진입하는 것을 목격하고 아슬아슬하게 빠져 나가는 해프닝도 있었다. 이즈음 1장갑사단은 벨뤼를 장악함으로써 9군이 르제프까지 진격할 수 있는 통로를 개방했으며 도봐토르(L.M.Dovator)의 2근위기병군단 소속 기병사단들을 더 북쪽으로 몰아붙이는 효과를 나타냈다. 3장갑집단은 여기까지 도달하는 동안 코네프 서부방면군의 기동전력들을 거의 와해시키면서 브야지마 북방의 집게발을 벌려 포위망을 완성하는데 기여했다. 브라우히취 육군 총사령관은 특

27) BM-MA RH 19-II/411, Kriegstagebuch Nr. 1(Band Oktober 1941) des Oberkommando der Heeresgruppe Mitte, Fol. 545(1941.10.4)/BM-MA Mikrofilm, 3rd Pz.Gr.KTB Nr. 2 1.9.41-31.10.41, 59060(1941.10.4-10.5)

28) Stoves(2001) p.135

29) Hoth(2015) pp.152-3

30) Kurowski(2010b) p.145

별히 7장갑사단에 전문을 보내 15주 만에 3개의 거대한 포위전을 가능케 한 눈부신 공적을 치하했다.[31]

한편 6장갑사단은 브야지마로 향하는 도중 40km나 되는 거리를 주파하게 되자 소련군은 소총병 제대와 포병중대들을 주워 모아 사단의 측면에 대해 급조된 공격을 퍼부었다. 이어 소총병들과 전차들이 6장갑사단의 종대를 향해 산개한 형태로 돌진해 왔다. 6장갑사단은 7장갑사단과 함께 이들 적군 병력에 대해 가혹한 화공법을 선사했다. 300개에 달하는 야포와 박격포들의 포문이 열리면서 두 장갑사단은 마치 전함의 함포사격과 같은 강도로 소련군 중대들과 전차들을 공중에서 때리기 시작했다. 소련 전차들은 그 자리에서 불에 탄 볏단이 되어 버렸으며 우왕좌왕하기 시작한 소총병들은 수백 개의 기관총 세례를 받아 잔인한 살육을 당하는 처참한 장면들을 연출했다. 이 화공작전은 불과 20분 만에 종료되었으며 두 사단은 다시 제 갈 길을 재촉하여 10일 경에는 브야지마를 완전히 포위하는 형세를 구축하게 된다.[32]

브야지마 공략의 남방 축을 형성하는 회프너의 장갑집단은 스몰렌스크-모스크바 국도를 따라 순조로운 운항을 진행시키고 있었다. 40, 46, 57장갑군단은 로슬라블에서 출발하는 국도 남쪽으로부터 산개한 형태로 공격하면서 특히 장갑집단의 좌익에 포진한 사단들이 국도 방면 북익을 돌파하는데 중점을 두었다. 10월 5일 10장갑사단은 바르샤바-모스크바 국도 상의 유흐노프(Yukhnov) 방면을 몰아쳤다. 무려 16km에 달하는 4장갑집단의 종대를 발견한 소련 정찰기는 이를 모스크바군관구 공군의 전투기총감 니콜라이 스뷔토프(Nikolai Sbytov) 대령에게 보고하고 스뷔토프는 스타프카에 직보를 했으나 우습게도 혼란을 선동한다는 죄로 내무인민위원회(NKVD)의 심문을 받게 되었다. 제대로 보고를 해도 적을 이롭게 한다는 의심을 산다는 이 어처구니없는 일은 독일군이 낮 시간에 유흐노프를 점령하고 나서야 해명이 되어 스뷔토프 대령이 붙잡혔다가 풀려나는 해프닝은 그것으로 종료되었다.[33] 이 시기는 루프트봐훼의 에이스들이 기사철십자장을 다수 획득하게 되는 거의 마지막 시즌이었다. 동계전역의 경우 눈보라 등의 기상악화로 출격이 용이하지 않은 날이 많았기에 가급적 겨울이 오기 전까지 소련공군을 약체화시키는 것이 필요했다. 10월 5일 '우데트' 3전투비행단의 데틀레프 로붸르(Detlev Rohwer) 소위는 28대 적기 격추를 계기로 기사철십자장을 받았다. 10월 5일 51전투비행단 4중대장 에리히 호하겐(Erich Hohagen) 중위는 적기 30대 격추로 기사철십자장을 받게 되었으며 같은 비행단 2대대의 편대장 게오르크 제엘만(Georg Seelmann) 소위는 10월 6일에 37대 격추로 기사철십자장을 획득했다.[34] 같은 6일 4대대의 프란쯔-요제프 베렌브록크(Franz-Josef Beerenbrock) 하사는 42대 격추로 기사철십자장에 서훈되었으며 호하겐과 제엘만이 그 후 두 자리 격추로 제자리걸음이었던데 반해 베렌브록크는 통산 117대를 격추시키는 센츄리스트로 등극했다.

10월 6일 유흐노프의 4장갑군을 노린 소련공군은 120전투기연대의 I-153, 173폭격기연대의 SB-2와 Pe-2, 606경폭격기연대의 R-5, 그리고 502강습항공연대의 Il-2들을 총출동시켰다. 이들이 우르가(Urga) 강의 교량을 폭파시킨 것까지는 좋았으나 그다음 재앙이 잇달았다. 3전투

31) Scheibert(1991) p.80
32) Raus(2003) pp.86-7
33) Bergström(2007) p.92
34) Held(1990) p.45

비행단 2대대의 고르돈 골롭 대위는 173폭격기연대의 Pe-2 4기를 잡고 이어 자신의 52, 53번째 격추에 해당하는 2기를 추가로 떨어트렸다. 그중 골롭 대위에게 맞은 215강습항공연대의 알렉산드르 노뷔코프(Aleksandr Novikov) 소위는 추락하면서 독일 지상군 중대 위로 자살공격을 한 것으로 기록되었다.

10월 6일 저녁 10장갑사단은 도주하는 소련군을 추격하면서 브야지마 남동쪽 17.5km 지점까지 도달했다. 자루 속에 갇힌 소련군들이 탈출하기 위한 본격적인 각개전투가 발동되면서 포위전은 피크로 치닫고 있었다. 원 소속 제대와 분리된 소련군들이 우왕좌왕하는 가운데 어둠 속에서 적군을 솎아 내야하는 40군단은 온 사방으로 신호탄을 쏘면서 적군의 추격에 들어갔다. 앞이 어두워 국지적으로는 누가 누구를 포위하는지 모를 정도로 혼선이 빚어지고 있었으며 공격하는 독일군들은 작전 수행보다는 일시적으로 자신들의 생존을 위해 싸워야 하는 절박한 경우도 발생했다. 10월 7일 동이 틀 무렵 기병사단들이 여타 제대와 뒤섞여 탈출을 시도했다. 하필 이곳은 2장갑사단이 길목을 지키면서 거의 학살에 가까운 전투행위를 전개하고 있었다. 병사들의 비명과 말들이 울부짖는 소리가 기관총의 굉음과 함께 사방을 혼란의 도가니로 만들면서 빠져나가려는 자들과 빠져나오지 못하게 하려는 자들의 공방전이 아침 내내 이어졌다. 6-7일 밤 사이 브야지마 남서쪽 우그라(Ugra) 부근에서 7월에 사상 최초로 카츄샤 다연장로케트를 발사했던 1특수로케트포병중대가 5장갑사단의 기습을 받아 전멸하는 일이 있었다. 역사적인 인물, 중대장 이반 플료로프(Ivan Flyorov) 대위도 여기서 전사했다.[35]

◆ VIII-11 1특수로케트(카츄샤)포병중대장 이반 플료로프 대위

7일 아침 10장갑사단은 남쪽에서부터 브야지마 외곽으로 접근하여 불타는 브야지마 주변을 막아선 적군 수비대를 내려쳤다. 시 진입은 69보병연대의 2대대가 북쪽 구역으로 다가가 버려진 소련군들의 개인호를 이용해 포복으로 접근한 뒤 적들을 기술적으로 처리했다. 이어 40장갑군단의 선봉이 정면을 치고 들어갔으며 그 뒤를 2장갑사단과 258보병사단이 따라 들어가 수비대의 마지막 숨통을 끊었다. 브야지마 남쪽은 46장갑군단의 5, 11장갑사단과 252보병사단이 먼저 공략에 나서고 57장갑군단은 뒤를 받쳐주며 전과확대와 추격을 동시에 진행시키고 있었다. 한편 기동사단들이 공세정면을 휩쓰는 동안 4군의 보병사단들은 그 지긋지긋한 옐니아로부터 소련군들을 동쪽으로 몰아내고 그간 수비로만 일관하던 9군단이 드디어 본격적인 공세에 착수했다. 옐니아는 6일 292보병사단에 의해 재탈환되었다. 7-8월 수주 동안 격전을 치르면서 감당하기 힘든 소모전을 통해 쇠약해져 갔던 다스 라이히는 이내 옐니아 동쪽으로 진출해 그자츠크 남방에서 모스크바를 향하게 되었다. 다

35) Strauß(1987) p.90, Bergström(2016) p.199

◆ VIII-12 브야지마 지구를 통과하는 모터싸이클 부대. 진창기의 도래에 따라 가는 곳마다 도로가 이 모양이었다.

스 라이히의 장병들은 설마 그들이 옐니아를 다시 볼 수 있으리라고는 생각지 않았던 듯 남다른 감회로 옐니아를 뒤로 하고 스몰렌스크-모스크바 국도를 장악해 나가기 시작했다.[36]

10월 7일 오전 10시 30분 40장갑군단의 10장갑사단이 브야지마를 장악하고 오전 11시 2장갑사단이 푸시코보(Pusikowo) 남동쪽 3km 지점에 도달함으로써 오후 4시 4장갑집단의 3개 장갑군단들은 서로의 위치를 재확인했다. 이것으로 중앙집단군이 4장갑집단에 부여한 1차 임무는 종료된 것으로 보였다. 이때 드디어 북서쪽에서 내려온 3장갑집단의 7장갑사단과 남쪽 및 남동쪽에서부터 진격해 온 4장갑집단의 10장갑사단이 브야지마에서 최종 연결됨에 따라 포위망은 완성되었다. 한편 남방의 브리얀스크 포위망 형성에도 종사한 하인리키의 43군단은 자체 전투단을 파견해 같은 7일에는 수히니치(Sukhinici)와 같은 주요 철도거점을 장악해 버렸다. 4개 반에 달하는 소련군이 포위망에 걸렸다. 16, 19, 20, 24군 전체와 32군의 일부 병력이었다. 여기에는 볼딘의 작전집단도 포함되어 있었다. 볼딘은 매번 큰 포위전투가 있을 때마다 갇히는 신세가 되었으나 운 좋게도 스탈린의 처형에서 살아남았으며 이번에도 85,000명의 병력을 끌고 포위망을 빠져나오는 억세게 운 좋은 사나이로 지목되었다. 이중포위전으로 일컬어지는 브야지마-브리얀스크 포위망에는 7개 반의 군의 병력, 즉 64개 소총병사단, 11개 전차여단, 50개 포병연대가 들어가 있었다. 이 역시 키에프와 마찬

36) Weidinger(1995) p.86

가지로 100만명 가량의 병력들이 독일군의 공격을 받고 있었으며 2차 대전 포위섬멸전의 절정기에 달하는 일대 역사적 사건이었다. 키에프가 단일 포위전으로 사상 최대 규모였다면 브야지마-브리얀스크 이중포위전은 작전 발동 단계부터 마무리까지 가장 완벽했던 작전으로 평가되었다.

* * * * *

소련군은 무엇을 해야 하나

"어디가 후방이고 어디가 전선인가? 이건 뭐라 말하기가 어렵다.
군 전체를 에워싸는 올가미는 점점 단단해져 가고 있다."
(소련 50군 NKVD(내무인민위원회) 참모장교, 이반 샤발린 소령 : 1941.10.11)

10월 5일 스탈린은 사태가 심각하게 돌아가고 있음을 보고받고는 쥬코프에게 전화를 걸었다. 이런 상황에 믿을 친구라곤 쥬코프가 전부였다. 키에프 포위전 직전에 참모총장직에서 해임되어 레닌그라드방면군 사령관으로 있던 쥬코프는 스탈린의 긴급지시에 의해 모스크바로 되돌아왔다. 쥬코프가 돌아온다는 것은 코네프에 대한 스탈린의 실망이 반영된 조치에 다름 아니었다. 동시에 쥬코프에 대한 신뢰를 회복한다는 의미였다. 쥬코프가 키에프를 버리자고 했을 때 괘씸죄로 그를 전방으로 내버리기는 했으나 사상 최악의 포위전 결과를 받아든 스탈린으로서는 결국 쥬코프가 가장 똑똑하다는 사실을 재확인하게 된다. 코네프의 서부방면군이 중앙집단군의 전진을 막지 못하고 두 개의 포위망을 허용해 버리게 되자 코네프는 사형을 각오하고 있었다. 스탈린 역시 비알리스톡-민스크 포위전처럼 희생양을 찾아야 한다면 코네프를 그 자리에서 잘라야 했다. 10월 7일 쥬코프가 스탈린을 만났을 때 스탈린은 코네프의 숙청을 암시했으나 쥬코프의 만류로 이는 중단되었다. 대신 쥬코프는 전선을 방문하여 현실적인 문제를 총 점검한 후 모자이스크 선까지 병력을 후퇴시켜 모스크바 문턱에서 독일군을 좌초시키자는 구상을 제시한 바 있었다. 스탈린도 유흐노프가 함락되자 쥬코프의 건의를 그대로 수용했다. 같은 날 겨우 코네프를 만난 쥬코프는 의기소침해 있는 코네프에게 목숨이 부지되었음을 알리면서 서로를 격려했다. 서부방면군과 예비방면군의 대부분이 포위망에 갇힌 데다 브리얀스크방면군은 구데리안을 막기 위해 정신이 없는 관계로 총을 쏠 수 있는 인력은 모조리 끌어 써야 한다는 절박한 순간이었다. 민병대와 사관후보생, 공산당 간부와 당원, 경찰관 등 모든 가용한 자원을 총집결시켜야 했다. 쥬코프는 스타프카의 예비로 잡혀 있던 6개 소총병사단, 6개 전차여단, 10개 포병연대 및 기관총연대를 풀어 모스크바 방어전에 돌입토록 했다. 또한 일본군에 대항하기 위해 극동지역에 배치되어 있던 58개 사단을 서쪽으로 이동시키는 결정을 내렸다. 일본이 소련을 칠 가능성은 없으며 조만간 미국과의 개전을 준비한다는 확실한 첩보에 따라 스탈린은 시베리아 사단들을 모스크바 방면으로 집결시키는데 주저하지 않았다. 이들은 동계전선을 충분히 견딜 수 있도록 방한장비와 무장이 잘 갖추어진 전력으로서 전투 테크닉은 백계 러시아와 큰 차이가 없지만 광신적이며 동물적인 생존 및 살육본능을 지닌 병사들로 알려져 있었다.

모자이크스 방어를 위해 지난 비알리스톡-민스크 포위전에서 살아남은 세묜 보그다노프

◆ VIII-13 세몬 보그다노프 5군 부사령관. 겨우 대령의 계급으로 전체 모스크바 방어진을 다지면서 신속하게 기동전력을 재편하는 수완을 발휘했다.

◆ VIII-14 다시 서부방면군 사령관직을 맡아 핵심 전구로 복귀한 게오르기 쥬코프. 스탈린의 가장 유능한 장성이긴 하나 부하들에게 상당히 무자비했던 폭군으로서의 이미지도 있었다.

(Semyon Bogdanov) 대령이 요새화 작업을 전담케 되는 막중한 임무를 맡았다. 보그다노프는 타이푼이 시작될 무렵부터 모스크바군관구에 새로운 전차여단을 형성하는 과업을 수행했으며 서부방면군과 예비방면군이 무너지고 있는 상황에 대비해 키에프전에서 파괴된 5군을 재건하는 일도 떠맡았다. 일개 대령에게 사실상 모스크바 방어전의 초석을 깔게 하는 이례적인 결정이 내려졌으며 후에 보그다노프 자신은 5군 부사령관으로, 1근위소총병군단 사령관 렐류센코가 5군 사령관으로 취임(10.11)하게 된다. 보그다노프의 신속한 준비작업에 의해 18전차여단은 독일군의 차기 목표로 점쳐지는 그자츠크로 파견하고 17전차여단은 말로이아로슬라볘츠에서 지연전을 추진하게 된다. 이 결정은 쥬코프와의 상의없이 독자적으로 취해진 조치였다. 이어 9, 19, 20전차여단도 재편하는 즉시 전선으로 투입될 예정이었다.

10월 10일 쥬코프는 코네프를 대신해 서부방면군 사령관을 맡고 코네프는 일시적으로 부사령관직을 수행하다 새로 편성 중인 칼리닌방면군 사령관으로 부임하게 되었다. 22, 29, 30, 31, 4개 군이 코네프의 휘하에 들어갔다. 쥬코프의 참모장은 봐실리 소콜로프스키(Vasily Sokolovsky) 중장이었다. 서부방면군은 피폐한 예비방면군의 잔여 제대도 방면군에 흡수하여 재조직하는 조치를 취했다. 쥬코프는 10월 초, 중순에 있어 가장 중요한 점은 모스크바 방위를 위해 시간을 버는 것이었다. 중앙집단군의 주공은 브야지마 포위전에 묶여 있어 전 전력이 당장 모스크바로 향할 가능성이 희박한 것으로 판단하고 가능한 한 포위망 속의 4개 군과 볼딘의 작전집단이 오래 끌어주기를 바랬다. 그동안 쥬코프는 이미 9월 중순에 계획한 모자이스크 방어선을 철저히 강화하는 일에 전념했다. 이제 이 라인은 볼로콜람스크(Volokolamsk), 도로호보(Dorokhovo), 프로트봐(Protva) 강, 나라(Nara) 강, 알렉신(Aleksin)과 툴라(Tula)로 연결되어 있었다. 조금 단순화시켜 구분하면 렐류셴코의 5군은 모자이스크를, 로코솝스키의 16군은 볼로콜람스크를 지탱하고, 33, 43군의 잔여 제대는 말로이아로슬라베츠 전구를 방어하는 것으로 분담되었다. 10월 10일 시베리아에서 32소총병사단의 선도부대가 모자이스크에 도착했다. 이 사단은 15,000명의 병원을 지닌 완편전력의 시베리아사단으로 5군 사령관 렐류센코는 당장 시급한 보로디노와 옐니아 주변 구역에 2개 소총병연대를 깔기 시작했고 이 작업은 13일까지 진행되었다. 10월 13일 기준, 모스크바 정면의 소련군의 전차여단들은 75%를 상실한 위기상황에 몰려 있었으나 모자이스크를 중심으로 신규 여단과 사단들을 동원하면서 짧은 기간 동안이나마 급조된 재충전작업을 진행시킬 수 있었다.

이 시기 소련 지상군은 최대한의 피치를 올려 방어선에 집중시킬 수가 있었다. 약간 다른 고민은 소련공군의 모스크바 방어였다. 모스크바 자체 방어를 맡은 6항공군단은 10월 10일까지 독일공군과 붙어 막대한 피해를 입은 결과, 겨우 344기의 전투기만 보유하고 있었다. 그로 인해 일일 출격회수는 5-6회에 불과했다. 레닌그라드에서 중앙전선으로 달려온 쥬코프는 10일에 중앙아시아군관구로부터 4개의 폭격기연대를 지원토록 해 2항공군의 기지들을 집중적으로 폭격하는 방안을 추진했다. 수 주전 그들이 사용하던 그들의 기지였기에 정확한 관측과 목표물의 적시가 가능했던 것은 소련공군으로서는 큰 이점이었다. 10월 11일 74강습항공연대의 Il-2 12대는 42전투기연대 소속 6대의 MiG-3 전투기 호위를 받아 오룔 기지를 공격했다. 또한 다른 그룹은 하필 전투기총감 묄더스 대령이 시찰하던 두기노(Dugino)의 공군기지를 공습했다. 두기노에서 출격한 27전투비행단 3대대의 에르보 그라프 가게넥크(Erbo Graf Kageneck) 중위는 3대의 Il-2를 격추시켰고 3대대는 241강습항공연대의 Il-2 4기와 288강습항공연대의 Il-2 1기, 계 5기를 떨어트리면서 위기를 모면했다. 이 전투에서 214강습항공연대장 쉬첼쿠노프(Shchelkunov) 소령이 전사했다. 칼리닌방면군 쪽은 10월 17일 되는대로 군용기들을 끌어 모았으나 56대의 전투기를 포함하여 89기에 지나지 않았다.[37] 5일 전인 10월 12일에 126항공군단은 미제 토마호크 전투기를 영국으로부터 지원받아 부족분을 메워 나가고는 있었으나 이 전투기들은 가혹한 러시아의 겨울에 독일 군용기들처럼 적응력이 떨어진다는 문제가 있었다. 슈투카를 몰던 한스-울리히 루델의 말대로 소련군은 혹한이라는 가장 강력한 우군을 지니고 있었다. 10월 2일부터 10일까지 독립 단위부대로서 가장 성적이 좋았던 것은 51전투비행단의 1대대였다. 편대장 칼-하인츠 레에스만(Karl-Heinz Leesmann) 대위는 네덜란드로부터 타이푼 작전에 참가한 뒤 2일 첫날부터 4기를 격추시키면서 쾌조의 스타트를 끊었고 자신의 1대대는 총 58대의 적기를 격추시키면서 1위 자리를 고수했다. 1대대의 우군기 손실은 7대였다.[38] 51전투비행단의 편대장 균터 뤼쪼(Günter Lützow) 소령은 10월 7일 모스크바 서쪽에서 DB-3 장거리폭격기 1대를 격추시킴으로써 통산 80기를 격추하고 8일에는 5기를 먹이로 삼아 81-85기를 기록했다. 9일에도 4기(86-89kills)를 떨어트린 뤼쪼 소령은 80기 격추를 기록한지 불과 3일 후에는 폭격기 Pe-2 2기를 떨어뜨림으로써 90기, 91기 기록을 갱신했다. 그는 10월 11일 92기 격추시 루프트바훼 전체 격추왕 4위에 등극하면서 백엽검기사철십자장에 서훈되었으며 공군의 지시에 의해 출격을 금지당했다. 이는 묄더

37) Hooton(2016) p.94
38) Mombeek, Bergström & Pegg(2003) 159

◆ VIII-15 아돌프 갈란트와 이야기하는 3전투비행단장 귄터 뤼쪼. 바르바로싸가 아닌 서부전선에서의 한 컷. 뤼쪼는 붸르너 묄더스에 이어 인류 사상 두 번째로 100기 격추를 기록했다.

◆ VIII-16 100기 격추기념명을 꼬리날개에 장식한 3전투비행단 2대대장 고르돈 골롭 대위

스가 100기를 격추시켰을 당시에도 동일하게 취해진 조치로서 그와 같은 영웅들이 혹여 공중전에서 전사할 경우 적군의 사기를 높일 수 있다는 우려에서 나온 배려였다. 물론 이 관행 내지 지침은 조종사 스스로가 지키지를 않았으며 전세가 악화될수록 말뿐인 규정에 지나지 않게 되었다.[39] 이 시기 최고의 시즌을 보내고 있던 51전투비행단의 기록은 계속되었다. 12일 소련공군은 처음으로 미국제 커티스 P-40 토마호크 전투기를 공중전에 투입하였으며 13일 이들 수입제품으로 무장한 126전투기연대는 51전투비행단에 걸려 14기를 잃는 수모를 당했다. 독일기 피해는 당시 적기 32기 격추를 기록하고 있던 7중대의 요아힘 학커(Joachim Hacker) 소위 단 한 명이었다.

51전투비행단장 묄더스는 10월 14일에도 MiG-3, DB-3, 각 1대씩을 떨어트리면서 96, 97기 격추를 기록했고 드디어 10월 24일 미그기 MiG-3 한 대를 격추, 그의 선배 붸르너 묄더스에 이어 인류 사상 두 번째로 적기 100대 격추 기록을 수립했다. 같은 3전투비행단의 2대대장 고르돈 골롭(Gordon M. Gollob) 대위는 9월 12일 통산 40기 격추를 기록한 이후 9월 18일 기사철십자장 서훈, 10월 26일 85기 격추 계기에 백엽기사철십자장을 받았다. 41년 10월은 그의 절정기였다. 단 하루에만 9기를 파괴한 기록을 갖기도 했다. 또한 10월 10일의 공중전에서는 그때까지 독일기 6대 격추를 기록하고 있던 11전투기연대 콘스탄틴 티텐코프(Konstantin Titenkov) 대위의 Yak-1기를 격파했다. 그의 2대대는 9월에만 80기를 격추시킨데 이어 10월에도 84기를 격추시킴에 따라 경쟁하는 3대대가 10월 중 33기를 격추시킨데 비하면 압도적인 능력을 과시한 셈이었다. 종전 시까지 균터 뤼쪼는 통산 109기, 고르돈 골롭은 150기를 격추시켰다. 골롭은 후에 77전투비행단으로 이적한 다음 42년 8월 29일 사상 최초의 150기 격추를 통해 바로 뒷날인 30일, 전군 3번째로 다이아몬드 백엽검기사철십자장에 빛났다.[40]

소련군이 시간을 버는데 일조한 것은 가을부터 변덕스러워지기 시작하는 날씨와 독일군의 연료 및 병참사정이었다. 이미 개전 초기부터 병참문제는 개선될 기미가 보이지 않았으며 어차피 연료는 부족하다는 것을 뻔히 알면서도 전쟁은 시작된 지 오래였다. 41장갑군단은 진격로가 아예 진창으로 뒤덮임에 따라 1시간에 2km 정도 달리는 달팽이 속도를 내고 있었으며 여기에 속한 6보병연대는 장갑부대와 유리된 채 차량에서 내려 먼저 행군해 나가는 등 이걸 두고 전격전이라고 부르기는 힘든 상황이 연출되었다.[41] 특히 3장갑군은 10월 초부터 가장 열악한 보급과 도로사정에 허덕이고 있었으며 악화된 도로사정에 따라 연료가 평소보다 2배나 많이 소모됨에도 불구하고 연료공급과 여타 보급품의 지원은 이전보다 줄어들고 있는 상태에서 이 악순환은 도저히 그칠 기미가 보이지 않았다.[42] 모스크바로 가는 모든 길이 열렸는데도 집단군의 기동사단들은 이런 원시적인 악조건과 먼저 싸워야 하는 믿기지 않는 현실에 노출되어 있었다. 이와 같은 병참조건의 악화는 결국 장갑군의 진격속도에 결정적인 차질을 초래하고 있었다. 4장갑군도 사정이 좋을 건 없어 11장갑사단은 10월 7일에 연료가 완전히 바닥나 전차가 정지된 상태라는 보고가 확인되었으며, 20장갑사단은 차량화보병연대의 차량 30%가 기동불능으로, 주어진 연료는 겨우 60-80km

39) Weal(2013a) pp.30-1
40) Schaulen(2001) p.146, Bergström(2007) p.93, Williamson(2006) p.11
41) BA-MA RH 21-3/70, Anlagenband zum KTB XXXXI A.K. Ia 1. Durchbruch durch die Wop-Kokosch Dnjepr Abteillung 2.10.41 bis 9.10.41. 2. Vorstoss auf Kalinin 15.10.41-20.10.41(1941.10.6)
42) BA-MA 59060, 3. Pz. Gr. KTB Nr. 2 1.9.41-31.10.41(1941.10.9)

를 갈 수 있는 수준인 것으로 파악되기도 했다.[43] 20장갑사단은 10월 9일 55대의 전차를 굴릴 수 있다고 했다가 불과 이틀 후에는 가용차량이 39대로 떨어졌다.[44] 2장갑군의 47, 48장갑군단 역시 연료 부족으로 인해 포위전을 치를 뿐이지 집단군 사령부에서 지시한 추가 진격을 할 수가 없다는 입장을 내놓았다. 특히 여전히 오룔 지역에 묶여 있던 3장갑사단은 30km나 되는 앞길이 진창으로 뒤덮여 있어 바로 코앞인데도 보급차량이 접근하지 못해 급유는 항공기에 의존해야 하는 조건에 처했다. 그러나 기상악화로 인해 항공기에 의한 공수는 그리 원활하지 못했다. 10월 6-7일 1,400회를 기록했던 루프트봐훼의 공중보급은 10월 9일 129회 출격으로 감소하게 된다. 잘나갈 때는 일일 1,000회 출격을 거뜬히 수행했던 루프트봐훼는 전반적으로 전력이 약화되어 10월 8일에는 559회, 9일에는 269회로 급감하고 있었다.[45] 더욱이 군사령관 구데리안은 그 스스로가 병사들의 속옷과 양말을 걱정해야 할 정도로 궁색한 상황에 있음을 토로하였고 면도는 둘째치고 비누가 부족해 목욕이나 세면을 못하고 있다는 기가 막힌 불평까지 확인되었다. 깔끔하게 면도하고 줄이 선 제복을 입은 매끈한 독일 병사는 이제 동부전선에서 찾아보기가 힘들게 되었다. 옷도 지저분한데다 수염이 덥수룩한 것은 그렇다 치더라도 하루 종일 진흙을 옷에 묻히고 다녀야 한다는 스타일 구기는 일을 독일군이 한다는 것은 이전에는 상상하기 힘든 일이었다. 34보병사단의 병사 봘터 슈톨(Walter Stoll)의 기록이다. "비, 비, 비. 우리들은 마을 도로의 진창에 무릎이 파묻힐 정도로 악랄한 사정을 경험했다."[46]

* * * * *

므텐스크 복수전

"나는 러시아병들을 향해 손을 흔들어 보였다.
그들은 나를 향해 오도록 되어 있었다.
나는 전차에 탑승해 강가에 있었고 4명의 공병들이 포탑 뒤에서 추위에 떨고 있었다.
6명 정도의 적병들이 교량을 따라 내가 있는 쪽으로 접근해 오고 있었다.
그와 동시에 우리의 화기들이 불을 뿜었다."
(4장갑사단 35장갑연대 6중대장 아르투어 볼슐레거 중위 : 1941.10.10)

구데리안은 툴라로 진격하기 위해서는 반드시 므텐스크를 따 내고 렐류셴코와 카투코프의 기동전력들을 제거해야 했다. 구데리안은 10월 8일 4장갑사단 35장갑연대장 에버바흐가 처음으로

43) BA-MA RH 27-11/16, 11.Pz.Div. KTB Abt. Ia vom 1.5.41-21.10.41, Fol. 148(1941.10.7) / BA-MA RH 24-57-2, Gen.Kdo.LVII.Pz.Korps KTB Nr. 1 vom 15.8.41-31.10.41, Fol. 255(1941.10.8)

44) BA-MA RH 27-20/25, 20.Pz.Div. KTB Band Ia vom 15.8.41 bis 20.10.41, Fol. 119(1941.10.9) & Fol. 123(1941.10.11)

45) Bergström(2016) pp.190-230, GRAPHIC ACTION(グラフィックアクション) No.5 ヒトラーのソ連侵攻作戦バルバロッサ(1991) p.85

46) Bergström(2016) pp.204-48

지친 기색을 보이고 있는 것을 조그만 충격으로 받아들이면서도 10월 5-6일 전투 이후 카투코프에 대한 복수전은 해야 되지 않겠느냐는 생각을 갖고 있었다. 일단 7일에 사단의 모터싸이클대대가 쾌속으로 오카 강을 넘어 카투코프 여단의 배후를 위협하는 형세를 취하기 시작했다. 렐류셴코는 므텐스크의 주샤(Zusha) 강 뒤에 강고한 방어진을 치기로 하고 카투코프는 5km 정도만 물러나 둠취노(Dumchino) 부근에 새로운 수비라인을 형성했다.[47] 카투코프는 11전차여단의 1개 전차대대, NKVD 병원 및 BM-13 카츄샤로케트 2개 대대를 지원받았다. 물론 이것으로 2장갑군의 선봉을 막기는 부족했으며 무엇보다 소총병들이 충분치 못해 의욕적인 전투행위는 구사할 수가 없는 형편이었다.

에버바흐 대령은 전차끼리의 정면대결이 승산이 없다고 보고 정찰을 통해 카투코프 여단의 위치를 파악한 다음, 12, 33차량화보병연대를 적군이 위치한 장소 양 옆으로 침투케 하여 측면을 때려 보기로 했다. 24장갑군단은 10월 7-8일 사이 공군의 지원을 요청해 적 진지의 양상을 조심스럽게 관찰하면서 강행정찰의 수위만 조절하도록 하고 소련군이 새로 축성한 진지에 대해서는 정면공격을 자제하고 있었다. 카투코프는 상대적으로 소총병 전력이 약해 독일군은 보병의 대전차전으로 교란을 일으킨 뒤 전과확대 시기에는 라우헤르트의 장갑대대 하나만 투입하기로 했다. 10월 9일 오전 6시 30분 보병연대가 발진하고 1개 장갑중대가 카투코프의 좌익을 노리기로 했다. 하나 매복해 있던 소련군의 T-34가 먼저 시비를 걸어왔다. 에버바흐가 공군의 지원을 요청했으나 별다른 피해를 입히지 못했으며 독일군은 오룔 방면으로 퇴각하는 신세가 되었다. 카투코프는 흥분하여 독일군 전차 41량을 격파했다는 보고를 날렸으나 실제 파괴된 것은 전차 5대, 88mm 및 구경 미상의 대전차포, 장갑공병대 소속 장갑차량 각 1대에 불과했다. 여하튼 카투코프는 다시 승리를 구가했으나 밤이 되자 독일군 보병들의 접근을 우려하여 숲지대에서 더 대기할 수가 없다는 판단 하에 므텐스크 남쪽 3km 지점으로 후퇴했다.[48]

9일의 전투로 에버바흐의 장갑연대는 30량의 전차로 줄어들었으며 탄약은 절반이나 소진되었다. 9-10일 사이의 폭설과 그에 이은 진창도로 사정으로 보급은 제 때에 이루어질 수가 없어 35장갑연대는 그 자리에서 멈추어야 하는 조건에 직면했다. 그러나 이 눈이 반드시 독일군에게 불리한 것만은 아니었다. 독일군 정찰병에 따르면 소련군이 만든 부교가 아직 살아있으며 시계가 200m도 채 안되어 도하 시 적군의 눈에 띌 가능성이 적다는 이야기였다. 에버바흐는 아르투어 볼슐레거 중위의 6중대, 1개 장갑중대를 33차량화보병연대 소속 1개 보병중대와 함께 쉐이노(Scheino)에 위치한 부교를 건너도록 하고 므텐스크를 북쪽에서부터 치는 다소 모험적인 방안을 실천에 옮겼다. 볼슐레거 중위는 기가 막히게 자세한 적군의 군사지도를 입수하여 부교까지 다가가는 데는 전혀 어려움이 없었다. 에버바흐의 주력 부대는 볼슐레거의 전차 이동자국을 확인하면서 그 뒤를 따라가기로 했다. 이 기습은 적중했다.

볼슐레거의 전차들은 4번째 도로를 지난 다음 45도로 꺾어 동쪽에 위치한 부교 방면을 향해 진격했다. 볼슐레거 중위는 4명의 공병들과 함께 부교로 접근하자 헛간 근처에 있던 6명의 초병(공병)으로 보이는 적 병사들이 교량 쪽으로 폭발물을 설치하려고 이동하는 것이 보였다. 이때 전차 뒤에 있던 흥분한 우군 공병 하나가 먼저 사격을 가해 적군 한 명이 쓰러졌으며 기관단총을 너

47) Forczyk(2006) p.46
48) Forczyk(2014) pp.123-4

무 사방으로 난사하는 통에 하마터면 볼슐레거 중위가 우군의 총격에 죽을 수 있는 상황이 발생했다. 볼슐레거는 주포사격을 명했다. 헛간은 몇 방의 사격에 날아갔고 슈테거(Steger)와 2명의 다른 공병들은 부교로 쏜살같이 달려가 적병들을 처치한 뒤 폭발물의 도화선들을 안전하게 잘라냈다. 주변에 그 이외의 적병들은 보이지 않았다.[49]

소련군은 이 중요한 부교를 제대로 지키지 않아 더 이상의 추가적인 교전은 일어나지 않았으며 볼슐레거 중위의 중대는 단숨에 우군 병력을 강 건너편으로 이동시켰다. 단 88mm 대전차포를 실은 차량이 지나가다 부교가 망가지는 일은 있었으나 일단 전차들이 다 건너갔기에 문제는 없었다. 볼슐레거는 레흐(Lech) 공병소위에게 부교의 관리를 일임하고 므텐스크에 놓인 수샤 강의 더 큰 교량 쪽으로 접근해 나갔다. 므텐스크 마을 주변에도 수비병력은 미미했다. 므텐스크 뒤쪽에서 볼슐레거 중위의 전차를 따라 들어온 헤르만 빅스의 전차들은 최초 저지선의 대전차포들을 격파하고 35장갑연대 2대대의 진격을 막기 위해 설치한 바리케이드의 측면을 돌아들어가 4문의 대전차포를 추가로 파괴했다. 빅스는 순간 길모퉁이에 또 한 대의 대전차포가 발사 직전에 있는 것을 보고 발포 명령을 내리려 하였으나 포수 크라우제(Krause)가 먼저 발견하고 별도 명령없이 그 스스로 격파해 버렸다. 도처에서 소련군들이 사격이 빗발치는 가운데 기관총좌 하나가 빅스의 전차를 향해 신경질적인 총질을 가해 왔다. 빅스는 주포 사격없이 그대로 돌진하여 전차의 장갑궤도로 진지를 뭉개버렸다. 빅스의 동료들은 다시 우군 전차들을 괴롭히고 있던 카츄샤 다연장로케트발사대 4기를 모두 격파해 버렸다. 이것으로 므텐스크로 진입하는 보병들은 하늘을 쳐다보지 않아도 되었으며 전투는 가파른 속도로 독일군 쪽으로 기울어져 갔다. 므텐스크 북쪽의 포드모나스튀르스카야 슬로보다

◆ VIII-17 므텐스크에서 독일군에게 격파당한 4전차여단 소속 KV-1 중전차

49) Kurowski(2004a) p.85

(Podmonastyrskaja Sloboda) 구역은 뒤따르는 보병들이 접수하였고, 남쪽의 스트렐레츠카야 슬로보다(Streletskaja Sloboda) 구역도 독일군의 손에 장악되었다.[50]

한편 바리케이드를 제거하고 시내로 진입한 수대의 독일전차들이 뒤쪽으로 접근하자 가까이 있던 소련군들이 전차를 향해 달려왔다. 볼슐레거 중위는 너무 근접한 거리라 권총으로 적병들을 사살하고 자신의 전차 사각지대로 잠입하는 또 한 명의 적병은 수류탄으로 없애버렸다. 슈류탄 투척거리를 두고 거의 육박전 형태로 벌어진 첫 교전은 간단히 끝났다. 볼슐레거 중위는 정오경 마을을 급습해 7개의 카츄샤를 보유하고 있던 중박격포중대와 1개 대공포중대를 처치해 버렸다. 물론 볼슐레거의 병력으로 므텐스크를 다 지켜내기는 어렵지만 주도로의 북쪽 교량과 요긴한 지점들을 장악해 버림으로써 이 작전은 기대 이상의 결과를 얻었다. 북쪽 교량 부근에는 대세가 기운 후에도 아직도 수대의 T-34들이 지키고 있는 것이 확인되었으며 이들은 어둠이 깔리자 주샤강 철교 너머로 쫓겨났다.

단 한 방에 카투코프의 병력은 고립되어 버렸다. 카투코프는 8량의 전차로 므텐스크에 진입하여 볼슐레거의 장난같은 작은 병력을 없애기로 했다. 하나 이번에는 입장이 달랐다. 얼마 안 되는 6장갑중대의 전차들은 가옥과 정원에 매복한 상태에서 소련군 전차들이 제로사격 거리 안으로 들어올 때까지를 기다렸다. 에렌베르크(Ehrenberg) 중위와 게르트텔(Gerdtell) 중위가 각각 1대의 적 전차를 기습적으로 강타했다. 그 정도 거리라야 중전차들을 파괴할 수 있었기 때문이었다. 3대의 적 전차가 불길에 타올랐다.[51] 카투코프의 전차들은 1대의 독일군 전차를 주저앉히면서 황급히 함정구역을 빠져나가 므텐스크 외곽으로 후퇴해 버렸다. 볼슐레거는 추격할 여력은 없어 에버바흐는 재빨리 공병들이 부교를 복구하도록 하고 35장갑연대 빌헬름 호흐바움(Wilhelm Hochbaum) 중령 지휘 하의 추가 지원병력을 보내기로 했다. 카투코프가 쫓겨난 후 렐류센코는 므텐스크가 완전히 장악당하는 것을 우려하여 6량의 KV-1전차들을 보내어 소규모의 독일군 특공대를 아예 없애버릴 작정을 했다. 볼슐레거는 다행히 공병들로부터 대전차지뢰와 100mm 유탄포를 간발의 차로 인계받아 다시 한 번 매복작전을 준비할 수 있었다. 곡사포의 수평사격에 의한 것이었는지, 보병들의 대전차공격에 의한 것인지 알 수 없으나 3대의 KV-1가 완파되자 나머지는 물러났다. 에버바흐와 렐류센코는 서로 병력증강에 총력을 다하고 있었다. 므텐스크의 독일군은 88mm 대전차포와 함께 33차량화보병연대 1대대를 지원받아 이제는 웬만한 적들을 격퇴시킬 수 있는 입지를 갖추게 되었다. 이 대대가 큰 위안이 된 것은 사실이나 이들 병력의 대부분은 므텐스크 남쪽을 치고 들어오는 소총병들을 막기 위해 볼슐레거 중위와는 다른 구역을 맡게 되었다. 그로 인해 북쪽의 툴라를 향한 구역은 겨우 수대의 전차와 88mm 1문, 보병 1개 소대에 불과했다. 오후 1시 반에 독일군의 일부 지원이 이루어진 뒤 렐류셴코는 11전차여단과 일부 소총병 제대를 끌어 모아 오후 3시경 세 번째 공격을 추진하고 나섰다. 세 번의 전투 때마다 독일군 수비대의 전력은 증강되어 갔다. 이번에는 저번에 무기력하게 당했던 '아흐트 아흐트'(88mm 대전차포의 독어 애칭)가 전면에 나섰다. 1km 거리에서 3대의 T-34를 연달아 격파시키자 소련군들

50) Kurowski(2004a) p.86
51) Schäufler(2010) p.136

◆ VIII-18 어떻게 된 상황인지는 알 수 없으나 서로 한판 붙고 파괴된 것으로 보이는 독일군의 88mm 대전차포와 소련군의 T-34

은 이내 물러섰다.[52] 주샤 강 남쪽에 고립된 카투코프는 밤이 되기를 기다린 후 독일군의 화포사격이 빗발치는 가운데에서도 철교를 통해 강을 건넌 후 므텐스크 북쪽의 렐류셴코 방어라인까지 도착했다. 병원들은 대부분 탈출시켰으나 파괴된 전차와 장비들을 뒤에 둔 채 도주한 카투코프에게 남겨진 것은 3대의 KV-1과 7대의 T-34, 쓸모없는 20대의 경전차들이었다. 이것으로 에버바흐와 카투코프는 거의 비슷한 대수의 전차를 보유하게 되었으며 1 대 1의 무승부 속에 다음을 기약하게 되었다. 카투코프는 300명의 병원과 25대의 전차를 상실했으나 독일군 전차 8대 격파를 기록하고 10대의 전차에 피해를 입혔다. 독일군 피해는 30명 선이었다. 그보다 더 큰 수확은 그 정도의 병력만으로 구데리안의 툴라 진격을 1주일이나 지체시켰다는데 있었다. 카투코프의 공을 인정한 스탈린은 므텐스크에서 그를 빼 모스크바 방어에 투입키로 하고 남은 전차와 병력을 모아 급거 퇴각할 것을 지시했다. 카투코프는 북쪽으로 360km나 되는 장거리를 단 한 대의 전차도 기계고장을 일으키지 않은 가운데, 그것도 진창 도로를 따라 이동시키는 놀라운 인내력과 스킬을 발휘했다.[53] 구데리안은 그의 회고록에서 카투코프의 이름을 직접 거명하지는 않았으나 므텐스크 전투에서 소련군 전차부대가 보여준 새로운 스타일의 공수 기법을 높이 평가하면서 '그들이 배우고 있다'는 말을 남기기도 했다. 동시에 카투코프의 조그만 여단병력이 독일군에게 끼친 물리적, 심리적 피해에 대해서도 여러 번에 걸쳐 언급했다. 10월 12일 4장갑사단은 40대의 전차를 확보하는 것으로 체면유지를 하면서 툴라로의 진격을 겨냥했다.[54]

52) Schäufler(2012) pp.41-3
53) Forczyk(2014) p.125
54) BA-MA RH 27-4/10, Kriegstagebuch 4.Panzer-Division Führungsabtl. 26.5.41-31.3.42, p.206(1941.10.12)

* * * * *

포위냐 진격이냐

"수주 동안 3개의 주요 산업지대가 너희들 손에 떨어질 것이다.
너희들은 2-4백만의 포로들을 잡고
적군의 17,500대의 전차, 21,600문 이상의 야포, 14,100대의 공군기들이 파괴되거나 노획되었다.
전 세계는 이전에 이런 것을 목격한 바가 없었다."
(아돌프 히틀러, 1941.10.8)

이중포위전이 한창 진행 중이던 10월 7일에 이미 폰 보크는 3개 장갑군의 차기 목표인 모스크바 진격을 위한 주요 공세 방향을 설정했다. 3장갑군은 9군과 함께 르제프와 칼리닌으로 향하며, 4장갑군은 4군이 말로이아로슬라붸츠와 칼루가로 진격하는 동안 그자츠크를 지나 모자이스크를 공략하기로 되어 있었다. 남쪽의 구데리안 2장갑군은 2군과 함께 툴라를 때린 후 모스크바를 밑에서부터 치고 올라간다는 구상을 확립했다. 단 2군은 브리얀스크 포위망의 적병력을 소탕하는데 당분간 시간을 할애해야 했다. 그러나 이는 포위망 소탕전이 어느 정도 진척되고 난 다음의 이야기로서 각 장갑군은 부분적으로 일부 제대를 북쪽과 동쪽으로 전진시키는 정도로 만족해야 했다.

브야지마-브리얀스크 포위망에 걸린 소련군은 독 안의 든 쥐였다. 하나 이 쥐가 한두 마리가 아니기에 쥐를 잡는 문제는 대단히 조심스러운 과제였다. 여차하면 대규모의 병력이 한 곳을 뚫고 나가면서 국지적인 승리를 가져갈 수도 있는 복잡한 상황이었기 때문이다. 스몰렌스크 포위 때도 그러했지만 구데리안의 2장갑군 구역에서 불안한 조짐들이 나타나고 있었다. 35군단에서는 시젬카(Sizemka) 북쪽과 세붸크(Sevek) 서쪽에서 포위망을 돌파하려는 소련군 제대의 압박이 심해지고 있다는 보고가 들어왔으며 실제로 구데리안의 구역은 제대와 제대 사이의 구간이 너무 넓어 그다지 완벽한 자루라고 하기에는 엉성한 면도 있었다. 일단 위험을 감지한 구데리안은 수도스트 강 서쪽 제방에 위치한 1기병사단에게 강 동쪽을 때려보라는 지시를 내렸다. 그렇게 함으로써 소련군들이 현 위치를 사수하고 있는지 도주 중인지를 확인 할 수 있을 것으로 판단되었다. 1기병사단은 단숨에 수도스트 강 교두보를 확보했다.[55] 1기병사단이 2군 포위망의 서쪽에서부터 조여 나가자 소련군들은 10월 9일 시젬카 한 곳을 때려 돌파를 시도했다. 소련군들은 293보병사단과 29차량화보병사단 사이의 갭을 뚫고 나가면서 특히 293보병사단을 집중적으로 타격하고, 사단 우익이 허물어지는 틈을 타 시젬카와 쉴린카(Shilinka) 쪽으로 치고 나갔다. 구데리안은 26차량화보병사단으로 저지시키려 하자 도착 시간이 너무 늦을 것 같아 이웃하는 10차량화보병사단이 해결해 줄 것을 부탁했다. 당시 48장갑군단은 OKH의 지시에 의해 전 군단이 쿠르스크로 향하도록 되었으나 구데리안이 붸르너 캠프 군단장에게 직접 연락해 가능한 병력을 쉐프크로 보내 갭을 막아줄 것을 재차 당부했다. 도주하는 자와 뒤쫓는 자의 격투는 격렬한 교전으로 이어졌고 독일군은 소수의 그룹이 빠져나갔다고 하고 소련군은 꽤 큰 덩치의 무리가 빠져나갔다는

55) Guderian(1996) p.235

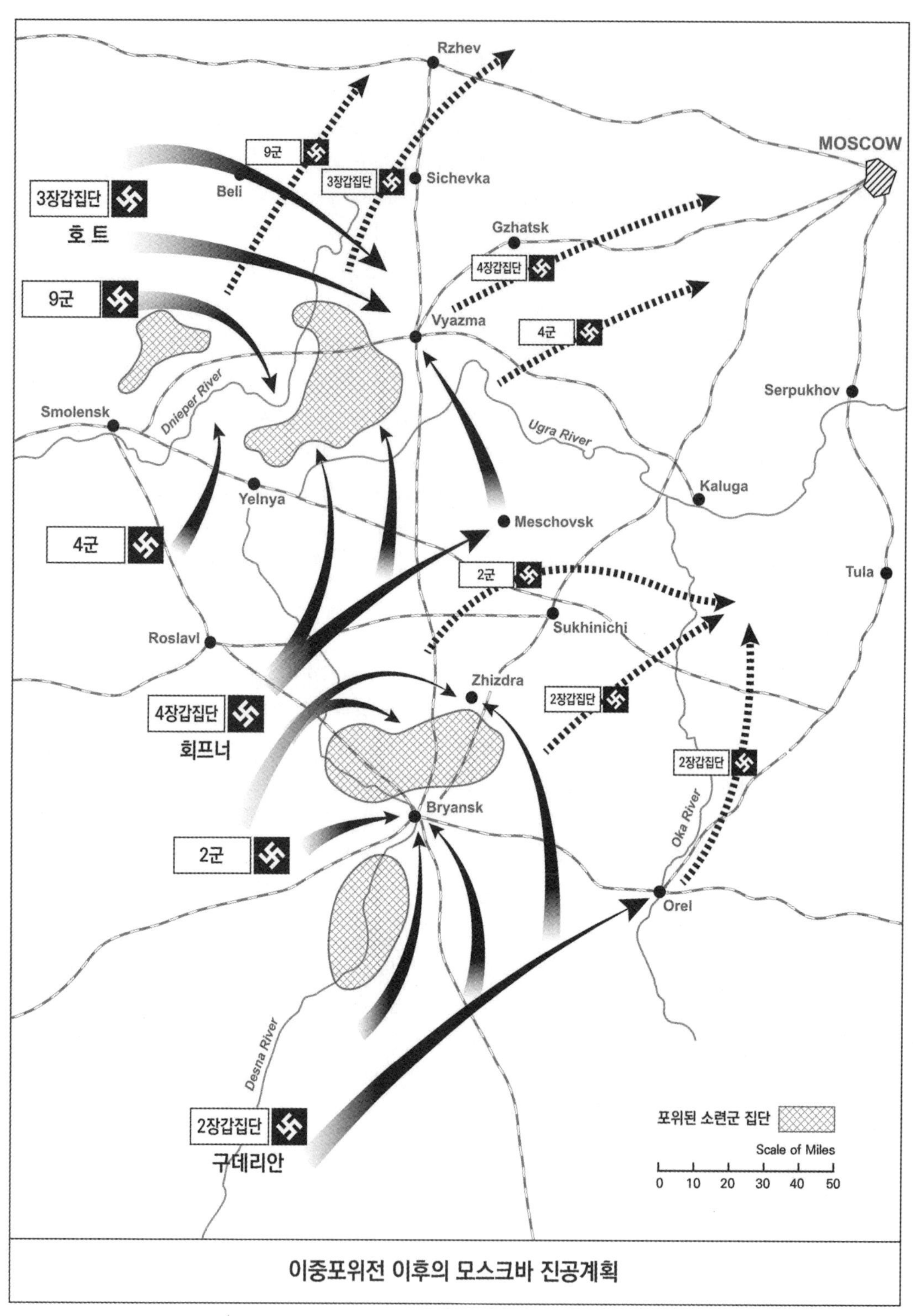

이중포위전 이후의 모스크바 진공계획

등의 견해차가 대립하는 가운데 남쪽 방면의 포위망은 안으로부터의 지속적인 탈출압박에 여전히 노출되어 있었다. 상대적으로 북쪽의 17, 18장갑사단 구간은 압박을 덜 받고 있는 것으로 확인되었으나 북쪽 브야지마의 타이트한 포위에 비해서는 8일에 완성되었다고 하는 브리얀스크의 포위망이 다소 불안한 것은 사실이었다. 실제로 50군의 주력이 갇힌 브리얀스크 북방의 류보흐나(Lyubokhna)에서는 겨우 18장갑사단의 부분 병력과 112보병사단만이 동쪽으로의 퇴로를 차단하고 있는 실정이었다. 그렇다고 북쪽의 브야지마가 브리얀스크에 비해 마냥 조용하거나 소련군이 돌파를 포기한 것은 아니었다. 부분적으로 3장갑군에게 갇힌 일부 제대는 사주경계 형태로 진지를 사수하면서 독일군이 들어오는 것을 기다리거나 링 바깥에서 구출부대가 올 때까지 버티는 수도 있었다.[56] 반면 회프너 구역은 큰 덩어리의 소련군 제대가 작심하고 남동쪽으로 돌파를 단행하려는 움직임이 나타났으며 특히 5장갑사단이 지키는 구간은 상대적으로 방어밀도가 약해 지속적으로 돌파의 시도가 이루어지고 있는 것으로 파악되었다.[57] 5장갑사단은 7-12일간 동안은 주로 14차량화보병연대로 구성된 하젤로프 전투단(Kampfgruppe Haseloff)이 브야지마를 향해 북진하는 루트에 전념키로 하고 폰 쉐휀 전투단(Kampfgruppe von Scheven)이 하젤로프의 좌익을 엄호하면서 이동하는 작전기동을 구사했다. 사단의 31장갑연대는 2대대가 하젤로프에, 1대대가 폰 쉐휀 전투단을 지원하는 것으로 배정되었다.

◆ VIII-19 진창도로에 빠진 177돌격포대대의 3호 돌격포 C/D형과 차량들. 오른쪽 NAGG31 트럭에 '구데리안' 2장갑군의 머리글자 G가 보인다.

56) BA-MA 59060, 3. Pz. Gr. KTB Nr. 2 1.9.41-31.10.41(1941.10.8)
57) BA-MA RH 27-5/29, 5. Panzer Division KTB Nr. 8 vom 11.9.41-11.12.41, Fol. 35(1941.10.9)

이중포위망이 형성되고 난 다음의 처리는 이처럼 간단치가 않았다. 여기에는 기본적으로 각 사령관들의 견해 차이와 보병 제대와 장갑부대 지위관의 접근방식에 있어 판이한 의견대립이 노출되고 있었다. 예컨대 호트와 구데리안은 포위망을 형성하는 것은 장갑사단들이 주도하고, 그 이후의 소탕작업은 보병사단들이 해야 한다는 사고방식을 갖고 있었다. 솎아내기 작업에 장갑부대가 동원되면 적은 점점 새로운 방어선을 구축할 것이며 모스크바로 향하는 길은 점점 멀어진다는 것이 그들의 생각이었다. 또한 시가전에 전차를 투입하는 것은 극력 피해야 했기에 보병들이 신속히 포위망을 정리하고 그 사이 장갑부대의 선봉은 기름이 떨어질 때까지 전진해야 한다는 장갑부대 지휘관 특유의 철학이었다. 여기서는 회프너 역시 동일한 입장에 있었다. 10월 5일부로 장갑집단이 장갑군으로 승격하기는 했으나 호트의 3장갑군은 9군에, 회프너의 4장갑군은 4군에 여전히 지휘권이 예속되어 있어 번번이 갈등과 분규가 촉발되기 마련이었다. 구데리안은 상급자의 말을 안 듣는 타이프라 장갑군으로 승격하기 전에도 이미 내놓은 상태이며 형식적으로는 2군이 아닌 중앙집단군 직할, 즉 폰 보크의 지휘 하에 두고 있었다. 구데리안이 폰 클루게와 원수지간이었던 것처럼 회프너도 폰 클루게와 사이가 좋지 못했다. 브야지마 포위망 형성이 한창일 때도 4군 사령관 폰 클루게는 수시로 회프너에게 간섭해 브야지마 서쪽에서 좀 더 작은 포위망을 만들라는 등속의 마이크로매니지가 계속되어 회프너는 10월 5일부터 화가 난 상태에 있었다. 10월 7일에는 모든 전력을 동원해 모스크바로 직행하는 것이 할더와 폰 보크의 지시였음에도 불구하고 폰 클루게는 칼루가(Kaluga) 방면으로 내려가라는 요구를 하게 된다. 폰 보크는 귄터 블루멘트리트 4군 참모장에게 회프너의 57장갑군단이 그럴 여력이 있는지 의심된다면서 적군이 방어진을 강화하기 전에 말로이아로슬라볘츠와 모자이스크 라인으로 진군하는 것이 절대적으로 필요하다는 견해를 표명했다. 거기다 모스크바 방면으로 빨리 정찰을 보내야 한다는 것도 강조했다. 블루멘트리트는 여기에 전적으로 동의했다.[58]

히틀러는 10월 4일에 북방집단군이 라도가 호수 공략을 재개해야 된다는 점을 언급하면서 구데리안을 오룔에서 북동쪽으로 170km 떨어진 툴라로 진출시키는 방안에 대해서도 발설하기 시작했다. 툴라를 잡은 다음에는 북쪽의 모스크바로 175km를 더 전진하여 포위망을 완성한다는 내용이었다. 이는 주공의 남익을 담보하는 2장갑군이 나가야 할 기본방향과는 크게 어긋나지 않았다. 그러나 그간 예외적으로 독일군에 유리했던 기상조건이 10월 중순부터 악화되면 그러한 청사진은 그리 정확히 시간을 맞출 수가 없게 된다는 것을 최고 수뇌부는 별로 고려하지 않고 있었다. 10월 6일 첫눈이 내린 뒷날은 다시 가을비가 쏟아져 진창도로가 부활했고 8일부터는 소위 그 '길이 없어진다'는 라스푸티쨔가 이미 본격적으로 시작되고 있었다. 길이 진창으로 바뀌면 평균적으로 독일군 장갑부대의 전진속도는 절반으로 줄게 되는 것이 정상이었다. '동장군'이 오기 전에 '진창장군'이 먼저 등장해 독일군을 괴롭히기 시작하고 있었다. 하늘은 점점 소련군의 편으로 돌아서는 것으로 보였던 것이 바로 이 기상 변곡점의 시기였다. 히틀러는 다시 9일에 회프너가 더 북쪽으로 올라가 라인하르트(모델)의 41장갑군단을 대체해야 된다는 의견을 제시하자 이번에는 폰 클루게마저 강하게 반대하고 나섰다. 도로 사정이 엉망이라 이동도 쉽지 않을 뿐더러 한다 하더라도 이동에만 3일이 소요된다는 판단에 따른 항의였다. 연료도 부족하다는 것은 더 할 나위가 없었다.[59] 진창도로를 달리면 속도는 절반으로 줄면서도 연료 소모량은 두 배로 늘어나는 것이 다반사였다.

58) Bock(1996) p.326

59) BA-MA RH 19-II/411, Kriegstagebuch Nr. 1(Band Oktober 1941) des Oberkommandos der Heeresgruppe Mitte, Fol. 579(1941.10.9)

◆ VIII-20 진창도로를 달리는 독일군 운송차량, 4x4 중형트럭. 중량은 2,610kg, 전장, 전폭, 전고는 602x227x218cm.

심지어 히틀러는 10월 4일에 툴라를 거론해 놓고는 구데리안이 남동쪽의 쿠르스크로 진출하는 것을 새로이 저울질하기 시작했다. 10월 10일 구데리안이 받아 든 명령서는 황당한 내용으로 조리되어 있었다. 쿠르스크를 점령하고 트루브췌프스크(Trubchevsk) 포위망으로 알려진 브리얀스크의 소련군(3군 & 13군)을 격멸할 것, 그리고 브리얀스크 북서쪽의 포위망을 완전히 매듭짓고 툴라로 진격하라는 것이었다.[60] 이걸 2장갑군 혼자 다 알아서 하라는 지시였다. 2장갑군은 그중 중점이 뭐냐고 되물었으나 본부의 답은 없었다. 물론 구데리안에게 있어 포위전 참가는 관심이 없고 툴라로의 진격이 최우선과제였음은 재언을 요하지 않았다. 불과 수일 사이에 주공과 조공의 축선이 마음대로 변화되는 이 변덕이 다시 발동한 것 같았다. 구데리안은 이중포위전을 전후해 독일군 수뇌부가 벌써부터 다가올 궁극의 대소전 승리에 도취된 나머지 지나치게 광범위한 욕심들을 꺼내놓기 시작했다고 불평했다. 포위전도 완수해야 하며 쿠르스크도 탐이 난데다 다시 레닌그라드도 궁금하다는 조급한 발상이었다. 히틀러의 발상은 항상 조금만 잘 나가면 병력분산적 명령을 끄집어내곤 했다. 이 자기기만적 소아병적 전쟁놀이는 프로이센 육군의 전통과는 너무나 동떨어진 세계의 사고체계에 근거한 것이었다. 모스크바로 향하는 전략적 목표가 이와 같은 국지적 목표에 흔들리게 되면 툴라로 진격하게 될 장갑부대를 지원할 제대가 사라진다는 것을 의미했다. 아니 더 불안한 것은 히틀러의 관심이 다시 모스크바로부터 멀어지는 것이 아닌가 하는 점이었다.[61] 즉 히틀러는 틈만 나면 당장 취득할 수 있는 전술적 이익을 전략적 목표보다 우선

60) Guderian(1996) p.237
61) NA : T-78 ; roll 335, Weisung für die Fortführung der Operationen der H.Gr.Mitte und Nord, OKH/Gen.Stb.d.H./Op.abt.(I), frame 291.864(1941.10.13)

시하거나 선행시키려 했다. 좀 더 원색적으로 표현하자면 당장 먹을 수 있는 것을 우선 먹고 보자는 발상이었다. 그러한 점에서는 4군 사령관 폰 클루게도 다르지 않았다. 그는 아직도 민스크, 스몰렌스크 포위전 때 구데리안이 말을 안 들어 좀 더 많은 적군을 격멸시킬 수 있는 기회들을 놓친 것을 안타까워하면서 이번엔 회프너를 자신의 구미에 맞게 길들여 보려고 했다.

하지만 이중포위전을 치르면서 불거지기 시작한 문제는 소탕작전이 오로지 보병만으로 가능한가라는 의문이었다. 일단 후속하는 보병사단들이 포위망 안으로 들이치기 전까지는 장갑사단들이 외곽의 링을 지켜서고 있어야 했으며 수십만에 달하는 소련군들이 여전히 전차, 야포, 차량들을 굴리고 있는 상태에서는 추격하는 독일군도 어느 정도의 기동력이 담보되어야 했고 그러자면 기동전력은 주력을 모스크바 방면으로 보내면서 최소한도의 전차와 장갑차량들을 포위망 주변에 대기시키는 일이 필요했다. 이때의 두 포위망은 1차 대전 때와는 달리 공자나 방자나 대단히 유동적으로 움직이고 있었기에 일단 적을 자루 속에 가두었다고만 해서 시간이 지나면 해결될 거라는 안이한 발상을 하지는 못했다. 소련군 역시 구원군을 기다릴 수는 없었다. 스몰렌스크 포위전 때는 끊임없이 동쪽에서 압박을 가해 포위망을 해체하기 위한 병력들을 풀었으나 키에프와 브야지마-브리얀스크를 거치면서 소련군은 그런 예비병력이 고갈되어 있었으며 당장 모스크바 방위전 준비로 인해 여유가 없었기 때문에 탈출은 포위망에 갇힌 제대 스스로가 감행해야 했다.

* * * * *

브야지마 소탕전

"그들(소련군 포로)은 완전히 넋이 나가 땅바닥에 주저앉아 있었다.
주민들이 그들에게 빵조각을 던진다면 아마도 두들겨 맞거나 그 자리에서 총살될 수도 있었다.
길가 모퉁이들은 수일 동안 버려진 시체들로 덮혀 있었다.
브야지마에서 스몰렌스크로 이동한 15,000명 중 살아남은 자들은 2,000명에 불과했다."
(블라디미르 피오트로뷔취 쉬로코프)

10월 10일 소련군 예비방면군은 잔존 제대를 모두 서부방면군에 포함시킴으로써 쥬코프의 단일한 지휘계통 하에 놓이게 되었다. 이날 처음으로 대규모 소련군 제대가 브야지마 동쪽으로 빠져나가기 위한 시도가 있었다. 46장갑군단이 포진하고 있던 이 구역은 숲으로 덮인 구역이 많아 공군의 공습으로 피해를 줄만한 지형이 아니었다. 아침부터 시작된 이 돌파는 시간이 갈수록 점점 더 큰 규모로 발전되었으며 이전보다는 비교적 조직적이고 계획에 따른 탈출작전이 추진되고 있는 것으로 판단되었다.[62] 포위망의 북익은 6, 7장갑사단이, 동쪽은 19, 2, 11장갑사단이 차례로 대기하고 있었으며 남익은 5장갑사단과 252보병사단이 막아서고 있었다. 5장갑사단은 10일 군단본부로부터 11장갑사단과 함께 포위망의 내선을 좁혀나가라는 지시를 받았으며 197보병

62) BA-MA RH 21-4/34, Anlage zum KTB Panzer Gruppe 4: 20.9.41-14.10.41, Fol. 27(1941.10.10)

◆ VIII-21 6장갑사단 11장갑연대 주축인 리햐르트 콜 여단급 전투단의 체코제 35(t) 전차들(7장갑사단 소속). 오른쪽은 소련군 포로로 보이나 보초도 없이 전차의 행진과 반대방향으로 가고 있다. 독일군은 진격이 바쁠 때는 이처럼 포로들이 알아서 후방으로 내려가 다른 포로들과 합류하라는, 다소 믿기지 않는 조치를 취하기도 했다. 그 정도로 서둘러 작전을 수행하려면 포로들이 일부 도주하는 것을 굳이 애써 막으려고 할 여유가 없었다는 점이다.

사단은 5장갑사단의 경계선 서쪽 돌출부까지 뻗어나가 루뱐카(Lubjanka)의 고지대까지 도달하여 포위망을 좁힐 것을 명받았다. 이 명령은 군단간 경계를 다소 뒤죽박죽으로 만드는 격이 되기는 했다. 5장갑사단 좌익의 23보병사단은 우익에서 포위망을 빠져 나오려는 적의 강한 공세를 힘들게 막아냈다. 그로 인해 사단의 9, 67보병연대는 5장갑사단의 북서쪽이자 좌익에서 유레보노(Jurenowo)까지 병력을 파견해 전투하게 되었으며 197보병사단이 23보병사단의 부담을 덜어주기 위해 북쪽으로 쳐 나갈 것이 요구되었다.[63]

이날 10, 11장갑사단 사이에 놓인 2장갑사단 구역으로 광신적인 소련군들의 돌파가 있었으며 그 결과 500명이 전사하고 100명이 포로가 되었다. 이날 가장 위기를 맞았던 것은 23보병사단구역으로, 적군의 비전투원까지 대규모로 가담한 상태에서 여러 군데를 찔러 동시다발적으로 돌파를 시도하자 포위망의 응집력은 약화되기 시작했다. 23보병사단은 좌익에 위치한 267보병사단에게 지원을 요청하고 그에 따라 1개 보병연대가 23사단 구역으로 급파되어 물이 터진 곳을 막아냈다. 위기는 북익에서도 나타났다. 만토이펠의 7장갑사단 6척탄병연대 구역은 남쪽만큼 조직화되지는 않으나 소규모 그룹에 의한 최초의 돌파가 성공하면 나중에 더 큰 덩치의 소련군 그룹들

63) Plato(1978) p.150

이 해당구역으로 쏟아 들어오는 현상이 다발적으로 일어났으며 특히 야간을 이용한 탈출극은 어느 정도 성공을 거두었다. 소련군의 돌파는 독일군 방어진지마저 위협하는 경우도 있었다. 대대본부와 포병진지가 공격당해 백병전이 전개되기도 했으며 특히 독일군의 피해는 만토이휄보다 이웃의 7척탄병연대가 더 심한 피해를 입었다. 연대는 기관총과 대전차총의 3분의 2가 전량 소모되었고 70명의 전사자가 발생했으며 어떤 중대는 탄약마저 완전히 고갈된 경우도 있었다.[64] 7척탄병연대 3중대 구역으로 쇄도한 11대의 소련군 전차는 그 중 9대가 10중대의 장갑엽병소대와 돌격포들에 의해 격파되었으며 남은 2대는 쉐쿨리나(Shekulina)로 도주하던 중 돌격포에 의해 파괴되었다. 그러나 전차병력들이 무너지고 난 다음 소련군은 시시각각으로 증강되는 소총병들을 몰아 1대대 방어구역으로 집요하게 공격해 들어왔다. 그중 엥케포르트(Enckevort) 중위의 3중대는 가장 처절한 전투를 경험한 부대로 중대의 피해에 반해 적군에게 가한 타격은 실로 엄청난 전과를 획득했다. 3중대는 관리하기 힘들 정도로 150명의 포로를 잡았으며 1소대는 1회전에 30-40명의 적군 포로를 잡아내고 역시 같은 수에 해당하는 30-40명을 사살했으며 2, 3회전에서는 80-100명의 소련군 시체를 대지에 나뒹굴게 만들었다. 3개 소대가 모두 영웅적인 교전을 치루는 가운데 3소대장 크놀(Knoll) 소위는 우군 전차 2대가 도착할 때까지 홀로 총알을 뚫고 소련군 벙커에 달려들어 수류탄으로 적군을 날려 버렸으며 소련군의 PPSh-40을 들고 최전방에서 지휘를 행한 엥케포르트 중위는 장렬히 전사했다.[65] 결국 이 난국은 장갑연대가 도착하고 나서야 안정화시킬 수 있었으며 이런 문제 때문에 6, 7장갑사단은 이미 북쪽의 칼리닌(Kalinin) 방면으로 진격을 속개할 것을 명받았음에도 포위망 주변을 이탈할 수가 없었다. 포위망의 일부 사단들은 이러한 탈출극 때문에 일정 부분 거리를 두고 뒤로 빠지기도 했으며 보병중대들을 일선에 배치하고 전차와 자주포들이 2선에 배치되어 방어벽을 재정돈하기도 했다.

10월 11일까지 75km x 35km 크기의 브야지마 포위망이 20km x 20km로 줄어들었다. 이 시점까지 대략 20만 명의 포로가 발생했으며 아직 포위망 소탕전투가 진행 중인데도 전체 규모를 알 수 없을 만큼 많은 수의 장병들과 장비들이 독일군 손에 떨어지고 있었다. 11장갑사단 구역을 지키는 110, 111척탄병연대는 11일 새벽 2시에 소련군 3개 사단의 쇄도에 직면했다. 당연히 정수에 못 미치는 병력이지만 3개 사단이 한꺼번에 두 연대 방어정면으로 들어오자 빌터 셰퍼-케너르트(Walter Schaefer-Kehnert)는 적군이 최대한 근접할 때까지 사격을 못하도록 한 다음, 개인화기의 사정거리 안으로 들어오자 일제 사격 명령을 내렸다. 기관총, 박격포, 야포가 소련군 대오 정면을 강타하며 열화와 같은 화력을 퍼붓자 엄청난 수의 장병들이 고꾸라지기 시작했다. 개인화기도 변변찮은 소련군이 대응할 방법은 없었다. 111척탄병연대 하나가 2,000명을 사살하고 3,000명을 포로로 잡았다. 이 정도 규모면 척탄병연대 역시 상당한 병원의 피해를 입게 된 것이라 이웃 252보병사단으로부터 일부 병력을 인계받아 전선을 유지했다.[66] 11장갑사단 좌익의 5장갑사단은 오전 10시 30분 좌편에 포진했던 쉐휀 전투단(Kampfgruppe v. Scheven)과 하젤로프 전투단(Kampfgruppe Haseloff)이 레베데보(Lebedewo) 부근의 고지대에서 느슨하게 연

64) BA-MA RH 27-7/46, Kriegstagebuch Nr. 3 der 7.Panzer-Division Führungsabteilung 1.6.41-9.5.42, Fol. 140(1941.10.10)

65) Scheibert(1991) pp.75-8

66) BA-MA RH 27-11/16, 11.Pz.Div. KTB Abt. Ia vom 1.5.41-21.10.41, Fol. 156(1941.10.11)

결되어 북쪽의 쉬마예보(Schimajewo)까지 도달했다. 이곳에서는 적군의 저항이 발견되지 않았다. 46장갑군단은 익일 공세에 대해 5장갑사단이 미할리(Mikhali) 방면을 향해 판휠로보(Panfilowo)-미쉰카(Mischinka) 구간을 공격토록 하고, 252보병사단은 5장갑사단의 후미를 소탕하면서 뒤따라가는 것으로 지정했다. 같은 날 2장갑사단은 800명을 사살하고 500명을 포로로 획득했다.[67] 이처럼 회프너의 4장갑군 전구에서는 대규모의 탈출 시도는 있었으나 결과는 비참했고 극히 일부가 빠져 나간 것으로 판단되었다. 3장갑군 지역은 9군의 보병사단들이 도착하면서 6장갑사단은 포위망에서 벗어났으며 7장갑사단만이 자루 내부로부터 돌파를 시도하는 적군을 소탕하는 임무에 할당되어 있었다. 포위망이 줄고 있다고는 하나 7장갑사단이 맡은 구역은 큰 차이가 없는 것으로 나타났다. 포위망 속 소련군과의 잦은 교전으로 독일군의 피해도 늘어나기 마련이지만 적기에 충원이 되지 않아 희비가 엇갈리는 경우도 불가피했다. 어느 구역은 단 두개 소대가 3.5km 구간을 방어하다 한 개 구역이 완전히 돌파당하면서 40명의 병원 전원이 전사하는 일도 보고되었다.[68] 10월 12일 7장갑사단은 어려운 전투에도 불구하고 엄청난 양의 전리품과 함께 소탕작전의 승리를 거양했다. 그중 리햐르트 그뤼네르트(Richard Grünert) 중위의 7모터싸이클대대 3중대는 브야지마 국도를 따라 축성된 매복진지와 부근의 언덕에 위치한 적군 진지를 공격했다. 대대의 선봉 소대장이 전사하자 그뤼네르트 소령은 직접 병력을 이끌고 힘든 격투를 치르면서 해당 구역을 통제 하에 두었으며 이때의 공훈으로 그뤼네르트 소령은 10월 14일 기사철십자장에 서훈되었다.[69]

◆ VIII-22 7장갑사단 7차량화보병연대 7모터싸이클대대 3중대장 리햐르트 그뤼네르트 중위. 1899년생으로 1941년 독소전에 참가할 무렵 이미 42세의 노장이었다. 이 나이로 전쟁을 겪고 나면 40대의 서양인들은 60대 동양인들처럼 보인다. 그는 43년 3월 13일 이줌 지역에서 전사한 후 5월 17일에 백엽기사철십자장에 추서되었다. 1급철십자장은 1939년 10월 18일에 획득했다.

40, 46장갑군단이 브야지마의 북익을 에워싸는 동안 57장갑군단은 바르샤바-모스크바 국도를 따라 북동쪽으로 진격하여 10월 11일에는 메뒨(Medyn)을 장악하고 바로 뒷날 12일에는 말로이아로슬라붸츠 외곽까지 접근했다. 또한 4장갑군의 측면을 엄호하기 위해 3개 보병군단이 데스나로부터 오카 강을 건너 장갑부대를 따라붙기 시작했다. 12일 13군단은 칼루가를 장악하고 12군단은 오카 강 도하지점을 확보하는데 성공했다. 3개 보병군단들은 갑작스런 날씨변화로 진창도로가 형성되기 시작했음에도 5일 동안 70-80km를 주파하는 나쁘지 않은 진전을 나타냈다.

67) BA-MA RH 27-2/21, 2.Panzer Division KTB Nr. 6 Teil I. vom 15.6.41-3.4.42(1941.10.11)
68) Stahel(2013b) p.117
69) Manteuffel(2000) p.129

10월 11-12일에 걸쳐 포위된 소련군의 돌파를 저지하기 위해 브야지마 남동쪽을 지키던 11장갑사단은 주로 볼로스타(Volosta) 강을 따라 포진하고 있었다. 110차량화보병연대는 좌익에, 111차량화보병연대는 우익에 포진시키고 있던 사단은 계속되는 적군의 반격에 육체적으로나 심리적으로나 지쳐가고 있었으며 포위하는 독일군보다 더 많은 수의 소련군들이 연차적으로 방어정면을 넘나드는 상황은 사단을 위기로 빠트리고 있었다. 한 번의 돌파 시도 때마다 수천 명의 소련군 시체가 나뒹구는데도 적군은 쉴 새 없이 돌파를 감행했다. 독일군은 수중의 탄약을 다 써버렸는데도 살아남은 병력들이 몰려들자 역으로 괴멸당하는 수도 있었다. 어떤 구역은 비싼 대가를 치르면서도 대규모의 병력이 뚫고 나가는 사태가 발생했고 사단 본부 정면까지 적이 들이닥치기도 했다. 이때는 사단의 장갑연대가 구원으로 달려와 겨우 상황을 진정시켰으며 주변 구역은 육박전의 피해로 인해 피비린내 나는 광경이 지속되었다.[70] 10월 12일 로스미노(Losmino)에 위치했던 사단의 통신대는 미튜쉬노(Mityuschino)에 있는 71경대공포대대와 빈번한 교신을 취하면서 보병들의 방어를 지원하고 있었다. 밤 10시 소련군들이 이 사무소를 기습하면서 주변은 돌연 격렬한 전투장으로 변했다. 적군을 가장 먼저 발견한 통신장교 에게르트(Eggert) 중위가 창문을 이용해 기관단총을 난사하고 수류탄 투척을 통해 적군의 진격방향과 병력규모를 어렴풋이 짐작할 수 있었다. 붸르너 야콥손(Werner Jacobson) 소령은 낮은 자세로 역시 창문 너머로 대응사격을 가했다. 그러나 이내 야콥손 소령이 적탄에 맞아 쓰러지자 통신병 슐라이허(Schleicher)는 바깥으로 뛰쳐나가 보른(Born) 대대본부 군의관을 부르러 가다 적탄에 의해 다리에 부상을 당했다. 보른 군의관은 야콥손 소령을 치료하기 위해 뛰어가다 그 역시 엉덩이에 총상을 입었다. 사방이 불타는 상황에서 모든 병사들은 가옥을 뛰쳐나오는 길 밖에 없었다. 에게르트 중위와 야콥손의 부관 루디스(Ruddies) 중위는 부상당한 소령을 창문으로 끄집어낸 후 전투일지를 들고 대대진지로 이동했다. 야콥손 소령은 창문을 빠져나올 때 다시 한 방을 맞았으나 이들은 사방에서 쏟아져 내리는 총탄을 뚫고 무사히 우군이 경계를 서는 구역까지 도달했다. 그러나 이쪽도 습격을 당해 그곳의 통신소대 호흐로이터(Hochleuter) 소위도 이미 중상을 입은 상태였다. 이때 대공포대대 2중대장 그뢰닝(Gröning) 중위가 20mm 기관포가 탑재된 하프트랙들을 몰고 와서 가혹한 반격을 가했다. 독일군은 개인화기와 기타 중화기들을 깡그리 모아 적군을 무자비하게 사살하였으며 하프트랙의 위력에 당한 소련군들은 총을 버린 채 인근 숲과 야지로 도주하고 나머지는 투항해 왔다.[71] 사단은 11-12일 밤 2,000명의 포로를 잡았으며 사살 규모는 도저히 집계할 수 없을 정도로 적군 시체들이 사방에 널부러져 있었다. 10월 12일 11장갑사단장 에제벡크(Hans-Karl Freiherr von Esebeck)가 병가를 얻게 되자 11차량화보병여단장 아르노 폰 렌스키(Arno von Lenski) 대령이 임시 사단장직(41.10.12-27)을 맡았으며 여단장직은 110차량화보병연대장인 헬뷔히 루쯔(Helwig Luz) 대령이 인수했다. 에제벡크는 떠나기 전 러시아 전선의 가혹한 조건에서 현지 주민들과의 쓸데없는 마찰을 피하기 위해서는 식량이나 생필품을 돈으로 구입하여 구득하라는 지시를 내렸다. 우크라이나와는 달리 모스크바에 가까워질수록 러시아인들은 독일군을 해방군으로 반기지 않고 있다는 증거였다.[72]

---

70) BA-MA RH 24-47/2 Kriegstagebuch Nr. 3. des XXXXVI.Pz.Korps vom 24.8.41-31.12.41, Fol. 79(1941.10.12)

71) Ganz(2016) p.88

72) NA : T-315 ; roll 586, Persönlich an die Herren Kommandeure, Ia KTB Anhang, Ia KTB 9, frame 000432(1941.10.11) / NA : T-315 ; roll 2320, frame 000153, 000158(1941.10.12)

11장갑사단 좌익에 위치했던 5장갑사단은 12-13일에 걸쳐 이웃 사단과 유사한 경험을 하고 있었으며 겨우 2개 중대 규모의 돌파를 저지시킨 다음 현장에는 2,000구의 시체가 널려져 있는 것이 확인되었다.[73] 이는 소련군들이 여전히 무모한 중앙돌파를 아무런 대책없이 시도한다는 증표였으며 병사들의 목숨 따위를 아무렇지도 않게 생각하는 그들 체제의 속성이었다. 12일 5장갑사단은 레베데보(Lebedewo) 구역에 대한 전차와 보병들의 동시공격으로 오전 중에 전투를 종료시켰다. 하루에만 소련군 10,000명의 포로가 5장갑사단 공세정면에서 발생했다. 13일에는 2만 명의 포로를 노획했다. 포위망의 서쪽에서는 독일군 보병사단들이 압박강도를 높이면서 소련군을 밀어내고 있어 이론상 적군들은 동쪽이나 북쪽으로 더 많은 병력이 빠져 나가도록 힘을 집중했을 것으로 짐작되나 의외로 도주로가 없을 것 같은 포위망 남서쪽에서 보다 많은 위기가 발생했다.[74] 이곳은 지도상에 표시되지 않은 기이한 지형들이 많았으며 독일군들이 기동에 애를 먹는데다 독일군의 배후를 거쳐 탈출하겠다는 절박한 의지가 반영된 처절한 돌파조들이 많아 방심하고 있던 독일군들이 무척이나 당황해 한 흔적들이 발견되었다. 탈출을 지휘한 소련군 장교들은 정력적인 리더쉽을 발휘했고 병사들은 집요한 투쟁심을 발휘했다. 이곳을 방어하는 독일군 후방경계부대들은 그보다 더 교전이 잦은 구역보다 더 높은 긴장상태를 유지하고 있었다. 5장갑사단은 10월 2-13일간 적 전차 36대 격파, 야포 331문, 대전차포 55문, 대공포 42문, 차량 25,700대를 파괴하고 42,190명의 포로를 사로잡는 전과를 기록했다.[75] 하나 사단의 피해 또한 그리 가

◆ VIII-23 브야지마 공방전에서 적 동향을 쌍원경으로 살피는 3호 전차 전차장. 몸을 숨기지 않고 서 있는 것으로 보아 일단 가까운 주변에 적은 없다는 의미.

73) BA-MA RH 21-4/37, Anlage zum KTB Pz.Gruppe 4 Meldungen von unten 20.9.41-14.10.41, Fol. 10(1941.10.13)
74) BA-MA RH 24-46/21 Kriegstagebuch Nr. 3. des XXXXVI.Pz.Korps vom 24.8.41-31.12.41, Fol. 87(1941.10.13)
75) Plato(1978) p.152

볍지는 않았다. 특히 습지대에서 고된 전투를 속행하던 31장갑연대 7중대는 31명의 장병들을 상실하는 결과를 받았다. 5, 11장갑사단이 포함된 46장갑군단은 13일 총 34,150명의 포로, 139문의 야포, 38문의 대전차포, 4대의 전차 및 800대의 차량을 파괴 또는 노획했다. 포로와 전리품의 규모로 보아 이는 46장갑군단 앞에서 거의 한 개 군이 동시 탈출을 시도했던 것으로 추측되었다.[76]

11장갑사단 북쪽의 2장갑사단도 쌍방이 인내심의 한계를 시험해 볼 만한 가혹한 살육전에 휘말리고 있었다. 인해전술에 가까운 소련군의 돌파시도가 계속되었으며 이미 전사한 시체 뒤에 숨어 틈을 보다 독일군 기관총좌 구역으로 쇄도하는 일련의 파도타기 반격이 하루 종일 지속되었다. 나중에는 소련군 취사병과 기타 비전투원들이 총을 들고 독일군 앞으로 돌진해 들어왔다. 2장갑사단의 3장갑연대는 적군이 마치 움직이는 인(人)의 장벽처럼 쇄도하자 굳이 겨냥을 할 필요도 없이 전차의 주포와 기관총을 적진 한 가운데로 몰아 집중사격을 가했다. 다른 구역도 마찬가지지만 이와 같은 위기상황은 장갑사단들의 장갑연대가 직접 나서서 처리할 수밖에 없었기에 다수의 사단들이 모스크바 진격을 저지당한 채 포위망에 묶여 있는 분명한 이유가 있었다. 11일에는 가장 안전한 것으로 생각되었던 4장갑군 후방에서 도주한 소련군들이 출몰하여 역습을 가해 중앙통신소가 마비되는 중대 사건도 발생했었다.[77]

7장갑사단은 10월 12일까지 브야지마 서쪽의 포위망 북익을 지키는 유일한 장갑사단이었다. 6장갑사단은 칼리닌 방면의 공세에 가담하기 위해 포위전에서 해제되었다. 3장갑군 소속 5군단은 7장갑사단의 우익을 엄호하면서 북서쪽으로 방향을 잡아나갔다. 3장갑군이 모루처럼 소련군이 도주해 오는 구역을 기다리고 있으면 9군의 8군단이 7장갑사단의 정면으로 적을 몬 뒤 망치로 패주하는 적을 내려치는 구도가 이곳의 전투방식이었다. 대부분은 각본대로 되어갔다. 하지만 어떤 구역에서는 소련군이 전차를 앞세워 독일군 보병진지를 뭉개면서 돌파에 성공해 역으로 독일군들을 혼비백산하게 만들어 사방으로 흩어지게 하는 등 사태는 혼전에 혼전을 거듭하고 있었다. 7장갑사단은 당시 120대 정도의 전차를 지닌 동부전선에서는 가장 다수의 전차를 보유한 사단이었으나 이 하나로 모든 구멍 난 구역에 대책을 제공할 수는 없었다.[78] 10월 14일 7척탄병연대는 3대대가 지키는 구역에서 소련군 중전차들의 돌진에 속수무책으로 당했다. 3호 전차의 주포로는 이들을 상대할 수가 없어 전차가 있어도 반드시 적을 격퇴시킨다는 보장은 없었다. 7장갑사단은 브야지마 포위전에서 700명의 전사자를 내었으며 어떤 중대는 140명의 병원 중 105명이 전사한 경우도 있었다.[79] 이처럼 피해가 많은 반면 사단의 전과 역시 타 사단의 부러움을 살 정도의 눈부신 공적을 쌓고 있었다. 장갑연대가 아니더라도 전과 기록은 전율을 일으킬 정도였다. 78포병연대는 10월 13일까지 대전차포 공격만으로 263대의 적 전차를 격파하고, 124문의 야포, 69문의 대전차포, 760대의 군용차량, 48개의 벙커, 4대의 공군기, 5개의 무기고, 6대의 군수열차와 장갑열차 1대를 파괴하는 경이적인 업적을 남겼다.[80]

---

76) BA-MA RH 21-4/37, Anlage zum KTB Pz.Gruppe 4 Meldungen von unten 20.9.41-14.10.41, Fol. 10(1941.10.13)

77) BA-MA RH 19-II/411, Kriegstagebuch Nr. 1(Band Oktober 1941) des Oberkommandos der Heeresgruppe Mitte, Fol. 601(1941.10.11)

78) BA-MA 59060, 3. Pz. Gr. KTB Nr. 2 1.9.41-31.10.41(1941.10.14)

79) BA-MA 59060, 3. Pz. Gr. KTB Nr. 2 1.9.41-31.10.41(1941.10.16)

80) Mitcham(2007c) p.81

◆ VIII-24 브야지마 포위전에서 격파된 소련군 기관총좌. M1910 후기형 막심 중기관총이 보인다.

브야지마 포위망은 13-14일 서쪽에서부터 들어오는 보병사단들이 접근하면서 3, 4장갑군과의 거리가 좁혀지게 됨에 따라 이제는 형태를 확인하기 곤란할 정도로 잘게 나누어지고 있었다. 이것으로 개략적인 포위전은 종결된 것으로 보였으며 폰 보크는 14일 브야지마 포위전은 사실상 종료된 것으로 공표했다.[81] 물론 그 앞의 여느 포위전과 마찬가지로 소탕작전에 상당한 기간이 소요되며 워낙 광범위 구역에서 포위가 되었기에 그 이후에도 크고 작은 소련군 무리들의 탈출극은 수일간 계속될 예정이었다. 브야지마 전투에서는 다수의 소련군 지휘관들의 희생이 있었다. 포위망 속의 소련군을 총지휘했던 19군 사령관 루킨(M.F.Lukin) 중장은 두 개 사단과 함께 독일전차의 기동이 불가능한 늪지대를 통과해 돌파에 성공했다. 자신의 부하들은 모자이스크와 칼루가 근처까지 도주해 우군 진영에 합류했으나 중상을 입은 루킨 중장은 독일군에게 사로잡히는 신세가 되었다. 20군 사령관 에르샤코프(A.N.Ershakov) 소장과 32군 사령관 뷔쉬네프스키(S.V.Vishnevsky) 소장도 포로가 되었으며 24군 사령관 라쿠틴(K.I.Rakutin) 소장은 전투 중에 전사했다. 브야지마에서 빠져 나간 소련군 병력은 85,000으로 추산되었다.

10월 14일 독일군은 브리얀스크를 뺀 브야지마 포위망과 북동쪽 일부 구간 및 포위망 바깥의 여러 구역에서 합계 508,919명의 포로를 잡은 것으로 집계했다. 15일에는 다시 558,825명으로

81) BA-MA RH 19-II/411, Kriegstagebuch Nr. 1(Band Oktober 1941) des Oberkommandos der Heeresgruppe Mitte, Fol. 611(1941.10.14)

상승했고 이 수치는 날이 갈수록 늘어나게 마련이었다. 서부방면군과 예비방면군 소속 25개 소총병사단과 5개 전차여단이 서류에서 지워졌다. 14일의 기록으로 876대의 전차, 2,891문의 야포, 465문의 대전차포, 355정의 대전차총 및 공군기 46대의 전과가 달성되었다. 하루 뒤에는 전차 200량이 추가되었으며 844문의 야포와 수십 대의 대전차포 및 대전차총이 추가로 파괴 혹은 노획된 것으로 알려졌다.[82] 중앙집단군은 10월 중순까지 48,000명의 전사자를 냈으며 10월 1일 부상까지를 합한 전체 피해가 229,000명이던 것이 10월 16일에는 277,000명으로 증가하였으며 신규병력은 151,000명만이 보충되었다. 단 이 보충병들은 후레쉬한 사단의 병원들이 아니라 이미 다른 전구에서 전투를 마치고 온 피곤에 찌든 병사들이었다. 여하간 브야지마 포위전의 종결은 그토록 논란이 많았던 수도 모스크바로 가는 길을 최종적으로 여는 계기를 마련했다. 하나 독일군은 9월, 10월, 전대미문의 대규모 포위전을 엮어내는 과정에서 너무나 지쳐 있었다. 클라우제비츠가 말한 것처럼 아무리 큰 승리라 하더라도 전투는 그 자체가 궁극의 목적은 아니었다.

* * * * *

브리얀스크 소탕전

"나는 할더에게 전화를 걸어 내가 결코 이를 '포위망'이라고 언급한 적이 없다고 전달했다.
왜냐하면 동부전선은 대단히 유동적이며 구데리안의 약한 병력은 자루 속에서 탈출하려는 적군을 처리할 능력이 없기 때문이었다.....
구데리안은 대규모 병력이 빠져나가지 못하도록 온갖 부대들을 끌어모으고 있다."
(중앙집단군 사령관, 훼도르 폰 보크 원수 : 1941.10.9)

브리얀스크 포위망에 갇힌 3군과 13군은 독일군 53군단이 서쪽으로부터 구데리안의 2장갑군 사단들이 있는 방향으로 밀어내면서 동쪽으로 쫓겨나는 추세가 계속되고 있었다. 반면 3, 13군의 북쪽에 위치하고 있던 50군은 10월 9일 북동쪽을 향해 18장갑사단의 포위망 중 가장 취약한 곳을 두드리면서 부분적인 돌파에 성공했다. 격전 끝에 5개 소총병사단이 전멸하였으나 2개 사단의 일부 병력은 가까스로 탈출에 성공했다. 10월 10일 17장갑사단과 167보병사단이 포위망 동쪽에서 연결됨에 따라 브리얀스크는 남북 두 개의 포위망으로 나뉘게 된다. 그 어느 것도 완전히 봉쇄된 것은 아니었으며 브야지마 전구의 우군 제대와도 완벽한 제휴나 연결을 이루고 있는 것도 아니었다. 실은 브야지마와 브리얀스크 두 개의 큰 자루에서 중요한 것은 브야지마의 북익과 브리얀스크의 남익이 중요한 것이었지 남쪽에 있는 브리얀스크의 북부 구역은 부차적인 의미밖에는 없었다.[83] 포위가 타이트하지 않더라도 브야지마의 남방을 지키는 제대가 브리얀스크의 북방까지

---

82) BA-MA RH 19-II/411, Kriegstagebuch Nr. 1(Band Oktober 1941) des Oberkommandos der Heeresgruppe Mitte, Fol. 611(1941.10.14)

83) BA-MA RH 19-II/411, Kriegstagebuch Nr. 1(Band Oktober 1941) des Oberkommandos der Heeresgruppe Mitte, Fol. 598(1941.10.11)

경계할 수 있었기 때문이었다. 또한 브리얀스크의 북방은 2군의 52, 112보병사단이 소련 3, 50군 제대들과 격전을 벌이면서도 포위망의 기본틀은 유지되도록 노력하고 있었다. 물론 이곳에 갇힌 소련군의 규모가 꽤 컸던 만큼 일부 병력이 탈출해 빠져나가는 것은 모조리 막을 길은 없었다. 따라서 구데리안은 네링의 18장갑사단이 선견대를 동쪽으로 보내 포위된 소련군이 빠져 나가지 못하도록 조치한 상태였다.[84] 18장갑사단은 조만간 모스크바 진공에 재투입되어야 했다. 브야지마와 마찬가지로 구데리안은 포위된 소련군이 남쪽과 동쪽으로 빠져나가 우군 진지와 만나는 것을 차단하면서도 툴라로 가는 길을 열어야 했으므로 장갑사단들은 되도록이면 동쪽, 북동쪽으로 위치하게 해야 포위전 직후의 필요한 상황에 즉각 대비할 수 있을 것으로 보았다. 구데리안은 10차량화보병사단을 29차량화보병사단과 293보병사단 사이에 집어넣고 다시 25차량화보병사단까지 투입해 25차량화보병사단이 해당 구역의 지휘계통을 통제하도록 지시했다. 이는 소련군이 29차량화보병사단과 293보병사단 중간 구역에서 가장 빈번한 탈출을 감행하고 있었기 때문에 취해진 조치로서 11일에는 29차량화보병사단과 25차량화보병사단 사이 구간에서도 격렬한 교전이 이어졌다.[85] 이 구간은 예레멘코의 직접 지휘 하에 2개 소총병연대가 10대의 전차를 앞세워 감행한 돌파작전으로 독일군은 5기관총대대가 투입되어 겨우 사태를 진전국면으로 전환시켰다. 한편 11일 구데리안은 히틀러의 명에 의해 집단군 예비로 있던 '그로스도이췰란트' 보병연대까지 지원받아 카라쉐프 주변에 포진한 18장갑사단의 후방을 받쳐주도록 조정했다. '그로스도이췰란트'는 카라쉐프-츠봐스토뷔취(Chvastovitchi) 국도를 따라 브리얀스크 북동쪽에 펼쳐진 18장갑사단의 취약한 방어라인을 보강하고 2군 소속 52, 112보병사단이 북쪽 포위망의 북익을 맡는 동안 남익을 지탱해 장갑사단의 부담을 덜어주는 역할을 수행했다. 구데리안은 거기다 OKH의 명령에 의해 쿠르스크로 진격하도록 되어 있던 48장갑군단의 3개 기동사단을 모두 브리얀스크 포위전에 투입시키는 결정을 내렸다. 물론 이는 상부 명령에 배치되는 결정이었다. 독일군으로서는 공격이나 수비나 기동력을 최대한 살려야 소련군에게 벌어 줄 시간을 줄일 수 있을 것으로 판단되었으나 독일군 수뇌부는 주공만큼 집단군의 측면에 해당하는 조공의 문제에 너무 한눈이 팔려 있었다. 이는 OKH나 OKW나 독일군의 능력을 너무 과신하거나 전력사정을 오판한 데 기인하며 가뜩이나 악화일로를 치닫는 기상조건과 진창도로사정은 수백 대의 차량들이 도로에 주차한 것과 같은 정체상황을 야기하고 있었다.[86] 명령은 명령이라 2장갑군은 단 한개 장갑사단만으로 쿠르스크를 친다는 무모한 발상을 실천에 옮기게 된다. 하나 쿠르스크로 향해야 할 9장갑사단은 여전히 80km나 떨어져 있었으며 여타 사단들이 구데리안의 명령에 따라 다시 포위망 근처로 옮겨야 하는 것도 악랄한 도로사정으로 인해 쉽지가 않았다.

집단군 사령부는 11일, 브야지마 전투가 마무리 단계에 접어들 무렵 브리얀스크 포위망의 북익은 사실상 종결된 것과 다름없다는 평가를 내렸다.[87] 그러나 18장갑사단은 12일에도 소련군

84) BA-MA RH 19-II/411, Kriegstagebuch Nr. 1(Band Oktober 1941) des Oberkommandos der Heeresgruppe Mitte, Fols. 583-584(1941.10.10)
85) Guderian(1996) pp.236-7
86) BA-MA RH 27-9/4, 9.Pz.Div. KTB Ia vom 19.5.1941 bis 22.1.1942, Fol. 135(1941.10.11)
87) BA-MA RH 19-II/411, Kriegstagebuch Nr. 1(Band Oktober 1941) des Oberkommandos der Heeresgruppe Mitte, Fol. 598(1941.10.11)

◆ VIII-25 브리얀스크 구역 독일군의 차량종대에 소이탄을 퍼붓는 Il-2 슈트르모빅 대지공격기 편대

의 돌파를 쳐내기 바빴으며 13일에는 더 악화되어 독일군들의 피해도 무시 못 할 수준에 달하고 있는 것으로 파악되었다.[88] 트루브췌프스크(Trubchevsk) 주변에서 포위되어 있던 3군과 13군은 습지대의 특성상 비교적 독일군의 압박을 덜 받을 수 있었으며 독일군 1기병사단이 철저하게 포위망을 관리하지 못해 소련군 두 개 군은 11-13일간 47장갑군단의 허술한 방어진을 뚫고 대규모 돌파작전을 감행했다. 구데리안은 소련군 14개 소총병사단이 묶여 있던 이 구역에 29차량화보병사단 하나 만으로 고립이 가능하다고 판단하고 있었으나 막상 수적으로 우세한 소련군이 빠져나오려 하자 당황하게 된 것은 독일군이었다. 특히 29차량화보병사단 경계구역에서는 완전히 포위전에 찌든 것이 아니라 여전히 팔팔한 전투력을 발휘하는 집단이 독일군 방어진을 뚫고 나간 것으로 기록되었다. 물론 어떤 경우에는 두 개 소총병사단이 불과 600-1,000명으로 구성되어 있는 등 각 제대 내부의 사정은 저마다 달랐으며 당시의 1차 전투일지에도 독소 양군 서로가 사실을 과장되게 표현하고 우군에 유리하게 해석하는 구절들이 상충하고 있어 정확한 내역을 확인하기는 쉽지 않다.[89] 브리얀스크 포위망이 그다지 공고하지 않다는 것은 구데리안도 제대로 인식하고 있던 터여서 툴라로 진격할 24장갑군단의 일부를 다시 뒤로 빼 포위전 마무리에 투입하는 등 독일군의 초조한 심정은 몰락해 가는 소련군의 자괴감만큼 엄중한 것이었다. 13-14일 밤 소련군은 18장갑사단 구역에서 돌파를 달성해 정오경 전차들이 해당 구역으로 몰려오기 전에 2km 정도의 구멍을 내면서 탈출에 성공했다. 이웃하는 '그로스도이췰란트'도 자신들보다 더 큰 규모의 소련 50군 병력들이 돌파를 시도하는 과정에서 치열한 접전과 대검을 착검한 상태의 백병전에 휘말리게 되었다. '그로스도이췰란트'은 하루에만 5명의 중대장이 전사할 정도로 극심한 피해를 입었으나 50군 지휘부 간부장교들을 포함하여 3,000-4,000명의 포로를 잡아낼 정도로 선전했다.[90] 레멜젠의 47장갑군단은 10월 9일에서 14일까지 23,000명

88) BA-MA RH 27-9/4, 18.Pz.Div. Abt.Ia KTB Teil III vom 30.9.1941 bis 19.10.1942, pp.48-49(1941.10.13)
89) BA-MA RH 27-3/15, KTB 3. Pz. Div. vom 19.9.41 bis 6.2.42, pp.283-284(1941.10.13)
90) BA-MA RH 24-47/2 Kriegstagebuch Nr. 2 XXXXVII.Pz.Korps. Ia 23.9.1941-31.12.1941(1941.10.14)

을 포로로 잡았다가 19일에는 61,544명으로 증가되었다. 그 중 가장 극심한 공방전을 펼친 18장갑사단은 거의 매일같이 수천 명의 포로들을 낚았으며 단 한 곳에서 159문의 야포들을 노획할 정도로 50군 소속 제대들을 철저히 붕괴시켰다.[91] 그럼에도 불구하고 브리얀스크의 소련군은 브야지마에 갇힌 그보다 더 많은 병력의 소련군보다 집요한 구석이 있었다. 브야지마 포위전이 이미 끝난 10월 15일 독일군 134보병사단은 포위망 가장 남단에서 역으로 적군에 포위되어 스탈린그라드의 6군처럼 되어 있었으며, 14-15일 양일간 소련군의 저항은 2장갑군과 2군의 모든 사단들이 바르바로싸 이래 가장 처절하게 싸우는 적병들을 쳐 내느라 혀를 내두르게 하고 있었다. 그러나 브리얀스크 자체만이 목표가 아니었기에 2장갑군의 제대들은 여기서 분리되어야 했다. 즉 10개 사단은 계속해서 포위망의 적군들을 제거하는데 주력하고 나머지 5개 사단은 모스크바 방면으로 뻗어 나가야 했다. 구데리안은 최선봉의 4장갑사단 뒤를 3장갑사단이 오카 강을 넘어 따라 잡도록 하고, 그 아래 9장갑사단과 25차량화보병사단이 므첸스크와 쿠르스크 사이 구간에서 순차적으로 동진하는 것으로 결정했다.[92] 10월 17일, 가장 북단의 3개 소련군 포위망이 휘니쉬 블로에 의해 제거되면서 브리얀스크 전투도 막바지로 접어들었다. 구데리안의 2장갑군과 봐익스의 2군은 17일 400문의 야포를 노획하고 5만 명을 포로로 잡았다. 카라췌프 방면으로 도주하려 했던 50군은 18장갑사단과 그로스도이췰란트에 저지되었으며 페트로프(M.P.Petrov) 50군 사령관은 브리얀스크의 숲지대에서 전사했다. 이것으로 50군의 병력은 거의 해체 단계에 들어간 것으로 보였으나 포위망 남동쪽의 화테쉬(Fatesh) 구역에서 소련군의 마지막 반격공세가 있었다.[93] 이 공세는 봘터 네링의 18장갑사단이 진압했다. 10월 18일 폰 보크는 브리얀스크 포위전의 종료를 선언했다.[94] 트루브췌프스크에서 마지막까지 저항하던 3, 13군의 제대는 10월 20일에야 항복을 결정했다. 이 포위망에서는 12개 소총병사단 중 최소한 7개 사단에 속하는 부분 병력들이 뒤섞인 상태로 독일군 저지선을 빠져나가 동쪽의 남서방면군 본대와 합류한 것으로 파악되었다.

소련군의 피해는 가히 천문학적이었다. 키에프 이후 불과 한 달도 안 된 기간 안에 상상을 초월하는 재앙적 결과가 나왔다. 총 125만의 소련군 중 673,098명의 포로가 발생했으며 332,000명이 전사했다. 즉 100만 명이 넘는 피해였다.[95] 브야지마에 갇힌 19, 20, 24, 32군 계 4개 군, 그리고 브리얀스크에 포위되었던 3, 13, 50군 3개 군, 합해 7개 군이 괴멸했으며 서부, 예비, 브리얀스크 3개 방면군 95개 사단 중 64개가 말소되었고 15개 전차여단 중 11개와 62개 포병연대 중 50개가 전투서열표에서 삭제되었다. 이로써 서부, 예비, 브리얀스크 3개 방면군은 병력의 50-80%를 상실하였으며 기동전력의 97%, 80%의 야포를 잃는 대참사를 당했다. 가장 기대를 모았던 브리얀스크방면군은 타이푼 개시 2주 만에 11만 명의 병력을 잃었으며 25개 사단 중 12개가 전투서열표에서 삭제당하는 수모를 겪었다. 소련군은 브야지마에서 85,000명, 브리얀스크에서 23,000명이 빠져 나가고 포위망 바깥에서 퇴각 중인 22, 29, 33, 3개 군 소속 98,000명이 살

91) BA-MA RH 27-18/22, 18.Pz.Div. Abt.Ia KTB Teil III vom 30.9.1941 bis 19.10.1942, p.6(1941.10.115)
92) Haupt(1972) p.82
93) Guderian(1996) p.240
94) Bock(1996) p.335
95) BA-MA RH 19-II/411, Kriegstagebuch Nr. 1(Band Oktober 1941) des Oberkommandos der Heeresgruppe Mitte, Fol. 644(1941.10.19)

◆ VIII-26 브리얀스크 포위전에서 격파되어 불타는 T-50 경보병전차. T-26를 잇는 근대적인 외형의 경전차였으나 불과 63대만 이 제작되었다.

아남아 진지로 복귀한 것을 감안하면 타이푼 작전 초기 총 125만 중 1,044,000명이 전사하거나 포로가 된 것으로 집계되었다. 파괴 또는 노획된 전차 수는 1,277대, 야포는 5,124문에 달했다.[96] 그 중 한 가지 인상적인 것은 9개 기병사단 중 8개 사단이 막대한 손실을 입으면서도 도주에 성공했다는 사실이었다. 포위망이 두 개였기에 단일 전과로는 키에프 포위전이 더 크다고 이야기할 수는 있으나 타이푼 작전 개시 후 겨우 16일 만에 이와 같은 전적이 나온 것은 독일군을 유사 이래 최강 군대라고 칭하기에 전혀 손색이 없었다. 진창도로와 기상조건, 연료와 보급의 부족, 윤활유의 동결, 전차의 부품교환이 안 되고 어떻고 하는 자질구레한 문제들이 수도 없이 거론되었으나 그럼에도 불구하고 중앙집단군은 100만 명을 2주 안에 구타하여 케이오시키는 괴력을 발휘했다. 9월 30일에서 11월 5일 사이 타이푼 작전에서 소련공군은 총 293대의 공군기를 상실했으며 대부분의 제대는 극심한 전력손실을 경험하고 있었다. 10월 29일 29, 187전투기연대는 겨우 2대만 남기고 있었으며 198강습연대는 단 한 대의 Il-2만이 수중에 놓여 있었다. 51전투비행단은 10월 중에만 13기의 Bf 109를 잃는 대신 289대의 적기를 격추시킴으로써 바르바로싸 최고의 전투비행단으로서의 이름을 굳게 각인시켰다. 고르돈 골롭이 있던 3전투비행단의 2대대 역시 현기증 나는 기록을 달성했다. 2대대는 10월 16일 크림반도로 이동하기 전까지 6월 22일부터 총 400기 이상을 격추시키는 완력을 과시했다. 루프트봐훼는 10월 1일부터 11월 8일까지 전체 러시아 전선에서 2,174대의 적기를 파괴했다. 그중 2,174가 공중전에서, 412는 대공포로, 469기는 지상에서 파괴되었으며 일일 평균 파괴 대수는 33대로 집계되었다. 단순 수치만으로도 엄청난

96) NA : T-315 ; roll 587, frame 000896(1941.10.19), Barr & Hart(2007) p.91, Schaulen(2001) p.8

손실이긴 했으나 대전 초기 수 주 동안 독일공군의 적기 격추가 일일 평균 100대였던데 비하면 소련기의 기술이 많이 향상된 것으로 추측되기도 하는 통계였다.[97]

히틀러를 비롯한 대부분의 독일군 수뇌부와 모스크바 주재 각국 무관들과 외국 언론의 눈에도 이제 소련은 그로기에 달한 것으로 평가되었고 9, 10월 두 번에 걸친 대포위전으로 말미암아 소련군이 다시 일어서거나 또 9, 10월과 같은 예비병력들을 끌어 모을 수 있을 것으로는 생각되지 않았다. 키에프가 종료된 시점으로부터 계산하자면 소련은 4주 동안 무려 7개 군, 200만의 병원들이 전사, 부상, 포로, 행방불명이 되는 피해를 입었다. 상식적으로 이런 피해를 입고도 살아남은 국가는 인류 역사상 존재하지 않았다. 도대체 인구가 얼마고 병력이 얼마나 있기에 이런 피해를 입고도 버티는지 쉽게 이해는 되지 않았다. 그러나 중앙집단군 사령관 폰 보크는 이중 포위전이 끝난 시점에서조차 아직 전쟁이 끝난 것은 아니라고 믿고 있었으며 한참 이전인 9월 11일에도 동쪽에 여전히 많은 예비병력들이 포진해 있을 것으로 판단하고 있었다.[98] 싸움을 잘 하든 못하든 이 국가는 그런 대국이었다. 이 국가는 10-11월에 다시 150만이라는 숨을 멎게 할 만한 수치의 인력들을 독일군 앞에 갖다 세우게 된다. 15만이 아닌 150만이었다.

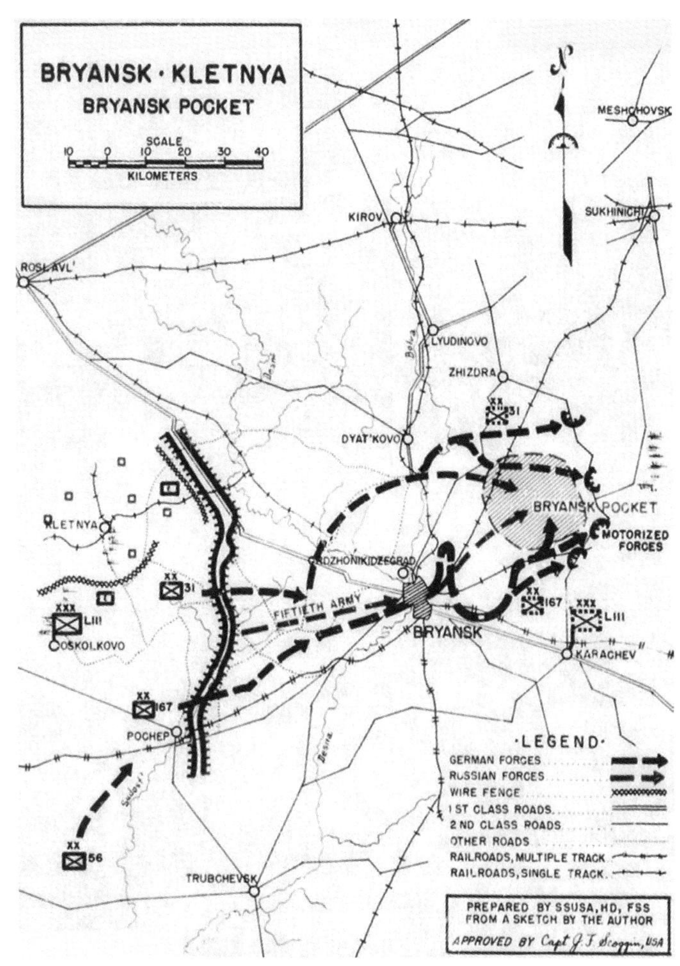

◆ VIII-27 브리얀스크 포위망의 형성과 소탕전의 결과

97) Mombeek, Bergström & Pegg(2003) pp.160, 169
98) NA : T-84 ; roll 271, Tagesbuchnotizen Osten I, frame 000450(1941.9.11)

IX. 목표, 모스크바

"우리들은 심각할 정도로 러시아를 과소평가했다.
이 나라의 광대한 영토, 변덕스럽기 짝이 없는 날씨,
이는 현실세계가 우리에게 가한 처절한 복수였다."
(2장갑군 사령관 하인츠 구데리안 상급대장)

1. 모스크바 공방전의 워밍업

"자 그럼, 시베리아에서 보자"
(남방집단군 사령관 게르트 폰 룬트슈테트 원수가
북방집단군 사령관 빌헬름 리터 폰 레에프 원수에게 : 1941.5월)

* * * * *

다스 라이히의 북진공세(의도하지 않은 중점의 선봉)

"다스 라이히 SS사단은 소련군 2개 군을 맞이해 홀로 싸웠다!"
(종전 직전 8보병사단 181장갑엽병대대 소위, 붸르너 하우프트)

이즈음 4장갑군 40장갑군단의 다스 라이히는 여타 기동사단들이 모두 포위전에 묶여 있을 때 유일하게 북동쪽으로 전진하여 사실상 모스크바로 가는 정찰사단의 역할을 해내고 있었다. 하지만 폰 보크가 이 중요한 모스크바 점령이라는 중점에 정식 장갑사단도 아닌 다스 라이히와 3차량화보병사단 두 개를 선봉으로 내세우면서도 아무런 기동전력을 보강하지 않았던 것은 이해하기 어렵다. 3장갑군이 주공의 측면엄호에만 매달려 있는 상황에서 모스크바를 향한 주공세는 집단군의 8개 장갑군단 중 24장갑군단과 57장갑군단 두 개 군단만 발진하게 되었다. 그중에서도 실제 공세에 동원된 것은 한 줌의 사단에 지나지 않았다. 다스 라이히는 겨우 1개 돌격포중대의 3호 돌격포 6대를 지니고 있을 뿐이었다. 10월 9일 '도이췰란트' 연대는 동쪽의 모자이스크와 거의 같은 위도 상에 놓인 그자츠크를 향해 진격하면서 1대대가 우익에, 3대대는 좌익에 포진하고 국도로 향하는 경계임무를 맡은 2대대가 3대대와 협조하여 주공을 형성하였다. 첫 번째 목표는 철길 제방이었다.[1] 퀴라크스(Cyraks) SS소위가 이끄는 정찰대가 오전 10시 15분에 가장 먼저 그자츠크 남쪽 외곽에 도착했다. 퀴라크스의 정찰대는 적군에게 들키지 않게 배후로 잠입하여 시 중심부로 진출하다 3대의 적군 차량과 조우하여 일단 20명을 사살하였고 나머지는 동쪽으로 패주시켰다. 오전 10시 30분 1대대가 발진해 남쪽 철도선 1km 지점의 숲 가장자리에 도달하여 70명의 소총병들을 추가로 처치한 뒤 그자츠크 외곽에 접경해 있던 야포 진지들을 제압하는 데 성공했다. 숲으로 들어간 2대대는 독일군을 뽑아내기 위한 적군의 3차례에 걸친 반격을 만나 대단히 힘든 전투를 이어가고 있었다. 1대대는 그 후 철도변 제방을 넘어 그자츠크 내부로 진입해 시 동쪽을 장악하고 시 외곽의 북쪽과 동쪽까지 경계임무에 들어갔다. 3대대는 순조로운 스타트를 끊어 오전 11시 15분경에는 시 남쪽 외곽에 도착했다. 그자츠크 남쪽 1.5km 지점에서는 소련군의 반

1) Mattson(2002) p.97

◆ IX-1-1 롤반을 따라 이동하는 다스 라이히의 종대. 오른쪽 차량 왼편에 사단 마크가 확인된다.

격에 의해 일시적으로 진격이 막혔다가 본격적인 소개전투 직후 적병은 모두 사살되거나 포로로 잡히는 신세가 되었다. 오후 1시까지 '도이칠란트' 1대대와 3대대가 도착하면서 그자츠크 전체는 '도이칠란트' 연대에 의해 완전한 통제하에 들어왔다. 소련군은 동쪽에서 그자츠크를 탈환하기 위해 반격을 가했으나 효과가 나지 않았다. 다스 라이히는 모두 465명의 포로를 잡았으며 소련군들은 모스크바 방어를 위해 모두 퇴각하는 것으로 계획되었는지는 몰라도 어렵게 저항하지 않은 채 의도적으로 쉽게 물러나는 듯한 기미가 감지되었다.

이날은 '데어 휘러'연대도 공세의 주요한 한 축을 형성했다. 연대의 16공병중대가 유흐노프에서 오카 강의 교량을 복구한 뒤 스몰렌스크-모스크바 국도를 따라 북쪽으로 진격하면서 '도이칠란트'와 보조를 맞추어 갔다. 1대대는 좌익, 2대대는 우익에, 그리고 3대대는 그 후방에서 전진해 들어갔으며 국도 동쪽으로 횡단하려는 적군과 국도 남쪽에서 차고 올라오는 적군과의 교전은 격렬한 상황으로 치달았고 2대대는 몰챠노프카(Moltschanovka)를 공격하려다 개활지에서 더 이상 전진을 못하고 중단되는 사태를 맞이했다. 이때 2대대 7중대장 프리드리히 홀쩌(Friedrich Holzer) SS중위는 자신의 중대와 함께 몰챠노프카로 침입해 마을을 점령함으로써 외곽 전투의 의미가 없게 만들어버렸다. 홀쩌SS중위는 시가전을 마친 뒤 국도 쪽까지 정찰을 내보내고 몰챠노프카의 방어태세를 구축하는데 기여했다.[2] '데어 휘러' 연대 전체는 오후에 국도를 넘어 북동쪽으

2) Kurowski(1994) p.163

로 전진을 계속했다. 오후 4시 30분경 연대는 슬로보다(Sloboda) 지구에서 28량의 중전차 및 6량의 경전차, 계 34량의 적군 전차로부터 공격을 받아 일시적으로 수비모드로 전환했다. 슬로보다에는 50량 이상의 소련군 전차들이 대기하고 있었다.[3] 소련군 전차의 공격은 힘든 교전 끝에 뒤로 물러서게 했으나 그 후 간간이 나타나는 소수의 적 전차들은 기동전력이 약한 '데어 휘러'의 진격을 지체시키기에 충분했다. '뤼쪼'(Lützow)라고 이름 붙여진 돌격포는 몰챠노프카를 지나 스노스키(Snoski)로 이동하던 중 갑자기 두 대의 중전차와 조우했다. 언덕으로 올라갔다 내려오는 전차를 향해 뤼쪼는 연타사격을 갈겨 첫 번째 전차를 파괴시키는 데 성공했다. 거의 동시에 나타난 두 번째 전차는 뤼쪼를 깔아뭉갤 의도로 들어오면서 주포사격을 해왔다. 또한 동시에 적의 대전차포 한 대도 동시사격을 가해 왔다. 그때 갑자기 주포에 잼 현상이 나타나 사격을 할 수 없게 되면서 뤼쪼의 뷜터(Walter) SS하사와 로쓰바우어(Rossbauer) SS이병은 파편에 약간의 부상을 입었다. 용케 긴급수리를 마친 뤼쪼의 주포는 가까이 다가온 중전차를 향해 포탄을 퍼부었고 엔진에 정통으로 포탄을 맞은 중전차는 겨우 잠재울 수 있었다. 뤼쪼의 좌편에 있었던 적군 대전차포 역시 직격탄을 맞아 순식간에 3 대 1의 대결은 뤼쪼의 승리로 끝났다. 회전포탑이 없는 돌격포는 사실상 장갑이나 화력 면에서 소련 중전차에 상대할 바는 아니었으나 차체가 낮아 피탄범위가 작은 점을 극한으로 이용하여 빠른 기동성을 발휘한다면 이처럼 적의 중전차도 파괴할 수 있었다. 그러나 이때의 돌격포는 모두 고폭탄을 쓰는 단포신이라 극도의 근접거리가 아니면 적 전차의 파괴는 불가능했다. 뤼쪼는 이날 부상병들을 후방으로 실어 나르는 운송차량 역할을 했으며 연료가 바닥이 나자 로쓰바우어 SS이병은 적탄이 쏟아지는 와중에도 홀로 후방에서 두 개의 연료통을 운반해 오는 등 사력을 다하고 있었다. 뤼쪼는 일단 몰챠노프카로 퇴각했다.[4]

다스 라이히 모터싸이클대대는 9일 서쪽에서 올라오는 10장갑사단과 연결되는 것이 주목표였다. 단 국도는 대공포부대와 보병들의 행군으로 심한 교통체증을 빚고 있어 쉬운 진격은 아니었다. 국도 앞에는 수시로 적군들이 출몰하고 있었다. 모터싸이클대대는 도로에 선 채로 군용차량에 타고 이동하던 소련군을 격멸하고 주도로 전방을 개통했다. 이곳의 소련군들도 큰 저항을 하지 않은 채 도주하기 바쁜 것으로 보아 아무래도 적군이 더 후방에서 방어진을 칠 계획이며 승산이 없는 전투는 회피하라는 지시를 받은 것처럼 느껴지기도 했다. 다만 사관생도들로 조직된 제대는 마지막 한 명마저 사살당할 때까지 집요한 항전의식을 보였다. 일부는 수류탄을 꺼내 던지기 직전에 목숨을 잃은 병사들도 있었다. 모터싸이클대대는 오후 4시 피소쉬나(Pissoschna)-빌리챠보(Wilitschawo) 구간에서 소련군의 강한 압박에 휘말려 다음날 새벽 5시까지 붙들려 있게 됨에 따라 10장갑사단과의 당일 연결은 불가능했다.

10월 10일 아침까지 계속된 전투에서 소련군은 2량의 전차, 12대의 차량 및 다수의 중화기들을 파괴 또는 노획당하고 83명의 전사자를 남겼다. 대대의 피해는 8명 전사였다.[5] 다스 라이히 모터싸이클대대는 밤새도록 힘들게 전투한 끝에 겨우 이 정도의 전과를 올린 데 반해 다른 구역에서는 정 반대현상이 나타나기도 했다. 대대를 가로막고 있던 또 한 무리의 소련군들은 북쪽으

3) Forczyk(2014) p.132
4) Weidinger(1995) p.95
5) Weidinger(1995) p.98

로 탈출하기 위한 소련군의 대규모 종대가 오스타쉬코봐(Osstaschkova) 서쪽 3-4km 지점에 위치한 국도 교차점에서 웅성거릴 때까지 독일군을 묶어두고 있었다. 그러나 수백 대의 차량을 동반한 이 종대가 북쪽으로 사라지자 대대를 막고 있던 수백명의 적군들이 자동적으로 포로가 되는 일이 발생했다. 10일에 가장 애먹이던 구역은 '데어 휘러' 2대대가 향하던 몰챠노봐(Moltschanova)로서 하필 마을 정면은 지형지물이 없는 야지였기에 공격은 답보상태에 빠져 있었다. 이때 7중대장 프리드리히 홀쩌(Friedrich Holzer) SS중위가 리더쉽을 발휘해 스스로 마을로 침투해 들어가 적병들을 제압하는 수훈을 세웠다. 소련군과의 상당한 교전을 경험한 데어 휘러의 3개 대대는 10일이 끝날 무렵 모두 그자츠크 동쪽에서 국도를 지나갔다.[6] 데어 휘러 연대가 동서로 경계를 서 방어선을 다질 무렵, 스노스키(Ssnoski) 구역에서 52톤 짜리 괴물전차 KV-2가 등장해 성가신 일이 발생했다. 1-2대가 아니라 여러 대였다. 하나 이미 이러한 괴물전차도 여러 번 부수어 본 경험이 있던 SS들은 침착하게 대응하고 돌격포들을 동원해 격퇴시키는데 성공했다. 특히 돌격포 '륏쪼'(Lützow)는 전투 후 부상병들을 후방으로 이송시키는데도 정성을 다해 임무를 수행했다.

소련군이 그자츠크 동쪽과 배후에서 병력을 증강시키고 있는 것은 확실하나 '데어 휘러'가 마음먹고 공격하기 이전에 이미 뒤로 물러나 있었다. 다스 라이히는 소련군이 다시 병력을 재정비해 들이칠 것을 예상하고 10일에는 슬로보다-프롤로프카-그자츠크 라인에서 수비로 전환하는 것을 택했다. 다스 라이히는 슬로보다 주변에 위치해 있던 소련전차들의 공격에 의해 측면을 노출당하는 일이 발생해 상당한 병원의 피해를 입었다.[7] 11일 다스 라이히는 차기 목표를 모자이스크로 정하고 7, 10장갑사단이 다스 라이히가 따 낸 그자츠크로 이동한 다음 패주하는 적군을 모스크바 방면으로 몰아갈 계획을 수립했다.

* * * * *

다스 라이히의 동진

".....선봉 (데어 휘러) 2개 대대는
오직 개인화기만으로 잔인한 일 대 일의 격투를 전개하는 적진으로 뛰어 들어갔다.
상대는 적군의 엘리트사단, 32 시베리아 소총병사단이었다.
전투는 한 호에서 다른 호로 대단히 좁은 구역을 따라 진행되면서 10월 14일 밤새도록 이어졌다."
(1941.10.14, 다스 라이히 '데어 휘러' SS차량화보병연대 오토 봐이딩거 SS대위)

10월 11일 렐류셴코가 므텐스크로부터 모자이스크로 넘어와 5군 사령관직을 인수하고 막 도착한 9전차여단을 17전차여단이 있는 말로이아로슬라베츠로 파견했다. 모스크바 바로 정면의 모자이스크는 각별한 병력 증강의 요구를 받았다. 10월 초까지 수개의 전차여단과 6개 소총병사단,

---

6) Weidinger(1998) p.90
7) BA-MA RH 24-40/18, Kriegstagebuch N.3 der Führungsabteilung(Ia) des GenKdo(mot.) XXXX.Pz.Korps vom 31.5.1941-26.12.1941, Folier 번호 없음(1941.10.11)

10개 포병연대만이 포진하고 있었으나 약 10일 동안 14개 소총병사단, 16개 전차여단, 40개 이상의 포병연대가 겹겹이 에워싼 형태의 제진구도를 나타냈고 가까운 수도로부터의 철도선을 이용해 병참기능은 대단히 원활한 조건에 놓이게 되었다.[8] 서부방면군은 쥬코프가 온 이래 약 60량의 T-34를 포함하여 총 200량의 전차를 확보하게 되었다. 단 이 9, 17, 18, 19, 4개 전차여단들은 소총병과 포병들을 유기적으로 엮은 제병협동의 포메이션을 구축하고 있지 못해 자칫 잘못하면 사태를 그르칠 수도 있는 구조적 취약성을 띄고 있어 동원된 수자 이상의 전술적 함의를 가지기는 어려웠다.

다스 라이히는 11일 오전 10시에 직전 주방어선을 넘어 '도이췰란트', '데어 휘러' 두 개의 선봉으로 모자이스크를 향해 동쪽으로 진격했다. '도이췰란트' 연대 1대대는 스톨보보(Stolbowo)와 수예봐(Sujeva)에 도달한 후 요새화된 소련군 진지와 맞붙었다. 보병들을 동반한 돌격포 '블뤼허'(Blücher)는 2대의 전차와 1대의 장갑차량을 파괴했다. 오전 중에는 옐니아(2)(이미 격전을 치른 더 서쪽의 옐니아와 동명의 마을)로부터 소련군 장갑열차가 그자츠크로 접근함에 따라 공병대대 3중대와 포병연대 4중대가 동원되어 쌍방의 격렬한 포사격을 주고받은 후 정오경 열차가 파괴되는 일이 있었다. 단 이 소동은 보병들의 진격에는 큰 영향을 미치지 못했다. 그로부터 1시간 후 10장갑사단의 7장갑연대가 다스 라이히의 지원으로 도착해 1대대는 '데어 휘러'를, 2대대는 '도이췰란트'를 지원하는 것으로 조치되었다. 7장갑연대는 모터싸이클대대와 자주포대대를 합쳐 일종의 증강된 장갑연대로서 '하우엔슈타인 그룹'(Gruppe Hauenstein)을 형성하고 있었다. 1장갑대대는 70량의 전차를 끌고 옴에 따라 다스 라이히는 간만에 화끈한 기동전력의 도움 아래 제대로 된 전투를 할 수 있게 되었다는 희열이 넘쳐났다. 이 전차들은 도로 북쪽으로 다가가 숲지대에서 소련군 19전차여단의 전차들과 조우했다. 약 30량의 적군 전차들이 숲으로부터 튀어나와 반격작전을 취하자 이내 격렬한 전차전이 30분 동안 지속되었다. 이 지역에는 총 29량의 T-34, KV-1 중전차와 40-50량의 경전차들이 포진되어 있었으며 한꺼번에 치고 들어오는 일이 없어 독일군에게 큰 패닉을 초래하지는 못했다. 그리고 이날은 다스 라이히가 다수의 전차를 보유한 날이었다. 3량의 독일군 전차가 지뢰를 밟아 기동불능이 되기는 했으나 일단 수적 우위의 1장갑대대가 10량의 소련군 전차를 격파하자 나머지는 곧바로 후퇴했다.[9] 이날은 장갑대대뿐만 아니라 사단의 모든 제대가 대전차전을 치렀다. '도이췰란트' 3대대는 숲지대로 잠입해 3량의 T-34를 파괴하고 오후 5시 30분에는 포병연대가 300m 거리에서 또 다시 3량의 T-34를 없애버렸다. 이날 다스 라이히는 일시적으로 10장갑사단을 흡수한 상태에서 모두 14량의 전차를 격파 또는 노획하고 소량의 중화기도 파괴했다. 이날 테오도르 카이저(Theodor Keyser) 중령이 지휘한 7장갑연대는 18장갑사단이 포진한 구역을 우회하면서 루프트봐훼의 공습을 요구했다. 이는 적군 포메이션이 강하다고 느낄 때 독일 장갑부대가 늘 쓰는 전법으로서, 일단 측면을 돌아 우회하고 공군의 지원을 요청해 적을 혼란에 빠트린다는 다소 판에 박지만 효과적인 공격법이었다. 판단이 흐려진 여단장 드루지니나(Aleksandr Druzhinina) 대령은 순식간에 포위되는 운명에 처해 여단 주력과 이격되어 단 7대의 전차로 탈출을 시도하려 했으나 부사령관이 전사하는 피해를

---

8) Kirchubel(2007) p.76
9) Weidinger(1995) pp.104-5

입었다. 18전차여단은 이날 총 32대의 전차를 상실했다.[10] 7장갑연대 2대대는 오후 6시 스타라야(Staraya)까지 진출하는데 성공했다.

10월 12일 '데어 휘러' 연대는 10장갑사단의 7장갑연대 1대대와 함께 스타르요프카(Starjovka)로 진격하다 정면에 너무 많은 적 병력이 포진되어 있는 것을 확인한 뒤 서쪽으로 우회하여 요새화된 소련군 진지들을 격파하고 모스크바로 진격하는 도상의 주요 방어거점 하나를 확보했다. '도이칠란트' 연대는 오전 5시 30분 7장갑연대 2대대와 함께 쿠르야노프카(Kurjanovka) 방면으로 발진했다. 소련군의 기동전력은 쿠르야노프카 동쪽 숲지대 끝자락에 포진하고 있었으며 울창한 숲과 좁은 숲길로 인해 전차의 기동은 지극히 어려운 조건이었다. 힘들게 전진한 선봉의 장갑중대는 최초로 나타난 적군 전차들을 격파하고 오전 8시까지 총 27대의 전차들을 파괴했다. 시간이 갈수록 전차전은 강도 높게 진행되었으며 그 사이 '도이칠란트' 3대대는 7시 30분에 슐레보(Shulewo)에 도착한 후 진격을 계속했다.

7장갑연대 2대대와 '도이칠란트' 3대대는 드로브니노에 도착하기까지 14량의 전차를 추가로 격파하여 41대의 적 전차들을 없애는 동안 우군 전차의 피해는 4대 정도로 유지하는 출중한 관리능력을 발휘했다. 오전 11시 30분 선견대가 당일 목표였던 드로브니노에 당도한 후 동쪽편의 계곡지대를 넘어 트붸르디키(Twerdiki)의 고지대에서 감시초소를 설치했다. '도이칠란트' 3대대는 다시 파포프카(Papovka)로 진격하여 오후 3시 10분 국도 상에서 '데어 휘러' 연대와 연결되어 작전이 순조롭게 진행되고 있음을 확인했다. 10장갑사단은 11일 이래 10대의 T-34를 포함한 56대의 소련군 전차들을 파괴하는 만만찮은 전과를 올렸다.[11]

10월 13일 '도이칠란트' 3대대는 7장갑연대 2대대와 함께 진격하고 1, 3대대는 진창도로로 인해 궤도차량이 아니면 움직일 수가 없어 도보로 행군하는 고역을 치르고 있었다. 13일은 그간 다스 라이히와 공조하여 진격작전을 타개한 10장갑사단 7장갑연대는 본대로 복귀하기로 정해졌다. 따라서 다스 라이히는 보병전력만으로 모스크바 방어선을 돌파해야 하는 무거운 과제를 부여받았다. 다만 7장갑연대 5중대의 3소대만이 '도이칠란트' 9중대와의 협조 하에 콜로즈코예(Kolozkoje)로부터 로가췌보(Rogatschewo)에 이르는 구역까지 작전을 수행하기로 했다. 다행히 이 구간에 적 전차들의 움직임은 별로 없었다. 로가췌보 외곽에 도착한 다스 라이히는 4개의 벙커들을 격파하고 12중대의 기관총소대의 지원을 받아 로가췌보 북서쪽 150m 지점에 위치한 적군 요새진지를 장악하는데 성공했다. 당초 9중대의 임무는 적군 동태 파악에 지나지 않았으나 이들은 결국 모스크바 방어선을 최초로 돌파한 독일군으로 기록되게 되었다.[12] 이 돌파 소식을 들은 '도이칠란트' 연대장 빌헬름 비트리히(Wilhelm Bittrich) SS대령은 모든 대대들을 다 쏟아붓기로 하고 기습적으로 한 곳을 때리고 들어갔다. 연대 전체의 공격은 성공적이었다. 소련군은 기습에 완전히 와해되어 버렸으며 연대는 오후 4시 적군 전초기지를 통과해 옐니아(2) 북동쪽 3km 지점에 도달했음을 타전했다.

---

10) Forczyk(2014) p.133
11) Weidinger(1995) p.109
12) Deutscher Verlagsgesellschaft(1996) p.143

◆ IX-1-2 바르바로싸 참전 제대 중 가장 가혹한 격전을 치른 제대의 하나인 다스 라이히 2SS차량화보병사단의 병사들. 다른 제대에 비해 방한복 지급이 좀 더 빨랐던 것으로 보인다.

이즈음 가장 먼저 움직였던 '도이칠란트' 1대대가 로가췌보에 도착하여 9중대장 토스트(Tost) SS중위와 그의 부하들이 뚫은 구간을 따라 마을 내부로 진입하고 있었다. 1대대는 마을 남쪽 외곽으로 더 진출하고 3대대가 1대대를 따라 움직이는 형세를 취했다. 오후 5시 30분, 2대대는 로가췌보 동쪽 숲을 통과해 1대대가 동남쪽 500m 지점의 숲을 따라 공격하는 동안 1대대의 좌익을 엄호하고 있었다. 3대대는 바로 이 숲에 예비로 대기했다. '도이칠란트' 연대는 남쪽으로 진격해 밤 11시 옐니아(2) 북서쪽 2km 지점까지 도달하는 동안 205명의 포로와 다수의 중화기들을 노획했다.[13] 노획한 전차가 2대 것이라는 것은 이 지역에 소련군 전차들이 전혀 없다는 것과 마찬가지여서 10장갑사단이 다스 라이히와 떨어져도 큰 문제는 없을 것으로 보였다.

한편 '데어 휘러' 연대는 사단의 우익에서 국도를 따라 진격했다. 3대대는 탱크데상트 형식으로 10장갑사단의 전차에 올라탔고 1, 2대대는 자대 차량으로 이동했다. '데어 휘러'는 클렘야티나(Klemjatina)와 뤼카쵸봐(Rykatschova)를 지나 오후에 모스크바 방어선 부근 구역에 도착했다. 각종 장해물이 설치된 가운데 소련군은 밟으면 자동으로 발사되는 화염방사기들을 50군데나 설치하는 용의주도한 준비를 갖추고 있었다. 숲으로 덮인 국도 양쪽의 가장자리에서 정지한 연대는 곧바로 정찰에 들어갔다. 일단 공격은 익일 14일 이른 아침에 하도록 하고 2대대는 국도 우편

13) Weidinger(1995) pp.113-4

에, 3대대는 좌측에 포진하였다. 1대대는 3km 뒤에 예비로 대기하도록 했으며 소련군들은 병력 이동 및 포진이 진행되는 동안 강력한 화포사격을 가해 왔다. 그러나 '데어 휘러'의 좌익에 위치한 '도이췰란트'가 방어선을 통과했다는 소식과 함께 야간을 이용해 기습공격을 진행하라는 사단장의 명령이 떨어졌다. 정찰에 따르면 국도 남쪽보다는 3대대가 위치한 북쪽에서의 돌파가 더 용이한 것으로 판단되었기에 오토 쿰 연대장은 예비로 남겨 두려했던 1대대를 끌어다 3대대의 좌익에 포진시키고 1, 3대대가 포병대의 지원을 받아 주공을 형성하는 대신 2대대는 국도 양쪽을 엄호하는 것으로 재설정되었다. 전투가 시작되자 지금까지의 만만한 상대와는 다르다는 것을 느꼈다. 이들은 시베리아에서 온 엘리트사단, 32소총병사단이었다. 짙은 밤, 기관총과 야포들이 불꽃축제를 벌이는 가운데 양군 보병들간의 백병전이 벌어졌다. 상대방이 안 보이는 어둠으로 인해 지극히 근접해서만이 적병을 인식할 수가 있었다. 따라서 전투는 잔인하고 치열하게 전개되었다.[14] 왜곡된 인종철학에 근거해 슬라브족을 경멸하는 무장친위대의 광신적인 전투행위와, 혹한의 환경에서 동물적인 본능으로 싸우는 소련군의 '아시아적 야만성'이 격돌한 순간이었다. 서로 한 치의 양보도 하지 않았다. '데어 휘러'는 비싼 대가를 치르고 이들을 격멸했다. 소련군은 모스크바 서쪽 외곽 언저리에 위치한 이스트라와 레니노까지 물러났으며 14일 새벽까지 '데어 휘러'는 침투구역을 3-4km로 확장하고 전날 밤 연결된 '도이췰란트'와 향후 작전구상에 들어갔다. 이로써 모스크바 전구를 지키는 제1선이 무너지는 결과가 나타났고 다스 라이히는 10장갑사단과 함께 가능한 한 빠른 시간 내 동진할 수 있는 모멘텀을 포착했다.[15] 14일의 혈투를 승리로 이끈 오토 쿰은 12월 1일 독일황금십자장을 수여받았다.

* * * * *

늘어나는 측면

"소위 우리가 말하는 롤반은 무릎까지 빠지는 진창의 바다였다.
차량들은 액셀까지 잠길 정도로 가라앉았으며
많은 경우에 야포를 끄는 말들의 복부까지 진흙이 차올랐다."
(독일 제2군 13군단 260보병사단 포병대원)

키에프 포위전 이후 또 한 번의 대회전에서 막대한 병력의 소련군을 구타한 OKH는 모스크바로 향하는 길목의 적군은 그게 마지막일 것이라는 판단을 내리고 있었다. 브야지마-브리얀스크 이중포위전이 아직 종료되지 않았던 10월 13일, OKH는 2, 4장갑집단이 모스크바 포위전을 실시할 것을 명령했으나 사실 그게 그리 간단한 게 아니었다.[16]

브야지마-브리얀스크 포위전이 진행 중에 있을 때 모스크바 진격을 강행할 수 있었던 제대는

14) Weidinger(1998) p.91, Deutscher Verlagsgesellschaft(1996) p.161
15) Mathias(2002) p.196
16) NA : T-84 ; roll 271, Tagesbuchnotizen Osten I, frame 000488-000489(1941.10.14)

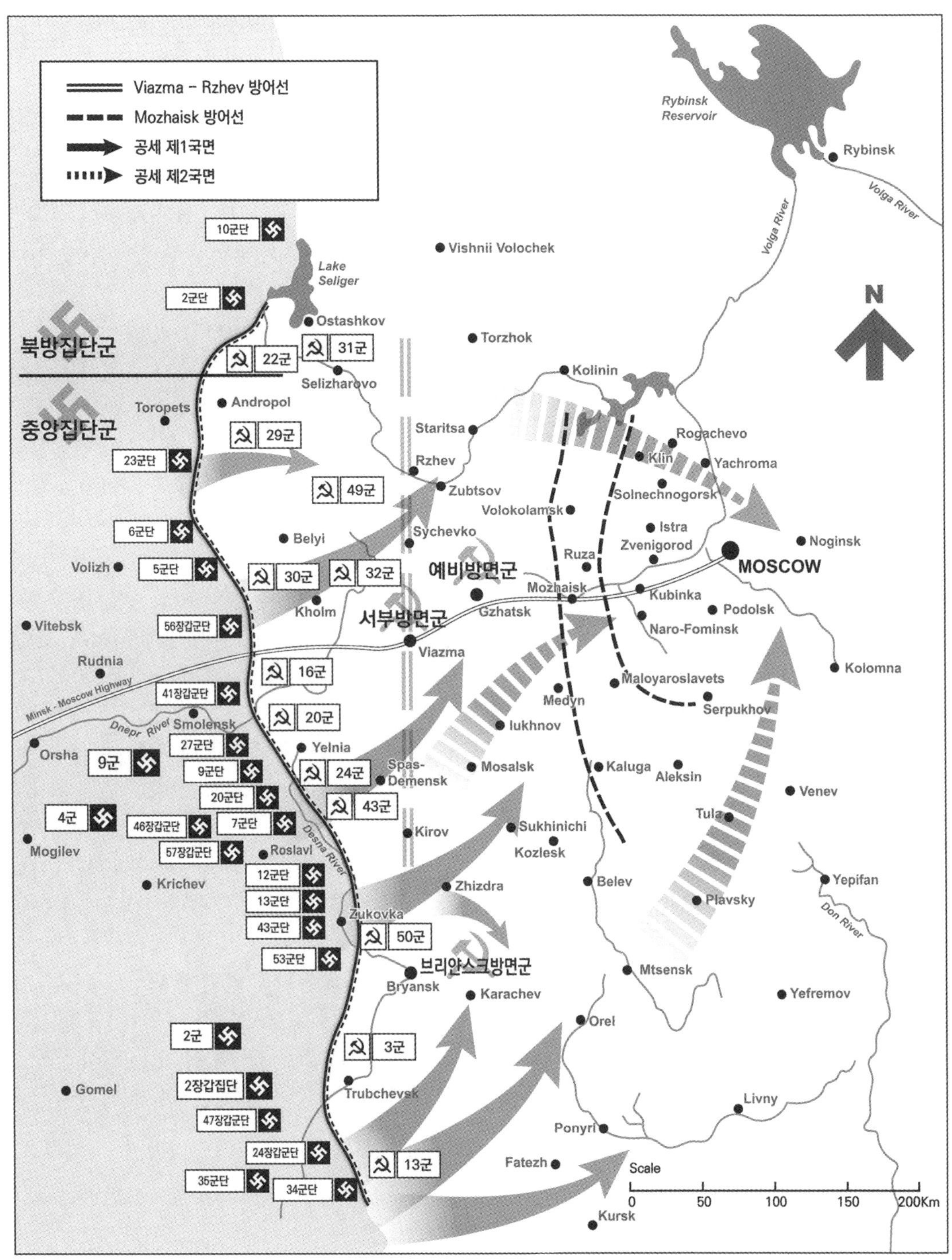

폭풍작전 1, 2국면의 개요

남쪽의 24장갑군단과 중앙집단군의 정 중앙에 해당하는 57장갑군단이었다. 중앙집단군의 윙포워드에 해당하는 사단들이 칼리닌과 툴라로 날개를 벌려 측면기동을 시도하기 이전까지는 모스크바 정면을 칠 수 있는 제대는 얼마 되지 못했다. 그러나 이 군단들 역시 보급이 신통치 않아 포위전에서 해제되었을 뿐이지 앞으로 마음먹고 나갈 처지는 아니었다. 야지로 주행할 경우 막대한 연료가 소요된다는 계산 하에 부득이 주요 도로에만 의존해야 되는 문제가 있었으며 이는 소련공군의 공습을 가장 쉽게 받을 수 있는 루트였다. 10월 9일 57장갑군단은 연료와 차량의 부족으로 꼼짝을 못한다는 자체 진단을 내렸다.[17] 연료와 보급이 형편없다 보니 정면에 강력한 적이 나타났을 경우 이전처럼 기동력을 살려 우회할 가능성도 희박하였기에 정면승부로 인한 쌍방의 피해는 예상을 초월했고 소련군은 얼마 안 되는 양으로도 독일군의 진격을 가로막을 수 있는 탄력과 여유를 지니고 있었다.[18] 물론 10월 초, 중순 두 개의 포위망에 갇힌 소련군 제대는 지옥을 경험하고 있었으나 모스크바 정면을 방어하는 수비대는 아직도 허물어지지 않고 버티고 있었다. 기동력이 살아나지 못하는 악조건은 한편으로 독일전차들보다 몇 배 강한 소련군의 T-34, KV 전차들을 상대하기가 점점 어려워지는 상황과 중첩되었다. 장갑이나 화력, 야지 주행 능력에서 앞서는 적군 전차들을 능가하기 위해서는 단 하나 남은 순발력과 스피드인데 지옥 같은 진창도로와 연료부족 사태는 그러한 우회기동을 완전히 불가능하게 만들었다. 군단의 보병 제대 역시 75, 88mm 대전차포 같은 중화기를 보유하고 있지 못해 수중의 약하디약한 야포로는 이들 중장갑의 괴물들을 상대하기는 대단히 버거웠다.[19] 최대한 근접사격을 감행해야 그들의 철갑을 관통시킬 수 있었는데 그와 같은 시도는 사실상 자살특공대가 할 수 있는 과업이었다. 이와 같은 악조건 하에서도 57장갑군단은 악을 물고 모스크바로 향해 10월 11일에는 수도로부터 140km 떨어진 메뒨(Medyn)을 점령하는데 성공했다. 성공이라고 하더라도 독일군의 피해는 녹록지 않았으며 소련군은 떠밀려서 하는 것인지 자발적인 것인지는 모르겠으나 여전히 광신도적인 영웅주의와 애국주의를 앞세워 처절하게 항쟁하고 있었다. 57장갑군단이 진군하는 말로이아로슬라붸츠 방어정면에는 5, 9, 17전차여단 등 상당한 기동제대들이 도사리고 있었으며 북에서 남으로 110, 312, 17소총병사단이 각 전차여단과 페어로 묶어 꽤 효율적인 방어전을 펼치고 있었다. 그 뒤는 19소총병사단과 222소총병사단이 예비사단으로 시 양익을 보호하고 있었으며 경우에 따라서는 북쪽의 모자이스크와 남쪽의 칼루가에 포진된 병력들의 지원을 받을 수 있도록 되어 있었다. 10월 10일까지 독일군은 258보병사단 하나가 세 개의 그룹으로 나뉘어 말로이아로슬라붸츠 정면을 때리다가 도저히 여의치 않아 3차량화보병사단에게 전구를 인계하고 다시 그룹을 통합해 좌익에 포진하는 절차를 밟았다. 전투는 대단히 치열한 국면을 맞이했다. 한 예로 3차량화보병사단은 10월 13일의 전투에서 3개 대대가 각각 100명씩의 병원을 잃는 피해를 입었으며 20장갑사단은 모든 중대장들을 잃는 참사를 겪었다.[20] 바로 뒷날 사단은 보유 전차가 37대로 줄어들어 드는 사태를 맞이했다.[21]

17) BA-MA RH 24-57-2, GenKdo.LVII.Pz.Korps KTB Nr. 1 vom 15.2.41-31.10.41, Fol. 257(1941.10.9)
18) BA-MA RH 24-57-2, GenKdo.LVII.Pz.Korps KTB Nr. 1 vom 15.2.41-31.10.41, Fol. 259(1941.10.10)
19) BA-MA RH 24-57-2, GenKdo.LVII.Pz.Korps KTB Nr. 1 vom 15.2.41-31.10.41, Fol. 260(1941.10.10)
20) BA-MA RH 24-57-2, GenKdo.LVII.Pz.Korps KTB Nr. 1 vom 15.2.41-31.10.41, Fol. 269(1941.10.13)
21) BA-MA RH 27-20/25, 20.Pz.Div. KTB Band Ia vom 15.8.41 bis 20.210.41, Fol. 129(1941.10.14)

2. 칼리닌 전투

"만약 게오르크 화이크가 담배를 물고 전선에 나타나면 나쁜 일은 있을 수가 없다!"
(1941.10.17, 1장갑사단 113차량화보병연대 3중대장 화이크 중위가
장갑연대 엑킹거 소령 전사 소식의 정신적 충격을 극복하고 난 후, 3중대 장병들의 반응)

* * * * *

주공의 북익

** 요제프-프란쯔 엑킹거 소령 : "가자.....아무 상관없이 그냥 가자!"*
** 게오르크 화이크 중위 : "어디로요?.....임무가 뭔데요?"*
** 요제프-프란쯔 엑킹거 소령 : "모르겠다.....그냥 가자니까!"*
(스타리짜를 거쳐 칼리닌으로 진격하기 직전의
1장갑사단 1차량화보병연대 1대대장과 3중대장간의 황당한 대화 : 1941.10.12)

1장갑사단은 1차량화보병연대와 거기에 포함된 6장갑사단의 18보병연대를 주축으로 프란쯔 붸스트호휀(Westhofen) 대령의 붸스트호휀 전투단을 구성하고 화력보강을 위해 37장갑엽병대대의 1개 중대를 지원했다. 한스-크리스토프 폰 하이데브란트(Hans-Christoph von Heydebrand) 대령은 113차량화보병연대와 1장갑연대를 주축으로 별도의 전투단을 조직했다. 10월 2일 아침에 출발한 붸스트호휀 전투단은 정오경 예르쵸보(Jerchowo)를 석권하고 소련군의 오소트냐(Ossotnja) 진지를 압박하는 형세로 공세를 취했다. 이 작전은 1장갑연대 6중대장 볼프강 다리우스(Wolfgang Darius) 중위의 병력이 오스트냐 호수 건너편의 유일한 통로를 장악함으로써 하이데브란트 전투단이 북동쪽으로 진출할 수 있는 실마리를 제공했다. 3일 습지대를 통과한 장갑부대는 4일 루키노(Lukino)에서 대규모 공세를 감

◆ IX-2-1 6장갑사단 18보병연대장 프란쯔 붸스트호휀 대령. 1939년 11월 1일에 대령으로 진급했으나 오랜 기간 OKH 본부에서 참모장교로 근무했던 탓에 야전군으로의 투입은 대단히 늦었으며 그로 인해 서훈도 그리 많지가 않다.

행했다. 전투는 격렬하게 전개되어 주변 구역으로 확대되어 갔다. 하이데브란트 전투단의 마스트(Mast) 소령은 101장갑대대를 이끌다 적군 대전차화기에 걸려 전사했으며 붸스트호휀 전투단은 소련군이 새로 편성한 103전차사단을 맞아 힘겨운 격투를 벌였다. 수 시간에 걸친 사투에서 37장갑엽병대대 소속 병원들이 분전하는 가운데 메드붸데보(Medwedewo) 부근에서 35대의 소련 전차들이 격파되자 전선은 고요를 되찾았다. 한편 1장갑사단의 아르투어 코프(Arthur Kopp) 중령 휘하의 또 다른 전투단은 7장갑사단이 잡아냈던 그리쉬코보(Grischkowo)의 드니에프르 교두보를 밀고 들어가 북쪽으로 향해 안드레예프스코예(Andrejevskoje) 서쪽을 장악하면서 1장갑사단 자체적인 교두보를 새로이 형성하기에 이르렀다. 이 성과는 당장 파급효과를 나타내기 시작했다. 10월 7일 드니에프르 적군 교두보들은 남쪽에서부터 하나하나 밀려나고 있었다. 41장갑군단은 시췌프카 남서쪽 30km 지점 볼셰보(Bolshevo)에서 적군의 강력한 저항을 뚫고 드니에프르 강 동쪽 제방에 도달하는데 성공했다. 코프 전투단(Kampfgruppe Kopp)은 바라노보(Baranowo)를 거쳐 볼로췌크(Wolotschek) 도로교차점까지 도달한 뒤 북쪽으로 방향을 틀어 안드레예프스코예를 직접 수중에 넣었다.[1]

폰 보크는 다소 기이한 발상을 하고 있었다. 10월 중순으로 접어들면서 온 사단들이 진창도로와 연료, 보급 문제로 인해 전진이 불가능하다는 불평을 늘어놓자 가벼운 병력만으로도 템포만 강화하면 소련군을 치고 적진에 구멍을 낼 수 있다는 결론을 내놓았다. 키에프 전 이후 대규모의 병력이 전멸되었으며 브야지마-브리얀스크 포위전으로 수십 만 대군이 갇힌 현시점에서 적군의 중추가 파괴된 것이 분명함에 따라 비교적 경량급의 전략으로도 모스크바 진격은 지체할 수 없다는 논리였다. 말하자면 모스크바는 지금 현재 '창과 방패'를 모두 상실한 상태이며 동쪽으로부터 추가적인 예비병력이 쏟아져 들어오기 전에 모스크바 가장 가까이까지라도 도달하는 게 절실하다는 것이 폰 보크의 판단이었다.[2] 하지만 '창'(spear)이 부서진 것은 어느 정도 타당성이 있지만 '방패'(shield)가 사라졌다는 것은 때 이른 희망사항이었다. 집단군의 대부분은 여전히 포위전 뒤처리에 매달려 있었으며 2, 4장갑군의 어느 군단도 모스크바로 진격하는 행동의 자유를 얻고 있지는 못했다.

3장갑군은 칼리닌 점령을 목표로 41장갑군단이 46장갑군단의 측면을 지지하는 구도 하에서 북동쪽으로 진격해 칼리닌을 치도록 했다. OKH는 북진을 계속해 퇴각하는 소련 22, 29군의 잔존 병력들을 일소하고 칼리닌을 점령함으로써 서부방면군과 북서방면군의 사이를 갈라놓으려는 의도를 나타냈다. 즉 칼리닌은 또 하나의 추가 작전을 위한 스프링 보드로 활용할 작정이었다. 10월 10일 전술한 바와 같이 브야지마 북쪽으로 70km 떨어진 쉬체프카가 1,200명의 포로와 함께 3장갑군의 손에 떨어졌다. 항공기 부품과 차량엔진이 가득 실린 20개의 마차도 전리품으로 기록되었다.[3] 쉬췌프카는 마을 남서쪽에 탄탄한 벙커들이 포진되어 있어 결코 쉬운 전투가 아니었다. 1장

1) Newton(1994) p.22, Kurowski(1990) pp.277-9
2) BA-MA RH 19-II/411, Kriegstagebuch Nr. 1(Band Oktober 1941) des Oberkommandos der Heeresgruppe Mitte, Fol. 601(1941.10.11)
3) BA-MA 59060, 3. Pz. Gr. KTB Nr. 2 1.9.41-31.10.41(1941.10.10)

◆ IX-2-2 1장갑사단 1장갑대대 3소대장 한스 슈트리펠 상사(좌). 바르바로싸에서의 전공을 근거로 41년 12월 24일 독일황금십자장에 서훈되었다. 사진은 44년 6월 7일 백엽기사철십자장 수여 이후의 것.

갑사단의 37장갑공병대대가 시 북쪽의 오수가(Osuga) 강에 교두보를 확보하고 1장갑연대, 특히 2장갑중대가 KV-1 중전차들과의 대결을 승리로 이끌자 쉬췌프카는 선봉의 1장갑사단에게 두 손을 들고 말았다.[4] 특히 쉬췌프카는 1장갑사단이 시가전을 완료할 때까지 완강히 저항하면서 장갑연대 7중대와 폰 뷔터스하임 전투단(Kampfgruppe von Wietersheim)이 격렬한 육박전투를 피할 수 없는 조건으로 유도해 나갔다. 하지만 단 두 개의 연대병력으로 1장갑사단을 방어하던 247소총병사단은 잘 싸웠음에도 불구하고 1장갑사단의 쾌속전진에 휩쓸려 내려갔다. 칼리닌은 여기서부터 북동쪽으로 150km 거리에 있었다. 10월 10일 밤 41장갑군단은 독일 9군의 북익과 빨다이 구역 및 르제프 서쪽 소련 16군의 전방에는 7개의 소총병사단과 3개의 기병사단이 포진하고 있는 것으로 판독하고 있었다. 41장갑군단은 1장갑사단을 중앙에 포진하고 900교도여단(차량화보병연대 수준)을 예비로 두었다. 좌익은 6군단의 6보병사단이 서쪽으로 나가면서 길게 늘어난 측면을 지탱토록 하고, 36차량화보병사단은 우익에서 동쪽으로부터 예상되는 소련군의 반격에 유념하면서 군단의 주공을 엄호하는 임무를 맡았다. 그 시점 56장갑군단의 6장갑사단이 포위전에서 해제되어 공세에 가담할 수 있는 조건이 갖추어지기 시작했다. 단 연료는 바닥을 헤매고 있었다. 1장갑사단은 요제프-프란쯔 엑킹거(Josef-Franz Eckinger) 소령이 '엑킹거 전초대대'(Vorausabteilung Eckinger)를 결성해 소규모의 선봉대를 전방으로 보내고, 그 뒤를 한스-크리스토프 폰 하이데브란트(Hans-Christoph von Heydebrand) 대령이 101장갑대대, 1모터싸이클대대 및 포병과 공병 단위부대들을 모아 주공을 형성토록 했다.[5] 칼리닌으로 향하는 사단의 전차전력은 겨우 50대 수준에 머무르고 있어 사단은 그때그때마다 화력과 기동력의 밸런스를 맞춘 임시 전투단 편제들을 자주 만들어야 했다. 즉 당장 필요없는 제대는 서로 분리하여 '슬림다운'된 형태의 사단을 유지함으로써 부족한 연료사정을 극복해 나가는 것이 급선무였다. 이처럼 고갈 직전의 연료 사정, 부족한 전력, 적군의 동태 파악 부재라는 악조건 하에서 1장갑사단은 극소수의 병력으로 적진을 돌파해 나가는 대단히 위험스런 작전을 강요받고 있었다.[6] 그래도 병사들의 사기 하나는 높았다. 가장 긴 역사를 자랑하는 독일군

4) Reibenstahl(1990) pp.101-2
5) Forczyk(2014) p.134
6) BA-MA RH 21-3/70, Anlagen zum Kriegstagebuch Tagesmeldungen Bd.I 1.9-31.10.41, Fol. 219(1941.10.11)

의 1번 장갑사단이 그들이었다. 주공 1장갑사단이 좌익에는 6보병사단이 측면을 엄호토록 하고 그간 예비로 있던 36차량화보병사단은 미리 와 있던 선견대와 더불어 1장갑사단의 우익을 떠받치는 것으로 편제를 형성했다. 41장갑군단의 예하에 있던 900교도여단은 장갑사단의 뒤에 포진했다.

10월 11일 41장갑군단은 시췌프카 북쪽 40km 지점 주브스토프(Zubstov)를 점령했다. 주브스토프는 1장갑대대 3중대의 한스 슈트리펠(Hans Strippel) 상사가 이끄는 소대가 마을의 남방을 치고 들어간 다음, 2중대가 봐수나(Wasuna) 교량을 접수하는 수순을 밟았다. 36차량화보병사단의 선견대는 오후에 주브스토브 동쪽의 포고렐로예-고로디쉬췌(Pogoreloje-Gorodishche)를 잡아내는 동안 6보병사단은 르제프 남쪽 10km 지점의 오트루브(Otrub)를 장악했다. 이때 라인하르트 군단장은 연료가 거의 없어 당장 전투에 필요한 전차와 차량들만 전방으로 배치하고 나머지는 뒤에 정지시킨 어정쩡한 상태에서 전투를 진행시켜야 되는 말 못 할 고민에 빠져 있었다. 러시아는 이미 겨울이 시작되고 있어 전차와 차량들은 얼지 않게 하기 위해 수 시간 동안 엔진을 돌려야 했으며 그 때문에 연료 소모는 이중으로 증가되어 갔다.[7] 이런 와중에도 집단군 사령부로부터는 끊임없는 추가요구들이 쏟아져 들어왔다. 폰 보크는 독일군이 칼리닌에 아직 도착도 하지 않았는데 칼리닌 점령 이후 북서쪽 60km 지점의 토르조크(Torzhok)로 진출해야 하며 라메쉬키(Rameshki) 방면 정북으로 50km 떨어진 칼리닌 북쪽 구역도 정찰할 것을 지시했다. 입에 욕이 붙어 다닐 시즌임에도 불구하고 1장갑사단은 12일 주브스토프 북동쪽 45km 지점 스타리쨔(Staritsa)를 점령하면서 스퍼트를 올리고 있었다. 칼리닌까지 가는 중간지점이었다.[8] 스타리쨔를 장악했던 1장갑대대 주축의 폰 하이 전투단(Kampfgruppe von Hey)은 칼리닌으로 향하는 길목을 개방하는 중요한 전과를 기록했다. '엑킹거 전초대대'는 오후 5시 르제프에서 칼리닌 방면으로 후퇴하는 소련 30군과 31군의 후방경계병력들을 쓸어내면서 다수의 차량과 장비들을 파괴 또는 노획하는 순조로운 진격을 이어갔다. 1장갑사단이 스타리쨔와 칼리닌으로 향하는 동안 6보병사단은 오트루프 구역에서 비교적 약한 소련군의 반격을 쳐내고 36차량화보병사단은 그와 동시에 오후 12시 45분을 기해 북쪽으로 진격해 들어갔다. 1장갑사단은 오후 3시 스타리쨔로 진입해 대구경 곡사포로 무장한 소련군 포병중대 하나를 잡아내면서 시 외곽을 장악했다. 그리고 무엇보다 볼가 강에 걸린 교량을 접수한 것이 더 중요했다.[9] 오후 5시까지 엑킹거 전초대대는 르제프로부터 칼리닌으로 국도를 따라 도주하는 30군과 31군의 잔존 병력들을 몰아붙이면서 대량의 중화기와 장비들을 파괴 또는 노획하고, 추가 급유를 마친 36차량화보병사단은 밤 10시까지 포고렐로예(Pogoreloje)-고로디쉬췌(Gorodishche) 구간까지 접근하는데 성공했다.

자정이 되기 전 엑킹거의 전투단은 칼리닌 남서쪽 15km 지점까지 도달한 후 사주경계를 서면서 숙영에 들어갔다. 1장갑사단은 무려 500대의 소련군 차량을 노획하는 전과를 올렸으나 이를 전투일지에 기록하지 않았다. 이는 모든 사단들이 연료와 차량이 부족한 상태에서 혹시 공식적으로 보고하게 되면 다른 사단들이 나누어 쓰자고 할 것을 우려해 몰래 사단만의 자산으로 활용하려고 했던 것으로 추측된다. 여하간 이 힘든 진격과정에서 3장갑군과 9군의 간격이 벌어지는 것을 발견한 폰

7) BA-MA 59060, 3. Pz. Gr. KTB Nr. 2 1.9.41-31.10.41(1941.10.10)
8) Stoves(2001) p.109
9) Reibenstahl(1990) p.103

◆ IX-2-3 1장갑사단 작전참모장 발터 벵크 중령. 41-42년 동계전투의 공로로 42년 1월 26일 독일황금십자장에 서훈되었다.

보크는 3장갑군을 자신의 직할로 운영토록 임시조치를 취하기로 했다.[10] 1장갑사단은 12-13일 밤 대규모의 소련군들이 무질서하게 후퇴하고 있다는 첩보를 받고 종대를 따라 들이치기로 했다. 독일군이 접근하자 기가 막힌 일이 발생했다. 완전히 당나라 군대식의 행군 행렬 속에 소련군들은 다가오는 독일군이 우군인 줄로 착각하고 같이 뒤섞이기 시작했고 독일군이란 것을 확인한 뒤에도 어쩔 도리 없이 도로를 나누어 쓰는 진풍경이 연출되고 있었다. 진격하는 독일군들도 굳이 소련군에게 사격을 가하거나 포로로 잡으려 하지도 않았다. 1장갑사단 작전참모 발터 벵크(Walther Wenck) 중령은 군단본부에 다음과 같은 익살스런 전문을 보냈다.

"소련군 부대들은 우리 행군 서열에 초청받지도 않았는데 도로를 나누어 쓰고 있다. 이렇게 되면 칼리닌으로 가는데 부분적으로 지체현상을 보이게 될 것 같다. 뭘 해야 될지 조언을 바란다."

군단본부에서 온 답도 걸작이었다.

"1장갑사단은 평소 때처럼 진격로의 우선권을 확보하라. 그리고 교통질서를 강화하라!"였다.[11]

3장갑군의 참모장교 칼 봐게너(Carl Wagener) 소령은 선도 장갑중대장에게 물었다. "누가 종대를 리드하는가?" 중대장이 답했다. "이봔(소련군을 지칭)들입니다."

* * * * *

칼리닌 입성

"연막탄이 터지면 우리는 교량을 건너 좌측으로 돈 다음, 우리들의 운명을 테스트할 거다!"
(1장갑사단 113차량화보병연대 1대대 3중대장 게오르크 화이크 중위 : 1941.10.14)

엑킹거의 선봉을 맞아 소련군 5소총병사단은 칼리닌 남서쪽의 볼가 강으로부터 남동쪽 모스크바 해(Moscow Sea)에 이르는 30km 구간에 방어진을 구축하고 기다렸다. 사단의 3개 소총병연대는 겨우 6문의 45mm 대전차포를 보유할 정도로 비록 빈약한 전력을 유지하고 있었으나

10) BA-MA 59060, 3. Pz. Gr. KTB Nr. 2 1.9.41-31.10.41(1941.10.12)
11) Stahel(2013b) p.131, Kurowski(1990) p.279

수일 동안 활발해진 소련공군의 엄호를 받아 되는대로 버텨보기로 했다. 가장 요긴한 스타리짜-칼리닌 국도는 141소총병연대가 보리스코보(Boriskovo)에서 감제하고 좌익의 336소총병연대는 칼리닌 남쪽의 리아자노보(Ryazanovo)에서 16km 구간을 맡았다. 한편 190소총병연대는 북서방면군의 사관생도 부대와 함께 더 동쪽의 볼로콜람스크로부터 뻗은 도로와 모스크바로 연결되는 철도선을 지키는 것으로 분담되었다. 엑킹거의 전초대대는 10월 13일 오전 9시 다닐로프스코예(Danilovskoje) 서쪽에서 몰려들어 오파리노(Oparino) 마을과 미갈로보(Migalovo) 공항을 공격하고 1장갑사단의 또 다른 그룹은 칼리닌 서쪽의 볼가 강을 건너 북쪽 제방의 체르카소보(Cherkasovo)를 점거했다.[12] 142소총병연대는 초전 공세를 도저히 막을 겨를이 없어 일단 칼리닌 남서쪽 끄트머리로 밀려나 지역 민병대와 합류했다. 10월 13일 스페인에서 지원된 'Escuadrilla Azul', 즉 '청색사단'의 전투기들이 519전투기연대의 니콜라이 뤼아브첸코(Nikolai Ryabchenko) 상위와 그의 윙맨을 격추시키는 전과를 올렸다. 칼리닌 상공에 이들이 나타난 것은 가까운 루프트봐훼 제대가 없었다는 뜻으로 스페인 전투기들의 활약은 대단히 제한적이었으며 3장갑군 전체는 한 동안 소련공군의 호된 공습에 시달리게 되었다.[13]

1장갑사단은 자존심을 발휘했다. 사단은 13일 아침 칼리닌 외곽으로 진입했다. 시췌프카로부터 150km, 스타리짜로부터 70km 이상을 달려와 목표점에 도달하는 끈기를 보였다. 시 근처에 적의 강력한 기동전력은 없었다. 1장갑사단은 적군 대전차포에 걸려 3대의 전차를 상실하는 선에서 시가전에 돌입했다. 독일군을 처음 본 시민들은 당혹해 하면서 어쩔 줄 몰라 하다 모두 집안으로 대피하는 것이 확인되었다. 시간이 지나자 민간인들이 대거 시가전에 참여하는 등 전투는 격화되기 시작했다. 폰 하이데브란트 대령은 엑킹거 소령의 전투단에게 2호 화염방사전차를 지원해 건물 내 적군을 소탕하는 데 손쉬운 수단을 제공했다. 그러나 소련군 수비대가 공장노동자와 여성들까지 세를 모아 소위 도시 게릴라전의 형태를 띄게 되자 시가전의 진전속도는 대단히 더디게 진행되었다.[14] 엑킹거의 부하들은 오후 6시 30분까지 시 주요 거점들을 장악하고 강 쪽 교두보를 따 낸다는 계산 아래 2개 중대를 모태로 한 특공대를 조직해 볼가 강의 교량을 따 내기로 했다. 113차량화보병연대 3중대장 게오르크 화이크(Georg Feig) 중위는 오토(Otto) 소위가 이끄는 1장갑연대 3중대 소속 전차들의 지원 하에 칼리닌 안으로 진입하는 공세에 나섰다. 화이크 중위는 소대장 가옌(Gayen) 소위를 선봉으로 내보낸 뒤 교량으로 접근했다. 화이크 중위의 대원들이 장해물을 헤치고 나가자 큰 제방이 가로막고 있고 제방 위쪽으로 연결된 사다리가 걸려 있었다. 여기에는 겨우 두 명의 초병이 지키고 있어 가옌 소위는 단숨에 포로로 삼았다. 화이크가 가옌과 합류하려는 순간 3명이 소련군 초병들이 담배를 문 채 사다리를 올라타려고 했다. 숨어 있던 화이크 중위가 속삭였다. "가옌, 첫 번째 놈을 맡아라.....하이저(Heise)는 두 번째.....나는 세 번째 놈을 잡겠다....." 소련군 3명은 소리도 지르지 못하고 한꺼번에 포로가 되었다. 이때 6명의 적군이 다가옴과 동시에 강 건너편에서 소련군의 기관총 사격이 개시되었다. 가옌 소위가 부상을 입고 한 명의 상병은 전사했다. 포로는 다섯 명인데 독일군은 3명만 남게 되었다. 다행히 화이크 특공대의

12) Stoves(2001) p.109
13) Bergström(2007) p.105
14) BA-MA 27-1/58, Kriegstagebuch Nr. 7 des Kdos. Der 1.Panzer-Div. 20.9.41-12.4.42, Fol. 28(1941.10.14)

◆ IX-2-4 칼리닌 전구의 KV-1 중전차

뒤를 따라오던 중화기소대가 응사해 강 건너편 기관총좌 벙커를 잠재우고 엑킹거 대대장이 구원으로 뛰어와 그날의 위기는 모면하게 되었다. 13일 밤까지는 교량의 남쪽은 독일군 손에 장악되었으며 다행히 소련군이 장착했었을 거라고 예상한 폭발물의 도화선은 없었다.[15] 밤 11시 1장갑사단은 그동안 강력하게 저항하던 소련군 수비대를 분쇄하고 칼리닌 서쪽의 철교를 장악했다는 보고를 띄웠다. 이로써 칼리닌에 소재하는 볼가 강의 두 개 교량 중 하나는 해결되었다. 하나 이 교량은 칼리닌 시의 끝자락에 있었기에 아직 전투가 끝난 것이 아니었다. 진짜 전투는 14일에 시작되었다. 13일 밤 소련군 256소총병사단이 칼리닌에 도착해 934, 937, 2개 소총병연대와 531경포병연대를 사방에 풀었다. 934소총병연대는 칼리닌 서쪽 볼가 강 북쪽 제방에 포진하여 쉐르카소보로부터 독일군을 몰아낼 준비를 서두르고 937소총병연대는 예비병력으로 칼리닌 시 자체 수비에 들어갔다. 13일 41장갑군단장 오토 오텐바허(Otto Ottenbacher) 중장은 칼리닌 남쪽에서 소련군 전투기의 공습을 당해 심한 화상을 입어 독일로 이송되었으며 14일 프리드리히 키르흐너(Friedrich Kirechner) 중장이 지위를 이어받았다.[16]

10월 14일 아침 1장갑사단은 2km 동쪽의 교량을 접수하고 칼리닌과 주변 구역을 완전히 장악하기 위해 전차들을 동원했다. 선두는 역시 엑킹거 대대가 맡았다. 1장갑사단을 막기 위해 포진된 소련군 5소총병사단은 전차들에 밀려 동쪽으로 후퇴하였으며 190, 336소총병연대는 남동쪽으로 밀려나 철도선과 시 동쪽 볼가 강 중간 지점으로 빠져 들어갔다. 사단의 세 번째 연대인 142소총병연대는 사단 포병대 및 지원부대와 함께 고르바토프(Gorbatov) 교량 너머로 이동해 볼가 강 동쪽에 자리를 잡았다. 1장갑사단과 공조하기로 한 36차량화보병사단이 다소 늦게 기동하는 덕분에 소련

15) Kurowski(2010b) pp.94-5
16) NA : T-313 ; roll 23, Pz.Gr.3, Ia KTB, frame 7.496.190(1942.10.13)

◆ IX-2-5 동부전선의 기동전사, 1장갑사단 113 차량화보병연대 1대대장 요제프-프란쯔 엑킹거 소령. 그전까지는 1차량화보병연대 2대대장을 맡고 있었다. 전사 후 41년 12월 31일에 1장갑사단 최초의 백엽기사철십자장에 추서되었다.

군의 남동쪽 방면 기동은 별 문제없이 진행되었으며, 256소총병사단의 937소총병연대는 5소총병사단의 퇴각을 지원하면서 트붸르짜(Tvertsa) 강을 건너 시 북동쪽으로 밀려났다. 반면 256소총병사단의 943소총병연대와 16NKVD연대는 췌르카소보(Cherkasovo) 부근 얕은 여울과 볼가 강 철교를 넘어 이미 독일군의 침투가 진행 중이었기 때문에 이 압박을 저지하기 위해 시 북서쪽 외곽에 몰려있을 수밖에 없었다. 이로 인해 사단 주력은 북동쪽과 북서쪽으로 크게 두 군데로 나뉘어져 있어 칼리닌 전투가 끝날 때까지도 서로 연결되지 못하고 고립되어 있었다.[17]

엑킹거 대대의 전차들과 화이크의 3중대가 철길을 따라 진격해 제방 근처 아파트에 접근하자 적군의 사격이 빗발쳤다. 화력과 기동력으로 아파트 내 적군을 제압한 독일군은 12시 30분경 시 내부로 들어갔으나 여기서는 속도가 나지 않았다. 독일군은 차량에서 내려 건물 하나하나를 살펴 가며 한 블록씩 제압해 나가면서 드디어 교량 근처에 접근하게 되었다. 그러나 이내 소련군의 중화기사격이 가해져 도저히 진격이 될 것 같지가 않았으나 다행히 화염방사전차가 나타나 적 진지를 불바다로 만들면서 위기를 해소했다. 이날의 격전은 이것으로 끝나지 않았다. 그 다음 운하지대로 접근하자 건너편 제방에서 다시 적군의 사격에 노출되어 한 명이 머리를 맞고 즉사했다. 독일군은 작은 교회건물과 낮은 벽을 의지해 몸을 숨겼다. 화이크 중위는 잠시 생각했다. 볼가 강은 왼편에서 흐르고 운하는 3중대 바로 앞에 놓여 있었다. 칼리닌 경기장은 제방 건너편에 위치하고 있었다. 여기서 어디로 돌아 들어가야 하나? 독일군은 우측의 큰 정부건물로 일단 약진하기로 했다. 온 사방에서 소련군들이 쏟아져 들어왔다. 정부건물 주변 공원부지 같은 곳에 소련군 야포들이 깔리기 시작했으며 소총병들을 실은 차량들이 속속 도착하고 있었다. 맨 우측에는 골치 아픈 대전차포까지 등장했고 3중대는 운하에 걸린 교량에 접근하기까지 중간에 아무런 방패막이가 없는 것을 확인했다.[18] 화이크 중위가 초조해하자 굇쯔(Götz)상병이 나섰다.

- 굇쯔 : *"저가 운하 교량까지 접근하겠습니다."*
- 화이크 : *"가만히 있어! 개죽음이다."*

이때 대대장 엑킹거 소령이 다가왔다.

- 엑킹거 : *"어이, 화이크, 뭐냐? 뭐 문제가 있나?"*
- 화이크 : *"단시간에 기습으로 점령하는 것은 말이 안 됩니다..... 일이 더럽게 꼬여가네요....."*
- 엑킹거 : *"그래? 그럼 조금 위쪽에서 살펴보자."*

---

17) Radey & Sharp(2012) p.53
18) Reibenstahl(1990) p.103

엑킹거는 교회 첨탑 위로 올라갔고 화이크는 박격포 중대원들을 불렀다. 화이크는 잠시 고민하다 정부건물 좌측을 향해 연막탄을 터뜨리고 나머지는 교차로 쪽에다 퍼부을 것을 요구했다. 화이크는 66명의 3중대원들을 모아 연막이 쳐지면 운하 교량 쪽으로 달려가 다시 반대편 좌측으로 꺾어지는 기동을 생각하고 있었다. 연막탄이 발사되자 수분 후 주변은 아무 것도 보이지 않게 되었다. 66명은 돌격했다. 독일군도 소련군도 서로 보이지가 않으니 당장 총격전은 일어나지 않았다. 한데 기적이 일어났다. 소련군들은 연막탄으로 인해 시야가 방해를 받자 모두 철수하고 기이하게도 단 한 명의 초병만 있었다. 나중에 알게 되지만 소련군은 일단 자리를 비운 뒤 연막이 걷히면서 독일군이 시야에 발견되면 일제사격을 할 작정이었다. 화이크 중위는 아무 것도 모르고 혼자 남아 있는 소련군 초병을 차마 사살할 수가 없어 도망가도록 묵인해 버렸다. 이 초병은 자신이 짤 수 있는 모든 힘을 내어 도주했다. 운하 교량에 도착한 병사들은 재빨리 도화선을 잘라내고 전장 250m에 걸친 교량에 걸린 폭발물들을 처리해 나갔다. 그때 화이크는 건너편에 적군 야포와 기관총좌 벙커를 발견하고는 모두 산개해 엎드릴 것을 외쳤다.[19] 그와 동시에 소련군의 사격이 소나기처럼 쏟아졌다. 아직 확인이 끝나지 않아 교량이 폭발할 수도 있었다. 그러나 이 총탄의 소나기에서 고개를 들고 제거작업을 속개한다는 것은 도저히 불가능할 것으로 여겨졌다. 잘못하면 교량이 폭발하면서 독일군 모두가 볼가 강에 수장될 수도 있었다. 하나 엑킹거의 3호 전차들이 몰려오면서 전세는 또 한 번 역전되었다. 화이크의 대원들이 지면에 바짝 엎드려 있는 동안 천지를 진동할 만한 포사격 소리와 기관총의 굉음이 사방을 흔들었고 뭐가 어떻게 돌아가는지 잠시 동안 알 길이 없는 시간이 흘렀다. 적군의 사격이 갑자기 중단되면서 엑킹거 소령이 자신의 지휘 장갑차량으로부터 뛰어내려 화이크 중위에게로 다가왔다. 그는 약간 쇳덩어리 소리가 섞인 음성으로 화이크를 축하했다. "화이크, 이것으로 자넨 기사철십자장이다!"[20] 화이크 중대를 특공대로 앞세운 엑킹거 대대는 칼리닌 시와 주변 구역의 주요 거점과 감제장소를 모두 장악하는 것 외에도 강철로 건설된 볼가 강의 교량을 온전히 확보하는 성과를 올렸다. 오후 6시 1장갑사단은 천신만고 끝에 칼리닌 중앙의 교량을 확보함으로써 시가전을 종식시켰음을 나전했다. 칼리닌의 함락은 독일군의 소규모 전투단 단독으로 소연방의 주요 도시들을 제압한 5번째의 기습작전에 의한 것이었다.[21] 엑킹거의 전투단이 시가전을 성공적으로 마무리하는 동안 사단의 주력은 토르조크로 향하기 위해 150km를 더 들어가면서 칼리닌을 우회했다. 조만간 소련군의 반격이 그 중간에서 벌어질 참이었다. 한데 이 시기 독일군을 괴롭힌 것은 더 이상 진창도로가 아니라 독일군의 총체적인 병참능력의 한계라 판단하는 것이 타당했다. 도로는 적당히 얼어붙어 차량을 굴리는데 별로 문제가 없었으

◆ IX-2-6 1장갑사단 113차량화보병연대 3중대장 게오르크 화이크 중위. 후에 소련군 포로를 느슨하게 관리하다 칼을 맞는 소동을 빚었으나 다행히 죽지는 않았다.

19) Kurowski(1990) p.279
20) Kurowski(2010b) pp.96-8
21) Forczyk(2014) p.134

◆ IX-2-7 1장갑사단 장갑연대 3중대 요하네스 뵐터 원사. 502중전차대대로 이적한 후 통산 144대 전차격파를 통해 쿠르트 크니스펠, 오토 카리우스에 이어 서열 3위에 등극

며 모스크바를 목전에 둔 병사들의 사기 또한 결코 떨어지지 않았다. 하나 지원세력의 핵이 되어야 할 6장갑사단이 포함된 56장갑군단 전체가 연료부족으로 허덕이고 있었다.[22]

10월 14일 늦은 저녁 1장갑사단 3중대의 요하네스 뵐터(Johannes Bölter) 원사는 칼리닌 외곽 숲지대를 정찰하다 왼팔에 관통상을 입어 우군들의 도움을 받아 구사일생으로 살아나는 일을 당했다. 어두운 덤불숲에 차량을 몰고 들어가는 것이 위험하다고 판단했던 뵐터 원사는 권총만을 쥔 채 정찰을 나섰다가 40m에 좀 못 미치는 구역에서 소련군 초병 한 명을 만나자 머리를 명중시켜 쓰러트린 뒤 더 앞으로 나아갔다. 그때 2-3명의 적병들이 뵐터 정면으로 나오면서 총질을 가하게 되자 뵐터는 중과부적인데다 무기도 권총뿐이라 오던 길을 되돌아가 필사적으로 도주했다. 좌우로 기관단총의 총탄이 난무하면서 자신의 왼쪽 귀 옆으로 총탄이 스쳐지나가는 아슬아슬한 순간을 극복하고 차량화보병들의 선견대의 도움을 받아 우군진지로 겨우 복귀할 수 있었다. 뵐터는 응급처치 후 다시 자신의 전차를 몰 수 있기를 희망했으나 상처가 심하다고 판단한 의무관은 뵐터를 Ju 52 수송기에 실어 독일 본국으로 보내버렸다. 일반 보병이 아닌 숙달된 전차병들은 이런 특별조치를 받기도 했다. 요하네스 뵐터는 후에 오토 카리우스와 함께 502중전차대대의 티거를 몰면서 통산 144대의 적 전차를 격파하여 역대 서열 3위에 오르게 된다. 전후에는 한때 전범으로 몰렸다가 무죄를 받고 구 동독 땅에 거주하던 중 공산주의가 싫어 가족들과 함께 자전거를 타고 서독으로 도주하는 또 한 번의 목숨 건 작전을 지휘했다(?!).[23]

* * * * *

토르조크(Torzhok) 회랑에서의 결투

"적군 전차들의 거친 전투로 인해 칼리닌에서 토르조크로 가는 진격은 지연되었다."

(4장갑군 일일보고 : 1941.10.16)

칼리닌이 떨어졌다는 소식에 북서방면군 참모장 니콜라이 봐투틴(Nikolai Vatutin) 중장은 스타프카의 긴급지시에 따라 황급히 병력을 긁어모았다. 2개 소총병사단과 2개 기병사단, 그리고 나중에 쿠르스크전에서 희대의 참패를 당할 파벨 로트미스트로프(P.A.Rotmistrov) 대령의 8전차여단이 49량의 전차를 몰아 칼리닌으로 향했다. 그러나 1장갑사단은 이미 칼리닌을 지나가

22) NA : T-315 ; roll 323, Ia KTB, Anlagen, frame 370-371(1941.10.13)
23) Röll(2013) pp.71-2

◆ IX-2-8 900교도여단의 모터싸이클병들

고 난 이후였으며 로트미스트로프는 시 북서쪽의 칼리키노(Kalikino)에 주둔하고 있던 수개의 소총병대대들과 연결되어 여타 후속하는 제대가 도착하면 칼리닌을 복구하려고 했다. 15일 오전 11시 45분 17량의 1장갑연대 소속 전차로 구성된 한 개 장갑중대의 지원을 받는 900교도여단은 660돌격포대대와 함께 토르조크 국도를 따라 서쪽으로 진격하고 있었다.[24] 8전차여단은 하루에 250km를 행군해 온 지친 몸이었음에도 불구하고 독일군 종대를 양 측면에서 매복 기습으로 두들겨 3대의 전차와 8대의 장갑차량들을 파괴하고 칼리닌 방면으로 패주시켰다. 수 시간 후 독일군은 별도 장갑중대를 동원해 역습으로 나왔으나 KV-1 중전차의 장거리 주포에 적어도 두 대의 전차가 추가로 격파되었다. 독일군은 대신 88mm로 여단장의 KV-1 지휘전차를 파괴시키면서 연료가 떨어진 8전차여단을 전술적 수비로 돌아서게 했다. 로트미스트로프의 병력은 칼리닌 서쪽 외곽에 포진하여 독일군을 막아섰으나 소총병과 포병 전력이 따라붙어 주지를 못하고 있었다.

그보다 남쪽에서는 6군단의 26보병사단이 르제프를 석권하고 볼가 강의 교량 하나를 완벽하게 장악했다. 소련 29군의 우익에 위치한 174, 178, 250소총병사단은 독일 9군 23군단에 밀려 22군의 일부 제대와 함께 북쪽으로 옮겨갔다. 이에 따라 30군의 162, 242, 251소총병사단은 독일 6군단의 6소총병사단 일부와 26보병사단에 의해 르제프 남방에서 느슨하게 포위되는 형세로 돌아서게 되었다. 한편 161보병사단은 남쪽에서부터 주브쪼프(Zubtsov)로 접근하고 있었으며 162보병사단이 그 뒤를 바짝 붙어 오고 있었다. 동쪽에서는 129보병사단이 북쪽을 향해 르제프-볼로콜람스크 국도를 따라 이동했다.[25] 전체적인 구도로 보아 3장갑군의 16일 공세는 여러모로

24) NA : T-315 : roll 26, frame 000351(1941.10.15)
25) Radey & Sharp(2012) pp.72-3

낙관적인 면이 있었다. 우선 기상조건이 호전됨에 따라 루프트봐훼의 항공지원이 가능했으며 7장갑사단이 브야지마에서 확보한 500입방미터의 연료가 라인하르트에게 제공될 예정이었다. 라인하르트는 41장갑군단이 9군의 북익과 16군의 남익 사이에 놓인 소련군 제대를 격파하고 토르조크 주변을 정리한 뒤 뷔쉬니 볼로췌크(Wyshini Wolotschek)로 직행할 것을 요구했다. 이는 소련군이 트붸르쨔(Tvertsa) 강 건너편과 므스타(Msta) 상류를 지나 동쪽으로 후퇴하지 못하도록 하기 위한 의도에서 비롯된 지시였다. 1장갑사단의 전차 대수는 총 79대로 집계되었으나 이는 수리중인 것과 화염방사 및 지휘전차를 모두 합한 수치여서 실제 전투에 가용한 것은 절반 수준이었던 것으로 추측된다.

10월 16일 아침 눈과 비가 멈추고 땅이 굳은 상태가 확인되었다. 라인하르트는 북쪽으로부터 들어 올 소련군의 압박이 거세지기 전에 1장갑사단과 900교도여단이 토르조크를 향해 진격할 것을 명했다.[26] 루프트봐훼가 8전차여단의 머리 위를 내려치는 가운데 1장갑연대는 여단의 우익을 돌아들어갔다. 독일군이 늘 하는 수법이었다. 갑자기 여단 사령부 진지 주변까지 독일 전차들이 들이닥치면서 소련군들은 무질서하게 후퇴하기 시작했다. 로트미스트로프는 파괴되거나 연료가 떨어진 31량의 전차를 두고 도주하기에 바빴으며 그 가운데 6량의 KV-1과 5량의 T-34가 섞여 있었다. 900교도여단은 여세를 몰아 20km를 추격하여 메드노예(Mednoje)와 트붸르쨔(Tvertsa) 강의 교량까지 접수했다. 메드노예는 칼리닌 북서쪽으로 30km 지점에 위치해 있었다. 여기까지였다. 소련군은 더 밀리면 곤란하다는 판단 하에 강력한 저항과 반격을 가해왔고 독일군은 탄약이 다 떨어져 더 이상의 추가 공세는 불가능했다. 또한 소련군은 1장갑사단과 900교도여단이 칼리닌을 비운 사이 3장갑군 선봉의 배후로 잠입해 칼리닌을 위협하는 문제가 발생했다. 칼리닌은 36차량화보병사단 하나만이 지키고 있어 엄청난 압박에 시달리고 있었다.[27] 이 시기 41장갑군단은 칼리닌에서 사실상 포위당한 것과 같은 처지가 되었으며 56장갑군단은 브야지마 포위전을 마치고 북상하는 중이라 이 두 군단의 신속한 연결을 기대하는 것은 무리였다. 보다 못한 샬 56장갑군단장은 6장갑사단을 쪼개어 긴급 전투단을 구성해 칼리닌으로 향하도록 지시했다. 10월 13일 출발한 전투단이 900교도여단과 36차량화보병사단 사이에 포진하게 된 것은 3일이 지난 16일로서 이런 속도라면 발로 움직이는 보병제대와 별반 차이가 없을 정도로 도로사정은 열악했다.[28] 코네프 칼리닌방면군 사령관은 토르조크 국도를 따라 들어오는 독일군을 쳐내지 못하면 로트미스트로프를 군법에 넘기겠다는 으름장을 놓으면서 뭔가를 하도록 협박했다. 17일 오후 4시경 칼리닌 함락의 주인공인 엑킹거 소령이 탄 장갑차량이 팔루스토보(Palustovo) 근처에서 KV-1에 걸려 직격탄을 맞아 전사하는 일이 발생했다. 엑킹거 소령은 하프트랙에 올라 진두지휘하던 중 적군 전차에 맞아 전사한 것으로 추정되었으며 뒤에 그의 시신을 확인했을 때는 철십자 훈장이 화염에 녹아있었다고 기록되어 있다. 독일군은 잠시 진격을 중단하고 영웅의 장례식을 거창하게 차리면서 로트미스트로프는 자신의 목을 구할 수 있었다.[29] 엑킹거 소령은 12월 31일 전

26) BA-MA RH 19-II/411, Kriegstagebuch Nr. 1(Band Oktober 1941) des Oberkommandos der Heeresgruppe Mitte, Fol. 625(1941.10.16)

27) BA-MA 27-1/58, Kriegstagebuch Nr. 7 des Kdos. Der 1.Panzer-Div. 20.9.41-12.4.42, Fol. 31(1941.10.17)

28) BA-MA RH 21-3/70, Anlagen zum Kriegstagebuch Tagesmeldungen Bd.I 1.9-31.10.41, Fol. 246(1941.10.26)

29) Reibenstahl(1990) p.103

군 48번째로 백엽기사철십자장에 추서되었다. 이처럼 1장갑사단은 선봉제대에 보급을 제공하지 못하는 딱한 처지에 놓여 있었으며 소련 29군의 119, 252소총병사단은 133소총병사단과 연결을 모색하면서 칼리키노(Kalikino)와 말리쨔(Malitsa)에서 토르조크-칼리닌 국도를 완전히 차단시키려는 움직임을 나타내고 있었다. 하나 볼가 강과 토르조크 사이에 놓인 포위망을 뚫고 들어갈 수 있는 좁다란 회랑지대가 하나 있었다.[30] 이 통로나 볼가 강에 훼리를 띄워 보급품을 전달할 수는 있겠지만 자칫 잘못하면 선봉을 지원하려던 1장갑사단 전체가 낭패를 당할 소지도 있었다.

* * * * *

소련군의 칼리닌 반격작전

"전차와 소총병들로 (칼리닌)공항을 공격하는 소련군들은 1.5km 이내 거리에 있었다.
우리 보병 방어선은 너무 취역해 언제든 강철의 괴물들이 덮친다면 꼼짝없이 당할 운명이었다.
우리들의 슈투카는 진지를 지키는 우군들에게는 신이 보낸 선물이었다....."
(2급강하폭격비행단 3대대 한스-울리히 루델 중위 : 1941.10.18)

소련군은 남쪽에서 칼리닌 탈환을 위한 병력들을 규합하기 시작했다. 모스크바의 '차량 및 기갑전력 병기국'(GABTU) 총책인 훼도렌코(Y.N.Fedorenko) 중장은 레소보이(A.L.Lesovoi) 대령의 21전차여단이 자뷔도보(Zavidovo)로 향해 봐투틴 방면군의 지원에 나서도록 조치했다. 21전차여단의 전력은 대단한 것이었다. 19대의 T-34, 57mm 주포를 단 10대의 T-34-57 구축전차, 20대의 BT, 10대의 T-60, 4대의 ZiS-30(57mm) 자주포, 계 63량을 확보하고 있었으며 꽤 잘 나가는 전차부대 지휘관들이 포진하고 있었다. 21전차연대장은 39년 노몬한(Nomonhan) 전투에서 일본군을 격파한 루킨(M.A.Lukin) 소령, 역시 루킨과 같이 참전했던 노몬한 전투의 영웅 1대대장 아기발로봐(M.P.Agibalova) 대위, 핀란드와의 겨울전쟁에서 공을 세운 아기발로봐 바로 밑의 차석 지휘관 마코프스키(J.I.Makovsky) 중위가 여단의 핵심멤버였다. 자뷔도보에서 하차한 21전차여단은 칼리닌 남쪽 30km 지점 투르기노보(Turginovo) 근처 집결지를 향해 서쪽으로 이동했다. 문제는 이 여단이 여타 병단과의 공조없이 전차부대만으로의 공세를 개시한다는 점이었다. 대신 여단의 전차에 겨우 405명의 소총병들을 태운 것이 전부였다. 21전차여단은 사전 정찰도 없이 루킨과 아기발로봐가 두 종대를 형성해 칼리닌을 향해 북쪽으로 나아갔다.

10월 17일 루킨 소령의 21전차여단은 해가 뜨기 전 모스크바 운하 남서쪽 끄트머리 부근 투르기노보(Turginovo)-셀리노(Selino) 구역으로부터 나와 숲지대 가장자리에 집결하고 있었다. 1대대의 아기발로봐 대위는 키에레에봐(Kiereeva) 소위와 고로벳츠(Gorobets) 상사의 T-34 두 대로 정찰을 내보내고 루킨 소령은 1대대의 전차들과 함께 제2파로 전진하고 있었다. 루킨의 전

30) NA: T-315 ; roll 26, Ia KTB, Anlagen, frame 152(1941.10.19)

◆ IX-2-9 10월 17-18일 21전차여단의 4호(전술번호) 전차는 독일군 660돌격포중대 타친스키(Tachinski) 소위의 돌격포와 정면충돌을 시도해 둘 다 망가지는 해프닝이 있었다. 사진은 독일군에 의해 포탑 밖으로 끌려나오는 4호 전차의 전차병

차연대는 27대의 T-34와 '전차킬러' T-34-57 10대 및 T-60 수대를 동원해 먼저 선방을 날리기보다 되도록이면 칼리닌 가까이에서 승부수를 띄울 생각이었다. 칼리닌 남쪽 32km 지점 푸쉬키노(Pushikino) 남쪽에서 독일군이 선두 전차에 대해 대전차포 사격을 가해 왔다. 매복기습을 받은 키에레에봐 소위의 전차는 연기를 내며 전차호 안에 빠져 버렸다. 연이어 소련군 전차 3대가 화염에 휩싸였으나 전투는 이내 쇳덩어리들의 육박전투로 발전했다.[31] T-34들은 가로막고 있는 독일군 차량들과 전차들을 향해 거의 깔아뭉개다시피 돌진하여 전열을 흩으러 놓았다. 아기발로봐 대위는 이 기회를 포착해 속도를 올리려 했고 독일군 역시 강하게 되받아치면서 쌍방의 전차전은 격렬하게 전개되었다. 전차가 불에 타오르고 바깥으로 뛰쳐나오는 전차병들을 죽이기 위한 살벌한 총격전이 이루어지면서 어느 쪽이 승기를 잡을지 알 수 없는 시간이 흐르고 있었다. 오전 10시 55분 독일 공군기가 정찰 도중 루킨 연대의 종대를 발견하고 그 중 한 대의 전차를 불살랐다. 독일군은 이쪽이 더 큰 무리라는 것을 이내 알아차리기 시작했다. 오전 중 36차량화보병사단은 칼리닌 북동쪽 브제츠크(Bzhetsk) 방면으로 소련군 937소총병사단을 공격하고 트붸르짜 강의 교량을 향해 공격해 들어갔다. 소련군들은 교량 폭파를 위해 폭발물을 설치했으나 독일군의 화포사격으로 도화선이 희한하게 잘려나가면서 차량화보병들이 화염방사전차와 함께 몰려들어와 교두보의 안전을 확보했다. 그 후 소련 256소총병사단의 937소총병연대는 브제츠크로 이어진 도로로 진출하려는 독일군을 힘겹게 쳐내면서 갑자기 탈진과 멘붕 상태에 빠지고 있었다. 잘만 하면 힘들어하는 적군 수비대를 뭉개면서 브제츠크로 나갈 여지는 있었다. 그러나 17일 적군의 반격기동을 통해 1장갑사단과 900교도여단의 선봉이 소련군의 침투에 의해 잘려나가면서 본대와 이격됨과 거의 동시에 21전차여단 본대가 사단의 배후로 잠입함에 따라 36차량화보병사단은 칼리닌 북쪽 구역까지 좀처럼 신경을 쓸 여지는 희박했다. 그 위에 날로 증강되는 소련군의 전력에 대한 정찰보고가 빗발치자 적군의 허점이 보이는데도 36차량화보병사단은 17일 하루 종일 엄청난 스트레스를 받고 있었다.[32]

31) Radey & Sharp(2012) p.86, マクシム・コロミーエツ(2009) p.94
32) BA-MA 27-1/58, Kriegstagebuch Nr. 7 des Kdos. Der 1.Panzer-Div. 20.9.41-12.4.42, Fol. 31(1941.10.17)

그즈음 독일군 36차량화보병사단은 칼리닌의 하이데브란트 전투단을 지원하기 위해 이동 중으로 칼리닌 남쪽 15km 지점 트로야노보(Troyanovo)에서 21전차여단의 21전차연대는 우연히 독일군 종대와 마주치게 되었다. 소련군은 수대의 독일군 차량들을 파괴하였으며 독일군 611포병대대는 100mm 유탄포를 동원해 수대의 소련군 전차들을 불태웠다. 이때 사고가 발생했다. 연대장 루킨 소령이 타고 있던 T-34-57 구축전차가 피탄되면서 왼쪽 장갑궤도가 손상되어 국도에서 야지 쪽으로 차체가 기운 뒤 57mm 주포가 움직이지 않게 되었다. 루킨은 부하들과 빠져나오려 하다 독일군의 기관총 사격에 전사하고 말았다. 지휘권을 이어받은 아기발로봐 대위는 더 북쪽으로 진격하여 칼리닌 바로 남쪽의 공항에 도착한 뒤 지면에 정지된 상태의 융커스 Ju-52 수송기 수대를 파괴했다. 칼리닌 공항에서 슈투카를 몰던 한스-울리히 루델은 당시 소련군 전차들이 불과 1km 안으로 들어와 공항 주변에 옅게 깔린 독일군 수비대가 심하게 당하는 것을 회고한 바 있었다.[33] 독일군은 소련군의 기습에 다소 당황하기는 했으나 이내 사태수습에 들어가 36장갑엽병대대, 600돌격포대대 일부 병력 및 2교도비행단(LG2) 2대대의 메써슈미트들을 동원해 전차여단을 입체적으로 두들기기 시작했다. 독일군은 만약 전차와 소총병들이 함께 몰려온다면 승산이 희박하나 전차만 온다면 이 정도 화기와 병력으로도 제압할 수 있을 것으로 판단했고 다행히 시야에 들어온 적군은 순수하게 전차만으로 이루어진 제대였다. 돌격포중대는 바로 공항 쪽으로 포진하고 118보병연대 한 개 중대와 장갑엽병소대는 철도역 부근으로 배치했다. 전차 병력 외에 아무런 제휴 병력이 없었던 21전차여단은 근접하는 돌격포와 측면에서 갈겨대는 대전차포, 그리고 공중에서 날아드는 전투기와 슈투카들의 공습에 속수무책으로 당했다. 여기에는 이미 신화적 존

◆ IX-2-10 파괴된 21전차여단의 21전차연대장 루킨 소령의 T-34(57mm 주포 ZIS-4 탑재형)

33) Rudel(2016) p.43

재가 되어가던 2급강하폭격비행단의 한스-울리히 루델(Hans-Ulich Rudel) 중위의 편대가 한몫했다. 칼리닌 공항에 대한 위협은 10월 18일 오후 3시 50분에 해소되었다. 칼리닌 부근에서 피탄된 아기발로봐 대위는 자신의 전차에서 뛰쳐나와 부하들의 후퇴를 커버하려고 노력했다. 그러나 개인휴대 화기인 기관단총의 탄약이 다 떨어지자 아기발로봐 대위는 적에게 잡히기보다 자살을 택했다.[34] 총 9대의 T-34들이 칼리닌으로 진입했으나 아무런 공조와 연락체계가 유지되지 못해 산산이 각개격파당하고 시를 통과해 북동쪽의 소련군 진지로 합류한 것은 단 한 대에 지나지 않았다. 총 29대의 T-34 중 21대가 파괴되면서 21전차여단은 지원으로 붙었던 1개 차량화소총병대대와 함께 사실상 괴멸되었다. 노몬한 전투의 두 영웅이 전사하는 불상사를 겪었던 이 전투는 루킨과 아기발로봐, 불과 두 대의 전차에만 무선 송수신기가 장착되어 있음으로 해서 원활한 기동전을 전개하기에는 일단 기술적으로 불가능했다는 것이 확인되었다. 한편 29군과의 공조가 전혀 이루어지지 않아 21전차여단은 서쪽에서부터 진입하는 29군 제대와 우군끼리 사격을 주고받는 불상사를 겪었으며 방면군 사령부로부터 그 어떠한 지시도 전달받지 못해 소총병 제대와 전차여단이 따로 움직이는 고질적인 문제를 다시 한 번 노정시켰다. 36차량화보병사단은 17-18일 양일간에 걸쳐 총 30대의 소련군 전차를 격파했다.

단 전차여단은 48대의 독일군 차량, 13대의 장갑차량, 2문의 야포와 8문의 대전차포를 격파하면서 위안을 삼아야 했다. 또한 적어도 2대의 3호 전차와 101장갑대대의 화염방사전차 수대도 피해를 입었다. 독일군에게 곤혹스러웠던 것은 파괴된 차량의 12대가 연료를 싣고 다니는 수송차량이었다는 점이었다. 가뜩이나 부족한 연료가 더 모자라게 된 심각한 순간이었다.[35] 라인하르트가 당혹스러웠던 것은 모스크바 정면을 우회하여 좀 더 수월한 기동을 택하려 했던 칼리닌 전구에서의 공세가 예상외로 확전되는 듯한 분위기 때문이었다. 이런 식이라면 당초 장갑군이 소련 북서방면군의 남익을 밀쳐내면서 공세의 좌익을 완전히 정리하려던 본래의 의도가 관철되지 못한다는 걱정거리가 생겨나고 있었다.

그럼에도 불구하고 하이데브란트 전투단과 900교도여단은 토르조크를 향해 진격을 속개했다. 이번에는 독일군이 당할 차례였다. 10월 18일 로트미스트로프의 남은 전차들과 5개 소총병사단이 1장갑사단의 선봉을 에워싸고 포위하려는 움직임을 나타냈다. 다행히 소총병사단들이 제 자리를 잡는 데까지는 시간이 걸려 아직은 임박한 위기는 없었으며 8전차여단의 8전차연대는 연대장이 전사하고 2명의 전차대대장까지 잃은 상태여서 소련군 전차들이 들이닥칠 가능성은 희박했다. 독일군을 약간 놀라게 한 것은 볼가 강 동쪽 제방에서 246소총병사단의 914소총병연대가 칼리닌 남서쪽 방향 45km 지점 스타리짜-칼리닌 서부에서 레드키노(Redkino)를 장악하고, 41장갑군단을 몰아세우면서 북쪽으로 뻗어나 있는 병참선 2개 중 하나를 절단시킨 일이었다. 이로써 1장갑사단은 칼리닌으로 되돌아가는 길이 일시적으로 막히는 위기에 처하게 되었으며 칼리닌을 지키는 36차량화보병사단도 21전차여단의 공격을 받아 막대한 장비의 손실을 보고 있어 129보병사단이 지급 지원병력

34) Radey & Sharp(2012) p.87
35) Forczyk(2014) pp.135-6

으로 나서는 조치가 취해졌다.[36] 41장갑군단 제대는 연료와 탄약 모든 것이 부족했다. 18일, 1장갑사단은 10%, 36차량화보병사단은 5%의 연료로 버티고 있었으며 전차의 포탄도 제대별로 서로 달라 10-40% 수준에 머무르고 있었다. 2, 4장갑군이 3장갑군에 연료를 지원하기가 곤란했던 차에 중앙집단군 사령부는 우연히 브야지마 북쪽 115km 지점 르제프(Rzhev)에서 200입방미터의 연료를 끌어다 공급하는 방안을 추진키로 했다. 이 보급은 이틀 이상이 걸렸다.[37]

10월 18일 1장갑사단이 토르조크를 칠 무렵 루프트봐훼는 새로 창설된 칼리닌 방면군과 81장거리폭격사단의 소련공군기들과 한판 승부에 들어갔다. 소련 폭격기들이 독일 장갑부대의 종대를 칠 때 레닌그라드로부터 옮겨와 있던 52전투비행단의 2대대가 나타나 18기를 없애버렸다. 단 볼가 강의 교량을 공격하던 81장거리폭격사단의 TB-7 4발 폭격기들은 단 한 대만 당하고 나머지는 기지로 돌아갈 수 있었다. 이날 421장거리폭격연대는 총 7대 중 5대의 Yer-2 폭격기들을 잃었으며 18일 오후에 2대대의 요하네스 슈타인호프(Johannes Steinhoff) 중위와 그의 윙맨 칼 빌리 하르트만(Carl Willi Hartmann) 중위는 3대의 Pe-2 폭격기들을 격추시켰다.

10월 19일 오전 11시 30분 21전차여단은 5소총병사단과 함께 36차량화보병사단의 87차량화보병연대를 향해 양 철길을 따라 공격을 재개했다. 적군은 1시간 후 5km의 진격로를 확장시켰

◆ IX-2-11 끊임없이 전선으로 이송되는 소련군 BM-10 장갑차량들. 독일군에게 다량으로 노획된 BM-10는 BM 20 M이라고 개칭하여 소련군을 향해 역으로 사용되었다. 41년 10월 14일자 사진

36) Radey & Sharp(2012) p.107
37) BA-MA RH 19-II/411, Kriegstagebuch Nr. 1(Band Oktober 1941) des Oberkommandos der Heeresgruppe Mitte, Fol. 636(1941.10.18)

으며 오후 2시에는 사단 본부가 있는 보르트니코보(Bortnikovo) 방면 철길을 따라 돌파구를 마련했다. 독일군은 부근의 공항까지 위험에 빠지자 2급강하폭격비행단의 슈투카들이 전차를 동반한 소총병연대 병력을 하늘에서 구타하면서 오후 2시 35분경 적군을 격퇴시키는데 성공했다. 그러나 소련군들이 칼리닌 외곽에 도달하는 것 자체를 막을 수는 없었다. 이날이 다 가기 전 1장갑사단은 사실상 포위된 신세가 된 것처럼 보였다.

41장갑군단은 10월 20일까지 17일 동안 사실상 갇혀 있는 상태에서 외부로부터의 우군과 연결될 여지는 희박했기에 토르조크 진격이 좌절된 시점에서는 뭔가 특단의 조치가 필요했다.[38] 21일에는 누계 750명의 피해를 안게 되자 이제 부차적인 의미밖에 갖지 못하는 칼리닌에 더 머물 이유에 대해 의문을 제기하지 않을 수 없게 되어 있었다. 당시 1장갑사단은 칼리닌으로부터 10km 떨어진 볼가 강 북쪽 제방에 주둔하고 있었으며 적군에 의해 절단당하지 않으려면 다시 칼리닌 방면으로 퇴각하는 것이 불가피한 상황이었다. 수중의 장비와 차량을 온전히 보전하려면 아무래도 볼가 강 건너편으로 이동하지 않으면 곤란한 조건에 처할 것이란 점은 어렵게 해석할 필요도 없었다.[39] 사단은 사력을 다해 소련군의 사면 압박을 떨쳐내고 다시 칼리닌으로 복귀할 수는 있었다. 하나 사단은 칼리닌에 들어온 이래 19일까지 5일 동안 45량의 전차를 잃었으며 21일까지는 합계 60량의 전차를 상실하여 잔존 가용수량은 20량에도 미치지 못하고 있었다.[40] 또한 1장갑사단은 칼리닌으로의 퇴각 직후에 34명의 장교를 포함한 548명의 피해를 보고 있었고 대략 750명으로 채워진 장갑대대의 정수가 겨우 100-200명으로 버티고 있는 불안한 상황이었다. 14일 79대의 전차를 유지하고 있던 1장갑사단은 21일에 보유 전차의 수량이 24대로 떨어졌다. 24대가 다 가용한 것인지도 불확실했다. 다행히 21일 1장갑사단을 포위해 잘라내려고 했던 소련군의 기도는 2급강하폭격비행단 1대대의 맹활약으로 좌절되고 말았다. 칼리닌 방어에 사력을 다한 36차량화보병사단은 20일 기준으로 84대의 차량, 21대의 군용 자동차(큐벨봐겐 등), 15대의 모터싸이클 등이 파괴당했으며 이것이 불과 한 주 만에 입은 피해라는 점이 41장갑군단을 곤혹스럽게 만들고 있었다.[41] 폰 보크 역시 재빨리 보병사단들을 지원하지 않는 한 옐니아와 같은 소모전으로 돌입할 여지가 있음을 우려하고 9군에게 일말의 기대를 걸고 있었다. 보다 중요한 문제는 부차적인 전구인 칼리닌과 쿠르스크에 장갑군단을 보내게 되면 모스크바로 가는 길은 더더욱 멀어지며 중점 구역에서 부차적인 전구로 병력을 이동시키는 불필요한 전력분산의 딜렘마를 경험하게 된다는 것이었다. 당초 칼리닌은 모스크바로 가는 길목에서 북서방면군의 남익을 밀어내면서 하나의 스프링보드로 쓸 예정이었다. 그러나 북서방면군은 아직 밀리지 않았다. 더욱이 소련군은 이곳에서 무려 4,000대의 차량과 중화기들을 토르조크 방면으로 집중시키면서 칼리닌 그 자체가 주전장으로 변해가는 듯한 양상을 나타내고 있었다.[42] 특히 17일 코네프가 칼리닌방면군 사령관

38) BA-MA RH 21-3/70, Anlagen zum Kriegstagebuch Tagesmeldungen Bd.I 1.9-31.10.41, Fol. 190(1941.10.20)

39) BA-MA 27-1/58, Kriegstagebuch Nr. 7 des Kdos. Der 1.Panzer-Div. 20.9.41-12.4.42, Fol. 34(1941.10.21)

40) BA-MA 59060, 3. Pz. Gr. KTB Nr. 2 1.9.41-31.10.41(1941.10.14) / BA-MA RH 24-4/15, Anlagenband zum KTB XXXXI A.K. Ia 3.Verteidigung von Kalinin 15.10.41-20.11.41(1941.10.19)

41) BA-MA 59060, 3. Pz. Gr. KTB Nr. 2 1.9.41-31.10.41(1941.10.20)

42) BA-MA RH 19-II/411, Kriegstagebuch Nr. 1(Band Oktober 1941) des Oberkommandos der Heeresgruppe Mitte, Fol. 620(1941.10.16)

으로 임명되면서 22, 29, 30, 31군, 4개 군을 끌어 모아 양적인 면에서도 독일군을 가볍게 압도하기 시작했다. 칼리닌방면군은 일시적으로 봐투틴 작전집단까지 아울러 지휘 하에 두고 있었다. 봐투틴 작전집단 병력은 결과적으로 해체 수순을 밟아 대부분 31군으로 통합되었다. 이로써 코네프는 16개 소총병사단, 2개 기병사단, 2개 전차여단 및 1개 차량화소총병여단을 자신의 방면군 휘하에 두게 되었으며 그간 일련의 복잡했던 칼리닌 지구의 지휘명령체계는 일단 자리를 갖추게 되었다. 하나 문제가 그리 간단치는 않았다. 방면군은 별도의 단독 본부가 마련되지 않았으며 병참부대나 방면군 독자적인 작전 차원의 항공지원도 전혀 없었기에 이 구역에서의 제대간 연락 및 보급체계는 상당 기간 동안 시행착오를 거치는 것이 불가피했다.

여기서 또 하나의 측면은 동부전선의 다른 구역도 마찬가지지만 연료와 보급을 어떤 식으로 충당할 것이가란 문제가 있었다. 칼리닌을 포기하건 거기서 동진 또는 북서쪽으로 진격하여 새로운 전선을 구축하건 장갑사단의 차량들을 운용할 연료는 얼마 남지 않았다. 보급기지와 가장 가까운 위치했던 7장갑사단은 최대 180km까지 달릴 수는 있었으나 21일 사단 주력이 그자츠크에 주둔해 있어 그 거리를 주파하더라도 칼리닌 이상은 무리였다.[43] 그보다 위에 있던, 즉 칼리닌 남쪽에 있던 6장갑사단은 60km 정도였고 36차량화보병사단과 129보병사단은 30km, 1장갑사단은 겨우 20km를 움직일 수 있는 양만 보유하고 있었다. 즉 소련군의 반격이나 이렇다 할 반응이 없다 하더라도 주어진 연료로는 종심깊은 공세를 추진하는 것 자체가 용의하지 않았다. 이 연료의 양과 관련하여 독일군은 모스크바에 접근할수록 좀 더 좁은 구역을 들이치는 용단이 필요했으나 브야지마-브리얀스크 이후에는 이전보다 더 측면으로 뻗어 나가려는 이상한 경향이 존재하고 있었다. 칼리닌의 경우에는 시 자체를 장악하기까지의 과정은 대단히 우수했다. 그러나 이 시를 지탱하기 위한 41장갑군단의 노력은 너무나 많은 희생을 강요당하고 있었으며 9군의 보병사단들이 재빨리 커버링을 해주지 않는 한 장갑사단들이 공격과 수비를 동시에 한다는 것은 명백히 무리였다. 그에 따라 서부방면군의 북익과 북서방면군의 남익을 걷어내려는 OKW, OKH의 기도는 무산되었으며 얼마 안 되는 병력인 30군의 분전에 의해 오히려 칼리닌 외곽에서 사활을 건 포위전을 하게 되는 역전극이 펼쳐졌다. 다만 이것으로 승패가 완전히 갈린 것은 아니었다. 41장갑군단의 측면을 치던 코네프의 노력은 독일군이 토르조크 도로상으로부터 병력을 이격시키는 효과를 보긴 했으나 코네프의 소련군은 한편으로 9군이 북상함에 따라 다시 일정 부분의 보유 병력을 9군의 정면에 깔아놓아야 했기에 어느 쪽도 결정타를 날리지는 못하고 있었다.

로트미스트로프의 8전차여단은 10월 16-17일 칼리닌의 북단에서 격전을 반복한 위에 18일에는 봐투틴 집단의 독립차량화소총병여단 및 185소총병사단과 공조하여 칼리닌 서쪽의 도로를 통해 들어오는 독일군 제대를 격멸시키는 전과를 올리기도 했다. 그러나 칼리닌 주변의 독일군을 일소하는 데는 실패했으며 독일군 역시 칼리닌 동서로 주변 반경을 넓히는 것은 이루지 못했다. 칼리닌 지구에서 소련군 8, 21전차여단은 실로 용감무쌍하게 싸운 것은 인정할 만 했다. 문제는 이들 전차여단들이 동일 지역에서 활동한 113, 253소총병사단과의 연계를 이루지 못하고 독립적인 전투를 계속하면서 갖은 병력과 전차의 소모를 겪었다는 것으로서 누차 이야기하는 기동

43) BA-MA 59060, 3. Pz. Gr. KTB Nr. 2 1.9.41-31.10.41(1941.10.21) / BA-MA RH 21-3/70, Anlagen zum Kriegstagebuch Tagesmeldungen Bd.I 1.9-31.10.41, Fol. 205(1941.10.21)

전력과 보병(소총병)들과의 공조는 이론적으로 논하는 것처럼 실전에서 그리 쉽게 성취할 수 있는 것이 아니었다.[44] 독일군은 여기서 모스크바 북서쪽에서 공세를 강화하기 위해 9군에 속한 기동전력을 일부 빼내는 것을 준비하고 있었기에 칼리닌은 당분간 격전의 주무대에서 일시적으로는 사라지게 되었다. 11월 초가 되자 칼리닌 지구는 거의 안정화되었으며 모스크바와 레닌그라드를 잇는 철도선을 차단하고 나선 독일군의 기도는 어느 정도 실현되었다. 하나 칼리닌 지구를 장악하는데 있어 보다 요긴하게 주공의 방향으로 움직였어야 할 기동전력의 피해는 두고두고 후회할 부분이었다.

확실히 북쪽 전선의 소련군은 다른 구역에 비해 약한 것으로 드러났었다. 소련공군은 우선 공중으로부터의 방해를 최소화하기 위해 칼리닌 전구 루프트봐훼의 미갈로보(Migalovo) 공군기지를 노리고 있었다. 10월 22일 여타 제대에 비해 평균 이상의 실력을 보유하고 있던 6전투기군단의 34전투기연대는 루프트봐훼와 호각세를 나타냈다. 이날 총 59회 출격을 감행했던 34전투기연대 소속 MiG-3들은 12대의 독일기를 없앤 것으로 주장되었으며 당일 2항공군이 15대의 소련기를 부순 대신 11대의 우군기를 상실했다고 기록한 것으로 보아 이 주장은 거의 타당한 것으로 증명되었다. 10월 23일에도 승부는 팽팽했다. 소련공군과 루프트봐훼는 16 대 16의 놀라운 균형을 이루었다. 소련기는 모두가 단좌형 전투기였으나 루프트봐훼는 53폭격비행단 소속 7대의 He 111를 잃는 막대한 피해를 안았다. 10월 24일 27, 28전투기연대 소속 MiG-3 전투기들의 호위를 받는 6전투기사단의 95, 208전투기연대의 Pe-3기들이 기지 공습을 위해 출격했다. 이때 52전투비행단 2대대의 요하네스 슈타인호프 중위는 휘하의 Bf 109들로 이들을 상대하러 나갔다. 슈타인호프 중위가 격추시킨 한 대의 Pe-3는 하필 208전투기연대의 편대장 키비린(S.A.Kibirin) 소령이었다. 이 공중전에서 독일기들은 전혀 피해가 없었으나 기지가 공습에 의해 망가졌기에 미갈로보를 포기하고 시 남부의 좀 더 작은 공항으로 이전하게 되었다.[45]

44) マクシム・コロミーエツ(2004) p.47
45) Bergström(2007) p.106

3. 모스크바 정면의 정지작업

"24시간 만에 이루어진 돌파와 그에 이은 국도변의 장악 및 도로의 개방은
'도이췰란트' SS연대장 빌헬름 비트리히의 독자적인 판단과 결정에 의한 것이었다."
(1941.12.14, 다스 라이히 사단장 파울 하우서의 비트리히에 대한 기사철십자장 추천서 내용)

* * * * *

모자이스크 방어진 공략

".....코트 역시 진흙으로 젖게 되었다.
유일하게 마르고 따뜻한 것은 입가에 꽂힌 담배와 가슴 안에서 쿵쾅거리는 심장의 고동이었다."
(40장갑군단, 균터 하이징 중위)

모자이스크는 여러모로 방어에 유리한 지점이기는 했다. 우선 정면에 모스크바 강과 그에 따른 복잡한 지류들이 연결되어 있었으며 특히 하안(河岸)은 수직으로 형성되어 있어 전차의 기동에는 큰 장애물로 작용했다. 방어선 후방에는 도로나 철도망이 엉킬 정도로 다기다양한 형태의 교통체계가 만들어져 있어 전선으로 병력을 이동시키기에는 안성맞춤이었다. 따라서의 여러 개의 밴드를 형성하여 독일군의 진격에 순차적으로 대처할 수도 있었으며 독일군이 가까이 다가올수록 출혈은 더 커진다는 것이 자명했다. 문제는 이 220km의 방어선에 양질의 수비병력을 적기에 가져다 놓을 수 있는가란 부분이었다. 이 거리라면 150개 대대가 필요했으나 당장은 45개 대대, 즉 1개 대대가 5km 정도를 감당해야 된다는 과중한 부담을 안고 있었다. 스타프카는 10월 9일 모자이스크방위사령부를 모스크바예비방면군 사령부로 개칭하여 5개 기관총대대를 신규로 배정하고 10개의 대전차연대 및 5개 전차여단으로 방어벽을 강화시키는 조치를 취했다. 또한 10월 11일까지 렐류셴코의 제5군이 방어전력에 가담하고 서부방면군과 예비방면군의 잔존 제대, 서부방면군의 우익에 포진했던 제대, 남서방면군 소속 제대, 기타 내륙의 오지에서 차출된 각종 예비병력 등이 운집했다.[1]

10월 중순, 모자이스크 방어라인은 곳곳에 균열이 생기고 있었다. 독일군은 3개의 진격로를 잡아 모스크바를 압박하고 나섰다. 하나는 말로이아로슬라볘츠로부터 모스크바로, 다른 하나는 나로-포민스크(Naro-Fominsk)에서 모스크바로, 그리고 모자이스크에서 모스크바로 향하는 국도였으며 이는 서쪽에서 동쪽으로 들어가는 동서 노선으로서 모스크바 입성 전의 두 번째이자 마지막 저지선에 해당했다. 한편 남북으로 이어진 방어선은 툴라에서 세르푸호프(Serpukhov)까지, 다음은 나로-포민스크를 경유해 나라(Nara)로부터 고속도로를 낀 나라 호수, 그 다음은 즈볘

1) ジャフレー ジュークス(1972) pp.119-21

◆ IX-3-1 10월 중순 전선으로 이동 중인 T-26 경전차들. 흰색 페인트가 부족했던지 위장도색이 제대로 되어 있지 않다.

니고로드(Zvenigorod), 이스트라(Istra), 클린(Klin)을 경유해 소위 '모스크바 계곡'으로 알려진 구역을 지나 칼리닌 남동쪽으로 이어지는 구간이었다. 툴라를 거쳐 남쪽으로부터의 진격은 구데리안의 2장갑군 담당구역이었으나 10월 둘째 주까지는 브리얀스크에 묶여 아무런 기동을 이루지 못했다. 대신 이 기간은 3, 4장갑군이 모자이스크 방어선을 돌파하는 최대치의 노력을 기울이고 있었다. 10월 13일 스타프카는 모스크바예비방면군을 서부방면군에 포함시킨 뒤 16군, 5군, 43군 및 49군이 볼로콜람스크, 모자이스크, 말로이아로슬라붸츠, 칼루가를 각각 담당하는 것으로 조치했다. 33군은 나로 포민스크에 집결하는 것으로 조치되었다. 특히 브야지마에서 모스크바로 향하는 최단거리에 놓인 가장 중요한 모자이스크 정면에는 14개 소총병사단, 16개 전차여단, 40개 소총병연대, 계 9만 명의 병원들이 겹겹으로 포진했다.[2]

독일군은 모스크바로 가긴 가야 하는데 매우 지친 탓인지 이중포위전이 끝날 무렵에도 몇 개 군단이 동원되지 못하고 있었다. 아니 몇 개 장갑사단만이 정상적인 진격을 할 수 있을 정도로 사정이 좋지 못했다. 진창도로 및 연료부족 문제로 진격이 지체되는 장갑사단에 비해 보병사단들은 오히려 상대적으로 나은 성적을 거두고 있었다. 2군의 13군단과 4군의 7군단은 10월 10일 모자이스크 방어선의 남단을 이루는 칼루가에 나란히 도착하는 양호한 진격속도를 과시했다. 칼루가는 이틀 후인 12일에 떨어졌다. 그보다 북쪽 구간에서는 장갑사단들이 해매는 동안 6군단과 23군단의 6개 보병사단들이 소련 22, 29, 30군을 추격해 르제프 방면으로 몰아갔다. 르

2) Bergström(2016) p.148

제프는 15개 소총병사단들이 포진해 있긴 있었으나 이들은 모두 서로 다른 5개 군에서 이합집산된 형식으로 만들어진 제대여서 지휘계통은 엉망이었다. 여러 가지 장애에도 불구하고 독일군은 양적으로 압도적인 적군을 상대로 능란한 전투력을 펼치면서 6군단의 3개 보병사단들이 13일에 르제프를 석권하는 실력을 과시했다. 독일군 보병사단들은 르제프 남쪽에서도 호멘코의 30군을 거의 대부분 포위하여 치명적인 타격을 가했다. 46장갑군단은 14일부터 동쪽으로 진격할 수 있는 허가를 받아 11장갑사단을 선봉으로 구성하여 다스 라이히의 진격로를 따라 10월 9일에 점령한 그자츠크를 통과해 나갔다. 11장갑사단은 그자츠크를 지나서는 북동쪽으로 갈 예정이었으나 도대체가 차량이 통과할 만 한 롤반(Rollbahn)이 없어 진격속도는 상상을 불허할 정도로 더디게 진행되었다.[3] 11장갑사단은 14일 3개의 전투단을 구성했다. 15장갑연대 주축의 리이벨 전투단(Kampfgruppe Riebel)은 231장갑정찰대대와 119포병연대 1대대, 61장갑엽병대대(1, 2중대 제외), 71경대공포대대 1중대, 209장갑공병대대 2중대로 조직되었다. 루쯔 전투단(Kampfgruppe Luz)은 110차량화보병연대, 119포병연대 3대대 및 334관측중대, 61장갑엽병대대 1중대, 71경대공포대대 2중대, 11차량화보병여단 참모부, 341통신대대의 부분전력으로 구성되었으며, 프리케 전투단(Kampfgruppe Frieke)은 111차량화보병연대, 209장갑공병대대(2중대 제외), 119포병연대(1, 3대대 제외), 71경대공포대대(1, 2중대 제외), 61장갑엽병대대 2중대를 포함하고 있었다.[4]

5장갑사단은 로스미노(Losmino)로부터 로스미노-브야지마 도로와 교차되는 철도선 구간까지 포위망에 갇힌 적군을 소탕하는 작업에 할당되었다. 단 14차량화보병연대 1대대와 1개 장갑대대를 주축으로 한 슈테그만 전투단(Kampfgruppe Stegmann)만은 진창도로가 시작되는 시점임에도 불구하고 11장갑사단과 10장갑사단의 가운데 구간에서 공세에 가담하도록 지정되었다. 같은 46장갑군단의 2장갑사단은 78보병사단에게 브야지마 포위망 뒤처리를 맡기도록 하고 알렉세예프스코예(Alekseyevskoje)를 떠나 그자츠크로 향했으며 거의 하루 종일 눈보라에 시달리면서 매서운 추위와의 싸움을 계속했다.

10월 14일 이른 아침 다스 라이히는 충격적인 사건을 당했다. 파울 하우서 사단장이 '데어 휘러' 본부 300m 정면 지점에서 공병들의 교량 건축 작업을 시찰하는 동안 적 전차의 포탄 파편이 날아와 하우서의 오른쪽 얼굴과 눈이 심하게 다치는 일이 있었다. 하우서는 1의무중대의 응급치료를 받은 즉시 정찰기에 태워 후방으로 이송하기는 했으나 전선은 사단장이 당했다는 소식에 대단히 침울해졌다. 다행히 하우서는 살아남아 결국 오른쪽 눈에 검은 안대를 메어야 하는 애꾸눈 장군이 되었으며 후임에는 '도이췰란트' 연대장 비트리히가 선임되었다.[5]

이날 다스 라이히의 주력은 옐니아(2) 서쪽 외곽에서부터 로가췌보 동쪽 외곽까지 진격하고 '데어 휘러'는 옐니아(2) 동쪽의 국도로 진출해 남동쪽으로 나아가 국도 남쪽 숲지대 산마루를 소

---

3) BA-MA RH 24-46/2 Kriegstagebuch Nr. 3 des XXXXVI.Pz.Korps. 24.8.1941-31.12.1941, Fol. 83(1941.10.15)
4) NA : T-315 ; roll 586, Div.Gef.St., den 14.10.41., frame 000628(1941.10.14)
5) Mathias(2002) pp.195-6

◆ IX-3-2 다스 라이히 사단장 파울 하우서. 사진은 한쪽 눈을 잃게 되는 사고 이전, 모터싸이클대대장 프릿츠 클링겐베르크 SS 대위의 보고를 받는 장면

탕하는 임무를 맡았다.[6] '도이췰란트'는 오후 2시에 아르템키(Artemki)-우티쥐(Utizy) 라인까지 진격해 들어가자 소련군들은 우티쥐 동쪽으로 밀려났다. 보병들은 여치지차 적군을 몰아내면서 침투구역을 늘려 갈수는 있었다. 그러나 다스 라이히의 기동전력 역할을 수행하는 10장갑사단은 국도변에 적군 벙커들이 진을 치고 있어 도로를 따라 이동할 수는 없었으며 국도 북쪽은 도저히 전차가 기동할 수 없는 지형이라 이도저도 안 되는 곤란을 겪고 있었다. 결국 다스 라이히의 장병들은 전차와 차량들이 기동을 하지 못하자 모두 내려 도보로 행군하는 해프닝을 겪기도 했다.[7] 10장갑사단은 오후 3시 30분에 있을 다스 라이히의 공격을 지원하고 돌파의 전제조건들을 창출한다는 지시를 받았으며 일단 7장갑연대의 1, 2대대는 뒤로 빼 다스 라이히의 추가 진격 결과에 따라 공격방향을 일부 수정하기로 했다. 참모장 붸르너 오스텐도르프(Werner Ostendorff) SS중령은 정찰보고에 따라 옐니아(2) 방어진 중에서는 콜로즈코예(Kolozkoje)가 가장 약한 수비대가 있는 것으로 파악하고 거기에 화력을 집중시키도록 했다. 14일 다스 라이히는 14량의 전차, 21문의 야포, 14문의 대전차포, 중박격포 10기, 92정의 기관총, 65개의 화염방사기 등 다수의 전과를 기록하고 총 859명의 포로를 확보했다.[8] '도이췰란트' 연대장 빌헬름 비트리히 SS상급지휘관(Oberführer : SS준장)은 13일 오후에 그자츠크와 모자이스크 경계부분 중 주도로에 가까운 철

6) Deutscher Verlagsgesellschaft(1996) p.144
7) BA-MA RH 19-II/411, Kriegstagebuch Nr. 1(Band Oktober 1941) des Oberkommandos der Heeresgruppe Mitte, Fol. 611(1941.10.14)
8) Mathias(2002) p.193, Weidinger(1995) p.121

◆ IX-3-3 보로디노 구역으로 이동 중인 소련군의 T-34 종대. 하르코프 공장에서 제작된 1940년형 T-34. 사진에 보이는 것은 뒤에 나올 42.5구경장 장포신이 아닌 30.5구경장 단포신임이 확인된다.

도변 부근에서 가장 취약한 지점을 공략하여 14일 전투에서의 최종 승리를 견인하는 공을 인정받았다. 머뭇거리면 적에게 대비할 시간을 허용한다는 판단 하에 비트리히는 전차와 야포를 총동원해 기습을 가함으로써 모스크바로 발진할 수 있는 주요 거점들을 확보하는데 지대한 기여를 제공했다. 비트리히의 승전보고는 오후 4시에 제출되었던 것으로 보아 전투는 지극히 짧고 강도높게 진행되었음을 확인시켜 주었으며 소련군은 예기치 않은 기습에 철저히 당한 것으로 짐작되었다. 다스 라이히 '도이췰란트' 연대는 이날 옐니아(2) 북동쪽 3km 지점까지 도달하고 그보다 남쪽에서 진격하던 '데어 휘러'와 착실하게 보조를 맞추어 나갔다. 비트리히는 파울 하우서 사단장에 의해 기사철십자장에 서훈됨과 동시에 19일에는 SS여단지휘관(Brigadenführer : SS소장)으로 진급했다.

14일 제5군의 공격전개를 지원하기 위해 18, 19, 20, 3개 전차여단이 모자이스크 지구에 파견되었다. 20전차여단은 민스크 가도 방면을 강화하기 위해 미하일로프스코예로 향하는 도로와 민스크 가도의 교차점으로 이동하고, 18전차여단은 태세를 정비한 다음 민스크 가도 및 모자이스크 가도를 따라 형성된 모자이스크 요새지대의 최전선을 강화하라는 지시를 수령했다. 19전차여단은 악사코보 북방으로 이동, 요새지대 배치부대와의 통신망을 구축하여 독일군의 공세 시 해당 부대를 지원하도록 배치되고 있었다. 이들 전차여단은 보로디노 평원에서 역사적인 대결을 펼칠 바로 그 소련군 기동전력의 핵심이었다.[9] 이날 렐류센코 5군의 마지막 기동예비인 20전차여단이 T-34를 몰아 독일군 차량화보병들을 격퇴시키기 위한 반격작전을 추진하던 중, 오를렌코(T.S.Orlenko) 대령이 후퇴하는 소련군들을 제지하려고 하다 같은 소련군의 총에 맞고 사망하는 일이 있었다. 계속되는 패배 속에 소련군의 사기와 군기가 동시에 몰락한 대표적 사례로 지목되었다.

9) マクシム・コロミーエツ(2004) p.29

10월 15일 다스 라이히와 10장갑사단을 보유한 40장갑군단은 우익에, 46장갑군단은 좌익에 서서 모자이스크-모스크바 방면으로의 진격을 속개했다. 소련군은 국도 정면과 양 옆으로 난 숲지대에서 독일군 종대를 향해 끊임없는 견제사격을 가해왔다. 항공정찰에 따르면 췌부노보(Tschebunowo)와 모자이스크 국도 사이에만 10개 대전차중대가 배치된 것으로 확인되었다. 10장갑사단은 옐니아 동쪽에는 남북으로 흐르는 크고 작은 무수한 강 지류들이 있어 적이 언제든지 애를 먹일 수 있는 조건이며 전차들이 기동이 전혀 용의하지 않다는 판단을 하고 있었다. 또한 사단의 차량화보병여단은 브야지마로부터 아직 도착하자 않아 전차만으로 국도를 따라 모자이스크를 공격하는 것은 엄청난 출혈을 요구받을 것으로 간주되었다. 이에 따라 10장갑사단은 우티쥐와 보로디노(Borodino)를 경유해 타타리노(Tatarino) 방면을 향해 나가도록 하고 다스 라이히는 아르템키를 치는 것으로 교정되었다.[10] 전차와 보병이 분리되었기에 다스 라이히에는 군단포병대가 전적으로 지원하는 것으로 하고 공격은 오전 11시에 진행되었다. 이날 소련군은 진격로 동쪽에서 대대 규모의 병력으로 강한 압박을 가해 옴에 따라 아르템키로의 진격은 상당한 차질을 받고 있었으며 적군은 북동쪽에서부터 로가췌보에 대한 공세도 강화하고 있었다. '도이췰란트'는 일부 병력을 우티쥐로부터 빼 로가췌보 동쪽의 적군을 마을 북쪽 철도선 방향으로 몰아내도록 조정했고, '데어 휘러' 1, 3대대는 예정대로 아르템키를 경유해 보로디노 서쪽 수 킬로 지점 숲지대 언저리까지 나아가 수비진을 구축하도록 했다. 2대대는 모스크바 방어선 돌파 이후 적군 수비대를 남쪽으로 더 밀어내고 있었다. 이로써 10장갑사단의 공세정면에는 거추장스런 장해물이 상당 부분 해소된 것으로 판단되었다. 이날 7장갑연대는 1812년 9월 7일 나폴레옹 군대가 피비린내 나는 전투 끝에 제정 러시아군을 무찌른 역사적인 땅, 보로디노에 발을 디뎠다. 10장갑사단은 뷕토르 폴로수힌(Victor Polosukhin) 대령의 32소총병사단과 3개 전차여단 외에도 4,000명으로 구성된 모스크바 사관학교 생도들과의 격전을 치르고 있었다. 이 사관생도들은 18일 전투가 종결 될 때까지 전체의 80%가 전사하는 처절한 최후를 맞이하게 된다. 10장갑사단은 나폴레옹이 그랬던 것처럼 15일 쉐봐르디노(Schewardino)를 내리쳤다. 저항의 강도는 대단한 것이었다.[11] 이날은 렐류센코 5군 사령관이 소련군 주방어선 정면을 치고 들어 왔을 때 스스로 반격작전을 지휘하다 중상을 입는 일이 있었다. 후임은 고보로프(L.A.Govorov) 소장이 맡았다. 15일 46장갑사단의 5장갑사단이 모자이스크에 접근하면서 주공 다스 라이히와 10장갑사단의 진격로 뒤를 받쳐주기 위한 기동에 박차를 가하고 있었다. 그러나 11장갑사단이 지나가는 길은 대체로 엉망이었으며 교량은 일일이 공병들이 보수공사를 해야 건널 수 있을 정도였고 그나마 보완한 것도 전차의 무게를 지탱하지 못해 주저앉는 경우가 다반사였다. 11장갑사단은 15일 적군과의 이렇다 할 접촉이 없었는데도 겨우 25km를 주행하는데 그쳤다.[12] 16일에는 7군단의 7보병사단이 40장갑군단에 전속되어 10장갑사단의 진격을 측면 지원하는 것으로 조정되었다. 46장갑군단의 2장갑사단은 15일 그자츠크에 도달한 뒤 북동쪽으로 선회하였으며 이 길은 11장갑사단과 다스 라이히와 공유했었기에 해당 부근에서 적군의 방해를 받을 가능성은 거의 없었으며 실제로 그랬다.

---

10) Forczyk(2006) p.52

11) BA-MA RH 21-4/39, Anlage zum KTB pz.Gruppe 4 Meldungen von unten 15.10.41-15.11.41, Fol. 283(1941.10.15)

12) BA-MA RH 27-11/16, 11.Pz.Div. KTB Abt. Ia vom 1.5.41-21.10.41, Fol. 161(1941.10.15) / BA-MA RH 24-46/2 Kriegstagebuch Nr. 3 des XXXXVI.Pz.Korps. 24.8.1941-31.12.1941, Fol. 83(1941.10.15)

16일 기준 11장갑사단은 504명의 전사자를 기록했으나 아직은 134대의 전차와 427대의 차량들을 보유하고 있었기에 적군의 웬만한 방해공작은 척결할 수 있었다.[13] 다스 라이히는 보로디노를 향해 정 동쪽으로 이동하였으며 5장갑사단은 2, 11장갑사단을 따라 역시 북동쪽으로 움직이고 있었다. 이 행군은 눈보라와 진창도로가 겹치는 고약한 조건 하에서 이루어졌으며 16일부터 보로브예보(Worobjevo)와 돌가야(Dolgaja), 포키노(Fokino) 방면으로 나아간 2장갑사단은 17일 콘조봐(Konzowa)에 도달하면서 힘겨운 시간을 소화했다. 이 구역은 2, 5, 10, 3개 장갑사단들이 동시에 기동하고 있었으나 다스 라이히만이 가장 선두에서 진격하고 3개 사단은 다소 뒤쳐져 템포를 조율하지 못하고 있어 사실상 공세정면에 2개의 소련군 덩치와 싸우는 다스 라이히가 가장 큰 피해를 입었던 것으로 기억되고 있다. 그 때문에 비트리히 사단장(직전 '도이췰란트' 연대장)은 장갑전력 없이 사실상 보병만으로 힘겨운 돌파작전을 감당하고 있다며 전문에서조차 불평을 늘어놓기도 했다.[14]

10월 16일 다스 라이히 '도이췰란트' 연대는 오전 8시에 로가췌보 동쪽의 숲을 일소한 뒤 포미노(Fomino)로 진격하고 오전 11시에는 7장갑연대의 보로디노 철도역 공세를 측면 지원하는 임무를 수행했다. 15일 늦게 그자츠크 동쪽에 도착한 10차량화보병여단은 남쪽구역에서 저녁때까지 적군에게 묶여버리는 통에 '도이췰란트' 3대대는 계속해서 철도 제방구역을 방어하는 쪽으로 가닥을 잡았다. 단 포미노 남동쪽 고지대에서의 화포사격으로 3대대는 상당한 피해를 감수해야 했다. 10장갑사단의 선견대는 16일 모자이스크 서쪽 5km까지 접근하였으며 사단의 주력은 세메네브스코예(Semenewskoje)와 쉐봐르디노(Schewardino)에서의 적군의 저항이 워낙 거칠어 일단 타타리노 방면으로 돌아갔다.[15]

'데어 휘러'는 오전 11시에 공세를 시작해 스나멘스코예(Snamenskoje), 유딘키(Judinki), 포미노를 차례로 장악하고 국도 남쪽의 숲지대도 일소했다. 그러나 '데어 휘러'의 진격로에 위치했던 크고 작은 개개의 구역들에서는 하루 종일 잦은 교전이 일어났으며 이날 잡아야 할 아르템키에도 강력한 적군 병력이 버티고 있었다. 모두가 이중포위전 이후 소련군의 전략적 예비는 고갈되었다고 말하면서도 모스크바 방어선의 적군 수비대가 그리 쉽게 붕괴되고 있지 않는데 대해서는 마땅한 해석이 없었다. 소련군은 옐니아(2) 주변 지역을 중심으로 32시베리아소총병사단이 독일군 선봉을 막아줄 것을 기대하면서 기왕에 지원된 133경포병연대에 더해 52곡사포연대와 367대전차연대를 붙이도록 하고 조만간 18, 19전차여단도 여기에 가세하기로 되어 있었다. 10장갑사단의 차량화보병들은 16-17일 밤을 이용해 그간 애를 먹이던 쉐바르디노를 점령했다.

17일, '도이췰란트'는 다스 라이히 모터싸이클대대와 함께 아침 10시부터 옐니아(2) 동쪽의 숲지대를 공격하고 그날의 중점은 국도 남쪽을 평정하는 것으로 설정했다. 마침 클링겐베르크 SS대위는 이날 적군 방어선에 약점이 있는 것을 발견하고 그간 T-34에 막혀 진격에 어려움을 겪고 있던 '데어 휘러'연대를 지원하면서 사단 병력의 주력을 적군 방어선 취약지구에 집결시키는 아이디어를 제시했다.[16] 선봉에 선 모터싸이클대대가 그자츠크-브야지마-서부 그자츠크 국도를 차

13) NA : T-315 ; roll 2320, frame 000204(1941.10.16)
14) Mathias(2002) p.193
15) Weidinger(1995) p.126
16) GRAPHIC ACTION(グラフィックアクション) No.35 ゲルマンの無敵戰士 武裝親衛隊の奮戰!(1996) p.29

단한 가운데 '도이칠란트'의 2선 공세가 본격화되자 그보다 앞에 나가 있던 '데어 휘러' 1, 3대대는 모터싸이클대대와 간격을 좁히면서 전방 공격에 더 수월하게 치중할 수 있게 되었다. 오전 7시 30분에 시작된 공세는 아르템키 방면을 향해 동쪽으로 확장되면서 비교적 순탄한 진격이 가능했다. 그러나 소련군은 북쪽에서 10장갑사단의 뒤를 돌아 포위하는 듯한 기동을 나타내자 사단은 당장 모자이스크로 진격하는 것이 불가능해 우선 배후를 정리하는 것부터 추진하기로 했다. 쉐봐르디노에서 이틀 동안을 싸우고 있던 10장갑사단은 280명의 부상자를 발생시키면서 적군의 끈질긴 방어에 예정했던 진도가 나가지 않아 애를 먹고 있었다.[17] '도이칠란트' 3대대는 17일 오후 4시 30분 아르템키를 향해 막판 스퍼트를 올리면서 불과 400m 지점까지 도달하자 지상군과 사전 연락이 없었던 슈투카 9기가 날아와 아르템키를 공습하는 광경이 펼쳐졌다. 3대대는 우군의 피해가 발생하지 않도록 오렌지색 연막탄을 쏘아 올려 슈투카가 지나치도록 했다. 슈투카가 폭격을 퍼붓는 가운데 3대대는 240명의 포로를 낚으면서 오후 8시 아르템키를 완전히 장악했다. 3대대는 여세를 몰아 계속해서 국도를 따라 수 킬로를 더 전진해 들어갔다. 이날 '데어 휘러' 역시 모터싸이클대대와 함께 시브코카(Siwkoka)를 점령하고 그날의 전투를 마무리했다. 이 지점의 장악은 그간 독일군의 진격에 상당한 차질을 빚게 했던 모스크바 방어선 정중앙의 제1열이 무너졌다는 것을 의미했다. 10장갑사단은 쉐봐르디노를 장악한데 이어 17일 모스크바 국도 상의 타타리노를 탈취했다. 17-18일 밤 32소총병사단 322소총병연대는 쿠카리노(Kukarino) 북쪽 예비구역으로 이동했으며 소총병사단의 잔존 병력인 보로비에프(Vorobiev) 지대(支隊)는 민스크 국도를 따라 퇴각했다.[18]

10월 18일 모자이스크 남동쪽으로 6km에 위치한 국도 교차점을 힘겹게 장악한 다스 라이히는 '도이칠란트' 연대가 남서쪽에서 모자이스크 남쪽으로 들어가도록 하고 10장갑사단은 북서쪽에서 모자이스크 북익을 때리는 것으로 공세를 시작했다. '도이칠란트'의 1, 3대대는 시 남쪽 철도역 구역으로 들어가 동쪽의 고지대를 장악하여 시의 동쪽과 남쪽 모두를 감제할 수 있는 위치를 잡으려 했다. 이날은 회프너 4장갑군 사령관과 슈툼메 40장갑군단장이 모두 전선에 나타남에 따라 병사들은 모자이스크 장악의 중요성을 피부로 느끼고 있었다. 10장갑사단 7장갑연대 2대대는 211고지의 대전차호를 지나쳐 북서쪽에서 치고 들어와 북동쪽을 뒤흔들면서 모자이스크 주도로까지 접근했다. 장갑대대는 다스 라이히가 남쪽에서 들어오는 것과 시간을 맞추어 췌르타노보(Tschertanowo)에 도달하여 마을 동쪽으로부터 모자이스크 동쪽을 감제하는 자리를 잡았다. 2장갑대대는 진격로상에서 8대의 소련군 전차 중 5대를 부수면서 기세를 올렸다. 전투는 낮 시간 내내 지속되다가 오후 3시경 '도이칠란트' 1, 3대대가 드디어 모자이스크 남쪽 얀스카야(Janskaja)에서 10장갑사단의 89차량화보병여단과 접선하는데 성공했다. 다스 라이히와 10장갑사단은 이 연결로 모자이스크를 사실상 점령하게 되었으며 소탕작전은 19일 아침까지 이어지긴 했으나 18일 오후 6시에는 독일군이 모자이스크를 완전히 장악하는 것으로 매듭이 지워졌다.[19] 다스 라이히와 10장갑사단은 32소총병사단과 4개 전차여단의 집요한 방어와 반격공세를 딛고 거의 기력이 소진하기 직전 시점까지 도달하

17) BA-MA RH 21-4/39, Anlage zum KTB pz.Gruppe 4 Meldungen von unten 15.10.41-15.11.41, Fol. 272(1941.10.17)
18) Forczyk(2006) p.52
19) BA-MA RH 21-4/39, Anlage zum KTB Pz.Gruppe 4 Meldungen von unten 20.9.41-14.10.41, Fol. 1(1941.10.14)

면서 힘겨운 전투를 완수해 왔다. 10장갑사단은 776명의 전사 및 부상 피해와 약 50대의 전차를 상실했다. 이 피해는 소련군의 대전차포 진지와 지뢰밭을 통과하는 동안 제대로 걸린 결과로서 앞으로 독일군은 이런 형태의 소련군 진지를 지겹도록 경험하게 된다. 6일 동안 처절한 사투를 전개했던 다스 라이히는 1,242명의 피해를 안았으며 렐류셴코의 5군은 약 10,000명의 인명 피해와 거의 대부분의 전차를 잃는 패배를 기록했다. 32소총병사단은 130년 전 나폴레옹이 처절한 대가를 지불하고 승리했던 보로디노의 언덕에서 사실상 소멸했다. 이 시베리아 사단은 겨울로 접어든 러시아에서 그때 당시로는 가장 강력한 무장과 철저한 방한장비를 지닌 조직으로서 이제 독일군은 동계 복장이 모자란다는 새로운 문제와 싸울 때가 되었음을 느끼고 있었다. 모자이스크까지 도달하는 동안 이미 대지는 눈으로 덮여 있었으나 다행히 17-18일은 날씨가 호전되어 루프트봐훼들이 양호한 시계를 확보한 상태에서 지상군을 충분히 지원할 수 있는 조건도 한 몫 거들었다. 모자이스크를 평정한 다스 라이히, 10장갑사단, 두 사단은 이후 50소총병사단이 방어하고 있는 도로호프(Dorohov)로 진격을 속개했다. 이제 모스크바까지는 불과 100km가 남아 있었다.[20] 다스 라이히 모터싸이클대대 1중대는 9월 4일의 부상에서 복귀한 오토 봐이딩거 대위가 맡게 되어 대대는 모스크바 부근의 적군 방어선에 균열이 생긴 다음 요세보(Josevo) 부근으로 접근했다. 이 구역은 모스크바 남쪽 구역 철도선을 동쪽에서 교차하는 곳으로서 소련군은 전차를 포함해 강고한 수비진을 구성하고 있었다. 오토 봐이딩거는 1중대를 끌고 돌격하던 중 3분대장이 전사하자 그 스스로 가장 선두에 서서 적진을 파고들어 마지막 남은 진지까지 파괴시키는 미친 동작을 보였다. 뒤이어 반격에 나선 소련군 전차와 소총병들을 상대한 봐이딩거는 부하들과 함께 대전차육박전투를 벌이여 그 스스로 소련전차 1대를 격파하는 살벌한 광경을 연출했다. 이때의 무공으로 봐이딩거 대위는 모터싸이클대대장 프릿츠 클링겐베르크(Fritz Klingenberg) SS소령의 추천에 의해 10월 21일 빨리도 브론즈돌격장을 받았다.[21]

20전차여단은 50소총병사단과 함께 모자이스크 동쪽의 도로호프에서 방어태세를 갖추고 모자이스크 가도를 서쪽에서 방호하는 위치를 잡아나갔다. 10월 20일에는 22전차여단이 도착해 20전차여단과 같이 도로호프 대전차포병지구에 배속되어 50소총병사단의 지휘를 받는 것으로 조정되었다.

* * * * *

말로이아로슬라붸츠 침공기

"이스챠(Istja)의 교두보가 확보되었다. 손상되지 않은 교량은 우리 것이다!"
(19장갑사단 27장갑연대장 볼프강 토말레 중령 : 1941.10.18)

57장갑군단은 이중포위전에 가담하지 않았기 때문에 가장 빨리 모자이스크 방어선으로 접근할 수가 있었으나 말로이아로슬라붸츠로 가는 길은 예상보다 험난했다. 말로이아로슬라붸츠는

20) Bergström(2016) p.150
21) Yerger(2000) p.10

◆ IX-3-4 말로이아로슬라볘츠 전구에 집결한 19장갑사단의 체코제 38(t) 전차들. 차량 좌측면에 각종 장비들을 담은 장방형 형태의 격납함(格納函)이 붙어 있는 것으로 보아 E형으로 확인된다.

북쪽의 모자이스크와 남쪽의 칼루가 사이에 놓여 있어 중앙집단군 공세의 북익과 남익을 연결하는 고리역할을 하고 있는 꽤 요긴한 지점이었다. 이곳을 지키는 43군은 보로디노 언덕의 5군 진지와 같은 강고한 수준은 아니나 312소총병사단과 5, 9, 17, 24, 4개 전차여단을 동원해 독일군 19, 20장갑사단의 공격을 맞이했다. 선봉의 20장갑사단은 16일 겨우 34대의 전차를 보유하고 있었으며 그중 4호 전차는 4대에 불과했다. 집단군 예비로 있다 57장갑군단으로 배속된 19장갑사단은 일륀스코예(Ilynskoje) 부근에서 소련군 외곽 방어선의 콘크리트 벙커와 대전차 장해물을 최초로 돌파한 사단이었다. 오토 크노벨스도르프 19장갑사단장은 야포들의 직격탄으로 이들 진지를 효과적으로 격파하면서 폰 클루게 4군 사령관의 절찬을 받기도 했다. 하나 의욕에 찼던 19장갑사단은 말로이아로슬라볘츠 외곽을 때리다가 큰 피해를 안았다. 16일 12대의 전차를 상실한데 이어 17일에도 18대나 잃어 이틀 동안 30대를 못쓰게 되는 전차전력 유지측면에서는 최악의 성적을 내고 있었다.[22] 말로이아로슬라붸츠 교외의 일륀스코예는 포돌스크(Podolsk) 군사학교의 사관생도들이 여러 개의 토치카에서 저항하면서 광신적인 전투행위를 구사하고 있었다. 이는 공병들이 처치했다. 토치카의 관측창에 대고 집중적인 사격을 하는 가운데 공병들이 각개전투로 토치카를 하나하나 제거했다. 그 중 74차량화보병연대 1중대의 에리히 포겔(Erich Vogel) 병장은 단신으로 토치카 위로 올라가 폭약을 투하하고 뒤로 뛰어내리는 서커스 동작을 보였다. 토치카는 내부폭발을 맞으면서 검은 연기를 뿜어냈다. 그 옆의 토치카도 같은 방식으로 처리되었으나 바로 그때 우측 토치카 연결도로에서 적군의 기관총 사격이 빗발쳤다. 이곳을 커버하던 독일 화염방사기 병력은 모두 쓰러져 도움이 되지 못했다. 공병대대의 최선두에 섰었던 트맆(Tripp : 이름 미상) 상사는 토치카와 연결된 참호를 따라 접근한 뒤 좌측에서 기관단총을 난사하여 적을 제압했다. 토치카 안의 소련군들은 투항하고 나섰으나 코미사르 한 명은 마지막으로 처치될 때까지 수중의 모든 수류탄을 내 던지며 처절하게 저항하다 죽었다.[23] 모스크바로 다가갈수록 저항이 거세질 거라는 것은 충분히 예상되었으나 어느 지역에서와 마찬가지로 사관생도들의 급조된 전투조직은 상상을 초월할 정도로 끈질긴 근성을 발휘하여 독일군 또한 베테랑들이 일일이 처치하지 않으면 결정적인 돌파가 안 된다는 힘든 시간들을 보내고 있었다. 포돌스크가 떨어지자 모스크바까지는 이제 35km를 남겨놓고 있었다. 그러나 그 사이에 말로이아로슬라붸츠란 발음하기 곤란한 도시 하나가 있었다.

◆ IX-3-5 19장갑사단 27장갑연대 1중대장 그라프 운트 프라이헤어 폰 붸르테른-바이흘링겐 중위

19장갑사단의 27장갑연대는 1중대장 그라프 운트 프라이헤어 폰 붸르테른-바이흘링겐(Thilo Graf und Freiherr von Werthern-Beichlingen) 중위가 선봉을 잡게 되면서 3중대에서 차출된 4대의 4호 전차, 1중대의 2, 3호 전차 일부, 19장갑엽병대대 1개 중대 및 1개 공병소대로 전투단을 구성했다. 전투단 바로 후방에는 1개 장갑대대와 공병 제대가 지원하는 구조를 갖추게 되었으며 그 중 1개 장갑중대는 74차량화보병연대를 지원하는 것으로 재지정되었다. 18일 이 날 공세에는 크노벨스도르프 사단장이 직접 장갑연대의 지휘전차를 타고 선두그룹에 나섰고 27장갑연대장 볼프강 토말레(Wolfgang Thomale) 중령이 최첨병의 역할을 했다. 오전 7시에 개시된 공세 초기 단계에서는 큰 전투가 없었으며 주도로를 따라 들어간 병력은 시 동쪽으로부터 대략 12km 떨어진 프로트봐(Protva) 강의 교량으로 접근했다. 그때까지는 끝이 보이지 않는 숲의 연속이었다. 숲이 끝나는 지점에서 붸르테른 중위는 고지대를 발견하고 부하들에게 경

22) BA-MA RH 27-20/25, 20.Pz.Div. KTB vom 15.8.41 bis 20.10.41, Fol. 133(1941.10.16)
23) Carrel(1966) pp.149-150

◆ IX-3-6 19장갑사단 27장갑연대장 볼프강 토말레 중령. 1942년 2월 10일 기사철십자장에 서훈되었다.

계신호를 보냈으며 아니나 다를까 교량을 지키기 위한 적군 대전차포들이 불을 뿜었다. "전 지휘관들에게 알린다. 다리를 향해 공격하라! 무슨 수를 쓰던 저기를 건너야 한다!" 퀘르테른이 고함을 지르자 랑게(Range)의 전차가 가장 먼저 앞으로 나섰고 그 뒤를 퀘르테른이, 그리고 그 뒤를 나머지 중대병력이 따라 나섰다.[24] 랑게의 전차가 피탄되자 전차병들은 밖으로 빠져나왔다. 두 번째 차량도 대전차포를 맞아 불타오르기 시작했다. 적군 대전차포 진지는 다리 끝자락까지 도달한 세 번째 전차가 명중탄을 날리면서 제거했고 토말레 중령은 그때까지 숲에서 빠져나오지 못하고 있던 크노벨스도르프 사단장에게 교량을 안전하게 확보했음을 알렸다. 퀘르테른 중위는 요르단(Jordan) 소위로 하여금 여타 병력이 통과할 때까지 이 다리를 지킬 것을 당부하고 공세를 속개했다. 그러나 얼마 안가 닥인 상태로 숨어 있던 화염방사기들이 불길을 뿜어내면서 독일군 전차들과 공병들은 일시적으로 혼란에 빠지게 되었다. 불길 사이를 통과하는 선봉 소대원들은 뜨거운 화염을 피부로 느끼면서 신속하게 화망을 돌파하고 화염방사기가 숨겨진 곳을 찾아낸 전차들은 재빨리 직격탄을 날려 후속하는 차량들의 이동을 엄호했다.[25]

시를 빠져나간 소련군들은 거의 무질서하게 도로를 따라 퇴각 중이었으며 화염방사기는 단지 독일군의 추격속도를 떨어트리려 한 시도에 불과하다는 것을 알게 되었다. 자신감을 회복한 독일군은 세찬 속도로 공격을 계속해 테렌테보(Terentevo) 마을에 걸린 조그만 지류 위의 교량을 접수하고, 불과 15분 후 선봉대가 말로이아로슬라붸츠 불과 수 킬로 안으로 접근하는데 성공했다. 퀘르테른 중위는 대대 병력이 도착할 때까지 해당 구역을 철저히 지킬 것을 지시하고 휘하의 전차와 병력들을 모아 속도를 올리기 시작했다. 도주하는 소련군 종대 말미를 타격하면서 기세를 올리던 퀘르테른은 한 대의 공군기를 포착하자 잠깐 긴장했으나 이는 우군기로 밝혀졌다. 정찰보고에 따르면 또 다른 소련군 종대가 독일군 진격방향 정면으로 향하면서 그대로라면 즉각 충돌할 수도 있다는 분석이 제시되었다. 이 소련군 종대는 말로이아로슬라붸츠 북동쪽 도로변을 따라 공세를 취하면서 독일군이 목표로 삼았던 프로트봐(Protva) 강 건너편을 향해 달려들었다. 소총병 제대의 공세를 동반한 화포사격 역시 시시각각 강도 높게 이어지고 있었다. 시 내부로 접근하기 위한 장갑부대의 진격은 소련군의 장해물로 인해 상당한 출혈을 일으킬 것으로 예상되었으나 공병들과의 기가 막힌 공조로 도

24) Alman(1985) p.113
25) BA-MA RH 39/588, Gefechtsbericht der I. Abteilung, Vorstoß auf Malojaroslawez, Protwa-Brücken und Worabji am 18.10.1941(1941.10.18)

로상에 놓인 각종 바리케이트를 해체하고 도주하는 적병들을 추격했다.[26] 일단 시 안으로 들어가는 모멘텀이 만들어지자 시가전 따위는 필요 없게 되었음에도 불구하고 외곽 진입까지의 과정은 결코 쉽지 않았다. 그럼에도 불구하고 19장갑사단은 18일 말로이아로슬라볘츠를 기어코 정복했다. 같은 날 이웃하는 보로프스크(Borovsk)도 떨어졌다. 하루 만에 두 개의 교두보를 동시에 잡아내면서 돌파구를 연 크노벨스도르프는 10월 18일을 사단 장갑연대 최고의 날로 치하했다. 붸르테른 중위는 이때의 전공에 근거해 11월 18일 기사철십자장에 서훈되었다.

시를 접수한 독일군은 곧장 진격을 속개하였고 일시적으로 북동쪽 끝자락에서 적군의 심상찮은 동태가 발견되었지만 독일군 전차와 차량을 본 소련군들은 장비들을 버리고 도주함에 따라 아무런 위해가 되지 못했다. 붸르테른의 병력은 말로이아로슬라볘츠와 바로 북쪽의 오브닌스크(Obninsk) 사이 도로를 따라 쾌속으로 질주하면서 프로트봐 강에 걸린 교량을 확보하는 임무를 달성코자 했다. 독일군은 도로상에서 만난 소련군 종대를 향해 집중적인 사격을 가해 혼란을 야기하였고 대전차포로 전차를 멈추려했던 적 병력을 모조리 제거하면서 무자비한 철퇴를 내려쳤다. 소련군들은 패닉에 빠져 사방으로 무질서하게 도주했으며 진창 쪽으로 피신하던 적과 모스크바 방면을 향해 북동쪽으로 퇴각하던 적병들도 철저하게 격멸당했다. 붸르테른의 전차들은 소련군 장비들을 궤도로 깔아뭉개면서 도로 주변은 파괴당한 장비와 화기, 시체들로 범벅이 되었다. 하나 붸르테른은 노획장비에 관심이 없었다. "늦어서는 안 된다. 교량을 탈취해야 한다."라고 외친 붸르테른은 추가 진격을 다그쳤다.[27]

◆ IX-3-7 19장갑사단 27장갑연대 38(t) 경전차 243호 차량. 포탑 주위에 두 번이나 243호 번호를 기입한 특이한 종류

26) BA-MA RH 39/588 Gefechtsbericht der I. Abteilung, Vorstoß am 18.10.1941 auf Malojaroslawez, Inbesitznehmen der Brücken an der Protwa und Bildung eines Bückenkopfes nordostw. Worabji(1941.10.18)

27) Zetterling(2017) p.269

붸르테른 전투단의 선봉은 이내 프로트봐 강의 쌍둥이 목조교량을 발견했다. 소련군 공병들은 허겁지겁 교량에 폭발물을 설치하면서 분주한 시간을 보내고 있는 상황이었다. 이때 한 가지 기이한 일이 벌어졌다. 포화와 굉음에 놀란 소떼들이 교량으로 몰려오면서 주변 일대가 대혼란에 빠져 있었다. 최선봉에 섰던 나우저(Nause) 상사는 오히려 이 기회를 이용했다. 주변의 소련군들이 당황해 있을 동안 나우저는 고속으로 전차를 몰아 교량 중간으로 치고 들어갔고 일부 소들이 전차와 차량에 깔려 죽는 광경도 목도되었다. 놀란 소들이 교량 양쪽으로 밀려나면서 적군들은 제대로 독일군을 향해 응사할 겨를이 없었다. 대전차포조차 제대로 한방을 날리지 못한 채 독일군들은 교량을 통과했다. 소련 공병들은 이 대혼란 속에서 폭발물의 뇌관을 만지지를 못했다. 대신 전차 바로 뒤에서 바짝 붙어오던 독일 공병들이 폭발물들을 신속하게 제거했다. 프로트봐 목조교량은 독일군의 손에 떨어졌다.[28]

여기까지 소련군 진영을 무너뜨리고 들어온 독일군 병력은 극소수의 정예요원에 지나지 않았다. 이들은 좁은 지방도로나 주변 야지가 신속한 기동에 부적합하다는 판단 하에 적의 기습에 노출되는 한이 있더라도 국도를 이용하는 편을 택했다. 만약 소련군이 충분한 방어력이 있었다면 개방된 곳을 향해 들어오는 독일군을 제대로 막을 수 있었을 것이나 방어선이 그토록 허무하게 무너진 것은 아무래도 직전에 있었던 브야지마-브리얀스크 이중포위전에서 겪은 막대한 피해가 원인인 것으로 판단되었다. 19장갑사단의 보병들은 19일 장갑부대를 따라잡았으며 이 작전이 성공한 것은 좋았으나 문제는 이웃하는 보병사단들이 여전히 모스크바 방어선으로부터 60km 이상이나 뒤쳐 있었다는 것이었다.

19일에는 19장갑사단 우익의 98보병사단이 엄청난 대가를 치르면서 데취노(Detschino)를 기어코 함락시켰다. 312소총병사단은 포위되어 붕괴되었고 17전차여단 트로이츠키(Troitsky) 대령은 중상을 입었다. 사단은 연료와 탄약을 거의 마지막 시점까지 소모하며 시를 석권했다. 57장갑군단본부는 개전 이래 가장 힘든 전투를 벌이고 있다고 시인했으며, 군 수뇌부가 이제 소련군은 끝장났다는 프로파간다를 계속 날리고 있는데도 지휘부는 우군이 적의 집요한 저항에 허덕이는 점을 들어 소련군 중추의 격멸 여부에 대한 근원적인 의문을 제기하게 되었다.[29]

말로이아로슬라붸츠를 점령한 57장갑군단의 19장갑사단은 추가로 30km를 진군해 모스크바 70km 지점에 해당하는 카멘스코예(Kamenskoje) 외곽까지 다가가는 의욕을 나타냈다. 그러나 10월 16일부터 수중의 전차가 34대로 줄어든 자매사단 20장갑사단이 재충전을 필요로 하자 19장갑사단 역시 바로 그 지점에서 멈추어 서버리고 말았다.[30] 더욱이 57장갑군단은 땅이 물러 차량들이 밑으로 꺼져 들어가는 갑자기 악화된 도로 위에서 10월 21일부터 거센 소련군의 반격을 받게 됨에 따라 전전긍긍하게 되었다. 19장갑사단은 당장 움직일 수도 없지만 카멘스코예의 소련군이 집요하게 항전해 옴에 따라 당분간은 수비모드로 전환하는 처지가 되고 말았다.[31] 이에 다음

---

28) BA-MA RH 39/588 Gefechtsbericht der I. Abteilung, Vorstoß am 18.10.1941 auf Malojaroslawez, inbesitznehmen der Brücken an der Protwa und Bildung eines Bückenkopfes nordostw. Worabji(1941.10.18)

29) BA-MA RH 19-II/411, Kriegstagebuch Nr. 1(Band Oktober 1941) des Oberkommandos der Heeresgruppe Mitte, Fol. 623(1941.10.16)

30) BA-MA RH 27-20/25, 20.Pz.Div. KTB Band Ia vom 15.8.41 bis 20.10.41, Fol. 133(1941.10.16)

31) BA-MA RH 214-57-2, Gen.Kdo.LVII.Pz.Korps KTB Nr. 1 vom 15.2.41-31.10.41, Fol. 295(1941.10.21), Alman(1985) p.113

의 목표지점인 나로-포민스크로 가는 길은 지친 57장갑군단을 대신해 폰 클루게의 보병군단들이 거들어 주는 형식으로 진행되었다. 소련 서부방면군은 시베리아와 코카사스에 파견되었던 신규 사단들을 일제히 풀면서 독일 4군의 진격을 방해하기 시작했다. 19장갑사단과 함께 중앙에서 나로-포민스크에 가장 근접했던 12군단은 10월 25일 소련군의 엄청난 저항에 직면하여 2-3km를 후퇴하는 입장에 처했다. 이날 어떤 중대는 20명으로 급감하는 감당하기 힘든 피해를 입고 있었다.[32] 26일 폰 클루게는 일단 잡아 둔 지점들은 확실하게 지키기 위해 12, 13군단과 20군단 모두 방어태세로 전환할 것을 지시했다. 진창으로 변하는 도로문제로 인해 야포들이 보병들을 따라오지 못해 생긴 불가피한 조치이기도 했다. 동시에 폰 클루게는 예비로 두었던 15, 183보병사단까지 동원시키면서 폰 보크에게 집단군의 예비로 있는 사단까지 풀어줄 것을 부탁했다.[33] 소련군의 공세는 점점 벅차게 느껴져 갔다. 10월 26일 가장 심하게 당한 것은 98보병사단으로 T-34와 KV-1가 전선을 짓밟고 들어오면서 대대참모의 가옥을 부수는 등 참담한 결과를 안았으며 290보병연대의 중대는 평균 20명으로 떨어졌다.[34] 이 위기는 19장갑사단의 장갑연대가 급하게 해결하면서 겨우 봉합했다.

* * * * *

볼로콜람스크 방어전

"드디어 우군 전차들이 도착해 적군의 소탕에 들어갔다.
우리가 가진 4문의 야포들을 없애기 위해 3대의 적군 중전차들이 등장했고 그중 1대가 격파되었다.
우리 역시 상당한 피해를 입었다.....
우리가 잡은 유리한 야포진지에 5대의 적기가 출현했으나
다행히 대공포로 1대의 전투기를 격추시켰다."
(5장갑사단 그라프 카스텔 상병)

모자이스크 라인의 북단에 해당하는 볼로콜람스크는 로코솝스키의 16군이 46장갑군단의 진격을 지연시키는 공방전의 배경이었다. 중앙아시아에서 온 316소총병사단은 독일군 2, 11장갑사단이 현지에 도착하기 불과 수일 전에 하차하여 짐을 풀었다. 두 장갑사단은 로코솝스키가 27, 28전차여단과 2개 대전차연대를 동원하여 46장갑군단의 공세정면에 충분한 방어진을 칠 시간적 여유를 허용하고 말았다. 2, 11장갑사단은 10월 20일까지도 강행정찰을 할 만한 위치에 도착해 있지도 못했다. 무릎까지 넘쳐나는 도로의 진창은 하루에 겨우 10km를 진군하는 속도에 불과

32) BA-MA RH 19-II/411, Kriegstagebuch Nr. 1(Band Oktober 1941) des Oberkommandos der Heeresgruppe Mitte, Fol. 686(1941.10.25)
33) BA-MA RH 19-II/411, Kriegstagebuch Nr. 1(Band Oktober 1941) des Oberkommandos der Heeresgruppe Mitte, Fol. 690(1941.10.26)
34) BA-MA RH 19-II/411, Kriegstagebuch Nr. 1(Band Oktober 1941) des Oberkommandos der Heeresgruppe Mitte, Fols. 692-693(1941.10.26)

하게 만들었다. 20일 다시 46장갑군단으로 복속된 5장갑사단은 오후 4시 45분에 볼로콜람스크 남쪽 구역에 도달해 클린(Klin)과 이스트라(Istra) 방면을 향한 구간의 적군을 소탕하라는 명령을 받았다. 야간행군을 시도한 5장갑사단은 밤늦게 적군의 군마종대와 조우해 선봉의 장갑차량들이 적군을 괴멸시켰다.[35] 이 시기 소련 16군은 닥인 전차와 76.2mm 대전차포를 철저히 준비하여 무려 1주일 동안이나 두 장갑사단의 진격을 막아서는 투혼을 불살랐다. 독일군은 당연히 소련군 진지를 우회하기 위해 10장갑사단이 남쪽에서 돌아들어와 협공을 시도해 주기를 바랐으나 진창도로로 인해 단순한 우회기동마저 불가능한 조건에 처하게 되었다. 마침 카투코프의 4전차여단도 므텐스크로부터 도착해 방어진을 강화하는 원군으로 활약하게 되었다.

10월 25일 10장갑사단의 장갑여단은 루사(Russa)를 장악했다. 피로도는 차치하고서라도 연료와 탄약이 부족한 사단은 그 자리에서 정지되었다. 9군단이 간격유지를 위해 40장갑군단과 7군단 사이에 포진하였으나 보병전력 또한 더 이상의 진격을 할 수 없는 처지에 놓이게 되었다. 그래도 78보병사단의 195보병연대는 10월 26일 로코트냐(Lokotnya)까지 도달하는 집념을 나타냈다. 여기서부터 모스크바까지는 이제 80km를 남겨 놓고 있었다. 이 시점부터 모스크바 정면의 전투는 진지전 양상으로 변해갔다. 7군단은 모스크바로 연결되는 주도로에서 7, 197, 267보병사단이 진격을 중단하는 것을 보고만 있어야 했으며 9군단은 루사 동쪽에 78, 87보병사단을 주둔시켰다. 4군의 좌익에 해당하는 볼로콜람스크의 다른 한쪽은 5군단에 속하는 2장갑사단, 35, 106보병사단이 아예 참호를 파고 들어앉을 수밖에 없는 상황에 처해 있었다. 보급은 심각했다. 5명의 병사가 빵 한 조각으로 이틀을 연명하는 꼴이었다.[36] 그러나 10월 27일 볼로콜람스크는 격렬한 전투 끝에 독일군의 수중에 들어오는 것이 가시화되고 있었다. 좌익에 35보병사단을 둔 2장갑사단은 3장갑연대 1대대와 304차량화보병연대를 북익으로 향하게 하여 주변의 크고 작은 마을들을 점령해 나가는 진전을 이룩했다. 간간히 카츄샤의 공격에 시달려 오던 5군단의 제대는 극도의 열악한 상황을 딛고 10월 28일 모스크바 방어선 마지막 거점 도시 볼로콜람스크를 지키던 최종 수비대를 붕괴시키면서 장기간의 지체를 종료시켰으며, 남쪽에서 공격해오던 11장갑사단도 10월 29일에 볼로콜람스크에 입성하여 전투의 마침표를 찍었다.[37] 이곳을 방어하는 소련군의 수준은 극과 극이었던 것으로 기록되어 있다. 89독립전차대대의 파벨 구즈(Pavel Gudz) 소위가 지휘하는 중전차 KV-1 한 대는 격파될 때까지 독일전차 10대를 반파, 파손, 기동불능으로 만들면서 마지막 순간까지 투혼을 불살랐으나 대부분의 전차병들은 첫 번째 주포사격에 피탄되면 겁을 먹고 전차를 버리고 도주하는 일이 비일비재했다. 이는 수도에 접근할수록 훈련이 덜 된 병원들이 많아진다는 사실과 함께 소련군 역시 아무리 많은 인력을 동원한다 하더라도 점점 한계상황에 도달하고 있다는 징조를 나타내고 있었다. 하나 일부 소총병들은 몰로토프칵테일로 대전차육박전을 마다않는 용감한 자세를 보이기도 했으며 15장갑연대장 리이벨 대령에 의하면 전차 뒤편의 엔진에 불이 붙을 경우가 가장 위험하다고 하고 대부분의 경우 소화기로는 진화가 안 되며 오히려 모래가 더 효과적이라는 기록을 남긴 바 있었다.[38]

---

35) Strauß(1987) p.95, Plato(1978) p.155
36) Haupt(1997b) p.902
37) Forczyk(2014) p.139
38) NA : T-315 ; roll 587, frame 001298(1941.11.1)

◆ IX-3-8 3호 전차를 앞세워 볼로콜람스크로 향하는 11장갑사단의 프리케 전투단(Kampfgruppe Fricke). 3호 전차 뒤편에 동일한 형태의 격납함 2개가 장착되어 있는 것이 흥미롭다. 사진에 나타난 장소는 모스크바로부터 20km 떨어진 알라부췌보(Alabuchevo)

볼로콜람스크는 떨어졌으나 로코숍스키의 16군은 10월 16-27일간 수도권 방위를 위한 사투를 벌이면서 근 2주 동안의 시간을 버는 데는 크게 기여했다. 특히 316소총병사단은 단 한 개 사단으로 46장갑군단과 5군단의 제대들을 물고 늘어지면서 역사에 길이 남을 무공을 기록했다. 316소총병사단은 10월 27일 겨우 3,500명의 병원만 남은 상태였다.[39]

볼로콜람스크는 모자이스크-말로이아로슬라볘츠-칼루가를 연결하는 모자이스크 라인 중에서는 가장 중요도가 떨어지는 곳으로 간주되었으나 독일군 주공이 모스크바 바로 앞의 이스트라(Istra)로 가는 철길을 이용하게 되자 대단히 긴요한 거점 도시로 중용하게 되었다. 볼로콜람스크는 모스크바와 리가를 잇는 철도선상에 놓여 있었다. 즉 소련군을 남동쪽으로 패주시킨 독일군은 볼로콜람스크 가도를 이스트라 서쪽에서 절단하고 소련 16군 좌익을 우회하여 모스크바로의 돌파를 겨냥하고 있었다. 46장갑군단은 10월 31일 볼로콜람스크 시내로 진입하도록 되어 있었으나 외곽전투가 끝난 후 연료가 바닥이 난 11장갑사단은 아예 움직일 수조차 없었다. 독일군 장갑사단들은 모자이스크 방어선에 도달할 때까지 모든 에너지를 발산한 뒤 거의 초죽음이 된 상태로 남았다. 이기고도 추위에 떠는 병사들은 가옥과 헛간을 찾아다니는 궁색한 형편에 놓여 있었다. 이건 승자의 모습이 아니었다.[40] 먹을 것도 없어 러시아 농가를 뒤지는 일도 비일비재 했지만 러

39) Forczyk(2006) p.57
40) マクシム・コロミーエツ(2004) p.59, Ganz(2016) p.89

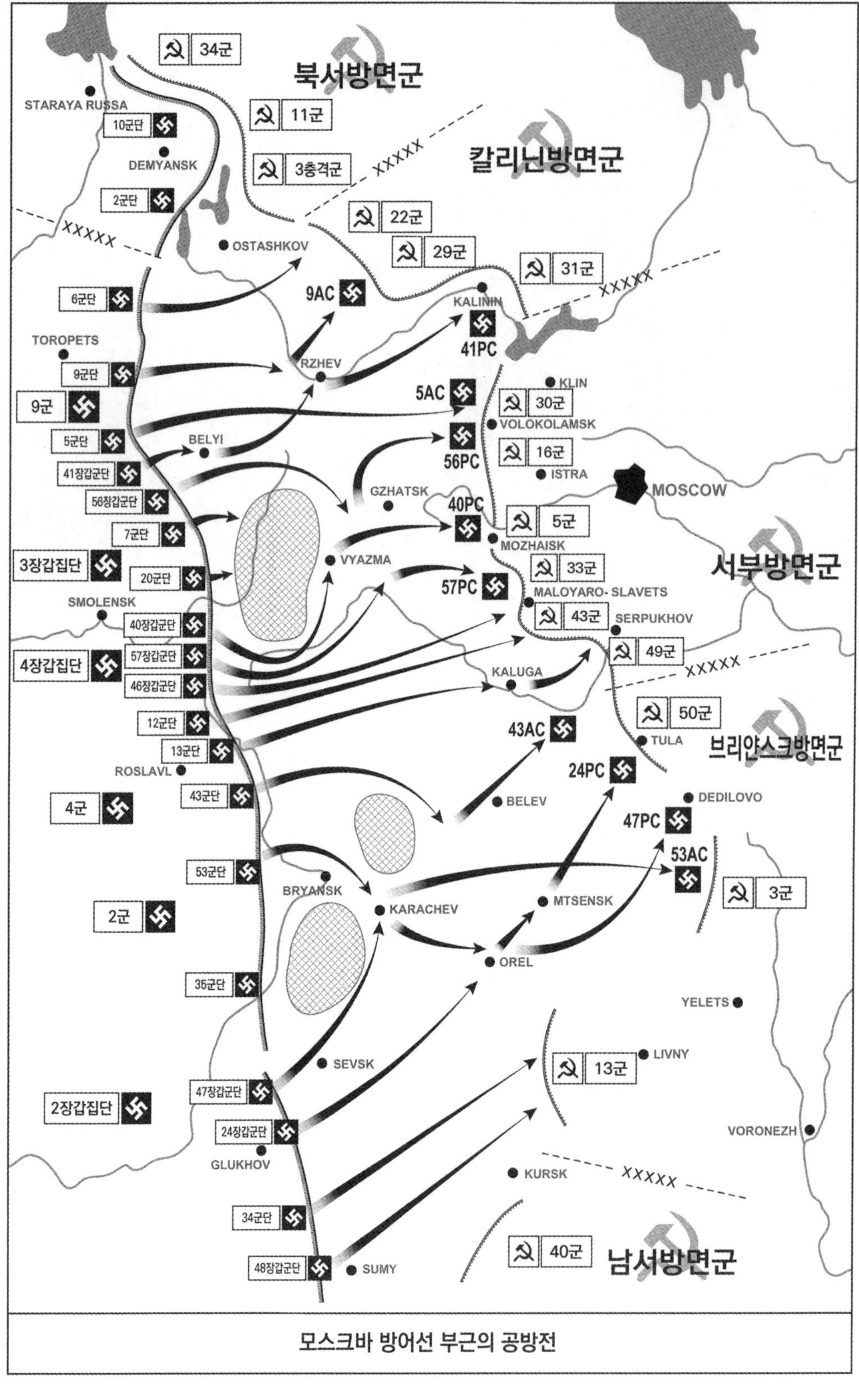

모스크바 방어선 부근의 공방전

시아의 빵은 독일 장병의 위장을 뒤틀리게 만드는 이상한 내용물이 있었다. 소련제 연료를 약탈해도 옥탄가가 낮아 독일제 차량에 사용할 수 없었던 것처럼 단순하게 먹는 것도 서방과 동방은 큰 차이가 있었다. 평소 같으면 1시간에 질주할 수 있는 모스크바로 가는 길이 이토록 멀게 보이는 것은 당장 독일군이 들이닥칠 것을 우려하여 패닉상태에 빠져가고 있는 모스크바의 시내 분위기와는 사뭇 대조적이었다. 46장갑군단은 연료뿐만 아니라 식량과 탄약 모두가 부족한 상태에서는 땅이 곧 언다 하더라도 당장 공세를 속개할 형편이 되지 않음을 실감하고 있었다.[41] 그러나 전선의 장병들은 의외로 사기가 죽지 않았다. 날이 갈수록 힘든 것은 피부로 느끼고 있지만 그들은 '결정적인 전투'를 하고 있다는 사명감 같은 것을 떠올리고 있었다.

이중포위전 이후 독일 장갑사단들은 한 발자국을 옮길 때마다 지금까지와는 비교가 안 되는 수의 병원들이 전사 또는 부상으로 처리되었으며 하루 만에 5명의 중대장들이 사망하는 격전이 치러지고 있었다. 폰 클루게의 4군이 브야지마에서 따라 붙는데 시간이 지체됨에 따라 57장갑군단은 보병의 부족으로 힘든 시간을 보내고 있었다. 회프너의 4장갑군은 일일 필요 군수품의 15-20% 정도만이 전선에 도착하고 있어 모자이스크 라인을 해체한 뒤에도 추가 공세를 이어갈 수 있는 여력이 없었다.[42] 모든 게 바닥이 난 것처럼 보였다. 폰 클루게는 연료와 도로 사정을 감안하여 중화기들은 뒤에 두고 당장 전력에 필요한 장비와 병원들만 앞으로 이동시키는 등 나름 머리를 쓰고는 있었다. 그렇게라도 하지 않으면 당장 시급한 연료문제를 극복할 수도 없거니와 너무 많은 차량들이 국도 상에 놓여 있게 되어 소련공군의 좋은 먹잇감이 될 우려가 높았기 때문이었다. 하나 이러저러한 궁리를 함에도 불구하고 그자츠크-모스크바 국도에 무려 2,000-3,000대의 차량들이 교통 혼잡을 이루고 있는 상황에서 땅이 굳어도 일일 20km 진군은 어려운 사정에 놓여 있었다.[43]

* * * * *

모스크바 방어선 붕괴

"이날(10.26)은 모스크바를 향한 진격이 막바지에 달한다는 것과
사단의 공세 모멘텀이 수주 동안 중단된다는 것을 결정하게 될 날이었다."
(독일 제4군 12군단 98보병사단 282보병연대장 마르틴 가라이스 대령)

모스크바 서쪽에 위치한 모자이스크 방어선은 볼로콜람스크, 모자이스크, 말로이아로슬라붸츠, 칼루가로 이어져 있었다. 각 거점은 16군, 5군, 43군, 49군에 의해 방어되고 있었으나 10월

41) BA-MA RH 24-46/21, Kriegstagebuch Nr.3 des XXXXVI.Pz.Korps vom 24.8.41-31.12.41, Fol. 101(1941.10.28)
42) 이 부분은 다소 논란이 있는 바, 독일 보병사단들은 전차들의 엄호가 없기에 뒤에 쳐져 진격이 느리게 이루어진다는 것으로서 장갑부대 지휘관들을 향해 비난을 퍼붓고 있었으며, 장갑사단들은 보병들이 못 따라붙으니 자기들도 적기공세를 주춤거릴 수밖에 없다는 변명으로 대항했다.
43) BA-MA RH 19-II/411, Kriegstagebuch Nr. 1(Band Oktober 1941) des Oberkommandos der Heeresgruppe Mitte, Fols. 692-623(1941.10.16)

16일경까지 4개 방면군은 16군을 제외하면 모두 패배했다. 16군 역시 10월 말에 볼로콜람스크가 떨어지면서 형해화되는 수순을 밟아갔다. 이 시기 수도에 가장 근접했던 것은 78돌격사단의 195보병연대로 겨우 80km를 남겨두고 있었다.[44] 모자이스크 방어선의 붕괴는 이제 100m밖에 남지 않은 모스크바 정면이 주전장이 되는 것을 의미했다. 동시에 모자이스크 선이 사라졌다는 것은 독일군의 타이푼 작전 1단계가 종료되고 다음 국면으로 넘어가는 것을 의미했다. 독일군으로서는 여기까지 올 때까지 가을비로 인한 진창도로와 늘어난 보급문제로 전전긍긍해 한 것은 사실이지만 소련군으로서는 수도까지 겨우 100km 남짓한 거리에 독일군의 5개 장갑사단이 모습을 드러냈다는 것은 엄청난 긴장을 고조시키고 있었다.

모스크바 방면 소련군 기동전력 현황(1941.10.16)

군	사단/여단	KV	T-34	T-26, BT, T-40	계
29군	독립차량화소총병여단	-	12	20	32
30군	8전차여단	-	29	32	61
	21전차여단	-	29	32	61
16군	22전차여단	-	29	32	61
	4전차여단	3	7	23	33
5군	18전차여단	3	11	15	29
	19전차여단	-	12	12	24
	20전차여단	-	29	32	61
33군	17전차여단	-	20	16	36
	151차량화소총병여단	-	12	20	32
43군	9전차여단	-	18	33	51
	152차량화소총병여단	-	12	20	32
50군	108전차사단	3	7	23	33
26군	11전차여단	4	12	10	25
계		13	244	330	582

12일 칼루가가 함락되고 14일에 칼리닌이 떨어지자 스탈린은 10월 15일 모스크바 동쪽으로 2,500km 떨어진 큐뷔셰프(Kuibyshev)로 정부를 옮기는 명령을 내리게 된다. 그와 동시에 스탈린은 모스크바를 떠나지 않는다는 의도를 발표함으로써 적군 수비대의 사기를 거양코자 했다. 물론 그 효과는 지대했다. 44만 명의 공장 노동자들이 "스탈린이 우리와 함께 있다!"는 구호와 함께 모두 총을 든 병사들로 전환되었다. 하나 14-15일부터 민심이 술렁이기 시작한 것에 이어 모자이스크가 19일에 떨어지자 모스크바 시는 패닉에 휩싸이기 시작했다.[45] 스탈린이 쿠데타에 의해 감금되었다는 유언비어까지 나돌았다. "게르만스키가 온다!"는 말이 거리마다 전달되는 가운데 일부 폭동을 일으킨 불순분자들은 공산당 내무위원들에 의해 체포되어 즉결처형당하는 신세

44) Haupt(1972) p.99
45) Deutscher Verlagsgesellschaft(1996) p.144

◆ IX-3-9 뭐 억지로 연출한 것 같지는 않지만 독일군에게 포로가 된 소련군 장군의 표정이 마치 지옥에라도 끌려가기 직전이라도 되는 것처럼 보인다. 41년 10월 24일자 사진

가 되었다. 상점들이 약탈당해 경찰들이 시민을 거리에서 쏴 죽이는 광경까지 목도되었다. 스탈린은 19일 급기야 비상사태를 선언하고 모스크바를 요새화하여 방어전을 치른다는 결정을 공표하자 겨우 사태는 진전국면을 맞게 되었다. 이 순간 모스크바의 시민들은 그들이 나치독일을 이길 수 있으리라고는 믿지 않았다. 그러나 배틀 오브 브리텐(Battle of Britain)을 겪은 영국인들이 "우리는 독일을 이기리라고는 생각지 않았다. 그러나 결코 진다고도 생각지 않았다"는 언명처럼 소연방이 아직 독일에게 굴복할 것이라고 믿는 사람은 다수가 아니었다. 이 시점까지 수백만의 병사들이 크고 작은 포위전에서 죽어갔으며 앞으로도 수백만이 더 죽게 될 것이지만 독일군이 그간 무수한 전투에서 승리한 것이 그대로 단 한 번의 전쟁의 종결로 이어지지는 않았다. 독일 선전성은 브야지마-브리얀스크 이중포위전, 10월 20일까지 거의 완료된 모자이스크 방어선의 붕괴, 아조프 해의 노가이(Nogai) 초원에서 남방집단군이 또 다시 10만 명 이상의 포로를 잡은 주요 전과[46] 및 오데사 함락 등의 최근 전과에 기초해 '동부전선에서의 전쟁은 결정 났다'라고 평가했다. 괴벨스는 대단히 겸손했다. 그는 전쟁을 '결정 났다'고 말했을 뿐이지 아직 '이겼다'고 표현하지는 않았다. 아직 전쟁은 끝나지 않았다.

이제 모스크바 정면 대부분의 주요 거점 도시들이 장악된 가운데 유독 수도 남동쪽의 나로 포민스크(Naro Fominsk)만은 잘 버티고 있었다. 소련군은 모자이스크 방어선 붕괴 이후 독일군에

46) Bergström(2007) p.107

◆ IX-3-10 소련공군의 에이스, 401특수전투기연대장 스테판 수프룬 대령. 41년 7월 4일 공중전에서 전사했다.

게 더 이상 탄력을 받게 할 모멘텀을 주지 않기 위해 사력을 다해 모스크바 외곽 방어선을 지켜내야 했으며 33군의 7개 사단은 방어정면에 독일군 장갑사단들이 별로 없다는 이점을 누리면서 끈기 있게 전선을 지켜 나갔다. 폰 클루게 4군의 258보병사단은 10월 22-23일간 나로 포민스크에 규모는 작지만 줄기차게 잽을 날려 보았으나 이는 타이푼 개시 때부터 모스크바 주변에서 착실히 훈련을 거듭해 온 1근위차량화소총병사단에 의해 저지되었다. 나로 포민스크에 대한 루프트봐훼의 공격도 일진일퇴를 거듭했다. 10월 24일 독일군은 소련 전투기들이 이전과는 다른 테크닉과 용기로 그들의 조종사들을 당혹하게 만들었다고 기록할 정도로 소련공군은 선전했다. 178전투기연대의 게라심 그리고레프(Gerasim Grigoryev)는 상승할 때 별로 속도를 내지 못하던 LaGG-3을 몰아 먹이를 찾아 나섰다. 그때까지 그다지 우수한 파일로트로 인정받지 못했던 그리고레프는 이 기종의 결함을 잘 숙지한 상태에서 고고도에서 급강하하여 독일기를 격추시키는 재간을 보였다. 6항공군단 16전투기연대의 MiG-3 6대는 10대의 Bf 109 호위를 받던 1급강하폭격비행단 2대대 소속 18대의 슈투카를 사냥하는 과정에서 연대의 이반 골루빈(Ivan Golubin)은 이날 처음으로 독일기를 격추시키는 기쁨을 누렸으며 당일 이 편대는 6대의 독일기를 파괴했다. 골루빈은 구름 속을 누비며 공중전을 펼치던 중 청명한 시계를 확보하게 되자 대오에서 이탈된 1대의 슈투카를 목격했다. 골루빈은 최초 사격에서 슈투카가 검은 연기를 내뿜자 곧바로 추격해 지면에 부딪힐 때까지 기총탄을 가격하여 확인사살을 마쳤다. 그러나 24일의 이 공중전에서 소련기들도 불가피한 피해를 입었다. 2대가 격추되었으며 또 한명의 조종사는 중상, 그리고 유명한 에이스 스테판 수프룬(Stepan Suprun) 대령의 동생 알렉산드르 수프룬(Aleksandr Suprun) 소위는 118발의 기총탄을 맞고도 기적적으로 살아 기지로 돌아가는 놀라운 일도 있었다. 이날 3전투비행단 본부중대는 모두 5대의 MiG-3기를 격추시켰으며 그중 사령관 귄터 륏쪼 소령은 붸르너 묄더스에 이어 인류 사상 적기 100대를 부순 두 번째 에이스로 등극했다.[47]

폰 클루게의 4군은 10월 27일까지 11개 사단으로 소련군 5, 33, 43, 49군과 130km 전선을 두고 대치 상태에 있었다. 폰 보크는 나로 포민스크 정면이 아니면 나라(Nara) 강변을 따라 공세를 취할 것을 요구했고 폰 클루게는 26-27일 우익에 위치한 12, 13군단이 세르푸호프(Serpukhov)에 위치한 43, 49군의 격렬한 공세에 움직일 수가 없다는 엄살을 보이기 시작했다.[48] 폰 보크는 그

47) GRAPHIC ACTION(グラフィックアクション) No.53 WW2 ドイツ軍人プロファイル：祖國に命を捧げた英雄たち(1999), Bergström(2007) p.107
48) Bergström92016) pp.154-5

소리를 듣자 수비로 전환하라고는 했지만 이는 아무래도 폰 클루게가 충전할 시간을 벌기 위해 적군의 규모나 저항강도를 과장되게 표현했던 것으로 추측되고 있었다. 나중에 우군 피해규모를 점검하던 독일군 장교들은 12, 13군단 전체가 26-27일 이틀 동안 당한 피해는 겨우 장교 8명이 전사 또는 부상을 입은 것으로 나타났으며 그 절반은 17보병사단에서 발생했고 나머지 4개 사단들은 교전 자체도 별로 하지 않았던 것으로 확인되었다. 이 해프닝은 나중에 구데리안과의 언쟁에서도 드러나지만 폰 클루게는 폰 보크에게 거짓말을 했다고밖에 할 수 없는 객관적 정황이 있었다. 더욱이 이해가 되지 않는 부분은 폰 보크가 가장 우려하고 있던 것은 4군의 북익이었지 남쪽의 우익 제대가 아니었다. 그런데도 불구하고 폰 보크는 4군의 정지를 너무 쉽게 받아들이면서 장갑부대의 기동재개에만 혈안이 되어 있었던 것으로 추측된다. 당시로서는 폰 보크가 공세를 촉구하기 위해 예비병력을 더 준다 하더라도 겨우 23, 268보병사단 두 개에 지나지 않았으며 폰 보크는 장갑군이 움직이지 않는 한 보병사단들만의 진격은 의미가 없을 것으로 판단하고 4군의 일시적인 휴식을 허용하고 말았다.[49]

10월 26일 히틀러는 육군총사령관 브라우히취와 만나 중앙집단군의 측면에서의 공세 재개를 논의하면서 폰 클루게의 4군이 회프너의 4장갑군과 공조하는 것이 무뎌진 지금, 아예 4군은 제켜두고 장갑군만으로 진격하는 방안을 모색하려고 했다. 장갑부대와 보병제대의 유기적 공조야말로 가장 중요한 군사적 상식이었으나 남북으로 진격이 돈좌된 시점에서 뭔가 무리수를 쓰더라도 현상을 타개하고자하는 조급한 마음이 생겨나고 있었다. 히틀러는 4군이 전차의 지원없이 독자적으로 작전을 수행토록 하고 슈트라우스의 9군을 가동시키려 했다. 측면에서의 공격은 베제츠크(Bezhetsk)를 향하는 것이 주된 목표로 설정되었으며 또한 그와는 별도로 3장갑군과 4장갑군을 합해 칼리닌 북동쪽 250km 지점의 야로슬라블(Yaroslavl)-뤼빈스크(Rybinsk)를 향해 새로운 공세를 펴도록 지시했다.[50] 이때만큼은 폰 보크가 히틀러의 아이디어를 지지하고 나섰다. 단 그는 베제츠크를 따기 전에 토르조크(Torzhok)를 석권하여 집단군의 좌익을 공고히 해야 한다는 점을 분명히 하면서 두 개나 되는 장갑군을 북동쪽으로 몰아 모스크바와 볼가 사이로 이동시킬 수 있는 병참이 가능한가를 점검하기로 했다. 이 안에 할더는 부정적이었으나 폰 보크는 41년 12월 말까지가 되던 새해 초가 되던 모스크바 북동쪽의 적을 제압하는 것은 대단히 긴요하다는 생각을 갖고 있었다. 하나 이해가 가지 않는 것은 지난 수개월 동안 줄곧 모스크바를 향한 주공만을 강조해 온 폰 보크가 10월 중순과 말에 와서는 히틀러나 OHW처럼 측면을 강조하고 나섰다는 것인데 늦가을의 그 지독한 도로사정을 고려하지 않은 채 지도 상에서 한참 북동쪽으로 치우친 베자츠크를 목표점으로 잡은 것은 지나친 과욕이었다. 한 예로 가장 북서쪽으로 공격하던 23군단의 말로 끄는 차량과 장비들이 1m 깊이의 진창에서 허우적거리는 것은 이 시기 러시아의 특별한 사건이 아니라는 점에 주목할 필요가 있었다.[51] 설혹 히틀러나 OKW, OKH가 그러한 욕망을 드러내더라도 야전군 총사령관인 폰 보크로서는 그러한 '이상'의 한계를 실질적으로 뒷받침할 수 있는 '

49) Bock(1996) p.342
50) BA-MA RH 19-II/411, Kriegstagebuch Nr. 1(Band Oktober 1941) des Oberkommandos der Heeresgruppe Mitte, Fol. 691(1941.10.26)
51) BA-MA RH 19-II/411, Kriegstagebuch Nr. 1(Band Oktober 1941) des Oberkommandos der Heeresgruppe Mitte, Fol. 693(1941.10.26)

현실'을 보여주었어야 하나 폰 보크는 아직 브야지마-브리얀스크 이중포위전의 성과에 다소 도취되어 있었던 것이 아닌가 추측될 정도로 앞서 나가고 있었다. 이때 9군 사령관 슈트라우스는 아직 히틀러나 폰 보크의 의중을 눈치채지 못한 것 같았으며 그는 현 상태에서는 칼리닌이 가장 중요하다면서 이곳으로 들어오는 적을 쳐내는 것이 모든 공세의 전제조건쯤으로 판단하고 있었다. 야전사령관들의 이와 같은 견해 차이는 곧 상당한 혼란을 자초하게 된다.

모스크바 방위전 소련군 전차부대 일람(1941.9.30-12.5)

사단/여단	사령관	지휘기간	비고
58전차사단	코틀랴로프 소장	1941.3.11-11.20	1941.12월에 58전차여단으로 개편
1근위차량화소총병사단	알렉산드르 리쥬코프 대령	1941.9.22-11.30	
	티모훼이 노뷔코프 대령	1941.11.30-12.15	
82차량화소총병사단	알렉산드르 카라뷔셰프 대령	1941.3.11-1942.12.10	1942.3.19 3근위차량화소총 병사단으로 개칭
101차량화소총병사단	그레고리 미하일로프 대령	1941.9.16-1942.1.10	해체
107차량화소총병사단		1941.8.31-1942.1.12	1942.1.12 2근위차량화소총 병사단으로 개칭
108전차사단	세르게이 이봐노프 대령	1941.7.15-12.2	1941.12월 108전차여단으로 개편
112전차사단	안드레이 게트만 대령	1941.9.9-1942.1.3	1941.12월 112전차여단으로 개편
1근위전차여단	미하일 카투코프 소장	1941.11.11-1942.4.2	
4전차여단	미하일 카투코프 대령	1941.9.8-11.11	1941.11.11 1근위전차여단으로 개칭
5전차여단	미하일 사흐노 중령	1941.9.17-1942.3.5	1942.3.5 6근위전차여단으로 개칭
8전차여단	파벨 로트미스트로프 대령	1941.9.14-1942.1.11	1942.11.17 3근위전차여단으로 개칭
9전차여단	이봔 키리첸코 중령	1941.9.14-1942.1.5	1942.1.5 2근위전차여단으로 개칭
11전차여단	포뤼 아르만 대령	1941.9.1-12.1	
17전차여단	니콜라이 크루이핀 소령	1941.9.1-12.7	
18전차여단		1941.9.1-1942.4.15	
19전차여단	세르게이 칼리호뷔취 대령	1941.9.10-1942.7.12	
20전차여단	티모훼이 오를렌코 대령	1941.9.1-10.1	
	게오르기 안토노프 대령	1941.10.2-12.15	

21전차여단		1941.10.9-11.7	
	안드레이 레소보이 중령	1941.11.6-1942.7.15	
22전차여단	이반 에르마코프 중령	1941.10.2-10.15	
23전차여단	에프취히 벨로프 대령	1941.10.1-1942.7.15	
24전차여단	봐실리 젤린스키 대령	1941.10.10-1942.3.15	
25전차여단	이반 타라노프 대령	1941.9.28-10.30	
	이반 두보보이 대령	1941.10.31-1942.2.20	
26전차여단	미하일 레프스키 대령	1941.10.6-11.15	
	데니스 부르도프 대령	1941.11.16-1942.7.8	
27전차여단	효도르 미하일린 중령	1941.10.8-1942.7.13	
28전차여단	콘스탄틴 마루이긴 대령	1941.9.28-1942.12.7	
31전차여단	안드레이 크라브췐코 대령	1941.9.9-1942.1.10	
32전차여단	이반 유쉬츄크 대령	1941.10.5-1942.4.2	
33전차여단	이반 곤타레프 대령	1941.9.7-1943.1.10	1943.7.26. 57근위전차여단으로 개칭
42전차여단	니콜라이 보에이코프 소장	1941.9.14-11.1	해체
121전차여단	니콜라이 라트케뷔취 대령	1941.8.1-1942.6.15	1943.2.7 27근위전차여단으로 개칭
126전차여단	이반 코르챠긴 대령	1941.8.17-12.25	해체
127전차여단	효도르 레미조프 소장	1941.9.2-10.1	해체
128전차여단	미상		
141전차여단	효도르 췌르노프 대령	1941.9.1-12.1	해체
143전차여단	이반 이부레프 소령	1941.9.10-10.20	해체
144전차여단	미상		
145전차여단	효도르 레미조프 소장	1941.10.2-1942.5.5	1943.4.10 43 근위전차여단으로 개칭
146전차여단(1편성)	이반 세르게에프 중령	1941.9.13-10.10	24전차여단으로 개칭
146전차여단(2편성)	세르게이 토카레프 중령	1941.11.20-1943.1.15	1943.2.7 29전차여단으로 개칭
147전차여단	미상		
148전차여단	알렉산드르 포타포프 중령	1941.9.16-1942.1.15	1943.1월 148전차연대로 개편
150전차여단	보리스 바하로프 대령	1941.9.18-1942.6.15	1943.6월 151전차연대로 개편

4. 구데리안의 어퍼컷

"야지에서 겨울을 나는 것보다는 공격하는 것이 더 좋은 방안이다."
(1941.10.30, 프란쯔 할더 육군참모총장)

* * * * *

툴라로 가는 길

"비가 내렸다. 진흙은 더욱 높아지고 끈적거렸다. 이건 아예 부츠에 붙어버렸다.
우리는 추위에도 불구하고 땀까지 흘렸다. 10분을 쉬면 몸이 다시 얼음장처럼 굳어 버렸다.....
우리는 발진지점에 도착했다. 자그마한 집채들이 몇 개 있는 것이 전부인 곳이었다.....
9시간 동안 중단없이 이루어진 강행군이었다."
(3장갑사단 394차량화보병연대의 장병 : 1941.10.27)

구데리안의 2장갑군은 그 평소의 스피드 제일주의답지 않게 오랜 기간 브리얀스크 포위망에 묶여 있었다. 므텐스크에서 독일군처럼 싸우는 최초의 소련 전차부대를 만나 당황해 했던 것도 시간 지체에 상당 부분 영향을 끼쳤다. 10월 14일 폰 보크는 구데리안의 2장갑군에게 모스크바 남쪽과 동쪽을 에워싸라는 명령을 이미 내린 바 있었다. 므텐스크에서 툴라까지는 120km, 툴라에서 모스크바까지는 다시 170km 거리였다. 2장갑군은 18일까지 브리얀스크 소탕전에 매여 있었으며 심지어 트루브췌프스크(Trubchevsk)에 갇혔던 소련군은 20일에야 항복했기 때문에 툴라로의 진격은 22일이 되어서야 시작되었다. 워낙 큰 포위전이었던 탓에 후방에 낙오된 큰 군집의 소련군들은 자동적으로 파르티잔이 되어버렸으며 이들은 독일군 병참노선 유지에 크나큰 장애로 돌변해 갔다. 40-50대의 독일군 차량들이 숲지대에서 큰 무리의 소련군들에게 습격당하기도 하고 심지어 살아남은 소련 전차들이 독일군이 쓰는 도로를 따라가 피해를 입히는 일도 있었다. 레멜젠의 47장갑군단은 10월 20일 18장갑사단이 습격을 당해 보급품 이송종대의 대부분을 약탈당했으며 엔진수리중대도 파괴당하는 손해를 입었다.[1] 48장갑군단도 같은 날 9장갑사단의 보급부대가 후미에서 파르티잔들과 교전 중임을 보고했다.

2장갑군의 가장 남쪽은 쿠르스크로 진격하는 48장갑군단이 맡고 있었으며 부차적인 전구에 전력도 시원찮았기 때문에 진도가 나가지 않고 있었다. 키에프 전 이래 한시도 쉴 틈이 없었던 9장갑사단은 아직도 드미트리에프-르고프스키(Dmitriev-Lgovskiy)에 묶여 있었다. 10월 16일

1) BA-MA RH 24-47/2 Kriegstagebuch Nr. 2 XXXXVII.Pz.Korps. Ia 23.9.1941-31.12.1941, Fol. 55(1941.10.20)

◆ IX-4-1 3장갑사단 6장갑연대장 오스카르 문쩰 중령. 대전 초기부터 상당한 전과를 수립했었으나 기사철십자장은 매우 늦어 44년 10월 16일에 서훈되었다.

사단은 시시각각으로 전력이 쇠약해져 가는 가운데 병력도 없고 도로는 엉망이고 그나마 진격하면 할수록 측면만 늘어나 사단은 물론 군단과 장갑군 자체의 남익이 불안정해지고 있는 실정이었다. 전차는 겨우 7대가 남아 있었으며 298대의 차량을 몰던 사단이 수중에 갖고 있던 양은 51대가 고작이었다.[2] 10월 18일 기준으로 2장갑군은 34, 35군단의 6개 보병사단과 1기병사단을 끼고 있다 19일에 2개 사단으로 구성된 고타르트 하인리키(Gotthard Heinrici)의 43군단과 3개 반 사단을 가진 칼 봐이젠베르거(Karl Weisenberger)의 53군단을 지원받았다.[3] 이들 보병사단들도 겨울의 추위와 진창도로에서 맥을 못 추고 있었다. 보병들은 길이 막힐 경우 도보로 행군해 갈 수 있었으나 차량과 말로 끄는 중장비들은 도저히 진도가 나가지 않았다. 34군단은 1km 나가는데 1시간을 소모하고 있었다. 그 의기양양하던 구데리안조차 이 상태로는 공세정면을 넓게 잡는 진격은 불가능하다고 판단하고 있었으며 인계인수가 늦어 그때까지 3장갑사단장으로 머물러 있던 봘터 모델은 가을비가 그치고 땅이 어는 시점까지 기다려야 한다는 생각을 끄집어내기 시작했다. 24장갑군단장 폰 슈붸펜부르크도 마찬가지 견해였다.[4]

구데리안은 22일 24장갑군단이 주샤 강을 넘어 므텐스크에서 툴라를 향한 시험적 공세를 추진토록 하였으나 이 공격은 포병대와의 조율이 시원찮아 무위로 끝났다. T-34들과 소련군 소총병, 그리고 지뢰밭이 놓인 구역을 그대로 통과하는 데는 너무나 많은 희생이 따를 것으로 예상하여 이 공세는 바로 중단되었다. 또한 주샤 강의 로쉐네즈(Roshenez) 쪽에서는 장비가 모자라 교량을 설치할 수 없어 다시 카란다코프카(Karandakovka)에서 공병들이 급거 교량을 설치하는 작업에 들어갔다. 아울러 공사가 진행되는 동안 구데리안은 하루 동안 보급을 강화해 23일에 출격키로 했다. 너무 오랜 기간 브리얀스크 포위전에 묶여 있어 구데리안으로서는 빨리 진격을 재촉하고 싶으나 실상이 허용하지 않았다. 당장 선봉의 4장갑사단이 나서야 하지만 겨우 46량의 전차만이 가용했으며 연료는 40%, 탄약은 18% 수준에 그치고 있었다.[5] 동복도 충분치 못해 모스크바로 가는 길이 블라디보스토크 가는 길처럼 여겨질 때였다. 나중의 이야기지만 2장갑군의 주공 좌

2) BA-MA RH 27-9.4, 9.Pz.Div. KTB Ia vom 19.5.1941 bis 22.1.1942, p.141(1941.10.20) / BA-MA RH 27-9.4, 9.Pz. Div. KTB Ia vom 19.5.1941 bis 22.1.1942, p.145(1941.10.20)

3) BA-MA RH 19-II/411, Kriegstagebuch Nr. 1(Band Oktober 1941) des Oberkommandos der Heeresgruppe Mitte, Fol. 637(1941.10.18)

4) BA-MA RH 27-3/14, KTB 3. Pz. Div. vom 19.9.41 bis 6.2.42, p.289(1941.10.19) / BA-MA RH 27-4/10, Kriegstagebuch 4.Panzer-Division Führungsabtl. 26.5.41-31.3.42, p.213(1941.10.20)

5) BA-MA RH 27-4/10, Kriegstagebuch 4.Panzer-Division Führungsabtl. 26.5.41-31.3.42, pp.213-214(1941.10.20)

◆ IX-4-2 3장갑사단 6장갑연대 3대대장 훼르디난트 슈나이더-코스탈스키 대위. 6장갑연대 지휘관 중 가장 저돌적이며 낙천적인 성격의 소유자.

익에서 들어갈 43군단은 35km를 달리는데 36시간을 할애하고 있었다. 4장갑사단을 대신해 선봉에 서게 될 3장갑사단도 18일부터 연료가 없다고 야단이었다.[6] 결국 또 한 번 혼성 제대로 구성되는 에버바흐 전투단이 만들어졌다. 전투단의 원 소속은 4장갑사단이나 이 작전 기간 중에는 3장갑사단에 속하는 것으로 하고 여기에 30량의 전차를 구비한 18장갑사단의 18장갑연대 1개 대대가 추가되었다. 에버바흐 전투단은 사실상 여단 규모로서 4개 장갑대대와 2개 차량화보병대대, 2개 포병대대, 1개 공병대대, 2개 대공포중대가 포함되었다.

10월 23일 3장갑사단이 므텐스크 북서쪽에서 시도한 공격은 먹혀들어갔다. 에버바흐 전투단은 야간에 북서쪽으로 진격해 므텐스크-툴라 국도를 차단하고 도주하는 소련군의 퇴로를 막을 계획을 수립했다. 23일 므텐스크를 떠난 '그로스도이췰란트'는 국도와 철길 사이에 포진한 강력한 소련군 진지를 격파하면서 오후에는 3대대가 시 북서쪽의 고지대에 도착했다. 차량화보병들은 '그로스도이췰란트'와 접선하기 위해 부튀르키(Butyrki)에 교두보를 설치하여 면밀한 사전 준비를 서두르고 있었다. 6장갑연대는 오후에 메즈네봐(Meznewa)를 따 낸 뒤 목표지점에 서서히 접근하자 소련군은 구바르요봐(Gubarjowa) 북쪽 숲지대로부터 견제사격을 가하면서 전차들의 진격을 가로막았다. 이 숲지대의 적은 슈투카들이 날아와 16대의 적 전차들을 격파하는 것으로 마무리 지웠다. 하지만 또 걱정거리가 생겼다. 6장갑연대 2, 3대대의 연료가 바닥이 나자 오후 4시경 18장갑연대의 중대전차들이 연료를 공급하면서 겨우 움직일 수 있게 되었다. 전투단 중 가장 먼저 급유를 마친 6장갑연대 3대대는 어둠이 깔리자 므텐스크 북서쪽 농장을 끼고 있는 도로분기점으로 다가갔다. 에버바흐 대령과 6장갑연대장 오스카르 문쩰(Oskar Munzel) 대령은 3차량화보병연대 1대대와 함께 어둠 속을 뒤지며 그날의 목표점으로 접근하고 2대대는 쿠디노봐(Kudinowa)의 오룔-툴라 국도를 감제하기 위해 후방에 대기했다. 적진을 뚫고 들어간 독일군은 자신들이 소련군 11전차여단 보급 기지 한 가운데에 놓였음을 깨달았다.[7] 독일군은 시계가 희박하긴 하지만 므텐스크로부터 툴라로 이어진 국도변에 소련군 종대가 이동하는 것을 관찰할 수 있었다. 한데 독일전차 1대가 너무 빠르게 선제사격을 가함에 따라 기도비닉은 거기서 끝이 났다. 하필 이 주포사격은 불행인지 다행인지 소련군의 연료차량에 명중해 갑자기 사방을 대낮처럼 밝게 비추는 효과가 나타났다. 이내 접전이 시작되었다. 온갖 신호탄과 기관총의 불꽃이 사방을 밝히게 되면서 전차 대 전차, 보병들의 대전차 육박전이 전개되었다. SPW중대의

---

6) BA-MA RH 27-3/15, KTB 3. Pz. Div. vom 19.9.41 bis 6.2.42, p.295(1941.10.23)
7) Battistelli(2008) p.47

슈플레트슈퇴써(Splettstößer) 하사는 T-34를 따라가 대전차지뢰를 차체에 붙이고 뛰어내렸으나 지뢰가 터지지 않았다. 결과를 알 수 없는 채 T-34는 어둠 속으로 사라졌다. 같은 중대 티츠(Tietz) 병장은 집속폭탄을 들고 전차에 올라탔다. 티츠는 열린 해치 안으로 폭탄을 넣고 뛰어 내렸으나 하필 지면에 있던 소련군 등 위에 올라타는 자세가 되었다. KV-1 중전차의 포탑은 하늘높이 올라가 버렸다. 엄청난 유폭의 결과였다. 그 다음 독일 4호 전차의 주포가 T-34 한 대를 격파하고 39공병대대 3중대 프리드리히 묄호프(Friedrich Möllhoff) 중위는 52톤짜리 KV-2 중전차를 대전차공격으로 폭발시켰다. 총 5대의 전차와 다수의 장갑차량 및 보급품을 실은 열차들이 폭파되어 한 동안 밤을 대낮처럼 밝게 비추고 있었다.[8]

이 거점의 장악으로 독일군은 툴라로 가는 길목을 열게 되었으며 소련군의 1차 방어선을 뚫으면서 사기가 올라갔다. 이 구역을 방어하던 소련군 52, 55, 283소총병사단의 수비라인은 붕괴되었다. 에버바흐는 나중에 이때의 공적으로 백엽기사철십자장(1941.12.31)을 받게 되었다.

◆ IX-4-3 4장갑사단 35장갑연대 1대대장 헤르만 폰 오펠른-브로니코프스키 중령. 42년 1월 14일에는 연대장으로 영전했다. 술을 과하게 마신다는 점 하나만 빼면 다 괜찮았던 지휘관.

에버바흐의 전차는 대략 60량이 동원되었으며 수개 보병대대로 툴라 시 남단 방면을 뚫을 작전계획을 수립했다. 장갑군의 우익은 크로미와 화테쉬를 잡아낸 18장갑사단이 엄호하고, 좌익은 13군단이 쳬른(Chern) 북서쪽 오카 강의 비엘레프(Bielev)를 점령하면서 비교적 안정적으로 유지되고 있었다. 3장갑사단의 북익그룹 슈나이더-코스탈스키(Ferdinand Schneider-Kostalski) 대위의 6장갑연대 3대대는 10월 25일 아침 쳬른 철도역에 도달하여 거기서 적군이 버리고 간 다량의 군수물자들을 노획하는 재미를 보았다. 돌파구 마련에 신이 난 구데리안이 현장에서 손수 지휘하는 가운데 쿠르트 쿠노(Kurt Cuno) 대령 휘하의 독일군 17장갑사단 39장갑연대는 25일 오후 므텐스크 북동쪽 18km 지점의 쳬른을 따 냈다. 약 30대 가량의 적군 전차들이 격파당하면서 쳬른을 지키던 6, 41근위기병사단과 4전차여단은 치명타를 입고 후방으로 밀려났으며 독일군은 감제하기 좋은 지점들을 선점할 수 있었다.[9] 툴라까지는 아직 95km가 남아 있었다. 에버바흐 대령은 쳬른을 석권한 뒤 임시본부로 쓸 만한 건물에서 소련군 대령이 손에 권총을 쥔 채 자살해 있는 것을 발견했다. 그는 에버바흐의 5장갑여단과 4장갑사단을 끈질기게 물고 늘어졌던 카투코프 4전차여단장의 후임이었다. 에버바흐는 그의 시신에 거수경례를 하고난 뒤 용감했던 적군의 지휘관을 치하하면서 예를 다해 매장했다.

8) Veterans of the 3rd Panzer Division(2012) p.252
9) Haupt(1997b) p.91

췌른에서의 전투는 헤르만 폰 오펠른-브로니코프스키(Hermann von Oppeln-Bronikowski) 중령에게는 기념비적인 전역이었다. 36년 베를린올림픽 마장마술에서 금메달을 딴 그는 전전(戰前)의 배경에 맞추어 기병으로 입대했으나 41년 8월 1일부터 장갑부대에서 근무하게 되었다. 그는 에버바흐 전투단의 1장갑대대장으로 4호 전차를 타고 생애 최초의 전차전을 치르게 되었다. 그의 전차에는 포수 크래머(Krämer) 하사, 장전수 숄쯔(Scholtz) 병장, 조종수 빌레(Bille) 상사, 그리고 무전수 헤르베르쯔(Herbertz)가 탑승하고 있었다. 사전 정찰에 따라 췌른 정면에 바리케이드를 친 적의 전초기지가 확인됨에 따라 프라이헤어 폰 융겐휄트(Freiherr von Jungenfeldt) 소령이 마을 뒤로 돌아가기로 하고 오펠른 중령이 이끄는 9대의 전차는 정면을 치기로 했다. 정면 숲 속에서 눈을 헤치고 커다란 형체의 T-34들이 모습을 드러냈다. 대부분의 T-34들은 흰색 도료를 발라 위장효과를 내었으나 아직 위장을 하지 않은 짙은 녹색의 차체도 드문드문 보였다. 오펠른 중령은 선두의 지휘전차를 잡기로 했다. "주포 11시 방향. 800m. 발사!" 오펠른 중령은 그 자신 처음으로 4호 전차의 사격에 의해 주포가 뒤로 밀리는 강한 반동의 충격을 느꼈다. 1차 사격은 실패였다. 포탄은 T-34 오른쪽 앞에 떨어졌고 여하튼 T-34는 당황한 듯 멈춰 섰다. 수초 후 두 번째 탄을 장전하여 같은 전차를 향해 갈겼다. 크래머가 쏜 철갑탄은 포탑 바로 아래 부분을 강타하며 차체를 비틀어지게 만든 후 내부 유폭을 일으켰다. 잠시 후 해치가 열리면서 검은 연기가 치솟아 올라 T-34는 사망한 것으로 확인되었다. 오펠른 최초의 전차 격파였다. 그 순간 다른 적 전차가 쏜 포탄이 4호 전차 옆구리를 맞고 튕겨나가는 굉음이 들렸다. 오펠른은 재빨리 현장을 이탈했다. 이미 우군 전차 한 대가 T-34에 피탄되었으며 4대의 독일전차가 숲속으로부터 뛰쳐나온 적 전차들을 향해 집중사격을 실시했다. 전투 중에 오펠른의 전차들은 이웃 취르(Chir)로 이동하라는 에버바흐의 명령에 따라 좌측으로 돌아 강제방 방면을 향해 정 동쪽으로 진군했다. 오펠른이 부하 전차에게 오른쪽으로 돌아 T-34의 측면을 치라고 지시하려는 순간, 3대의 전차들이 주포사격을 가하면서 전속력으로 돌진해 오는 것이 발견되었다. 오펠른의 전차 뒤로 포탄이 지면에 박혔으며 두 번째 탄은 4호 전차 바로 위를 스치고 지나갔다. 크래머는 주포를 약간 아래쪽으로 내리자 T-34가 시야에 잡혔다. 약간의 방향 조절 후 주포사격을 가했다. T-34는 엔진 부위의 측면을 맞고 주춤거리다가 디젤엔진 연료통이 폭발하면서 그대로 정지되어 버렸다. 소련 전차병들은 T-34에서 뛰쳐나와 강 지류 옆의 덤불지대로 도주했다. 오펠른은 굳이 이들을 향해 기관총 사격을 가하지는 않았다. 그때 갑자기 뭔가 포탑을 때리고 지나간 것 같았다. "이것들은 T-26입니다. 우리 장갑을 못 뚫습니다." 조종수 빌레가 말했다. 여하간 불안했던 오펠른은 현장을 이탈해 물웅덩이 쪽으로 빠졌다가 다시 일어나 평지로 올라가자 T-26들의 사격이 빗발쳤다. 오펠른이 방향을 바꾸라고 소리 지르는 순간, 자신의 목소리를 들을 수 없을 정도로 엄청난 굉음이 옆에서 들렸다. 동료 전차들이 적군의 마지막 전차를 격파시키는 경천동지의 폭음이었다.[10]

다시 3, 4장갑사단 주축의 에버바흐 장갑부대가 선봉을 잡았다. 연료가 모자라 모든 차량을 운용하기가 불가능해 독일군은 '그로스도이췰란트' 연대의 1개 대대를 에버바흐의 전차에 태워 연료부족 사태에 대응해 나갔다. 이 탱크데샹트는 적의 선제 화포사격에 걸릴 경우 엄청난 희생을 치르는 것이 다반사였으나 독일군은 부득이 소련군들처럼 보병들을 전차에 태운 채 전진하도

10) Kurowski(2004b) pp.428-30

록 하는 상황까지 내몰리고 있었다. 10월 25일, 1기병사단은 24장갑사단으로 재편성하기 위해 독일로 이송되었고 19일에 43군단과 53군단을 2장갑군에 붙이는 대가로 34, 35군단은 봐익스의 2군에 편입되었다.[11] 48장갑군단도 기동전력 보강을 위해 2군에 포함되도록 조치되었으나 그 중 25차량화보병사단만은 구데리안 직할로 관리하게 되었다. 후에 296보병사단도 2장갑군에 편입되었다. 이 조치가 단지 피폐한 사단들을 재충전하기 위한 배려에 의한 것인지 10월 중에 있었던 독일군의 계속되는 승리에 도취된 나머지 취해진 무모한 결정인지는 잘 알 수가 없으나 가뜩이나 보병이 부족한 상황에서 최전선에서 병력을 빼 버리면 기존 사단들에게 그 부담이 몽땅 전가되는 문제가 있었다.[12] 11월이 되면 8, 28보병사단마저 프랑스로 보내지게 되어 전선을 메우는 상황은 점점 더 어려워져 갔다. 또한 2항공군은 참모본부와 2항공군단이 모두 지중해로 전출됨에 따라 중앙집단군에는 8항공군단만 남게 되는 불안이 가중되고 있었다. 항공기의 생산과 배치도 원래 계획대로는 추진되지 않아 11월에 지상군의 근접항공지원을 위해 동부전선 전체에 배치된 슈투카는 230대보다 적은 수치에 머물렀다.[13]

10월 25일 '그로스도이췰란트'는 므텐스크-툴라 국도 우측에 포진한 3장갑사단과 함께 북동쪽의 고지에 공고한 진지를 구축한 소련군을 치기 위해 철도라인과 국도 사이의 므텐스크 시 끝자락으로부터 공격해 나갔다. 소련군은 강력한 저항을 보였으나 독일군은 조직적인 해체작업에 들어갔다. 가장 좌익의 3대대는 가장 빛나는 전투력을 발휘했다. 10, 11중대가 전선에 넓게 산개해 정면으로 나가는 가운데 9중대장 젠거(Senger) 중위는 철도변 제방을 향해 좌측으로 병력을 이동시켰다. 갑자기 후방과 측면에서부터 독일군의 돌격구호를 듣게 된 적군 수비대는 당혹감을 감추지 못했다. 돌격포들이 정면을 쑤시고 들어가면서 패닉상태로 몰아가자 소련군은 진지를 버리고 도주하기 시작했고 척탄병들은 돌격포 위에 올라탄 상태로 추격에 돌입했다. 이럴 때 슈투카가 와 준다면 금상첨화일 것으로 생각되었고 실제 공지 동시공격은 엄청난 효과를 내 왔었다. 한데 좀 황당한 일이 벌어졌다. 2대대 6중대는 적들이 버린 진지를 접수하고 있을 무렵 갑자기 슈투카들이 등장했다. 독일군들은 전방에 도주하는 적들을 처단해 줄 것을 기대했으나 슈투카들이 우군을 향해 급강하를 시도하는 것으로 보였다. 당황한 독일군은 신호탄을 쏴 올림과 동시에 참호에서 나와 깃발과 옷을 들어 흔들면서 오폭을 하지 않도록 난리를 피웠다. 그래도 의심이 간 조종사는 좀 더 아래로 기체를 이동시키자 이번에는 독일군들이 패닉상태에 빠졌다. 적에게 공포심을 유발시키던 그 악명높은 '여리고의 굉음'이 이제는 우군들의 귀청을 때리자 독일군은 거의 절망적인 심리적 상태로 빠져들었다. 한데 기적같은 일이 일어났다. 기총사격 직전까지 갔던 슈투카들이 가까이에서 우군을 확인하자 다시 급상승하여 가까스로 기수를 돌렸다. 죽음 직전에서 살아난 6중대는 안도의 한숨을 쉰 뒤 곧바로 적군에 대한 추격을 속개했다.[14]

10월 26일 '그로스도이췰란트' 보병연대는 췌른 북동쪽으로 도주하는 적군을 쫓아들어 가면서 고르바췌보(Gorbatschewo)와 플라프스크(Plavsk) 근처의 철도교차점을 따내기 위한 전투에

11) BA-MA RH 19-II/411, Kriegstagebuch Nr. 1(Band Oktober 1941) des Oberkommandos der Heeresgruppe Mitte, Fol. 678(1941.10.24)

12) BA-MA RH 24-47/258 Kriegstagebuch Nr. 2 XXXXVII.Pz.Korps. Ia 23.9.1941-31.12.1941, Fol. 66(1941.10.24)

13) Aders & Held(1983) p.89

14) Spaeter(1992) pp.240-1

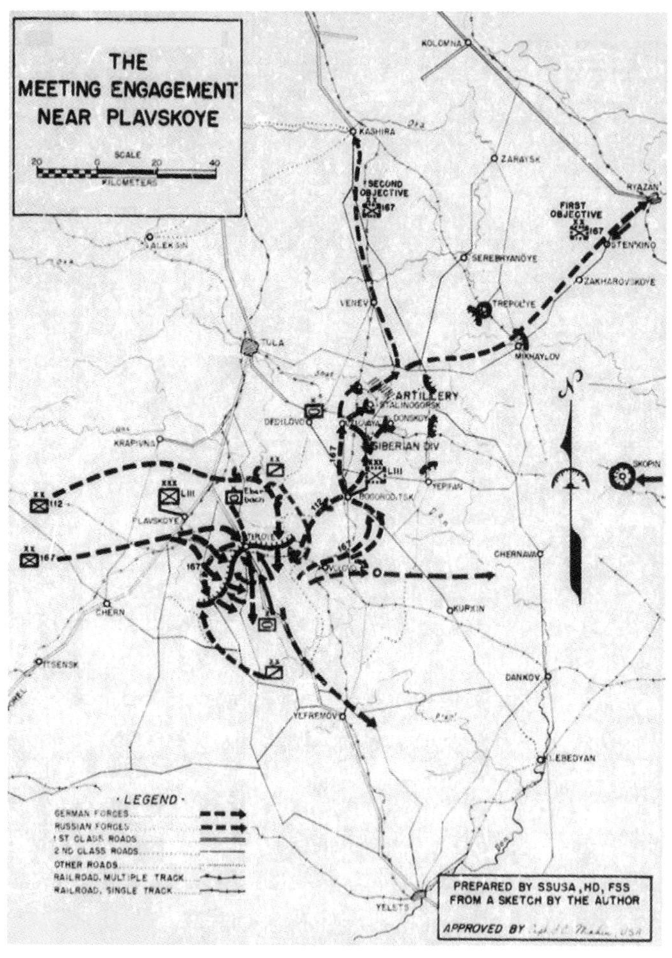

◆ IX-4-4 플라프스크(플라프스코예) 공방전

들어갔다. 독소 양군의 공방은 쫓고 쫓기는 레이스를 전개하다가 가옥들이 밀집한 구역에서 근접전의 형태로 전개되기 시작했다. 온 사방으로 총질이 난무하는 것은 물론이거니와 독일군의 대전차포 하나가 도로상으로 진출해 정면에 보이는 적군과 장비를 모조리 파괴하는 희한한 광경도 목도되었다. 소총병들을 가득 태운 차량 한 대도 직격탄을 맞아 폭발하고 사방에서 독일군과 소련군이 뒤섞이면서 이제는 갑자기 수류탄이 하늘을 뒤덮는 순간이 왔다. 동시에 소련전차 한 대가 길모퉁이에서 등장했다. 곧바로 피탄된 적의 전차는 그 자리에서 멈추고 말았으며 소령계급장을 단 전차장이 밖으로 빠져나오려 했다. 이때 화기중대의 하사관이 권총으로 저격해 전차장을 사살해 버리면서 지옥같은 전투의 종지부를 찍었다.[15] 26일 소련군 108전차여단은 저녁 무렵에 재개된 독일군의 공격을 막아내면서 10대 이상의 전차들을 부순 것으로 주장했으며 대대 규모의 공세를 떨쳐낸 것으로 기록했다.

10월 27일 에버바흐 전투단은 췌른 북동쪽으로 36km 지점의 플라프스크를 점령했다. 43, 53군단은 오카 강에서 잡은 교두보를 확대하고 있었으며 장갑군 좌익의 4군은 소련군의 매서운 반격을 쳐내는데 하루 종일 고생하고 있었다. 이 와중에 OKW는 또 이상한 명령을 하달했다. 2장갑군이 보로네즈로 즉시 가라는 내용이었다. 이 안은 이미 24일 중앙집단군 사령부에 전달되었으며 폰 보크는 이것이 히틀러의 쓸데없는 간섭인 것을 알면서도 명백한 거부의사를 나타냈었다.[16] 동쪽의 보로네즈는 커녕 오룔 밑의 쿠르스크 진공도 허덕이는 판에 이는 말이 안 되는 무모한 발상으로 치부했다. 폰 보크는 툴라로 진격하는 구데리안을 보고 진격을 중단하라고 하면 그는 자신을 아마 미친 놈 취급할 것이라며 노골적인 반응을 나타냈으며, 지금 와서 2장갑군의 진격 루트

15) Spaeter(1992) p.242
16) Bock(1996) p.339

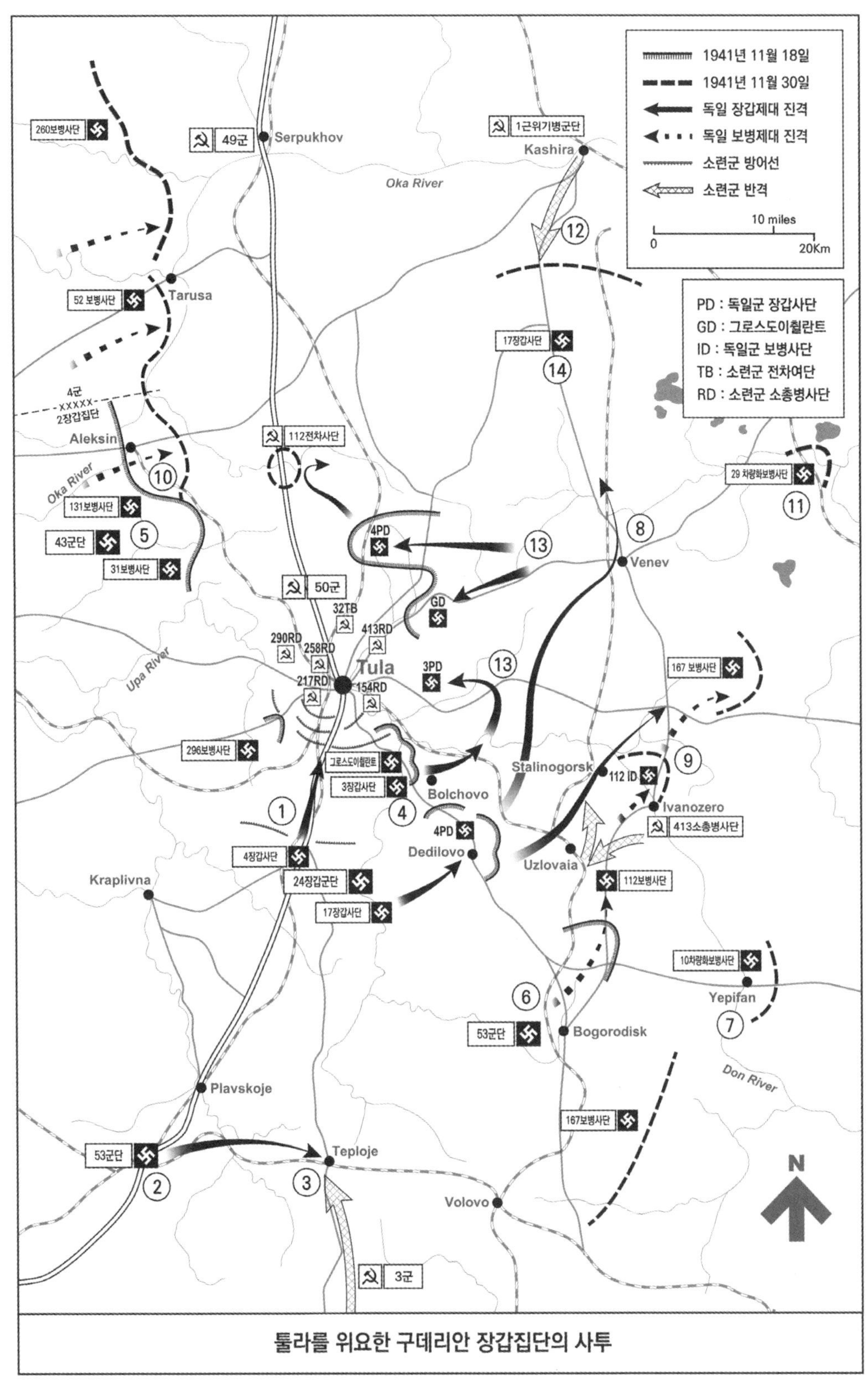

툴라를 위요한 구데리안 장갑집단의 사투

를 바꾼다는 것은 집단군 전체의 기능을 마비시키는 것으로 표현했다. 이는 아마도 누가 봐도 히틀러가 그때까지 내뱉은 말 중에 가장 한심한 병정놀이의 악수 중 악수로 간주되었다. 쿠르스크로 진격 중이었던 48장갑군단의 9장갑사단은 10월 24일 쿠르스크 북서쪽으로 85km나 떨어져 있었으며 9장갑사단은 겨우 11대의 전차만이 가용한 실정이었다.[17] 진창도로와 연료 부족 문제는 말할 나위가 없었다. 27-28일 밤사이 OKH는 두 번이나 툴라 진격을 멈추라는 명령을 내렸으나 폰 보크는 이를 구데리안에게 전달조차 하지 않았다.[18] 이런 미친 결정은 절대 지키지 않는다는 일종의 강력한 항명의 의사표시이기도 했다. 다행히 이 방안은 28일 오후에 돌연 취소되었다. 이미 칼리닌의 경우에서 본 것처럼 주공에서 자꾸 벗어나는 병력이동은 연료와 탄약만 소모하고 병력만 분산시킬 뿐, 모스크바로 가는 시간을 절약할 수 있는 아무런 실마리를 제공하지 않았다. 보로네즈가 불가하다고하자 히틀러는 신속한 단위부대들을 세르푸호프 동쪽으로 보내 오카 교량을 접수하도록 지시했다. 이 명령도 형편없는 군사적 소양에서 나온 의미없는 짓이었다. 히틀러는 독일군들이 모스크바 시내로 진입하지 말고 도시를 크게 우회하여 큰 포위망을 형성하도록 요구한 바 있어 이는 그러한 우회기동의 연장선상에서 나온 발상이었다. 이 아이디어의 실익을 따지기 이전에 군 수뇌부는 병참 사정부터 먼저 확인해야 했다. 브리우히취 육군 총사령관은 히틀러와 OKW의 지시를 OKH에 전달하기만 하는 사실상 공익요원 정도의 식물인간이었으며, 그나마 근성이 있다고 판단되던 할더도 이중포위전의 승리에 도취되어 독일군의 전력이 한계상황에 도달한 것을 거의 고려하지 않는 듯 했다. 폰 보크는 그나마 현장감각이 있는 인물로 '노'라는 표현을 강하게 할 수도 있는 입지에 있었지만 언제나 최종 단계에서 꼬리를 마는 습관이 있었다. 구데리안의 표현에 따르면 그 당시 어디에도 '신속하게 움직이는' 단위부대는 존재하지 않았다. 구데리안은 히틀러가 판타지(상상)의 세계에서 살고 있는 사람으로 평가했다.[19]

서부방면군 기동전력 현황(1942.10.28)

제대	KV	T-34	BT	T-26	T-40	T-60	계
1차량화소총병사단	7	21	19	10	-	-	57
4전차여단	4	18	11	-	-	-	33
9전차여단	7	20	-	-	28	-	55
17전차여단	-	1	-	28	2	-	3
18전차여단	-	6	4	2	-	-	11
19전차여단	-	1	-	-	4		5
20전차여단	-	19	-	4	8	-	49
22전차여단	-	16	8	8	14	-	38
23전차여단	4	11	-	14	19	-	34
24전차여단	4	22	1	19	22	-	58

17) BA-MA RH 20-2/207, Armeeoberkommando 2. I.a KTB Teil.2 19.9.41-16.12.41, p.78(1941.10.24)
18) BA-MA RH 19-II/411, Kriegstagebuch Nr. 1(Band Oktober 1941) des Oberkommandos der Heeresgruppe Mitte, Fol. 699(1941.10.27)
19) Guderian(1996) p.244

제대	KV	T-34	BT	T-26	T-40	T-60	계
25전차여단	3	11	-	22	-	16	30
26전차여단	-	14	-	-	-	16	30
28전차여단	4	11	-	-16	16	-	31
15차량화소총병여단	-	4	-	-	-	-	12
계	33	175	43	113	113	32	441

* * * * *

툴라 공방전

".....기관단총을 든 상사가 엄호하는 동안 (폰 오펜)소위는
전차 등에 올라타 수발의 수류탄 핀을 제거한 뒤 포탑 안으로 집어넣어 버렸다.
도망가려던 2명의 전차병들은 상사의 손에 사살되었고 전차는 기동불능이 되었다."
(그로스도이췰란트 차량화보병연대, 헬무트 슈패터 : 1941.11.1)

10월 29일 오전 5시 30분에 진격을 시작한 에버바흐 전투단은 피사레프카(Pissarevka) 동쪽 철도 제방을 지나 쿠나키(Kunaki)에 들어가 2대의 중전차를 제거하고 일부 포로들을 포획한 뒤 툴라 외곽 10km 지점에 도달했다. '그로스도이췰란트' 보병연대는 1대대가 좌익에 포진하고 그 뒤를 3대대가 근접지원토록 하되 2대대는 우익에서 전방으로 향해 나갔다. 갑자기 근처 숲지대에서 2대의 적군 대공포가 독일전차들을 공격하면서 주변이 소란해졌다. 어디에 숨었는지 도저히 찾을 길이 없어 '그로스도이췰란트' 2중대가 숲을 지나 의심나는 구역을 은밀하게 정탐했다. 극도로 가까운 거리에서 적 진지를 확인한 2중대는 양쪽으로 파고 들어가 백병전으로 소련군들을 제압하고 코사야-고라(Kossaja-Gora) 방면으로 이동했다. 이곳에서는 북서쪽으로 도주하는 적군을 추격해 북쪽 교량에서 지뢰들을 제거하고, 남쪽 구역에서도 한스-요아힘 제에펠트(Hans-Joachim Seefeld) 소위의 39공병대대 3공병중대 소속 9명의 대원들이 4개 교량에 설치된 지뢰들을 모두 해체함으로써 전차의 진격에 방해가 되는 장해물들을 제거했다. 전투단은 노보예-바소보(Nowoje-Bassowo) 남쪽 800m 구역에서 또 다시 대공포의 기습을 받았으나 이번 것은 쉽게 눈에 띄어 75mm 전차의 주포 사격으로 잠재웠다.[20] 29일 오후 4시 에버바흐 전투단의 선봉은 툴라 5km 지점까지 도달했다. 진창이니 연료니 하는 고달픈 문제와 불평이 있었음에도 전투단은 일일 20km 정도의 속도로 툴라 근처에 닿아 정찰에 나섰다. 한데 오는 도중의 작은 교전으로 말미암아 툴라 공략에 가용한 전차는 겨우 16대에 불과했다.

전투단의 선봉이 시 외곽에서부터 속도를 내어 침투하자 멀리 툴라 전경이 눈 안에 들어왔다.

20) Veterans of the 3rd Panzer Division(2012) pp.255-6

◆ IX-4-5 툴라로 향하는 구데리안 2장갑집단의 3호 전차. 워낙 겨울이 빨리 도래한 해였기에 위장도색이 완전하지가 않다.

'그로스도이췰란트'의 척탄병들은 장갑부대의 전차에 올라타 기병대처럼 최초 가옥으로 접근해 갔다. 전선은 대단히 혼란스러웠다. 온갖 교량들이 이미 폭파되었고 독일군이 철도변으로 접근하는 순간 도로교차점 구역도 원격조정에 의해 폭파되었으며 곳곳에 깔려 있던 소련군들은 하나하나 손을 들고 투항하기 시작했다. 소총병들의 사격은 주로 숲지대로부터 나왔으며 척탄병들의 지휘관들이 맨 앞장에 서서 덤불을 해치고 들어가자 발아래에 있던 대인지뢰들이 터지기 시작했다. 독일군 하사관들은 개의치 않았다. 우군 포사격까지 어우러져 한참 복잡해진 순간, 총 9대의 슈투카들이 나타나 적 진지들을 때렸으며 그제 서야 가옥에 숨어 있던 50-60명의 적병들이 항복하고 나왔다. 투항하지 않은 2명의 적병이 항전을 가해왔다. 기관총의 엄호사격이 있는 가운데 3명의 척탄병들이 날아가 짚단을 들어내듯 간단히 해치워버렸다. 칼 브록크만(Karl Brockmann) 중위의 2중대는 그중 가장 빛났다. 온 사방으로 총탄과 화포사격이 난무하는 와중에도 적진을 돌파해 가옥 하나하나마다 들쑤시며 제압해 나갔다. 에버바흐의 전차들도 확실한 엄호사격을 제공하면서 가옥이 집중된 구역으로 접근하기 직전의 장애물들을 제거했다. 하나 전투가 근접육박전으로 발전하자 많은 희생자들이 발생했다. 브록크만 중위는 최전방에서 병사들을 독려하면서 돌격을 외치다 중상을 입고 쓰러졌다. 2중대의 후임 지휘권은 이제 겨우 19세의 청년에게로 넘어갔다.[21]

이제부터 전투단의 최선봉은 '그로스도이췰란트'의 기스베르트 폰 오펜(Giesbert von Oppen) 소위가 이끄는 2중대로서 정수 150명 중 다 죽고 60명만 남은 상태였다. 2중대는 자대 연대뿐만 아니라 2장갑군 전체의 선봉이었다. 소련군은 예상대로 엄청난 양의 대공포와 대전차포를 밀집대형으로 들어서게 한 뒤 독일군을 맞이할 예정으로 소련군이 이곳을 쉽게 포기하지 않겠다는 것은 명백했다. 저녁이 되자 2중대 대원들은 권총과 수류탄으로 무장한 뒤 시 남쪽 외곽 방어선을 시험해 보았다. 서로가 한 치의 양보가 없는 가운데 수류탄의 투척이 난무하는 동안 2중대의 특공대는 시 남단의 공장지대까지 접근해 나갔다. 교량 부근에서 20mm 기관포와 37mm 대전차포들이 집중사격을 가하는 가운데 독일전차들이 속도를 내기 시작했다. 소련군들은 수류탄과 몰로토프 칵테일을 던지면서 결사적인 항전을 가해왔고 전차에 올라타 있던 독일병들도 수명이 떨어져 나갔다. 이때도 2중대가 대활약했다. 척탄병들은 수류탄 투척과 기관단총 사격을 동시에 가하면서 마지막에 있을 육박전에 대비해 권총지갑의 단추도 풀고 적진으로 들어갔다. "이

21) Spaeter(1992) p.245

들은 동물과 같았다. 살기 위해 죽어야만 했다. 이 전장에 더 이상 영광된 자리는 없었다." 데르벤(Derben) 중위의 1대대 1중대는 전차들과 함께 우익에서 돌아들어 갔으며 막시밀리안 화비히(Maximilian "Max" Fabich) 중위의 3중대는 한참 뒤에 쳐져 있었다. 폰 오펜의 2중대는 "바로 저기가 툴라다"라고 외치면서 최전방의 공격을 계속 주도해 나갔다. 소련군들은 일단 뒤로 빠졌으나 에버바흐는 야간전투의 위험을 감안해 공격은 익일 오전 5시 30분으로 연기했다. 이미 기습효과가 사라진 상태에서 적진을 알지 못하는 독일군이 섣불리 침투하는 것은 출혈이 상당할 것으로 예상했다. 그로스도이칠란트와 4장갑사단은 도로 양쪽을 경계하면서 익일 공세를 준비했고 병사들은 간만의 휴식과 전우들과의 재회를 만끽했다.[22]

10월 30일 아침 5시 30분, 장갑부대는 국도 쪽에 설치된 소련군 진지들을 때리도록 하고 차량화보병들은 적군 진지를 우회하는 기동을 택했다. 에버바흐는 손수 정찰에 나선 뒤 2중대장 폰 오펜 소위와 함께 적군의 전초 기지와 붉은 벽돌로 된 병영들을 관찰한 뒤 2, 3중대가 가장 먼저 접근토록 하고 2중대 우편에 기관총으로 무장한 4중대 1개 소대를 붙이도록 했다. 2중대는 목재더미가 쌓인 곳으로 다가가 도로와 접한 좌익에는 포병 정찰대와 기관총 소대가 접근하고 우익에는 2중대보다 병력이 좀 많은 3중대가 따라오는 것을 확인했다. 순간 소련군 막심 기관총좌가 불을 뿜었다. 적군의 야포와 박격포도 일제히 사격을 개시하자 독일군은 이제부터는 진정한 용기와 테크닉의 시간이 왔음을 느끼기 시작했다. 노련한 베테랑이 앞장서서 가옥 하나하나마다 모퉁이를 끼고 돌면서 능숙하게 전진해 나갔다. 이들은 큰 저택지의 마지막 가옥에 접근해 그 앞에 200m 가량의 평지를 발견하고 바로 뒤에는 큰 규모의 대전차호가 파여져 있음을 확인했다. 대전차호 300m 뒤로는 붉은 벽돌의 병영이 보였다.[23] 2, 3중대가 조금씩 다가가자 적군의 사격은 붉은 벽돌 건물로부터 시작되었다. 전차들은 대전차호를 극복하지 못해 포병과 보병들이 처리해야 했으며 건물로 접근할 때마다 스나이퍼들에 의한 총상은 늘어만 갔다. 2중대는 대전차호 부근에서 정지되었으며 도로 반대쪽 좌익에 있던 3중대도 벽돌이 쌓인 공사장 부근에서 더 이상 나가지를 못하고 있었다. 포병대가 겨우 몇 발을 공사장에 떨어트리긴 했으나 포탄이 충분치 못해 소련군처럼 마구잡이로 퍼붓지는 못했다. 여하간 약간의 틈새를 노려 3중대가 의욕적으로 발판을 마련하기 위해 침투를 속개하자 미친 듯한 적군의 기관총 사격으로 인해 다시 원위치로 되돌아오고 말았다. 이런 식의 전투는 이미 러시아의 가혹한 겨울이 시작되었는데도 병사들의 몸을 땀으로 적시게 만들었다. 철모는 뒤로 재껴지고 긴 머리에 텁수룩한 수염, 입술 한쪽으로 물려진 구겨진 담배, 한쪽 팔소매를 걷어 올린 상태에서 바지와 부츠는 온통 진흙으로 더럽혀졌으며 상의 호주머니에 막대수류탄을 꽂은 병사, 이것이 툴라전 독일군의 평균적인 모습이었다.

4중대의 뷔흐만(Wichmann) 상사가 제안을 내었다. 병영건물 앞에 놓인 헛간을 제압하지 못하면 진격은 피만 강요할 뿐이라며 우선 헛간부터 처리하기로 했다. 문제는 헛간까지 가는 동안 아무 방패막이가 없다는 것이었다. 뷔흐만의 대원들이 헛간을 향해 죽음의 달리기를 시작했다. 30m, 50m, 뷔흐만 상사 뒤에 따라오던 기관총수가 적탄에 쓰러졌다. 뷔흐만은 그 직후 불과

22) Spaeter(1992) p.246
23) Kurowski(2004) p.440

◆ IX-4-6 85mm 대공포 M1939를 장전하는 소련 732대전차연대 6중대의 포수

5-6걸음 나가다가 역시 총탄에 맞아 나뒹굴었다. 뷔흐만은 후방으로 이송되었으나 전사했다. 뒤에 따라오던 기관총수들이 일을 해냈다. 헛간을 부수고 난 뒤 병영건물의 창문으로 수십, 수백발의 총탄을 집어넣고 복수의 살육전을 벌였다. 그러나 그도 거기까지였다. 2, 3중대는 더 이상 나가지를 못하고 진지전으로 전환하는 신세가 되었다.[24]

에버바흐 장갑부대도 대전차포의 방어에 막혀 진도가 나가지 않았다. 국도의 좌익에는 툴라 지역 공산당 1서기장 자보론코이(V.G.Zhavoronkoy)의 노동적위대 병력이 PTRD-41 대전차총과 막심기관총, 화염병 등의 초보적인 무기로 독일군의 공격에 대항하고 있었으며 우익에서는 NKVD 병력들이 45mm 대전차포를 동원해 전차와 하프트랙들을 잡으려 했다. 독일군은 하프트랙에 탄 3장갑사단 3차량화보병연대 1중대가 트럭에 탄 '그로스도이칠란트' 수개 보병중대와 함께 적진을 뚫으려 하였으나 몸을 숨길 때가 없는 개활지에서의 맞대응은 상당한 피를 흘리게 했다. 소련군의 37mm 대전차포만 해도 독일전차들에 상당한 피해를 입히고 있었으며 이미 보병중대장 3명이 전사하는 격전에 휘말려 있었다. 에버바흐는 엄호하는 보병 전력이 약해 전차만으로 적진을 헤집고 갈 의사가 없었으며 3, 4장갑사단과 '그로스도이칠란트'와의 긴밀한 공조에 의해 시도한 공세도 아무런 효과를 거두지 못했다. 전투단은 적군의 숨통을 끊어 놓기에는 모든 게 부족했다. 툴라를 지키는 적군 수비대는 대단한 존재들이 아니었다. 69NKVD여단의 156NKVD연대와 급조된 노동적위대 연대가 732대전차연대의 지원을 받는 정도에 불과했다. 공산당 내무

---

24) Carrel(1966) pp.159-161, Spaeter(1992) p.248

위원회이니만큼 광신적으로는 싸우지만 전투의 프로들은 아니었다.[25] 툴라의 소련군 수비대는 독일 최강의 장갑군을 맞아 역사적인 전투를 펼쳤으며, 이들 역시 툴라가 구데리안의 어퍼컷에 떨어지면 회프너의 스트레이트가 모스크바 정면에서 작열할 가능성이 높은 것으로 파악하고 있어 결사적으로 항전했다. 툴라에서의 시 외곽 전투는 42년 스탈린그라드 전투의 리허설이라 해도 손색이 없을 정도의 처절한 공방전이 펼쳐지고 있었다. 이곳에서의 수비대는 이미 구멍이 뚫려버린 모자이스크 방어선의 어떤 거점 도시보다 초인적으로 항전했다. 소련군은 30일 밤 이반 유슈크(Ivan Yuschuk) 대령의 32전차여단과 1개 소총병대대가 지원으로 도착했고 뒤이어 3개 소총병사단이 추가되었다. 32전차여단은 T-34, KV-1 중전차 12량과 22량의 T-60 구형전차를 포함, 모두 34량의 전차를 보유하고 있었다. 31일 오전 10시 32전차여단은 에버바흐의 전차들을 시 외곽 남단으로부터 몰아내기 위해 공세를 전개하고 중전차들을 전면에, 경전차를 뒤에 포진시켜 독일군의 얕은 수비구역을 치고 나갔다. '그로스도이칠란트'의 대전차포들은 4대의 중전차를 격파하고 다섯 번째 전차는 88mm가 해결했다. 여섯 번째는 피탄되자 뒤로 빠지면서 중전차들의 위협은 제거되었다. 다른 구역을 파고든 52톤짜리 KV-2 중전차 2대는 6장갑연대 2대대의 집중 포사격에 의해 파괴되어 죽은 코끼리처럼 야지에서 정지했다.[26] 32전차여단의 소련군은 2량의 KV-1와 5량의 T-34을 잃긴 했으나 독일군을 뒤로 밀어내는데 성공했다. 에버바흐는 대낮에 신형 중전차들과 맞대결 한다는 것은 불리하다고 판단하고 88mm 대전차포로 대응하는 선에서 더 이상의 공세를 가하지 못한 채 전투는 정체국면으로 접어들었다. 10월 31일 헤르만 브라이트(Hermann Breith)의 3장갑사단은 정수 150대의 전차 중 겨우 40대만 남게 되었다. 11월 1일 32전차여단은 소총병들과 노동적위대 병력과 함께 '그로스도이칠란트' 연대 1, 2대대가 위치한 구간을 뚫고 들어왔다. 실제로 이 구간은 수비병력이 가장 약한 곳이었다. 폰 오펜 2중대장은 돌격구호를 외치며 1명의 상사와 함께 소련 전차로 다가갔다. 단 두 명이었으며 다른 보병들의 엄호사격은 없었다. 폰 오펜은 집속형 폭탄으로 1대의 전차 포탑을 망가뜨렸고 근처에 있던 또 다른 한 대는 대전차포에 걸려 격파되었다. 이 용감한 행동에 당황한 소련군들은 일단 치고 들어왔던 독일군 방어선의 구멍 난 곳을 이용해 뒤로 물러났다. 11월 3일에는 툴라 동쪽의 50군을 맞아 전차와 보병들이 접전에 들어가 있는 동안 시 남쪽 외곽의 병력은 운동경기장과 묘지 부근에서 침투를 개시했다. 전차와 보병들이 함께 움직인 이 공격은 소구경 대전차포를 지닌 NKVD 병력의 끈질긴 방어에 의해 돈좌되었다. 이에 독일군은 31, 131, 296보병사단의 부분 병력들을 끌어 '그로스도이칠란트'를 지원하고 돌파구 마련을 낙관했지만 소련군 역시 지원병력이 있었다. 시베리아에서 온 413소총병사단의 열차가 툴라에 막 도착하고 있었다. 독일군은 11월 5일 적군의 저항에도 불구하고 툴라 남서쪽 4km 지점의 키타에프쿠(Kitaevku) 저지대에 놓인 마을을 탈취하고 약간의 승리를 잡아냈다. 그 직후 포병대와 폭격기들의 항공지원을 받아 미할코프(Mikhalkov) 부근으로 접근했으나 이번에는 노동적위대 병력과 본다렌코(Bondarenko)의 732항공방어연대에 의해 저지되는 국면을 맞이했다.

183보병사단과 공조하던 202돌격포대대는 11월 8-10일 동안 툴라 남쪽 테플로예(Teploje)

25) Forczyk(2006) p.66
26) Veterans of the 3rd Panzer Division(2012) p.258

◆ IX-4-7 독일군의 MP40 기관단총을 바라보는 소련군 소총병. 툴라 전투 휴지기 때의 한 컷

에서 2개 보병중대와 함께 일시적으로 포위되는 형국에 처해 있었다. 이 구역의 모든 가옥들은 철저히 요새화되어 있어 섣불리 파고 든 독일군이 역으로 소련군에게 갇히는 꼴이 된 것으로서 공방전은 치열하게 전개되었다. 하이저(Heise) 소위가 지휘하던 돌격포대대 소속 2대의 돌격포는 여기서 처음으로 한 대의 T-34를 격파하고 11일까지 돌파구를 여는 작전에 총력을 기울였다. 방어하던 소련군 또한 돌격포대대를 섬멸할 전력은 아니어서 11일 밤을 기해 전투를 포기해 버렸다. 이 전투에서 하이저 소위 이외의 다른 돌격포 지휘관이 전사하자 공군연락병으로 파견 나와 있던 호르스트 쿠딕케(Horst Kudicke)는 하이저의 돌격포에 올라타 장전수로서 활약했다. 자신의 전공은 아니었으나 호르스트 쿠딕케는 제 몫을 해냈다. 2대의 돌격포는 11일 낮 시간에 안전하게 전장을 벗어나 본대로 합류할 수 있었다.[27]

툴라에서의 전투는 11월 초까지 중대 또는 대대 규모 정도의 교전만 계속되었으며 2장갑군은 연료와 탄약 부족으로 작심한 공세를 재개할 수가 없었다. 장갑군을 뒤따르는 보병사단들도 지체되기는 마찬가지였다. 차량 바퀴가 진창에서 헛도는 동안 보병들은 19세기처럼 걸어서 행군했다. 그러나 오카 강과 같은 큰 하천을 비롯해 가는 곳마다 크고 작은 강의 지류들이 널려 있어 그때마다 다리를 건설하고 부교를 설치하는 등의 공사가 불가피했다. 예컨대 112보병사단은 적군의 공격이 없는 상태에서 단순히 교량을 설치하기 위해 10월 26일부터 30일까지 대기 상태로 있었다.

27) Tornau & Kurowski(2017) p.79

* * * * *

장갑병과 보병(만용과 비겁 사이)

"지나치게 낙관적인 상황의 평가로부터 야기된 피해는 가능한 한 빠르게 교정되어야 한다."
(나치독일 선전상 요제프 괴벨스 : 1941.10.30)

이즈음 2장갑군이 툴라에서 막힌 것처럼 10월 말경 집단군의 북쪽도 진도가 나가지 않았다. 칼리닌에서 브제츠크로 가는 길은 요원하고 트로조트를 향한 9군의 진격도 답보상태였으며 북방집단군과 남방집단군 사이의 안쪽 측면을 노리는 적군 제대를 포위할 수 있는 여지도 적었다. 3장갑군이 북쪽의 칼리닌을 점령한 이후 하루도 편할 날은 없었다. 41장갑군단의 주력 사단 1장갑사단은 21일 24대의 전차로 버티다가 23일에는 16대까지 떨어졌다. 그중 4대는 적 전차에, 4대는 기관고장으로 자폭시키는 난리를 피웠다.[28] 칼리닌에 고립된 41장갑군단을 풀어주려면 남서쪽의 56장갑군단이 북동쪽으로 신속하게 올라와 여백을 채워 주었어야 하나 연일 쏟아지는 폭우와 늪으로 변한 진창도로는 제대간 이동을 저해하는 제1의 요인이었다. 특히 26일은 하루 종일 오로

◆ IX-4-8 87차량화보병연대 1중대의 에리히 휘일붸르트 원사. 왼쪽은 받을 것 다 받은 정복 차림의 스튜디오 사진이며 오른쪽은 프로파간다용으로 제작한 사진.

28) BA-MA 59060, 3. Pz. Gr. KTB Nr. 2 1.9.41-31.10.41(1941.10.23)

지 비였다. 전후에 모스크바 진격 실패 원인을 혹한이 아닌 가을비가 더 큰 원인이었다는 것은 이러한 데 기인한다. 10월 27일까지 코네프의 칼리닌방면군은 계속되는 병력증강을 바탕으로 칼리닌 자체를 잘라내려는 위협까지 가하고 있었다. 연료가 부족했던 3장갑군 제대는 브야지마에서 칼리닌에 이르기까지 여기저기 흩어져 있었으며 탄약이 부족해 별 것 아닌 적군이 왔을 때도 간질어 주는 수준에 그치고 있었다. 한 예로 7장갑사단은 10월 25일에도 브야지마 근처에 머물고 있었으며 겨우 28일에야 북진할 수 있는 기회를 잡았다.[29] 사정은 형편없었다. 27일 기준 사단의 25장갑연대는 50% 전력에도 미달하지 못하고 있었다. 소련군은 르제프 북서쪽에서 볼가 강을 넘어 들어오고 있었고 남쪽에서부터 시를 포위하려는 기동을 나타내고 있었다. 10월 26일 독일군 전차 8량을 격파했다고 보고한 119, 246소총병사단은 27일에도 2대의 전차를 추가로 파괴하고 350명의 독일군에게 피해를 입힌 것으로 자랑했으나 곧 독일군의 보복을 받았다. 10월 27일 1장갑사단의 일부 병력과 14차량화보병사단의 1개 대대의 지원을 받은 161보병사단은 119, 246소총병사단과 46기병사단을 볼가 강 방면으로 밀어냈고 10월 말까지 소련군 소총병사단들은 남서쪽을 향해 방어진을 치면서 다가오는 9군의 공세를 저지하는 쪽으로 전환했다.

칼리닌 남쪽 전구의 전투는 이례적으로 격렬했다. 10월 25-28일간 161보병사단은 1,450명을 잃었으며 칼리닌에서의 그간 전투에서만 2,000명의 피해를 보고 있었다. 조금 괜찮다는 56장갑군단의 129보병사단도 550명, 41장갑군단의 36차량화보병사단은 960명의 피해를 안았으며 장기간의 공방전으로 인해 탄약마저 고갈되어 가고 있는 실정이었다.[30] 10월 28일까지 36차량화보병사단은 소련군의 반격재개에 다시 한번 격렬한 전투를 치렀다. 10월 18일 기사철십자장을 받았던 87차량화보병연대 1중대의 에리히 휘일붸르트(Erich Vielwerth) 원사는 클린 북쪽 30km 지점의 랴빈키(Rjabinki)에서 회심의 방어전을 펼치면서 성공적으로 전선을 지켜냈다. 1중대는 적 공격의 정중앙에서 마지막 탄환이 다할 때까지 필사적으로 버티면서 칼리닌에서의 처절했던 반격과 재반격의 공방전을 재현했다. 이 전투는 10월 29일 사단 및 군단 본부에서 특별하게 평가할 정도로 기가 막힌 전과를 달성했다.[31] 이 시기 전투에서는 독일군이 소련군의 대규모 반격이 있기 직전에 진정 병원과 장비의 한계점에 도달할 때까지 싸웠다는 점에서 특기할 만 했다. 소련군의 공격이 피크에 달했을 때 41장갑군단의 포병중대는 40발의 포탄밖에 없어 소대당 12발씩 나누어 가지는 웃지 못 할 지경에까지 처해 있었다.[32] 적을 격퇴시키고 난 다음의 상태는 더욱 심각했다. 56장갑군단의 6장갑사단 주력이 북쪽으로 이동해 칼리닌으로 접근하고 있었지만 이 사단이 굴리고 있던 2, 4호 전차 및 체코제 35(t) 전차들은 모두 11,000-12,500km의 마일리지를 기록하고 있어 수명이 다 된 것으로 진단되고 있었으며 부품도 모자라 주저앉은 41대의 35(t)의 전차 중 불과 10대만이 수리를 마치고 나왔다는 조사도 확인되었다. 1장갑사단은 5일 정

---

29) BA-MA RH 27-7/46, Kriegstagebuch Nr. 3 der 7.Panzer-Division Führungsabteilung 1.6.1941-9.5.1942, Fol. 161(1941.10.28)

30) BA-MA RH 21-3/70, Ankagen zum Kriegstagebuch Tagesmeldungen Bd.I 1.9-31.10.41, Fol. 291(1941.10.29)

31) Kurowski(1994) p.457

32) BA-MA RH 24-41/15, Anlagenband zum KTB XXXXI A.K. Ia 3. Verteidigung von Kalinin 15.10.1941-20.11.1941(1941.10.29)

도 전선에서 벗어나 충전하지 않는다면 난리가 날 것이라는 자체 분석까지 내놓았다.[33]

이런 와중에 OKH는 또 다시 공세를 확대하는 명령을 발부했다. 3장갑군이 4장갑군과 공조하여 칼리닌 북동쪽 250km 거리의 야로슬라블(Yaroslavl)-뤼빈스크(Rybinsk) 구간을 장악한 다음 다시 칼리닌 북동쪽 350km 지점의 볼로그다(Vologda)까지 점령하라는 지시였다. 칼리닌이 위험에 빠진 상태에서 공세를 확대하는 것은 말이 안 된다며 슈트라우스 9군 사령관은 모든 작전기동은 칼리닌을 지키는 주요 과업에 종속되어야 한다는 논지를 전개했다.[34] 라인하르트 3장갑군은 달랐다. 그는 칼리닌을 치고 있는 소련군은 여러 종류의 제대가 뒤섞인 분절화된 전력으로 보병사단이 충분히 감당할 수 있다고 하면서 공세에 찬동했다. 그는 자의적으로 공세일을 11월 4일로 잡았으나 그때까지 56장갑군단이 집결지에 도착할 가능성은 희박했기 때문에 라인하르트는 86, 129, 162, 3개 보병사단과 6장갑사단 선견대의 지원을 받아 41장갑군단 하나만 수백 킬로 공세에 참가하도록 해야 했다.[35] 10월 30일 열 받은 슈트라우스 9군 사령관은 휘하의 보병사단들이 움직이지 말 것을 지시하고 칼리닌 남쪽에서 적군들이 서쪽 및 남서쪽을 공략하고 있는 것을 3장갑군도 알면서 이 따위 명령을 내리냐는 울분을 감추지 않았다.[36] 그는 이 공세 자체를 병신같은 짓이라며 멋도 모르고 날뛰는 장갑병 출신 장군들을 질타했다.

◆ IX-4-9 9군 사령관 아돌프 슈트라우스 상급대장. 르제프 전투 직후 42년 1월 14일 봘터 모델에 의해 교체될 때까지 군 사령관으로 재직했다.

폰 보크도 고민이었다. 그의 가장 큰 관심은 28-29일에 따 낸 볼로콜람스크와 칼리닌의 간격이 자꾸만 늘어나 70km에 달하고 있음에도 4군이나 9군이 이를 커버할 역량이 없다는 점이었다. 갭이 생기면 소련군은 귀신같이 파고들 줄 알았다. 31일 폰 보크는 칼리닌 북익은 남익에 비해 상대적으로 조용하므로 이를 부차적인 전구로 간주하고 수중의 모든 가용한 병력을 이 구간에 집결시키라는 주문을 내렸다.[37] 라인하르트도 가만있지 않았다. 그는 이미 야로슬라블-뤼빈스크 방면 공격을 염두에 두고 있어 동쪽으로 갭을 메우는 일에는 관심이 없으며 다만 41장갑군단

33) BA-MA 27-1/58, Kriegstagebuch Nr. 7 des Kdos. Der 1.Panzer-Div. 20.9.41-12.4.42, Fols. 38-39(1941.10.30)
34) BA-MA 59060, 3. Pz. Gr. KTB Nr. 2 1.9.41-31.10.41(1941.10.28)
35) BA-MA 59060, 3. Pz. Gr. KTB Nr. 2 1.9.41-31.10.41(1941.10.29)
36) BA-MA 59060, 3. Pz. Gr. KTB Nr. 2 1.9.41-31.10.41(1941.10.30)
37) Bock(1996) p.346

이 북동쪽으로 진군하는 과정에서 도움을 줄 수 있는 한계까지만 협조하겠다는 고집을 부렸다. 라인하르트가 받은 OKH의 명령은 야로슬라블-뤼빈스크를 향해 북동쪽으로 250km를 주파하는 것으로서 일단 4장갑군 제대의 지원을 받아 모스크바와 볼가 강 사이를 관통하여 잠정적으로는 볼로그다에 도착하는 것으로 정해져 있었다.[38] 3장갑군은 사실 연료도 탄약도 부족해 그 날씨에 250, 350km를 진군한다는 것은 도저히 가능한 이야기가 아니었다. 특히 뤼빈스크로 가는 길은 유달리 도로사정이 좋지 않았으며 보급수준도 2장갑군처럼 대단히 허덕이고 있는 상태였다. 심지어 공수를 담당할 독일공군의 전초기지로 쓰던 칼리닌 공항도 그간의 항공기 피해 규모의 정도가 심해 벌써 폐쇄된 상태였다.[39] 10월 30일에는 52전투비행단 2대대의 Bf 109F 8기가 적의 화포사격에 파괴되는 사태가 있었기에 Ju 52 수송기들은 일찌감치 빠져나와야 했다. 쥬코프와 코네프는 그다지 독일군을 압도할 만한 전력도 아니면서 진창도로와 연료부족에 허덕이는 독일군들을 끊임없이 괴롭히며 장갑군단뿐만 아니라 4, 9군의 보병사단들에게도 막대한 피해와 손해를 끼치고 있었다. 장갑부대 지휘관들은 경향상 측면엄호는 신경 쓰지 않은 채 앞만 보고 달리는 관성이 많았으며 보병 지휘관들은 상대적으로 보수적인 판단력을 갖고 있는 것은 사실이었다. 40, 46장갑군단의 진격을 엄호하던 7군단은 모자이스크-모스크바 주도로 남쪽을 확고히 하기 위해 10월 말 소련 5군에 대해 지속적인 공세를 전개했다. 소련 5군은 시베리아에서 온 강력한 82차량화소총병사단을 지원받으면서 결정적인 순간에 어려운 고비를 극복할 수 있었다. 10월 마지막 3일 동안의 격전은 상당한 피해를 안았다. 7보병사단은 400명, 267보병사단은 900명의 전사 및 부상의 피해를 입고 있었으며 정수의 절반으로 떨어져 가고 있는 상태에서는 더 이상의 무리한 공세가 쓸데없는 힘의 낭비로 여겨질 정도였다.[40] 그보다 남쪽의 34보병사단의 경우는 더 한심했다. 10월 3주째 사단은 적의 공격에 의한 것보다 추위와 질병에 의한 병사들의 피해가 더 많은 것으로 집계되었다.[41] 이런 대립되는 국면에서는 폰 보크가 해결을 해주었어야 했다. 그가 현지 사정을 모르는 바는 아니나 모스크바 진격을 일생일대의 도전으로 간주했던 그는 어떤 난관이 있더라도 진격을 계속해야 한다는 관성이 있었다. 물론 어느 방향에 중점을 두느냐 혹은 측면방호를 위한 조공을 어느 수위로 조절하느냐는 그때 상황마다 조금씩은 달랐다. 하나 폰 보크는 공세를 늦추거나 중단하면 적만 이득을 본다는 고정관념을 버리지 못했다. 그럼에도 불구하고 중앙집단군은 진격을 일단 중단하기로 결정했다. 연료, 탄약, 도로, 날씨, 일조량, 소련군의 저항 등 어느 하나 만만한 것이 없었으며 나중에 어떤 결과가 나오더라도 지금 당장은 휴식을 취하면서 땅이 굳어지기를 바라는 것이 현명하다는 다수의 판단이 지배적이었다. 중앙집단군은 10월에 13,669명의 전사를 포함한 72,870명의 부상, 전차 및 돌격포 250대 상실을 기록했다. 독일군 전체는 11월 1일까지 총 686,000명의 피해를 안고 있었다. 이 수치는 이 시기까지 수백만이 죽고 수백만이 포로가 된 엉성한 소련군이 아니라 전 유럽을 석권한 정예 전력이 이 정도로 죽고 부상당했다는

38) BA-MA RH 19-II/387, Kriegstagebuch Nr. 1(Band November 1941) des Oberkommandos der Heeresgruppe Mitte, Fol. 4(1941.11.1)

39) BA-MA 59060, 3. Pz. Gr. KTB Nr. 2 1.9.41-31.10.41(1941.10.28, 10.31)

40) BA-MA RH 21-4/39, Anlage zum KTB Pz.Gruppe 4 Meldungen von unten 15.10.41-15.11.41, Fol. 155(1941.11.1)

41) NA : T-315 ; roll 876, Kriegstagebuch der 34. Infanterie-Division Nr. 4, Teil II., frame 000518(1941.10.30), Bergström(2016) pp.205

사실이어서 전혀 단순한 통계가 아니었다. 조금 과장된 이야기일 수도 있으나 혹자는 1941년 10월 말의 독일군이 1차 대전 1918년 9월달의 독일군보다 더 곤경에 처해 있다고 표현하기도 했다.[42]

* * * * *

타이푼 제 1국면의 평가

"소련군은 엄청난 피해를 입었다. 그러나 타이푼 작전의 목표들은 성취되지 못했다. 보크의 부대는 툴라 근처에서 돈좌되었고, 다른 하나는 모자이스크에서, 또 다른 부대는 볼가(칼리닌)의 상류지점에서 멈춰버렸다."
(스타프카 참모차장 및 작전부장, 알렉산드르 봐실레프스키 중장)

중앙집단군을 막아섰던 소련군은 9월 30일부터 11월 5일까지 총 65만 명 이상의 피해를 안았다. 10월 1일부터 11월 8일까지 루프트봐훼는 러시아 전체 전선에 걸쳐 2,174대의 소련기를 격추시켰다. 10월 말까지 타이푼 작전은 이중포위전이라는 엄청난 승리를 획득하고도 여러모로 딜렘마에 빠지지 시작했다. 폰 보크는 하루라도 빨리 모스크바로 접근하기 위해 발버둥을 친 편이었으나 10월 말까지 집단군의 각 군단과 사단들은 그로기로 몰리고 있었다. 10월 말 최악의 상태로 변해 간 진창도로는 여전히 기동전력과 차량들의 발목을 잡고 있었으며 동복도 제 때에 준비가 되지 않아 겨우 전 병력의 4분의 1 정도가 수령했고 나머지는 여름옷으로 러시아의 겨울을 맞이하고 있었다. 그런 와중에도 육군 총사령부는 폰 보크에게 모스크바로 진격하는 것 외에 남쪽의 쿠르스크와 북쪽의 베제츠크(Bezhetsk)까지 따 내라는 무리한 요구를 제기하였으며, 폰 보크는 그럴 경우 주공인 모스크바 진격은 당연히 희생이 되고 만다는 판단을 숨기지 않았다.[43] 이미 폰 보크의 집단군은 사실상 3개 장갑군이 남북으로 따로 퍼져 있었으며 당장 앞 가름도 못할 판국에 더더욱 전구를 늘리고 병력을 분산시키라는 것은 지난 여름 이후 하나도 변한 것이 없는 국방군과 육군 최고통수부의 고질병이었다. 그보다 문제는 혹시 이 시점이 클라우제비츠가 말하는 공격과 수비가 서로 뒤바뀌게 되는 공세 및 방어전이의 변곡점이 아닌가 하는 우려였다. 분명히 독일군이 비틀거리면서도 승리를 쟁취해 왔지만, 그리고 아무리 모스크바를 향하는 이정표나 교외 버스 정류소가 보인다 하더라도 이렇게 무른 땅과 바닥이 난 보급 상황에서는 더 이상의 진격이 가능치 않다는 것이 야전 지휘관들의 관찰이었다. 그리고 모스크바는 10월 20일부터 50만의 인구가 동원되어 300km 정면을 바리케이드와 대전차호, 야포 및 기관총좌 진지 축성을 위한 대토목공사에 들어가고 있었다. 장갑부대 지휘관으로서 가장 비관적인 견해는 휘팅호프 46장갑군단장으로부터 나왔다. 그는 회프너 4장갑군 사령관에게 올린 보고서에서 아래 이유를 들어 문제의 심각성을 적시하고 당분간 공세의 중단이 필요함을 역설했다.

---

42) Stahel(2013b) p.296

43) BA-MA RH 19-II/411, Kriegstagebuch Nr. 1(Band Oktober 1941) des Oberkommandos der Heeresgruppe Mitte, Fol. 666(1941.10.23)

- 공세 정면의 습지대는 서리가 내리더라도 전차의 기능에는 적합지 않음
- 보로콜람스크에서는 중장비들의 하중을 견딜 수 있는 단 하나의 제대로 된 도로가 존재하지 않으며, 클린(Klin), 이스트라(Istra), 또는 더 남쪽의 거점까지 이르는 구간도 마찬가지 상황임
- 땅이 굳는다면 차량의 기동이 진흙 속보다는 용이할지 모르나 딱딱하게 굳은 상태에서 고속으로 달리는 차량에 대한 피해는 더 늘어날 것임
- 그와 동시에 스노체인과 같은 장비도 태부족인 상태에서 진창도로보다 더 나은 속도를 유지한다는 보장은 없음[44]

휘팅호프는 결론적으로 최소한 1개 장갑사단에 하나의 도로가 주어져야 속도를 낼 수 있으며 그렇지 않을 경우 교통정체만 심화될 것으로 보고, 최소한 5일 분량의 보급품과 연료, 식량이 담보될 때에만 장갑사단들의 공세는 유의미한 성과를 올릴 수 있을 것으로 진단하였다. 그러지 않다면 현재의 개선되지 않는 조건 하에서 장갑군단을 무리하게 적진으로 투입할 실익은 전혀 없다는 것이 그의 냉정한 판단이었다. 이는 보병군단장의 보고가 아닌 가장 의욕적으로 전진해야 할 장갑군단장의 솔직한 견해였다. 보고서를 받은 회프너는 일단 첨부 견해를 붙여 자신의 명목상의 상관인 폰 클루게 4군 사령관에게 전달했으나 폰 클루게의 반응은 없었다. 회프너는 3개 장갑군 중 그나마 가장 강력한 전차부대들을 지니고 있었고 모스크바 점령의 과제를 본인 스스로 해결하고 싶은 회프너로서는 액면 그대로 수긍하기가 싫었을 것이다. 그 점에서는 폰 보크도 다르지 않았다. 그는 모스크바 점령, 소연방 정복이라는 가슴 벅찬 과업을 병참문제로 인해 포기하고 싶지는 않았을 것이다.

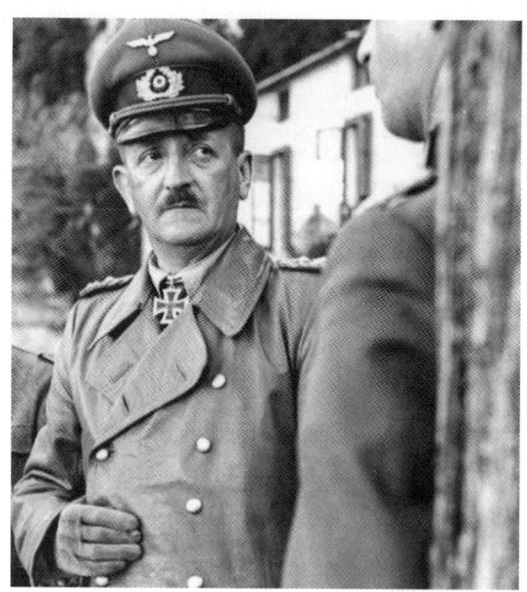

◆ IX-4-10 2장갑집단 46장갑군단장 하인리히 폰 휘팅호프 장갑병대장. 40년 11월 1일부터 46장갑군단을 지휘했다. 천재적인 수완은 별로 없었으나 대단히 신중하며 합리적인 지휘를 행한 야전사령관으로 알려져 있었다.

구데리안의 2장갑군은 툴라 바로 코앞에서 정지되었고 라인하르트의 3장갑군은 칼리닌에서 적군의 반격을 받아 날로 소모되는 전력을 감싸 쥐고 있어야 했다. 어느 전구나 마찬가지로 연료 부족은 3장갑군에게도 예외는 아니었으며 라인하르트는 연료를 주입해야 할 차량이 부족하다는 사실에 오히려 기뻐해야 한다는 비극적인 조건에 처해 있었다. 회프너의 4장갑군은 차로 반시간이면 모스크바와 닿을 거리에서 퍼져 있었다. 57장갑군단의 20장갑사단은 막대한 병력 손실에 따라 제대가 서로 뒤섞여 통

44) BA-MA RH 21-4/35, Anlage zum KTB Pzanzer Gruppe 4: 15.10.41-10.11.41, Fols. 164-165(1941.11.1)

제가 어렵게 되었으며 겨우 따 낸 교두보가 지탱하기가 어렵다는 고백을 남겼다.[45] 46장갑군단은 장갑부대 고유의 기동력을 회생시키고 적군에게 집중적인 기습효과를 안겨주려면 서리가 내리고 땅이 얼 때까지 기다려야 한다는 결론을 제시했다. 그렇게 함으로써만이 가뜩이나 부족한 연료도 절약할 수 있으리라는 분석도 나왔다. 그러나 한편으로 설혹 땅이 언다 하더라도 그게 언제가 될지는 하늘만이 아는 일이며 가을비가 끝나 진창도로가 없어지는 때가 온다 하더라도 후방으로부터 연료와 탄약, 보급품이 전방으로 도착하는 데는 다시 5-6일이 소요될 것으로 내다보았다. 동시에 쥬코프의 서부방면군은 그들 역시 독일군처럼 현 위치에서 대기하고 있다가 모든 전력을 모스크바 정면에 쏟아 부어넣을 것이란 점도 충분히 감안해야 했다.[46] 회프너는 30일 이렇게 외쳤다고 한다. "좋으신 주님, 제발 우리에게 14일간만 땅이 얼게 해 주십시오. 그러면 우리는 모스크바를 포위할 수 있습니다." 회프너의 기도가 통했다면 어땠을까 하는 것은 대단히 흥미로운 역사적 추론이지만 여하간 독일이나 소련이나 극한상황에까지 내몰리고 있었던 것은 사실이었다. 하지만 회프너의 간절한 소망은 신(神)으로서도 대단히 어려운 부탁이었다. 즉 장갑부대가 속력을 내기 위해서는 서리가 내리되 너무 추워도 안 되고, 어중간하게 추운 상태에서 눈이 내려 진격이 돈좌되어도 곤란하다는 주문이었다. 답답한 것은 소련군도 마찬가지였다. 9월 말 모스크바 축선에 놓여 있던 3개 방면군의 전력은 11월이 되면 겨우 5분의 1로 줄어드는 위기를 맞고 있었다. 그만큼 브야지마-브리얀스크 이중포위전의 피해는 막대했다. 11월 2일 쥬코프는 예비방면군과 칼리닌방면군 모두가 기동전력이 고갈시점에 도달한 것을 정말로 개탄해 했다. 쥬코프의 서부방면군이 독일군 주공의 침입해 대비해 지원받은 것은 예비방면군 본부와 98명의 병원, 칼리닌방면군으로부터는 1개 본부와 2개의 예비 소총병 연대가 전부였다. 데이빗 글랜츠는 'When Titans Clashed'(1995)에서 10월 말 상황을 아래와 같이 묘사했다. 이 구절은 Paul Carrel의 저작 'Hitler Moves East 1941-1943'(1966)에서 비슷한 표현이 있기에 아마도 글랜츠가 이를 원용한 것으로 보인다.[47]

"10월 말, 독일군과 붉은 군대는 난타전 끝에 녹초가 된 권투 선수 같이 간신히 버티고는 있었지만 상대방에게 결정타를 날릴 힘은 소진해 버렸다. 마치 눈이 부은 프로 권투 선수처럼 양측은 자신의 한계점을 명확히 느끼면서도 상대방에 대해서는 정확히 파악할 수가 없었다."[48]

이 표현은 분명 소련군에게는 맞는 말이었다. 하나 독일군은 아직 자신들의 한계를 모르는 듯했다. 아니 알고도 인정하고 싶지 않았던 것인지 여전히 수뇌부는 선공필승의 공식에서 한 걸음도 후퇴하지 않은 것처럼 보였다. 전술한 바와 같이 중앙집단군은 공세를 일시 중단했다. 10월 말에 결정된 11월 초의 휴식은 타이푼 작전 자체의 중단이 아니었다. 11월에는 더 가혹한 동계전투가 기다리고 있었으며 시베리아에서 오는 신규 사단들이 속속 전선에 모습을 나타내게 되면 거의 탈진 상태의 독일군이 어느 정도의 모습으로 적군을 쳐내고 모스크바로 진격할 수 있을지 아무도 장담할 수 없었다. 다음은 11월 2일 쉬프(Schiff)라는 이름을 가진 독일군 상사의 일기이다.

---

45) BA-MA RH 27-20/26, 20.Pz.Div. KTB Band Ia 2. vom 21.10.41 bis 30.12.41, Fol. 12(1941.10.26.)

46) BA-MA RH 24-46/21 Kriegstagebuch Nr. 3 des XXXXVI.Pz.Korps. Ia 24.8.41-31.12.41 Fol. 101(1941.10.28) / BA-MA RH 21-4/35, Anlage zum KTB Pzanzer Gruppe 4: 15.10.41-10.11.41, Fol. 167(1941.10.30)

47) Carrel(1966) p.168

48) 글랜츠 & 하우스(2010) p.118

"우리는 수염만 보면 거의 유보트 승조원같이 하고 있었다. 손이 지독히 더러운데 우리가 우리 몸과 옷을 언제 마지막으로 씻었을까? 아마 몇 달 전의 일일 것이다. 우리는 하루 종일 참호 안에서 뻣뻣하게 대기 중인 상태로 있다. 우리는 너무 추워서 발에 아무런 감각조차 느끼지 못한다! 하나 쥐들이 꿈틀거리는 것은 느끼고 있다."[49]

초조했던 구데리안은 41년 러시아혁명 기념일 당일, 자신의 부인에게 다음과 같은 글을 보냈다.

"우리 군에게 실로 곤란한 것은 적군에게 시간을 벌게 해주어 우리가 동계전투를 해야 되지 않을까 하는 것이다.....이것이 어떤 결과를 가져다 줄 지는 오로지 신(神)만이 알고 있다!....."

헤르만 호트 17군 사령관은 이때 독일군은 자신들의 한계를 직시하고 전쟁을 다음 해로 넘기면서 모스크바 정면에서의 겨울전투를 피했어야 한다는 견해를 피력했다.[50] 그 당시에 얼마나 많은 지휘관들이 호트와 같은 생각을 했는지는 나중에 오르샤 회의 때 밝혀지겠으나 결과론적으로는 쇠약해져가는 전력을 아껴 차기 라운드에 대비하는 것이 현명하다는 추론은 얼마든지 가능했다. 하지만 대부분의 병사들은 춥고 배고프고 상처가 쑤시긴 하지만 손을 벌리면 바로 잡힐 것 같은 곳에 모스크바가 있는 것처럼 느끼고 있었다.

◆ IX-4-11 장거리 행군 후에 오랜 전투를 겪고 나면 체지방이 거의 다 빠진 상태에서 이런 모습으로 변해갔다. 돌격장에 1급철십자훈장, 다수의 약장을 단 베테랑 부사관

독일군이 지쳐가는 것과 마찬가지로 소련군 역시 긴장과 초조의 연속이었다. 소련군은 전차여단들을 총동원해 주요방어선을 독자적으로 방어하는 형태의 방어전을 전개하고 있었으나 11월로 바뀌는 시점부터 일단 매복한 상태에서 철저한 진지전을 펼친 다음, 반격으로 선회하는 방식으로 전환하기 시작했다. 서부방면군은 중앙부의 병력을 모자이스크 방어선 후방으로 내린 다음, 10월 30일에는 다음과 같은 훈령을 하달했다.

- 우선 각 제대는 진지방어를 강화해 철저한 진지전을 수행하되 '기동방어'라는 개념을 포기한다.
- 예상되는 독일군의 진격재개에 효과적으로 저항하기 위해 적 전차가 기동가능한 모든 도로에 지뢰를 매설한다.
- 이를 위해 대전차 및 각종 장해물의 구축을 확충하며, 차제에 일체의 장해물을 집적시킨 대전차지구를 창설한다.

49) Bringing History To Life(2017) p.17
50) Hoth(2015) p.155

- 소총병은 더욱 깊게 호를 파고 대기한다.
- 전차는 소총병 진지의 후방에 대기시키되 대기위치에서 사격을 실시한다.
- 서부방면군에는 4, 5, 23, 24, 25, 27, 28, 32, 109전차여단 및 27, 125독립전차대대를 배속시킨다.
- 11, 17, 18, 19전차여단은 방면군의 예비로 설정한다.[51]

10월 말부터 11월 초까지 모든 전차여단은 총합병과부대의 사령관 지휘 하에 놓이게 되었다. 서부방면군 사령부는 전차의 분산적 이용을 철저히 자제하고 포병과 소총병 제대와의 긴밀한 제휴 아래 운용할 것을 요구하면서 특히 43군이 9전차여단을 소모적으로 기용한 것을 비판했다. 이제 소련군도 독일군의 예를 참작해 제병협동의 원칙과 교리들을 흡수하면서 설사 부분적으로 저지선을 돌파당하는 일이 있더라도 독일군의 주공에 최대한의 피해를 입히면서 전선을 교착상태로 끌고 가는 일을 염두에 두고 있었다. 하나 나중에 확인할 것처럼 이 제병협동의 방어전술은 여전히 다대한 허점을 노출시키고 있었다.

* * * * *

지겨운 병참과의 전쟁

** 프란쯔 할더 육군참모총장 : "이 많은 걸 다 어떻게 보급한다는 말이요 장군?"*

** 에르뷘 롬멜 아프리카군단장 : "그건 내가 알 바 아니고 귀관이 신경써야 될 일이지요"*

개전 초나 그 다음이나 독일군은 여하튼 겨울이 오기 전에 전쟁을 끝내려 했고 끝낼 수 있다고 보았기에 동계대책은 별로 없었다. 일단 모든 게 부족하지만 모스크바를 향한 공세를 위해 모든 물자와 운송수단이 동원되었다. 가장 큰 고민은 철도수송이었다. 서유럽 철도의 협궤(挾軌)를 러시아의 광궤(廣軌)에 맞추는 작업 자체가 이동을 지체시켰음은 재론할 필요가 없다. OKH는 폰 보크에게 최소한 일일 21개 연료차량을 제공할 것을 약속하고 곧 31개로 증가시키겠다는 계획을 알렸다. 그러나 공세 수일 전까지도 약속한 일일 최소량을 맞추지 못하는 졸속행정이 연속되었으며 16일까지 겨우 12개 차량이 집단군 전선에 도착하는데 그쳤다.[52] 2장갑군의 구데리안에게는 공세 재개를 위해서는 일일 10개 차량이 필요하나 겨우 절반인 5개만 도착했으며 가장 남쪽의 2군은 가장 들쑥날쑥하게 공급되고 있어 소련군의 동계반격작전이 이루어지기 전까지도 지지부진했다. 2장갑군이나 2군과 가까운 남방전선은 고멜-브리얀스크-오룔로 이어지는 비교적 안정된 철도선이 있어 기본적인 보급품은 제 때에 도착이 되었어야 하나 그럴듯한 인프라가 있는데도 진행이 더디다는 것은 독일군 군수조달행정에 뭔가 결함이 있는 것으로 판단되었다. 9군은 11월 9

51) マクシム・コロミーエツ(2004) p.58

52) BA-MA RH 19-II/387, Kriegstagebuch Nr. 1(Band November 1941) des Oberkommandos der Heeresgruppe Mitte, Fol. 71(1941.11.15)

◆ IX-4-12 얼어붙은 모스크바 정면의 독일군들. 한파로 인해 격발이 되지 않을 위험한 경우에 대비해 MP40의 탄창을 빼놓은 상태

일에서 23일까지 하루 1개 차량으로 버티고 있었다. 그 와중에 추위와 배고픔에 떠는 독일군 장병들을 폭발하게 만든 것은 모든 철도차량이 연료와 주요 보급품만을 실어도 모자라는 판에 유대인들을 싣기 위한 다량의 열차들이 다른 곳으로 동원되었다는 것과, 약삭빠른 프랑스의 장사꾼들이 그 틈에 돈을 벌기 위해 와인을 공급했지만 모두 꽁꽁 얼린 상태로 현지에 도착한 점이었다. 얼음처럼 된 와인을 먹지 못하는 장병들이 열 받은 것은 당연했으며 이들은 1주일 넘게 양말을 갈아 신지도 못하는 상태에서 보급도 없이 모스크바로 간다는 명령에 독이 올라와 있었다. 1930년대부터 미국 다음으로 많은 GDP를 기록하는 국가이면서도 전선의 장병들이 양말이나 속옷, 장갑이 부족해 떨고 있는 어이없는 광경이 서서히 속출하고 있었다. 후고 보스(Hugo Boss)가 제작한 이들의 폼 나는 제복은 러시아의 겨울에 전혀 맞지 않았다. 독일군은 죽은 소련군으로부터 얻은 우샹카 털모자에 국방군 마크만 보이게 한 채 쓰고 다니는 일이 흔해졌다. 장교들은 소련군 옷이나 모자를 사용하지 않도록 권고하고 있었으나 병사들은 이제 개인화기마저 한파에도 격발에 문제가 없는 소련제 PPSh 기관단총을 선호했고 이를 서로 소유하려고 싸우는 일까지 벌어지고 있었다. PPSh는 71발의 탄환을 장전할 수 있었으며 분당 900발까지 발사된다는 점에서 독일군의 MP38, MP40보다는 월등히 우수한 총기였다. 물론 PPSh도 잔고장이 많은 신뢰성이 딸리는 화기였으나 최소한 동계에서는 그러했다.[53]

국도를 이용한 수송은 여전히 원활치 못했다. 그자츠크와 모자이스크 구간은 특별히 도로사정이 엉망으로 변해 있었다. 이 구간의 주도로는 4장갑군뿐만 아니라 2장갑군의 24장갑군단 등도 나누어 쓰는 지점으로 이곳이 막히면 모든 보급선이 정체된다는 문제가 있었다. 연료가 부족하니 장갑부대의 전차와 차량들을 발진지점으로 이동시키는 것도 여의치 않아 독일군들은 결정적인 순간에만 연료를 집중적으로 사용하기 위해 후방에서 전방으로 이동시키는 일은 일단 차량을 정지시킨 뒤 손수레 등으로 장비와 보급품을 나르기로 했다.[54] 2장갑군은 무려 60%의 전차들이 진창도로에 주저앉아 있었으며 4장갑군의 10장갑사단은 그자츠크 지구에서 단 한 대의 전차도 적

53) 한 가지 이상한 것은 독일군이 PPSh를 선호했던 것처럼 소련군 역시 잔고장이 덜한 독일제 기관단총을 좋아했다는 점으로, 우리가 통상 알기로는 독일제가 러시아의 기후에서 문제가 더 많이 노정되었다는 것이 지배적인 견해이다. 여담이지만 소련군이 독일군 총기를 들고 있는 것은 어딘가 어색하나 소련군 총기를 사용하는 독일군은 어울린다는 견해가 많다. 서독, 영국 합작 영화 '17인의 프로페셔널'(Cross of Iron : 1977)에 나오는 주인공 롤프 슈타이너(제임스 코반) 상사는 첫 장면에서 소련군 박격포진지를 제압한 다음 MP40 대신 노획한 PPSh를 끝까지 사용하게 된다.

54) BA-MA RH 24-57-3, Gen.Kdo.LVII.Pz.Korps KTB Nr. 2 vom 11.1.41-31.12.41, Fol. 4(1941.11.1) & Fol. 7(1941.11.3)

◆ IX-4-13 눈이 쌓인 도로를 지나가는 독일군 보급차량. 맨 앞쪽 궤도가 붙은 것은 Sd.Kfz.10, 뒤쪽은 4x4 중형트럭

에게 피탄되지 않은 채 그 중 50대가 자체 결함으로 망가졌고 50대 가운데 35대가 단 3일 만에 기동불능이 되는 비극을 맞고 있었다. 실제로 많은 차량들이 50cm가 넘는 진흙으로 인해 토잉도 잘 되지 않을뿐더러 이미 고장난 것들이 많아 당장은 말이나 인력으로 날라야 하는 것이 불가피했다. 자잘한 고장으로 수리소에 들어갔다 나온 차량은 전체의 95%나 되었으며 그에 따른 부품 교체의 심각성은 이루 말할 나위가 없었다.[55] 대표적으로 6장갑사단의 경우에는 이미 10월 중순까지 사단의 전차들이 평균 11,500km를 주행했기에 엔진과 주요 부품의 교체 내지는 엔진 자체의 점검도 시급한 형편이었다.[56] 6장갑사단의 경우는 보유 차량이 온갖 회사제품들로 뒤섞여 있어 부품 조달은 하늘에 별따기였으며 소련제 차량에서 뽑아 부품을 끼워 맞추는 등 별의별 작업이 다 동원되고 있었다. 특히 체코제 35(t) 전차는 부품이 없어 수리를 요하는 41대의 차량 중 겨우 10대만 복원되는 수준에 그치고 있었다. 이런 상태에서 지난 여름과 초가을에 100km를 주행 가능했던 연료량은 늦가을이 되면 겨우 15-25km를 달릴 수 있는 수준으로 떨어졌다.[57] 연료가 없어 차량이 주저앉고, 연료를 주입한 차량을 굴리면 부품들이 망가지거나 여전히 무른 땅으로 인해 전진이 안 되어 연료만 낭비하게 되는 악순환이었다. 대부분은 말과 도보로 움직이고 있었다. 이는 1차 대전과 별로 다를 게 없는 풍경이었다. 2장갑사단의 경우에는 우마차나 도보로도 환장할 사정의 여건에 놓여 있어 11월 4일부터는 모든 보급품을 융커스 Ju 52 수송기에 의한 공수

55) BA-MA RH 24-4-/18, Kriegstagebuch Nr. 3 der Führungsabteilung(Ia) des Gen.Kdo.(mot.) XXXX.Pz.Korps vom 31.10.1941-26.12.1941(1941.11.2)

56) Raus(2003) p.88

57) BA-MA RH 21-3/71, Anlagen zum Kriegstagebuch Tagesmeldungen Bd.1 1.11.-31.12.41, Fol. 57(1941.11.7)

에 의존하고 있었다. 공수된 일용식이라고 해봐야 단 두 조각의 단단한 빵, 약간의 소시지, 그리고 담배 몇 개피가 전부였다. 이들은 전후에 러시아의 겨울과 눈보라가 아니라 가을에 내린 비가 독일군의 모스크바 진격을 가로막은 진정한 러시아의 수호신이라는 진술을 남겼다.[58] 11월 5일부터 서서히 땅이 굳기 시작하는 조짐은 보이고 있었다. 하지만 장갑군이 원하는 연료와 보급이 완전히 해결되어 실질적인 공세에 돌입하는 것은 그로부터 또 10일 이상이 소요됨에 따라 19일이 되어야 모든 제대가 출동할 수 있었다. 서리가 내리기만을 기다렸던 회프너도 이 준비 기간을 정확히 10일로 내다보고 있었다.[59]

2, 3, 4장갑군 모두 향후 작전을 어떻게 할 것인가는 참모들의 머리가 아니라 자연환경과 병참상황에 점점 의존해 갔다. 그런데도 이상한 것은 브라우히취는 차기 동계공세를 마냥 낙관적으로만 그리고 있었으며 할더 또한 병참 문제로 인해 모스크바 진격의 의지가 저해 받아서는 안 된다며 그저 밀어붙이는 입장을 취하고 있었다. 특히 할더는 11월 1일 이제부터 병참문제가 더 악화될 조짐이 보이는데도 독일군이 그간의 어려운 보급문제를 극복하고 공세에 나설 수 있게 되었다고 자신하고 있었다는 것이 전선의 지휘관들을 당혹하게 만들고 있었다.[60] 폰 보크는 11월 3일 도로사정은 더 악화되고 있고 단위부대에 대한 보급문제는 심각한 수준이라고 토로했으나 11월 3-4일 할더는 한술 더 떠 전선의 소련군들이 주요 산업기지나 전략적 주요 거점들을 모두 포기하고 모스크바 방어에만 전념하는 부대 이동을 확인했다면서 모스크바를 포위하는 데는 큰 지장이 없다는 견해를 드러내기도 했다. 즉 독일군이 어려운 환경에 놓여 있는 것처럼 '붕괴 직전'의 소련군도 마찬가지이므로 조금만 버티면 수도는 한 달 내로 장악될 수 있다는 야심찬, 아니면 나이브한 전망들을 무한정 발산하고 있었다. 이 시간 모스크바 정면에 진을 친 독일군 지휘부는 사뭇 서로 다른 극단의 견해들을 나누면서 불안한 미래를 계산하고 있었다. 전선의 장병들은 확성기를 통해 나오는 선전과는 달리 상황은 악화 일로에 있다는 편지를 고향의 가족들에게 알리고 있었다. 일부는 완전히 지쳤다는 체념에서부터 우리가 피곤한 만큼 적도 한계에 도달한 것으로 보이므로 승리가 목전에 다가왔다는 막연한 낙관까지 천차만별이었다. 하나 전반적으로 보아 확실히 사기는 떨어져 있었고 보병과 장갑병간의 갈등은 단위부대 지휘관들간의 반목과 멸시로 이어져, 알게 모르게 우군 간에도 긴장과 위기가 증폭되고 있는 것은 확실했다. 물론 조만간 지휘관이 '돌격, 앞으로!'를 외치면 참호에서 엉덩이를 들고 일어나 전진은 하겠지만 지난 5개월 동안의 피로감이 찌든 병사들의 전투력이 어느 정도까지 발휘될지는 아무도 몰랐다. 소련군 3개 방면군은 9월 30일부터 11월 5일까지 총 514,338명의 전사 및 행방불명을 기록했다. 하지만 아직도 버티고 있었다.[61]

---

58) Haupt(1990) p.169

59) BA-MA RH 24-46/21 Kriegstagebuch Nr. 3 des XXXXVI.Pz.Korps. Ia 24.8.41-31.12.41 Fol. 109(1941.11.5)

60) BA-MA RH 19-II/387, Kriegstagebuch Nr. 1(Band November 1941) des Oberkommandos der Heeresgruppe Mitte, Fol. 7(1941.11.1)

61) Bergström(2007) p.93

* * * * *

폰 보크의 탐색전과 쥬코프의 국지적 반격

"10월 중순에 피로에 지친 소련군이 전멸될 것이라는 믿음은 너무 앞선 것이었다.
러시아가 너무나 빨리, 그리고 엄청나게 많은 병단들을 만들어내는 것은 진정 놀라운 일이었다."
(251보병사단 참모장교 한스-마이어 벨커)

쥬코프가 독일군을 피곤하게 만드는 지연전을 펼치는 동안 스타프카는 모스크바 정면의 방어전을 위해 모든 자산들을 끌어 모으고 있었다. 서부방면군의 쥬코프는 10월 중으로 총 10개 소총병사단, 20개 전차부대(여단 및 연대, 대대), 1개 공수군단, 1개 기병사단 및 5개 민병대사단을 지원받았다. 이중 5개 소총병사단은 5군과 16군에 배정되고 2개 사단은 칼리닌, 1개는 툴라로 파견된 다음, 나머지는 예비로 돌려졌다. 11월이 되면 다시 2개의 소총병사단, 17개 소총병여단, 4개 전차부대, 14개 기병사단 및 11개의 스키대대가 모스크바 방어전에 투입되었다. 그에 따라 쥬코프와 코네프는 11월 15일까지 총 38개 소총병사단, 3개 전차사단, 12개 기병사단 및 14개의 전차여단을 나누어 쓸 수 있었다. 병원의 양은 지쳐가는 독일군에 비해 충분하다고 여겨졌으나 문제는 기동전력의 유지관리수준이었다. 기존 11개 전차여단 외에 10월 중으로 17개의 신규 전차여단들이 전선에 도착했다. 물론 구성은 엉성했다. 겨우 1-2주일 훈련을 받고 전차병이 된 이들은 전차의 단순한 고장

◆ IX-4-14 형체를 알아보기 힘들 정도로 포탑이 파괴된 영국제 발렌타인 전차. 뒤는 정찰용으로나 쓰이는 독일군의 2호 경전차

에 대해서도 응급조치를 취할 교육을 제대로 받지도 못했으며 풀어진 장갑궤도를 갈아달 줄도 몰랐다. 따라서 비전투요인에 의한 전차의 상실도 만만치 않았다. 예컨대 11월이 시작되고 이틀이 지난 시점에서 2장갑사단은 멀쩡하게 버려진 10대의 T-34를 거저 노획하는 일이 있었다. 패닉상태의 소련군이 그냥 내버려두고 간 것인지 약간의 고장에 응급조치를 할 줄 몰라 방기한 것인지는 잘 알 수가 없었으나 이와 같은 해프닝은 도처에서 발견되고 있었다. 장부상의 전력이라면 이 여단들은 119대의 KV-1, 510대의 T-34를 포함해 총 1,139대가 있어야 하나 실상은 91대의 KV-1와 185대의 T-34를 포함해 총 396대에 지나지 않았다. 따라서 한 여단은 원래 정수 67대의 전차가 아니라 31대로 구성되어 있었으며 KV-1는 0-4대, T-34는 1-20대에 이르기까지 전차여단별로 편차는 심하게 나타났다.[62] 한편 영국제 전차들이 렌드리스 법에 의해 소련으로 반입되어 당장 소련제 전차들이 부족한 부대에 지원되었으며 성능이 좋지 못해 소련군들은 영미제 전차들을 결코 선호하지 않았다. 마틸다와 발렌타인 영국제 전차들은 41년 연말까지 466대가 지원되었으며 미국제 M3 전차는 겨우 27대만이 배달되었다. 소총병들도 마구잡이로 징집하여 단위부대간 전력 차는 극단적인 경우가 많았으며 쥬코프의 말에 따르면 '어제 와서 오늘 전투에 들여보내는 수'가 많아 그 대부분은 총알받이로 죽는 것이 다반사였다.

히틀러는 11월부터 중앙집단군에게 약 2주간의 휴식을 허용했었다. 단 잡다한 교전은 끊이질 않았다. 소련군은 독일군이 휴식을 취한 뒤 병력 재편을 완성하기 전에 일종의 교란 행위로서 국지적, 부분적인 반격작전을 가했다. 쥬코프나 일선 장성들은 이에 반대했으나 초조해진 스탈린의 명령이었기에 받아들일 수밖에 없었다. 독일군도 모스크바 정면의 주공만 휴식과 충전에 들어갔을 뿐 여타 구역은 연일 총소리와 화포사격이 끝이질 않았다. 10월 말까지 중앙집단군을 포함한 모든 집단군이 소유한 차량들의 3분의 1 정도만이 기동가능했다. 장갑사단들은 이때가 되면 정수 전력의 35%에 불과하였으며 동부전선 국방군의 총 136개 사단은 완편전력을 기준으로 했을 경우 사실은 83개에 지나지 않았다.[63] 이상과 같이 장갑사단이 휴식을 취해 보급과 충전에 들어가 있는 사이에는 보병제대들이라도 뛰어야 했다.

봐익스의 2군은 11월 1일 오룔 남쪽의 쿠르스크를 쳤다. 2군에는 2장갑군의 48장갑군단이 지원으로 붙여졌으나 기동전력이라고는 단 7대의 전차만 남은 9장갑사단으로, 그나마 한곳에 집결해 있지도 않고 260km나 되는 구간에 산재해 있었다. 95보병사단 또한 넓은 구역에 옅게 나누어져 있었으며 군마들이 부족해 야포를 끌 장비나 도구가 없어 보병과 격리되는 문제도 발생하고 있었다. 2군 사령부는 전투 개시 이전에 이미 거의 탈진 상태에 처한 두 사단이 쿠르스크를 딴 다음에는 마라톤을 치른 선수처럼 쓰러져 자야 한다는 생각을 갖고 있었다.[64] 41년의 쿠르스크 전투는 43년의 쿠르스크와 같은 대규모 기갑전이 아닌 치열한 시가전으로 장식되었다. 독일군들은 이왕 시내로 들어왔으니 침대가 있는 데서 쉬고 싶다는 욕망에 죽을힘을 다해 싸웠고 시의 민간인들도 총을 들고 대항했다. 군인과 민간인, 파르티잔과의 구분이 모호해졌다. 독일군은 움직이는

62) Forczyk(2014) p.140
63) Ziemke(1985) p.44
64) BA-MA RH 20-2/207, Armeeoberkommando 2. 1.a KTB Teil. 2 19.9.41-16.12.41, p.91(1941.11.1)

것은 다 죽인다는 생각으로 살육했다. 인구 12만 중 3만 명은 보로네즈 쪽으로 이주했지만 나머지는 정규 군인처럼 저항했고 그들이 어떤 결과를 안았는지는 굳이 설명하지 않더라도 동부전선의 시가전의 특성상 대충 짐작이 들고 있었다. 독일군은 11월 2일 시내를 장악했으나 쿠르스크의 마지막 적군 포위망을 분쇄하는 데는 이틀이 더 걸려 11월 4일에 모든 전투가 종식되었다.[65] 다만 2군은 OKH의 공세계속 명령에도 불구하고 쿠르스크 동쪽은 전혀 도로가 없어 움직일 수가 없는 형편임을 토로하고 보로네즈로 더 들어가라는 것은 지나친 요구라고 잘라 말했다. 도로도 연료도 없어 장갑병들이 굳이 거기로 가려면 도보로 보병처럼 가야 했다. 이건 말이 안 되는 짓이었다.

툴라와 췌르니 북쪽에서 53군단의 최우익을 담당했던 167보병사단은 니키틴스코예(Nikitinskoje)로 가는 길목에서 29기병사단과 한판 붙어야 했다. 202돌격포대대 12대의 돌격포 지원을 받은 사단의 331보병연대는 29기병사단의 107기병연대를 때려 400명을 포로로 잡고 8문의 야포를 노획했다. 독일군은 기병연대장까지 포로로 잡는 전과를 올리면서 공격을 계속하다 돌격포의 연료문제로 오후 9시가 되자 로쉐스트붸노(Roshestwenno)로 되돌아갔다. 202돌격포대대는 6-11일간 동안 167보병사단 구역에서 벌어진 전투에서 12대의 소련전차들 중 6대를 부수면서 응분의 몫을 해냈다.[66]

4군의 7군단은 11월 2일 소련군의 저항에도 불구하고 모자이스크와 모스크바 중간 구역에서 약간의 땅을 얻어냈다. 그러나 4일, 군단의 전력이 3분의 1 내지 절만으로 떨어져 가는 상황에서 추가 공세는 정지될 수밖에 없었으며 5군 방어구역을 가장 깊게 파고든 98보병사단은 지난 8월부터 6,000명의 병원 피해를 안고 있었다. 특히 지난 4주 동안은 한 차례의 휴식도 없이 전투만 계속해 왔던 98보병사단은 동계장비도 없이 모스크바와 가장 근접한 지점까지 도달해 사력을 다하고 있었다. 폰 클루게 4군 사령관은 결정적인 승리를 구가하지도 못하면서 불과 한 치의 땅을 얻기 위해 이토록 많은 피를 흘려야 되는지에 대해 점점 의구심을 갖고 있었다. 그는 보병장군이었던 만큼 타이푼의 재개에 대해 가장 회의적인 견해를 갖고 있었다.[67] 그러나 이 지나치게 신중한 인물은 부하들의 고통을 눈으로 보고도 작전에 명시적인 반대를 표하지 않고 있었다.

11월 3일에 모자이스크 북쪽에서 감행한 5장갑사단의 단독 기동은 보병들의 지원이 모자라 실패로 끝났다. 늘어난 측면을 엄호할 제대가 없었던 5장갑사단은 대전차포와 화염병의 공격에 무려 21대의 전차가 피해를 입었다. 그 중 완파된 것은 많지 않아 대부분은 전장에서 다시 회수하여 수리에 들어갔지만 장갑사단의 사기는 상당히 저하되었다.[68] 다만 소련군도 엄청난 피해를 입고 패주하게 되어 쉘코프카(Shelkovka) 교차로는 다시 독일군 차량들이 통과할 수 있게 되었으며 4장갑군을 지원하기 위한 우익의 보급로는 개방된 채로 유지되고 있었다. 11월 7일에는 페트루쉬노(Petrushino) 주변 고지대를 장악한 소련군의 위협이 가중되고 있는 칼리닌 남쪽의 보급로를 확보하기 위해 9군의 27군단 보병사단들이 작전에 나섰다. 41장갑군단은 2-3일 정도의 방어전 이상은 수행할 여력이 없다는 판단 하에 극히 보조적인 기능만 제공했으며 대부분의 장갑사

65) BA-MA RH 27-9/4, 9.Pz.Div. KTB Ia vom 19.5.1941 bis 22.1.1942, p.153(1941.11.4)

66) NA : T-314 ; roll 1312, frame 000732 / NA : T-315 ; roll 1479, frame 000386

67) BA-MA RH 19-II/387, Kriegstagebuch Nr. 1(Band November 1941) des Oberkommandos der Heeresgruppe Mitte, Fol. 6(1941.11.1)

68) BA-MA RH 27-5/29, 5.Panzer Division KTB Nr. 8 vom 11.9.41-11.12.41, Fol. 67(1941.11.3)

◆ IX-4-15 & 16　11월 7일 붉은광장에서의 퍼레이드. 공습을 당할 수도 있는 전시 중이었으나 이는 대내외적으로 적군의 건재함을 과시하는 프로파간다적 성격이 짙었다. 병사들은 이 행군 직후 곧바로 전선에 투입되었다.

단들이 아직 연료를 채우지 못한 상태여서 이전처럼 보병사단들과 유기적인 공조를 유지할 가능성은 희박했다.[69] 이런 조건 하에서 추진한 작전이 제대로 먹힐 리는 없었다. 11월 초 주로 독일군 보병사단들이 시도한 잽 넣기는 만약 전군이 대규모 공세를 취하더라도 우군의 피해는 녹록치 않을 것이라는 전조를 확인하는 계기가 되었다.

11월 7일, 러시아혁명 기념일에 맞추어 스타프카는 대대적인 군사퍼레이드를 펼쳤다. 항간에는 독일군의 공습이 발생한다면 물리적인 피해는 물론 정신적인 충격을 감당하기 힘들다는 이의 제기가 있었으나 일단 강행되었다. 눈이 날리는 가운데 소련군은 영화에나 나올 것 같은 힘찬 행군을 한 뒤 그대로 전선으로 동원되었다. 7일은 혁명기념일이라 그런지 전 전선에 걸쳐 소련군의 맹렬한 포사격이 이어졌다. 2장갑군의 그로스도이췰란트는 유달리 극심한 고통을 겪었으며 3대의 T-34를 대전차포로 분쇄하자 약간의 틈이 보였고 이를 기화로 3장갑사단이 말레예프카(Malejevka)를 소탕하면서 위기를 벗어날 수 있었다. 그로스도이췰란트와 3장갑사단은 이날 하루 종일에 걸친 소련군의 파도타기 공격을 물리치면서 툴라 외곽의 전선은 그럭저럭 지켜낼 수 있었다. 그러나 갈수록 강인해지는 소련군과 날로 악화되는 날씨로 인해 구데리안은 점점 비관적으로 변해갔다. 상승장군의 심각한 얼굴은 부하들의 사기를 떨어뜨리기에 충분했고 뭔가 획기적인 일이 없다면 난국의 타개는 어렵게만 보이던 시점이었다.

10월 29일 볼로콜람스크를 완전히 잃은 로코숍스키의 16군과 호멘코의 30군은 10월 말, 11월 초 5개 소총병사단과 5개의 전차여단(4, 23, 27, 28, 33)을 신규로 수령했고 약 250대의 전차를 보유하게 되었다. 이 전차여단들은 대전차대대와 카츄샤 다연장로켓대대 및 소총병대대들을 자체적으로 운용하면서 각각 독자적인 전구를 운용할 수 있는 자율권마저 부여되어 있었다. 또한 서부방면군 사령부는 16군의 좌익을 회복시키기 위해 316소총병사단 및 도봐토르(Dovator)의 기병군단과 연계하여 방어선을 강화해 나가는 조치들을 강구했다.[70] 나로-포민스크 구역은 5, 33, 43군이 450대의 전차로 무장한 8개 전차여단을 끌어들여 회프너의 차기 공세에 대비했다. 11월 중순이 되면 쥬코프의 서부방면군은 약 1,000대의 전차를 보유한 14개 전차여단을 갖게 되며 그 중 37대의 KV-1과 156대의 T-34가 기동전력의 중핵을 이루게 된다. 하지만 42-43년도와 달리 아직은 경전차들이 주종이어서 독일군은 장갑과 화력이 빈약한 3호 전차로도 그럭저럭 꾸려 나갈 수는 있었다.

11월 8-12일간 볼로콜람스크 동쪽 스키르미노봐(Skirminova)에서 독일군 10장갑사단과 카투코프의 4전차여단을 포함한 16군 소속 전차여단들이 패싸움을 벌인 적이 있었다. 이 전투는 거의 대등한 공방이 계속되면서 소련군은 12일 7장갑연대장 테오도르 카이저(Theodor Kaiser) 대령의 지휘전차를 격파하여 10장갑사단 장갑부대의 지휘관을 전사시키는 충격을 가하기도 했다. 그 시각까지 스키르미노봐는 독일군이 지켜내고 있었지만 19량의 T-34를 앞세운 소련군 전차여단들은 마르이나(Marjina)를 탈환하고 스키르미노봐 북서쪽 고지대를 장악했다. 상당한 피

---

69) BA-MA RH 24-41/15, Anlagenband zum KTB XXXXI A.K. 1a 3.Verteidigung von Kalinin 15.10.41-20.11.41(1941.11.6) / BA-MA RH 21-3/71, Anlagen zum Kriegstagebuch Tagesmeldungen Bd.1 1.11.-31.12.41, Fol. 51(1941.11.6)

70) マクシム・コロミーエツ(2004) p.59

◆ IX-4-17 전차와 기병들의 혼성제대로 벨로프 그룹을 형성한 파벨 알렉세에뷔취 벨로프 소장. 이 그룹은 41년 11월 26일부터 1근위기병군단으로 지칭되었다.

해를 입은 10장갑사단은 12-13일 밤을 이용해 스키르미노봐에서 철수해 좁은 교두보를 가진 구역으로 이동했다.[71]

11월 8일 자하르킨(I.G.Zakharkin)의 49군과 볼딘(I.V.Boldin) 중장의 50군은 툴라 남쪽과 북쪽에서 구데리안의 선봉에 대해 공세를 취했다. 전선에 새로 도착한 413소총병사단과 32전차여단은 툴라 남쪽 우즐로봐야 부근에서 잽을 날렸고 역시 신규로 편입된 239소총병사단과 3군 제대가 남방에서부터 공세를 취하는 것으로 구데리안을 압박했다. 이 공격은 아무런 효과를 내지는 못했으나 2장갑군이 한동안 당황하여 전열을 가다듬기 위한 시간을 지연시키는 데는 일정 부분 기여한 것으로 판명되었다. 11월 10일에는 2기병군단과 2개 전차사단 및 2개 전차여단으로 구성된 파벨 벨로프(Pavel Alexeyevich Belov)의 벨로프 그룹이 세르푸호프에서 독일 13군단을 포위하기 위한 반격작전을 주도했다. 이어 14일 자하르킨(I.G.Zakharkin) 중장의 49군이 세르푸호프에 주둔한 독일군 12, 13군단을 공격하고 2기병군단이 공세 2파로 투입되었으나 기대했던 효과는 나오지 않았다. 자하르킨은 먼저 5근위, 60, 415소총병사단을 몰아 좌우에 각각 194소총병사단 및 17소총병사단을 끼고 보로미노의 북쪽과 남쪽에 조그만 돌파구를 만드는데 까지는 성공했다. 이어 벨로프의 기병군단과 112전차사단이 전과확대를 위해 투입되었으나 폰 클루게 4군의 263, 268보병사단이 반격을 가해 원래 방어선을 회복해 버리면서 49군의 공세는 무위로 돌아갔다.[72]

71) Weidinger(1995) p.164
72) Glantz(2001) p.161

로코솝스키의 16군은 7장갑사단과 14차량화보병사단 사이의 갭을 통과해 전과확대를 시도했지만 이 역시 49군 공세의 결과 정도에 머물고 말았다. 소련군은 이어 극동에서 이동해 온 코틀랴로프(A.A.Kotlyarov) 대령의 58전차사단이 200대의 경전차를 몰아 전차가 없는 독일군 5보병사단을 내리쳤다. 간단한 싸움이 될 것으로 생각되었지만 결과는 딴판으로 나왔다. 이 사단은 이동 후 전투준비에 필요한 시간이 너무 적었다. 14-15일 양일간의 전투에서 여단도 아닌 58전차사단은 보병사단을 상대로 전체 병원의 3분의 1과 200대 중 157대의 전차를 상실하는 수모를 당했다.[73] 전차부대가 보병들에게 당해 사단이 연대 이하로 줄어들었다는 질책(숙청)이 두려워 코틀랴로프 사단장은 스스로 목숨을 끊었다. 쥬코프는 스탈린과 마찬가지로 전투에 형편없이 진 지휘관을 처형해 버리는 잔혹함을 감추지 않았다. 전술적 후퇴를 명한 야전 지휘관도 예외는 아니었다.

각 전선에서 국지적인 도발을 일으킨 소련군의 노력은 쉬고 싶은 독일군을 심리적으로 괴롭힌 효과는 있었겠으나 전술적으로는 거의 무의미했다. 대부분의 소련군은 여전히 막연한 정면돌파에 의존했고 그에 따른 희생은 차마 말을 전할 수 없을 정도였다. 엄밀히 말해 11월 초에서 중순까지 쥬코프가 도발한 전차전은 전혀 도움이 되지 않는 소모전의 결과만 낳았으며 전체 기동전력의 3분의 1이 소진되는 것과 비례해 KV-1, T-34 중전차들도 30% 이상이 사라지는 좋지 못한 성적표를 안았다. 다만 이와 같은 반격과 저항을 계속하면서 향상된 소련군의 학습효과는 다분히 인정할 만했으며 가을에만 두 번의 굴욕적인 대포위전에서 패배를 당하고도 아직은 싸울 수 있다는데서 장병들의 사기를 진작시킬 수 있는 일말의 가능성은 있었다. 11월 최초 2주 동안의 교전에서 그나마 소련군을 칭찬해야 할 대목은 서부방면군이 모자이스크 방어선의 중앙부분을 확고하게 지탱하면서 일부 예비병력을 증강시킨 사실이었다. 보로콜람스크와 세르푸호프 두 방면에서 독일군이 공세로 전환했을 때 소련군은 특히 남쪽의 49군 전구에서 철저한 제병협동의 작전활동으로 독일군의 돌파를 여지없이 저지시키는 수훈을 발휘했다. 이에 49군의 우익에 위치한 43군 역시 24전차여단의 처절한 방어에 의해 해당구역을 안정화시키는데 성공하는 진화를 이룩했다. 북쪽의 도로호보에서 발기된 독일 7군단의 공세 또한 동쪽으로 10km 지점까지 후퇴한 전차여단이 새로운 방어선을 구축하여 11월 16일까지는 버텨냈다. 소련 전차병들은 대전차장해물들을 전차포 사격의 탄착점에 위치할 수 있도록 일일이 수고스러운 수작업으로 진지를 축성하여 독일군을 피곤하게 만들어갔다.[74]

동부전선의 전투는 인류가 만든 근대전의 전투 중 가장 잔인했다. 소련군에게 붙잡힌 독일군은 가혹한 고문 뒤에 대검으로 난자당해 죽은 병사들이 즐비했으며 독일군은 그에 대한 상상을 불허하는 보복을 가했다. 독일군은 파르티잔을 대량으로 처형했으며 파르티잔을 도운 민간인도 사정없이 죽였다. 소련군은 독일군에게 부역한 민간인들을 반동분자로 무차별 처형했고 독일군에 잡혔다가 탈출한 병사나 파르티잔은 이중첩자로 의심받아 우군의 총에 살육당했다. 따라서 소련군은 독일군에게 잡히더라도 탈출해서 돌아가 봐야 또 다른 학대와 고문이 기다리고 있었기에 굳이 어렵게 탈출을 시도하지도 않았다. 41년 12월이 다 되어 가면 300만의 소련군 포로가 발생하며 그 대부분은 수용소에서 질병과 굶주림으로 죽어갔다. 1945년 5월 전쟁이 종료되었을 무렵, 독일에는 500만이 넘

73) Kirchubel(2007) p.80
74) マクシム・コロミーエツ(2004) pp.62-3

는 연합군 포로들을 잡고 있었으며 그 대부분은 소련군이었다. 독일군이든 소련군이든 이제는 대의명분이나 전략적 목표가 아니라 그들 스스로의 생존을 위해 싸울 순간이 다가오고 있었다.

* * * * *

장갑군의 전차전력 평가

"우리는 보급이 부족해 추가적으로 주공세를 전개하는 것은 더 이상 가능하지 않다.....
우리는 지연된 수비태세로 전환하는 것이 마땅하나 아직까지 궁극적으로 아무런 준비가 되어 있지 않다.
우리는 아직 우리들의 용기와 결기를 잃지는 않았다.
다만 때때로 약간의 '현실주의'가 여기에 아무런 해를 끼치지 못할 것으로 보인다."
(36차량화보병사단 루드뷔히 프라이헤어 폰 하일 소위 : 1941.11.12)

2, 5장갑사단 두 개를 제외하면 모든 장갑사단들은 6월 22일부터 수천 킬로를 달려 모스크바 근교까지 도달한 상태여서 전차의 상태와 잔고 수량은 비참한 지경에 이르고 있었다. 서류상으로 100대가 넘는 사단도 30% 정도가 수리에 맡겨져 있던 지 아니면 멀쩡하더라도 이미 용도폐기 품목인 2호 전차가 여전히 대종을 이루고 있는 그런 상황이었다. 대략 11월 4일을 기준으로 보면, 타이푼에 신규로 들어 온 2장갑사단은 수리소에 들어간 36대를 제외하고 134대를 보유하고 있어 가장 양호한 수준이었다. 5장갑사단에도 비슷한 량이 보존되어 있었다. 옐니아에서부터 치열한 전투를 겪어 온 10장갑사단은 92대가 가용한 범위, 60대가 수리소에 들어앉아 있었다. 11장갑사단은 87대의 가용한 전차, 48대가 수리에 들어간 것으로 집계되어 있었다. 20장갑사단은 10월 16일 당시 34대에 불과했으나 11월 6일 75대로 끌어올리는데 성공했다.[75] 하나 실전에 바로 참가 가능한 수치는 대단히 불투명했다. 집단군의 예비에서 회프너의 수중에 들어오게 된 19장갑사단은 러시아의 겨울에 보다 적합한 강철의 용수철 등을 보완하지 않는 한 차량운행이 불가능하다는 판단과 함께 차량을 전량 독일로 돌려보내려 하는 등의 소동마저 빚고 있었다.[76] 회프너는 400-450대의 전차를 보유하여 장부상으로는 가장 파괴적인 전력인 것처럼 보였다. 그러나 그 중 24대의 1호 전차와 82대의 2호 전차를 합하면 106대에 달해 대충 전력이 될 만한 실제 가용전차들은 300대 정도로 보는 것이 타당했다.

라인하르트 3장갑군의 1장갑사단은 비교적 오랜 기간 충전을 마친 뒤 10월 21일 24대였던 것을 11월 4일 48대로 증가시켰다. 그러나 그 중 절반이 아무짝에도 쓸모없는 2호 전차라면 이야기가 달라진다.[77] 6장갑사단은 11월 중순까지는 100대 정도를 보유할 수 있게 되었다. 7장갑

75) BA-MA RH 27-20/25, 20.Pz.Div. KTB vom 15.8.41 bis 20.10.41 Band Ia, Fol. 13(1941.10.16)/BA-MA RH 27-20/26, 20.Pz.Div. KTB vom 15.8.41 bis 30.12.41 Band Ia 2, Fol. 28(1941.11.6)

76) BA-MA RH 21-2/244, Kreigstagebuch Nr. 1 2.Panzerarmee Band III vom 1.11.1941 bis 26.12.41, Fol. 45(1941.11.14)

77) BA-MA 59060, 3. Pz. Gr. KTB Nr. 2 1.9.41-31.10.41(1941.10.21) / BA-MA RH 21-3/71, Anlagen zum Kriegstagebuch Tagesmeldungen Bd.1 1.11.-31.12.41, Fol. 34(1941.11.4)

◆ IX-4-1-18 모스크바 부근 철길에 놓인 3호 전차. 너무 때 이른 동장군의 도래로 위장도색이 엉성하게 된 것을 확인할 수 있다. 도색으로 정확한 식별이 좀 어렵긴 하나 41년 3월부터 제작에 들어간 J형으로 파악.

사단은 9월 초순 이래 대규모 전투에 휘말리는 일 없이 브야지마 주변에서 비교적 편한 시간을 보내고 있었기에 11월 14일까지 120대의 전차를 굴릴 수 있었다.

가장 문제는 구데리안의 2장갑군이었다. 선봉의 에버바흐 전투단은 겨우 50대의 전차뿐으로 원래 3개 장갑사단이 최초에 시작할 때는 600대에 가까운 막강한 전력이었으나 이제 툴라와 모스크바 앞에서 두 자리 수자로 떨어져 있었다. 10월 9일 에버바흐 대령의 모 사단인 4장갑사단은 20대의 전차만 남았으며 나중에 긴급 지원이 이루어져 35대로는 늘어났다.[78] 3장갑사단은 50-52대로 구성되어 그 중 3호 전차 37대, 4호 전차 9대로 2장갑군 내에서는 비교적 양호한 편이었다.[79] 레멜젠의 47장갑군단이 가장 문제였다. 17장갑사단은 15대만 남았으며 네링의 18장갑사단은 11월 6일 겨우 9대만 가용한 전력이었다. 47장갑군단에 포함된 화염방사전차지대는 겨우 5대의 전차만이 남아 있었다. 원래 2장갑군에 있던 9장갑사단은 2군에 속하게 되어 있어 이 사단은 툴라-모스크바 진공 전력에 포함되지 않았다. 후빅키(Alfred Ritter von Hubicki)의 9장갑사단은 11월 1일 기준으로 단 7대의 전차만 남은 상태였다.[80] 이 7대의 전차가 쿠르스크를 석권하고 보로네즈로 향하게 된다. 바르바로싸에 참가한 17개 장갑사단은 이제 전체의 35% 전력에 불과해 사실상 완편전력 6개 사단이 존재하는 것과 마찬가지였다. 13개로 출발한 차량화보병사단은 60% 전력으로 8개 사단 규모로만 파악되었으며 101개 보병사단은 전체의 3분의 1 전력으

78) BA-MA RH 21-2/244, Kriegatagebuch Nr. 1 2.Panzerarmee Band III vom 1.11.1941 bis 26.12.41, Fol.45(1941.11.14)

79) Veterans of the 3rd Panzer Division(2012) p.269

80) BA-MA RH 21-2/244, Kreigstagebuch Nr. 1 2.Panzerarmee Band III vom 1.11.1941 bis 26.12.41, Fol. 56(1941.11.10)

로 축소되어 65개 사단 정도와 맞먹는 것으로 이해되었다. 즉 모든 종류를 망라한 총 136개 사단이 사실은 83개 사단밖에 되지 않는다는 이야기였다.[81]

다음 문제는 장갑사단의 차량에 관한 문제가 있었다. 전차만으로는 전투가 되지 않기에 보병과 포병, 공병과 정찰대의 차량이 수반되지 않는 전차만의 공세는 상정할 수가 없었다. 한데 19장갑사단의 경우를 들면 전차들은 바르바로싸 직후부터 통상 3,500km를 주행하게 되나 사단의 차량들은 탄약과 무기 수송을 위해 6,000-7,000km를 달려야 했으며 연료차량은 9,000-10,000km를 커버한다는 통계가 확보되어 있었다.[82] 즉 장갑사단의 차량들은 보병사단의 차량들보다 월등히 높은 마모율을 보이게 되며 그에 따라 연료에 대한 수요는 전차만큼이나 높았다. 장갑사단의 고민은 이 차량의 수치에서도 발견된다. 바르바로싸 개시 당시 동원된 총 60만 대의 차량이 11월 중순에는 겨우 75,000대로 떨어져 있었다. 대표적인 것이 2장갑군으로, 원래 정수대로라면 오룔-툴라간 2,800톤을 수송할 수 있는데도 차량 부족으로 200톤만이 가능하다는 끔찍한 사정에 처해 있었다. 그 외에 600톤의 물자가 있었지만 이는 도로 사정으로 인해 툴라 현지에 도착하는 데만 2주가 소요된다는 두통거리가 있었다.[83] 장갑부대가 지원차량들을 상실한다는 것은 전반적인 기동력을 저하시키는 것으로 파악되었으며 18장갑사단의 경우 다량의 차량들을 잃어버림에 따라 사단 전체의 기동력은 절반 수준으로 급감하는 것을 경험하고 있었다.[84]

장갑사단은 병원의 수도 격전을 거치면서 가파른 속도로 소모되어 갔다. 마찬가지로 11월 4일을 기준으로 잡을 경우 가장 전투의 횟수가 적은 2장갑사단과 5장갑사단의 차량화보병중대 평균 인원은 각각 91명, 125명으로 줄어들었다. 10장갑사단은 61명, 11장갑사단은 겨우 37명에 불과했다.[85] 측면을 엄호할 보병의 수가 격감함에 따라 전차병들이 보병처럼 걸어서 싸우는 것이 요구되기도 했으며 장갑사단에게 병원을 인계하기를 싫어하는 보병사단과 갈등을 빚기도 했다. 희대의 포위전들을 다수 치른 독일 장갑사단들의 피로도가 어느 정도인지를 알 수 있는 대목이다. 이때는 사단장들끼리 다투고 사단장과 군단장이 언쟁을 벌이기도 했다. 모든 게 정수보다 부족한 이 당시에 모스크바를 향해 휘니쉬블로를 날린다는 것이 과연 얼마나 기대하는 결과를 낼 수 있는가는 최소한 일선 야전 지휘관들 중에는 아무도 장담하지 못했다. 동부전선 독일군은 개전 이래 11월 첫 주까지 686,108명의 병력 피해를 안고 있었다. 전체 20% 미만의 수치라고는 하나 5명 중 한 명이 죽거나 부상당해 전투력을 상실했다는 통계였다. 물론 소련군의 피해와는 비교도 안 되는 수준이었다. 그러나 독일군은 프로이센 육군의 역사 이래 이처럼 많은 피해를 안고 전쟁을 치른 적이 없었다. 독일군이 아직은 이기고 있으며 소련군이 쫓기는 입장에 있는 것은 당연한데, 이와 같은 피해는 과연 이기고 있는 군대의 현황인가를 의심하게 만들고 있었다. 소련군은 주로 시베리아와 중앙아시아에서 불러온 신규 34개 사단 중 21개를 서부방면군에 배치하여 중앙집단군의 주공 정면에 포진시켰다.[86]

81) KTB OKW, Vol. II, pp.1074-1075, Dokument 106(1941.11.6)
82) BA-MA RH 27-19/23, Kriegstagebuch 19.Panzer-Division Abt. 1b für die Zeit vom 1.6.1941-31.12.1942, Fol. 68(1941.11.6)
83) BA-MA RH 21-2/244, Kreigstagebuch Nr. 1 2.Panzerarmee Band III vom 1.11.1941 bis 26.12.41, Fol. 56(1941.11.10)
84) BA-MA RH 27-18/69, 18. Panzer-Div- 1a Kriegstagebuch vom 20.10.1941-13.12.41(1941.11.4)
85) BA-MA RH 21-4/35, Anlage zum KTB Panzer Gruppe 4: 15.10.41-10.11.41, Fol. 157(1941.11.4)
86) Olive & Edwards(2013) p.11

또한 11월 상반기에만 10만 명의 병원, 300대의 전차 및 2,000문의 야포들이 모스크바 수도방위를 위해 동원되고 있었다. 특기할 만한 것은 수도 외곽 및 최종방어선 진지축성을 위해 19개 공병대대로 구성된 사실상 '공병군'(engineering army)이 만들어져 모스크바 자체를 요새화하는 작업에 매진하고 있었다. 아무리 전적이 좋아도 6월 22일부터 5개월 동안 전투에 찌든 쪽과 전적은 별로지만 후레쉬한 완편전력의 사단들을 가진 쪽의 대결은 그 결과를 예단하기가 쉽지 않았다.

* * * * *

오르샤 회동

"졌다고 포기하지 않는 한, 모든 것을 잃은 게 아니라는 것도 잘 알려진 사실이다.....
성공은 때때로 마지막 순간에 도래하는 것이며 단 하나의 실마리에 의존하는 수도 있다.
나중에 누군가는,
조금만 더 밀어붙였더라면 적군은 쓰러졌었을 것이다라고 자각하게 될 것이다."
(4군 9군단장 헤르만 가이어 보병대장)

11월 12일, 앞으로 독소전을 어떻게 관리해 갈 것인지에 대한 군 수뇌들의 긴급 비밀회의가 벨라루스 동쪽의 오르샤에서 개최되었다. 이곳에서 할더 육군 참모총장은 3개 집단군 작전참모장과 동부전선 10개 군 중 7개 군 즉, 2장갑군, 4군, 6군, 9군, 16군, 17군, 18군의 작전참모장들이 참석한 가운데 타이푼 2부 작전을 상의하기로 했다. 할더는 소련군은 50%의 전력을 상실한 것으로 파악하고 1941년이 가기 전에 끝장을 내는 수순에 들어갈 것을 종용했다. 할더는 여전히 상황은 독일군에게 유리하며 붕괴 직전에 처한 소련군을 '추격'하여 마지막 결정타를 날려야 한다는 점을 애써 강조했다. 할더는 지난 6월 22일에 6주 안에 끝날 것으로 예상된 전쟁이 4년이나 끌 것을 아직은 전혀 감지하지 못하고 있는 듯 했다.

그 다음 군첩보부 에버하르트 킨젤(Eberhard Kinzel) 대령의 적군 전력파악 보고는 할더의 낙관적 견해와는 사뭇 다르게 전개되었다. 킨젤 스스로는 단순한 수치나 통계에 비해 소련군의 질적 수준은 형편없다는 말로 애써 독일군의 능력을 과시하려고는 했으나, 청취자들은 단순하다고 하는 그 통계가 자신들의 예상과는 너무나 달랐다는데 놀라움을 금치 못하고 있었다. 소련군은 6월에 140개 사단을 보유하고 있다가 그 대부분을 상실한 것으로 파악되었으나 타이푼 개시 직전에 190개 사단이 존재하고 있었던 것으로 확인되었다. 또한 10월에 브야지마, 브리얀스크, 아조프 해에서 대패했음도 불구하고 또 다시 160개 사단이 독일군 앞에 나타난 것이 확인되었다. 거기다 여단은 40개가 더 있는 것으로 파악되었다. 할더가 50%의 전력이 날아갔다고는 하지만 소련군은 독일군이 예상한 것보다 20개나 많은 사단 병력을 만들어냈다. 킨젤은 소련군 병력이 마구잡이로 충원된 탓에 기초 훈련이 부족한데다 프로군사적인 소양이나 테크닉은 대단히 빈약하다고 평가하면서 160개 사단 중 제대로 전투력을 발휘할 수 있는 것은 75개 사단 정도에 지나지 않는다고 해명했다.[87] 그러나 그와 아울러 독일군이 보유했던 136개 사단은 이제 완편전력 상태의 것은 83개에 지나지 않는다고 애매한 고백이 나오자 참모들의 불안은 가중되어 갔다.[88] 또한 소련군은 기존 기병 제대들을 전차여단으로 전환시켜 도합 40개의 여단이 창설되었으며 이들의 전력은 상상을 초월할 정도로 빠른 시간 내 무장을 강화했다는 보고가 나오자 일부는 동요하기 시작했다. 독일군은 개전 당시 소련의 보유 야포 수를 19,000문으로 예상했으나 11월까지 포획된 것만 24,000문에 달했다. 전차의 수가 예상치보다 두 배가 넘는다는 것은 이제 진부한 이야기가 되었다. 소련군은 이 상태로 라면 1942년 봄까지 150개의 완편전력 사단을 굴릴 수 있을 것이라는 최종 전망치가 나왔다. 중앙집단군은 타이푼 개시 이래 단 하나의 사단도 충원된 것이 없었다. 소련군 진영에서는 거의 매일 뭔가 하나씩 크고 작은 규모의 제대가 형성되고 있었다.

할더는 오르샤 회의가 있기 전 11월 7일에 소위 최소한의 목표와 최대한의 목표를 제시하면서 히틀러만큼이나 가당찮은 계획표를 작성했다. 제목은 '볼가와 라도가 호수 사이의 적 병력에 대한 공세 재개'였다.[89] 아이러니하게도 할더와 OKH가 그토록 강력히 주장해 온 절대적 중점, '모스크바'라는 단어는 없었다. 이 계획의 핵심은 3, 4장갑군이 야로슬라블(Yaroslavl)과 뤼빈스크(Rybinsk)로 진격해 북동쪽의 전략적 축선을 따라 포진해 있는 소련군 병력을 포위하는데 집중한다는 것이었다. 최소한의 경계지점은 레닌그라드 동쪽에서 시작해 남동쪽으로 뻗어 모스크바 동쪽 250km 지점까지 간 다음 돈 강의 로스토프까지 진격하는 것이었다. 놀랍게도 남방집단군은 폰 룬트슈테트의 회의적인 전망에도 불구하고 로스토프를 장악하기는 했다. 타이푼 초기에 중앙집단군은 11월보다 유리한 날씨에 더 많은 전력으로도 220km를 전진한 데 불과한데도 모든 것이 쇠약해진 11월 초, 중순에 250km 이상을 진군한다는 것은 도저히 상상조차 할 수 없는 일이었다. 할더는 우선 그에 앞서 폰 보크의 집단군이 모스크바까지 직선거리로 80km를 달려 시를 포위할 것을 주문했다. 이는 되던 안 되던 해야 할 일이었다. 모스크바 하나보고 여기까지 와서 다른 핑계를 대고 멈출 수는 없는 노릇이었다. 그 다음 최대치 목표는 한 폭의 그림이었다. 바렌츠 해의 무르만스크를 점령하고 동부전선의 북쪽과 중앙을 더 파고들어 러시아의 유럽 영역을 손아귀에 넣는다는 구상이었다. 이는 최소 목표 라인보다 125-145km 동쪽으로 더 들어가 볼로그다(Vologda)와

◆ IX-4-19 중앙집단군 참모장 한스 폰 그라이휀베르크 소장

87) BA-MA RH 19-II/387, Kriegstagebuch Nr. 1(Band November 1941) des Oberkommandos der Heeresgruppe Mitte, Fols. 67-68(1941.11.15)
88) KTB OKW, Vol. II, pp.1074-1075, Dokument 106(1941.11.6)
89) Ziemke(1985) pp.43-4

고르키(Gorki)를 점령하는 것을 의미했다. 남쪽으로는 볼가 강의 스탈린그라드 동쪽 50km를 진격한 다음, 다시 코카사스와 마이코프(Maykop)로 350km를 더 들어간다는 것이었다. 스탈린그라드는 독일군의 현 위치에서만 480km나 되며 마이코프까지는 결국 800km 이상을 진군한다는 황당 그 자체였다. 한스 폰 그라이휀베르크(Hans von Greiffenberg) 중앙집단군 참모장은 오르샤에서 거세게 항의를 했음에도 할더가 요지부동이자 상관인 폰 보크에게 상세 내용을 보고했다. 폰 보크는 어이가 없었다. 그는 다음과 같이 조소에 가까운 반응을 나타냈다.

> *".....더욱이 나는, 랴잔(Ryazan : 모스크바 남동쪽 186km)-블라디미르(Vladimir : 모스크바 동쪽 180km)-칼랴진(Kalyazin : 모스크바 북쪽 165km) 라인에서 모스크바를 포위하기 위해 중앙집단군에게 부여된 소위 그 '할 만한' 과업이 더 이상 성취되리라고는 생각지 않는다. 모스크바 포위를 위해 그저 할 수 있다면 콜롬나(Kolomna : 모스크바 남동쪽 100km)-오레호보(Orekhovo : 모스크바 동쪽 85km)-자고르스크(Zagorsk : 모스크바 북동쪽 75km)-드미트로프(Dmitrov : 모스크바 북쪽 70km)를 연결하는 라인의 전선을 관리하고 보호하는 데만 집중해야 할 것이다. 나는 단지 이 라인을 획득할 수 있을 정도의 전력이라도 있으면 다행으로 생각하겠다....."*[90]

할더의 이 구상이 알려지자 중앙집단군의 참모들은 OKH의 작전계획이 정말 뭐가 잘못되어도 크게 잘못되고 있다는 감을 처음으로 잡기 시작했다. 지금까지는 말도 안 되는 역경을 닫고 여기까지 왔다. 하나 모스크바 하나 잡기도 힘든데 더 동쪽으로 크게 돌아들어가 커다란 포위망을 형성하고 남쪽의 도네츠, 볼가, 코카사스, 카스피 해까지 다 잡으라고 한다는 것은 도대체 전선의 상황을 조금이라도 알고 하는 소리인지 깊은 의구심을 갖기 시작했다. 남방집단군의 폰 룬트슈테트는 할더가 제시한 그 최소한도의 라인도 확보하기가 힘들 것으로 보았다. 그는 이미 11월 4일에 동부전선 독일군은 전면적으로 공세를 중단하고 현 위치에서 겨울을 나면서 1942년 춘계공세를 기다려야 한다는 견해를 최초로 공공연하게 제안했다. 1장갑군 참모장 게오르크 폰 조덴슈테른(Georg von Sodenstern) 보병대장은 병사들이 육체적으로나 정신적으로 한계점에 도달한 것으로 보고 이제는 멈추어야 한다는 집단군사령관의 의사를 대변했다. 조덴슈테른은 OKH의 호이징거에게 마이코프와 돈 강은 42년 봄 아니면 정말 불가능한 일이라고 잘라 말했다. 2장갑군 참모장 쿠르트 프라이헤어 폰 리벤슈타인(Kurt Freiherr von Liebenstein) 대령은 모스크바 동쪽 140km를 들어가 고르키를 점령한다는 것은 40년 5월에 프랑스를 점령하는 것과는 전혀 다른 조건에 처해 있음을 항변했다. 그 공명심 많은 구데리안도 11월 초순 공세에 대해 고개를 내젓고 있었다. 웬만하면 돌격밖에 모르는 이 독일의 '야마시다 도모유끼(山下奉文)'도 일단 부하들의 고통을 감지하고 나면 철저히 뜨거운 가슴과 차가운 두뇌로 답하는 사람이었다. 3, 4장갑군이 병참을 공유하면서 작전설계와 추진을 공조할 수 있는 유리한 위치에서 서로 근접해 있었지만 구데리안의 2장갑군은 그렇지를 못했다. 2군과 공조해서 나가도 뭐할 판에 2장갑군은 고립된 채 작전을 수행해야 하는 무거운 숙제를 안고 있었다. 600대의 전차 중 수중에서 굴릴 수 있는 양은 50대에 지나지 않았다. 이게 그 역사적인 구데리안 장갑부대의 실상이었다.

---

90) Bock(1996) p.354, Stahel(2015) p.76

◆ IX-4-20 육군참모총장 프란쯔 할더 상급대장. 히틀러의 아마츄어적인 간섭에 회의를 느끼면서도 단 한번도 결정적인 반기를 든 적이 없었으며 오르샤 회동에서는 어이가 없을 정도로 낙관론을 제시했다.

4장갑군 참모장 봘터 샤를르 드 뷸리우(Walter Charles de Beaulieu) 대령은 설혹 혼신의 힘을 다해 모스크바를 석권하더라도 곧바로 소련군의 반격에 직면해 도로 빠져나와야 하는 상황이 발생하면 어떡하겠느냐는 푸념까지 내뱉었다.[91] 폰 클루게 4군 사령관 역시 수중의 12, 13군단은 도저히 대규모 공세를 취할 형편에 있지 않으며 증강된 전력을 바탕으로 소련군의 반격이 개시되면 결과는 뻔하다는 입장을 폰 보크를 통해 간접적으로 표현했다. 그러나 할더는 고집불통이었다. 여기에 언급한 거점들을 42년 춘계나 하계공세 때 목표로 삼는다면 그 사이 소련군은 사방에서 병력을 증강할 것이며 독일군이 승리할 가능성은 더 삭감된다는 논리로 반박했다. 할더는 41년 말 소련군은 진정으로 와해 상태에 온 것으로 믿고 있었다. 그는 폰 보크와 마찬가지로 모스크바 점령, 러시아 정복의 기안자가 되고 싶어 했다. 대가 약하고 의기소침하고 병상에 자주 오르는 육군 총사령관 브라우히치가 제 구실을 못하자 이 순간만큼은 할더의 독무대였다. 이 대목만 두고 본다면 41년 전쟁의 패인은 히틀러뿐만 아니라 할더를 비롯한 육군 수뇌부에게도 엄중한 책임을 물어야 한다는 주장은 상당한 설득력을 갖게 된다. 히틀러의 타자기 노릇을 하는 OKW는 논외로 하더라도 OKH의 책임 역시 결코 가볍지 않음을 바로 이 자리에서 확인하게 된다. 오르샤 회의는 각 군의 참모들과 사태를 분석하여 종합적인 대책을 마련하는 브레인스토밍의 시간이 아니었다. 북쪽의 라도가 호수로부터 시작해 남쪽의 흑해까지 모두 다 장악하자는 OKH의 안을 일선 지휘관과 참모들에게 강요하는 것 이상의 자리가 아니었다. 라도가에서 흑해까지는 정확히 2,000km였다. 엄밀히 말해 이 순간 할더는 구데리안과 달리 '차가운 가슴과 뜨거운 머리'를 가진 사람으로밖에 생각되지 않았다.

모스크바 공세일은 11월 15일로 잡혔으나 사단별로 사정이 천차만별이라 동시 공격은 불가능했다. 따라서 독일군에게 '추계 공세'로 알려진 이 진격은 15-19일 사이에 걸쳐 추진되었으며 이미 계절적으로 겨울에 들어와 있었지만 수일 후 120년만의 기록적 한파로 알려진 러시아의 겨울 폭풍을 만나게 된다. 공교롭게 타이푼 작전 가운데 하나의 별도 국면을 형성하는 이 작전은 '눈폭풍'(Schneesturm)으로 명명되었다. 11월 6-7일 서리가 내리면서 땅이 얼게 되었다. 이제 드디어 수개월을 괴롭혀 온 진창도로와는 이별을 고할 때가 되었다. 독일군은 기쁜 마음으로 차량을 굴리려 하자 이제는 러시아의 한파가 걱정되었다. 진창장군이 동장군에게 바통을 터치한 후였다. 11월 10일 영하 5도로 떨어진 날씨는 11일 -8도, 12일에 영하 15로 점차 떨어지다가 13일 -20

91) Stahel(2015) p.116

도로 강하했다.[92] 기름을 얼게 만들 이 강추위는 곧 -30, -40, -50도로 떨어지게 된다. 그냥 추운 게 아니라 적이 와도 소총 노리쇠의 기름이 얼어 격발이 안 된다는 생존의 문제가 걸려 있었다. 그 동안 그토록 독일군을 지치고 짜증나게 만들었던 진흙과 폭우로 점철된 누런 황토 빛의 대지가 하얀 눈으로 덮이기 시작하고 있었다. 독일군이 그토록 피하고 싶었던 러시아의 겨울은 이제 절대 피할 수 없는 자연환경이었다. 그리고 이 자연은 이제 철저히 소련군의 동지가 된다.

소련군은 11월 1일부터 15일까지 서부방면군에 10만 명의 병원과 300대의 전차, 2,000문의 야포를 전략적 예비로부터 뽑아 수도지역 방어전에 대비했다. 그 뿐만이 아니었다. 소련군은 11월 말까지 모두 7개의 군을 모스크바 전구로 이동배치 시킬 계획을 추진하면서 20군과 1충격군이 새로 편성된 24, 26, 60군과 합류하고 10군은 랴잔 남쪽에, 61군은 리아즈스크(Riazhsk)와 라넨부르크(Ranenburg) 주변에 포진시키는 조치를 완료하게 된다. 한편 모스크바 서부를 중심으로 기존에 포진된 7개 군의 배치는 아래 표와 같다.

군(북에서 남으로)	관할 제대	배치 지역
30 군	4개 소총병사단, 2개 전차여단	모스크바 해 부근 북쪽과 볼가 저수지
16 군	5개 소총병사단, 1개 전차사단, 5개 전차여단	라마(Lama) 강변
5 군	5개 전차여단	모자이스크 뒤편 투취코보(Tuchkovo)
33 군	5개 소총병사단, 1개 전차여단	민스크-모스크바 국도 남방 나라(Nara) 강변
43 군	5개 소총병사단, 5개 전차여단	나라 강변 상류
49 군	4개 소총병사단, 2개 기병사단	툴라 남방
50 군	1근위소총병군단, 7개 소총병사단, 2개 전차여단	툴라

또한 더욱이 11월 15일부터 12월 15일까지 추가로 20만의 병력이 서부방면군으로 배치될 예정이었으며 모스크바 수도 자체는 3개의 소총병사단과 2개의 전차군단이 극동지역으로부터 지원될 것이 예상되고 있었다. 이 시기 새로 편성된 1충격군 역시 고르키와 모스크바, 그리고 우랄과 시베리아로부터 충원된 혼성제대로 구성되어 있었다.[93]

모스크바 정면 적군 전력 밀도(1941.11.15)/ 1 km당

	칼리닌방면군	서부방면군	남서방면군
병원	494명	910명	171명
대전차총	2.4	3.2	0.6
박격포	1.1	1.6	0.2
야포	0.7	1.0	0.1
전차	0.2	1.6	0.1

92) BA-MA RH 27-11/24, 11.Pz.Div. KTB Abt. 1a vom 22.10.41-24.1.42(1941.11.10, 11.11, 11.13)
93) Fugate(1984) pp.293-4

X. 1941년 동계전역의 시작

"구데리안은 나와 마찬가지로 소련군에 의해 자주 방해를 받게 될
동면(冬眠)을 겁내고 있었다.
그는 다음 해에 중국과 싸우는 일본처럼 될 것을 우려하고 있었다."
(1941.10.30, 고타르트 하인리키 43군단장)

"기다리던 시간은 끝났다. 우리는 다시 공격한다.
모스크바 정면의 마지막 소련군 방어선은 무너졌다.
우리는 유럽의 볼셰비키 운동의 심장을 멈추게 해야만 한다.....
장갑집단은 결정적인 진격을 리드하는 행운을 쥐었다!"
(1941.11.17, 4장갑집단군 사령관 회프너 상급대장)

* * * * *

나가자, 모스크바로

"강철의 규율만으로 우리들 장병이 앞으로 나가게 할 수는 없었을 것이다.
우리들을 붙들어 맬 수 있었던 것은 처절한 애국주의와 우리들의 조국에 대한 사랑이었다.
최후의 일인까지 모스크바를 사수하겠다는 결의는 거기서부터 분출되었다."
(코미사르, 봐실리 클로취코프)

휴식을 취한 중앙집단군이 공세를 재개한 것은 11월 15일부터였다. 할더나 폰 보크나 이제 독일군 고유의 스타일이고 뭐고 따질 형편이 안 된다는 것을 알고 있었다. 어차피 목표는 모스크바이며 적도 우군도 뭘 해야 될지 잘 아는 터에 전술적 테크닉이니 작전술적 기교니 하는 기존의 패러다임은 더 이상 먹히지 않는다는 것을 잘 알고 있었다. 남은 것은 강철의 의지와 약간의 행운이 주어지느냐 하는 것이었다. 그리고 그 스타일은 아웃복싱이 아니라 인파이팅이어야 했다. 엄청난 수의 병원이 죽는다는 것은 이미 각오한 터였다. 중앙집단군은 10월 16일부터 11월 15일 사이 4만 명의 피해를 안고 있었다. 비교적 교전의 강도가 약하고 전면전이 아닌 휴식 기간이었는데도 피해가 끊이질 않았다.

공격 재개는 딱히 새로울 것은 없지만 구데리안의 2장갑군이 툴라를 잡아 남쪽으로부터 모스크바의 복부를 건드리는 것으로 하고, 3, 4장갑군은 로코솝스키의 16군을 밀어내어 모스크바 북쪽의 야흐로마(Yakhroma)까지 진격하되, 폰 클루게의 4군이 57장갑군단의 지원을 받아 나로-포민스크에 포진한 소련군의 중앙을 돌파해 나가는 것으로 계획되었다. 그러나 타이푼 발동 당시에 70개 사단으로 시작한 중앙집단군은 이제 36개 사단만 정면 공세에 집중하고 나머지는 늘어난 측면을 소련군의 반격으로부터 엄호하기 위해 사방으로 흩어진 형세로 존재하고 있었다. 그중 실제로 공세에 참가하는 것은 3, 4장갑군의 18개 사단, 2장갑군이 9개 사단, 계 27개 사단 규모였다. 병력을 한 곳에 모아도 시원찮을 판에 집단군은 북으로 칼리닌, 남으로 쿠르스크까지 주변적인 측면 지구에 에너지를 낭비함으로써 중점을 흐리게 만들었으며 해당 구역으로 소련군들의 전력이 보강되자 일단 전구가 벌어진 독일군 사단들은 주공의 방향으로 되돌아오기 힘든 여건에 처해 있었다. 그런데다 10월 중하순에는 보로네즈로 간다는 별 이상한 발상을 동원하면서 쓸데없는 시간만 낭비한 꼴이 되었다. 히틀러나 할더는 직접 전선에 뛰어 와 진창도로를 자기들 눈으로 한 번 봤어야 했다. 이들은 병참이나 기상조건이 작전술만큼이나 중요하다는 사실을 전혀 인지하지 않는 듯했다. 그렇지 않고서야 완전히 '삼천포'로 빠지는 보로네즈, 고르키 공략 아이디어가 나올 리는 없었다.

중앙집단군 구성 변화(1941.10-11월)

제대	하위제대	1941.10.1	1941.11.1	1941.11.15
군		3	3	3
장갑군		-	1	1
장갑집단		3	2	2
군단		15	14	14
기동군단		8	8	8
사단	보병사단	50	49	47
	장갑사단	14	14	14
	차량화보병사단	8	8	8
	경계사단	3	3	3
	기병사단	1	1	1
	합계	76	75	73
여단	보병여단	-	1	1
	차량화보병여단	2	2	2
	기병여단	1	1	1
	합계	3	4	4
사단 + 여단		79	79	77
사단급		77.5	77	75
사단병력의 러시아전선 배치 비율	보병 및 경계사단	31.6	33.7	34.2
	장갑 및 차량화보병사단	63.8	63	63
사단 평균 전력	보병사단	15,200	14,300	13,500
	장갑사단	14,400	13,600	12,800
	차량화보병사단	12,600	11,900	11,200

11월 초, 소련군 서부방면군 역시 충전의 시간을 가지면서 인원과 장비의 확충을 기하고 있었다. 11월 1-15일 동안 작전가동 중인 제대의 전차보유대수는 거의 3배로 증가했다. 서부방면군에는 우선 로코숍스키의 16군에 58전차사단 및 23, 33전차여단이 지원되었으며 49군에는 112전차사단과 31, 45전차여단이 배속하게 되었다. 또한 방면군은 수개의 소총병사단과 기병사단을 수령하고 1, 2파의 제진구도를 형성할 수 있게 되어 기동예비병력까지 확보하게 된 것은 소련군으로서는 큰 다행이었다. 서부방면군은 칼리닌방면군과 경계를 이루고 있어 여기에 30군과 16군이 공동으로 방어전선을 구축할 필요가 있었고 이미 이전까지의 전투결과, 그러한 연대와 공조는 자연스럽게 만들어져 있었다. 두 개 군에는 전차사단과 차량화소총병사단이 각각 1개, 그리고 8개의 전차여단이 포진해 있었으며 11월 16일부터 12월 5일까지의 기간 동안에는 별도로 6개 전차여단과 3개 독립전차대대가 지원되는 수순을 밟게 되었다.

모스크바를 북서쪽에서 지키는 것은 16군의 중앙부로서 이스트라가 가장 중요한 지점이 되었으며 16군의 1진은 316소총병사단과 레흐 도봐토르 지휘 하의 3기병군단을 포함해 1근위 및 27

전차여단이 돌격부대의 역할을 담당하고 있었다. 제2진은 이스트라의 가도를 따라 23 및 28전차 여단이 매복하는 자세를 취하고 있었다. 한편 노보 페트로프스코예(Novo Petrovskoje) 지구에는 16군의 예비로서 33전차여단이 대기하고 있어 16군은 이스트라 방면에 총 104대의 전차를 보유하여 3개의 제진구도를 만들어 낼 수 있었다.

16군 및 30군 기동전력 현황(1941.11.16)

군	사단/여단	KV & T-34	T-26, BT, T-40, T-60	계
16군	1근위전차여단	19	20	39
	23전차여단	11	20	31
	27전차여단	11	10	21
	28전차여단	5	10	15
	33전차여단	-	34	34
30군	58전차사단	-	198	198
	8전차여단	-	23	23
	21전차여단	5	15	20
	107차량화소총병사단	2	11	13
계		53	341	394

타이푼 2국면의 공세는 다음과 같다.

북쪽의 3, 4장갑군과 남쪽의 2장갑군이 동시에 모스크바를 향해 스트레이트와 훅을 날리며 들어가야 하는 것이 당연하나 2국면의 중점은 아무래도 모스크바 80km까지 접근한 3, 4장갑군이었다. 작전 안의 작전으로 불리는 두 장갑군의 공세는 '눈폭풍'(Schneesturm)으로 명명되어 233,000명의 병원과 1,880문의 야포, 450대의 전차가 800기의 항공지원을 받아 클린을 친 뒤 모스크바-볼가 운하로 진입하는 것을 당면목표로 했다. 이에 맞서는 소련군 13군과 16군은 25만 병력에 야포 1,254문, 전차 500대, 700대의 공군기로 준비하고 있었다.[1] 공격과 수비가 비슷한 수준의 전력이라면 이전보다 확실히 더 공고한 방어진을 축성한 소련군 수비대가 유리한 것으로 보였으며 병원의 질이 아직 문제가 된다고는 하지만 뼈와 살을 에는 강추위에 동복도 변변찮은 독일의 엘리트군단이 여름철과 같은 전투력을 발휘할지는 알 수 없는 가운데 동계전투의 막이 오르기 시작했다.

11월 15일 최초로 뛰쳐나가게 되는 것은 슈트라우스의 9군이었다. 3장갑군이 모스크바 강과 운하를 따라 북익을 확보하는 기동을 추진하는 동안, 9군은 '볼가 저수지'(Wolgastaubecken)라는 세부 작전명 하에 3장갑군의 진격을 엄호하는 임무를 맡았다.[2] 아니 15일 이 순간 공격이 가능한 것은 9군의 27군단 밖에 없었다. 9군은 라마(Lama) 강과 볼가 저수지를 지키는 소련군 방어진을 뚫고 나아가 모스크바-볼가 운하지대를 압박하기로 하되 3장갑군은 9군이 출발한 하루 뒤

1) Kirchubel(2016) p.44
2) BA-MA RH 19-II/387, Kriegstagebuch Nr. 1(Band November 1941) des Oberkommandos der Heeresgruppe Mitte, Fol. 51(1941.11.11)

◆ X-1 11월 15일, 독일군의 공세재개에 맞서 돌격을 감행하는 소련군 소총병들. 겨울철의 두터운 적군의 군복을 뚫기 위해서는 이처럼 지나치게 길어 보이는 대검(M1891/30 바요네트)이 필수적이었다.

에 진격하기로 되었다. 9군의 좌익은 공세의 북익을 엄호하면서 순차적으로 수비로 전환할 예정이었으며 우익과 나머지 제대는 모두 남동쪽으로 진격해 모스크바 포위에 가담할 예정이었다. 그중 모델의 41장갑군단은 56보병사단을 내주고 23보병사단을 받아 공격에 나서기로 되어 있었으나 세 가지의 과중한 임무를 동시에 떠안고 있었다. 우선 (1)회프너 4장갑군의 북익을 철저히 엄호할 것, (2)모스크바-볼가 운하 구역을 확고하게 지탱할 것, (3) 운하 서쪽에서 남쪽으로 내려가 모스크바의 북쪽 전초기지들을 공략할 것, 세 가지였다. 병력과 탄약이 계속해서 감소 중인데도 복합적인 과제를 수행해야 하는 고단한, 어쩌면 사기가 떨어질 만도 한 상황인데도 그때의 모델은 그러한 난관을 대단히 경시(과소평가)하는 낙천주의자였다. 당시 처음으로 모델을 가까이서 경험한 6장갑사단의 작전참모 그라프 폰 키일만제크(Graf v. Kielmannsegg) 소령은 일반인보다 3배로 강한 모델의 낙관은 좋든 나쁘든 모델 특유의 의도적인 자의식이었던 것으로 평가했다. 모델 또한 오스트리아 출신의 유능한 6장갑사단장 에르하르트 라우스의 재능과 결단력을 신임하고 있었다.[3] 그에 따라 6장갑사단은 저수지와 댐 남쪽에서 교두보를 장악하는 중대한 과제를 받았다. 7장갑사단의 6, 7척탄병연대는 이때 일시적으로 6장갑사단 예하로 들어가 야흐로마 진군의 일익을 담당하게 된다. 17일에는 폰 클루게 4군의 좌익에 포진한 5군단이 테르야예보(Teryayevo)로 진격해 주변 고지대를 장악하고 9군의 남익과 연결되어야 했다. 이 공세는 4장갑군의 일부 병력이 가세하기로 되어 있었으나 문제는 4군이 언제 움직이느냐 하는 것이었다. 보급 문제로 인해 4군은 18일 이전에는 공세에 참가하는 것이 불가한 것으로 보였다. 여하간 중앙은 좌익에 4군이, 우익에 4장갑군이 포진해 동시적으로 모스크바 정면을 치는 것으로 정해졌다.

남쪽의 구데리안 2장갑군은 심각했다. 북쪽의 3, 4장갑군이 그나마 모스크바에 바짝 접근한 상태이지만 2장갑군은 아직도 툴라를 극복하지 못하고 있었다. 우선 툴라의 교통분기점과 공항을 점거하는 것이 가장 중요한 선결조건이었다. 그 다음의 1차 목표는 모스크바에서 100km, 툴라에서 125km 떨어진 콜롬나를 향해 북동쪽으로 진격하는 것이었다. 그리고 나중에 어떻게 될지

3) Görlitz(2012) pp.100-1

모르지만 오르샤 브리핑 때 확인된 것으로는 콜롬나에서 볼가 강의 니즈니 노브고로드(Nizhniy Novgorod)를 치고 모스크바 북동쪽 400km 지점의 고르키를 점령하는 일이었다. 고르키는 전차와 차량을 생산하는 거대 콤비나트의 하나로서 11월 초 100폭격비행단의 하인켈들은 두 번에 걸쳐 간만에 전략폭격을 시도한 바 있었다. 바로 북쪽에 모스크바가 있는데도 2장갑군의 실제 사정과는 거리가 먼 이런 작전계획이 추진되고 있었다. 100폭격비행단은 11월 12일 모스크바에 대한 마지막 출격을 시도했다. 또한 이 와중에 봐익스 2군 사령관이 병환으로 11월 11일 39장갑군장이었던 루돌프 슈미트로 교체되는 일이 있었다.[4] 2군은 병참 사정도 엉망이지만 2장갑군이 콜롬나, 고르키를 치는 동안 보로네즈를 공략하기로 되어 있어 2군이 2장갑군의 우익을 엄호한다는 지금까지의 구도는 지탱되지 못했다. 두 군은 서로 다른 목표를 향해 따로 움직이고 있었으며 서로를 엄호하는 공조나 조율이 될 여지가 희박했다.

에버바흐 전투단은 13일 붸네프(Venev)로 가는 길목에 있는 오슬라봐야(Oslavaja)를 향해 전진했다. 이는 국지적인 공세였으며 장갑군 전체의 작전술적 기동은 아니었다. 기온은 영하 22도까지 떨어져 있었다. 이 정도가 되면 독일군의 우수한 광학기기도 소용이 없었다. 렌즈는 뿌옇게 흐려져 질 낮은 소련제와 다름없었고 기름마저 얼어붙는 날씨였다. 헤르만 빅스 상사는 가장 선두에서 선봉장갑중대를 리드했다. 독일군 전차들은 14일 아침 오슬라봐야 외곽에 도착하자 소련군 연대급 규모의 공세에 직면했다. 전차로 소총병들을 뭉개는 것은 간단하지만 독일군은 보병의 지원없이 전투단만으로 이곳까지 왔기에 자칫 접근전을 펼치면 곤란한 일에 직면할 수도 있는 민감한 상황이었다. 중대장이 해치를 열어 사방을 둘러보려하자 이내 기관총 사격이 포탑을 향하면서 얼굴을 내밀 수도 없었으며 빅스 역시 조종수에게 좀 더 확실한 시계를 인도하기 위해 고개를 들었다가 기관총탄이 자신의 왼쪽 귀를 스치고 지나가 큐폴라에 부딪히는 등 대단히 위험한 상황이 계속되고 있었다. 빅스의 전차는 얼음이 낀 가파른 사면으로 미끄러져 들어가 낭패를 당하기도 했으나 지그재그 운행으로 용케 빠져 나온 뒤 다가오는 소련군들을 후려치고 개인호에 숨어 든 적군들을 솎아냈다. 얼마 후 에버바흐의 전차들은 적절한 거리를 유지하면서 노련한 전투를 전개한 결과 소련군 소총병연대를 격멸시켰다. 패잔병들은 북동쪽으로 도주하는 것이 관찰되었다.

빅스 상사는 다시 선두에 섰다. 오후에 빅스는 오슬라봐야의 첫 주택을 목격하고 자신이 올바른 선도행군을 한 것을 확신했다. 빅스는 소련군에게서 얻은 털모자를 쓰고 있어 나름 위장효과를 발휘하고 있었다. 비교적 지근거리에서 목격된 소련군도 빅스를 우군으로 착각하고 손을 흔들기도 했으며 어떤 차량들은 우군인 줄 알고 접근했다가 몰살당하는 등 웃고 넘어가기 힘든 일들이 진행되었다. 빅스가 마을의 시장 부근으로 접근하자 이곳에서 길은 두 갈래로 나뉘어져 있었다. 2일 동안 지도 없이 움직였던 빅스는 5중대장 헬무트 렉샤트(Helmut Lekshat) 중위에게 방향선택을 의뢰했다.[5] 빅스는 중대장의 지시에 따라 철도역으로 연결된 오른쪽 길을 택하고 진격해 들어가자 차량에 타고 있던 소련군들은 그때서야 독일전차들을 확인하고 가옥과 정원 부근으로 숨어들기 시작했다. 빅스는 주포사격을 명령했다. 첫 발은 주택 담벼락을 무너뜨렸으며 두 번째는 직격탄이 되었다. 건물 자체가 무너져 내리면서 다수의 적병들이 죽는 광경이 목도되었다. 독일전차들은 불타는 길목을 지나 시장 안으로 들어갔으며 중대장 렉샤트 대위는 모든 전차들이

4) BA-MA RH 20-2/207, Armeeoberkommando 2. 1.a KTB Teil. 2 19.9.41-16.12.41, p.110(1941.11.11)
5) Schäufler(2010) p.153

◆ X-2 11월 14일 뷔네프에서 격파된 KV-1 중전차

시야가 중복되지 않게 전열을 정비한 다음 어느 쪽에서 적군이 나타나더라도 곧바로 전투에 임할 수 있는 제진 구도를 형성했다. 순간 빅스는 한 대의 KV-1 전차를 발견했으나 이 중전차는 빅스가 아니라 에르뷘 배클레(Erwin Bäkle) 소대장을 노리고 있었다. 배클레 소위가 소리쳤다. "이놈은 나를 노리고 있다. 내가 있는 도로 방향으로 직진 중이니 측면을 때려라!" 페터만(Petermann) 장전수가 AP40 철갑탄을 장전하고 쏘자 KV-1이 동시에 발사한 포탄은 배클레의 전차를 향해 부정확하게 날아갔다. 빅스가 때린 3발의 포탄은 모두 명중했으나 모두 장갑을 튕겨나가면서 KV-1는 생채기 하나 입지 않았다. 빅스는 포탄이 아무런 소용이 없다며 빨리 공병들을 불러 집속폭탄으로 대전차전을 진행해야 한다고 소리 질렀다. 배클레 소위는 다시 전달했다. "빅스, 안 되면 놈의 주포를 망가뜨려라. 그렇지 않으면 놈은 너를 발견하는 즉시 박살을 낼 꺼다." 포수 크라우제(Krause)는 황당해 했다. 빅스는 무조건 해보자며 크라우제를 다그쳤다. 최대한 중전차를 가까이 끌어당기는 것이 필요했다. 최대한 근접할 때까지 기다린 빅스와 크라우제는 회심의 직격탄을 날렸다. 이는 빗맞으면서 연기가 사방으로 깔려 서로가 서로를 확인하지 못하는 순간이 왔다. 연기가 거치면서 중전차의 실루엣이 희미하게 나타나자 크라우제는 2, 3탄의 포탄을 갈겼다. 그와 동시에 적 중전차는 포신을 빅스 쪽으로 돌리려 했다. 빅스의 명중탄이 터졌다. 포신을 맞은 중전차는 작은 나뭇가지에 포신이 걸려 기동을 제대로 할 수 없는 지경에 처했다. 이 순간 옆에 있던 배클레 소위 전차가 직격탄을 날렸다. 포신 안에서 잠시 검은 연기가 치솟더니 전차 안의 포탄이 유폭하면서 KV-1 전차는 공룡의 울부짖음 같은 굉음을 낸 뒤 불에 타오르기 시작했다. 될지 안 될지 의심하던 포수 크라우제는 3발의 포탄을 모두 적 전차의 포신에 명중시킨 것이 확인되었다. 이는 빅스로 하여금 아무리 철갑이 두터운 KV 전차라 하더라도 지근거리에서는 최소한 기동불능 상태를 만들어 처치할 수

있다는 자신감을 갖게 한 회전이었다. 그 다음은 공병들 차례였다. 집속폭탄을 든 공병들은 소련전차에 올라 타 하나하나 격파해 나갔고 뒤늦게나마 도착한 보병들이 참호에 든 적군들을 소탕하면서 전투를 마무리했다. 오슬라봐야는 14일에 떨어졌다. 다음은 카쉬라였다.[6]

* * * * *

주공의 진격

"드디어 때가 왔다. 땅은 얼어붙어 굳어졌다. 이제 시작할 수 있게 되었다."
(루프트봐훼 대공포부대 지휘관, 한스 로트 소령)

타이푼 2국면 공세에 있어 가장 중요한 구역은 4장갑군 공세정면의 쉘코프카(Shelkovka)와 도로호보(Dorohovo) 사이 구간이었다. 이 구간은 나폴레옹이 장악했던 구 우편도로로서 지금은 스몰렌스크-모스크바를 잇는 가장 근대적인 고속도로로 변신해 칼리닌으로부터 툴라에 이르는 남북라인과 교차되고 있는 지점이었다. 이곳을 장악하게 되면 주변 고지대를 통해 모든 연락선을 차단, 감제할 수 있는 기능을 확보할 수 있었다. 쉘코프카는 10장갑사단에 의해 10월 말에 장악되었으나 주변 고지대는 소련군들이 지배하고 있어 한동안 전투는 지속되고 있었다. 11월 초 7, 197, 267보병사단을 동원한 7군단은 5장갑사단의 31장갑연대 2대대의 지원을 받아 이틀 동안의 교전을 통해 통로는 개방시켜 놓은 상태였다.[7] 중앙집단군 주공의 방향은 이제 큰 교란요소 없이 정면을 향하기만 하면 될 것처럼 보였다.

9군의 27군단이 선봉 공세를 시도하게 되면서 3, 4장갑군이 움직이기 시작했다. 예상 외로 적군은 큰 저항을 보이지 않고 1812년처럼 뒤로 빠지기 시작했다. 특히 소련 30군은 아예 교전을 회피한 채 뒤로 물러서는 자세를 취했다. 이는 결과적으로 독일군이 소련군의 규모를 과대평가하고 볼가 강 동쪽으로 전술적인 퇴각을 추진한다는 의중을 읽지 못했던 것으로 보였다. 27군단은 모든 제대가 전선에 도착할 때까지 기다리는 통에 귀중한 시간을 허비했으며 막상 강력한 적군이 있는 것으로 짐작되었던 구역을 긴장된 상태로 들어갔던 독일군은 적을 발견하지 못해 허탈해 하기도 했다. 할더는 이를 두고 '이 전쟁에 있어 뭔가 새로운 것'이란 표현으로 소련군의 동태에 이상증후가 나타나고 있음을 기이하게 생각했다.[8] 의욕적으로 나갔던 3장갑군은 게임이 싱겁게 끝날 것처럼 보이다가 소련군이 방어정면에 약간의 경계병력만 남긴 채 주력은 점점 뒤로 돌아 볼가 강 뒤편에 보다 공고한 방어진을 축성하고 있는 것으로 파악했다. 사실상 주공의 진로에 해당하는 3장갑군의 정면에 소련군은 107차량화소총병사단과 46차량화연대 정도의 병력으로 라마 강 동안(東岸)에 따른 24km 구간을 지키고 있었다. 한 가지 허탈한 것은 27군단이 장악키로 한

---

6) Kurowski(2004a) pp.88-92
7) Plato(1978) p.161
8) Newton(1994) p. 34, Ziemke(1985) p.50

교량은 이미 소련군들이 폭파시켰다는 것으로서 일단 적군은 모스크바 바로 외곽에서 승부를 펼칠 것으로는 예상되고 있었다.

서부방면군 중앙부 소련군 기동전력 현황(1941.11.16)

군	사단/여단	KV	T-34	T-26, BT, T-40, T-60	계
5군	82차량화소총병사단(27독립전차대대)	3	10	11	24
	18전차여단	-	-	10	10
	20전차여단	-	5	21	26
	22전차여단	-	-	18	18
	25전차여단	-	4	19	23
	1근위차량화소총병사단	3	11	23	37
33군	24전차여단	3	11	26	40
43군	9전차여단	3	9	12	24
	26전차여단	-	11	20	31
	31독립전차대대	3	11	12	26
	112전차사단	-	-	140	140
49군	145전차여단	9	29	29	67
	31전차여단	3	12	29	44
계		27	113	437	500

11월 16일, 56장갑군단이 진격했다. 로코숍스키의 16군은 그에 대한 대응으로 126소총병사단, 17, 24기병사단 및 58전차사단을 동원해 9군과 56장갑군단의 응집력을 해체하기 위한 교란작전을 전개했다. 이는 실패작이었다. 16군이 볼로콜람스크 주변에 위치한 독일군 제대를 공격하는 것과 동시에 독일군은 16군 중앙부와 좌익의 제대를 공격하는 크로스카운터가 일어났고 소련군이 3-4km를 파고들자 독일군은 좌익의 18소총병사단 방어진을 돌파해 버렸다. 중앙부에 대한 독일군의 침공은 모든 제대가 힘을 모아 떨쳐내기는 했지만 16군 4개 사단의 공세는 예상보다 더 가혹한 피해를 입으면서 붕괴 직전까지 치달았다. 7장갑사단의 공세는 느리게 진행되었으나 14차량화보병사단은 그리바노보(Gribanowo)와 쿠소봐(Kussowa)에서 라마(Lama) 강 건너편의 두 개 교두보를 확보하는데 성공했다.[9] 16일에는 56장갑군단의 6장갑사단이 46차량화연대 방어구역을 돌파하면서 30군 구역을 유린하기 시작했다. 30군은 6장갑사단의 진격을 막기 위해 8전차여단의 차량화소총병대대와 257소총병연대를 해당 구역에 급파했다. 소련군이 불러 모은 병력은 변변찮았으나 여하간 볼가 강 동안(東岸)을 장악하려는 독일군의 의도를 분쇄시키는 데는 성공한 듯이 보였다. 그러나 독일군의 주공이 클린으로 겨냥해 진격속도를 높이게 되자 사태는 좀 심각해졌다. 클린에는 소련군의 아무런 예비대가 없었다.

그보다 남쪽에서는 16일부터 2장갑사단이 17일을 기해 공세에 나서기로 된 5군단의 진격로

9) BA-MA RH 21-3/71, Anlagen zum Kriegstagebuch Tagesmeldungen Bd.1 1.11.-31.12.41, Fols. 112-113(1941.11.16)

◆ X-3 316소총병사단장 이반 판필로프 소장. 11월 18일 구세네보(Gusenevo) 구역 참호에서 벗어나려는 순간, 독일전차의 주포사격에 의해 피격되어 그 자리에서 전사했다.

를 개척해 나갔다. 2장갑사단의 상대는 316소총병사단이었다. 또한 남쪽의 11장갑사단은 연료가 모자라 우선 보병들을 도보로 행군시키기로 하고 차량은 연료를 주입하고 난 뒤에 따라 붙이는 것으로 정해 공세일을 더 이상 연기하지는 않았다.[10] 5장갑사단의 선봉 슈테그만 전투단(Kampfgruppe Stegmann)은 정 동쪽의 10장갑사단과 북쪽 라마 강 건너편의 11장갑사단 사이에 포진하여 사단간 응집력을 견고히 하는 일에 투입되어 있었다. 북쪽의 5, 10, 11장갑사단과는 한참 거리를 두고 말로이아로슬라볘츠 북동쪽에 포진했던 20장갑사단은 75대의 전차 중 가용한 49대만으로 공세에 출정했다.[11]

11월 16일 2장갑사단(또는 11장갑사단)을 맞아 사투를 벌인 소위 '판필로프 육탄 28용사'의 신화가 창조되었다. 316소총병사단장 이반 판필로프(Ivan Panfilov) 소장이 휘하의 자그마한 병력으로 18대 또는 수십 대의 독일 전차들을 분쇄했다는 다소 과장된 '전설'이 그 배경으로, 워낙 날조를 밥 먹듯이 하는 소련 공산당의 작품이니만큼 전사 환타지처럼 느껴져 액면 그대로 수용하기는 어렵다. 단 독일군만이 전설적인 전과를 달성한다는 보장은 없으므로 28명의 용사들이 전차를 상대로 절망적인 사투를 전개하다 죽어갔다는 사실 자체가 전혀 엉터리라고 보기도 그렇다. 다만 전후에 이것이 '날조된 소설'이라는 소련측 기밀문서가 발견되면서 의구심이 증폭하게 되었고 그나마 좋게 봐 주려면 그저 소련 군인들과 국민들의 사기를 올리기 위해서 군 당국과 보도국이 억지로 지어낸 것이라고 치부하면 그만이다. 판필로프가 전투에 나서기 직전, 쥬코프가 진지를 사수하던지 총살되든지 둘 중의 하나라는 스탈린의 언명을 판필로프에게 전달한 것은 역사적 사실인 것으로 판명되고 있다. 여하간 이때 봐실리 클로취코프(Vasily Klochkov) 정치위원이 외친 "러시아는 광대하고 도망갈 곳은 없다. 우리 등 뒤에는 모스크바가 있다!"는 구호는 지금도 여러 문헌에서 인용되고 있는 유명한 구절이다.[12]

11월 16일, 벌써부터 지휘관들의 견해 차이로 공세가 삐꺼덕거리기 시작했다. 폰 클루게는 명목상 자신의 지휘 하에 있는 4장갑군의 공세일은 18일로 미룬다는 통보를 폰 보크에게 전달했다. 이유는 7군단과 20군단 정면의 소련군 저항이 워낙 거세 여기부터 처리해야 된다는 논리였다. 17일 폰 보크는 한스 폰 그라이휀베르크(Hans von Greiffenberg) 작전참모장을 4군 전구에 보내 현황을 확인하고 폰 클루게는 구데리안의 진격이 되고 있지 않으므로 4군의 공세 또한 차질

10) BA-MA RH 27-11/24, 11.Pz.Div. KTB Abt. 1a vom 22.10.41-24.1.42, Fol. 16(1941.11.16)
11) BA-MA RH 27-20/26, 20.Pz.Div. KTB Band 1a2, vom 21.10.41 bis 30.12.41, Fol. 51(1941.11.6)
12) 오버리(2009) p.166

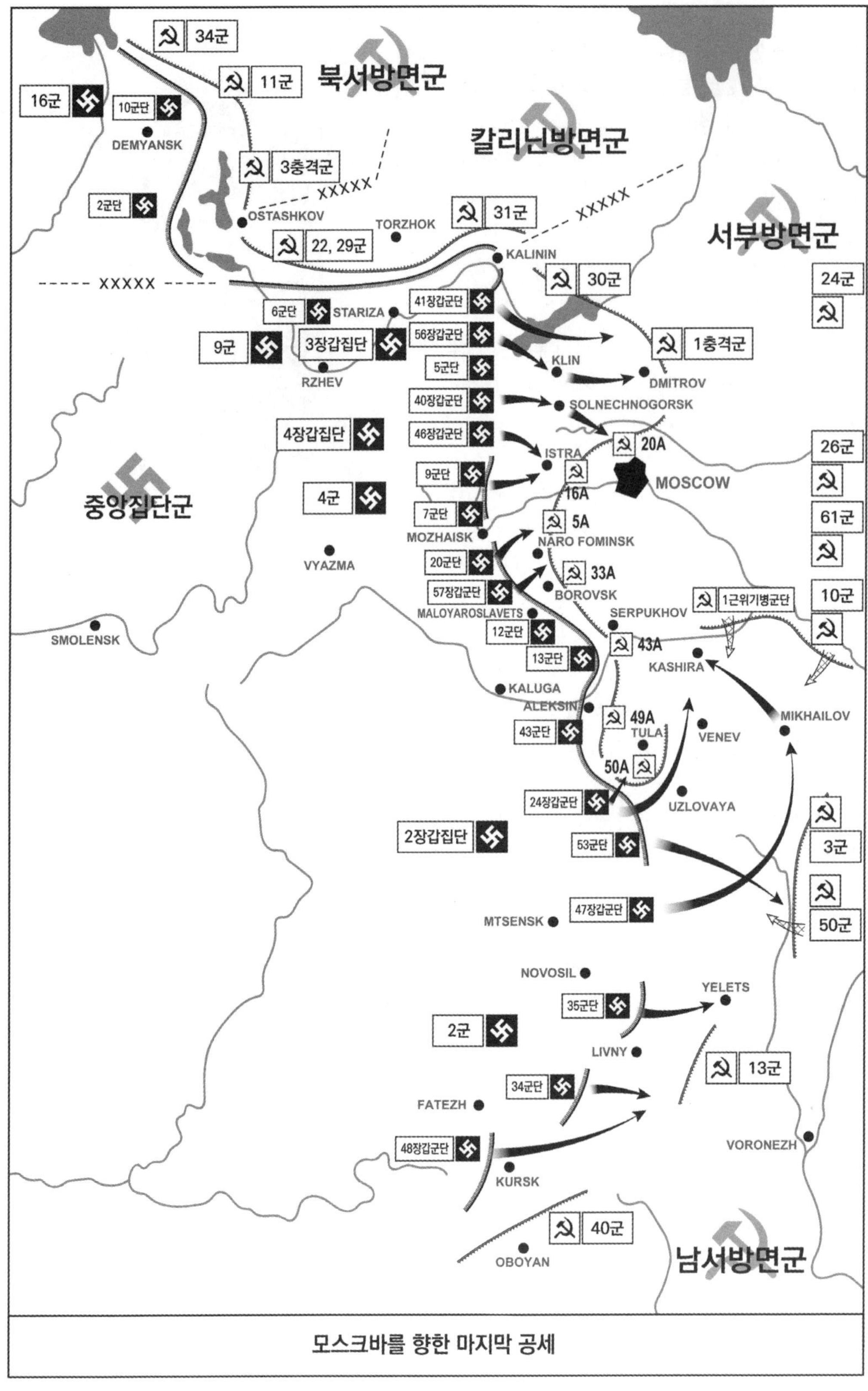

모스크바를 향한 마지막 공세

을 빚을 수밖에 없다는 설명을 추가했다. 폰 보크는 동의할 수가 없었다. 그는 전체 군의 상황으로 보건대 그나마 4군은 양호한 상태라며 가장 열악한 곤경에 처한 구데리안의 2장갑군을 핑계로 든다는 것은 이치에 맞지 않는다고 하고, 4군이 2장갑군을 나무란다면 이웃하는 9군이 4군의 소극적 태도를 탓하는 것과 같은 맥락에서 이해되어야 한다고 덧붙였다.[13] 17일 폰 클루게는 그럼에도 불구하고 공세는 18일로 미룬다면서 5군단과 46장갑군단만이 공격을 개시할 것이라고 알렸다. 그것도 제한된 목표만을 향해 움직인다는 단서까지 붙어서였다. 따라서 7, 9군단과 40장갑군단은 결국 19일로 미루어졌다. 할더는 폰 보크에게 폰 클루게를 다그치라고 압박하면서 브라우히치가 폰 클루게에게 직접 호통을 쳐서 공격에 나설 것을 요구하는 방안까지 검토했다. 그러나 폰 보크는 4군의 우익에 위치한 13군단이 취약하다는 것이 전혀 엄살이 아니라는 점을 확인한 끝에 할더의 요구를 액면 그대로 이행하지는 않았다. 실제로 4군의 어떤 사단은 한 개 보병연대가 겨우 400명으로 지탱되는 곳도 있어 거의 일당 4-5명분의 전투를 해야 하는 육체적, 정신적인 한계에 도달한 것은 틀림이 없었다.[14]

11월 18일 볼로콜람스크와 나로-포민스크 사이의 갭을 공격할 4장갑군과 4군의 편제가 짜여졌다. 좌익에는 기존 35, 106보병사단에 40장갑군단으로부터 빌려온 2장갑사단이 5군단에 포진하고, 좌에서 우로 46장갑군단(5, 11장갑사단), 40장갑군단(10장갑사단, 다스 라이히), 9군단(78, 87보병사단)이, 그리고 가장 우익에는 7, 197, 267보병사단을 보유한 7군단이 늘어섰다.

◆ X-4 나로 포민스크에서 동계위장복을 입은 소련군 소총병들

13) Bock(1996) p.361
14) BA-MA RH 19-II/387, Kriegstagebuch Nr. 1(Band November 1941) des Oberkommandos der Heeresgruppe Mitte, Fol. 87(1941.11.16)

이중 5군단은 여타 군단보다 커버해야 할 전선이 길어 클린(Klin)을 향해 하루 더 빨리 작전을 시작하게 된다.

일단 9군의 공세는 소련군 13, 16군 사이를 때리면서 볼가 강을 향해 북쪽으로 진격하는 작업을 편하게 하는 성과는 있었다. 로코솝스키 16군 사령관은 16일부터 독일군의 진격에 밀리기 시작하여 상부의 퇴각명령은 없었지만 조금씩 뒤로 물러나면서 볼로콜람스크로부터 모스크바로 이동하고 있었다. 그렇지 않을 경우 또 포위망 안에 가두어질 위험에 노정되고 있었으며 당장 독일군 주공을 막을 자산은 거의 존재하지 않았다. 중앙집단군이나 OKH가 초기 진격의 성과를 낙관한 것은 이러한 배경요인들이 작용했다. 그러나 처음부터 후퇴를 거듭하면서 자신들이 마음먹은 진지로 들어가 웅크리고 항전할 경우에는 상황이 달랐다. 11월 16일, 전술한 바와 같이 아직 피해가 덜한 6장갑사단이 소련군 46차량화소총병연대 방어구역을 돌파하는데 성공했고 소련군은 당장 8전차여단의 차량화소총병대대와 257소총병연대를 불러 사단의 진격을 막으려 했다. 실제로 6장갑사단은 적군의 수많은 벙커와 다량의 지뢰매설로 인해 상당한 고충을 겪고 있었다.[15] 벙커를 소개하는 작업과 공병들을 동원해 지뢰들을 제거하고 전진하는 일은 전투 이상으로 고된 일과여서 결국 3장갑군은 보병사단들의 추가 지원을 요청했다. 하나 기동력의 제한으로 말미암아 전화 한통으로 당장 뛰어올 수 있는 처지는 아니었다. 독일군 보병사단들은 아직은 기술적으로 많이 떨어지는 소련군이지만 서구의 합리주의와는 전혀 거리가 먼, 동방의 전체주의 국가 장병들이 벌이는 무모하고도 광신적인 전투정신에 완전히 붙들려 있었다. 기존의 기동전과 같은 광역에서의 싸움이 아니라 점점 좁은 구역으로 양군의 전차와 장병들이 얼굴을 맞대게 되는 상황에서는 전술이고 뭐고 간에 누가 더 독종인가를 보여주는, 서로의 인내심을 확인하는 전투로 변질되고 있었다. 동부전선 전투는 겨울이 될수록 더 가혹하고 더 잔인한 풍경들을 양산해 가고 있었다.

11월 초 전차여단의 공격에 이어 11월 17일 도봐토르의 3기병군단이 가한 반격작전도 거의 자살행위에 가까웠다. 44기병사단은 사실상 존재하지 않게 되었으며 자매사단인 17기병사단도 전력의 75%를 상실하는 피해를 당했다. 외몽골에서 도착한 44기병사단은 기병도를 빼들고 영화의 한 장면같은 돌격을 감행했으나 106보병사단의 야포와 기관총 사격 앞에 허무하게 쓰러져 갔다. 주인을 잃은 흥분한 말들이 사방으로 뛰었고 정해진 작전이 없었던 기병들은 생물학적으로만 징기스칸의 후예였을 뿐 잔인하게 살육당하는 '호울세일 몰살'(wholesale killing)의 시간을 맞이했다. 공세 2파는 숲속에서 뛰쳐나와 역시 똑같은 수법의 정면돌격을 시도했으며 2파를 처치하는 데는 1파보다 훨씬 짧고 수월한 사격연습의 시간이나 다름없었다. 도주하는 적병들 역시 화포와 마무리 기관총 사격에 모두 전사했다. 단 한 명의 독일군이 다치지 않은 가운데 2,000명의 기병들이 몰살한 초현실주의적 순간이었다. 이 드라마틱한 전투를 Paul Carrel의 표현에 따라 옮기면 다음과 같이 전개되었다.

5군단 106보병사단은 클린 남서쪽 무시노(Musino)에서 11월 17일 오전 9시 지평선에서 해

15) BA-MA RH 27-6/19, 6.Panzer Division KTB 16.9.1941-30.11.1941, p.277(1941.11.17)

◆ X-5 20세기에 19세기적으로 등장한 기병들. 도로가 열악하고 겨울이 긴 러시아의 지형적 특성상 이와 같은 기병들의 기동은 궤도차량보다 빠를 수도 있었다. 사진은 레프 도봐토르 소장 휘하 3기병군단의 집결장면

가 오르는 것을 보았다. 날이 짧아져 이때가 되어야 해가 떠올랐다. 대지는 눈이 얕게 내려 있었으며 주변에 아무런 은폐, 엄폐물은 없었다. 독일군이 공세를 취하려고 할 무렵인 오전 10시, 지평선에서 말을 탄 적군 병사가 하나가 숲 가장자리에서 나타나더니 이내 언덕 밑으로 사라졌다. 곧 누군가의 외침이 들려왔다. "소련군 전차다!!!" 모두가 전차가 오는 방향을 주시했다. 그러나 전차는 달랑 4대에 불과했다. T-34가 아닌 가장 약한 T-26이었다.[16] 이어 독일군 대전차포들이 마을 입구 언저리에서 전차들을 상대하기 위해 모습을 드러내고 있었다. 그리고 이상한 것은 소총병들이 전차에 타고 있지도 뒤에 따라오고 있지도 않았다. 그 의문은 이내 풀렸다. 오른쪽 숲에서 기병들이 등장했다. 맨 선두는 정찰병들이, 그 뒤는 40-50명으로 된 기병들이 서서히 등장했다. 잠시 후 그 수는 100-200명으로 늘어났고 제1열의 뒤에 또 하나의 열이 만들어지면서 공격대형이 구축되어가자 말들이 서서히 속력을 올리기 시작했다. 토니노 발레리 감독의 1973년 작 마카로니 웨스턴, '무숙자'(My Name Is Nobody)에서 헨리 폰다가 테렌스 힐이 보는 앞에서 150명의 '와일드 번치'를 깰 때의 그 장면 그대로였다. 기병들이 검을 빼 들었다. 아침 햇살을 받아 검이 휘황찬란하게 빛나는 순간이었다. 마치 웨스턴 마스게임과도 같은 장면이었다. 갑자기 트로트(trot)가 갤럽(gallop)으로 바뀌었다. 동시에 독일군이 소리쳤다. "연대 규모의 기병대다!

16) Forczyk(2006) p.74

선봉 2,500m!!" 곧바로 뒤쪽에 배치된 107포병연대에 연락이 갔다. 기병들의 발자국 소리는 점점 대지를 뒤흔들었다. 기병들은 몸은 낮게 웅크려 말목에 가까이 붙인 채 기병도는 어깨 너머로 들어 최종 공격 모드로 들어갔다. "2,000미터!!" 모든 MG-34 기관총이 장전되는 소리가 연쇄적으로 일어났다. 그리고는 불과 수초 후 106보병사단 107포병연대 3중대의 야포들이 일제히 불을 뿜었다. 말들이 쓰러지면서 기병들의 몸은 공중으로 튀어 올랐다. 검은 연기가 붉은 화염과 함께 치솟았고 흙과 눈이 엉켜 온 사방으로 튀면서 대지는 독일군의 헌팅파티 장으로 변했다. 그러나 기병들의 군기는 흔들리지 않았다. 자살에 가까운 행동이었으나 대오를 흩트리지 않은 채 정해진 수순에 따라 마을 쪽으로 진격해 들어왔다. 여기서부터는 톰 크루즈와 와타나베 켄의 '라스트 사무라이'(Last Samurai)였다. 모든 기관총들이 일제 사격을 가했다. 말의 안장이 산산이 부서지면서 말과 인간의 비명이 어우러져 지옥의 신음 소리가 사방에서 터져 나왔다. 이어 다시 숲에서 두 번째 기병연대가 튀어나왔다. 1열이 무참하게 짓밟히는 것을 보고도 기병들은 동일한 돌격을 계속했다. 동일한 살육이 전개되었다. 초전의 흥분감을 잠재운 독일군 기관총 사수들은 좀 더 차분히 체계적인 사격과 조직적인 살육을 진행했다. 30명 가량의 기병들이 기관총 중대를 넘어 포병 전초기지가 있는 방향으로 진격해 들어갔으나 이들 역시 기관총좌 앞에 모두 쓰러졌다. 삽시간에 2,000명의 병력과 2,000필의 말들이 쓰러졌다. 인간이나 말이나 완전히 죽지 않은 것들은 비틀거리며 숲과 마을 쪽으로 흩어졌으며 온 사방은 흰 눈 위의 붉은 피와 검은 연기, 인간과 동물의 비참한 사체들이 널린 지옥으로 변해 있었다. 고지대 밑에서 올라 온 240보병연대는 굳이 마무리 전투를 할 필요가 없었다. 44몽골기병사단은 그것으로 전멸되었다.[17] 이로써 4장갑군의 좌익에 위치한 5군단은

◆ X-6 헨리 폰다, 테렌스 힐 주연 토니노 발레리 감독의 마카로니 웨스턴 '무숙자'(My Name is Nobody)의 휘날레 씬. 전설적인 건맨 잭 보레가드(헨리 폰다)가 150명의 '와일드 번치' 일당을 홀로 몰살시키는 장면.

17) Carrel(1966) pp.176-8
스웨덴의 크리스터 베르그스퇴름은 자신의 저작 Operation Barbarossa 1941(2016)에서 Paul Carrel이 표현한 기병전투는 44기병사단이 아니라 50기병사단이며 2,000명이 몰살한 것이 아니라 37기병연대 소속 기병 36명이 전사하고 44명이 부상당한 것으로 기록하면서 파울 카렐이 착각했다는 주석을 남겼다. 하나 이는 그가 소련측 전투일지만을 참고하여 제시한 통계로서 전사자와 부상자의 수는 차치하고서라도 50기병사단은 클린(Klin) 전구에 없었다. 50기병사단은 타이푼 초기부터 53기병사단과 함께 르제프(Rhzev) 구역에 주둔했었으며 11월 17일 클린 정면에 포진하고 있던 것은 44기병사단이 맞다. / Bergström(2016) p.239, 글랜츠 & 하우스(2010) p.120, Forczyk(2006) p.74

칼리닌-클린-모스크바를 연결하는 북서쪽 도로를 확보하고, 해당 도로와 모스크바-볼가 운하 사이에 놓인 수도 모스크바를 향한 진격로를 활짝 여는 전기를 마련했다. 이를 방지하기 위해 소련군은 17일 저녁, 클린 북서쪽에 집결해 있던 58전차사단을 30군 예하로 들어가게 했다. 극동지역에서 모스크바로 급파된 58전차사단은 이때까지 벌써 139대의 전차를 상실한 상태여서 보충이 되지 않는 한 독자적인 작전을 구사하기가 불가한 지경이었으나 어쩔 도리가 없었다.[18]

11월 17일 볼로콜람스크 구역에서 어이없는 일이 발생했다. 소총병 브세볼로드 올림페프(Vsevolod Olimpev)는 전투가 끝날 무렵 소대원들과 보드카를 들이켰다. 이날 아무 것도 먹지 못한 소총병들은 술이 들어가니 이내 취해버리는 것은 당연했다. 이때 갑자기 장교가 독일군이 쳐들어온다며 내무반에 들어왔다. "돌격! 네 엄마를 위해! 파시즘을 무찔러라!" 황당한 명령이었다. 모두 술에 찌든 상태에서 뭘 어떻게 할 줄도 모르는데 대충 되는대로 총을 집어 들고 적군이 있다는 마을로 접근했다. 그것도 야간작전이었다. 이 소련군들은 그냥 술에 취한 집단이지 군 조직이 아니었다. 곤드레가 된 소총병들은 갑자기 우군 장교가 외국어(독어)로 말한다며 무슨 일인가 의아해 하기도 하면서 몸을 비틀거리고 전진해 나갔다. 그 외국어란 독일군 장교가 말한 독어였고 소련군에 대한 발포명령이었다. 독일 전차의 기관총이 좌측에서 난사되었으며 다시 우측에서 2개의 기관총좌가 술에 취한 소련군들을 격멸했다. 모두 도로에 쓰러져 죽었으나 브세볼로드 올림페프는 하필 도로에 움푹 파인 호로 떨어지는 바람에 목숨을 건졌다. 대부분은 죽고 살아남은 나머지는 어둠을 이용해 겨우 본대로 귀환했다. 이 전쟁 통에 떡이 되도록 보드카를 마신다는 군기도 문제지만, 장교든 사병이든 기본적인 질서유지도 못하는 이런 광경은 2차 대전이 끝날 때까지 자주 목도하게 된다. 특히 '이봔'과 '보드카'는 뗄 레야 뗄 수가 없는 운명적 관계였다.[19]

40장갑군단 쪽은 사단들이 발진지점으로 이동을 마치기 전에 소련군의 공격을 먼저 받았다. 동이 틀 때부터 시작된 적군의 화포사격은 미하일로프스코예(Mikhailovskoje)에 집중되어 분당 50발이 떨어질 정도의 양으로 쏴 대고 있었다. 한편 소련군은 전차를 몰아 다스 라이히의 '데어 휘러' 연대와 모터싸이클대대 구역 중간을 치고 들어와 일부 구간은 수대의 전차들에게 돌파를 허용하기도 했다. 그 중 훼취나(Fetschina)로부터 들어온 9대의 적군 전차들은 오후 3시 30분 5대를 격파하면서 막아냈다. 이 어수선했던 17일의 혼란으로 40장갑군단은 다스 라이히를 쉬게 하고 18일 10장갑사단만이 5장갑사단을 따라 진격토록 하되 4장갑군의 거의 모든 야포들이 이 공세를 지원토록 준비되었다. 5장갑사단은 하젤로프와 슈테그만 두 전투단을 선봉에 두어 쉴로봐(Schilowa) 방면으로의 공세를 추진하고 골키(Golki)를 점령한 다음에는 우익에 있던 10장갑사단이 스키르마노봐(Skirmanowa)의 고지대를 공격하는 것으로 조율되어 있었다. 오전 9시 20분 슈테그만 전투단은 17일에 이어 당일 18일까지 19대의 적 전차를 격파하고 오전 9시 40분에는 쉴로봐를 따냈다.[20] 다스 라이히의 우익에 자리 잡은 252보병사단은 16일 소련군에게 잃은 구역을 되찾고 더 동진하려고 했으나 봐유취나(Wajuchina) 동쪽 외곽 이상은 들어갈 수가 없었다.

---

18) マクシム・コロミーエツ(2004) pp.74-5
19) Bergström(2016) p.238
20) Plato(1978) p.164

적군은 252보병사단에게 쫓기면서도 봐유취나 동쪽 숲지대의 남서쪽을 공고히 지키면서 빈틈을 보이지 않고 있었다.[21] 18일에 독일군은 16군 제대를 부분적으로 포위함으로써 격멸시킬 수 있을 것으로 기대하고 총력을 기했으나 소련군의 반격 역시 만만치 않았다. 전차여단들은 316소총병사단과 도봐토르의 기병들과 합세해 총 12회에 걸친 독일군의 공격을 떨쳐냈다. 그 과정에서 일부 가옥들은 하루에도 주인이 몇 번씩이나 바뀌는 격전에 격전을 거듭했고 양측 모두 상당히 지쳐 있었다.

11월 19일, 독일군은 16군 중앙부에 대한 압박을 약화시키는 대신 양 측면을 후려쳐 전과확대를 도모하고자 했다. 이는 효과가 있었다. 독일군은 오후에 볼로콜람스크 가도를 루미얀쩨보(Rumyantsevo) 부근에서 단절시킨 뒤 이 가도를 따라 20km나 진격하는 부분적인 성과를 잡아냈다. 문제는 16군의 중앙부였다. 이미 얼마 남지도 않은 도봐토르의 기병들이 전차여단과 공조하여 사력을 다해 독일군의 압박이 가신 중앙부에 대해 맹공을 퍼부었고 독일군은 돌출부를 만들지 않기 위해 똑같은 방식으로 전력을 추구하게 되자 양측의 피해는 극심했다. 도바토르의 기병연대는 이제 연대 당 60-70명 선으로 떨어져 중대도 아니었으며 전차여단 역시 10-12대 정도의 가용자산으로 버텨내야만 했다.[22] 전차와 기병들을 조합한 공격형태는 나름 전차를 따라잡지 못하는 보병(소총병)들과의 결합보다는 나을 것으로 생각되었으나 이 조합은 방어전에서 전혀 힘을 쓰지 못했고 기병들이 사방으로 흩어져 버렸을 경우 소련전차들은 모조리 각개격파 당하는 운명에 처해 예상치 않은 다량의 전차의 손실을 초래했다. 단 이 전차와 기병의 조합은 대전 말기로 갈수록 좀 더 세련되게 다듬어지게 되었는데 확실히 방어보다는 공격에 적합한 전술적 방식이라는 것이 입증되었다.

남쪽의 4군은 19일에 주력이 공세에 나서기로 되어 있었으나 17일 9군단의 137보병사단은 먼저 국지적인 공격을 감행했다. 모스크바 남방 말로이아로슬라볘츠와 세르푸호프(Serpukhov) 사이의 보로니노(Boronino)에는 소련군의 거대한 전차호가 가로놓여 있어 일종의 사전 정지작업 형태의 전투가 시작되었다. 전차호를 극복한 보병들이 개활지로 진출하려다 지뢰와 소련군 기관총좌에 걸려 막대한 피해를 입어 혼란에 빠지자 소련군은 곧바로 반격에 들어갔다. 이른 아침 소련군 전차들이 사단의 유탄포 2문을 격파면서 진지를 교란시키자 사단장 프리드리히 베르크만(Friedrich Bergmann) 중장은 군단 직할의 707포병대대 소속 88mm를 끌어와 T-34들을 격파시켜 전선을 잠재웠다. 동시에 사단 공병대가 전차호를 통과할 수 있는 다리들을 설치하고 네벨붸르훠가 적진을 구타하면서 독일군은 조금씩 영역을 확대해 나가게 되었다.[23]

확실히 장갑부대는 보병 제대와의 원활한 공조를 통해서만이 전투효과를 배가시킬 수 있었다. 보병 부족을 호소하던 3장갑군의 장갑사단에 18일 5군단이 뛰어왔다. 18일에는 여전히 칼리닌에 붙잡혀 있던 41장갑군단의 36차량화보병사단이 56장갑군단의 129보병사단에게 자리를 인계하고 1장갑사단의 진격을 지원할 수 있는 위치를 잡을 수 있게 되었다. 36차량화보병사단은 그

21) Weidinger(1995) pp.172-3
22) マクシム・コロミーエツ(2004) p.75
23) Kirchubel(2007) p.84

간 소련군의 수도 없는 공격을 일일이 쳐내면서 전선을 유지하는데 성공함에 따라 11월 말에는 56장갑군단에 배속되어 군단의 북익을 담당하게 되었다. 또한 4장갑군의 2장갑사단이 35, 106 보병사단과 함께 유기적인 공조관계를 이루면서 18일 부이고로드(Bujgorod)를 점령하고 1,550 명의 포로를 잡는 전과를 올렸다.[24] 2장갑사단을 앞세운 4장갑군의 돌파는 땅이 굳어 있던 관계로 과거 독일 장갑부대의 쾌속전진을 상징하는 듯한 스피드를 과시했다. 10장갑사단은 로쉬데스트붸노(Roshdestweno)를 공격한 후 오후 늦게 스키르미노봐(Skirminova) 서쪽 외곽에 도달하여 그날의 공격분량은 완수했다. 로코솝스키의 16군은 갑자기 이스트라 방면으로 몰리기 시작했고 급기야 렐류셴코가 달려와 NKVD 출신의 무능한 30군 사령관 호멘코를 밀어내고 전선의 수습에 나섰다. 16군은 이미 옆구리를 강타당한 상태에서 수중의 3개 사단은 본부와 교신이 끊어졌으며 30군이 칼리닌에서 지원으로 도착하기 직전까지 거의 빈사상태로 남아 있었다. 렐류셴코는 빈약한 소총병 제대밖에 없었으나 서로 다른 3개 전차여단과 58전차사단의 잔존 병력을 모아 클린 주변에 방어진을 치도록 조치했다. 렐류셴코는 16군이 이스트라와 솔네츠노고르스크(Solnechnogorsk)로 밀리면서 발생한 30군과의 갭을 재빨리 메워야 했으며 4장갑군의 선봉은 이 갭을 최대한 벌려야 하는 힘겨루기에 들어갔다. 2장갑사단은 18일까지 3일 동안 60대의 소련 전차들을 격파하였으나 19일에 겪은 전차전은 의외의 결과를 나타냈다.[25] 5 대 5. 하필 상대가

◆ X-7 진지변환을 위해 이동하는 20전차여단의 T-26 경전차 종대. 앞에 것은 원추(圓錐)형 포탑에 경사장갑차체를 갖는 1939년형, 뒤에 것은 원통(圓筒)형 포탑의 1933년형.

24) BA-MA RH 21-4/36, Anlage zum KTB Pz.Gruppe 4: 11.11.41-5.12.41, Fol. 93(1941.11.18)

25) BA-MA RH 21-4/40, Anlage zum KTB Pz.Gruppe 4 Meldungen von unten 16.11.41-5.12.41. Fol. 192(1941.11.18)

T-34여서 독일전차들은 여러 발을 때렸는데도 관통되지 않는 이 중전차의 존재에 눌려 처음으로 상호 격파 비율을 동률로 기록했다.[26] T-34와 KV-1 중전차가 아무리 갈겨도 포탄이 먹히지 않는다는 이 기막힌 사실은 거의 모든 제대로부터 보고가 들어오고 있었으며 빨리 75mm 포와 같은 신제품이 들어오지 않으면 전차 공포증 같은 것이 전선에 만연될 여지가 우려되었다. 46장갑군단은 브야지마에서의 승리 이후 불과 수주 만에 상황은 기이할 정도로 변했음을 느끼면서 소련군 진지의 어느 한 곳도 무너지지 않고 있는데 회의를 품기 시작했다. 독일군은 15-18일에 걸쳐 준비가 되는 제대부터 축차적으로 공격을 전개함에 따라 예상하던 전과는 지역적으로 다르게 나타나고 있었다.

19일에는 4장갑군과 4군의 5개 군단이 모두 공세에 가담했다. 독일군은 일일 겨우 4-6km의 달팽이 같은 속도를 내면서 소련군 정면을 밀어내려 했고 5군과 16군은 여기서 밀리면 크레믈린이 보이는 곳까지 밀릴 것이라며 사력을 다해 방어했다. 소련군은 특히 주도로를 내주지 않기 위해 총력을 다해 화포사격을 가했으며 독일군은 수백 미터를 전진할 때마다 소련군 저항의 강도는 점점 높아지는 것을 실감하고 있었다.[27] 고로디쉬췌를 향해 공세를 취한 다스 라이히 '데어 휘러' 연대는 시베리아에서 온 78소총병사단의 지독한 항전에 혀를 내두르고 있었다. 이들은 1주일 동안의 전투에서 전체 전력의 60%를 상실하는 시점까지 사투를 벌였다. 고로디쉬췌 남동쪽 숲지대에 대한 네벨붸르훠의 공격도 별 의미가 없었으며 소련군은 훼춰나 북쪽의 숲지대도 장악하고 있었다. '데어 휘러'는 옐니아에서의 접전보다 더한 동부전선 최악의 전투를 경험하고 있는 것으로 느끼고 있었다. 78소총병사단은 물러설 의도가 전혀 없이 19일 오후에만 2개 대대 규모의 반격을 가해오는 등 격렬한 투쟁심을 발휘했으나 일단 모두 쳐내는 것으로 그날의 전투를 정리했다. '도이췰란트' 연대는 오전 6시에 슬로보다(Ssloboda) 방면으로 진격해 소련군 수비대를 급습하고 오세르나 강을 넘어 슬로보다 남쪽 600m 지점 고지대까지 도달했다.[28] 소련군은 그제 서야 남쪽으로부터 들어오는 다스 라이히 제대의 방향을 확인한 뒤 제대로 된 방어에 들어갔다. '도이췰란트'는 슬로보다 외곽 남단까지 도달했으나 여기서부터는 만만치가 않았다. 슬로보다 서쪽의 오세르나 도하지점은 유일한 통로였는데 소련군 대전차포와 기관총좌가 길목을 지키는 형세가 확인되어 도저히 이곳으로 중화기를 운반하기는 불가능한 것으로 파악되었다. '도이췰란트'는 결국 정오경 '데어 휘러'처럼 피비린내 나는 백병전을 통해서만이 겨우 슬로보다 북부로 통하는 숨통을 마련했다. 오후 4시 크나이셀(Kneissel) SS소위의 돌격포소대가 얼어붙은 오세르나 강을 넘어 서쪽 제방을 통과해 슬로보다를 서쪽에서부터 공략키로 했다. 길목을 지키던 소련군 대전차포 진지와 기관총좌는 모두 격파되었으며 돌격포는 슬로보다 시가전에 돌입하여 모든 건물이 불타는 골목들을 후비고 다녔다. 어둠이 깔리자 그토록 집요하던 소련군의 저항이 잠재워지면서 슬로보다는 '도이췰란트' 2대대에 손에 장악되었다.[29]

---

26) BA-MA RH 27-2/21, 2. Panzer Division KTB Nr. 8 vom 11.9.41-3.4.42(1941.11.19)
27) Bergström(2016) pp.239-7
28) Mattson(2002) p.98
29) Weidinger(1995) pp.174-6

11월 19일에 도청된 소련군의 무전송수신에 따르면 소련군들은 점점 퇴각하는 것으로 파악되어 본격적인 '추격'의 단계가 만들어진 것으로 해석되고는 있었다. 그러나 가뜩이나 연료가 부족한 독일군 전차들은 마음 놓고 우회하거나 장거리 경주를 할 입장도 아니었다. 물론 연료 문제가 가장 심각했지만 문제는 또 있었다. 어떤 장갑부대는 적의 방어가 아니라 단순히 딱딱하게 굳은 땅으로 인해 전차의 장갑궤도와 차량에 무리를 일으켜 50% 이상이 기계고장 상태를 나타내기도 했다.[30] 진창의 시기에 서리가 내리기만을 바랐던 독일군은 이제 굳은 땅을 향해서도 한탄해야 하는 신세가 되었다. 곳곳에서 문제발생을 토로하고 나섰으나 군 수뇌부는 이제 그런 기술적인 문제를 탓하고 공세를 변경한다던가 하는 따위를 고려하지는 않겠다는 입장을 취하고 있었다. 그러한 문제가 있는 것은 알고 있지만 대신 날씨가 청명해 기본적으로 진격에 장해가 없으며 루프트봐훼의 출격도 이전에 비해 양호하다는 호조건도 있음을 지적했다. 지금부터는 적과 싸우는 전사들의 '의지'의 문제이지 그 이상도 그 이하도 아니라는 것이었다. 독일군과 소련군은 서로가 지치고 상처 난 상태에서 누가 더 강한 의지를 갖고 사태에 대처하느냐가 관건이라는 인식이었다. 독일군은 점점 일본군을 닮아가고 있는 것처럼 보였다.

◆ X-8 16군 사령관 로코솝스키 중장과 서부방면군 사령관 쥬코프 대장. 로코솝스키는 쥬코프를 제외한다면 소련군 장성들 중 가장 총명한 두뇌와 번득이는 전술적 혜안을 갖고 있었다.

30) BA-MA RH 21-4/40, Anlage zum KTB Pz.Gruppe 4 Meldungen von unten 16.11.41-5.12.41. Fol. 187(1941.11.19)

로코숍스키는 독일군 공세 재개 후 3일 정도는 잘 버텼으나 더 이상은 어렵다는 판단 하에 볼가 저수지 남쪽 이스트라 강 구역까지 철수할 수 있도록 쥬코프에게 허가를 요청했다. 이 구역은 모스크바 정면에 있는 마지막 천연장해물이었다. 쥬코프가 이를 허용하지 않자 로코숍스키는 샤포쉬니코프 참모총장에게까지 부탁을 했으며 이 시도는 쥬코프를 격노하게 만들었다. 단 쥬코프는 로코숍스키를 어떻게 인사조치를 하지는 않았다. 로코숍스키는 망연자실했으나 어쩔 도리 없이 수중의 자산으로 전선을 지켜내는 것 외에 달리 방법이 없었다. 독일군에게 밀려서 뒤로 빠지는 것은 불가피하지만 미리 후방 방어선으로 이동하는 것은 엄금한다는 것이 쥬코프 서부방면군 사령관의 철칙이었다.[31] 그간 너무나 많은 전차를 상실한 58전차사단의 사단장 코틀랴로프(A.A.Kotlyarov) 대령이 책임을 통감하고 자살하는 일이 20일에 발생했다. 그는 다음과 같은 간단한 유서를 남겼는데 스타프카와 상급지휘관들을 원망하는 내용이었다.

> *"완전한 혼란과 통제력의 상실. 문제는 최상급간부에게 있다. 나는 혼란의 책임을 떠맡기는 싫다. 대전차장해물을 넘어 야무가(Yamuga)로 퇴각해 모스크바를 구하기 바란다. 나는 더 이상 앞이 보이지 않는다."*[32]

11월 20일, 4장갑군 진격에 속도가 붙기 시작했다. 이날 저녁까지 18-23km의 전진을 이룩하면서 소련군 방어선을 붕괴시키는 효과가 나타났다. 로코숍스키는 16군 부사령관 자하로프(F.D.Zakharov)소장을 클린으로 급파해 사태를 수습하려 했으나 해결될 기미가 보이지 않았다. 자하로프의 수중에는 16군의 우익제대에 속하는 126소총병사단, 17, 24기병사단, 학도연대, 25, 31전차여단, 129독립전차대대, 2개 대전차대대, 1개 수도방위소총병대대 및 1개 포병연대가 포함되었다. 거기에 더해 16군과 5군의 연결부분을 강화하기 위해 서부방면군의 예비로부터 108소총병사단과 145전차여단이 파견되었으며 특히 5군 사령부에 대해서는 즈붸니고로드를 철저히 방어할 것과 16군과의 연결을 무엇보다 염두에 두어야 한다는 점이 거듭 지적되었다. 하나 독일군 중앙은 이전처럼 포위전을 치를 의도가 없었다. 일직선으로 모스크바를 향해 나아가 수도 뒤쪽에서 돌아 들어갈 계획이었으며 로코숍스키의 측면이 위협받더라도 회프너는 거기에 대해 큰 관심이 없었다. 회프너는 5군단 구역에서 벌어진 참사를 보고받고는 적에게 대한 가혹한 복수를 촉구했다. 소련군은 부상당한 30명의 독일군을 모두 학살함에 따라 이 소식은 온 전선에 퍼지면서 더더욱 잔인한 살육전이 예고되고 있었다.[33] 독일군도 이에 버금가는 잔혹행위를 한 것은 사실이었으나 전투능력을 상실한 병상의 부상자를 사살했다는 소문은 없었다. 그러나 소련군은 45년까지도 이러한 일을 자행했다. 독일군은 굳이 의무차량에 적십자 마크를 달 필요가 없었다. 이 커다란 적십자는 소련군의 손쉬운 사격 타깃이 되었으며 이들은 운전석이 아니라 주로 부상자가 실려 있을 것 같은 차량 뒤쪽에 대고 집중사격을 가했다.

고로디쉬췌 전투를 마무리한 다스 라이히는 사상 가장 악랄하고도 치열했던 전투를 승리로 장

---

31) 쥬코프는 스탈린의 군부 대숙청 당시 제거당할 뻔했던 로코숍스키를 구제해 준 적이 있었다. 그 때문인지 로코숍스키는 상관에게도 말을 서슴지 않는 인물로 알려진 데 반해 쥬코프에게만은 순종했던 것으로 알려져 있다.

32) マクシム・コロミーエツ(2004) p.78

33) BA-MA RH 24-40/18, Kriegstagebuch Nr. 3 der Führungsabteilung(Ia) des Gen.Kdo.(mot.) XXXX.Pz.Korps vom 31.10.1941-26.12.1941(1941.11.20)

식했다. 20일 아침 일찍 파벨코보(Pawelkovo)로부터 고로디쉬췌를 향한 소련군 대대급 규모의 반격은 격퇴되었으며 2대의 돌격포를 동반한 '데어 휘러' 2대대는 고로디쉬췌를 힘겹게 장악하는데 성공했다. 숲지대에 숨어 애먹이던 적군 수비대도 최종적으로 제거되었다. 소련군 78소총병사단은 812명의 전사자를 남기면서 다스 라이히와 죽음의 혈투를 벌여 대부분 괴멸되고 40, 258소총병연대의 잔존 병력들만 동쪽으로 도주했다. 78소총병사단이 독일군 부상병 30명을 살육한 대가로 다스 라이히는 포로를 잡지 않았다.

40장갑군단 10장갑사단은 불라니노(Bulanino) 동쪽 숲으로 빠져나오는 출구를 장악하고 오전 11시 20분 벨뤼를 점령했다. 이어 사단은 우익에서 다스 라이히 '도이췰란트' 2대대의 엄호를 받으며 그날 저녁 몰로딜냐(Molodilnja)의 소련군 진지를 붕괴시켰다. 곧바로 7대의 T-34를 앞세운 소련군 대대 병력의 반격이 있었으나 연이어 이를 격퇴하고 루브조보(Rubzovo)도 가벼운 교전으로 장악하는데 성공했다.

* * * * *

2장갑군의 스퍼트

".....만약 이것들이 T-34라면 우리는 죽은 목숨이었다. 이 지형에선 이길 방도가 없기 때문이었다.....
한데 다른 외침이 들려왔다.
저건 T-26이다! 악몽과 비관에 쌓여있던 우리는 갑자기 전투를 해 볼만하다는 분위기로 바뀌어버렸다.
놈들을 근거리까지 접근시켜 없애버리자!"
(5장갑여단(4장갑사단) 통신장교, 헤르만 호쓰 중위 : 1941.11.19, 우즐로봐야 전차전)

3, 4장갑군에 비해 보급이나 전력유지에 있어 더 열악한 사정에 처해 있던 구데리안의 2장갑군은 모스크바 정면 80km에서 들어가는 것보다 툴라로부터 북진하는 두 배나 더 긴 길을 따라가야 했다. 2장갑군은 16일 보고로디츠크(Bogoroditsk)를 쳐서 장악하는 국지적인 전과를 낸 이후 18일부터 툴라에서 125km 떨어져 있는 콜롬나를 겨냥하고 있었다. 2장갑군은 17일 겨우 80km를 움직일 수 있는 연료밖에 없는 것을 확인했다.[34] 11월 초부터 2장갑군은 일일 317입방미터의 연료를 소모하고 있었으며 콜롬나를 거쳐 모스크바로 가려면 이 양의 4배는 있어야 된다는 계산이 나왔다. 결국 10, 25, 29차량화보병사단들은 보유 연료를 모두 장갑사단에게 전달하고 뒤에 따라가야 한다는 처지에 놓이게 되었으며 17일 폰 보크도 할더에게 2장갑군의 진격은 적군의 저항이 아니라 연료 공급에 좌우될 것이란 자신의 평가를 전달했다.[35] 고민은 연료뿐만이 아니었다. 가장 강력하다는 24장갑군단은 17일 겨우 100대의 전차를 보유하고 있었으며 3장갑사단이 가

34) BA-MA RH 19-II/387, Kriegstagebuch Nr. 1(Band November 1941) des Oberkommandos der Heeresgruppe Mitte, Fol. 82(1941.11.17)

35) BA-MA RH 21-2/244, Kriegstagebuch Nr.1 2.Panzerarmee Band III vom 1.11.1941 bis 26.11.41, Fol. 84(1941.11.17)

◆ X-9 설원의 구데리안 상급대장. 어지간히 추운 탓인지 손목을 드러내지 않고 코트 안으로 집어넣었다. 뒤쪽은 3호 돌격포 D형. 41년 5월부터 시작해 9월까지 150대가 제작되었다.

장 형편이 좋아 60대, 4장갑사단은 25대, 17장갑사단은 겨우 15대에 불과했다.[36] 네링의 18장갑사단도 구데리안의 휘하에 있었으나 이 사단은 툴라 남쪽에서부터 120km나 떨어진 곳에서 기동하고 있었다. 2장갑군은 독소전 내내 기껏 지원받은 양이 150대였으며 10월 18일 현재 보유량이 정확히 150대에 불과했다. 즉 그 지원마저 없었다면 전차 대수는 0이라는 이야기였다. 이 150대는 사실 완편전력의 장갑사단 하나가 보유할 수 있는 양이었다. 이걸 두고 장갑군이라고 칭한다면 바르바로싸나 타이푼 직전의 장갑집단은 '장갑대군'이라고 해야 균형이 맞을 것이다. 뭐 그렇다고 공격을 하지 않을 구데리안은 아니었다. 24장갑군단은 3개의 장갑사단과 함께 '그로스도이칠란트' 보병연대와 296보병사단을 동원해 툴라를 잘라내고 콜롬나로 진격하기 전에 중간에 놓인 오카 강의 카쉬라(Kashira)를 잡는 것을 당면과제로 삼았다. 즉 3, 4장갑사단이 툴라를 치는 동안 선봉의 17장갑사단은 전차 대수가 모자라 임시 전투단을 결성해 카쉬라를 친 뒤 모스크바로 통하는 진격로를 잡아내야 하는 역할을 맡았다.

레멜젠 47장갑군단의 10, 25, 29차량화보병사단은 16일에 획득한 보고로디츠크 북동쪽으로

---

36) BA-MA RH 21-2/244, Kriegstagebuch Nr.1 2.Panzerarmee Band III vom 1.11.1941 bis 26.11.41(1941.11.17)

80km 떨어진 미하일로프(Mikhailov)를 향해 나갔다. 2장갑군의 2개 보병군단 중 칼 봐이젠베르거(Karl Weisenberger)의 53군단은 24장갑군단(3PD & 4PD)과 47장갑군단(17PD)의 갭을 메우면서 붸네프(Venev)로 향했다. 하인리키의 43군단은 리취뷘(Lichvin)과 칼루가 사이에 놓인 툴라의 서쪽 구역으로 포진되어 툴라를 잘라내기 위해 북서쪽으로 향하면서 4군과의 연결을 유지하도록 했다. 따라서 43군단은 4군과 공조하여 알렉신(Aleksin)을 치고 세르푸호프-툴라 국도를 단절시키는 어려운 임무를 맡게 되었다.

한편 2장갑군의 우익은 2군이 맡아야 되나 그때도 오룔로부터 서서히 올라오고 있는 중이라 카쉬라 진격에는 전혀 도움을 줄 수가 없었다. 2군은 이미 옐레츠(Yelets)-예프레모프(Yefremov) 국도 서쪽에서 소련군에게 묶여 있어 적군을 돈 강 동쪽 제방으로 밀어낸다는 것은 가당찮은 일로 치부되고 있었다. 우익은 28개 사단을 보유한 폰 클루게의 4군으로서 오카 강을 넘어 세르푸호프 방면을 향해 알렉신으로 진격해야 했다.[37] 폰 클루게는 21개 소총병사단, 10-11개의 전차여단 및 1개 기병사단을 가진 소련군에 못지않은 전력을 갖고 있으면서도 11월 16일부터 불평을 늘어놓자 폰 보크는 그라이휀베르크 참모장을 4군 사령부로 직접 보내 상황을 파악토록 했다. 폰 보크는 20개 보병사단과 6개 장갑사단, 그리고 2개 차량화보병사단까지 갖고 있는 4군이 일이 안 풀린다는 문제제기를 믿으려하지 않았다. 감당하고 있는 전구의 크기나 보유 전력의 비율로 보아서는 구데리안의 2장갑군이 훨씬 열악한 환경에 놓여 있다는 것을 폰 보크는 알고 있었다. 그는 폰 클루게에게 대단히 실망했다는 원색적인 표현으로 4군 사령부에 장문의 서한을 전달했다. 결론은, 4군의 사정을 납득할 수 없으니 회프너의 4장갑군과 9군이 위험을 무릅쓰고 작전을 수행하고 있는 것처럼 정해진 기일에 공격을 시작하라는 것이었다.[38] 나중에 밝혀지겠지만 이 시기 독일군은 사단과 사단, 사단과 군단, 군단과 군단과의 조율이 제대로 이루어지지 않는데다 군과 군 사이에도 엄청난 갈등과 반목이 증폭되고 있었다. 일이 잘 안 풀린다는 반증이었다. 겨울옷이 도착을 하지 않아 사령관들도 벌벌 떨고 있었으며 하인리키 43군단장은 11월 15일에도 주문한 털옷이 아직도 칼루가에 처박혀 있어 전달이 되지 않아 부인에게 매우 춥다는 편지를 보내기도 했다.[39] 동복과 방한용품은 대개 11월 말에 전달되게 되는데 12월까지 동부전선에 배달된 겨울옷은 수요량의 20%에 지나지 않았다. 그 의기양양하던 구데리안도 공세 직전에 이런 힘 빠지는 느낌을 갖고 있었다.

".....나는 우리가 우리 군에 주어진 과업을 이행할 수 있을지 의문스럽다."[40]

구데리안은 단순히 툴라 정면을 쳐 양쪽이 엄청난 피를 볼 시가전을 회피하기 위해 툴라 양쪽을 에워싸는 우회기동으로 적군을 타격해 보려고 했다. 3, 4, 17장갑사단의 전차를 모두 끌어 모은 것이 겨우 102대 분량으로 18일 공세는 오전 5시 30분에 개시되었다. 독일군이 어느 정도 휴식을 취한 것처럼 툴라 주변의 소련군도 만반의 준비를 갖추고 있었다. 볼딘(I.V.Boldin) 중장의 50군은 6개 소총병사단과 11, 32전차여단 및 21대의 영국제 봘렌타인 전차로 편성된 131독

37) Guderian(1996) p.251
38) BA-MA RH 19-II/387, Kriegstagebuch Nr. 1(Band November 1941) des Oberkommandos der Heeresgruppe Mitte, Fol. 80(1941.11.17)
39) Hürter(2015) p.103
40) Guderian(1996) p.251

◆ X-10 툴라 전구에서의 4장갑사단 35장갑연대 소속 4호 전차 F1형. 독일군은 11월 18일 육군지령 제1128호에 의해 수용성 백색도료를 이용해 전차와 각종 차량에 대한 동계용도장(冬季用塗裝) 처리를 지시하였으나 도료 자체가 전선에 제대로 공급되지 못해 대충 분필이나 석탄가루, 소량의 페인트로 낙서하듯이 흰색으로 위장하려는 흔적이 대부분이었다. 사진에 나타난 것은 도장이 아니라 눈이 전차 차체에 붙어 자연적으로 위장이 된 상태. 富岡吉勝 外(1980) p.9

립전차대대를 툴라 주변에 포진시켰다. 50군 소속 전차부대는 소총병들과의 연대행동을 취하기 위해 형식상 다음과 같은 병력배치를 실시했다. 32전차여단은 143소총병사단에 4대의 전차를, 299소총병사단에 5대, 툴라방위전구수비대에는 7대를 배정하고, 남은 8대는 413소총병사단 예비병력으로 2파를 구성하게 했다. 11전차여단은 당시 가용한 전차가 5대밖에 없어 299소총병사단의 1개 연대와 합쳐 데딜로보(Dedilovo)를 지키는 것으로 하고, 11전차여단의 차량화소총병대대와 108전차사단은 50군의 예비로서 샤트 강과 돈 강에 걸친 제2방어선에 포진되었다. 이곳의 전차부대는 모두 끌어 모아봐야 66대에 지나지 않았으며 예비전력인 108전차사단이 T-26 경전차 30대를 보유하고 있는 것을 제외하면 우선 36대로 구데리안을 맞이해야 된다는 답답한 상황에 처해 있었다. 하나 이들은 그야말로 처절한 항쟁을 전개함으로써 독일 장갑군의 아버지뻘되는 구데리안의 장갑부대를 저지시키는 놀라운 역사를 만들게 된다. 나중에 영웅 칭호를 부여받게 될 이 도시는 점점 강한 면모를 보이고 있었다. 독일군과 소련군 중 누가 이름 붙였는지는 모르지만 툴라는 후에 '작은 모스크바'로 불릴 만큼 결사적으로 항전하고 있었으며 3장갑사단은 첫날 11월 18일에만 150명의 피해를 보면서 거의 요새로 변한 소련군 진지들을 통과하지 못하고 있었다.[41] 이날 3장갑사단이 힘들게 성취한 것은 80m 길이의 우파(Upa) 강 철교를 장악한 것과, 3차량화보병사단이 우파 강을 건너 데미도프카(Demidovka)를 석권한 것으로서 우파 강의 모든 교량은 파괴된 채 유일하게 남은 철교 하나가 독일군의 보급선 노릇을 하게 되었다. 32전차여단은 위기에 몰렸던 413소총병사단 구역으로 달려와 독일군에게 반격을 가해 추가적인 진공은 막아냈으나 소총병사단은 이전의 전력을 회복할 수가 없는 지경에 빠지고 말았다.

41) BA-MA RH 27-3/15, KTB 3. Pz. Div. vom 19.9.41 bis 6.2.42, p.338(1941.11.18)

11월 18일 3장갑사단 교량탈취 전문가 게오르크 슈퇴르크(Georg Störck) 소위는 394보병연대 본부중대 공병소대원을 모집해 우파 강의 교량으로 접근해 나갔다. 이들은 지난 8월 26일 데스나 강의 목조교량을 탈취할 그때 당시의 전문멤버들이었다. 전방과는 6.5km가 떨어져 있던 이 구역은 주변에 몸을 숨길 곳이 없어 뭔가 특별한 트릭이 필요했다. 슈퇴르크는 자신들과 마찬가지로 소련군 역시 한파로 인해 대개가 집 안에 들어가 몸을 녹이고 있을 것으로 판단하고 야간에 접근하는 방식을 취했다. 슈퇴르크는 불과 3정의 기관총으로 무장한 19명의 병원을 뽑아 오로지 나침판에 의존해 교량 쪽으로 접근해 나가다가 교량으로부터 500m 지점에 도착하자 날이 밝아오는 것을 느꼈다. 슈퇴르크 소위와 슈트룩켄(Strucken) 상사, 바일러(Beyle) 상병은 벨트를 풀어 마치 소련군에 잡힌 독일군 포로처럼 보이게 하고 코트 안에는 권총과 수류탄만 지닌 채 봐실(Vassil)과 야콥(Yakov), 2명의 전향한 우크라이나 민족주의자들에게는 소련군 군복을 입혀 3명의 포로들을 끌고 가는 것처럼 보이게 할 생각이었다. 봐실과 야콥은 스탈린 체제에 반대하여 지난 두 달 동안 공병중대에서 같이 전투를 해 온 사이였다. 하이에레스(Heyeres) 상사는 13명의 다른 병원들과 함께 몸을 숙인 뒤 이 5명의 특공대에게 모든 것을 맡기고 결정적인 순간을 기다렸다. 봐실과 야콥은 일부러 큰 소리로 떠들면서 좀 더 자연스럽게 포로를 이송하는 것처럼 속였다. 교량 쪽에는 두 개의 개인호에 4명의 소련군 초병들이 잠들어 있었다. 이 중요한 지점에 초병들이 자고 있을 정도로 군기가 문란했던 것은 슈퇴르크에게는 천만다행이었다. 불과 수초 만에 4명의 초병들이 대검으로 소리도 없이 처치되었다. 5명이 80m 길이의 교량에 다가가자 한 명의 초병이 나타났다. 봐실과 야콥은 자신들이 다른 구역에서 왔는데 필요하다면 포로들을 넘겨줄 용의가 있다고 설명했다. 이 초병이 약간 의혹이 가는 듯한 눈초리를 보이자 독일군은 즉각 반응해 처치해 버렸다. 문제는 교량 끄트머리에서 두 번째 초병이 나타나 이들 5명을 멀리서 의심스럽게 바라보다가 뭔가 이상한 느낌을 감지하고는 제방 밑으로 급하게 도주하면서 경계신호를 울려버렸다. 이제는 모든 것이 밝혀진 상황이라 슈퇴르크는 2개의 신호탄을 쏘아 올리고 숨어있던 하이에레스 상사는 부하들과 함께 교량 위로 올라가 나타나는 적군들을 향해 하나하나 정밀한 사격을 가했다. 슈트룩켄과 바일러는 교량 부근 참호에 있던 소련군을 향해 수류탄을 투척하고 사방을 혼란스럽게 만들면서 패닉을 선사했다. 독일군의 피해가 전혀 없는 것은 아니지만 아무리 시베리아 사단의 터프 가이들이라 하더라도 독일군 베테랑들의 테크닉을 따라잡을 수는 없었다. 더군다나 교량 주변을 지키던 소련군들은 술에 만취해 있어 조준 사격도 제대도 할 수 없는 인간들이 많았다. 수는 많지만 도저히 감당이 되지 않았던 소련군들은 손을 들고 아직 잠이 덜 깬 얼굴로 투항해 왔다. 3장갑사단은 단 1명의 부상과 1명의 전사자를 기록하는 대신 87명의 포로와 대전차포 2문, 박격포 3문, 기관총 5정 노획의 전과를 기록했다. 이 기습작전은 사실 불과 5명의 특공대가 이룩한 것으로 이때의 단 하나 남은 교량탈취의 의미는 지대했다.[42]

교량 탈취 후 소련군들은 연대 규모의 반격을 개시했고 3장갑사단은 다수의 적군 희생자를 내면서 반격을 물리쳤다. 이후 292.2고지와 트루쉬키노(Trushkino) 역시 격렬한 공방전 끝에 3장갑사단의 수중에 떨어졌다. 소련군들은 뒤늦게나마 전열을 가다듬어 반격을 가하게 되자 3장갑

42) Carrel(1966) pp.197-8

사단은 브예프카-스타라야(Wjevka-Staraja)에서 더 이상 나가지 못하고 18일의 전투를 접으면서 280명의 포로를 확보했다.[43] 4장갑사단 역시 시베리아와 중앙아시아에서 파견된 신규 제대들이 속속 전선에 나타나 강력한 저항을 보임에 따라 예상하던 서전의 파괴력은 도무지 나오지 않았다. 기본적으로 전차의 수가 너무 적었다. 24장갑군단이 18일에 이룬 성과 중 가장 긴요한 것으로는 4장갑사단의 12차량화보병연대가 데딜로보를 장악하는 정도에 머물렀다. 소련군은 19일 전차들을 모아 데딜로보에 대한 반격을 실시했으나 7대의 전차와 장갑차량이 파괴되면서 뒤로 물러섰다. 3개 차량화보병사단만으로 구성된 47장갑군단은 드미트로프스크에서 크로미로 이동하는 동안 33대의 차량이 주저앉고 6대는 완전히 폐기되는 등 전투지역으로 옮기는 과정에서 맥이 빠지는 일이 빈번했다.[44] 47장갑군단은 10차량화보병사단의 분전에 힘입어 18일 중으로 예피환(Yepifan)을 겨우 점령할 수 있었다. 3장갑사단은 19일 마을이라기보다는 하나의 거대한 산업도시에 가까운 규모의 볼로쵸보(Bolochovo)를 향해 공세를 속개했다. 주공은 394차량화보병연대와 슈나이더-코스탈스키 대위가 이끄는 3장갑대대의 2개 장갑중대였다. 독일군은 외곽지대를 정면으로 치는 것이 어렵다고 판단하고 남쪽의 고지대를 장악하면서 시내로 진입하는 수순을 거쳤다. 소련군의 저항이 만만치 않았다. 이들은 독일군이 최대한 근접할 때까지 기다렸다가 자신들도 위기에 처하는 것을 무시한 채 살벌한 근접전을 마다하지 않았다. 394차량화보병연대의 피해는 예상 외로 컸다. 이에 3장갑사단은 3차량화보병연대, 6장갑연대, 394차량화보병연대 1대대, 75포병연대 1대대, 39공병대대, 521 및 543장갑엽병대대의 자원들을 총 망라해 클레에만 전투단(Kampfgruppe Kleemann)을 조직하여 20일 볼로쵸보에 대한 공략을 재개했다. 공격은 3차량화보병연대 1대대의 2, 3중대가 정면을 향하는 동안 SPW장갑차량중대가 파가소봐(Pagassova)로부터 동쪽으로 치고 들어가면서 413소총병사단을 볼로쵸프 시 안으로 몰아가는 형태로 진행되었다. 볼로쵸프 동쪽 끝자락은 지뢰가 다량으로 매설된 데다 소련군의 박격포와 대전차포들의 집중사격으로 인해 일시적으로 공세가 중단되는 등 결코 쉽지 않은 상황이 전개되었다. 이에 3차량화보병연대 2대대와 6장갑연대 3중대가 남쪽으로부터 훅을 먹이는 것으로 변경하고 394차량화보병연대 1대대는 800m 야지를 넘어 볼로쵸보 남서쪽에서부터 잽을 날리는 것으로 공세를 다변화시켰다. 문제는 여기서부터 소련군의 KV-1 중전차들이 등장한 것인데 독일군은 마침 장갑엽병들의 88mm 대전차포가 준비되어 있어 큰 수고 없이 격파해 나갈 수 있었다. 총 5대의 중전차들이 불길에 잠기면서 마지막 장해물이 제거되었다. 소련군들이 마지막까지 거칠게 항전한 곳은 2소총병연대 소속 70명의 병원들이 2층으로 된 벽돌건물에서 내부에까지 바리케이드를 쳐 지키던 장소였다. 독일군 곡사포가 60발의 포탄을 날렸는데도 저항은 그치지 않았다. 결국 최종 해결 수단으로 페터 봐이겔(Peter Weigel) 소위가 이끄는 2공병중대가 등장해 350kg 폭약을 장치해 건물 전체를 날려버리는 것으로 정리했다. 17명의 적군 장교들이 모두 전사하고 단 한 명의 중위만이 도주할 수 있었다. 볼로쵸보 전투는 그것으로 종결되었으며 북동쪽 고지대의 안전을 확보하기 위해 3차량화보병연대 1대대가 243.3고지를 장악하고 오후 5시경 주변 일대를 감제할 수 있게 되었다. 1대대는 2명이 전사하고 15명이 부상을 입는 대신 90명의 포로를 잡았다.[45]

---

43) Veterans of the 3rd Panzer Division(2012) pp.270-1
44) BA-MA RH 24-47/2 Kriegstagebuch Nr. 2 XXXXVII.Pz.Korps. Ia 23.9.1941-31.12.1941, Fol. 92(1941.11.18)
45) Veterans of the 3rd Panzer Division(2012) pp.272, 274

24장갑군단이 19일부터 볼로쵸보를 위협하게 되자 소련군은 추가로 시베리아 사단들을 대거 동원해 24장갑군단과 53군단 전구에 집결시키기 시작했다. 첩보에 따르면 이들 제대는 모두 예비로 있던 신규 전력이라는 점이 구데리안을 초조하게 만들고 있었다.[46] 18일 2장갑군의 우익을 지탱하던 53군단은 우즐로봐이아(Uzlovaia)에서 소련군 413소총병사단이 53군단의 예비사단인 112보병사단을 공격하면서 일시적으로 혼란에 빠졌다. 413소총병사단은 모스크바를 방어하던 4개 소총병사단 중 유일한 시베리아 사단이었으며 53군단은 이에 강력한 크로스카운터를 날려 전선의 안정을 확보했다. 단 그 이상의 진격을 이루기는 힘들었다. 독일군은 소련군보다 먼저 선수를 쓰는 바람에 108전차사단과 32전차여단을 궁지에 몰리게 할 수는 있었으나 소련 전차부대들이 재빨리 매복방어 형태로 들어앉음으로써 추가적인 성과를 내기는 힘들었다. 2대의 T-34와 1대의 KV-1로 이루어진 자포로젯쯔(Zaporozhets) 대위의 부대는 11대의 독일전차들을 부수면서 장갑과 화력면에서 뛰어난 그들의 중전차들을 요긴하여 활용하여 독일군을 일시적이나마 좌절시키는데 성공했다. 그럼에도 불구하고 11월 20일 108전차사단과 32전차여단은 서로 연결된 방어선을 구축하지 못하고 있었으며 그나마 299, 413소총병사단과 긴밀한 연결고리들을 확보하면서 20일 저녁 무렵에는 샤트 강변으로 후퇴하여 방어선을 정비할 수는 있었다.

19일의 한 가지 희소식은 마침내 동복과 방한장비들이 전선에 도착했다는 것이었다. 물론 수요량에는 절대적으로 미치지 못하지만 당장 전투요원들에게는 우선적으로 겨울옷을 지급할 수 있게 되었다. 그날 기온은 영하 20도로 하강했다. 영하 20도를 밑도는 날씨에서의 전투는 기술보다는 하나의 의지의 싸움으로 변해가고 있었다. 25대의 전차로 공세를 개시한 4장갑사단은 자체

◆ X-11 모스크바 방면으로 진격하는 3호 전차

46) BA-MA RH 27-7/46, Kriegstagebuch 4.Panzer-Division Führungsabtl. 26.5.41-31.3.42, pp.252-253(1941.11.19)

전력도 그렇지만 보병의 지원이 태부족이라 장악한 지역도 제대로 관리하기가 어려운 답답한 순간들을 경험하고 있었다. 우선 지휘를 감당할 장교들도 부족한 상태였으며 견인장비들도 망가져 야포들을 적기에 포진시키는 것도 간단치가 않았다.[47]

4장갑사단의 12차량화보병연대는 11월 21일 선견대를 우즐로봐이아로 파견해 교착상태에 빠진 53군단의 보병사단들을 지원키로 했다. 마을은 그때까지 적군이 없는 것으로 보였으며 소련군은 21일 해질 무렵 마을 남동쪽으로 진입해 철도역까지 진출하는 템포를 나타냈다. 12차량화보병사단은 1, 7중대가 우즐로봐이아 시내로 진입하고 오스카르 샤우프(Oskar Schaub) 상사의 소대를 최선두에 배치한 4중대는 철도역 남쪽에 위치한 과수원을 치도록 했다. 4중대의 샤우프 상사는 2개 화기소대를 좌우로 자신의 뒤에 따라오게 한 다음 가장 선두에 서서 진격을 유도했다. 그 뒤는 4대의 전차가 지원으로 나섰다. 눈이 깊어 도저히 보병들이 속도를 내지 못하자 샤우프는 전차장에게 너무 속도를 내지 말 것을 주문하고 대신 보병들이 전차 뒤를 바짝 따라붙는 것으로 위치를 바꾸었다. 거대한 과수원 외곽에 도달하자 소련군의 기관총과 대전차포 사격이 시작되었다. 76.2mm 포의 첫 발은 독일 전차를 맞추지를 못했고 두 번째 탄은 전차 후면 아래쪽 가장자리를 스치는 정도에 그쳤다. 샤우프 상사는 우측 건물 안 4개의 서로 다른 구역에서 번쩍이는 총구의 섬광을 확인했다. 재빨리 전진배치된 독일군 소대의 기관총이 건물을 때리자 한 개 창문 쪽은 이내 잠잠해졌다. 이때 클루글러(Klugler) 하사가 왼쪽에서 우물가 뒤편으로 소련군들이 나타났음을 알렸다. 샤우프는 입술로 공격개시의 휘슬을 울렸다. 샤우프는 기관총 소대의 화기들을 총동원해 소련군을 향해 격한 가격을 실시하고 그 자신 기관단총으로 수명을 처치했다. 소련군들은 마치 언제 그랬느냐는 식으로 후방으로 도주해 갑자기 자취를 감추었다. 그 직후 건물 쪽의 적군 병력에 대해 강력한 스트레이트를 날린 독일군은 옷에 불이 붙은 소련군들이 눈 위에 불을 끄기 위해 나뒹구는 광경을 목도했다. 클루글러의 중화기소대 앞에 서서 계속 진두지휘하던 샤우프는 갑자기 가슴까지 눈이 차오는 호 안으로 들어가게 되었다. 그와 동시에 화염병을 들고 장갑소대장 지휘전차에 접근하는 소련군들을 발견했다. 샤우프가 반사적으로 기관단총을 난사하는 순간 지휘전차의 기관총도 일제히 적군을 향해 탄환을 퍼부었다. 소련군을 모두 사살한 독일군은 과수원 근처 가옥들이 밀집한 구역으로 다가갔다. 전차들은 온천시설을 갖춘 가옥들을 전차의 무게로 무너뜨리면서 다시 한 번 치열한 시가전을 전개했다. 모든 집들이 차례로 불타기 시작했으며 소련군들은 소문대로 집요하게 저항하면서 수류탄 투척거리 내로 접근케 하여 승부를 볼 생각이었다. 백병전은 불가피했다. 그 중 한 곳에서 유달리 미친 듯한 기관총 사격을 가해오는 건물을 발견한 샤우프 상사는 자신의 소대원들과 낮은 포복으로 접근해갔다. 샤우프는 빗발치는 적의 기관총 사격을 자신의 기관단총으로 맞받아치면서 건물 창문 바로 아래쪽까지 민첩하게 빨려 들어가듯 슬라이딩 모션을 취했다. 탄창의 탄환이 다 떨어진 것을 확인한 샤우프는 수류탄을 꺼내들어 창문 안으로 집어넣고 옆으로 몸을 숨겼다. 폭발음이 들리고 난 뒤 샤우프는 정문을 박차고 들어가 적을 제압하고 남아 있던 6명을 포로로 잡았다. 샤우프는 이들 포로에게 부상당한 독일군 2명을 도와주도록 지시하고 다시 철도역 쪽으로 진격을 재촉했다. 샤우프의 놀라운 개인기에 탄복

47) BA-MA RH 27-7/46, Kriegstagebuch 4.Panzer-Division Führungsabtl. 26.5.41-31.3.42, p.253(1941.11.19)

◆ X-12 노보모스코프스크 철도역. 여기서부터 2장갑집단 167보병사단이 우즐로봐야에서 스탈리노고르스크 방면으로의 진격을 달성했다. 사진은 1941년이 아닌 2009년 12월의 겨울 풍경

한 병사들은 그의 묘기를 흉내라도 내듯 기민한 동작으로 건물 하나하나를 점거하는 소탕전을 진행했다. 소련군은 마지막까지 저항했다.

적군 소총병들을 제압해 나가는 동안 갑자기 한 가지 고민이 등장했다. 152mm 대구경 주포를 단 52톤짜리 KV-2 중전차 4대가 나타났다. 독일 전차들은 이들을 맞상대할 수가 없었다. 느리긴 해도 독일군의 약한 주포로는 이들 괴물의 장갑을 관통시키기는 불가능했다. 샤우프는 보병들만으로의 대전차전을 결심했다. 일단 독일전차들은 기관총 사격으로 전차 옆에 붙은 소총병들을 격리시키기 시작했다. 대전차지뢰를 든 특공조들이 KV-2 전차 등에 올라타 중전차를 2대나 파괴하자 남은 두 대는 슬금슬금 꽁무니를 빼기 시작했다. 그중 한 대는 독일전차에 의해 파괴되었으며 보병들에게만 대전차전투를 맡긴 전차병들도 약간의 위로가 될 만한 전과를 남겼다.[48] 21일 우즐로봐야는 독일군 손에 장악되었으며 35장갑연대는 그 후 KV-1 전차와 수대의 T-26 경전차들을 격파하고 이웃하는 스탈리노고르스크(Stalinogorsk)를 공격해 22일 늦은 오후 주요 거점을 장악하는 전과를 획득했다. 오스카르 샤우프는 12월 1월 신임 4장갑사단장으로 취임한 하인리히 에버바흐로부터 직접 1급 철십자장을 수여받았다. 그가 보인 전적은 보병(척탄병)들에게 귀감이 될 만한 가장 모범적이자 야전교범의 내용에 걸맞는 가장 대표적인 전투행위의 하나로 평가되었다. 4장갑사단은 22일 저녁까지 스탈리노고르스크를 완전히 점령하고 장갑군의 우익을 호위하는 거점으로 활용코자 했다. 11월 21일 소련 50군의 샤트 강 방어선을 돌파한 독일군은 22일이 되기 전에 이미 우즐로봐이아와 스탈리노고르스크를 제압함으로써 50군을 두 조각으로 내는 전과를 획득했다. 이 순간부터 소련군은 기동방어를 포기하고 전면적인 고슴도치식 진지전으로 전환하게 되었다.

18장갑사단은 툴라 남동쪽에 위치한 에프레모프(Efremov)를 때렸으며 큰 의미가 없는 지점

48) Kurowski(2010b) pp.213-5

이었음에도 불구하고 수중의 연료 상태로는 그 지점 외에 별다른 목표를 설정할 수가 없는 상태였다. 여러 가지 난관에도 불구하고 18장갑사단은 50km를 진군해 20일에 에프레모프를 석권했다.[49] 오룔로부터 계산하자면 이는 200km에 달하는 놀라운 거리였다. 더욱이 사단의 정찰대대는 동쪽으로 10km를 더 나아가 스코핀(Skopin)까지 들어갔다. 이는 러시아의 가장 동쪽까지 접근한 조그만 사건이었다. 이 전투는 장갑사단이 주공으로 들어갔음에도 전차나 돌격포, 대전차포, 공군의 지원없이 단 두 개의 공병중대가 이룩한 기억할 만한 전과였다. 에프레모프의 전술적 가치는 불문하고 소련군은 이곳에 대해 예비병력을 풀어 네링 사단의 추가 진격을 막고자 했다.[50] 소련군의 반격은 거세게 이루어졌으며 18장갑사단은 당장 수비모드로 전환했다.

이론상 2장갑군의 우익을 지탱하면서 모스크바 우회기동을 지원해야 할 2군은 쿠르스크를 잡고 난 다음 아무런 성과를 내고 있지 못했다. 동쪽의 보로네즈로 가는 공세도 보급 부족으로 계속 지연되다가 결국 20일로 최종 결정되었다.[51] 2군의 공세는 실은 2군의 우익에서 공조해야 할 남방집단군의 6군이 11월 17일에 주저앉으면서 12월까지는 아무런 기동을 할 수 없다는 결론을 내림에 따라 더더욱 진전을 나타낼 수가 없을 것처럼 보였다. 그러나 20일에 시작된 2군의 공세는 소련군의 민감한 반응이 나타나지 않아 약간의 땅을 얻어내는 소득은 있었다. 11월 18-22일 동안 구데리안의 사단들은 50km 정도의 구간을 확보하면서 서부방면군과 남방에 위치한 남서방면군과의 거리를 벌여놓는 국지적인 성과를 달성한 것은 기억할 만 했다. 그러나 10월 달에 간보기에 들어간 툴라가 아직도 살아 저항하고 있다는 것은 열악한 환경을 극복하고 어느 정도의 전진을 이룬 주행거리에 비해 장갑부대의 펀치력이 이전과 같지 않다는 구데리안으로서는 대단히 자존심 상하는 경우에 처해 있었다. 그가 설파한 '두드리지 날고 내쳐라'(Nicht kleckern, sondern klotzen)는 금언을 그 스스로 실천하지 못하는 위기적 상황이었다.

* * * * *

야흐로마 공방전

".....독일군은 단 하루 동안만 운하의 도하지점을 장악했다.
11월 28-29일 이틀 동안 얼음과 눈이 피바다가 될 정도로 격렬한 전투가 벌어졌다.
우리는 그 후 적군을 운하 서쪽 제방쪽으로 격퇴시켰다.
나는 어떻게 살아남았는지 지금도 신기할 뿐이다"
(소련군 포병, 표트르 야코블레뷔취 도빈)

---

49) BA-MA RH 19-II/387, Kriegstagebuch Nr. 1(Band November 1941) des Oberkommandos der Heeresgruppe Mitte, Fol. 101(1941.11.20)

50) BA-MA RH 27-18/69, 18. Panzer-Div- 1a Kriegstagebuch vom 20.10.1941-13.12.41(1941.11.20) / BA-MA RH 19-II/387, Kriegstagebuch Nr. 1(Band November 1941) des Oberkommandos der Heeresgruppe Mitte, Fol. 101(1941.11.20)

51) BA-MA RH 19-II/387, Kriegstagebuch Nr. 1(Band November 1941) des Oberkommandos der Heeresgruppe Mitte, Fol. 75(1941.11.16)

3장갑군과 4군의 9군단은 11월 19-20일 즈붸니고로드(Zvenigorod)에서 소련 5군의 우익을 강타했다. 독일군은 북동쪽으로 약간 진격할 수는 있었다. 하나 16군과의 경계부분은 붕괴되지 않았으며 22, 145전차여단이 108, 144소총병사단을 동원해 완강히 저항하는 바람에 즈붸니고로드를 북동쪽으로 우회하는 기도는 실패로 돌아갔다. 21일 쥬코프는 16군 사령관 로코숍스키를 솔네츠노고르스크로 보내고 부사령관은 모스크바 북서쪽으로 85km 지점에 위치한 클린으로 파견해 각각 전구를 관리해 나가도록 했으나 이미 때는 늦었다. 솔네츠노고르스크는 로코숍스키가 도착하기 전에 떨어졌으며 그는 다시 클린으로 이동하여 전선의 붕괴를 막아보려 했다. 그러나 이 역시 실패로 돌아갔다. 56장갑군단은 클린 북쪽 도로를 잘라버렸으며 5군단은 남쪽으로 연결되는 도로까지 차단시켜 버렸다. 3장갑군은 주요 간선도로를 절단한 다음 온갖 제대들을 모아 클린을 내리쳤고 클린은 22일에 대부분 함락되었다.[52]

자하로프 작전집단은 이제 1,500명의 병력, 24대의 전차, 12문의 야포로만 무장해 클린의 동쪽으로 이동하여 겨우 포위망을 빠져나오는 기회를 잡았다. 작전은 실패했지만 그나마 이곳에서 독일군을 5일 동안 붙들어 둘 수 있었다는 것은 결과적으로는 상당한 효과를 내포하고 있었다. 렐류셴코의 30군은 클린의 잔여 병력을 뽑아내 모스크바-볼가 운하 지대로 후퇴함에 따라 지난 5일 동안 클린 정면에서 교착상태에 빠졌던 독일군의 공세에 탄력이 붙기 시작했다. 이처럼 소련 30군의 전력이 북쪽의 칼리닌으로 치우쳐 있던 순간 갑자기 클린이 떨어지게 되자 라인하르트의 3장갑군은 30군과 16군 사이에 갭을 만들어내면서 모스크바를 북서쪽으로부터 남하하는 북방 집게발의 한 축을 만들어가고 있었다. 30군의 병력 배치 실수로 인해 라인하르트의 장갑사단들은 일시적이나마 순조로운 진격을 달성했다. 24일 소련군 20기병사단이 붕괴되면서 클린 동쪽의 로가췌보가 떨어졌다. 이에 소련 30군은 참모장을 지휘관으로 하는 임시 전단에 군의 좌익제대들을 결집시켜 1, 2파의 제진구도를 형성함으로써 좀 더 짜임새 있는 방어진을 구축했다. 이 방어진은 나름 효과가 있었다. 30군의 좌익제대는 25-26일 양일간 수적으로 우세한 독일군을 맞아 수차례에 걸쳐 열띤 공방전을 전개했다. 소련측 주장으로는 20대의 독일전차가 격파되고 800명의 인명피해가 있었다고 하나 소련군 역시 그 이상의 가혹한 피해를 입으면서 대책이 서지 않는 상황으로 내몰렸다. 58전차사단과 8전차여단은 수중의 전차를 모두 상실했으며 포병대는 겨우 수문의 야포만 보유하고 있었다. 26일이 저물 무렵, 소련군은 로가췌보 구역을 완전히 포기하고 드미트로프보다 더 서쪽의 방어선으로 물러서게 되었다.[53]

이로써 3장갑군은 26일 소련군 방어선의 북익을 깨면서 야흐로마를 향해 남동쪽으로 진출할 수 있게 되었다. 7장갑사단을 선봉으로 한 56장갑군단은 그간 숲지대와 습지대를 헤쳐 나오면서 시간을 많이 지체했으나 이제는 모스크바 운하지대로 이어진 넓은 개활지를 진격할 수 있게 되었다.[54] 모스크바 운하는 모스크바 강으로부터 북쪽으로 128km에 위치한 볼가 강까지 연결되어 있었다. 이 운하는 모스크바로 들어가기 직전 북쪽으로부터 포위망을 형성하기 위한 마지막 장해물에 해당했다. 하나 폰 보크는 포위보다는 이 운하를 라인하르트의 사단들이 수도를 향해 남진하

52) Bock(1996) p.367

53) マクシム・コロミーエツ(2004) p.87

54) BA-MA RH 21-3/71, Anlagen zum Kriegstagebuch Tagesmeldungen Bd.1 1.11.-31.12.41, Fol. 177(1941.11.26)

기 전에 3장갑군의 좌익을 지탱하는 방패막이로 활용할 구상을 갖고 있었다. 남쪽 회프너의 4장갑군이 속도를 내지 못하고 있는데 반해 상대적으로 템포가 살아난 3장갑군이 모스크바의 북익을 쳐서 수도 방위를 위한 마지막 수비대를 격멸할 수 있을 것이라는 희망을 표시하기도 했다. 만토이휄 전투단을 내세운 7장갑사단은 11월 27일 야흐로마의 운하에 걸린 교량 북서쪽으로 4km 지점에 해당하는 아스트레조보(Astrezowo)-야콜레보(Jakolewo) 구역에 도달하였으며 그날 안으로 운하 3km 부근까지 접근하는 진전을 이룩했다.

만토이휄 대령은 로가췌보 남쪽으로부터 야흐로마로 뻗은 주도를 넘은 다음, 기습의 효과를 살리기 위해 소련군에게 금방 들통 날 정면돌격은 자제하기로 했다. 독일군들은 숲지대를 통과해 인구가 조밀하지 않은 지점들을 골라 조용히 접근하기로 하고 남동쪽으로 난 눈에 덮인 야지의 좁은 통로를 따라 병력을 이동시켰다. 최선두에는 연대의 장갑소대가 장해물을 제거하면서 전차와 장갑차량의 전방 이동을 용이하게 개방하고 측면은 보병들이 바짝 근접한 형태로 적의 기습에 대비해 나가는 형세를 그려나갔다. 해가 떨어지고 난 1시간 후 선봉은 아스트레조보에 도달했다. 동쪽에 놓인 야흐로마에서 보자면 큰 저택의 정문에 해당할 정도의 지근거리였다. 최선봉 정찰대와 함께 척후에 나간 만토이휄은 야흐로마가 내려다보이는 곳에서 숙고에 들어갔다. 정찰대 장교들과 부사관들은 27일 밤 안으로 점령해 버리자고 만토이휄을 독촉했으나 만토이휄은 6차량화보병연대와 25장갑연대의 장갑중대 등 전투단의 모든 차량들이 집결할 때까지 기다려 병력을 집중시킨 다음 28일 새벽에 들이치는 것으로 결정했다.[55] 만토이휄은 마을을 가장 먼저 급습할 병원들을 모집하자 모두가 서로 죽겠다고 난리들이었다. 아무도 물러서는 일이 없이 모두 자원했다. 만토이휄은 2차량화보병대대 7중대장 루디 라이넥케(Rudi Reinecke) 중위를 지목했다. 28일 새벽 2시, 라이넥케 중위를 대장으로 하는 특공중대가 결성되어 아스트레조보 집결구역으로부터 나와 야흐로마 내부로 진입했다. 라이넥케의 특공대는 포췬키(Pochinki)에서 후방경계임무를 맡고 있던 적군의 대대급 기관총좌에 걸려 일단 기도비닉은 유지하지 못하게 되었다. 이에 특공대는 정면대결을 지양하고 오전 3시 반, 133소총병사단 대대를 지나쳐 오전 4시 10분 운하지대에 도착했다. 운하 가장자리에 배치된 소련군 초병들은 대검으로 소리없이 조용히 제거되었다. 초강도의 기습으로 다리를 점령한 라이넥케의 부하들은 40명의 초병들을 순식간에 포로로 잡았다. 라이넥케 중위는 부하들보다 더 빨리 가장 먼저 운하 교두보를 장악하기 위해 단신으로 뛰어갔다. 야흐로마 정면을 방어하고 있던 소련군 133소총병사단의 2대대는 독일군 6차량화보병연대 3대대의 정면돌파를 막기 위해 주도로를 차단하는 작업에 들어갔다. 이내 교전이 발생하면서 2소총병대대가 남쪽으로 밀리게 되자 소련군은 급거 예비병력까지 동원해 만토이휄 전투단의 진입을 막으려 했다. 이때 오전 5시 15분 슈뢰더(Schröder) 대위가 이끄는 전차들이 6차량화보병연대의 잔여 병력과 함께 나타나 신속하게 교량을 건너 선봉 특공대에 대한 화력지원을 제공했다. 소련군 수비대는 야흐로마 부근에서 집중적인 화포사격을 통해 슈뢰더 장갑중대의 진격 속도를 떨어뜨리려 하였으며 독일군은 이 화포사격 구간을 빠져나오는데 약 30분 정도를 소비하였다.[56]

운하 동쪽에서는 오전 6시 30분 2대대 소속 2개 중대 보병들이 가파른 절벽을 타고 오른 뒤 수류탄과 개인화기로 개인호에 들어앉은 적군들을 해치웠다. 그 순간 운하 제방과 나란히 형성

55) Kurowski(2005) p.64, Kirchubel(2016) p.44
56) Kurowski(2005) p.64, Forczyk(2006) p.68

된 철길을 따라 소련군의 장갑열차가 나타났다. 열차포 사격으로 인해 동쪽으로 진입한 독일군 보병들이 위기에 몰렸다. 그뿐만 아니었다. 오전 7시 30분 58전차사단 소속 수대의 T-34들이 운하를 따라 나타나 동쪽구역의 독일군들을 사정없이 구타하는 시간이 왔다. 슈뢰더 중위의 전차들이 교두보 쪽으로만 몰려 있어 도움이 되지 않을 것으로 판단된 절망적인 순간, 기사철십자장(1941.7.27)에 빛나는 호르스트 오올로프(Horst Ohrloff) 중위가 이끄는 25장갑연대 1중대가 혜성처럼 등장했다. 오전 8시 45분 오올로프 중위의 전차들은 장갑열차를 격파하고 3대의 T-34를 날리면서 구원의 기병대 역할을 톡톡히 해냈다.[57] 보병들은 동쪽 사면에서 소련군 44소총병여단 소총병들과 치열한 접전을 치렀으며 이곳에서의 공방전이 독일군의 승리로 끝나게 되자 야흐로마의 장악은 초읽기에 들어가고 있었다.

◆ X-13 7장갑사단 정찰대대장 한스 폰 루크 대위

한편 11월 28일 이른 아침 만토이휄은 27일에 잡은 교량을 기점으로 휘하 전투단의 6차량화보병연대와 25장갑연대 1개 중대 병력을 운하 너머로 진격케 하면서 야흐로마의 본격 장악에 나섰다. 야흐로마 내부에서는 오전 6시부터 6차량화보병연대 2대대가 133소총병사단과 전투에 들어가 끝을 알 수 없는 혈투가 전개되었다. 이 전투는 4시간이나 소요되었으며 소련군이 남쪽으로 후퇴하면서 겨우 정돈상태에 들어갔다. 오전 10시 6차량화보병연대 1대대는 운하를 넘어 깊은 종심구역을 확보하여 경계에 들어가고 2대대는 교량을 도로 빠져 나와 야흐로마에서 여타 제대를 지원하는 포지션을 잡았다. 3대대는 25장갑연대 전차들과 함께 교두보를 지탱하는 기동전력으로 대기했다. 오전 11시부터 오후 2시까지 소련군은 남북 양쪽으로 옅게 쳐진 독일군 수비라인을 거의 붕괴시키기 직전까지 갔다가 전투단의 반격으로 모두 격퇴되었다. 소총병들의 시도가 좌절되자 소련군은 공군의 공습과 야포사격으로 독일군이 포진한 주요 지점들을 타격하는 것으로 선회했다. 소련공군 폭격기의 공습으로 야흐로마의 직물공장이 불에 타기도 했으나 독일군에 대한 결정적인 피해는 입히지 못했다. 오후 3시, 7장갑사단은 북쪽과 동쪽으로부터 들어온 29소총병사단 2대대와의 격전 끝에 드디어 야흐로마 도하지점을 완전히 장악하고 동쪽 제방에 교두보를 확보하는 전과를 획득했다. 또한 수도에 전력을 공급하는 발전소 하나도 온전히 장악하게 되었다. 그 순간 독일군 중에서 가장 동쪽에 자리잡은 제대가 되었으며 이로써 모스크바를 북쪽에서부터 압박을 가할 수 있는 조건이 마련되었다. 야흐로마 시내는 한스 폰 루크(Hans von Luck) 대위의 정찰대대가 맡아 시 외곽을 훑은 뒤 모터싸이클과 장갑차량을 앞세워 시내 한 복판으로 나아갔다. 야흐로마 주변을 집요하게 지키던 적군은 이상하리만큼 일찍 시를 포기하고 물러난 것으로

57) Kurowski(2005) p.65, Kurowski(2010b) pp.149-50

◆ X-14 7장갑사단장 한스 프라이헤어 폰 풍크 장갑병대장. 비범한 지략은 없었으나 비교적 합리적인 작전과 부하들에 대한 배려가 인상적이었던 지휘관. 41년에 끝장을 내지 않으면 전쟁에 이길 수 없다고 생각한 사람들 중 한 명이었다.

파악되었고 재차 반격을 가해오지도 않았다.[58] 시내로 들어간 독일군은 당장 본부를 설치한 상태에서 간만에 더운 음식을 먹으면서 감격해 했다. 그러나 이곳까지 오는 과정에서 수중의 모든 자산을 다 소진한 7장갑사단은 더 이상의 진격을 이룰 수가 없는 난처한 상태에 처하게 되었다. 진정 교두보를 지탱할 수 있는 예비병력이 아쉬운 순간이었다.[59] 사단장 한스 프라이헤어 폰 풍크(Hans Freiherr von Funk) 장갑병대장은 혹시 이것이 전투가 아닌 전쟁의 전환점이 아닌가 하는 불길한 예감마저 느끼고 있었다.

만토이휄이 잡은 구역은 소련군 2개 군이 공격을 가할 수 있는 위태로운 돌출부를 형성하고 있었다. 스탈린은 1충격군과 20군이 돌출부의 가장자리 갭으로 파고 들 것을 종용하고 소련군 2개 군은 수중의 모든 자원을 동원해 독일군을 내리쳤다. 끊임없는 화포사격과 함께 공군의 근접항공지원, 카츄샤와 장갑열차의 화포사격을 가하면서 29, 50소총병여단과 58전차사단이 만토이휄 전투단 격멸을 위해 집중적인 공세를 진행시켰다. 오후 9시 30분 소련군은 북쪽에서 교두보 방향으로 들어와 동쪽 제방을 공략하고 운하와 철길 사이를 빠져나와 교량을 불에 잠기게 하는 등 가장 위협적인 침투를 전개해 왔다. 이 위기는 단 한개 공병소대와 6차량화보병연대 1중대가 반격을 가해 겨우 물리치는데 성공했다.[60] 적군의 지독한 공격에도 불구하고 전투단의 사기는 꽤 드높았다. 이들은 모스크바를 향한 최선봉에 있다는 자부심 하나로 버텨내면서 소련군의 파도타기 공격을 쳐내고 있었다. 이때 집단군 지휘부는 다소 다른 생각을 갖고 있었다. 야흐로마 교두보

58) Luck(1989) p.78
7장갑사단 임시 정찰대대장 한스 폰 룩크(Hans von Luck) 대위는 야흐로마를 장악한 뒤 시 중심의 한 건물을 본부로 삼고 사단본부와의 연락을 취하고자 했다. 그때 자신의 부하가 식탁 테이블에 이미 조찬이 마련되어 있다면서 룩크 대위에게 보고하고, 룩크는 뜨거운 차와 달걀, 식빵, 햄이 있는 것을 보고는 눈물이 흐를 정도로 감격하여 간만의 아침 식사를 근사하게 마쳤다. 한데 룩크는 대령 계급으로 전후 포로생활을 하던 중 수용소 캠프의 대장으로 발탁되어 공사판의 관리를 맡고 있다가 소련군 수용소장과 만나 환담을 나누게 되었다. 이 소장은 룩크가 계급장과 기사철십자 훈장 등을 그대로 부착하고 다니도록 허가하는 등 여유가 있는 공산당이었으며 룩크가 브야지마, 클린, 야흐로마에서 전투했다는 경험담을 전하자 수용소장은 야흐로마란 말에 눈을 번득이기 시작했다. 그는 룩크에게 좀 더 자세히 알려달라는 부탁을 했고 룩크는 여인숙처럼 보이는 건물에 들어가 한기를 녹인 뒤 누군가 준비해 놓은 아침 식사를 했는데 아마도 독일군이 오자 먹지도 못하고 도주한 사람의 식사같았다는 기억을 설명했다. 그때 수용소장은 크게 껄껄 웃으면서 다음과 같이 말했다.
"대령, 그게 바로 나의 아침식사였네. 나는 당시 예비역 대령이었는데 당신이 기습적인 공격을 가해오자 나는 아침도 제대로 못 먹고 도주하였다네. 대령은 수용소 포로들의 책임자이고 나는 이 시의 사령관이니 여기 있는 동안 필요한 게 있으면 뭐든지 부탁하게나....." Luck(1989) p.80

59) Rosado & Bishop(2005) p.77

60) Forczyk(2006) p.68

◆ X-15 41년 11월, 가장 기습적으로 모스크바 북익을 위협했던 7장갑사단 6차량화보병연대장 하소 폰 만토이휄 대령. 41년 5월 1일부터 7차량화보병연대 1대대장을 역임하다가 8월 25일부터 6차량화보병연대장으로 취임했다. 대령 진급은 동년 10월 1일.

에서 장갑사단을 몰아 전진하기보다는 그보다 남쪽 폰 클루게의 4군을 막고 있는 소련군 병력을 치면서 모스크바로 직행하기 위해 남진하는 방안으로 전환했다. 라인하르트는 운하 동쪽으로 더 치고 들어갈 수 있다면서 자신에게 기회를 달라고 졸라댔으나 폰 보크는 야흐로마 남쪽으로 옮기라고 다그쳤다. 이 결정으로 인해 6차량화보병연대는 교두보를 잡아낸 지 불과 24시간 만에 철수하는 수순에 들어갔다. 필사적으로 저항하던 독일군들은 이내 침울해졌고 사기는 떨어졌다. 구데리안처럼 라인하르트도 점점 고집이 세진 듯한 분위기였다. 라인하르트는 일단 명령에 따라 야흐로마 교두보를 포기하려고는 했으나 지시가 떨어진 수일 동안 집단군 사령부의 명령을 이행하지 않았다.[61] 29일 해가 뜨자 만토이휄은 근처 제방으로 이동하고 56장갑군단 전체는 돌출부를 만들지 않는다는 전제하에 해당 구역을 유연하게 방어하는 방식으로 변경했다. 29일 소련군은 123, 133독립전차대대와 29, 44소총병사단을 동원해 포병대의 지원사격을 동반한 반격을 전개했다. 이 반격은 독일군을 운하의 서안(西岸)으로 내모는 동시에 30군 전체 전구에서 방어로 전환하게 만드는 부수적인 효과를 발휘했다. 만토이휄의 전투단은 29일 오후 2시 30분에 최선두의 진지를 빠져나와 페레밀로프크(Peremilovg)와 사메쉬키(Sameshki) 사이를 통과해 모스크바-볼가 운하 지대 근처로 퇴각을 완료했다. 만토이휄 전투단의 의욕적인 야흐로마 공세는 결과적으로 집단군 북익의 공세가 사실상 중단되는 것을 의미했다.[62] 24시간 만에 후퇴하기는 했으나 야흐로마 공략은 스탈린과 쥬코프를 한동안 고민에 빠트린 중대한 사건이었으며 이때의 전광석화와 같은 공세

61) BA-MA RH 19-II/387, Kriegstagebuch Nr. 1(Band November 1941) des Oberkommandos der Heeresgruppe Mitte, Fols. 152-153(1941.11.30)

62) Kirchubel(2016) pp.44-5

◆ X-16 6장갑사단 11장갑연대 에리히 뢰베 소령. 같은 장갑연대 소속의 유명한 전차에이스 프란쯔 배케의 그늘에 가려졌던 인물로, 41년보다는 42년에 더 출중한 지휘력을 발휘하였으며 이미 일찍이 40년 9월 4일에 기사철십자장을 획득한 바 있었다.

에 근거해 만토이휄은 1941년 마지막 날 기사철십자장을 받았다. 만토이휄의 기사철십자장에는 나중에 백엽, 백엽검, 다이야몬드 백엽검이 차례로 추가되게 된다.

6장갑사단은 7장갑사단의 우익에 위치하고 있었다. 후에 가장 출중한 전차지휘관으로 등극하게 될 6장갑사단의 프란쯔 배케(Franz Bäke) 대위는 바르바로싸에서는 특별한 활약이 없었다. 배케는 전차수리중대를 맡으면서 고장난 우군 전차들을 재빨리 전선으로 돌려보내는 병참업무에 종사하였으며 적과의 교전은 수리소를 습격하는 적군들을 쳐내는 정도에 그쳤다. 그러나 11장갑연대장 리햐르트 콜(Richard Koll) 대령은 배케 대위의 비범한 능력을 알아보고 11월 말부터 연대 참모로 근무하게 했다. 배케 대위는 에리히 뢰붸(Erich Löwe) 소령이 일시적으로 장갑연대를 맡게 되자 뢰붸가 지휘하던 1중대장을 맡으면서 영하 20도의 가혹한 동계전투에 투입되었다. 12월 2일 중대에 마지막으로 남아 있던 체코제 스코다 전차와 4호 전차가 망가지자 공세는 더 이상 이어갈 수가 없게 되었다. 모스크바까지 60km 지점이었다.[63]

야흐로마 구역에 대한 전투가 만토이휄의 철수로 모두 끝난 것은 아니었다. 로가췌보(Rogachevo) 남쪽에 주둔하고 있던 41장갑군단의 1장갑사단은 12월 1일 로브냐(Lobnya) 북쪽의 모스크바-볼가 운하지대를 향해 공격을 전개했다. 이때 사단의 1장갑대대는 훼데로프카(Federovka) 남쪽에 포위된 23보병사단의 지대(支隊)를 구출하고 있었으며 1장갑사단 전체는 소련군의 대반공작전이 개시될 12월 5일에 야흐로마 남방에 대한 공세를 재개할 계획을 갖고 있었다. 결과적으로 이는 계획에 그치고 말았다.[64]

이스트라 선상의 독일군은 지난 2주 동안 70-90km를 진격해 들어갔지만 야흐로마를 너무 빨리 포기당하는 지경으로 몰리면서 그 어떤 전술적 효과도 획득하지 못했다. 다만 소련군이 클류코보 방면을 보강하기 위해 8근위소총병사단과 1근위전차여단을 이스트라 강 외곽으로 빠지게 함으로써 독일군은 일단 이스트라 선에서 소련군을 멀찌감치 이격시키는 데는 성공했다고 평가될 수 있었다. 하지만 거기까지였다. 11월 30일까지 소련군은 24, 31, 145전차여단의 분전에 의해 16군과 30군의 경계를 파고드는 독일군의 압박공세를 최종적으로 떨쳐낼 수 있었다. 그로 인해 좌익의 5군 역시 방어정면의 독일군을 돈좌시키면서 12월 5일 대반공작전 이전까지 해당 구

63) Kurowski(2004a) p.24
64) Stoves(2001) p.114

역을 안정화시키게 되었으며 이제는 서부방면군의 우익에서 독일군의 허점이 발견되는 역전 현상이 일어나고 있었다.

소련군 전차여단들은 11월 초부터 중반까지의 이 시기 동안 상당한 학습효과를 거두었다. 지원병력이 오기 전까지는 우세한 독일군을 맞아 대전차방어 거점진지 안에서 매복포진하고 있다가 공세로 전환할 때 소총병들과의 긴밀한 제휴에 의해 독일군의 템포를 흩트리게 하는 결과를 자아냈다. 특히 로가췌보와 드미트로프 지구에서 전차여단들은 대전차포 진지 사이를 오가는 '이동사격 토치카'로서 기능하면서 수비와 공격을 동시적으로 운용하는 기민함을 나타냈다. 하나 문제점 역시 다대했다. 전차여단들은 개개의 소총병제대를 지원하기 위해 전차병력을 중대 또는 소대 단위로 분산시켜 연대나 사단이 아니라 소총병대대 레벨에서의 화력 및 기동력지원으로만 소극적으로 사용되는 단점을 노출시켰다. 특히 이 문제는 클린 지구 전투에서 더 극명하게 드러났다. 그러다보니 하루에도 전차제대에 대해 3-4번의 변경된 지시가 발부되는 수가 있었으며 1주일 동안 전차여단의 소속제대가 연이어 바뀌는 등 일관성이 없는 작전은 도처에 산재해 있었다. 거기다 전차의 보수관리에 필요한 시간이 배정되지 않아 기계적 결함으로 전차를 운용할 수 없었던 문제는 독일군이 그간 앓아 오던 구조적 병폐와 마찬가지였다.

* * * * *

4장갑군의 모스크바 정면 공세

"공세는 느리게 진행되었다.
나는 폰 보크 및 폰 클루게와 매일 전화로 상의하면서 폰 클루게의 부대가 움직여주기를 요구했다.....
소련군은 온 사방에서 신규병력을 몰고 왔다. 나는 홀로 서 있다."
(4장갑군 사령관 에리히 회프너 상급대장 : 1941.11.25)

11월 21일 35, 106보병사단과 함께 루오프의 5군단에 배속된 40장갑군단의 2장갑사단은 모스크바를 향한 선봉사단으로서 비교적 소련군의 소극적인 저항만 관리하면서 순조로운 진격을 달성했다. 반면 같은 군단 소속 10장갑사단은 쉴 새 없는 격전으로 인해 거의 탈진상태를 맞이하고 있었으며 21일 야드로미노(Jadromino)를 점령하고 다스 라이히의 모터싸이클대대와 연결되는 정도의 성과는 내고 있었다.[65] 또한 다스 라이히 '도이췰란트' 연대 3대대는 저녁 무렵 트로이자(Troiza)를 석권하고 1대대는 봐실리에프스카야(Vasilievskaja)를 공격해 남서쪽 1km 지점의 도로교차점을 장악했다. 개전 당시부터 10장갑사단과 긴밀한 공조를 취해 온 다스 라이히는 22일부터 이스트라를 향한 공세에 착수하게 되었다. 이에 포병대의 원활한 기동을 담보하기 위해 군단 포병대는 일시적으로 다스 라이히에 붙여졌다. 다스 라이히는 22일 촐루야니챠(Cholujanicha)와 이스트라-볼로콜람스크로 진격해 '도이췰란트' 1대대가 오후 4시경 마을로

65) BA-MA RH 24-4-/18, Kriegstagebuch Nr. 3 der Führungsabteilung(Ia) des Gen.Kdo.(mot.) XXXX.Pz.Korps vom 31.10.1941-26.12.1941(1941.11.21)

◆ X-17 이스트라 시내의 10장갑사단 7장갑연대 3호 전차 J형. J형은 차체전면과 상부전면, 그리고 포탑 주변부위까지 50mm 장갑으로 증강시킨 종류로 42년 2월까지 총 1,500대가 만들어진 양산형이었다.

진입하면서 소련군들은 북동쪽으로 자리를 뜨게 되었다.[66] 다스 라이히는 근접전투로 인해 상당한 출혈을 감내하면서도 시베리아 연대를 최종적으로 몰아내고 촐루야니챠를 장악했다. 다스 라이히는 23일 볼로콜람스크-모스크바 철길 제방을 건너 고르키를 점령하고 마글루샤(Maglusha) 지류에 교두보를 확보하면서 글레보보(Glebowo)까지 장악하는 진전을 보였다. 이웃하는 10장갑사단도 쿠르사코보(Kursakowo)-마르코보(Markowo) 구간의 마글루샤 지류를 지나 교두보를 따 냄으로써 40장갑군단은 이스트라로 진격하는 대부분의 전제조건들을 얻어냈다.

다만 북쪽 46장갑군단의 5, 11장갑사단은 깊은 숲과 습지대를 지나가다 매복된 T-34의 공격을 받아 힘든 시간을 보내야 했다.[67] 11장갑사단의 15장갑연대는 1대대 18대, 2대대 19대, 계 37대의 전차로 버티고 있었으며 페트로프스코예(Petrovskoje)의 철길 양쪽을 따라 이스트라 저수지까지 이동하는 동안 스나이퍼들과 매복된 중화기들의 기습에 지속적으로 시달리고 있었다. 독일군들은 차량에서 내려 대검과 수류탄으로 육박전을 치르지 않으면 한 발자국도 움직일 수 없는 악랄한 형편에 놓이기도 했다. 5장갑사단은 11월 24일 마르튜쉬노(Martjuschino)라는 작은 마을을 점령하면서 약간의 탄력은 받을 수 있었다. 사단은 지독한 백병전을 거쳐 500명의 적군을 사살하고 120명을 포로로 잡았다.[68] 포로가 이 정도 밖에 되지 않는다는 것은 소련군들이 결사적으로 항전하면서 좀처럼 자리를 양보하지 않는다는 의미로 해석되어야 했다.

---

66) Weidinger(2002) p.196
67) BA-MA RH 24-46/21 Kriegstagebuch Nr.3 des XXXXVII.Pz.Korps. 24.8.41-31.12.41, Fols. 132-133(1941.11.21)
68) BA-MA RH 27-5/29, 5. Panzer Division KTB nr.8 vom 11.9.41-11.12.41, Fol. 99(1941.11.24)

반면 보병군단들의 진격은 악조건에도 불구하고 조금씩 진전을 나타내고 있었다. 10장갑사단과 다스 라이히의 남쪽에 배치된 9군단의 78, 87, 252보병사단은 19-20일 이틀 동안 5,000개의 지뢰를 제거하면서 일일 3-5km를 진격해 나가는 성과를 올렸다.[69] 그 아래 197, 267보병사단을 지닌 7군단은 11월 19-21일 동안 무려 1,089개에 달하는 벙커에 포진한 소련군 수비대들을 상대하는 고충을 겪었다.[70] 예상대로 모스크바에 접근하면 접근할수록 소련군의 저항은 거칠어지기 마련이었으며 진격구역을 늘리면 늘릴수록 늘어난 측면을 엄호해야 할 병원의 수요와 방어구역의 면적은 더 늘어나고 있었다.

2장갑사단은 11월 20일 언덕이 많은 험준한 지대를 통과해 타르호보(Tarkhovo)를 장악했다. 21일에는 바클라노보(Baklanovo)를, 22일에는 트로이즈코예(Troizhkoje)-수보티노(Subbotino)를 잡기는 했으나 이 지역은 차량이동에 엄청난 차질을 초래하는 습지대에다 지리학에서 말하는 분상습곡(盆狀褶曲)으로 덮여 있어 행군 자체가 고역이었으며 다행히 적군의 습격은 별로 없는 편이었다. 이 기간 동안 겨우 3대의 적군 전차가 파괴되었으므로 교전강도는 약한 편이었으며 23일에는 장갑연대 1중대 1, 2소대가 투리시나(Turicina) 주변구역에서 5대의 T-34를 격파시켰다. 2장갑사단과 196보병사단의 우익에 있던 35보병사단은 다소 늦게 출발했으나 22일 동일한 이동경로를 따라 바클라노보에 도착했다.

11월 23일 2장갑사단 3장갑연대를 주축으로 한 칼 덱커(Karl Decker) 중령의 전투단은 5군단의 병력과 함께 선봉을 구성하여 서쪽에서부터 솔네츠노고르스크로 진격해 들어갔다. 2차량화보병여단의 에버하르트 로트(Eberhardt Rodt) 대령은 304보병연대와 함께 북서쪽에서부터 솔네츠노고르스크를 치고 들어가 결사적으로 저항하는 적군 수비대를 물리치면서 24대 이상의 전차들을 격파했다. 2장갑사단은 전날 24대 격파에 이어 동일한 수치의 전과를 올리면서 이틀 동안 48대의 전차를 지워버렸다. 운하의 교두보를 확보한 2장갑사단은 이것으로 모스크바로부터 60km 이내로 접근하게 되었으며 가장 질 좋은 도로를 이용하게 되는 유리한 조건을 확보했다.[71] 11월 25일 로트 대령은 솔네츠노고르스크 남동쪽, 모스크바까지 10km 더 접근한 지점 페쉬키(Peshki)에서 3대의 적 전차가 다가오는 것을 확인했다. 지리적 배치상으로 보아 146전차여단 소속인 것은 확실했다. 한데 기존에 잘 알려진 종류가 아니라 전혀 감을 잡을 수 없는 차종이었다. 3장갑연대 1대대의 전차들은 이들 3대의 전차 뒤로 돌아 기습을 가해 75mm 주포로 충격을 선사했다. 그 중 2대는 격파되고 나머지 1대는 뒤로 물러났다. 세 번째 전차 역시 잠시 후 독일군의 손에 의해 격파되었다. 적 전차를 점검한 로트 대령은 약간 놀랄 수밖에 없었다. 영국제 마크 III 발렌타인(Valentine) 전차였다.[72] T-34 정도는 아니나 이 전차도 독일군의 37mm 대전차포로는 관통이 곤란한 단단한 차종이었다. 영어로 된 레터링에 러시아어 번역을 분필로 기재

69) BA-MA RH 21-4/40, Anlage zum KTB Pz.Gruppe 4 Meldungen von unten 16.11.41-5.12.41. Fol. 133(1941.11.24) & Fol. 156(1941.11.22)
70) BA-MA RH 21-4/40, Anlage zum KTB Pz.Gruppe 4 Meldungen von unten 16.11.41-5.12.41. Fol. 145(1941.11.23)
71) Strauß(1987) pp.98-9
72) BA-MA RH 21-4/40, Anlage zum KTB Pz.Gruppe 4 Meldungen von unten 16.11.41-5.12.41. Fol. 113(1941.11.26)

해 둔 것으로 보아 수입한 후 별로 훈련도 못해보고 실전에 배치된 것으로 판단되었다.[73] 같은 11월 23-24일, 2장갑사단은 그간 35, 106보병사단과 비교적 순조로운 진격을 유지하다가 수십 대의 전차를 동반한 소련군 혼성부대의 강력한 반격에 직면하여 예기치 않은 중간 규모의 전차전을 경험했다. 소련군 전차들은 수적으로 상당한 양에 달했으나 개개의 전차나 군집 단위의 운용에 있어 아직 훈련이 덜 되었다는 것을 입증하는 결과가 나왔다. 2장갑사단은 압도적인 승률로 34대의 전차들을 파괴했다. 그 중 5대는 1941년 9월에 제조했다는 표기가 든 영국제 전차들이었다.[74] 11월 27일에는 5장갑사단이 포로를 심문하는 과정에서 사단 공세정면에 놓인 소련군 3개 전차대대 중 2개 대대가 영국제 전차로 무장되어 있음을 확인하게 된다. 그 뿐이 아니었다. 6장갑사단은 26일 오룔로 이어지는 철길이 영국제 전투기들에 의해 공습을 당한 내용을 보고하기도 했다.[75] 영국제 전차의 등장이 소련군에게 기술적, 전술적 장점을 보강한 것은 아니었으나 연합국이 소련과 함께 싸운다는 상징적 의미는 모스크바 정면에서 절망적으로 싸우던 낮은 계급의 소총병 장병들에게는 커다란 격려가 되고도 남음이 있었다. 41년 말까지 259대의 발렌타인과 187대의 마틸다로 구성된 466대의 전차가 소련에 지원되었으며 영미가 합쳐 699대의 항공기도 제공되었다.

23일 2장갑사단은 솔네츠노고르스크를 완전히 장악했다. 또한 5군단이 회프너 장갑사단들을 따라 올라가면서 모스크바-볼가 운하로 향하는 동쪽으로의 길과 북서쪽에서 모스크바로 직행하는 길 모두가 열리는 효과가 있었다. 스타프카는 로코숍스키의 16군이 재빨리 솔네츠노고르스크 남쪽으로 퇴각해 고보로프(L.A.Govorov) 중장의 5군 병력과 함께 이스트라 저수지와 이스트라 강 구역에 새로운 방어선을 치도록 조치했다. 이때 5군은 이미 이스트라로부터 즈붸니고로드로 이동하고 있었다.

* * * * *

이스트라 공략

"공격은 계속된다. 하지만 이 무슨 개같은 상황인가!.....
우리 중대들의 대부분은 10명도 안 되는 병원으로 버티고 있었고
내가 속한 중대는 단 한 명의 장교와 7명의 대원이 전부였다.
그리고 지독한 추위 속에서 우리들의 많은 수가 동상으로 고생하고 있었다."
(10장갑사단 뷜헬름 슈뢰더 : 1941.11.29)

11월 23일 40장갑군단과 46장갑군단의 사단들은 대부분 이스트라 강과 이스트라 저수지에 조금씩 접근하고 있었다. 북쪽의 46장갑군단은 11장갑사단과 5장갑사단이 저수지를 향해 동진하고 5장갑사단과 경계를 이루는 남쪽 40장갑군단의 10장갑사단은 이스트라를 향해 약간 남동

73) Carrel(1966) pp.180-1
74) BA-MA RH 27-2/21, 2. Panzer Division KTB Nr.6 Teil 1. Vom 15.6.41-3.4.42(1941.11.24)
75) BA-MA RH 27-6/19, 6.Panzer Division KTB 16.9.1941-30.11.1941, p.299(1941.11.26)

쪽으로 내려가는 구도를 잡고 있었다. 이스트라 강은 북쪽의 저수지와 남쪽의 이스트라 사이에 남북으로 걸쳐 있었고 이스트라 강 동쪽 제방은 높은 둔덕을 형성하면서 나무들이 빽빽한 숲지대를 이루고 있었다. 소련군들은 당연히 이 구역에 진지를 구축해 눈 덮인 개활지가 펼쳐진 서쪽 제방을 충분히 감제할 수 있는 유리한 조건을 향유하고 있었다.

◆ X-18 이스트라 외곽지대의 독일군 전차들. 간혹 이 사진들은 스탈린그라드 전투 때의 것으로 잘못 기록되기도 한다.

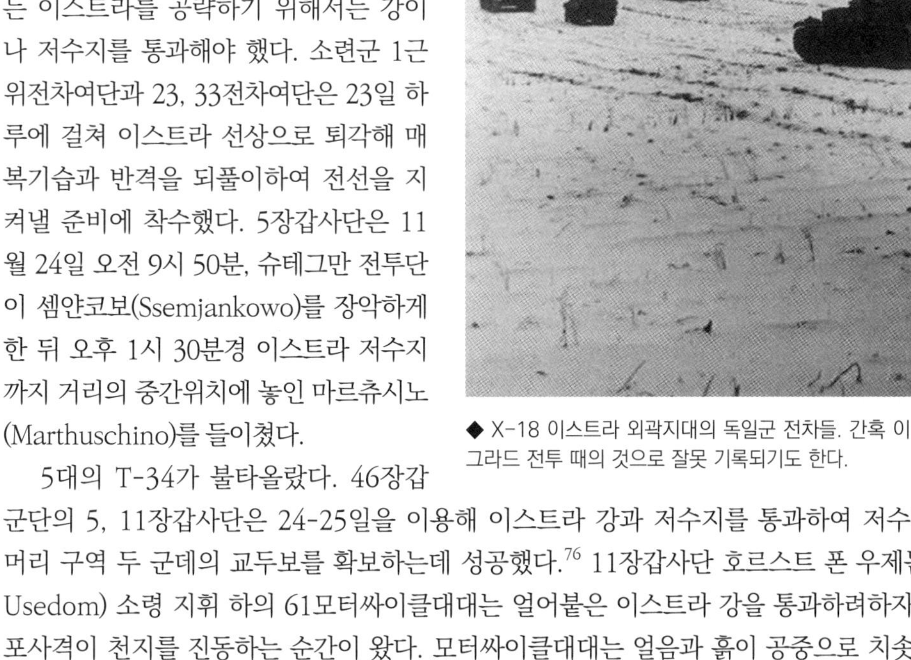

이곳에 배치된 5장갑사단의 정면에는 8근위소총병사단과 23, 27, 28전차여단이 막아서고 있었으며 어떤 식으로든 이스트라를 공략하기 위해서는 강이나 저수지를 통과해야 했다. 소련군 1근위전차여단과 23, 33전차여단은 23일 하루에 걸쳐 이스트라 선상으로 퇴각해 매복기습과 반격을 되풀이하여 전선을 지켜낼 준비에 착수했다. 5장갑사단은 11월 24일 오전 9시 50분, 슈테그만 전투단이 셈얀코보(Ssemjankowo)를 장악하게 한 뒤 오후 1시 30분경 이스트라 저수지까지 거리의 중간위치에 놓인 마르츄시노(Marthuschino)를 들이쳤다.

5대의 T-34가 불타올랐다. 46장갑군단의 5, 11장갑사단은 24-25일을 이용해 이스트라 강과 저수지를 통과하여 저수지 남북 끄트머리 구역 두 군데의 교두보를 확보하는데 성공했다.[76] 11장갑사단 호르스트 폰 우제돔(Horst von Usedom) 소령 지휘 하의 61모터싸이클대대는 얼어붙은 이스트라 강을 통과하려하자 소련군의 화포사격이 천지를 진동하는 순간이 왔다. 모터싸이클대대는 얼음과 흙이 공중으로 치솟아 오르는 강을 건너 다소 취약하지만 강 건너편 제방에 도착지점을 확보했다. 이스트라 강의 저수지는 로파토보(Lopatovo)의 가장 좁은 구역에서 교차점을 이루고 있었다. 독일군들은 만약 이 저수지의 댐이 소련군에 의해 폭파된다면 모든 작전은 수포로 돌아간다는 점을 걱정하면서 적군이 사방에 장치한 폭발물들을 제거하기로 했다. 브라이트슈(Breitschuh) 중위의 공병대가 나섰다. 공병들은 무려 1,100개의 지뢰들과 댐에 설치된 2톤급 고폭탄을 최종적으로 제거하는데 성공했다. 이들의 작업은 남쪽의 10장갑사단과 다스 라이히가 이스트라 중앙을 마음 놓고 칠 수 있는 가장 중요한 조건들을 마련한 셈이었다.[77]

76) Plato91978) p.169, Bock(1996) 370, Haupt(1972) p.157
77) Carrel(1966) p.186

소련군은 다급해졌다. 24일 이스트라 강 동안(東岸)으로 쫓겨난 8근위, 18, 78소총병사단은 해당구역을 지키던 301, 302기관총대대(각각 60정의 중기관총을 보유), 694, 871대전차연대와 합류했다. 27, 28전차여단은 너무 많은 전차를 상실함에 따라 서부방면군의 예비로 들어갔으며 대신 146전차여단이 이스트라 서쪽에 도착했다. 소총병사단의 후퇴를 엄호하는 전차여단의 기동은 다음과 같이 준비되었다. 23전차여단은 18소총병사단을, 33전차여단은 78소총병사단을, 그리고 145전차여단은 108소총병사단을 엄호하고 후방경계를 동시에 서는 것으로 하되, 1근위전차여단과 146전차여단은 각각의 담당구역을 지켜나가면서 18, 78소총병사단의 전구를 커버하는 것으로 조율되었다. 24일이 끝나갈 무렵, 145전차여단을 제외한 모든 전차여단은 이스트라 강 동안으로 이동했다.[78]

11월 24일 마글루샤 북쪽 제방을 장악한 다스 라이히는 25일 40장갑군단 전체가 이스트라 북쪽의 이스트라 강으로 진격하는데 있어 10장갑사단의 남익을 엄호하기 위해 센키노(Senkino)를 경유해 니쿨리노(Nikulino)로 진격하게 되었다. 이때 다스 라이히의 주력은 센키노에서 예휘모노보(Jefimonowo)를 거쳐 10장갑사단의 뒤를 따라 이스트라 동쪽 제방을 치기로 했다. 사단의 우익은 252보병사단이 모터싸이클대대와 경계를 이루면서 이스트라를 향해 북동쪽으로 치고 올라갔다. 25일, 10장갑사단은 쉘레스니코보(Shelesnikowo)를 기습적으로 강타한 다음 86보병연대가 부샤로보(Busharrowo)를 석권함과 아울러 이스트라 건너편 부샤로보 동쪽의 교두보를 잡는 성과를 올렸다. '도이췰란트' 연대 3대대는 오후 1시 50분 예휘모노보에 가장 먼저 도착하고 2대대는 남쪽으로 800m 지점의 숲지대를 통과해 나갔다. 그즈음 2대대와 '데어 휘러' 연대는 이스트라로 바로 진격하여 교량을 점거하라는 급전을 받게 된다. '데어 휘러'는 이스트라로 15모터싸이클중대를 정찰로 내보내고 동시에 사단 정찰대대와 '도이췰란트' 연대 2대대는 부르마이스터(Burmeister) SS소위가 지휘하는 돌격포소대와 함께 이스트라로 향했다. 돌격포 '프린쯔 오이겐'(Prinz Eugen)과 '요르크'(Yorck)에는 2대대의 장병들이 올라타 이스트라 교량 쪽으로 접근해 기습적인 사격을 가했다. 니쿨리노 남쪽에서 600m 떨어진 곳의 이스트라 강 대교는 파괴된 탓에 바로 왼쪽에 임시 교량이 설치되어 있었으며 소련군들은 진지를 버리고 이 임시 교량 쪽으로 도주하기 시작했다. 그러나 건너편 제방 언덕에 위치한 성당 주변에서는 독일군을 향해 강력한 견제사격이 실시되고 있었다. 두 대의 돌격포가 성당 쪽을 향해 응사하는 동안 오스카르 볼커슈토르훠(Oskar Wolkerstorfer) SS중위가 이끄는 '데어 휘러' 15중대는 재빠른 기습으로 서쪽 제방 구역을 제압하고 도주하는 소련군을 추격해 교량 쪽으로 밀어붙였다. 요새처럼 꾸며진 곳에서 날아오는 적 전차와 야포의 사격에 상당수의 피해가 속출했고 적이 교량을 폭파하기 전에 탈취해야 된다는 생각에 그 정도의 희생은 감수하는 것이 당연했다. 이때 볼커슈토르훠는 심한 부상을 당해 하프트랙으로 이송되었으며 소대장 한명과 2명의 장병들이 목숨을 걸고 교두보를 잡기 위한 작전에 나섰다. 15중대 장병들은 교량에 설치된 폭발물들을 신속하게 제거하고 작지만 요긴한 교두보를 확보하는데 성공했다. 볼커슈토르훠 SS중위의 부하들이 만든 교두보 이외의 다른 구간은 워낙 소련군의 화포사격이 심해 전혀 의미가 없었으며 이들이 차지한 구역이 유일한 연결고리였기에 이 교두보의 의미는 지대했다. 소련군은 대전차포 1문을 동원해 따라 들어간 돌격포들

78) マクシム・コロミーエツ(2004) p.85

을 향해 사격을 전개했으나 6발 모두 돌격포를 관통시키지 못했다. 적 대전차포의 위치를 파악한 '프린쯔 오이겐'은 곧바로 대응사격을 실시해 대전차포를 격파했다.[79]

이스트라를 점령하는 데 있어 가장 큰 난관은 강 건너편 언덕 가장자리에 만들어진 5m 높이의 크고 높은 담벽으로 둘러싸인 성당 구역이었다. 이곳은 이스트라 강 서쪽까지 튀어나온 돌출부를 형성하면서 기관총좌는 물론 야포진지까지 축성해 독일군의 진입을 통제할 수 있는 위치에 있었다. 40장갑군단은 여기까지 도착하는 데만 천신만고의 역경을 헤치고 온 결과 10장갑사단의 전력은 기진맥진한 상태에 도달해 있었다. 보유 전차수는 28대에 불과했으며 탈진상태에 처한 69, 86보병연대 소속 4개의 대대와 겨우 10문의 야포로 사단을 꾸려가고 있었다. 보병대대는 각각 120명 정도에 불과해 사실상 중대급에 지나지 않았다. '데어 휘러' 3대대는 밤을 이용해 이스트라 교량으로 나아가 연대본부 전초기지를 교량 동쪽 편에 설치했다. 이어 쇼버(Schober) SS중위의 9중대가 요새화된 성당 진지를 급습해 격렬한 육박전투를 전개하고 요새 전체를 장악하는 데 성공했다.

그럼에도 불구하고 소련 16군은 이스트라 강과 저수지의 동안(東岸)의 방어에 초점을 두고 좌익제대와 5군의 우익제대간 연결을 공고히 하면서 전체 전선의 붕괴는 막아내고 있었다. 하나 16군의 우익과 중앙부의 간극은 시시각각으로 벌어져 솔네츠노고르스크의 방어가 취약하게 되는 문제가 발생했다. 독일군은 이 틈을 노려 즈붸니고로드 내부로 진입하는데 성공했다. 이때 126, 138독립전차대대의 지원을 받는 도봐토르의 기병들은 11월 25일에 44기병사단 잔존병력과 1개 소총병연대로 반격에 나서 솔네츠노고르스크의 독일군을 포위하려고 했으나 결과는 참담했다. 기병과 전차의 동시공격은 엄청난 손실을 안고 격퇴되었다.

11월 26일 10장갑사단은 25-26일 밤 '도이췰란트' 3대대가 장악하지 못한 이스트라 강 동쪽의 막시모프카(Maksimovka)를 점거하고 이스트라를 북쪽에서부터 공략해 들어갔다. 좌익(북쪽)의 5장갑사단은 10, 11장갑사단의 중장비들을 이스트라 강 동편으로 이동시키려면 강변의 부샤로보(Buscharrowo) 교량을 확보해야 했기에 사단의 주력은 일단 24일에 장악한 아나노보(Ananowo)로부터 남동쪽으로 쳐내려 간 뒤 다시 북쪽의 라코보(Rakowo)를 때린 후 정 동쪽의 오그니코보(Ognikowo) 방면으로 진격하는 루트를 밟았다. 장갑중대는 라코보에서 3대의 적 전차를 격파하고 오그니코보 남쪽에서 출현한 2대의 전차는 116포병연대가 처리했다.[80]

이날은 영하 20도로 떨어지는 한파가 몰아닥쳐 '데어 휘러'는 어렵게 요새 구역을 장악하고도 하루 종일 소련군의 반격에 시달리는 형국에 처했다. 1, 2대대에 의한 교두보의 동쪽 확장은 적군의 미친 듯한 기관총좌의 집중사격에 돈좌되었으며 교량은 여전히 장악하고 있었지만 끊임없는 적군의 반격에 노출된 요새 구역은 위태로운 상황에 처해 있었다. 사단의 돌격포들은 소련군의 화포사격이 빗발치는 와중에도 부상병들을 후방으로 실어 나르기 위해 최소한 10번 이상을 왕복하며 적진을 누비는 투혼을 발휘했다. 이스트라를 위요한 전투는 외곽에서부터 진검승부를 미리 하듯 치열하게 전개되었다. 클링겐베르크의 모터싸이클대대는 볼로콜람스크-모스크바 국도를

79) Berger(2013) p.79, Deutscher Verlagsgesellschaft(1996) p.145
80) Plato(1978) p.174

◆ X-19 10장갑사단 69차량화보병연대의 칼 마우쓰 중령. 11월 26일 기사철십자장에 서훈되었으며 45년 4월 15일에는 국방군 사상 26번째로 최고훈장에 해당하는 다이아몬드 검부백엽기사철십자장에 서훈되었다.

지키는 78소총병사단들과 대적하면서 도로 상의 나무들을 제거하는 것과 아울러 수도 없는 벙커들을 없애야 했다. 벙커의 적군들은 일일이 백병전을 하지 않으면 격멸될 것 같지가 않았으며 이 시베리아 사단은 포로를 잡지도 스스로 포로가 되지도 않는다는 독한 기질을 갖고 있는 부대였기에 다스 라이히의 인명 피해는 유달리 높았다. 18-20세 정도에 불과한 다스 라이히의 장병들이 양말이 다 떨어져 맨발로 장화를 신은 채 사투를 벌이며 벙커 하나하나를 제거해 나갔다. 서로가 포로를 원하지 않은 전투였기에 독소 양군의 피해는 잔혹했다. 40장갑군단 정보부 헤르만 칸두취(Hermann Kandutsch) 대위의 보고를 받은 슈툼메 40장갑군단장의 눈에는 눈물이 고였다.[81]

'데어 휘러' 3대대는 정오경 이스트라 시내로 진입하기 위한 기동에 착수하고 그와 동시에 10장갑사단 69차량화보병연대의 칼 마우쓰(Karl Mauß) 중령 지휘 하의 전투단이 북쪽에서부터 이스트라를 침공해 들어갔다. 마우쓰 전투단의 공격은 소련군들을 당황하게 하여 대부분 이스트라 강 서쪽으로 도주하게 되었으며 '도이췰란트' 연대 1, 3대대도 '데어 휘러'의 공격에 맞추어 정오부터 이스트라를 남쪽에서부터 파고들기 시작했다. '데어 휘러' 3대대의 12중대장 귄터-에버하르트 뷔즐리체니(Günther-Eberhardt Wisliceny) 대위는 11월 26일 아침, 자신의 철모를 두드리며 부하들에게 이스트라 공격을 독려했다. 전날 25일 다스 라이히의 모터싸이클대대가 숲지대에서 상당한 출혈을 당한지라 이번만큼은 제대로 한판 승부를 벌인다는 각오를 다지고 있는 터였다. 모터싸이클대대

81) Carrel(1966) p.187

장 클링겐베르크 대위도 이를 갈고 있었다. 이스트라 남단의 벙커로 무장된 요새는 결코 만만치 않은 상대였다. 혹한의 날씨에 막심 기관총을 피해 정면으로 전진한다는 것은 거의 자살에 가까운 행동으로서 기관총 사격에 더해 척류탄들이 난무하는 살벌한 전장은 아침 내내 지옥으로 변해갔다. 그중 데어 휘러가 정중앙을 맡았기에 가장 위험할 수밖에 없었으며 전방에 선 뷔즐리체니 대위는 그 자신 적군의 화포사격을 가까스로 극복해 가며 앞으로 전진해 나갔다. 뒤에는 당한 병사들의 비명소리가 들리는 가운데 자신의 좌우에 놓인 장병들은 고개를 제대로 들지 못할 정도로 움츠러들어 있었다. 오른쪽에 놓인 여타 중대들이 상황을 서서히 극복하게 되자 뷔즐리체니의 12중대는 최초의 요새화된 구역으로 진입하는데 성공했다. 서로의 총질은 더 가혹해졌다. 독일군은 수류탄 투척거리를 두고 근접전을 펼쳤으며 묘지의 비석을 방패삼아 가옥으로 접근한 뒤 백병전을 펼쳐야 되는 살벌한 장면이 지속되었다. 드디어 최초의 벙커를 제압하면서 3층으로 된 건물을 수류탄과 기관단총으로 훑고 지나가자 이번에는 측면에서 대전차포와 대전차총들이 난리법석을 피우기 시작했다. 머리 위로 지나가는 총알과 포탄을 느끼며 진격하던 뷔즐리체니의 장병들은 최초의 가옥으로 접근해 다시 한 번 근접전을 펼쳤다. 그때 가장 앞에 나가있던 소대장이 외쳤다. "도로장해물입니다. 대위님!" 뷔즐리체니가 즉각 지시를 내렸다. "최일선 소대는 좌측으로 돌아 적의 뒤통수를 쳐라!" 다행히 소련군들은 정면만 바라보고 있어 이 소대가 뒤로 돌아들어가는 것을 보지 못했다. 10분 후 다량의 수류탄들이 폭발하는 소리가 들렸다. "나를 따르라!" 뷔즐리체니는 이제 잡은 승기를 놓쳐서는 안 된다는 생각에 물불을 가리지 않고 앞으로 나가 적병들을 해치웠다. 시베리아사단 장병들과 맞닥트려 얼굴표정을 알 수 있을 정도로 가까이 갔던 이들은 미친듯이 사격을 퍼부었다. 성가신 장해물을 뛰어넘어 앞으로 나간 독일군은 그들과 거의 동일한 행동을 하는 적병들과 만나 정신없는 혈전을 주고받았다. 한데 갑자기 총성이 멈추더니 갑작스런 적막이 찾아왔다. 전차의 엔진음이었다. 북쪽에서 이스트라를 치고 내려오던 10장갑사단의 병력이었다. 그것으로 모스크바로 가는 마지막 진지가 극복되는 순간을 맞이했다. 뷔즐리체니는 장병들을 불러 전력의 점검에 나섰다. 많은 병사들이 전사했고 많은 부하들이 부상을 입었다. 하나 드디어 해냈다는 자부심에 부상병들은 상처난 부위의 고통도 잠시 잊은 채 미소를 주고받았다.[82]

◆ X-20 '데어 휘러' 3대대 12중대장 균터-에버하르트 뷔즐리체니 SS대위. 바르바로싸 때는 41년 11월 7일에 1급 철십자장을 받은 것이 전부이나 44년까지 백엽기사철십자장을 받는 역전의 용사로 발전해 갔다. 42년부터는 '도이췰란트'연대로 적을 옮겼다.

해가 떨어질 무렵 '도이췰란트' 1, 3대대는 동쪽 제방을 밀어 제치고 들어가면서 오후 5시, 5

82) Alman(1985) pp.217-8

시 30분 사이에 다스 라이히와 10장갑사단은 남북으로 협격하는 형세를 구축했다. 단 10장갑사단의 진격은 막시모프카 북쪽의 지류를 건너는 일과 미하일로프카와 이스트라 사이에 놓인 지뢰밭 통과 문제로 인해 다소 지연될 수밖에 없었다. 이 구역에서 10장갑사단은 700개의 지뢰를 제거했다. 다스 라이히의 모터싸이클대대 역시 두플레보(Duplewo)-이스트라 사이의 지뢰를 제거함은 물론 도로 상의 19개 지점들이 파괴당해 있어 전차와 차량들을 인도하는 데는 상당한 시간이 지체되기도 했다.[83] 오후 6시 두 사단이 남북 경계를 그어 적군을 소탕하면서 오후 7시에는 이스트라의 대부분을 장악하게 되었다. 시베리아에서 온 78소총병사단은 한 치의 물러남도 없이 처절한 저항을 보였으며 다스 라이히 역시 구원(舊怨)의 이 적군 사단에게 아량을 베풀지는 않았다. 눈 위는 붉은 선혈로 물들었으며 지옥의 시가전은 자정이 될 때까지 계속되었다. '도이칠란트' 연대 대부분은 26-27일 밤과 27일 아침까지도 적군 소탕작업에 들어가 마지막까지 이스트라 시내에 남아 있던 소련군 4개 소총병중대들을 솎아냈다. 이스트라는 모스크바 붉은광장으로부터 50km, 수도 외곽으로부터는 겨우 35km 지점에 위치한 모스크바의 관문에 해당했다. 이스트라 점령은 바르바로싸에서 거둔 다스 라이히 최고의 전적이었다.[84] 이스트라는 마지막 순간까지 항전을 계속하려 했던 흔적이 역력했다. 큰 저택의 지하실에는 다량의 폭약들이 준비되어 있었으며 농부들의 가옥에는 오븐 뒤에 다량의 몰로토프 칵테일들이 비치되어 있었다. 독일군들이 이것을 재사용했는지 그 자리에서 제거했는지는 분명치 않다. 그와 더불어 시와 시 주변 곳곳에 지뢰들이 즐비하게 묻혀 있어 공병중대는 꼬박 하루 반을 소비해 총 1,100개의 지뢰들과 250kg의 폭약들을 제거했다.[85]

11월 27일 자정이 조금 지난 시점 '도이칠란트' 3대대는 1, 2대대가 이스트라를 지키는 동안 동쪽의 폴레보(Polewo)로 공격해 들어가 소련군들이 폭파하려고 했던 교량을 안전하게 접수하고 새벽 2시 폴레보 동쪽 외곽에 교두보를 마련했다. 다스 라이히 사단의 모터싸이클대대와 정찰대대를 합한 클링겐베르크 전투단(Kampfgruppe Klingenberg)은 정오경 이스트라 남동쪽과 폴레보 남쪽에 해당하는 철길을 따라 모스크바로 진격했다. 오토 쿰의 '데어 휘러'는 오후 3시 돌격포들의 지원 하에 뷔소코보(Vyssokowo)에 대한 집게발 공격을 개시했다. 이곳 역시 육박전, 백병전이 불가피했다. 돌격포 '데어플링거'(Derfflinger)는 선봉 화력지원으로 뷔소코보를 쳐들어가 대전차포와 야포 각 1문을 격파했다. '데어플링거'는 가옥들이 늘어선 구역을 지나다 적군 대전차포와 동시에 사격을 주고받는 과정에서 적 대전차포는 격파했으나 관측창이 파괴당하면서 조종수 아놀트(Arnold) SS상병이 중상을 입기도 했다.[86] 여기까지 오면 이제 모스크바까지는 30km가 남았고 영하 32도의 난맥상에도 불구하고 데어 휘러의 장병들은 이제 끝이 보인다는 생각에 나름 고무되어 있었다.

5장갑사단은 14차량화보병연대 1대대가 오그니코보 동쪽 코무나로 진격하는 동안 사단의 남익을 엄호하기 위해 13차량화보병연대 1, 2대대를 스테파니코보(Stepanikowo)로 내려 보냈다. 이곳에는 200명 정도의 소총병들이 173전차여단의 전차 20량으로 방어하고 있었으며 2개 대대

---

83) Weidinger(1995) pp.202-8

84) BA-MA RH 24-40/18, Kriegstagebuch Nr. 3 der Führungsabteilung(Ia) des Gen.Kdo.(mot.) XXXX.Pz.Korps vom 31.10.1941-26.12.1941(1941.11.26)

85) BA-MA RH 24-46/21, Kriegstagebuch Nr.3 des XXXXVI.Pz.Korps vom 24.8.41-31.12.41, Fol. 145(1941.11.27)

86) Weidinger(1995) p.213

가 각각 영국제 및 소련제 전차로 무장하고 있었다. 큰 교전은 없었으며 슈테그만 전투단의 장갑중대는 3대의 영국제 전차를 격파했다. 11월 27일 야흐로마가 7장갑사단에 의해 장악되면서 쥬코프를 일대 패닉으로 끌고 갔던 같은 날, 2장갑사단 304보병연대의 2대대장 에리히 라이히만(Erich Reichmann) 소령은 고르키(Gorki)를 점령하여 모스크바 20km까지 다가갔다.

독소 쌍방이 승기를 놓고 긴장된 대결을 펼칠 무렵, 소련군에서도 전차전의 에이스들이 등장하기 시작했다. 물론 모스크바 정면까지 도달하는 동안 탈진상태의 독일군들이 긴장을 늦추면서 주의가 부족했던 측면도 있었으나 겨울전투에서 유리한 지형을 선점한 소련전차들의 과감한 활약은 주목할 여지가 있었다. 특히 11월 18-27일간 이스트라 전구에서 탁월한 전공을 수립한 23전차여단 T-34전차장 니콜라이 크레토프(Nikolai Fyodorovich Kretov) 중위는 총 14대의 독일전차들을 파괴하면서 남서방면군 사령관 쥬코프의 눈 안에 들어올 정도였다. 크레토프 중위는 11월 18일 고로디쉬췌 지역을 정찰 중이던 독일군 박격포중대 진지를 공격하여 9문의 박격포와 2문의 대전차포, 중야포 1문을 파괴했다. 19일에는 훼쥬코보(Fedyukovo) 부근에서 독일군 전차의 공격을 매복기습으로 돈좌시켰으며 6대의 전차를 격파하고 150명의 보병들을 격퇴시키면서 대대본부의 임무를 충실히 수행했다. 21일 우스티노보(Ustinovo)에서는 매복한 상태에서 독일전차들을 150m까지 끌어들여 폭풍우와 같은 총사격을 퍼부어 전차 3대를 격파하고 1개 중대 병력을 섬멸하면서 잔존 병력을 퇴각시켰다. 26일 크레토프 중위의 전차들은 라포토보(Rapotovo)에서 작전을 수행하던 중 독일군 종대를 발견하여 근거리로 접근, 기습적인 타격을 입혀 350명의 사상자를 발생시키는 전과를 달성했다. 27일, 크레토프는 라노보(Lanovo) 마을 근처에서 대기하던 중 23대의 독일전차들이 댐을 우회하는 것을 포착하여 100m까지 끌어당긴 다음 4대의 전차와 250명의 독일군들을 격멸시켰다.[87]

11월 28일에는 오전 10시에 5장갑사단이 소련전차들과 전차전에 들어가 4대의 적 전차를 격파하면서 3대의 우군 전차를 잃는 고행을 경험했다. 이 독소 양군 전차 대 전차의 대결은 아침 내내 끌다가 오후에 결착이 지워졌다. 5보병여단의 쿠르트 하젤로프(Kurt Haseloff) 대령의 전투단은 총 19대의 적 전차를 날려 보냈고 14차량화보병연대장 루돌프 슈테그만(Rudolf Stegmann) 대령의 전투단은 16대를 격파했다. 16대 가운데는 2대의 T-34와 1대의 KV-2가 들어 있었으며 52톤에 달하는 KV-2 중전차는 4호 전차가 200m 지근거리에서 3발의 주포를 명중시키면서 잠재웠다.[88]

28일 10장갑사단은 다르나(Darna)와 알렉시노(Aleksino)를 점령하면서 6대의 T-34와 1대의 KV-2 전차를 격파했다. 27일부터 두들긴 뷔소코보를 장악한 다스 라이히는 28일 오후 3시 15분 모터싸이클대대를 동원해 파블로프스코예(Pawlovskoje)를, 4시에는 루쉐즈코예(Lushezkoje)를 장악하여 사주경계에 들어갔으며 마니취노(Manichino) 역시 '도이칠란트' 연대 1대대가 북동쪽으로부터 치고 들어가 같은 시각인 오후 4시에 함락시켰다. 같은 날 뷔코보(Vykovo)까지 다스 라이히에 의해 장악되자 크레믈린까지는 이제 30km가 채 안 되는 거리를 두고 있었다.[89] 29일 다스 라이히 모터싸이클대대는 오전 11시에 라마노보(Lamanowo)를 점령하고 '도이칠란트' 연대 2, 3대

87) マクシム・コロミーエツ(2009) pp.104-5
88) Plato(1978) p.176
89) Haupt(1997b) p.97

◆ X-21 모스크바 외곽 시가전철역까지 침입한 독일군 보병과 전차

대가 적군 수비대의 저항을 뿌리치고 오후 4시에 크류코보(Krjukowo)를 완전히 장악하는데 성공했다. 크류코보에서의 전투는 3대의 돌격포가 제 몫을 해 주었으나 '도이췰란트' 3대대장 크뢰거(Kröger) 대위가 전사하는 일이 있었다. 크뢰거 대위를 죽게 한 소련군 벙커는 50mm 대전차포 공격에 의해 무력화시킨 뒤 일부 포로를 잡아냈다. 40장갑군단은 연일 영하 30-32도를 밑도는 악천후에도 초인적인 사투를 전개해 가며 모스크바 점령의 의지를 불태웠다. 10장갑사단과 다스 라이히는 루프트봐훼의 지원 없이도 이처럼 조금씩 모스크바로 다가가는 진전을 이루고 있었으나 40장갑군단의 우익에 위치한 9군의 좌익에 252보병사단이 적기에 움직여 주지를 않아 군단과 사단의 측면이 전혀 보호되지 않는 문제를 노정시켰다. 이로 인해 어렵게 따 낸 이스트라의 남쪽 제방을 지키는 소련군들을 쳐내지는 못하고 있었다. 다스 라이히는 다행히 쉐브네보(Shewnewo)로부터 감행된 적군의 측면공격을 용하게 격퇴시키기는 했다.

11월 30일 다스 라이히 '데어 휘러'와 '도이췰란트' 3대대는 레니노(Lenino) 서쪽 1km 지점의 소련군 진지를 공격했다. 이때도 '블뤼혀'(Blücher), '데어플링거'(Derfflinger), '뤼쪼'(Lützow), 3대의 돌격포가 동원되었으나 지형적 특성상 보병들을 선도하지 못하고 뒤에 따라가는 꼴이 되었다. '도이췰란트' 3대대는 육박전을 치르며 철도역 부근에 포진한 수비대를 격멸시켰고 늦은 오후에 철도역과 북쪽에 위치한 공장지대까지 장악하였으며 여타 제대가 공격한 215.9고지와 트루촐로프카(Trucholovka)도 수중에 들어왔다. 10장갑사단은 페트로브스코(Petrowsko)와 투로보(Turowo)를 석권했다. 사단의 선봉대는 하루 종일 소련공군의 근접항공지원에 시달렸으나 전차와 차량화보병들의

◆ X-22 연합군이 '유럽에서 가장 위험한 사나이'라 불렸던 독일군 SS특수부대 지휘관 오토 슈코르제니. 바르바로싸 당시는 '다스 라이히'(2SS) 사단에 속해 있었다. 사진은 43년 9월 무솔리니 구출 후 히틀러와 함께 한 장면

뚝심으로 11월 마지막 날의 전투를 완료했다. 하나 이때 10장갑사단에 남은 전차는 단 7대에 불과했다. 30일의 가장 괄목할 만한 일은 2장갑사단이 크라스나야 폴야나(Krasnaya Polyana)를 점령해 결과적으로는 41년이 끝나기 전까지 모스크바에 가장 가까이 다가갔다는 사실이었다.[90] 2장갑사단의 정찰병력은 이날 로브냐(Lovnya) 철도역까지도 척후활동을 확장시킨 바 있었다. 이는 7장갑사단이 일시적으로 점령했던 야흐로마 교두보보다 더 동쪽으로 파고 든 지역으로 모스크바까지 20km도 안 되는 지점이었다. 2장갑사단의 최선봉에 해당하는 62장갑공병대대의 모터싸이클부대는 회프너 4장갑군 사령관이 직접 차량에 탑승한 상태에서 로브냐 철도역을 공격한 다음 그보다 남쪽으로 이동해 힘키(Khimki)까지 도달했다. 힘키는 모스크바를 흐르는 하천에 걸친 작은 내항으로서 이곳은 모스크바 외곽 방어선까지 불과 8km만 남겨놓은 지점이었다. 동 사단의 5장갑정찰대대 소속 장병들은 심지어 쌍안경으로 클레믈린 그 자체를 볼 수 있었다고 보고했다.[91]

한편 2장갑사단의 우익에서 기동하던 106보병사단은 240보병연대가 52장갑엽병연대의 일부 병력을 지원받아 루네보(Lunevo)까지 도달해 실제로 크레믈린을 향해 포사격을 할 수 있는 거리까지 좁혀 들어갔다. 106보병사단의 우익과 5장갑사단의 좌익에 있던 11장갑사단은 11월 25일부터 이스트라 강에 12톤짜리 훼리를 이용해 병력을 이동시켰으며 여타 병력은 5장갑사단의 뒤를 따라 강 상류에서 저수지 끝자락으로 다가갔다. 독일군 46장갑군단은 나름 속도를 내려고는 하고 있었지만 소련군은 철저한 초토작전으로 독일군들의 진격을 더디게 할 조치들을 취하고 있었다. 적군들은 독일 전차들의 진격로 주변에 놓인 가옥마저 모조리 불태워버리는 바람에 독일군들은 추위를 피해 쉴 곳조차 찾을 수가 없었다.[92] 29일 슈투카의 항공지원을 받은 11장갑사단은 모스크바 북서쪽 철도변의 알라부쉐보(Alabuschevo)를 향해 남방으로 좁혀 들어갔으며 마투쉬키노(Matushkino)에서 클린과 칼리닌을 향한 국도로 진출했다. 30일 사단의 110, 111차량화보병연대의 양 전투단은 알라부쉐보와 마투쉬키노에서 사주 경계에 들어갔다. 그와 동시에 우익의 5장갑사단과 좌익의 35보병사단은 모스크바를 향해 남쪽으로 진격하면서 11장갑사단 주력과의 간격을 조율해 나갔다.[93] 11장갑사단 15장갑연대의 선봉은 12월 2일 크류코봐(Kriukowa)를 조금 지난 지점에서 모스크바까지 18.5km 남았다는 표지판을 목격할 수 있었다.[94]

90) Rosado & Bishop(2005) p.27, Buffetaut(2018) p.60
91) Mitcham(2007c) p.47, Mitcham(2007b) p.5
92) BA-MA RH 24-46/21, Kriegstagebuch Nr.3 des XXXXVI.Pz.Korps vom 24.8.41-31.12.41, Fol. 144(1941.11.26)
93) Ganz(2016) p.90
94) Schäufler(2012) p.46

1943년에 베니토 무솔리니를 구출하여 일약 세계적 스타(!?)로 발돋움했던 독일 특수부대의 오토 슈코르쩨니(Otto Skorzeny)는 자신의 저서에서 당시 다스 라이히 사단 소속으로 모스크바 북서쪽 15km 지점에까지 도달해 크레믈린의 첨탑을 볼 수 있었다고 하며 실제로 소속 대대가 모스크바를 향해 상징적으로 포격을 가했다는 진술을 남기고 있다.[95] 그러나 당시 크레믈린의 첨탑은 독일군의 공습에 대비해 혹여 빛이 반사되어 쉽게 노출되지 않도록 위장이 되어 있었던 것으로 기록되어 있어 여러 제대의 독일군 척후병들이 망원경으로 크레믈린을 지켜봤다는 진술에 대해서는 의문을 제기하는 사람이 많아지고 있는 추세다. 여하간 독일군은 이때 이후로 크레믈린의 첨탑을 영원히 볼 수는 없었다. 소련군에게 포로가 되지 않은 다음에는. 독일군의 진격은 여기까지였다. 12월의 전투가 어떻게 변화되었건 독일군은 2장갑사단이 잡아낸 이 지점 이상을 더 들어가지는 못했다.

* * * * *

2장갑군과 구데리안의 사투

"나는 단 한가지 생각밖에 없다. 언제 이 지옥을 빠져나갈 것인가?"

(2장갑군 소속 병사, 알로이스 쇼이에르 : 1941.11.30)

11월 21일 구데리안은 폰 보크와의 전화통화를 통해 2장갑군은 더 이상 목표를 달성할 수가 없으며 총체적인 수비모드로 전환해야 할 때가 온 것으로 평가했다. 폰 보크는 구데리안의 진술 내용을 곧바로 OKH의 호이징거 작전참모장에게 전달했다.[96] 이는 한 마디로 충격이었다. 독일군 전체에서 가장 긍정적, 적극적이며 저돌적인 장군이 독소전을 중단하자는 결론을 제시했다는 것 자체가 야전과 본부의 지휘부 전체를 뒤흔들 정도의 파급효과를 발산시키고 있었다. 하지만 참 사람의 마음을 알 수는 없는 것이, 같은 날 21일 53군단이 우즐로봐이아를 점령하고 22일 4장갑사단이 소련군 신규 예비병력을 격파하면서 상당한 진전을 이룩했다는 보고가 들어오자 구데리안은 일시적으로 돌변하기 시작했다.[97] 그 과정에서 24장갑군단이 다수의 적 전차들을 격파하면서 붸네프를 조만간 함락시킬 수 있다는 낭보까지 들어오자 분위기는 완전히 반전되기 시작했다. 구데리안은 다시 뭔가 돌파구가 마련될 것 같다는 기대감 속에 동분서주하기 시작했고 중앙집단군 사령부는 하루가 다르게 비관에서 낙관으로 돌변한 구데리안을 이해할 수 없다는 이야깃거리를 만들어내고 있었다. 구데리안은 21-22일의 성과에 따라 콜롬나와 리야잔 구간 사이의 철도선까지는 도달할 수 있을 것 같은 예감을 가지기 시작했다.[98] 여기까지라면 모스크바까지는 100km만 남겨두게 되었다. 11월 23

95) Skorzeny(2006) p.24
96) BA-MA RH 19-II/387, Kriegstagebuch Nr. 1(Band November 1941) des Oberkommandos der Heeresgruppe Mitte, Fol. 107(1941.11.21)
97) BA-MA RH 27-7/46, Kriegstagebuch 4.Panzer-Division Führungsabtl. 26.5.41-31.3.42, Fol. 259(1941.11.22)
98) BA-MA RH 19-II/387, Kriegstagebuch Nr. 1(Band November 1941) des Oberkommandos der Heeresgruppe Mitte, Fol. 111(1941.11.22)

일 구데리안은 폰 보크를 찾아가 다시 한번 남방에서 밀어붙이는 계획을 논의했다. 폰 보크는 원칙적으로는 대단히 회의적이었다. 2장갑군이 콜롬나와 리야잔 사이의 오카 강까지 도달한다면 위협을 느낀 소련군은 4군 정면에서 구데리안 사단들의 진격로를 따라 이동배치할 것이 틀림없을 것으로 보았다. 이 경우 2장갑군의 늘어난 우익을 2군이 지탱할 수 있어야 하는데 2군의 약체화된 7개 보병사단은 무려 350km를 막아내야 된다는 계산이 나왔다. 이 병력들이 2장갑군을 따라 북상하게 되면 가뜩이나 불안한 남방집단군의 북익이 더욱 위험에 노출될 수 있다는 분석에 폰 보크는 적잖이 염려하고 있었다. 그러나 폰 보크는 만약 4군 정면에 놓여 있던 소련군이 2장갑군 공격에 의해 무너질 수만 있다면, 구데리안이 설사 나중에 오카 강과 콜롬나 및 리야잔 중간의 철도선 구역으로부터 후퇴하는 일을 당하더라도 모스크바 방면으로의 진격 자체는 의미가 있다고 판단하게 되었다. 물론 이 작전은 장기적으로 내구성이 없으며 대단히 위험한 모험에 불과하다는 불안도 없지 않았다.[99] 그러나 무릇 모든 군사작전은 어느 정도의 위험부담을 안는 것이 당연한 일이어서 폰 보크는 일단 할더에게 의중을 탐문했다. 할더는 그즈음 중앙집단군의 모든 제대가 열악한 형편에 처해 있는 것은 감을 잡고 있었음에도 불구하고 구데리안의 제안을 승인했다. 다만 할더는 만약 적군의 대규모 반격공세가 개시된다면 독일군은 더 이상 버티기가 힘들 것으로 진단하고 극도의 조심성 있는 작전을 추진할 것을 당부했다.[100] 하지만 11월 23일 폰 보크를 직접 찾아간 구데리안은 다시 이를 번복했다. 이유는 늘 불평하는 병참과 객관적 전력의 문제였다. 폰 보크는 이미 구데리안의 공세 계획을 OKH에 알린 마당에 다시 할더를 설득시키기는 어색하다며 브라우히취 육군총사령관과의 전화 통화를 통해 구데리안의 사정을 설명했다. 폰 보크는 브라우히취와의 대화를 구데리안이 직접 들을 수 있도록 그에게 이어폰을 건네주었다. 브라우히취는 2장갑군의 사정은 알지만 지금 와서 계획을 변경할 수는 없다며 예정된 대로 공세를 지시했다. 구데리안은 그렇다면 수비라인이라도 획정해 주기를 요청하자 브라우히취는 미하일로프(Mikailov)-자라이스크(Zaraisk) 라인이라고 정하고 단 리야잔-콜롬나 철도선의 철저한 차단이 절실하다는 점을 덧붙였다.[101] 불과 이틀 전 공세에 희망을 품었다가 다시 방어모드로 전환해야 된다는 등의 변덕은 구데리안 답지는 않으나 그는 자신의 회상록에서 왜 그런 의사결정의 번복을 시도했는지에 대해서는 구체적인 설명을 남기지 않았다. 구데리안은 단지 자신의 건의를 들어주지 않은 브라우히취와 할더를 못마땅해 하는 막연한 표현만 남겼을 뿐이었다.

소련군은 11월 21일 50군이 두 개로 분단된 데 대해 당장 구데리안의 장갑부대가 들이닥칠 붸네프 방면을 막기 위한 조치에 나섰다. 붸네프 방위전구수비대를 결성하게 위해 우선 11전차사단의 124전차연대를 붙이기로 하고 툴라를 남동쪽으로부터 방어하기 위해 154, 217, 290소총병사단과 125독립전차대대를 규합하여 툴라 방위전구수비대를 부활시켰다. 299, 413소총병사단은 31기병사단과 함께 붸네프와 툴라 수비대의 경계지점을 맡게 했다. 그 뿐이 아니었다. 50군의 최초 방어선이 돌파되었기에 당장 툴라 북동부의 거점들이 위기에 노출되었으므로 스타프카는 서부방면군의 지휘 하에 거의 모든 도시들을 사수하는 수비대를 만들 것을 지시했다. 이에 리야잔 전구, 자라이스크 전구, 카쉬라 전구, 콜롬나 전구, 라프데보 전구에 각각 수비대 조직이 결

99) Bock(1996) p.368
100) BA-MA RH 19-II/387, Kriegstagebuch Nr. 1(Band November 1941) des Oberkommandos der Heeresgruppe Mitte, Fol. 117(1941.11.23)
101) Guderian(1996) p.252

◆ X-23 피곤에 지친 독일군 장병들. 이 친구들은 그나마 동계 방한복이라도 입고 있다.

성되었다. 리야잔의 방어에는 남부방면군 예비로 있던 17전차여단이 파견되었으며 자라이스크에는 9전차여단과 127, 135독립전차대대가 차출되었고 카쉬라에는 벨로프 장군의 2기병군단과 112전차사단이 지원토록 조치되었다. 라프데보에는 스타프카의 예비로 있던 340소총병사단이 방어를 전담하도록 했다. 소련군은 이미 연결된 방어선이 해체되어 버렸기에 각 전구 단위로 방어전을 전개할 수밖에 없었으며 기본 형세를 회복할 때까지는 그와 같은 진지전을 수행하면서 전력을 온존시키는 방향으로 나가도록 했다. 이 진지전에서도 가장 중추적인 역할을 한 것은 대전차방어의 근간을 이루고 있던 극히 소수의 전차부대들이었다.[102]

11월 23일 독일군이 취한 공세는 소련군에 의해 모두 격퇴되었다. 소련군은 붸네프(Venev)의 방어를 위해 108전차사단과 11, 32전차여단, 112소총병사단 소속 124전차연대, 거기에 73소총병사단 1개 대대 합계 20대의 전차와 500명의 소총병으로 방어진을 짰다. 철저한 고슴도치식 방어전이었다. 단 진지 하나하나는 별 것 아닌 것이 겨우 2-3대의 전차와 1개 소총병소대가 전부였다. 이 전구의 전선은 10km를 넘어 소련군 방어진지간의 거리는 1-2km로서 전차의 주포사격에 의해서만 커버되고 있었다. 그러나 이 매복방어태세로 말미암아 붸네프를 정면에서 공격한 독일군은 모두 14대의 전차 손실과 1대 보병대대가 막대한 피해를 입으면서 결국 돈좌되기에 이르렀다.[103]

11월 24일 2장갑군의 상태는 극도로 빈약한 실정이었다. 선봉의 에버바흐 전투단은 사실상 2장갑군 내 4개 장갑사단 중 3개 사단의 병력을 조합한 핵심전력이었으나 전차 보유 대수는 겨우 32대에 지나지 않았다. 가장 열악한 17장갑사단의 경우는 단 5대의 전차로 버티고 있었다.[104] 수중의 야포 역시 3분의 1만 가용한 형편이었으며 보병도 마찬가지 상황이었다. 보병사단의 가장 열악했던 제대는 중대당 병원수가 35-40명에 불과했으며 31보병사단은 그보다 못해 20명 수준으로 떨어져 있었다. 11월 18-20일 3일 동안 112보병사단은 200명 전사, 500명 부상의 통계를 안아들었고 11월 17일까지 각 연대 당 400명의 동상환자가 속출하고 있었다.[105] 167보병사단도 그보다 나쁘면 나빴지 결코 온전한 상태가 아니었다. 167보병사단 지원으로 투입되었던 202돌격포대대는 20일 오

102) マクシム・コロミーエツ(2004) p.98
103) マクシム・コロミーエツ(2004) p.100
104) BA-MA RH 21-2/244, Kriegstagebuch Nr.1 2.Panzerarmee Band III vom 11.1.1941 bis 26.12.41, Fols. 135-137(1941.11.24)
105) Mitcham(2007a) p.170

후 2시부터 8시까지의 격전 끝에 크루타야(Krutaja)로의 돌파구를 마련하기는 했으나 315보병연대에 붙여진 돌격포들 중 익일에 공세를 전개할 수 있는 가용한 차량은 단 한 대에 불과할 정도로 전력손실은 다대한 것으로 나타났다. 258보병연대 2대대 역시 단 한 대의 돌격포가 이봐노프스코예(Ivanovskoje) 북동쪽 2km 집단농장 구역 북동쪽 언덕을 방어하고 있을 따름이었다.[106] 그 외에 동상과 질병 등 비교전행위에 의한 피해 속출도 일일 수백 명에 달하고 있었다. 이런 전력으로 공세를 진행한다는 것은 전쟁 말기 남태평양의 일본군들이 할 자살공격이지 41년의 독일군이 취할 행동은 아닌 것으로 판단되었다. 구데리안은 21일의 일시적이고 지엽적인 승전보에 불필요한 기대감을 표시한 나머지 한동안 공세재개와 중지 사이에서 혼란스런 시간을 보내고 있었다.

구데리안은 11월 22-23일 47장갑군단의 일부 전력을 빼 내어 장갑군의 우익을 엄호하도록 하고 10차량화보병사단은 예피환과 돈 강의 교량을 장악할 것을 주문했다. 23일, 4장갑사단과 17장갑사단의 각 장갑연대는 챠브키(Chawki)를 공히 따 내면서 일련의 워밍업을 가졌다. 가장 먼저 압박을 가한 10차량화보병사단은 24일, 툴라 남동쪽의 미하일로프카를 석권했다. 24일 독일군들은 비틀거리긴 하면서도 카쉬라에 도달하기 위해 몸을 일으켰다. 24장갑군단의 3, 4, 17장갑사단은 원래 예정일인 24일에 툴라 북동쪽으로 진격하고 선봉의 에버바흐 전투단은 붸네프(Venev)로 진출해 소련군 전차-기병 혼성부대들을 격멸시키려는 계획을 추진시켜 나갔다.[107] 단 붸네프는 23일의 피해가 너무 커 정면이 아닌 양익우회공격으로 대신했다. 17장갑사단은 3장갑사단의 뒤를 따라 20-30m 너비의 샤트(Schat) 강을 넘어 북쪽으로 나아가 붸네프 방면으로 나아갔다. 17장갑사단의 39장갑연대는 그다지 많지는 않은 양이었으나 소련군 중전차들을 상대하느라 진땀을 빼고 있었다. 여느 때와 마찬가지로 독일군 전차들은 상당수의 적군 전차들을 격파하면서 붸네프로 다가갔으며 소련군의 대구경 85mm 대전차포는 KV 시리즈 중전차와 함께 수대의 독일전차들을 파괴하면서 진격속도를 지연시키는 역할을 했다. 47톤의 KV-1, 52톤이나 나가는 KV-2 전차와의 접전은 언제나 화젯거리였다. 39장갑연대 6중대 에리히 하거(Erich Hager) 하사의 경험은 다음과 같다.

> *"드디어 즐길 때가 왔다.....52톤짜리 중전차가 불에 타올랐다. 끝내주는 광경이다. 조금 뒤에 2대가 더 파괴되었다. 우리는 13대의 전차들에 대해 공격을 퍼부었다. 또 1대가 격파되었다. 차량들이 불길에 잠겨 있었다. 수도 없는 소련군 소총병들이 죽어나갔다. 어떤 자는 전차에 깔려 죽기도 했다. 그 다음 최고의 대결이 왔다. 우리는 2대의 52톤짜리 괴물을 만나 토끼사냥에 나섰다. 이 전차는 우리가 쏜 포탄이 차체에 맞고 튕겨나갈 때까지도 포탑을 움직이지 않았다. 우리는 사력을 다해 20m 거리를 두고 그 뒤를 따라갔다. 30분 후 이 사냥은 괴물전차의 장갑궤도가 벗겨져 나가 기동이 불가능하게 되어 대전차호에 갇히게 되면서 종료되었다. 우리는 30발의 포탄을 쏴댔다. 단 한발도 관통되지 않았다. 그날 우리는 무려 110발의 포탄을 썼다.....더 이상 쏠 수 있는 포탄이 남아있지도 않았다."*[108]

---

106) NA : T-315 ; roll 1479, frame 000420(167보병사단) / NA : T-315 ; roll 126, frame 000695(112보병사단)
107) Kurowski(1990) p.282
108) David Garden & Andrew Kenneth(ed.)(2010), The War Diaries of a Panzer Soldier, Schiffer Military History, Atglen, PA, USA, p.58, Forczyk(2014) p.143에서 재인용

뷔네프에서의 전투는 시내에서도 계속되었다. 에리히 하거 하사의 전차들은 마지막으로 남은 3대의 KV-1와 1대의 T-34를 격파하였고 이 과정에서 2대의 독일군 전차들도 파괴되었다. 39장갑연대는 뷔네프 점령 이후 카쉬라를 향해 진격해야 했으나 수중에 남은 것은 13대의 가용한 전차에 불과했다. 이때 17장갑사단의 루돌프-에두아르드 리흐트(Rudolf-Eduard Licht) 대령이 이끄는 정찰대대가 후속하는 전차 없이 북쪽으로 20km를 더 진격해 들어가 카쉬라 남방 3km 지점까지 도달했다. 정찰대대는 이곳에서 더 이상 진격이 불가능한 처지에 놓였고 모스크바까지는 아직도 80km가 더 남아 있었다.[109]

한편 4장갑사단 35장갑연대 7중대의 헤르만 빅스 상사는 이번에도 선두에 서 뷔네프의 광장 쪽으로 들어가다 지난번처럼 다시 KV-1 전차와 맞붙게 되었다. 빅스는 어차피 중장갑이니만큼 최대한 접근해야 승산이 있다는 계산 하에 20m까지 가까이 다가가 2발을 포탑에 갈겼지만 효과가 없었다. 빅스는 전과 마찬가지로 KV-1의 주포에 대고 3발을 발사하고 런닝기어 쪽에 수발을 처박아 결국 멈추게 하는데 성공했다. 주포도 엔진도 움직이지 않게 된 중전차의 소련 전차병들은 그 즉시 빠져나와 인근가옥으로 피신했다. 빅스는 길가에 다른 KV-1들이 방치된 것을 목격하고 이는 그와 유사한 방법에 의해 우군들이 격파한 것으로 짐작하면서 앞길을 재촉했다.[110]

◆ X-24 4장갑사단 35장갑연대의 전차 격파 에이스 헤르만 빅스 원사. 사진은 종전 직전 1945년 5월 3중대장 시절의 것으로 그 옆은 요한 슈나이더 상병

109) Haupt(1997b) p.100
110) Schäufler(2010) p.154

소련군은 붸네프 교외구역으로 퇴각한 뒤 24일 반일에 걸쳐 포위당할 위험을 안고서도 격렬하게 저항했으나 저녁 무렵 붸네프를 포기하기에 이르렀다. 24일 24장갑군단은 총 50대의 적 전차를 격파하면서 붸네프를 석권했다. 여름 같으면 이 정도 전적은 아무 것도 아닐 수 있으나 이 엄동설한에 동복도 없이 적 전차 50대를 날려버렸다는 것은 기적적인 전과였다. 단 붸네프 전투에서 소련군은 귀중한 교훈을 습득했다. 첫째로 23일의 매복방어가 오카 강의 카쉬라, 세르푸호프, 콜롬나의 각 지구 도하지점에 대해 강행돌파를 꿈꾸던 독일군의 의중을 좌절시키는 효과가 있었다. 둘째, 붸네프 시내에서도 같은 방식으로 철저히 저항했던 탓에 독일군은 붸네프 구역에서의 진격을 이틀간이나 지연당하는 꼴을 당했으며 그 덕분에 카쉬라, 자라이스크, 리야잔에서의 방어태세를 보다 강화할 수 있는 시간을 벌었다. 긍정적인 두 가지 요인 외에 남은 한 가지는 부정적인 것으로 소총병들의 수가 태부족이었던 것은 어쩔 도리가 없었지만 매복진지와 돌격부대 간의 연락이 결여되어 있었다는 것이 차후의 과제로 남게 되었다. 붸네프에서의 매복방어는 수도 방위 좌익 전체 구역에서 전구단위방위의 준비를 위한 근원적인 해결책으로 동원가능하다는 점을 시사하고 있었다.[111]

붸네프가 떨어진 24일은 독일군으로서는 꽤 잘 나가는 날이었다. 전술한 바와 같이 10차량화보병사단은 툴라 정 동쪽의 미하일로프를 장악함으로써 2군의 지원 없이도 장갑군의 우익을 안전하게 담보하는 기틀을 마련했다. 또한 남동쪽의 29차량화보병사단 역시 미하일로프 남쪽의 예피환을 통과하여 북쪽으로 진격해 40km를 커버하는 나쁘지 않은 기동을 나타냈다. 단 이 공세는 시베리아에서 온 239소총병사단이 압박을 가함에 따라 일부 병력은 서쪽으로 철수시키는 조치를 취했다. 11월 25일 17장갑사단의 최선봉은 드디어 카쉬라에 접근하고 있었으며 우익에 위치한 이웃 제대가 리브뉘(Livny)를 장악하면서 측면방호는 좀 더 공고해 진 것으로 평가되었다. 17장갑사단의 정찰대대는 대담한 공세를 속개해 20km를 더 뚫고 들어간 뒤 카쉬라 남쪽 3km 지점까지 다가가 이제는 모스크바와의 거리를 80km로 좁힐 수 있게 되었다.[112] 이는 결과적으로 2장갑군이 도달한 최북단에 해당하는 구역이었다. 이 순간 24장갑군단은 툴라 동쪽으로부터 뻗어나가 카쉬라에 이르는 돌출부를 형성하게 되었으며 그보다 동쪽의 넓은 구역은 붸네프로부터 샤트 강에 이르는 군단의 좌익을 엄호하는 것만으로도 벅찬 3장갑사단이 다 맡아야 했다. 카쉬라 방면은 200대의 T-26 경전차를 보유한 112전차사단이 극동으로부터 급파되고 있었으며 3장갑사단 구역에는 154, 299, 413소총병사단 및 31기병사단과 민병대 조직이 들어서기 시작했다. 한편 소련공군은 11월 24일 10차량화보병사단이 툴라로부터 90km 떨어진 미하일로프를 점령한 직후부터 지속적인 공습을 감행하여 구데리안 제대가 더 동쪽으로 파고드는 것을 허용하지 않았고 이는 장갑군 전체의 진격을 돈좌시키는 가장 큰 요인 중 하나로 지목되었다.[113] 소련공군은 공중전에서는 여전히 20 대 1의 격추비율로 독일 조종사들의 상대가 되지는 못했으나 단일한 무력장치로서는 당시의 전차부대를 능가하는 가장 효과적인 능력을 갖고 있었다.

111) マクシム・コロミーエツ(2004) p.100
112) BA-MA RH 24-47/258 Kriegstagebuch Nr. 2 XXXXVII.Pz.Korps. Ia 23.9.1941-31.12.1941, Fol. 108(1941.11.25)
113) Bergström(2016) pp.240-14

독일군은 11월 22일에 4장갑사단 35장갑연대가 장악한 스탈리노고르스크를 장갑군의 우익을 감제하는 기준점으로 삼고자 하는 구상을 갖고 있었으나 소련군은 26일 이곳에 대해 동쪽에서 대규모 공세를 가하는 이변을 만들어냈다. 이날 소련군은 스탈리노고르스크를 탈환하고 툴라 주변의 독일군을 역으로 압박해 들어갔다. 다시 35장갑연대가 3장갑사단의 6장갑연대와 함께 반격에 대한 역반격을 전개했다. 이때의 접전은 상호 막대한 피해를 입히고 있었다. 6장갑연대 3대대장 슈나이더-코스탈스키 대위는 4번째 부상을 입으면서 전력에서 이탈했고 3대대 1중대는 완전히 괴멸되었으며 독일군은 5대의 3호 전차, 3대의 4호 전차, 계 8대를 상실하는 수모를 당했다. 용감한 1장갑중대장 헤르만 보펠(Hermann Vopel) 중위는 장렬히 전사했다. 보펠 중위는 42년 2월 16일 독일황금십자장에 추서되었다. 이에 슈미트-오트(Schmidt-Ott) 중령이 황급히 3개 장갑중대를 수습해 전선을 관리해 나갔으며 3대대의 2중대는 17장갑사단으로 일시 배속되는 등 26일의 전투는 극도의 혼란 속에서 암울한 시간을 맞이하고 있었다.[114] 이로써 카쉬라 지구는 17장갑사단 홀로 해결해야 했다. 여기서 문제는 독일군이 주공격방면에서 크게 이탈하지는 않았지만 소련군 방어진지의 취약점을 찾아내기 위해 여기저기 설치고 다니는 동안 수적으로 우세한 독일군 병력이 여러 군데로 분산되는 우를 경험한 부분이었다. 따라서 그들을 막아선 소련군 병력이 별 것 아니었음에도 불구하고 분산된 독일군 제대가 효과적인 공격을 지탱할 수는 없었으며

◆ X-25 4장갑사단 35장갑연대 소속 전차에 의해 집중 타격을 받아 파괴된 32전차여단 소속 KV-1 중전차. 41년 11월 27일 뷔네프 촬영.

114) Veterans of the 3rd Panzer Division(2012) p.276

그로 인해 소규모로 이동해 다니는 소련군 전차부대를 너무 집요하게 쫓아다닌 데서 하나의 전술적 오류가 드러나고 있었다.

대신 53군단이 26일 툴라 남동쪽에서 성과를 나타냈다. 군단은 167보병사단과 함께 이봐노제로(Ivanozero) 부근에서 돈 강을 도하하고 북동쪽으로 올라가 돈 강 상류의 단스코예(Danskoje)에서 시베리아 사단들과 교전에 들어갔다. 167보병사단은 4,000명의 포로를 잡으면서 42문의 야포와 다수의 차량들을 노획했다. 29차량화보병사단은 미하일로프 남서쪽에서 같은 시베리아 사단들을 동쪽에서부터 포위하고 들어가 다대한 피해를 입혔다. 그러나 스탈리노고르스크에 갇혔던 시베리아 239소총병사단은 27일 야포와 차량을 버린 채 다시 동쪽과 북동쪽으로 돌파하여 엷게 깔린 방어선을 지키고 있던 29차량화보병사단에게 역으로 막대한 손해를 가하는 일이 발생했다. 독일군은 이 도주를 막을 수가 없었다. 29차량화보병사단은 특정 구역에서 수비대보다 더 많은 수의 적군 병력들이 빠져나가는 것을 저지할 수는 없었으며 다시 정신을 차리고 도주하는 소련군을 추격하러 나섰지만 실패로 돌아갔다. 독일군은 소련군이 방기한 44문의 야포들을 노획할 수는 있었으나 포위망 속의 병력은 거의 다 빠져나가고 적군 포로는 1,530명에 불과했다.[115]

이 도주와는 별개로 소련군 1근위기병군단(원 2기병군단이나 11월 26일에 개칭)은 11월 24일부터 27일까지 드미트로프, 야흐로마와 자고르스크 주변에 병력을 집결시키고 있었다. 11월 27일 1근위기병군단은 112전차사단과 함께 압도적으로 많은 전차전력과 카츄샤의 포격으로 카쉬라 남쪽에 있던 17장갑사단을 밀어냈다. 이는 2장갑군의 53군단과 47장갑군단이 돈 강의 교두보를 잡아내려는 부차적인 공세에 힘을 빼고 있는 사이에 터진 악재였다. 벨로프의 기병군단은 112전차사단과 조합하여 11월 26-27일 동안 카쉬라 남부에서 전개된 독일군의 모든 침투를 돈좌시켰다. 가장 북쪽까지 들어갔던 2장갑군의 모스크바 공세는 이것으로 사실상 좌절되는 운명에 처했으며 콜롬나는 커녕 카쉬라도 장악하지 못하는 비운을 안은 채 전선은 교착상태에 빠졌다. 그나마 한 가지 성과는 202돌격포대대가 167보병사단 339보병연대를 도와 올호뵈즈(Olkhowez)를 장악한 점이었다. 1대의 3호 돌격포에 20명의 병원을 태운 대대는 우군의 야포 사격 직후에 공격을 개시, 오후 2시경 마을 내부에서 200명, 외곽에서 500명의 포로를 잡았으며 15대의 경, 중전차들을 노획하는 전과를 달성했다.[116]

11월 28일 중앙집단군은 이러저러한 잡다한 작전들을 모두 접고 툴라만을 따 내도록 축소된 명령을 내렸지만 소용이 없었다.[117] 모자라는 전차 수를 보완하기 위해 1급강하폭격비행단이 26일에 이어 28일에도 근접항공지원을 제공했다. 모처럼 청명한 날씨라 하루에만 4개의 작전목표들에 대한 공격을 퍼부었으나 별 효과는 없었다. 비행단의 전체 기체를 다 투입했는데도 전혀 효과가 나지 않는 초조한 상황이었다.

구데리안은 툴라 서쪽과 동쪽을 에워싸고 북쪽으로 진격하는 과정에서 툴라 자체를 그대로 둘 수는 없었다. 그에 따라 24장갑군단이 북쪽과 동쪽에서 툴라를 압박하고 북서쪽으로 나가던 하인리키의 43군단이 서쪽으로 틀어 좌우를 협격하도록 지시했다. 또한 이 과정에서 53군단이 모스

115) Piekalkiewicz(19??) p.527
116) NA : T-315 ; roll 1479, frame 000458(167보병사단) / NA : T-314 ; roll 1312, frame 001.333(53군단)
117) Bock(1996) p.371

크바를 향한 북익을 엄호하고 47장갑군단이 동쪽에서 들어오는 시베리아 사단들을 쳐내면서 우익을 다져나가도록 주문했다. 그러나 이 포위망은 독일 사단들의 병원수가 너무 적어 큰 기대를 할 수가 없었다. 북쪽은 4장갑사단의 33차량화보병연대가, 남쪽과 서쪽은 53군단의 112, 167보병사단의 부분 병력, 그리고 동쪽은 29차량화보병사단이 틀어막고 있는 것처럼 보였으나 기본적으로 겨우 전열을 지탱하는 수준에서 툴라를 따 낸다는 것은 요원하게만 보였다. 일단 131보병사단이 27일 동쪽으로 진격해 알렉신을 잡아내려는 시도를 실천에 옮겼다. 같은 27일 미하일로프에 도달한 10차량화보병사단은 리야잔-콜롬나 철도구간을 파괴하기 위해 공병대를 파견했으나 소련군의 저항이 너무 거세 철길에 접근조차 할 수 없는 지경에 빠지고 말았다. 사단은 공병들로 구성된 특공대를 조직해 보로네즈-모스크바 철도선에 걸린 철교는 폭파시킬 수 있었다.[118] 그간 좌익에서 외롭게 고군분투해 온 43군단은 툴라-알렉신 도로에 도달하고 2-3일간의 격전 끝에 29일 알렉신을 따내는 성과는 잡아냈다. 그러나 군단의 31, 131보병사단은 거의 탈진 상태에 도달해 그 이후로는 적군의 반격을 쳐내는 것으로도 정신이 없는 고달픈 나날을 보내게 되었다. 이 기간 동안 소련군은 15km나 되는 종대를 형성해 하인리키의 보병사단들을 공략키 위해 이동하고 있다는 잘못된 정보가 전달되어 하인리키를 당혹해 하기도 했으나 결국 결연한 의지로 툴라 방어선의 한 축을 무너뜨리는 전과를 획득했다. 독일군은 가혹한 환경에 놓인 채 동계장비도 불충분한 상태에서 믿기지 않는 국지적인 승리를 올리고는 있었다. 1m가 넘는 눈 속에서 10시간 동안이나 붙잡힌 제대도 있었으며 하인리키는 추위에 얼어 죽은 3명의 장병을 직접 확인하기도 했다. 하인리키는 이 상황에서 이 정도의 진전을 이룩한 것을 기적에 가까운 전과로 간주했다.[119]

11월 30일, 툴라 서쪽에서 43군단이 보인 성과는 큰 의미가 없게 되었다. 바로 북쪽의 4군이 세르푸호프를 공략했어야 하나 폰 클루게는 이미 수비모드로 전환하고 있어 알렉신에서의 동진은 탄력을 받지 못했다. 30일 2장갑군 제대가 나타낸 마지막 성과는 29차량화보병사단이 카쉬라-미하일로프 철도선에 도달하여 장갑군 우익에 위치한 남북 연락선을 잘라낸 정도였다. 4군이 어느 정도 여력이 있는지, 폰 클루게가 어느 정도의 의욕이 있는지는 불확실하나 구데리안이나 회프너는 4군이 움직이지 않기 때문에 모든 장갑군의 공세가 수포로 돌아가게 되었다는 푸념을 내뱉기 시작했다. 폰 클루게와 폰 보크는 4군의 우익이 워낙 취약한 관계로 마음먹은 공세가 되지 않는 것이 당연하다고 하고, 이제 포위전을 할 만한 전력이 없으므로 4군이 맡고 있는 모스크바 국도 북익이 불가능하다면 국도 남쪽에서라도 국지적인 공략이 필요하다는 의견이 제시되었다.[120] 그러나 어느 쪽 의견이 옳건 간에 과연 자신들의 전력에 대한 냉정한 판단을 제대로 하고 있는가는 불분명했다. 이 시기 군 사령관들과 군단장들은 남의 제대는 많은 병력과 장비를 갖추고 있고 자신들은 빈약하니 남이 먼저 움직여주기를 바라는 책임전가로 점철되고 있었다. 가장 객관적이고 균형을 갖추어야 할 폰 보크도 이런 점에서는 자유롭지 못했다. 그는 11월 거의 모든 야전 지휘관들이 공세를 중단하자고 했을 때도 모스크바 진공이 가능하다고 주장하여 히틀러의 공격마인드를 부추겼고, 야전 지휘관이 공격을 계속할건지 중단할 것인지를 놓고 저울질을 할

118) Haupt(1997b) p.99
119) Hürter(2015) pp.108-9
120) Bock(1996) p.374

때도 집단군 사령관으로서 책임있는 결정을 내려주지 못했다. 즉 너무 의욕적인 공세 계획에 대해서는 비교적 차분한 자세로 심사숙고해 주기를 부탁하면서도 막상 일시적인 국지적 성과가 나오면 혹시라도 승기를 잡을 수 있을지 모른다는 막연한 모험심을 떨쳐버리지 못하고 있었다. 그러나 11월 마지막 날이 가까워 오자 폰 보크는 좀 더 현실적인 판단을 하게 된 것으로 보이기 시작했다. 브라우히취 육군총사령관이 현장의 실정을 무시한 채 기존에 설정된 계획에만 매달리는 비신축이고 경직된 태도를 보이기 시작하자 그 자신 이전과는 사뭇 다른 냉정한 태도로 변해가기 시작했다. 그리고는 OKW, OKH나 야전 지휘부나 뭔가 잘못 되어가고 있다는 확실한 감을 갖기 시작했다.[121] 슈붸펜부르크의 24장갑군단은 툴라를 끝장내기 위해 하인리키의 43군단과 툴라 북쪽에서 연결되는 마지막 작업을 마무리 지워야 했다. 어차피 2장갑군의 북진 공세가 불가능하게 되었기에 남쪽의 툴라라도 점령해야 안정된 방어구역을 확보할 수 있을 것으로 보였다. 그러나 전력은 악화일로를 걷고 있었다. 30일 기준 선봉의 17장갑사단은 10대, 4장갑사단은 20대, 3장갑사단은 28대, 계 60대가 안 되는 전차 대수로 주공을 형성하고 있었다.[122] 24장갑군단이 보유한 군단 포병대는 겨우 11문의 야포를 지니고 있었으며 포탄도 몇 발 남지 않아 일일 사용량까지 제한하고 있는 형편이었다. 11월 중순 공세 개시 후 2주 동안 중앙집단군은 고장수리에 들어간 것까지를 포함해 모두 300대의 전차를 상실했으며 33,000명의 병원의 피해를 안고 있었다. 동상은 물론이거니와 장기간 음식을 먹지 못해 체지방이 다 빠져버린 병사가 속출할 정도로 상황은 극도로 민감한 국면으로 치닫고 있었다. 이 시점 구데리안에게 있어 모스크바는 더 이상 볼 수가 없는 운명의 도시로 변해가고 있는 것으로 점쳐졌다.

* * * * *

암울한 11월 결산 보고서

"우리들의 연대장급 지휘관들은 그들의 명성과 관계없이
너도나도 위기는 언제라도 닥칠 것이라는 보고를 과감히 개진했다.....
그러나 최상급 지휘관들은 그러한 내용을 귀담아 들으려 하지 않았다. 우리의 미래에 경고등이 켜졌다."
(게르하르트 링케 소위 : 1941.11.24)

11월 28일 회프너의 장갑사단들은 거의 탈진 상태에 도달한 것처럼 보였다. 가장 사정이 좋은 5장갑사단은 11월 150대로 출발한 전차가 70대로 줄어들었으며 134대로 시작한 2장갑사단은 54대로 격감했다. 이 두 사단은 그나마 전투의 강도나 누적 횟수가 적은 사단이라 이 정도였다. 다스 라이히와 사력을 다해 이스트라를 따 낸 10장갑사단은 겨우 20대로 버티고 있었으며 11장

121) BA-MA RH 19-II/387, Kriegstagebuch Nr. 1(Band November 1941) des Oberkommandos der Heeresgruppe Mitte, Fol. 154(1941.11.30)

122) BA-MA RH 21-2/244, Kriegstagebuch Nr.1 2.Panzerarmee Band III vom 11.1.1941 bis 26.12.41, Fol. 172(1941.11.30) / BA-MA RH 27-4/10, Kriegstagebuch 4.Panzer-Division Führungsabtl. 26.5.41-31.3.42, p.269(1941.11.30)

갑사단은 15대만 남아 4장갑군 중 최악으로 분류되었다.[123] 라인하르트의 3장갑군도 비슷했다. 빨터 모델의 41장갑군단의 유일한 장갑사단인 1장갑사단과 샬의 56장갑군단 소속 6장갑사단은 두 사단이 합쳐 한 개 장갑연대도 안 되는 수준으로 격하되어 있었다. 특히 6장갑사단은 그간 전투단 규모로 버티던 에르하르트 라우스(Erhard Raus) 대령이 소장으로 진급한 뒤 11월 25일 프란쯔 란트그라프(Franz Landgraf) 소장의 뒤를 이어 신임 사단장으로 취임하고 수중의 말도 안 되는 병력을 장갑사단이란 이름으로 꾸려나갔다.[124] 1장갑사단은 그나마 낫다는 것이 2호 전차 6대, 3호 전차 28대, 4호 전차 3대, 계 37대였으며, 선봉사단으로 분전한 7장갑사단은 체코제 38(t) 전차 33대, 2호 전차 2대, 4호 전차 1대, 계 36대로서 만토이휄 전투단의 중추를 형성했던 전력이 이 정도였으니 한심하다고 밖에 표현할 길이 없는 지경이었다.[125] 스코다 공장에서 만든 체코제 경전차들은 설원의 러시아 땅에 전혀 맞지 않는 차종임은 이미 다 알려진 사실이었다. 7장갑사단의 인벤토리에 수 십대 전차가 있다고 하는 것은 실제 전력과는 관계없이 그저 심리적인 안정감을 주는 아무 쓸모도 없는 차종들이 존재한다는 것 이상도 이하도 아니었다. 6장갑사단은 최악이었다. 11월 30일 기준 단 4대의 전차만으로 장갑사단이란 이름을 유지하고 있었다. 이처럼 3장갑군은 11월 말경, 3개 사단을 다 합쳐 겨우 80대 미만, 77대의 전차만 남아 한 개 사단의 전력에도 미달하는 고갈사태에 처해 있었다.[126] 3, 4장갑군은 11월 말까지 다 합쳐도 235대의 전차밖에 되지 않아 이는 단 한 개 장갑군단에도 미치지 못한 전력이었다. 소련군이 수도에 다가올수록 더 유리한 병참조건에 놓이게 된데 반해 독일군은 마지막 한 방을 때려야 할 시기에 가장 취약한 구조로 버티고 있었다. 측면은 늘어날 대로 늘어나 있었고 그나마 서로 근접하여 공조를 이룰 수 있었던 3, 4장갑군에 비해 2장갑군은 아직도 툴라 근방에서 교착상태에 빠져 있어 구데리안 사단들은 결과적으로 모스크바에 대한 위협이 될 수가 없었다. 9월의 키에프, 10월의 브야지마-브리얀스크에서 신화적인 전과를 달성한 독일 장갑군은 11월에 믿기 힘들 정도로 전력이 급락하는 현상을 나타내고 있었다. 일단 진격 속도나 주행거리, 전과의 내용이 점점 빈약해져 가고 있었다. 4장갑군은 아직도 동진을 계속하고는 있었으나 볼로콜람스크 동쪽과 모자이스크에서 발진한 이래 2주 동안 겨우 60km를 커버하는데 그쳤다. 그보다 북쪽에서 시작한 3장갑군은 상대적으로 좋다고는 하나 그래도 90km 정도에 불과한 상태였으며 연료와 보급은 바닥 직전에 달해 있었다. 결국 두 장갑군의 일일 평균 장악범위는 3장갑군이 6km, 4장갑군이 4km에 지나지 않은 것으로 드러났다. 6월 개전 당시에는 변변찮은 사단도 이 정도 거리를 2-3일에 주파했었지만 이제는 2주의 시간을 줘도 100km를 따 내지 못하는 저조한 성적을 내고 있었다. 4장갑군이 포함된 폰 클루게의 4군은 11월 15-28일간 겨우 18,187명의 포로를 잡는데 그쳤으며 라인하르트의 3장갑군은 그보다 훨씬 못해 4,750명 정도였다. 구데리안의 2장갑군은 포로 10,140명을 기록했다.[127] 물론 11월의 목표는 수도를 따 내는 것이지 적군의 포위섬멸이 아니었으며 따라서

---

123) BA-MA RH 20-2/207, Armeeoberkommando 2. 1a KTB Teil.2 19.9.41-16.12.41, pp.147, 159(1941.12.1)
124) Raus(2003) p.225
125) BA-MA RH 21-3/71, Anlagen zum Kriegstagebuch Tagesmeldungen Bd.1 1.11.-31.12.41, Fol. 211(1941.11.30)
126) BA-MA RH 19-II/387, Kriegstagebuch Nr. 1(Band November 1941) des Oberkommandos der Heeresgruppe Mitte, Fol. 152(1941.11.30)
127) BA-MA RH 19-II/387, Kriegstagebuch Nr. 1(Band November 1941) des Oberkommandos der Heeresgruppe Mitte, Fol. 142(1941.11.28)

◆ X-26 파괴된 T-34. 불에 탄 때문인지 위장도색이 거의 다 벗겨져 있다.

우회기동에 의한 측면보다는 정면으로 돌파해 들어가는 빈도가 잦았다. 그러한 점을 감안한다면 이 시기 소련군의 포로 수가 이전에 비해 인상적이지 못한 것은 당연하며, 그에 반해 정면을 치는 독일군의 피해가 늘어나는 것은 어떤 측면에서는 극히 당연한 현상이었다. 구데리안의 2장갑군은 11월 말까지 보충병력이 채워지지 않는 상태에서 바르바로싸 개시 이래 총 5만 명의 피해를 안고 있었다.[128] 물론 이 수치는 적군의 타격에 의한 것보다는 부상과 동상으로 인해 전력이탈된 병력이 대부분을 차지했다. 6월 22일부터 11월 30일까지 동부전선 독일군은 총 743,000명의 피해를 냈다. 이는 350만 전군의 23%에 해당하는 규모였다.

소련군 전차 파괴도 이전처럼 네 자리 수자가 나오지 않았다. 11월 28일까지 3, 4, 두 장갑군에 의해 파괴 혹은 노획된 전차는 겨우 585대가 사라진데 불과했으며 이는 독일군의 상실한 전차의 겨우 2배 정도 수치에 지나지 않았다.[129] 같은 기간 중앙집단군 전체를 통계로 잡더라도 큰 차이는 없었다. 중앙집단군은 총 729대의 전차, 202문의 야포, 150문의 대전차포, 44,191명의 포로를 2주 동안의 전과로 기록하고 있었다.[130]

즉 상호 격파 비율은 점점 줄어들고 있었으며 독일군의 전력이 경향적으로 몰락해 가는데 비해 소련군은 수도로 밀려날수록 일단 양적으로는 독일군을 압도하기 시작했다. 폰 보크는 29일 만약 수일 내로 모스크바 점령이 되지 않는다면 동부전선 공세는 전면적으로 중지해야 된다는 자신의 입장을 전달했다. 그보다 더한 폭탄선언은 11월 29일 프릿츠 토트(Fritz Todt) 군수상이 히

128) BA-MA RH 21-2/757, Verlustmeldungen 5.7.1941-25.3.1942, Fol. 25(1941.12.4)
129) BA-MA RH 19-II/387, Kriegstagebuch Nr. 1(Band November 1941) des Oberkommandos der Heeresgruppe Mitte, Fol. 142(1941.11.28)
130) BA-MA RH 19-II/387, Kriegstagebuch Nr. 1(Band November 1941) des Oberkommandos der Heeresgruppe Mitte, Fol. 142(1941.11.28)

틀러에게 이제 '군사적 수단으로서는 전쟁을 이길 수 없다'는 직언을 날린 것이었다.[131] 이 발언은 1차 자료에는 나타나지 않으며 나타날 리도 없겠지만 지금까지 그 누구보다도 절박한 상황을 한 마디로 요약한 메시지로 간주되기에 충분했다. 그것도 히틀러의 면전에서 전달한 보고였기에 더더욱 그러했다. 육군 참모총장 할더는 지난 여름 7월 23일에 소련군은 13개 기동사단을 포함하여 총 93개 사단이 존재하는 것으로 보고했다가 12월 1일, 200개 소총병사단, 35개 기병사단, 40개 전차여단 및 70개 혼성사단이 있다고 수정했다.[132] 소련군은 11월 1일 모스크바 서부전선에만 269개 사단과 65개 여단, 그리고 스타프카 예비를 합쳐 계 220만의 병력이 있었으며 한 달 후에는 343개 사단, 98개 여단으로 확장되었다. 이와 같은 엄청난 편차는 독일 군첩보부의 무능이라기보다 소련이 도저히 그러한 병력을 육성할 수 없을 것이라는 막연한 예상과 기대가 뒤섞인 망상과 마성을 견지하고 있던 독일군 수뇌부의 잘못이 컸다.

* * * * *

독일공군의 경향적 몰락

"영하 40도 이하의 갑작스런 추위는 윤활유를 얼게 만들었다.
모든 기관총이 격발되지 않았다.....
추위와의 싸움은 적군과의 싸움보다 더 힘들었다. 소련군에게는 그보다 나은 우군이 없었다."
(2급강하폭격비행단 3대대 한스-울리히 루델 중위)

독일군은 오로지 단기절전으로 소련을 붕괴시킬 수 있다는 판단으로 인해 장기전에 대비한 항공기 생산계획에 차질을 빚고 있는 것이 분명했다. 41년 하반기부터 전투기의 손실률이 신규 대체률을 처음으로 상회하기 시작했다. 상호 격추 비율은 비교가 안 될 정도로 독일 조종사들이 앞서 있었으나 시간이 갈수록 줄어드는 독일 공군기의 수와 날이 갈수록 양적으로 늘어나는 소련 공군기의 격차는 기술이나 전술로 커버할 수 있는 성질의 것이 아님이 분명해지고 있었다. 10월에 내리는 가을비는 공군기지의 활주로를 쓸 수 없을 정도로 땅을 무르게 만들어 10월 21-25일간 케셀링의 2항공군은 일일 554회 출격으로 떨어졌다.[133] 날씨가 악화일로에 있어 기온에 상관없이 도무지 시계가 확보되지 않는 날이 허다했다. 독일 조종사들은 시계가 겨우 900m 정도만 확보되는 흐린 날에도 출격하여 심지어 지상에서 45m 고도로 비행하면서 임무를 수행하는 위험천만한 일들을 감당하고 있었다.

루프트봐풰의 근접항공지원은 11월 들어 급속도로 악화되기 시작했다. 우선 결빙, 한파에 의한 피해는 지상군에만 국한되는 문제가 아니었다. 소련군이 난방이 되는 격납고를 유지할 수 있었던 데 반해 독일공군은 임시방편으로 마련한 기지들을 갖고 있으면서 그러한 방한장치들을 갖

131) Stahel(2015) p.245
132) 비숍 & 조든(2012) p.238
133) Hooton(1026) p.94

추고 있지 못했다. 진창도로가 판을 칠 때는 땅이 물러 전투기가 뜨지 못하는 일이 발생했다가 이제는 땅이 얼어 항공기의 착륙장치들이 다발적으로 손상을 입는 짜증나는 계절에 직면했다. 연료는 여전히 제때에 도착하지 못하고 있었으며 모스크바로 향하는 국도는 온갖 병참차량들로 교통체증을 빚게 되자 지상군에 대한 연료조차 폭격기들이 폭탄 대신 연료와 보급품을 탑재하여 수송하는 일도 다반사였다. 확실히 개전 초기에는 독일공군이 마음 놓고 러시아 상공을 제압했었다. 공군의 전략적 사명에 관한 한 소련공군의 이해도는 여전히 유치한 수준이었으며 기술적 장비의 질이나 조종사들의 질도 만족스러운 수준과는 엄청난 괴리가 있었다. 그러한 구조적 결함에도 불구하고 소련공군은 전력을 다해 지상군을 지원한다는 한정된 임무는 어느 정도 달성한 것으로 평가되었다. 소련공군은 그 방대한 양적 규모에도 불구하고 전략적 목표설정은 포기한 채 오로지 지상군의 지원에만 특화했다. 소련공군은 독립부대가 아니라 지상군의 명령체계에 종속된 하나의 구성요소에 불과했으며 어떤 면에서는 대규모 조직을 동원해 정치하고 세밀한 작전수행이 불가능한 상태에서는 조직편성이나 동원능력에 있어 독립된 공군의 지위를 누리는 것보다는 이것이 오히려 합목적적인 면이 없지는 않았다. 그리고 무엇보다 소련은 수비하는 입장이었으므로 전략폭격을 추진할 만한 여력은 존재하지 않았다. 따라서 가장 다량으로 생산된 기종이 Il-2 슈트르모빅 대지공격기였다. 슈트르모빅은 속도는 일반 전투기보다 느리지만 강력한 장갑을 휘두른 '하늘의 전차'로서 사실상 일반 전투기와 다름없는 다목적 용도로 중용되었다. 이 기종은 총 35,952기가 제작되어 2차 세계대전 기간 중에 생산된 공군기 중 최고 기록을 세웠으며 실제 생산량은 이보다 더 많았을 것으로 추정될 정도였다.[134]

그러나 공자인 독일은 그것보다는 다른 질적인 차이가 있어야 했다. 소련공군을 완전히 섬멸하기 위해서는, 그리고 지상군과 지상군의 병참기지들을 마비시키기 위해서는 장거리전략폭격이 필요했었으며, 러시아와 같은 광대한 작전공간을 커버하기 위한 독일공군의 병참수요에 비추어 당시의 산업경제 능력을 초월하는 어마어마한 역량이 있어야 했다. 거기다 끊임없이 쏟아지는 다양한 임무로 인해 공군의 전력은 지속적으로 분산되어 갔다. 악랄한 도로사정으로 장갑부대의 전진이 돈좌될 경우에는 어김없이 공군을 지상군 화력과 기동력의 대체자원으로 활용했다. 이론상 독일공군은 영국공군처럼 국방군의 독립군종으로 유지되었어야 하나 동부전선은 독일군의 예상을 훨씬 뛰어넘는 전대미문의 병참조건을 요구받고 있었으며, 시간이 갈수록, 특히 11월 들어 지상군의 속도가 달팽이 걸음을 보이게 되자 공군은 소방대나 교통경찰처럼 여기저기 불려 다니는 신세가 되었다. 결국 독일공군은 불가피하게 육군의 보조부대로 전락하는 국면에 처했으며 소련공군의 기능과 하등의 차이가 없게 되었다. 당초 독일군은 영국처럼 공군을 해군과 마찬가지로 독자적인 법칙에 따라 운용되는 독립군종으로 확보하면서 폭과 깊이를 더해가는 진화과정을 거치도록 노력하였다. 그러나 바르바로싸로 인해 그러한 체계적인 육성과정을 거칠 시간적 여유가 없어지게 되었다. 실제로 루프트봐페의 장성들은 1943년에 개전하기를 희망했고 그때가 되어야 소련에 대한 완벽한 헤게모니를 행사할 수 있을 것으로 예견했었다. 하나 이미 41년 총력전쟁에 깊숙이 들어와 버린 사정에서 독일공군의 기울어진 방향을 재조정할 수는 없었다.

그와 더불어 중앙집단군 전구를 관할하는 독일공군의 위력은 11월 들어 급격히 약세로 돌아

134) Batchelor & Lowe(2004) pp.170-1

섰다. 2항공군의 2항공군단이 몰타 공격을 위해 지중해로 이전하는 통에 전투기 대수는 상상 외로 떨어졌으며 그나마 전선을 지키던 3, 27, 53전투비행단의 마지막 단위부대들이 모스크바 정면에서 빠지게 되자 폰 보크가 운용할 수 있는 전력은 51전투비행단 전체와 52전투비행단의 1, 2대대에 불과했다.[135] 더더욱 한심한 것은 27전투비행단에는 단 두 대의 Ju 52 수송기만 남았다는 사실이었다. 이 수송기는 우습게도 이번에는 폭격기로 용도변경되는 우여곡절을 겪었다. 11월 중순이 되자 중앙집단군의 장갑군들은 갑자기 독일공군이 사라지고 소련공군기가 하늘을 뒤덮는 광경에 초조해 하기 시작했다. 매일같이 참새 잡듯 하던 공중전이 이때가 되면 다소 한심한 수준으로 전락했다. 그동안 무려 15 대 1 이상의 격추비율을 자랑하던 루프트봐훼는 이 시기에 들어와 10 대 1을 기록하고 있었으며 11월 4일에는 2기를 상실하는 대신 18기 격추를 기록했다. 11월 4-15일간 52전투비행단 2대대는 35기를 격추시키는 대신 4대의 우군기를 잃었다. 그러다가 11월 19일에 묄더스의 51전투비행단은 3중대가 겨우 슈트르모빅 1기를 격추하는 것으로 종을 쳤다. 우연히도 이는 51전투비행단의 1,500번째 적기 격추였다.[136] 우선 수에서 밀리기 시작했다. 모스크바 상공은 소련공군의 1,200기가 지키고 있었으나 독일공군은 700기를 동원하는 것도 힘들었다. 폰 보크의 중앙집단군에게 가용한 전력은 많아야 580기였으며 모스크바 방어정면의 소련기는 1,393기까지 집계되고 있었다. 전선이 확장되면서 공군의 전력이 날로 분산 배치되는

◆ X-27 루프트봐훼 항공기총감 에른스트 우데트 상급대장. 1차 대전 당시에는 세계 1위 만프레드 폰 리히트호휀에 이어 격추 서열 2위였다.

135) Mombeek, Bergström & Pegg(2003) p.176
136) Weal(2006) p.74

◆ X-28 불의의 사고로 유명을 달리한 탁월한 전술가 붸르너 묄더스 대령. 만약 그가 좀 더 살았다면 독일공군의 격추서열에 변화가 있었을 거라는 추론들이 있다.

문제도 문제지만 당시 독일은 예정된 항공기 생산계획에 미달하는 결과만 내놓음으로서 공군에 대한 히틀러의 불신은 높아만 가고 있었다. 이러한 스트레스를 한 몸에 안고 있던 인물이 있었다. 초대 전투기대감찰감(戰鬪機隊監察監)을 지낸 뒤 항공기총감직에 올랐던 에른스트 우데트(Ernst Udet) 상급대장은 항공기 생산대수를 채우지 못한 중압감을 이기지 못해 11월 17일 자살을 택했다.[137] 그는 1차 대전 때부터 만프레드 리히트호휀이나 헤르만 괴링과 함께 유능한 공군에이스로 세계적 명성까지 누리고 있던 자였다. 거기에 더해 또 하나의 참사가 일어났다. 자신의 상관인 우데트의 장례식(11.21)에 참석하지 못하고 안타까워하던 루프트봐훼의 전설 붸르너 묄더스 대령은 크림반도의 상황을 베를린에 보고하기 위해 다소 무리한 비행을 고집했다. 묄더스를 태우고 독일 점령지역 상공을 비행하던 하인켈 He 111기는 악천후 상황으로 인해 갑자기 엔진이 고장 나면서 현 폴란드 영토인 브레슬라우-쇤가르텐(Breslau-Schöngarten)에 추락하고 말았다.[138] 모두에게 충격이었던 것은 묄더스가 이 항공기 사고로 목숨을 잃어 11월 28일에 또 하나의 장례식이 거행된 사실이었다. 히틀러는 이 두 사람의 영웅을 애도하는 장례에 연이어 참석해야 했다.

실제 항공기 생산의 계획에 따른 목표치와 실제 생산량의 괴리는 바르바로싸 이전부터 발생하고 있었다. 41년 3월 독일공군은 정수 전력의 100%가 안 되는 94%에 머무르고 있다가 대소전이 극에 달한 12월까지는 63%로 줄어들어 있었다. 정수대로라면 1,950기를 보유하고 있어야 될 폭격기는 겨우 468대로 지탱하고 있었다. 이는 정수의 24%에 불과한 수치였다. 그에 반해 소련공군은 1941년 하반기에만 주력 기종 4,525기의 전투기 생산을 추가했다. 그 혹독한 전시 중에도 2,141기의 LaGG-3 라보취킨, 1,091기의 Yak-1 야코블레프, 1,293기의 Il-2 슈트르모빅이 생산되어 1941년 한 해 소련은 모든 기종의 공군기 15,000대를 제조해 내는 가공할 만한 저력을 발휘했다.[139] 그 중 10,000대가 41년 하반기에 집중적으로 생산되었다. 이 통계는 당시 독일 군수산업이 도저히 극복하기 힘든 수치였다.

11월 25일 3장갑군은 겨우 수대의 독일 전투기들이 지원에 나선 가운데 압도적인 양적 우위의 소련공군에 눌려 병원과 장비의 피해가 심각한 수준에 달하고 있음을 실감했다.[140] 이는 쥬코

137) アドルフ・ガーランド(2013) p.279
138) Toliver & Constable(1999) p.93
139) McNAB(2009) p.120
140) BA-MA RH 21-3/71, Anlagen zum Kriegstagebuch Tagesmeldungen Bd.1 1.11.41-31.12.41, Fol. 172(1941.11.24)

◆ X-29 독일군 진영 상공을 공격하는 소련공군의 Il-2 슈트르모빅. 유명세에 비해 폭격의 정확도는 그리 높지 않았으며, 실은 독일공군의 슈투카처럼 적에게 공포심을 불러일으키는 심리적 패닉효과가 더 컸었다는 증언들이 있다.

프가 당시로서는 모스크바 운하지대로 진입하는 라인하르트의 3장갑군을 가장 위협적인 세력으로 간주한 결과에 따른 것이었다. 11월 27일 6장갑사단은 전차도 얼마 없지만 15분 간격으로 소련공군기의 공습에 시달리는 불편한 경험을 했다.[141] 좌익의 7장갑사단은 야흐로마 교두보 주변을 확실히 정리하겠다는 소련군의 집요한 반격에 숨을 쉴 수가 없는 상태였으며 장악한 지 24시간 만에 포기할 수밖에 없었던 이상한 조건에 따라 장병들의 사기는 형편없이 떨어져 있었다. 7장갑사단은 11월 30일 단 하루 동안에만 18번에 걸친 소련공군의 공습에 노출되었다.[142]

4장갑군 역시 살인적인 한파 속에서 뜨지 못하는 독일공군기를 기다리다 지쳐버리는 수가 허다했다. 11월 26-27일 장갑부대 게오르크 리히터(Georg Richter) 소위는 창공은 완전히 소련공군이 지배하고 있는 것을 목도하면서 우군기는 도대체가 찾아 볼 수 없었다고 한탄했다. 9군단 사령관 가이어 대장은 공군기들이 더 긴급한 곳으로 이동하여 작전을 수행할 경우에도 9군단 상공을 지나주기를 바라는 희한한 요청을 8항공군단에 제시하기도 했다. 일단 공군기가 뜨면 적군의 공세가 움츠려든다는 경험에서 나온 궁색한 부탁이었다.[143] 또한 당시 독일군은 소련군으로부터 빼앗은 동계 위장복으로 추위를 견디고 있는 수가 많아 독소 양군 모두 우군들을 잘못 공격할 가능성이 높았으며 구름이 낮게 드리운 상태에서 짙은 안개가 깔릴 경우에는 더더욱 그러했

141) BA-MA RH 27-6/19, 6. Panzer Division KTB 16.9.1941-30.11.1941, p.300(1941.11.27)
142) BA-MA RH 27-7/46, Kriegstagebuch Nr. 3 der 7.Panzer-Division Führungsabteilung 1.6.1941-9.5.1942, Fol. 220(1941.11.30)
143) BA-MA RH 21-4/40, Anlage zum KTB Pz.Gruppe 4 Meldungen von unten 16.11.41-5.12.41. Fol. 102(1941.11.27)

다. 모스크바에 가장 근접한 2장갑사단은 모스크바 상공이 거의 완전히 소련기에 의해 장악되어 있는 가운데 루프트봐훼는 전혀 찾아볼 수가 없는 지경에 이르러 극도의 사기저하가 관찰되고 있었다.[144] 88mm 대공포는 모두 대전차 화기로 전방에 배치되었기에 막상 소련 공군기들이 하늘을 뒤덮었을 때에는 마땅한 대공화기가 없었으며 수중의 37mm 대공포는 슈트르모빅 대지공격기를 격추하는데 전혀 적합지 않음이 입증되었다.[145] 수도방위를 위한 소련 6항공군단은 11월 28-30일 3일 동안 370회에 걸친 근접항공지원을 제공하고 다수의 독일군 전차와 차량들을 파괴하면서 기염을 토하고 있었다. 3대대를 제외한 52전투비행단의 주력은 11월 내내 모스크바 북쪽으로 겨우 92km 떨어진 루사(Rusa)에 기지를 설치하여 날씨가 허용하는 범위 내에서 사력을 다하고 있었다. '자유 사냥'과 슈투카의 엄호 등 다방면의 임무를 소화하면서 모스크바에 가장 가까이 다가간 공군 제대였던 52전투비행단은 우선 연료 문제로 인한 고통에 직면하게 됨에 따라 더 이상의 의욕적인 작전은 추진하기가 불가한 상태로 전락하고 있었다.

남쪽에 배치된 4군의 우익과 2장갑군, 2군의 상공도 소련공군의 독무대로 변해 갔다. 소련공군은 이때 모스크바를 중심으로 무려 80개에 달하는 공군기지들을 확보하고 줄기찬 반격에 나서고 있었다. 네링의 18장갑사단은 루프트봐훼의 지원도 없는데다 대공화기도 변변찮아 소련공군의 공습에는 속수무책인 상태로 놓여 있었다.[146] 레멜젠의 47장갑군단은 지난 6월과는 제공권이 판이하게 달라졌다고 평하면서 주간에 병력을 이동시키는 일은 적의 공습에 무방비로 노출된다는 점을 한탄하고 있었으며 어떤 경우에는 한 개 폭격기항공사단이 모두 출격한 것과 같은 대규모의 공습이 진행되었음을 보고했다.[147] 10차량화보병사단은 보로네즈-모스크바 철도선을 장악한 뒤 무려 60km 구간에 걸쳐 얼음과 눈을 파 참호에 들어앉아 있었으며 엄폐물이 없는 주변의 자연환경상 극도로 열악한 조건에 처했다. 사단은 적기의 공습에 꼼짝을 못하는 상태임을 군단본부에 호소하면서 이미 11월 28일 하루에만 공습으로 150명이 전사하는 끔찍한 상황에 처했음을 토로했다.[148] 28일 51전투비행단의 메써슈미트들은 겨우 몇 대가 출격해 5대의 적기를 격추시킨 정도여서 그것으로 10차량화보병사단에 대한 적기의 공습을 차단시키지는 못했다. 루돌프 슈미트의 2군도 11월 23일부터 줄기차게 항공지원을 요청했다. 가장 중요한 지점은 쿠르스크 동쪽 65km 지점의 팀(Tim)으로 후빅키의 9장갑사단은 소련공군의 지속적인 공습에 보로네즈로 향하는 공세는 접어야 할 상황에 처해 있었다.[149] 이미 서두에 언급한 것처럼 독일공군은 바르바로싸 개시 때부터 한 개 전선을 맡고 있는 육군과는 달리 서유럽(영국)과 지중해, 북아프리카 등 이미 여러 개의 부차적인 전구에 분산 배치되어 초점이 흐려져 있었다. 특히 볼프람 프라이헤어 폰 리

144) BA-MA RH 27-2/21, 2. Panzer Division KTB Nr.6 Teil 1. vom 15.6.41-3.4.42(1941.11.28)

145) BA-MA RH 24-40/18, Kriegstagebuch Nr. 3 der Führungsabteilung(Ia) des Gen.Kdo.(mot.) XXXX.Pz.Korps vom 31.5.1941-26.12.1941(1941.11.28)

146) Luther & Stahel(2020) p.244, BA-MA RH 27-18/69, 18. Panzer-Div-1a Kriegstagebuch vom 20.10.41-13.12.41(1941.11.16)

147) BA-MA RH 24-47/258 Kriegstagebuch Ia Nr. 2 XXXXVII.Pz.Korps. 23.9.1941-31.12.1941, Fol. 113(1941.11.27)

148) BA-MA RH 21-2/244, Kriegstagebuch Nr.1 2.Panzerarmee Band III vom 11.1.1941 bis 26.12.41, Fol. 161(1941.11.28), Haupt(1997b) p.99

149) BA-MA RH 27-9/4, 9.Pz.Div. KTB 1a vom 19.5.1941 bis 22.1.1942, pp.161, 165(1941.11.21, 11.23) / BA-MA RH 24-48/35, Kriegstagebuch XXXXVIII.Pz.Kps. Abt. 1a November 1941, Fols. 8-9(1941.11.22, 11.23)

◆ X-30 라틴계 치고는 비교적 잘 싸웠던 스페인 의용사단, '디뷔지온 아줄'(DIvision Azul) 청색사단

히트호휀의 8항공군단이 지중해로 빠지면서 발생한 공백은 예상보다 더 치명적인 피해를 초래하고 있었다. 이러한 조건을 감안하다면 권총으로 자살한 우데트의 스트레스가 어느 정도였는지를 짐작케 한다. 중앙집단군 2항공군은 6월 22일부터 11월 30일까지 6,670기의 적군 항공기, 1,900대의 전차, 1,950문의 야포, 26,000대의 차량과 2,800대의 열차를 파괴하는 기록을 올렸다. 2항공군단의 유일한 슈투카 제대였던 77급강하폭격비행단은 동 시점까지 234대의 적 전차, 92개 포병중대, 2,401대의 차량과 21개의 열차를 격파했다. 그중 2대대만의 실적을 보면 반년에서 한 달이 부족한 6.22-10.21 5개월 동안 140대의 적 전차, 45개의 대전차중대, 43개의 야포진지를 파괴하고 10척의 전투함과 27척의 각종 함정들을 침몰시킨 것으로 집계되었다.[150] 이와 같은 눈부신 전과에도 불구하고 41년 말 독소 양군의 공수전환이 도래했음을 확인하는 통계들이 나타났다. 중앙집단군의 타이푼 2차 공세가 시작된 11월 15일부터 소련군의 반격이 개시되는 12월 5일까지 독일공군이 총 3,500회 출격을 기록한 데 반해 소련공군은 15,840회의 출격을 과시하면서 제공권을 장악하는데 성공했다. 타이푼 1차 공세부터 역산하면 무려 51,300회의 경이적인 출격 기록을 과시하였고 6월 22일부터 시작되었던 수모의 계절을 딛고 완벽하게 부활하는 저력을 나타냈다.[151] 양이 질을 몰아내는 가장 대표적 사례 중 하나였다. 12월 1일, 소련공군은 독일군이 여전이 병원이나 전차 수에 있어 유리한 비율을 유지하고 있었음에도 불구하고 공군기의 수에 있어서만큼은 2 대 1의 우위를 확보하고 있었다. 12월 6일 독일공군이 전 전선에서 600대 정도로 버티게 될 무렵 소련공군은 1,376기를 쏟아 부었다. 9월 30일 기준 양군 공군전력 1 대 1에서 소련은 불과 두 달 만에 이를 역전시키는 놀라운 역량을 발휘했다. 좀 더 자세히 보면 10월 첫째 주까지 소련공군은 폭격기 508대, 대지공격기 180대, 전투기 948대, 정찰기 64대, 계 1,716대의 가용자산을 갖고 있었으며 그 후 12월까지 590대의 폭격기, 대지공격기 164대, 전투기 1,010대, 정찰기 65대, 계 1,829대를 유지하면서 모스크바 공방전이 극에 달할 무렵까지 최소한 양의 측면에 있어서는 전혀 위축이 되지 않는 놀라운 저력을 나타냈다.[152]

슈투카의 전설, 한스-울리히 루델이 자서전에 남긴 표현은 당시의 절망적인 사정을 아래와 같이 극적으로 표현하고 있다.

---

150) De Zeng IV & Stankey(2009) pp.126, 135
151) Hooton(2016) p.95
151) Hooton(2016) p.95

".....강철의 의지만으로는 부족했다. 우리는 한계점에 도달했다. 가장 필요로 하는 것을 우리는 갖지 못했다. 기계장비들은 작동이 되지 않았고 운송수단들은 막혔으며 연료도 탄약도 없었다....퇴각하는 비참한 장면들이 이제 점점 빈번하게 나타났다. 우리에게 남은 항공기는 얼마 되지 않았다. 이런 혹한의 날씨에는 엔진도 오래가지 못했다. 이전에는 우리의 지상군을 지원하기 위해 우리가 주도권을 장악하고 있었으나 이제는 공격하는 소련군을 막기에 급급했다.....우리는 칼리닌 방면 클린 북서쪽의 큰 발전소를 더 이상 지탱할 수가 없게 되었다. 스페인의 의용제대 '청색사단'(División Azul)이 꽤 용감하게 싸우다가 클린으로부터 물러났다. 아마 곧 우리 차례가 올 것 같다."[153]

12월 2일 바르바로싸가 거의 끝나갈 무렵, 51전투비행단은 영하 15도이긴 하지만 모처럼 청명한 날씨를 받아 18대의 적기를 격추시켰으며 2대대장 헤르만 그라써(Hermann Grasser) 대위는 자신의 40기 격추를 기록했다. 한편 이날 동부전선에서 52전투비행단 최초로 기사철십자장(1941.8.29)을 받았던 4중대장 요하네스 슈타인호프(Johannes Steinhoff) 중위는 역시 이 비행단 최초로 적기 격추 50대를 기록했다. 하나 이미 전세가 기운 그 즈음, 아무도 이를 기억하지 못했고 전혀 축하할 분위기도 아니었다. 12월 2일은 소련군의 대반공작전이 시작되기 직전에 가장 큰 규모의 공중전이 펼쳐진 날이었다. 소련공군은 사실의 기록보다는 사기진작 차원에서 17대의 독일기를 격추시켰다고 발표했으나 실제 사라진 것은 4대였다. 그중 1급강하폭격비행단 5중대장

◆ X-31 52전투비행단 4중대장 요하네스 슈타인호프 중위. 야간전투제대에서 주간으로 이적한 슈타인호프 중위는 대낮에 적기를 격추시키는 것은 야간에 비하면 식은 죽먹기라는 의견을 나타냈다.

153) Rudel(2016) p.45

요아힘 리이거(Joachim Rieger) 대위의 슈투카가 그의 요기와 함께 격추되는 일이 있었으며 52전투비행단 4중대의 게오르크 브라이(Georg Brey) 상사의 기체는 도로상의 소련군 종대를 공격하다 소련기에 의해 파괴되었다. 한편 65강습항공단의 Il-2들은 같은 날 모스크바 북서쪽 야흐로마의 독일군 지상군을 습격하여 100대의 차량들을 파괴한 것으로 주장했다.

루프트봐훼의 전투기들은 12월까지 총 7,000대의 소련 전투기들을 격추시켰으며 자체 손실은 완파 568대를 포함하여 981대였다. 51전투비행단은 그중 가장 높은 비율의 전과를 기록하였으며 240기를 잃는 대신 1,820기의 적기를 없애버렸다. 두 번째로 높은 54전투비행단은 200기 손실에 1,185기 격추를 시현했다.[154]

* * * * *

공세전환의 전운

"우리가 1941년 6월에 가졌던 그런 병력은 앞으로 영원히 없을 것이다."
(육군참모총장 프란쯔 할더 상급대장)

독일군의 대부분이 소련군은 더 이상 예비를 동원할 수 있는 자산이 없다고 간주하고 있었던 것은 이 시기 가장 큰 전략적 판단착오였다. 스타프카는 10월 말부터 9개 전차여단과 49개 전차대대를 포함하는 9개 군과 100개 스키대대와 아울러 9만 명의 신규 병력을 서부방면군과 예비방면군에 투여하기 시작했다. 그리고 이 충원작업은 11월 말까지를 목표로 하고 있었다. 민병대 조직은 10월부터 11월 한 달간 5배로 증가하여 48,000명을 확보했다. 그리고 그보다 더 가공할 만한 사실은 아직 전선에 풀지 않은 스타프카의 예비전력이었다. 10월에 겨우 4개 소총병사단에 불과했던 것이 11월까지 22개로 늘어나게 되며 12월에는 놀랍게도 44개에 달하게 된다. 10월부터 소련군의 모스크바 정면에서의 반격작전이 실시되는 12월 초까지 75개 사단이 형성되어 곧바로 전선에 배치되던가 아니면 후방에 배치되는 수순을 밟았다. 12월 1일까지 시베리아로부터 모스크바로 이동시킨 사단은 무려 70개에 달했다. 스타프카는 11월 마지막 주 이들 사단들을 바탕으로 무려 5개 군을 볼가 강 뒤편에서 창설하여 전방으로 슬슬 내보내고 있었다. 24, 26, 60군은 일단 모스크바 동쪽에 대기시키고 나머지 두 개군, 10, 61군은 남쪽으로 이동시켰다. 24, 60군은 12월 3일 모스크바방어구역(Moscow Defence Zone)이 설정됨에 따라 서부방면군 바로 뒤에서 전략적 2파를 형성하는 것으로 조정되었다. 10군은 카쉬라에서 아래로 흐르는 오카 강 서쪽에 포진시켜 콜롬나와 랴잔으로 들어오는 구데리안의 2장갑군을 막도록 하고, 61군은 그보다 남쪽 남서방면군의 우익 바로 뒤편에 대기시키는 과정을 거쳤다. 10군은 28일까지 랴잔으로의 행군을 완료하고 아직은 병원과 장비가 부족해 구데리안의 진격이 돈좌되는 순간까지 예비로 대기하고 있다가 12월 1일부터 공세로 전환할 예정이었다.[155] 독일군은 이 5개 군의 존재를 사전에 알지를

154) Mombeek, Bergström & Pegg(2003) pp.176, 190
155) Bergström(2016) p.173

◆ X-32 깊은 도랑을 파 전차의 전진을 막는 대전차호 구축작업. 모스크바 주변구역의 주민들은 남녀노소 가릴 것 없이 모두 동원되었다.

못했다. 한편 스타프카는 야흐로마에서의 위기를 반영하여 16군(서부방면군)과 30군(칼리닌방면군) 사이에 벌어진 갭을 막기 위해 예비로 있던 1충격군과 20군을 투입했다. 또한 3, 4장갑군의 선봉이 노리고 있는 구역에 배치된 5, 16, 30군, 3개 군에 대한 긴급수혈도 이루어졌다. 특히 장기간의 전투로 지쳐버린 16군을 위해서는 5, 33, 43, 49군이 각각 한 개 소총병사단을 뽑아 부족한 전력을 보충하는 절차를 밟았다. 이상을 간단히 요약하면 1충격군, 16, 20, 30군은 독일군 3, 4장갑군을 상대하고 10군과 50군은 모스크바 남부에서 구데리안 2장갑군의 우익을 쳐내는 작업에 분할 담당하는 것으로 조정되었다. 중앙집단군이 41년 겨울의 마지막 공세를 펼칠 12월 1일, 소련군은 스타프카의 예비병력을 빼고도 420만의 병원들을 확보하는 놀라운 회생력을 과시했으며 독일군들은 이를 잘라도 잘라도 뱀이 튀어 나오는 히드라의 머리에 비유했다.[156]

이 67일 동안의 기간 동안 중앙집단군은 단 한 개의 사단도 만들어내지 못했다. 11월 25일, 수도 모스크바는 10만 명의 여성노동자를 동원한 대토목공사 끝에 외선방어선 구축을 완료하고 1,428개의 야포진지를 축성했다. 160km에 달하는 대전차호가 만들어졌고 120km에 달하는 철조망 장해물이 3열로 진을 치고 있었다. 기타 각종 요새와 전차의 진격을 막기 위한 복잡한 장해물들이 수도 주변에 수도 없이 조성되었다.

156) 글랜츠 & 하우스(2010) p.375

11월 29일 쥬코프는 수중의 예비를 모두 풀어 중앙집단군에 대한 전면적 반격작전을 전개할 시기가 성숙했음을 스탈린에게 보고했다. 스탈린은 독일군에게 전혀 예비가 없으며 정말로 지친 것이 확실한가를 따지고 물었다. 쥬코프는 지금 치지 않으면 독일군은 다시 예비를 육성해 북쪽과 남쪽에서 동시에 집게발 공격을 개시할 것으로 확신하고 지금 당장 치는 것이 절대적으로 필요하다는 자신감을 드러냈다. 독일군이 소련군은 11월 말에 이어 한계상황에 왔다는 생각을 갖게 된 것은 진정으로 잘못된 판단이었으나, 독일군이 더 이상의 펀치를 휘두를 여력이 없는 프로복싱의 15라운드에 도달했다는 쥬코프의 판단은 올바른 것이었다. 독일군은 자리를 옮겨 공격할 때마다 소련군 역시 이곳저곳으로 따라 움직이는 것을 보고는 소련군에게 더 이상의 예비병력이 없다는 감을 갖게 했다. 여기에 대해서는 브라우히취, 할더, 폰 보크가 놀랍게도 일치된 생각을 갖고 있었다. 독일군은 이기면서 자산의 고갈 시점까지 도달했고, 소련군은 얻어맞으면서도 맷집을 키워 비곗살을 늘려나갔다. 이제 공세전환과 방어전환의 시점이 다가오는 것을 소련군은 느끼고 있었으며 독일군은 동상에 걸리고 춥고 배고프긴 하지만 유사 이래 최강 군대가 결코 지리라고는 생각지 않고 있었다. 독일군이 날씨에 좌우되어 작전을 그르친다는 것은 용납하기 어려운 일이었으며 '군복을 입은 농군 부대'에게 전 유럽을 휩쓴 독일군이 주도권을 넘겨준다는 것은 당시로서는 상상이 불가능한 자존심에 대한 모독이었다. 대부분의 독일군들은 비참한 이 순간만 극복한다면 크리스마스를 독일에서 보낼 수 있을 것으로 믿고 있었다.

11월 30일 쥬코프의 계획이 담긴 기밀문서에 대해 스탈린은 크레용으로 서명을 남겼다. 공세는 모스크바 북부에서 서부방면군의 우익을 동원해 클린, 솔네츠노고르스크와 이스트라를 탈환하는 것으로 시작되었다. 그 다음은 좌익 제대가 툴라 남쪽 우즐로봐야와 보로디츠크(Boroditsk)를 향해 진격하는 것으로 준비되었다. 다음 3단계는 중앙집단군의 중앙이 남북 양 측면으로 지원병력을 보내지 못하도록 바로 그 중앙을 때리는 것으로 정해졌다. 방한장비를 확실하게 갖춘 소련군은 동장군은 물론 일출, 일몰 시간까지 우군으로 삼을 수 있었다. 11월 말 모스크바 운하가 얼어붙었다.

XI. 마지막 사투

"용감한 군의 전투력은 막대한 노력에도 불구하고 막바지에 달했다!
이제 부대는 여기서 멈추어야 한다!
군은 단계적으로 돈(Don)-샤트(Shat)-우파(Upa) 강변 지점으로 퇴각한다!"
(1941.12.5, 2장갑군 전투일지)

* * * * *

폰 클루게 4군과 회프너 4장갑군 공세의 돈좌

"식빵은 도끼로 잘라야 했다.
구급약품은 나무처럼 딱딱했고 연료는 꽁꽁 얼었으며 광학기기는 작동불가,
손가락의 피부는 소총에 얼어붙어 있었다. 부상병들은 눈 속에서 수 분 후에 시체로 변해갔다.
극히 소수의 병사들이 죽은 소련군의 옷으로 추위를 더는 행운을 누릴 수 있었다."
(71포병연대, 요제프 덱크)

폰 클루게의 4군은 12월 1일 모스크바로 직행하는 양질의 국도를 확보하기 위한 목적으로 20군단을 동원해 4장갑군과 경계를 이루는 나로-포민스크 남동쪽 지점을 공략했다. 그동안 소극적인 자세로만 일관해 왔다고 장갑군 사령관들의 비난을 샀던 폰 클루게는 12월 1일에 맞추어 모스크바 바로 밑의 턱을 향해 마지막 어퍼컷을 실시코자 최선을 다해 수중의 병력들을 집결시켰다. 그간 나로 포민스크로부터 알렉신 북서쪽까지 공세에 유리한 지점들을 지키고 있던 4군은 우익에서 좌익으로 8군단(260, 52, 17보병사단), 12군단(137, 267, 98보병사단), 57장갑군단(19장갑사단, 258, 15보병사단), 20군단(292, 183보병사단, 3차량화보병사단)이 늘어섰다. 가장 좌익에 선 제대는 친나치 프랑스인으로 결성된 '프랑스의용군단' LVF(Légion des volontaires français contre le bolchevisme)이 지원으로 포진되었다.[1] 이때 선봉공세의 중량감을 주기 위해 19장갑사단의 27장갑연대는 일시적으로 20군단 휘하로 들어갔다. 20군단의 공세는 19, 20장갑사단을 지닌 57장갑군단이 지원하는 것으로 하고, 극도로 쇠약해진 12, 13군단은 2장갑군의 툴라 공격 및 4군 휘하 두개 군단의 공격이 효과를 본 다음에 투입되는 것으로 정해졌다. 폰 클루게는 나라 호수 뒤에 놓인 국도를 장악하고 곧이어 측면을 커버한다는 구상 아래 오전 5시부터 나로-포민스크 동쪽의 국도에 대한 공세를 추진했다. 이미 타쉬로보(Tashrovo)에서 나라 강의 교량을 장악한 20군단의 258보병사단이 주공을 맡고 3차량화보병사단과 103, 292보병사단이 공세에 가담했다.[2] 공세는 세 그룹에 의해 추진되었다. 우선 267보병사단은 즈붸니고로드카 남서쪽을 공격하였으며 258, 292보병사단과 3차량화보병사단은 나로-포민스크 북쪽을 타격했다. 20장갑사단은 183보병사단과 15보병사단의 부분 병력과 함께 나로-포민스크 남방을 찔러 들어갔다. 타쉬로보의 남동쪽과 북쪽은 독일군에 의해 돌파당했으며 292보병사단은 19장갑사단 27장갑연대의 지원을 받아 북쪽으로 진격하고 한스 하아네(Hans Hahne) 대령이 이끄는 507보병연

1) 프랑스의용군들의 전력이나 전투력은 스페인군보다 못해 독일군이 별로 신뢰하지 않았으나 그중 일부가 1945년 베를린의 국회의사당에서 최후까지 항전했던 기록이 있는 등 평가는 들쑥날쑥하다.

2) BA-MA RH 27-19/23, Kriegatagebuch 19.Panzer-Division Abt.1b f ür die Zeit vom 1.6.1941-31.12.1942, Fol. 82(1941.12.1)

◆ XI-1 중앙집단군 사령관 훼도르 폰 보크 원수. 차갑고 까다롭고 여간해서 정을 주지 않는 전형적인 군인관료 타이프이나 나치와는 철저히 거리를 두었다.

대 2대대는 아쿨로보(Akulovo)를 석권했다. 이 마을은 모스크바로부터는 55km 떨어져 있었으나 국도로부터 6km 정도에 불과한 지점에 있었다. 나로-포민스크 일대의 소련군들은 나무와 돌로 축성된 토치카를 준비하고 주변 구역은 다량의 지뢰를 매설한 형태의 방어진을 치고 있어 독일 4군의 공세는 상당한 출혈을 요구받고 있었다.[3] 4군 보병사단들을 지원했던 폰 토마의 20장갑사단은 지뢰에만 10대의 전차들이 피해를 입었다. 그러나 이러한 악조건에도 불구하고 20장갑사단은 바로 북쪽에 위치한 183보병사단과 함께 소련군 전초 기지들을 찌르고 들어가 상당 구간을 침투해 들어갔다.[4] 그러나 27독립전차대대가 대전차방어거점에서 자리를 잡고 독일군 전차들에게 피해를 입히자 독일군은 아쿨로보를 넘어 쿠빙카 지구 전체를 장악하는 일은 요원하게만 보이게 되었다.

12월 2일 183보병사단은 330보병연대의 2개 대대를 동원해 샬라모보(Shalamovo) 서쪽으로 적군을 밀어내며 국도변으로 다가가 사주경계에 들어갔다. 330보병연대는 3일 아침 나로-포민스크 남쪽 나라(Nara) 강의 발진지점으로 되돌아갔다. 이동 도중 적군의 압박은 없었다. 한편 3차량화보병사단과 258보병사단은 나로-포민스크를 우회하는 작전기동을 펼쳤으나 영하 34도의 한파로 인해 적군보다는 추위와 동상에 더한 피해를 입고 있었으며 대대 병력이 80명까지 떨어지는 수모를 겪고 있었다. 3차량화보병사단 29보병연대 1대대는 불과 수일 동안의 전투에서 모든 중대장을 잃었으며 70명으로 시작한 5중대는 초일 공격 뒤에 28명만 남는 처참한 피해의 주인공이었다. 그럼에도 불구하고 29보병연대는 나로-포민스크를 장악하고 국도를 따라 동쪽으로 5km를 더 진격하는 투혼을 발휘했다. 그러나 그도 그 정도에서 그쳐야 했다. 영하 38도의 한파가 몰아치고 있었다.[5] 그보다 더 동쪽으로 들어간 것은 좌익에 위치한 258보병사단이었다. 사단의 좌익에 있던 611대공포대대는 북동쪽으로 관통해 들어가 바르하토보(Barkhatovo)와 쿠트메보(Kutmevo)를 경유해 포다진스키(Podazhinskiy)까지 나아갔다. 그 다음 611대공포대대의 에드문트 브라흐트(Edmund Bracht)는 53차량화정찰대대와 258장갑엽병대대 1개 중대, 611대공포대대 1중대의 2개 소대, 자주포 수대로 구성된 선견대를 동원해 국도 왼쪽편의 유쉬보코(Yushkovo)까지 진격했다. 여기까지는 모스크바로부터 43km 정도였다. 한편 국도 오른쪽 겨우 30채 정도의 가옥으로 만들어진 부르제보(Burzevo)는 258보병사단이 담당했다. 12월 2일 478보

3) BA-MA RH 20-4, A.O.K.4 1a Anlagen B 20 zum Kriegstagebuch Nr.9. 28.11.-3.12.41, Fol. 155(1941.12.1)
4) BA-MA RH 24-57-3, Gen.Kdo.LVII.Pz.Korps KTB Nr. 2 vom 11.1.41-31.12.41, Fol. 40(1941.12.1)
5) Bishop(2007) p.20

병연대 3대대는 모스크바 국도로 이어진 나로-포민스크를 따라 부르제보를 치고 들어갔으며 2대대 일부 병력은 적군의 반격에 막혀 수 시간을 얼어붙은 땅에서 전투를 계속해야 했다.[6] 이들은 연기가 모락모락 나는 집들을 보고는 무조건 몸을 데워야 한다는 생리현상을 위해 우선 적군을 사정없이 죽여야 한다는 본능에 따라 움직이고 있었다. 이곳의 바깥 기온은 영하 35도였다. 추위를 벗어나 따뜻한 집을 찾아야겠다는 독일군의 생존본능은 소련군 수비대를 몰아내고 일부는 포로로 잡은 채 집 안으로 들어가게 했다. 최소한의 초병은 세우되 불에 따뜻하게 구운 벽돌은 의류로 감싸 총기들을 데우는데 사용되었다. 몸보다는 총이 더 시급했다. 당장 적군들이 들이닥칠 경우 격발이 되지 않는 총은 곧바로 죽음을 의미했기 때문이었다.

휴식은 6시간이 전부였다. 258보병사단은 478보병연대를 유쉬코보로 돌아가게 하고 3대대가 후방경계로서 이동을 엄호했다. 밤 10시 T-34를 앞세운 소련군이 마을을 급습했다. 짚으로 된 러시아의 농가 이스바(Isba)는 기관총 사격 몇 발에도 금세 불이 붙어 망가지기 쉬운 구조로 되어 있었다. 88mm 대전차포가 2대의 T-34를 처치했으나 그 역시 피탄되어 못쓰게 되었다. 이 가공할 만한 무기도 땅을 깊게 판 뒤 호에 들어앉히지 않으면 포대의 높이가 너무 높아 적의 전차 공격에 노출되기 쉬운 결함을 안고 있었다. 영하 20-30도의 한파에서는 땅을 깊게 팔 수가 없었다. 전차가 없던 보병사단은 난감했으나 3대의 자주포가 T-34들과 접전에 들어갔다. 독일군들은 정원이나 빵 굽는 오븐, 그리고 창고방 같은 곳을 의지해 소련 전차들 및 흰옷을 입은 소총병들과 격투에 들어갔다. 9중대의 보세르트(Bossert) 소위는 특공대를 조직하여 소련군으로부터 노획한 낡아빠진 대전차지뢰를 들고 대전차공격에 나섰다. 이 대전차지뢰는 소련군들이 독일군 전차를 막기 위해 마을 바깥에 심어 둔 것이었으며 보세르트 소위는 이를 뽑아내 무기로 이용했다. T-34의 뒤를 따라붙은 보세르트와 그의 부하들은 전선을 눌러 고정시켜 놓은 T-34의 차체의 쐐기(cleat) 부분에 대전차지뢰를 밀어 넣어 확실하게 폭파시켜 버렸다. 최초 T-34가 파괴된 이후 두 번째, 세 번째, 네 번째 전차가 차례로 격파되었으며 대전차육박전투는 막바지로 치닫고 있었다. 독일군 자주포 3대 중 2대는 망가뜨려졌으며 이들과 보병들의 대전차 육박공격으로 모두 4대의 T-34들이 격파되었다. 유쉬코보의 입구에는 6대의 T-34들이 1대의 독일군 자주포와 함께 횃불처럼 타오르며 그 자리에 멈추어 서 있었다.[7] 동이 틀 무렵까지 478보병연대 23대대는 유쉬코보를 지키고 있었지만 더 이상 어떻게 할 여력이 없었다. 소련군의 추가 공격은 없었다. 그럼에도 불구하고 유쉬코보와 부르제보에서의 전투는 사실상 4군의 마지막 시도가 되는 운명에 처했다. 12월 3일 아침 소련군 5전차여단은 소총병제대와 함께 공세로 나섰으나 독일군은 소련군이 사용하던 포병연습장의 토치카와 철조망을 이용해 소련군의 공격을 돈좌시켰다. 대신 20전차여단과 140, 145독립전차대대 및 스키대대는 3일 안으로 보크로프스코예 마을을 제압하는데 성공했다. 18소총병여단은 기동전력을 따라잡지 못해 3일 오후에 공격으로 나섰지만 진전이 없었다. 독일군은 4일에도 하루 종일 소련군과 공방전을 펼쳤으며 결국 전차여단들이 삼면을 압박해 오자 유쉬코보와 부르제보를 단념하고 고로뷔니키 방면으로 후퇴할 준비에 들어갔다. 20군단 전체 사단은 트로이츠코예(Troitskoje)의 전초기지로부터 물러나게 되었으며 그보다 남쪽에서 기동하던

6) Tornau & Kurowski(2017) p.76
7) Carrel(1966) pp.192-4

◆ XI-2 눈으로 덮인 참호에서 공격으로 전환하는 소련군 소총병들. 이런 날씨에 이런 방식의 전투라면 단연 소련군이 유리했다. 독일군은 우선 방한복이 부족했다.

57장갑군단은 막대한 피해를 안으면서 클로봐(Klowa)에 주둔했던 주진지로부터 철수하게 되었다.[8] 폰 클루게는 12월 3일 군 전체 차원의 공세 중단을 결정하고 모두 나라 강 뒤편으로 이동하는 것으로 조치했다. 그로 인해 골리즈노(Golizno)와 함께 맹공을 받았던 아쿨로보는 다시 소련군이 탈환하게 되었다. 유쉬코보-부르제보 구간과 아쿨로보의 독일군이 밀려난다는 것은 모스크바 중앙부위를 잘라 들어가 수도의 남서쪽에서부터 공략하려던 의도가 완전히 좌절되었다는 것을 의미했다. 그와 동시에 전선 우익에 포진한 소련군 제대의 활발한 반격에 의해 지금까지 방어만 하고 있던 서부방면군 전체가 전면적인 공세로 전환할 수 있는 현실적인 조건이 갖추어지고 있었다는 것을 시사했다.

회프너의 4장갑군은 4군이 12월 1일 공세에 활기를 넣은 것처럼 동쪽으로의 공세를 확장시켜야 되나 40장갑군단을 비롯한 모든 사단들의 상태는 탈진 그 자체였다. 폰 보크는 이날 그의 일지에서 당시 집단군의 상황에 대한 가장 정확한 분석과 가장 원색적인 표현들을 거침없이 쏟아 부었다.

"나는 대규모의 포위전을 운용할 힘도 없거니와 큰 덩어리의 병력을 어디로든 옮길 기회조차 갖고 있지 못하다.....

8) BA-MA RH 19-II/122, Kriegstagebuch Nr. 1(Band November 1941) des Oberkommandos der Heeresgruppe Mitte, Fol. 15(1941.12.3) / BA-MA RH 24-57-3, Gen.Kdo.LVII.Pz.Korps KTB Nr. 2 vom 1.11.41-31.12.41, Fol. 46(1941.12.3)

지난 14일 동안의 전투에서 얻은 진리는 우리 앞의 적군이 붕괴되었다는 견해가 완전히 환상이었다는 것이었다.....

모든 제대가 탈진 상태에 들어간 것으로 여겨지는 지금, 공격을 계속한다는 것은 센스나 목적이 없는 행위이다.....

현재 집단군은 1,000km나 늘어져 있으며 전선 뒤에는 약해빠진 단 하나의 사단이 예비로 남겨져 있을 뿐이다.....

.....피곤에 지친 제대를 갈아치우고 전선을 관리해 나가려면 12개의 사단이 필요할 것이다.....

총통은 우선 동쪽으로 가서 다음에 북으로 선회한 뒤 적군을 격멸시키라고 하지만, 이는 4군의 전력을 완벽하게 잘못 판단하고 있는 신선한 확인사항(fresh confirmation)일 뿐이다.....

내가 이미 백번이나 이야기했지만 나는 적을 포위할 전력을 갖고 있지 않다.....

나는 지금의 전력으로는 결코 적을 절멸시킬 수 있는 전투행위를 구사할 수가 없다....."[9]

표현만 다를 뿐 중어반복이 많은 일지이긴 하나 당시 중앙집단군의 사정을 이 정도로 솔직하게 평가한 구절은 그리 많지 않다. 폰 보크는 오르샤 회동 때 타이푼 2기 공세를 재개하라는 할더의 의견에 100% 동의했지만 그와 같은 만용은 불과 2주일 만에 몰골을 드러내고 말았다. 다른 것 다 재껴 놓고 보자. 총알이 나가지 않는 총과 움직이지 않는 전차와 차량, 그리고 뜨지 않는 항공기로 무슨 전투를 한다는 말인가? 병사들은 차량 엔진 밑에 불을 집히기 위해 수 시간 동안 영하 30-40도의 한파를 맞아가며 바깥에서 몸을 웅크리고 있어야 했다. 동상에 걸린 발을 두고도 장병들은 자신의 개인화기를 뜨뜻하게 데우는데 더 골몰해야 했다. 적군을 타도하는 가장 중요한 동기는 온기가 있는 집에서 조금이라도 쉬기 위한 것이었다.

2장갑사단 3장갑연대장 칼 덱커(Karl Decker) 대령 지휘하의 덱커 전투단은 12월 1일 오제레즈코예(Ozerezkoje) 안으로 진입했다가 모스크바로 연결되는 버스정류소를 발견했다. 이 정도 되면 수도가 바로 코앞이라는 이야기였다. 같은 12월 1일 10장갑사단은 피로에 지친 69보병연대가 사단에 남은 수대의 전차와 함께 레니노에 도착은 하였으나 더 이상 움직일 힘조차 없어 의도하건 하지 않건 작전수행은 불가능했다. 사실상 그로기에 몰린 10장갑사단은 40장갑군단 본부에 철수를 요청했다.[10] 겨우 7대 남은 전차로 모스크바로 진격한다는 것은 동화같은 이야

9) Bock(1996) pp.735-7
10) BA-MA RH 24-40/18, Kriegstagebuch Nr. 3 der Führungsabteilung(Ia) des Gen.Kdo.(mot.) XXXX.Pz.Korps vom 31.5.1941-26.12.1941(1941.12.2)

기로 여겨졌다. 그러나 이 사단은 12월 2일부터 다스 라이히와 함께 공세를 전개해 페트로브스코(Perowsko)를 장악한 뒤 레니노(Lenino)를 잡고 들어올 다스 라이히와 연결되어야 하는 막중한 임무를 부여받았다. 다스 라이히의 2일 당면 목표는 쉐브네보(Shewnewo)였다. 모터싸이클대대와 5대의 돌격포들이 쉐브네보를 직접 때리는 동안 '도이췰란트' 연대는 215.9고지 남서쪽에 포진한 소련군을 공격하고 이어 숲지대 동쪽 끝자락으로 진출하도록 계획되었다. 2시간 동안의 전투 끝에 모터싸이클대대는 오후 1시 30분 쉐브네보를 점령했다. 2대의 돌격포들은 숲지대 통과에 혁혁한 공을 세우면서 5문의 박격포와 2문의 장포신 야포를 격파하고 마지막까지 진지를 사수하던 적군 수비대를 모두 소탕한 뒤 나머지는 포로로 잡았다. 3문의 대공포와 20기의 박격포를 노획했다.[11] 로쉬데스트붸노(Roshdestweno)를 친 '도이췰란트' 1대대는 슈투카와 네벨붸르훠, 2대의 돌격포 지원을 받아 간만에 입체적인 공세를 취한 결과 오후 4시에 로쉬데스트붸노를 장악했다. 2일 다스 라이히의 선봉은 레니노에 접근하고 있었으며 사단 전체는 쉐브네보, 로쉬데스트붸노 동쪽 외곽, 215.9고지, 스미가리(Smigari) 철도역 북동쪽 공장지대, 트루촐로프카 동쪽 1km 지점을 연결하는 선을 임시 방어구역으로 설정했다. 이날의 전투는 거의 다스 라이히가 도맡아 하다시피 했다. 자매사단인 10장갑사단은 이제 아무런 화력지원을 제공할 여력이 없어 사실상 기동사단으로서의 기능은 상실한 것으로 보였으며 물리적, 심리적으로 한계상황에 도달했다는 40장갑군단의 진단이 발부되었다. 2일은 40장갑군단 뿐만 아니라 46장갑군단 및 3장갑군의 5군단도 거의 실적이 없는 달팽이 걸음으로만 존재하고 있었다.[12]

12월 2일은 독일공군의 마지막 휘날레와도 같은 날이었다. 기온은 영하 20도였으나 날씨는 청명했다. 독일, 소련 공군기들이 모두 날아올랐다. 51전투비행단은 17대의 소련기를 격추하고 그중 하인츠 배르 대위가 4기를 격추함으로써 자신의 통산 기록을 85기로 늘였다. 소련 역시 하루 동안 40회 출격을 달성하여 독일군이 주장한 것과 같은 수치의 17기를 격추했다고 발표했다. 이때 1급강하폭격비행단 5중대장 요아힘 리이거(Joachim Rieger) 대위가 그의 윙맨과 함께 전사했다. 그는 257회의 출격기록을 보유한 슈투카의 베테랑으로 훗날 기사철십자장에 추서되었다.

12월 3일 오전 9시 '도이췰란트' 1, 2대대는 모터싸이클대대에게 전초기지를 인계하고 로쉬데스트붸노(Roshdestweno)-레니노(Lenino) 국도의 양 측면을 공격하기 시작했다. 독일군은 레니노 남동쪽 숲지대에 포진한 소련군의 요새화된 진지로부터 가해 온 포사격에 엄청난 손실을 입으면서 저녁까지 두 번에 걸친 소련군의 반격을 쳐내는 고충을 겪었다. 적군의 공세는 전차가 없는 대신 돌격포들이 훌륭히 처리해 주면서 위기를 넘길 수는 있었다. 돌격포들이 레니노 남쪽 500m까지 파고들면서 진지들을 부수는 동안 '도이췰란트' 1대대는 해가 떨어지자 동쪽에서 레니노를 치는데 성공했다. 또한 '데어 휘러' 연대는 남쪽에서부터 치고 올라가 레니노의 서쪽을 공략하였으며 마을 중심의 적군들은 백병전을 치르면서 그날이 다 가도록 사투가 전개되었다. 밤 11시 '도이췰란트' 2대대가 작심하고 서쪽에서부터 레니노를 공격하고 돌격포들이 '도이췰란트' 2대대 6중대 병력과 함께

11) Weidinger(2002) p.221
12) BA-MA RH 19-II/122, Kriegstagebuch Nr. 1(Band November 1941) des Oberkommandos der Heeresgruppe Mitte, Fol. 13(1941.12.2)

◆ XI-3 러시아의 전통가옥 '이스바'를 좌측에 두고 낮은 자세로 사격자세를 취한 독일군. 왼쪽의 H형 3호 전차가 원거리의 적군들을 처리해야 하는 상황

적의 중앙부를 후려치고 들어가자 적군들은 어둠을 이용해 도주하기 시작했다.[13] 그에 따라 독일군은 레니노의 소탕작전을 전개하고 '데어 휘러'가 철도역까지 진출했으나 전투가 그것으로 종결된 것은 아니었다. 소총병들이 빠져나간 레니노에 대해 소련군의 화포사격이 무자비하게 행해졌다. 레니노가 독일군의 통제 하에 들어온 것은 확실했으나 이와 같은 포사격은 감당하기가 어려워 '도이칠란트'는 마을로부터 철수해 레니노 서쪽 외곽과 남쪽 고지대를 축선으로 하는 방어선을 구축하여 뒤로 물러나는 쪽으로 조정되었다. 독일군이 퇴각하는 것을 본 소련군은 다시 반격을 개시했고 이 공세는 다스 라이히의 중화기들에 의해 격퇴되었다. 12월 3일 모터싸이클대대의 1중대는 모스크바로부터 17km 떨어진 교외마을에 도달하여 시가전차역을 발견하였다. 다스 라이히 SS대원들은 여기에서

13) Weidinger(1995) pp.223-4

모스크바 크레믈린의 첨탑을 보았다는 주장을 제기한 바 있으나 1차 자료에서 확인된 바는 없어 이 역시 신빙성이 떨어지는 진술로 간주되고 있다.[14]

12월 2일과 3일, 단 하루 만에 중앙집단군 중앙은 낙관에서 비관으로 극적인 전환을 맞았다. 폰 보크가 4군의 우익보다는 그래도 3, 4장갑군의 모스크바 진격이 그나마 가능성이 높다고 점치고 있던 2일, 회프너 4장갑군 사령부 역시 모든 고난과 역경에도 불구하고 모스크바를 딸 수 있다면서 부하들을 격려했었다.[15] 그러나 단 하루 동안의 전투결과에서 이 낙관은 완전하게 패배를 인정하는 쪽으로 급변했다. 폰 보크가 즉각적으로 시인했던 것처럼 소련군은 독일군만큼 지쳐 있거나 전력이 고갈된 것이 아니었다. 1월 최초 2주 동안 중앙집단군이 휴식에 들어간 사이 쥬코프의 서부방면군 구역에는 전차 300대, 야포 2,000문, 신규 병력 10만 명이 들어차 있었다. 독일군은 10월 2일 타이푼에 신규로 참가한 사단조차 두 달 만에 거의 모든 전력을 소진하고 있었다. 5장갑사단과 함께 가장 팔팔해야 할 2장갑사단은 12월 3일 밤 17대의 전차만을 온전히 보유하고 있었으며 23보병사단의 경우는 2개 대대가 더 이상 공격을 하지 않겠다며 항명에 가까운 거부반응을 나타내고 있었다. 9군단은 3일과 4일 각각 200명과 300명의 병원 피해를 안고 있었다.[16] 하루에 수백 명이 전사하거나 부상당한다는 이 사실은 날씨 탓뿐만 아니라 모스크바 정면을 지키는

◆ XI-4 MG34를 거치한 독일군 보병 기관총수. 독일군은 이런 방식의 전투를 좋아하지도 않거니와 개전 이래 별로 해 본 적도 없었다.

14) Mattson(2002) p.103
15) BA-MA RH 21-4/36, Anlage zum KTB Panzer Gruppe 4: 11.11.41-5.12.41, Fols. 143-144(1941.12.2)
16) BA-MA RH 21-4/40, Anlage zum KTB Pz.Gruppe 4 Meldungen von unten 16.11.41-5.12.41. Fol. 20(1941.12.4)

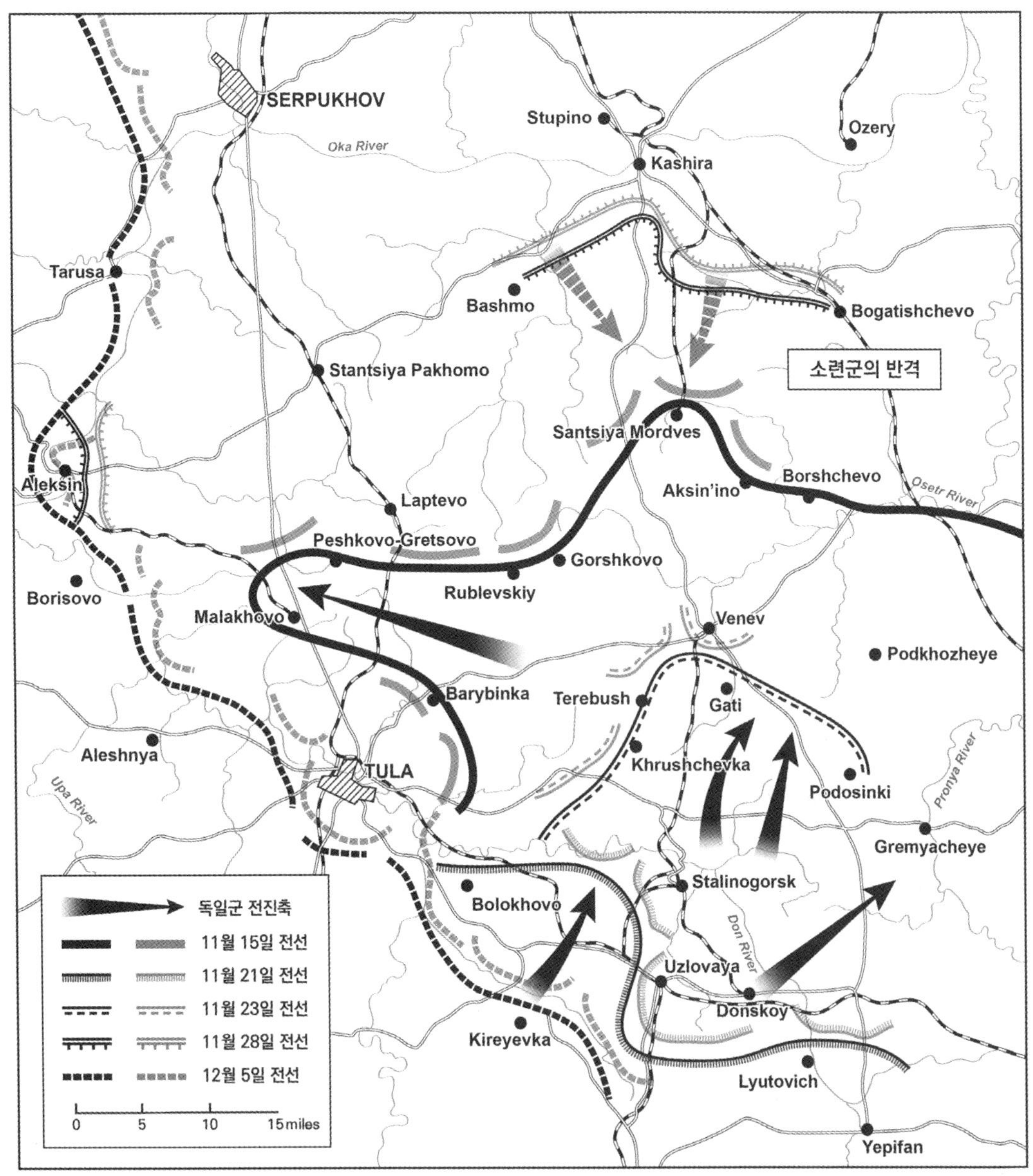

툴라 공방전의 구도

소련군의 전력이 급속도로 강화되고 있다는 것을 의미했다. 12월 3일 46장갑군단의 11장갑사단은 크루유코보(Krujukovo)의 철도선 양쪽에서 5개 중박격포중대의 카츄샤 공격에 노출되면서 적군 전차와 소총병 제대들도 입체적인 공세를 취해왔다. 소련군은 크루유코보 동쪽의 경계병력이 있는 곳에서 승기를 잡기는 했으나 사단이 작심하고 한방의 역습을 갈기자 주변 구역에 있던 모든 적군은 소탕되었다.[17] 그러나 12월 4일 46장갑군단의 공세정면에 적어도 3개 소총병사단이

17) Haupt(1990) p.169

새로이 나타났고 그 중 시베리아에서 파견된 하나는 강력한 병력과 장비로 무장한 것을 확인하게 되자 이제 국지적인 승리 따위는 아무런 위로가 되지 못했다. 또 한 가지 놀라운 사실은 이들 신규 사단이 단순히 수도방어가 아니라 독일군에 대한 반격을 도모하고 있는 것으로 감지된다는 것이었다.[18] 이러한 첩보는 대단히 당혹스런 내용을 담고 있었으며 지금까지 OKH가 내뱉은 소련군이 쓰러지기 직전이라는 평가는 전혀 사실이 아니라는 점이 충격으로 다가오기 시작했다.

이미 폰 클루게의 4군이 가장 먼저 전투를 접고 있었다. 4장갑군의 회프너는 모든 것이 부족한 상태에서 충분한 보급이 되지 않는 한 육체적, 정신적으로 한계에 도달한 휘하의 병력을 공세로 내몰 수는 없다고 시인했다. 이처럼 측면이 늘어난 상태에서는 소련군의 반격을 쳐 낼 가능성이 희박하며 이제는 퇴각을 결정할 시기가 도래한 것으로 판단하고 있었다.[19] 4장갑군은 그때까지 장악한 스뻬니고로드-이스트라 국도를 방어선으로 설정하여 자리를 옮기는 것을 가장 합리적인 방안으로 간주했다. 회프너는 이 모든 사실을 중앙집단군 본부에 보고하면서 최종 허가가 떨어지기도 전에 그 스스로 결정을 내 버렸다. 12월 4일부터 무조건 3일 동안 공세를 중단한다는 내용이었다. 폰 클루게의 4군 또한 모두 나라 강 건너편으로 이동한 상태였다. 이것으로 모스크바에 가장 가까이 갔던 4장갑군과 4군의 바르바로싸는 영원히 종식되었다. 물론 6일로 계획된 회프너의 공세는 두 번 다시 재개되지 않았다. 이제는 소련군의 휘니쉬블로가 작열할 때였다.

* * * *

구데리안의 마지막 스트라이크

"동지들이여 돌격하라, 우리는 퇴각해야 한다!"
(독일 보병들의 죠크)

12월 2일 구데리안에게 휘날레의 시간이 오고 있었다. 독일군은 자신들이 고통받는 것 이상으로 소련군도 지리멸렬한 상태일 것이라는 가정 하에 다시 한 번 공세를 추진키로 결정했다.[20] 2장갑군의 방향은 변화가 없었다. 툴라 북쪽을 향해 좌익의 43군단은 동쪽으로 에워싸고 우익의 24장갑군단은 서쪽으로 포위함으로써 툴라를 잘라내는 작전을 재개했다. 단 12월 1일 두 군단의 갭이 너무 벌어져 있어 296보병사단이 우파 강 쪽으로 이동하게 되었고 가장 북쪽으로 올라갔던 17장갑사단은 카쉬라 남쪽 16km 지점까지 내려오도록 조정되었다. 하인리키 43군단장은 군인이니까 명령을 수행할 뿐 자신은 없었다. "한 가지는 분명하다. 이대로는 되지가 않는다. 피해는 엄청나며 우리는 초인적인 과업을 요구받고 있다." 하인리키가 부인한테 보낸 서한의 내용이었다. 구데리안의 선봉, 24장갑군단은 있는

18) BA-MA RH 24-46/21, Kriegstagebuch Nr.3 des XXXXVI.Pz.Korps vom 24.8.41-31.12.41, Fol. 160(1941.12.4)
19) BA-MA RH 21-4/36, Anlage zum KTB Panzer Gruppe 4: 11.11.41-5.12.41, Fol. 134(1941.12.3)
20) BA-MA RH 21-2/244, Kriegstagebuch Nr.1 2.Panzerarmee Band III vom 1.11.1941 bis 26.12.41, Fol. 189(1941.12.2)

◆ XI-5 1941년 겨울, 독일군은 처음으로 동계군복에 기관총좌를 틀고 방어전을 해야 하는 운명으로 내몰리고 있었다. 이런 유형의 전투는 아직 독일군에게 어울리지 않았으며 별로 경험도 없었다. 사진은 MG34를 중기관총으로 사용하기 위해 개발된 MG34 트리포드(tripod) Lafette 34.

전차는 모조리 끌어 모았다. 3장갑사단 6장갑연대는 28대, 4장갑사단 25장갑연대는 34대, 17장갑사단 39장갑연대는 단 10대였다. 이 계 71대의 전차가 41년 바르바로싸의 대미를 장식하는 전체 기동전력이었다. 이름 그대로 '라스트 바탈리온'(Last Battalion)에 지나지 않았다.

공세 초일 3, 4장갑사단은 그로스도이칠란트 보병연대와 함께 소련군의 최전방 전초기지를 붕괴시켰다. 별로 가진 것이 없는 24장갑군단이지만 있는 힘껏 때려 본 전과였다. 기습효과는 있었다. 오전 4시 3장갑사단 3차량화보병연대 1대대는 남서쪽으로 진출해 짧고 가열찬 전투 끝에 두브키(Dubki)를 점령했다. 1대대를 뒤를 따라 진격한 2대대는 공병과 장갑엽병들을 동반하여 더 남쪽으로 내려가 포슬로프카(Posslovka)를 따 내고 다시 두브키를 지나 서쪽으로 들어갔다. 394차량화보병연대는 소련군 최초 진지를 돌파해 로마노봐(Romanowa)로 진격하면서 상당한 소모전을 치렀다. 최초 수 시간 동안의 교전에서 14량의 차량들을 상실했으며 병원의 피해 또한 무시할 수 없는 수준에 달했다. 394차량화보병연대가 힘든 시간을 보내는 동안 3차량화보병사단은 콜로데스나야(Kolodesnaja)를 비교적 손쉽게 처리했다. 준비가 되지 않은 소련군들은 기관총 사격 앞에 무참하게 쓰러졌으며 일부는 숲지대로 피신하고 60명의 포로가 발생했다. 3차량화보병연대 1대대는 2일 별다른 피해를 입지 않은 채 툴라-붸네프 국도를 차단하는 성과를 올렸다. 394차량화보병연대는 좌익에 포진한 그로스도이칠란트와 함께 두브키 남서쪽에서 강력한 적군의 저항에 봉착해 저녁 무렵까지 진도가 나가지 않는 교전에 휘말려 있었다.[21]

21) Veterans of the 3rd Panzer Division(2012) pp.278-9

낮 시간 동안 혼란을 겪은 소련군은 저녁이 되자 패닉에서 깨어나 카츄샤 공격으로 독일군 3장갑사단을 괴롭혔다. 집요한 화포사격에 사단은 전방부대들과의 교신이 두절되어 전전긍긍했다가 익일 사단 사령부를 전방으로 이동시키는 조치를 취하려 했다. 사단은 2일에 비해 3일의 성적이 시원찮았다. 다만 두브키 북서쪽 3, 394차량화보병연대의 가운데를 치고 나가던 그로스도이췰란트 1대대가 3장갑사단 양 연대의 간격을 좁히면서 이브로프카(Iwrovka)에 진입하는 성과는 있었다.

12월 3일 24장갑군단은 툴라-세르푸호프 가도로 진출해 43군단과 합류한 다음에는 툴라 전구를 지키는 소련 50군을 최종적으로 포위하려는 기동에 착수했다. 4장갑사단은 눈보라가 치는 와중에 모스크바-툴라 국도를 통과해 6문의 야포들을 노획했다. 4장갑사단이 툴라-세르푸호프 국도에 도달하자 소련군들은 북쪽으로 도주하기는 했으나 연료나 탄약이 부족해 추격이 불가능한 애매한 사태에 처했다.[22] 여하간 극히 잠시이긴 하나 24장갑군단은 툴라-모스크바 국도를 단절시키는 것은 가능했지만 그 다음 단계에서 추가공세를 이어갈 여력은 전혀 없어 보였다. 쥬코프의 기동전력이 하루만 있으면 구데리안을 밀어내기 위해 이미 접근해 오고 있었기 때문이었다. 이때 43군단의 가장 선봉에 섰던 31보병사단의 82보병연대는 15km 이내까지 4장갑사단과 근접했으나 보병사단 역시 거기까지가 한계치였다. 3장갑사단은 콜로데스나야가 지난밤에 다시 적군에게 탈취당하자 툴라 동쪽 숲지대를 관통해 나가기로 하고 그로스도이췰란트는 4일 콜로데스나야를 두 번째로 독일군 손에 떨어지게 했다. 3차량화보병연대에 비해 더 강력한 적군의 저항과 싸우고 있던 394차량화보병연대는 4일 아침 북서쪽으로 진격해 데미도프카(Demidovka)와 노보스욜키(Nowossjolki)를 장악하면서 2일에 3차량화보병연대가 차단시켰던 툴라-붸네프 국도를 완전히 봉쇄하는 효과를 가져왔다. 3장갑사단은 크류코보(Krjukowo)에 사령부를 설치하고 툴라 남동쪽 15km 지점의 고지대를 향해 공세를 취하도록 준비했다.

4장갑사단 구역은 아직 공세 후 적군의 구체적인 동향이 파악되지 않아 강행정찰에 의존해야 했다. 35장갑연대 2중대의 에밀 아벨레(Emil Abele) 원사는 3대의 전차로 세봐유코프카(Ssewajukovka)로 향했다. 초전에 길거리에서 만난 2대의 적 전차는 그 중 한 대를 격파하고 남은 한 대는 정찰 선도병력이 심어 둔 지뢰에 걸리게 해 비교적 손쉽게 처리하였다. 세봐유코프카에 진입한 아벨레 원사는 2문의 대전차포를 파괴하고 회귀하던 도중 5대의 소련군 전차와 조우했다. 다행히 이들은 T-34가 아닌 T-26 경전차들이었다. 아벨레에게 다행스러웠던 것은 5대의 전차가 두 개의 늪 사이에 놓인 좁은 제방에 위치하고 있는 점이었다. 4대는 단숨에 격파되었고 나머지 한 대는 늪에 빠져 굳이 포사격을 가할 필요도 없었다. 그러나 저녁 무렵 아벨레의 정찰대는 못 볼 것을 보고 말았다. 슬로보드카(Slobodka) 부근에서 거의 대부분 T-34와 KV-2 전차로 무장한 72대의 전차를 가진 전차여단의 존재를 발견한 것이었다. 불과 3km 거리에서 움직이고 있던 긴 종대로 구성된 이들을 막을 수 있는 것은 수대의 전차와 대전차포 수문에 불과한 실정이어서 독일군은 뭔가 대책을 세워야 했다. 아벨레의 전차들은 적군에게 들키지 않게 현장에서 벗어나 본대와 합류코자 했으며 우선 사단의 화포사격으로 이들을 이격시키는 일이 무엇보다 급하게 보였다.[23]

---

22) Guderian(1996) p.257
23) Schäufler(2010) p.178

◆ XI-6 고타르트 하인리키 43군단장. 이때까지는 별로였으나 대전 후반부로 갈수록 독일군 굴지의 방어전의 명수로 이름을 날렸다. 42년 1월에 4군 사령관으로 취임했다.

그러나 4일 밤부터 5일 새벽까지 날씨가 급변했다. 4일 낮에 영하 27도였던 것이 밤이 되면 31도로 떨어졌다가 5일에는 영하 37도를 기록했다. 차량의 시동이 걸리지 않는데다 전차의 포탄이 장전되지도 않았으며 소총은 격발조차 되지 않았다. 돌처럼 굳은 땅에 참호를 파는 일은 영하 30도 이하의 추위에서는 전혀 가능하지 않았다.[24] 툴라-모스크바 국도를 차단하고 있던 4장갑사단도 극도의 한파에 시달리고 있다가 시베리안 사단 소총병연대들이 17장갑사단과 4장갑사단 사이를 밀고 들어오자 동쪽으로 방어선을 후퇴시킬 수밖에 없었다. 움직이지 않는 전차와 차량들은 아깝지만 현지에 버리고 퇴각하는 것이 불가피했다.[25] 쉘라빈카(Shelabinka)에 대해 여러 겹으로 공격해 들어오던 소련군은 겨우 4장갑사단의 포병대와 공병부대 일부가 방어하고 있는 구역을 밀고 들어왔다. 우군이 결사적으로 방어하고 있는 동안 모터싸이클대대 3중대와 2장갑중대가 쉘라빈카로 달려가 위기 수습에 나섰으며 다행히 두 대의 전차엔진의 시동이 걸릴 수 있었다. 두 대의 독일전차가 당도했을 때 소련군은 이미 마을 안으로 들어온 상태였으며 전투는 치열하게 전개되었다. 단 두 대의 전차가 소련군의 측면을 강타하는 가운데 때마침 모터싸이클 부대원들이 도보로 달려와 이에 합세했으며 같은 2중대의 한스 쾨니히스펠트(Hans Königsfeld) 소위의 전차 3대가 지원으로 달려와 적군을 뒤엎었다. 170구의 소련군 시체가 눈 위에 깔렸으며 나머지는 숲으로 도주하면서 간신히 위기는 해소되었다. 그러나 이것으로 끝나지 않았다. 전날 정찰대에 의해 발견되었던 슬로보드카의 적군 전차여단이 공격하는 구역은 대공포와 대전차포 수대로 버티는 병력이 전부였다. 이때 에버바흐 여단장은 아무래도 전 전선에서 소련군의 대규모 공세가 시작된 것으로 판단하고 즉각적인 철수작전을 진두지휘했다. 4장갑사단 구역을 지킨다는 것은 독일군 스스로가 만든 덫에 더 빠져 들어간다는 것을 의미했기에 차후의 전투를 위해 아무리 화기와 장비가 중요함에도 불구하고 이때는 전선을 빠져 나가는 것이 더 중요했다.[26]

3장갑사단은 툴라-붸네프 국도 서쪽에 포진하여 소련군의 공세에 대비하려 했으며 연료가 얼어버린 상태에서는 1차 대전과 같은 진지전으로 회귀한 상태와 같았다. 소련군은 특히 노보스욜키와 크류코보를 집중적으로 때렸고 국도 남쪽의 울창한 숲지대를 통과한 시베리아 사단들은 오후 늦게 콜로데스나야를 급습해 그로스도이칠란트를 충격에 빠트렸다. 4대대장은 전사했으며 대

24) NA : T-315 ; roll 587, frame 000104(1941.12.5)
25) Veterans of the 3rd Panzer Division(2012) pp.280-1
26) Berger(2007) p.358, Schäufler(2010) pp.179-80,

대본부를 지키던 17중대가 해체될 정도로 가혹한 피해를 입었음은 물론, 40대의 모터싸이클과 다수의 중화기가 소련군의 손에 장악되었다.[27] 소련군은 이로써 콜로데스나야를 세 번째로 점령하는 끈기를 발휘했다. 2장갑군은 24장갑군단이 다시 한 번 크류코보를 쳐 당시 우파 강에 도달해 있던 296보병사단과 연결되기를 주문했다. 슈붸펜부르크 군단장은 3장갑사단을 다시 동원할 여력이 없어 클레에만 대령이 긴급 전투단을 구성해 3차량화보병연대 1대대, 1개 포병대대, 1개 모터싸이클 중대 및 6장갑연대의 잔여 병력을 몰아 적군의 침투를 막도록 조치했다. 그러나 이 조치는 감당이 안 되는 적군의 쇄도에 의미가 없어져 버렸다. 4장갑사단과 17장갑사단 사이를 파고 든 소련군의 공세는 세르푸호프-툴라 구간 철도선과 국도를 따라 이루어지면서 한파에 움직이지 못하는 전차와 차량들을 가진 독일군을 밀어내고 있었다. 43군단 역시 차량이 얼어버린 상태에서 장갑사단들을 지원할 사정에 있지는 못했다. 12월 5일에 31보병사단에 의한 약간의 진전은 있었으며 296보병사단이 해질 무렵 우파 강에 도달하는 정도의 성과가 전부였다. 이날 29차량화보병사단은 붸네프 북동쪽으로부터 전차를 동반해 들어온 적군의 공격에 시달렸으며 24장갑군단이 거의 기동이 불가능한 상태에서 툴라 북쪽의 장갑군 측면과 배후가 소련군에 의해 위협을 받게 될 우려가 포착되고 있었다. 이로 인해 2장갑군은 돈-샤트-우파 강 축선을 따라 물러서는 운명에 처했다. 구데리안의 작전참모 리벤슈타인과 가이어 9군단 사령관은 이견이 없었다. 이 상황에서 공세는 무의미하다는 합리적인 판단을 다들 마음속에 두고 있었던 터였다. 이는 바르바로싸 이래 구데리안이 취한 최초의 국지적 후퇴명령이었다. 12월 4일 43군단장 하인리키가 가졌던 의문은 3개였다. 군사적으로 대단한 논리가 아니었다.

- 첫째, 왜 2장갑군은 우리를 도울 형편도 못되면서 피를 강요하는 공격만을 요구하는가?
- 둘째, 우리는 지방질이 필요한데 왜 잼만 주는가?
- 셋째, 이 가혹한 겨울에 옷도 안주면서 왜 자꾸 나가서 싸우라고 그러는가?

세계 최고의 드레서(dresser)이자 유럽에서 가장 강력한 군사조직을 지닌 독일군의 엘리트 군단장이 가진 의문은 지극히 단순한 것들이었다. 43군단의 31보병사단은 어느 정도 지탱할 힘은 있으나 131보병사단은 아픈 사람을 합해 겨우 635명이 11월 27일부터 사단을 구성하고 있었다.[28] 이때의 피해로 사단의 432척탄병연대는 41-42년 동계전투가 끝나면서 3개 대대 모두 해체되는 운명에 처하게 된다. 43군단이 툴라 구역에서 전전긍긍하는 동안 2군과 2장갑군의 본부가 위치한 오룔 남동쪽의 옐레즈(Jelez)는 소련 13군의 점증하는 압박에 노출되어 있었다. 이 광역은 2군의 6개 보병사단이 50km씩을 방어하는 300km에 달해 있었으며 이미 2군은 12월 1일의 전수조사에서 당장 휴식과 충전을 취하지 않으면 위험에 내몰릴 진단을 받은 것으로 이해되고 있었다.[29] 이 남방구역은 가장 전략적 우선순위가 낮은 곳으로서 2장갑군의 남익이 위험에 빠지지 않도록 관리만 하면 되었으나 2군 사령관 슈미트 장갑병대장은 12월 3일 옐레즈에 대한 공세를 준비했다. 폰 보크는 옐레즈를 장악한다 하더라도 동쪽으로 측면만 늘어나는 효과만 나타난다며 슈

27) BA-MA RH 27-3/15, KTB 3. Pz. Div. vom 19.9.41 bis 6.2.42, p.356(1941.12.4)

28) Hürter(2015) p.110

29) BA-MA RH 20-2/207, Armeeoberkommando 2. 1.a KTB Teil.2 19.9.41-16.12.41, pp.147, 150(1941.12.1)

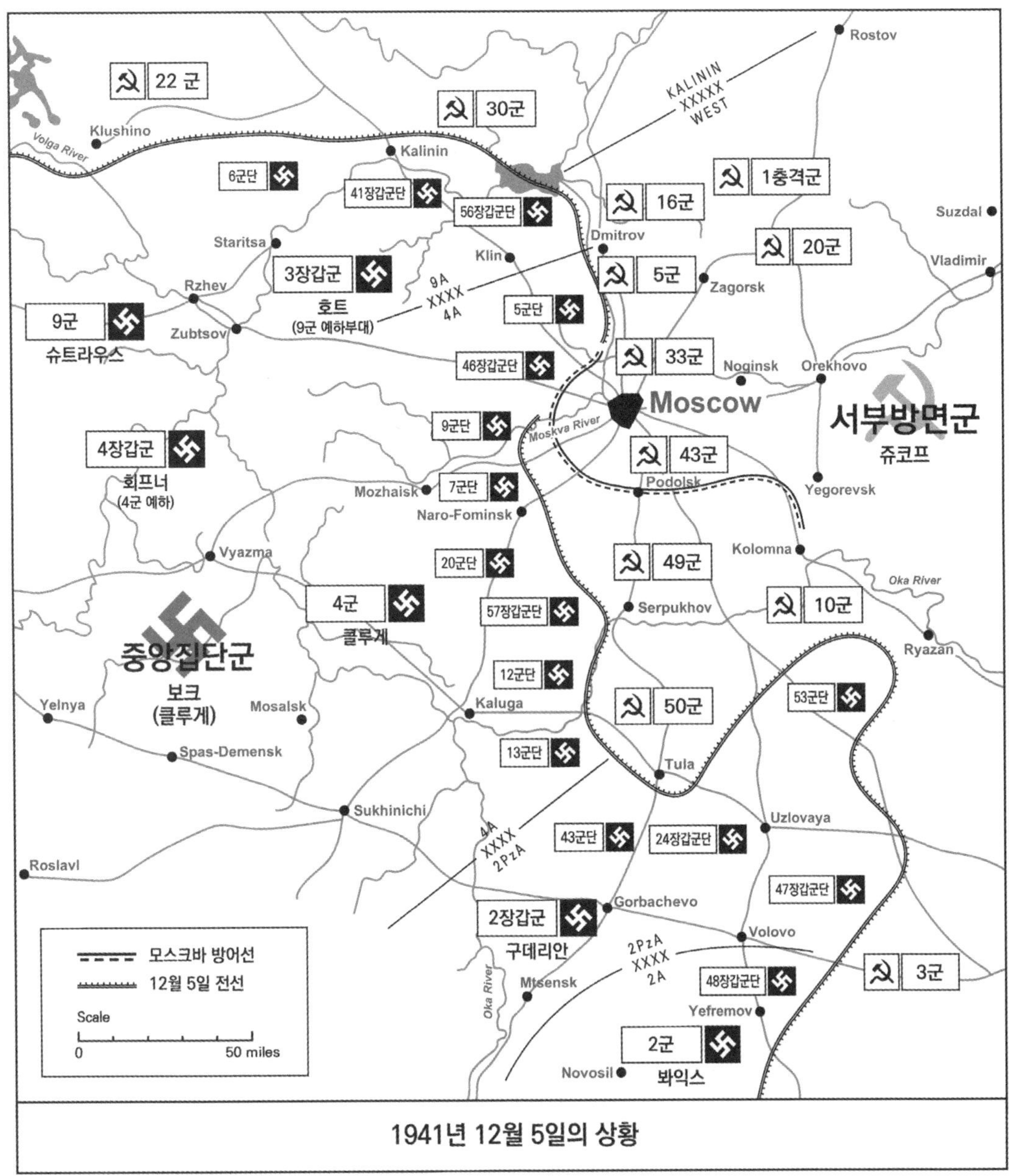

1941년 12월 5일의 상황

미트를 만류했으나 장갑부대 지휘관 출신 특유의 공격본능은 공격이 최선의 방어라며 공세를 추진하는 쪽으로 고집을 피웠다. 슈미트는 옐레즈를 친 뒤 철도선을 잘라내고 필요하면 곧바로 퇴각한다는 입장을 밝히면서 더 이상의 진격을 전개하지 않는다는 뜻은 전달했다. 슈미트의 공세가 전혀 센스가 없는 일은 아니었다. 남방집단군이 이미 철수를 결정하고 있는 상태에서 2군, 2장갑군과 경계를 이루는 제대들과의 연결을 유지하기 위해서는 쿠르스크와 보로네즈를 밑변으로 하는 삼각형의 꼭지점에 해당하는 옐레즈를 장악하는 것이 툴라와 쿠르스크 사이의 긴 구간에 안정적인 쿠션을 부여할 수는 있었다.

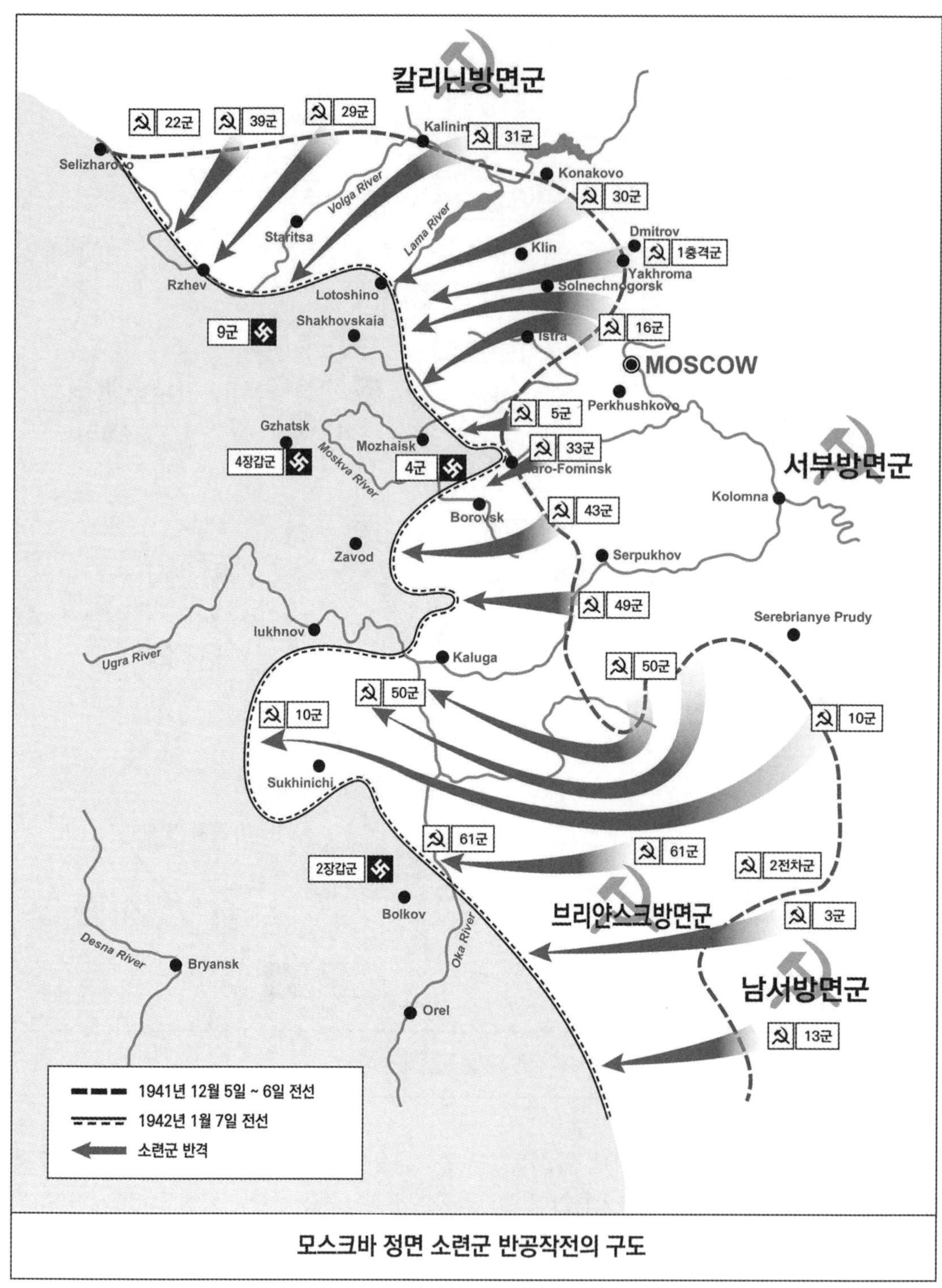

모스크바 정면 소련군 반공작전의 구도

12월 4일 OKH는 2장갑군과 2군을 합쳐 '구데리안 군집단'(Armeegruppe Guderian)으로 개칭하고 구데리안이 단일한 지휘체계를 수립토록 조치했다. 툴라 북서쪽의 하인리키의 43군단은 우측의 31보병사단 전구에 중점을 두어 영하 37도의 한파 속에서 사투를 전개했다. 그 지독한 눈보라와 혹한 속에서도 24장갑군단은 조금씩이나마 진격을 이루어내고 있었다. 불과 30대의 전차만을 굴리던 에버바흐의 5장갑여단은 코스트로봐(Kostrova)의 주도로에 당도했고 4장갑사단 전체는 북쪽에서의 적군 공세가 계속되는 와중에도 레프야키노(Revjakino) 철도역을 장악하는 데 성공했다.[30] 31보병사단의 17, 82보병연대는 동쪽으로 진출해 모스크바와 툴라 사이의 도로를 잘라내고 다시 한번 동쪽에서부터 들어오는 에버바흐의 전투단과 연결되어 툴라를 최종적으로 포위하는 것이 주 임무였다. 4일의 피해는 상상을 초월할 정도였다. 31보병사단의 82보병연대는 단 하루만에 100명이 전사하고 800명이 동상을 입는 수난을 당하고 있었다.[31] 12월 5일 남쪽 전구 34군단의 45, 134보병사단의 헌신적인 공격에 힘입어 옐레즈는 2군의 손 안에 장악되었다. 물론 이는 일시적인 장악이었다. 2군은 어차피 시간이 지나면 옐레즈에서 물러나는 것을 전제로, 다만 이곳이 소련군들에게 발진지점으로 이용되지 못하도록 철저한 파괴작업을 감행했다. 독일군은 동계 방어선 정면을 확보하여 적군의 공격을 원천적으로 감제하기 위해 반경 15-20km 내에 위치한 건물들은 모두 파괴해 버렸다. 인구 5만의 옐레즈는 삽시간에 고스트 타운으로 탈바꿈하고 주민들은 집을 잃어버렸다.[32] 살인적 한파의 날씨 속에 가장 힘든 시가전을 펼쳤던 45보병사단은 브레스트 요새 전투 이래 다시 한 번 격렬한 혈투를 벌이면서 크게 의미가 없는 옐레즈를 석권하는 41년 전투의 마지막을 장식했다. 이로써 45보병사단은 돈 강 상류로부터 25km 지점에 닿아 있었으며 개전 초일로부터는 무려 2,100km의 거리를 주파한 셈이었다. 이 거리는 사단이 5개월 2주 동안에 거둔 피비린내 나는 실적이었으나 바르바로싸 공세 마지막 날의 이 전과는 결과적으로 아무런 결실을 거두지 못한 채 역사의 기억 속에서조차 잊혀져 있었다.

12월 5-6일 밤 구데리안은 야스나야 폴야나(Yasnaja Polyana)에 있는 문호 톨스토이의 저택에서 모스크바로의 진격이 최종적으로 좌절되었음을 수긍하고 방어체제로 전환할 것을 결심했다. 당장 사방에서 압박에 시달리던 선봉의 24장갑군단은 돈 강 상류로 빠져나갈 것을 지시했다. 이 결정은 상부와의 상의 없이 구데리안이 독자적으로 내린 판단이었다. 아쉽지만 24장갑군단장 가이어 폰 슈붸펜베르크 장갑병대장은 다수의 차량과 장비들을 방기하거나 스스로 폭파시켜야 한다는 점을 강조하면서 철수를 서둘렀다.[33] 5-6일 밤 구데리안은 폰 보크에게 전화해 철수가 불가피한 상황을 설명하고 영하 30도의 살인적인 한파 속에서 그로기 상태의 부하들을 시급히 이동시켜야 된다는 점을 강조했다. 구데리안은 통화 첫 마디에 폰 보크가 지금 어디서 전화를 거느냐고 물은 것에 대해서도 대단히 마음이 상했던 것으로 기록하고 있다. 폰 보크는 오룔의 사령부에서 전화하면서 전선의 상황을 잘 알기나 하느냐는 투로 물었고, 구데리안은 언제 자신이 몸을 사려 전선과 떨어져 본 적이 있었느냐는 식으로 응대했다. 폰 보크는 돈 강과 샤트 강 쪽으로 이동해 재빨리 예비병력을 만들 것을 주문했으나 구데리안은 불가능하다고 잘라 말했다. 폰 보크는 실제 상황과는 관계없이 전력에 관한 한 구데리안은 다른 장갑군보다 제반 조건이 좋다는 인식을 갖고 있었다.[34] 하나 구데리안과 하인리키

---

30) Hürter(2015) p.112
31) Buchner(1991) p.156
32) BA-MA RH 20-2/207, Armeeoberkommando 2. 1.a KTB Teil.2 19.9.41-16.12.41, pp.162(1941.12.5)
33) BA-MA RH 21-2/244, Kriegstagebuch Nr.1 2.Panzerarmee Band III vom 1.11.1941 bis 26.12.41, Fol. 226(1941.12.6)
34) Guderian(1996) p.259, Bock(1996) p.381

는 자신들이 여타 제대에 비해 가장 열악한 보급을 받고 있는 것으로 인식하고 있었으며 주문한 겨울옷이 엉뚱하게도 자신들이 아닌 2군의 여타 사단들에 전달되어 그 만으로도 독이 올라와 있는 상태였다. 이것이 전 유럽을 제패한 그야말로 솔직한 1941년 겨울의 독일군의 자화상이었다.

이 시점까지 독일군 3개 집단군은 개전 이래 총 75만의 병원 피해를 안고 있었다. 소련군은 타이푼 이래 서부방면군이 254,000명, 예비방면군이 127,000명, 브리얀스크방면군이 103,000명, 그보다 짧은 기간의 전투를 가진 칼리닌방면군은 49,000명, 계 533,000명이 전력에서 이탈되었다. 타이푼 이후 소련군은 총 2,785대의 전차, 3,800문의 야포, 290대의 공군기를 상실했다. 바르바로싸 개전 이후로 잡으면 소련군은 300만 이상이 포로가 되고 300만이 전사한 것으로 집계되었다. 하나 1941년 12월, 소련군은 다시 부활의 기지개를 펴고 있었다. 독일군 첩보부가 소련군의 반격 가능성을 전혀 모르고 있었던 것은 아니나 실제로 반공작전이 가해졌을 때 그 정도로 강력한 규모였을 것이라고는 생각지 않았다. 에버하르트 킨젤 대령은 시베리아로부터 신규 사단이 축차적으로 지원되고 있는 것은 어느 정도 확인하고 있었으나 모스크바 서쪽과 공세정면에는 기존의 제대 이외에 별도로 동원될 수 있는 예비자산은 없을 것으로 판단하고 있었다.[35]

* * * * *

소련군의 대반격 작전

"독일군은 절대로 망가지지 않는다"
(육군참모총장 프란쯔 할더 상급대장)

소련군은 중앙집단군이 더 이상 움직일 수 없는 고갈시점에 도달한 것에 맞추어 전면적인 반격을 위한 공세전환에 착수했다. 샤포쉬니코프는 폰 보크가 감을 잡기도 전에 신규 또는 증강된 3-4군을 배치해 중앙집단군을 쳐낼 결정적인 시간을 기다려 왔다. 전차와 야포는 매우 부족했으나 독일군이 병원 조달에 허덕이는 동안 소련군은 전혀 새로운 사단들을 육성해 모스크바에 접근하고 있는 장갑군들을 밀어내기에 충분한 소총병 제대들을 뿌려 놓고 있었다. 시베리아와 중앙아시아에서 급파된 주 전력들은 실전 경험이 많은 것은 아니지만 장병들의 평균 복무기간이 상대적으로 길어 초보적인 훈련은 필요가 없이 곧바로 최전방에 투입될 수 있었다. 다만 이 반격은 모든 구간에서 균등하게 전개된 것은 아니었다. 우선 모스크바 북익으로 스며든 3장갑군을 치기 위해 1충격군이 북서쪽으로 공세를 추진하고, 남서방면군이 남익을 치는 것으로 대별되었다. 칼리닌방면군은 르제프 서쪽으로 길게 뻗은 독일군의 측면을 강타하고 가장 강력한 서부방면군이 모스크바 정면을 노리는 독일군 중점을 때리는 수순으로 진행되었다. 즉 코네프의 칼리닌방면군과 쥬코프 서부방면군의 우익(1충격군, 16군, 20군)이 라인하르트의 3장갑군을 몰아내고 남방에서 쥬코프의 좌익(10군, 50군)과 남서방면군의 우익에 해당하는 13군이 구데리안의 2장갑군을 공략하는 것으로 구분되었다. 각 방면군 소속 군은 다음과 같다.[36]

---

35) BA-MA RH 2-2670, Oberkommando des Heeres Generalstab des Heeres O.Qu.IV-Abt.Fr.H.Ost(II), Fol. 75(1941.11.22.)
36) Cecil(2017) p.12

◆ XI-7 완벽한 동계위장복으로 돌격에 나서는 소련군 소총병들. 왼쪽에서 도약하는 병사는 권총을 쥐고 있는 것으로 보아 후퇴하려는 도망병을 처단하기 좋아하는 코미사르인 듯.

- 칼리닌방면군 : 22, 29, 30, 31군
- 서부방면군 : 1충격군(구 19군), 5, 10, 16, 20, 33, 43, 49, 50군
- 남서방면군 : 3, 13, 61군

반격의 핵인 서부방면군은 다시 3개로 세분화되었다. 우익은 1개 전차사단 및 14개 소총병사단 계 222,000명, 285대의 전차가 포진되었다. 이 구역은 칼리닌방면군의 좌익 또는 남익과 공조해야 하는 임무로 인해 가장 많은 전차수가 배정되었다. 중앙은 16개 소총병사단과 5개 전차여단, 계 125,000명의 병원과 194대의 전차가 동원되었다. 좌익은 2개 전차사단과 7개 소총병사단으로 195,000명의 병원과 137대의 전차가 배치되었다.[37] 소련군은 최초 돌파 단계에서의 전과를 높이기 위해 기존 4개 군, 19, 26, 27, 60군을 기반으로 차례로 1충격군, 2충격군, 3충격군, 4충격군을 지난 11월 중에 창설했다. 충격군(shock army)은 추가적인 포병대, 공병 및 화력을 강화시킨 기동전력을 부가하여 최초 돌파 단계에서 적에게 최단 시간 내 최대한의 '충격'을 가한 다음, 여타 다른 제대가 전과확대를 강화하려는 의도에서 조직된 것으로 알려져 있다. 그러나 실제 구상대로 병과를 달리하는 다양한 제대가 충격군에 제대로 포진되었는지는 확인하기가 어려우며, 보통 군(army)에 비해 실력이 월등히 뛰어났던가 하면 반드시 그렇지도 않았다는 증거들이 제시된 바 있었다. 이 충격군은 레닌그라드와 모스크바에 하나씩, 칼리닌 서쪽에 2개가 포진되어 있었다. 쥬코프는 반격 직전

37) Burtt(2016) p.64

모스크바 방어전구에 약 1,000대의 전차들을 동원하는데 성공했다. 이 전차들은 1개 전차사단, 16개 전차여단 및 20개 독립전차대대에 나뉘어져 있었다.[38] 총 88개소총병사단과 15개 기병사단이 준비되었으며 독일군의 3개 집단군에 대해 총 1,500대 이상의 전차가 눈에 덮인 전선에 깔리기 시작했다. 양적 측면에서 소련군이 독일군을 능가했다고는 하나 700km에 걸친 전선에 깔린 쥬코프의 병력밀도는 그다지 높지를 못했다. 각 군은 방어(공세)정면 구역에 편차가 많아 20-80km에 걸쳐 있었으며 소총병사단 당 방어구역은 5-14km나 되었다. 야포의 1km 당 밀도는 1,427문이었으며 전차는 0.5-2.0대에 불과했다. 그러나 쥬코프는 이 정도라면 상황을 타개할 것으로 믿고 있었다. 수비하는 쪽은 공자보다 병력이 적어도 효과적인 방어가 가능했으며 당시 병력은 오히려 소련군이 독일군보다 많았다는 것은 쥬코프가 자신감을 갖게 하기에 충분한 수준에 달했다. 또한 독일군은 여전히 소련군을 얕보고 있는데다 더 이상의 예비는 있을 수 없다는 생각을 굳히고 있어 대책 없이 방심하고 있는 것은 분명했으며, 그 무엇보다 이들 독일군들은 너무나 지쳐 있었다.

모스크바 방어전 적군 규모(1941.12.1.)

제대	내역	칼리닌방면군	서부방면군	남서방면군	합계
군		4	10	3	17
군단	기병군단	-	2	1	3
	공수군단	-	1	-	1
사단	소총병사단	15	48	12	75
	차량화소총병사단	-	3	-	3
	전차사단	-	3	-	3
	기병사단	1	16	6	23
여단	소총병여단	1	16	1	18
	전차여단	-	21	2	23
	대공포방위여단	-	1	-	1
연대	독립소총병, 모터싸이클, 기병연대	1	9	1	11
	포병연대	10	29	3	42
	대전차포병연대	1	24	1	26
	다연장로케트포연대	-	2	1	3
	대공포병연대	-	1	1	1
대대	독립전차대대	-	6	-	6
	독립장갑열차대대	-	2	-	2
	독립스키대대	1	11	1	11
	독립포병대대	1	1	-	2
	독립박격포대대	1	2	-	3
	독립대공포병대대	4	16	1	21
	독립공병대대	11	33	5	49

38) Kirchubel(2009) p.109

소련공군 역시 회심의 복수극을 꿈꾸고 있었다. 서부방면군에는 10, 46전투기사단 및 12, 23, 28, 31, 38, 43, 47, 77, 146혼성항공사단이 준비 중에 있었으며 남서방면군은 11, 61전투기사단을 보유하되 26, 40, 42, 51, 52, 81, 133장거리항공사단은 스타프카 직할로 대기 중이었다. 서부방면군이 가장 많은 460기, 남서방면군의 우익이 74기, 칼리닌방면군은 66기, 모스크바 수도방위는 69기가 배정되어 예비를 포함해 총 1,376대의 공군기가 운집해 있었다.

모스크바 정면 소련공군 전력(1941.12.5)

	칼리닌 방면군	서부 방면군	모스크바 수도방위	남서방면군의 우익	장거리 폭격기	6항공군단 대공방어력	합계
항공사단		11		2	7		20
폭격기사단		2					8
혼성항공사단		9		2			11
항공연대							
폭격기연대	1	10	1	2	19		33
대지공격연대	1	5	1	2			9
전투기연대	3	11	3	3		26	46
경폭격기연대		13					13
합계	5	39	5	7	19	26	101
폭격기							
합계	11	124	3	30	237		405
대지공격기(가용)	9	39	2	12	111		173
합계	15	46	8	13			82
전투기(가용)	9	22	2	9			
합계	40	114	47	31	10	432	674
정찰기(가용)	31	74	20	17	7	331	480
합계		4				28	32
야간폭격기(가용)		1				23	24
합계		172	11				183
가용 항공기	49	267	33	38	118	354	859
보유 항공기	66	460	69	74	247	460	1,376

12월 5일, 중앙집단군이 공세를 재개하기로 한 6일에 하루 앞서 소련군의 반격작전이 발동되었다. 12월 첫째 주, 날씨는 청명했으나 기온은 살인적이었다. 5일의 수은주는 영하 35도를 기록했다. 약 1,000대의 항공기가 동원되었다. 케셀링의 2항공군은 부르노 뢰르저(Bruno Loerzer)의 2항공군단이 지중해로 기지를 이동함에 따라 모스크바 방면은 오로지 리히트호휀의 8항공군단만 남게 되어 있었다. 12월 3일 8항공군단의 항공기 보유량은 도저히 믿기지 않는 16기라는 수치였다. 12월 8일 이 수치는 단 3기로 전락한다. 소련공군은 5일 기준 가용기체 859대, 총 보

◆ XI-8 전선으로 이동하는 소련군 소총병들과 T-34. 41년 12월 6일의 사진

유량 1,376대를 과시하고 있었다. 12월 4일에 개시된 3장갑군 1장갑사단에 대한 소련군의 맞보기 공세는 완전히 실패로 끝났다. 1,000명에 가까운 소련군의 시체가 대지에 널리게 되었다.[39] 마찬가지로 7장갑사단에 대한 공세는 초기 단계에 성과가 나는 듯했으나 이내 반격을 맞아 독일군의 주방어선은 금세 회복되어 버렸다. 전차도 몇 대되지 않았던 독일군은 쥬코프가 가한 초기의 스타트를 무참히 망가뜨리면서 소련군의 피해는 막대한 양에 달했다.[40] 하지만 5일 이 날은 독일군이 아직 적군의 전면적인 공세를 눈치 채지 못한 채 느슨하게 흘러갔다. 최초 공세는 예정대로 코네프 칼리닌방면군의 31군이 칼리닌 동쪽에서 슈트라우스 9군 진지에 대해 가해졌다. 이 구역은 단 한 개의 장갑사단도 없었으며 보병사단으로만 구성된 27군단이 좌익에서 6군단과 경계를 이루고 있었다. 9군은 이미 지난 3일에 200명, 4일에 300명의 피해를 안고 있으면서 연일 계속되는 출혈에 전전긍긍했고 적군은 낮 시간에 31군의 우익에 위치한 29군이 칼리닌 서쪽을 치면서 볼가 강의 얕은 도하지점들을 확보할 수 있었다.[41] 이곳 역시 독일 6군단의 3개 보병사단만이 포진하고 있었다. 27군단은 전혀 조율이 되지 않은 소련 29군의 공세를 쳐냈으나 31군은 동쪽으로부터 칼리닌을 포위하는 형세로 다가오고 있었다. 쥬코프의 서부방면군은 당초 6일부터 공세에 착수하기로 되어 있었으나 5일에 이미 전투는 개시되었으며 3장갑군의 경우는 적군의 반격이 바로 이날 개시된 것으로 여겨질 만큼 적잖은 피해를 입고 있었다. 특히 한스 골닉크(Hans Gollnick)

39) BA-MA RH 24-46/21, Kriegstagebuch Nr.7 des Kdos. Der 1.Panzer-Div. 20.9.41-12.4.41, Fol. 66(1941.12.4), Hooton(2010) p.160
40) BA-MA RH 21-3/71, Anlagen zum Kriegstagebuch Tagesmeldungen Bd.1, 1.11.41-31.12.41, Fol. 261(1941.12.6)
41) BA-MA RH 21-4/40, Anlage zum KTB Pz.Gruppe 4 Meldungen von unten 16.11.41-5.12.41, Fol. 20(1941.12.4.)

소장의 36차량화보병사단의 우익과 중앙은 1-4km에 걸쳐 여러 군데에 돌파가 이루어졌으며 14차량화보병사단 또한 7장갑사단과 같은 시각에 공격을 당한 것으로 보고되었다.[42]

라인하르트는 당장 칼리닌을 중심으로 위태롭게 된 9군의 측면을 엄호하기 위해 수중의 보병사단들을 모두 내보내는 무리수를 두었다. 여기에는 빨터 크라우제(Walther Krause) 대령의 900교도차량화보병연대도 포함되었으며 심지어 라인하르트는 장갑군 본부를 지키는 수비중대마저 전방으로 내보냈다. 그로 인해 장갑군단은 클린(Klin)을 위요한 돌출부에 3개 장갑사단과 2개 차량화보병사단만으로 지탱해야 하는 어려움에 봉착했으며 얼마 안 되는 기동전력마저도 모스크바-볼가 운하 지구에서 제때에 뽑아내지 못해 적기에 반격을 가할 수 있는 기동예비를 조직시킬 수도 없었다. 또 하나의 문제는 야포들을 너무 전선 가까이 포진시켜 놓은 탓에 소련군이 저지선을 돌파하자 적정한 방어력을 발휘할 수 없는 위험한 위치에 집결되어 있다는 것이었다. 모스크바 운하에 주둔하고 있던 7장갑사단과 전초 기지는 돌파당했으며 14차량화보병사단도 극심한 압박을 받았다. 이에 36차량화보병사단의 1개 예비대대가 로가췌보로 급파되어 지원에 나섰다. 하나 이 시점 라인하르트가 가장 바빴음에도 불구하고 라인하르트를 포함한 그 누구도 소련군의 반격이 국지적인 것이 아니라 전방위적인 것이라는 것을 감 잡고 있지는 못했다.[43] 7장갑사단은 당장 신속하게 반응하여 구멍 난 곳을 막으면서 적의 침투를 막기는 했다. 특히 25장갑연대의 아달베르트 슐쯔 대대장은 스테파노보(Stepanowo) 구역에서 집요한 돌파를 노리는 소련군 전차부대를 언덕 사면에 대한 집중포화를 통해 저지시키는 수훈을 발휘했으나 결국 돌출부에서 역으로 잘리는 위험을 피하기 위해 6일에는 뒤로 빠지는 기동에 들어갔다. 36차량화보병사단은 3장갑군의 늘어진 측면을 엄호하고 있어 아직 적군의 공격에 노출 당하지는 않았다. 그러나 이런 상황 하에서 일시적으로 연기된 남쪽과 남동쪽으로의 공세를 재개한다는 것은 불가능한 것으로 간주되고 있었다.[44] 훼르디난트 샬의 56장갑군단은 드미트로프와 야흐로마 근처 돌출부의 동쪽 끝자락에 주로 집결해 있어 군단의 늘어난 좌측면은 모스크바-볼가 운하 상의 드미트로프로부터 자하로보(Zakharovo)까지 60km나 노출되어 있었다. 이 구역은 41장갑군단의 36차량화보병사단과 56장갑군단의 14차량화보병사단만으로 커버하고 있어 이는 방어(defend)한다기보다 대충 눈여겨보며 관리(screen)하는 수준에 지나지 않는 취약한 병력에 불과했다. 56장갑군단 6장갑사단은 모스크바 경계로부터 14km, 크레믈린으로부터 24km 떨어진 지점에서 공세를 중단하는 비운을 맛보았다. 리햐르트 콜(Richard Koll) 대령의 마지막 남은 5대의 전차로 지구상에서 가장 큰 나라의 수도로 들어갈 수는 없는 노릇이었다. 전차는 고사하고 병원의 규모는 도저히 일국의 수도를 상대로 공방전을 치를 수준이 아니었다. 6장갑사단은 단 하나 남은 퇴로를 두고 군단 전체의 후방경계병력으로서의 역할을 수행해야 했다. 후퇴하는 자태는 대단히 초라했다. 전차도 극소수이지만 차량이 부족했기에 물자수송을 위해 러시아 농가에서 쓰는 손수레와 같은 카트를 동원하고 있었다. 12월 초 6장갑사단의 병력은 아래와 같았다.[45]

---

42) BA-MA RH 19-II/122, Kriegstagebuch Nr. 1(Band Dezember 1941) des Oberkommandos der Heeresgruppe Mitte, Fol. 261(1941.12.6)

43) BA-MA RH 26-36/9, Kriegstagebuch Nr.2 der 36.Inf.Div.(mot.) 22.9.41-5.12.41, Folier 번호 없음(1941.12.5)

44) BA-MA RH 19-II/122, Kriegstagebuch Nr. 1(Band November 1941) des Oberkommandos der Heeresgruppe Mitte, Fol. 31(1941.12.5)

45) Ritgen(1982) p.21, Raus(2003) p.89

제대	장교	장병
4 차량화보병연대	12	556
114 차량화보병연대	9	332
모터싸이클 대대	3	149
보병 총 병력	19	784
중대당 평균	1	30

모델의 41장갑군단은 그때까지 서쪽에 위치하던 5군단과 공조해 12월 5일에는 선봉대가 이온카(Iohnca)에 도달함으로써 크레믈린으로부터 35km 조금 넘은 구역까지 접근해 있었다. 41장갑군단 역시 56장갑군단과 마찬가지로 같은 날 이 상황에서의 공세는 성공 가능성이 희박한 것으로 판단하고 있었으며 단 한 개의 1장갑사단이 전세를 타개할 여지 역시 대단히 의문스러웠다. 국방군 장갑부대의 원조격인 1장갑사단은 모스크바에서 겨우 30km를 둔 지점에서 얼어붙어 있었다.[46] 3장갑군은 끝도 없이 들어오는 동계 위장복 차림의 소련군 소총병, 전차, 차량, 스키부대의 행렬을 경탄스러운 눈으로 보고 있었다. 기존 전투에 찌들지 않는 수십만의 소련군들이 쏟아져 들어오는 12월 5일은 타이푼과 소련군 반격작전의 분기점이었다. 독일군은 이제 소총을 제대로 들 수조차 없을 정도로 탈진한 장병들이 속출하고 있는 가운데 3장갑군은 물론 폰 보크조차 41년 공세 전체를 접어야 할 때가 온 것으로 판단하고 있었다.[47] 1941년 12월 5일, 다시 말하지만 독일군은 바르바로싸 이래 총 75만 명의 병력 피해를 안고 있었다. 이 상태로 밀려나갈 경우 연말까지 80만은 쉽게 예상되었으며 41-42 동계전역 종료시점까지 당장 90-100만 명의 피해가 발생하는 것은 시간 문제였다.

12월 5일 중앙집단군 중앙에 대한 소련군의 공세 전야, 회프너는 5, 7, 9군단, 40 및 46장갑군단의 5개 군단장을 모두 불러 전력 점검에 들어갔다. 루오프의 5군단은 타이푼 이래 7군단 및 40장갑군단의 사단들과 뒤섞여 지탱되고 있었으며 2장갑사단과 23보병사단은 제한된 작전은 수행가능한 상태였다. 단 원래 5군단의 원조사단이었던 35, 106보병사단은 도저히 공세가 불가능한 조건에 처해 있었다.[48] 그에 반해 5군단 정면에 놓인 소련군은 전투준비를 마친 완편전력의 4개 소총병사단과 전차부대를 포함한 2개 소총병사단의 부분 병력이 대기하고 있는 것으로 파악되었다. 결과적으로 5군단은 영하 27도의 악천후 속에 더 이상 육체적으로 지탱할 여력이 없음을 호소하고 한계에 도달했음을 자인했다.[49] 화름바허의 7군단과 가이어의 9군단 역시 제한적으로나마 방어는 할 수 있으나 더 이상의 작전기동은 무리라는 동일한 판단을 제시했다. 슈툼메의 40장갑군단은 10장갑사단이 완전히 탈진 상태로서 2주 동안의 완벽한 휴식과 재편과정이 필요하다는 진단을 발부했다. 10장갑사단은 후에 북아프리카로 이동해 동부전선과는 영원히 작별을 고했다. 타이푼 이전부터 10장갑사단과 함께 줄곧 격전을 거듭해 온 다스 라이히는 그나마 제한된 목표를 향해 약간은 움직일 수 있는 것으로 판단되었으나 이는 광신

46) BA-MA RH 21-3/71, Anlagen zum Kriegstagebuch Tagesmeldungen Bd.1 1.11.41-31.12.41, Fol. 247(1941.12.5), Newton(1994) p.36

47) BA-MA RH 21-3/71, Anlagen zum Kriegstagebuch Tagesmeldungen Bd.1 1.11.41-31.12.41, Fol. 246(1941.12.5)

48) BA-MA RH 24-40/18, Kriegstagebuch Nr. 3 der Führungsabteilung(Ia) des Gen.Kdo.(mot.) XXXX.Pz.Korps vom 31.5.1941-26.12.1941(1941.12.5)

49) BA-MA RH 21-4/40, Anlage zum KTB Pz.Gruppe 4 Meldungen von unten 16.11.41-5.12.41, Fol. 15(1941.12.5)

적인 전사공동체인 무장친위대 특유의 근성에 따른 보고이지 객관적인 진단은 아닌 것으로 여겨졌다. 9월 5일부터 정확히 두 달간 40장갑군단의 두 사단은 총 7,582명의 병원 손실을 입었다.[50] 이는 장부상 정수의 40%에 해당하는 막대한 전력누수에 해당했다. 휘팅호프 46장갑군단의 11장갑사단은 11월 15일 이래 15대의 전차를 보유하면서 근근이 연명해 나가는 입장이었으며 특히 보병들의 피해는 극심했다. 11장갑사단은 11월 17일부터 12월 9일까지 한 달이 안 되는 기간 동안 총 1,188명의 사상자를 안고 있어 군단 내에서는 5장갑사단만이 통상적인 공세에 참가할 수 있는 수준이었다.[51] 5개 군단 중 오로지 4개 사단만이 공격이 가능하며 3개 사단은 제한적인 목표에만 충실할 수 있다는 이야기였다.

회프너는 구데리안과 마찬가지로 퇴각을 결심했다. 이미 2-3일 전부터 폰 클루게 4군의 우익이 소련군의 전면적이 아닌 국지적인 반격에도 밀려나고 있어 4장갑군의 독자적인 공세는 가능하지 않다는 것이 회프너의 판단이었으며 이는 소련군의 반격이 진행되는 바로 그 시점에서 마치 예견이라도 한 듯 중단되는 운명에 처했다. 폰 클루게 역시 4군 정면에 급속도로 소련군의 병력증강이 포착되고 있는 점을 들어 회프너의 결정을 불가피한 것으로 받아들이고 있었다.[52] 소련군의 반격이 개시된 이래 34일 동안 독일군은 최소한 100km 구간을 탈취 당했으며 구역에 따라서는 240km까지 내 준 경우도 있었다. 독일군이 사상 최초로 지상전에서 패배를 기록하면서 전격전의 신화가 더 이상 통하지 않는 새로운 전기를 맞고 있었다. 12월 7일에 발부된 퇴각 암호명은 '크리스마스휴가일, 첫 번째 여행날'(Weinachtsurlaub, 1.Reisetag)이었다.[53]

◆ XI-9 모스크바 정면에서 퇴각 중인 중앙집단군 소속 독일군들. 뒤쪽은 3호 돌격포 B형

50) Weidinger(1995) p.228
51) NA : T-315 ; roll 588, frame 000446(1941.12.9)
52) BA-MA RH 19-II/122, Kriegstagebuch Nr. 1(Band November 1941) des Oberkommandos der Heeresgruppe Mitte, Fol. 19(1941.12.2)
53) NA : T-315 ; roll 587, frame 000145(1941.12.7)

XII. 바르바로싸 평가의 재구성

"우리가 프랑스보다 크지 않았다면
최초 4개월 동안 프랑스가 입은 4배의 피해를 입었을 것이다"
(빅토르 크라브첸코(Victor Kravchenko), 적군 대위)

* * * * *

바르바로싸에서 가장 많은 격전을 치르고 가장 많은 피해를 감수했던 다스 라이히 '데어 휘러' 연대장 오토 쿰은 모스크바 점령의 실패에 대해 다음과 같은 의문을 제기한 바 있었다.[1]

- 도대체 동장군이 무엇인가?
- 시베리아 사단은 누구인가?
- 러시아의 도로사정은 어떠한가?
- 국방군최고사령부, 총통대본영, 육군참모부의 계획이 잘못된 이유는 무엇인가?
- 우리는 적군이 가진 자산의 규모, 특히 모스크바 동쪽으로부터의 지원을 과소평가한 것인가?
- 임박했던 동계전투에 왜 그토록 보급은 빈약했는가?
- 독일공군은 모스크바 동쪽 방면의 적군 보급로를 공략해 차단시킬 능력이 없었는가?
- 점령한 구역을 커버할 철도가 부족했던 것이 주된 이유인가? 철도차량들은 동계 임무에 대한 준비가 되어 있었는가? 아니면 서구의 협궤를 동구의 광궤에 맞추는 것이 문제였는가?

어느 것 하나 틀릴 것 없이 이 모든 요인들이 중첩결정(over-determination)된 형태로 바르바로싸는 실패로 끝났다.

그러나 전투와 전장에 있어 모든 자연적, 인공적 제약요건은 당연히 주어진 조건으로 받아들여져야 하며 날씨가 추워졌다든가 하는 따위의 핑계가 성립되어서는 안 되었다. 물론 날씨와 도로 사정이 작전을 실패로 돌아가게 한 가장 큰 요인이었다는 점에 대해서는 재언을 요하지 않는다. 쥬코프는 독일군의 실패요인을 이상하게도 가장 지엽적인 철도수송의 문제로 돌린 바 있었다. 아무리 작전계획을 잘 짜더라도 적기에 자산이 집결되지 않는다면 작전술이

◆ XII-1 오토 쿰 다스 라이히 '데어 휘러' 연대장. 바르바로싸 개전 당시 3대대장으로 있다가 41년 7월 연대장으로 승진했다. 쿰은 오로지 군인으로서의 명예와 조국에 대한 충성만을 붙들고 생애를 마감한 전형적인 무골이었다.

1) Weidinger(1995) pp.226-7

니 전술이니 하는 개념은 설 자리를 잃게 된다는 점에서 그 역시 쉽게 간과할 수 없는 부분이라는 점은 부인하기 어렵다. 특히 도로사정이 엉망이다 보니 철도를 이용한 동방으로의 운송이 공세 지속의 전제조건이었다는 점은 충분히 납득이 가는 대목이다.[2] 이론상 독일군 3개 집단군은 각 3개의 철도선이 확보되어야 원활한 병참을 담보할 수 있었다. 그러나 북부와 중앙집단군에 각 1개, 남방집단군에 2개의 철도선을 설치한 것이 최선의 결과였다. 또 하나 추가적인 문제는 소련의 철도 레일은 강도가 약한데다 단위거리 당 침목(枕木)의 수가 적어 독일이 서쪽에서 사용하던 열차중량의 하중을 견뎌내기가 힘들었다는 점이 있었다. 따라서 자국에서 한 개 화물열차 당 1,500톤을 실어 나를 수 있었던 것이 러시아에서는 겨우 430톤을 하적하는 데 급급했다.[3] 또한 독일열차와 러시아 열차의 궤도를 맞추기 위한 작업에 엄청난 시간과 인원이 필요했었고 더욱이 한파가 몰아치는 동계가 되면 독일제 기관차들은 파이프 파열로 인해 보급이 중단되는 사태가 연일 속출하고 있었다. 이러한 기술적 문제와 더불어 파르티잔들의 철도파괴공작이 빈번하게 되자 독일군은 10월 이후 전략 규모의 보급수송에 의한 작전의 계속수행은 거의 불가능에 가까운 지경에 이르게 된다.

하나 가장 높은 추상수준에서 보자면 독일군은 12월 5일 마지막 순간까지 소련과 소련군을 과소평가했다는 점에서 모든 문제의 출발을 찾아야 할 것이다. 그리고 자신들이 가진 장갑부대의 자산을 과대평가했다. 여러 번 언급했지만 6개월 동안 그토록 많은 병원과 장비의 피해, 영토의 상실, 경제적 자산의 탈취를 당하고도 이겨낸 나라는 역사상 다른 예를 찾아볼 수가 없다. 그런 점에서 독일의 패배 요인은 그저 상대를 우습게 봤다고 하면 그만이다. 타이푼 작전이 개시되는 9월 30일부터 12월 15일까지 15만 명의 독일군 피해가 있는데 비해 소련군은 12월 한 달 동안에만 35만, 총 150만의 병원 피해가 발생했다. 이런 천문학적인 상처를 안고도 스탈린은 41년 7월부터 12월까지 격멸된 84개 사단을 재건했으며 143개 사단을 신규로 만들어냈다.[4] 소련은 1941년 안에 적군인 독일을 300km 밖으로 쫓아내면서 그간의 수모를 씻어냈다. 그들 스스로가 '모스크바의 기적'이라고 일컫는 것처럼 실은 오토 쿰이 제시한 위의 어느 조건 하나라도 맞아떨어졌다면 수도가 일시적으로라도 독일군의 손에 장악되지 않는다는 보장은 없었다. 하지만 모스크바 정면에서의 대결은 굳이 쌍방이 총질을 하지 않더라도 대세는 이미 기운 것으로 판단하는 것이 타당했다. 키에프와 브야지마-브리얀스크 포위전을 완료한 다음의 독일군은 마치 월드컵 본선의 8강전, 4강전을 연장전까지 치르고 거의 그로기 상대로 결승전에 오른 축구팀처럼 마지막 회전에서 완력을 구사할 펀치가 부족했다. 10만 이상의 병사가 동상환자로 집계된 상태, 밤새도록 연료가 얼어붙는 살인적인 한파, 동복도 변변찮은 최악의 보급상황, 그리고 독일이 자랑하는 기동전력마저 고갈 직전에 도달한 상태에서 모스크바를 따 내라는 주문은 가당찮은 일이었다. 반면 소련군은 방어에 가장 유리한 지점들을 확보하고 시베리아와 중앙아시아로부터 파견된 신규 사단을 중심으로 충분한 재충전을 이룬 조건 하에서 회심의 카운터블로를 준비하고 있는 상태였다. 좀 폼이 안 나긴 해도 뜨뜻한 방한복을 입고 격발에 문제가 없는 자동소총을 지닌 소총병들의 환경이 추위와 배고픔에 떠는 독일군보다는 월등히 선진적인(?!) 환경에 놓여 있었다. 12월 한 달

---

2) Halder(1964) p.104
3) バルバロッサ作戰(1998) p.124
4) Bishop(2006) p.82

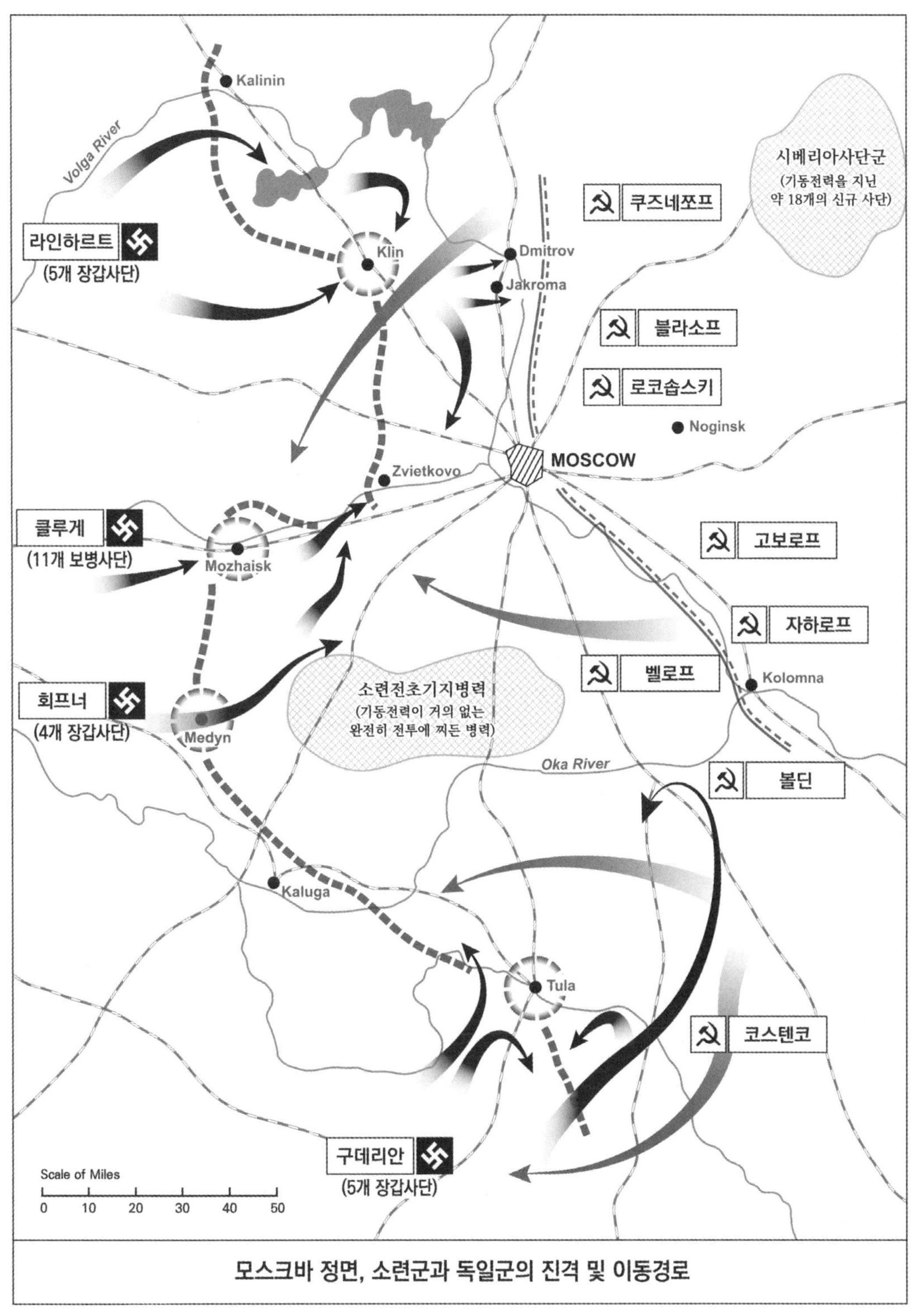

모스크바 정면, 소련군과 독일군의 진격 및 이동경로

동안에만 독일군의 전투원이 아닌 비전투요원이 동상 등으로 인해 9만 명의 피해가 있었다. 따라서 모스크바 공략의 실패는 11월 말이나 12월 초의 부분적인 병참상황에 근거해서 규정할 일이 아니라 바르바로싸 전체 과정을 다시 한 번 짚어가면서 대단히 신중하게 조명할 필요가 있다. 대부분의 사가들은 독일 최고 통수부의 전략설정에 가장 근원적인 문제가 있었다는데서 출발하기를 원하며 지금까지의 논쟁도 그러한 추상에서 구체로 상향하는 방법을 통해 이루어져 왔다. 이하 논의의 편의상 몇 개의 단락으로 나누어 바르바로싸의 결과를 재평가해 보도록 하자.

* * * * *

전략과 전술, 그리고 작전술

".....귀관의 계산에 따르면 분명 귀관이 걱정하는 것도 무리는 아닐 것이다.....
게다가 사실 전쟁을 하려면 어느 정도 운도 필요한 법이다."
(육군참모총장 프란쯔 할더 상급대장이 중앙집단군 보급참모장교 오토 엑슈타인 대령에게 : 1941.11.12)

폰 클라우제비츠의 원칙에 따르자면 히틀러는 간단히 말해 전략설정에서부터 실패한 것으로 단언할 수 있다. 1942년에도 그랬지만 히틀러는 부분적인 전투의 결과에 따라 끊임없이 주공의 방향과 강도를 수정하는 변덕을 부려왔다. 6월 22일 개전 이래 불과 한 달이 안 되어 독일군 통수부는 여러 개의 전략(?)적 목표들을 설정하면서 가뜩이나 병참조건이 열악한 상태에서도 무리한 작전계획들을 남발하고 있었다. 그 중 가장 심각한 논란은 모스크바 직행을 중지하여 구데리안을 키에프로 보내고 호트 3장갑집단의 일부를 북방집단군 전구로 이동시키면서 주공이 아닌 양 측면을 정리하려 했던 8월 말의 전략적 중점의 전환이었다. 전후 대부분의 사가들이 이 결정은 히틀러의 실수이며 무려 한 달 동안의 기간을 측면(flanks)에만 집중함으로써 41년 이내에 모스크바를 점령할 수 있는 기회를 상실했다는 시각으로 바르바로싸 실패의 주된 원인을 여기서부터 찾았다. 이 시각은 만약 중앙집단군이 남하하지 않고 모스크바로 동진했더라면 진창장군과 동장군의 조기 도래를 피해 설사 전쟁을 종료시킬 수는 없다 하더라도 수도 모스크바 점령은 가능했을 것이라는 추측에 근거하고 있다. 브라우히취, 할더, 폰 보크, 구데리안, 호트 어느 누구도 모스크바가 중점이라는데 의문을 가진 사람은 없었다. 반면 히틀러는 이와는 전혀 다른 시각을 갖고 있었다. 그의 판단이 정규 군사교육을 받지 않은 아마츄어적인 유치함이나 때때로 근거가 희박한 국면전환을 시도하는 조야한 지휘를 자행한 것은 명백한 사실이지만, 사실상(de facto)의 독일 국방군 최고 통수권자였기에 그의 결정은 그런 결함들에 관계없이 전쟁의 방향을 결정짓는 중대한 요인이었다는 점에서 히틀러를 빼고 바르바로싸를 논하는 것은 의미가 없을 것이다. 히틀러는 독일장군들이 전쟁의 경제적 성격을 망각하고 있다면서 우크라이나를 석권하는 것이 독일 군수경제의 사활이 걸린 과제로 설파하고 있었다.[5] 백보를 양보해 그게 옳다고 하자. 스탈린 역시 히틀

5) BA-MA RW 19/164, OKW/Wehrwirtschafts-und Rüstungsamt, Fol. 126(1941.1.30)

◆ XII-2 히틀러와 무솔리니에게 현황을 설명하는 폰 룬트슈테트 남방집단군 사령관. 폰 룬트슈테트의 우측은 4항공군 사령관 알렉산더 뢰르 상급대장

러가 남방에 주공을 형성할 것으로 예상하고 가장 많은 사단을 우크라이나 전구에 배치하였음은 주지하는 바와 같다. 하나 그렇다면 바르바로싸가 개시되기 전에 주공은 폰 룬트슈테트의 남방집단군으로 잡고 거기에 2개의 장갑집단을 배정했어야 했다. 바르바로싸의 원안에 따르면 가장 중요한 중점은 중앙집단군이며 그 다음에 남방집단군, 마지막으로 북방집단군이 가장 상대적으로 비중이 낮은 전력이 포진되는 형세로 시작되었다. 실제 북방집단군에 배정된 기동전력은 다른 두 개의 집단군(장갑집단)에 비해 형편없었으며 그 결과 북방집단군의 어느 군이나 회프너 4장갑집단도 대규모 포위전을 달성한 바가 없었다. 중앙집단군은 구데리안 2장갑집단의 남하에 의해 남방집단군과 공조, 전사 사상 최대의 포위전 키에프전을 대승으로 이끌었으며 이후 브야지마-브리얀스크 이중포위전에서 가장 걸작에 가까운 군사교범적인 불가사의한 전과를 달성했다. 그 이전에 이미 폰 보크는 구데리안과 호트의 장갑집단으로 각각 30만 이상의 포로를 발생시킨 비알리스톡-민스크, 스몰렌스크 포위전을 치르고 모스크바까지 다가갔다. 남방집단군 역시 우만에서 10만 이상의 포로를 잡으면서 워밍업을 한 다음 폰 클라이스트 1장갑집단의 북진으로 남하하는 2장갑집단과 조우하여 66만의 포로를 잡는 키에프 포위전을 완료했었다. 여기까지가 히틀러가 진정으로 원했던 장면이라고 한다면 왜 6월 22일 이전에 중점은 여전히 중앙집단군에 있었는가를 해명하기는 어렵다.

최근 바르바로싸에 관한 해설서에 따르면 마치 히틀러가 전쟁 초기부터 41년 12월까지 일관된 원칙과 사고에 의해 주도권을 장악해 나가면서 일면 올바른 결정을 내리고 있었다는 주장이 난무하고 있음을 목도하게 된다. 즉 먼저 적 야전군의 중추를 파괴하고 수도와 같은 거점을 점령한다는 클라우제비츠의 기본이론에 충실하다는 것과, 주공의 안전을 확보하기 위해 측면의 위협을 제거한다는 기본 토대로부터 이탈한 적이 결코 없다는 등속의 평가가 그것이다. 예컨대 주공의 남익에 해당하는 키에프를 따 '측면'의 안전판을 공고히 한 것과, 모스크바로 진입하는 과정에서 북익을 확고하게 관리하기 위해 칼리닌을 장악한 것과 같은 일련의 작전행동이 그러한 히틀러의 원칙을 정당화하고 있다는 해석이다. 하나 이는 히틀러가 처음부터 모스크바로 진격하는 것을 진정한 주공으로 설정하고 한 치의 흔들림도 없이 원칙에 철저했을 때나 가능한 추정일 것이다. 히틀러는 6월 22일 개전 이래 수주가 채 안되어 우크라이나로 남진하는 것에 안달이 날 정도로 측면에 집착하고 있었다. 동시에 국가사회주의 이데올로기의 연장선상에서 볼셰비키의 요람인 레닌그라드를 없애는 것이 전 세계를 향해 가장 상징적인 프로파간다 효과를 거둘 수 있다는 점으로부터도 떨어지기 싫어했다. 심지어 중점이라는 것이 매월, 매주, 아니 거의 매일같이 OKW와 OKH의 협의내용이 되면서 전략이 전술 차원에서 가볍게 논의되는 이 같은 행태는 프로이센 육군의 전통을 계승한 독일군이 지녀야 할 모습이 아니었다. 데니스 쇼왈터는 이를 '신축적인 중점'이라는 희화화된 표현으로 이 시기 독일 통수부의 의사결정구조를 우회적으로 비난했다.[6]

히틀러는 구데리안과 호트가 연출하는 연속포위작전의 와중에서 단순히 눈에 보이는 재빠른 먹이를 잡아내기 위해 가장 낮은 차원의 '전술적 승리'를 '작전술적 술수'라고 포장하면서 지속적으로 중점과 주공의 방향을 왜곡시켜 나갔다. 확실히 독일군은 작전술 차원에서는 20세기 어느 군대보다 우월한 안목과 기량을 갖고 있었다. 그러나 작전술은 전략적 목표를 성취하기 위해 최적의 배경조건을 형성하기 위한 준전략적인 개념이어야 했으며, 서로 독립된 개개의 전술적 승리를 적당히 취합해 그것으로 작전술적 지평을 확장시켰다고 규정할 수는 없다. 또한 키에프 회전 이후 독일군 중앙집단군이 측면을 고민할 것 없이 모스크바를 겨냥한 '타이푼'을 진행시킬 수 있었던 것과, 남방집단군이 정면에 적이 없는 상태에서 우크라이나의 초원을 누비고 돈바스와 코카사스로 진출하는 길목을 연 것은 확실히 작전술적 성과인 것은 분명하다. 그러나 이 작전술적 차원의 유리한 고지가 전략적 차원의 결정적인 승부를 제공하지는 못했다. 키에프에 이어 브야지마와 브리얀스크에서도 유사한 규모의 포로가 발생하며 대승을 거두었음에도 소련군은 살아남아 수도방위에 들어갔다. 이는 작전술적 승리가 결코 전략적 승리의 전제조건이 될 수 없었던 대표적 경우에 해당한다.

결과적으로 바로바로싸의 2대 목표점인 모스크바와 레닌그라드는 어느 하나도 독일군의 수중에 들어오지 못했다. 그나마 남방집단군이 코카사스의 관문에 해당하는 로스토프까지 진출하기는 했으나 결국 11월 말에 퇴각을 단행하여 폰 룬트슈테트 원수가 해임되는 수순을 밟았다. 히틀러의 독일군은 41년 말까지 3개 방면의 모든 전략적 목표를 다 놓쳤다. 41년 하반기 내내 독일군은 전장의 주도권을 행사하면서 계속되는 전술적 승리를 구가하기는 했다. 그러나 이 개개의 승리는 작전술적 지평의 확대도, 전략적 목표의 달성에도 근접하지는 못한 채 독일군의 군사적 자산을 고갈시키는 형태로만 전화(轉化)되어 갔다. 따라서 결과론적이긴 하나 독일군은 소련을 한 시즌 안에 끝장낸다는 너무나 큰 과욕을 부린 게 아닌가 하는 점을 재고할 필요가 있다. 어차피

6) Showalter(2009) p.173

5-6개월 안에 한 방에 끝날 나라가 아니라면 41년에는 드니에프르와 볼가 강 중간 지점쯤에서 중단하고 42년에 모스크바를 포위하는 기동을 택하는 것도 가능할 것이란 상상을 할 수도 있으나 여기서는 이 책의 범위를 벗어나는 담론이 되어버리기에 생략키로 한다. 최소한 브야지마-브리얀스크 이중포위전이 종료된 다음, 바르바로싸를 일시적으로 접는 것도 나쁘지는 않았다. 어차피 42년에 전쟁을 계속할 것이었다면.[7]

그렇다면 독일군이 전쟁의 목적과 전략적 목표에 대한 초점을 흐리게 된 것은 언제부터인가? 중앙집단군의 두 장갑집단이 선봉에서 파죽지세로 적진을 유린하면서 비알리스톡-민스크, 스몰렌스크에서의 포위전을 성공적으로 이끈 것은 분명 서방에서의 전격적을 동방에서 재현한 놀라운 성과였다. 그러나 7월 중순부터 티모셴코의 반격이 단계적으로 추진되면서부터 모스크바 정면이 아닌 측면으로 방향을 전환하게 되면서 전략-작전술-전술의 위계적 인식체계에 혼선을 빚게 되었다. 그것이 옐니아에서의 고전(苦戰)이 되었건, 티모셴코 서부방면군의 반격에 의해 독일군의 주공이 타격을 입었건, 아니면 키에프 회전을 위해 구데리안을 남방으로 이동시키게 됨에 따라 초래된 의도적 탈선이건 간에, 독일군은 그로 인해 1개월의 시간을 날려버렸으며 그로부터 명확한 목표를 잡는데 지속적으로 동요하고 있었던 것은 분명했다. 즉 중앙집단군은 모스크바 정면의 가장 큰 천연 장해물인 드뷔나와 드니에프르 강의 도하 이후 '무엇을 할 것인가'를 미리 정하지 못한 채 끊임없이 측면과 주공 사이에서 중점설정에 대한 왜곡과 혼돈을 초래하고 있었다. 이에 대한 책임은 전쟁의 승패와 관계없이 히틀러의 개입이 가장 큰 변수였음을 부인할 길은 없다. 히틀러는 이미 민스크 포위전이 만들어지던 초기 단계에서부터 전격전의 원리에 배치되는 간섭과 병력분산적 의사결정을 남발해 왔고, OKW와 OKH는 이미 이때부터 히틀러가 당연한 목표인 모스크바로부터 이탈하는 것이 아닌가 하는 의혹을 수도 없이 안고 살았다.[8] 만약 히틀러의 생각이나 판단이 단순한 억지나 변덕이 아닌 일관성을 가진 논리에 의거한 것이라면, 그는 지극히 소극적이고 보수적인 스타일의 군사 지휘관이란 결론에 도달하게 된다. 작전과 전투에는 일종의 '리스크'라는 것이 있게 마련이며 그러한 위험부담이 없다면 기대하는 승리를 쟁취할 수도 없거니와 그 전투는 이겨도 의미가 없는 왜소화된 결과만 획득하게 될 가능성이 높다. 독일군이 서방전격전에서 이룩한 희대의 전과는 당시로서는 군사적 상식을 뛰어넘는 도발적인, 그리고 혁명적인 사고와 실천에 의해서 얻어진 것이었다. 만슈타인의 '낫질작전'(Sichelschnitt)을 대차게 용인했던 히틀러가 바르바로싸에서는 그러한 리스크를 감수할 대담한 의사결정을 내린 바가 없었다.[9] 키에프에서 사상 최대의 포위전을 달성한 독일군의 대승이 마치 히틀러의 선견지명과 천재적인 군사적 두뇌에서 비롯된 것이라는 프로파간다는 당시에도 극에 달할 정도로 유포되었을 것이다. 하나

---

7) Fugate(1984) p.286

8) BA-MA RH 21-3/46, 'Panzerarmeekommandos Anlagen zum Kriegstagebuch "Berichte, Besprechungen, Beurteilungen der Lage" Bd.III 22.7.41-31.8.41', Fol. 151(1941.7.13)

9) 대 프랑스전에서 에리히 만슈타인이 기안한 소위 '낫질작전'은 B집단군의 훼인트에 속아 영불 연합군이 북쪽의 벨기에와 네덜란드에 몰려 있는 사이, 구데리안의 장갑부대가 쾌속으로 아르덴느 숲지대를 통과해 해안으로 연합군을 몰아붙인 희대의 전격전 구상을 뜻한다. 히틀러는 이 아이디어를 채택하고 개별 작전에는 일체의 간여를 하지 않았기에 독일군은 세계가 놀랄 대승을 쟁취했었다. 프랑스가 그토록 짧은 시간 내에 붕괴된 것은 다양한 배경요인이 존재하나 가장 큰 원인 중 하나는 아마 츄어 히틀러가 프로들의 세부사항에 개입하지 않았다는 데 있었다. 물론 가장 마지막 국면에서 히틀러의 정지명령에 의해 덩케르크의 철수를 허용했다는 부분은 두고두고 논란이 되고도 남을 것이나.

키에프전은 교과서적인 포위섬멸전이었을 뿐 만슈타인류의 지략과 천재성이 발휘된 전투는 아니었다. 만약 스탈린이 쥬코프의 건의를 받아 남서방면군의 드니에프르 동안(東岸)으로의 철수를 서둘렀다면 그와 같은 재앙을 어느 정도는 약화시킬 수가 있었으며 설혹 당했다 하더라도 66만의 포로와 같은 대참사는 막을 수도 있었을 것이다. 전체적으로 보아 OKH와 야전 지휘관들이 거의 예외 없이 한결같이 '주공'에 대한 집중을 강조한 데 반해 히틀러는 끊임없이 '측면'에 매달려 있었다. 이는 리스크를 동반하기를 꺼려하는 안전제일주의의 보수적인 행태이며 결코 일관된 군사교리에서 발원한 천재적 상상력이 아니다. 저널리즘에서는 히틀러가 독소전의 도박을 감행한 것처럼 묘사되어 왔으나 막상 전쟁이 시작되자 그 도박의 스릴에 몸을 실었던 것은 OKH와 야전지휘관들이었지 히틀러 자신은 분명 아니었다. 서방전격전까지 히틀러가 보여주었던 능력은 마이크로매니지를 추구하지 않으면서 그 자신 특유의 전략적 직관을 창의적으로 발휘한 것에 비추어 결코 무시할 수 없는 근거가 있었다. 그와 같은 전략적 직관은 프로이센 육군의 전통을 지켜온 독일군 수뇌부의 정밀한 프로적 계산과 결부되었을 경우 대단히 파괴적인 힘을 나타낸 것도 사실이었다. 리델 하트에 의하면 만약 이 두 가지 요인들이 시너지 효과를 내면서 최상의 결합을 유지했더라면 소련은 붕괴되었을 수도 있다는 가상을 암시하기도 했을 정도였다. 그러나 바르바로싸에 있어 히틀러의 '직관'과 전문 독일군의 '계산'은 자멸적인 분열의 길로 들어가는 단초들을 제공하기 시작하고 있었다. 스탈린그라드의 참극으로 향하는 문은 이때부터 열려가고 있었다.[10]

* * * * *

독일군은 언제 승리를 놓쳤는가?

".....사실 독일군은 1939년부터 1941년까지 전역을 이긴 것이 아니라 전역의 개시국면을 이긴 것이었다.
즉 무기를 생산하고 병참을 강화하는 것이 아니라 전투 자체를 이기는 것에 매몰되어 있었다.
2차 세계대전 기간 중 독일군의 전투 스타일은 전쟁을 승리로 이끄는 것이라기보다
전투를 이기는 것으로 규정될 수 있다."
(러셀 스톨휘)

바꿔 말하면 독일군은 바르바로싸 기간 동안 언제 궁극의 전쟁목적을 달성하며 어떻게 소련군에 최종적 패배를 안길 수 있었는가란 질문이다. 독일군의 승리 가능성을 가장 확신했던 것은 러셀 스톨피(Russel H.S. Stolfi)였다. 그는 중앙집단군이 8월에 모스크바로 향했다면 소련군은 붕괴되었을 것이란 상상을 제시했다. 이러한 시각은 실은 구데리안을 비롯해서 전후 독일군 장성들이 누구나 상투적으로 제기하던 문제로서 개전 후 소련군이 충분한 수비병력을 유지하고 있음에도 불구하고 기술적, 전술적으로 하자가 많았던 바로 그 시기에 결정을 냈어야 한다는 논리에 근거하고 있다. 41년에 4군 참모장을 지내면서 전후 독일군 의사결정 과정의 상세한 부분을 공개했

10) B.H.リデルハート(1982) p.3

던 균터 블루멘트리트 역시 모스크바 정면에서 공세를 중단한 채 2개월을 남부에 할애한 것은 궁극적 승리의 가능성을 희박하게 만든 가장 주된 요인으로 규정했다. 여러모로 독일군에게 가장 유리했던 8-9월 하계 시즌에 모스크바를 향한 결정적인 공세를 취하지 않은 것이 결국은 치명상으로 돌변하게 된다는 논리였다.[11] 그럼 만약 독일군(중앙집단군)이 측면을 무시하고 8월에 모스크바 방면으로 직행했다면 어떤 결과가 나오게 되었을까란 문제에 직면하게 된다. 전후 쥬코프는 동일한 질문을 받았다. 쥬코프는 아마도 서부방면군이 심하게 두들겨 맞는 것은 기정사실이나 남서방면군이 북상하여 집단군의 측면을 치게 되면 독일군의 주공세는 돈좌되었을 것이란 견해를 표명했다. 여기서 민감한 부분은 남서방면군이 어느 정도 속도로 북상할 수 있는가란 사항이며, 만약 남방집단군이 계속해서 남서방면군 제대를 묶어 두었다면 쥬코프가 예상한대로 남서방면군이 강력한 펀치를 날릴 수 있었겠는가 하는 점이다. 물론 당시 소련군은 7월부터 서부방면군에 가장 높은 가치를 부여해 상당한 병력을 집결시켰기에 반드시 남서방면군의 가세가 없었다 하더라도 중앙집단군이 그리 간단히 돌파를 달성할 수 없었으리라는 점은 수긍이 간다.

러셀 스톨피는 8월 5일까지 모스크바 정면의 소련군은 정수에 못 미치는 50개 사단, 바꿔 말하면 대략 35개 사단의 전력을 갖고 있었는데 반해 중앙집단군은 상대적으로 뛰어난 60개 사단을 포진시키고 있었다는 점에 주목하고 있다. 물론 독일군은 스타프카가 황급히 28개 사단을 추가로 동원한 것을 인지하고 있었다. 다만 이들은 장비는 비교적 양호한 수준이었으나 병원의 숙련도는 형편없었다. 그리고 그것이 스타프카가 8월 초에 동원할 수 있었던 마지막 전략적 예비였다는 점이 스톨피에 의해 특별히 강조된 바 있다. 소련군은 300-400km에 달하는 중앙 전구에 폰 보크의 대군이 몰아닥칠 것을 예상하고 스몰렌스크와 브야지마 사이 구간을 이 전략적 예비로 버텨준다면 그 동안 좀 더 많은 병력을 여타 전구로부터 빼 와 증강시킬 수 있을 것으로 판단하고 있었다. 반면 스톨피의 생각에 따르면 8월에 중앙집단군이 고멜을 향해 남으로, 토로펫츠를 향해 북으로 전력을 양분시킬 것이 아니라, 차제에 북방집단군의 회프너 4장갑집단까지 합류시켜 역사적으로는 10월 2일에 있을 '타이푼'을 8월에 개시했더라면 모스크바는 장악되었을 것이란 예상을 제시하고 있다. 즉 북방집단군의 1, 6, 8장갑사단과 새로 지원될 2, 5장갑사단을 이 시기에 붙여 증강된 5개 장갑사단으로 모스크바 진격을 가속화시켰다면 중앙집단군은 민스크와 스몰렌스크를 칠 때보다 더 막강한 자산을 투입할 수 있었다는 분석이다. 만약 이것이 가능했다면 독일군은 20개 기동사단과 25개 보병사단으로 엄밀히 계산해 16개에 불과한 소련군 완편전력의 사단과 조우하게 됨으로써 수적 우위를 장악할 수 있었을 것으로 진단했다. 설혹 스몰렌스크 포위망 소탕에 일부 자산들을 묶이게 한다손 치더라도 중앙집단군은 7월 15일경 4개 장갑사단, 3개 차량화보병사단 및 10개 보병사단으로 모스크바 진격을 가능케 할 수 있는 여력이 있었다고 하고, 당시 일일 14개의 열차에 6,300톤의 보급물자를 민스크-몰로데츠노(Molodechno)로 이송시킬 수 있었다는 병참자료까지 제시했다. 그런 다음 중앙집단군이 측면에 신경 쓰지 말고 2주 동안 주변 구역을 말끔히 정리한 후, 8월 5일까지 1주일 여유를 두고 충전과 보급에 집중했더라면 폰 보크의 제대는 8월 13일까지 24대의 열차를 지원받아 모스크바를 향한 급행작전을 충분히 소화할 수 있었을 것이란 조심스러운, 그러나 대단히 야심적인 낙관이 주창되었다. 즉 1주일 정도의 시간

11) B.H.リデルハート(1982) p.175

동안 철도 궤도의 조정작업을 마친다면 민스크에서 오르샤를 거쳐 스몰렌스크로 가는 철도보급선은 공고한 젖줄이 될 수 있었다는 분석이다.[12] 그와 같은 병참조건이 완비된 상태에서 중앙집단군이 8월 중순 행동의 자유를 얻었다면 스몰렌스크 북쪽의 포위망까지 해결하고 구데리안의 2장갑집단이 남쪽의 연락선 전체 구역을 통제 하에 둘 수 있었다는 것으로서, 그에 따라 북방의 4장갑집단 기동사단까지 가세하는 탄력을 받게 된다는 구상은 모스크바 진공과 함락의 실현가능성을 일층 가시화시킬 수 있었다고 단정지웠다. 90년대 이후 수정주의 학자들이 엘니아에서의 고전을 근거로 바르바로싸는 41년 여름에 결판이 났다고 규정하는 것처럼, 스톨피는 전혀 다른 각도에서 독일군은 두 달 동안 측면과 남방에 중점을 두는 과오로 인해 41년 8월에 전투가 아닌 전쟁을 끝낼 수 있는 절호의 기회를 놓쳤다는 점에서 이 시기를 독소전의 가장 궁극적인 전환점으로 해석하고 있다. 그에게는 전쟁의 전환점이 스탈린그라드도 쿠르스크도 아니며, 엘 알라메인은 더더욱 아니며, 오로지 41년 8월 모스크바 진격을 멈추었다는 바로 그 사실에서 발견되어야 한다는 논지를 제시했다. 스톨피의 상상력은 대단히 흥미롭다. 그는 만약 회프너의 4장갑집단이 브야지마에서 호트의 3장갑집단과 연결되고 구데리안의 2장갑집단이 고멜이나 키에프로 갈 것이 아니라 북동쪽을 향해 모스크바의 남익을 후려치면서 8월에 툴라를 점령하기로 했다면 모스크바의 붕괴는 초읽기에 들어갈 수 있었다고 확신하고 있었다. 그는 회프너의 전차들이 북방집단군을 이탈해도 괜찮은 이유는 당시 7-8월의 레닌그라드 전구는 상대적으로 불안할 이유가 없었으며 할더의 판단으로도 보병제대만으로 전선을 관리해 나갈 수 있었다고 본 사실에 근거하고 있다. 8월의 공세는 확실히 독일군에게 유리한 측면이 있었음은 재언을 요하지 않는다. 청명한 날씨가 계속되는 계절에는 루프트봐훼의 출격이 자유로웠을 것이며 진창도로가 없는 딱딱한 땅의 더운 날씨, 거기다 긴 일조량을 활용할 수 있어 작전시간은 10월보다 길었을 것이다. 8월의 독일군은 10-11월의 독일군에 비해 하루 6시간이나 많은 여유를 가지면서 전투를 이어갔다. 이는 절반이 기동사단으로 구성된 중앙집단군 45개 사단의 진격에 더없이 좋은 환경이었을 것으로는 충분히 예상된다.[13] 스톨피는 10월에 있었던 브야지마-브리얀스크 이중포위전의 신화적 성과를 왜소화시키지는 않았다. 단 그의 판단은 그 대승리 이후 이어진 동계 전역의 실상은 이 이중포위전이 올바른 장소에서 집행된 것은 분명하지만 결코 이상적인 시간대에 이루어진 진 것이 아님을 분명히 하고 있다. 9월, 10월 두 차례의 대승리를 거두고도 모스크바 석권의 기회를 놓치게 된 것은 결국 시간적 변수가 다른 무엇보다 결정적이었다는 점이었다.

이와는 반대로 데이빗 글랜츠는 키에프 포위전을 통해 중앙집단군의 측면 위협이 궁극적으로 제거된 10월이야말로 독일군이 최종 승리를 거머쥘 수 있는 절호의 시기였다고 단정한다. 글랜츠는 단순히 소련군 병력의 차이를 비교하는 데에서 그 원인을 찾았다. 8월은 여전히 강력한 서부방면군과 여타 방면군들이 모스크바 정면에 진을 치고 있는 상황에서 만약 폰 보크가 모스크바로 향했다면 남익에 위치했던 남서방면군의 50개 사단 이상이 중앙집단군을 쳐내려고 달려들었을 것이란 평가를 내리면서 막강한 병력을 거느린 남서방면군을 두고 정면의 서부방면군을 통과해 나가기란 불가능했을 것이라는 진단을 내놓았다. 쥬코프 역시 전후에 만약 중앙집단군이 남서

12) Stolfi(1993) p.176
13) Stolfi(1993) pp.181-4

방면군을 제거하지 않고 8월에 모스크바로 직행했다면 서부방면군에 의해 저지되었을 것으로 논평한 바 있었다. 하지만 아래 표를 한번 보도록 하자.

소련군 병원 규모 비교(스몰렌스크-타이푼)

방면군	1941.7.10-9.10	1941.9.30-12.5
서부방면군(7.10)/(9.30)	556,087	545,935
예비방면군(8.1)/(9.30)	466,366	478,508
중앙방면군(8.1)/(9.30)	284,820	0
브리얀스크방면군(8.20)/(9.30)	162,278	225,567
계	1,469,551	1,250,010

글랜츠는 마치 8월과 10월 사이에 소련군 병력 규모와 전력의 깊이에 상당한 차이가 있는 것처럼 해석하고 있으나 이 표는 별 차이가 없다는 점을 시시하고 있다. 중앙방면군은 막대한 피해를 입은 뒤 8월 25일부터 브리얀스크방면군에 통합되었다. 따라서 두 방면군의 차이를 비교하건 전체 병원수를 비교하건 그 차이는 20만 명 정도에 불과하다. 100만 명을 순식간에 가두는 독일군이 단 20만 명 때문에 전쟁을 이기거나 진다고 하는 가설은 쉽게 수긍하기가 어려운 측면이 많다. 8월에 10월보다 20만 명이 더 많은 147만 명의 소련군이 독일군을 막아섰다고 할 경우, 실은 10월에 지켜야 할 방어구역 정면은 8월보다 더 협소했으므로 8월의 병력밀도는 10월보다 더 희박했던 것으로 판단할 수 있다. 바꿔 말하면 10월의 방어밀도가 월등히 높았다는 것이다. 거기다 8월에는 남익의 남방집단군이 남서방면군을 아직 격멸시키지는 못할지라도 중앙집단군 전구로 이동하지 못하게 우크라이나에 묶어 둘 수는 있었다. 우만 포위전을 치른 이후 남방집단군의 1장갑집단은 이전과는 다른 상당한 정도의 행동의 자유를 얻고 있었으며 키에프, 하르코프, 오데사, 어디로든 진격할 수 있는 다양한 옵션들을 갖고 있었다. 또한 8월 여름은 가을비나 한파가 없는 독일군의 프리스타일이 통하는 계절이지만 10월에 들어가면 때 이른 눈까지 내려 독일군의 병참은 이중고, 삼중고를 겪게 된다. 연료와 일반 보급 사정은 10월이 8월보다 못하면 못했지 결코 유리한 환경이 아니었다. 당시를 경험한 독일군의 증언에 따르면 그해 유달리 겨울이 빨리 찾아온 것 같았으며 이미 9월 대낮에도 외투가 필요할 만큼 추웠다고 한다. 그럼에도 불구하고 중앙집단군은 키에프전 이후 또 한 번 거대 규모의 브야지마-브리얀스크 포위전을 만들어 내면서 완력을 과시했다. 글랜츠는 아마도 중앙집단군이 67만에 달하는 적군 포로를 잡는 전과가 10월 중순까지 달성되었다는 바로 그 사실에 기초하여 독일군의 10월 공격이 소련군을 붕괴시킬 수 있는 가능성이 높았던 것으로 평가하고 있으나 최종적인 역사적 사실은 그렇지를 못했다. 소련군은 9월 30일에 병력 125만을 보유하고 있는 것으로 통상 알려져 있으며 그로부터 두 달 후인 11월 말일에는 576,500명이 남아 있었다. 독일군이 연말까지 총 830,403명의 병원 피해를 안게 되나 최소한 이 시점에서는 병원 수에 있어 독일군이 소련군보다 2 대 1의 우위를 나타내고 있었다. 여기까지의 과정만을 놓고 본다면 독일군은 키에프 포위전으로 말미암아 모스크바 진격에 있어 거의 두 달을 지연시킨 것은 확실하지만 그럼에도 키에프전과 유사한 병력을 포로로 잡는 신화적인 전과를 달성한 것만은 분명했다. 더욱이 타이푼 작전은 모스크바가 주목표로 설정된 상태에서 히틀

◆ XII-3 봘터 라이헤나우 6군 사령관, 후에 남방집단군 사령관. 서류처리 싫어하고 성격 급한데다 골수 나치였으나 아닌 것은 아니라고 히틀러에게 말할 줄 아는 전형적인 야전지휘관이었다.

러의 마이크로한 간섭이 상대적으로 적은 기간이었다. 일단 주목표가 설정되자 독일군들은 당면과제의 집행에만 몰두할 수 있었고 할더와 폰 보크 등의 상급 지휘관들은 마치 밀렸던 숙제를 하는 것처럼 다급하게 진격명령을 일선에 전달했다.

독일군은 그 이후 1941년 바르바로싸를 위해 동원시켰던 역사상 최대 규모의 전력을 다시 한번 복원시키지는 못했다. 즉 독일군에게 단 한 번의 기회가 있었다면 여하간 그것은 1941년 여름이었다. 42년의 청색작전은 남방집단군 하나만으로 스탈린그라드와 코카사스를 석권한다는 무모한 발상에 기초하였으며 이는 무모한 발상만큼이나 더 이상 3개 집단군을 동시에 가동시킬 만한 군사경제적 여력이 존재하지 않았다는 사실을 드러낸다. 그 이후 독일군은 소위 전략적 공세를 추진할 저력도 기회도 상실했다. 43년으로 넘어가면 '전략'이라는 단어 자체가 등장할 수 없게 되며 기껏해야 소련군을 일정 구역까지 밀어내는 작전술적 조건의 변화를 기도하는 정도로 왜소화되었다. 따라서 이와 같은 조건을 염두에 두고 독일군은 키에프전을 마친 뒤 당시까지 획득한 전선을 관리하면서 익년도 하계공세 때까지 전력을 유지했어야 한다는 견해도 등장했다. 아니면 타이푼 1단계에서 정지하여 '공세'가 아닌 '관리' 국면으로 전환했어야 한다는 입장이었다. 대표적인 것은 폰 룬트슈테트와 헤르만 호트였다. 폰 룬트슈테트는 자신의 남방집단군이 로스토프를 점령할 힘은 있으나 해당 구역을 지탱할 자산은 없다고 정확히 내다보면서 마지못해 히틀러의 공격명령을 이행했다. 폰 클라이스트의 1장갑집단은 그 임무를 훌륭히 수행해냈다. 하나 그가 예측한대로 소련군의 반격이 이어지자 더 이상 로스토프를 유지하기가 불가능해 11월 28일 독자적인 철수명령을 하달했다. 그 결정은 히틀러를 격노케 하여 곧 해임당하는 조치를 당했다. 집단군 사령관의 후임은 친위대의 나치보다 더 나치적인 면모를 지녔던 봘터 라이헤나우였으나 그 당시의 구체적 상황은 강철의 의지만 가지고는 통하지 않는다는 객관적 사실을 증명하고 있었다. 라이헤나우 역시 폰 룬트슈테트를 따라 철수 허가를 건의했다. 총통은 폰 룬트슈테트는 경질시키면서 동일한 건의를 제출한 후임은 그대로 두었다. 히틀러는 늘 이런 식이었다. 여기서 스톨피와 같은 상상력을 가질 경우, 독일군은 41년 12월 모스크바 정면으로부터의 패퇴를 경험하기 이전에 10-11월에 공세를 중단하여 전력을 유지관리하는 쪽으로 전환했더라면 42년 공세의 무게나 내용, 병력의 밀도와 절대적인 양적 규모의 조건이 우리가 아는 실제 역사 속의 42년과는 많이 달랐으리라고 예상할 수 있다는 점이다. 이러한 발상은 42년 10월에 프리드리히 파울루스의 6군이 갇히지 않고 일찌감치 전선에서 빠져나와 참사를 면했더라면 어떤 결과가 나왔을까 하는 상상력보다 더 큰 흥분을 가져다 줄 수 있기 때문이다. 독일군 수뇌부가 역설적으로 좀 더 보수적이고 신중하며, 좀 더 관료적이었다면 소련군은 4-5년을 끌었던 1차 세계대전 전체를 통해 입은 제정 러시아의 피해를 41년 7월 말에 이미 경험하고도 꿋꿋하게 버티고 있었다는 사실에 주목했어야 했다. 즉 소비에트 러시아는 제정 러시아가 한 개 전쟁에서 입은 피해를 불과 한 달 만에 안고도 역전극을 만들어내는 신화적 괴력을 지닌 존재였다. 이런 존재를 이기려면 모든 과정에서 흠결이 없는 작전이 수행되어야 했다. 하나 독일군은 드니에프르와 드뷔나 강 동쪽 제방에서 그 이후의 공세를 어떻게 이어갈 것인지에 관해 극도로 혼란스런 리더쉽의 착종현상을 나타냈으며, 시간이 갈수록 좁혀져야 할 중점이 오히려 해당 내용과 방향에 있어 계속해서 확산되고 팽창되는 모순을 낳고 있었다. 어차피 독일 정도의 중범위국가가 세계에서 가장 큰 나라를 상대로 전쟁을 치르는 것은 그 자체가 도박이었다. 발상 자체가 도박이라면 작전의 중점도 도박이어야 했다. 독일군이 측면을 관리하면서 주공세를 조정해 나간다는 자세를 갖기 이전에, 차라리 소모전을 피하기 위해 최단시간에 최대치의 목표달성을 위해 최대의 병력을 집중시킨다는 전격전의 교리에 보다 철저했더라면 중앙집단군의 역사는 많이 달랐을 것이라는 상상은 충분한 근거가 있다.

* * * * *

작전술적 제파와 전략적 예비

"여기서 벌어질 일에 나는 겁이 났다.
우리는 더 이상 예비가 없었으며 신규병력은 봄이 오기 전에는 가능하지 않았다.
우리는 방한장비가 없었으며 준비된 방어지점도 없었다. 적군은 점점 행동을 강화하고 있다."
(중앙집단군 4군 참모장교, 헬무트 슈티이프 중령 : 1941.11.19)

이번에는 소련의 시각에서 대전 초기의 참사에 관해 조명해 보도록 하자. 소련군은 1940년 독일군의 전광석화와 같은 서방전격전의 내용을 나름 충분히 검토하고 대비해 왔던 것은 분명하다. 다만 프랑스와 달리 끝없는 대지를 가진 러시아를 장악하기 위해서는 우크라이나와 돈바스의 자원이 절대적으로 필요할 것으로 본 쥬코프와 군 수뇌부는 독일군의 주공이 우크라이나와 프리페트 습지, 즉 나중에 중앙집단군의 남익에 해당하는 남부구역일 것으로 상정하고 거기에 가장 많은 병력을 투입했다. 물론 여러 갈래로 치고 들어올 것은 분명하지만 독일군의 일차 목표는 북쪽의 레닌그라드와 남쪽의 우크라이나이며 모스크바는 그 다음에 들이칠 것으로 보고 중앙집단군이 중점이 될 것이라고는 전혀 생각하지 않았다. 따라서 6월 22일 가장 심하게 두들겨 맞은 드미트리 파블로프의 서부군관구에는 독일군이 침입할 경우 곧바로 격퇴가 가능한 3개 기동군단 정도만 있으면 문제가 없을 것으로 생각했고, 후에 전략적 예비가 추가배치될 때까지만 버티면 승산은 있다는 매우 단순한 셈법을 유지하고 있었다. 쥬코프 역시 독일군의 중점이 남부로 향할 것으로 확신하고 전략적 예비(strategic reserve)만 두면 괜찮다는 다소 안일한 구상 하에 적의 공세정면에 대한 작전술적 제파(operational echelon)를 증강시키는 것에는 큰 관심을 보이지 않았다. 파블로프는 6, 11기계화군단이 그로드노 북쪽 주변에 배치되고 14기계화군단을 남쪽의 코브린 부근에 포진시켜 수발키로부터 접근하는 호트 3장갑집단과 브레스트-리토프스크에서 동진할 구데리안의 2장갑집단의 측면을 노린다는 의도를 실천에 옮기고자 했다. 하나 당시 서부군관구에 배치된 전차들은 대부분 경전차들이었으며 T-34, KV와 같은 중전차들은 초장에 독일전차들을 압도할 수 있는 능력이 있었음에도 불구하고 후수로부터의 일격을 고려해 전방에 집중적으로 배치하지는 않았다. 소련군은 그들이 전략적 축선이라고 생각하는 지점에 1개 소총병군단을 전방에 두고 1개 기계화군단을 뒤에 두었으며 소총병사단은 단 1개 연대만을 전방에 두되 나머지 주력은 모두 뒤에 몰아넣는 방식을 취했다. 하나 기계화군단들은 소총병제대와의 공조를 위해 제대별로 너무 흩어져 있었으며 소련군 대전차방어의 핵인 대전차포병여단은 기계화군단들과 전혀 유기적인 관계나 거리를 유지하지 못했다.[14] 결과적으로는 이것이 독일군에게 선제권을 양도하는 나이브한 비극을 잉태케 한 원인으로도 작용했다. 거기다 공군과 지상전력의 제병협동에 의한 전격전은 순식간에 소련군의 연락선, 통신시스템을 마비시켰으며 독일전차들이 소련전차들을 정면으로 상대하지 않고 소련군의 배후로 침투하는 사이 오히려 루프트봐풰가 지상의 적 전차들을 무차별로 파괴하는 충격에 휩싸이면서 아무 것도 성취하지 못하는 불운을 겪었다. 소련군은 최전방에 너무나 많은 병력들을 집중시켜 지상군이나 공군이나 필요이상의 전진배치를 통해 개전 수일 만에 천문학적 피해를 입었으며 최초 단계에서 적군에 대한 충격을 가하기 위한 작전술적 제파를 견고하게 하는 준비마저도 엉성하게 처리했었다. 우선 독일군 주력의 진공방향을 잘못 판단했으므로 당장 써야 할 전략적 예비조차 우크라이나에만 집중되어 있었기에 이 막강한 전력은 전혀 힘을 쓸 수가 없었다. 그렇다고 드니에프르-드뷔나 구간에 작전술적 제파가 제대로 존재한 것도 아니었으며 너무 많은 병력이 국경선 바로 앞에서 붕괴되었기에 호트와 구데리안의 장갑부대는 소련군의 종심을 큰 곤란 없이 흔들고 지나가면서 빠른 시간 내 비알리스톡-민스크 포위망을 만들어버리는 쾌속전진을 확보할 수 있었다. 파블로프가 제안하고 쥬코프가 동의한 이 수비책은 실은 이미 투하췌프스키(Tukhachevski)의 방어전 교리에서 발원한 것으로서 구체 내용에 있어서도 큰 차이는 없다. 투하췌프스키의 종심이론에 따르면 방어전을 위한 전장은 대략 3개로 나뉘게 되며 제1지대는 전술적 방어구역, 2지대는 작전술적 방어구역, 마지막 3지대는 전략적 방어구역으로 명명했다. 1지대와 2지대 사이의 구간은 정확한 거리 개념이 없으나 전략적 예비는 작전술적 방어구역 250km 뒤에 배치하는 것으로 정해져 있었다. 투하췌프스키나 파블로프는 일단 독일군의 주공이 1지대로 돌입할 경우 전술적 구역에서 1차 저지선을 구축하여 최대한 시간을 벌 수 있도록 지연전을 전개하고, 적이 동진하여 측면이 늘어난 때를 기다려 2지대의 작전술적 제파를 동원하는 동안 3지대의 전략적 예비가 전방으로 포진, 마지막 승부수를 띄운다는 시나리오를 상정했다. 만약 작전술적 제파가 드니에프르와 드뷔나에서 독일 장갑집단을 제대로 막고 측면을 후려쳐 전략적 예비를 기다릴 시간을 벌었다면 바르바로싸는 최초국면부터 크게 달라졌을 거라고 상상할 수는 있다. 한데 이 작전술적 제파는 그 기능을 수행하지 못했다. 이유는 양군 병원들의 기술적, 전술적 격차로부터 설명되어질 수 있겠지만 그보다 큰 이유는 최초 1진에 배치되었던 전술적 제파가 너무나 허무하게 무너지면서

14) Glantz(ed)(1993) p.455

◆ XII-4 & 5 모스크바 방위전을 묘사한 소련의 역사화

작전술적 제파가 적절히 기동할 수 있는 시간적 여유가 전혀 없었다는 데 근원적인 문제가 있었다. 따라서 작전술적 제파가 전술적으로 기용됨에 따라 전략적 예비가 작전술적 제파와 뒤엉어키면서 소련군이 구상한 조직적이고 단계적인 방어전은 치를 수가 없게 되었다. 아래 표는 소련이 5월 13일 작전술적 제파로 활용하기 위해 여러 군관구에서 충원한 전력들이다.

제대	원 방어구역	이동 포진구역
16 군	트란스바이칼	우크라이 중서부 쉐페토프카
19 군	북부 코카사스	키에프 남부 비알라 제르코프
21 군	볼가	고멜
22 군	우랄	드뷔나 북방 벨리키에 루키
25 소총병군단	하르코프	드뷔나 유역

이 전력은 4개 서부지역 전구의 예비로 있던 20, 24, 28군과 합쳐 총 96개 사단을 이루고 있었다. 물론 6월 22일까지 모든 군 병력이 정 위치에 있었던 것은 아니나 여하간 스타프카 직할의 11개 예비사단까지를 포함하면 총 107개 사단이 형식적으로는 작전술적 제파를 구성했다. 하지만 이중 19군, 20군, 21군, 22군, 28군은 원래 전략적 예비로 편성되어 있던 군으로서 이들 5개 군 모두가 작전술적 제파로 동원되었기에 최종 타격전력으로 동원되어야 할 전략적 예비 중 상당수가 방어적 성격의 제대로 변질되었으며, 적군의 측면을 타격해 반격으로 전환시킬 작전술적 제파의 거의 대다수가 전술적 수비대로 투입되는 과정을 통해 전술, 작전술, 전략의 3원적 공방전 구도는 원안대로 작동할 수 없는 사태에 처했었다. 바꿔 말하면 전략적 예비가 너무 이른 시간에 동원되어 서부군관구에는 더 이상의 신규 병력이 포진할 공간마저 협소하여 과잉밀도를 나타내는 현상도 표출되고 있었다. 그 때문에 독일군에 의한 최초의 충격은 독소 양군이 예상하던 것보다 더 많은 소련군의 피해가 집계되었으며 이 단순통계는 할더 육군참모총장을 비롯한 독일군 수뇌부로 하여금 소련군의 예비가 거의 고갈상태에 도달했을 것이라는 착각을 낳게 하기도 했다. 하지만 소련군의 병력 동원 능력은 당시 독일뿐만 아니라 전 세계 군부들이 경악할 정도의 무한정한 너비와 깊이를 지니고 있었다. 개개의 제대가 갖는 객관적 전투력은 차치하고라도 41년 여름 소련군의 규모는 지금의 기준으로서도 군사적 상식을 뛰어넘는 것이었다. 7월 10일 기준 소련군은 비알리스톡-민스크 포위전에서 괴멸적 타격을 입었는데도 31개 사단을 전략적 예비로 두고 있었으며 보그다노프(S.I.Bogdanov)의 예비방면군 하나만으로 6개 군을 보유하고 있었다.[15]

* * * * *

병원과 병기의 질과 양

" 히틀러의 군대는 훈련이 덜 된 소련군을 만나 눈부시게 빠른 성공을 거두었다.....
그리고는 공세가 돈좌되었다.
부분적으로는 소련군의 처절한 저항에 의한 것이기도 했으나
그보다 더 중요한 것은 독일군이 가진 내재적 한계 때문이었다."
(막스 부트(Max Boot))

15) Fugate(1984) pp.53-4, 59

바르바로싸가 실패로 끝났음에도 불구하고 독일군이 압도적인 비율로 소련군을 격파한 통계는 여전히 지워지지 않고 있다. 소련군은 개전 이래 5개월 동안 전사와 포로를 합해 400만의 병력손실을 입었으며 이는 개전 발발 당시 전력의 80%에 달함은 물론, 4년 동안 전개된 독소전 전체 소련군 피해의 60%에 달하는 수치였다. 좀 더 구체적으로 보면 41년 동계전투 종말 시점까지 소련군은 2,993,803명의 전사와 330만의 포로를 발생시켰으며 민간인의 피해를 제외하더라도 수백만의 부상자들이 존재하고 있었다. 제대 규모로는 약 200개 이상의 사단이 사라진 것과 같았다. 독일군은 같은 기간 302,595명의 전사를 포함, 계 830,903명의 사상자들이 전투서열표에서 사라졌다.[16] 전사자만을 놓고 본다면 독일군 1명이 쓰러질 때 10명의 소련군이 전사했다는 비율이었다.

개전 당시 총 22,000대의 전차를 갖고 있던 소련군은 최초 단계의 국경전투, 즉 6월 말에서 7월 초까지 모두 12,000대의 전차를 상실했으며 바르바로싸 전체 기간을 통해 20,500대를 파괴당하는 피해를 입었다. 독일군이 물러난 42년 초에 전선에 배차되어 있던 전차 수는 2,200대에 불과했고 이는 41년 6월 당시의 10%에 해당하는 전력이었다. 그에 비해 독일군은 2,735-2,800대 정도의 전차손실을 기록했다. 즉 상호 격파비율은 7.5 대 1이었다. 티거도 판터도 없던 시절, 심지어 장포신 4호 전차가 배치되기도 전인 41년 하반기에 절대적으로 우위를 누리던 소련 전차들을 상대해 이 정도 성적을 올렸다는 것은 경이적인 기록이었다. 혹자는 이와 같은 기이한 결과는 거대한 일련의 포위전에서 소련군들이 전차를 써 보지도 못하고 노획당하거나 전선에 방기한 채 후퇴했기에 나온 통계라고 해석하나, 아래 표와 같이 가장 규모가 컸던 키에프 포위전(66만 명의 포로)에서 소련군이 잃은 전차가 겨우 411대라는 점은 그와 같은 추론을 정면으로 거부한다고 할 수 있다.

1941년 소련군 전차 상실 통계

작전명(소련 기준)	시기	소련 전차 상실
발틱 방어전	1941.6.22-7.9	2,523
백러시아 방어전	1941.6.22-7.9	4,799
서부 우크라이나 방어전	1941.6.22-7.6	4,381
카렐리아 작전(대 핀란드)	1941.6.29-10.10	546
키에프 방어전	1941.7.7-9.26	411
레닌그라드 방어전	1941.7.10-9.30	1,492
스몰렌스크 공방전	1941.7.10-9.10	1,348
돈바스-로스토프 방어전	1941.9.29-11.16	101
모스크바 방어전	1941.9.30-12.5	2,785
피흐뷘 공세	1941.11.10-12.30	70
로스토프 공세	1941.11.17-12.2	42
모스크바 공세	1941.12.5-1942.1.7	429
소계		18,927
총계(기타 지역 포함)	**1941.6.22-1941.12.31**	**20,500**

16) Stahel(2019) p.252

독일공군은 9월 28일 이래 489대의 공군기를 파괴당하고 333대의 기체가 손상되었으며 동 기간 중 소련공군은 6,100기를 잃었다. 개전 당일 6월 22일부터 환산하면 루프트봐훼는 2,827대의 공군기를 잃는 동안 21,200대의 소련기를 격추시켰다. 역시 전차와 마찬가지로 7.5 대 1의 상호파괴 비율이었다.

독일군이 바르바로싸를 실패작으로 만든 것은 여러 측면에서 논란이 있었다. 그러나 40년 유럽 대륙의 최강 군대로 각인된 다음에 치른 대소전이 전략적 차원에서 독일군의 능력과 국가 군수경제의 한계를 드러낸 것은 어찌할 수 없어도 전술적 차원에서 프로 군인들이 크게 자행한 실수는 없었다. 비교적 최근에 바르바로싸를 서술한 스웨덴의 크리스터 베르그스퇴름은 다음과 같이 규정했다.

> *".....그러나, 그러한 실수는 1941년 동부전선 독일군 지휘관들에 의해 만들어진 바는 없었다. 결론은 그들이 주어진 조건 하에서는 최선의 결과를 산출했다고 해야 할 것이다."*[17]

독일군 야전 지휘관들이 전혀 흠결이 없이 완전에 가까운 전투행위를 한 것은 결코 아닐 것이지만 42년, 43년이 아닌 최소한 41년에 있어서만은 그들이 히틀러나 OKW, OKW의 전략적 방향설정의 과오와 작전술 및 전술과 전략적 범주와의 혼돈에서 비롯된 희생이었던 점만은 분명하다. 그에 비해 소련군 장성들과 장교들은 거의 대부분이 독일군과 전술적으로 맞대응을 펼치기에는 역부족이었다. 41년에 소련은 독일군의 구데리안, 만슈타인, 롬멜과 같은 인재를 갖지도 발굴하지도 못했으며 전장에서 실패할 경우나 후퇴할 경우에는 '가족도 처형하겠다'는 일부 가혹한 협박에 의해 무지막지한 피해를 당하면서도 전선을 지켜낸 경우는 있었다. 쉽게 말하자면 승리 아니면 죽음을 강요하는 '감방 또는 훈장'의 양자택일 지휘법만이 조그만 전과를 확보하는 데 일조했다는 역설마저도 존재했다. 독일군은 바르바로싸 전 기간을 통해 양적 규모로는 자신들을 압도하면서도 이해가 되지 않을 만큼 기초훈련이 부족하거나 전술적 이해도가 결여된 소련군 제대들을 만나면서 즐거운 경악과 위험스런 자만심을 체득해 가고 있었다. 독일군의 고위급 지휘계통에서는 동맥경화 현상이 발생하고 있을 시점에도 장병들의 임무형 전술 숙련도는 최고조에 달해 있었던 것으로 보였다. 소련 5군에 소속되어 있던 이반 췌르노프(Ivan Chernov) 소위는 특히 독일군 부사관

◆ XII-6 철조망을 통과해 전진하는 독일군 소총수를 찍은 유명한 프로파간다 사진. 유사 이래 최강 군대라는 자부심을 지녔던 그들은 41년 12월 최초의 좌절감을 맛보았다. 들고 있는 소총은 가장 일반적인 마우저 Kar98. 근접전에서는 별로 유용하지는 않으나 대전 기간 중에 등장한 볼트액션 형식의 소총으로서는 최고수준에 달했다.

17) Bergström(2016) p.253

들의 능력과 지도력에 깊은 감명을 받아 일단 질적인 측면에서 그들은 독일군의 상대가 되지 못했다고 술회했다. 독일군 부사관들은 거의 장교 수준의 훈련을 거쳤으며 장교가 전선에서 이탈될 경우에는 부사관이 그 즉시 지휘권을 이양받아 하등의 중단 없이 전투를 이어나가는 탁월한 리더쉽과 판단력을 보유하고 있었다. 반면 소련군의 경우는 우수한 장성과 최말단의 용감한 사병들이 발견될 수는 있어도 장교와 부사관들의 전투능력은 수준 이하가 대부분이었다. 심지어는 소련군 장병들이 자신들의 무능한 장교가 적군인 독일군보다 더 무섭다는 푸념을 남발하기도 했다. 그 정도로 중간급 장교와 부사관들의 훈련이 철저하지 못했다는 뜻이었다.

◆ XII-7 토카레프 TT1930 권총을 들고 돌격구호를 외치는 소련군 지휘관. 보도에 따르면 이 장병은 바로 이 사진에 노출된 직후 얼마 안 가 전사한 것으로 전해지고 있다.

질의 측면에서 독일군이 소련군을 월등히 능가했던 것은 재언을 요하지 않는다. 그럼에도 불구하고 '전투의 승패'가 전투력의 질에 의해 결정되는 것은 과거나 지금이나 같은 맥락에서 이해가 되나 '전쟁의 승패'는 결국 양적 규모의 끊임없는 자산의 보유와 동원 능력에 의해 좌우되게 되어 있었다. 우선 독일군 수뇌부는 소련군의 전략적 자산 규모를 너무나 과소평가했다. 할더 육군참모총장의 진술(1941.8.11)이다.

> *"전쟁 개시 직전에 우리는 적군이 200개 사단을 보유한 것으로 예상했다. 그런데 지금까지 확인한 것만 360개 사단이었다. 이 사단들은 우리 기준처럼 훈련되고 무장이 된 것은 아니며 그들의 전술적 지휘는 형편없는 수준이다. 그러나 그들은 여전히 그 자리에 있었다. 만약 우리가 12개 사단을 없애면 그들은 다시 12개 사단을 그 자리에 갖다 놓았다."*
>
> (육군참모총장 프란쯔 할더 상급대장)[18]

과장된 표현 같지만 사실이 그러했다. 데이빗 글랜츠는 바르바로싸에서 독일군의 패퇴를 결정한 가장 중요한 요소는 독일군이 소련군 1개 사단을 격파하면 얼마 안 되어 다시 1개 사단을 축조하여 그들 앞에 내세울 수 있었다는 놀라운 회생력을 꼽았다. 바꿔 이야기하면 그토록 짧은 시간에 그토록 많은 병력과 사단을 만들어내었다는 것은 그만큼 단위제대의 표준적인 전투력은 떨어

18) Halder(1964) p.170

진다는 이야기이기도 했다. 병력충원의 연령도 10대에서 40대까지 걸쳐 있었으며 기초훈련이 부족해 계획된 작전의 이행이 이루어지려면 엄청난 시행착오를 거쳐야 했다. 하나 스탈린이 늘 강조해 왔듯이 '양은 항상 질의 한 부분'이었다. 대표적으로 41년 하반기에 보여준 소련공군의 회생은 과연 이들이 6월 22일 단 하루만에 1,500기를 상실한 그 조직이 맞는지를 의심해야 할 정도였다. 41년 전반기 322대에 불과했던 신형전투기 LaGG-3는 1,019대로 늘어났으며 대지공격기 Il-2는 249대에서 1,293대로, 폭격기 전체는 5,000대에서 15,735대로 증가하는 경이적인 부활을 실현했다.[19] 소련공군은 41년 12월까지 총 29,900대를 전투에 투입시켜 그중 70.9%에 달하는 21,200대를 상실했다. 즉 그러한 천문학적인 피해를 입고도 12월 말까지 8,700대가 살아남았다는 이야기는 독일군에게는 전율을 불러일으키기에 충분했다. 특히 41년 말까지 기술적으로 딸리는 소련공군이 수적으로 루프트봐훼를 압도할 정도로 인내와 끈기를 가지고 있었다는 것은 전혀 예상치 못했던 변수였다.

따라서 이러저러한 독일군의 패배 요인들을 아무리 세부적으로 분석해 보아도 마땅한 답은 존재하지 않으며, 결국은 전쟁을 반드시 이긴다는 '의지'와 같은 주의주의(voluntarism)나, 제반 여건들의 중층적 결합에 의해 결정난다는 단순한 환원주의(reductionism) 어느 하나만으로는 만족스런 해답을 얻기는 대단히 힘들다고 인정해야만 할 것이다. 그러나 소련군이 '양'의 '질'로의 전화(transformation)라는 거의 초자연적인 총체적 능력을 발휘한 끝에 벼랑 끝의 조국을 구했다는 사실 하나만은 어떤 정치적 정향에 경도되어 있는 사가라 하더라도 인정치 않을 수 없는 요인임에는 분명하다. 단 그 양과 질의 관계와 우선순위에 대한 명제는 핵과 전자무기가 판을 치는 현대전에서는 더 이상 통용될 수가 없는 것일 수는 있다. 독일에 거주하면서 바르바로싸와 관련된 다수의 저작을 남긴 호주 출신의 데이빗 스태헐은 약간의 말장난처럼 보이기도 하나 이 전쟁을 다음과 같이 결론지웠다.

> *"바르바로싸에서 독일은 주요 전투에서 결정적으로 패퇴한 것이 아니며 소련군의 전과가 이득을 챙긴 것도 아니었다. 독일은 전쟁을 이기기 위한 능력을 상실함으로써 졌다."*[20]

*****

19) GRAPHIC ACTION(グラフィックアクション) No.5 ヒトラーのソ連侵攻作戦バルバロッサ(1991) p.87
20) Stahel(2015) p.259

독소 양군 전투서열

*****

독일군 전투 서열

[국방군 최고사령부(OKW)]

- 3군 합참의장 : 빌헬름 카이텔(Wilhelm Keitel) 원수
- 작전부장 : 알프레드 요들(Alfred Jodl) 대장
- 작전차장 : 발터 발리몬트(Walter Warlimont) 소장
- 인사국장 : 루돌프 슈문트(Rudolf Schmundt) 소장

[육군총사령부(OKH)]

- 육군총사령관 : 발터 폰 브라우히취(Walter von Brauchitsch) 원수
- 육군참모총장 : 프란쯔 할더(Franz Halder) 상급대장
- 육군참모차장 : 하인리히 폰 슈튈프나겔(Heinrich von Stülpnagel) 중장
- 작전과장 : 한스 폰 그라이휀베르크(Hans von Greiffenberg) 소장
- 작전과 선임반장 : 아돌프 호이징거(Adolf Heusinger) 중령

[공군총사령부(OKL)]

- 총사령관 : 헤르만 괴링 (Hermann Göring) 원수
- 참모총장 : 한스 예쇼네크(Hans Jeschonnek) 상급대장
- 항공기총감 : 에른스트 우데트(Ernst Udet) 상급대장
- 전투기총감 : 붸르너 묄더스(Werner Mölders) 대령
- 폭격기총감 : 요하네스 휭크(Johannes Fink) 중장

〈 북방집단군 〉

리터 폰 레에프(Ritter von Leeb) 원수

- 참모장 : 한스 에버하르트 쿠르트 폰 잘무트(Hans Eberhard Kurt von Salmuth) 소장
칼 알베르트 쿠르트 베넥케(Karl Albert Kurt Brennecke) 중장

23 군단

알브레히트 슈베르트(Albrecht Schubert) 보병대장

- 206 보병사단 (Hugo Hoefl 중장)
- 251 보병사단 (Hans Kratzert 중장)
- 254 보병사단 (Walter Behschnitt 중장)

101 후방경계 군지대
칼 폰 로께(Karl von Roques) 중장
- 207 경계사단 (Karl von Tiedmann 중장)
- 281 경계사단 (Friedrich Bayer 중장)
- 285 경계사단 (Wolfgang Elder Herr und Freiherr von Plotho 소장)
- 4 SS 경찰사단 (Walter Krüger SS상급집단지휘관/대장)
- 86 보병사단 (Joachim Witthoeft 중장)

18 군
게오르크 폰 큐흘러(Georg von Küchler) 상급대장
- 참모장 : 쿠르트 붸거(Kurt Waeger) 소장
- 185 돌격포대대 (Lieckfeld 소령)

1 군단
쿠노-한스 폰 보트 (Kuno-Hans von Both) 보병대장
- 1 보병사단 (Phillip Kleffel 중장)
- 11 보병사단 (Herbert von Boeckmann 중장)
- 21 보병사단 (Otto Sponheimer 중장)

26 군단
알베르트 보드리히 (Albert Wodrig) 포병대장
- 61 보병사단 (Sigfried Haenicke 중장)
- 217 보병사단 (Richard Baltzer 중장)
- 291 보병사단 (Kurt Herzog 중장)

38 군단
프리드리-빌헬름 히폰 샤뿌스(Friedrich-Wilhelm von Chappuis) 보병대장)
- 1 보병사단 (Philipp Kleffel 중장 / Friedrich Altrichter 대령)
- 58 보병사단 (Iwan Heunert 중장)
- 254 보병사단 (Walter Behschnitt 중장 / Gerhard von Schwerin)

4 장갑집단
에리히 회프너(Erich Hoepner) 상급대장
- 참모장 : 빨터 샤를르 드 뷸리우(Walter Chales de Beaulieu) 대령
- 3 SS 차량화보병사단 '토텐코프'(Totenkopf) (Theodor Eicke SS집단지휘관/중장)

41 장갑군단

게오르크 한스 라인하르트(Georg Hans Reinhardt) 장갑병대장
오토 오텐바허(Otto Ottenbacher) 중장
프리드리히 키르흐너(Friedrich Kirchner) 중장
봘터 모델(Walter Model) 장갑병대장

• 1 장갑사단 (Friedrich Kirchner 중장 / Walter Krüger 소장/중장)
·· 1 장갑연대 (Arthur Kopp 중령)
··· 1대대 (Alfred Grampe 중령)
··· 2대대 (Ernst Philipp 대위 / Herschel 중령)

·· 1 차량화보병여단 (Walter Krüger 소장 / Hans-Christoph von Heydebrand und der Lasa 대령
Wilhelm-Hunold von Stockhausen 대령)
·· 1 차량화보병연대 (Franz Westhoven 대령)

·· 113 차량화보병연대 (G.v.Heydebrand und der Lasa 대령)
··· 1대대 (Josef-Franz Eckinger 소령 / Wend von Wietersheim 중령)
··· 2대대 (Kittel 소령)

·· 73 포병연대(Rudolf Holste 대령)
··· 1대대 (Wilhelm Born 소령)
··· 2대대 (Georg Neumann 소령)
··· 3대대 (Wilhelm Söth 소령)

·· 83 경대공포대대(지원)
·· 10 대공포연대 : 타이푼 작전 지원
·· 30 군단포병대 : 타이푼 작전 지원
·· 1 모터싸이클대대 (Wend von Wietersheim 소령 / von der Chevallerie 대위
Huppert 중위 / Paul Freiherr von Wolff 소령)
·· 4 정찰대대 (Alexander von Scheele 중령)
·· 37 장갑엽병대대 (Manfred Kaundynia 소령 / Dannenbaum 대위)
·· 616 장갑엽병대대 (47mm 자주포구축전차)
·· 37 공병대대(Fritz Knopff 중령)
·· 52 공병대대 : 타이푼 작전 지원

• 6 장갑사단 (Wilhelm Ritter von Thoma 장갑병대장 / Franz Landgraf 소장)
·· 11 장갑연대(Richard Koll 대령)
·· 6 차량화보병여단 (Erhard Raus 소장)

·· 4 차량화보병연대 (Rudolf Freiherr von Waldenfels 대령)
·· 76 포병연대 (Alexander von Grundherr zu Altenthan und Weyerhaus 중령)
··· 6 모터싸이클대대 (Martin Unrein 중령)
··· 57 정찰대대 (Franz Linbrunn 중령)
··· 41 장갑엽병대대
··· 76 대공포대대
··· 57 장갑공병대대

- 36 차량화보병사단 (Otto Ottenbacher 중장 / Hans Gollnick 중장)
- 6 보병사단 (Helge Auleb 중장)
- 269 보병사단 (Ernst von Leyser 소장)
- 900 교도여단 (Walter Krause 대령) : OKH 예비

---

56 장갑군단

에리히 폰 만슈타인(Erich von Manstein) 보병대장

- 8 장갑사단 (Erich Brandenburger 소장)
- 3 차량화보병사단 (Curt Jahn 중장)
- 290 보병사단 (Theodor Freiherr von Wrede 중장)

※ 타이푼 작전 지원 예비 장갑사단

- 2 장갑사단 (Rudolf Veiel 중장)

·· 3 장갑연대 (Karl Decker 대령)
··· 1대대 (Hennig 소령 / Gerhard Willing 소령)
··· 2대대 (Erich Hoheisel 소령 / Gerhard Willing 대위)
·· 2 차량화보병여단 (Arno von Lenski 대령 / Vollrath Lübbe 대령 / Eberhardt Rodt 대령)
·· 2 차량화보병연대 (Hans Koelitz 대령)
·· 304 차량화보병연대
·· 74 포병연대(Arno Reinke 소령 / Helmuth Dous 소령)
·· 2 모터싸이클대대 (Kurt Creuznacher 소령)
·· 5 정찰대대 (Schmiedmann 소령)
·· 38 장갑엽병대대 (Max-Theodor Freiherr von Süßkind-Schwendi 소령)
·· 38 공병대대

- 5 장갑사단 (Gustav Fehn 장갑병대장)

·· 15 장갑연대(Gustav-Adolf Riebel 중령)
·· 31 장갑연대(Gustav Freiherr von Bodenhausen 중령)
·· 5 차량화보병여단 (Kurt Haseloff 대령)

·· 13 차량화보병연대 (Vollrath Lübbe 대령)
·· 14 차량화보병연대 (Rudolf Stegmann 대령)
·· 116 포병연대 (Hugo Beißwänger 대령)
·· 8 정찰대대
·· 53 장갑엽병대대 (Eduard Radowski 소령)
·· 89 공병대대

---

16 군
에른스트 부슈(Ernst Busch) 상급대장
- 참모장 : 롤프 부트만(Rolf Wuthmann) 대령
• 253 보병사단 (Otto Schellert 중장)

2 군단
그라프 봘터 폰 브록크도르프-알렌훽트(Graf Walter von Brockdorff-Ahlenfeldt) 보병대장
• 12 보병사단 (Walter von Seydlitz-Kurzbach 소장)
• 32 보병사단 (Wilhelm Bihnstedt 소장)
• 121 보병사단 (Martin Wandel 소장)
··· 666 돌격포대대

10 군단
크리스티안 한젠(Christian Hansen) 포병대장
• 30 보병사단 (Kurt von Tippelskirch 중장)
• 126 보병사단 (Paul Laux 중장)
··· 667 돌격포대대

28 군단
마우릿츠 폰 뷔크토린(Mauritz von Wiktorin) 보병대장
• 122 보병사단 (Sigfrid Macholz 소장)
• 123 보병사단 (Walter Lichel 중장)

---

1 항공군
알프레드 켈러(Alfred Keller) 상급대장

1 항공군단
헬무트 푀르스터(Helmuth Förster) 대장
• 53 전투비행단 4 & 5중대 : Bf 109F (Walter Spies 대위)

- 54 전투비행단 본부/1/2/3대대 : Bf 109F (Hannes Trautloft 중령)
  - … 1대대 (Hubertus von Bonin 대위 / Erich von Selle 대위)
  - … 2대대 (Dietrich Hrabak 대위)
  - … 3대대 (Arnold Lignitz 대위 / Reinhard Seiler 대위)

- 1 폭격비행단 본부/2/3대대 : Ju 88A (Karl Angerstein 소장)
  - … 본부 (Karl Angerstein 대령)
  - … 2대대 (Otto Stams 대위)
  - … 3대대 (Walter Lehwess-Litzmann 소령)

- 76 폭격비행단 본부/1/2/3대대 : Ju 88A (Ernst Bormann 대령)
  - … 본부 (Ernst Bormann 중령)
  - … 1대대 (Robert von Sichart 대위)
  - … 2대대 (Vollprecht Riedesel Freiherr zu Eisenbach 대위)
  - … 3대대 (Franz von Benda 소령)

- 77 폭격비행단 본부/1/2/3대대 : Ju 88A (Johann Raithel 중령)
  - … 1대대 (Joachim Pötter 대위)
  - … 2대대 (Dietrich Peltz 대위)
  - … 3대대 (Egbert von Frankenberg und Proschlitz 소령)

- 1 급강하폭격비행단 (Walter Hagen 중령)
- 26 구축비행단 (Johann Schalk 대령)

동해 선도비행단(Fliegerführer Ostsee)

볼프강 폰 빌트(Wolfgamg von Wild) 중령

… 806 폭격대대 : Ju 88A (Hartwig 소령 / Richard Linke 소령)

〈예비〉

- 루프트가우(Luftgau) 사령부

리햐르트 풋찌어 (Richard Putzier) 중장

… 52 전투비행단 보충대대(Bf 109E)

… 54 전투비행단 보충대대(Bf 109E)

〈 중앙집단군 〉

훼도르 폰 보크(Fedor von Bock) 원수

- 참모장 : 한스 폰 그라이휀베르크(Hans von Greiffenberg) 소장

육군총사령부(OKH) 예비

35 군단

루돌프 코흐-에르파흐 (Rudolf Koch-Erpach) 기병대장

- 15 보병사단 (Ernst-Eberhard Hell 중장 : 7.3-)
- 52 보병사단 (Lothar Rendulic 소장 : 6.26-)
- 106 보병사단 (Ernat Dehmer 소장 : 7.1-)
- 110 보병사단 (Ernst Steifert 중장 : 6.26-)
- 112 보병사단 (Friedrich Mieth 보병대장 : 7.1-)
- 197 보병사단 (Hermann Meyer-Rabingen 중장 : 6.26-)
  ·· 900 교도차량화여단 (Walther Krause 대령 : 6.22-)

집단군 예비

53 군단

칼 봐이센베르거(Karl Weissenberger) 보병대장

- 293 보병사단 (Justin von Obernitz 중장)

---

2 장갑집단

하인츠 구데리안(Heinz Guderian) 상급대장

- 참모장 : 쿠르트 프라이헤어 폰 리벤슈타인(Kurt Freiherr von Liebenstein) 중령

예비

- 255 보병사단 (Wilhelm Wetzel 보병대장)

24 장갑군단

레오 가이르 폰 슈벡펜부르크(Leo Geyr von Schweppenburg) 장갑병대장

- 3 장갑사단 (Walter Model 중장)
  ·· 6 장갑연대 (Werner von Lewinski 중령)
  ··· 1대대 (Gustav-Albrecht Schmidt-Ott 중령)
  - 1중대 (Hermann Vopel 중위)
  - 2중대 (Ernst-Georg Buchterkirch 중위 / Meyrhofer 중위)

- 3중대 (Albert Müller-Hauff 중위)
- 4중대 (Dehnke 소위 / Kriegsheim 중위)

… 2대대 (Oskar Munzel 중령)

- 5중대 (Jarosch von Schweder 중위)
- 6중대
- 7중대 (Klöber 중위 / Karl Rühl 소위)
- 8중대 (Joachim Markowsky 중위)

… 3대대 (Ferdinand Schneider-Kostalski 대위)

- 9중대 (Hans Warthmann 중위)
- 10중대(Graf Saurma-Jeltsch 중위)
- 11중대
- 12중대(Albert Blaich 원사)

·· 3 차량화보병여단 (Ulrich Kleemann 소장)

·· 3 차량화보병연대 (Günther von Manteuffel 대령)

… 1대대 (Ernst Wellmann 소령)
… 2대대 (Hans Engelien 대위 / Hermann Zimmermann 소령)
… 3대대

·· 394 차량화보병연대 (Oskar Audörsch 중령)

… 1대대 (Hans Kratzenberg 소령 / Haas 소령 /
Freiherr von der Heyden-Rynsch 대위 / Haas 소령)
… 2대대 (Herbert Müller 소령)
… 3대대 (Hans Kratzenberg 소령)

·· 75 포병연대(Gottfried Ries 대령 / Dr. Weissenbruch 중령)

… 1대대 (Adolf Haas 소령)
… 2대대 (Hans-Oskar Wöhlermann 중령)
… 3대대 (Kurt Schlutius 중령 / Hans Kersten 대위)

·· 3 모터싸이클대대 (von Corvin-Witzbitzki 소령 / Günther Pape 소령)
·· 3 (1) 정찰대대 (Heinrich Ziervogel 대위/소령)
·· 521 장갑엽병대대 (Frank 소령)
·· 543 장갑엽병대대 (Freiherr von Türckheim zu Altdorf 소령)
·· 39 공병대대 (Fritz Beigel 소령 / Petsch 소령)

• 4 장갑사단 (Willibald Freiherr von Langermann 소장)
·· 4 장갑여단 (Victor Leopold Linnarz 대령 / Heinrich Eberbach 대령)
·· 35 장갑연대(Heinrich Eberbach 대령)
··· 1대대 (Meinrad von Lauchert 소령)
··· 2대대 (Wilhelm Hochbaum 소령 / Freiherr von Jungenfeldt 소령)

·· 4 차량화보병여단 (Dietrich von Saucken 대령)
·· 12 차량화보병연대 (Smilo Freiherr von Lüttwitz 중령)
·· 103 포병연대 (Erich Schneider 대령)
·· 34 모터싸이클대대 (Bradel Sommer 소령)
·· 7 정찰대대 (Hubert Nierle 대위)
·· 49 장갑엽병대대 (Geffers 소령)
·· 79 공병대대

• 10 차량화보병사단 (Friedrich-Wilhelm von Loeper 중장)
• 1 기병사단 (Kurt Feldt 기병대장)
• 267 보병사단 (Robert Martinek 소장)
··· 226 돌격포대대 (Pritzbuer 대위)

---

46 장갑군단

하인리히 폰 휘팅호프(Heinrich von Vietinghoff) 장갑병대장
• 10 장갑사단 (Ferdinand Schaal 소장)
·· 7 장갑연대 (Theodor Keyser 중령 / Rudolf Gerhard 소령)
·· 10 차량화보병여단 (Wolfgang Fischer 대령 / Curt von Bülow 대령)
·· 69 차량화보병연대 (Karl Mauss 중령)
·· 86 차량화보병연대
·· 90 포병연대 (Bruno Gerloch 대령)
·· 90 장갑정찰대대
·· 90 장갑엽병대대
·· 49 장갑공병대대 (Albert Krumsiek 소령)

·· **'그로스도이칠란트'(Grossdeutschland) 차량화보병연대**
(Wilhelm-Hunert von Stockhausen 대령 / Walter Hoernlein 대령)
··· 1 GD 보병대대 (Kurt 'KiKi' Gehrke 소령 / Hagen 대위)
- 1 중대 (Derben 중위)
- 2 중대 (Rössert 중위 / Brockmann 중위 / Krafft Grundmann 중위)

- 3 중대 (Maximilian Fabich 중위)
- 4 화기중대 (Karl Hänert 중위 / Forstbauer 소위)

… 2 GD 보병대대 (Alfred Greim 중령)
- 5 중대 (Wilhelm Wackernagel 중위)
- 6 중대 (René de l'Homme de Courbière 중위)
- 7 중대 (Eberhard Wackernagel 중위)
- 8 화기중대 (Schneider 중위 / Hoffmann 소위)

… 3 GD 보병대대 (Walther Krüger 소령)
- 9 중대 (Rudolf Senger 중위)
- 10 중대 (von Harder 중위)
- 11 중대 (Teubert 중위)
- 12 중대 (Grosser 대위)

… 4 GD 보병대대 (Bandelow 중령)
- 13 경보병야포중대 (von Massow)
- 14 장갑엽병중대 (Helmut Beck-Broichsitter 중위 / Kolb 중위)
- 15 중보병야포중대 (August März)
- 16 돌격포중대 (Peter Frantz 중위)

… 5 GD 보병대대 (Eugen Garski 중령 / Horst von Lentzke 소령)
- 17 모터싸이클중대 (von Kirchbach 대위 / Henke 소위 / Rorowski 중위)
- 18 공병중대 (Rudiger 대위)
- 19 통신중대
- 20 대공포중대 (Weidemann 대위)

… 4 GD 중화기대대
… 1 GD 정찰대대
… 400 포병대대
… 그로스도이췰란트 장갑중대 (Georg Rohrbeck 소위/중위)

- **2 SS 차량화보병사단 '다스 라이히'(Das Reich)**
  (Paul Hausser SS집단지휘관:중장 / Wilhelm Bittrich SS대령)

** 다스 라이히라는 사단명은 1942년부터 유효하며 41년 바르바로싸 당시는 '라이히' SS사단으로 칭해졌다. 단 여기서는 다른 저작물과의 혼돈을 회피하기 위해 문장 서술에서는 다스 라이히로 통일했다.*

·· '도이칠란트' SS보병연대 (Wilhelm Bittrich SS대령 / Jürgen Wagner SS대령)
··· 1대대 (Hans-Joachim Woith SS대위 / Otto Meyer SS대위/SS소령)
··· 2대대 (Jürgen Wagner SS중령 / Kempin SS대위)
··· 3대대 (Helmut Schulz SS대위)

·· '데어 휘러' SS보병연대 (Georg Keppler SS준장 / Otto Kumm SS중령)
··· 1대대 (Fritz Ehrath SS소령)
··· 2대대 (Heinz Harmel SS소령)
··· 3대대 (Otto Kumm SS소령 / Hahn SS대위)

·· 11SS 보병연대
(Jürgen Wagner SS대령 / August Schmidhuber SS중령) : 1941.10.22 해체 후 '도이칠란트'에 흡수
- 1대대
- 2대대 (August Schmidhuber SS소령 / Wilhelm Brandt SS중령 / August Schmidhuber SS소령)
- 3대대 (Adolf Ax 소령)

·· SS '라이히' 포병연대 (Hansen SS준장)
·· SS '라이히' 대공포대대 (Eimann SS소령)
·· SS '라이히' 모터싸이클대대 (Fritz Klingenberg SS대위)
·· SS '라이히' 정찰대대 (Johannes Mühlenkamp SS대위 / Wilhelm Kment SS대위)
·· SS '라이히' 장갑엽병대대 (Leiner SS소령)
·· SS '라이히' 공병대대 (Tietz SS소령)
·· SS '라이히' 돌격포중대 (Günster SS중위/SS대위)

---

47 장갑군단

요아힘 레멜젠(Joachim Lemelsen) 장갑병대장

• 17 장갑사단 (W.R. von Thoma 소장/ Hans-Jürgen von Arnim 중장)
·· 39 장갑연대 (Kurt Cuno 대령)
·· 17 차량화보병여단 (Rudolf-Eduard Licht 대령 / Ruudolf-Eduard Licht 대령)
·· 40 차량화보병연대 (Anton Mangold 소령 / Rudolf-Eduard Licht 대령 / Johannes Schrepffer 대령 / Hans-Henning von Holtzendorff 대령 / Walter Henrich 소령)
·· 63 차량화보병연대 (Karl Rübsam 대령)
·· 27 포병연대 (Wolfgang Elster 대령)
·· 17 모터싸이클대대 (Fritz 소령 / Prugger 대위)
·· 27 정찰대대 (Rudolf Freiherr von Lerchenfeld 소령)
·· 27 장갑엽병대대
·· 27 장갑공병대대

- 18 장갑사단 (Walter Nehring 소장)
  - ·· 18 장갑연대 (Eduard Hauser 대령)
  - ·· 18 차량화보병여단 (Max Fremerey 소장 / Hans Schreppfer 대령)
  - ·· 52 차량화보병연대 (Erwin Jolasse 대령)
  - ·· 101 차량화보병연대
  - ·· 88 포병연대 (Kurt-Wilhelm Sack 대령)
  - ·· 18 모터싸이클대대 (Max Sperling 소령)
  - ·· 88 정찰대대 (Friedrich von Seidlitz 중령)
  - ·· 88 장갑엽병대대
  - ·· 98 장갑공병대대

- 29 차량화보병사단 (Walter von Boltenstern 소장)
- 167 보병사단 (Hans Schoenhaerl 중장)

12 군단

빨터 슈로트(Walter Schroth)보병대장

- 31 보병사단 (G. Berthold 소장 / Kurt Kalmukoff 중장)
- 34 보병사단 (Hans Behrendorff 중장)

- 45 보병사단 (Fritz Schlieper 소장)
  - ·· 130 보병연대 (Helmut Hipp 대령)
  - ·· 133 보병연대 (Fritz Kühlwein 대령)
  - ·· 135 보병연대 (Friedrich-Wilhelm John 대령)
  - ·· 98 포병연대 (Karl Welcker 대령)
  - ·· 99 포병연대
  - ·· 81 공병대대 (Alfred Masukh)

102 후방경계 군지대

막스 폰 쉔켄도르프(Max von Schenkendorff) 중장

- 221 경계사단 (Johann Pflugbeil 중장)
- 286 경계사단 (Kurt Mueller 중장)
- 403 경계사단 (Wolfgang von Ditfurth 중장)

---

3 장갑집단

헤르만 호트(Hermann Hoth) 상급대장

- 참모장 : 빨터 폰 휘너르스도르프(Walther von Hünersdorff) 대령

39 장갑군단

루돌프 슈미트(Rudolf Schmidt) 장갑병대장

• 7 장갑사단 (Hans Freiherr von Funck 소장)

·· 25 장갑연대(Karl Rothenburg 대령 / Eduard Hauser 대령)

··· 1대대 (Adalbert Schulz 대위)

··· 2대대 (Schirmer 소령)

··· 3대대 (Wolfgang Thomale 중령 / Straub 소령 / Schroeder 대위)

·· 7 차량화보병여단 (Hans Freiherr von Boineburg-Lengsfeld 대령 / Friedrich Fürst 대령 / Helmuth Schlömer 대령)

·· 6 차량화보병연대 (Erich von Unger 대령 / Hasso von Manteuffel 대령)

·· 7 차량화 보병연대 (Carl-Hans Lungershausen 대령)

·· 78 포병연대 (Gottfried Frölich 대령)

··· 1대대 (Herbert Oll 대위)

··· 2대대 (Rudolf Schwarz 대위)

··· 3대대 (Joachim von Kronhelm 중령)

·· 7 모터싸이클대대 (Carl-Hans Lungershausen 대령)

·· 7 장갑정찰대대 (Freiherr von Paar zu Schönau von Riederer 소령 / Hans von Luck 대위)

·· 42 장갑엽병대대

·· 58 장갑공병대대 (Herrmann von Mertens 중령)

• 20 장갑사단 (Horst Stumpff 소장 / Georg von Bismarck 중장 / Wilhelm Ritter von Thoma 장갑병대장)

·· 21 장갑연대(Martin Schmidt 중령/대령)

··· 1대대 (von Gersdorff 중령)

··· 2대대 (Straub 소령)

··· 3대대 (Karl-August Freiherr von Bülow 소령)

·· 20 차량화보병여단 (Georg von Bismarck 대령)

·· 59 차량화보병연대 (Weichardt 대령)

··· 1대대 (Werner Nebe 대위)

··· 2대대 (Kempchen 소령)

·· 112 차량화보병연대 (Herbert Simon 중령)

··· 1대대 (Hans von Petersdorff 소령)

··· 2대대 (von Reckleben 소령)

·· 92 포병연대(Arthur Zierold 중령)
··· 1대대 (Wilhelm Kuhlmann 대위)
··· 2대대 (Brandt 대위)
··· 3대대 (Hempel 소령)

·· 92 장갑정찰대대 (Ferdinand Bentele 대위)
·· 20 모터싸이클대대 (Mowitz 대령)
·· 92 장갑엽병대대 (Dippel 대위)
·· 92 장갑공병대대 (Oelze 소령)

• 14 차량화보병사단 (Friedrich Fuerst 중장)
• 20 차량화보병사단 (Hans Zorn 소장)

---

57 장갑군단

아돌프-프리드리히 쿤쩬(Adolf-Friedrich Kuntzen) 장갑병대장

• 12 장갑사단 (Josef Harpe 소장)
·· 29 장갑연대 (Hans Stenglein 대령)
·· 12 차량화보병여단 (Wolf Trierenberg 소장 / Werner Hühner 소장)
·· 5 차량화보병연대 (Hellmuth Schlömer 대령 / Dietrich von Müller 중령)
·· 25 차량화보병연대 (Werner Hühner 대령 / Helmut Hendrischke 중령)
·· 2 포병연대
·· 22 모터싸이클대대 (Heinz Bayer 중령)
·· 2 정찰대대 (Wolf 중령)
·· 2 장갑엽병대대 (Heinrich Becker 중령)
·· 32 장갑공병대대

• 19 장갑사단 (Otto von Knobelsdorff 중장)
·· 27 장갑연대 (Wolfgang Thomale 중령)
·· 19 차량화보병여단 (Gustav Schmidt 대령)
·· 73 차량화보병연대 (Konrad Menkel 대령 / Hans Källner 대령)
·· 74 차량화보병연대 (Friedrich Iwand 대령 / Stephan Junck 대령)
·· 19 포병연대 (Werner Lahl 중령 / Adrian Freiherr van der Hoop 중령)
·· 19 모터싸이클대대 (Stegmann 소령)
·· 19 정찰대대 (Hasso Both 소령)
·· 19 장갑엽병대대
·· 19 공병대대 (von Donat 중령 / Hans Wagner 중령)

- 18 차량화보병사단 (Friedrich Herrlein 소장)
  - ·· 1 공병교학대대 (Graf 중령)

---

5 군단

리하르트 루오프(Richard Ruoff) 보병대장

- 5 보병사단 (Karl Allmendinger 소장)
- 35 보병사단 (Walther Fischer von Weikersthal 중장)

---

6 군단

오토 빌헬름 회르스터(Otto Wilhelm Förster) 공병대장

- 6 보병사단 (Helge Auleb 중장)
- 26 보병사단 (Walter Weiss 소장)

---

9 군

아돌프 슈트라우스(Adolf Strauss) 상급대장

- 참모장 : 쿠르트 벡크만(Kurt Weckmann) 대령 / 루돌프 호프만(Rudolf Hofmann) 대령

---

8 군단

발터 하이츠(Walter Heitz) 포병대장

- 8 보병사단 (Gustav Hoehne 소장)
- 28 보병사단 (Johann Sinnhuber 중장)
- 161 보병사단 (Hermann Wilck 중장)
  - ·· 184 돌격포대대 (Will-Eugen Fischer 중령 / Gerhard Peitz 대위)

---

20 군단

프리드리히 마테르나(Friedrich Materna) 보병대장

- 87 보병사단 (Bogislav von Studnitz 중장)*
- 129 보병사단 (Stephen Rittau 중장)*
- 162 보병사단 (Hermann Franke 중장)
- 256 보병사단 (Gerhard Kauffmann 중장)
  - ·· 210 돌격포대대 (Schlawe 대위)

---

42 군단

발터 쿤쩨(Walter Kuntze) 공병대장

- 87 보병사단 (Bogislav von Studnitz 중장)
- 102 보병사단 (John Ansat 중장)

- 129 보병사단 (Stephen Rittau 소장)

---

2 군

막시밀리안 라이히스프라이헤어 폰 봐익스(Maximilian Reichsfreiherr von Weichs) 상급대장

- 참모장 : 헤르만 폰 뷔쯜레벤(Hermann von Witzleben) 중령
구스타프 폰 하르테넥크(Gustav von Harteneck) 중장

※ 2군 소속 군단과 사단은 원래 중앙집단군의 예비로 출발했다가 2장갑집단과 4군에 수시로 들락거리는 잦은 소속제대 변경을 거쳤으므로 일부 제대가 중복되는 이유는 그러한 사정에 기인한다. 따라서 동시에 5개 군단을 보유했던 적은 없었다.

12 군단

봘터 슈로트(Walter Schroth) 보병대장

- 34 보병사단 (Hans Behrendorff 중장)
- 52 보병사단 (Lothar Rendulic 소장)
- 258 보병사단 (Waldemar Henrici 소장)
  - ·· 177 돌격포대대 (Freiherr von Fahrenheim 대위)

13 군단

한스 휄버(Hans Felber) 보병대장

- 17 보병사단 (Herbert Loth 중장)
- 134 보병사단 (Conrad von Cochenhausen 중장)
- 260 보병사단 (Hans Schmidt 중장)

35 군단

루돌프 캠훼(Rudolf Kämpfe) 포병대장

- 45 보병사단 (Fritz Schlieper 소장)
  - ·· 130 보병연대 (Helmut Hipp 대령)
    - ··· 1대대 (Naber 중령)
    - ··· 2대대 (Hans Hartnack 소령)
    - ··· 3대대 (Ulrich 소령)
  - ·· 133 보병연대 (Fritz Kühlwein)
    - ··· 1대대 (Freytag 소령)
    - ··· 2대대 (Eggeling 소령)
    - ··· 3대대 (Gerstmeyer)
  - ·· 135 보병연대 (Friedrich-Wilhelm John 대령)

··· 1대대 (Oelze 소령)
··· 2대대 (Parak 소령)
··· 3대대 (Robert Praxa 대위)

·· 98 포병연대 (Karl Welcker 대령)
·· 45 정찰대대 (Hellmuth von Panwitz 중령)
·· 45 장갑엽병대대 (Paul Zahn 중령)
·· 81 공병대대 (Alfred Masukh 중령)

- 112 보병사단 (Friedrich Mieth 보병대장)

---

43 군단

고타르드 하인리키(Gotthard Heinrici) 보병대장
- 31 보병사단 (Gerhard Berthold 소장)
- 131 보병사단 (Heinrich Meyer-Buerdorff 중장)
- 293 보병사단 (Justin von Obernitz 중장)

---

53 군단

칼 봐이젠베르거(Karl Weisenberger) 보병대장
- 167 보병사단 (Hans Schönhärl 중장 / Werner Schartow 중장 / Wolf Trierenberg 중장)
- 267 보병사단 (Friedrich-Karl von Wachter 중장 / Robert Martinek 포병대장)
- 296 보병사단 (Wilhelm Stemmermann 포병대장)

---

4 군

균터 폰 클루게(Günter von Kluge) 원수

- 참모장 : 균터 블루멘트리트(Günter Blumentritt) 소장

---

7 군단

빌헬름 화름바허(Wilhelm Fahrmbacher) 포병대장
- 7 보병사단 (Eccard von Gablenz 중장)
- 23 보병사단 (Heinz Hellmich 소장)
- 258 보병사단 (Waldemar Heinrici 소장)
- 268 보병사단 (Erich Straube 중장)

---

13 군단

한스 휄버(Hans Felber) 보병대장
- 17 보병사단 (Herbert Loth 중장)

- 78 보병사단 (Curt Gallenkamp 중장)

9 군단

헤르만 가이어(Hermann Geyer) 보병대장

- 137 보병사단 (Hans Kamencke 중장 / Friedrich Bergmann 중장)
- 263 보병사단 (Ernst Häckel 중장)
- 292 보병사단 (Martin Dehmel 중장)
  - ·· 189 돌격포대대 (Ernst Heß 대위)
  - ·· 262 돌격포대대

43 군단

고타르트 하인리키 (Gotthard Heinrici) 보병대장

- 131 보병사단 (Heinrich Meyer-Buerdorff 중장)
- 134 보병사단 (Conrad von Cochenhausen 중장)
- 252 보병사단 (Diether von Boehm-Benzig 중장)
  - ·· 192 돌격포대대 (Erich Hammon 소령)

2 항공군

알베르트 케셀링 (Albert Kesselring) 원수

2 항공군단

브루노 뢰르저 (Bruno Loerzer) 대장

- 51 전투비행단 본부/1/2/3/4대대 : Bf 109F (Werner Mölders 중령 / Friedrich Beckh 중령 Günter Lützow 중령)
  - ·· 본부
    - ··· 1대대 (Hermann-Friedrich Joppien 대위 / Wilhelm Hachfeld 대위)
      - 1중대 (Manfred Köpke 중위)
      - 2중대 (Wilhelm Hachfeld 대위)
      - 3중대 (Heinrich ‘Gaudi’ Krafft 중위)
    - ··· 2대대 (Josef Fözö 대위 / Hartmann Grasser 대위)
      - 4중대 (Erich Hohagen 중위 / Hartmann Grasser 중위)
      - 5중대 (Hans Kolbow 중위 / Hans-joachim Steffens 소위 / Hartmann Grasser 중위)
      - 6중대 (Josef Priller 중위)
    - ··· 3대대 (Richard Leppla 대위)
      - 7중대 (Hermann Staiger 중위 / Herbert Wehnelt 중위)

- 8중대 (Fritz Stendel 중위)
- 9중대 (Karl-Heinz Schnell 중위)

… 4대대 (Friedrich Beckh 소령 / Karl-Gottfried Nordmann 대위)
- 10중대(Hans Knauth 중위)
- 11중대(Georg Seelmann 소위)
- 12중대(Karl-Gottfried Nordmann 중위 / Heinz Bär 중위;대위)

• 210 고속폭격비행단 본부/1/2대대 : Bf 110 (Walter Storp 소령 / Arved Crüger 소령)
‥ 본부
… 1 대대 (Karl-Heinz Stricker 대위 / Ulrich Diesing 소령)
… 2 대대 (Rolf Kaldrack 대위)

• 3 폭격비행단 본부/1/2대대 : Do 17Z, Ju 88A (Wolfgang von Chamier-Glisczinski 대령 / Heinrich Conrady 대령)
‥ 본부 (Wolfgang von Chamier-Glisczinski 대령)
… 1 대대 (Hans Bader 대위 / Ernst Nitsche 대위 / Fridtjof Pasquay 중령)
… 2 대대 (Johannes Hübner 대위 / Kurt Peters 대위)

• 53 폭격비행단 본부/1/2/3대대 : He 111H/P (Paul Weitkus 대령)
‥ 본부 (Paul Weitkus 중령)
… 1 대대 (Erich Kaufmann 중위 / Joachim Wienholtz 소령)
… 2 대대 (Hans Bader 중위)
… 3 대대 (Richard Fabian 소령)

• 77 급강하폭격비행단 본부/1/2/3대대 : Ju 87B, Bf 110 (Graf Clemens von Schönborn-Wiesentheid 소령)
‥ 본부 (Kurt Huhn 대위)
… 1 대대 (Helmut Bruck 대위)
- 1중대
- 2중대 (Georg Jakob 중위)
- 3중대

… 2 대대 (Waldemar Plewig 대위 / Alois ‘Ali’ Orthofer 대위)
- 4중대 (Werner Roell)
- 5중대 (Heinz-Günther Amelung 중위)
- 6중대 (Herbert Pabst 대위 / Hermann Ruppert 중위)

… 3 대대 (Helmut Bode 대위)
- 7중대 (Heinz Bumke 중위 / Franz Kieslich 중위)
- 8중대 (Gerhard Bauhaus 대위)
- 9중대 (Johann Waldhauser 중위)

… 보충중대 (Helmut Leicht)

---

8 항공군단

볼프람 프라이헤어 폰 리히트호휀(Wolfram Freiherr von Richthofen) 대장

• 27 전투비행단 본부/2/3대대 : Bf 109E (Bernhard Woldenga 소령)

‥ 본부

… 2 대대 (Wolfgang Lippert 대위 / Gustav Rödel 중위)

… 3 대대 (Max Dobislav 대위 / Erhard Braune 대위)

… 52 전투비행단 2대대 : Bf 109E (Erich Woitke 대위)
- 4중대 (Johannes Steinhoff 중위)
- 5중대 (Siegfried Simsch 중위)
- 6중대

• 26 구축비행단 본부/1/2대대 : Bf 110 (Johann Schalk 대령)

‥ 본부

… 1 대대 (Herbert Kaminski 대위 / Wilhelm Spies 대위)

… 2 대대 (Ralph von Rettberg 대위)

• 2 교도비행단 : Bf 109E, Hs 123A (Eberhard Baier 중령)

• 2 폭격비행단 본부/2/8/9중대 : Do 17Z (Herbert Rieckhoff 대령 / Karl Mehnert 대령)

• 3 폭격비행단 3대대 : Do 17Z (Erich Rathmann 대위 / Wladimir Graowaes 소령)

‥ 1 급강하폭격비행단 본부/2/3대대 : Ju 87B (Walter Hagen 중령)

… 본부
- 2 대대 (Anton Keil 대위 / Johann Zemsky 대위)
- 4중대
- 5중대 (Joachim Rieger 중위 / Robert-Georg von Malapert-Neufville 중위)
- 6중대 (Karl Schrepfer 중위)

…3 대대 (Helmut Mahlke 대위 / Peter Gassmann 대위)
- 7중대 (Hartmut Schairer 중위)
- 8중대 (Günter Skambracks 중위)
- 9중대

• 2 급강하폭격비행단 본부/1/3대대 : Ju 87B/R, Bf 110 (Oskar Dinort 대령 / Paul-Werner Hozzel 중령)

‥ 본부 (Oskar Dinort 소령/중령)
…1 대대 (Hubertus Hitschold 대위 / Bruno Dilley 소령)
- 1중대 (Götzpeter Vollmer 중위)
- 2중대 (Frank Neubert 중위)
- 3중대 (Alwin Boerst 중위)

…3 대대 (Heinrich Brücker 대위 / Ernst-Siegfried Steen 대위 / Gustav Preßler 대위)
- 7중대 (Bruno Freitag 중위 / Ernst Kupfer 중위)
- 8중대 (Lothar Lau 중위 / Hans-Joachim Lehmann 중위)
- 9중대 (Günther Schwärzel 대위 / Gerhard Buchenau 대위)

〈 남방집단군 〉

게르트 폰 룬트슈테트(Gerd von Rundstedt) 원수

- 참모장 : 게오르크 폰 조덴슈테른(Georg von Sodenstern) 보병대장
  • 99 경보병사단 (Kurt von der Chevallerie 중장)

---

34 상급군단

헤르만 메츠(Hermann Metz) 중장

• 4 산악사단 (Karl Eglseer 소장)
• 113 보병사단 (Friedrich Zickwolff 중장)
• 125 보병사단 (Willi Schneckenburger 대장)
• 132 보병사단 (Rudolf Sintzenich 중장)

---

51 군단

한스-볼프강 라인하르트(Hans-Wolfgang Reinhard) 보병대장

• 79 보병사단 (Karl Strecker 보병대장)
• 95 보병사단 (H-H. Sixt von Armin 중장)

1 장갑집단

에발트 폰 클라이스트(Ewald von Kleist) 상급대장

- 참모장 : 쿠르트 짜이츨러 (Kurt Zeitzler) 소장

• 13 장갑사단 (F-W. von Rothkirch 중장)
• 16 차량화보병사단 (Siegfried Henrici 소장)
• 25 차량화보병사단 (Heinrich Cloessner 중장)
• 1 SS 차량화보병사단 '라이프슈탄다르테 아돌프 히틀러'(Leibstandarte Adolf Hitler) (Josef 'Sepp' Dietrich SS상급집단지휘관/대장)

---

3 차량화보병(장갑)군단

에버하르트 폰 막켄젠(Eberhard von Mackensen) 기병대장

• 14 장갑사단 (Friedrich Kuehn 소장)
• 44 보병사단 (Friedrich Siebert 중장)
• 298 보병사단 (Walther Graessner 소장)

---

14 차량화보병(장갑)군단

구스타프 안톤 폰 뷔터스하임(Gustav Anton von Wietersheim) 보병대장

• 9 장갑사단 (Dr. Alfred Ritter von Hubicki 중장)
·· 33 장갑연대(Hans-Joachim von Köppen 중령)
·· 9 차량화보병여단 (Wilhelm Appell 대령 / Walther Brehmer 대령)
·· 10 차량화보병연대 (Willibald Borowitz 대령)
·· 11 차량화보병연대
·· 102 포병연대 (Werner Kampfhenkel 대령)
·· 59 모터싸이클대대 (Wilhelm Schmalz 중령)
·· 9 정찰대대 (Freiherr von Ohlen und Adlerscron 중령)
·· 50 장갑엽병대대
·· 86 공병대대

• 16 장갑사단 (Hans-Valentin Hube 소장)
·· 2 장갑연대 (Rudolf Sieckenius 중령)
··· 1대대 (Hyazinth Graf Strachwitz 소령)
··· 2대대 (Bernhard Sauvant 소령)

·· 16 차량화보병여단 (Paul Wagner 대령)
·· 64 차량화보병연대 (Rudolf Höfer 대령)
·· 79 차량화보병연대 (Hans-Adolf von Arenstorff 대령)
·· 16 포병연대(Walter Reußner 중령)

·· 16 모터싸이클대대 (Reiman 중령)
·· 16 정찰대대(Henning von Witzleben 소령)
·· 16 장갑엽병대대 (Fritz Reichardt 소령)
·· 16 장갑공병대대 (Ernst-Günter Strehlke 대위)

• 5 SS 차량화보병사단 '뷔킹'(Wiking) (Felix Steiner SS여단장)
·· '게르마니아' SS연대 (Jürgen Wagner SS대령)
··· 1대대 (August Dieckmann SS소령)
··· 2대대 (wolfgang Jörchel SS소령)
··· 3대대 (Braun/Manfred Schönfelder SS소령)

·· '노르틀란트' SS연대 (Fritz von Scholz SS대령)
··· 1대대 (Harry Polewacz SS소령)
··· 2대대 (Arnold Stoffers SS대위)
··· 3대대 (Walter Plöw SS대위)

·· '붸스틀란트' SS연대 (Hilmar Wäckerle SS대령 / Diebitsch)
··· 1대대 (Hajo von Hadeln SS대위)
··· 2대대 (Hans Koeller SS소령)
··· 3대대 (Fritz Steinert SS대위)

·· 5SS 포병연대 (Herbert Otto Gille SS준장)
··· 1대대 (Alexander Fick/Peter Kausch SS소령)
··· 2대대 (Joachim Richter)
··· 3대대 (Karl Schlamelcher SS대위)
··· 4대대 (Heldmann/Kurt Brasack)

·· 5SS 정찰대대 (von Reitzenstein SS소령)
·· 5SS 장갑엽병대대 (Maack)
·· 5SS 대공포대대 (Stoffers)
·· 5SS 공병대대 (Otto Klein/Albert SS대위/Max Schäffer)

---

48 장갑군단

붸르너 켐프(Werner Kempf) 장갑병대장

• 11 장갑사단 (Ludwig Crüwell 소장 / Günther Angern 중장 /
Hans-Karl Freiherr von Esebeck 장갑병대장 / Walter Scheller 중장)
·· 15 장갑연대(Gustav-Adolf Riebel 중령)

… 1대대 (Ludwig Schmahl 소령)
… 2대대 (Theodor-Friedrich Carl von Schimmelmann 소령)

·· 110 차량화보병연대 (Helwig Luz 대령)
·· 111 차량화보병연대 (Theodor Bohlmann-Combrinck 대령)
·· 119 포병연대 (Heinz Matena 대령 / Ludwig Friecke 대령)
·· 61 모터싸이클대대 (Horst von Usedom 소령)
·· 231 정찰대대 (Freiherr von Gebsattel 소령) : 61모터싸이클대대와 합병(41.12.1)
·· 61 장갑엽병대대
·· 209 장갑공병대대

- 57 보병사단 (Oskar Bluemm 중장)
- 75 보병사단 (Ernst Hammer 중장)

29 군단

한스 폰 오브스트휄터(Hans von Obstfelder) 보병대장

- 111 보병사단 (Otto Stapf 중장)
- 299 보병사단 (Willi Moser 소장)

2 대공포군단

오토 데슬로흐(Otto Dessloch) 대장

6 군

봘터 폰 라이헤나우(Walter von Reichenau) 원수

- 참모장 : 훼르디난트 하임 (Ferdinand Heim) 소장

… 191 돌격포대대 (Günther Hoffmann Schönborn 소령)
… 244 돌격포대대 (Paul Gloger 중령)

17 군단

붸르너 키니츠(Werner Kienitz) 보병대장

- 56 보병사단 (Karl von Oven 소장)
- 62 보병사단 (Walter Keiner 중장)
- 79 보병사단 (Karl Strecker 보병대장)

44 군단

프리드리히 코흐(Friedrich Koch)보병대장

- 9 보병사단 (Sigmund Freiherr von Schleinitz 소장)

• 297 보병사단 (Max Pfeffer 중장)

55 군단

에르빈 휘에로(Erwin Vierow) 보병대장

• 57 보병사단 (Oskar Blümm 중장)
• 111 보병사단 (Otto Stapf 보병대장)
• 168 보병사단 (Dr. Hans Mundt 중장)
• 295 보병사단 (Herbert Geitner 중장)

---

11 군

- 오이겐 리터 폰 쇼베르트(Eugen Ritter von Schobert) 상급대장

- 헤르만 호트(Hermann Hoth) 상급대장

- 참모장 : 오토 뵈엘러(Otto Wöhler) 소장

• 22 보병사단 (Graf H. von Sponek 중장)
• 72 보병사단 (Franz Mattenklott 중장)
　… 190 돌격포대대 (Reinhard Naether 중령 / Hans Vogt 소령)

루마니아 기병군단

미하일 라코뷔타(Mihail Racovita) 소장

·· 1 루마니아 산악여단 (Mihail Lascar 여단장)
·· 2 루마니아 산악여단 (Ion Dumitrache 여단장)
·· 4 루마니아 산악여단 (Gheorghe Manoliu 여단장)
·· 7 루마니아 보병사단 (Olimp Stavrat 여단장)
·· 8 루마니아 기병여단

11 군단

요아힘 폰 코르쯔플라이쉬(Joachim von Kortzfleisch) 보병대장

·· 76 보병사단(Maximilian de Angelis 중장)
·· 239 보병사단 (Ferdinand Neuling 중장)
·· 8 루마니아 보병사단 (Alexandru Orasanu 여단장)
·· 6 루마니아 기병여단

30 군단

한스 폰 잘무트(Hans von Salmuth) 보병대장

• 198 보병사단 (Otto Roettig 소장)
• 14 루마니아 보병사단 (Gheorghe Stvrescu)
　·· 5 루마니아 기병여단

54 군단

에릭크-오스카르 한젠(Erick-Oskar Hansen) 기병대장

- 50 보병사단 (Karl-Adolf Hollidt 중장)
- 170 보병사단 (Walter Wittke 소장)

루마니아 산악군단

게오르규 아라메스쿠(Gheorghe Arramescu) 대장

·· 7 루마니아 보병사단 (Olimp Stavrat)

·· 1 루마니아 산악사단

·· 2 루마니아 산악사단

·· 4 루마니아 산악사단

·· 8 루마니아 기병여단

---

17 군

뷕토르 폰 슈툴프나겔(Victor von Stulpnagel) 보병대장

- 참모장 : 빈센츠 뮬러(Vincenz Müller) 소장

- 97 경보병사단 (Maximilian Fretter-Pico 소장)
- 100 경보병사단 (Werner Sanne 소장)

4 군단

뷕토르 폰 슈베들러(Victor von Schwedler) 보병대장

- 24 보병사단 (Hans Freiherr von Tettau 소장)
- 71 보병사단 (Alexander von Hartmann 소장)
- 262 보병사단 (Edgar Thiessen 중장)
- 295 보병사단 (Herbert Geitner 소장)
- 296 보병사단 (Wilhelm Stemmermann 소장)

49 산악군단

루드뷔히 큐블러(Ludwig Kübler) 산악병대장

- 1 산악사단 (Hubert Lanz 소장)
- 68 보병사단 (Georg Braun 소장)
- 257 보병사단 (Karl Sachs 소장)

··· 243 돌격포대대 (Hesselbarth 중령)

52 군단

쿠르트 폰 브리젠(Kurt von Briesen) 보병대장

- 101 경보병(엽병)사단 (Erich Marcks 소장 / Joseph Brauner von Haydringen 중장)
- 97 엽병사단(예비) (Maximilian Fretter-Pico 포병대장)
- 100 엽병사단(예비) (Werner Sanne 중장)

슬로바키아 군단

루돌프 필포우세크(Rudolf Pilfousek)

·· 1 슬로바키아 보병사단 (Antonin Pulanich / Augustín Malár)

·· 2 슬로바키아 보병사단 (Ivan Imro 대령)

103 후방경계 군지대

칼 폰 로께(Karl von Rocques) 보병대장

- 213 경계사단 (l'Homme de Coubiere 중장)
- 444 경계사단 (Josef Russwurm 중장)
- 445 경계사단 (Krantz 중장)

---

4 항공군

알렉산더 뢰어(Alexander Löhr) 상급대장

4 항공군단

쿠르트 레오폴드 플룩바일(Kurt Leopold Pflugbeil) 중장

- 4 폭격비행단 2대대 : He 111H (Gottlieb Wolff 중령)

- 27 폭격비행단 본부/1/2/3대대 : He 111H (Gerhard Ulbricht 소령)

·· 본부 (Gerhard Ulbricht 소령)

··· 1대대 (Fritz Reinhard 대위)

··· 2대대 (Reinhard Günzel 대위)

··· 3대대 (Hans-Henning Freiherr von Beust 대위)

- 77 전투비행단 본부/2/3대대 : Bf 109E (Gotthard Handrick 소령)

··· 2대대 (Anton Mader 소령)

··· 3대대 (Alexander von Winterfeldt 소령 / Kurt Ubben 소령)

- 2 교도비행단 1대대 : Bf 109E (Herbert Ihlefeld 대위)

5 항공군단

로베르트 리터 폰 그라임(Robert Ritter von Greim) 중장

- 51 폭격비행단 본부/1/2/3대대 : Ju 88A (Hans Bruno Schulz-Heyn 소령 / Paul Koester 대령)

·· 본부 (Hans-Bruno Schulz-Heyn 소령)
··· 1대대 (Heinrich Hahn 대위)
··· 2대대 (Wilhelm von Friedeburg 소령)
··· 3대대 (Walter Marienfeld 소령 / Ernst Freiherr von Bibra 소령)

• 54 폭격비행단 본부/1/2대대 : Ju 88A (Otto Höhne 중령 / Walter Marienfeld 중령)
·· 본부 (Otto Höhne 중령)
··· 1대대 (Richard Linke 대위 / Walter Freimann 대위 / Georg Graf von Platen 대위 / Helmut von Raven 중위)
··· 2대대 (Erhardt Krafft von Dellmensingen 소령)

• 55 폭격비행단 본부/1/2/3대대 : He 111H, Bf 110 (Benno Kosch 중령)
·· 본부 (Benno Kosch 대령)
··· 1대대 (Rudolf Kiel 소령)
··· 2대대 (Ernst Kühl 소령)
··· 3대대 (Heinrich Wittmer 대위 / Hermann Freiherr von dem Bongart 중위)

• 3 전투비행단 본부/1/2/3대대 : Bf 109F (Günther Lützow 소령)
··· 1대대 (Hans von Hahn 대위)
··· 2대대 (Gordon Gollob 대위 / Karl-Heinz Krahl 대위)
··· 3대대 (Walter Oesau 대위 / Werner Andres 대위 / Herbert Kijewski 중위)

루마니아 지원 독일공군

한스 슈파이델(Hans Speidel) 중장

• 52 전투비행단 본부 : Bf 109E (Hanns Trübenbach 소령 / Wilhelm Leßmann 소령)
• 52 전투비행단 3대대 : Bf 109E (Albert Blumemsaat 소령 / Franz Hö rnig 대위)

*****

적군(赤軍) 전투 서열

[스타프카]

- 적군 최고사령관 제1대리 : 게오르기 쥬코프(Georgi K. Zhukov) 대장
- 적군 참모총장 : 게오르기 쥬코프(Georgi K. Zhukov) 대장 / 보리스 미하일로뷔취 샤포쉬니코프 (Boris Mikhailovitch Shaposhnikov) 원수
- 적군 참모차장 : 알렉산드르 봐실레프스키 (Aleksandr M. Vasilevsky) 상장
- 적군 참모총장 제1대리 : 니콜라이 훼도로뷔취 봐투틴(Nikolai Fedorovich Vatutin) 중장
- 적군 포병 총사령관 : 니콜라이 보로노프(Nikolai Voronov) 포병상장
- 적군 공군 총사령관 : 파벨 훼도로뷔취 지가레프(Pavel Fedorovich Zhigarev) 중장;상장 / 알렉산드르 알렉산드로뷔취 노뷔코프(Aleksandr Aleksandrovich Novikov) 상장

〈 북부방면군 〉
마르키안 포포프(Markian Popov) 중장

1 기계화군단

미하일 르보뷔취 췌르니아프스키(Mikhail Lvovitch Cherniavsky) 소장

- 1 전차사단 (Viktor I. Baranov 소장)
  - ·· 1전차연대 (D.D.Pogodin 대령),
  - ·· 2전차연대 (P.S.Zhitnev)
- 3 전차사단 (K.Yu.Andreev 대령)
  - ·· 5전차연대 (G.M.Lanyuchev 소령)
  - ·· 6전차연대 (K.I.Vyaznikov 중령)
- 163 차량화소총병사단 (N.M.Kuznetsov 소장)
  - ·· 25전차연대 (A.M.Khasin)
  - ·· 5 모터싸이클연대 (K.N.Vindushev 중령)
  - ·· 50 독립공병대대 (A.D.Ilchenko 대위)
  - ·· 101 항공편대

---

4 군(스타프카 예비)
브세볼로드 야코블레프(Vsevlod F. Yakovlev) 중장

- 60 전차사단 (Aleksei F. Popov 소장) : 120, 121전차연대
- 4 근위소총병사단(191전차연대)
- 27 기병사단

·· 121 전차연대 (Pavel A. Garkusha 중령)

---

14 군

– 알렉산드로뷔취(F.V.Aleksandrovich) 중장

– 빨레리안 프롤로프(Valerian Frolov) 중장

- * 1 혼성항공사단 (M.M.Golovnia 대령)
- 1 전차사단 (V.I.Baranov 소장) : 1, 2전차연대
- 23 무르만스크 (Murmansk) 요새방어지대
- 1 차량화소총병연대(1 전차사단)
- 104 예비포병연대
- 208 독립대공포병대대
- 31 독립공병대대
- 1개 독립전차대대

---

42 소총병군단

로만 이봐노뷔취 파닌(Roman Ivanovich Panin) 소장

- 14 소총병사단 (A.A.Zhurba 대령)
- 52 소총병사단 (N.N.Nikishin 소장)
- 104 소총병사단 (S.I.Morozov 소장)
- 122 소총병사단 (P.S.Shevchenko 소장)

---

7 독립군

미하일 고렐렌코(Mikhail Gorelenko) 중장

- 54 소총병사단 (I.V.Panin 소장)
- 71 소총병사단 (V.N.Fedorov 대령)
- 168 소총병사단 (A.L.Bondarev 대령)
- 237 소총병사단 (D.F.Popov 소장)
- 3 해군소총병여단
- 26 요새방어지대 (A.P.Petrov 대령) : Sortavalo
- 2 전차연대
- 9 차량화소총병연대
- 24 차량화소총병연대
- 452 차량화소총병연대
- 108 고강도곡사포병연대
- 541 곡사포병연대(스타츠카 예비 지원)
- 7 모터싸이클연대
- 47 독립박격포대대

- * 55 혼성항공사단 (V.M.Filin 대령)
- 3 공군기지수비대 (V.G.Netrebo 대령)
- 208 독립 대공포병대대
- 18 독립공병대대
- 184 독립공병대대

23 군

표트르 프쉐니코프(Pyotr S. Pshennikov) 중장

- 101, 108, 519 곡사포병연대(스타프카 예비 지원)
- 573 가농포병연대(스타프카 예비 지원)
- 5, 33, 102국경근위대

19 소총병군단

미하일 게라시모프(Mikhail Gerasimov) 소장

- 115 소총병사단 (V.F.Konkov 소장)
- 122 소총병사단 (P.S.Shevchenko 소장)
- 142 소총병사단 (S.P.Mikulskii 소장)
- 168 소총병사단 (A.L.Bondarev 대령)
- 28 군단포병연대
- 43 군단포병연대

50 소총병군단

블라디미르 쉐르바코프(Vladimir Scherbakov) 소장

- 43 소총병사단 (Vladimir V. Kirpichnikov 소장)
- 70 소총병사단 (V.P.Iakutovich 소령)
- 123 소총병사단 (Ye.Ye.Tsukanov 대령)
- 24 군단포병연대 (Nikolai Alekseevich Gusarov)

10 기계화군단(42.7월초 23군에서 해제)

이반 라자레프(Ivan G. Lazarev) 소장

- 21 전차사단 (L.V.Bunin 대령) : 41, 42전차연대
- 24 전차사단 (M.I.Chesnokov 대령) : 48, 49전차연대
- 198 차량화소총병사단 (Vladimir V. Kryukov 소장) : 146전차연대
- 7 모터싸이클연대
- 34 차량화공병대대
- 386 독립통신대대

• 110 군단항공편대

〈방면군 직할〉

2 대공방위군단(PVO)
미하일 막시모뷔취 프로츠붸트킨(Mikhail Maksimovich Protsvetkin) 소장

• 115 대공포병연대
• 169 대공포병연대
• 189 대공포병연대
• 192 대공포병연대
• 194 대공포병연대
• 351 대공포병연대

• 177 소총병사단 (A.F.Mashoshin 상장)
• 191 소총병사단 (D.K.Lukyanov 상장)
• 265 소총병사단 (I.S.Prytkov 소령)
• 272 소총병사단 (M.I.Potapov 대령)
• 281 소총병사단 (S.A.Sherstov 대령)
• 2 NKVD 철도호위사단
• 8 독립소총병여단 (N.P.Simoniak 대령)

• 21 요새방어지대 (V.A.Kotik 소령) : Kingisepp
• 22 요새방어지대 (M.A. Popov 소장) : Karelian
• 25 요새방어지대 (V.M.Korunkov 소령) : Pskov
• 27 요새방어지대 (P.A.Artushenko 대령) : Keksholm
• 28 요새방어지대 : Vyborg
• 29 요새방어지대 (Ilia Ivanovich Shvygin 소장) : Hanko

• 24 군단포병연대 (Nikolai Alekseevich Gusarov)
• 28 군단포병연대
• 43 군단포병연대
• 573 포병연대
• 101 유탄포병연대
• 108 고강도 유탄포병연대
• 519 고강도 유탄포병연대
• 12 공병연대
• 29 공병연대

- 6 부교가설연대
- 20 독립박격포대대
- 27 독립대공포대대
- 241 독립대공포대대
- 109 차량화공병대대

- 153 독립공병대대

북부 본토항공군(PVO) : 레닌그라드군관구 항공군의 후신
미하일 프로쯔뷁트킨(Mikhail M. Protsvetkin) 소장

- 1 전투기(혼성항공)사단 : Murmansk, Kandalaksha(14군) (M.M.Golovnia 대령)
  - ·· 145 전투기연대
  - ·· 147 전투기연대
  - ·· 609 전투기연대 (Leonid Galchenko 소령)
  - ·· 10 폭격항공연대
  - ·· 137 폭격항공연대 (Ilia Davidovich Udonin)

- 3 전투기사단(PVO) : 레닌그라드 방위 (Stepan Pavlovich Danilov 대령)
  - ·· 191 전투기연대 (Andrey Tkachenko 소령)
  - ·· 44 전투기연대 (V.G.Blagoveshchenskiy)

- 5 전투기(혼성항공)사단 : 카렐리아 지협(23군) (E.E.Erlykin 대령)
  - ·· 7 전투기연대 (Evgey Turenko 소령 / Aleksei Zakharovich Dushin)
  - ·· 158 전투기연대 (Vladimir Matveyev 소령)
  - ·· 159 전투기연대 (I.A.Voronin 소령)

- 39 전투기사단 : 레닌그라드 남부 (B.I.Litvinov 중령 / Ye.Ya.Kholzakov 대령)
  - ·· 154 전투기연대 (Nikolai Dmitrievich Antonov / Petr Pokryshev 상위)
  - ·· 155 전투기연대
  - ·· 156 전투기연대
  - ·· 196 전투기연대

- 54 전투기사단(PVO) : 레닌그라드 방위 (S.Ia.Simonenko 대령)
  - ·· 26 전투기연대 (Vasily Matsievich 중령)
  - ·· 157 전투기연대
  - ·· 311 정찰항공연대 (Fedor Semenovich Khatminskii)

- 55 전투기(혼성항공)사단 : Petrozavodsk(7군) (Aleksandr Bogorodetsky 대령 / Vasily M. Filin 대령)
  - ·· 31 고속폭격항공연대 (Fedor Dobysh)
  - ·· 72 고속폭격항공연대 (Ivan Potopovich Skok)
  - ·· 65 대지공격연대 (Andrei Nikiforovich Vitruk)
  - ·· 153 전투기연대
  - ·· 155 전투기연대
  - ·· 197 전투기연대
  - ·· 427 전투기연대
  - ·· 524 전투기연대

- 41 폭격(혼성항공)사단 : Siverskaya(23군) (Stepan Ignatevich Nechiporenko 대령)
  - ·· 10 고속폭격항공연대 (Stepan Ignatevich Nechiporenko 대령)
  - ·· 201 고속폭격항공연대
  - ·· 202 고속폭격항공연대 (Nikolai Yefimov 대령)
  - ·· 205 고속폭격항공연대

- 2 혼성항공사단 : 레닌그라드 남부(Nikolai Naumenko 대령)
  - ·· 2 고속폭격항공연대 (Andrey Voloshin)
  - ·· 44 고속폭격항공연대(34 근위폭격항공연대)
  - ·· 58 고속폭격항공연대
  - ·· 65 대지공격연대
  - ·· 159 전투기연대

- 81 폭격항공사단(41.7.15 신규 편성)(Vodopyanov / N.I.Novodranov 대령 / Aleksandr Ye. Golovanov 대령)
  - ·· 420 장거리폭격항공연대
  - ·· 421 장거리폭격항공연대
  - ·· 432 중폭격항공연대
  - ·· 433 중폭격항공연대

---

7 전투기군단

스테판 파블로뷔취 다닐로프(Stepan Pavlovich Danilov) 대령

에프게니 에를뤼힌(Evgenii Erlykhin) 대령

- 205 전투기사단 (Yurii Nemtsevich 대령)
- 304 전투기사단

카렐리아 방면 항공군(북부 항공단에서 분리 : 41.8.23)

티모훼이 티모훼예뷔취 흐류킨(Timofey Timofeyevich Khryukin)

• 1 혼성항공사단 (M.M.Golovnia 대령)
·· 145 전투기연대
·· 147 전투기연대
·· 137 폭격항공연대 (Ilia Davidovich Udonin 대령)

• 55 혼성항공사단 (Alexander Bogorodetsky 대령 / Vasily M. Filin 대령)
·· 31 고속폭격항공연대 (Fedor Dobysh)
·· 72 고속폭격항공연대 (Ivan Potopovich Skok)
·· 65 강습항공연대 (Andrei Nikiforovich Vitruk)
·· 155 전투기연대
·· 197 전투기연대
·· 427 전투기연대
·· 524 전투기연대
·· 119 독립정찰항공편대

볼호프 특수항공그룹

이고르 주라플료프(Igor Zhuravlyov) 대령
·· 44 전투기연대
·· 124 전투기연대
·· 160 전투기연대
·· 174 대지공격항공연대
·· 125 고속폭격항공연대 (Vladimir Sandalov 소령)

북방 함대 공군(VVS-SF)

알렉산드르 쿠즈네쪼프(Aleksandr A. Kuznetsov) 소장
·· 72 혼성해군항공연대 (Georgy Petrovich Gubanov 소령)
·· 78 전투기연대 (Boris Safanov 중령)
·· 145 전투기연대
·· 147 전투기연대
·· 137 폭격항공연대 (I.D.Udonin 대령)
·· 118 정찰항공연대

〈레닌그라드방면군 〉: 북부방면군의 후신

8 군
- 표트르 소벤니코프(Pyotr P. Sobennikov) 소장
- 류보프스테프(I.M.Liubovstev) 소장
- 표트르 스테파노뷔취 프셴니코프(Pyotr Stepanovich Pshennikov) 중장

10 소총병군단
이반 훼도로뷔취 니콜라에프(Ivan Fedorovich Nikolaev) 소장
- 10 소총병사단 (I.I.Fadeev 소장)
- 11 소총병사단 (N.A.Sokolov 대령)
- 48 소총병사단 (I.D.Romantsev 중령)
- 90 소총병사단 (V.P.Yevdokimov 대령)
- 47 군단포병연대
- 73 군단포병연대 (Vasilii Sergeevich Gnidin)
- 242 독립대공포병대대
- 54 독립공병대대

11 소총병군단
미하일 미하일로뷔취 이봐노프(Mikhail Mikhailovich Ivanov) 소장
미하일 스테파노뷔취 슈밀로프(Mikhail Stepanovich Shumilov) 소장
- 16 소총병사단 (N.G.Suturin 대령)
- 48 소총병사단 (I.D.Romantsev 중령)
- 125 소총병사단 (P.P.Bogaichuk 소장)
- 73 군단포병연대 (Vasilii Sergeevich Gnidin)

12 기계화군단
니콜라이 미하일로뷔취 쉐스토팔로프(Nikolai Mikhailovich Shestopalov) 소장
- 23 전차사단 (T.S.Orlenko 대령) : 45, 144전차연대
- 28 전차사단 (I.D.Chernyakhovskiy 대령) : 55, 56전차연대
- 202 차량화소총병사단 (V.K.Gorbachev 대령)
- 10 모터싸이클연대
- 47 독립차량화공병대대
- 380 독립통신대대

- 118 소총병사단 (A.I.Safronov 대령)
- 191 소총병사단 (D.A.Lukiamov 대령)
- 268 소총병사단 (M.A.Enshin 소장)
- 22 NKVD 사단 (Stepan Mikhailovich Bunkov 대령)
- 24 군단포병연대 (Nikolai Alekseevich Gusarov)
- 47 군단포병연대
- 73 군단포병연대 (Vasilii Sergeevich Gnidin)
- 76 라트비아 소총병연대
- 266 독립기관총포병대대
- 39 독립대공포병대대
- 103 독립대공포병대대

---

23 군
표트르 스테파노뷔취 프셴니코프(Pyotr Stepanovich Pshennikov) 중장

1 소총병군단
훼도르 세르게에뷔취 이봐노프(Fedor Sergeevich Ivanov) 소장

- 43 소총병사단 (V.V.Kirpichnikov 소장)
- 123 소총병사단 (E.E.Tsukanov 대령)

19 소총병군단
미하일 게라시모프(Mikhail Nikanorovich Gerasimov) 중장

- 115 소총병사단 (V.F.Konkov 소장)
- 142 소총병사단 (S.P.Mikulsky 소장)
- 168 소총병사단 (A.L.Bondarev 대령)
- 265 소총병사단 (Ivan Prytkov 소령)
- 28 군단포병연대
- 43 군단포병연대

65 소총병군단
콘스탄틴 봐실레뷔취 코미사로프(Konstantin Vasilevich Komissarov) 소장

- 11 소총병사단 (Vladimir Ivanovich Shcherbakov 소장)
- 16 소총병사단 (N.G.Suturin 대령)

10 기계화군단
이봔 라자레프(Ivan G. Lazarev) 소장

- 21 전차사단 (L.V.Bunin 대령 / G.G.Kuznetsov 대령) : 41, 42전차연대
- 24 전차사단 (M.I.Chesnokov 대령) : 47, 48전차연대
- 198 차량화소총병사단 (V.V.Kryukov 소장)(포병연대 제외) : 146전차연대
- 7 모터싸이클연대
- 34 차량화공병대대
- 110 군단항공편대

- 291 소총병사단 (N.A.Trushkin 대령)
- Vyborg PVO 여단
- 708 소총병연대
- 577 곡사포병연대
- 28 군단포병연대
- 241 독립대공포병대대
- 485 독립대공포병대대
- 41 부교대대
- 234 독립공병대대

---

42 군

블라디미르 셰르바코프(Vladimir I. Sherbakov) 소장

- 2 근위공군기지수비대 (F.S.Ivanov 중장)
- 3 근위공군기지수비대 (V.P.Kotelnikov 대령)
- Krasnogvardeisk 요새방어지대
- 51 군단포병연대
- 690 대공포병연대
- 혼성포병연대
- 704 포병연대(198차량화소총병사단)
- 42 부교대대
- 106 차량화공병대대

---

48 군

막심 안타나뷔취 안토뉴크(Maksim Antanavich .Antoniuk) 중장

- 21 전차사단 (L.V.Bunin 대령) : 41, 42전차연대
- 138 산악소총병사단 (Ia.A.Ishchenko 소장)
- 311 소총병사단 (Ivan Semyonovich Gogunov 대령 / Timofei Semyonovich Orlenko 대령)
- 1 산악소총병여단
- 170 독립기병연대
- 541 곡사포병연대

- 109 차량화공병대대
- 12 독립공병대대

---

55 군

이반 다비도뷔취 라자레프(Ivan Davidovich Lazarev) 소장

- 70 소총병사단 (Andrey Fedyunin 소장 / Vyacheslav Yakutovich 소령/대령)
- 90 소총병사단 (I.F.Abramov 대령)
- 168 소총병사단 (A.L.Bondarev 대령)
- 237 소총병사단 (V.V.Noskov 대령)
- 1 공군기지수비대 (V.A.Malininkov 여단장)
- 4 공군기지수비대 (P.I.Radygin 대령)
- 2 소총병연대(3근위공군기지수비대)
- 67 요새방어지대 (N.N.Denisov 대령) : Slutsk-Kolpino
- 14 대공포병여단
- 24 군단포병연대
- 47 독립박격포대대
- 84 독립전차대대
- 86 독립전차대대

Kopor 작전그룹

- 1 근위공군기지수비대 (I.M.Frolov 대령)
- 2 공군기지수비대 (I.M.Liubovtsev 소장)
- 522 소총병연대(191소총병사단)
- 519 곡사포병연대
- 2 전차연대(1전차사단)
- 295 독립공병대대

남방작전그룹

41 소총병군단

이반 스테파노뷔취 코소부츠키(Ivan Stepanovich Kosobutsky) 소장

- 111 소총병사단 (S.V.Roginsky 대령)
- 177 소총병사단 (A.F.Mashoshin 대령)
- 235 소총병사단 (T.V.Lebedev 소장)

- 24 전차사단 (M.I.Cheskonov 대령) : 48, 49전차연대
- 1 소총병연대(3근위공군기지수비대)

- 260 독립기관총포병대대
- 262 독립기관총포병대대
- 274 독립기관총포병대대
- 대공포병연대 (Bogdanov 소령)
- 루가 PVO 여단
- 24 부교대대
- 259 독립공병대대

〈방면군 직할〉

- 1 전차사단 (V.I.Baranov 소장) : 1, 2전차연대
- 10 소총병사단 (I.I.Fadeev 소장)
- 16 소총병사단 (N.G.Suturin 대령)
- 115 소총병사단 (V.F.Konkov 소장)
- 281 소총병사단 (G.I.Sholev 대령)
- 1 NKVD 소총병사단 (S.I.Donskov 대령)
- 레닌그라드민병방위사단(Vasilii Vasilevich Efremov 여단코미사르)
- 2 레닌그라드인민민병사단 (Nikolai Stepanovich Ugriumov)
- 3 근위레닌그라드인민민병사단 (Pavel Alekseevich Artiushenko)
- 8 소총병여단 (Nikolai Pavlovich Simoniak 대령/소장)
- 4 근위공군기지수비대
- 3 소총병연대(1공군기지수비대)
- 22 요새방어지대 (M.A.Popov 소장) : 카렐리아
- 29 요새방어지대 (Ilia Ivanovich Shvygin 소장) : Hanko
- 101 곡사포병연대
- 108 고강도곡사포병연대
- 27 독립대공포병대대
- 16 독립박격포대대
- 20 독립박격포대대
- 2 PVO 군단 (M.M.Protsvetkin 소장) : 북부방면군 참조
- Svir PVO 여단
- 48 독립전차대대
- 53 독립공병대대
- 54 독립공병대대
- 21 부교대대

스타프카 지원 52 독립군

니콜라이 쿠즈미취 클뤼코프(Nikolai Kuzmich Klykov) 중장

- 267 소총병사단 (Ia.D.Zelenkov 대령)
- 285 소총병사단 (P.I.Kiselev 대령)
- 288 소총병사단 (G.P.Lilenkov 대령)
- 292 소총병사단 (A.F.Popov 대령)
- 312 소총병사단 (A.F.Naumov 대령)
- 314 소총병사단 (A.D.Shemenkov 소장)
- 316 소총병사단 (I.V.Panfilov 소장)
- 442 군단포병연대
- 881 대공포병연대

방면군 지원 공군

7 전투기군단

스테판 파블로뷔취 다닐로프(Stepan Pavlovich Danilov) 대령

- 2 혼성항공사단 (P.P.Arkhangelsky 대령)
- 3 항공사단
- 8 전투기사단 (N.S.Toropchin 대령)
- 39 전투기사단 (B.I.Livinov 중령)
- 54 전투기사단 (Semen Iakovlevich Simonenko 대령)
- 191, 192, 194, 194, 195전투기연대

〈 북서방면군 〉
효도르 이소도로뷔취 쿠즈네쪼프(Fyodor Isodorovich Kuznetsov) 상장

65 소총병군단(41.8월 해체)

콘스탄틴 봐실레뷔취 코미사로프(Konstantin Vasilevich Komissarov) 소장

※ 군단본부만으로 예하부대 없음

67 소총병군단

휠립 훼오도셰뷔취 즈마췐코(Filipp Feodosyevich Zhmachenko) 상장

- 102 소총병사단 (Porfiry Martynovych Hutz 대령)
- 117 소총병사단 (S.S.Chernyugov 대령)
- 132 소총병사단 (Sergey Semyonovich Biryuzov 소장)
- 137 소총병사단 (I.T.Grishin 대령)
- 151 소총병사단 (V.I.Neretin 소장)

- 435 군단포병연대
- 645 군단포병연대

5 공수군단

이봔 베루글뤼(V.I.S.Berugly) 소장

- 9 공수여단
- 10 공수여단
- 201 공수여단 (I.S.Bezugly 대령)
- 214 공수여단 (A.F.Levashev 대령) : 서부특별군관구로 재배치

- 22 NKVD 사단 (Stepan Mikhailovich Bunkov 대령)
- 41 요새방어지대 (S.P.Nikolayev 사단코미사르) : Libava
- 402 고강도곡사포병연대
- 11 독립대공포병대대
- 10 PVO 여단
- 12 PVO 여단
- 14 PVO 여단
- 리가 PVO 여단
- 에스토니아 PVO 여단
- 카우나스 PVO 여단
- 4 부교건설연대
- 30 부교건설연대

8 군

- 표트르 소벤니코프(Pyotr P. Sobenikov) 소장
- 일랴 미하일로뷔취 류보프스테프(Ilia Mikhailovich Liubovstev) 소장
- 표트르 스테파노뷔취 프셴니코프(Pyotr Stepanovich Pshennikov) 중장(레닌그라드방면군)

10 소총병군단

이봔 훼도로뷔취 니콜라예프(Ivan Fedorovich Nikolaev) 소장

- 10 소총병사단 (I.I.Fadeyev 대령)
- 48 소총병사단 (Pavel Vasileevich Bogdanov 대령)
- 50 소총병사단 (V.P.Yevdokimov 대령)
- 90 소총병사단 (V.P.Yevdokimov 대령)
- 47 군단포병연대
- 73 군단포병연대 (Vasilii Sergeevich Gnidin)
- 242 독립대공포병대대

- 54 독립공병대대

11 소총병군단

미하일 슈르닐로프(Mikhail Shurnilov) 소장

- 11 소총병사단 (N.A.Sokolov 대령)
- 125 소총병사단 (P.P.Bogaychuk 소장)
- 51 군단포병연대
- 39 독립대공포병대대

12 기계화군단

니콜라이 미하일로뷔취 쉐스토팔로프(Nikolai Mikhailovich Shestopalov) 소장

- 23 전차사단 (Timofei S. Orlenko 대령) : 45, 144전차연대
- 28 전차사단 (Ivan Danilovich Chernyakhovsky 대령) : 55, 56전차연대
- 202 기계화사단 (Vladimir K. Gorbachev 대령) : 125전차연대
- 10 모터싸이클연대
- 25 공병연대
- 47 독립차량화공병대대
- 112 군단항공편대

군 직할

- 118 소총병사단 (N.M.Globaltsky 소장)
- 268 소총병사단 (M.A.Enshin 소장)
- 22 NKVD 소총병사단 (Stepan Mikhailovich Bunkov 대령)
- 42 요새방어지대 (N.S.Devi 대령) : Siauliai
- 46 요새방어지대 (Sushchenko 대령) : Telsiai
- 47 군단포병연대
- 51 군단포병연대
- 73 군단포병연대 (Vasilii Sergeevich Gnidin)
- 39 독립대공포병대대
- 103 독립대공포병대대
- 29 독립공병대대
- 80 독립공병대대

11 군

봐실리 모로조프(Vasiliy I. Morozov) 중장

군 직할

- 23 소총병사단 (V.F.Pavlov 소장)
- 126 소총병사단 (M.A.Kuznetsov 소장)
- 128 소총병사단 (A.S.Zotov 소장)
- 10 대전차포병여단
- 42 요새방어지대 (N.S.Devi 대령) : Siauliai
- 44 요새방어지대 (S.G.Gorachev 소장) : Kaunas
- 45 요새방어지대 (Gerasimov 대령) : Windau
- 46 요새방어지대 (Sushchenko 대령) : Kaunas
- 48 요새방어지대 (F.P.Ozerov 대령) : Alytus
- 270 군단포병연대
- 448 군단포병연대
- 615 군단포병연대
- 110 고강도 유탄포병연대
- 429 유탄포병연대
- 19 독립대공포병대대
- 247 독립대공포병대대
- 38 독립공병대대

16 소총병군단

미하일 미하일로뷔취 이봐노프(Mikhail Mikhailovich Ivanov) 소장

효도르 이봐노프(Fyodor Ivanov) 소장

- 5 소총병사단 (Fedor Petrovich Ozerov 대령)
- 33 소총병사단 (Karp A. Zheleznikov 소장)
- 188 소총병사단 (P.I.Ivanov 대령)
- 270 군단포병연대
- 448 군단포병연대

29 소총병군단

알렉산드르 사모힌(Aleksandr G. Samokhin) 소장

- 179 소총병사단 (A.I.Ustinov 대령)
- 184 소총병사단 (M.V.Vinogradov 대령)
- 615 군단포병연대

3 기계화군단

알렉세이 쿠르킨(Aleksey Kurkin) 소장

- 2 전차사단 (Igor Nikolaevich Solyankin 소장) : 3, 4전차연대
- 5 전차사단 (F.F.Fyodorov 대령) : 9, 10전차연대

- 84 기계화사단 (P.I.Fomenko 소장) : 41전차연대
- 5 모터싸이클연대 (Konstantin Nikolaevich Vindushev)
- 46 차량화공병대대
- 132 독립통신대대
- 103 군단항공편대

---

27 군

니콜라이 에라스토뷔취 베르자린(Nikolay Erastovich Berzarin) 소장

- 16 소총병사단 (I.M.Lyubovtsev 대령)
- 67 소총병사단 (Nikolai A. Dedayev 대령)
- 3 소총병여단
- 613 군단포병연대
- 614 군단포병연대
- 103 독립대공포병연대
- 111 독립대공포병연대

22 소총병군단

미하일 두하노프(Mikhail Dukhanov) 소장

- 180 소총병사단 (I.I.Missan 대령)
- 182 소총병사단 (I.I.Kuryshev 대령)
- 614 군단포병연대
- 103 독립대공포병대대
- 415 독립공병대대

24 소총병군단

로베르트 클랴뷘쉬(Robert Klyavinsh) 중장 : 처형

쿠즈마 카찰로프(Kuzma Kachalov) 소장

- 181 소총병사단 (P.V.Borisov 대령)
- 183 소총병사단 (P.N.Tupikov 대령)
- 613 군단포병연대
- 111 독립대공포병대대

루가 작전그룹(LOG)

콘스탄틴 파블로뷔취 피아디셰프(Konstantin Pavlovich Piadyshev) 중장

니콜라이 훼도로뷔취 봐투틴(Nikolai Fedorovich Vatutin) 중장 : 북서방면군 참모장(작전조율)

41 소총병군단

이반 스테파노뷔취 코소부츠키(Ivan Stepanovich Kosobutsky) 소장

- 90 소총병사단 (I.F.Abramov 대령)
- 111 소총병사단 (I.M.Ivanov 대령)
- 118 소총병사단 (N.M.Globatsky 소장)
- 177 소총병사단 (A.F.Mashoshin 대령)
- 191 소총병사단 (D.A.Lukianov 대령)
- 235 소총병사단 (T.V.Lebedev 소장)

---

10 기계화군단

이반 라자레프(Ivan G. Lazarev) 소장

- 21 전차사단 (L.V.Bunin 대령 / G.G.Kuznetsov 대령) : 41, 42전차연대(스타프카 예비)
- 24 전차사단 (M.I.Chesnokov 대령) : 48, 49전차연대(스타프카 예비)
- 198 차량화소총병사단 (V.V.Kriukov 소장) : 146전차연대
- 7 모터싸이클연대
- 34 차량화공병대대
- 110 군단항공편대

- 1 인민민병사단
- 2 인민민병사단 (Nikolay Stepanovich Ugriumov 대령)
- 3 인민민병사단 (Fyodor Pavlovich Sudakov 소장 / Vasiliy Gavrilovich Netrebo 대령)
- 1 독립산악소총병여단
- 루가여단 요새방어지대

발틱 적기 항공군(VVS-KBF) : 북서방면 항공군의 전신

- 알렉세이 파블로뷔취 이오노프(Alesei Pavlovich Ionov) 소장

- 알렉산드르 노뷔코프(Aleksandr Novikov) 소장

- 57 전투기사단
  - ·· 42 전투기연대 (F.I.Shinkarenko 대위)
  - ·· 49 전투기연대
  - ·· 54 고속폭격항공연대

- 4 혼성항공사단(Ivan Klimentevich Samokhin / Aleksei Nikolaevich Sokolov 대령) : Estonia
  - ·· 38 전투기연대 (Boris Arsentevich Sidnev 중령)
  - ·· 35 고속폭격항공연대
  - ·· 50 고속폭격항공연대 (Filipp Aleksandrovich Agaltsov 중령)
  - ·· 53 고속폭격항공연대

• 6 혼성항공사단 (Ivan Loginovich Fedorov 소장) : Riga와 Liepaya 사이 구간
·· 21 전투기연대
·· 148 전투기연대 (Georgy Zaitsev 소령)
·· 31 고속폭격항공연대 (Fedor I. Dobysh)
·· 40 고속폭격항공연대 (I.E.Mogilniy 소령 / I.F.Lavrentsov 대위))
·· 125(단거리)폭격항공연대 (Vladimir Sandalov 소령)
·· 130 폭격항공연대
·· 514 폭격항공연대 (P.S.Lozenko 소령)

• 7 혼성항공사단 : Lithuania
·· 10 전투기연대
·· 46 폭격항공연대
·· 9 고속폭격항공연대 (V.lukin 소령 / A.G.Fyodorov 소령)
·· 241 고속폭격항공연대

• 8 혼성항공사단 (Vasily Gushchin 대령) : Kaunas, Alytus
·· 15 전투기연대
·· 31 전투기연대 (P.I.Putivko 소령)
·· 61 대지공격연대

• 402 특공전투기연대 (Petr Stefanovsky 대령) : 서부방면 소련공군 사령부 지원
• 312 정찰항공연대 (Ivan Vasilevich Georgiev)
• 9 대전차여단

14군 지원 항공군 전력
알렉산드르 쿠즈네쪼프(Aleksandr Kuznetsov) 소장

• 1 혼성항공사단 (M.M.Golovnia 대령)
·· 137 고속폭격항공연대 (I.D.Udonin 대령)
·· 145 전투기연대
·· 147 전투기연대

발틱 '적기'(Red Banner) 함대
블라디미르 트리부츠(Vladimir Tributs) 부제독

• 8 폭격항공여단
·· 1 뇌격기연대(MTAP) (Yevgeniy Preobrazhensky 대령)
·· 7 폭격항공연대
·· 57 폭격항공연대 (Evgenii Nikolaevich Preobrazhenskii)

·· 73 폭격항공연대 (F.M.Koptev 소령 / A.I.Krokalev 대령 / M.A.Kurochkin 중령)

- 10 혼성항공여단 (Nikolai Trofimovich Petrukhin 소장)
- 61 전투기여단 (71전투기연대/V.S.Koreshkov 중령)
- 15 독립해군정찰항공연대
- * 7개 독립항공편대

북부 함대

아르세뉘 고를로프코(Arseniy Gorlovko) 후제독

- 72 혼성항공연대 (Georgy Gubanov 대령)
- 78 전투기연대 (Boris Safanov 중령)
- 118 정찰항공연대
- 49 독립정찰항공연대(ORAE)
- 24 Aviazveno Avyazi

〈 서부방면군 〉

- 드미트리 파블로프(Dmitriy Pavlov) 상장(-6.30)

- 안드레이 예레멘코(Andrey Yeremenko) 중장(6.30-7.2)

- 세묜 티모셴코(Semyon K. Timoshenko) 원수(7.3-9.13)

- 이봔 스테파노뷔취 코네프(Ivan Stepanovich Konev) 상장(9.13-10.10)

- 게오르기 콘스탄티노뷔취 쥬코프(Georgy Konstantinovich Zhukov) 대장(10.10-)

* 방면군 부사령관 : 안드레이 예레멘코(Andrey Yeremenko) 중장
* 지역부사령관 : 이봔 봐실례뷔취 볼딘(Ivan Vasilyevich Boldin) 중장
* 참모장 : 블라디미르 에휘모뷔취 클리모프스키(Vladimir Efimovich Klimovsky) 소장

- 24 소총병사단 (Kuzma Galitsky 소장 / Terenty Batsanov 소장)
- 49 소총병사단 (Konstantin Fedorovich Vasilyev 대령)
- 69 전차사단 (S.Z.Miroshnikov 대령) : 71, 72전차연대
- 69 차량화소총병사단 (P.N.Domrachev 대령)
- 101 차량화소총병사단 (G.M.Mikhailov 대령)
- 134 소총병사단 (V.K.Bazarov 여단장)
- 161 소총병사단 (A.I.Mikhailov 대령)
- 58 요새방어지대 : Sebezh
- 61 요새방어지대 (A.I.Yegorov 소령) : Polotsk
- 62 요새방어지대 (Mikhail Ivanovich Puzyrov 소장) : Brest-Litovsk

- 63 요새방어지대 (N.N.Denisov 대령) : Minsk-Slutsk
- 64 요새방어지대 (N.A.Berdnikov 대령) : Zambrov
- 65 요새방어지대 (I.M.Maksimeyko 소령) : Mozyr
- 66 요새방어지대 (S.N.Drolin 대령) : Osovets
- 68 요새방어지대 (N.P.Ivanov 대령) : Grodno
- 8 대전차포병여단 (I.S.Strelbitskii 대령)
- 114 독립전차연대
- 293 가농포병연대
- 611 가농포병연대
- 360 곡사포병연대
- 5 고강도곡사포병연대
- 318 고강도곡사포병연대
- 612 고강도곡사포병연대
- 29 군단포병연대
- 49 군단포병연대
- 56 군단포병연대
- 151 군단포병연대
- 467 군단포병연대
- 587 군단포병연대
- 34 부교건설연대
- 35 부교건설연대

---

2 소총병군단

아르카디 에르마코프(Arkadiy Ermakov) 소장

- 100 소총병사단 (Ivan N. Russiyanov 소장)
- 161 소총병사단 (Aleksei I. Mikhailov 대령)
- 151 군단포병연대
- 5 독립공병대대
- 10 독립통신대대

---

21 소총병군단

블라디미르 보리소뷔취 보리소프(Vladimir Borisovich Borisov) 소장

- 17 소총병사단 (T.K.Batsanov 대령)
- 24 소총병사단 (K.N.Galitskiy 대령)
- 37 소총병사단 (A.E.Chekharin 대령)
- 29 군단포병연대
- 587 군단포병연대

40 소총병군단

알렉산드르 알렉산드로뷔취 하데에프(Aleksandr Aleksandrovich Khadeev) 소장

- 9 근위소총병사단 (Afanasil Pavlantevich Beloborodov 대령)
- 31 소총병사단 (Mikhail Ivanovich Ozimin 소장)
- 64 소총병사단 (Sergey I. Iovlev 대령)
- 108 소총병사단 (Aleksandr Ivanovich Mavrichev 소장)

44 소총병군단

봐실리 유쉬케뷔취(Vasiliy Yushkevich) 소장

- 64 소총병사단 (Sergey I. Iovlev 대령)
- 108 소총병사단 (Aleksandr Mavrichev 소장 / N.I.Orlov 대령)
- 49 군단포병연대

47 소총병군단

스테판 포붸트킨(Stepan I. Povetkin) 소장

- 50 소총병사단 (Vasily P. Yevdokimov 대령 / A.A.Borejko 소장)
- 55 소총병사단 (Dmitry I. Ivanyuk 대령)
- 121 소총병사단 (Pyotr M. Zykov 소장)
- 143 소총병사단 (Dmitry P. Safonov 소장)
- 462 군단포병연대
- 273 독립공병대대

4 공수군단

알렉세이 잔도프(Aleksey S. Zhandov) 소장

- 7 공수여단 (Mikhail F. Tikhonov 대령)
- 8 공수여단 (Aleksandr Onufriyev 대령)
- 214 공수여단 (Aleksey F. Levashev 대령)
- 8 대전차포병여단 (I.S.Strelbitskii 대령)

17 기계화군단

미하일 페트로뷔취 페트로프(Mikhail Petrovich Pertrov) 소장

- 27 전차사단 (Aleksey O. Akhmanov 대령)/ 8.1 해체 : 57, 59전차연대
- 36 전차사단 (Sergey Z. Miroshnikov 대령)/ 8.1 해체 : 71, 72전차연대
- 209 차량화소총병사단 (Aleksey I. Muravyev 대령)/ 9.19 해체 : 129전차연대
- 22 모터싸이클연대
- 80 공병대대

- 532 독립통신대대
- 117 군단항공편대

---

18 기계화군단

페트르 봐실레뷔취 볼로흐(Petr Vasilevich Volokh) 소장

- 25 전차사단 (N.M.Nikiforov 대령) : 50, 113전차연대
- 44 전차사단 (V.P.Krimov 대령) : 87, 88전차연대
- 47 전차사단 (G.S.Rodin 대령) : 93, 94전차연대
- 209 차량화소총병사단 (A.I.Muravyev 대령)/ 9.19 해체 : 129전차연대
- 22 차량화소총병여단
- 68 차량화공병대대
- 118 군단항공편대

---

20 기계화군단

안드레이 그리고레뷔취 니키틴(Andrey Grigorevich Nikitin) 소장

- 26 전차사단 (Viktor T. Obukhov 소장) : 51, 52전차연대
- 38 전차사단 (Sergey I. Kapustin 대령) : 75, 76전차연대
- 210 차량화소총병사단 (Feofan A. Parkhomenko 소장) : 130전차연대
- 24 모터싸이클연대
- 83 차량화공병대대
- 534 독립통신대대
- 120 군단항공편대

---

3 군

봐실리 쿠즈네쪼프(Vasiliy I. Kuznetsov) 중장

- 50 소총병사단 (V.P.Yevdokimov 소장)
- 68 요새방어지대 (N.P.Ivanov 대령) : Grodno

---

4 소총병군단

예프게니 예고로프(Yevgeniy Yegorov) 소장

- 27 소총병사단 (Aleksandr M. Stepanov 소장)
- 56 소총병사단 (Semyon P. Sakhnov 소장)
- 85 소총병사단 (Aleksandr V. Bonodovskii 소장)
- 152 군단포병연대
- 444 군단포병연대
- 16 독립대공포병대대

21 소총병군단

블라디미르 보리소뷔취 보리소프(Vladimir Borisovich Borisov) 소장

- 17 소총병사단 (Terenty Kirillovich Batsanov 소장)
- 24 소총병사단 (Kuzma Galitsky 소장 / Terenty K. Batsanov 소장)
- 37 소총병사단 (A.E.Chekharin 대령)
- 50 소총병사단 (Stepan Yeryomin 소장 / Vasily P. Yevdokimov 소장 / Arkady Boreyko 대령 / Sergey Ivanovich Iovlev 대령 / Nikita Lebedenko 소장)
- 29 군단포병연대
- 587 군단포병연대

11 기계화군단

드미트리 모스테붼코(Dmitriy K. Mostevenko) 소장

- 29 전차사단 (N.P.Studnev 대령) : 57, 59전차연대
- 33 전차사단 (Mikhail F. Panov 대령) : 65, 66전차연대
- 204 차량화소총병사단 (A.M.Piragov 대령) : 125전차연대
- 7 대전차포병여단
- 16 모터싸이클연대
- 64 차량화공병대대
- 456 독립통신대대
- 111 군단항공편대

---

4 군

알렉산드르 코로브코프(Aleksandr A. Korobkov) 소장

- 49 소총병사단 (C.F.Vsilev 대령)
- 75 소총병사단 (Semen Ivanovich Nedvigin 대령)
- 62 브레스트(Brest) 요새방어지대 (M.I.Puzyrev 소장)

28 소총병군단

봐실리 스테파노뷔취 포포프(Vasiliy Stepanovich Popov) 소장

- 6 소총병사단 (M.A.Popsiu-Shapko 대령)
  - ·· 84 '코민테른' 소총병연대 (S.K.Dorodnykh 소령)
  - ·· 125 소총병연대 (F.F.Berkov 대령)
  - ·· 333 소총병연대 (D.I.Martveev 대령)
  - ·· 131 포병연대
  - ·· 204 곡사포병연대
  - ·· 98 독립야포포병대대 (N.I.Nikitin 대위)
  - ·· 75 독립정찰대대

• 42 소총병사단(Ivan Sidorovich Lazarenko 대령)
  ·· 44 소총병연대 (Petr Mikhailovich Gavrilov 소령)
  ·· 455 소총병연대
  ·· 33 공병연대
  ·· 84 정찰대대
  ·· 393 독립대공포병대대

• 49 소총병사단(C.F.Vasilyev 대령)
  ·· 15 소총병연대
  ·· 212 소총병연대
  ·· 222 소총병연대
  ·· 36 포병연대

• 55 소총병사단 (Dmitry Ivanovich Ivanyuk 대령 / Gevork Andreevich Ter-Gasparyan 중령/대령)
• 75 소총병사단 (Semen Ivanovich Nedvigin 대령)
• 143 소총병사단 (Grigorii Alekseevich Kurnosov 대령)

• 447 군단포병연대
• 455 군단포병연대
• 462 군단포병연대
• 120 고강도 유탄포병연대
• 12 독립대공포병연대

---

47 소총병군단

스테판 이바노뷔취 포붸트킨(Stepan Ivanovich Povetkin) 소장

• 50 소총병사단 (V.P.Evdokimov 대령 / A.A.Borejko 대령)
• 121 소총병사단 (Pyotr Maximovich Zykov 소장)
• 143 소총병사단 (D.P.Safonov 소장)
• 155 소총병사단 (P.A.Aleksandrov 소장)
• 462 군단포병연대
• 273 독립공병대대

---

14 기계화군단

스테판 일리취 오보린(Stepan Ilich Oborin) 소장

• 22 전차사단 (V.P.Puganov 소장) : 43, 44전차연대
• 30 전차사단 (Semen Bogdanov 대령) : 60, 61전차연대

- 205 차량화소총병사단 (F.F.Kudyurov 대령) : 125전차연대
- 20 모터싸이클연대
- 67 차량화공병대대
- 519 독립통신대대
- 114 군단항공편대

---

10 군

콘스탄틴 골루베프(Konstantin D. Golubev) 소장

- 155 소총병사단 (P.A.Aleksandrov 소장)
- 66 요새방어지대 (S.N.Drolin 대령 / F.I.Zazirnyi) : Osovets

1 소총병군단

효도르 루브쩨프(Fyodor D. Rubtsev) 소장

- 1 소총병사단 (M.D.Grishin 대령)
- 2 소총병사단 (Vladimir Romanovich Vashkevich 대령)
- 8 소총병사단 (Nikolai Iosifovich Fomin 대령)
- 130 군단포병연대
- 262 군단포병연대
- 23 독립통신대대

5 소총병군단

알렉산드르 가르노프(Aleksandr V. Garnov) 소장

- 13 소총병사단 (A.Z.Naumov 대령)
- 85 소총병사단 (Aleksandr Vasilyevich Bondovsky 소장)
- 86 소총병사단 (M.A.Zashibalov 대령)
- 89 소총병사단 (Simeon G. Zakyan 대령)
- 113 소총병사단 (Kh.N.Alaverdov 소장)
- 124 곡사포병연대
- 375 곡사포병연대
- 311 가농포병연대

6 기병군단

이반 니키틴(Ivan S. Nikitin) 소장

- 6 기병사단 (Mikhail P. Konstantinov 소장)
- 36 기병사단 (E.S.Zybin 소장)
- 155 소총병사단 (P.A.Aleksandrov 소장)
- 6 대전차포병여단

- 130 군단포병연대
- 156 군단포병연대
- 262 군단포병연대
- 315 군단포병연대
- 311 포병연대
- 124 유탄포병연대
- 375 유탄포병연대
- 38 독립대공포대대
- 71 독립대공포대대

---

6 기계화군단

미하일 게오르게뷔취 하쯔킬레뷔취(Mikhail Georgyevich Khatskilevich) 소장

- 4 전차사단 (A.G.Potaturchev 소장) : 7, 8전차연대
- 7 전차사단 (S.V.Borzilov 소장) : 13, 14전차연대
- 29 차량화소총병사단 (I.P.Bikdyanov 소장) : 47전차연대
- 4 모터싸이클연대
- 41 차량화공병대대
- 18 독립통신대대

---

13 기계화군단

표트르 아흘류스틴(Pyotr N. Akhliustin) 소장

- 25 전차사단 (N.M.Nikiforov 대령) : 50, 113전차연대
- 27 전차사단 (A.O.Akhmanov 대령) : 54, 140전차연대
- 31 전차사단 (S.A.Kalikhovich 대령) : 46, 148전차연대
- 4 차량화소총병사단 (Ivan Rosly 대령)
- 208 차량화소총병사단 (Vladimor I. Nichiporovich 대령) : 128전차연대
- 18 모터싸이클연대
- 77 차량화공병대대
- 521 독립통신대대
- 113 군단항공편대

---

13 군

페트르 미하일로뷔취 휠라토프(Petr Mikhailovich Filatov) 중장

- 63 요새방어지대 (N.N.Denisov 대령) : Minsk-Slutsk
- 8 대전차포병여단 (I.S.Strelbitskii 대령)
- 56 군단포병연대

- 151 군단포병연대
- 467 군단포병연대
- 301 곡사포병연대
- 390 곡사포병연대

9 소총병군단

파벨 바토프(Pavel Batov) 소장

- 100 소총병사단 (Ivan N. Russiyanov 소장)
- 161 소총병사단 (A.I.Mikhailov 대령)
- 32 기병사단 (A.I.Batskalevich 대령)
- 9 군단중야포포병연대
- 9 군단야포포병연대
- 9 군단대공포병대대

21 소총병군단

블라미디르 보리소뷔취 보리소프(Vladimir Borisovich Borisov) 소장

- 17 소총병사단 (T.K.Batsanov 대령)
- 24 소총병사단 (Kuzma Galitsky 소장 / Terenty K. Batsanov 소장)
- 37 소총병사단 (A.E.Chekharin 대령)
- 50 소총병사단 (Stepan Yeryomin 소장 / Vasily P. Yevdokimov 소장 / Arkady Boreyko 대령 / Sergey Ivanovich Iovlev 대령 / Nikita Lebedenko 소장)
- 29 군단포병연대
- 587 군단포병연대

44 소총병군단

봐실리 유쉬케뷔취(Vasiliy A. Yushkevich) 소장

- 64 소총병사단 (Sergei Ivanovich Iovlev 대령)
- 108 소총병사단 (N.I.Orlov 대령 또는 A.I.Mavrichev 소장)
- 49 군단포병연대

방면군 예비

1 소총병군단

효도르 루브쩨프(Fyodor Rubtsev) 소장

- 1 소총병사단 (M.D.Grishin 대령)
- 8 소총병사단 (Nikolai Iosifovich Fomin 대령)

2 소총병군단

아르카디 에르마코프(Arkady N. Ermakov) 소장

- 100 소총병사단 (Ivan N. Russiyanov 소장)
- 161 소총병사단 (Aleksey I. Mikhailov 대령)
- 151 군단포병연대

5 소총병군단

알렉산드르 가르노프(Aleksandr V. Garnov) 소장

- 13 소총병사단 (Andrei Zinovevich Naumov 대령)
- 49 소총병사단 (Konstantin Fedorovich Vasilyev 대령)
- 86 소총병사단 (M.A.Zashibalov 대령)
- 113 소총병사단 (Kh.N.Alaverdov 소장)

21 소총병군단

블라미디르 보리소뷔취 보리소프(Vladimir Borisovich Borisov) 소장

- 17 소총병사단 (Terenty K. Batsanov 대령)
- 24 소총병사단 (Kuzma N. Galitskiy 대령)
- 37 소총병사단 (Andrey E. Chekharin 대령)
- 29 군단포병연대
- 587 군단포병연대

44 소총병군단

봐실리 유쉬케뷔취(Vasily A. Yushkevich) 소장

- 64 소총병사단 (Sergei Ivanovich Iovlev 대령 / Afanasii Sergeevich Gryaznov 대령)
- 108 소총병사단 (N.I.Orlov 소장 또는 Aleksandr I. Mavrichev 소장)
- 49 군단포병연대

47 소총병군단

스테판 이봐노뷔취 포붸트킨(Stepan Ivanovich Povetkin) 소장

- 50 소총병사단 (Arkadii Aleksandrovich Borieko 대령)
- 55 소총병사단 (Dmitry Ivanovich Ivanyuk 대령 / Gevork Andreevich Ter-Gasparyan 중령;대령)
- 121 소총병사단 (Pyotr Maximovich Zykov 소장)
- 143 소총병사단 (Dmitry Safonov 소장)

- 153 소총병사단 (N.A.Gagen 대령)
- 462 군단포병연대
- 273 독립공병대대

4 공수군단

알렉세이 잔도프(Aleksey S. Zhandov) 소장

- 7 공수여단 (M.F.Tikhonov 대령)
- 8 공수여단 (Aleksandr Alekseevich Onufriyev 대령)
- 214 공수여단 (A.F.Levashev 대령)

17 기계화군단

미하일 페트로뷔취 페트로프(Mikhail Petrovich Petrov) 소장

- 27 전차사단 (Aleksey O. Akhmanov 대령) : 54, 140전차연대
- 36 전차사단 (Sergey Z. Miroshnikov 대령) : 71, 72전차연대
- 209 기계화사단 (Aleksey I. Muravev 대령) : 129전차연대
- 22 모터싸이클연대
- 80 공병대대
- 532 독립통신대대
- 117 군단항공편대

20 기계화군단

이봔 세메노뷔취 니키틴(Ivan Semenovich Nikitin) 소장

- 26 전차사단 (Victor Timofeevich Obukov 소장) : 51, 52전차연대
- 38 전차사단 (Sergei Ivanovich Kapustin 대령) : 75, 76전차연대
- 210 차량화소총병사단 (Feofan Agapovich Parkhomenko 소장) : 130전차연대
- 24 모터싸이클연대
- 83 차량화공병대대
- 534 독립통신대대
- 120 군단항공편대

오룔 군관구

효도르 니키티취 레메조프(Fyodor Nikitich Remezov) 중장

30 소총병군단

이봔 봐실레뷔취 셀리봐노프(Ivan Vasilevich Selivanov) 소장

- 19 소총병사단 (Ya.G.Kotel'nikov 소장)
- 149 소총병사단 (F.D.Zakharov 소장)

• 217 소총병사단 (M.A.Grachev 대령)

33 소총병군단

그리고리 할류진(Grigory A. Khalyuzin) 소장

• 89 소총병사단 (Simeon G. Zakian 대령)
• 120 소총병사단 : 1941.6.28, 브리얀스크방면군으로 이양
• 145 소총병사단 (A.A.Vol'khin 소장)

23 기계화군단

미하일 미야스니코프(Mikhail A. Myasnikov) 소장

• 48 전차사단 (D.Y.Yakovlev 대령) : 95, 96전차연대
• 51 전차사단 (P.G.Chernov 대령) : 101, 102전차연대
• 220 기계화사단 (N.G. Khorudjenko 소장) : 137전차연대
• 27 모터싸이클연대
• 82 차량화공병대대
• 123 군단항공편대

서부특별군관구 항공군

- 이완 코페츠(Ivan Kopets) 소장 : 6.23 자살
- 안드레이 타이우르스키(Andrei Taiurskii) 소장 : 7.2 체포
- 효도르 미슈긴(Fyodor Georgievich Michugin) 소장/중장
- 니콜라이 나우멘코(Nikolai F. Naumenko) 대령

• 9 전투기(혼성항공)사단 : Bialystok 국경(10군) (Sergei Aleksandrovich Chernyukh 소장)
·· 41 전투기연대
·· 124 전투기연대
·· 126 전투기연대 (Victor Naidenko 소령 / Iurii Aleksandrovich Nemtsevich)
·· 129 전투기연대 (V.P.Rulin / Yu.M.Berkal 소령)
·· 13 고속폭격항공연대 (Vasily Pavlovich Bogomolov 대위)

• 10 전투기(혼성항공)사단 : Brest-Litovsk(4군) (Nikolai Georgievich Belov 대령)
·· 33 전투기연대
·· 123 전투기연대 (Boris N. Surin 소령)
·· 39 고속폭격항공연대
·· 74 대지공격연대

• 11 전투기(혼성항공)사단 : Grodno-Lida(3군) (Grigoriy Kravchenko 중장)

·· 16 고속폭격항공연대
·· 122 전투기연대 (Zotov 대령)
·· 127 전투기연대 (Georgii Vasilevich Zimin 소령)
·· 162 전투기연대 (Reznik 중령)

• 43 전투기(혼성항공)사단 : Minsk, Smolensk (Georgy Nefyodovich Zakharov 소장 / T.K.Romanenko)
·· 32 전투기연대 (Anatoliy P. Zhukov 소령)
·· 160 전투기연대 (Anatoliy Kostromin 소령)
·· 161 전투기연대
·· 162 전투기연대 (Reznik 중령)
·· 163 전투기연대
·· 401 특공전투기연대 (Stepan P. Suprun 대령 / K.K.Kokkinaki 중령)

• 46 전투기사단 : Kalinin
·· 180 전투기연대 (A.P.Sergeev 대령 / I.M.Khlusovich 대위)

• 59 전투기사단(형성중)
• 60 전투기사단 (Evstafii Zakharovich Tatanashvili) : 형성중

• 201 전투기사단 (Anatoliy P. Zhukov 중령)
·· 20 전투기연대 (Semyon Naidenov 소령/중령)
·· 32 전투기연대 (Anatoliy P. Zhukov 소령 / Georgii Semenovich Fedorenko)
·· 236 전투기연대

• 12 혼성항공사단 : Yelnya (Ivan Krupsky 대령)
·· 423 전투기연대
·· 66 강습항공연대 (Shcheglikov 대령)

• 31 혼성항공사단 (Sergei Ignatevich Rudenko 대령/소장)

• 46 혼성(폭격)항공사단 : 남서방면 소련공군 사령부 지원
·· 4 대지공격연대 (Semyon G. Getman 소령)
·· 95 폭격항공연대 (S.A.Pestov 대령) : 41.9.25, 95전투기연대로 개편
·· 430 대지공격연대 (Nikolai Malyshev 중령)

• 47 혼성항공사단 (M.V.Koteinikov 대령 / Oleg Viktorovich Tolstikov 대령)

·· 61 강습항공연대 (Mamushkin 중령)
·· 215 강습항공연대(6근위혼성항공연대) (L.D.Reyno 소령/중령)
·· 129 전투기연대 (V.P.Rulin / Yu.M.Berkal 소령)

• 12 폭격항공사단 : Vitebsk (Vladimir Ivanovich Aladinskiy 소장)
·· 6 고속폭격항공연대
·· 43 고속폭격항공연대
·· 128 고속폭격항공연대 (Grigorii Alekseevich Chuchev)
·· 209 고속폭격항공연대
·· 215 고속폭격항공연대 (Vladimir Aleksandrovich Sandalov 소령)

• 13 폭격항공사단 : Bobruysk (Fyodor Petrovich Polynin 소장)
·· 24 고속폭격항공연대
·· 97 고속폭격항공연대
·· 121 고속폭격항공연대
·· 125 고속폭격항공연대 (Vladimir Aleksandrovich Sandalov 소령)
·· 130 고속폭격항공연대 (I.I.Krivoshapka 소령)

• 184 전투기연대(PVO)
·· 4 강습항공연대 (Semyon G. Getman 소령)
·· 820 강습항공연대
·· 313 정찰항공연대
·· 314 정찰항공연대

〈 중앙방면군 〉: 8.25부터 브리얀스크방면군에 통합
- 훼도르 이시도로뷔취 쿠즈네쪼프(Fedor Isidorovich Kuznetsov) 상장
- 미하일 그리고례뷔취 에프레모프(Mikhail Grigoryevich Efremov) 중장

3 군
- 봐실리 이봐노뷔취 쿠즈네쪼프(Vasily Ivanovich Kuznetsov) 중장(7.14-8.31)
- 야코프 크라이저(Yakov Kreizer) 소장(8.31-)

66 소총병군단
훼도르 디미트리에뷔취 루브쪼프(Fedor Dmitrievich Rubtsov) 소장
• 55 소총병사단 (Dmitry Ivanovich Ivanyuk 대령 / Gevork Andreevich Ter-Gasparyan 중령/대령)
• 75 소총병사단 (불명, Semen Ivanovich Nedvigin 소장??)

- 154 소총병사단 (Ya.S.Fokanov 소장)
- 232 소총병사단 (Ivan Mikhailovich Puzikov 대령 / S.I.Nedvigin 소장)
- 266 소총병사단 (Ivan Dryakhlov 대령 / Vasily Neretin 소장)

- 214 공수여단 (Aleksandr Fedorovich Kazankin 대령)
- 65 요새방어지대 (I.M.Maksimeyko 소령) : Mozyr
- 18 전차연대
- 417 군단 포병연대
- 20 모터싸이클연대

13 군(7.10, 서부방면군 / 7.26, 중앙방면군)

- 페트르 미하일로뷔취 휠라토프(Petr Mikhailovich Filatov) 중장
- 훼도르 니키티취 레메조프 (Fedor Nikitich Remezov) 중장(7.8부터)
- 봐실리 휠립포뷔취 게라시멘코(Vasily Filippovich Gerasimenko) 중장(7.14부터)
- 콘스탄틴 드미트리뷔취 골루베프(Konstantin Dmitrievich Golubev) 소장(7.26부터)
- 아프크센티 미하일로뷔취 고로드니안스키(Avksentii Mikhailovich Gorodniansky) 소장(8.31부터)

- 283 소총병사단 (Aleksandr Nikolaevich Necheaev 대령)

20 소총병군단

스테판 일라리오노뷔취 예레민(Stepan Illarionovich Yeremin) 소장

- 132 소총병사단 (S.S.Biryuzov 소장)
- 137 소총병사단 (I.T.Grishin 대령)
- 144 소총병사단 (M.A.Pronin 소장)
- 160 소총병사단 (I.M.Skugarev 소장)

28 소총병군단

봐실리 스테파노뷔취 포포프(Vasily Stepanovich Popov) 소장

- 55 소총병사단 (K.V.Fiksel 대령)
- 132 소총병사단 (S.S.Biryuzov 소장)
- 445 군단포병연대
- 447 군단포병연대
- 12 독립대공포병대대
- 235 독립공병대대
- 298 독립통신대대

45 소총병군단

에르만 야코블레뷔취 마곤(Erman Yakovlevich Magon)

- 6 소총병사단 (M.A.Popsiu-Shapko 대령)
- 121 소총병사단 (Pyotr Zykov 소장)
- 132 소총병사단 (S.S.Biryuzov 소장)
- 137 소총병사단 (I.T.Grishin 대령)
- 148 소총병사단 (Filipp Mikhailovich Cherokmanov 대령)
- 187 소총병사단 (I.I.Ivanov 대령)
- 374 군단포병연대
- 648 군단포병연대

61 소총병군단

훼도르 알렉세에뷔취 바쿠닌(Fedor Alekseevich Bakunin) 소장

- 110 소총병사단 (S.T.Gladishev 대령)
- 172 소총병사단 (Mikhail Timofeevich Romanov 소장)
- 161 소총병사단 부분병력 (Petr Fedorovich Moskvitin 대령)
- 1 차량화소총병사단 부분병력 (Yakov Grigorevich Kreizer 대령)
- 601 군단포병연대

4 공수군단

알렉세이 세메노뷔취 자도프(Aleksei Semenovich Zhadov) 소장

- 7 공수여단 (M.F.Tikhonov 대령)
- 8 공수여단 (Onufriyev 대령)
- 214 공수여단 (A.F.Levashev 대령)

- 21 산악기병사단 (Iakub Kulievich Kuliev 대령)
- 52 기병사단 (Nikolai Petrovich Iakunin 대령)

20 기계화군단

이봔 세메노뷔취 니키틴(Ivan Semenovich Nikitin) 소장

- 26 전차사단 (Victor Timofeevich Obukov 소장) : 51, 52전차연대
- 38 전차사단 (Sergei Ivanovich Kapustin 대령) : 75, 76전차연대
- 210 차량화소총병사단 (Feofan Agapovich Parkhomenko 소장) : 130전차연대
- 24 모터싸이클연대
- 83 차량화공병대대
- 534 독립통신대대
- 120 군단항공편대

21 군(7.10, 서부방면군)
- 봐실리 휠립포뷔취 게라시멘코(Vasily Filippovich Gerasimenko) 중장
- 훼도르 이시도로뷔취 쿠즈네쪼프(Fedor Isidorovich Kuznetsov) 상장(7.12)
- 미하일 그리고레뷔취 에프레모프(Mikhail Grigorevich Efremov) 중장(7.23)
- 봐실리 미하일로뷔취 고르도프(Vasily Mikhailovich Gordov) 중장(8.7)
- 봐실리 이봐노뷔취 쿠즈네쪼프(Vasily Ivanovich Kuznetsov) 중장(8.25)

21 소총병군단
블라디미르 보리소뷔취 보리소프(Vladimir Borisovich Borisov) 소장
- 42 소총병사단 (G.N.Mikushev 소장)
- 117 소총병사단 (Ya.S.Fokanov 소장)
- 187 소총병사단 (I.I.Ivanov 대령)
- 29 군단포병연대
- 587 군단포병연대

63 소총병군단
레오니드 그리고레뷔취 페트로프스키(Leonid Grigorevich Petrovsky) 소장/중장
- 61 소총병사단 (V.P.Ukhov 대령)
- 117 소총병사단 (Ya.S.Fokanov 소장 / S.S.Chernyugov 대령)
- 154 소총병사단 (Ya.S.Fokanov 대령)
- 167 소총병사단 (Vasily Stepanovich Rakovsky 소장)
- 546 군단포병연대

67 소총병군단
휠립 훼오도세뷔취 즈마췐코(Filipp Feodosevich Zhmachenko) 상장
- 102 소총병사단 (Porfiry Martynovych Hutz 대령 / Spiridon Chernyugov 대령 / Andrey Matveyevich Andreyev 소장)
- 111 소총병사단 (I.M.Ivanov 대령)
- 137 소총병사단 (I.T.Grishin 대령)
- 151 소총병사단 (V.I.Neretin 소장)
- 155 소총병사단 (P.A.Aleksandrov 소장)
- 435 군단포병연대
- 645 군단포병연대

25 기계화군단
세묜 크리보쉐인(Semyon Krivoshein) 소장

- 50 전차사단 (Boris Sergeevich Bakharov 대령)/ 9.17, 150전차여단으로 전환 : 99, 100전차연대
- 55 전차사단 (Vasily Mikhailovich Badanov 대령)/ 8.10, 8 & 14 독립전차대대로 전환 : 110, 111전차연대
- 219 차량화소총병사단 (Pavel Petrovich Korzun 소령)/ 9.9, 219소총병사단으로 전환 : 136전차연대
- 12 모터싸이클연대
- 60 독립차량화공병대대
- 133 독립통신대대
- 125 군단항공편대

방면군 예비

- 143 소총병사단 (Grigorii Alekseevich Kurnosov 대령)
- 160 소총병사단 (I.M.Skugarev 소장)

기병집단

오카 이봐노뷔취 고로도뷔코프(Oka Ivanovich Gorodovikov) 상장

- 32 기병사단 (Aleksandr Ivanovich Batskalevich 대령 / Aleksei Prokofevich Moskalenko 대령)
- 43 기병사단 (Ivan Kuzmich Kuzmin 여단장)
- 47 기병사단 (Andrei Nikonorovich Sidelnikov 소장)
- 109 전차사단 (Semen Pankratevich Chernobai 대령) : 218, 219전차연대

중앙항공군 : 7.24(41.8.25, 브리얀스크방면군으로 통합)

그레고리 보로제이킨(Gregory Vorozheikin) 소장

- 11 혼성항공사단 (Grigoriy Kravchenko 대령)
  - ·· 162 전투기연대 (Mikhail Reznik 소령 / Boris Kukin 대위)
  - ·· 4 근위대지공격연대 (Semyon G. Getman 대령)
  - ·· 6 근위대지공격연대 (구 215대지공격연대) (L..D.Reyno 소령)
  - ·· 16 폭격항공연대

- 28 혼성항공사단 (S.Ya.Mozgovoy 대령)
  - ·· 32 고속폭격항공연대 (Artanenko 소령)
  - ·· 38 고속폭격항공연대
  - ·· 126 전투기연대 (Victor Naidenko 소령)
  - ·· 174 강습항공연대 (S.N.Polyakov 대위)

〈 브리얀스크 방면군 〉 : 8.25부터 중앙방면군 인계 및 확장
- 안드레이 이봐노뷔취 예레멘코(Andrey Ivanovich Yeremenko) 상장
- 부사령관 : 미하일 그리고례뷔취 에프레모프(Mikhail Grigoryevich Efremov) 중장

3 군
야코프 크라이저(Yakov Kreizer) 소장

- 137 소총병사단 (I.T.Grishin 대령)
- 148 소총병사단 (F.M.Cherokmann 대령 / Nikolai Fedorovich Garnich 대령)
- 219 소총병사단 (Pavel Petrovich Korzun 소장)
- 269 소총병사단 (Andrey Yevseyevich Chekharin 대령 / Garnich 대령)
- 280 소총병사단 (S.Ye.Danilov 소장)
- 282 소총병사단 (Aleksei Vasilevich Batluk 대령)
- 4 기병사단 (Mikhail Semenovich Shishkin 대령)
- 108 전차사단 (Sergey Alekseevich Ivanov 대령) : 216, 217전차연대
- 42 전차여단 (Nikolai Voeikov 소장)
- 121 전차여단 (Nikolai N. Radkevich 대령)
- 855 소총병연대 (278소총병사단)
- 133 독립전차대대

13 군
아프크센티 미하일로뷔취 고로드니얀스키(Avksentii Mikhailovich Gorodniansky) 소장

- 6 소총병사단 (M.D.Grishin 대령)
- 121 소총병사단 (Pyotr Maximovich Zykov 소장)
- 132 소총병사단 (Sergei Semenovich Biriuzov 소장)
- 137 소총병사단 (I.T.Grishin 대령)
- 143 소총병사단 (Grigorii Alekseevich Kurnosov 대령)
- 148 소총병사단 (Filipp Mikhailovich Cherokmanov 대령 / Nikolai Fedorovich Garnich 대령)
- 155 소총병사단 (P.A.Aleksandrov 소장)
- 160 소총병사단 (I.M.Skugarev 소장)
- 269 소총병사단 (Nikolai Fedorovich Garnich 대령)
- 282 소총병사단 (Aleksei Vasilevich Batluk 대령)
- 285 소총병사단 (Teodor-Verner Andreevich Sviklin)
- 298 소총병사단 (Mikhail Emelianovich Erokhin 대령)
- 307 소총병사단 (V.G.Terentyev 대령)
- 4 기병사단 (Mikhail Semenovich Shishkin 대령)
- 21 산악기병사단(배치 후 에르마코프 직전집단으로 전속) (Ya.K.Kuliyev 대령)

- 52 기병사단(배치 후 에르마코프 직전집단으로 전속) (N.P.Yakunin 대령)
- 61 공수사단 (V.P.Ukhov 대령)
- 50 전차사단 (Boris Bakharov 대령) : 99, 100전차연대
- 41 전차여단 (N.P.Nikoaiev 중령)
- 141 전차여단 (Petr G. Chernov 대령) : 110전차사단의 전신
- 38 모터싸이클연대

---

50 군

미하일 페트로뷔취 페트로프(Mikhail Petrovich Petrov) 소장

- 217 소총병사단 (M.A.Grachev 대령)
- 258 소총병사단 (K.P.Trubnikov)
- 260 소총병사단 (V.D.Khokhlov 대령)
- 269 소총병사단 (Nikolai Fedorovich Garnich 대령)
- 278 소총병사단
- 279 소총병사단
- 280 소총병사단 (S.Ye.Danilov 소장)
- 290 소총병사단 (N.V.Ryankin 대령)
- 299 소총병사단 (Ivan Fedotovich Seregin 대령)
- 55 기병사단 (K.V.Fiksel 대령)
- 108 전차사단 (Sergey Alekseevich Ivanov 대령) : 216, 217전차연대
- 11 전차여단 (Arman P. Matisovich 대령)
- 32 전차여단 (Ivan Yuschuk 대령)
- 2 소총병군단 (Arkadii Nikolaevich Ermakov 소장) 포병연대
- 20 대전차포병연대
- 753 대전차포병연대
- 761 소총병군단 포병연대

에르마코프 작전집단

아르카디 니콜라에뷔취 에르마코프(Arkadiy Nikolaevich Ermakov) 소장

- 2 근위소총병사단 (T.G.Korneyev 소장)
- 160 소총병사단 (I.M.Skugarev 소장)
- 283 소총병사단 (Aleksandr Nikolaevich Nechaev 대령)
- 4 기병사단(편성 후 3군으로 배속)
- 52 기병사단 (N.P.Yakunin 대령)
- 21 산악기병사단 (Ya.K.Kuliyev 대령)
- 108 전차사단 (Sergei Alekseevich Ivanov 대령) : 216, 217전차연대
- 121 전차여단 (Nikolai Nikolaevich Radkevich 대령)

- 141 전차여단 (Petr G. Chernov 대령)
- 150 전차여단 (Boris Sergeevich Bakharov 대령)

방면군 예비 및 직할 제대

- 7 근위소총병사단 (Afanasy Sergeyevich Gryaznov 대령)
- 154 소총병사단 (Ya.S.Fokanov 대령)
- 204 소총병사단 (Andrei Pavlovich Karnov 대령)
- 229 소총병사단 (M.I.Kozlov 소장)
- 232 소총병사단 (S.I.Nedvigin 소장)
- 283 소총병사단 (Aleksandr Nikolaevich Nechaev 대령)
- 287 소총병사단 (I.P.Teremihn 대령)
- 299 소총병사단 (Ivan Fedotovich Seregin 대령)
- 11 공수사단
- 47 공수사단
- 42 전차여단 (Nikolai Voeikov 소장)

브리얀스크 항공군 : 8.16(41.8.25, 중앙항공군 흡수)
훼도르 폴뤼닌(Fedor P. Polynin) 소장

6 예비항공그룹(예비그룹의 Il-2 대지공격기 전량)

- 42 폭격항공사단 (Mikhail Kharlampievich Borisenko)
  - ·· 1개 대지공격연대
  - ·· 1개 경폭격항공연대

- 11 혼성항공사단 (Grigoriy Kravchenko 대장)
  - ·· 162 전투기연대 (Mikhail Reznik 소령 / Boris Kukin 대위)
  - ·· 4 근위대지공격연대 (S.G.Getman 대령)
  - ·· 6 근위대지공격연대(구 215대지공격연대) (L.D.Reyno 소령)

- 60 혼성항공사단 (Vasilii Ilich Klevtsov 소장)

- 61 혼성항공사단 (Valentin Petrovich Ukhov)
  - ·· 237 대지공격연대

〈 남서방면군 〉

*** 남서군관구 총사령관 : 남서방면군과 남부방면군 통합지휘**
- 세묜 미하일로뷔취 부덴뉘(Semyon Mikhailovich Budenny) 원수(7.10-9.11)
- 세묜 티모셴코(Semyon Timoshenko) 원수(9.11-)

*** 방면군 사령관**
- 미하일 키르포노스(Mikhail Kirponos) 중장
- 세묜 티모셴코(Semyon Timoshenko) 원수 : 키르포노스 전사 후 인수
- 참모장 : 막심 알렉세예뷔취 푸르카예프(Maksim Alexeyevich Purkayev)

방면군 직할

31 소총병군단

안톤 로파틴(Anton Lopatin) 소장
- 193 소총병사단 (A.K.Berestov 대령)
- 195 소총병사단 (V.N.Nesmelov 소장)
- 200 소총병사단 (I.I.Lyudnikov 대령)

36 소총병군단

파벨 시소에프(Pavel Sisoev)소장
- 140 소총병사단 (L.G.Bazanets 대령)
- 146 소총병사단 (Ivan MikhailovichGerasimov 소장)
- 228 소총병사단 (A.M.Ilyin 대령)

49 소총병군단

이반 코르닐로프(Ivan Kornilov) 소장
- 190 소총병사단 (G.A.Zverev 대령)
- 197 소총병사단 (S.D.Gubin 대령)
- 199 소총병사단 (A.N.Alekseyev 대령)

55 소총병군단

콘스탄틴 코로테에프(Konstantin Koroteev) 소장
- 130 소총병사단 (V.A.Vizzhili 소장)
- 160 소총병사단 (I.E.Turunov 소장)
- 189 소총병사단 (A.S.Chickhanov 대령)
- 207 군단포병연대

1 공수군단

마트붸이 우센코(Matvey A. Usenko) 소장

- 1 공수여단
- 204 공수여단 (Iosif Ivanovich Gubarevich 대령)
- 211 공수여단 (Vasilii Andreevich Glazkov 대령)
- 213 차량화소총병사단 (V.M.Osminskiy 대령) : 19기계화군단 지원

19 기계화군단

니콜라이 훼클렌코(Nikolay V. Feklenko) 소장

- 40 전차사단 (M.V.Shirobokov 대령) : 79, 80전차연대
- 43 전차사단 (I.G.Tsibin 대령) : 85, 86전차연대
- 213 차량화소총병사단 (V.M.Osminskiy 소장) : 132전차연대
- 21 모터싸이클연대
- 86 차량화공병대대
- 547 독립통신대대
- 119 군단항공편대

24 기계화군단

블라디미르 크리스챠코프(Vladimir Chrystiakov) 소장

- 45 전차사단 (M.D.Solomatin 대령) : 87, 88전차연대
- 49 전차사단 (K.F.Shvetsov 대령) : 97, 98전차연대
- 216 차량화소총병사단 (A.Sarkisyan 대령)
- 17 모터싸이클연대
- 81 차량화공병대대
- 551 독립통신대대
- 124 군단항공편대

- 5 대전차포병여단
  - ·· 1 요새방어지대 (G.J.Chernov 대령) : Kiev
  - ·· 3 요새방어지대 (A.I.Yakimovich 여단장) : Letichev
  - ·· 5 요새방어지대 (Ivanov) : Korosten
  - ·· 7 요새방어지대 : Novograd-Volynskii
  - ·· 13 요새방어지대 : Shepetovka
  - ·· 15 요새방어지대 (F.K.Pugachov 대령) : Ostropol
  - ·· 17 요새방어지대 (L.V.Kosonogov 대령) : Iziaslav
  - ·· 90 국경수비대

·· 205 군단포병연대
·· 207 군단포병연대
·· 368 군단포병연대
·· 437 군단포병연대
·· 458 군단포병연대
·· 507 군단포병연대
·· 543 군단포병연대
·· 646 군단포병연대
·· 305 가농포병연대
·· 555 가농포병연대
·· 4 고강도 곡사포병연대
·· 168 고강도 곡사포병연대
·· 324 고강도 곡사포병연대
·· 330 고강도 곡사포병연대
·· 526 고강도 곡사포병연대
·· 331 유탄포병연대
·· 376 유탄포병연대
·· 529 유탄포병연대
·· 538 유탄포병연대
·· 589 유탄포병연대
·· 34 독립특수포병대대
·· 245 독립특수포병대대
·· 315 독립특수포병대대
·· 316 독립특수포병대대
·· 263 독립대공포대대
·· 45 공병연대
·· 1 부교가설연대

---

5 군

미하일 포타포프(Mikhail I. Potapov) 소장

- 2 요새방어지대 (J.Z.Karamanov 대령) : Vladimir-Volyn
- 1 대전차포병여단 (Kirill Semenovich Moskalenko 소장)
- 5 부교가설연대

---

15 소총병군단

이반 이바노뷔취 훼쥬닌스키(Ivan Ivanovich Fedyuninsky) 대령

- 45 소총병사단 (G.I.Sherstyuk 소장)
- 62 소총병사단 (M.P.Timoshenko 대령)
- 231 군단포병연대
- 264 군단포병연대
- 38 독립공병대대

27 소총병군단

파벨 아르테멘코(Pavel D. Artemenko) 소장

- 21 군단포병연대
- 231 군단포병연대
- 264 군단포병연대
- 460 군단포병연대
- 23 독립대공포병대대
- 243 독립대공포병대대

- 87 소총병사단 (Filipp Fyodorovich Alyabushev 소장 / Nikolay Ivanovich Vasilyev 대령)
- 124 소총병사단 (F.G.Sushiy 소장)
- 135 소총병사단 (F.N.Smekhotvorov 소장)
- 1 대전차포병여단 (K.S.Moskalenko 소장)

9 기계화군단

콘스탄틴 로코솝스키(Konstantin K. Rokossovsky) 소장

- 20 전차사단 (M.E.Katukov 대령) : 39, 40전차연대
- 35 전차사단 (N.A.Novikov 소장) : 69, 70전차연대
- 131 차량화소총병사단 (N.V.Kalinin 대령) : 58전차연대
- 32 모터싸이클연대
- 2 차량화공병대대
- 153 독립통신대대
- 109 군단항공편대

22 기계화군단

세묜 콘드루세프(Semyon M. Kondrusev) 소장

- 19 전차사단 (K.A.Semenchenko 소장)
  - ·· 37전차연대 (Bibik 중령)
  - ·· 38전차연대 (Samsonov 중령)
- 41 전차사단 (P.P.Pavlov 대령)
  - ·· 81전차연대 (V.G.Kolorev 소령)

·· 82전차연대 (A.S.Suin 소령)
- 215 차량화소총병사단 (P.A.Barabanov 대령)
·· 133전차연대 (Zagudaev 대령)
- 23 모터싸이클연대 (Kobzar 중령)
- 89 차량화공병대대
- 549 독립통신대대
- 122 군단항공편대

---

6 군
이반 무쥐췐코(Ivan N. Muzychenko) 중장

- 4 요새방어지대 (F.N.Matyki 소장) : Strumilovsky
- 6 요새방어지대 (F.S.Sysoyev 대령) : Rava-Russia
- 3 대전차포병여단 (Dmitrii Ivanovich Turbin 대령)
- 9 부교가설연대

6 소총병군단
이반 알렉세에프(Ivan Alekseev) 소장
- 41 소총병사단 (G.N.Mikushev 소장)
- 97 소총병사단 (N.M.Zakharov 대령)
- 159 소총병사단 (I.A.Mashchenko 대령)
- 209 군단포병연대
- 229 군단포병연대

37 소총병군단
세묜 지빈(Semyon Zibin) 소장
- 80 소총병사단 (V.I.Prokhrov 소장)
- 139 소총병사단 (N.L.Loginov 대령)
- 141 소총병사단 (Ya.I.Tonkonogov 소장)
- 441 군단포병연대
- 445 군단포병연대

5 기병군단
효도르 캄코프(Fyodor Kamkov)소장
- 3 기병사단 (M.F.Maleyev 소장)
- 14 기병사단 (V.D.Kryuchenkin 대령)

- 209 군단포병연대

- 229 군단포병연대
- 441 군단포병연대
- 445 군단포병연대
- 135 포병연대
- 17 독립대공포대대
- 307 독립대공포대대

---

4 기계화군단

안드레이 안드레예뷔취 블라소프(Andrey Andreyevich Vlasov) 소장

- 8 전차사단 (P.S.Fotchenkov 대령) : 15, 16전차연대
- 32 전차사단 (E.G.Pushkin 대령) : 63, 64전차연대
- 81 차량화소총병사단 (P.M.Varipayev 대령) : 53전차연대
- 3 모터싸이클연대
- 48 차량화공병대대
- 84 독립통신대대
- 104 군단항공편대

---

15 기계화군단

이그나티 카르페조(Ignatiy I. Karpezo) 소장

- 10 전차사단 (S.Ya.Ogurtsov 소장) : 19, 20전차연대
- 37 전차사단 (F.G.Anikushkin 대령) : 73, 74전차연대
- 212 차량화소총병사단 (S.V.Baranov 소장)
- 25 모터싸이클연대
- 65 차량화공병대대
- 544 독립통신대대
- 115 군단항공편대

---

12 군

파벨 포네델린(Pavel G. Ponedelin) 소장

- 10 요새방어지대 (S.S.Safronov 대령) : Kamenets-Podolsk
- 11 요새방어지대 : Chernovitsk
- 12 요새방어지대 (S.A.Ignatev 대령) : Mogilev-Podolsk
- 4 대전차포병여단 (Mitrofan Ivanovich Nedelin 대령)
- 37 공병연대
- 19 부교가설연대

13 소총병군단

니콜라이 키릴로프(Nikolay Kirillov) 소장

- 44 소총병사단 (S.A.Tkachenko 소장)
- 58 소총병사단 (N.I.Proshkin 소장)
- 192 산악소총병사단 (S.D.Gubin 대령)
- 283 군단포병연대
- 468 군단포병연대
- 115 독립곡사포병대대
- 38 독립공병대대

17 소총병군단

이봔 갈라닌(Ivan Galanin) 소장

- 60 (산악)차량화사단 (M.B.Salikhov 소장)
- 96 산악차량화사단 (I.M.Shepetov 소장)
- 164 소총병사단 (A.N.Chervinskiy 대령)
- 269 군단포병연대
- 274 군단포병연대
- 283 군단포병연대
- 468 군단포병연대
- 20 독립대공포대대
- 30 독립대공포대대

16 기계화군단

알렉산드르 소콜로프(Aleksandr Sokolov) 여단장

- 15 전차사단 (Vasiliy I. Polozkov 대령) : 29, 30전차연대
- 39 전차사단 (Nikolai V. Starkov 대령) : 77, 78전차연대
- 240 차량화소총병사단 (Ivan V. Gorbenko 대령) : 145전차연대
- 19 모터싸이클연대
- 78 차량화공병대대
- 546 독립통신대대
- 116 군단항공편대

26 군

효도르 코스텐코(Fyodor Kostenko) 중장

- 2 대전차여단
- 17 부교가설연대

8 군단

미하일 스네고프(Mikhail Snegov) 소장

- 72 산악소총병사단 (P.I.Abramidze 소장)
- 99 소총병사단 (N.I.Dementyev 대령)
- 173 소총병사단 (S.V.Verzin 소장)
- 233 군단포병연대
- 236 군단포병연대

8 기계화군단

드미트리 이봐노뷔취 리야뷔셰프(Dmitry Ivanovich Ryabyshev) 중장

- 12 전차사단 (Timofei A. Mishanin 소장) : 23, 24전차연대
- 34 전차사단 (Ivan V. Vasilev 대령) : 67, 68전차연대
- 7 차량화소총병사단 (Aleksandr G. Gerasimov 대령)
- 2 모터싸이클연대
- 6 모터싸이클연대
- 45 차량화공병대대
- 192 독립통신대대
- 108 군단항공편대

37 군

- 안드레이 블라소프(Andrey Vlasov) 소장

- 안톤 로파틴(Anton Lopatin) 소장/중장

- 147 소총병사단 (K.I.Mironov 대령)
- 171 소총병사단 (A.E.Budykho 소장)
- 175 소총병사단 (S.M.Glovatskii 대령)
- 206 소총병사단 (Sergei Ilich Gorshkov 대령)
- 284 소총병사단 (Gennady Petrovich Pankov 대령)
- 295 소총병사단 (Aleksandr Petrovich Dorofeyev 대령)

38 군

- 뷕토르 뷕토로뷔취 찌가노프(Viktor Viktorovich Tsiganov) 소장

- 드미트리 리아비셰프(Dmitry I. Riabyshev) 중장

- 47 전차사단 (Nikolai F. Mikhailov 대령) : 93, 94전차연대
- 297 소총병사단 (P.P.Chubashev 대령)
- 132 전차여단 (Grigoriy Kuzmin 대령)
- 142 전차여단 (Nikolai F. Mikhailov 대령)

40 군

쿠즈마 페트로뷔취 포들라스(Kuzma Petrovich Podlas) 소장

- 135 소총병사단 (Fedor Nikandrovich Smekhotvorov 소장)
- 293 소총병사단 (Pavel Filippovich Lagutin 대령)
- 10 전차사단 (S.Y.Ogurtsov 소장) : 19, 20전차연대
- 23 NKVD 소총병사단 (Aleksandr Pavlovich Ivanov)
- 5 대전차포병여단 (Aleksandr Alekseevich Gusakov 대령)
- 1042 소총병연대 (295소총병사단)

2 공수군단

훼도르 미하일로뷔취 하리토노프(Fedor Mikhailovich Kharitonov) 소장

- 2 공수여단 (Gavriil Tarasovich Vasilenko)
- 3 공수여단
- 4 공수여단

키에프 항공군(남서방면 소련공군 전신)

- 예프게니 프투힌(Yevgeniy S. Ptukhin) 중장

- 알렉세이 파블로뷔취 이오노프(Alesei Pavlovich Ionov) 소장

- 효도르 아스타호프(Fyodor Astakhov) 중장

- 콘스탄틴 붸르쉬닌(Kostantin Vershinin) 대령

- 효도르 활랄렐레예프(Fyodor Falaleyev) 소장

- 18 폭격항공사단 : 스타프카 전략예비
  - ·· 90 장거리폭격항공연대
  - ·· 93 장거리폭격항공연대
  - ·· 315 정찰항공연대

- 19 폭격(혼성)항공사단 (A.K.Bogorodetsky 중령) : Biala Tserkov
  - ·· 33 고속폭격항공연대 (F.S.Pushkarevych 중령 / K.I.Rasskazov 소령)
  - ·· 136 고속폭격항공연대 : 항공군 예비
  - ·· 138 고속폭격항공연대 : 항공군 예비

- 62 폭격항공사단 (V.V.Smirnov 대령) : Kiev(5군)
  - ·· 52 고속폭격항공연대 (Anatolii Ivanovich Pushkin 소령)
  - ·· 94 고속폭격항공연대
  - ·· 226 고속폭격항공연대
  - ·· 227 고속폭격항공연대
  - ·· 243 고속폭격항공연대

·· 245 고속폭격항공연대

• 224 고속폭격항공사단(남서방면 항공군 조직 이래)
·· 48 고속폭격항공연대
·· 224 고속폭격항공연대

• 14 혼성항공사단 (Zykanov 대령) : Lutsk(5군)
·· 17 전투기연대
·· 46 전투기연대 (Ivan Dmitrievich Podgornyi 중령)
·· 89 전투기연대
·· 253 대지공격연대

• 15 혼성항공사단 (A.A.Demidov 소장) : Lvov(6군)
·· 23 전투기연대 (A.I.Sidorenko 대령)
·· 28 전투기연대 (Cherkasov 중령)
·· 164 전투기연대
·· 165 전투기연대
·· 62 대지공격연대
·· 66 대지공격연대 (Petr Bityusky 대령)

• 16 혼성항공사단 (Vladimir Illarionovich Shevchenko 소장) : Ternopol(6군)
·· 87 전투기연대 (I.S.Suldin 소령)
·· 92 전투기연대
·· 86 고속폭격항공연대 (Sorokin 중령)
·· 226 고속폭격항공연대
·· 227 고속폭격항공연대

• 17 혼성(폭격)항공사단 (Aleksandr Ivanovich Gusev 대령) : Proskurov
·· 20 전투기연대 (Semyon Naidenov 대위/소령)
·· 91 전투기연대
·· 48 고속폭격항공연대
·· 224 고속폭격항공연대
·· 225 고속폭격항공연대 (V.A.Belov 중령)
·· 242 고속폭격항공연대
·· 244 고속폭격항공연대

• 63 혼성항공사단 (Grigoriy Panteleyevich Kravchenko 소장) : Stryy(26군)
·· 20 전투기연대 (Semyon Naidenov 대위/소령)
·· 91 전투기연대
·· 165 전투기연대
·· 62 대지공격연대

• 64 혼성항공사단 (Aleksandr Petrovich Osadchii) : Stanislav(12군)
·· 12 전투기연대 (Pavel Terentyevich Korobkov 대위/소령)
·· 149 전투기연대
·· 166 전투기연대
·· 246 전투기연대
·· 247 전투기연대 (Kutichin 대위 / Mikhail Fedoseyev 소령)
·· 315 정찰항공연대
·· 316 정찰항공연대 (Vasilii Vasilevich Stepichev)

• 36 전투기사단 (V.V.Zelentsov 대령) : Kiev
·· 2 전투기연대
·· 43 전투기연대
·· 131 전투기연대 (Leonid Goncharov 중령)
·· 254 전투기연대
·· 255 전투기연대

• 44 전투기사단 (V.M.Zabaluev 대령) : Vinnitsa
·· 88 전투기연대(남부방면군으로부터의 지원)
·· 181 전투기연대 (Alexey Kostenko 중령)
·· 248 전투기연대(249전투기연대에 흡수)
·· 249 전투기연대 (Aleksandr Khalutin 대위)
·· 252 전투기연대

• 150 고속폭격항공연대 (Ivan S. Polbin 소령)
• 315 정찰항공연대
• 316 정찰항공연대 (Vasilii Vasilevich Stepichev)

• 1 예비항공그룹 (Nikolai Filippovich Papivin 대령/소장) : 스타프카 지원
• 4 예비항공그룹 (Yu.A.Nemtsevich 대령) : 스타프카 지원

〈 남부방면군 〉
– 야코프 췌레뷔췐코(Yakov T. Cherevichev) 중장
– 이반 튤레네프(Ivan Tyulenev) 상장

7 소총병군단

콘스탄틴 도브로세르도프(Konstantin L. Dobrosedov) 소장

- 116 소총병사단 (Ya.F.Yeremenko 대령)
- 196 소총병사단 (K.E.Kulikov 소장)
- 206 소총병사단 (Sergey I. Gorshkov 대령)
- 272 군단포병연대
- 377 군단포병연대

9 소총병군단

파벨 바토프(Pavel Batov) 소장

- 106 소총병사단 (M.S.Trachev 대령)
- 156 소총병사단 (P.V.Chernyaev 소장)
- 32 기병사단 (A.I.Batskalevich 대령)
- 268 군단포병연대
- 19 독립곡사포병대대
- 73 독립공병대대

3 공수군단

봐실리 글라주노프(Vasiliy Glazunov) 소장

- 5 공수여단 (Aleksandr Rodimtsev 대령)
- 6 공수여단 (V.G.Zholudev 대령)
- 212 공수여단 (I.Zatevakhin 대령)

- 47 소총병사단 (Timofey Ustinovich Grinchenko 대령 / Viktor Georgiyevich Chernov 대령)
- 83 요새방어지대 : Odessa

9 (독립)군
야코프 췌레뷔췐코(Yakov T. Cherevichev) 중장

14 소총병군단

다닐 에고로프(Daniil Egorov) 소장

- 25 소총병사단 (A.S.Zakharchenko 대령)
- 51 소총병사단 (P.G.Tsirulnikov 소장)
- 265 군단포병연대

35 소총병군단

이반 다쉬췌프(Ivan Dashichev) 여단장

- 95 소총병사단 (A.I.Pastrevich 소장)
- 176 소총병사단 (V.M.Martsinkevich 소장)
- 266 군단포병연대

48 소총병군단

로디온 말리노프스키(Rodion Malinovsky) 소장

- 30 산악소총병사단 (S.G.Galaktionov 소장)
- 74 소총병사단 (F.Ye.Sheverdin 대령)
- 150 소총병사단 (I.I.Khorun 소장)
- 374 군단포병연대
- 648 군단포병연대

2 기병군단

파벨 벨로프(Pavel A. Belov) 소장

- 5 기병사단 (V.K.Baranov 대령)
- 9 기병사단 (A.F.Bychkovskiy 대령)
- 11 기병사단 (M.I.Surzhikov 대령)
- 16 기병사단

2 기계화군단

유리 노보셀스키(Yuriy V. Novoselsky) 소장

- 11 전차사단 (G.I.Kuzmin 대령)
  - ·· 21전차연대 (G.V.Meredikh)
  - ·· 22전차연대 (I.F.Kirichenko 소령)

- 16 전차사단 (M.I.Mindro 대령)
  - ·· 31전차연대 (V.I.Krasnogolovyi 소령)
  - ·· 149전차연대

- 15 차량화소총병사단 (N.N.Belov 대령)
  - ·· 14전차연대 (I.A.Firsov)

- 6 모터싸이클연대 (A.Z.Morozov 중령)
- 49 독립차량화공병대대
- 182 독립통신대대
- 102 항공편대

18 기계화군단

표트르 볼로흐(Pyotr V. Volokh) 소장

- 44 전차사단 (V.P.Krimov 대령) : 87, 88전차연대
- 47 전차사단 (G.S.Rodin 대령) : 93, 94전차연대
- 218 차량화소총병사단 (F.N.Shilov 소장)
- 26 모터싸이클연대
- 68 차량화공병대대
- 552 독립통신대대
- 118 군단항공편대

- 80 요새방어지대 (A.I.Ryzhov 소장) : Rybinsk
- 81 요새방어지대 (I.T.Zamertsev 대령) : Danube
- 82 요새방어지대 (G.M.Kochenov 대령) : Tiraspol
- 84 요새방어지대 : 상부 Prut
- 86 요새방어지대 : 하부 Prut
- 320 포병연대
- 430 고강도 유탄포병연대
- 265 군단포병연대
- 266 군단포병연대
- 374 군단포병연대
- 648 군단포병연대
- 317 특수포병대대
- 26 독립대공포대대
- 268 독립대공포대대
- 8 독립공병대대
- 16 독립공병대대
- 121 차량화공병대대

51 군

- 효도르 쿠즈네쪼프(Fyodor I. Kuznetsov) 상장

- 파벨 바토프(Pavel I. Batov) 중장

- 블라디미르 르보프(Vladimir N. Lvov) 중장

– [연안군(Ivan Y. Petrov 소장) 포함]

*** 크림반도 방어사령관**
고르데이 레브첸코(Gordey I. Levchenko) 부제독(1941.10.22)

- 25 소총병사단 (Trofim K. Kolomiets 소장)
- 95 소총병사단 (Vasily F. Vorobev 소장)
- 106 소총병사단 (M.S.Trachev 대령) : 41.9.1
- 156 소총병사단 (Aleksandr I. Danilin 대령) : 41.9.1
- 157 소총병사단 (Dmitri I. Tomilov 대령)
- 172 소총병사단 (Mikhail Romanov 소장)
- 271 소총병사단 (Ivan Nikolaevich Burenin 대령) : 41.9.1
- 276 소총병사단 (Ivan Aleksandrovich Sevastianov 대령) : 41.9.1
- 302 산악소총병사단 (Mikhail K. Zubkov 대령)
- 386 소총병사단 (Nikolai F. Skuteknik 대령)
- 388 소총병사단 (Aleksandr D. Ovseenko 대령)
- 40 기병사단(41.9.1)
- 42 기병사단 (Vasilii Vasilevich Glagolev 대령) : 41.9.1
- 48 기병사단 (Dmitrii Ivanovich Averkin 소장) : 41.9.1

- 7 해군소총병여단 (Evgeny I. Zhidilov 대령) : 4개 대대(8.17)
- 8 해군소총병여단 (Vladimir L. Vilshansky 대령) : 9.13
- 9 해군소총병여단 (Nikolay V. Blagoveshchensky 대령)
- 79 해군소총병여단 (Aleksei S. Potapov 대령) : 12.21
- 2 전차여단 (Georgy Gavrilovich Kuznetsov 소령)
- 52 포병연대 (Ivan I. Khakhanov 대령)
- 세바스토폴 제1 해군소총병연대 (Pavel P. Gorpishchenko 대령) : 41년 10월
- 2 해군소총병연대 (Nikolai I. Taran 소령)
- 페레스코프 제2 해군소총병연대 (Ivan I. Kulagin 소령) : 11.12
- 3 해군소총병연대 (Kuzma N. Koryen 대위) : 3개 대대(9.3)
- 15 해군소총병대대 (N.A.Stalberg) : 10.29
- 16 해군소총병대대 (G.I.Lvovsky) : 10.29
- 17 해군소총병대대 (Unchur) : 10.29
- 18 해군소총병대대 (Hovrich) : 10.29
- 19 해군소총병대대 (Chernousow) : 10.29

9 소총병군단
파벨 바토프(Pavel I. Batov) 중장

- 106 소총병사단 (M.S.Trachev 대령)
- 156 소총병사단 (Aleksandr I. Danilin 대령)
- 234 소총병사단
- 32 기병사단 (A.I.Bataskelevich 대령)
- 5 전차연대 (Semyon P. Baranov 소령)
- 9 군단중야전포병연대
- 9 군단야전포병연대
- 9 군단대공포병연대

세봐스토폴 연안 포병사령부

페트르 모르구노프(Petr A. Morgunov) 소장

*** 트란스코카사스 군관구**
드미트리 티모훼예뷔취 코즐로프(Dmitry Timofeyevich Kozlov) 중장

3 소총병군단

스테판 이봐노뷔취 췌르냐크(Stepan Ivanovich Chernyak) 중장

- 4 소총병사단 (Ivan Rosly 대령)
- 20 차량화(산악)소총병사단 (A.P.Turchinskii 대령)
- 47 차량화(산악)소총병사단 (T.U.Grinchenko 대령)

11 소총병군단

알렉산드르 알렉산드로뷔취 하데에프(Aleksandr Aleksandrovich Khadeev) 소장

- 11 소총병사단 (Vladimir Ivanovich Shcherbakov 소장)
- 48 소총병사단 (P.V.Bogdanov 소장)
- 125 소총병사단 (P.P.Bogaichuk 소장)
- 202 차량화소총병사단 (Vladimir Konstantinovich Gorbachev 소장)
- 73 군단포병연대

22 소총병군단

콘스탄틴 훼도로뷔취 바로노프(Konstantin Fedorovich Baronov) 소장

- 136 소총병사단 (A.I.Andreev 소장)
- 138 차량화소총병사단
- 180 소총병사단 (I.I.Missan 대령)
- 182 소총병사단 (I.I.Kuryshev 대령)
- 614 군단포병연대

• 103 독립대공포병대대
• 41 독립공병대대

28 기계화군단
바실리 노뷔코프(Vamsily V. Novikov) 소장
• 6 전차사단 (V.M.Alekseev 대령) : 11, 12전차연대
• 54 전차사단 (M.D.Simenko 대령) : 108, 109전차연대
• 236 기계화사단 (V.K.Moroz 대령) : 139전차연대
• 13 모터싸이클연대
• 61 차량화공병대대
• 128 군단항공편대

*** 북코카사스 군관구**
이반 스테파노뷔취 코네프(Ivan Stepanovich Konev) 중장
• 8 산악소총병사단
• 157 소총병사단 (V.V.Glagolev 대령)

64 소총병군단
알렉산드르 데미아노뷔취 쿨레쇼프(Aleksandr Demianovich Kuleshov) 소장
• 165 소총병사단 (I.V.Zakharevich 대령)
• 175 소총병사단 (S.M.Glovatskii 대령)
• 394 군단포병연대
• 596 군단포병연대

26 기계화군단
니콜라이 키리첸코(Nikolai Y. Kirichenko) 소장
• 52 전차사단 (G.M.Mikhailov 대령) : 104, 105전차연대
• 56 전차사단 (I.D.Iliirionov 대령) : 112, 113전차연대
• 103 기계화(소총병)사단 (G.T.Timofeev 소장) : 103전차연대
• 12 모터싸이클연대
• 88 차량화공병대대
• 548 독립통신대대
• 126 군단항공편대

크림항공그룹(51군 지원)
바실리 예르마첸코 (Vasily Yermachenko) 소장(흑해함대항공군 부사령관)

- 8 전투기연대 3편대(I-15, I-16)
- 51 독립전투기편대(Yak-1)
- 101 독립전투기편대(I-16)
- 46 독립대지공격편대(Il-2) (Mikhail Kravchenko 소령)
- 70 독립폭격항공편대(SB)

〈추가지원〉
- 11 전투기연대(MiG-3, Yak-1, I-5)
- 32 전투기연대 (I-15, I-16, Yak-1) (N.Z.Pavlov 소령)
- 62 전투기연대(MiG-3, LaGG-3, Pe-2)

오데사 항공군(남부방면 소련공군 전신)
- 효도르 미슈긴(Fyodor Mishugin) 대장
- 페트르 셸루힌(Petr Shelukhin) 소장(41.9.24 경질)
- 콘스탄틴 붸르쉬닌(Konstantin A. Vershnin) 대령

- 20 혼성항공사단 (Aleksandr Stepanovich Osipenko 소장) : Beltsy, Tiraspol
  - ·· 4 전투기연대 (Viktor Orlov 소령 / A.V. Serenko 중령)
  - ·· 55 전투기연대 (Viktor P. Ivanov 소령/중령)
  - ·· 45 고속폭격항공연대
  - ·· 211 고속폭격항공연대

- 21 혼성항공사단 (Dmitrii Pavlovich Galunov 대령) : 서쪽 Bolgrad로부터 동쪽 Vorms까지 의 흑해 북부 연안
  - ·· 5 고속폭격항공연대 (Feodosii Porfirevich Kotliar 중령 / G.S.Kucherkov 대령)
  - ·· 13 폭격항공연대 (Vasily Pavlovich Bogomolov 대위)
  - ·· 168 폭격항공연대
  - ·· 67 전투기연대 (B.A.Budakov 소령)
  - ·· 69 전투기연대 (Lev L. Shestakov 소령) : 9근위전투기연대의 전신
  - ·· 146 전투기연대 (K.D.Orlov 소령)
  - ·· 299 대지공격연대

- 45 혼성항공사단 (Ivan Terenevich Batygin) : 서쪽 Razdelnaya로부터 동쪽 Fedorovka까지
  - ·· 131 전투기연대 (Leonid Goncharov 중령/대령) : 키에프 전구 지원
  - ·· 168 전투기연대
  - ·· 132 고속폭격항공연대
  - ·· 210 고속폭격항공연대
  - ·· 232 고속폭격항공연대

- 65 전투기사단(형성중)
- 66 전투기사단(형성중)

- 37 정찰항공연대
- 146 정찰항공연대
- 317 정찰항공연대

- 5 예비항공그룹(스타프카 지원 ; 9.17)
- 4 강습항공연대

흑해함대 항공군(VVS-ChF)
– 블라디미르 루사코프(Vladimir Rusakov) 소장
– 봐실리 예르만첸코프(Vasiliy Yermanchenkov) 소장

- 63 폭격항공여단 (G.I.Khatiashvili 대령)
  - ·· 40 폭격항공연대 (I.Korzunov 대령)
  - ·· 40 고속폭격항공연대 (Mogilyov 소령)
  - ·· 2 뇌격기연대(MTAP)

- 62 전투기여단 (Georgii Georgievich Dziuba 대령)
  - ·· 8 전투기연대
  - ·· 9 전투기연대
  - ·· 32 전투기연대 (Anatoliy Zhukov 소령)

- 119 독립해군정찰항공연대 (Viktor Pavlovich Kanarev)
- 3 훈련항공연대
- 46 독립강습항공편대 (Aleksey Gubriy 대위)
- 70 독립폭격항공편대
- 16 독립정찰항공편대
- 45 독립정찰항공편대
- 51 독립정찰항공편대
- 80 독립정찰항공편대
- 82 독립정찰항공편대
- 83 독립정찰항공편대
- 94 독립정찰항공편대
- 101 독립정찰항공편대

〈 스타프카 예비방면군 〉
- 게오르기 콘스탄티노뷔취 쥬코프(Georgy Konstantinovich Zhukov) 대장
- 세묜 티모셴코(Semyon Timoshenko) 원수(9.11부터)

16 군
- 미하일 루킨(Mikhail Lukin) 중장
- 콘스탄틴 콘스탄티노뷔취 로코숍스키(Konstantin Konstantinovich Rokossovsky) 중장(8.8부터)

- 1 차량화소총병사단 (A.I.Lizyukov 대령)
- 38 소총병사단 (Mikhail Gavrilovich Kirillov 대령)
- 50 소총병사단 (N.F.Lebedenko 소장)
- 64 소총병사단 (A.S.Gryaznov 대령)
- 73 소총병사단 (Aleksandr Ivanovich Akimov 대령)
- 108 소총병사단 (N.I.Orlov 대령)
- 129 소총병사단 (Avksentii Mikhailovich Gorodniansky 소장)
- 152 소총병사단 (Petr Nikolaevich Chernyshev 대령)
- 158 소총병사단 (V.I.Novozhilov 대령)
- 1 '적기'(赤旗) 전차사단 (Aleksandr Ilich Lizziukov 대령) : 1, 2전차연대
- 101 전차사단 (G.M.Mikhailov 대령) : 202전차연대
- 127 전차여단 (Fedor Timofeevich Remizov 소장)
- 126 군단포병연대
- 112 독립대공포대대

32 소총병군단

트로휨 콜로미에츠(Trofim Kolomiets) 소장

- 46 소총병사단 (Alexander Filatov 소장)
- 152 소총병사단 (Pyotr Nikolaevich Chernyshev 대령)
- 126 군단포병연대
- 243 독립공병대대

5 기계화군단

일리야 알렉세옌코(Ilya Alexeyenko) 소장

- 13 전차사단 (Fedor Ustinovich Grachev 대령) : 25, 26전차연대
- 17 전차사단 (Ivan Petrovich Korchagin 대령) : 33, 34전차연대
- 109 차량화소총병사단 (Nikolai P. Krasnoretsky 대령)
- 8 모터싸이클연대
- 467 군단포병연대

- 578 군단포병연대
- 55 공병대대
- 255 독립통신대대

---

19 군(7.10, 서부방면군)

이반 스테파노뷔취 코네프(Ivan Stepanovich Konev) 중장

- 38 소총병사단 (Maxim Krillov 대령)
- 50 소총병사단 (Arkadii Aleksandrovich Borieko 대령)
- 64 소총병사단 (Sergei Ivanovich Iovlev 대령 / Afanasii Sergeevich Gryaznov 대령)
- 89 소총병사단 (Simeon G. Zakyan 대령)
- 91 소총병사단 (24군 52소총병군단 지원) (Nikita Fedotovich Lebedenko 소장)
- 162 소총병사단 (Nikolai Fedorovich Kolkunov 대령)
- 166 소총병사단 (Mikhail Dodonov 대령)
- 101 전차사단 (Grigorii Mikhailovich Mikhailov 대령)
- 205 독립전차연대(직전 14전차사단)
- 442 군단 포병연대
- 471 군단 포병연대
- 111 차량화공병대대
- 238 독립공병대대
- 321 독립공병대대

25 소총병군단

세르게이 미하일로뷔취 췌스토봘로프(Sergei Mikhailovich Chestohvalov) 소장

- 127 소총병사단 (Timofey Korneyev 소장)
- 134 소총병사단 (Vladimir Kuzmich 소장)
- 162 소총병사단 (Nikolai Kolkunov 대령)
- 442 군단포병연대

34 소총병군단

라파엘 흐멜니츠키(Raphael Khmelnitsky) 소장

- 129 소총병사단 (Auxentios Gorodnyansky 소장)
- 158 소총병사단 (V.I.Novozhilox 대령)
- 171 소총병사단 (Alexander Budyho 소장)
- 471 군단포병연대

26 기계화군단

- 니콜라이 키리췐코 (Nikolai Kirichenko) 소장

- 52 전차사단 (Gregory Mikhailovich Mikhailov 대령) : 104, 105전차연대
- 56 전차사단 (Ivan Dmitrievich Illarionov 대령) : 112, 113전차연대
- 103 차량화소총병사단 (Grigory Timofeevich Timofeev 소장)
- 27 모터싸이클연대
- 88 차량화공병대대
- 548 독립통신대대
- 126 군단항공편대

---

20 군(7.10, 서부방면군)
– 파벨 알렉사드로뷔취 쿠로츠킨(Pavel Aleksandrovich Kurochkin) 중장
– 미하일 훼도로뷔취 루킨(Mikhail Fedorovich Lukin) 중장(8.6부터)
– 훼도르 레메조프(Fedor Remezov) 중장

- 18 소총병사단 (Karp V. Sviridov 대령)
- 153 소총병사단 (N.A.Gagen 대령)
- 161 소총병사단 (P.F.Moskovtin 대령)
- 438 군단포병연대
- 301 유탄포병연대
- 537 고강도 유탄포병연대
- 60 부교가설대대

61 소총병군단

훼도르 알렉세에뷔취 바쿠닌(Fedor Alekseevich Bakunin) 소장

- 53 소총병사단 (Ivan Bartenev 대령)
- 110 소총병사단 (Vasily Khlebtsov 대령)
- 114 소총병사단 (Mikhail Pronin 소장)
- 132 소총병사단 (S.S.Biryuzov 소장 / Andrei AvksentevichMishchenko 소장)
- 148 소총병사단 (Filipp Cherokmanov 대령)
- 172 소총병사단 (Mikhail Timofeyevich Romanov 소장)
- 601 군단포병연대

66 소총병군단

효도르 수다코프(Fyodor Sudakov) 소장

- 61 소총병사단 (Sergei Nikolaevich Kuznetsov 대령)
- 117 소총병사단 (S.S.Chernyugov 대령)
- 154 소총병사단 (Ya.S.Fokanov 소장)
- 232 소총병사단 (S.I.Nedvigin 소장)

67 소총병군단

휠립 훼오도세뷔취 즈마췐코(Filipp Feodosyevich Zhmachenko) 상장

- 102 소총병사단 (Porfiry Martynovych Hutz 대령)
- 117 소총병사단 (S.S.Chernyugov 대령)
- 137 소총병사단 (I.T.Grishin 대령)
- 151 소총병사단 (V.I.Neretin 소장)
- 435 군단포병연대
- 645 군단포병연대

69 소총병군단

예프도킴 모길로프취크(Yevdokim Mogilovchik) 소장

- 73 소총병사단 (Alexander Ivanovich Akimov 대령)
- 144 소총병사단 (M.A.Pronin 소장)
- 153 소총병사단 (N.A.Gagen 대령)
- 229 소총병사단 (Mikhail Ivanovich Kozlov 소장)
- 233 소총병사단 (Grigory Kotov 대령)
- 244 소총병사단 (Nikolai Timofeevich Shcherbakov 대령/소장)

7 기계화군단

봐실리 이봐노뷔취 뷔노그라도프(Vasily Ivanovich Vinogradov) 소장

- 14 전차사단 (Ivan Dmitrievich Vasilyev 대령)/ 8.29, 205독립전차연대로 전환 : 27, 28전차연대
- 18 전차사단 (Fyodor Timofeevich Rezimov 소장) : 35, 36전차연대
- 1 차량화소총병(기계화)사단 (Yakov Grigorevich Kreizer 대령)/ 8.18 1전차사단으로 개편 : 23전차연대
- 9 모터싸이클연대
- 251 독립소총병대대
- 42 차량화공병대대
- 21 독립통신대대
- 107 군단항공편대

21 군
봐실 헤라시멘코(Vasyl Herasymenko) 중장

63 소총병군단

레오니드 페트로프스키(Leonid G. Petrovsky) 중장

- 53 소총병사단 (Ivan Bartenev 대령)
- 61 소총병사단 (Nikolay Andreevich Prishchepa 소장)

- 117 소총병사단 (Spiridon Sergeyevich Chernyugov 대령)
- 148 소총병사단 (Filipp Cherokmanov 대령)
- 154 소총병사단 (Yakov Fokanov 대령)
- 167 소총병사단 (Vasily Rakovsky 소장)
- 546 군단포병연대

66 소총병군단

효도르 수다코프(Fyodor Sudakov) 소장

- 61 소총병사단 (Nikolay Prishchepa 소장)
- 75 소총병사단 (불명, Semen Ivanovich Nedvigin 소장??)
- 117 소총병사단 (Spyridon Chernyugov 대령)
- 154 소총병사단 (Yakov Fokanov 대령)
- 155 소총병사단 (P.A.Aleksandrov 소장)
- 232 소총병사단 (S.I.Nedvigin 소장)
- 20 차량화소총병연대

25 기계화군단

세묜 모이세에뷔취 크리보쉐인(Semyon Moiseevich Krivoshein) 소장

- 50 전차사단 (Boris Sergeevich Bakharov 대령) : 99, 100전차연대
- 55 전차사단 (Vasily Mikhailovich Badanov 대령) : 110, 111전차연대
- 219 차량화소총병사단 (Pavel Petrovich Korzun 소령) : 136전차연대
- 12 모터싸이클연대
- 60 차량화공병대대
- 133 독립통신대대
- 125 군단항공편대

- 420 군단포병연대
- 546 군단포병연대
- 387 유탄포병연대

22 군

휠립 아화나세뷔취 예르샤코프(Filipp Afanasevich Yershakov) 중장

51 소총병군단

쿠즈마 이봐노뷔취 사조노프(Kuzma Ivanovich Sazonov) 소장

- 98 소총병사단 (M.F.Gavrilov 소장)
- 112 소총병사단 (I.A.Kopyak 대령)

- 118 소총병사단 (Nikolai Mikhailovich Glovatskii 소장)
- 153 소총병사단 (Nikolay Gagen 대령) : 3근위소총병사단 (1941.9.18)
- 170 소총병사단 (N.K.Silkin 소장)
- 235 소총병사단 (T.V.Lebedev 소장)

62 소총병군단

이반 페트로뷔취 카르마노프(Ivan Petrovich Karmanov) 소장

- 170 소총병사단 (N.K.Silkin 소장)
- 174 소총병사단 (A.I.Zygin 소장)
- 176 소총병사단 (Kantemir Aleksandrovich Tsalikov 대령)
- 186 소총병사단 (N.I.Biryukov 소장)
- 61 요새방어지대 (Polotsk)

23 기계화군단

미하일 뮈아스니코프(Mikhail Myasnikov) 소장

- 48 전차사단 (D.Y.Yakovlev 대령) : 95, 96전차연대
- 51 전차사단 (Grigory Georgievich Chernov 대령) : 101, 102전차연대
- 220 차량화소총병사단 (Nikifor Gordeevich Khoruzhenko 소장) : 137전차연대
- 27 모터싸이클연대
- 82 차량화공병대대
- 550 독립통신대대
- 123 군단항공편대

- 50 소총병사단 (Arkadii Aleksandrovich Borieko 대령)
- 126 소총병사단 (V.Ye.Sorokin 대령)
- 179 소총병사단 (A.I.Ustinov 대령)
- 214 소총병사단 (A.N.Rozanov 소장)
- 56 군단포병연대
- 336 군단포병연대
- 545 군단포병연대
- 390 곡사포병연대(17 소총병사단)
- 397 독립대전차포병대대
- 1개 독립전차대대(48 전차사단)
- 22 독립공병대대
- 115 차량화공병대대

24 군
콘스탄틴 이봐노뷔취 라쿠틴(Konstantin Ivanovich Rakutin) 소장

- 19 소총병사단 (Aleksandr Ivanovich Utvenko 대령)
- 100 소총병사단 (Ivan Nikitich Russianov 소장)
- 106 차량화소총병사단 (Dmitrii Petrovich Monakhov 대령)
- 303 소총병사단 (Nikolai Pavlovich Rudnev 대령 / Aleksandr Gavrilovich Moiseevskii 대령)
- 309 소총병사단 (Nikifor Alekseevich Iliantsev 대령)
- 144 전차여단
- 146 전차여단 (Ivan Sergeev 중령 / Sergei Tokarev 중령)
- 138 전차대대
- 139 전차대대

- 102 전차사단 (Ivan Dmitrievich Illarionov 대령)
  ·· 204 전차연대
  ·· 395 전차연대 (Amazasp Khachaturovich Babadzhanian 소령)

---

52 소총병군단

드미트리 이봐노뷔취(Dmitrii Ivanovich Andreev) 소장

- 91 소총병사단 (Nikita Fedotovich Lebedenko 소장)
- 119 소총병사단 (I.J.Kulagin 대령)
- 166 소총병사단 (Mikhail Dodonov 대령)

---

53 소총병군단

드미트리 미하일로뷔치 셀레즈네프(Dmitrii Mikhailovich Seleznev) 소장

- 107 소총병사단 (Pavel Vasilevich Mironov 대령)
  ·· 586 소총병연대 (Nekrasov 중령)
  ·· 630 소총병연대 (A.P.Mette 소령)
  ·· 765 소총병연대 (Matvei Stepanovich Batrakov 대령)

- 133 소총병사단 (V.I.Shvetsov 소장)
- 178 소총병사단 (N.I.Starukhin 대령)

---

26 기계화군단

니콜라이 이아코블레뷔취 키리췐코(Nikolai Iakovlevich Kirichenko) 소장

- 52 전차사단 (Grigorii Mikhailovich Mikhailov 대령) : 104, 105전차연대
- 56 전차사단 (Ivan Dmitrievich Illarionov 대령) : 112, 113전차연대

- 203 기계화사단
- 103 차량화소총병사단 (Grigorii Timofeevich Timofeev 소장 / V.P. Sokolov 중령 : 7.22 / Ivan Ivanovich Birichev 소장)
- 27 모터싸이클연대
- 88 차량화공병대대
- 548 독립통신대대
- 126 군단항공편대

- 120 소총병사단 (K.I.Petrov 소장)
- 127 소총병사단 (A.Z.Akimenko 대령)
- 194 소총병사단 (Mikhail Aleksandrovich Siiazov 대령)
- 284 소총병사단 (Gennady Petrovich Pankov 대령)
- 105 차량화소총병사단 : 41.8월 말에 전차여단으로 전환
- 4 모스크바민병사단 (F.M.Orlov)
- 6 모스크바민병사단 (A.D.Sidelnikov 대령)
- 392 군단포병연대
- 542 군단포병연대
- 685 군단포병연대
- 524 중야포포병연대

---

28 군

- 블라디미르 이아코블레뷔취 카찰로프(Vladimir Iakovlevich Kachalov) 중장

- 훼도르 안드레에뷔취 주에프(Fedor Andreevich Zuev) 소장

30 소총병군단

이봔 봐실레뷔취 셀리봐노프(Ivan Vasilevich Selivanov) 소장

- 19 소총병사단 (Aleksandr Ivanovich Utvenko 대령)
- 149 소총병사단 (F.D.Zakharov 소장)
- 217 소총병사단 (M.A.Grachev 대령)

33 소총병군단

그레고리 알렉세에프 할류진(Grigorii Alekseevich Khaliuzin) 소장

- 89 소총병사단 (Simeon G. Zakian 대령)
- 120 소총병사단 (M.P.Petrov 소장)
- 145 소총병사단 (A.A.Vol'khin 소장)
- 222 소총병사단 (F.A.Bobrov 대령)

27 기계화군단

이반 에휘모뷔취 페트로프(Ivan Efimovich Petrov) 소장

- 9 전차사단 (Vasily Gerasimovich Burkov 대령) : 17, 18전차연대
- 53 전차사단 (Aleksei Staepanovich Beloglazov 대령) : 106, 107전차연대
- 221 차량화소총병사단 (Gersh Moiseevich Roitenberg 대령) : 138전차연대
- 31 모터싸이클연대
- 84 차량화공병대대
- 553 독립통신대대
- 127 군단항공편대

- 69 차량화소총병사단 : 107전차사단으로 개편(41.7.15)
- 364 군단포병연대
- 643 군단포병연대

---

29 군

이반 이봐노뷔취 마슬렌니코프(Ivan Ivanovich Maslennikov) 중장

30 소총병군단

- 243 소총병사단 (Ya.G.Tsarkov 대령)
- 245 소총병사단 (Vasilii Nikolaevich Nichushkin)
- 252 소총병사단 (Aleksandr Alekseevich Zabaluev 대령)
- 253 소총병사단
- 254 소총병사단 (Pyotr Pokhaznikov 소장)
- 256 소총병사단 (Stepan Aleksandrovich Ivanov 소장)
- 1 차량화소총병연대(NKVD)

- 50 독립기병사단 (Issa Aleksandrovich Pliev 대령/ 9.11부터 소장)
- 53 독립기병사단 (Kondrat Semenovich Melnik 대령)

---

30 군

봐실리 아화나세뷔취 호멘코(Vasily Afanasevich Khomenko) 소장

- 119 소총병사단 (Aleksandr Dmitrievich Berezin 소장)
- 162 소총병사단 (Nikolai Fedorovich Kolkunov 대령)
- 242 소총병사단 (Viktor Sergeevich Glebov 대령)
- 243 소총병사단 (Ya.G.Tsarkov 대령)
- 250 소총병사단 (Ivan Gorbachyov 소장)
- 251 소총병사단 (Vladimir Filippovich Stenin 대령)

- 107 차량화소총병사단 (P.G.Chanchibadze 대령)
- 207 차량화소총병사단
- 392 곡사포병연대
- 871 대전차포병연대
- 542 군단포병연대

- 51 전차사단 (Petr G. Chernov 대령) : 101, 102전차연대
- 107 전차사단 (Petr Perr Nikolaevich Dormachev 대령 / Porfiry Chanchibadze 대령)

---

32 군

- 니콜라이 클뤼코프(Nilolai K. Klykov) 중장(1941.7-1941.8)

- 이반 훼듀닌스키(Ivan Fedyuninsky) 소장(1941.8-1941.9)

- 알렉산더 알렉산드로뷔취 뷔쉬네프스키(Alexander Alexandrovich Vishnevskiy) 소장(1941.9-1941.10)

- 2 모스크바민병사단(1941.7.16-1941.9.30) (V.Vashkevich 소장)
- 7 모스크바민병사단(1941.7.16-1941.9.30) (I.V.Zakin 여단장)
- 8 모스크바민병사단(1941.7.16.-1941.9.30.) (Daniil Prokofievich Skripnikov 여단장)
- 13 모스크바민병사단(1941.7.16-1941.9.30)
- 18 모스크바인민민병사단(1941.7.20-1941.9.30)

** 1941.10.1. 정규 편제*

- 2 소총병사단 (Vladimir Romanovich Vashkevich 소장)
- 8 소총병사단 (Nicholas I. Fomin 대령)
- 29 소총병사단
- 140 소총병사단 (M.A.Yenshin 소장)
- 17 전차여단 (Ivan Petrovich Korchagin 대령)
- 151 차량화소총병여단
- 685 군단포병연대
- 533 대전차포병연대
- 877 대전차포병연대
- 200 해군포병대대
- 36 대전차포병대대

---

43 군

페트르 페트로뷔취 소벤니코프(Petr Petrovich Sobennikov) 소장

- 38 소총병사단 (M.G.Kirillov 대령)
- 53 소총병사단 (Filipp Petrovich Konovalov 대령)

- 145 소총병사단 (A.A.Vol'khin 소장)
- 149 소총병사단 (Fedor Dmitrievich Zakharov 중령)
- 211 소총병사단 (Ivan Iakovlevich Fursin 대령)
- 217 소총병사단 (M.A.Grachev 대령)
- 222 소총병사단 (F.A.Bobrov 대령)
- 279 소총병사단
- 303 소총병사단 (Nikolai Pavlovich Rudnev 대령 / Alexsandr Gavrilovich Moiseevskiy 대령)
- 104 전차사단 (Vasily Gerasimobich Burkov 대령)/ 9.6 145전차여단으로 전환 : 208, 209전차연대
- 109 전차사단 (Semen Pankratyevich Chernobai 대령)/ 9.16 148전차여단에 흡수 : 218, 219전차연대
- 320 가농포병연대 (Aleksei Andreevich Kuznetsov)
- 207 군단포병연대
- 364 군단포병연대
- 646 군단포병연대
- 753 대전차포병연대
- 760 대전차포병연대
- 761 대전차포병연대

장거리(전략)폭격항공군
알렉산드르 에프게네뷔취 골로봐노프(Aleksandr Evgenevich Golovanov) 중장

1 폭격항공군단 : Novgorod

블라디미르 이봐노뷔취 이조토프(Vladimir Ivanovich Izotov) 소장

- 40 장거리폭격항공사단 : Soltsy, Krechvitsy
  - 22 장거리폭격항공연대
  - 53 장거리폭격항공연대
  - 200 장거리폭격항공연대
  - 7 장거리중폭격항공연대 (Aleksandr Georgievich Melnikov)

- 51 장거리폭격항공사단 (Evgenii Fedorovich Loginov 중령/대령) : Yedrovo
  - 7 장거리폭격항공연대 (Aleksandr Georgievich Melnikov)
  - 203 장거리폭격항공연대
  - 204 장거리폭격항공연대

- 53 장거리폭격항공사단 (David Iakovlevich Slobozhan)
- 200 장거리폭격항공사단

2 폭격항공군단 : Kursk

콘스탄틴 스미르노프(Konstantin Smirnov) 대령

- 35 장거리폭격항공사단 (Afanasii Zinovevich Karavatskii 대령) : Brtansk, Orel, Karachev
  - ·· 100 장거리폭격항공연대 (Ivan Filippovich Balashov 중령)
  - ·· 219 장거리폭격항공연대
  - ·· 223 장거리중폭격항공연대

- 48 장거리폭격항공사단 (Nikolai Nikolaevich Buianskii : Kursk, Shchigry, Oboyan
  - ·· 220 장거리폭격항공연대
  - ·· 221 장거리폭격항공연대
  - ·· 222 장거리중폭격항공연대

3 폭격항공군단 : Smolensk

니콜라이 세메노뷔취 스크립토(Nikolai Semenovich Skripto) 대령

- 42 장거리폭격항공사단 (Mikhail Kharlampievich Borisenko) : Borovskoje, Shaykovka
  - ·· 96 장거리폭격항공연대
  - ·· 207 장거리폭격항공연대
  - ·· 1 장거리중폭격항공연대

- 47 장거리폭격항공사단

- 52 장거리폭격항공사단 (Georgii Nikolaevich Tupikov 대령 / Aleksei Mikhailovich Duboshin 대령;소장)
  : Shatalovo, Seshchinskaya, Smolensk
  - ·· 98 장거리폭격항공연대 (Vasilii Andreevich Kartakov / Ivan Karpovich Brovko)
  - ·· 212 장거리중폭격항공연대 (Aleksandr Dormidontovich Petlenko 대대코미사르)
  - ·· 3 장거리중폭격항공연대

4 폭격항공군단 : Zaporozhe

블라디미르 알렉산드로뷔취 수데츠(Vladimir Aleksandrovich Sudets) 대령

- 18 장거리폭격항공사단 (Aleksei Duboshin 대령) : Skomorokhy, Borispol
  - ·· 90 장거리폭격항공연대
  - ·· 93 장거리폭격항공연대
  - ·· 14 장거리중폭격항공연대 (Boris Vladimirovich Blinov)

- 22 장거리폭격항공사단 (Boris Kuzmich Tokarev 대령) : Zaporozhe, Saki
  - ·· 8 장거리폭격항공연대 (Nikolai Andreevich Volkov)

·· 11 장거리폭격항공연대
·· 21 장거리폭격항공연대 (Nikolai Ivanovich Novodranov 대령)

• 50 장거리폭격항공사단 (Nikolai Andreevich Volkov 대령) : Rostov, Novocherkassk
·· 81 장거리폭격항공연대
·· 228 장거리폭격항공연대
·· 299 장거리폭격항공연대
·· 231 장거리폭격항공연대

예비항공군

보리스 포그레보프(Boris A. Pogrebov) 소장

• 1 예비항공그룹 (Nikolai Konstantinovich Trifonov 대령/소장)
• 2 예비항공그룹 (Iurii Aleksandrovich Nemtsevich)
• 3 예비항공그룹
• 4 예비항공그룹 (Yu.A.Nemtsevich 대령) : 브리얀스크방면군 지원
• 5 예비항공그룹
• 6 예비항공그룹 (Aleksandr Afanasevich Demidov 소장)

*****

'타이푼' 이후 소련군 전투서열(1941.10.2-)

〈 서부방면군 〉
- 이봔 스테파노뷔취 코네프(Ivan Stepanovich Konev)(9.13-10.10)
- 게오르기 쥬코프(Georgy Zhukov) 대장(10.10-)

1 충격군
봐실리 쿠즈네쪼프(Vasily I. Kuznetsov) 중장

- 58 전차사단 (A.A.Kotlyarov 소장) : 116, 117전차연대
- 348 소총병사단 (Anisim Stefanovich Liukhtikov 대령)
- 29 소총병여단(Mikhail Emelianovich Yerokhin 대령)
- 44 소총병여단(Mikhail Timofeyevich Subbotin 대령)
- 50 소총병여단
- 84 소총병여단
- 133 소총병사단 후방경계대대
- 근위박격포대대(카츄샤 다연장로켓)

5 군
- 사령관 : 드미트리 렐류셴코(Dmitri Lelyushenko) 중장(10.11-10.16)
- 부사령관 : 세묜 보그다노프(Semyon Bogdanov) 대령

- 32 소총병사단 (V.I.Polosukhin 대령)
- 379 소총병사단 (Vladimir Afanasevich Chistov 대령)
- 18 전차여단 (Aleksandr Druzhinina 대령)
- 19 전차여단 (Sergey A. Kalihovich 대령)
- 20 전차여단 (Timofei S. Orlenko 대령)
- 22 전차여단 (Ivan Ermakov 중령)
- 25 전차여단 (Ivan Taranov 대령 / Ivan Dubovoi 대령)
- 36 모터싸이클연대 (Trofim Ivanovich Tanaschishin 대령)
- 154 곡사포병연대 (Vorobiev 소령)
- 230 예비소총병연대
- 12 정찰대대

16 군
콘스탄틴 로코솝스키(Konstantin Rokossovsky) 소장

- 9 근위소총병사단 (A.P.Beloborodov 소장)
- 38 소총병사단 (Mikhail Gavrilovich Kirillov 대령)
- 78 소총병사단 (Ivan V. Panfilov 소장)
- 108 소총병사단 (N.I.Orlov 대령)
- 112 소총병사단 (I.A.Kopyak 대령)
- 214 소총병사단 (A.N.Rozanov 소장)
- 316 소총병사단 (Ivan V. Panfilov 소장 : 11.18 전사)
- 58 전차사단 (Aleksandr A. Kotlyarov 대령) : 116, 117전차연대
- 4 전차여단 (Mikhail Katukov 대령)
- 22 전차여단 (Ivan Ermakov 중령)
- 27 전차여단 (Fyodor Mikhailin 중령)
- 28 전차여단 (Konstantin Maruigin 대령)
- 127 전차여단 (Fedor Timofeevich Remizov 소장)
- 107 차량화소총병연대
- 21 모터싸이클연대
- 11 모터싸이클연대

---

19 군

미하일 훼도로뷔취 루킨(Mikhail Fedorovich Lukin) 중장

- 50 소총병사단 (Arkady Boreyko 대령 / Sergey Iovlev 대령 / Nikita Lebedenko 소장)
- 64 소총병사단 (S.I.Iovlev 대령)
- 89 소총병사단 (Simeon G. Zakyan 대령)
- 91 소총병사단 (N.F.Lebedenko 소장)
- 134 소총병사단 (I.S.Konev 중장)
- 166 소총병사단 (Mikhail Dodonov 대령)
- 244 소총병사단 (Nikolai Timofeevich Shcherbakov 대령/소장)
- 45 기병사단 (N.M.Dreper 대령)
- 101 전차사단 (Grigorii Mikhailovich Mikhailov 대령)
  (101차량화소총병사단으로 개편 : 41.9.16) : 202전차연대
- 205 독립전차연대 (직전 14전차사단)

---

20 군

- 휠립 아화나세뷔취 예르샤코프(Filipp Afanasevich Yershakov) 중장

- 안드레이 블라소프(Andrei A. Vlasov) 중장

- 73 소총병사단 (Alexander Akimov 대령)
- 129 소총병사단 (A.M.Gorodnyanskii 소장 / Aleksandr Vasilevich Gladkov 대령)
- 144 소총병사단 (M.A.Pronin 소장)

- 153 소총병사단 (N.A.Gagen 대령)
- 161 소총병사단 (P.F.Moskovitin 대령)
- 229 소총병사단 (M.I.Kozlov 소장)
- 24 전차여단 (Vasily Zelinsky 대령)
- 31 전차여단 (Andrei G. Kravchenko 대령)

---

22 군

봐실리 알렉산드로뷔취 유쉬케뷔취(Vasily Alexandrovich Iushkevich) 소장

- 5 소총병사단 (Anisim Illaryonovich Svetlyakov 대령)
- 98 소총병사단 (M.F.Gavrilov 소장)
- 110 소총병사단 (Stepan Trofimovich Gladyshev 대령)
- 112 소총병사단 (I.A.Kopyak 대령)
- 126 소총병사단 (V.Ye.Sorokin 대령)
- 133 소총병사단 (Vasily Ivanovich Shvetsov 소장)
- 170 소총병사단 (N.K.Silkin 소장)
- 174 소총병사단 (A.I.Zygin 소장 / Pavel Fedorovich Ilyinikh 대령)
- 179 소총병사단 (Nikolai Ivanovich Konchits 여단장)
- 186 소총병사단 (N.I.Biryukov 소장 / Anton Petrovich Pilipenko 대령)
- 214 소총병사단 (A.N.Rozanov 소장)
- 249 소총병사단 (German Fedorovich Tarasov 소장)
- 256 소총병사단 (Sergei Georgievich Goryachev 소장)

---

29 군

이반 이봐노뷔취 마슬레닌코프(Ivan Ivanovich Maslennikov) 중장

- 178 소총병사단 (Aleksandr Petrovich Kvshnin 중령)
- 243 소총병사단 (Ya.G.Tsarkov 대령)
- 245 소총병사단 (Vladislav Vikentevich Korchits 대령)
- 246 소총병사단 (Ivan Ivanovich Melinikov 소장)
- 250 소총병사단 (Pavel Afninogenovich Stepanenko 대령)
- 252 소총병사단 (Aleksandr Alekseevich Zabaluev 대령)
- 253 소총병사단
- 256 소총병사단 (Sergei Georgievich Goriachev 소장)

---

30 군

봐실리 아화나세뷔취 호멘코(Vasily Afanasevich Khomenko) 소장

- 107 차량화소총병사단 (P.G.Chanchibadze 대령)
- 119 소총병사단 (Aleksandr Dmitrievich Berezin 소장)

- 162 소총병사단 (N.F.Kolkunov 대령)
- 242 소총병사단 (Kirill Alekseyevich Kovalenko 소장)
- 250 소총병사단 (Ivan Gorbachyov 소장)
- 251 소총병사단 (Vladimir Filippovich Stenin 대령)
- 8 전차여단 (Pavel A. Rotmistrov 대령)
- 21 전차여단 (Boris Mikhailovich Skvortsov / Andrei Levovich Lesovoi 대령)

도봐토르 기병군단

레프 미하일로뷔취 도봐토르(Lev Mikhailovich Dovator) 소장

- 45 기병사단 (N.M.Dreper 대령)
- 50 기병사단 (Issa Aleksandrovich Pliev 대령/ 9.11부터 소장)
- 53 기병사단 (Kondrat Semenovich Melnik 대령)
- 101 기계화사단 (G.M.Mikhailov 대령)
- 107 기계화사단 (P.G.Chanchibadze 대령)
- 126 전차여단 (Ivan Petrovich Korchagin 대령)
- 128 전차여단 (Dmitrii Trofimovich Vilkhovchenko)
- 143 전차여단 (Ivan Ivrev 소령)

방면군 예비

- 5 근위소총병사단 (P.V.Mironov 소장)
- 134 소총병사단 (V.K.Bazarov 여단장)
- 152 소총병사단 (P.N.Chern'ishev 대령)

서부(모스크바)방면 소련공군
이봔 훼도로뷔취 페트로프(Ivan Fedorovich Petrov) 중장

6 전투기항공군단

이봔 클리모프(Ivan D. Klimov) 대령 / 알렉세이 이봐노뷔취 미텐코프(Aleksei Ivanovich Mitenkov) 대령

- 클린(Klin) : 27전투기연대, 436전투기연대
- 포췬키(Pochinky) : 495전투기연대
- 취칼로프스카야(Chkalovskaya) : 95전투기연대(A.V.Zhatkov 소령)
  126전투기연대(Yuri Nemtsevich 중령), 208전투기연대
- 모니노(Monino) : 28전투기연대(N.F.Demidov 소령)
- 투쉬노(Tushino) : 233전투기연대
- 모스크바(Moscaw) : 120전투기연대(A.S.Pisarenko 중령)
- 쿠빈카(Kubinka) : 11전투기연대, 562전투기연대
- 브누코보(Vnukovo) : 233전투기연대

- 수코보(Sukovo) : 428전투기연대
- 뤼베르쮜(Rybertsy) : 172전투기연대
- 라멘스코예(Ramenskoje) : 565전투기연대
- 오스타프예보(Ostafyevo) : 564전투기연대
- 두브로뷔쮜(Dubrovitsy) : 177전투기연대(Mikhail I. Korolyov 소령/중령)
- 그리디노(Gridino) : 309전투기연대
- 카쉬라(Kashira) : 171전투기연대(S.I.Orlyakhin 중령), 178전투기연대, 445전투기연대

• 77 혼성항공사단 (Ivan Diomindovich Antoshkin 대령)
  ·· 321 단거리폭격항공연대 (S.P.Tyurkin 소령) : 82근위폭격항공연대

• 46 폭격항공사단 (Nikolai Aleksandrovich Sbytov 대령/소장)
  ·· 64 강습항공연대
  ·· 65 강습항공연대 (Andrei Nikiforovich Vitruk)
  ·· 243 강습항공연대

• 34 전투기연대 (L.G.Rybkin 소령/중령)
• 124 전투기연대 (A.Pronin 소령)
• 95 폭격항공연대 (A.A.Sachkov 소령)
• 128 폭격항공연대
• 132 폭격항공연대
• 150 폭격항공연대 (Ivan Semenovich Polbin 소령) : 46폭격항공사단
• 208 고속폭격항공연대
• 54 단거리폭격항공연대 (Skibo 소령)
• 511 단거리폭격항공연대 (A.A.Babanov 소령)
• 603 단거리폭격항공연대
• 745 단거리폭격항공연대

〈 예비방면군 〉
세묜 미하일로뷔취 부덴뉘(Semyon Mikhailovich Budenny) 원수

24 군
콘스탄틴 이봐노뷔취 라쿠틴(Konstantin Ivanovich Rakutin) 소장
• 19 소총병사단 (Aleksandr Ivanovich Utvenko 대령)
• 100 소총병사단 (I.N.Russiyanov 소장)
• 103 (차량화)소총병사단 (Ivan Ivanovich Birichev 소장)

- 105 차량화소총병사단 : 41.8월 말 전차여단으로 전환
- 106 소총병사단 (Dmitri Petrovich Monakov 대령)
- 107 소총병사단 (P.V.Mironov 소장)
- 120 소총병사단 (K.I.Petrov 소장)
- 127 소총병사단 (A.Z.Akimenko 대령)
- 133 소총병사단 (V.I.Shvetsov 소장)
- 139 소총병사단 (N.L.Loginov 대령)
- 160 소총병사단 (I.M.Skugarev 소장)
- 170 소총병사단 (Tikhon Silkin 소장 / Nikolai Laksin 대령)
- 194 소총병사단 (Pavel Andreevich Firsov 대령)
- 248 소총병사단 (Karol Karlovich Sverchevskii 소장)
- 303 소총병사단 (Nikolai Pavlovich Rudnev 대령)
- 309 소총병사단 (Nikifor Alekseevich Ilyiantsev 대령)
- 4 모스크바민병사단 (F.M.Orlov)
- 6 모스크바민병사단 (A.D.Sidelnikov 대령)

- 144 전차여단
- 146 전차여단 (Ivan Ivanovich Sergeev 중령 / Sergei Tokarev 중령)
- 138 전차대대
- 139 전차대대

---

31 군

봐실리 니키티취 달마토프(Vasily Nikitich Dalmatov) 소장(1941.7.15-10.13)

- 5 소총병사단 (V.R.Vashkevich 소장)
- 110 소총병사단 (S.T.Gladishev 대령)
- 119 소총병사단 (I.J.Kulagin 대령 / Aleksandr Dmitrievich Berezin 소장)
- 126 소총병사단 (Yefim Vasilyevich Bedin 대령)
- 220 소총병사단 (Nikifor Gordeyevich Khoruzhenko 소장)
- 244 소총병사단 (Nikolai Timofeevich Shcherbakov 대령/소장)
- 246 소총병사단
- 247 소총병사단 (Sergei Pavlovich Tarasov 대령)
- 249 소총병사단 (German Tarasov 소장)

---

32 군

알렉산더 알렉산드로뷔취 뷔쉬네프스키(Alexander Alexandrovich Vishnevskiy) 소장

- 2 소총병사단 (M.D.Grishin 대령)
- 8 소총병사단 (Nicholas I. Fomin 대령)

- 29 소총병사단
- 140 소총병사단 (M.A.Yenshin 소장)
- 2 모스크바민병사단 (V.Vashkevich 소장)
- 7 모스크바민병사단 (I.V.Zaikin 여단장)
- 8 모스크바민병사단 (Fyodor Petrovich Shmelev 대령)
- 13 모스크바민병사단
- 18 모스크바인민민병사단

- 17 전차여단 (Nikolai Kruipin 소령)
- 151 차량화소총병여단
- 685 군단포병연대
- 533 대전차포병연대
- 877 대전차포병연대
- 200 해군포병대대
- 36 대전차포병대대

---

33 군

- 드미트리 플라토노뷔취 오누프리엔코(Dmitry Platonovich Onuprienko) 소장(1941.7-1941.10.25)

- 미하일 그리고례뷔취 에프레모프(Mikhail Grigoryevich Efremov) 중장(1941.10.25-1942.4)

- 17 소총병사단 (Terenty Kirillovich B atsanov 소장)
- 18 소총병사단 (Karp Sviridov 대령 / P.K. Zhivalev 대령 / P.N. Chernyshev)
- 60 소총병사단 (Vasily Ivanovich Kalinin 대령 / Mikhail Arsentevich Zashibalov 대령)
- 113 소총병사단 (Kh.N.Alaverdov 소장)
- 173 소총병사단 (A.V.Bogdanov 대령)
- 5 전차여단 (Mikhail Sakhno 중령)

- 1 모스크바민병사단 (N.N.Pronim 소장)
- 5 모스크바민병사단 (I.A.Presnyakov 소장)
- 9 모스크바민병사단 (B.D.Bobrov 소장)
- 17 모스크바민병사단 (Kozlov 대령)
- 21 모스크바인민민병사단 (A.V.Bogdanov 대령)

---

43 군

페트르 페트로뷔취 소베닌코프(Petr Petrovich Sobennikov) 중장

- 38 소총병사단 (M.G.Kirillov 대령)
- 53 소총병사단 (Filipp Petrovich Konovalov 대령)
- 145 소총병사단 (A.A.Vol'khin 소장)

- 149 소총병사단 (F.M.Zakharov 중령)
- 211 소총병사단 (Ivan Iakovlevich Fursin 대령)
- 216 소총병사단 (Ivan Ivanovich Marshalkov 소장)
- 222 소총병사단 (F.A.Bobrov 대령)
- 279 소총병사단 (Gerasim Vasilevich Mukhin 대령)
- 303 소총병사단 (Nikolai Pavlovich Rudnev 대령)
- 9 전차여단 (Ivan F. Kirichenko 대령)
- 17 전차여단 (Ivan I. Troitsky 대령)
- 24 전차여단 (Vasily Zelinsky 대령 / Mikhail Georgrievich Serikov)
- 145 전차여단 (Fyodor Remizov 소장)
- 148 전차여단 (Aleksandr Potapov 중령)
- 152 차량화소총병여단

---

49 군

이봔 자하르킨(Ivan Zakharkin) 중장

- 194 (산악)소총병사단 (Mikhail Aleksandrovich Siiazov 대령)
- 220 (산악)소총병사단 (Nikifor Gordeevich Khoruzhenko 소장)
- 248 소총병사단 (M.Ye.Yerokhin 대령)
- 303 소총병사단 (Nikolai Pavlovich Rudnev 대령)
- 29 기병사단 (Ye.P.Serashev 대령)
- 31 기병사단 (Ya.N.Pivnev 대령)
- 4 모스크바민병사단 (Andrei Nikonorovich Sidelnikov 대령)

방면군 예비

- 73 소총병사단 (Alexander Ivanovich Akimov 대령)
- 178 소총병사단 (N.I.Starukhin 대령)
- 147 전차여단

〈 브리얀스크 방면군 〉

안드레이 예레멘코(Andrey I. Yeremenko) 상장

---

3 군

야코프 크레이저(Yakov G. Kreizer) 소장

- 137 소총병사단 (Ivan Tikhonovich Grishin 대령)
- 148 소총병사단 (F.M.Cherokmanov 대령)
- 219 소총병사단 (Ivan Fedotovich Lunev 대령)

- 269 소총병사단 (Andrey Chekharin 대령)
- 280 소총병사단 (Sergei Evlampievich Danilov 대령)
- 282 소총병사단
- 4 기병사단 : 방면군 기동그룹예비
- 42 전차여단 (Nikolai Latkevich 대령)
- 121 전차여단 (Nikolai N. Radkevich 대령)
- 133 전차여단 (Vasilii Georgievich Korolev)
- 855 소총병연대 (278소총병사단)

---

13 군

아프크센티 미하일로뷔취 고로드니얀스키(Avksentii Mikhailovich Gorodniansky) 소장

- 6 소총병사단 (M.A.Popsiu-Shapko 대령)
- 121 소총병사단 (Pyotr Maximovich Zykov 소장)
- 132 소총병사단 (S.S.Biryuzov 소장)
- 137 소총병사단 (I.T.Grishin 대령)
- 143 소총병사단 (Grigorii Alekseevich Kurnosov 대령)
- 148 소총병사단 (F.M.Cherokmanov 대령)
- 155 소총병사단 (P.A.Aleksandrov 소장)
- 160 소총병사단 (I.M.Skugarev 소장)
- 269 소총병사단 (Nikolai Fedorovich Garnich 대령)
- 282 소총병사단
- 298 소총병사단 (Mikhail Emelianovich Erokhin 대령)
- 307 소총병사단 (V.G.Terentyev 대령)
- 21 산악기병사단 (Ya.K.Kuliyev 대령)
- 52 기병사단 (N.P.Yakunin 대령)
- 55 기병사단 (K.V.Fiksel 대령)
- 61 공수사단 (V.P.Uknov 대령)
- 50 전차사단 (B.S.Bakharov 대령)
- 141 전차여단 (Petr G. Chernov 대령)
- 38 모터싸이클연대

---

50 군

– 미하일 페트로뷔취 페트로프(Mikhail Petrovich Petrov) 소장

– 이반 볼딘(Ivan Boldin) 중장

1 근위소총병군단(10.25-)

드미트리 렐류셴코(Dmitri Lelyushenko) 소장

- 6 근위소총병사단 (K.I.Petrov 소장)
- 5 공수군단(사단급)
- 4 전차여단 (Mikhail E. Katukov 대령)/1 근위전차여단 (11.11 개칭)
- 11 전차여단 (Arman P. Matisovich 대령)

- 217 소총병사단 (M.A.Grachev 대령)
- 258 소총병사단 (Kuzma Petrovich Trubnikov 대령)
- 260 소총병사단 (V.D.Khokhlov 대령)
- 278 소총병사단
- 279 소총병사단 (Gerasim Vasilevich Mukhin 대령)
- 290 소총병사단 (N.V.Ryankin 대령)
- 299 소총병사단 (Ivan Fedotovich Seregin 대령)
- 108 전차사단 (Sergey Ivanov 대령) : 216, 217전차연대
- 11 전차여단 (Arman P. Matisovich 대령)
- 32 전차여단 (Ivan Ivanovich Yuschuk 대령)

에르마코프 작전집단

아르카뒤 니콜라에뷔취 에르마코프(Arkadiy Nikolaevich Ermakov) 소장

- 2 근위소총병사단 (A.Z.Akimenko 소장)
- 160 소총병사단 (I.M.Skugarev 소장)
- 283 소총병사단 (Aleksandr Nikolaevich Nechaev 대령)
- 21 산악기병사단 (Ya.K.Kuliyev 대령)
- 52 기병사단 (N.P.Yakunin 대령)
- 108 전차사단 (S.I.Ivanov 대령) : 216, 217전차연대
- 121 전차여단 (Nikolai N. Radkevich 대령)
- 141 전차여단 (Petr Georgievich Chernov 대령)
- 150 전차여단 (Boris S. Bakharov 대령)

방면군 예비

- 7 근위소총병사단 (Afanasy Gryaznov 대령)
- 154 소총병사단 (Ya.S.Fokanov 소장)
- 287 소총병사단 (I.P.Yeremin 대령)
- 42 전차여단 (Nikolai Latkevich) 대령

〈 칼리닌 방면군 〉

이반 스테파노뷔취 코네프(Ivan Stepanovich Konev) 상장

- 46 모터싸이클연대
- 16 국경경비지대

---

22 군

- 봐실리 알렉산드로뷔취 유쉬케뷔취(Vasily Aleksandrovich Yushkevich) 소장(1941.8-1941.10.19)

- 블라디미르 이봐노뷔취 보스투르호프(Vladimir Ivanovich Vosturkhov) 소장(1941.10.20-1942.3)

- 5 소총병사단 (Anisim Illaryonovich Svetlyakov 대령)
- 110 소총병사단 (Stepan Trofimovich Gladyshev 대령)
- 133 소총병사단 (Vasily Ivanovich Shvetsov 소장)
- 174 소총병사단 (Pavel Fedorovich Ilyinikh 대령)
- 178 소총병사단 (Aleksandr Petrovich Kvashnin 중령)
- 179 소총병사단 (Nikolai Ivanovich Konchits 여단장)
- 186 소총병사단 (Anton Petrovich Pilipenko 대령)
- 249 소총병사단 (German Fedorovich Tarasov 소장)
- 256 소총병사단 (Sergei Georgievich Goryachev 소장)
- 43 & 336 군단 포병연대(152mm)
- 56 군단포병연대(152mm)
- 390 군단포병연대(122mm, 155mm)
- 545 군단포병연대(122mm, 155mm)
- 301 & 306 RVGK 곡사포병연대(122mm, 155mm)

---

29 군

이반 마슬렌니코프(Ivan Maslennikov) 중장

- 5 소총병사단 (Anisim Illaryonovich Svetlyakov 대령)
- 119 소총병사단 (Aleksandr Dmitrievich Berezin 소장)
- 133 소총병사단 (Vasily Ivanovich Shvetsov 소장)
- 174 소총병사단 (Pavel Fedorovich Ilyinikh 대령)
- 178 소총병사단 (Aleksandr Petrovich Kvashnin 중령)
- 183 소총병사단 (Konstantin Vasilyevich Komissarov 소장)
- 185 소총병사단 (Konstantin Nikolayevich Vindushev 중령)
- 243 소총병사단 (Yakov Gavrilovich Tsarkoz 대령)
- 246 소총병사단 (Ivn Ivanovich Melnikov 소장)
- 252 소총병사단 (Aleksandr Alekseyevich Zabaluev 대령)
- 256 소총병사단 (Sergei Georgievich Goryachev 소장)

- 46 기병사단 (V.S.Sokolov 대령)
- 54 기병사단 (I.S.Esaulov 대령)
- 8 전차여단 (Pavel A. Rotmistrov 대령)
- 21 전차여단 (Andrei Levovich Lesovoi 대령)
- 독립차량화소총병여단
- 115 예비소총병연대
- 13 국경경비연대
- 18 국경경비연대
- 29 독립포병연대
- 644 군단 포병연대(122mm, 155mm)
- 432 RVGK 곡사포병연대(122mm, 155mm)
- 873 대전차포병연대(85mm)

---

30 군

- 봐실리 아화나세뷔취 호멘코(Vasily Afanasevich Khomenko) 소장(1941.7-1941.11.17)

- 드미트리 렐류센코(Dmitri Lelyushenko) 중장(11.17-)

- 162 소총병사단 (Nikolai Fedorovich Kolkunov 대령)
- 242 소총병사단 (Kirill Alekseyevich Kovalenko 소장)
- 251 소총병사단 (Vladimir Filippovich Stenin 대령)
- 58 전차사단 (Aleksandr A. Kotliarov 소장) : 116, 117전차연대
- 8 전차여단 (Pavel Alekseyevich Rotmistrov 대령)
- 21 전차여단 (Andrei Levovich Lesovoi 대령)
- 107 차량화소총병연대
- 2 모터싸이클연대
- 11 모터싸이클연대
- 871 대전차포병연대
- 14 근위박격포연대 1대대(BM-13 다연장로케트)

---

31 군

- 봐실리 니키티취 달마토프(Vasily Nikitich Dalmatov) 소장(1941.7.15-10.13)

- 봐실리 알렉산드로뷔취 유쉬케뷔취(Vasily Aleksandrovich Yushkevich) 소장(1941.10.17-1942.3.19)

- 119 소총병사단 (Aleksandr Dmitrievich Berezin 소장)
- 126 소총병사단 (Yefim Vasilyevich Bedin 대령)
- 183 소총병사단 (Konstantin Vasilyevich Komissarov 소장)
- 220 소총병사단 (Nikifor Gordeyevich Khoruzhenko 소장)
- 247 소총병사단 (Sergei Pavlovich Tarasov 대령 / Grigorii Denisovich Mukhin 대령;소장)

- 46 기병사단 (V.S.Sokolov 대령)
- 54 기병사단 (I.S.Esaulov 대령)
- 8 전차여단 (Pavel Alekseyevich Rotmistrov 대령)
- 방면군 직할 차량화소총병여단
- 46 모터싸이클연대
- 20 예비소총병연대
- 392 군단 포병연대(152mm)
- 542 군단 포병연대(152mm)

51 소총병군단

- 220 소총병사단 (Nikifor Gordeyevich Khoruzhenko 소장)
- 250 소총병사단 (Pavel Afinogenovich Stepanenko 대령)
- 48 전차사단 (Dimitri Y. Yakovlev 대령) : 96, 96전차연대

봐투틴 작전집단

니콜라이 훼도로뷔취 봐투틴(Nikolai Fedorovich Vatutin) 중장

※ 북서방면군으로부터 차출되어 41.10.15-24일간 주로 31군 예하에서 기동

- 46 기병사단 (V.S.Sokolov 대령)
- 54 기병사단 (I.S.Esaulov 대령)
- 183 소총병사단 (Konstantin Vasilyevich komissarov 소장)
- 185 소총병사단 (Konstantin Nikolayevich Vindushev 중령)
- 8 전차여단 (Pavel Alekseyevich Rotmistrov 대령)
- 21 전차여단 (Andrei Levovich Lesovoi 중령)
- 20 예비소총병연대
- 2 모터싸이클연대
- 11 모터싸이클연대
- 46 모터싸이클연대

칼리닌 방면 소련공군 사령부
니콜라이 콘스탄티노뷔취 트리포노프(Nikolai Konstantinovich Trifonov) 대령/소장

** 최초, 5개 항공연대만으로 출발*

- 5 근위전투기연대
- 193 전투기연대
- 569 대지공격연대
- 128 단거리폭격항공연대 (Grigorii Alekseevich Chuchev)

- 132 폭격항공연대
- 708 야간폭격항공연대 (Sergey Melnik 소령)

〈 스타프카 예비 〉

54 군
그리고리 쿨리크(Grigory I. Kulik) 원수

- 285 소총병사단 (Teodor-Verner Andreevich Sviklin 대령)
- 286 소총병사단 (Emelian Vasilevich Kozik 소장)
- 310 소총병사단 (Nikifor Matveevich Zamirovski 대령)
- 314 소총병사단 (Afanasii Dmitrievich Shemenkov 소장 / Ivan Viktorovich Kovalev 대령 / Dmitrii Ivanovich Stankevskii 대령)
- 27 기병사단
- 31 기병사단 (Ya.N.Pivnev 대령)
- 122 전차여단
- 119 독립전차대대

4 공수군단
알렉세이 훼도로뷔취 레봐쇼프(Aleksei Fedorovich Levashov) 소장

- 7 공수여단 (V.A.Leschnin 소령)
- 8 공수여단 (A.A.Onufriyev 대령)
- 214 공수여단

5 공수군단
이봔 세메노뷔취 베주글뤼(Ivan Semenovich Bezuglyi) 소장

- 9 공수여단 (I.I.Kuryshev 대령)
- 10 공수여단
- 201 공수여단

1 근위소총병군단(10.4-10.12)
드미트리 렐류셴코(Dmitri Lelyushenko) 중장(10.1-10.10)

- 6 근위소총병사단 (K.I.Petrov 소장)
- 4 전차여단 (Mikhail E. Katukov 대령)
- 11 전차여단 (Arman P. Matisovich 대령)
- 132 NKVD 근위국경연대

모스크바 전선 지원공군

사령관 : 미하일 그로마딘(Mikhail S. Gromadin) 중장

부사령관 : 페트르 셸류힌(Petr Shelukhin) 소장

- 18개 전투기연대
- 12개 폭격항공연대
- 7개 대지공격연대

- 160 소총병사단 (I.M.Skugarev 소장)

참고 문헌

참고 문헌

독일 1차 자료 : Bundesarchiv-Militärarchiv(BA-MA)

〈Heeresgruppe Mitte〉(폰 보크 중앙집단군)

- BA-MA RH 19 I/73. 'Heeresgruppe Süd Kriegstagebuch II. Teil Band 4, 16 Sep.-5.Okt.41'
- BA-MA RH 19 I/254. 'Heeresgruppe Süd Kriegstagebuch II. Teil Band 3, 16 Aug.-15 Sept.41'
- BA-MA RH 19 II/122. 'Kriegstagebuch Nr.1(Band November 1941) des Oberkommandos der Heeresgruppe Mitte'
- BA-MA RH 19 II/128. 'Tagesmeldungen der Heeresgruppe Mitte vom 22.6.41-bis 15.7.41'
- BA-MA RH 19 II/129. 'Tagesmeldungen der Heeresgruppe Mitte vom 16.7.41-bis 5.8.41'
- BA-MA RH 19 II/130. 'Tagesmeldungen der Heeresgruppe Mitte vom 6.8.41-bis 26.8.41'
- BA-MA RH 19 II/386. 'Kriegstagebuch Nr.1(Band August 1941) des Oberkommandos der Heeresgruppe Mitte'
- BA-MA RH 19 II/387. 'Kriegstagebuch Nr.1(Band November 1941) des Oberkommandos der Heeresgruppe Mitte'
- BA-MA RH 19 II/411. 'Kriegstagebuch Nr.1(Band Oktober 1941) des Oberkommandos der Heeresgruppe Mitte'

〈Heeresgruppe Süd〉(폰 룬트슈테트 남방집단군)

- BA-MA RH 19-I/73. 'Heeresgruppe Süd Kriegstagebuch II. Teil Band 4, 16 Sept.-5 Okt. 1941'

〈Panzergruppe 1〉(폰 클라이스트 1장갑집단)

- BA-MA RH 21-1/50. 'Kriegstagebuch des Panzerarmee-Oberkdos.1 BAnd II 22.6.41-31.8.41'
- BA-MA RH 21-1/51. 'Kriegstagebuch des Panzerarmee-Oberkdos.1 BAnd III 1.9.41-31.10.41'
- BA-MA RH 21-1/347 'KTB der Oberquartiermeisterabteilung der Panzerarmee 1 2.5.4-31.10.41
- BA-MA RH 24-11/38 'KTB Nr.7 Generalkommando XI.A.K. Führungsabteilung 19.8.41-31.12.41'
- BA-MA RH 24-48/25 "Kriegstagebuch XXXXVIII.Pz.Kps. Abt.Ia September 1941'
- BA-MA RH 26-125/3. "KTB Nr.2 der 125.Inf.Div.(Abt.Ia) 22.6.1941-15.12.1941'
- BA-MA RH 27-9/4. '9.Pz.Div. KTB Ia vom 19.5.1941 bis 22.1.1942'
- BA-MA RH 27-11/16. '11.Pz.Div. KTB Abt. Ia vom 1.5.41 bis 21.10.41'
- BA-MA RH 27-14/1. '14.Pz.Div. KTB Ia vom 1.5.1941 bis 15.12.1941'

〈Panzergruppe 2〉(구데리안 2장갑집단/장갑군)

- BA-MA RH 21-2/244. 'Kriegstagebuch Nr.1 2.Panzerarmee Band III vom 1.11.1941 bis 26.12.41'
- BA-MA RH 21-2/757. 'Verlustmeldungen 5.7.1941-25.3.1942'
- BA-MA RH 21-2/819. 'Kriegstagebuch der O.Qu.-Abt.Pz.A.O.K.2 von 21.6.41 bis 31.3.42'

- BA-MA RH 21-2/927. 'KTB Nr.1 Panzergruppe 2 vom 22.6.1941 bis 21.7.41'
- BA-MA RH 21-2/928. 'KTB Nr.1 Panzergruppe 2 Bd.II vom 22.7.1941 bis 20.8.41'
- BA-MA RH 21-2/931. 'KTB Nr.1 Panzergruppe 2 Bd.II vom 21.8.1941 bis 31.10.41'
- BA-MA RH 24-46/8. 'Kriegstagebuch Nr.2 XXXXVI.Pz.Korps. Teil II. 8.7.1941-23.8.1941'
- BA-MA RH 24-47/2. 'Kriegstagebuch Nr.2 XXXXVII.Pz.Korps. Ia 25.5.1941-22.9.1941'
- BA-MA RH 24-47/258. 'Kriegstagebuch Nr.2 XXXXVII.Pz.Korps. Ia 23.9.1941-31.12.1941'
- BA-MA RH 24-48/30. 'Kriegstagebuch Nr.2 XXXXVIII.Pz.Korps. Abt.Ia Oktober 1941'
- BA-MA RH 26-10/9. 'K.T.B. der 10.Inf.Div.(mot) 11.6.1941-29.12.1941'
- BA-MA RH 26-29/6. 'Kriegstagebuch der 29.I.D.(mot) vom 25.5.1941 bis 29.7.1941'
- BA-MA RH 26-29/16. 'Kriegstagebuch Nr.2 der 29.I.D.(mot) vom 30.7.1941 bis 25.8.1941'
- BA-MA RH 27-3/14. 'KTB 3. Pz. Div. vom 16.8.40 bis 18.9.41'
- BA-MA RH 27-3/15. 'KTB 3. Pz. Div. vom 19.9.41 bis 6.2.42'
- BA-MA RH 27-3/218. 'KTB 3. Pz. Div. I.b 19.5.40-6.2.42'
- BA-MA RH 27-4/10. 'Kriegstagebuch 4.Panzer-Division Führungs Abtl. 26.5.41-31.3.42'
- BA-MA RH 27-4/27. 'Kriegstagebuch 4.Panzer-Division Führungs Abtl. 26.5.41-31.3.42'
- BA-MA RH 27-9/4. '9.Pz.Div. KTB Ia vom 19.5.41 bis 22.1.42'
- BA-MA RH 27-10/26a. 'Kriegstagebuch der 10.Panzer Division Nr.5 vom: 22.5. bis: 7.10.41'
- BA-MA RH 27-18/20. '18. Panzer Division, Abt. Ia. Kriegstagebuch Teil I vom: 22.6-20.8.41'
- BA-MA RH 27-18/21. '18. Panzer Division, Abt. Ia. Kriegstagebuch Teil II vom: 21.8-29.9.41'
- BA-MA RH 27-18/22. '18.Panzer Division, Abt.Ia. KTB Teil III vom 30.9-19.10.41'
- BA-MA RH 27-18/69. '18. Panzer-Div- Ia. Kriegstagebuch vom 30.10.41-12.12.41'
- BA-MA RH 29-1/5. '1.Kav.Div. Ia: KTB Anl. Von 1.4.1941-23.7.1941'

〈Panzergruppe 3〉(호트 3장갑집단/장갑군)

- BA-MA RH 21-3/43. 'Panzerarmeeoberkommandos Tagesmeldungen 21.6-31.8.41'
- BA-MA RH 21-3/46. 'Panzerarmeeoberkommandos Anlagen zum Kriegstagebuch "Berichte, Besprechungen, Beurteilungen der Lage" Bd.III. 25.5.41-22.7.41'
- BA-MA RH 21-3/47. 'Panzerarmeeoberkommandos Anlagen zum Kriegstagebuch "Berichte, Besprechungen, Beurteilungen der Lage" Bd.IV. 22.7.41-31.8.41'
- BA-MA RH 21-3/70. 'Anlage zum Kriegstagebuch Tagesmeldungen Bd.I 1.9-21.10.41'
- BA-MA RH 21-3/71. 'Anlage zum Kriegstagebuch Tagesmeldungen Bd.I 1.11-31.12.41'
- BA-MA RH 24-41/14. 'Anlagenband zum KTB XXXXI A.K. Ia 1. Durchbruch durch die Wop-Kokosch Dnepr Stellung 2.19.41 bis 9.10.41. 2. Vorstoss auf Kalinin 15.10.41-20.10.41'
- BA-MA RH 24-41/15. 'Anlagenband zum XXXXI A.K. Ia 3.Verteidigung von Kalinin 15.10.41-20.11.41'
- BA-MA RH 24-57/2. 'Gen.Kdo.LVII.Pz.Korps Kriegstagebuch Nr.1 vom 15.2.-31.10.41'
- BA-MA RH 26-3/9. 'Kriegstagebuch Nr.2 der 36. Inf. Div.(mot) 22.9.41-5.12.41'
- BA-MA RH 26-14/10. 'Kriegstagebuch Ia. 14.Inf.Div.(mot) vom 25.5.41-1.10.41'

- BA-MA RH 27-1/58. 'Kriegstagebuch Nr.7 des Kdos. der 1.Panzer-Div. 20.9.41-12.4.42'
- BA-MA RH 27-6/19. '6. Panzer Division KTB 16.9.1941-30.11.1941'
- BA-MA RH 27-6/20. '6. Panzer Division Ia KTB 1.12.1941-31.3.1942'
- BA-MA RH 27-7/46. 'Kriegstagebuch Nr.3 der 7.Panzer-Division Führungsabteilung 1.6.1941-9.5.1942'
- BA-MA RH 27-12/2. 'Kriegstagebuch Nr.1 der 12.Pz.Div. vom 25.5.41-30.9.41'
- BA-MA RH 27-19/23. 'Kriegstagebuch 19.Panzer-Division Abt.Ib. für die Zeit vom 1.6.1941-31.12.1942'
- BA-MA RH 27-20/2. 'KTB 20.Pz.Div. vom 25.5.41 bis 15.8.41'
- BA-MA RH 27-20/25. '20.Pz.Div. KTB Band Ia vom 15.8.41 bis 20.10.41'

〈4. Panzerarmee & Panzergruppe 4〉(폰 클루게 4장갑군 & 회프너 4장갑집단/장갑군)

- BA-MA RH 20-4/162. 'A.O.K.4 Ia Anlage zum K.T.B. Nr.8 Tagesmeldungen des Korps von 21.6.41-9.7.41'
- BA-MA RH 21-3/70. 'Anlage zum Ktriegstagebuch Tagesmeldungen Bd.I 1.9-31.10.41'
- BA-MA RH 21-4/34. 'Anlage zum KTB Panzer Gruppe 4: 20.9.41-14.10.41'
- BA-MA RH 21-4/35. 'Anlage zum KTB Panzer Gruppe 4: 15.10.41-10.11.41'
- BA-MA RH 21-4/36. 'Anlage zum KTB Panzer Gruppe 4: 11.11.41-5.12.41'
- BA-MA RH 21-4/37. 'Anlage zum KTB Pz.Gruppe 4 Meldungen von unten 20.9.41-14.10.41'
- BA-MA RH 21-4/39. 'Anlage zum KTB Pz.Gruppe 4 Meldungen von unten 16.11.41-5.12.41'
- BA-MA RH 21-4/40. 'Anlage zum KTB Pz.Gruppe 4 Meldungen von unten 15.10.41-15.11.41'
- BA-MA RH 24-40/18. 'Kriegstagebuch Nr.3 der vom 24.8.41-31.12.41'
- BA-MA RH 24-40/18. 'Kriegstagebuch Nr.3 Führungsabteilung (Ia) des Gen. Kdo. (mot.) XXXX.Pz.Korps vom 31.5.1941-26.12.1941'
- BA-MA RH 24-46/21. 'Kriegstagebuch Nr.3 des XXXXVI.Pz.Korps vom 24.8.41-31.12.41'
- BA-MA RH 24-57-2 'Gen.Kdo.LVII.Pz.Korps KTB Nr.1 vom 15.2.41-31.10.41'
- BA-MA RH 24-57-3 'Gen.Kdo.LVII.Pz.Korps KTB Nr.2 vom 1.11.41-31.12.41'
- BA-MA RH 27-2/21. '2. Panzer Division KTB Nr.6 Teil I. Vom 15.6.41-3.4.42'
- BA-MA RH 27-4/34. 'Kriegstagebuch Nr.7 des Kdos. der 1.Panzer-Div. 20.9.41-12.4.42'
- BA-MA RH 27-5/29. '5. Panzer Division KTB Nur.8 vom 11.9.41-11.12.41'
- BA-MA RH 27-11/16. '11.Pz.Div. KTB Abt. Ia vom 1.5.41-21.10.41'
- BA-MA RH 27-11/24. '11.Pz.Div. KTB Abt. Ia vom22.10.41-24.1.42'
- BA-MA RH 27-19/23. 'Kriegstagebuch 19.Panzer-Division Abt.Ib für die Zeit vom 1.6.1941-31.12.1942'
- BA-MA RH 27-20/25. '20.Pz.Div. KTB Band Ia. vom 15.8.41-20.10.41'
- BA-MA RH 27-20/26. '20.Pz.Div. KTB Band Ia2. vom 21.10.41-30.12.41'

〈기타〉

- BA-MA RW 6/v. 556, ‘Wehrmacht Verlustwesen’

- BA-MA RW 19/164. 'OKW/Werwirtschafts-und Rüstungsamt'
- BA-MA RH 2/247. 'Oberkommandos des Heeres/Generalstab des Heeres'
- BA-MA RH/2-2670. 'Oberkommandos des Heeres Generalstab des Heeres O.Qu.IV.-Abt.Fr.H.Ost(II)'
- BA-MA N-22/7. 'Tagebuchnotizen Ostens-Vorbereitingszeit, 20.9.1940 bis 21.6.1941'
- BA-MA N-22/9. 'Tagebuchnotizen Ostens I, 22.6.1941 bis 5.1.1942'
- BA-MA RH 20-2/207 'Armeeoberkommando 2. I.a KTB TEil.2 19.9.41-16.12.41'
- BA-MA RH 20-4. 'A.O.K.4 Ia Entwurf zum Kriegstagebuch Nr.9. 10.10-3.12.41'
- BA-MA RH 20-4. 'A.O.K.4 Ia Anlage B 19 zum Kriegstagebuch Nr.9. 23.11-27.11.41'
- BA-MA RH 20-4. 'A.O.K.4 Ia Anlage B 19 zum Kriegstagebuch Nr.9. 28.11-3.12.41'
- BA-MA RH 24-48/35. 'Kriegstagebuch XXXXVIII.Pz.Kps. Abt.Ia November 1941'
- BA-MA RH 26-15/54. 'Kriegstagebuch der Abt. Ib 15.Inf.Div. für die Zeit von 25.6.41-3.5.42'
- BA-MA RH 27-9/4. '9.Pz.Div. KTB Ia vom 19.5.1941 bis 22.1.1942'
- BA-MA RH 27-12/2. 'KTB Nr.1 der 12.Panzer-Division Hett 1 25.5.-30.9.41'

미국 1차 자료 : National Archive-Records Adminstration(NARA)

■ 육군총사령부(OKH)

- National Archives : T-78 ; roll 271, Tagesbuchnotizen Osten I, Juni-Dezember 1941, 21-g-16/4P-5
- National Archives : T-78 ; roll 335, Weisung für die Fortführung der Operationen der H.Gr. Mitte und Nord, OKH/Gen.Stb.d.H./Op.abt.(I)

- National Archives : T-84 ; roll 271, Tagesbuchnotizen Osten I

■ 군(Armee)

- National Archives : T-312 ; roll 143, 1a KTB, Anlagen und Morgenmedungen-Zwischensmeldungen-Tagesmeldungen(Armeeoberkommando 4)
- National Archives : T-312 ; roll 281, 1a KTB, Anlagen und Morgenmedungen-Zwischensmeldungen-Tagesmeldungen(Armeeoberkommando 9)
- National Archives : T-312 ; roll 1654, 1a KTB, Anlagen und Morgenmedungen-Zwischensmeldungen-Tagesmeldungen(Armeeoberkommando 2)

■ 장갑집단 또는 장갑군(Panzerarmee)

- National Archives : T-313 ; roll 10,

- National Archives : T-313 ; roll 23, Pz. Gr. 3 Ia KTB 1.9.41-31.10.41
- National Archives : T-313 ; roll 80, Pz. Gr. 2 Ia KTB 22.6.41-23.8.1941
- National Archives : T-313 ; roll 82, Pz. Gr. 2 Ia KTB
- National Archives : T-313 ; roll 86, Pz. Gr. 2 Ia KTB 13.9.1941-15.9.1941
- National Archives : T-313 ; roll 90, Pz. Gr. 2 Ia KTB
- National Archives : T-313 ; roll 225, Pz. Gr. 3 Ia KTB Nr. I, 25.5.41-31.8.41
- National Archives : T-313 ; roll 231, Pz. Gr. 3 Ia KTB
- National Archives : T-313 ; roll 330, O.Qu., Kriegstagebuch, Panzerarmee 4
- National Archives : T-313 ; roll 335, Anlagenband 2 z. KTB, Panzergruppe 4, 4.5.1941-28.4.1942
- National Archives : T-313 ; roll 336, Anlagenband 3 z. KTB, Panzergruppe 4
- National Archives : T-313 ; roll 1310, Pz. Gr. 2 Ia KTB

■ 군단(Korps)

- National Archives : T-314 ; roll 245, 1a KTB, Anlagen und Morgenmedungen-Zwischensmeldungen-Tagesmeldungen (V.-Armee-Korps)
- National Archives : T-314 ; roll 346, 1a KTB, Anlagen und Morgenmedungen-Zwischensmeldungen-Tagesmeldungen(VII.-Armee-Korps)
- National Archives : T-314 ; roll 347, 1a KTB, 1a KTB, Anlagen und Morgenmedungen-Zwischensmeldungen-Tagesmeldungen(VII.-Armee-Korps)
- National Archives : T-314 ; roll 405, 1a KTB, Anlagen und Morgenmedungen-Zwischensmeldungen-Tagesmeldungen (IX.-Armee-Korps)
- National Archives : T-314 ; roll 651, 1a KTB, Anlagen und Morgenmedungen-Zwischensmeldungen-Tagesmeldungen (XX.-Armee-Korps)
- National Archives : T-314 ; roll 653, 1a KTB, Anlagen und Morgenmedungen-Zwischensmeldungen-Tagesmeldungen (XX.-Armee-Korps)
- National Archives : T-314 ; roll 876, 1a KTB, Anlagen und Morgenmedungen-Zwischensmeldungen-Tagesmeldungen (XII.-Armee-Korps)
- National Archives : T-314 ; roll 926, 1a KTB, Anlagen und Morgenmedungen-Zwischensmeldungen-Tagesmeldungen, (XXXIX.-Armee-Korps(mot.))
- National Archives : T-314 ; roll 980, 1a KTB, Anlagen und Morgenmedungen-Zwischensmeldungen-Tagesmeldungen, (XXXXI.-Armee-Korps(mot.))
- National Archives : T-314 ; roll 1097, 1a KTB, Anlagen und Morgenmedungen-Zwischensmeldungen-Tagesmeldungen, (XXXXVII.-Armee-Korps(mot.))
- National Archives : T-314 ; roll 1312, 1a KTB, Anlagen und Morgenmedungen-Zwischensmeldungen-Tagesmeldungen, (LIII.-Armee-Korps)
- Kriegstagesbuch des Oberkommandos der Wehrmacht. Teilband II

• National Archives : T-314 ; roll 1474, LVII Armeekorps(mot.) Ia KTB

■ **사단(Division)**

• National Archives : T-315 ; roll 26, Ia KTB, Anlagen und Morgenmedungen-Zwischensmeldungen-Tagesmeldungen(1.Panzer-Division)
• National Archives : T-315 ; roll 126, Ia KTB, Anlagen und Morgenmedungen-Zwischensmeldungen-Tagesmeldungen(112. Infanterie-Division)
• National Archives : T-315 ; roll 323, Ia KTB, Anlagen und Morgenmedungen-Zwischensmeldungen-Tagesmeldungen(VI.Panzer-Division)
• National Archives : T-315 ; roll 406, Ia KTB, Anlagen und Morgenmedungen-Zwischensmeldungen-Tagesmeldungen(VII. Panzer-Division)
• National Archives : T-315 ; roll 561, Anlagen und Morgenmedungen-Zwischensmeldungen-Tagesmeldungen(X. Panzer-Division)
• National Archives : T-315 ; roll 586, 1a KTB, Anlagen und Morgenmedungen-Zwischensmeldungen-Tagesmeldungen (XI.Panzer-Division)
• National Archives : T-315 ; roll 587, 1a KTB, Anlagen und Morgenmedungen-Zwischensmeldungen-Tagesmeldungen (XI.Panzer-Division)
• National Archives : T-315 ; roll 588, 1a KTB, Anlagen und Morgenmedungen-Zwischensmeldungen-Tagesmeldungen (XI.Panzer-Division)
• National Archives : T-315 ; roll 596, 1a KTB, Anlagen und Morgenmedungen-Zwischensmeldungen-Tagesmeldungen (XI.Panzer-Division)
• National Archives : T-315 ; roll 708, Taktische Gliederung des Regiments, Panzer-Regiment 18, 18.Panzer-Division, Ia, Anlage z. KTB (XVIII.Panzer-Division)
• National Archives : T-315 ; roll 744, Meldung der Sonderkommission des OKH
• National Archives : T-315 ; roll 876, Ia Kriegstagebuch Nr. 4, Teil II., Anlagen und Morgenmedungen-Zwischensmeldungen-Tagesmeldungen (34.Infanterie-Division)
• National Archives : T-315 ; roll 1479, 1a KTB, Anlagen und Morgenmedungen-Zwischensmeldungen-Tagesmeldungen (167.Infanterie-Division)
• National Archives : T-315 ; roll 2320, 1a KTB 9, Anlagen und Morgenmedungen-Zwischensmeldungen-Tagesmeldungen (XI.Panzer-Division)
• National Archives : T-315 ; roll 2321, 1a KTB, Anlagen und Morgenmedungen-Zwischensmeldungen-Tagesmeldungen (XI.Panzer-Division)
• National Archives : T-971 ; roll 18, Der Luftkrieg in Osten

2차 자료

- Aders, Gebhard & Held, Werner(1983), Stukas Jagdbomber Schlachtflieger : Bildchronik der deutschen Nahkampfflugzeuge bis 1945, Motorbuch Verlag, Stuttgart, Germany
- Air Ministry, The(2008), The Rise and Fall of the German Air Force 1933-45, The National Archives, Kew, Richmond Surrey, UK
- Aliev, Rostiaslav(2013), The Siege of Brest, 1941 : The Red Army's Stand against the Germans during Operation Barbarossa(translated by Stuart Britton), Stackpole Books, Mechanicsburg, PA, USA
- Alman, Karl(1985), Mit Eichenlaub und Schwertern : 19 Biographien hochdekorierter Soldaten im II.Weltkrieg, Manfred Pawlak Verlagsgesellschaft mbH, Herrsching, Germany
- Amadio, Jill(2003), Günter Rall : The Authorized Biography ; Luftwaffe Ace & NATO General, 개인출판, Middletown, DE, USA
- Anderson, Thomas(2015), The History of the Panzerwaffe : Vol. 1 ; 1939-42, Osprey Publishing Ltd, Oxford, UK
- Anderson, Thomas(2017), Das Multitalent SdKfz 251 : Maulesel und Frontschwein, Deutsche Panzer Teil 3, Clausewitz Special, München, Germany
- Anderson, Thomas(2021), Panzer IV, Osprey Publishing Ltd, Oxford, UK
- Bagdonas, Raymond(2013), The Devil's General : The Life of Hyazinth von Strachwitz, "The Panzer Graf", Casemate Publishers, Oxford, UK
- Balck, Hermann(2015), Order in Chaos : The Memoirs of General of Panzer Troops Hermann Balck(edited & translated by Major General David T. Zabecki & Lieutenant Colonel Dieter J. Biedekarken), University Press of Kentucky, Lexington, Kentucky, USA
- Barr, Niall & Hart, Russel(2007), Panzer : Die Geschichte der deutschen Panzerwaffe im Zweiten Weltkrieg(translated in German by Claudia Fantur), Neuer Kaiser Verlag, Klagenfurt, Germany
- Batchelor, John & Lowe, Malcolm V.(2004), The Complete Encyclopedia of Flight 1939-1945, Chartwell Books, Inc. Edison, New Jersey, USA
- Battistelli, Pier Paolo(2008), Panzer Divisions : The Eastern Front 1941-43, Osprey Publishing Ltd, Oxford, UK
- Beaman Jr., John R. & Greer, Don(1983), Messerschmitt Bf 109 in Action, Squadron/Signal Publications, Carrollton, Texas, USA
- Berger, Florian(2007), The Face of Courage : The 98 Men Who Received the Knight's Cross and the Close-Combat Clasp in Gold, Stackpole Books, Mechanicsburg, PA, USA
- Berger, Hagen(2013), Panzerknacker : Grenadier im Nahkampf gegen Kolosse aus Stahl ; Einsatzberichte über Träger von Panzervernichtungsabzeichen, Verlag-für-Wehrwissenschaften, München, Germany
- Bergström, Christer(2007), Barbarossa : The Air Battle July-December 1941, Midland(Ian

Allan Publishing Ltd), Surrey, UK
- Bergström, Christer(2016), Operation Barbarossa 1941 : Hitler against Stalin, Vaktel Förlag Publishing, Eskilstuna, Sweden/ Casemate Publishers, Havertown, PA, USA
- Bishop, Chris(2006), Luftwaffe Squadrons 1939-45, Amber Books, London, UK
- Bishop, Chris(2007), Panzergrenadier Divisions 1939-45, Amber Books, London, UK
- Bishop, Chris(2008a), Order of Battle : German Infantry in WWII, Amber Books, London, UK
- Bishop, Chris(2008b), Order of Battle : German Panzers in WWII, Amber Books, London, UK
- Bishop, Chris & Warner, Adam(2001), German Weapons of World War II, Amber Books, London, UK
- Bock, Fedor von(1996), Generalfeldmarschall Fedor von Bock : The War Diary 1939-1945(translated by David Johnston), Schiffer Military History, West Chester, PA, USA
- Braatz, Kurt(2008), Werner Mölders : Die Biographie, NeunundzwanzigSechs Verlag, Moosburg, Germany
- Bringing History To Life(2017), Greatest Battles of WWII, Bonnier Publication International, Oslo, Norway
- Buchner, Alex(1991), The German Infantry Handbook 1939-1945(translated by Dr. Edward Force), Schiffer Military History, West Chester, PA, USA
- Buffetaut, Yves(2018), The 2nd SS Panzer Division Das Reich, Casemate Publishers, Oxford, UK
- Burtt, John(2016), Barbarossa 1941-1942 : 75th Anniversary of German's Assault on the Soviet Union, Strategy & Tactics Press, Bakersfield, CA, USA
- Caidin, Martin(1968), Me 109 : Willy Messerschmitt's Peerless Fighter ; Ballantine's Illustrated Weapons/ History of World War II Book, No 4, Ballantine Books Inc. New York, USA
- Campbell, Jerry L.(1977), Messerschmitt Bf 110 Zerstörer in Action : Aircraft No. 30, Squadron/Signal Publications, Inc., Warren, Michigan, USA
- Campbell, Jerry L. & Greer, Don(1975), Focke Wulf FW 190 in Action, Squadron/Signal Publications, Carrollton, Texas, USA
- Carrel, Paul(1966), Hitler Moves East 1941-1943(translated by Ewald Osers), Bantam Books, Boston, Massachusetts, USA
- Cecil, Jon(2017), Streike-Counterstreike : Battle for Moscaw December 1941 to April 1942, in World at War(The Strategy & Tactics of World War II) #53 Apr-May 2017, Bakersfield, CA, USA
- Chrisman, Jeff(2016), Zhukov Strikes Back, WWII Quarterly Vol.7 Nr. 4, Summer 2016, Williamsport, PA, USA
- Clark, Alan(1985), Barbarossa : The Russian-German Conflict 1941-45, Quill, New York, USA

- Cooper, Mattew(1992), The German Army 1933-1945, Scarborough House, Lanham, MD, USA
- Corum, James S.(2008), Wolfram von Richthofen : Master of the German Air War, University Press of Kansas, Lawrence, Kansas, USA
- Culver, Bruce(1975), PzKpfw IV in Action, Squadron/Signal Publications, Inc., Carrollton, Texas, USA
- Culver, Bruce(1976), Sturmgeschütz III in Action, Squadron/Signal Publications, Inc., Warren, Michigan, USA
- Culver, Bruce(1988), PzKpfw III in Action : Armor Number 24, Squadron/Signal Publications, Inc., Carrollton, Texas, USA
- Department of the Army Pamphlets(1955), The German Campaign in Russia : Planning and Operations(1940-1942) ; Department of the Army Pamphlets No. 20-261a, Department of the Army, Washington D.C., USA
- Department of the Army Pamphlets(2015), Historical Study : Small Unit Actions During the German Campaign in Russia, Penny Hill Press, Columbia, SC, USA
- De Sisto, Frank V.(2006a), Panzer Vor! 3 : Geramn Armor at War 1939-45, Concord Publications Co. Hong Kong
- De Sisto, Frank V.(2006b), Panzer Vor! 4 : Geramn Armor at War 1939-45, Concord Publications Co. Hong Kong
- Deutscher Verlagsgesellschaft(1996), Vorbildlich und Bewährte Mä nner der Waffen-SS, Leistungen und Taten, Deutscher Verlagsgesellschaft, Preußisch Oldendorf, Germany
- De Zeng IV, Henry L. & Stankey, Douglas G.(2009), Dive-Bomber and Ground-Attack Units of the Luftwaffe 1933-1945 : A Reference Source Volume 1 ; Units/Formation and Redesignation/Commanders/Key Operations/Codes/Emblems, Ian Allan Publishing, North Branch, MN, USA
- De Zeng IV, Henry L. & Stankey, Douglas G.(2013), Dive-Bomber and Ground-Attack Units of the Luftwaffe 1933-1945 : A Reference Source Volume 2 ; Units/Formation and Redesignation/Commanders/Key Operations/Codes/Emblems, Ian Allan Publishing, North Branch, MN, USA
- Dierich, Wolfgang(2012), Chronik Kampfgeschwader 55 "Grief", Motorbuch Verlag, Stuttgart, Germany
- Diverse(2006), Der Schicksalsweg der 13. Panzer-Division 1939-1945, Dörfler Verlag GmbH, Eggolsheim, Germany(저자 불명, 복수의 기고인들에 의한 공동편집)
- Dressel, Joachim & Griehl, Manfred(1999), The Luftwaffe Album : Fighters and Bombers of the German Air Force 1933-1945(translated by M.J.Shields, FIInfdc, MITL), Arms and Armour, London, UK
- Duncan, N.W.(1972), AFV Panzerkampfwagen I & II, Profile Publications Ltd, Windsor, Berks, UK
- Edwards, Robert(2013), Scouts Out : A History of German Armored Reconnaissance Units

in World War II, Stackpole Books, Mechanicsburg, PA, USA

- Edwards, Roger(1989), Panzer : A Revolution in Warfare, 1939-1945, Arms and Armour, London, UK
- Ellis, Frank(2015), Barbarossa 1941 : Reframing Hitler's Invasion of Stalin's Soviet Empire, University Press of Kansas, Lawrence, Kansas, USA
- Erickson, John(1983), The Road to Stalingrad : Stalin's War with Germany, Vol. I., Weidenfeld & Nicolson, London, UK
- Feist, Uwe(1974), Leichte Panzers in Action : Armor number 10, Squadron/Signal Publications, Inc., Warren, Michigan, USA
- Feist, Uwe & Fleischer, Wolfgang(2000), Sturmgeschütz, Ryton Publications, Bellingham, WA, USA
- Filley, Brian & Greer, Don(1986), Ju 87 Stuka in Action, Squadron/Signal Publications, Carrollton, Texas, USA
- Filley, Brian(1988), Junkers Ju 88 in Action Part 1 : Aircraft Number 85, Squadron/Signal Publications, Inc., Carrollton, Texas, USA
- Fleischer, Wolfgang & Eiermann, Richard(1999), The German Sturmgeschütze in World War II 1939-1945 : A Photo Chronicle(translated by Ed Force), Schiffer Military History, Atglen, Pennsylvania, USA
- Forczyk, Robert(2006), Moscow 1941 : Hitler's First Defeat, Osprey Publishing Ltd, Oxford, UK
- Forczyk, Robert(2012), Panzerjäger vs KV-1 : Eastern Front 1941-43, Osprey Publishing Ltd, Oxford, UK
- Forczyk, Robert(2014), Tank Warfare on the Eastern Front 1941-1942 : Schwerpunkt, Pen & Sword Military, Barnsley, South Yorkshire, UK
- Forty, George(1996), World War Two Armoured Fighting Vehicles & Self-Propelled Artillery, Osprey Publishing Ltd, London, UK
- Fugate, Bryan I.(1984), Operation Barbarossa : Strategy and Tactics on the Eastern Front 1941, Presidio, Novato, CA, USA
- Fugate, Bryan & Dvoretsky, Lev(1997), Thunder on the Dnepr : Zhukov-Stalin and the Defeat of Hitler's Blitzkrieg, Presidio Press, Novato, CA, USA
- Ganz, A. Harding(2016), Ghost Division : The 11th "Gespenster" Division and the German Armored Force in World War II, Stackpole Books, Mechanicsburg, PA, USA
- Glantz, David M.(1987), The Initial Period of War on the Eastern Front 22 June-August 1941 : Proceeding of the Fourth Art of War Symposium, Garmisch-Partenkirchen(FGR), October 1987(Case Series on Soviet Military Experience, VOL. 2), Routlkedge, London & New York, UK & USA
- Glantz, David M.(2001), Operation Barbarossa : Hitler's Invasion of Russia 1941, The

History Press, Gloucestershire, UK
- Glantz, David M.(2002), The Battle for Leningrad 1941-1944, University Press of Kansas, Laurence, KS, USA
- Glantz, David M.(2010), Barbarossa Derailed Vol. I : The Battle for Smolensk 10 July - 10 September 1941 ; The German Advance, the Encirclement Battle, and the First and Second Soviet Counteroffensive, 10 July - 24 August 1941, Helion & Company, Solihull, West Midlands, UK
- Glantz, David M.(2012), Barbarossa Derailed Vol. II : The Battle for Smolensk 10 July - 10 September 1941 ; The German Advance on the Flanks and the Third Soviet Counteroffensive, 25 August - 10 September 1941, Helion & Company, Solihull, West Midlands, UK
- Glantz, David M.(2014), Barbarossa Derailed Vol. III : The Battle for Smolensk 10 July - 10 September 1941 ; The Documentary Companion. Tables, Orders and Reports prepared by participating Red Army forces, Helion & Company, Solihull, West Midlands, UK
- Glantz, David M.(ed)(1993), The Initial Period of War on the Eastern Front 22 June-August 1941, Frank Cass Publishers, Abingdon, Oxon, UK(New York, USA)
- Goss, Chris(2019), Dornier Do 17 Units of World War 2, Osprey Publishing Ltd, Oxford, UK
- Görlitz, Walter(2012), Generalfeldmarschall Model Biographie, Lindenbaum Verlag GmbH, Beltheim-Schnellbach, Germany
- Guardia, Mike(2020), Air War on the Eastern Front, Casemate , Havertown, PA, USA / Oxford, UK
- Guderian, Heinz(1996), Panzer Leader(translated by Constantine Fitzgibbon), Da Capo Press, New York, USA
- Halder, Franz(1962-64), Generaloberst Halder Kriegstagsbuch(tä gliche Aufzeichnungen des Chefs des Generaloberst des Heeres 1939-1942, 3 vols, Kohlhammer, Stuttgart, Germany
- Halder, Franz(1962), Generaloberst Halder Kriegstagsbuch(tägliche Aufzeichnungen des Chefs des Generaloberst des Heeres 1939-1942), Band II ; Von der geplanten Landung in England bis zum Beginn des Ostfeldzuges(1.7.1940-21.6.1941), ed. Hans-Adolf Jacobsen und Alfred Philippi(Arbeitskreis für Wehrforschung), Kohlhammer, Stuttgart, Germany
- Halder, Franz(1964), Generaloberst Halder Kriegstagsbuch(tägliche Aufzeichnungen des Chefs des Generaloberst des Heeres 1939-1942), Band III ; Der Russlandfeldzug bis zum Marsch auf Stalingrad(22.6.1941-24.9.1942), ed. Hans-Adolf Jacobsen und Alfred Philippi(Arbeitskreis für Wehrforschung), Kohlhammer, Stuttgart, Germany
- Hardesty, Von & Grinberg, Ilya(2012), Red Phoenix Rising : The Soviet Air Force in World War II, University Press of Kansas, Lawrence, Kansas, USA
- Hartmann, Christian(2010), Wehrmacht im Ostkrieg : Front und militärisches Hinterland

1941/42, R.Oldenbourg Verlag, München, Germany
- Haselhorst, Olaf(2014), Der Schnelle Oberst, Deutsche Militärzeitschrift Nr 97, Januar-Februar 2014, Verlag DMZ, Germany
- Haupt, Werner(1972), Die Deutschen Vor Moskau 1941/42 : Bildkronik einer Schlacht der verfehlten Strategie, Podzum-Verlag, Dorheim, Germany
- Haupt, Werner(1990), A History of the Panzer Troops 1916-1945(translated by Dr. Edward Force), Schiffer Military History, West Chester, Pennsylvania, USA
- Haupt, Werner(1991), Die deutschen Infanterie-Divisionen : Infanterie-, Jäger-, Volksgrenadier-Divisionen 1921-1945, Dörfler Verlag, Eggolsheim, Germany
- Haupt, Werner(1997a), Army Group North : The Wehrmacht in Russia 1941-1945(translated by Joseph G. Welsh), Schiffer Military History, Atglen, Pennsylvania, USA
- Haupt, Werner(1997b), Army Group Center : The Wehrmacht in Russia 1941-1945(translated by Joseph G. Welsh), Schiffer Military History, Atglen, Pennsylvania, USA
- Haupt, Werner(1998), Army Group South : The Wehrmacht in Russia 1941-1945(translated by Joseph G. Welsh), Schiffer Military History, Atglen, Pennsylvania, USA
- Heaton, Colin D. & Lewis, Anne-Marie(2011), The German Aces Speak : WWII Through the Eyes of Four of the Luftwaffe's Most Important Commmanders, Zenith Press, Mineapolis, MN, USA
- Hein, Till & Jonathan Stock(2010), Terrorkrieg, Geo Epoche Nr. 43 : Der Zweite Weltkrieg Teil 1 1939-1942, Geo Epoche, Hamburg, Germany
- Held, Werner(1990), The German Fighter Units over Russia(translated by Edward Force), Schiffer Publishing, West Chester, Pennsylvania, USA
- Hooton, E. R.(2010), The Luftwaffe : A Study In Air Power 1933-1945, Classic Publications, Hersham, Surrey, UK
- Hooton, E. R.(2016), War Over the Steppes : The Air Campaigns on the Eastern Front 1941-45, Osprey Publishing Ltd, Oxford, UK
- Hoth, Hermann(2015), Panzer Operations : Germany's Panzer Group 3 during the Invasion of Russia, 1941(translated by Linden Lyons), Casemate Publishers, Oxford, UK
- Hürter, Johannes(2015), A German General on the Eastern Front : The Letters and Diaries of Gottard Heinrici 1941-1942(translated by Christine Brocks), Pen & Sword Military, Barnsley, South Yorkshire, UK
- Jentz, Thomas L.(1996), Panzer Truppen Vol.I : The Complete Guide to the Creation & Combat Employment of Germany's Tank Force 1933-1942 ; Formations/Organizations/Tactics/Combat Reports/Unit Strength/Statistics, Schiffer Military History, Atglen, Pennsylvania, USA
- Khazanov, Dmitri & Medved, Aleksander(2012), MiG-3 Aces of World War 2, Osprey Publishing Ltd, Oxford, UK

- Khazanov, Dmitri & Medved, Aleksander(2015), Bf 109E/F vs Yak-1/7 : Eastern Front 1941-42, Osprey Publishing Ltd, Oxford, UK
- Kipp, Jacob W.(1988), Babarossa, Soviet Covering Forces and the Initial Period of War : Military History and Airland Battle, Soviet Army Studies Office, Fort Leavenworth, Kansas, USA
- Kirchubel, Robert(2003), Operation Barbarossa 1941(1) : Army Group South, Osprey Publishing Ltd, Oxford, UK
- Kirchubel, Robert(2007), Operation Barbarossa 1941(3) : Army Group Center, Osprey Publishing Ltd, Oxford, UK
- Kirchubel, Robert(2009), Hitler's Panzer Armies on the Eastern Front, Pen & Sword Military, Barnsley, South Yorkshire, UK
- Kirchubel, Robert(2013), Operation Barbarossa : The German Invasion of Soviet Russia, Osprey Publishing Ltd, Oxford, UK
- Kirchubel, Robert(2016), Atlas of the Eastern Front 1941-45, Osprey
- Publishing Ltd, Oxford, UK
- Klink, Ernst(1983), 'Die militärische Konzeption des Krieges gegen die Sowjetunion' in Mikitärgeschichtlichen Forschungsamt(ed.), Das Deutsche Reich und der Zweite Weltkrieg, Band 4: Der Angriff auf die Sowjetunion, Deutsche Verlags-Anstalt DVA, Stuttgart, Germany
- Kollatz, Karl(1990), Horst Niemack : Von Kavalleristen zum hochausgezeichneten Panzergeneral ; Der Landser Grossband/Erlebnisberichte zur Geschichte des Zweiten Weltkrieges Nr. 765, Pavel Verlag, Rastatt, Germany
- Kozhevnikov, M.N.(1977), Komandovaniye I shtab VVS Sovetskoy Armii v Velikoy Otechestvennoy voyne, 1941-1945g.g., Nauka, Moscaw, USSR
- Kurowski, Franz(1990), Panzertechnik 1939-1945, Edition Zeitgeschichte, Vienna, Austria
- Kurowski, Franz(1994), Infantry Aces : The German Soldier in Combat in WWII(translated by David Johnston), Stackpole Books, Mechanicsburg, PA, USA
- Kurowski, Franz(1999), Sturmgeschütze Vor! : Assault Guns to the Front(translated by Robert Dohrenwend), J.J.Fedorowicz Publishing, Winnipeg, Manitoba, Canada
- Kurowski, Franz(2004a), Panzer Aces : German Tank Commanders of WWII(translated by David Johnston), Stackpole Books, Mechanicsburg, PA, USA
- Kurowski, Franz(2004b), Panzer Aces II : Battle Stories of German Tank Commanders of WWII(translated by David Johnston), Stackpole Books, Mechanicsburg, PA, USA
- Kurowski, Franz(2005), Hasso von Manteuffel, Panzerkampf im Zweiten Weltkrieg, Verlag Siegfried Bublies, Schnellbach, Germany
- Kurowski, Franz(2007), Kurt Knispel : Der erfolgreichste Panzerschü tze und Panzerkommandant des zweiten Weltkrieges, Fleichsig Verlag, Würzburg, Germany
- Kurowski, Franz(2010a), Panzer Aces III : German Tank Commanders in Combat in WWII(translated by Battle Born Books and Consulting),

- Stackpole Books, Mechanicsburg, PA, USA
- Kurowski, Franz(2010b) Panzergrenadier Aces : German Mechanized Infantryman in WWII(translated by Tracy Patterson), Stackpole Books, Mechanicsburg, PA, USA
- Kurowski, Franz(2015), Generalmajor Horst Niemack : Vom Reiteroffizier zum Panzergeneral, Fleichsig Verlag, Würzburg, Germany
- Luck, Hans von(1989), Panzer Commander : The Memoirs of Colonel Hans von Luck, Dell Publishing, New York, USA
- Luther, Craig W.H.(2013), Barbarossa Unleashed : The German Blitzkrieg through Central Russia to the Gates of Moscow June-December 1941, Schiffer Military History, Atglen, PA, USA
- Luther, Craig W.H. & Stahel, David(2020), Soldiers of Barbarossa : Combat, Genocide, and Everyday Experience on the Eastern Front, June-December 1941, Stackpole Books, Guilford, Connecticut, USA
- Lüdeke, Alexander(2008), Panzer der Wehrmacht, Motorbuch Verlag, Stuttgart, Germany
- Lüdeke, Alexander(2008), Weapons of World War II, Parragon Books Ltd, Bath, UK
- Manning, Michael(2013), Grossdeutschland Division 1937-45, Lulu.com, USA
- Manteuffel, Hasso von(2000), The 7th Panzer Division : AN Illustrated History of Rommel's "Ghost Division" 1938-1945, Schiffer Military History, Atglen, PA, USA
- Manstein, Erich von(1994), Lost Victories, Presidio, Novato, CA, USA
- Maslov, Aleksander A.(1998), Fallen Soviet Generals : Soviet General Officers Killed in Battle, 1941-1945(translated & edited by David M. Glantz), Frank Cass, London, UK(Portland, Oregon, USA)
- Mathias, Karl-Heinz(2002), Paul Hausser, Generaloberst der Waffen SS : "Ich diene", Ein Lebens- und Zeitbild, Deutsche-Stimme-Verlag, Riesa, Germany
- Mattson, Gregory L.(2002), SS-Das Reich : The History of the Second SS Division 1939-45, Amber Books, London, UK
- McGuirl, Thomas & Remy Spezzano(2007), God, Honor, Fatherland : A Photo History of Panzergrenadier Division "Grossdeutschland" on the Eastern Front 1942-1944, RZM Publishing, Stamford, CT, USA
- McNAB, Chris(2009), Order of Battle : German Luftwaffe in WWII, Amber Books, London, UK
- McNAB, Chris(2011), Hitler's Armies : A History of the German War Machine 1939-45, Osprey Publishing Ltd, Oxford, UK
- McNAB, Chris(2012), Hitler's Eagles : The Luftwaffe 1939-45, Osprey Publishing Ltd, Oxford, UK
- McTaggart, Pat(2017), Meat Grinder at Yelnya, WWII History Vol.16 Nr.2, February 2017, Williamsport, PA, USA
- Mellinger, George(2003), LaGG & Lavochkin Aces of World War 2, Osprey Publishing Ltd, Oxford, UK

- Michaelis, Rolf(2013), Panzer Divisions of the Waffen-SS(translated by Omicron Language Solutions, LCC), Schiffer Military History, Atglen, Pennsylvania, USA
- Miller, David(2010), Fighting Men of World War II Allied Forces : Uniforms, Equipment & Weapons, Chartwell Books, Inc., New York, USA
- Milsom, John(1970), Profile AFV Weapons Panzerkampfwagen 38(t) & 35(t), Profile Publications Ltd, Windsor, Berks, UK
- Mitcham, Samuel W. Jr(1990), Hitler's Field Marshals and Their Battles, Scarborough House, Lanham, MD, USA
- Mitcham, Samuel W. Jr(2007a), German Order of Battle Vol. 1 : 1st-290th Infantry Divisions in WWII, Stackpole Books, Mechanicsburg, PA, USA
- Mitcham, Samuel W. Jr(2007b), German Order of Battle Vol. 3 : Panzer, Panzer Grenadier, and Waffen SS Divisions in WWII, Stackpole Books, Mechanicsburg, PA, USA
- Mitcham, Samuel W. Jr(2007c), The Panzer Legions : A Guide to the German Army Tank Divisions of WWII and Their Commanders, Stackpole Books, Mechanicsburg, PA, USA
- Mombeek, Eric, Christer Bergström & Martin Pegg(2003), Jagdwaffe Barbarossa : The Invasion of Russia June-December 1941, Classic Publications, Hersham, Surrey, UK
- Mooney, Peter(2008), Waffen-SS Knights and Their Battles : The Waffen-SS Knight's Cross Holders, Volume 1 ; 1939-1942, Schiffer Military History, Atglen, Pennsylvania, USA
- Nafziger, George F.(1999), The German Order of Battle : Panzers and Artillery in World War II, Greenhill Books, London, UK
- Nauroth, Holger & Held, Werner(1991), Messerschmitt Bf 110 : Over All Fronts 1939-1945, Schiffer Military History, West Chester, Pennsylvania, USA
- Newton, Steven H.(1994), German battle Tactics on the Russian Front 1941-1945, Schiffer Military History, Atglen, Pennsylvania, USA
- Olive, Michael & Edwards, Robert(2013), First Winter on the Eastern Front 1941-1942, Stackpole Books, Mechanicsburg, PA, USA
- Piekalkiewicz, Janusz(1978), Luftkrieg 1939-1945, Südwest Verlag, München, Germany
- Piekalkiewicz, Janusz(19??), Der Zweite Weltkrieg, Komet, Cologne, Germany
- Plato, Anton Detlev von(1978), Die Geschichte der 5.Panzerdivision 1938 bis 1945, Gemeinschaft der Angehörigen der ehemaligen 5.Panzerdivision, Lüchow, Germany
- Porter, David(2009a), Order of Battle; The Red Army in WWII, Amber Books, London, UK
- Porter, David(2009b), Soviet Tank Units 1939-45, Amber Books, London, UK
- Porter, David(2014), Allied Tanks of World War II 1939-1945 : The World's Greatest Weapons, Amber Books, London, UK
- Porter, David(2019), German Tanks of World War II 1939-1945 : Tanks & Self-Propelled Guns, Amber Books, London, UK
- Radey, Jack & Sharp, Charles(2012), The Defence of Moscow 1941 : The Northern Flank,

Stackpole Books, Mechanicsburg, PA, USA
- Raus, Erhard(2003), Panzer Operations : The Eastern Front Memoir of General Raus, 1941-1945(translated by Steve H. Newton), Da Capo Press, New York, USA
- Reibenstahl, Horst(1990), The 1st Panzer Division 1935-1945(translated by Dr. Edward Force), Schiffer Military History, West Chester, Pennsylvania, USA
- Restayn, Jean(2007), WWII Tank Encyclopedia in Color 1939-1945 (translated by Sally & Lawrence Brown), Histoire & Collections, Paris, France
- Ritgen, Helmut(1982), The 6th panzer Division 1937-45, Osprey Publishing Ltd, Oxford, UK
- Rosado, Jorge & Bishop, Chris(2005), Panzerdivisionen der Deutschen Wehrmacht 1939-1945(translated in German by J.P.K. Lauer), VDM Heinz Nickel, Zweibrücken, Germany
- Rosen, Richard Freiherr von(2013), Als Panzeroffizier in Ost und West : Im Panzer III, Tiger und Königstiger in Russland, Frankreich und Ungarn, Flechsig Verlag, Würzburg, Germany
- Röll, Hans-Joachim(2009), Oberleutnant Albert Blaich : Als Panzerkommandant in Ost und West, Flechsig Verlag, Würzburg, Germany
- Röll, Hans-Joachim(2011), Generalleutnant der Reserve Hyacinth Graf Strachwitz von Groß–Zauche und Camminetz : Vom Kavallieroffizier zum Führer gepanzerter Verbände, Flechsig Verlag, Würzburg, Germany
- Röll, Hans-Joachim(2013), Hauptmann Johannes Bölter : Als Panzer-Ass in Ost und West, Flechsig Verlag, Würzburg, Germany
- Rubbel, Alfred(2012), Im Panzer IV und Tiger an der Ostfront : Das persönliche Kriegstagesbuch des Alfred Rubbel Dezember 1939-Mai 1945, Flechsig Verlag, Würzburg, Germany
- Rudel, Hans Ulich(2016), Stuka Pilot, Black House Publishing Ltd, London, UK
- Schaulen, Fritjof(2001), Die deutsche Militärelite 1939-1945, Pour le Merite, Selent, Germany
- Schäufler, Hans(2010), Knight's Cross Panzers : The German 35th Panzer Regiment in WWII, Stackpole Books, Mechanicsburg, PA, USA
- Schäufler, Hans(2012), Panzer Warfare on the Eastern Front, Stackpole Books, Mechanicsburg, PA, USA
- Scheibert, Horst(1991), Die Gespenster-Division : Die Geschichte der 7.Panzer-Division, Edition Dörfler, Eggolsheim, Germany
- Scheibert, Horst(2003), Die 6. Pamzer-division 1937-1945, Edition Dörfler, Eggolsheim, Germany
- Schmitz, Günter(2004), Die 16. Panzer-Division : Bewaffung/Einsätze/Männer 1938-1945, Edition Dörfler, Eggolsheim, Germany

- Schneider, Wolfgang(2005), Panzer Tactics : German Small-Unit Armor Tactics in World War II(translated by Fred Steinhardt), Stackpole Books, Mechanicsburg, PA, USA
- Seidler, Hans(2015), Hitler's Artillery 1939-1945 : Rare Photographs from Wartime Archives, Pen & Sword Military, Barnsley, South Yorkshire, UK
- Sharp, Dan(2016), Luftwaffe : Secret Bombers of the Third Reich ; Hitler's 'Wonder Weapon' Bomber Projects, Mortons Media Group Ltd, Lincolnshire, UK
- Showalter, Dennis E.(2009), Hitler's Panzers : The Lightning Attacks that Revolutionized Warfare, Berkely Caliber, New York, USA
- Skorzeny, Otto(2006), Skorzeny's Special Missions : The Memoirs of Hitler's Most Daring Commando, Zenith Press, Minneapolis, MN, USA
- Sleider, Hans(2015), Hitler's Artillery 1939-1945 : Rare Photographs from Wartime Archives, Pen & Sword Military, Barnsley, South Yorkshire, UK
- Smith, Peter C.(1985), Into the Assault : Famous Dive-Bomber Aces of the Second World War, University of Washington Press, Seattle, USA
- Smith, Peter C.(1989), Stuka : Die Geschichte der Ju 87(translated in German by Hans Jürgen Baron von Koskull), Motorbuch Verlag, Stuttgart, Germany
- Smith, Peter C.(2006), Stuka Volume One : Luftwaffe Ju 87 Dive-Bomber Units 1939-1941, Chevron Publishing, Hersham, Surrey, UK
- Smith, Peter C.(2020), The Petlyalov Pe-2 : Stalin's Successful Red Air Force Light Bomber, Air World(Pen & Sword Books Ltd), Barnsley, UK
- Spaeter, Hellmuth(1992), The History of the Panzerkorps Grossdeutschland Vol.I(translated by David Johnston), J.J.Fedorowicz Publishing, Winnipeg, Manitoba, Canada
- Spielberger, Walter(1972), PanzerKampfwagen IV, Profile AFV Weapon 43, Profile Publications Ltd, Windsor, Berks, UK
- Stahel, David(2009), Operation Barbarossa and Germany's Defeat in the East, Cambridge University Press, Cambridge, UK
- Stahel, David(2013a), Kiev 1941 : Hitler's Battle for Supremacy in the East, Cambridge University Press, Cambridge, UK
- Stahel, David(2013b), Operation Typhoon : Hitler's March on Moscow, October 1941, Cambridge University Press, Cambridge, UK
- Stahel, David(2015), The Battle for Moscow, Cambridge University
- Press, Cambridge, UK
- Stahel, David(2019), Retreat from Russia : A New History of Germany's Winter Campaign, 1941-1942, Farrar, Straus and Giroux, New York, USA
- Stall, Walter(1978), Nomaden in Uniform : meine Erinnerungen an die Kriegsjahr 1939-1945 ; Geschichte des Infanterie-Regiment 107., Eigenverlag/Kameradschaft Rgt. 107, Germany

- Stolfi, Russel H. S.(1993), Hitler's Panzers East : World War II Reiterated, University of Oklahoma Press, Norman, Oklahoma, USA
- Stoves, Rolf O.G.(2001), Die 1.Panzer-Division 1935-1945, Dörfler Verlag GmbH, Eggolsheim, Germany
- Strassner, Peter(1988), European Volunteers : 5 SS Panzer Division Wiking(translated by David Johnston), J.J.Fedorowicz Publishing, Inc., Winnipeg, Manitoba, Canada
- Strauß, Franz Josef(1987), Die Geschichte der 2.(Wiener) Panzer-Division, Dörfler Verlag GmbH, Eggolsheim, Germany
- Taylor, Brian(2003), Barbarossa to Berlin : A Chronology of the Campaigns on the Eastern Front 1941 to 1945, Volume One ; The Long Drive East 22 June 1941 to 18 November 1942, Spellmount, Staplehurst, Kent, UK
- Tirone, Laurent(2015), Panzer : The German Tanks Encyclopedia, Caraktère Publishing, Avignon, France
- Toliver, Raymond F. & Constable, Trevor J.(1999), Fighter General, The Life of Adolf Galland : The Official Biography, Schiffer Military History, Atglen, Pennsylvania, USA
- Tornau, Gottfried & Kurowski, Franz(2017), Sturmgeschütze, "Die Panzer der Infanterie" : Die dramatische Geschichte einer Waffengattung 1939-1945, Flechsig Verlag, Würzburg, Germany
- Tsouras, Peter G.(ed)(2002), Panzers on the Eastern Front : General Erhard Raus and His Panzer Divisions in Russia 1941-1945, Frontline Books, Barnsely, South Yorkshire, UK
- Tucker-Jones, Anthony(2016), The Eastern Front Air War 1941-1945, Pen & Sword Military, Barnsley, South Yorkshire, UK
- Veterans of the 3rd Panzer Division(2012), Armored Bears : The German 3rd Panzer Division in World War II, Vol.1, Stackpole Books,
- Mechanicsburg, PA, USA
- Vollert, Jochen(2005), KW-1 - Der schwere sowjetsche Panzer des 2. Weltkrieges - Frühe Varianten, Verlag Jochen Vollert-Tankograd Publishing, Erlangen, Germany
- Wagner, Ray(ed)(1973), The Soviet Air Force in World War II : The Official History, Originally Published by the Ministry of Defence of the USSR(translated by Leland Fetzer), Doubleday & Company, Inc., Garden City, New York, USA
- Weal, John(1999), Messerschmitt Bf 110 Zerstörer Aces of World War 2, Osprey Publishing Ltd, Oxford, UK
- Weal, John(2001), Bf 109 Aces of the Russian Front, Osprey Publishing Ltd, Oxford, UK
- Weal, John(2004), Jagdgeschwader 52 : The Experten, Osprey Publishing Ltd, Oxford, UK
- Weal, John(2006), Jagdgeschwader 51 'Mölders' Osprey Publishing Ltd, Oxford, UK
- Weal, John(2007), More Bf 109 Aces of the Russian Front, Osprey Publishing Ltd, Oxford, UK
- Weal, John(2008), Junkers Ju 87 Stukageschwader of the Russian Front, Osprey Publishing Ltd, Oxford, UK

- Weal, John(2010), Junkers Ju 88 Kampfgeschwader on the Russian Front, Osprey Publishing Ltd, Oxford, UK
- Weal, John(2011), Jagdgeschwader 53 'Pik-As', Osprey Publishing Ltd, Oxford, UK
- Weal, John(2013a), Aces of Jagdgeschwader 3 'Udet', Osprey Publishing Ltd, Oxford, UK
- Weal, John(2013b), He 111 Kampfgeschwader on the Russian Front, Osprey Publishing Ltd, Oxford, UK
- Weidinger, Otto(1995), Das Reich II 1940-1941(translated by Bo Friesen), J.J.Fedorowicz Publishing, Inc., Winnipeg, Manitoba, Canada
- Weidinger, Otto(1998), Comrades to the End : The 4th SS Panzer-Grenadier Regiment “Der Führer” 1938-1945 ; The History of a German-Austrian Fighting Unit, Schiffer Military History, Atglen, Pennsylvania, USA
- Weidinger, Otto(2002), Das Reich III 1941-1943(translated by Fred Steinhardt), J.J.Fedorowicz Publishing, Inc., Winnipeg, Manitoba, Canada
- Werthen, Wolfgang(1958), Geschichte der 16. Panzer-Division 1939-1945, Podzun-Pallas-Verlag, Bad Nauheim, Germany
- Williamson, Gordon(2006), Knight's Cross with Diamonds Recipients : 1941-45, Osprey Publishing Ltd, Oxford, UK
- Yerger, Mark C.(1997), Waffen-SS Commanders : The Army, Corps and Divisional Leaders of A Legend / Augsberger to Kreutz, Schiffer Military History, Atglen, Pennsylvania, USA
- Yerger, Mark C.(1999), Waffen-SS Commanders : The Army, Corps and Divisional Leaders of A Legend / Krüger to Zimmermann, Schiffer Military History, Atglen, Pennsylvania, USA
- Yerger, Mark C.(2000), SS-Obersturmbanführer Otto Weidinger : Knight’s Cross with Oakleaves and Swords ; SS-Panzer-Grenadier-Regiment 4 “Der Führer”, Schiffer Military History, Atglen, Pennsylvania, USA
- Zaloga, Steven J. & Grandsen, James(1981), T-34 in Action : Armor No. 20, Squadron/Signal Publications, Inc., Carrollton, Texas, USA
- Zaloga, Steven J. & Grandsen, James(1993), The Eastern Front : Armour Camouflage and Markings 1941 to 1945, Arms and Armour, London, UK
- Zaloga, Steven J. & Kinnear, Jim(1997), Stalin's Heavy Tanks 1941-1945 : The KV and IS Heavy Tanks, Concord Publications Co., Hong Kong
- Zaloga, Steven J.(2017), Panzer 38(t) vs BT-7 : Barbarossa 1941, Osprey Publishing Ltd, Oxford, UK
- Zetterling, Niklas(2017), Blitzkrieg : From the Ground Up, Casemate Publishers, Hovertown, PA, USA
- Ziemke, Earl F.(1985), Moscow to Stalingrad : Decision in the East, United States Department of Army, Office of the Chief of Military History, United States Government Printing Office, Washington D.C., USA

[일본] : 발간 연도순

・ジャフレー ジュークス(1972), モスクワ攻防戦：ドイツ軍クレムリンに迫る(加登川 幸太郎 訳), サンケイ出版,東京
・ケネス マクセイ(1977), ドイツ装甲師團と グデーリアン(加登川幸太郎 訳), 圭文社, 東京
・バルバロッサ作戦の 情景：第２次大戦 グラフィック アクション(1977) シリーズ 28, 大林堂, 東京
・富岡吉勝 外(1980), ドイツ軍車両の塗装とマーク, サンデーアート社, 東京
・B.H.リデルハート(1982), ヒットラーと国防軍(岡本鐳輔 訳), 原書房, 東京
・航空ファン9月号別冊 1991年 GRAPHIC ACTION(グラフィックアクション) No.5 ヒトラーのソ連侵攻作戦バルバロッサ(1991), 文林堂, 東京
・航空ファン11月号別冊 1992年 GRAPHIC ACTION(グラフィックアクション) No.12 攻防ロシア戦線 独ソの激突!(1992), 文林堂, 東京
・航空ファン7月号別冊 1996年 GRAPHIC ACTIONグラフィックアクション) No.34 攻防ロシア戦線2ドイツ軍不敗神話の崩壊(1996), 文林堂, 東京
・航空ファン9月号別冊 1996年 GRAPHIC ACTION(グラフィックアクション) No.35 ゲルマンの無敵戦士 武装親衛隊の奮戦!(1996), 文林堂, 東京
・バルバロッサ作戦(1998), 歴史群像 欧洲戦史シリーズ, 学習研究社
・クルスク機甲戦(1999), 歴史群像 欧洲戦史シリーズ, 学習研究社
・航空ファン9月号別冊 1999年 GRAPHIC ACTION(グラフィックアクション) No.53 WW2 ドイツ軍人プロファイル：祖国に命を捧げた英雄たち(1999) 文林堂, 東京
・ドイツ装甲部隊全史 I：黎明編(2000), 歴史群像 欧洲戦史シリーズ, 学習研究社
・ドイツ装甲部隊全史 II：攻勢編(2000), 歴史群像 欧洲戦史シリーズ, 学習研究社
・ドイツ装甲部隊全史 III：衰亡編(2000), 歴史群像 欧洲戦史シリーズ, 学習研究社
・成美堂出版編集部(2000), 栄光のドイツ空軍：第2次世界大戦のドイツ空軍戦略と最強戦闘機群, 成美堂出版, 東京
・武装SS 全史 1(2001)：萌芽・台頭編(1933-42), 歴史群像 欧洲戦史シリーズ, 学習研究社
・ソヴィエト赤軍興亡史 I：革命/国内戦争編 1917〜36(2001), 歴史群像 欧洲戦史シリーズ, 学習研究社
・ソヴィエト赤軍興亡史 II：大祖国戦争 前編 1936〜43(2001), 歴史群像 欧洲戦史シリーズ, 学習研究社
・[図説]ヨーロッパ地上戦大全(2003), 歴史群像 欧洲戦史シリーズ, 学習研究社
・決定版 [図説]ヨーロッパ航空戦大全(2004), 歴史群像 欧洲戦史シリーズ, 学習研究社
・マクシム・コロミーエツ(2004), モスクワ防衛戦 -赤い首都郊外におけるドイツ電撃戦の挫折(小松徳仁 訳 / 齋木伸生 (監修)), 大日本絵画, 東京
・[図説]ドイツ戦車パーフェクトバイブル(1)(2005), 歴史群像シリーズ, 学習研究社
・[図説]ドイツ空軍全史(2007), 歴史群像 欧洲戦史シリーズ, 学習研究社
・広田厚司(2007), ドイツ空軍 戦場写真集：【ビジュアル判】ルフトヴァッフェの興亡, 潮書房光人社, 東京
・マクシム・コロミーエツ(2009), 東部戦線の独ソ戦車戦エース 1941 - 1945年：WW2戦車最先進国のプロパガンダと真実(小松徳仁 訳), 大日本絵画, 東京

- アドルフ・ガーランド(2013), 始まりと終わり：ドイツ空軍の栄光 アドルフ・ガランド自伝(並木均 訳), 学研パブリッシング
- 広田厚司(2013), WWII ドイツ装甲軍：装甲電撃戦が教える戦争の力学, 潮書房光人社, 東京
- ローレンス・パターソン(2019), ヒトラーの特殊部隊 ブランデンブルク隊(竹田 円 & 北川 蒼 訳), 原書房, 東京

[국내 문헌]

- 글랜츠, 데이비드 M. & 조너선 M. 하우스(2010), 독소전쟁사 1941-1945(권도승, 남창우, 윤시원 공역), 열린책들, 경기도 파주시
- 다까니 요시유끼(高荷義之)(1994), 전격 독일전차군단, 호비스트, 서울
- 메가기, 제프리(2009), 히틀러 최고사령부 1933-1945년 : 사상 최강의 군대 히틀러군의 신화와 진실(김홍래 역), 플래닛미디어, 서울
- 비숍, 크리스 & 데이비드 조든(2012), 제 3 제국(박 수민 역), 플래닛미디어, 서울
- 오버리, 리처드(2009), 스탈린과 히틀러의 전쟁(류한수 역), 지식의 풍경, 서울
- 우에다 신(上田 信)(2011), 독일육군전사(홍희범 역), 이미지프레임, 경기도 과천시
- 우에다 신(上田 信) & 사이키 노부오(齊木伸生)(2012), 소련전차군단 도감(장민성 역), 이미지프레임, 경기도 과천시
- 허 진(2019), 무장친위대 전사록 : 하르코프 & 쿠르스크, 이미지프레임, 경기도 과천시

부 록

부 록

* * * * *

1. 독일 국방군 및 무장친위대 계급 조견표

독일 국방군	무장친위대	번역	소련군	미군	한국군
Generalfeldmarschall		원수	원수	Field Marshall	원수
Generaloberst	SS-Oberstgruppenführer & Generaloberst der Waffen-SS	상급대장	상급대장 (상장)	General	대장
General	SS-Obergruppenführer & General der Waffen-SS	대장	대장	Lieutenant General	중장
Generalleutenant	SS-Gruppenführer & Generalleutenant der Waffen-SS	중장	중장	Major General	소장
Generalmajor	SS-Brigadenführer & Generalmajor der Waffen-SS	소장	소장	Brigadier General	준장
	SS-Oberführer	상급대령			
Oberst	SS-Standarteführer	대령	대령	Colonel	대령
Oberstleutenant	SS-Obersturmbannführer	중령	중령	Lieutenant colonel	중령
Major	SS-Sturmbannführer	소령	소령	Major	소령
Hauptmann	SS-Hauptsturmführer	대위	대위	Captain	대위
Oberleutenant	SS-Obersturmführer	중위	중위	First Lieutenant	중위
Leutenant	SS-Untersturmführer	소위	소위	Second Lieutenant	소위
			하급소위	Chief Warrant Officer	준위

독일 국방군	무장친위대	번역	소련군	미군	한국군
Stabsfeldwebel	SS-Sturmscharführer	본부원사		Sergeant Major	
Oberfeldwebel	SS-Hauptscharführer	원사		Sergeant Major	원사
Feldwebel	SS-Oberscharführer	상사	상사	Master Sergeant/ First Sergeant	상사
Unterfeldwebel	SS-Scharführer	중사	중사	Sergeant First Class	중사
Unteroffizier	SS-Unterscharführer	하사	하사	Staff Sergeant	하사
Stabsgefreiter		선임병장			
Obergefeiter	SS-Rottenführer	병장	병장	Sergeant	병장
Gefreiter	SS-Sturmmann	상병	상병	Corporal	상병
Oberschütze	SS-Oberschütze	일병	병사	Private First Class	일병
Schütze	SS-Schütze	이병	병사	Private	이병

2. 독일군 철십자 훈장 서열

독어명(약칭)	독어명정식명칭)	영명	한국명	제정시기	서훈자(명)
Eisernes Kreuz II. Klasse	Eisernes Kreuz II. Klasse	Iron Cross 2nd Class	2급 철십자장	1939.9.1	약 3백만
Eisernes Kreuz I. Klasse	Eisernes Kreuz I. Klasse	Iron Cross 1st Class	1급 철십자장	1939.9.1	약 30만
Deutsches Kreuz in Gold	Deutsches Kreuz in Gold	Geramn Cross in Gold	독일황금십자장	1941.9.28	26,000
Ritterkreuz des Eisernen Kreuzes	Ritterkreuz des Eisernen Kreuzes	Knight's Cross of the Iron Cross	기사철십자장	1939.9.1	7,300
Eichenlaub zum Ritterkreuz des Eisernen Kreuzes	Ritterkreuz des Eisernen Kreuzes mit dem Eichenlaub	Knight's Cross of the Iron Cross with Oak Leaves	백엽기사철십자장	1940.6.3	882

독어명(약칭)	독어명정식명칭)	영명	한국명	제정시기	서훈자(명)
Schwerter zum Ritterkreuz des Eisernen Kreuzes	Ritterkreuz des Eisernen Kreuzes mit dem Eichenlaub mit Schwertern	Knight's Cross of the Iron Cross with Oak Leaves and Swords	검부 백엽기사철십자장 (백엽검 기사철십자장)	1941.6.21	160
Brillanten zum Ritterkreuz des Eisernen Kreuzes	Ritterkreuz des Eisernen Kreuzes mit dem Eichenlaub mit Schwertern und Brillanten	Knight's Cross of the Iron Cross with Oak Leaves, Swords and Diamonds	다이아몬드 백엽검 기사철십자장	1941.7.15	27
Goldenes Eichenlaub zum Ritterkreuz des isernen Kreuzes	Ritterkreuz des Eisernen Kreuzes mit dem Goledenen Eichenlaub mit Schwertern und Brillanten	Knight's Cross of the Iron Cross with Golden Oak Leaves, Swords and Diamonds	황금다이아몬드 백엽검 기사철십자장	1944.12.29	1(Hans-Ulich Rudel)
Grosskreuz des Eisernen Kreuzes	Grosskreuz des Eisernen Kreuzes		대독일철십자장	1939.9.1	1(Hermann Göring)

3. 독일군 각급 사령부 참모, 막료의 직무구분

	집단군 사령부	군 사령부	군단 사령부	사단 사령부
	참모장	참모장	참모장	작전주임참모(Ia)
작전지도부	작전주임참모(la) 정보주임참모(lc) 훈련담당참모(ld)	작전주임참모(la) 정보주임참모(lc) 훈련담당참모(ld)	작전주임참모(la) 정보주임참모(lc)	작전주임참모(la) 정보주임참모(lc)
후방병참부	후방병참참모	후방병참참모	후방병참참모	후방병참참모
부관부	-부관(IIa:장교인사) -부관(IIc:부사관, 병사인사)	-부관(IIa:장교인사) -부관(IIc;부사관, 병사인사)	-부관(IIa:장교인사) -부관(IIc;부사관, 병사인사)	-부관(IIa:장교인사) -부관(IIc;부사관, 병사인사)
전문막료	-포병참모 (집단군 포병사령부 대리) -공병참모 (집단군 공병사령부) -통신참모 (집단군 통신사령부) -화학참모 (화학부대사령관) -대전차전참모	-포병참모 (군포병사령부) -공병참모 (군공병사령부) -통신참모 (군통신사령부) -화학참모 -대전차전참모	-포병참모 (군단포병사령부) -공병참모 -통신참모 (군단통신사령부) -화학참모 -대전차전참모	-포병참모 (사단포병사령부) -공병참모 (사단공병사령부) -통신참모 (사단통신사령부) -화학참모 -대전차전참모 (장갑엽병대대장)

4. 독일 장갑사단 단위부대 전술번호 일람

장갑사단	본부장갑여단	장갑연대	장갑척탄병여단 (중IG중대	장갑척탄병연대	모터싸이클대대	장갑정찰대대 (1943)	포병/장갑포병연대	고사포중대 (대대)	장갑엽병대대	장갑공병대대	통신대대	야전보충대대
1		1	1(702)	1/113	1	4(1)	73	2-59/4-55 (299)	37	37	37	81
2	2	3	2(703)	2/304	2	5(2)	74	2/47(273)	38	38	38	82
3	5	6	3	3/394	3	1(3)	75	6/59(314)	543	39	39	83
4		35	4	12/33	34	7(4)	103	5/66(290)	49	79	79	84
5		31	5(704)	13/14	55	8(5)	116	2/55(288)	53	89	77	85
6		11	6	4/114	6	57(6)	76	3/46(298)	41	57	82	57
7		25	7(705)	6/7	7	37(7)	78	3/59(296)	42	58	83	58
8		10	8	8/28	8	59(8)	80	4/48(286)	43	59	84	59
9		33	9(701)	10/11	59	9(9)	102	3/47(287)	50	86	85	60
10	4	7	10(706)	69/86	10	90(10)	90	3/55	90	49	90	90
11		15	11	110/111	61	231(11)	119	1/608(277)	61	209	341/89	61
12		29	12	5/25	22	2(12)	2	4/52(303)	2	32	2	2
13		4	12	66/93	43	13(13)	13	4/66(271)	13	4	13	13
14		36	14	103/108	64	40(14)	4	2/608(276)	4	13	4	4
15		8	15	104/115		33	33		33	33		33
16		2	16	64/79	16	16(16)	16	6/66(274)	16	16	16	16
17		39	17	40/63	17	27(17)	27	1/66(297)	27	27	27	27
18	18	18	18	52/101	18	88(18)	88	6319292)	88	98	88	88
19		27	19	73/74	19	19(19)	19	(272)	19	19	19	19
20		21	20	59/112	20	92(20)	92	10/92	92	92	92	92
21		5/22		125/192		21	155	350	200	200	200	
22		204	22	129/140	24		140	652(289)	140	50	140	140
23		201/23	23	126/128	23	(23)	128	633(278)	128	51	128	128
24		24	24	21/26	4	(24)	89	634(283)	40	40	86	40
25		9		146/147	87	(25)	91	(279)	87	87	87	87
26		26		9/67	26	(26)	93	(304)	93	93	93	93
27		127		140		(127)	127		127	127	127	127

5. 바르바로싸 참가 독일 장갑사단 보유 전차 현황

사단	중대수	1호 전차	2호 전차	체코 35(t)	체코 38(t)	3호 전차 (37mm)	3호 전차 (50mm)	4호 전차	지휘 전차	돌격포	계
1	6		43				71	20	11		145
3	9		58			29	81	32	15		215
4	8		44			31	74	20	8		177
6	9		47	155				30	13		245
7	12		53		166			30	15		264
8	9		49		118			30	15		212
9	6	8	32			11	60	20	12		143
10	8		45				105	20	12		182
11	6		44			24	47	20	8		143
12	9	40	33		109			30	8		220
13	6		45			27	44	20	13		149
14	6		45			15	56	20	11		147
16	6		45			23	48	20	10		146
17	9	12	44				106	30	10		202
18	9	6	50			99	15	36	12		218
19	9	42	35		116			30	11		234
20	9	44	31		116			31	2		224
돌격포 40개 중대										272	272
계	136	152	743	155	625	259	707	439	186	272	3,538

6. 바르바로싸 주요 포위전 내역

	포위전	소련군 포로	소련군 전차	소련군 야포
1	Rossizny	-	200	-
2	Bialystok-Minsk	290,000	3,332	1,809
3	Smolensk	31,000	3,205	3,120
4	Roslavl	38,000	250	359
5	Gomel	84,000	144	848
6	Dvina	35,000	355	655
7	Staraya Russa	53,000	320	695

	포위전	소련군 포로	소련군 전차	소련군 야포
8	Luga	250,000	1,170	3,075
9	Reval	12,000	91	293
10	Galacia	150,000	1,970	2,190
11	Uman	103,000	317	1,100
12	Zhitomir	18,000	142	123
13	Valdai 언덕	30,000	-	400
14	Kiev	667,000	884	3,718
15	Vyazma-Bryansk	663,000	1,242	5,412
16	Nikolav	60,000	84	1,100
17	Dnieper	84,000	199	465
18	Mariupol(아조프 해)	106,000	212	672
19	Crimea	100,000	160	700
20	The Donetz	14,000	45	69
계		**2,788,000**	**14,322**	**26,803**

● 전차와 야포 수는 격파와 노획을 합산, 적군 피해는 포로 수만을 산정

7. 장갑사단 구성 변화(1941-1943)

	1941	1942	1943
1 장갑사단	1장갑연대 1대대(3개 중대)	16장갑척탄병사단 116장갑대대로 전환	1장갑대대(판터)
	1장갑연대 2대대(3개 중대)		4개 중대로 확대
2장갑사단	3장갑연대 1대대(3개 중대)	9장갑사단 33장갑연대 3대대로 전환	1장갑대대(판터)
	3장갑연대 2대대(3개 중대)		4개 중대로 확대
3장갑사단	6장갑연대 1대대(3개 중대)		판터 지급
	6장갑연대 2대대(3개 중대)		4개 중대로 확대
	6장갑연대 3대대(3개 중대)		해체
4장갑사단	35장갑연대 1대대(4개 중대)		
	35장갑연대 2대대(4개 중대)	11장갑사단 15장갑연대 3대대로 전환	

	1941	1942	1943
5장갑사단	31장갑연대 1대대(3개 중대)	4개 중대로 확대	판터 지급
	31장갑연대 2대대(3개 중대)	4개 중대로 확대	
6장갑사단	11장갑연대 1대대(3개 중대)	4개 중대로 확대	판터 지급
	11장갑연대 2대대(3개 중대)	4개 중대로 확대	
	11장갑연대 3대대(3개 중대)	65장갑대대로 개칭 후 해체	
7장갑사단	25장갑연대 1대대(4개 중대)		3개 중대로 축소
	25장갑연대 2대대(4개 중대)		3개 중대로 축소
	25장갑연대 3대대(4개 중대)	해체	
8장갑사단	10장갑연대 1대대(3개 중대)		4개 중대로 확대
	10장갑연대 2대대(3개 중대)	16장갑사단 2장갑연대 3대대로 전환	
	10장갑연대 3대대(3개 중대)	장갑지대(支隊)로 분리	
9장갑사단	33장갑연대 1대대(3개 중대)	3대대 병력 분리 차출	4개 중대로 확대
	33장갑연대 2대대(3개 중대)		판터 지급
		33장갑연대 3대대	장갑지대(支隊)로 분리
10장갑사단	7장갑연대 1대대(4개 중대)	14장갑사단 36장갑연대 3대대로 전환	1943.5 해체
	7장갑연대 2대대(4개 중대)		1943.5 해체
11장갑사단	15장갑연대 1대대(3개 중대)		판터 지급
	15장갑연대 2대대(3개 중대)	3대대 편성을 위해 분리 차출	
		15장갑연대 3대대	
12장갑사단	29장갑연대 1대대(3개 중대)		판터 지급
	29장갑연대 2대대(3개 중대)		4개 중대로 확대
	29장갑연대 3대대(3개 중대)	13장갑사단 4장갑연대 3대대로 전환	
13장갑사단	4장갑연대 1대대(3개 중대)		
	4장갑연대 2대대(3개 중대)		
		4장갑연대 3대대 (29장갑연대 3대대에서 차출)	판터 지급
14장갑사단	36장갑연대 1대대(3개 중대)		독일에서 재편
	36장갑연대 2대대(3개 중대)		독일에서 재편
		36장갑연대 3대대 (7장갑연대 3대대에서 차출)	재편과정에서 1, 2대대로 흡수

	1941	1942	1943
15장갑사단	8장갑연대 1대대(3개 중대)	4개 중대로 확대	1943.5 해체
	8장갑연대 2대대(3개 중대)	4개 중대로 확대	1943.5 해체
16장갑사단	2장갑연대 1대대(3개 중대)		독일에서 재편
	2장갑연대 2대대(3개 중대)		독일에서 재편
		2장갑연대 3대대 (10장갑연대 2대대에서 차출)	재편과정에서 1, 2대대로 흡수
17장갑사단	39장갑연대 1대대(3개 중대)	29장갑척탄병사단 129장갑대대로 전환	
	39장갑연대 2대대(3개 중대)		4개 중대로 확대
	39장갑연대 3대대(3개 중대)	장갑지대(支隊)로 분리(1941)	
18장갑사단	18장갑연대 1대대(3개 중대)	60장갑척탄병사단 160장갑대대로 전환	
	18장갑연대 2대대(3개 중대)		18장갑대대로 전환(4개 중대)
	18장갑연대 3대대(3개 중대)	3장갑척탄병사단 103장갑대대로 전환	
19장갑사단	27장갑연대 1대대(3개 중대)	4개 중대로 확대	1942년 해체 후 재건
	27장갑연대 2대대(3개 중대)	1장갑대대로 전환	27장갑연대 2대대 부활
	27장갑연대 3대대(3개 중대)	1941.8.10 해체	
20장갑사단	21장갑연대 1대대(3개 중대)	해체	
	21장갑연대 2대대(3개 중대)	해체	
	21장갑연대 3대대(3개 중대)		4개 중대로 확대, 1943.4 본부연대 해체
21장갑사단	5장갑연대 1대대(3개 중대)	4개 중대로 확대	
	5장갑연대 2대대(3개 중대)	4개 중대로 확대	
22장갑사단		204장갑연대 1대대(3개 중대)	해체
		204장갑연대 2대대(3개 중대)	해체
	204장갑연대 3대대(3개 중대)	27장갑사단 127장갑대대로 전환	해체
23장갑사단	201장갑연대 1대대(3개 중대)		4개 중대로 확대, 1943.8.16 23장갑연대로 개칭
	201장갑연대 2대대(3개 중대)		판터 지급
		201장갑연대 3대대(3개 중대)	해체
24장갑사단	24장갑연대 1대대(3개 중대)		독일에서 재편
	24장갑연대 2대대(3개 중대)		독일에서 재편
	24장갑연대 3대대(3개 중대)		재편과정에서 1, 2대대로 흡수

8. 독일군 주요 전차 조견표

	1호	2호	3호	4호	판테르	타이거 I형	킹 타이거
제작 연도	1932	1934	1935	1936	1942	1942	1943
배치 연도	1934	1936	1939	1939	1943	1942	1944
생산 기간	1934-1943	1935-1943	1939-1943	1936-1945	1942-1945	1942-1944	1943-1945
제작사	크루프	다양	다양	크루프	MAN AG	헨쉘	헨쉘
중량(톤)	5.4	7.2	22	25	44.8	56.9	69.8
전장	4.02-4.42m	4.8m	5.52m	7.02m	6.87m	8.45m	7.61
장갑두께	7-13mm	5-14.5mm	50-70mm	10-80mm	15-120mm	25-110mm	25-180mm
속도(시속)	37-40km	40km	40km	42km	55km	38km	41.5km
항속거리	200km	200km	155km	200km	250km	110-195km	170km
주포	7.92mm 라인메탈 기관총	20mm 소구경포	37mm, 50mm, 75mm	75mm	75mm	88mm	88mm
승무원	2	3	5	5	5	5	5
총 생산량	833	1856	5774	8800	6000	1355	487

9. 소련군 소총병사단 편제(1941.6월)

단위	장교	정치국원	부사관	장병
사단 본부	26	49	14	37
통신 대대	17	15	47	184
정찰 중대	4	1	15	101
소총병연대 x 3	107	51	365	2,172
포병연대	57	36	141	729
대공포 대대	16	13	42	172
공병 대대	17	14	70	316
화학 소대	1	-	4	33
차량운반부대	4	8	24	83
의무 대대	2	31	32	165
제빵	-	4	12	144
기타	-	5	4	14

10. 소련 브리얀스크 방면군 기동전력(1941.9.27)

단위	KV	T-34	BT	T-26	T-40	T-50	합계
108 전차사단	3	17	1	-	20	-	41
42 전차여단	7	22	-	-	32	-	61
121 전차여단	6	18	-	46	-	-	70
141 전차여단	6	10	22	-	-	-	38
150 전차여단	-	12	-	-	-	8	20
113 독립전차대대	-	4	-	11	-	-	15
합계	22	83	23	57	52	8	245

11. 소련 서부방면군 기동전력(1941.10.1)

단위	KV	T-234	BT	T-26	T-37	합계
101 차량화소총병사단	3	23	1	92	6	125
107 차량화소총병사단	3	9	5	52	-	69
126 전차여단	1	-	19	41	-	61
127 전차여단	5	-	14	37	-	56
128 전차여단	7	1	39	14	-	61
143 전차여단	-	9	-	44	-	53
147 전차여단	-	9	23	18	-	50
합계	19	51	101	298	6	475

12. 모스크바 방어전 소련군 기동전력(1941.10.16)

단위	KV	T-34	T-26/BT/T-40	합계
5군				
18 전차여단	3	11	15	29
19 전차여단	-	12	12	24
20 전차여단	-	29	32	61

16군				
4 전차여단	3	7	23	33
22 전차여단	-	29	32	61
26군				
11 전차여단	4	12	10	26
29군				
독립 차량화소총병여단	-	12	20	32
30군				
8 전차여단	-	29	32	61
21 전차여단	-	29	32	61
32군				
17 전차여단	-	20	16	36
151 차량화소총병여단	-	12	20	32
43군				
9 전차여단	-	18	33	51
152 차량화소총병여단	-	12	20	32
50군				
108 전차여단	3	7	23	33
합계	13	239	320	572

13. 주요국 전차 생산 조견표

	독일	이탈리아	소련	영국	미국
1939	247	40	2,950	969	-
1940	1,643	250	2,794	1,399	331
1941	3,790	595	6,590	4,841	4,052
1942	6,180	1,252	24,446	8,611	24,997
1943	12,063	336	24,089	7,476	29,497
1944	19,002	-	28,963	4,600	17,565
1945	3,932	-	14,419	?	11,968
합계	46,857	2,473	105,251	27,896	88,410

* * * * *

* Panzerlied(판쩌의 노래)

1. Ob's stürmt oder schneit,(폭풍이 오나 눈이 오나)
   Ob die Sonne uns lacht,(아니면 태양이 우리를 반기거나)
   Der Tag glühend heiß(태양이 무덥게 작열하는 날이나)
   Oder eiskalt die Nacht.(아니면 얼음처럼 차가운 밤이나)
   Bestaubt sind die Gesichter,(얼굴은 먼지덩이로 얼룩지고)
   Doch froh ist unser Sinn,(그러나 우리는 언제나 기쁘다네)
   Ist unser Sinn,(우리들은 기쁘다네)
   Es braust unser Panzer(우리는 전차를 몰아)
   Im Sturmwind dahin.(폭풍 속을 뚫고 나가네)

2. Mit donnernden Motoren,(천지를 진동하는 엔진소리와 함께)
   Geschwind wie der Blitz,(전광석화처럼 빠르게)
   Dem Feinde entgegen,(적을 향해)
   Im Panzer geschützt.(전차가 지켜준다네)
   Voraus den Kameraden,(전우들 앞에 서서)
   Im Kampf steh'n wir allein,(우리는 전투에 홀로 서서)
   Steh'n wir allein,(우리는 홀로 서서)
   So stoßen wir tief(우리는 파고든다)
   In die feindlichen Reihn.(적진 깊숙이)

3. Wenn vor uns ein feindliches(우리 앞에)
   Heer dann erscheint,(적군이 나타나면)
   Wird Vollgas gegeben(전속력으로 달려가)
   Und ran an den Feind!(적군을 친다네)
   Was gilt denn unser Leben(우리의 목숨이야 상관할 바 아니지)
   Für unsres Reiches Heer?(우리의 제국군대를 위해?)
   Ja Reiches Heer?(그래 제국의 군대를 위해?)
   Für Deutschland zu sterben(독일을 위해 죽는 것이)
   Ist uns höchste Ehr.(우리들의 가장 숭고한 명예라네)

4. Mit Sperren und Minen(장해물과 지뢰로)
   Hält der Gegner uns auf,(적군은 우리를 저지하려고 하나)
   Wir lachen darüber(우리는 비웃는다네)
   Und fahren nicht drauf.(그리고는 거기로 들어가지 않는다네)

Und droh'n vor uns Geschütze,(그리고는 우리의 야포를 돌린다네)
Versteckt im gelben Sand,(누런 모래에 숨어)
Im gelben Sand,(누런 모래 안에서)
Wir suchen uns Wege,(우리는 다른 길을 찾는다네)
Die keiner sonst fand.(그 아무도 찾지 못하는 길을)

5. Und läßt uns im Stich(우리가 내버려진다면)
Einst das treulose Glück,(믿을 수 없는 행운으로부터)
Und kehren wir nicht mehr(우리는 더 이상)
Zur Heimat zurück,(고향으로 돌아가지 않는다네)
Trifft uns die Todeskugel,(죽음의 포탄이 우리를 맞히면)
Ruft uns das Schicksal ab,(운명은 우리들을 부른다네)
Ja Schicksal ab,(그래 운명은)
Dann wird uns der Panzer(그럼 전차는)
Ein ehernes Grab.(명예로운 무덤이 된다네)

바르바로싸와는 관계가 없으나 1944년 12월을 무대로 한 1965년 미국 영화 〈발지 대전투〉에서 Panzerlied를 부르기 직전의 독일군 전차병들. 해슬러 대령역을 연기한 로버트 쇼가 어린애들을 데리고 어떻게 전투를 하나라고 푸념하자 전차병들이 자신들의 기개를 알리고자 스스로 군가를 부르게 된다. 영화의 전투장면보다 이 부분이 더 인상적이었다는 평가가 많다.

저자 허진

1962년 4월 5일 마산 출생, 부산에서 거주한 후 일본 오사카(大板)에서 중학교 졸업
1981년 부산 경남고등학교 졸업
1985년 서울대학교 사회대학교 신문학과 학사
1987년 서울대학교 행정대학원 정책학과정 석사
1987년 외교부 입부
1990-1991년 독일 프랑크푸르트 대학 정치학부 수학
1992-2011년 미국, 예멘, 네덜란드, 독일, 헝가리 등 근무
2001-2002년 월드컵축구 국가대표팀 언론담당관
2015-2017년 캐나다 주 몬트리올 총영사 및 주 국제민간항공기구(ICAO) 대표부 대사

저서
『무장친위대 전사록-하르코프 & 쿠르스크』(길찾기 2019.4월)

바르바로싸
중앙집단군 1941.1-12

초판 인쇄 2022년 4월 27일 인쇄
초판 발행 2022년 4월 30일 발행

지은이 허 진
펴낸이 이수용
펴낸곳 수문출판사
주소 강원도 정선군 신동읍 소골길 197 우편번호 26136
전화 02-904-4774, 033-378-4774
E-mail smmount@naver.com
블로그 blg.naver.com/smmount
마케팅 이호석
편집 디자인 이석연
지도 제작 이석연
인쇄제본 (주)상지사 P&B
용지 (주)세림상사
등록 1988. 2. 15. 제 7-35호

ISBN 978-89-7301-002-8 (03920)